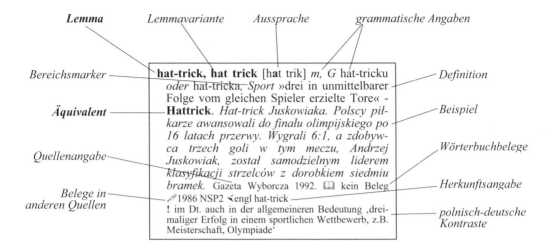

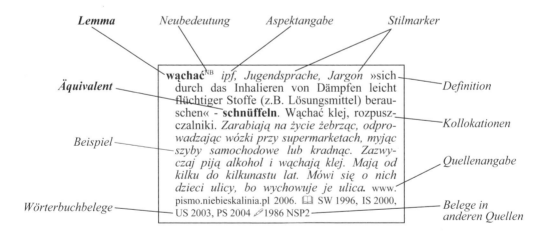

Polnisch-deutsches Wörterbuch
der Neologismen

Erika Worbs · Andrzej Markowski · Andreas Meger

Polnisch-deutsches Wörterbuch der Neologismen

Neuer polnischer Wortschatz nach 1989

Unter Mitarbeit von Radosław Pawelec
und Ewa Rudnicka

Gesamtredaktion Erika Worbs

2007

Harrassowitz Verlag · Wiesbaden

Bibliografische Information der Deutschen Nationalbibliothek
Die Deutsche Nationalbibliothek verzeichnet diese Publikation in der Deutschen
Nationalbibliografie; detaillierte bibliografische Daten sind im Internet
über http://dnb.d-nb.de abrufbar.

Bibliographic information published by the Deutsche Nationalbibliothek
The Deutsche Nationalbibliothek lists this publication in the Deutsche
Nationalbibliografie; detailed bibliographic data are available in the internet
at http://dnb.d-nb.de.

Informationen zum Verlagsprogramm finden Sie unter
http://www.harrassowitz-verlag.de

© Otto Harrassowitz GmbH & Co. KG, Wiesbaden 2007
Das Werk einschließlich aller seiner Teile ist urheberrechtlich geschützt.
Jede Verwertung außerhalb der engen Grenzen des Urheberrechtsgesetzes ist ohne
Zustimmung des Verlages unzulässig und strafbar. Das gilt insbesondere
für Vervielfältigungen jeder Art, Übersetzungen, Mikroverfilmungen und
für die Einspeicherung in elektronische Systeme.
Gedruckt auf alterungsbeständigem Papier.
Satz: Joanna Chmielowska-Rumpel
Druck und Verarbeitung: Memminger MedienCentrum AG
Printed in Germany
ISBN 978-3-447-05595-6

Inhalt

Vorwort VII

Einleitung IX

Quellenabkürzungen XXI

Abkürzungverzeichnis XXII

Zeichenlegende XXII

Wörterverzeichnis 1

Vorwort

Das hier vorgelegte Wörterbuch ist ein Gemeinschaftswerk zwischen dem Arbeitsbereich Polnisch am Fachbereich Angewandte Sprach- und Kulturwissenschaft der Universität Mainz in Germersheim sowie dem Institut für Polnische Sprache der Universität Warschau. Die Idee dazu wurde im Jahre 2001 geboren, 2002 nahm das Projekt konkrete Gestalt an und Ende 2006 war das Computerscript abgeschlossen. An den Arbeiten waren zeitweilig bis zu zehn Mitarbeiter und Studierende beider Universitäten beteiligt.

Die Gesamtkonzeption des Wörterbuchs wurde von Erika Worbs erarbeitet. Das Germersheimer Team erstellte auch das polnische Materialkorpus, das von den Warschauer Kollegen sorgfältig verifiziert und ergänzt wurde. In vielen Gesprächsrunden in Warschau und Germersheim wurde um Aufnahme oder Nichtaufnahme manches neuen Wortes oder einer neuen Bedeutung gestritten. Dass diese Treffen stattfinden konnten, ist dem Programm Projektbezogener Personenaustausch des Deutschen Akademischen Austauschdienstes (DAAD) und des polnischen Komitet Badań Naukowych (KBN) zu verdanken, von denen das Projekt 2002 und 2003 finanziell gefördert wurde. Seit 2002 war das Wörterbuch auch offiziell im Partnerschaftsprogramm der Universitäten Mainz und Warschau verankert. Der Verlag PWN in Warschau gewährte uns großzügigen Zugang zum verlagseigenen elektronischen Datenkorpus, das uns die Verifikation des Materials erleichterte.

Dennoch wäre dieses Wörterbuch nie geschrieben worden ohne das Engagement der Autoren, ohne die vielen Stunden freiwilliger, mühseliger, oft frustrierender Arbeit beim Suchen, Analysieren, Beschreiben und Verifizieren von neuen Wörtern, die gar nicht so selten am Ende doch noch aussortiert wurden. Für diesen Einsatz sei allen Projektbeteiligten, auch den beiden studentischen Hilfskräften Adriana Zwolinski und Agnieszka Gatlik, Dank. Auch Bogdan Sendero, der das Projekt nach Kräften unterstützt hat.

Besondere Hervorhebung innerhalb des Teams verdient Andreas Meger. Er hat nicht nur einen großen Teil der Stichwortartikel erarbeitet, sondern war auch der gute Geist, der über die Einhaltung der Bearbeitungsprinzipien wachte und sich sachkundig um das Layout der Wörterbuchartikel kümmerte. Dafür sei ihm an dieser Stelle ausdrücklich gedankt.

Joanna Chmielowska-Rumpel sorgte am Ende umsichtig für eine den Anforderungen des Verlages entsprechende Umsetzung des Computerscripts. Dem Harrassowitz-Verlag schließlich schulden wir Dank für seine unendliche Geduld und die technische Hilfe.

Ein Neologismenwörterbuch ist nicht allein ein trockenes Verzeichnis neuer Wörter, sondern es ist zugleich ein anschauliches Lesebuch zur Zeitgeschichte, Kultur, Mentalität sowie auch zu den polnisch-deutschen Beziehungen. Die Lektüre ist besonders interessant und ergiebig in Zeiten des Umbruchs, wie sie unser Wörterbuch umspannt. Die Herausgeber sind daher optimistisch, dass das vorgelegte deutsch-polnische Gemeinschaftswerk in mehrfacher Hinsicht seinen Leser und Nutzer finden wird - sowohl den auf praktische Übersetzungslösungen orientierten Sprachmittler als auch den Sprachinteressierten, den Wortforscher und Lexikografen.

Germersheim und Warschau, im März 2007   Erika Worbs, Andrzej Markowski

Einleitung

Warum ein zweisprachiges Neologismen-Wörterbuch?

Die politische Entwicklung in Europa seit dem Ende der achtziger Jahre, die Osterweiterung der EU von 2004 sowie die Globalisierung haben auch den europäischen Sprachen ihren Stempel aufgedrückt. Eine Flut neuer Wörter und Wendungen ist in den Wortschatz eingedrungen, die noch in keinem Wörterbuch erfasst wurden. In einigen Sprachen werden solche sprachlichen Neuzugänge in gesonderten Neologismen-Wörterbüchern registriert, für das Polnische wie bis vor kurzem auch für das Deutsche[1] gab es eine solche systematische Registrierung neuer Wörter nicht. Zwar erschienen auf dem polnischen Markt inzwischen mehrere neue, z.T. korpusbasierte, große einsprachige allgemeine Wörterbücher, die auch eine stattliche Zahl von neuen Stichwörtern enthalten. Im Gesamtmaterial gehen diese jedoch unter, denn es gibt in der Lexikografie kaum eine Tradition der Markierung neuer Wörter. Es fehlt bislang ein Lexikon, das die polnischen lexikalischen Neuerwerbungen systematisch und strukturiert darstellen würde[2]. Hinzu kommt aus vergleichender polnisch-deutscher Sicht, dass die meisten zweisprachigen Wörterbücher noch viel weiter als die einsprachigen hinter der aktuellen sprachlichen Entwicklung zurückbleiben und mit wenigen Ausnahmen jüngsten Datums den Stand der siebziger Jahre widerspiegeln.

Aus dieser Beobachtung heraus entstand die Idee, ein polnisch-deutsches Wörterbuch der Neologismen zu entwickeln, das einerseits gezielt und systematisch die lexikalischen Veränderungen im Polnischen der letzten 15-20 Jahre registriert und zugleich auch eine Art Supplementband zu den vorhandenen polnisch-deutschen Wörterbüchern bildet. Gerade an einer universitären Ausbildungsstätte für Übersetzer und Dolmetscher wie dem Fachbereich Angewandte Sprach- und Kulturwissenschaft der Universität Mainz in Germersheim, wo das Übersetzen eine der zu vermittelnden Schlüsselqualifikationen ist, macht sich das Fehlen eines aktuellen zweisprachigen Wörterbuchs bemerkbar. Darüber hinaus bietet ein zweisprachiges Neologismen-Wörterbuch wichtiges Material für vergleichende Untersuchungen zur Internationalisierung bzw. Europäisierung der Sprachen, aber auch zur gegenseitigen Beeinflussung des polnischen und deutschen Wortschatzes. Es kann und will allerdings kein Ersatz für ein fehlendes genuin polnisches Wörterbuch der Neologismen sein.

Zielstellung

Intendierte Adressaten des hier vorgelegten Wörterbuchs sind primär deutsche Muttersprachler, an ihren Bedürfnissen vor allem richtet sich die Mikrostruktur der Wortartikel mit ihren semantisch-pragmatischen, grammatischen sowie kulturhistorischen Informationen aus. Aber auch die Interessen polnischer Muttersprachler, denen neben den deutschen Entsprechungen u.a. auch gezielt Hinweise auf abweichende Bedeutungen und Strukturen im Deutschen gegeben werden, wurden im Rahmen des

Adressaten

---

1 2004 erschien das erste deutsche Neologismenwörterbuch *Neuer Wortschatz. Neologismen der 90er Jahre im Deutschen* von Dieter Herberg, Michael Kinne und Doris Steffens.
2 Die nach recht spezifischen Kriterien aufgebauten, zwischen 1988 und 2006 in Fortsetzung erschienenen Sammlungen neuen Wortschatzes aus der Presse von Teresa Smółkowa und Danuta Tekiel unter dem Titel *Nowe słownictwo polskie. Materiały z prasy...* entsprechen diesen Kriterien nicht.

Möglichen mit berücksichtigt. Es handelt sich also, wörterbuchtypologisch gesehen, um ein vorrangig passiv ausgerichtetes Wörterbuch für deutsche Rezipienten, das jedoch auch dem Informationsbedürfnis des polnischen Benutzers entgegen kommen möchte. Unser Neologismen-Wörterbuch versteht sich nicht als normatives Wörterbuch, sondern es beschreibt den aktuellen Sprachzustand und nimmt keine Wertungen vor.

Was ist ein Neologismus?

Die Schlüsselfrage für jedes Neologismenwörterbuch ist die Definition, die der Materialauswahl zugrunde liegt. Die Frage, was ein Neologismus ist, wird in der Forschung sehr unterschiedlich beantwortet. Die Konzeption des vorliegenden Wörterbuchs geht von einer weiten Neologismenauffassung aus: Erfasst werden die in einem bestimmten Zeitraum neu aufgekommenen heimischen wie entlehnten Wörter, Wortbedeutungen und festen Wortgruppen. Sie müssen bereits überindividuelle Geltung, messbar an einer gewissen Gebrauchshäufigkeit, erlangt und in die Allgemeinsprache Eingang gefunden haben bzw. tendenziell auf dem Weg dorthin sein. Dabei ist es unerheblich, ob dieses Neuwort bereits in einem allgemeinen Wörterbuch verzeichnet ist oder nicht, bestimmend ist zunächst der Entstehungszeitraum der letzten fünfzehn bis zwanzig Jahre, d.h. im wesentlichen nach 1989/90. Ausgeklammert wurden rein fachsprachliche und gruppengebundene Lexik sowie offensichtliche Okkasionalismen, z.B. **antypomidorowy**, wie auch bewusst aus Gründen der Expressivität gebildete text- und situationsgebundene Individualismen, z.B. **pociągowstrzymywacz**, **czasopodwajacz**, **antypotteria**. Für die Bestimmung eines Wortes, einer Wortbedeutung oder Wortgruppe als Neologismus waren für die Autoren also in erster Linie die zeitliche Zuordnung, die überindividuelle Verbreitung (Usualität) sowie die Verwendung in der Allgemeinsprache maßgeblich. Nachfolgend sollen die genannten Kriterien in ihrer Anwendung auf das sprachliche Material problematisiert werden.

Materialauswahl

Zeitliches Kriterium — In der Wörterbuchpraxis wirft diese scheinbar klare Definition eine ganze Reihe von Fragen auf: Wie kann man den Zeitpunkt des Aufkommens eines Wortes bestimmen? Nur aufgrund datierter Belege? Woher weiß man, ob der datierte Beleg, z.B. in einem Wörterbuch, die tatsächliche Entstehungszeit dokumentiert? Und wann tritt der Zeitpunkt ein, wo ein neu aufgekommenes Wort, ein Okkasionalismus, zum Allgemeingut wird? Und schließlich - wann verliert ein neues Wort seinen Neuheitscharakter, wird zur „normalen" lexikalischen Einheit? Wenn ein Wort zum ersten Mal in einem allgemeinen Wörterbuch auftaucht, sprechen einige Autoren von sog. lexikografischen oder Wörterbuchneologismen, für andere hört in diesem Moment der Neologismus auf, ein Neologismus zu sein. Nach unserer Auffassung behält ein neues Wort, auch wenn es in einem allgemeinen Wörterbuch bereits verzeichnet ist, noch für eine Weile seinen Neuheitswert. Gerade im Zeitalter zunehmend umfassenderer elektronischer Recherchemittel ist der Weg eines neuen Wortes in das allgemeine Wörterbuch sehr kurz geworden. Dessen ungeachtet gibt es im vorliegenden Werk noch viele Neubildungen, die bislang nicht lexikografisch kodifiziert, jedoch nachweislich - durch Frequenz in Wortlisten, Korpus- und Internetbelegen - als usuell anzusehen sind. Mit derartigen Problemen waren die Autoren in ihrer Arbeit mit dem Material ständig konfrontiert und gezwungen, Entscheidungen zu treffen, auch wenn die Sachlage nicht immer eindeutig war. Insgesamt wurde durch ein aufwändiges, mehrstufiges Auswahlverfahren ein Korpus erstellt, das dem chronologischen Kriterium, die Neuerungen der letzten zwei Jahrzehnte zu erfassen, weitgehend entspricht. Dabei sind wir uns darüber im klaren, dass es eine deutliche Binnendifferenzierung gibt: Neben älteren, bereits etablierten Wörtern stehen ganz frische Importe und Neubildungen - meist sind es die letzteren, die dem Durchschnittssprecher als „neuer Wortschatz" auffallen. Daraus erklärt sich das Phänomen, dass zu unserem Korpus auch Neologismen gehören, die von der Generation der heute 20-25jährigen bereits als ganz normale, zeitlich unmarkierte Wortschatzeinheiten empfunden werden.

Es gibt allerdings einige Abweichungen vom zeitlichen Prinzip, die hier anzumerken sind. Eine ganze Reihe von Wörtern war nachweislich bereits vor 1990 im Umlauf, sie wurden aber aus unterschiedlichen Gründen lexikografisch nicht dokumentiert. Zu diesen bewusst „ausgelassenen" Lemmata gehören Wörter des Substandards, denen wegen sprachnormativer Bedenken der Weg ins Wörterbuch versperrt blieb. Ganz besonders aber betreffen die lexikografischen Lücken den Wortschatz, der aus politisch-ideologischen Gründen vor 1989 im offiziellen Sprachgebrauch nicht vorkommen durfte. Diese Wörter sind dem Zeitkriterium entsprechend keine Neologismen, z.B. **demoludy**, **bezpieczniak**, **ubek**, (sklep) **za żółtymi firankami** u.a. Sie sind in gewisser Weise „sozialistische Neologismen", die sich inzwischen bereits zu „sozialistischen Historismen" gewandelt haben, vgl. auch die Benennungen **enerdowiec**, **erefenowiec**, **enerdol**, **enerdowo** für die ehemalige DDR und ihre Bürger. Über eine Aufnahme entschieden am Ende die Belange des deutschen Rezipienten: Da sie weder in einsprachigen noch zweisprachigen Wörterbüchern zu finden sind, aber in Texten immer wieder begegnen, ja zum Teil sogar gegenwärtig eine derivative Renaissance erleben (vgl. **ubek**, **esbek**, **ubekizacja**, jüngst auch **deubekizacja**), können sie für die jüngere Generation ein erhebliches übersetzerisches Problem verursachen. Zu den „unterdrückten" Wörtern gehören auch die Bezeichnungen für die verschiedenen Zweige der Pop- und Rockmusik der siebziger und achtziger Jahre, die selbstverständlich auch in der Volksrepublik Polen bekannt waren, aber von der Lexikografie nicht berücksichtigt wurden, z.B. **punk**, **techno**, **thrash metal**.

Unter dem Aspekt des absoluten Neuheitswerts haben auch die heutzutage massenhaft auftretenden kulinarischen Benennungen für in Polen zuvor nicht verbreitete Obst-, Gemüse-, Käse-, Weinsorten, Gerichte, Garverfahren usw. eher als Pseudoneologismen zu gelten. Wörter wie **kebap**, **calvados**, **kiwi**, **awokado**, **grujer**, **paella** waren zum großen Teil schon vor 1990 in Fremd- und Fachwörterbüchern zu finden, sie funktionierten jedoch nicht in der Allgemeinsprache, und gemäß unserer Definition sind sie deshalb aufgenommen worden.

Alle diese genannten „unechten Neologismen", die in unterschiedlicher Weise den gesteckten Zeitrahmen durchbrechen, werden im Wörterbuchartikel durch ein nachgestelltes Sternchen* gekennzeichnet.

Schwer zeitlich einzuordnen sind auch neue Phraseologismen. Phraseologismen wurden und werden in allgemeinen und sogar phraseologischen Wörterbüchern nicht konsequent verzeichnet, so dass ein fehlender Wörterbuchbeleg kein sicheres Indiz für ihr Alter ist. Ihre Entwicklung vom erstmaligen Auftreten zur usuellen Verbindung verläuft über einen längeren Zeitraum, da sie im Text nicht so oft vorkommen wie Wörter. Aus diesem Grunde haben wir den zeitlichen Rahmen bis Mitte der achtziger Jahre ausgedehnt.

Mit Rücksicht auf den deutschen Adressaten sind auch einige wahrscheinlich bereits ältere, jedoch lexikografisch nirgends kodifizierte Phraseologismen aufgenom-

Abweichungen vom zeitlichen Prinzip

men worden, z.B. die nur 1998 im *Praktyczny słownik języka polskiego* verzeichnete Wendung **krewni i znajomi królika** »Personen im Umfeld einer hochgestellten, einflussreichen Person, die bei der Besetzung von Posten auf Grund ihrer Beziehungen (Verwandtschaft bzw. Bekanntschaft) bevorzugt werden«, die auf *Winnie the Pooh* von Alan Milne zurückgeht.

In einigen Fällen ergab die weitergehende Recherche, dass bereits ein früher Beleg für einen Phraseologismus in anderen Quellen existierte, dieser über Jahrzehnte hindurch jedoch keine Aufnahme in ein allgemeines Wörterbuch fand. Wir haben diese Lemmata selektiv berücksichtigt, dann aber immer die alte Quelle mit angegeben. Dieser Erstbeleg zeigt den langen Weg vom Okkasionalismus bis ins Wörterbuch, wie im Falle der Wendung (coś) **z wodotryskiem** »etw., das mit vielen (überflüssigen) Accessoires ausgestattet ist«, die 2000 erstmals lexikografisch registriert wurde, ein Textbeleg findet sich hingegen bereits 1951 bei Melchior Wańkowicz. Auch für die in letzter Zeit vor allem im Politikjargon verbreitete phraseologische Wendung **deklinować** coś **przez wszystkie przypadki** »etw. in vollem Umfang berücksichtigen, ausschöpfen; sich mit etw. gründlich auseinander setzen; etw. oft wiederholen« fand sich bei der Internetrecherche ein Beleg für das Jahr 1919, in den polnischen Wörterbüchern ist sie allerdings nur 1996 im *Praktyczny słownik języka polskiego* sowie 2003 im *Uniwersalny słownik języka polskiego* verzeichnet.[3]

Generell ist es bei metaphorischen Bedeutungen von Wörtern und Wortverbindungen wohl eher so, dass sie durch die Natürlichkeit, Selbsterklärbarkeit der bildlichen Übertragung den Eindruck erwecken, als kenne man sie bereits ewig - eine Erscheinung, wie wir sie ähnlich aus der potenziellen Wortbildung kennen.

Allgemeinsprachliches Kriterium

Grundsätzlich besteht das Korpus aus Neuwörtern, -bedeutungen und neuen Wortgruppen, die entweder eindeutig zur Allgemeinsprache gehören oder aus anderen Sprachvarietäten (Soziolekten, Fachsprachen, dem Substandard) bereits in die Allgemeinsprache vorgedrungen sind. Durch die vielfachen Wechselbeziehungen zwischen den Sprachvarietäten ist eine strenge Grenzziehung allerdings nicht immer möglich. So sind Wörter wie **betabloker, bioflawonoidy, botoks, cellulit, bulimia, feromony, ceramidy, izoflawony** usw., die heute in aller Munde sind, schon viel früher im medizinischen Fachwortschatz belegt.

Häufigkeitskriterium

Die Gebrauchshäufigkeit ist ein wesentliches Kriterium, das erst durch die Existenz von elektronischen Korpora und Internetrecherche exaktere Konturen gewonnen hat. Für alle neuen Wörter aus Texten galt, dass mindestens drei Belege aus verschiedenen Quellen vorliegen müssen, damit sie in das Korpus aufgenommen werden können. Von diesem Prinzip wurde selten abgewichen.

Wortbildungskriterien

Neue Wörter können situationsbedingt und individuell nach bestimmten Modellen gebildet werden. Dazu gehören neben Diminutiv- und Augmentativbildungen Univerbierungen mit **-ówka** und **-owiec** wie **ramówka, aidsowiec**, Ableitungen mit serienbildenden Affixen, Präfixoiden sowie Zusammensetzungen mit reihenbildendem Kompositumglied, vgl. etwa die gegenwärtig sehr produktiven Hybridbildungen mit **euro-, bio-, eko-, tele-**, z.B. **europoseł, eurozwolennik, biorolnik, ekożywność, teleoglądalność** oder die Adjektive mit dem Zweitglied **-chłonny** bzw. **-oszczędny**: **energochłonny, energooszczędny** usw. Ihre zeitliche Zuordnung fällt oft schwer, denn aufgrund ihrer regelmäßigen Bildbarkeit sind sie eher unauffällig in Bezug auf

---

3 Das deutsche Äquivalent „etw. **durchdeklinieren**" ist im Übrigen auch erst vor einiger Zeit in Mode gekommen.

ihren Neuheitswert, sie fallen dem Sprachbenutzer nicht sofort ins Auge, und auch semantisch sind sie leicht zu erschließen. Wir haben derartige Bildungen immer dann aufgenommen, wenn sie in Wörterbüchern nicht belegt waren und eine erhöhte Gebrauchshäufigkeit vorlag.

Eine gleichfalls produktive Gruppe sind deonymische Wortbildungen, vgl. **belwederczyk, falandyzacja, michnikowszczyzna, kuroniówka, lepperysta, makdonaldyzacja, wałęsizm** usw. Sie werden, nicht zuletzt aus übersetzerischen Erwägungen, ebenfalls selektiv aufgenommen.

Aufbau der Makrostruktur

In den vergangenen Jahrzehnten hat sich bei der Erstellung der Materialbasis für Wörterbuchprojekte ein grundsätzlicher Wandel von auf traditionellem Wege ermittelten begrenzten Korpora (Exzerptionen von Hand) hin zu elektronischen Korpora mit riesigen Datenmengen vollzogen. Der Lexikograf hat darüber hinaus jederzeit durch eigene Internet-Recherchen unmittelbaren Zugriff auf voll elaborierte elektronische Texte, z.B. bei Internetausgaben von Zeitungen und Zeitschriften sowie offiziell ins Netz eingestellten Texten, aber auch auf eine Unmenge von spontanen Texten mit fast mündlichem Charakter in Diskussionsgruppen, Foren und insbesondere Weblogs. Diese Quellen ermöglichen es besser als je zuvor, „dem Volk aufs Maul zu schauen" und den aktuellen, ungezwungenen, von sprachpflegerischen Aspekten unberührten Sprachgebrauch kennenzulernen. Das erhöht zugleich die Verantwortung des Lexikografen bei der Bewertung der aus dem Internet gewonnenen potenziellen „Aufnahmekandidaten".

Gewinnung des Materialkorpus

Drei Quellen waren für das Materialkorpus maßgeblich: allgemeinsprachliche und selektiv spezielle Printwörterbücher ab 1992, andere gedruckte Materialien (Presse, Bücher, Wortschatzsammlungen) sowie das Internet. Bezeichnenderweise nimmt die Belletristik dabei einen marginalen Raum ein. Die Überprüfung des aus diesen Quellen gewonnenen Materials erfolgte zunächst am elektronischen Korpus des Verlages PWN in Warschau. Das entscheidende Wort bei der Verifizierung des Materials hatten aber die Warschauer Mitglieder des Autorenteams um Andrzej Markowski, denn trotz aller Modernisierung des lexikografischen Handwerks bleibt die lexikologisch-lexikografische Kompetenz des Wörterbuchautors - gerade auch in Anbetracht der unterschiedlichen Provenienz der Internettexte - mehr denn je die letzte Instanz bei allen Fragen.

Entsprechend dieser Hierarchie wurde bei der Materialgewinnung vorgegangen. In einem ersten Schritt wurden durch einen systematischen Wörterbuchvergleich die Stichwörter herausgefiltert, die zum ersten Mal nach 1990 vorkommen. Zusätzlich wurden die bereits genannten Fortsetzungsbände „Nowe słownictwo polskie. Materiały z prasy", die Textbelege aus den Jahren 1985-2000 zusammenführen, ausgewertet. Allerdings zeigte sich recht bald, dass etwa ein Viertel der so ermittelten „Wörterbuchneologismen" nachweislich nicht neu ist, sondern aus vielfältigen sprachlichen und außersprachlichen Gründen in früheren Quellen nicht registriert war. Um diese „Pseudoneologismen" wurde das Korpus - mit Ausnahme der oben genannten Einschränkungen gegenüber dem zeitlichen Kriterium - bereinigt. Das so entstandene Subkorpus bildete zunächst den Grundstock des Materials.

Parallel dazu wurden durch gezielte Recherche in gedruckten wie elektronischen Texten weitere Neubildungen ermittelt, die unsere Aufnahmekriterien erfüllten. In einer ganzen Reihe von Fällen fanden aber auch Wörter Aufnahme, die gewissermaßen vor unseren Augen entstanden bzw. aus einer anderen Sprache ins Polnische hineingewandert sind, streng genommen also noch nicht einmal die Schwelle zur Usualität überschritten haben. Die Autoren haben hier mutig eine Lexikalisierungs- oder Neologisierungsprognose gestellt, welche die Chancen für einen festen Platz des „Neulings" im Wortschatz beurteilt. Mehrere Faktoren entschieden dabei für eine Aufnahme: Vor allem die Relevanz der entsprechenden außersprachlichen Erscheinung, die einen Benennungsdruck erzeugt, wobei in diesem frühen „vorusuellen" Stadium sicher nicht endgültig klar ist, welches Wort unter eventuell konkurrierenden neuen Benennungen sich am Ende durchsetzen wird. Leicht fiel die Entscheidung dann, wenn das neue Wort zu einem vorhandenen Wortbildungsmuster gehörte, so bei den immer wieder neu aufkommenden zahlreichen Benennungen für Trendsportarten auf **-ing**, wie **skateboarding**, **kitesurfing**, **canyoning**, **curling**, **kickboxing** usw., bei denen erwartbar ist, dass diese sich auch in Polen durchsetzen werden. Auch die (deutsche) Außenperspektive hatte entscheidungsfördernde Wirkung, wenn z.B. abzusehen war, dass ein im Deutschen bereits vorhandener Neologismus (oft englischer Provenienz) mit zeitlicher Verzögerung - gemeinsam mit der benannten Sache - auch in die polnische Sprache gelangen wird. Im Verlauf der über fünfjährigen Arbeit am Wörterbuch hat sich so manche dieser Prognosen am Ende des Zeitraums als richtig erwiesen, z.B. der Neosemantismus für **senior** als nobilitierende Benennung für »älterer Mensch« sowie **akwaplaning**, **diskonter**, **alkopop(s)y**, **chill out** usw., die zunächst auf diese Weise in unsere Sammlung gekommen sind. Aber auch lexikalische Neuheiten, die der jüngsten politisch-gesellschaftlichen Entwicklung nach 2005 zu danken sind, wie **moherowe berety**, **łże-elity** sind in das Korpus einbezogen worden, obwohl nicht klar ist, ob sich in 10 Jahren noch jemand daran erinnern wird.

Insgesamt ist auf diese Weise ein Korpus von ca. 3 500 Neuwörtern, Neubedeutungen, Mehrwortbenennungen und Neophraseologismen entstanden. Trotz der breit angelegten Auswertung von Printwörterbüchern und -medien aus den Jahren 1992-2003 stellte sich am Ende heraus, dass ein beträchtlicher Anteil von Stichwörtern in keinem dieser Wörterbücher belegt ist. Es liegt in der Natur der Dinge, dass ein solches Korpus des neuen Wortschatzes niemals abgeschlossen ist, seit Bearbeitungsschluss hat sich bereits wieder eine stattliche Anzahl von potenziellen Neologismuskandidaten angesammelt, unter denen sich auch etliche Nachträge befinden, die den Autoren bei der Bearbeitung trotz der Dichte des Netzes durch die Maschen geschlüpft sind. So manche Entscheidung für oder gegen eine Aufnahme mag heute einer erneuten Prüfung nicht standhalten. Aber wir denken, dass das Wörterbuch auch in der vorliegenden Form aufschlussreiche, gesicherte Sprachdaten liefert.

Aufbau der Mikrostruktur

Die Mikrostruktur, also der Aufbau der Wörterbuchartikel, spiegelt das Anliegen der Autoren, sowohl dem deutschen wie dem polnischen Muttersprachler Informationen zur Bedeutung, zum Gebrauch und zur Übersetzung eines Neologismus ins Deutsche zu geben. Beim deutschen Benutzer werden bereits Polnischkenntnisse vorausgesetzt - ein Neologismenwörterbuch ist ein Spezialwörterbuch -, dementsprechend selektiv ist der grammatische Beschreibungsapparat zum polnischen Lemma gestaltet.

Sämtliche makro- wie mikrostrukturellen Entscheidungen folgen nicht dogmatisch einem einmal vorgegebenen lexikografischen Schema, sondern sind immer auch in Abwägung der Benutzerinteressen getroffen worden.

Als Lemmata fungieren Neuwörter, Neubedeutungen und neue Wortgruppen. Neubedeutungen werden durch ein hochgestelltes ^{NB} gekennzeichnet z.B. **maska**^{NB} - *Computer* »wie ein Formular aufgebaute Bildschirmoberfläche eines Computers...«. Feste Mehrwortbenennungen werden durch den Rhombus ♦ eingeleitet, z.B. ♦ **marketing polityczny**, Phraseologismen zusätzlich durch *phras,* z.B. ♦ *phras* **nie mój cyrk, nie moje małpy**. Als Stichwort dient die Nennform, also der Nominativ Singular bei Substantiven und Adjektiven, der Infinitiv bei Verben, nur in seltenen Fällen wird eine konjugierte Verbfom angesetzt.

Lemmatisierung

Ortografische Varianten werden in der Reihenfolge ihrer Häufigkeit aufgeführt, vgl. **businessplan, biznesplan** bzw. **karawaning, caravaning**, ebenso bedeutungsnahe Varianten, vgl. den Artikel **koksiarz, koksownik, kokser**, wobei explizite Angaben zur Gebrauchspräferenz der einzelnen Varianten gemacht werden.

Phraseologismen und andere Wortgruppen werden mit dem vollen Artikel unter dem (ersten) Substantiv aufgeführt, unter den anderen bedeutungstragenden Komponenten findet sich ein Verweis auf den Hauptartikel. Ist der eigentlich neologische Bestandteil einer Mehrwortbenennung jedoch eine andere Wortart, z.B. ein Adjektiv, so wird der volle Artikel unter diesem Wort lemmatisiert, vgl. **partia kanapowa** unter **kanapowy**, **podziemie aborcyjne, turystyka aborcyjna** unter dem Neuwort **aborcyjny**.

Angaben zur Aussprache, Betonung und Flexion werden nicht durchgängig geboten, ohnehin sind Aussprache und grammatische Kategorien, wie Genus und Kasus, bei neuen Wörtern noch ungefestigt und unterliegen Schwankungen. Die vorgefundenen Varianten werden ohne normative Bewertung aufgeführt, sondern entsprechend ihrer Häufigkeit. Aussprache- und Betonungshinweise findet man dann, wenn es aus der Sicht des deutschen Muttersprachlers Zweifel geben könnte - in der Regel treten solche Schwierigkeiten bei der Aussprache von gemeinsam entlehnten Anglizismen auf, wo die Aussprache desselben Wortes im Deutschen und Polnischen voneinander abweicht, z.B. poln. **spam** [spam] im Unterschied zu dt. [spæm]. Dabei wird die im *Nowy słownik poprawnej polszczyzny* praktizierte Umschrift verwendet.

Aussprache, Betonung, Flexion

Analog wird mit den grammatischen Angaben verfahren. Neben der durchgängigen Angabe des Genus wird bei den Maskulina wegen der Schwankungen zwischen *-a* und *-u* der Genitiv Singular sowie gegebenfalls der Nominativ Plural angegeben, bei femininen und neutralen Substantiven wird auf die reguläre Genitivendung verzichtet. Darüber hinaus wird auf Präferenzen bezüglich des Gebrauchs im Singular oder Plural hingewiesen. Bei Verben werden lediglich die Aspektpaare in der Reihenfolge ihrer Gebräuchlichkeit aufgeführt, soweit diese zu ermitteln waren. Wie die Ausspracheangebote sind die grammatischen Angaben auch nicht als absolute und normative Entscheidung zu sehen, auch hier sind Veränderungen möglich.

Auf das Stichwort und dessen grammatische Parameter folgt die stilistisch-pragmatische Charakteristik. Die Hierarchie der Stilmarker und deren präzise Anwendung ist generell eines der schwierigsten Kapitel der lexikografischen Beschreibungspraxis, um so größer sind die Konflikte bei der Bewertung neuer, nicht stabilisierter Wörter, wo die Entwicklung noch im Fluss ist. Marker wurden daher behutsam verwendet. Sehr oft handelt es sich dabei um eine umgangssprachliche bis saloppe bzw. soziolektale Markierung.

Stilmarker, Fachbereichsangaben

Weitgehend individuell werden die Fachbereichsmarker gehandhabt, hier hat ein zweisprachiges Wörterbuch größere Freiheit als ein einsprachiges Wörerbuch. Da die deutschen Äquivalente die gleiche Fachbereichs-Markierung aufweisen und die fachliche Zuordnung sich auch meist eindeutig aus der Bedeutungsdefinition ergibt, kommt der größte Teil der Neologismen in beiden Sprachen ohne expliziten Marker aus, vgl. **kickboxing** »Kampfsportart...« - **Kickboxen**, oder **kuskus** »grobkörniger Weizengrieß bzw. nordafrikanisches Gericht aus...« - **Couscous**. Die Marker wurden meist auf Lemmata beschränkt, wo die Zuordnung zu einem Fachbereich unklar ist oder eine Neubedeutung vorliegt, z.B. **konwertować** *EDV* »Daten von einem Format in ein anderes umwandeln«, **konsola** *Computer* »Grundgerät für elektronische Spiele...« oder **lata** *EDV* - **Patch**.

Die Zurückhaltung bei der Vergabe von Fachbereichszuweisungen erklärt sich nicht zuletzt aus der Schwierigkeit, ein Wort bzw. einen Terminus eindeutig zuzuordnen - nicht selten hätten für ein Lemma in Anbetracht der fachsprachlichen Durchdringung aller Lebensbereiche bis zu drei Fachbereichsmarker gesetzt werden müssen, etwa bei Kosmetika, die sich die Errungenschaften von Medizin, Technik, Biologie und Chemie zunutze machen.

Bei der Angabe von Fachbereichsmarkern wurde auf Abkürzungen - wie generell im gesamten Lemmateil - weitgehend verzichtet, so dass die Benennungen sich selbst erklären. Diese extensive Schreibweise rechtfertigt sich durch den sparsamen Einsatz der Marker.

Bedeutungsdefinition

In der Regel erfolgt in einem zweisprachigen Wörterbuch die Semantisierung des Lemmas über das Äquivalent bzw. die Äquivalente. Da Neologismen nur in geringem Maße bereits zuvor lexikografisch beschrieben worden sind, ist die Bedeutungsangabe auch in einem bilingualen Wörterbuch ein wichtiges Element der Mikrostruktur, zumal ein Teil der Entsprechungen wegen Nulläquivalenz ohnehin als Bedeutungsparaphrase gegeben werden muss.

Aus den genannten Gründen folgt in der Regel auf das Stichwort eine knappe Definition der Bedeutung, die durch ein Synonym gestützt werden kann. Bei Wortfamilien wird die Definition nur einmal gegeben, z.B. findet man unter **makrobiotyka** die volle Definition »spezielle, hauptsächlich auf Getreide u. Gemüse basierende Ernährungsweise« und unter **makrobiotyczny** bzw. **makrobiotyk** lediglich die deutsche Entsprechung **makrobiotisch** bzw. den Hinweis »Anhänger der Makrobiotik«. Auf die Bedeutungsdefinition wird hingegen meist verzichtet, wenn es ein vollständiges deutsches Äquivalent gibt. Die Praxis zeigt jedoch, dass der Durchschnittssprecher ein Wort zwar oft kennt, nicht jedoch den genauen Bedeutungsgehalt, so dass zum Teil auch Definitionen bei voll äquivalenten Wörtern wie **ceramidy**, **e-commerce**, **niosomy** usw. gegeben wurden. Bei fehlender Äquivalenz ist die Definition zugleich ein Äquivalentangebot, sie bietet den Ausgangspunkt für eigene kontextuelle Entsprechungen. In den Fällen äquivalentloser polnischer Stichwörter, wie z.B. **dresiarz** oder **szalikowiec**, sind die Definitionen ausführlicher, um die Bedeutungsmerkmale möglichst umfassend zu beschreiben. Definition, Kollokationen und entsprechend gewählte Beispiele bilden dann gewissermaßen eine komplexe Beschreibungseinheit, vgl.

dresiarz »Vertreter einer aggressiven Jugend-Subkultur, oft ein jugendlicher Krimineller aus ärmlichem Milieu; äußerlich erkennbar am Outfit: Trainingsdress, Sportschuhe, Muskelshirt, Goldkettchen u.Ä.; im Verhalten ordinär, primitiv, gewalttätig; ungebildet«. *Ogólnie dresiarzy dzielimy na dwie grupy. Po pierwsze, słuchacze muzyki disco polo, ubierający się w dres; zazwyczaj są to ludzie biedni, z robotniczych domów, o niskim wykształceniu. (...). Następną grupą są prawdziwi dresiarze - ludzie głównie młodzież, o niskim wykształceniu. Działają w gangach i mafii.*

Die dafür angebotenen Entsprechungen **Proll**, **Rowdy**, **Assi**, **Prolet** sind eher als Hilfestellung, als Hinweis auf ein soziales Pendant zu sehen.

Äquivalenz

In einem Neologismen-Wörterbuch gibt es kaum ein Äquivalenzproblem, das nicht auch in der allgemeinen zweisprachigen Lexikografie auftreten würde. So haben wir es bei der Äquivalentfindung mit den Problemen der Wiedergabe von Fremdwörtern, von umgangssprachlichem, soziolektalem und fachsprachlichem Wortschatz zu tun, aber auch mit der Wiedergabe von Phraseologismen sowie Mehrwortbenennungen, von sog. geflügelten Worten (z.B. Politikeraussprüchen) und Realienbezeichnungen. Erschwerend wirkt sich in der Neografie allerdings aus, dass man sich kaum auf vorhandene semantische Beschreibungen und Äquivalent-Angebote stützen kann, sondern dass in der Regel eine aufwändige Erstrecherche einsetzen muss, um alle semantischen Nuancen auszuleuchten.

Am unkompliziertesten sind die aus dem Englischen übernommenen neuen Wörter und Bedeutungen, denn hier sind Polnisch und Deutsch oft konform, und dem Lexikografen bleibt nur die Überprüfung der Entsprechungen in Bezug auf die Faux-Amis-Problematik. Ähnliches gilt für Fachtermini. Die größten Schwierigkeiten bereitet erfahrungsgemäß die umgangssprachliche Lexik, hier gibt es viel Nulläquivalenz und daher bloße Bedeutungsbeschreibungen. Aber auch wenn sich deutsche umgangssprachliche Entsprechungen anbieten, sind sie semantisch und pragmatisch meist nicht gleichwertig (vgl. das o.g. **dresiarz**), und die Differenz ist schwer darstellbar. Es ist daher nach dem traditionellen Prinzip verfahren worden, nämlich ganze Synonymbündel anzubieten, weil es selten ein einziges treffendes Äquivalent gibt, z.B. **czadowy** »sehr gut, ausgezeichnet, bewundernswert, begeisternd« - **abgefahren, super, stark, spitze, spitzenmäßig, hammermäßig, geil**, als Kompositumglied **Wahnsinns-**.

In einigen Fällen haben die Autoren eigene deutsche potenzielle, systemkonforme Äquivalente vorgeschlagen, die dann mit einem Sternchen vor dem Äquivalentangebot gekennzeichnet sind: **neonomenklatura - *Neonomenklatura; lepperiada - *Lepperiade; lepperysta - *Lepperist**. Auch wörtliche Übersetzungen als Äquivalentvorschläge bei Politiker-Zitaten oder Phraseologismen sind in geringer Zahl angeboten worden, vgl. das ursprüngliche, inzwischen bereits frei mit anderen Namen ausfüllbare phraseologische Schema „ktoś musi odejść" **Balcerowicz musi odejść - Balcerowicz muss gehen**.

Das Bemühen um ein breites Äquivalentangebot, das eine Einsetzbarkeit in möglichst viele Kontexte ermöglicht, gilt insbesondere auch für die neue Phraseologie, wo die Wahrscheinlichkeit direkter phraseologischer Äquivalente ziemlich gering ist, vgl. **odbić się od dna - aus der Talsohle herauskommen, die Talsohle verlassen** o. **durchschritten haben, den Tiefpunkt überwunden haben, (wieder) auf die Beine kommen, (wieder) Fuß** o. **Tritt fassen, (wirtschaftlich) wieder hochkommen**.

Die Reihung der Äquivalentangebote erfolgt nicht zufällig, sondern in der Regel steht bei mehreren Äquivalenten das genaueste, vollständigste und gebräuchlichste am Anfang, z.B. **biznesplan - Geschäftsplan, Businessplan, Unternehmensplan**. Immer wieder zeigt sich, dass nicht das gemeinsam entlehnte Fremdwort das gebräuchlichste Äquivalent ist, z.B. ist für **businesswoman** das häufigere deutsche Äquivalent **Geschäftsfrau**, gefolgt von **Businesswoman**; **cyberzależność** ist häufiger **Internetabhängigkeit**, seltener **Cyberabhängigkeit**. Wenn Äquivalente durch ein Semikolon getrennt werden, so bedeutet dies meist, dass sie nicht (vollständig) gleichwertig sind, verschiedene Bedeutungsnuancen darstellen oder in verschiedenen Kontexten funktionieren, vgl. **deskarka - Surferin; Snowboarderin; Skaterin** oder **korupcjogenny - korruptionsanfällig; korruptionsfördernd**.

Bei gleicher stilistisch-pragmatischer Markierung zwischen Lemma und Äquivalent wird der Marker nur beim Lemma gegeben, das bedeutet automatisch, dass er sich auch auf das Äquivalent bezieht: **na luzie** *ugs* - **cool**, **locker** oder **krążek** *ugs* - **Scheibe**, **Platte**, d.h. beide Äquivalente sind ebenfalls umgangssprachlich. Dieses Verfahren ist ökonomischer als eine ständige Wiederholung des gleichen Markers.

Bei Abweichungen hingegen erhält jede stilistisch unterschiedliche Entsprechung eine eigene Markierung, z.B. **krajówka** *ugs - neutral* **Landeskommission**; **lumpeks** *ugs - neutral* **Secondhandshop**; **tania linia lotnicza** - **Billigfluglinie**, *ugs* **Billigflieger**; **rekieter** *ugs, Jargon - neutral* **Schutzgelderpresser**. Dem polnischen umgangssprachlichen Phraseologismus **z doskoku** entspricht im Deutschen kein äquivalenter umgangssprachlicher Phraseologismus, so dass nur die neutralen inhaltlichen Entsprechungen »in unregelmäßigen Abständen, von Zeit zu Zeit, sporadisch, nebenbei, nebenher« angeboten werden. Der Nutzer muss dann nach kontextuellen Möglichkeiten zur Auflösung des konnotativen Defizits suchen.

Kollokationen   In engem Zusammenhang mit den Äquivalenten stehen die Kollokationen. In der Wörterbuchschreibung sind Kollokationen ein ebenso wichtiges wie bisher häufig vernachlässigtes Element der Mikrostruktur. Bei neuen Wörtern kommt ihnen noch ungleich größere Bedeutung zu, weil mit ihrer Hilfe weitere semantische Nuancen im Kontext verdeutlicht werden können. Daher werden in den Stichwortartikeln, so weit es die Quellenlage zuließ, übliche Kollokationen angeführt, z.T. zweisprachig, um die angegebenen Äquivalente zu veranschaulichen, z.B.

menu[NB] - **Menü**. **Menu główne** - **Hauptmenü**. **Pasek menu** - **Menüleiste**.

ochraniacz *Sport* »meist Knie- u. Ellenbogenschoner« - **Schützer, Schoner**. Ochraniacze na łokcie; ochraniacze piszczeli; ochraniacze do jazdy na łyżworolkach. Założyć, zdjąć ochraniacze.

Beispiele   Die Beispiele erfüllen traditionell mehrere Funktionen. Sie dokumentieren das Lemma in seinen (grafischen, grammatischen, lexikalischen) Varianten und verdeutlichen Semantik, Verbindbarkeit sowie die Einsetzbarkeit der angeführten Äquivalente. Es gibt im vorliegenden Wörterbuch auch Stichwortartikel, wo das Beispiel zusätzlich - entgegen dem lexikografischen Leitsatz, dass ein Beispiel keine definitorischen Elemente enthalten soll - die Bedeutungsdefinition um wichtige Nuancen ergänzt. Insbesondere dann, wenn es sich um äquivalentlose Lexik handelt, die schwer zu semantisieren ist, schien uns dieser Weg gangbar, vgl. das oben genannte **dresiarz** sowie auch die folgenden Beispiele

szalikowiec *Jargon* »meist in der Gruppe auftretender (jugendlicher) Sportfan, der einen langen Schal mit den Farben seines Klubs trägt u. sich häufig aggressiv gegenüber den Fans der gegnerischen Mannschaft verhält« - **Hooligan, Randalierer, Pseudofan,** *selten* **Schaltträger**. *Zmorą dzisiejszych klubów piłkarskich i stadionów sportowych są grupy wyrostków, przejawiające brutalność, wulgaryzm językowy i wandalizm, potocznie nazywanych szalikowcami. Należą oni do grupy podkultur młodzieżowych, odznaczających się wyjątkowo agresywnymi formami zachowania. (...) Dla szalikowca mecz nie jest formą rozrywki jako takiej, ale pretekstem do wyrażenia agresji wobec innych.*

toksyczny[NB] »einen stark negativen, destruktiven psychischen Einfluss habend« *Toksyczny człowiek to taki, w którego towarzystwie źle się czujemy. To ktoś, kto wpływa na nas negatywnie, sprawia, że robimy i mówimy rzeczy, które nam ciążą.*

Die Zahl der Beispiele richtet sich aber auch nach der Zahl der angebotenen Äquivalente, die jeweils im Kontext gezeigt werden sollen, so wird z.B. **bez obciachu** wegen seiner semantischen Breite und dementsprechenden Äquivalenz mit fünf Beispielen dokumentiert.

Die überwiegende Mehrzahl der Beispiele stammt, ein Spiegelbild der Quellenlage, aus dem Internet. Das hat auch zur Folge, dass die Zitate, deren Schreibweise im Wesentlichen beibehalten wurde, von unterschiedlicher sprachlicher Qualität sind. Insbesondere die spontanen Äußerungen aus Weblogs und Foren geben einen Einblick in Varietäten des Polnischen, die bislang der unmittelbaren Beobachtung verschlossen waren. Um die meist langen Internet-Quellenangaben nicht ausufern zu lassen, wurde die Adresse verkürzt bis zur Länder-Domain pl. Die Jahresangabe im Anschluss verweist, wenn das Datum eines Textes sich ermitteln ließ, auf das tatsächliche Entstehungsdatum, war dies nicht möglich, so signalisiert es das Zugriffsjahr. Die Suchmöglichkeiten sind heute bereits so exakt, dass auch diese verkürzte Form der Notation ausreicht, um ein Originalzitat zu überprüfen. Jedenfalls ist das World Wide Web nicht so kurzlebig und flüchtig, wie man glaubt, man findet bestimmte Texte über Jahre noch vor, davon konnten wir uns während der Arbeit immer wieder überzeugen.

Ein Novum des Wörterbuchs ist der Nachweis des Vorkommens der einzelnen Neologismen in den großen allgemeinen polnischen Wörterbüchern seit den neunziger Jahren, bei Phraseologismen auch der wichtigsten phraseologischen Wörterbücher. Nach dem Icon 📖 werden in chronologischer Folge die lexikografischen Fundorte dokumentiert. Es handelt sich hier, dies sei noch einmal betont, um allgemeine und phraseologische Wörterbücher, Spezialwörterbücher (Jargon-, Fremdwörter-, Abkürzungswörterbücher usw.) werden nur in seltenen Fällen ausgewiesen. Falls gedruckte Belege ermittelt wurden, die mindestens 5 Jahre vor dem ersten Wörterbuchbeleg liegen, werden diese nach dem Icon ✎ aufgeführt, z.B. wenn das Neuwort bereits in der Sammlung von Zagrodnikowa 1982 oder, noch früher, im Fremdwörterbuch von 1971 vorkommt, danach jedoch lange nicht den Weg in ein allgemeines Wörterbuch fand. Dabei dokumentiert eine Jahreszahl *vor* der Quellenangabe das konkrete Datum des Belegs, z.B. 1989 NSP2. Quellenangaben

An den Daten lassen sich sehr deutlich für den Leser die unterschiedlichen Zeitschichten des Materialkorpus ablesen, der eine Teil, der seit 1992 oder später in den allgemeinen Wörterbüchern kodifiziert ist, und der neuere Teil, der bislang lexikografisch (noch) nicht erfasst ist. Auffällig ist auch die uneinheitliche und teilweise lückenhafte Erfassung von lexikalischen Einheiten in den verschiedenen allgemeinen Wörterbüchern, wie sie sich in der Chronologie der Quellennachweise spiegelt - ein anschaulicher Beweis, wie subjektiv die lexikografische Registrierung des Wortschatzes teilweise ist.

Bewusst nicht im Blickpunkt der Aufmerksamkeit standen etymologische Angaben zu den Stichwörtern. Hinweise auf die Gebersprache werden nur dann eingefügt, wenn die Quellenlage eindeutig schien. Eine durchgehende Charakteristik hätte intensive Recherchen im Vorfeld nötig gemacht, die eher der Lehnwortforschung überlassen werden müssen. In diesem Kontext ist auch die weitgehende Vernachlässigung der Unterscheidung zwischen Entlehnungen aus dem Englischen oder Amerikanischen zu sehen. Die originale Ausgangsform eines Anglizismus wurde nur dann verzeichnet, wenn sie von der Schreibung des polnischen Stichworts abwich, wie in **singel**, **singiel** - engl. single, oder es sich um eine Lehnübersetzung handelte, z.B. **samoopalacz** - engl. selftanner; **spalacz tłuszczu** - engl. fat burner. Herkunftsangaben

Wo immer es möglich war, wurden jedoch sachliche Informationen zu einem Wort oder einem Phraseologismus gegeben, die seine Genese bzw. Motivation erklären, also etwa bei Politikerzitaten o.Ä., vgl.

> **Cud nad Wisłą** ◁ „Cud nad Wisłą" bezieht sich auf den in schwieriger militärischer Lage errungenen Sieg der polnischen Armee unter Marschall Józef Piłsudski im August 1920, wodurch die bereits vor Warschau stehende Rote Armee zum Rückzug gezwungen wurde.

Dem Stichwortartikel **falandyzacja** wurde zur Herkunft des Wortes die Erklärung angefügt

> ◁ Lech Falandysz, inzwischen verstorbener Rechtsberater des ehemaligen polnischen Präsidenten Lech Wałęsa, der durch seine geschickte Auslegung der gesetzlichen Bestimmungen berühmt wurde.

Das legendäre geflügelte Wort **puścić kogoś w skarpetkach** findet folgenden Kommentar:

> ◁ in Analogie zu „puścić kogoś z torbami" gebildet; geht zurück auf Lech Wałęsa, der 1992 als Präsident versprach: „Każdy, kto ukradł złotówkę, będzie osądzony i puszczony w skarpetkach."

Polnisch-deutsche Kontraste

Im Rahmen der Möglichkeiten ist in den Stichwortartikeln versucht worden, auf Differenzen zwischen dem polnischen Neologismus und seiner deutschen Entsprechung in den einzelnen beschriebenen Parametern gezielt aufmerksam zu machen, die für polnische wie deutsche Benutzer gleichermaßen von Belang sind. Meist sind es die Angaben zu unterschiedlichen Bedeutungen eines Lemmas im Polnischen und Deutschen, diese werden am Ende des Artikels nach dem Zeichen **!** aufgeführt, z.B. bei **crack** dt. **Crack** 1. »kristallines Kokain« 2. »Crackprogramm« findet sich der Zusatz **!** im Dt. Crack auch ugs „Profi", oder **koksować** »Dopingmittel einnehmen« **!** im Dt. koksen »Kokain nehmen«; **biała niedziela** »am Sonntag stattfindende ärztliche Sprechstunden auf dem Lande, wo die Bevölkerung aufgrund großer Entfernungen einen erschwerten Zugang zur medizinischen Betreuung hat« - **!** im Dt. **weißer Sonntag** »Sonntag nach Ostern, an dem in der katholischen Kirche die Erstkommunion stattfindet«.

Auch auf Ausspracheunterschiede zwischen dem polnischen Stichwort und dem deutschen Äquivalent wird hingewiesen, z.B. für polnisch **cyber** [cyber], dt. [sai...]. Das betrifft insbesondere die Situation, wo beide Sprachen ein englisches Wort direkt übernommen haben, die Aussprache jedoch unterschiedlich ist, vgl. **rating** [ratiŋk] - dt. **Rating** [rejtiŋ] oder **ranking** [rankiŋk] - dt. **Ranking** [ræŋkiŋ].

Speyer, im März 2007   Erika Worbs

Quellenabkürzungen

Bogusławski/ Wawrzyńczyk 1993	Bogusławski, Andrzej; Wawrzyńczyk, Jan. Polszczyzna, jaką znamy. Nowa sonda słownikowa. Warszawa 1993.
Cosmo	Cosmopolitan
IS	Bańko, Stanisław (red.). Inny słownik języka polskiego. Warszawa 2000.
NSF	Lebda, Renarda. Nowy słownik frazeologiczny. Kraków 2005.
NSP1	Tekiel, Danuta (red.). Nowe słownictwo polskie. Materiały z prasy lat 1972-1981. Część I i II. Kraków 1988-1989.
NSP2	Smółkowa, Teresa (red.). Nowe słownictwo polskie. Materiały z prasy lat 1985-1992. Część I-III. Kraków 1998-99.
NSP3	Smółkowa, Teresa (red.). Nowe słownictwo polskie. Materiały z prasy lat 1993-2000. Część I. II. Kraków 2004.
NSPP	Markowski, Andrzej (red.). Nowy słownik poprawnej polszczyzny. Warszawa 1999.
OiT	Markowski, Andrzej; Pawelec, Radosław. Wielki słownik wyrazów obcych i trudnych. Warszawa 2001.
PL	Magierowa, Barbara; Kroh, Antoni. Prywatny leksykon współczesnej polszczyzny, zeszyt 1-5. Nowy Sącz 1995-1997.
PP	Anusiewicz, Janusz; Skawiński, Jacek. Słownik polszczyzny potocznej. Warszawa-Wrocław 1996.
PS	Zgółkowa, Halina (red.). Praktyczny słownik współczesnej polszczyzny, Poznań 1994-2005.
PSF	Głowińska, Katarzyna. Popularny słownik frazeologiczny. Warszawa 2000.
SF	Bąba, Stanisław; Liberek, Jan. Słownik frazeologiczny współczesnej polszczyzny. Warszawa 2001.
SiS	Czarnecka, Anna; Podracki, Jerzy. Skróty i skrótowce. Warszawa 1995.
SNP	Chaciński, Bartek. Wypasiony słownik najmłodszej polszczyzny. Warszawa 2003.
SPS online	Widawski, Maciej. Słownik polskiego slangu online. http://www.univ.gda.pl/slang/
SSM	Czeszewski, Maciej. Słownik slangu młodzieżowego. Piła 2001.
SSS	Podracki, Jerzy. Słownik skrótów i skrótowców. Warszawa 1999.
STK	Pfaffenberger, Bryan. Słownik terminów komputerowych. Warszawa 1999.
SWO 1971	Tokarski, Jan (red.). Słownik wyrazów obcych. Warszawa 1971.
US	Dubisz, Stanisław (red.). Uniwersalny słownik języka polskiego. Warszawa 2003.
WSF	Kłosińska, Katarzyna; Sobol, Elżbieta; Stankiewicz, Anna. Wielki słownik frazeologiczny z przysłowiami. Warszawa 2005.
Zagrodnikowa 1982	Zagrodnikowa, Alicja: Nowe wyrazy i wyrażenia w prasie. Kraków 1982.

Abkürzungsverzeichnis

Abk	Abkürzung
Adj	Adjektiv
Adv	Adverb
amerik	amerikanisch
arab	arabisch
chin	chinesisch
dt	deutsch
engl	englisch
frz	französisch
G	Genitiv
Gpl	Genitiv Plural
griech	griechisch
Interj	Interjektion
ipf	imperfektiver Aspekt
ital	italienisch
jap	japanisch
korean	koreanisch
L	Lokativ
N	Nominativ
neugriech	neugriechisch
Npl	Nominativ Plural
österr	österreichisch
pers	persisch
pf	perfektiver Aspekt
Pl	Plural
port	portugiesisch
russ	russisch
schwed	schwedisch
Sg	Singular
span	spanisch
süddt	süddeutsch
tschech	tschechisch
türk	türkisch
ugs	umgangssprachlich

Zeichenlegende

📖	Wörterbuchquellen
✎	erster ermittelter Textbeleg (mindestens 5 Jahre vor dem ersten Wörterbuchbeleg)
♦	feste Wortgruppe
!	Kontrast zum Deutschen
◄	Herkunft bzw. Anmerkung zur Genese eines Wortes
(K)	Beispiel aus dem elektronischen Korpus des Verlages PWN
*	vor einem deutschen Äquivalent: Potenzielle Bildung z.B. *Cepeliade
*	nach dem Stichwort: Das Wort ist vor 1989 schon in Gebrauch gewesen, jedoch nicht in den Wörterbüchern verzeichnet, z.B. ubek*
NB	als hochgestelltes Kürzel nach einem Wort: Neubedeutung (Neosemantismus)
phras	Phraseologismus

A

aborcja *f, meist im Sg* - **Abtreibung, Schwangerschaftsabbruch**. Dokonać, poddać się aborcji; przeprowadzić, wykonać aborcję. (De)legalizacja aborcji. *Dane mówią, że co kilka minut na świecie umiera kobieta, której odmówiono legalnej i bezpiecznej aborcji.* Cosmo 2001 (K). 📖 Supl 1994, PS 1994, SW 1996, IS 2000, US 2003

aborcjonista *m, G ~ty, Npl ~iści, auch* **aborter** *m, G -a, -Npl ~rzy* **1** - **Abtreibungsbefürworter**. *Nie należał do grupy aborcjonistów w parlamencie.* OiT. *Z Kościołem walczy lewica, głównie komuniści i organizacje postbądź kryptokomunistyczne: OPZZ, Neutrum, aborterzy, feministki itp.* NSP2. 📖 SW 1996, US 2003 ✎ 1990 NSP2 **2** - »Gynäkologe, der einen Schwangerschaftsabbruch vornimmt« - **Abtreibungsarzt**. *Pojawia się pytanie o dalsze losy i przeżycia kobiet, które skorzystały z usługi abortera.* OiT. 📖 SW 1996, US 2003

aborcyjny *Adj v.* ↗aborcja - **Abtreibungs-**. Pigułka aborcyjna - Abtreibungspille. Zabieg aborcyjny - Abtreibungseingriff. Ustawa aborcyjna - Abtreibungsgesetz. *Pigułka może jednak mieć efekt aborcyjny, uniemożliwia bowiem zagnieżdżenie się zapłodnionego jaja w macicy.* www.slowo.pl 2005. 📖 PS 1994, IS 2000, US 2003

♦ **podziemie aborcyjne** - »illegaler Abtreibungsmarkt« *Wszystkie dostępne źródła wskazują na to, że podziemie aborcyjne jest bardzo dobrze rozwinięte.* www.federa.org.pl 2000. *Jeśli Sejm przyjmie ustawę w proponowanej wersji, czekają nas zapewne podziemia aborcyjne i wyjazdy do krajów, gdzie zabieg taki można łatwo przeprowadzić.* NSP2. 📖 PS 2003, US 2003 ✎ 1992 NSP2

♦ **turystyka aborcyjna** »(illegal organisierte) Auslandsreisen, um einen Schwangerschaftsabbruch vorzunehmen« - **Abtreibungstourismus**. *W styczniu Sąd Rejonowy w Cieszynie umorzył podobną sprawę przeciw czterem osobom oskarżonym o organizowanie turystyki aborcyjnej do Czech.* Gazeta Wyborcza 1997 (K). 📖 PS 2003, US 2003

aborter *s.* **aborcjonista**

ABS [a-be-es] *m, G* ABS-u *oder indekl* »Bremssystem, das ein Blockieren der Räder verhindert« - **ABS, Antiblockiersystem**. *Z ABS hamujecie od razu maksymalnie, bo koła się nie zablokują i będziecie nadal hamować również przy skręcaniu, gdyż system eliminuje blokadę hamulców, zapewniając wam sterowność.* TVP 1996 (K). 📖 IS 2000, US 2003. *auch* ↗system antypoślizgowy ◁dt

abstrakt[NB] *m, G -u, Wissenschaft* »Zusammenfassung eines Dokuments o. einer wissenschaftlichen Arbeit« - **Abstract, Resümee**. Przygotować abstrakt; rozdawać abstrakty. *Nie zdążyłem zapoznać się nawet z abstraktem tej monografii.* PS. 📖 PS 1994, US 2003 ◁engl abstract

adidas[NB] *m, G -a, nur im Sg* **1** *Jugendsprache, ugs* - »Aids« Złapać, mieć adidasa; zarazić się adidasem. Chory na adidasa. *Bałagan i brud na giełdzie samochodowej taki, że gdyby w K. miał się objawić przypadek choroby AIDS, przez lud swojsko adidasem zwanej, to bez wątpienia nastąpiłoby to tu.* PL. *Mój starszy mówi: wal, bo młody jesteś, tylko uważaj, żebyś nie złapał adidasa.* Dialog 1995 (K). 📖 PS 1994, SW 1996, IS 2000, US 2003. *s. auch* ↗AIDS **2** *Npl -y, Jugendsprache, geringschätzig* - »Aidskranke(r)« *Po ulicach snują się adidasy z kartkami, na których wypisane są prośby o zapomogę.* IS. 📖 IS 2000, US 2003 *auch* ↗aidsowiec ◁Anspielung auf die Buchstaben des Kurzworts A-I-D-S

admin *m, G -a, Computerjargon, ugs* »Netzadministrator« - **Admin**. Admin serwera, sieci. *Zbyt aroganckie komentarze ze strony adminów i moderatorów. Tu zdaje mi się liczy się tylko zdanie adminów.* www.centrumxp.pl 2005. *Nie podważaj decyzji innych adminów, nie walcz, tylko współpracuj z nimi. (...) Wszystkie postanowienia Kodeksu Administratora, dotyczą również adminów pokojów.* gry.online.wp.pl 2005. 📖 kein Beleg. *s. auch* ↗administrator

administracja[NB] *f* »Regierung, meist in Bezug auf die USA« - **Administration**. *Administracja amerykańska zapowiedziała wprowadzenie ułatwień dla podróżnych przyjeżdżających do USA. Nic nie mówiono jednak o zniesieniu wiz wjazdowych.* www.tur-info.pl 2006. 📖 IS 2000, US 2003 ◁engl administration

administrator ♦ **administrator sieci** *Computersprache* - **Netzadministrator**. *Z naszymi komputerami od kilku tygodni dzieją się dziwne rzeczy. Wieczorem kończysz robotę, zgodnie z instrukcjami naszego administratora sieci starannie zamykasz wszystkie programy. Rano, kiedy włączasz komputer, widzisz, że jakieś programy pracują, tekst, który wczoraj zamknąłeś, jest otwarty.* Gazeta Wyborcza 2000 (K). 📖 OiT 2001 *s. auch* ↗admin

♦ **administrator serwera** *Computersprache* - **Serveradministrator**. *Tak naprawdę twoja* *anonimowość jest pozorna, a naruszenie zasad zachowania w Internecie może spowodować rozmaite sankcje: od upomnienia przez innego użytkownika lub administratora serwera po utratę dostępu do Internetu.* Cosmo 2000 (K). ▯ kein Beleg. *s. auch* ↗admin

adrenalina ♦ *phras, ugs* **adrenalina skoczyła** (komuś); coś **podnosi poziom adrenaliny** u kogoś; u kogoś **wzrasta poziom adrenaliny** »jd. regt sich sehr über etw. auf« - jds. **Adrenalinspiegel steigt, schnellt in die Höhe;** etw. **treibt** jds. **Adrenalinspiegel in die Höhe.** *Włos mi stanął dęba - o ile to było możliwe jeszcze bardziej niż normalnie, adrenalina skoczyła pod niebiosa, zdrowaśki prawie gotowam była zmawiać.* vicewers.blox.pl 2006. *Każdemu z nas chyba adrenalina skoczyła do rzadko spotykanego poziomu!* www.kultury.org 2006. *I choć porusza się „koło za kołem", motocykl daje coś, co podnosi poziom adrenaliny niezależnie od wieku i statusu społecznego: niepowtarzalne poczucie prędkości.* Sukces 2002. *Rafting daje możliwość dobrej zabawy w otoczeniu wspaniałej scenerii, a podczas tej wycieczki poziom adrenaliny wzrasta o 100%.* www.sports-tourist.com.pl 2006. ▯ IS 2000

adres ♦ **adres elektroniczny** 1 *auch* ♦ **adres e-mailowy, adres mejlowy** - **(E-)Mail-Adresse.** *W wersji angielskiej zawiera numery telefonów wraz z kierunkowymi oraz e-mail, który już w tej chwili jest najważniejszym kontaktem: (...) jeśli masz swój adres elektroniczny, jesteś od razu wiarygodna.* Cosmo 2000 (K). *Aby otrzymać odpowiedź na pytania, należy podać nazwisko, adres e-mailowy oraz język roboczy.* ec.europa.eu 2006. *Jeśli jest Pan/i zainteresowany wyjazdem za granicę, proszę o przesłanie prośby na adres mejlowy, o wysłanie formularzy cv w języku angielskim.* www. kierowca.com 2006. ▯ kein Beleg. *auch* ↗e-mail 2 *auch* ♦ **adres internetowy** - **Internetadresse.** *W zgłoszeniu stron WWW do konkursu należy podać nazwę i numer szkoły oraz adres internetowy, pod którym znajduje się strona.* www.eduseek.pl 2003. ▯ IS 2000

afera ♦ **afera rozporkowa** *Mediensprache* »Sexskandal um den amerikanischen Präsidenten Clinton mit der Praktikantin Monica Lewinsky Ende der 90er Jahre« - **Lewinsky-Affäre, Monicagate, Zippergate.** *„Afera rozporkowa" dowiodła, że mieszkańcy Stanów Zjednoczonych stają się coraz bardziej tolerancyjni wobec zdrady małżeńskiej - która w kodeksie prawa wojskowego nadal pozostaje przestępstwem karanym pozbawieniem wolności.* www2.tygodnik.com.pl 2003. ▯ kein Beleg. *auch* ↗Monicagate, ↗Zippergate

Afroamerykanin *m, G -a, Npl ~anie* »Amerikaner schwarzer Hautfarbe, dessen Vorfahren aus Afrika stammen« - **Afroamerikaner.** *Na poniewolniczym Południu Afroamerykanie stanowią pokaźną grupę etniczną.* www. mobilizacja.pl 2005. ▯ IS 2000, US 2003

Afroamerykanka *f v.* ↗Afroamerykanin - **Afroamerikanerin.** *Wkrótce potem została pierwszą w historii parlamentaryzmu stanu Illinois kobietą i zarazem pierwszą Afroamerykanką na stanowisku asystenta lidera większości.* www.smolec.pl 2006. ▯ IS 2000, US 2003

afroamerykański *Adj* - **afroamerikanisch.** *Muzyka afroamerykańska. Po trzecim roku rzucił studia i zamieszkał w Nowym Jorku, gdzie zaczął obracać się w kręgach literatów afroamerykańskiego pochodzenia.* www.rappstyle.hip-hop.pl 2005. ▯ IS 2000, US 2003

ageism, ageizm [ejdżizm] *m, G -u* »Voreingenommenheit gegenüber einer Person aufgrund ihres Lebensalters, meist gegenüber Älteren in der Gesellschaft u. auf dem Arbeitsmarkt« - **Altersdiskriminierung, Ageism, Agismus.** *Warto pamiętać, że ageism może dotyczyć zarówno osób starszych, jak i młodszych. Większość z nas oburza się, gdy mówimy o kimś, iż jest za stary, by wykonać określony zawód, niewielu jednak bulwersuje stwierdzenie, że ktoś jest do czegoś za młody.* www.hrk.pl 2006. *Ageizm (ang. ageism), uprzedzenie wobec ludzi starszych pod względem negatywnych stereotypów, podobne do rasizmu, seksizmu.* aneksy.pwn.pl 2006. ▯ kein Beleg. ◁engl

agencja ♦ **agencja impresaryjna** *s.* **impresariat**

♦ **agencja ratingowa** *s.* **ratingowy**

♦ **agencja towarzyska** *ugs, verhüllend* »Bordell« - **Etablissement, Massagesalon.** *O.Z. prowadzi działalność gospodarczą pod nazwą Agencja Towarzyska, a w rzeczywistości prowadzi dom publiczny, wulgarnie nazywany burdelem.* PL. ▯ PS 1994, SW 1996, IS 2000, US 2003

agrobiznes *m, G -u* »alle Wirtschaftsbereiche, die sich auf die Landwirtschaft stützen: landwirtschaftliche Produktion, Verarbeitung sowie Handel mit Agrarprodukten« - **Agrarwirtschaft, Agrarökonomie, Agrargeschäft.** *Rozwoju agrobiznesu nie da się wymusić, należy stworzyć takie warunki, by przemysł i przetwórstwo rolne stały się po prostu opłacalne.* OiT. *Takie atrakcyjne warunki będą z całą pewnością sprzyjać rozwojowi małej przedsiębiorczości, agrobiznesu, usług, czyli w konsekwencji powstawaniu nowych miejsc pracy.* SW. ▯ SW 1996, OiT 2001, US 2003
! „Agrobusiness" im Dt. eher negativ

agroturystyczny *Adj v.* ↗agroturystyka - **agrotouristisch, Bauernhof-, Agrotouristik-.** *Region agroturystyczny; gospodarstwo agroturystyczne. Można tutaj odpocząć, można* *podratować zdrowie (...). A jednocześnie mieszkać w gospodarstwach agroturystycznych, popijać zdrowe mleko, smakować miejscowe wędliny.* Cosmo 2000 (K). *Gospodarstwa agroturystyczne oferując zakwaterowanie zapewniają wypoczynek, wyżywienie, poznanie zwyczajów i codziennych zajęć na wsi.* www.agroturystyka.ik.pl 2003. ◱ OiT 2001, US 2003

agroturystyka *f* - **Ferien, Urlaub auf dem Bauernhof; Bauernhoftouristik; Agrotouristik**. *Kiedy na początku lata mówiono o różnych możliwościach wyjazdu na wieś, okazało się, że stary obyczaj wynajmowania izby i stołowania się u gospodarza nazywa się teraz „agroturystyka" i przedstawiany jest jako najnowszy wynalazek.* PL. *Agroturystyka to coraz popularniejszy sposób spędzania urlopu.* OiT. ◱ SW 1996, US 2003

agroturyzm *m, G -u* - **Agrotourismus, Bauernhoftourismus**. *Szansą rozwoju dla naszego rejonu może być agroturyzm.* www.zegocina.pl 2003. *Zachodzi potrzeba stworzenia (...) dodatkowych miejsc pracy na wsi. Jednym z pomysłów jest „agroturyzm". Chodzi nam o wykorzystanie wolnych zasobów mieszkaniowych na wsi dla celów wypoczynkowych.* PL. ◱ kein Beleg

AIDS *seltener* **aids** [ejts *seltener* ajts] *m, indekl oder ugs* AIDS'a - **Aids**. *Chory na AIDS* (*ugs* na AIDS-a). *Zarazić się AIDS* (*ugs* AIDS-em); *chorować, umrzeć na AIDS* (*ugs* na AIDS-a); *złapać, mieć AIDS* (*ugs* AIDS-a). *Cała rodzina może odczuwać wstyd i poniżenie, ponieważ ktoś z jej członków jest chory na AIDS*. A. Siemaszko, Granice tolerancji 1993 (K). *We wczesnych latach osiemdziesiątych, w chwili ekspansji choroby AIDS, nikt nie miał pojęcia o istniejącym zagrożeniu zarażenia się wirusem HIV poprzez krew.* D. Strączek, Klonowanie 1998 (K). ◱ Supl 1994, PS 1994, SW 1996, IS 2000, US 2003. *auch* ↗zespół nabytego niedoboru odporności, *s. auch* ↗adidas

AIDS-owiec, aidsowiec, ajdsowiec *m, G ~wca, Npl ~wcy, ugs, abwertend* - »Aidskranker«. *Ostatnio najbardziej wziętą sprawą jest solidarność z aidsowcami.* SW. *Bo przyszłością społeczeństw jest Nowy Wspaniały Człowiek, a nie schizofrenicy, niepełnosprawni, gruźlicy, narkomani, aidsowcy, socjopaci i nadwrażliwcy.* www.teatry.art.pl 2005. ◱ PS 1994, SW 1996. *s. auch* ↗adidas

AIDS-owy, aidsowy *Adj v.* ↗AIDS - **Aids-**. *Pierwszy przebłysk w aidsowej nocy.* SW. ◱ PS 1994, SW 1996

airbag [erbak] *m, G -u, Kfz* - **Airbag**. *Od tego czasu wprowadzono mnóstwo usprawnień i dodatkowych rozwiązań, jak seryjnie montowany system antypoślizgowy ABS oraz airbag - poduszkę powietrzną montowaną w kole kierownicy, chroniącą przed obrażeniami podczas zderzenia czołowego.* NSP2. *Cena wersji podstawowej wynosi 32,5 tys. zł, a w standardzie otrzymujemy m.in. airbag kierowcy i pasażera, elektryczne szyby, pirotechniczne napinacze czy przyciemnione szyby.* Dzień Dobry 2001 (K). ◱ kein Beleg ⌀1991 NSP2. *häufiger* ↗poduszka powietrzna ◂engl

airbus [erbas, erbus] *m, G -a* »Großraumflugzeug für Kurz- u. Mittelstrecken« - **Airbus**. *Szef zachodnioeuropejskiego Airbus-Industries (...) bynajmniej nie ukrywa, że na przeszkodzie stanął amerykański Boeing, który w jakiś sposób zdołał namówić TWA, aby zamówienie na kilkadziesiąt airbusów zostało w kraju, konkretnie u Boeinga.* NSP2. *Pięciu uzbrojonych i zamaskowanych porywaczy opuściło indyjski airbus i z uwolnionymi towarzyszami podstawowym samochodem odjechało z lotniska.* Rzeczpospolita 2000 (K). ◱ IS 2000 ◂engl airbus, Flugzeugtyp der Firma Airbus-Industries

ajatollah *m, G -a, Npl -owie* »Ehrentitel für geistliche Würdenträger im schiitischen Islam« - **Ajatollah**. *Chociaż ajatollah Ruhollah Chomeini często i głośno pomstował na szatańskie Stany Zjednoczone, bardzo rzadko potępiał sowiecką napaść na Afganistan.* pl.danielpipes.org 2006. *Prezydent ajatollah Sajjed Mohammad Chatami, uchodzący za reformatora, zdystansował się od wydarzeń.* www.orient.uw.edu.pl 2003. ◱ kein Beleg ◂pers

akcja ♦ **akcja nawrotowa** *Kfz* »Aktion, in der der Hersteller dazu auffordert, bestimmte mit Mängeln behaftete Fahrzeuge einer Serie zurückzugeben bzw. in einer Vertragswerkstatt nachbessern zu lassen« - **Rückrufaktion**. *(...) stwierdzono zastosowanie nieodpowiednich śrub przy pompie hamulcowej, ale ta akcja nawrotowa dotyczyła zaledwie 129 samochodów.* auto.gazeta.pl 2005. *Okazuje się, że nawet słynąca z jakości Toyota nie ustrzegła się akcji nawrotowej. Do serwisów na całym świecie trafi niemal milion pojazdów tej marki.* www.trendomierz.net 2005. ◱ kein Beleg

aksamitny ♦ *phras* **aksamitna rewolucja** *s.* **rewolucja**

aktor[NB] *m, G -a, oft im Pl* **aktorzy**, *meist* ♦ **aktorzy sceny politycznej** *Politik* »die aktiv an der Politikgestaltung beteiligten politischen Kräfte, einflussreiche Politiker« - **Akteure der politischen Bühne**. *Dziwi, że główni aktorzy sceny politycznej (politycy, partie, władze) swoją wiedzę o ocenie swoich dokonań czerpią także z wyników opłacanych przez media.* www.rzeczpospolita.pl 2005. *Stańmy się aktywni, zwłaszcza, gdy aktualni aktorzy sceny politycznej nie dorastają do swojej roli.*

aktywacja

www.sd.org.pl 2005. 📖 PS 1994, SW 1996, IS 2000, US 2003

aktywacja[NB] *f, EDV* »das Freischalten eines Computerprogramms, eines Mobiltelefons durch Eingabe der Seriennummer« - **Aktivierung**. Aktywacja produktu, oprogramowania; automatyczna aktywacja serwera; aktywacja telefonu komórkowego do sieci. *Aktywacja powinna być wykonana zaraz po instalacji programu. Istnieje możliwość przesunięcia aktywacji w czasie, ale czas ten nie może przekroczyć 15 dni.* www.mathcad.pl 2005. 📖 IS 2000

aktywować[NB] *ipf / zaktywować pf, EDV* »bestimmte automatische, selbstlaufende Funktionen, z.B. ein Virenprogramm, einschalten« - **aktivieren**. Aktywować funkcję, program wirusowy, klawisze, serwis, usługę telefoniczną. *Jeśli chcesz zainstalować i aktywować program na innym komputerze, potrzebujesz nowego kodu aktywacji.* www.codetwo.pl 2006. *Jak aktywować lub zmienić stronę użytkownika?* www.epraca.com.pl 2006. 📖 kein Beleg

akumulator ♦ *phras* **ładować / na-(pod-, do-) ładować akumulatory, baterie** *ugs* »insbesondere im Sport: neue physische u. psychische Kraft, Energie schöpfen, tanken; sich physisch u. psychisch regenerieren« - **den Akku, die Batterie (wieder) aufladen**. - *Owszem, udzieliłem ostrej reprymendy po porażce z Apatorem, ale nie ma mowy o żadnym trzęsieniu ziemi czy zmianach kadrowych. (...) - mówi prezes Polonii, Wiesław Wilczyński. - Atmosfera jest bojowa, ładujemy akumulatory.* SF. *Jeśli twój stan wynika po prostu z przemęczenia, to parę dni urlopu pozwoli zupełnie inaczej spojrzeć na świat, naładować akumulatory i wrócić z nową werwą do pracy - mówi L. Pijawska, psycholog z Take It, firmy doradztwa personalnego.* SF. 📖 PSF 2000, SF 2001, US 2003

akwapark, aquapark *G -u* - **Freizeit-, Erlebnisbad**. *Na akwapark złoży się jednak w sumie aż pięć basenów, w tym dwa rekreacyjne (o powierzchni 200 i 500 metrów kwadratowych), dla dzieci do nauki pływania (brodzik) i basen zewnętrzny (200 metrów kwadratowych), pomyślany jako atrakcja letnia.* darlowo.info.pl 2006. *Aquapark powstanie w centrum Wrocławia, u podnóża Wzgórza Andersa.* www.wroclaw.pl 2006. 📖 kein Beleg

akwaplaning *s.* **aquaplaning**

alarm ♦ **alarm wibracyjny** *Mobilfunk* - **Vibrationsalarm**. *Alarm wibracyjny, powszechnie nazywany wibrą, powiadamia o nadchodzącym połączeniu lub zdarzeniu (otrzymanie SMS-a, umówione spotkanie zapisane w kalendarzu) poprzez wibrację.* www.inspiracja.com 2005. *Prawie każdy telefon komórkowy posiada wbudowany alarm wibracyjny.* sklep.avt.com.pl 2006. 📖 kein Beleg

alergia ♦ *phras* **mieć alergię, dostać alergii** na kogoś/coś; ktoś/coś **wywołuje alergię** u kogoś/w kimś - **eine Allergie, eine starke Abneigung** gegen jdn./etw. **haben**; jd./etw. **löst** in jdm. **eine Abneigung, Allergie aus**. *Dostaję alergii na widok tego człowieka.* IS. *Już sam jego widok wywołuje we mnie alergię.* US. 📖 IS 2000, US 2003

alergiczny[NB] *Adj,* **alergicznie**[NB] *Adv* ♦ *phras* **być alergicznym** na kogoś/coś; **reagować alergicznie** na kogoś/coś; **mieć odczyn alergiczny** na coś - **allergisch** gegen jdn./etw. **sein**; **allergisch** auf jdn./etw. **reagieren**. *Nasi fundamentaliści liberalnej polityki stabilizacji ukształtowali swoje poglądy w opozycji do gospodarki planowej i alergicznie reagują na wszystko, co ją przypomina.* NSP2. *Sama wysiedziałam w tym piekle parę miesięcy, gdyż mój radziecki odpowiednik dla czerwonoarmiejskiego rejonu, czyli Śródmieścia, był alergiczny na kolegów polskich, a mnie jakoś znosił.* www.lwow.com.pl 2003. *Osobiście mam odczyn alergiczny na hip-hop i gatunki pokrewne za wyjątkiem rapu.* www.terazrock.pl 2003. 📖 SW 1996, IS 2000, US 2003 ✎1991 NSP2

alkomat *m, G -u, auch* **alkometr** *G -u,* **alkotest** *G -u* »Gerät zum Messen der Atemluft, um den Blutalkoholwert zu bestimmen« - **Alkomat, Alkoholmessgerät;** *ugs* **Promilletester**. *Już za kilka dni nasza milicja drogowa otrzyma trzydzieści zakupionych w RFN alkomatów. Są to elektroniczne urządzenia, które dokładnie określają poziom alkoholu we krwi.* NSP2. *Alkometr przeznaczony jest do automatycznego pomiaru stężenia alkoholu we krwi na podstawie wydychanego powietrza.* www.alkomaty.info 2000. *Komisariat Policji w Zelowie wzbogacił się o alkotest, urządzenie służące do pomiaru zawartości alkoholu we krwi.* imedia.org.pl 2003. *Pijany kierowca z Krakowa nie chciał dmuchnąć w alkotest ani poddać się badaniu krwi.* imedia.org.pl 2003. 📖 SW 1996, IS 2000, US 2003 ✎1987 NSP2

alkopop *m, G -u, meist im Pl* **alkopopy** »besonders von Jugendlichen bevorzugtes Mischgetränk aus Limonade u. Alkohol« - **Alcopop(s)**. *Szczególnie dużym powodzeniem cieszą się alkopopy - wysokoprocentowe napoje alkoholowe pomieszane z sokami owocowymi.* forum.wprost.pl 2006. *Dopiero kilka lat temu wódkę zamieniliśmy na piwo, a już się staje ono passé - nadchodzi era wina i alkopopów.* Newsweek 2004. 📖 kein Beleg

alokacja[NB] *f, Wirtschaft* »in einem Etat: Zuweisung von finanziellen Mitteln, Materialien u. Produktivkräften« - **Allokation**. *Alokacja kapitału, siły roboczej, nakładów inwestycji.*

Prezes oświadczył, że nowa sytuacja ekonomiczna zmusza naszą firmę do alokacji środków. OiT. IS 2000, US 2003

alterglobalista *m, G ~ty, Npl ~iści* »Anhänger einer Bewegung, die die Globalisierung nicht ablehnt, sondern sich für eine andere Art der Globalisierung mit weniger negativen Auswirkungen einsetzt« - **Alterglobalist, Alterglobalisierer; Globalisierungskritiker.** *Alterglobalista to jest człowiek, który widzi pozytywne strony globalizacji, ale widzi także takie, z którymi zgodzić się nie może. To jest taki globalista selektywny.* www.polskieradio.pl 2004. *Jak tak dalej pójdzie, zostanę jakimś alterglobalistą albo jeszcze gorzej - antyglobalistą.* www.przekroj.pl 2005. kein Beleg

alterglobalistyczny *Adj* - **alterglobalistisch**. *Nie ma zgodności co do tego, kiedy ruch alterglobalistyczny powstał. Nie ma też ścisłej definicji, czym jest. Z całą pewnością ruch ten jest odpowiedzią na szereg negatywnych zjawisk związanych z postępującą globalizacją gospodarki, która sprawia, że pogłębiają się dysproporcje pomiędzy biednymi i bogatymi, rośnie dewastacja środowiska.* www.rozbrat.org 2006. kein Beleg

alterglobalizacja *f* »Globalisierung mit anderen Mitteln, mit weniger negativen Auswirkungen für die Menschen« - **Alterglobalisierung, alternative Globalisierung.** *Książka konkretna, dobrze udokumentowana, daleko wykracza poza problem rolnictwa i produkcji żywności. Udowadnia to, że alternatywą dla globalizacji nie jest „alterglobalizacja", lecz lokalność produkcji, samowystarczalność, samorządność, kontrola społeczeństwa nad własnymi zasobami i systemem gospodarczym.* www.obywatel.org.pl 2005. kein Beleg

alterglobalizm *m, G -u* »Bewegung, die die Globalisierung nicht ablehnt, sondern sich für eine andere Art der Globalisierung, mit weniger negativen Auswirkungen für die Menschen, einsetzt« - **Alterglobalismus.** *Nazwa antyglobalizm jest krzywdząca. To jest alterglobalizm, czyli walka o inną globalizację.* www.reporter.edu.pl 2004. kein Beleg

alternatywa[NB] *f* »zweite, andere Möglichkeit, Lösung; Möglichkeit des Wählens zwischen zwei o. mehreren Dingen« - **Alternative.** *Alternatywa dla kogoś/czegoś. Czy mamy inną alternatywę? IS. Nie ma także alternatywy dla włączenia się do zachodniego nurtu cywilizacyjnego.* OiT. SW 1996, IS 2000

alternatywny[NB] »in Opposition zum vorherrschenden, offiziellen Trend in der Gesellschaft bzw. gegenüber dem Herkömmlichen, Traditionellen stehend; unkonventionell« - **alternativ**. *Teatr alternatywny; medycyna, kultura alternatywna; myślenie alternatywne; alternatywne źródła energii. Kiedy byłem młody, ruch alternatywny polegał na tym, żeby być brzydkim i prostym w wyrazie. Podarte spodnie, czarne skórzane kurtki, odrapane gitary. Teraz świat oficjalny i medialny jest tak prostacki i ohydny, że alternatywą jest robienie rzeczy pięknych i szlachetnych.* www.resetnet.pl 2003. SW 1996, IS 2000, US 2003

alufelga *f, meist im Pl* **alufelgi**, *auch ugs* **alusy** *Kfz, Jargon* - **Alufelge.** *Obręcze ze stopów lekkich, popularnie zwane alufelgami, podbiły już rynek samochodów sportowych, powoli opanowują też segment aut klasy wyższej.* www.motofakty.pl 2004. *Sprzedam alusy z oponami michelin.* www.trader.pl 2005. OiT 2001 ◁dt Alufelge

alufolia *f* »dünne Folie aus Aluminium für Verpackungs- u. Isolationszwecke« - **Alufolie.** *Ja mam na myśli styropian powleczony alufolią i twierdzę, że po przyklejeniu tego za grzejnikiem straty ciepła maleją.* dom.idealny.pl 2005. *Może dlatego też pieczone ziemniaki, czy te z ogniska, czy z alufolii, upieczone w piekarniku lub prodiżu, są tak dziwnie smaczne, o wiele smaczniejsze od gotowanych w wodzie.* NSP2. OiT 2001 ⁄1991 NSP2 ◁dt Alufolie

alzheimerowiec *m, G ~wca, Npl ~wcy, Jargon* »Alzheimerpatient; auch übertragen: abwertend über jdn., der offenbar ein kurzes Gedächtnis hat« *Nie ma w Polsce systemu dziennej opieki dla alzheimerowców.* Polityka 2006. *Chęć byłych, podupadłych polityków UW do ponownego wejścia na scenę polityczną jest przemożna. Niech się pan nie martwi; Polacy to polityczni alzheimerowcy; oni nie pamiętają, co było wczoraj.* manager.money.pl 2006. kein Beleg

amfa *f, Drogenmilieu* »Amphetamin« - **Speed**. *Być na amfie. Niektórzy stosują amfę jako świetny środek pobudzający przed treningiem.* Polityka 2002. *Woził amfę do Szwecji w nadkolach samochodu, niezły grosz miał z tego.* PP. *Jak rozpoznać: Zwrócić należy uwagę na powiększone źrenice, brak apetytu, dużą ruchliwość, zaburzenia w myśleniu (...). Akcesoria: biały proszek, kawałki folii aluminiowej, rurki. Nazwy slangowe: amfa, speed, power, snif.* Karan 1995 (K). PP 1996. ◁Kurzform v. ↗amfetamina

amfetamina[NB] *f* »als Droge verwendete chemische Verbindung« - **Amphetamin**. *Amfetamina była dawniej stosowana w leczeniu psychiatrycznym. Obecnie tego zaniechano, ponieważ łatwo prowadzi ona do uzależniania. Jest natomiast nielegalnie wytwarzana i rozprowadzana jako jeden z narkotyków i środków dopingujących.* OiT. *Kokaina i amfetamina należą do narkotycznej rodziny stymulantów (tzw. speedów).* Polityka 2000 (K).

◨ Supl 1994, PS 1994, SW 1996, IS 2000, US 2003. s. auch ↗amfa

amfetaminista *m, G ~ty, Npl ~iści*, **amfetaminowiec** *m, G ~wca, Npl ~wcy*, **amfetaminiarz** *m, G -a, Npl -e, Drogenmilieu, ugs* - »Amphetaminkonsument« *Amfetaminiści trafiają się w różnych środowiskach, począwszy od uczniów szkół podstawowych, na elicie skończywszy.* mlody.webpark.pl 2005. *Najłatwiej będzie ci przydybać swojego chłopaka zaraz o poranku, wtedy kiedy noc łączy się z dniem. Najlepiej zaskoczyć go w momencie, kiedy jego starzy wychodzą z domu do pracy. To ważny moment dla każdego amfetaminowca. Wtedy może swobodnie wypełznąć ze swojej nocnej kryjówki.* www.insomnia.pl 2005. *W trakcie ciągu amfetaminiarz ma woskową cerę. Jest żółty i szklisty, ogólnie niemiły.* www.insomnia.pl 2005. ◨ kein Beleg ✐1992 NSP2

amfetaminowy *Adj v. ↗amfetamina* - **Amphetamin-**. *Ciąg, gang amfetaminowy. Amfetamina jest tania, więc można sobie na nią pozwolić. Tania, ale po niej przychodzi kilkutygodniowy dół amfetaminowy.* hyperreal.info 2003. *Do dziś istnieje ogromny rynek amfetaminowy, także poza sportem.* narkotyki.esculap.pl 2003. ◨ IS 2000, US 2003

anaboliczny *Adj v. ↗anabolik* - **anabolisch**. *Lek, steryd anaboliczny; działanie anaboliczne. Pierwszym środkiem anabolicznym, po który zwykle sięgają polscy kulturyści, jest metanabol.* portalwiedzy.onet.pl 2003. *Efekt anaboliczny trwa bardzo krótko.* powerbody.pl 2003. ◨ US 2003

anabolik *m, G -u* »Präparat zum Muskelaufbau, Dopingmittel« - **Anabolikum**. *Stosować, przyjmować, zażywać anaboliki. Został zdyskwalifikowany za stosowanie anabolików.* IS. *Metanabol jest i chyba długo jeszcze będzie najpopularniejszym anabolikiem w naszym kraju w kręgach kulturystycznych.* powerbody.pl 2003. ◨ Supl 1994, PS 1994, SW 1996, IS 2000, US 2003 ✐1976 NSP1
! im Dt nicht „Anaboliker"

analogowy *Adj* - **analog, Analog-**. *Telefon analogowy; technika analogowa; analogowa płyta gramofonowa; urządzenie analogowe. Nasza gazeta telewizyjna będzie nadawała w systemie analogowym.* IS. *W styczniu pojawią się na polskim rynku płyty compactowe firmowane przez Polskie Nagrania. Będzie to przede wszystkim muzyka poważna, bo na płycie analogowej trudno uzyskać wysoką jakość tego typu nagrań.* NSP2. ◨ PS 1994, IS 2000, US 2003

anarchopunk [anarchopank] *m, G -u, Musik* »Abart der Punkmusik mit radikal anarchistischen Texten, die in Großbritannien gegen Ende der 70er Jahre aufkam« - **Anarchopunk**. *W tym momencie chciałbym ponownie podkreślić, iż anarchopunk nie jest jedyną odmianą punk rocka.* www.sheol.pieklo.pl 2005. ◨ kein Beleg

anchorman [ankorman] *m, G -a, Medienjargon* »Fernsehmoderator, der die einzelnen journalistischen Beiträge vorstellt, die verbindenden Worte u. Kommentare spricht« - **Anchorman**. *Ale Lis w dodatku rozpalał emocje - był przekonujący i porywający. A więc nie był zdystansowany - jak przystało wątpiącemu intelektualiście i sceptycznemu anchormanowi. Był trybunem ludowym i populistycznym Katonem.* dziennikarski.blog.pl 2004. *W CNN-ie jest prezenterka, która mogłaby równie dobrze sprzedawać w barze ziemniaki z kaszanką, ale ładnie wygląda i dlatego czyta newsy z promptera. Jednak do poważnych programów każda stacja musi mieć swojego „anchormana". U nas coraz częściej dziennikarstwo jest anonimowe, beztwarzowe.* wirtualne.media.pl 2006. ◨ kein Beleg

angol, Angol *m, G -a, ugs* - »leicht geringschätzig über Engländer« *Starasz się o wizę do Anglii? Współczuję. Angole każą ci czekać co najmniej parę miesięcy.* PP. *Moi ulubieni Angole, prawie tak szybko jak Niemcy, zorientowali się, że nadeszła pora, aby dokonać zasadniczych korekt w stosunku do rządu PRL i Generała osobiście.* W. Górnicki, Teraz już można 1994 (K). ◨ IS 2000, US 2003 ✐1984 PP

anorektyczka *f* - **Magersüchtige, Anorektikerin**. *„Wyrzekłam się jedynie pieczywa. Nie jestem anorektyczką" - poważnie odpowiedziała Calista Flockhart.* Sukces 2002. *Niestety, najnowsze statystyki, polskie też, pokazują, że około 10 proc. anorektyczek umiera.* Filipinka 1996 (K). ◨ US 2003

anorektyczny *auch* **anoreksyjny** *Adj* - **magersüchtig, anorektisch**. *Ale i tak większość współczesnych kobiet nigdy nie uwierzyłaby partnerom zapewniającym, że lubią obfite kształty. Wierzą zaś w kreowany ideał kobiecości: anorektyczną i kanciastą czternastolatkę (...).* Cosmo 2000 (K). *Spieszę odpowiedzieć na pytanie, chociaż już trąci ono z lekka oskarżeniem o fioła anoreksyjnego tudzież o inny eating disorder.* corkalucyfera.mblog.pl 2005. ◨ OiT 2001

anorektyk *m, G -a* - **Magersüchtiger, Anorektiker**. *Dla anorektyków rezygnacja z mięsa jest często towarzysko akceptowanym sposobem na zrzucenie zbędnych kilogramów.* SW. *W ostatnich latach leczyliśmy na oddziale tylko dwóch anorektyków.* OiT. ◨ SW 1996, OiT 2001

antyaborcjonista *m, G ~ty, Npl ~ści* - **Abtreibungsgegner**. *Wiceprezes ZChN zażądał „zachowania równowagi politycznej i światopoglądowej w resorcie zdrowia", którą miałoby* *stworzyć wprowadzenie do kierownictwa resortu antyaborcjonisty z nomenklatury tejże partii.* SW. *Antyaborcjoniści odmawiają prawa swobodnego dysponowania swoim ciałem niektórym ludziom w najbardziej elementarnym zakresie.* www.nczas.com 2005. ◫ SW 1996, OiT 2001

antyaborcyjny *Adj* »gegen (die Legalisierung der) Abtreibung gerichtet« - **Anti-Abtreibungs-**. *Postawa, ustawa antyaborcyjna. Posłowie pytali między innymi o bezrobocie, podatek liniowy, a także o aferę Rywina, (...) o „haki" na posłów i ustawę antyaborcyjną.* wiadomosci.onet.pl 2003. ◫ PS 1994, US 2003

antycellulitowy *seltener* **przeciwcellulitowy** *Adj* - **Zellulitis-, Cellulitis-**. *Preparat, krem, balsam, żel, zabieg antycellulitowy. Krem antycellulitowy, stosowany po wieczornej kąpieli, powinien mieć w swoim składzie przede wszystkim wyciągi roślinne, pobudzające krążenie i usuwanie wody i toksyn z tkanek.* kosmetykionline.pl 2003. ◫ kein Beleg

antydepresant *m, G -a oder -u, Medizin* »Medikament gegen Depressionen« - **Antidepressivum**. *Antydepresant na lęki. Antydepresant nowej generacji poprawia nastrój, leczy rozdrażnienie, usuwa skutki stresu.* elle.interia.pl 2006. ◫ kein Beleg

antydumpingowy [antydampingowy] *Adj* - **Antidumping-**. *Cło antydumpingowe* - Antidumpingzoll. *Ustawa antydumpingowa* - Antidumpinggesetz. *Unia Europejska stosuje kodeks antydumpingowy. Cenę eksportu kalkuluje się na podstawie wartości dobra.* www.abc.com.pl 2003. *Władze Unii Europejskiej zamierzają wprowadzić specjalny podatek antydumpingowy na płyty CD-R importowane do Europy z Tajwanu. Ma to zapobiec sprzedawaniu płyt przez azjatyckich producentów poniżej kosztów produkcji.* www.czasopisma.pwp.pl 2003. ◫ PS 1994, SW 1996, US 2003

antyeuropejczyk *m, G -a, Npl ~ycy* »Gegner der Vereinigung Europas bzw. der EU« - **Antieuropäer**. *Ze szczególną niechęcią ze strony środowisk liberalnych spotkało się objęcie stanowiska Ministra Edukacji Narodowej przez lidera LPR, który przez dużą część polskiego społeczeństwa postrzegany jest jako „antyeuropejczyk, ultrakonserwatysta i katolicki konserwatysta".* www.msz.gov.pl 2006. ◫ kein Beleg

antyeuropejski *Adj* »gegen die Europäische Union u. die Vereinigung Europas gerichtet« - **antieuropäisch**. *Groźny jest również wzmocniony nurt antyeuropejski w postaci LPR-u, Samoobrony i częściowo PiS-u.* www.wiadomosci.onet.pl 2002. *Oponentów integracji postrzega się jako ksenofobów i zaściankowców. Świadczy o tym chociażby fakt, iż słowa „antyunijny" i „antyeuropejski" stosuje się obecnie jako synomimy.* www.naszswiat.pl 2003. ◫ PS 1994, US 2003

antyeuropejskość *f, G ~ści, auch* **antyeuropeizm** *m, G -u* - **Antieuropäertum, Antieuropäismus, antieuropäischer Geist, antieuropäische Haltung**. *Zapewne w zachodniej Europie nastroje antyamerykańskie są wciąż bardziej powszechne niż antyeuropejskość w Stanach.* www.tygodnik.com.pl 2006. *Antyeuropeizm nie jest lustrzanym odbiciem antyamerykanizmu.* prawo.uni.wroc.pl 2006. ◫ US 2003

antyglobalista *m, G ~ty, Npl ~iści* - **Globalisierungsgegner, Antiglobalisierer**. *Na chodniku obok fontanny antyglobaliści odtworzyli śmierć młodego Włocha. Pojawiły się znicze, flagi, transparenty i zdjęcia.* Gazeta Wyborcza 2001. *W powszechnym przekonaniu „antyglobaliści" to ogół ludzi sprzeciwiających się globalizacji, najczęściej widzianych przez pryzmat chuligańskich wybryków grup radykalnych. (...) Termin ten sugeruje także, że antyglobalista sprzeciwia się wszystkim aspektom globalizacji, co też jest dalekie od prawdy.* My a Trzeci Świat 2000. ◫ kein Beleg

antyglobalistyczny *Adj* - **antiglobal, Antiglobalisierungs-**. *Ruch antyglobalistyczny* - Antiglobalisierungs-Bewegung. *Ruch antyglobalistyczny to bardzo ciekawe zjawisko. Problem polega jednak na tym, że ciężko to zjawisko sklasyfikować i po prostu zaliczyć do jednej, osobnej kategorii.* www.interia.pl 2003. *Od początku ruch antyglobalistyczny ostro krytykował zasady funkcjonowania światowego rynku, gdzie mechanizmy przepływu kapitałów nie tylko nie likwidują różnic między państwami bogatymi i biednymi, lecz wręcz dramatycznie je pogłębiają.* www.abrys.pl 2004. ◫ kein Beleg

antyglobalizacja *f* - **Antiglobalisierung**. *„Globalizacja" i „antyglobalizacja" to terminy ostatnio niezwykle popularne a przy tym niejednoznaczne.* Gazeta Wyborcza 2003. *Można rozumieć globalizację na wiele sposobów - to jednak stanowi źródło licznych nieporozumień. Podobnie zresztą jak termin: antyglobalizacja - twór wybitnie medialny, powołany do życia przez mających skłonność do upraszczania wszystkiego dziennikarzy.* www.interia.komentarze.pl 2003. ◫ kein Beleg

antyglobalizm *m, G -u* - **Antiglobalismus**. *Zupełnie nie istnieje ruch studencki, który jest naturalną częścią antyglobalizmu w Europie czy Stanach.* www.reporter.edu.pl 2004. ◫ kein Beleg

antykorupcyjny *Adj* - **Antikorruptions-**. *Ustawa antykorupcyjna* - Antikorruptionsgesetz, *seltener* Korruptionsgesetz. *Telefon, pakt, urząd antykorupcyjny. Ustawa antyko-*

rupcyjna zakazuje bowiem łączenia stanowisk publicznych z pełnieniem funkcji w organach spółek prawa handlowego. www1.gazeta.pl 2003. *Tu nie jest potrzebna ustawa antykorupcyjna, tu jest potrzebna gilotyna!* www.anonimus.pl 2003. SW 1996, OiT 2001, US 2003

antykradzieżowy *Adj* - **Diebstahlsicherungs-**. System, zestaw, pakiet, zamek antykradzieżowy. *Elektroniczny system antykradzieżowy służy do zabezpieczenia przed kradzieżą towarów, takich jak sprzęt komputerowy.* www.adt.pl 2003. *Testowana wersja samochodu posiada dwie poduszki powietrzne, elektrycznie sterowane szyby oraz pakiet antykradzieżowy.* www.gieldasamochodowa.com 2003. kein Beleg

antykryzysowy *Adj* - **(Anti)krisen-**. Sztab, plan antykryzysowy - Krisenstab, -plan. Program antykryzysowy - Krisenprogramm, *seltener* Antikrisenprogramm. *W jego opinii antykryzysowy program wicepremiera i ministra finansów Grzegorza Kołodki jest programem koniecznym.* wiadomosci.tvp.pl 2002. *Dzięki stałym i szybkim informacjom sprawnie mógł działać sztab antykryzysowy i wszystkie służby odpowiadające za bezpieczeństwo w regionie.* www.tede.pl 2004. PS 1994, SW 1996, US 2003

antylustracyjny *Adj* »gegen die Überprüfung der geheimen Akten über Kontakte zum Sicherheitsdienst seiend« - **Anti-Durchleuchtungs-,** *Anti-Lustrations-. Dyskurs antylustracyjny. *Front antylustracyjny trwa do dziś, ale jest coraz bliżej do jego przełamania.* www.ipn.gov.pl 2006. SW 1996, OiT 2001

antynapadowy *Adj, Kfz* - »das Fahrzeug bei Überfall auf den Autofahrer nach wenigen Sekunden blockierend« System antynapadowy - Weiterfahrsperre. *Najnowocześniejsze zabezpieczenia elektroniczne są tak skomplikowane, że złodzieje często nie potrafią ich rozbroić. Wtedy decydują się na bezpośredni napad na kierowcę i siłą odbierają mu kluczyki. W takim przypadku może nam pomóc system antynapadowy. Jest to najczęściej ukryty gdzieś przycisk, który właściciel powinien dyskretnie nacisnąć po każdym otwarciu drzwi lub po włączeniu silnika. Jeśli złodziej tego nie zrobi, to po kilkudziesięciu sekundach silnik zgaśnie i nie da się ponownie uruchomić.* www.muzeum.gazeta.pl 2003. kein Beleg. *auch* ↗antyporwaniowy

antynarkotykowy, antynarkotyczny *Adj* »gegen die Wirkung von Drogen, den Gebrauch von Drogen u. den Drogenhandel gerichtet« - **Antidrogen-,** *auch* **Drogen-**. Telefon antynarkotykowy - Drogentelefon. Pies antynarkotykowy - Drogenhund, Rauschgiftspürhund. Ruch antynarkotykowy - Antidrogenbewegung. Ustawa antynarkotykowa - Drogengesetz, *seltener* Antidrogengesetz, *in Deutschland* Betäubungsmittelgesetz. Test antynarkotykowy - Drogentest. *Stowarzyszenie Katolicki Ruch Antynarkotyczny KARAN jest pozarządową organizacją, która prowadzi działalność w zakresie (...) uzależnienia od różnego rodzaju środków narkotycznych (...).* www.grupamedialna.info 2004. *Że zatrzymany łodzianin zajmuje się handlem narkotykami, policjanci dowiedzieli się dzięki informacji przekazanej przez antynarkotykowy telefon zaufania.* www.lodziana.pl 2003. PS 1994, US 2003

antyodblaskowy *Adj* - **verspiegelt**. Powłoka antyodblaskowa; pokrycie antyodblaskowe. *Okulary słoneczne przede wszystkim mają chronić oczy przed promieniami UV. Markowe (...) oprócz filtrów słonecznych mają szkła dużo lepszej jakości, bardziej przejrzyste. Na ogół z powłoką antyodblaskową, często - antydeszczową, która sprawia, że krople ześlizgują się ze szkieł.* Wysokie Obcasy 2000. *Wielu producentów komputerów nakłada na ekrany monitorów powłoki antyodblaskowe.* www.computerswiat.pl 2003. kein Beleg. *auch* antyrefleksyjny

antyoksydacyjny *Adj* - **antioxidativ, Antioxidations-**. *Antyoksydacyjna aktywność była testowana na kulturach komórek przeciwko silnemu oksydantowi, jakim jest nadtlenek wodoru.* www.zdrowie-inaczej.pl 2003. kein Beleg

antyoksydant *m, G -u oder -a* »Substanz zum Schutz der Zellen vor freien Radikalen« - **Antioxydant, Antioxydans**. *Sekret nieustającej młodości może być ukryty nie w pigułce czy cudownym napoju, ale w płodach rolnych! Marchew, szpinak oraz brokuły - podobnie, jak jeszcze inne warzywa - zawierają w sobie czynniki zwane antyoksydantami (przeciwutleniaczami), które według przeprowadzonych badań mogą być potężną bronią w walce ze skutkami starzenia.* Olivia 2003. PS 1994

antyperspiracyjny *Adj* »vor Transpiration u. Körpergeruch schützend« - **antiperspirierend, Antiperspirant-**. *Jeśli pocisz się intensywnie lub uprawiasz sport, potrzebujesz najskuteczniejszego z dezodorantów - antyperspiracyjnego.* dziewczyna.redakcja.pl 2003. kein Beleg

antyperspirant *m, G -u, selten -a* »kosmetisches Mittel, das vor Transpiration u. Körpergeruch schützt« - **Antiperspirant**. *Antyperspirant reguluje aktywność gruczołów potowych, zmniejsza pocenie się i nadaje skórze przyjemny zapach.* www.wszystko.pl 2003. *Na skórze pod wpływem ciepła antyperspirant zmienia się w rozpuszczalny żel, który nie zatyka ujść gruczołów potowych, a tylko ogranicza wydzielanie przez nie potu.* dziewczyna.redakcja.pl 2003. SW 1996, US 2003

antypilingowy *Adj* »von Textilien, meist Maschenware: mit einer Ausrüstung gegen Knötchen-, Fusselbildung versehener Stoff« - **Antipilling-**. Polar antypilingowy - Antipilling-Fleece. Dzianina, powłoka, warstwa antypilingowa. *Materiał z jednej strony jest antypilingowy, czyli nie mechaci się.* tola.allegro. pl 2006. *Jest to dzianina polarowa o specjalnym zewnętrznym wykończeniu antypilingowym (...).* www.skiforum.2006. ▢ kein Beleg

antyporwaniowy *Adj* - »das Fahrzeug bei Entführung nach wenigen Sekunden blockierend« *System antyporwaniowy przerywa pracę silnika po 30 sek. od uprowadzenia samochodu i blokuje go całkowicie po kolejnych 30 sek.* www.allhappy.krakow.pl 2003. *Tak jak w każdym innym przypadku nieautoryzowanego załączenia stacyjki (...) system antyporwaniowy uniemożliwi jazdę, zatrzymując auto z zachowaniem zasad bezpieczeństwa w ruchu drogowym.* www.amervox.com.pl 2003. ▢ kein Beleg. auch ↗antynapadowy

antypoślizgowy ♦ system antypoślizgowy *s.* system

antyradar *m, G -u* »Gerät zur Störung des Polizeiradars« - **Antiradar(gerät)**. *Wczoraj po południu ogólnopolska rozgłośnia podała, jak przerobić komórkę na antyradar.* Gazeta Poznańska 2000. *Zmorą aktywnie żyjących ludzi, większą niż komisja ds. Orlenu, są policyjne radary. (...) Ludzie próbują się bronić instalując antyradary. To potoczna nazwa urządzenia, które zaczyna piszczeć, gdy znajdujemy się w polu działania radaru.* www.nie.com.pl 2006. ▢ PS 1994, IS 2000, US 2003

antyrynkowy *Adj* - **antimarktwirtschaftlich, Antimarkt-**. *Sukces ciągle jeszcze budzi w Polsce wstyd, zażenowanie lub zazdrość, a antyrynkowy populizm jest w czternastym roku wolnej Rzeczpospolitej jednym z najskuteczniejszych sposobów zbijania kapitału politycznego.* biznes.onet.pl 2003. *Rząd uważa, że sugerowane przez posłów rozwiązania mają charakter antyrynkowy i prowadziłyby do zablokowania lub znacznego opóźnienia przekształceń własnościowych w sektorze bankowym.* Kancelaria Prezesa Rady Ministrów 1999. ▢ kein Beleg

antysolidarnościowy *Adj* »gegen die Gewerkschaft Solidarność gerichtet« - **Anti-Solidarność-**. Charakter antysolidarnościowy; koalicja, organizacja antysolidarnościowa. *Pamiętajmy, że naszym głównym przeciwnikiem politycznym pozostaje SLD, które w razie wyborczego zwycięstwa będzie realizowało program antysolidarnościowy.* www2.solidarnosc. gda.pl 2001. ▢ SW 1996, OiT 2001

antyspamer [antyspamer] *m, G -a, Internet* »Computerprogramm, das unerwünschte E-Mails blockiert« - **Antispammer, Antispamprogramm**. *Jakie proponujecie antyspamery, by można było nie odbierać nie chcianych e-maili?* forum.kompz.org 2006. *320 spamów, z czego ponad 250 przeszło przez antyspamera: coś marny ten antyspamer.* home.agh.edu.pl 2006. ▢ kein Beleg

antyspamowy [antyspamowy] *Adj, Internet* - **(Anti)-Spam-**. Filtr antyspamowy - (Anti)-Spam-Filter. Program antyspamowy - (Anti)-Spam-Programm. *System antyspamowy zapobiega otrzymywaniu niepożądanych wiadomości e-mail, określanych jako spam.* www. slownik. ikar.pl 2006. ▢ kein Beleg

antyszczyt *m, G -u* »Gegenveranstaltung der Globalisierungskritiker zu den großen politischen Gipfeltreffen, z.B. der führenden Industrienationen (G8-Gipfel u.a.)« - **Gegengipfel**, *seltener* **Antigipfel**. Antyszczyt antyglobalistów. *Antyszczyt był moim zdaniem o tyle ważny, że udało się zmobilizować wielu dotychczas biernych ludzi z różnych środowisk.* www.republika.pl 2004. *Już tydzień temu u osób, które wybierały się z Wrocławia na antyszczyt, pojawili się agenci Agencji Bezpieczeństwa Wewnętrznego.* poprostu.pl 2002. *W opozycji do Szczytu Rady Europy alterglobaliści i anarchiści zorganizowali własny Antyszczyt.* www. trybuna.com.pl 2006. ▢ kein Beleg

antyterrorysta *m, G ~ty, Npl ~yści* »Angehöriger einer Antiterror-Einheit« - **Antiterrorist**. *Antyterroryści są tak szkoleni, by schwytać, a w razie oporu unieszkodliwić przestępców. Żołnierze - by od razu unieszkodliwić, a to słowo znaczy: zabić.* www.wiadomosci.tvp.pl 2003. ▢ IS 2000, US 2003

antyterrorystyczny *Adj* - **Antiterror-**. Ustawa antyterrorystyczna - Antiterrorgesetz. Brygada antyterrorystyczna - Antiterrorbrigade. Oddział antyterrorystyczny - Antiterrorabteilung. *W warunkach globalizacji gospodarczej oznacza to, że powstający front antyterrorystyczny nie może zawęzić się wyłącznie do państw wspólnoty transatlantyckiej, ale wymaga pozyskania na trwałe współpracy władz państw spoza tego obszaru.* www.global.net 2001. ▢ SW 1996, IS 2000, US 2003

antyunijny *Adj* - **Anti-EU-, Anti-Unions-**. Ruch antyunijny - Anti-EU-Bewegung. Front, plakat antyunijny; partia antyunijna; hasła, poglądy antyunijne. *Wyjątkowo antyunijny przebieg miała wczorajsza demonstracja rolników w Warszawie. Protestowano przeciwko niskim dopłatom bezpośrednim, spadającym cenom skupu oraz karom, jakie hodowcy muszą płacić za przekroczenie limitów produkcji mleka.* ww6.tvp.pl 2006. *Przeciwnicy naszego wejścia do UE - LPR i Samoobrona, po raz pierwszy tak licznie reprezen-*

towani w parlamencie, od kilku miesięcy prowadzą ostrą kampanię antyunijną. Życie Warszawy 2002 (K). 🕮 kein Beleg

antyutleniacz *m, G -a,* auch **przeciwutleniacz** *m, G -a* »Substanz zum Schutz der Zellen vor freien Radikalen; auch Substanz, die eine Oxidierung chemischer Verbindungen in Stoffen verhindert« - **Antioxydant, Antioxydans**. *Podobnie zresztą do dziś żadna grupa naukowców z jakiegokolwiek zakątka świata nie udowodniła, że antyutleniacze mają właściwości odmładzające.* Polityka 2002. *Osoby, które nie decydują się na terapię hormonalną, mogą walczyć ze starością za pomocą armii przeciwutleniaczy od kilku lat zalewających rynek.* Polityka 2002. *Przeciwutleniacz (antyutleniacz) - substancja używana w tłuszczach i olejach (...) w celu opóźnienia, zahamowania lub zapobieżania jełczeniu albo innym procesom niszczącym żywność na skutek utleniania.* www.wegetarianizm.webpark.pl 2003. 🕮 PS 2001, US 2003

antywirusowy[NB] *Adj, Computer -* **Antiviren-**. *Program antywirusowy -* (Anti)virenprogramm*. Skaner antywirusowy -* (Anti)virenscanner*. Pakiet, system, portal, test antywirusowy. Naszym zdaniem każdy komputer podłączony do sieci powinien posiadać własny program antywirusowy z opcją skanowania poczty.* www.amm.net.pl 2003. 🕮 PS 1994, SW 1996, US 2003

antywstrząsowy *Adj, Elektronik* »eine Erschütterung der CD, z.B. in einem tragbaren CD-Player, bei Bewegung (z.B. beim Joggen) verhindernd« - **Antischock-**. *Mechanizm antywstrząsowy -* Antischock-Mechanismus*. System, bufor antywstrząsowy -* Antischocksystem, Antischockpuffer*. W nowych modelach został ulepszony system antywstrząsowy: nawet na bardzo dużych dziurach i nierównościach nawierzchni żaden z radioodtwarzaczy nie gubił ścieżek utworów (...).* www.electronica.com 2003. 🕮 kein Beleg

aparatczyk* *m, G -a, Npl ~ycy oder abwertend -i* »abschätzig über einen (höheren) Funktionär im totalitären kommunistischen Staats- u. Parteiapparat« - **Apparatschik**. *Dawna nomenklatura wyhodowała dwa gatunki aparatczyka. Typ stary, wywodzący się z czasów stalinowskich, który do dziś przeszedł niewielką tylko ewolucję. Przysadzisty osobnik, oblicze kartoflane, cera alkoholiczna, nadwaga. Ciepły klimat lat siedemdziesiątych, otwarcie na zachód, szelest dolara zrodziły drugi gatunek, nazwijmy go „partyjny cwaniaczek". Dobrze ubrany, czasami posiada języki, giętki, jakby zamiast kręgosłupa miał cynowy drut.* PL. 🕮 Supl 1994, PS 1994, SW 1996, IS 2000, US 2003

apartamentowiec *m, G ~wca, Npl ~wce* »exklusives Wohnhaus mit Komfort-Wohnungen, auch: Ferienhaus mit einzelnen Ferienappartements« - **Appartementhaus**. *Mimo to aktorka nie rozstaje się z Warszawą - dwa lata temu kupiła ponadstumetrowe mieszkanie w apartamentowcu na Mokotowie.* Wysokie Obcasy 2002. *Polecieliśmy z żoną i synem w połowie maja. Wybraliśmy apartamentowiec w Playa de las Americas.* www.eholiday.pl 2003. 🕮 US 2003 ✍1989 NSP2

apiterapia *f* »medizinische Behandlung von Krankheiten unter Einsatz von Bienenprodukten« - **Apitherapie**. *W czasach współczesnych apiterapia była powszechnie stosowana jako uznana metoda lecznicza do lat 40. ubiegłego stulecia, kiedy to na farmaceutyczną scenę wkroczyły antybiotyki.* www.republika.pl 2005 🕮 PS 1994, SW 1996, IS 2000

aplikacja[NB] *f* **1** *EDV -* **Anwenderprogramm, Anwendungsprogramm**. *Otworzyć, zamknąć aplikację. Przenoszenie danych między różnymi aplikacjami. Zaleca się zakończenie wszystkich aplikacji przed przeprowadzeniem instalacji.* www.microsoft.com 2004. 🕮 SW 1996, IS 2000, US 2003 **2** - **Bewerbung, Antrag**. *Aplikacja o pracę, o stypendium. Wysłać, przysłać, złożyć aplikację. Wystarczy przysłać do firmy swoją aplikację, czyli CV i list motywacyjny.* Gazeta Wyborcza 2002. *Aplikacja powinna być krótka i stanowić jakby wprowadzenie do C.V. i listu motywacyjnego.* OiT. 🕮 IS 2000

aplikacyjny[NB] *Adj v. ↗aplikacja* **1** *EDV -* **anwendungsbezogen, Anwendungs-, Anwender-**. *Serwer aplikacyjny; ikona aplikacyjna. Jak wybrać serwer aplikacyjny Javy? Pierwsi użytkownicy uważają skalowalność i wydajność za kryteria podstawowe.* www.networld.pl 2003. 🕮 OiT 2001 **2** - **Bewerbungs-, Antrags-**. *Wypełnić, przesłać formularz, wniosek, kwestionariusz aplikacyjny. Jeżeli chcesz ubiegać się o pracę w firmie Wrozamet SA, wypełnij niżej zamieszczony formularz aplikacyjny.* www.mastercook.pl 2005. 🕮 OiT 2001

aquapark s. **akwapark**

aquaplaning [akfaplaniŋk], **akwaplaning** *m, G -u, Kfz* »bei höheren Geschwindigkeiten auf regennasser Straße: unkontrollierbares Gleiten eines Kraftfahrzeugs auf einer Wasserschicht« - **Aquaplaning**. *Odporność na aquaplaning. Wpaść w aquaplaning. Podczas ulewnego deszczu, gdy asfalt pokryty jest kilkumilimetrową warstwą wody, każda opona w ciągu jednej sekundy musi odrzucić kilkadziesiąt litrów. Wyłysiała [opona] nie zdoła się uporać z tym zadaniem, powstaje pod nią klin wodny, który powoduje zerwanie przyczepności i niezwykle niebezpieczny poślizg wodny - aquaplaning.* auto.interia.pl 2003. *Jeśli w aquaplaning* *wpadną przednie opony, a tym bardziej wszystkie cztery, kierowca całkowicie straci panowanie nad samochodem (...).* opony.auto.com.pl 2002. *Akwaplaning to ... śliska sprawa. Kiedy jezdnia zalana jest deszczem, koła samochodu zgarniają warstwę wody. Auto nie jedzie, ale płynie na wodnej poduszce i nie słucha kierowcy.* NSP3. ▯ kein Beleg ◄engl aquaplane, aquaplaning

arafatka *f, ugs* »großes, um Kopf, Hals u. Schultern geschlagenes Tuch in schwarzweißer o.ä. Musterung, wie es der Palästinenserführer J. Arafat trug« - **Palästinensertuch, Kefije**. *W akcji przeprowadzonej 2 czerwca uczestniczyło 5 osób: czterech zamaskowanych w chusty „arafatki" obrzuciło konsulat koktajlami Mołotowa, jeden z boku robił zdjęcia.* PL. *Dziewczyna zarzuciła na ramiona arafatkę, którą właśnie kupiła na bazarze.* PS. ▯ PS 1994, US 2003

arkusz ♦ arkusz kalkulacyjny *EDV* »Computerprogramm zur Erstellung von Kalkulationen mit Hilfe von Tabellen« - **Tabellenkalkulation(sprogramm)**. *Niewątpliwie jednym z liderów wśród uniwersalnych narzędzi do wykonywania obliczeń jest arkusz kalkulacyjny Microsoft Excel.* excel.educom.pl 2003. ▯ PS 1994, IS 2000, US 2003

aromaterapeuta *m, G ~ty, Npl ~euci* »Spezialist auf dem Gebiet der Aromatherapie« - **Aromatherapeut**. *Współcześnie odkrywamy na nowo cudowne właściwości naturalnych substancji aromatycznych. Gabinety aromaterapeutów, masażystów i kosmetyczek stosujących wonne olejki cieszą się coraz większym powodzeniem.* www.zielarnia.pl 2005. ▯ SW 1996, OiT 2001

aromaterapeutka *f v.* ↗aromaterapeuta - **Aromatherapeutin**. *Zaczęło nas 9 dziewczyn w wieku od 30 do 50 lat, były wśród nas kosmetyczki, masażystki, aromaterapeutki. Dyplom uzyskały tylko 4.* www.cosmetic.pl 2006. *W naszym salonie pracują wyłącznie najwyższej klasy kosmetyczki-aromaterapeutki.* www.spa-salon.pl 2006. ▯ kein Beleg

aromaterapeutyczny *Adj* - **aromatherapeutisch**. *Kominek aromaterapeutyczny* - *Duft(öl)lampe. Masaż aromaterapeutyczny. Właściwe zastosowanie olejków aromaterapeutycznych pobudza układ odpornościowy organizmu, zwiększa odporność na zakażenia, poprawia krążenie, działa przeciwbólowo.* www.webmedia.uroda.pl 2003. *Gdy masz wrażliwą i delikatną skórę, sięgnij po preparaty pielęgnacyjne oparte na naturalnych esencjach aromaterapeutycznych i olejkach roślinnych.* Cosmo 2001 (K). ▯ OiT 2001, US 2003

aromaterapia *seltener* **aromoterapia** *f* »Naturheilverfahren unter Einsatz von ätherischen Ölen pflanzlicher Herkunft« - **Aromatherapie**. *W Polsce aromaterapia jest ciągle mało popularna. Wiele osób nie wie, co ta nazwa oznacza.* www.webmedia.uroda.pl 2003. *Aromoterapia to nowość ostatnich lat w kosmetyce i kosmetykach.* zakupy.yp.pl 2007. ▯ PS 1994, SW 1996, US 2003

aronia* *f* »sehr vitaminhaltige dunkle Beerenfrucht« - **Aronie, Apfelbeere, schwarze Eberesche**. *Dżem, sok z aronii. Aronia czarnoowocowa to wieloletni krzew pochodzący z Ameryki Północnej mający szczególne właściwości zdrowotne.* www.resmedica.pl 2006. ▯ PS 1994, SW 1996, IS 2000, US 2003 ✎1986 NSP2

asertywność *f, G ~ści, Psychologie* »Fähigkeit, seine Interessen selbstsicher, erfolgreich u. konfliktfrei vertreten zu können« - **Assertivität, Durchsetzungsfähigkeit, Selbstsicherheit**. *Trening asertywności. Asertywność oznacza wiarę w siebie, ale jednocześnie szacunek dla uczuć i potrzeb innych.* SW. *Asertywność kojarzy się ze stanowczym mówieniem nie. Tymczasem to jest dopiero połowa sukcesu i to niestety łatwiejsza połowa. Należy to „nie" powiedzieć, nie pozbawiając rozmówcy godności.* Twój Styl 2000 (K). ▯ PS 1994, SW 1996, IS 2000, US 2003 ◄engl assertiveness

asertywny *Adj, Psychologie* - **assertiv, durchsetzungsfähig, selbstsicher**. *Człowiek asertywny. Kształcić postawę asertywną. Być asertywnym to znaczy dbać o siebie i swoje prawa, ale jednocześnie szanować prawa innych.* Twój Styl 2000 (K). ▯ PS 1994, SW 1996, IS 2000, US 2003

atramentówka *f, Computerjargon, ugs* - »Tintenstrahldrucker« *W każdej firmie jest co najmniej jedna drukarka - tania atramentówka lub laserówka, niekiedy urządzenie typu all-in-one, funkcjonujące również jako kopiarka i faks.* www.pckurier.pl 2002. ▯ kein Beleg. *auch* ↗plujka

audio *nachgestellt in adjektivischer Funktion, indekl* - **Audio-**. *Kaseta audio* - *Audiokassette. Sprzęt audio, technika, biblioteka audio. Firma Konsbud-Audio prezentuje bogatą ofertę sprzętu audio dla muzyków, studiów nagraniowych, DJ-ów, klubów a także stacji radiowych i telewizyjnych itp.* www.konsbud-audio.com.pl 2006. ▯ PS 1994, IS 2000, US 2003

audiotele *n, indekl, Fernsehen* **1** »Fernsehquiz, bei dem die Zuschauer telefonisch ihre Antwort aus einer Auswahl von mehreren Möglichkeiten mitteilen« - **Audio-Telequiz**. *Konkurs audiotele. Konkursy audiotele cieszą się wielkim zainteresowaniem wszystkich stacji telewizyjnych i radiowych.* www.telix.pl 2006. ▯ US 2003 **2** - »Zuschauer-Befragungs- u. Abstimmungssystem im Fernsehen; Teledialog (TED)« *Kolejny raz mogliśmy głosować* *za pomocą audiotele. Mimo wyjątkowo łatwego rozwiązania na poprawny wariant nie wpadł żaden z telewidzów.* Przegląd 2002. ⌑ kein Beleg

audyt, audit *m, G -u, seltener* **auditing** *m, G -u, Wirtschaft* »(unverhofft durchgeführte) Revision, Überprüfung, auch: Begutachtung qualitativer Parameter eines Unternehmens durch unabhängige Experten; Expertise« - **Audit**. *Przeprowadzić audyt. (...) zespół audytorów rekomendujących przeprowadził audyt w kontrolowanych jednostkach i nie stwierdził większych odstępstw od obowiązujących standardów.* Las Polski 1999 (K). *Ubiegając się o taki kredyt, wnioskodawca winien dołączyć tzw. audyt energetyczny. Jest to fachowa opinia określająca zakres oraz parametry techniczne i ekonomiczne podejmowanych działań.* Tygodnik Kostrzyński 1999 (K). *Wszystko, co chcielibyście wiedzieć o audicie - Jak zminimalizować koszty auditu?* www.isoqar.pl 2006. *Celem tego artykułu jest zaprezentowanie wyników badań dotyczących programu kształcenia na specjalności: rachunkowość i auditing.* www.fundacja.edu.pl 2006. ⌑ PS 1994, OiT 2001, US 2003 ◁engl

audytor, auditor *m, G -a, Npl ~rzy, Wirtschaft* »unabhängiger Experte, der Audits durchführt, die Qualitätssicherung kontrolliert« - **Auditor**. *Certyfikat nakłada na placówkę bardzo surowe wymagania. Jest przyznawany na trzy lata. Raz w roku audytor sprawdza, czy standardy są zachowywane.* Dzień Dobry 2001 (K). *Certyfikacja auditorów jest dokonywana na wniosek auditora składany w Polskim Centrum Badań i Certyfikacji, zwanym dalej „Centrum".* www.abc.com.pl 2006. ⌑ PS 1994, OiT 2001, US 2003

au-pair, aupair, au pair [o-per] *f, indekl* - **Au-pair(mädchen), Au-pair(mädchen)**. *Praca jako au-pair. Mam już za sobą roczny pobyt jako au-pair we Francji, teraz pracuję w podobnym charakterze we Włoszech.* Twój Styl 2002. *Trzeba pamiętać, że zadaniem au pair jest opieka nad małym dzieckiem, które myśli, czuje i szybko się uczy. Poza niańczeniem dzieci au pair pomaga w typowych czynnościach domowych.* www.studiuj.pl 2006. ⌑ kein Beleg ◁frz au pair

au-pair, aupair, au pair [o-per] *nachgestellt in adjektivischer Funktion, indekl* - **Aupair-, Au-Pair-**. *Agencja au pair - Aupair-Agentur. Biuro, program au-pair. Zajrzyj na tę stronę: znajdziesz tu spis agencji au pair wraz ze wskazówkami oraz daje ci dostęp do sieci profesjonalnych organizacji, zajmujących się programami wymian.* europa.eu.int 2006. ⌑ kein Beleg

auto ♦ auto hybrydowe *s.* **hybrydowy**

auto-[NB] *als Erstglied in Zusammensetzungen in der Bedeutung ‚Auto(mobil)', vorwiegend in Reklame, Internetanzeigen, auf Schildern* - **Auto-**. *Autokredyt, automafia, automechanik, autoserwis.* ⌑ SW 1996, IS 2000, US 2003 ◁dt

autoalarm *m, G -u* - **Autoalarmanlage**. *Instalować, montować autoalarmy; włączyć, wyłączyć autoalarm. Podstawową bolączką użytkowników autoalarmów jest zobojętnienie społeczeństwa na często wyjące bez przyczyny syreny autoalarmów.* Systemy Alarmowe 1995 (K). ⌑ Supl 1994, PS 1994, SW 1996, IS 2000, US 2003 ✍1980 NSP1

autoczęści *f, meist im Pl, vorwiegend in Reklame u. Internetanzeigen, als Internetadresse* - **Autoteile**. *Autoczęści używane; handel autoczęściami. Autoczęści - internetowa wyszukiwarka części samochodowych. Baza danych części aktualizowana codziennie.* katalog.wp.pl 2004. ⌑ kein Beleg ◁dt Autoteile

autofokus, autofocus *m, G -u, Fotografie* »Einrichtung zur automatischen Einstellung der Bildschärfe bei Kameras« - **Autofokus**. *Lustrzanki małoobrazkowe z autofokusem. Autofokus w niektórych przypadkach zawodzi.* www.fotoporadnik.pl 2004. *A jeśli chodzi o ten 1-punktowy autofocus do wyboru - to proste, wybierasz punkt (najlepiej w środku kadru), na który ma być ustawiona ostrość i będzie OK!* www.megapixel.boo.pl 2004. ⌑ kein Beleg

autogang *G -u* - **Autogang**. *Koniec śledztwa w sprawie autogangu.* miasta.gazeta.pl 2006. *Połowa już w areszcie. Autogang do likwidacji.* www.dziennik.krakow 2006. ⌑ kein Beleg

autogiełda *f, vorwiegend in Reklame u. Internetanzeigen* - **Autobörse, Automarkt**. *Największa autogiełda w internecie www.autogielda.com.pl.* ⌑ US 2003 ◁dt Autobörse

autohandel *m, G ~dlu, vorwiegend in Reklame, Internetanzeigen, auf Schildern* - **Autohandel**. *Zapraszamy do zapoznania się z ofertą Autohandel GTI.* www.autogielda.com.pl 2004. ⌑ US 2003 ◁dt Autohandel

autoholowanie *n, vorwiegend in Reklame, Internetanzeigen u. -adressen, auf Schildern* - **Abschleppdienst**. *Całodobowe autoholowanie. Powstaje coraz więcej firm proponujących autoholowanie.* PS. *Autoholowanie - całodobowa pomoc drogowa, współpraca z firmami ubezpieczeniowymi, bezgotówkowe naprawy powypadkowe.* katalog.wp.pl 2003. ⌑ PS 1994

autokomis *m, G -u, vorwiegend in Internetanzeigen u. -adressen, auf Schildern* - **Autohandel, Gebrauchtwagenhandel**. *Autokomis samochodowy, wirtualny. Oferta autokomisu świadczącego pełen zakres usług związanych z zakupem i eksploatacją pojazdów na terenie*

Małopolski i nie tylko. www.autokomis-victoria.pl 2004. ⌑ kein Beleg
autokredyt *m, G -u, vorwiegend in Internetanzeigen u. -adressen, als Produktbezeichnung einer Bank -* **Autokredit**. *Autokredyt bez poręczycieli. Autokredyt może być przeznaczony także na zakup pojazdów jednośladowych, nowego sprzętu wodnego oraz sprzętu powietrznego podlegającego rejestracji np.: motocykli, skuterów, łodzi motorowych, szybowców (...).* banki.wp.pl 2006. ⌑ kein Beleg ◁dt Autokredit
autolakiernia *f, vorwiegend in Reklame, Internetanzeigen, auf Schildern -* **Autolackiererei**. *Ewa odebrała z autolakierni samochód, wygląda teraz jak nowy.* PS. ⌑ PS 1994 ◁dt Autolackiererei
automafia *f -* **Automafia**. *Roczne obroty automafii szacuje się na kilka miliardów dolarów. Głównymi odbiorcami skradzionych samochodów są Albańczycy i mieszkańcy byłej Jugosławii.* www.wprost.pl 2006. *Automafia w Polsce - nie całkiem poważny reportaż z Krzysztofem R.* www.stopklatka.pl 2006. ⌑ kein Beleg ◁dt
automyjnia *f, vorwiegend in Reklame, Internetanzeigen, auf Schildern -* **(Auto)waschanlage**. *Do stacji paliw dobudowano ostatnio automyjnię.* PS. ⌑ PS 1994, SW 1996, OiT 2001, US 2003 ◁dt Autowaschanlage
autonaprawa I *f, Medizin* »spontane Besserung (des Befindens, des [Gesundheits]zustandes), auch übertragen« - **Selbstheilung, Spontanheilung, Regenerationsfähigkeit**. *Badania wykazują, że mózg jest w stanie usunąć szkody, które w nim powstają, stosując mechanizm autonaprawy.* Wprost 2000. *System polityczny jest też pozbawiony systemu autonaprawy, komisje sejmowe są taką próbą, choć czasem przybierają kuriozalny charakter.* prawica.net 2006. *„Jedynie słuszne" ideologie często powołują się na swoją młodość i niedoświadczenie jako argument przeciwko krytykom rzeczywistości przez nie wykreowanej. Znamienny jest tu przykład realnego socjalizmu, który do końca swego zgrzybiałego istnienia w ustach swoich piewców był wiecznie młody, zdolny do autonaprawy.* www.zb.eko.pl 2004. ⌑ kein Beleg
autonaprawa II *f, ugs, vorwiegend in Reklame, Internetanzeigen, auf Schildern, als Geschäftsnamen* 1 - **Autoreparatur**. *Autonaprawa u klienta, w zakładzie; usługi w zakresie autonaprawy.* ⌑ Supl 1994, PS 1994, SW 1996, US 2003 **2 - Autowerkstatt, Reparaturwerkstatt**. *Oddałem samochód do autonaprawy.* PS. ⌑ PS 1994, SW 1996
autopogotowie[NB] *n, auch* **autopomoc** *f, vorwiegend in Anzeigen -* **Pannendienst, Pannenhilfe**. *Wezwać autopogotowie. Samochód Jana nie chciał zapalić, wezwał więc autopogotowie.* PS. *Pracownicy autopomocy mogą naprawić samochód na trasie lub odholować go do warsztatu.* PS. ⌑ PS 1994, US 2003
autopromocja *f -* **Eigenwerbung, Autopromotion**. *Przywdziewała wciąż nowe maski, tłumaczyła, że w ten sposób poszukuje samej siebie. Ale krytycy oceniali to inaczej. Panowała powszechna opinia, że skandal to sposób Madonny na autopromocję.* Twój Styl 2000 (K). *Mądry i odważny udział w rodzącej się debacie stworzy nam entrée na scenę, na której z natury rzeczy jesteśmy mało obecni, gdzie zwykle nas nie zapraszają. To też będzie forma autopromocji.* Polityka 2000. ⌑ US 2003 ✍1991 NSP2
autopromocyjny *Adj -* **Eigenwerbungs-**. *Kampania autopromocyjna -* Eigenwerbungskampagne, Werbekampagne in eigener Sache. *Potraktował skandal z bezprawnie pobieranym wynagrodzeniem jako okazję do hałaśliwej kampanii autopromocyjnej.* SW. *Zgodnie przyznają, że blogi mają charakter edukacyjny i autopromocyjny dla osoby jego autora lub firmy.* www.epr.pl 2006. ⌑ SW 1996
autoreklamiarski *Adj, abwertend* »über jds. Eigenschaft, Eigenwerbung zu betreiben« - **selbstdarstellerisch**. *Wiele tu też informacji o rozmaitych działaniach tego środowiska promujących młodszych pisarzy i poetów. I nie trzeba być jasnowidzem, żeby przewidzieć reakcje innych środowisk, które poczują się niedoreprezentowane, niedocenione, zinstrumentalizowane. Z pewnością pojawią się kąśliwości wskazujące na autoreklamiarski charakter książki.* republica.onet.pl 2003. ⌑ PS 1994, US 2003
autoreklamiarz *m, G -a, Npl -e, geringschätzig bis abwertend* »jd., der Eigenwerbung, Werbung in eigener Sache betreibt« - **Selbstdarsteller**. *Von Trier jest niewątpliwie zdolnym reżyserem (patrz „Królestwo"), ale to także autoreklamiarz i egzotyk (dodał sobie „von" do nazwiska).* Gazeta Wyborcza 2003. *Przez większość współczesnych mu chirurgów Charles Miller był postrzegany jako autoreklamiarz i szarlatan. Wiek później uznawany jest za wizjonera (...).* www.lineacorporis.com.pl 2006. ⌑ PS 1994
autorewers *m, G -u, Elektronik* »automatisches Bandlaufwechseln, bes. bei Kassettenrekordern« - **Autoreverse, automatische Richtungsumkehr**. *Oczywiście wszystkie nasze kasety obsługują autorewers.* www.allegro.pl 2006. ⌑ kein Beleg ◁engl
autorewers *nachgestellt in adjektivischer Funktion, indekl -* **Autoreverse-**. *Magnetofon został wyposażony w system autorewers pozwalający na wysłuchanie obu stron taśmy bez*

konieczności wyjmowania kasety z urządzenia. Gazeta Wyborcza 2003. 📖 kein Beleg

autosalon m, G -u **1** *vorwiegend in Internetadressen u. Anzeigenwerbung, als Geschäftsnamen* »Geschäft, in dem Neuwagen verkauft werden« - **Autohaus, Autosalon**. *W naszym autosalonie mogą państwo kupić wszystkie marki samochodów japońskich.* PS. *Warto zajrzeć! www.autosalon.com.pl.* 📖 PS 1994 **2** »Autoausstellung« - **Auto(mobil)salon**. *Magnesem, który przyciąga takie mnóstwo osób, jest m.in. właśnie magia owego pierwszego autosalonu nowego tysiąclecia i prawdziwych samochodów XXI wieku (...).* Dzień Dobry 2001 (K). *Autosalon w Genewie uchodzi za najbardziej prestiżowy na świecie.* Dzień Dobry 2001 (K). 📖 kein Beleg

autostrada ♦ **autostrada informatyczna** »weltumspannende Einrichtung eines elektronischen Netzes zur schnellen Übertragung großer Datenmengen« - **Datenautobahn**. *Jednostki naukowo-badawcze połączone są „autostradą informatyczną" z odgałęzieniami do firm. Rezultatem są rozwiązania całościowe (...). www.imp.pg.gda.pl 2006. Naprawdę dziwi mnie, że Komisja z jednej strony posługuje się autostradą informatyczną, a jednocześnie korzysta z telefonów, którym brakuje tylko korbek. www.unia-europa.pl 2006.* 📖 kein Beleg. auch ↗infostrada

autoszrot m, G -u, *vorwiegend in Anzeigenwerbung u. Schilderreklame* - »Ankaufstelle für Autowracks; Schrottplatz« *(...) zmiana sposobu użytkowania warsztatu samochodowego na warsztat o profilu naprawczo-demontażowym (autoszrot).* katalog.onet.pl 2003. 📖 OiT 2001. auch ↗szrot ◁dt Autoschrott

autoszyba f, *Kfz-Jargon u. in der Reklame* - **Autoscheibe**. *Autoszyby - wymiana, naprawa, montaż, sprzedaż, całodobowy serwis wymiany szyb w autobusach, czyszczenie szyb bocznych w autokarach. www.autoszyby.arg.pl 2006.* 📖 NSPP 1999, OiT 2001 ◁dt Autoscheibe

autsajderka, autsajderski s. **outsiderka, outsiderski**

awokado* n, *indekl* - **Avocado**. *Sałatka z awokado. Maseczka kosmetyczna ze świeżych awokado działa odżywczo, nawilżająco i przeciwzapalnie.* PS. 📖 Supl 1994, PS 1994, SW 1996, IS 2000, US 2003

azylant m, G -a, Npl ~nci - **Asylbewerber, Asylant**. *Schronisko, obóz dla azylantów* - **Asylbewerberheim, Asylantenheim, -lager**. *Azylant polityczny. Od 2 lat zmieniło się: kandydatom na azylantów nie wolno pracować, otrzymują tylko skromny zasiłek.* NSP2. *W pewnej chwili usłyszeliśmy jednak głośne stukanie i krzyki dochodzące ze środka. Myśleliśmy, że to próba przemytu azylantów. Ale dlaczego akurat do Polski?* H. Mąka, Piraci znów atakują 1995 (K). 📖 PS 1994, SW 1996, IS 2000, US 2003 ✎1988 NSP2

azylantka f v. ↗azylant - **Asylbewerberin, Asylantin**. *Azylantki często pochodzą z konserwatywnych, patriarchalnych rodzin i nie są przyzwyczajone do samodzielności. www.bkkkcofund.org.pl 2004. Poślubiając cudzoziemców kobiety polskie, azylantki i emigrantki, zdobywały status legalnych obywatelek Holandii. www.trybuna.com.pl 2004.* 📖 kein Beleg

B

baby-blues, baby blues [bejbi blus] *n, indekl* »Depression im Gefolge einer Geburt« - **Baby Blues**. *Na baby blues - chandrę czy też depresję poporodową cierpi aż 60 procent kobiet! Na szczęście baby blues w większości przypadków szybko mija.* www.dziecko.tik-tak.pl 2005. *Stan ten jest nazywany baby-blues lub syndromem trzeciego dnia połogu. Dokładne przyczyny pojawiania się baby-blues nie są dotąd znane.* www.bebemania.com 2005. ⌑ kein Beleg

baby-sitter [bejbis-iter] *m, G -a oder f, indekl* »Person, die kleine Kinder bei Abwesenheit der Eltern gegen Entgelt betreut« - **Babysitter**. *Przez miesiąc będę baby-sitterem u pani doktor.* SW. *Zatrudniam studentkę polonistyki jako baby-sitter.* OiT. ⌑ Supl 1994, PS 1994, SW 1996, IS 2000, US 2003 ◄engl

baby-sitterka [bejbis-iterka] *f v.* ↗babysitter - **Babysitterin**. *Pod wpływem silnego zapotrzebowania społecznego oraz szerzącej się mody językowej powstawały kolejne agencje baby-sitterek i nikt nie miał wątpliwości, o jaki rodzaj działalności chodzi.* www.wuw.pl 2004. ⌑ kein Beleg

baby-sitting [bejbis-itiŋk] *m, G -u* - **Babysitting**. *Baby-sitting przestaje być podstawową formą zarobków młodych dziewcząt.* OiT. ⌑ Supl 1994, PS 1994, SW 1996, IS 2000, US 2003 ◄engl

backpacker [bakpaker, bekpeker] *m, G -a* »jd., der auf einer Urlaubsreise einen Rucksack u. entsprechende Ausrüstung mit sich führt, um vom Pauschaltourismus unabhängig zu sein u. billig zu reisen« - **Backpacker, Rucksacktourist**. *Słowa backpacker, podróżnik również funkcjonują opatrzone w stereotypy: Backpackerzy podkreślają, że nie są turystami, podróżnicy podkreślają, że nie są backpackerami, rozróżnienia się mnożą...* witryna.czasopism.pl 2006. *Siedzimy w jednej z dziesiątek kawiarni w starej dzielnicy Bangkoku. Ta część miasta opanowana jest przez backpackerów, czyli turystów podróżujących ze skromnym budżetem.* Rzeczpospolita 2001. *Ze słowem: „hostel" nierozerwalnie łączy się pojęcie: „backpacker" czyli: „człowiek z plecakiem". To on najczęściej zatrzymuje się w hostelach.* www.studentnews.pl 2006. ⌑ kein Beleg. *auch* ↗plecakowiec ◄engl

backup [bekap] *m, G -u, EDV* »Sicherheitskopie« - **Back-up, Backup**. *Próbował odzyskać utracony plik z backupu.* OiT. *Awaria dysku twardego w czasie backupu powoduje utratę danych i utratę kopii.* www.pckurier.pl 2006. ⌑ kein Beleg ◄engl

badziewie *n, G ~wia, ugs, abwertend* »wertloses, unnützes Zeug; minderwertiges Erzeugnis, Produkt« - **Kram, Plunder, Ramsch, Trödel, Tinnef**. *Stanie na ruchliwej ulicy i będzie zachwalał badziewie, jakie firma dała do sprzedaży.* M. Korczyńska, Wróć 2001 (K). *Jeżeli to takie badziewie, jak mówisz, to nikt ci go nie każe używać. Nie ma musu, możesz używać innych, gorszych.* programy.onet.pl 2005. *Monitory LG - to największe badziewie.* technopolis.onet.pl 2005. ⌑ kein Beleg ✎1989 NSP2

badziewny *Adj v.* ↗badziewie, *ugs, abwertend* »wertlos, minderwertig« - **grottig, grottenschlecht, lumpig**. *Co za badziewny film. Śmiało mogę powiedzieć, że to najgorszy film, jaki oglądałem.* film.onet.pl 2005. *Coś się tak na te Delle uwziął? Najgorsze badziewie powiadasz? A czy jak przejedziesz HP-ka albo innego Acera samochodem, to serwis Ci go wymieni? Nie? A ten badziewny Dell tak.* pdaclub.pl 2005. ⌑ kein Beleg

bajer[NB] *m, G -u, ugs* »technische Neuheit, gewöhnlich kleiner Gegenstand als effektvolles, eigentlich überflüssiges, meist luxuriöses Zubehör an Kleidung, Auto usw.« - **Kinkerlitzchen**, *meist abwertend* **Schnickschnack**, *abwertend* **Firlefanz**. *Samochód, zegarek z bajerami; bajery w kuchni, łazience. Kłębią się stosy kurtek. Na futerku i bez futerka. Z bajerami i bez bajerów (nabijane świecidełka, ozdobne suwaki, wymyślne kieszenie itp.).* NSP2. *Rasowy samochód to nie tylko mocny silnik i duża prędkość, to również wiele urządzeń - głównie elektronicznych - zapewniających komfort jazdy. Niektóre z nich to wątpliwej użyteczności gadżety, zwane po polsku bajerami.* NSP2. ⌑ PS 1994, SW 1996, IS 2000, US 2003 ✎1985 NSP2. *s. auch* ↗gadżet

bajerancki *Adj, ugs - Jugendsprache* **fetzig, cool, ultimativ, abgefahren, Wahnsinns-**. *Bajerancki samochód, dodatek, zegarek; bajerancka fryzura. Wgraj sobie bajeranckie dzwonki do swojego telefonu. Bajerancki interfejs, skórki i inne dyrdymałki - niektórzy uwielbiają tak wyposażone programy.* republika.pl 2003. *Proszę starszych kolegów o podanie jakichś adresów stron z bajerami na nokię. Interesują mnie jakieś bajeranckie dzwonki, gry i programy.* www.voip.gsm.pl 2004. ⌑ PS 1994, SW 1996, IS 2000, US 2003

bajerant *m, G -a, ugs* »jd., der unglaubliche, unwahre Dinge erzählt, um zu täuschen o. zu imponieren; Schwindler« - **Bluffer, Blender, Angeber, Schaumschläger, Aufschneider**. *Inteligentna kobieta rozszyfruje bajeranta nie po 10, ale po 5 minutach, ale ty chyba na takie nie trafiasz.* kasi.blog.pl 2004. *Wybierają największych bajerantów i ludzi ze znaną i niechlubną przeszłością, a potem narzekają, że parlament jest kabaretem, że kasa z budżetu wycieka.* www.tomaszlis.wp.pl 2003. ⌑ PS 1994, SW 1996, US 2003

bajerantka *f v.* ⁊bajerant, *ugs* - **Blufferin, Blenderin, Angeberin, Schaumschlägerin, Aufschneiderin**, *neutral* **Schwindlerin**. *Jesteś bajerantka, co jeszcze wymyślisz?* tynia12.funtest.pl 2004. *No, niezła bajerantka (przepraszam). Te wrocławianki takie są. Wiem coś o tym, bo też mieszkam w tym ślicznym, jak one, mieście.* poezja.sokaris.com.pl 2004. ⌑ PS 1994, US 2003

bajerować *ipf / **zbajerować** pf, ugs* -»unwahre Dinge erzählen, um jdn. zu betrügen o. etw. zu erreichen; auch jdn. spielen, vortäuschen, der man gar nicht ist« *Bajerować dziewczyny na dyskotece; bajerować klientów; zbajerować głupiego kolesia. Coś proponujesz na serio, czy tylko bajerujesz?* Reklama na billboardach 2003 (K). *Tylko nie daj boże wejść z nim na temat modelu jakiś butów, to oczywiście będzie bajerować i przechwalać, jaki to jest udany model.* www.bieganie.home.pl 2006. *Sytuacja zmienia się z chwilą, gdy przyjaciele postanawiają udawać producentów filmowych i w ten sposób bajerować piękne kobiety.* www.merlin.com.pl 2005. ⌑ PS 1994, SW 1996, IS 2000, US 2003 ⌐1984 PP

bajt *m, G -a, EDV* - **Byte;** *häufig als Kompositumzweitglied* **-byte**. *Kilobajt, megabajt, gigabajt. Jeden bajt wystarcza zwykle do zapisania pojedynczego znaku, np. litery lub liczby.* OiT. ⌑ PS 1994, SW 1996, IS 2000, US 2003 ⊰engl byte

baks *m, G -a, meist im Pl* **baksy**, *Gpl -ów, ugs* - »Dollar« *Otóż nasza 43-letnia Cher poza miłością do pieniędzy (pałacyk w Hollywood wart 12 milionów baksów itd.) odczuwa jeszcze pociąg do muzyków.* NSP2. *Zaoszczędzone w ten sposób baksy z pewnością wydamy (przynajmniej częściowo) na codzienne zakupy wody, piwa, jedzenia i lokalnych specjałów na trasie.* www.goryonline.com 2006. ⌑ PS 1994, IS 2000, US 2003 ⌐1989 NSP2 ⊰amerik bucks

Balcerowicz ♦ *phras* **Balcerowicz musi odejść** »seit Ende der 90er Jahre ständig wiederholter politischer Slogan der Gegner der ökonomischen Transformation in Polen, die in L. Balcerowicz den Schuldigen für alle negativen Auswirkungen sehen« - „**Balcerowicz muss gehen**". *Balcerowicz musi odejść, bo jego dalszy wpływ na politykę gospodarczą skończy się bratobójczym konfliktem i rozlewem pol-*

skiej krwi. www.lepper.com.pl 2006. *O Balcerowiczu Lepper tym razem nie mówił, choć od lat nawołuje: „Balcerowicz musi odejść".* wiadomości.gazeta.pl 2006. *Podczas gdy w Sejmie w przewadze znalazły się partie, którym bliskie jest hasło „Balcerowicz musi odejść", prezydent Aleksander Kwaśniewski mówi, że „w polskiej współczesności Balcerowicz musi zostać" i w uznaniu zasług nadał mu Order Orła Białego.* interia.biznes.pl 2005. ⌑ kein Beleg ⊰Leszek Balcerowicz leitete als Finanzminister in den Regierungen nach dem Fall des Kommunismus den ökonomischen Umbau des Landes ein, der nach Meinung der politischen Gegner u.a. zu schnell u. zu radikal erfolgte u. daher zu sozialen Verwerfungen führte.

balejaż *m, G -u,* **baleyage, balayage** [balejaż] *m, G* baleyage'u - **(Farb)strähnchen**. *Zrobić sobie oder komuś balejaż - sich Strähnchen färben lassen oder jdm. Strähnchen färben. Wykonujemy również fantazyjny balejaż bez chemii (przez doczepienie kolorowych pasemek włosów).* www.republika.pl 2003. *Do każdej fryzury koloryści zaproponują najnowsze techniki koloru i baleyage'u. Kombinacja strzyżenia i koloryzacji jest kluczem do modnej fryzury.* www.iza-b.pl 2006. *Balayage powinien być dyskretny i elegancki, jak perfekcyjny makijaż.* www.strona.krakow.pl 2005. ⌑ PS 1994, SW 1996, US 2003 ⊰frz

balety[NB] *m, nur im Pl, ugs* - »(feuchtfröhliche) Fete, Feier mit Alkohol und Tanz« *Robić balety; iść na balety. Ja tu tyram, a ona tam w domu robi balety (...).* IS. *Nie chodzę na balety, aby się dobrze bawić i wyszumieć, tylko po to, abym mógł się upić i z kimś „wyskoczyć na solo".* strefazso9.pl 2005. ⌑ PS 1994, SW 1996, IS 2000, US 2003

balkonik[NB] *m, G -a oder -u* »Gestell auf vier Metallbeinen mit Rädern u. Handgriffen, das behinderten Menschen o. kleinen Kindern das Laufen(lernen) erleichtert« - **Rollator, Rolling Walker; Geh-, Laufhilfe**. *Balkonik do nauki chodzenia z regulacją wysokości na dwóch kółkach i dwiema podpórkami.* www.fp.com.pl 2003. *Nie może już chodzić o kulach, porusza się z balkonikiem.* IS. ⌑ PS 1994, SW 1996, IS 2000, US 2003

balsam[NB] *m, G -u, Kosmetik* - **Balsam**. *Balsam nagietkowy; balsam po kąpieli; balsam do włosów, do ciała. Zimą trenuje na mrozie, latem w kurzu, kilka razy dziennie bierze prysznic. Kiedyś z myślą o przyszłości skończyła studium kosmetyczne, więc rusza na zawody z baterią kremów i balsamów.* Twój Styl 2000 (K). ⌑ SW 1996, IS 2000, US 2003 ⊰engl

bambuko ♦ *phras* **(z)robić kogoś w bambuko** *ugs* »jdn. betrügen u. lächerlich machen« - jdn. **für dumm verkaufen**; jdn. **zum Narren halten**. *Dać się zrobić w bambuko - sich für* dumm verkaufen lassen; sich zum Narren halten lassen. *Telewizor ciągnie z nas wała, a my się dajemy robić w bambuko. To przecież paranoja!!!* CKM 2001 (K). *Co prawda w tv gadają o takiej możliwości, ale w ten sposób napędzają głosy platfusom... niestety..., a oni po wyborach zrobią koalicję z czerwonymi i swoich wyborców w bambuko.* www.e-polityka.pl 2003. *Śmieszne, jak ludzie dają się robić w bambuko!* www.rkn.pl 2004. ⌑ IS 2000, US 2003 ⌗1989 PP

bambus[NB] *m, G -a, verächtlich, beleidigend* »über Menschen mit dunkler Hautfarbe; Schwarzer« - *abwertend* **Neger, Bimbo**, *verächtlich, als Schimpfwort* **Nigger**. *Na obcokrajowca z Czarnego Lądu lecą epitety, np. „czarnuch" lub „bambus".* Gazeta Wrocławska 1999 (K). *Moja koleżanka jest wyzywana od bambusów, bo jest Murzynką, a to taki dobry człowiek. Dlaczego w nas tak mało tolerancji???* www.epuls.pl 2006. ⌑ Supl 1994, PS 1994, SW 1996, IS 2000, US 2003 ⌗1985 PP

bandana *f* »buntes, quadratisches Tuch, häufig von Jugendlichen auf dem Kopf bzw. um den Hals o. das Handgelenk getragen« - **Bandan(n)a**. *Taki niewielki, skromny i małomówny człowieczek, z bandaną na głowie, na parę minut przed wejściem na scenę zajada parówki.* www.jarocin-festiwal.com 1993. *Moda noszenia bandan zapanowała w Polsce od niedawna.* PS. ⌑ PS 1994, SW 1996, IS 2000, US 2003 ⊰engl

bandyta ♦ jednoręki bandyta »Spielautomat, der mit einem Hebel an der Seite betätigt wird« - **einarmiger Bandit**. *Ponieważ w ten sposób pozbawiłem klubowiczów ulubionych tematów, musiałem dać im coś w zamian. Rozstawiłem stoły do ruletki i pokera, kupiłam bilard i jednorękich bandytów.* Wysokie Obcasy 2000 (K). ⌑ IS 2000, US 2003 ⊰engl one-armed bandit

baner *s.* **banner**

bank ♦ *phras* **na bank** *ugs, auch* **bankowo** *Adv, ugs* - **hundertprozentig sicher, felsenfest**, *neutral* **ganz bestimmt**. *Musicie jutro przyjść, ale na bank, inaczej nic z tego nie wyjdzie!* PP. *Przynieś mi te pieniądze jutro, ale bankowo.* IS. ⌑ SW 1996, IS 2000, US 2003 ⌗1986 PP

bank[NB] *m, G -u* »Ort, an dem unterschiedliche Informationen, Materialien gesammelt u. gegebenenfalls verfügbar gemacht werden; auch die verfügbaren Materialien selbst« - **Bank**.
♦ bank danych - **Datenbank**. *Wojewódzki bank danych udostępnia informacje o kandydatach, znajdujące się w jego bazie danych wszystkim ośrodkom z terenu województwa.* www.znp.edu.pl 2005. ⌑ Supl 1994, PS 1994, SW 1996, IS 2000, US 2003 ⊰engl databank
♦ bank genów - **Genbank**. *Zgodnie z definicją, bank genów jest to kolekcja roślin uprawnych i spokrewnionych z nimi gatunków dziko rosnących w formie materiału nasiennego zawierającego całość genomu określonych gatunków, odmian itp.* www.przyrodapolska.pl 2003. ⌑ US 2003
♦ bank informacji - **Informations(daten)bank**. *Nasz bank informacji turystycznej gromadzi oferty związane z turystyką.* ipolska.pl 2003. ⌑ PS 1994, US 2003
♦ bank pomysłów - **Ideenbank**. *Celem Banku Pomysłów jest zbieranie, promowanie i wdrażanie pomysłów, mogących przyczynić się do poprawy wszelkich sfer naszego życia.* www.abcpraca.pl 2005. *Autorzy potraktowali nasze archiwa nie jak bank danych, ale bank pomysłów.* www.fpm.com.pl 2005. ⌑ US 2003
♦ bank spermy - **Spermabank**. *W 1980 roku kalifornijski milioner stworzył bardzo ekskluzywną fundację biologicznego determinizmu, czyli mówiąc prościej, założył bank spermy, ale czy plan się powiódł?* www.discoverychannel.pl 2005. ⌑ kein Beleg
bank ♦ bank internetowy »Geldinstitut, das seine Geschäfte online abwickelt« - **Internetbank, Onlinebank**. *Po pięciu latach od uruchomienia Egg ma najwięcej klientów na świecie wśród banków internetowych.* gazetabankowa.pl 2003. *Bank BPH najlepszym bankiem internetowym dla Klientów korporacyjnych w Polsce w 2005!* www.bhp.pl 2005. ⌑ kein Beleg. *auch* bank online

banking *s.* **home banking, e-banking**

bankofon *m, G -u* »automatischer Telefonservice einer Bank, der eine Abfrage bestimmter Informationen sowie Erledigung einiger Bankgeschäfte per Telefon ermöglicht« - **Telefonbanking**. *System bankofonu. Udostępnić bankofon, korzystać z bankofonu. Dodatkowym udogodnieniem jest bankofon (...), umożliwiający klientom dokonywanie przelewów złotówkowych, otwieranie lokat terminowych (...) bez konieczności kontaktowania się z pracownikami oddziału.* PWN-Korpus. ⌑ kein Beleg. *auch* bankowy serwis telefoniczny, teleserwis, ↗bankowość telefoniczna

bankomat *m, G -u* »Automat, an dem bestimmte Bankgeschäfte erledigt werden können« - **Bankomat, Bankautomat**. *Czynne, nieczynne bankomaty. Pobrać pieniądze z bankomatu. Do dyspozycji naszych klientów stawiamy połączoną sieć oddziałów na terenie całego kraju, liczącą blisko siedemset placówek i ponad czterysta bankomatów, nowoczesny teleserwis i dostęp do rachunków przez internet.* Bank-Werbeflyer 2002 (K). *Musimy iść do kasy, bo bankomat niestety nie działa.* PS. ⌑ PS 1994, SW 1996, IS 2000, US 2003

bankowo *s.* **na bank**

bankowość ♦ bankowość elektroniczna *oder* **e-banking, e-bankowanie** »elektronische Abwicklung von Bankgeschäften« - **Electronic Banking, E-Banking**. *Bankowość elektroniczna to nie tylko home banking, Internet czy karty płatnicze. W każdej z tych grup jest wiele typów produktów, nie wszystkie zostały już wdrożone.* cfo.cxo.pl 2005. *Banki, które obsługują firmy, informują, że zdecydowana większość ich klientów korzysta z bankowości elektronicznej, zwłaszcza w zakresie produktów rozliczeniowych.* cfo.cxo.pl 2005. ⌑ kein Beleg
♦ **bankowość telefoniczna** »Abwicklung von Bankgeschäften mithilfe des Telefons« - **Telefonbanking**. *Obsługa karty przez bankowość telefoniczną, Internet oraz SMS.* www.kartykredytowe.pl 2005. *Drugi obszar bankowości elektronicznej to bankowość telefoniczna, którą także dzielimy na dwa rodzaje: call centre z wykorzystaniem telefonu stacjonarnego lub komórkowego oraz bankowość mobilną z wykorzystaniem telefonu komórkowego.* cfo.cxo.pl 2005. *Teleserwis to bankowość telefoniczna, oferująca dostęp do konta osobistego i transakcje przez telefon.* www.deutsche-bank-pbc.pl 2005. ⌑ kein Beleg. *auch* ↗bankofon
banner, baner (reklamowy) *m, G -a* **a)** »großflächige Werbeplakate o. -transparente, die z.B. an Häusern angebracht sind« - **Banner**. *Banner jako przedmiot rzeczywisty to najczęściej wydrukowany na płachcie materiału przekaz informacyjny lub reklamowy.* pl.wikipedia.org 2005. **b)** »Werbeform im Internet« - **(Werbe)banner**. *Zamieścić swój banner w Internecie. Jeśli masz własną stronę www, możesz łatwo zarobić, umieszczając na niej banner reklamowy.* banner.okey.pl 2003. *Banery reklamowe są najbardziej rozpowszechnioną formą reklamy w sieci.* www.tf.pl 2005. ⌑ US 2003 ◁engl
bar ♦ bar tlenowy »Wellness-Angebot, bei dem man sich einer Behandlung mit hoch konzentriertem Sauerstoff unterziehen kann« - **Sauerstoffbar**. *W ramach programu Relax będziesz mogła skorzystać z odpowiednich dla potrzeb twojego organizmu zabiegów: endermologii, krioterapii, baru tlenowego, łaźni parowej, biosauny.* Look 2003. *Bar tlenowy polecamy dla osób potrzebujących dopingu przed i w trakcie treningu na rowerze stacjonarnym i bieżni oraz, w wygodnym fotelu, dla relaksu i odmłodzenia organizmu.* www.gracjafit.pl 2006. ⌑ kein Beleg. *s. auch* ↗kawiarenka tlenowa ◁engl oxygen bar
barbecue [barbekju] *n, indekl* - **Barbecue**. **1** »vor allem im englischsprachigen Raum: Gartenfest, bei dem gegrillt wird« *Barbecue na tarasie. Urządzić, zorganizować barbecue; uczestniczyć w barbecue. W ogrodzie znajdują się ławy, przy których studenci mogą zjeść lunch i gdzie odbywają się wieczorne barbecue.* poland.as.pl 2006. *Z tą książką każdy wyjazd na jezioro, piknik czy nawet ogrodowe barbecue znajdzie cudowną oprawę (...).* ksiegarnia.wysylkowa.pl 2006. **2** »Barbecue-Grill« *Pod wieczór, kiedy stoimy przeżuwając w milczeniu resztki prowiantu, zatrzymuje się przy nas samochód. Wychodzi z niego para Holendrów i ratuje nas smakołykami z barbecue.* islandia.wyprawy.net 2006. **3** »auf dem Barbecue-Grill zubereitetes Gericht« *Barbecue w stylu teksańskim. Pikantny marynowany i pieczony mostek wołowy, serwowany z fasolą chili, cebulą, serem Cheddar i białym pieczywem.* www.steki.pl 2005. *Według nich kwintesencją prawdziwego barbecue jest przyrządzanie mięsa lub ryby w stosunkowo niskiej temperaturze i przy udziale dymu z drewna.* mrgrill.pl 2006. ⌑ PS 1994, US 2003 ◁engl
barbecue *nachgestellt in adjektivischer Funktion, indekl* - **Barbecue-**. Grill barbecue - Barbecue-Grill. Sos barbecue - Barbecue-Soße. *Kurczak, żeberka, czipsy barbecue; wieprzowina w sosie barbecue; restauracja, bar barbecue. Na przyjęciach typu barbecue w roli gospodarza występuje właśnie pan domu.* gotowanie.x3m.pl 2006. *Zapraszamy na obfity bufet barbecue z nielimitowaną konsumpcją wina w cenie 59 pln.* www.skanorama.pl 2006. ⌑ kein Beleg
barbie[NB], **Barbie** [barbi] *f, indekl* »junge Frau, Mädchen, die/das wie eine Barbie-Puppe aussieht, wirkt« - **Barbiepuppe, Barbie-Puppe**. *Ciekawa jestem, czy Panowie by wytrzymali z taką osóbką na dłuższą metę. Bo nie wyobrażam sobie codziennego życia z taką Barbie.* www.genesis.net.pl 2005. *W głowie to takie dziewczyny na pewno wiele nie mają, ponieważ żadna inteligentna dziewczyna nie robiłaby z siebie takiej barbie.* forum.dziecionline.pl 2005. *Julia Tymoszenko - feministka czy Barbie? Z jednej strony była premier Ukrainy wpisuje się w stereotyp Matki Narodu, narodowej heroiny, będącej ofiarą systemu, zaś z drugiej strony jej polityczny image ociera się o cukierkowy wygląd lalki Barbie.* www.efka.org.pl 2005. ⌑ kein Beleg
baron[NB] *m, G -a, Npl -owie, abwertend* »hoher regionaler Funktionär des demokratischen Linksbündnisses SLD, der großen Einfluss auf Wirtschaft u. Politik der Region hat« - **Parteioberer, Parteibaron**. *Na tydzień przed referendum premier odbył ważne spotkanie z obecnymi i byłymi baronami Sojuszu, którzy zadeklarowali mu praktycznie pełne poparcie (...).* Polityka 2003. *Jest pan szefem SLD na Podkarpaciu, partyjnym baronem.* Gazeta Wyborcza 2003. ⌑ kein Beleg

♦ **baron narkotykowy** »jd., der mit dem Drogenhandel viel Geld verdient (hat)« - **Drogenbaron, Drogenboss**. *Postanowiła więc zdobyć materiał do swojego artykułu i udowodnić, że K. jest baronem narkotykowym.* bpbroken.w. interia. pl 2005. *Po raz pierwszy przed polskim sądem stanie prawdziwy baron narkotykowy.* IS. 📖 kein Beleg ◄engl drug baron

baseballówka, bejzbolówka, bejsbolówka [bejzbolu**f**ka] *f, ugs* »Baseballkappe, Baseballmütze« - **Basecap**. Czapka bejsbolówka. *Nosił zawsze modną wśród młodzieży baseballówkę.* OiT. *Buty podobne do wojskowych, czarne spodnie, czarna bluza, napis ochrona, czarna bejzbolówka - typowa dla oddziałów prewencji.* www.ino-online.pl 2006. *Co do czapek lub daszków - panuje tu dowolność, choć najczęściej spotykanym modelem jest najprostsza bejsbolówka.* serwisy.gazeta.pl 2006. 📖 PS 1994, SW 1996, US 2003

baza ♦ **baza danych** *EDV* **1** »strukturierte, zweckbestimmte Sammlung von Informationen, die leicht abrufbar sind, auch: der Datenspeicher« - **Datenbasis** (im technischen Sinne)**, Datenbestand, Datenbank**. *Założyli bazę danych dotyczących firmy, ze szczególną uwagą odnotowując wszystkich dotychczasowych klientów i rodzaj zamawianych przez nich towarów.* OiT. **2** »Anwenderprogramm zur Erstellung einer Datenbank« - **Datenbankprogramm**. *W potocznym ujęciu obejmuje dane oraz program komputerowy wyspecjalizowany do gromadzenia i przetwarzania tych danych. Program taki (lub zestaw programów) nazywany jest „Systemem zarządzania bazą danych" - Data Base Management System).* pl.wikipedia.org 2006. 📖 PS 1995, SW 1996, IS 2000, US 2003 ◄engl database

bazarowy[NB] *Adj* - **billig, kitschig, minderwertig, geschmacklos, Jahrmarkts-**. Elegancja bazarowa. *Może dlatego do tej muzyki też mam pełno zastrzeżeń. Po pierwsze co to za gatunek? Jak dla mnie - bazarowy.* www. muzyka.onet.pl 2003. *Ania W. ma fajny głos, szkoda, że gust taki bazarowy i kiczowaty.* www. muzyka.onet.pl 2006. *Sukces designerski pani A. jest tym bardziej spektakularny, że lansuje ona typowy dla swojego prywatnego wizerunku tandetno-jarmarczny styl „bazarowy".* www.kurierplus.com 2006. 📖 IS 2000

becikowe *n, nur im Sg, G* becikowego, *L* o becikowym »einmalige Unterstützung, die Eltern bei der Geburt eines Kindes gezahlt wird« - **Wiegengeld**. Ustawa o becikowym; wniosek o becikowe. *Rząd zapewni w budżecie na 2006 r. pieniądze na becikowe - 1000 zł - ale tylko dla najbiedniejszych, którzy otrzymują pomoc socjalną - premier Kazimierz Marcinkiewicz zapowiedział w poniedziałek taką autopoprawkę do budżetu.* serwisy.gazeta.pl 2005. *Wyraz becikowe powstał jako konstrukcja słowotwórcza od wyrazu becik, jako alternatywa dla „źle kojarzącego się" (według polityków) słowa zasiłek.* matir.ovh.org.pl 2006. *Rozmnożyło się tzw. becikowe. Dostaną je nie tylko te rodziny z najmniejszym dochodem, ale też wszystkie dzieci, które urodziły się po 9 listopada 2005 r.* miasta.gazeta.pl 2006. 📖 kein Beleg

benzyna ♦ **benzyna bezołowiowa** *s.* **bezołowiowy**

beret ♦ **moherowe berety** *s.* **moherowy**

betabloker, beta-bloker *m, G -a, Medizin* »bekanntes Arzneimittel zur Behandlung bestimmter Herzkrankheiten, des Bluthochdrucks u.a.« - **Beta(rezeptoren)blocker**. *A betabloker zmniejsza ciśnienie i zabezpiecza przed przyspieszonymi akcjami serca, np. migotaniem przedsionków (...).* users.nethit.pl 2006. *W odniesieniu do skuteczności beta-blokerów u osób w podeszłym wieku zdania są podzielone.* www.borgis.pl 2000. 📖 kein Beleg

beta-karoten, beta karoten *m, G* beta-karotenu, *Biochemie* »orangefarbener Pflanzenfarbstoff mit antioxidativer Wirkung« - **Betakaroten, Betakarotin**. *Zawartość beta-karotenu w owocach i warzywach waha się w zależności od pory roku i stopnia ich dojrzałości.* www.vita-web.com 2006. *Mimo, iż marchew jest bardzo dobrym źródłem beta karotenu, należy uważać, z jakich źródeł pochodzi.* www.holbex. pl 2006. 📖 kein Beleg

beton[NB]* *m, -u, geringschätzig* **a)** »Gruppe extrem konserwativer Politiker (insbes. im kommunistischen System), die einen harten, reformfeindlichen Kurs vertritt« - **Betonfraktion, Betonriege**. *Starzy działacze partyjni boją się dopuścić młodych do władzy, bo reprezentują oni inny punkt widzenia od betonu partyjnego i inne poglądy.* forum.polityka.org.pl 2004.
b) *selten, meist im Pl* te betony »ein Politiker mit den o.g. politischen Anschauungen« - **Betonkopf**. *Pierwszy raz spotkałem prawdziwy beton. Według niego cały PRL był super, a milicja i UB były po to, by pilnować, że na pewno wszyscy biedni dostają swoją równą działkę w ogólnym majątku. (...) Ale czego się spodziewać po kolesiu na cieplutkiej prezesurze w dużym miejskim przedsiębiorstwie (...)?* dakilla.jogger.pl 2004. *A zatem idąc dalej, można dopowiedzieć, że chodzi tu o ludzi z jednej strony konserwatywnych, nazywanych potocznie betonami lub fundamentalistami, z drugiej zaś - zwolenników szybkich, radykalnych, demokratycznych przemian.* NSP2. 📖 Supl 1994, PS 1995, SW 1996, IS 2000, US 2003 ✏1989 NSP2
c) - »stur, uneinsichtig, verbohrt« *Widzę, że z Ciebie prawdziwy beton. Nie działają na ciebie żadne racjonalne argumenty.* www.

gazetaprawna.pl 2006. *Paweł, nie obraź się, ale (żartem) to prawdziwy beton z ciebie. Ależ jesteś uparty.* forum.gkw.katowice. pl 2006. ▯ kein Beleg

bezglutenowiec *m, G* ~wca, *Npl* ~wcy, Jargon, ugs - »jd., der an Zöliakie erkrankt ist; Zöliakie-Patient(in)« *Alergicy i bezglutenowcy powinni wiedzieć, że według producenta mąka ta może zawierać 1% mąki pszennej.* www.naturo. pl 2006. *Od siebie dodam, że jako bezglutenowiec od urodzenia nigdy nie miałam poczucia, że np. nasze ciasta są gorsze w smaku niż ciasta pszenne.* forum.celiakia.pl 2006. ▯ kein Beleg

bezglutenowy *Adj* - **glutenfrei; Zöliakie-**. *Dziecko bezglutenowe* - an Zöliakie erkranktes Kind, Zöliakie-Kind. *Chleb bezglutenowy* - glutenfreies Brot. *Dieta, żywność bezglutenowa; pieczywo bezglutenowe. Oferujemy produkty bezglutenowe znanej i cenionej firmy.* www.finax.pl 2006. *60 procent dzieci już teraz cierpi na anemię, wzrasta liczba dzieci bezglutenowych, powszechny jest głęboki deficyt wapnia i magnezu w organizmach dzieci i dorosłych.* NSP2. ▯ PS 1995, SW 1996, IS 2000, US 2003 ✐1986 NSP2

♦ **choroba bezglutenowa** *s.* **choroba**

bezinwazyjny[NB] *Adj* - **nichtinvasiv, noninvasiv**
a) *Medizin, auch Kosmetik* »über ein Verfahren zur Untersuchung, Behandlung des menschlichen Körpers ohne Eingriff in ein Organ« *Bezinwazyjny lifting, piling; metoda, diagnostyka bezinwazyjna; bezinwazyjny zabieg antyżylakowy; bezinwazyjny system wypełniania zmarszczek. Zabieg jest bezinwazyjny i bezbolesny, często stosowany u małych dzieci.* www.yang-yin.pl 2005. *W efekcie uzyskujemy głęboki, lecz bezinwazyjny i bardzo łagodny peeling skóry twarzy.* www.ambasadaurody.pl 2004. ▯ US 2003 **b)** *Technik* »ohne tieferes Eindringen in die Oberfläche des Materials« *Bezinwazyjny montaż, pomiar. Podobał nam się bezinwazyjny montaż magnetyzera i jego niewygórowana cena, nie przekraczająca ceny kilkudziesięciu litrów benzyny.* www. ksando.com 2004. *Odkrycie miało wpływ na nowy, bezinwazyjny i bardziej bezpieczny sposób rozbrajania min.* czasopismasp.mil.pl 2004. ▯ kein Beleg

bezołowiowy ♦ **benzyna bezołowiowa** - **bleifreies Benzin**. *Minimalne stawki dla benzyny bezołowiowej i oleju napędowego niekomercyjnego muszą zostać uzgodnione na obszarze Wspólnoty.* www.gigawat.net.pl 2005. ▯ PS 1995, SW 1996, IS 2000, US 2003. *auch* ↗bezołowiówka

bezołowiówka *f, ugs* - »bleifreies Benzin« *Zdarza się, że na giełdzie pojawiają się etyliny 98 i 94, przerabiane w polskich rafineriach z importowanej benzyny bezołowiowej. W ten chytry sposób dystrybutorzy obniżają koszty importu, bo na bezołowiówkę obowiązuje mniejsza akcyza.* Gazeta Wyborcza 1994 (K). *Dopiero kiedy wskazówka obrotomierza zbliża się do trójki, słychać, że w baku Suzuki znajduje się olej napędowy, a nie bezołowiówka.* www. autorok.pl 2005. ◀aus benzyna ↗bezołowiowa ▯ SW 1996

biały ♦ **biało-czerwoni**[NB] *nur im Pl* »die polnische Fußball- bzw. Handballnationalmannschaft, seltener die Nationalmannschaft einer anderen Sportart« - **die Weiß-Roten**. *Do samego końca Polacy grali w dziesięciu. Świetnie spisał się bramkarz biało-czerwonych Artur Boruc, który wiele razy łapał piłkę pędzącą do naszej bramki.* forum.dep.pl 2006. *Czy biało-czerwoni dadzą radę na mundialu?* wiadomosci.wp.pl 2006. ▯ PS 1995, IS 2000, US 2003

biały ♦ **biały marsz** *s.* **marsz**

biały ♦ **biała niedziela** *s.* **niedziela**

bicie ♦ *phras* **bicie piany** *ugs, abwertend* »lange u. fruchtlose Debatten ohne konkreten Inhalt« - **leeres Stroh, Gerede, Geschwätz**. *Dziennikarze obawiają się, że konferencja na temat biedy będzie kolejnym biciem piany. IS. Mam już powoli dosyć tego filmu. Przeciągają fabułę ile się tylko da. Cały ten film i szum wokół niego, że taki to hit, to tylko bicie piany.* pl.online-tarot.net 2006. *Przedstawiciel ZChN zastanawiał się, dlaczego trzeba utrzymywać teatry, a nie mogą one same wypracować środków. Bicie piany trwało kilka godzin. Do chwili zamykania tego wydania radni jeszcze dyskutowali nad budżetem.* Dziennik Poznański 1999 (K). ▯ PS 1994, IS 2000
! Im Dt. „Schaumschlägerei" nur in der Bedeutung ‚Prahlerei'

Big Mack, bigmak *m, G* -a »doppelter Hamburger der Fastfoodkette McDonald« - **Bigmac**. *Biedne dziewczyny nie miały oczywiście pojęcia - argumentuje ich adwokat - że bigmaki, frytki i nugetsy są niezdrowe.* Polityka 2002. *Godzina dziennie umiarkowanego wysiłku fizycznego przez 6 dni w tygodniu pozwala na spalenie około 2 700 kalorii, równowartość 4 Big Macków.* www.vox.pf.pl 2006. ▯ kein Beleg

bikers [bajkers, bikers] *m, G* -a, *Npl* -i **1** »jd., der mit dem Fahrrad Kurierdienste leistet« - **Fahrradkurier, Fahrradbote**. *Praca bikersa polega na realizowaniu zleceń dystrybutora, przekazywanych drogą radiową.* libra.pl 2002. ▯ kein Beleg **2** »BMX-Rad-Fahrer, der auf seinem frisierten Rad verschiedene riskante Fahrmanöver ausführt« - **Biker**. *Do skoków potrzebne są specjalne, usypane sztucznie wały - im wyższe, tym lepsze. Zawodowi bikersi skaczą na pokazach nawet z dziesięciometrowych hopów!* www.serwisy.gazeta.pl 2003. *auch* rowers ▯ kein Beleg. **3** »Motorradfahrer« -

Biker, Motorrad-Freak. *Jak piszemy na stronie 13, dwa tygodnie temu Milwaukee w Wisconsin stało się motorową stolicą świata. Zjechali się tam bikersi z różnych kontynentów, by wspólnie obchodzić 100. urodziny najsłynniejszej marki motorowej na świecie - Harleya-Davidsona.* www.ex-usa.com 2003. *Czarnoskórzy „bikersi" nie znoszą harleyowców - i vice versa. Nawet w tym przypadku widać podział społeczny na białych i czarnych.* tartinka.blog.pl 2005. ◫ kein Beleg ◄engl biker

billboard, bilboard [bilbort] *m, G -u* »große Plakatwand, Werbetafel, die an Hauswänden u. viel befahrenen Straßen aufgestellt wird« - **Billboard**. *Politycy coraz częściej mówią o przyspieszonych wyborach parlamentarnych. Niektóre partie już rezerwują billboardy.* gdansk.naszemiasto.pl 2006. *Tablice reklamowe bilboardy wykonujemy na specjalne zamówienie klienta.* www.webreklama.pl 2006. ◫ PS 1995, SW 1996, IS 2000, US 2003 ◄engl

billboardowy, bilboardowy [bilbordowy] *Adj v.* ↗bil(l)board - **Billboard-**. Reklama billboardowa. *Dziś Agora to (...) 28 stacji radiowych, portal internetowy, kilka bezpłatnych gazet zarabiających na ogłoszeniach i 16 magazynów kolorowych oraz firma billboardowa.* Polityka 2003. *Nośnikami kampanii są tablice bilboardowe, plakaty, autobusy MZA, a także prasa, telewizja i radio oraz internet.* www.targowek.waw.pl 2005. ◫ kein Beleg

billing, biling *m, G -u* »elektronische Registrierung von Telefonverbindungen eines Anschlusses; auch der elektronische Ausdruck dieser Verbindungen« - **Einzelverbindungsnachweis, Billing**. Wprowadzić, uzyskać billing. *Kłopoty z billingiem SMS.* telepolis.pl 2005. *Bezpłatny biling w wersji elektronicznej. Od 1 lipca 2006 r. korzystaj z bezpłatnego billingu, możesz wydrukować prezentowaną stronę lub cały biling.* www.tp.pl 2005. *O ujawnienie bilingów telefonicznych Leszka Millera i jego najbliższych współpracowników zaapelowało wczoraj do premiera PiS.* Gazeta Wyborcza 2003. ◫ PS 1995, SW 1996, US 2003 ◄engl

billingowy, bilingowy *Adj v.* ↗bil(l)ing - **Billing-**. Usługa, opłata bilingowa. *Katowicka spółka zakończyła prace nad nową wersją swojego systemu billingowego przeznaczonego dla operatorów telefonii tradycyjnej i firm świadczących usługi VoIP.* www.biznetnet.pl 2002. *Stare układy są systematycznie wyposażane w systemy bilingowe.* SW. ◫ PS 1995, SW 1996, US 2003

bingo *m, G -a* »dem Lotto ähnliches englisches Glücksspiel; auch der Gewinn in diesem Spiel« - **Bingo**. Grać w bingo; mieć bingo. *Przegrał ogromne sumy w bingo.* IS. *Dwukrotna zdobywczyni Oscara, Jodie Foster, oburzyła hollywoodzkie środowisko filmowe, porównując nagrody Akademii do gry w bingo.* film. onet.pl 2004. *Graj w Bingo online nawet na trzech biletach jednocześnie! Wygraj jackpota grając na wszystkich trzech biletach i zdobądź Bingo w piątym lub szóstym losowaniu numerów!* www.betsson.com 2006. ◫ Supl 1994, PS 1995, SW 1996, IS 2000, US 2003 ◄engl

bingo! *Interjektion, indekl* - **bingo!** a) »Ausruf des Siegers beim Bingo-Spiel« b) *ugs* »Ausruf, der ausdrückt, dass jdm. etw. (überraschend) geglückt ist o. dass etw. genau nach Wunsch eingetreten ist« *Jeśli masz kłopot z synchronizacją, puść kijki luźno i przez kilkanaście metrów po prostu ciągnij je za sobą - podpowiada mi trener. Idę za jego radą i bingo! Po dziesięciu minutach wszystko staje się jasne.* Twój Styl 2006. *Bingo! Znalazłem świetną pracę.* US. ◫ PS 1995, SW 1996, IS 2000, US 2003

bioaktywny *Adj* »biologisch aktiv« - **bioaktiv**. Bioaktywny peeling, tonik, krem; bioaktywne metody usuwania zanieczyszczeń; bioaktywne substancje kosmetyczne; bioaktywne wyciągi z nasion. *Aloe Vera Extra żel - bioaktywny żel z aloesu o własnościach przeciwzapalnych, łagodzi podrażnienia skóry, leczy oparzenia.* www.sklep.grabieniec.pl 2005. ◫ PS 1995, SW 1996, US 2003

biodegradacja *f* - **biologischer Abbau, biologische Abbaubarkeit, Biodegradation**. Biodegradacja detergentów, ścieków. Ulegać biodegradacji. *Butelki plastikowe nie ulegają biodegracji.* SW. *W przypadku wytwarzania niewielkich ilości odpadów, nieprzekraczających 1 tony w skali roku, zdecydowanie tańszym rozwiązaniem jest biodegradacja, czyli rozkład rozpuszczalników przez wyspecjalizowane i dostępne na rynku szczepy bakterii.* gartija.pl 2005. ◫ Supl 1994, PS 1995, SW 1996, US 2003

biodiesel *m, G ~sla* »Dieselkraftstoff aus bzw. mit erneuerbaren Rohstoffen« - **Biodiesel**. *Biodiesel jest zastępczym paliwem do silników wysokoprężnych, wyprodukowany z odnawialnych surowców, np. olejów roślinnych czy tłuszczów zwierzęcych. (...) Biodiesel może być stosowany jako paliwo dla większości silników diesla. Może być mieszany z olejem napędowym albo używany samodzielnie.* www.drewnozamiastbenzyny.pl 2006. *Lepsze właściwości smarne Biodiesla wpływają korzystnie na pracę i trwałość silnika. Dobre własności smarne Biodiesla zostały potwierdzone w licznych testach.* www.rafineria-trzebinia.pl 2005. ◫ kein Beleg. *s. auch* ↗biopaliwo

bioenergia *f* »biologische Energie, die in einem lebenden Körper erzeugt wird« - **Bioenergie**. *Ta fascynująca książka została napisana z my-*

ślą o polskich czytelnikach, dla których terminy bioenergia i bioenergoterapia są niejasne i budzą obawy. Jej autorką jest żona znanego bioenergoterapeuty. Katalog wydawniczy 1998 (K). ◫ PS 1995, SW 1996, US 2003

bioenergoterapeuta, bioterapeuta *m, G ~ty, Npl ~euci* »Heilpraktiker, der z.B. durch Handauflegen seine biologische Energie übermittelt« - **Bio(energo)therapeut.** *Bioterapia, jest to terapia metodami naturalnymi - mówi Marek Wdowczyk. Bioterapeuta wykonuje na przykład masaże manualne. Bioterapia to także ziołolecznictwo. Akupunkturę też można zaliczyć do bioterapii. Natomiast bioenergoterapeuta wykorzystuje do uzdrawiania energię. Czyli inaczej, każdy bioenergoterapeuta jest bioterapeutą, ale nie każdy bioterapeuta jest bioenergoterapeutą.* www.swiatenergii.vel.pl 2006. ◫ Supl 1994, PS 1995, SW 1996, US 2003. *s. auch* ↗energoterapeuta

bioenergoterapeutka, bioterapeutka *f v.* ↗bio(energo)terapeuta - **Bio(energo)therapeutin.** *Bioenergoterapeutka zyskała uznanie przywracając zdrowie ludziom. Na zabiegi przyjeżdżają do niej chorzy nie tylko z całej Polski, lecz także ze Stanów.* wysylkowa.pl 2006. *Nie u wszystkich skutkuje sama bioterapia, dlatego muszę się wspomagać różnymi metodami - mówi bioterapeutka.* tp.unia-europejska.org.pl 2006. ◫ PS 1994, US 2003. *s. auch* ↗energoterapeutka

bioenergoterapeutyczny, bioterapeutyczny *Adj* - **bioenergoterapeutisch.** *Seans, gabinet bioenergoterapeutyczny; oddziaływanie bioenergoterapeutyczne; uzdolnienia bioenergoterapeutyczne. Jeden z bardzo nielicznych lekarzy, łączących medycynę akademicką z medycyną naturalną - zwłaszcza bioenergoterapią. Jego silne właściwości bioenergoterapeutyczne zostały potwierdzone badaniami w Instytucie Radiestezji i Biotroniki w Kielcach.* www.nadwodospadem.com.pl 2006. *Dodaje też, że określone typy zbiorowisk leśnych mają bioterapeutyczny wpływ na organizm człowieka.* www.aura.krakow.pl 2005. ◫ PS 1995, SW 1996, IS 2000, US 2003. *s. auch* ↗energoterapeutyczny

bioenergoterapia, bioterapia *f* »Therapie, die auf dem Wege der Überleitung der Bioenergie des Therapeuten an den Patienten Heilung erzielt« - **Bio(energo)therapie.** *Profesor Magdalena Sokołowska twierdzi, że dzisiejsza techniczna medycyna sprawia, iż ludzie są istotnie zdrowsi, ale czują się gorzej. Trawestując to powiedzenie można by stwierdzić, że bioenergoterapia sprawia, iż ludzie nie są wcale zdrowsi, ale za to czują się lepiej.* NSP2. *Kobieta, zapisała się na kurs bioterapii prowadzony przez uzdrowiciela zza wschodniej granicy.* magia.onet.pl 2006. ◫ Supl 1994, PS 1995, SW 1996, US 2003. *s. auch* ↗energoterapia

bioetyczny *Adj v.* ↗bioetyka - **bioethisch.** *Przy medycznych instytutach naukowych i izbach lekarskich zostały (...) powołane do istnienia komisje bioetyczne, które mają na celu monitorowanie poprawności etycznej eksperymentów w zakresie nowych lekarstw i technik leczenia.* www.cecib.edu.pl 2006. ◫ kein Beleg

bioetyka *f* »Teilgebiet der angewandten Ethik, das sich mit sittlichen Fragen im Umgang mit Leben u. Natur, bes. auch im Hinblick auf neue Möglichkeiten der Forschung u. Therapie (wie Gentechnik, Sterbehilfe usw.) befasst« - **Bioethik.** *Kardynał Thomas Winning, przewodniczący komisji bioetyki Kościoła katolickiego w Wielkiej Brytanii twierdzi, że legalizowanie klonowania jest złem.* Metropol 2001 (K). *Określenia „bioetyka", „bioetyczny" posiadają w języku polskim pozytywne konotacje. Słowa te we współczesnym polskim piśmiennictwie pojawiają się najczęściej w kontekście humanistycznym (...).* www.cecib.edu.pl 2006. ◫ US 2003

biofeedback [biofidbek] *m, G -u* »suggestives Verfahren zur Kontrolle autonomer, vom Menschen sonst kaum wahrgenommener Körperfunktionen (wie z.B. Blutdruck, Herzfrequenz) über Apparate« - **Biofeedback.** *W ćwiczeniu prawidłowej pracy mięśni pomaga biofeedback. Biofeedback kosztuje ok. 1000 zł (...).* Wprost 1999. ◫ US 2003 ◁engl

bioflawonoidy *meist im Pl* »Pflanzenfarbstoffe, die gesundheitsfördernde, antibakterielle u. antivirale Wirkung auf den menschlichen Organismus haben - **Bioflavonoide.** *Sezonowe owoce i warzywa - źródło bioflawonoidów czyli naturalnych przeciwutleniaczy, które zwalczają wolne rodniki, spowalniają procesy starzenia.* www.sztukajedzenia.pl 2005. *Bioflawonoidy to substancje, które nadają owocom jagodowym czerwony i granatowy kolor, cytrusom zaś - pomarańczowy oraz żółty. Gromadzą się zazwyczaj pod ich skórką.* www.poradnikzdrowie.pl 2006. ◫ kein Beleg ◁engl

biogurt, biojogurt *m, G -u* »joghurtähnliches Sauermilcherzeugnis, das unter Verwendung bestimmter Bakterien hergestellt wird« - **Bioghurt, Biojoghurt.** *Biogurt (biojogurt) - produkuje się go przez dodanie połączonych szczepów bakterii używanych do produkcji zwykłego jogurtu i mleka acydofilnego.* gotowanie.onet.pl 2006. ◫ kein Beleg

biojajo *n, meist im Pl* **biojaja** »Eier aus biologischer Haltung« - **Bioei(er).** *Biojaja różnią się od klasycznych jaj przede wszystkim wysoką zawartością jodu, selenu i witaminy E, która ze względu na swe szczególne właściwości przeciwutleniające nazywana jest „witaminą młodości".* www.ppr.pl 2002. *Zaawansowane są działania firm produkujących ekojaja czy też* *biojaja.* gastrona.pl 2005. ☐ kein Beleg. *s. auch* ↗ekojajo

biokomponent *m, G -u* »pflanzliche Substanz, die Kraftstoffen beigemischt wird, um die Umweltbelastung zu senken« - **Biokomponente**. *Ustawa zakłada, że w Polsce handlować będzie można tylko benzyną z dodatkiem biokomponentów.* Newsweek 2002. ☐ kein Beleg

biomedycyna *f* »Wissenschaft im Grenzbereich von Biologie u. Medizin« - **Biomedizin**. *Szczególne znaczenie mają w biomedycynie lasery molekularne, ze względu na dużą wydajność, niski koszt wytwarzania i niewielkie rozmiary.* www.amp.pl 2004. *Był to czas szybkiego rozwoju i zmian w dziedzinie biomedycyny, który zaowocował dializą nerek, transplantacją organów (...), diagnozą prenatalną, sztucznym respiratorem, a nawet przewidywaniami dotyczącymi inżynierii genetycznej.* www.cecib.edu.pl 2006. ☐ US 2003

biomedyczny *Adj v.* ↗biomedycyna - **biomedizinisch**. *Badania biomedyczne; biomedyczne podstawy rozwoju. W programie specjalizacji realizowane są trzy bloki programowe: lingwistyczny, psychologiczno-pedagogiczny i biomedyczny.* www.ijp.uw.edu.pl 2006. ☐ US 2003

biopaliwo *n* »Kraftstoff auf Pflanzenbasis, z.B. aus Rapsöl; auch Kraftstoff mit Beimischung von Biokraftstoff« - **Biokraftstoff**. *Ustawa o biopaliwach przewiduje dwa rodzaje biopaliw - w wypadku silników benzynowych do paliwa ma być dodawany bioetanol, w wypadku wysokoprężnych w oleju napędowym będzie stosowany dodatek estrów oleju rzepakowego.* www.gazeta.pl 2003. *Unia Europejska przygotowuje przepisy, które zobowiążą koncerny paliwowe do stosowania w benzynie i oleju napędowym domieszek biopaliw, czyli substancji napędowych uzyskiwanych z przetwarzania roślin, np. rzepaku czy buraków cukrowych.* www.wir.org.pl 2005. ☐ US 2003 *s. auch* ↗biodiesel

bioprognoza *f* »spezifische Wettervorhersage, die auf bestimmte Gefährdungen der menschlichen Gesundheit bzw. des Wohlbefindens aufmerksam macht« - **Bioprognose**. *Bioprognoza na dzisiaj podobno jest niekorzystna, więc zapraszam na kawę z cynamonem lub herbatkę z sokiem malinowym.* f.kafeteria.pl 2006. ☐ SW 1996

biorolnictwo *n* »nachhaltige Landwirtschaft, die im Gegensatz zur konventionellen auf den Einsatz von Pestiziden u. Gentechnik verzichtet« - **Biolandwirtschaft**. *Strona zawiera próby wyjścia z chemoterapii roślinnej, czyli biorolnictwo.* www.homepages.compuserve.pl 2004. ☐ SW 1996

biorolnik *m, G -a, Npl ~icy* - **Biobauer**. *Firma zainteresowana jest współpracą z naszymi biorolnikami.* SW. *(...) biorolnik przekształcający rolnictwo chemiczne w rolnictwo naturalne (...).* www.vulcan.edu.pl 2002. ☐ SW 1996

biorytm *m, G -u* »in periodischem Ablauf erfolgender Rhythmus von physiologischen Vorgängen (wie Wachstum, Leistungsfähigkeit) bei Lebewesen« - **Biorhythmus**. *Do niedawna nie było dowodów, że biorytmy i pora dnia mają tak istotny wpływ na nasze samopoczucie, aktywność i wydajność.* Wprost 2006. ☐ Supl 1994, PS 1995, SW 1996, IS 2000, US 2003 ✎Zagrodnikowa 1982

biorytmiczny *Adj v.* ↗biorytm - **biorhythmisch, Biorhythmus-**. *Cykle biorytmiczne; krzywe biorytmiczne. Nauczysz się uwzględniać w żywieniu kalendarz biorytmiczny oraz grupę krwi.* www.sza.lh.pl 2006. ☐ kein Beleg

biosauna *f* »kreislaufschonende Sauna durch niedrigere Temperaturen« - **Biosauna**. *Biosauna, temperatura pary 40-50 C stwarza przyjemny klimat, który nie obciąża ciała.* www.spahotele.pl 2006. *Kąpiel w biosaunie jest przyjemna zwłaszcza dla osób, dla których klasyczna sauna fińska jest zbyt ciepła.* www.aquaparksopot.pl 2004. ☐ PS 1995

biotechnologia *f* »Wissenschaft von der technischen Nutzung u. wirtschaftlichen Bedeutung von Mikroorganismen, Zellkulturen, Enzymen« - **Biotechnologie**. *Biotechnologia polega na uzyskiwaniu odpowiednich szczepów organizmów, których zadaniem jest wytwarzanie w dużych ilościach odpowiednich substancji. W procesie tym główną rolę odgrywa inżynieria genetyczna.* www.idp.pl 2002. ☐ Supl 1994, PS 1994, SW 1996, IS 2000, US 2003

biotechnologiczny *Adj v.* ↗biotechnologia - **biotechnologisch, Biotechnologie-**. *Procesy biotechnologiczne. Badania biotechnologiczne wiążą się często ze szczególnie lubianymi w danym kraju produktami rolniczymi.* www.libra.edu.pl 2002. ☐ PS 1994, IS 2000, US 2003

bioterapia, bioterapeuta *s.* **bioenergoterapia, bioenergoterapeuta**

bioterrorysta *m, G ~ty, Npl ~yści* - **Bioterrorist**. *Czy jest możliwe, aby bioterrorysta rozpylił w samolocie wirusa grypy, aby zarazić wiele osób?* www.epacjent.pl 2004. *FBI podejrzewa, że bioterrorysta mógł sam przygotować próbki wąglika przy pomocy sprzętu wartego nie więcej niż 2,5 tysiąca dolarów.* terror.aol.pl 2004. ☐ kein Beleg

bioterrorystyczny *Adj v.* ↗bioterrorysta - **bioterroristisch**. *Uznając zagrożenie bioterrorystyczne lub przypadkowe uwolnienie wysoce zakaźnego drobnoustroju z obcych laboratoriów za potencjalne zagrożenie, należy być przygotowanym na tego typu ewentualności.* www.bbn.gov.pl 2006. ☐ US 2003

bioterroryzm *m, G -u* »Terrorismus unter Einsatz biologischer Waffen (Bakterien, Viren, Toxine) - **Bioterrorismus**. *Broń biologiczna od dawna stanowi zagrożenie dla bezpieczeństwa państw, a przede wszystkim - ich ludności cywilnej.* med.foto.pl 2004. *Choć o bioterroryźmie zrobiło się głośno po atakach we wrześniu i październiku 2001 roku, bioterroryzm znany był od bardzo dawna.* www.tsn-global.pl 2004. ⌑ US 2003

biper *m, G -a* »Kleinempfänger einer Personensuchanlage« - *ugs* **Piepser**. *Biper m.in. brzęczy, bzyczy, piszczy, jest więc brzęczykiem, bzykalcem, piszczkiem. Chyba wybrałbym piszcza, ale jestem za biperem, choć znam osoby godne szacunku, nazywające go pipkiem.* Polityka 2000 (K). ⌑ SW 1996, US 2003. *s. auch* ↗pager ≺engl

biznesmenka *f* [biznesmenka, *ugs* biznesmenka] - **Geschäftsfrau, Businesswoman, Businessfrau**. *Nadeszły czasy, w których nawet szanowany biznesmen czy biznesmenka może mieć tatuaż.* www.cmoki.cc.pl 2004. *Mam czterocyfrowy PIN i przy bankomacie mogę się poczuć prawie jak biznesmenka! - mówi pani Irena.* nowy.sosnowiec.info 2006. ⌑ SW 1996, US 2003. *s. auch* ↗biznesswoman, businesswoman

biznesplan [biznesplan] *m, G -u* »schriftliche Fixierung der Unternehmensplanung zur betriebswirtschaftlichen Absicherung von Chancen u. Risiken bei einer Neugründung o. Unternehmenserweiterung« - **Geschäftsplan, Businessplan, Unternehmensplan**. *Gdy nastąpił kres ekspansji dot-comów w marcu 2000 r., inwestorzy zaczęli na gwałt lokować pieniądze w akcjach spółek telekomunikacyjnych - w prawdziwych przedsiębiorstwach z rzeczywistymi biznesplanami.* Newsweek 2003. *Dobrze przygotowany biznesplan to nie tylko zbiór analiz i prognoz, określających cele firmy oraz zadania i sposoby postępowania, ale to przede wszystkim furtka do otrzymania kredytu czy przyciągnięcia inwestora.* parp. eduportal.pl 2006. ⌑ PS 1995, SW 1996, IS 2000, US 2003 ≺engl business plan

biznesswoman, businesswoman [biznesłumen, *seltener* biznesłumen] *f, indekl, im Pl auch* **businesswomen** - **Geschäftsfrau, Businesswoman, Businessfrau**. *Bizneswoman w polskiej kulturze jest stereotypem stosunkowo młodym. Kończą się już czasy, kiedy kobieta była przywiązana do domu, w którym miała sprzątać, gotować i zajmować się dziećmi.* audio.bochnia.com.pl 2006. *Jedyna kobieta startująca w polskich wyborach prezydenckich ma, jak wynika z ostatnich sondaży, poparcie elektoratu na poziomie - zero procent. Na Henrykę Teodorę B., znaną w kraju businesswoman, szefową Stowarzyszenia Pracodawców Prywatnych nie chce głosować nikt.* www.kurierplus.com.pl 2005. *Polskie bizneswomen nie czują się dyskryminowane. Stereotyp o tradycyjnej roli kobiety, niedocenianiu jej w pracy, nie robi na nich większego wrażenia.* www.biznesnet.pl 2006. ⌑ PS 1995, SW 1996, IS 2000, US 2003. *s. auch* ↗biznesmenka ≺engl

blackout, black out [blekałt], **blekaut** *m, G -u* - **Blackout**. **1** »totaler Stromausfall (bes. in einer Großstadt)« *Północnoamerykański blekaut 14 sierpnia 2003.* netsprint.pl 2004. *Awarię systemową, potocznie nazywaną black-out'em, definiuje się jako utratę napięcia w sieci elektroenergetycznej na znacznym obszarze.* www. termedia.pl 2005. *Ciekawe jednak, jak będzie robić się kasę, jak przytrafi się zapowiadany przez polskich energetyków blackout obejmujący całą Warszawę albo nawet całą Polskę.* www.pp.org.pl 2004. ⌑ kein Beleg ⌗1997 PWN-Korpus. **2** »plötzlich auftretender, kurz dauernder Verlust des Bewusstseins, Erinnerungsvermögens« *Mieć blackout. Po wczorajszej libacji dziś jestem w stanie absolutnego blekautu.* PS. ⌑ PS 1995 ≺engl

blender *m, G -a oder -u* »elektrisches Gerät mit rotierenden kleinen Messern zum Mixen von Cocktails« - **Blender, (Elektro)mixer, Mixstab**. *Arbuza i melony oczyścić z pestek, pokroić na małe kawałki. Do blendera wsypać owoce. Dodać mleko, jogurt, cukier - tyle, ile lubi junior.* Wysokie Obcasy 2001. ⌑ US 2003. *s. auch* ↗koktajler ≺engl

blister *m, G* blistra »als Verpackung dienende Kunststofffolie besonders für kleinere Gegenstände (z.B. Tabletten), oft mit einem Boden aus Alufolie« - **Blister**. *Pakować w blistry. Sharks pakowany jest w plastikowy blister, który eksponuje dość ciekawy wygląd samego coolera.* www.frazpc.pl 2006. *Oferujemy też kompletne systemy do produkcji blistrów i do pakowania w blistry artykułów technicznych.* www.ricco.com. pl 2005. ⌑ US 2003 ≺engl

blistrować *ipf, v.* ↗blister »in Blister verpacken« - **(ver)blistern**. *Blistrowany - verblistert. Biogal jest relatywnie tani, ale ... niedawno zaczęli go blistrować, i chociaż się nie znam na procesie pakowania, to na własnej skórze stwierdziłam, że mu to zaszkodziło.* www.wizaz.pl 2005. *Oprócz ampułek i fiolek, HM-AV może także blistrować strzykawki.* www.ipharm.com.pl 2005. *Oryginalny blistrowany pokrowiec neoprenowy do telefonów Nokia.* hurtowniagsm.pl 2005. ⌑ kein Beleg

blockbuster [blokbaster] *m, G -a* »außergewöhnlich erfolgreiches Produkt, das sich auf dem Markt gut verkauft, besonders ein Kinofilm« - **Blockbuster**. *Blockbuster powinien być widowiskowy, efektowny, zrobiony* *z rozmachem. Kameralny blockbuster to oksymoron.* www.film.org.pl 2004. *Wyprodukował blockbustera skazanego na sukces, którego fajnie się ogląda.* radkowiecki.republika.pl 2005. ⃞ kein Beleg ↗engl

blog *m, G -a oder -u, Internet* »private Webseite, die periodisch neue, tagebuchartige Einträge enthält« - **Weblog, Blog, Internet-Tagebuch.** *Darmowe blogi. Wielu internautom w Polsce słowo blog kojarzy się z niewartymi czytania wypocinami sfrustrowanej nastolatki. Warto jednak zmienić ten pogląd. Czołówka najpopularniejszych amerykańskich blogów ma ściśle określoną tematykę.* www.internetstandard.pl 2006. *Blog jest skrótem pochodzącym od Weblog. (...) Blogi są bardzo popularną formą zaprezentowania się w Internecie.* www.mojeblogi.pl 2004. ⃞ kein Beleg ↗engl

bloger, blogger *m, G -a, Npl~rzy, Internet* »jd., der ein Internet-Tagebuch schreibt« - **Blogger.** *Pojęcie „lans" zostało rozpowszechnione m.in. przez blogerów (twórców osobistych zapisków udostępnianych całemu światu za pośrednictwem sieci).* Gazeta Studencka 2005. *Blogerzy z całego świata spotykają się jutro w Genewie. Dziennikarze, naukowcy i przedsiębiorcy zjeżdżają do Genewy, która będzie przez dwa dni światową stolicą blogów.* mediacafepl.blogspot.com 2006. *Passentowie - rodzina blogerów. Agata Passent poszła w ślady swojego ojca Daniela Passenta i od kilku dni prowadzi bloga.* 5wladza.blogspot.com.pl 2006. ⃞ kein Beleg. *auch* ↗blogowicz

blogerka, bloggerka *f v.* ↗bloger, *Internet* - **Bloggerin.** *Blogerka wrażliwa na „psucie" polskiego języka promuje poprawne formy fonetyczne i tropi błędy w blogach bardzo interesującą metodą badawczą.* blogoslownik.blox.pl 2006. *Czy mogę mówić o sobie „doświadczona bloggerka z przejściami"?* blog.art.pl 2006. ⃞ kein Beleg. *auch* ↗blogowiczka

blogomania *f, Internet* - **Bloggomanie.** *Czuje się Pan ojcem polskiej blogomanii? Leszek T.: Ojcostwo to niełatwy kawałek chleba - jako posiadacz dwójki dzieci wiem to najlepiej.* www.maluchy.pl 2006. ⃞ kein Beleg

blogować *ipf, v.* ↗blog, *Internet* »ein Internet-Tagebuch schreiben« - **bloggen.** *Lubię blogować, grać na kompie i czytać książki. Najbardziej nie lubię chodzić do szkoły.* justyna515.blog.onet 2006. ⃞ kein Beleg

blogowicz *m, G -a, Npl -e, Internet* »jd., der ein Internet-Tagebuch schreibt« - **Blogger.** *Miesiąc temu środowisko blogowiczów bardzo negatywnie zareagowało na pojawienie się pierwszego bloga, w którym specjalnie do tego celu zaangażowana dziennikarka publikuje newsy z planu najnowszego filmu wytwórni Cyan Pictures.* terminal.n17.waw.pl 2006. ⃞ kein Beleg. *auch* ↗bloger

blogowiczka *f v.* ↗blogowicz, *Internet* - **Bloggerin.** *Ja jestem początkującą blogowiczką i nie mam zielonego pojęcia, jak i gdzie wstawić te obrazki, żeby można było je zobaczyć.* forum.gery.pl 2005. *Ja co prawda nie mam swojego bloga, ale jesteś jedyną blogowiczką do której zaglądam, choć nie komentuję!* moblog. pl 2006. ⃞ kein Beleg. *auch* ↗blogerka

blogowy *Adj v.* ↗blog, *Internet* - **Blog-.** *Systemy blogowe są w taki sposób tworzone, by w łatwy sposób mogły prowadzić swe blogi osoby nie posiadające doświadczenia w tworzeniu stron internetowych.* mojweblog.pl 2006. ⃞ kein Beleg

bloker ♦ bloker słoneczny »Sonnenschutzmittel mit hohem Lichtschutzfaktor« - **Sunblocker.** *Ja polecam bloker słoneczny, o którym tu przeczytałam i który okazał się naprawdę dobry.* f.kafeteria.pl 2006. *Często dajemy zwieść się nierzetelnej reklamie tzw. blokerów słonecznych. Żaden produkt nie zapewnia całkowitej blokady promieni UV.* czytelnia.onet.pl 2006. ⃞ kein Beleg

blokers *m, G -a, Npl -i* - »Jugendlicher aus den Plattenbau-Wohnsiedlungen, der sich von der Gesellschaft nicht angenommen fühlt u. deshalb, oft im Verband einer Gang, zu Gewalthandlungen neigt« *Po upadku komunizmu [bloki] tak dalece podupadły, że stały się nie tylko wylęgarnią karaluchów i pluskiew, ale także niebezpiecznych „blokersów" - facetów z kijami bejzbolowymi, którzy za dobrą rozrywkę uważają np. rozpłatanie komuś głowy.* CKM 2000. *W znaczeniu bardzo potocznym i ogólnym blokers to człowiek, który mieszka najczęściej na osiedlu, na którym znajdują się wysokie bloki, tzw. blokowiska. (...) Kultura blokersów najczęściej jest oparta na muzyce Hip-Hop, tańcu breakdance oraz grafitti. (...) Blokersi są dobrze znani na swoich osiedlach (...).* www.sciaga.pl 2006. ⃞ US 2003

blokowisko *n, meist abwertend* »Wohngebiet, überwiegend aus großen Wohnblöcken bestehend, ohne Freizeiteinrichtungen« - **Plattenbausiedlung.** *Za każdym razem, kiedy przejeżdżał przez to okropne blokowisko, w tym samym miejscu ogarniało go to dziwne uczucie (...). Te betonowe kolosy kojarzyły mu się tylko z jednym - grupki młodych, nie mających co robić ludzi.* skyscrapercity.com 2004. *Blokowisko jest środowiskiem zamkniętym, mało kto przyjdzie z zewnątrz, bo może dostać w twarz.* www.hell.net.pl 2006. ⃞ Supl 1994, PS 1995, SW 1996, IS 2000, US 2003

blokowiskowy *Adj v.* ↗blokowisko - **Plattenbau-.** *Margines blokowiskowy, budownictwo blokowiskowe. Czy wy też zauważyliście, że*

„hardcorowy" polski blokowiskowy hip-hop zamiera? www.cdaction.pl 2005. *Hotel raczej kameralny. Żaden moloch blokowiskowy, ogrodzony, położony wśród starych, zielonych platanów.* plaze.onet.pl 2006. *Chodzi o to, że te budy garażowe najbardziej szpecą miasto, natomiast blokowiskowy charakter Stalowej Woli sprawia, że to miasto jest bardzo ciekawe.* skyscrapercity.com 2006. ⌑ kein Beleg

blue chip [blu**c**zip] *m, G* blue chipa, *Npl* blue chipy *oder* blue chips, *Wirtschaft* »erstklassiges Wertpapier; Spitzenwert an der Börse« - **Bluechip, Blue Chip**. *Pierwsza spółka, kiedyś blue chip, teraz ratuje się outsourcingiem.* www.pb.pl 2006. *Na Polskiej Giełdzie Papierów Wartościowych do blue chipów zalicza się m.in. takie firmy, jak Elektrim, TP S.A.* www. gospodarka.gazeta.pl 2002. ⌑ kein Beleg ◁engl

blues ♦ *phras* **(po)czuć bluesa/blusa** *ugs* »erkennen, worum es geht; die augenblickliche Stimmung, Situation erfassen u. sich daran anpassen; einfühlsam sein; Einfühlungsvermögen haben« - **ein gutes, feines, sicheres Gespür für** etw. **haben, zeigen, beweisen**. *Niestety, jak we wszystkim, od malowania do gotowania, tak i w miłości trzeba czuć bluesa. Dobry kochanek chce się uczyć od kobiety i wie, co jej sprawia przyjemność.* operetka.blog. pl 2004. *Praca nauczyciela przedszkolnego może dawać wiele satysfakcji. Jeśli czuje bluesa i potrafi zdobyć dziecięce serca - maluchy odwzajemniają to po stokroć.* SF. *Zagraniczna konkurencja czuje blusa i wpycha nam ładnie opakowane, choć przeterminowane towary.* PP. ⌑ Supl 1994, PS 1995, SW 1996, IS 2000, US 2003 ⌕1990 PP

bocce [bo**c**cze] *n, indekl* »italienisches Kugelspiel« - **Boccia**. *Bocce to drugi pod względem popularności sport rekreacyjny na świecie. Można go uprawiać - o czym niewiele osób wie - również zimą.* doza.o2.pl 2005. *W naszym kraju coraz bardziej popularna staje się boules - gra znana też pod nazwą pentague lub bocce (we Włoszech).* www.po40.pl 2006. ⌑ kein Beleg ◁ital

body *n, indekl* »einteiliges, eng anliegendes Bekleidungsstück aus Slip u. Hemd o. Shirt, das meist im Schritt geschlossen wird« - **Body**. *Body z lycry, bawełny; body z długimi rękawami. Założyć body; nosić body do dżinsów. Od tej pory obok garnituru i dżinsów dres jest jednym z najpopularniejszych strojów. Legginsy, getry i obcisłe body służące do aerobiku trafiają na stoły projektantów mody.* doza.o2.pl 2005. ⌑ PS 1995, SW 1996, IS 2000, US 2003 ◁engl

body piercing *s.* **piercing**

bojówki *nur im Pl* »weit geschnittene Hose aus derbem Stoff mit mehreren Taschen, Armeehose, die auch als Freizeithose getragen wird« - **Kampfhose, Armeehose, Army-Hose, Tarnhose; Cargo-Hose**. *Zamiast w szpilkach mogą biegać w bojówkach i adidasach i nie muszą od rana chodzić w pełnym makijażu.* Cosmo 1999 (K). *Spodnie wzór BDU. Wzorowane na oryginalnych bojówkach US Army. Dolne i tylne kieszenie zapinane na guziki. Wzmocnienie na kolanach i na pupie. Tylne kieszenie z patkami. Regulowany obwód pasa. Ściągacz w nogawkach. Rozporek - zamek błyskawiczny.* www.bunkier.com 2006. ⌑ kein Beleg

bokserki *nur im Pl* »kurze, weit geschnittene Herrenunterhose« - **Boxershorts**. *Bokserki męskie o przylegającym do ciała fasonie. Wykonane z wysokiej klasy dzianiny bawełnianej.* bielizna1.pl 2006. *Wyrzucasz do śmieci seksbieliznę - obcisłe majtki z doczepionymi uszami słonia. Kupujesz sobie coś wygodnego - obszerne bokserki w grochy.* CKM 1999 (K). ⌑ US 2003

bolid[NB] *m, G* -a *oder* -u, *Autosport* »schwerer, einsitziger Rennwagen der Formel 1« - **Bolid(e)**. *Największa prędkość, z jaką jechałam, to 290 km/h na motocyklu i 320 km/h bolidem formuły 1. na torze wyścigowym w Grecji.* Twój Styl 2001. *Fotografowanie się wśród bolidów, a jeszcze lepiej z kierowcami, to nieodłączny pejzaż F-1.* NSP2. ⌑ PS 1995, SW 1996, IS 2000, US 2003 ⌕1986 NSP2, Zagrodnikowa 1982

bolonizacja *f, Politik* »Umsetzung der Beschlüsse der europäischen Bildungsminister zur Harmonisierung des europäischen Hochschulwesens, die 1999 in Bologna verabschiedet wurden; Bologna-Prozess« - **Bolognisierung**. *Bolonizacja szkół wyższych. W tym roku mija sześć lat od podpisania Deklaracji Bolońskiej. Rzeczywiste wprowadzenie ostatecznych zmian wynikających z „bolonizacji" kształcenia może się powieść, w dobie ciągłych zmian, reform, transformacji (...) tylko wtedy, gdy uda się zmobilizować całą naszą społeczność do podjęcia kolejnego wysiłku.* www.osk.am.wroc.pl 2005. *Na pracowników naukowych, doktorantów (według reguły bolonizacji zaliczani są oni do zespołu studiujących) oraz administrację czekają pomieszczenia biurowe, gabinety i laboratoria.* gazeta.uni.gda.pl 2006. ⌑ kein Beleg ◁ nach der Stadt Bologna, poln. Bolonia

bomba ♦ **brudna bomba** »Bombe aus einem konventionellen Sprengsatz, der bei seiner Explosion radioaktives Material in der Umgebung verteilt; früher auch für Kernwaffen, die auf möglichst hohe radiologische Kontamination ausgerichtet waren« - **Schmutzige** o. **Radiologische Bombe**. *Nie tylko w Stanach istnieje obawa przed brudną bombą.* Przegląd 2002. ⌑ PS 1995 ◁engl dirty bomb

♦ **bomba demograficzna** »drastische Veränderungen in der Bevölkerungsentwicklung« - **demographische Bombe**. **a)** »in den ärmeren Ländern: explosionsartiges Anwachsen der Bevölkerung; drohende Überbevölkerung« Tykająca bomba demograficzna. *Wg prognoz demograficznych z przełomu XX/XXI w. zapowiadane od lat 70. XX w. katastrofalne przeludnienie Ziemi („bomba demograficzna") raczej światu już nie grozi; radykalnie maleje dzietność w krajach rozwijających się i rozwiniętych (...).* encyklopedia.interia.pl 2006. ⌸ IS 2000, US 2003 **b)** »in den Industrieländern: unaufhaltsamer Bevölkerungsrückgang durch sinkende Geburtenraten u. Überalterung der Gesellschaft« *Zbliżająca się bomba demograficzna. Od kilkunastu lat Polska przeżywa regres demograficzny o niespotykanej wcześniej sile.* www.bankier.pl 2004. ⌸ kein Beleg
♦ **bomba ekologiczna** »latente o. potenzielle Bedrohung der Umwelt, eine drohende Umweltkatastrophe« - **ökologische Bombe**. Tykająca bomba ekologiczna. Bomba ekologiczna tyka. *Kilkanaście metrów od brzegu rzeki Elbląg tyka bomba ekologiczna. W ziemi schowany jest zbiornik, w którym może być nawet kilka tysięcy litrów oleju odpadowego.* www.wm.pl 2006. *Zwierzęta są traktowane jak przedmiot, następuje całkowita degradacja środowiska naturalnego - zamiera życie naturalne i biologiczne otoczenie, zatrute są akweny wodne; jest to bomba ekologiczna z opóźnionym zapłonem.* www.ekoimy.most.org.pl 2004. ⌸ kein Beleg
booklet [buklit] *m, G -a* »(Werbe)broschüre ohne Umschlag, Beiheft, Beilage (in einer CD-Hülle)« - **Booklet**. *Rozdawano booklety - czyli „próbki" z fragmentem powieści.* Polityka 2000. ⌸ kein Beleg ◁engl
bootleg [butlek] *seltener* **butleg** *m, G -u oder -a* »(ursprünglich) Schallplatte, CD mit einem illegalen Konzertmitschnitt, der zu kommerziellen Zwecken weitergegeben wird; später auch Schallplatte, CD mit legalen Konzertmitschnitten« - **Bootleg; Raubkopie**. Autoryzowany, oficjalny bootleg - autorisierter Bootleg. *Do bootlegów zaliczane są też zwykle płyty analogowe, wolniej i dokładniej tłoczone - mówi Andrzej. - Jakość odbioru jest dużo lepsza nawet od kompaktów.* Gazeta Wyborcza 1992 (K). *Bootlegi pochodzą najczęściej z nielegalnych nagrań w czasie koncertów. (...) W dobie Internetu dystrybucja bootlegów jest znacznie ułatwiona.* pl.wikipedia.org 2006. *W naszym kraju został wydany koncertowy butleg tego zespołu. Niestety, człowiek, który to wydał, „przechrzcił" nazwę zespołu z Polemic na The Kokots (!!!).* www.ayax.republika.pl 2006. ⌸ PS 1995 ◁engl

bootlegowy *Adj v.* ↗bootleg - **Bootleg-; Raubkopie-, raubkopiert**. Płyta bootlegowa; wydanie bootlegowe. *Grupa Seet Noise udostępniła na swojej stronie kolejny utwór z serii tworzącej bootlegowy album o nazwie „Droga do czasu ludzi cienia".* muzyka.onet.pl 2004. *Bootlegowe wydanie analogowej płyty zespołu Kraftwerk „Neon Light" (maxi-singiel, na fosforyzującym winylu) kosztowało 1,2 mln zł.* NSP2. ⌸ kein Beleg ⌕1992 NSP2 ◁engl
borowiec, BOR-owiec *m, G ~wca, Npl ~wcy,* ugs »Angehöriger des Staatsschutzes; Sicherheitsbeamter« - **Sicherheitsmann, Sicherheitsdienstler**, *Pl* **Sicherheitsleute**. *Borowcy, po otrzymaniu sygnału o zbliżaniu się kolumny samochodów z Ojcem Świętym, wyjęli detektory i żartem, ale szczegółowo objechali nas: Danutę, mnie i chłopców.* www.recogito.l.pl 2006. *Udało mi się spędzić uśmiech z twarzy premiera, który zapomniał języka w gębie, a BORowcy wypchnęli mnie jak najdalej od niego, nieomal rozdeptując.* piech.stolem.net 2006. ⌸ PS 1995, SW 1996, US 2003. *auch* borowik ◁von **B**iuro **O**chrony **R**ządu
botoks *m, G -u* »Kurzwort für Botulinumtoxin, ein Nervengift, das in verdünnter Form für medizinische u. kosmetische Zwecke eingesetzt wird, z.B. zunehmend zur Faltenunterspritzung« - **Botox®**. *Gabinet przy ul. Pięciolinii na Ursynowie prócz zabiegów kosmetycznych oferuje dermabrazję, wstrzykiwanie botoksu, kolagenu, artecolu i kwasu hialuronowego.* Twój Styl 2000 (K). *To prawda, że na skutek wstrzyknięcia botoksu można pozbyć się zmarszczek.* Newsweek 2003. ⌸ kein Beleg
boule, boules [bul] *n, indekl* »dem Boccia ähnliches französisches Kugelspiel« - **Boule**. Gra w boule; zestaw do gry w boule. *A poza tym podczas całych wakacji będziemy grać w boule i tytuł naszego programu odwołuje się właśnie do kręcącej się kuli.* ww2.tvp.pl 2005. *Kilka miesięcy temu zostaliśmy „zarażeni" popularną, szczególnie we Francji, grą w boule.* gazeta.kolobrzeska.netbiz.pl 2005. ⌸ kein Beleg ◁frz
bowler *s.* bowlingowiec
bowling [bołliŋk] *m, G -u* »amerikanische Art des Kegelspiels mit 10 Kegeln« - **Bowling**. Akcesoria do gry w bowling. Grać w bowling. *Odrzucone zostały propozycje włączenia do programu Igrzysk Olimpijskich bowlingu, jazdy na rolkach i pięcioboju nowoczesnego kobiet.* NSP2. *Kręglarstwo (bowling) to łatwy i nie wymagający specjalnych umiejętności sport. Gra polega na zwykłym toczeniu kuli po torze i strącaniu kręgli.* www.tms-bowling.com.pl 2001. ⌸ PS 1995 ⌕1986 NSP2 ◁engl
bowlingowiec [bołliŋgowiec] *m, G ~wca, Npl ~wcy,* **bowler** [bołler] *m, G -a, Npl ~rzy*

»Bowlingspieler« - **Bowler**. *Tradycyjny ubiór bowlingowca to koszulka polo i długie spodnie albo - w przypadku kobiet - spódniczka bądź szorty. (...) Strój bowlingowca uzupełnia specjalna torba z usztywnionym dnem, wyposażonym w otwory na kule*. www.fit.pl 2006. *Dobrego bowlera można zawsze rozpoznać po ruchach, jakie wykonuje po wypuszczeniu kuli. Ramię powinno wędrować do góry, powyżej linii barków, nie odchylając się na prawo czy lewo*. www.bowling.pl 2006. ⌑ kein Beleg

bowlingowy *Adj v.* ↗bowling - **Bowling-**. *Klub bowlingowy - Bowlingklub. Tor bowlingowy - Bowlingbahn. Turniej bowlingowy - Bowlingturnier. Prezes jeździ mercedesem, mieszka w pięknym dużym domu, ma firmowe sklepy i klub bowlingowy*. Przegląd 2003. ⌑ kein Beleg

boys band, boysband [bojsbent] *m, G -u, Musik* »Popmusik-Gruppe aus Jugendlichen, die meist vom Produzenten zusammengestellt worden ist« - **Boysband, Boysgroup**. *Uważa się, że objawy uwielbienia i tworzenie zjawisk medialnych wokół boysbandów są sztucznie kreowane i podsycane. Po pewnym okresie, kiedy popularność boysbandu spada, zwykle znika z rynku i jest zastępowany przez kolejne grupy*. pl.wikipedia.org 2006. *Czasy Just 5 już minęły bezpowrotnie. Ale czekam na kolejny casting do boysbandu*. www.music.com.pl 2004. ⌑ US 2003 ◁engl

bramka[NB] *f* **1** »Eingangstür zu einem Geschäft, zur U-Bahn usw., die elektronisch gesichert ist u. sich erst mit Hilfe einer Magnetkarte öffnet« - **elektronisch gesicherte Tür;** *(U-Bahn)* **Eingangssperre**. *Dostaję identyfikator gościa, wchodzę przez elektroniczną bramkę. Wnętrze olśniewa. Szklane drzwi rozsuwają się z sykiem: blask luster i aluminium*. www.gwiezdne-wojny.pl 2006. ⌑ kein Beleg **2** *ugs* »Eingangstür zu einem Restaurant, Klub usw., die von einem Türsteher bewacht wird« *Stać na bramce (w knajpie, dyskotece). Jeśli widzisz na bramce anabola, który popijał alkohol, to uciekaj jak najszybciej*. Polityka 2002. *Zaproponowali bramkę w klubie studenckim. Osiem lat na bramce, konflikt z prawem*. Polityka 2002. ⌑ PS 1994, IS 2000, US 2003

♦ **bramka kontaktowa** *Sport* »Tor, das von der Mannschaft erzielt wird, die mit 2 Toren zurückliegt u. dadurch bis auf ein Tor an den Gegner herankommt« - **Anschlusstreffer, Anschlusstor**. *(...) WKS prowadził 1:0. W 30 minucie Rafał Popko podwyższył na 2:0. W tej części gry szansy na zdobycie kontaktowej bramki nie wykorzystał Grzegorz Wysocki*. Gazeta Słupecka 1998 (K). ⌑ IS 2000, US 2003. *auch* ↗gol kontaktowy

♦ **bramka SMS** »Internetdienst, der das (z.T. kostenlose) Verschicken von SMS an Mobiltelefone ermöglicht« - **SMS-Portal**. *Koszt wysłania SMS-a z naszej bramki SMS to jedynie 0.19 zł. Wysłanie jest tańsze o około 33%, o wiele szybsze i wygodniejsze*. www.bramka.gsm.pl 2004. ⌑ kein Beleg

bramkarz[NB] *m, G -a, ugs* »jd., der den Eingang in ein Restaurant, eine Diskothek, ein Stadion usw. bewacht« - **Einlasser, Türsteher**. *U wejścia do lokalu dwóch rosłych bramkarzy zażądało od nas zaproszeń*. SW. ⌑ PS 1995, SW 1996, IS 2000, US 2003

bramofon *m, G -u* »elektrische Anlage, bes. an Wohnungstüren, über die eine Verständigung mit Personen an der Haustür möglich ist« - **(Haus-, Tür-)Sprechanlage**. *Bramofon zawiera mikrofon oraz głośnik osłonięte dodatkowo aluminiową siatką. Bramofony są podświetlane, dzięki czemu nazwiska (ew. numery mieszkań) mieszkańców są dobrze widoczne również w nocy*. www.aval.com.pl 2006. ⌑ PS 1995, US 2003

bramofonowy *Adj v.* ↗bramofon - **Sprechanlagen-**. *System bramofonowy; instalacje bramofonowe. Jest ona standardowo wyposażona w system bramofonowy, niezależny od linii wewnętrznych, do którego można podłączyć kasetę rozmówną bramofonu (...)*. www.uktb.pl 2006. ⌑ kein Beleg

brązer *m, G -a, Kosmetik* »Kosmetikum, das der Haut Bräune verleiht« - **Bronzer, Selbstbräuner**. *Ciało powinno być mocno opalone i pokryte warstwą specjalnego brązera oraz olejku (najnowsze brązery są od razu z nabłyszczaczem), nie za grubo*. www.sdw.pl 2005. *Jest to nowa formuła brązera w atomizerze. Daje błyskawiczną, najciemniejszą z możliwych barwę, pielęgnując i nawilżając jednocześnie skórę*. www.meder.pl 2006. ⌑ kein Beleg. *auch* ↗samoopalacz

breakdance [brejkdans, brejkdens] *m, G* breakdance'a, *selten* breakdance'u *oder indekl, Musik* »zu moderner Popmusik getanzte, rhythmisch-akrobatische Darbietung mit pantomimischen, an die maschinellen Bewegungsvorgänge von Robotern erinnernden Elementen« - **Breakdance**. *Casting dla tancerzy charakteryzujących się umiejętnościami z zakresu tańca ulicznego: hip-hopu, breakdance'a, electric boogie*. www.epomoc.pl 2004. *Z drugiej strony, w wieku dziesięciu lat tańczył breakdance, a jako dwunastolatek zaczął grać w punkowym zespole*. www.recykling.uni.wroc.pl 2006. *Wszyscy patrzyli wówczas z podziwem na Jamesa Browna, który dziś uznawany jest za ojca chrzestnego muzyki do breakdance'u*. doza.o2.pl 2006. ⌑ PS 1995, IS 2000, US 2003 ◁engl

breakdance *nachgestellt in adjektivischer Funktion, indekl, oder* **breakdance'owy** *Adj v.* ↗breakdance - **Breakdance-**. *Serwis po-*

święcony tańcu breakdance. www.katalogstron. com.pl 2006. *Jeżeli chcesz poćwiczyć, idź na trening, nie na imprezę breakdance'ową, tu się nie przychodzi po to, by siedzieć i trenować - idźcie gdzie indziej.* www.mhh.pl 2006. ☐ kein Beleg

brief [brif] *m, G -u* »schriftlich erstellter Plan zur Durchführung einer Marketingkampagne« - **(Werbe-)Briefing**. *Dobry brief trzeba przedstawić na piśmie. Zazwyczaj przygotowuje go specjalista ds. reklamy, po skonsultowaniu z zespołem odpowiedzialnym za marketing lub z zarządem.* www.pb.pl 2006. *Brief zawiera kluczowe założenia klienta dotyczące projektu. (...) to najważniejszy dokument, jaki firma przekazuje agencji reklamowej lub domowi mediowemu. Od niego zaczyna się tworzenie kampanii.* www.pb.pl 2006. ☐ kein Beleg

briefing [brifiŋk] *m, G -u* »Informationsgespräch, kurze Konferenz (bes. zur Unterrichtung der Presse)« - **Briefing**. *Codzienne briefingi prasowe. Uczestniczyć w briefingach; zorganizować briefing. 16 lutego 2006 roku odbył się briefing Ministra Zdrowia z udziałem prezesa Narodowego Funduszu Zdrowia Jerzego Millera. Tematem spotkania były projektowane zmiany w zasadach funkcjonowania NFZ (...).* www.mz.gov.pl 2006. *Podczas zorganizowanego po spotkaniu briefingu Lech Kaczyński przypomniał, że środowiska naukowe narażone będą dodatkowo na skutki ograniczenia możliwości pracy na wielu uczelniach (...).* www.signs.pl 2006. ☐ Supl 1994, PS 1995, SW 1996, IS 2000, US 2003 ∕1980 NSP1 ◁engl

briefować [brifować] *ipf / zbriefować pf, ugs* **a)** »jdn. kurz über einen Sachverhalt informieren« - **briefen**. *Nagle wchodzi dyrektor agencji ze smutną nowiną, że nie ma budżetu, że kierownictwo firmy, które nie wiedziało o przetargu, nie wyraża zgody, że w ogóle nie powinni nas briefować itp.* www.brief.pl 2004. *„Pani Haniu, proszę zbriefować team na jutro o 10.00 (...)."* felietonista.blox.pl 2005. **b)** - »die notwendigen Daten für die Planung einer Werbekampagne fixieren« *(...) Czekoladowy wafelek też nie odniósł rynkowego sukcesu. Dlaczego? Bo jego producent nie wiedział, jak agencję „zbriefować", czyli przekazać, co tak naprawdę chce sprzedawać i komu.* www.pb.pl 2006. *Jak briefować, by osiągnąć sukces we współpracy z agencją. Struktura i elementy obowiązkowe idealnego briefu.* www.wasilewski. com.pl 2006. ☐ kein Beleg ◁engl

britnejka, Britneyka, britneyka *f, Jargon* **a)** - »populäre, auch leicht abwertende Form des Vornamens des amerikanischen Popstars Britney Spears« *Chociaż, gdyby zrobił sobie sesję zdjęciową z odpadaniem nosa dla jakiegoś czasopisma, zarobiłby pewnie więcej niż goła Britnejka w ciąży.* nwg.pl 2006. *Do tej pory „Britneyka" sprzedała 60 milionów swoich płyt.* tvn.pl 2006. **b)** - »Nachahmerin bzw. weiblicher Fan des amerikanischen Popstars Britney Spears« *Britney Spears, blondwłosa supergwiazda amerykańska, traci na znaczeniu, ale symbolem nastoletniego kiczu pozostanie na długo. Słowa „britnejka" (albo britneyka) używa się więc w stosunku do jej naśladowczyń, a nawet fanek piosenkarki.* Gazeta Wyborcza 2003. *Ale ty masz znajomości, to pewnie jakaś britneyka, co? Bo one się tak zachowują.* www.frazpc.pl 2004. **c)** - »puppenhafter, kapriziöser Frauentyp wie Britney Spears« *Po prostu 12-13 lat to już jest wiek, gdzie (prawie) każda chce wyglądać jak jakaś Britneyka, i niestety tak już chyba pozostanie.* www.wladcapierscieni.com 2005. ☐ kein Beleg

broker *m, G -a, Npl ~rzy* **1** *Börse* »Effektenhändler an der Börse« - **Wertpapierhändler, Broker**. *Dom Maklerski BZ WBK największym brokerem na rynku akcji.* dmbzwbk.pl 2006. **2** - **Versicherungsbroker, -makler; Finanzberater**. *Broker ubezpieczeniowy. Serwis nasz jest adresowany do dwóch rodzajów odbiorców: brokerów ubezpieczeniowych, poszukujących aktualnych informacji: branżowej i specjalistycznych (...) oraz firm ubezpieczeniowych, które na łamach naszego serwisu prezentują siebie i swoje produkty.* e-broker.pl 2004. ☐ Supl 1994, PS 1995, SW 1996, IS 2000, US 2003 ◁engl

brokerka *f v.* ↗broker **1** *Börse* - **Brokerin**. *Udana kariera zawodowa czy posiadanie męża i dzieci? Czasem jedno i drugie przychodzi w sposób łatwy i naturalny. Dramat zaczyna się wówczas, gdy pogoń za sukcesem zawodowym wpędza kobietę w lata. Silne, bezwzględne, lecz wciąż niezamężne bizneswomen, profesorki, pisarki czy brokerki z Wall Street wpadają w panikę, gdy spostrzegają, że na pewnym etapie ich życia zegar zaczyna tykać jakby szybciej (...).* bantu.fm.interia.pl 2006. **2** - **Versicherungsberaterin, -vertreterin; Finanzberaterin**. *Brokerka finansowa, ubezpieczeniowa. Kredyt (...) mamy w BPH, ale nasza brokerka ma dla nas korzystniejsze oferty z Millenium i Deutsche Bank (...).* forum.muratordom.pl 2005. *Do nas należy wycena rzeczoznawcy i zaświadczenia, resztę załatwia nasza brokerka.* forum.muratordom.pl 2005. **3** - **Brokertätigkeit, Brokergeschäft**, *ugs* **Brokerei**. *Brokerka dyskontowa, finansowa, internetowa. Serwis domu maklerskiego działającego w takich segmentach rynku kapitałowego jak brokerka, bankowość inwestycyjna oraz zarządzanie portfelem.* katalog.polska.pl 2005. *Ostatnio dynamicznie rozwija się brokerka internetowa.* euro.bankier.pl 2006. *Brokerka* *dyskontowa polega na przyjmowaniu od klienta dyspozycji nabycia lub sprzedaży określonych instrumentów finansowych i przekazywaniu ich na giełdę (...).* panda.bg.univ.gda.pl 2006. ⚇ kein Beleg

brokerski *Adj v.* ↗broker - **Broker-**. *Transakcja brokerska; usługi brokerskie. Liberalizacja azjatyckich rynków finansowych w latach 90. i wejście na nie międzynarodowych firm brokerskich odbywały się pod hasłem: „Sprzedajemy co się da!".* Wprost 2000 (K). ⚇ PS 1995, SW 1996, IS 2000, US 2003

brudny ♦ *phras* **brudne pieniądze** *s.* **pieniądz**

brunch [brancz] *m, G -u* - **Brunch**. *Obecnie jest zastępcą szefa działu w restauracji „Lalka" w hotelu „Sheraton". Specjalnie dla „Kuchni" ułożył także menu wyśmienitego brunchu, który przedstawiliśmy w lipcowym numerze naszego pisma.* Kuchnia 1998. *Tematem odcinka będzie brunch, czyli coś pomiędzy śniadaniem a obiadem.* www.tvnstyle.pl 2006. ⚇ kein Beleg ◁engl aus breakfast u. lunch

BSE [be-es-e] *n oder f, indekl* »Rinderwahnsinn« - **BSE**. *Przyczyną epidemii BSE, która wybuchła na Wyspach Brytyjskich, był pokarm roślinożernych krów.* Metropol 2001. ⚇ US 2003. *auch* ↗choroba szalonych krów ◁engl aus Bovine Spongiform Encephalopathy

budżetowanie *n, Wirtschaft* »Festlegung von Budgets« - **Budgetierung**. *Budżetowanie roczne, operacyjne; elastyczne budżetowanie; budżetowanie przedsiębiorstwa; system budżetowania. Wdrożenie systemu budżetowania na zasadach controllingu jest zadaniem złożonym, które wymaga podjęcia decyzji na wielu płaszczyznach.* columb-controlling.com 2006. *Budżetowanie jest elementem zarządzania, łączącym planowanie organizacyjne i finansowe poprzez wartościowe określenie zadań, kompetencji i obowiązków poszczególnych komórek organizacyjnych.* www.domdata.pl 2006. ⚇ PS 1995 ◁engl
! Im Dt. „Budgetierung" auch in der Bedeutung ‚Finanzmittel, die einem Teilbereich (Abteilung, Referat) zur weitgehend eigenverantwortlichen Bewirtschaftung ohne detaillierte Vorgaben über Einnahme- u. Ausgabearten übertragen werden, um Anreize für einen effizienten Mitteleinsatz zu schaffen'

budżetowiec *m, G ~wca, Npl ~wcy, ugs* - »Beschäftigter im öffentlichen Dienst, z.B. Lehrer, Polizist, Berufssoldat« *Najniżej wynagradzani są u nas budżetowcy.* PS. *Otwieramy Polskę „C" w Szarej Strefie i będziemy najbogatsi na świecie. A rząd, urzędnicy, nauczyciele, lekarze i inni budżetowcy niech sobie żyją w Polsce A, obkładając się nawzajem podatkami... i kropka.* www.liberator.org.pl 2004. ⚇ PS 1995, SW 1996, US 2003

budżetówka *f, ugs* »die polnischen Institutionen, die aus dem Staatshaushalt finanziert werden, z.B. das staatliche Schulwesen, Polizei, Armee u.a.« - *neutral* **öffentlicher Dienst**. *Rząd nie zgodził się na postulaty związków zawodowych dotyczące podwyżek dla budżetówki.* PS. *Im bliżej końca roku, tym bardziej realna staje się groźba wstrzymania wypłat pracownikom budżetówki.* newsweek.redakcja.pl 2001. ⚇ PS 1995, SW 1996, IS 2000, US 2003

bufor[NB] *m, G -a oder -u, EDV* »zwischen zwei Einheiten von Digitalrechnern unterschiedlicher Geschwindigkeit eingeschalteter Speicher für Informationen« - **Pufferspeicher**. *Przy nagrywaniu płyt audio bufor odczytu co jakiś czas spada do zera, chwilę tak stoi i leci z powrotem na 100%.* forum.wiadomosc.info 2006. ⚇ PS 1995, SW 1996, US 2003

buforować *ipf, EDV* »Daten im Pufferspeicher sammeln« - **puffern**. *Bufory sieciowe w sposób przezroczysty buforują lub przechowują często wykorzystywane treści (...).* komputery.idg.pl 2004. ⚇ kein Beleg

bulimiczka *f v.* ↗bulimik - **Bulimikerin**. *Z czasem większość uczestników stanowią bulimiczki - nic dziwnego - jest ich więcej niż nas i też chcą pogadać, ale ich problemy są inne i często nie potrafią nas zrozumieć.* Wysokie Obcasy 2003. ⚇ PS 1995, SW 1996, US 2003

bulimik *m, G -a* »jd., der an Bulimie, Ess-Brech-Sucht leidet« - **Bulimiker**. *Bulimik potrafi przyjąć tysiąc do sześciu tysięcy kalorii na raz. (...) Bulimik zupełnie traci kontrolę nad ilością pochłanianego przez siebie pożywienia, czuje się tak (...), że nie zastanawia się on nad tym, co je, i jaka jest tego ilość (...).* sciaga.nauka.pl 2006. ⚇ US 2003

bulwarówka[NB] *f, ugs, Medien - neutral* **Boulevardzeitung**. *Po konklawe niemiecka bulwarówka „Bild-Zeitung" zachłysnęła się na pierwszej stronie narodową dumą: „Jesteśmy Papieżem".* polskieradio.pl 2005. *I wtedy pojawił się „Fakt". (...) Niska cena, codziennie skandal na pierwszej stronie i oto nowa bulwarówka zdetronizowała dotychczasowych liderów.* mediaregionalne.pl 2006. ⚇ SW 1996, US 2003

bungee [bandżi] *n, indekl* **1** »starkes Gummiseil, das für Sprünge aus großer Höhe benutzt wird« - **Bungee(seil) 2** *auch* ♦ **skoki na bungee, bungee jumping** [bandżi dżampiŋk] »Springen aus großer Höhe (von Brücken, Türmen usw.), wobei der Springer an einem starken Gummiseil hängt, das ihn kurz vor dem Boden o. der Wasseroberfläche federnd auffängt« - **Bungeejumping, Bungeespringen**. *Bungee, czyli skoki na linie, to znakomita i niezwykle przekonująca demonstracja zasady zachowania energii.* ifnt.fizyka.amu.edu.pl 2006. *Spokojnie mogę powiedzieć, że moja przygoda z bungee dopiero się zaczęła (...).* www.extremesport.pl 2006. *W Polsce jest niewielu or-*

ganizatorów bungee, niewiele jest też stałych miejsc, gdzie można skakać. www.egocentrum.pl 2006. *Gwałtowna przejażdżka kolejką górską albo skok na bungee zrobi wam lepiej niż kolacyjka przy świecach.* Cosmo 2000. *Wynalazek Neila jest wielkim przebojem w ojczyźnie ptaka kiwi, bijąc na głowę takie atrakcje jak kolejki górskie, karuzele i bungee jumping.* CKM 2003. ▢ US 2003 ◁engl
♦ **skoczek na bungee** - **Bungeejumper, Bungeespringer**. *Niezły był też skoczek na bungee, który do skoku przygotował linę o długości równej głębi przepaści... Zapomniał, że lina jest elastyczna...* prawyprosty.blog.pl 2005. ▢ kein Beleg

burger [burger] *m, G -a* »nach Art eines Hamburgers belegtes Brötchen« - **Burger**. *Burger z indyka, z kurczakiem. Zrezygnuj tego lata z grillowanego mięsa, zastąp je sojowymi kotletami i warzywnymi burgerami.* Cosmo 2000 (K). ▢ kein Beleg

businesswoman *s.* **bizneswoman**

być ♦ *phras* **być za, a nawet przeciw** *scherzhaft* »sich selbst widersprechen; auch schlechthin über eine absurde Äußerung o. Haltung« - „**dafür und sogar dagegen sein**". *Chyba najsłynniejsze zdanie wypowiedziane przez prezydenta Lecha Wałęsę, najprawdopodobniej pierwszy raz zanotowane w wywiadzie dla „Rzeczypospolitej" nr 22 z 27 stycznia 1992 r. Cytowane w pełnej wersji brzmiało następująco: „Mówiłem, że im prędzej »Solidarność« przegra z nowymi organizacjami, tym większa jej chwała. A jeśli przegra ze starymi organizacjami, to będzie jej klęska. Jestem z masami, bo mają rację, ale jestem też z rządem, bo rządzić trzeba. Czyli jestem za, a nawet przeciw. Jestem za, bo mnie masy wybrały i masy mają rację: rzeczywiście źle rządzimy".* Leksykon polskich powiedzeń historycznych 1998. ▢ PS 1995, SW 1996. *vgl. auch* ↗**wałęsizm**
◁ *legendär gewordener Ausspruch von Lech Wałęsa*

by-pass[NB], **bypass** [bajpas] *selten* **bajpass** *m, G* by-passa *oder* by-passu, *L* by-passie, *Npl* by-passy, *Medizin* **1** »Ersatzstück, durch das Blut nach einer Bypassoperation läuft« - **Bypass**. *Do wytworzenia pomostów aortalnowieńcowych, czyli by-passów, używa się żył pobranych z podudzia chorego lub wykorzystuje się jedną z tętnic przebiegających w pobliżu serca.* www.kitp.e-con.pl 2004. *Wszystkie te metody kryją w sobie duże ryzyko i na dłuższą metę nie są skuteczne, ponieważ nie usuwają przyczyny. Bypass w ciągu kilku lat może się zamknąć.* www.zielarnia.pl 2006. ▢ PS 1995, SW 1996, IS 2000, US 2003 **2** »operatives Einsetzen eines Bypasses« - **Bypass(operation)**. *Ludzie cierpiący na otyłość, którzy przeszli bypass żołądka, mogą szybko tracić wagę, ponieważ poziom hormonu, który stymuluje bóle głodowe spada po przebytej operacji.* www.mediweb.pl 2006. ▢ kein Beleg **3** *Medien* »Umgehungsweg« - **Bypass**. *To Kaczyński był głównym konstruktorem kontrowersyjnej koalicji. Kontrowersyjnej także dla premiera Marcinkiewicza. Podobno premier się wtedy zastanawiał, czy pozostać na stanowisku. Wtedy (...) Kaczyński zbudował „by-passy" rządowe, czyli swoje wpływy, omijające premiera. Roman Giertych i Andrzej Lepper mieli wszystkie trudne i sporne kwestie uzgadniać z Kaczyńskim, nie z premierem.* Gazeta Wyborcza 2006. ▢ kein Beleg ◁engl

bzykać[NB] **się** *ugs* »Geschlechtsverkehr haben« - **bumsen, vögeln**, *süddt* **schnackseln**. *Ty naprawdę jesteś jakiś zboczony, jak można nie bzykać się przez 6 lat, przecież to jest jakieś nienormalne.* www.miedzynami.pl 2004. *Wydaje mi się, że jest teraz odwrotnie, to młode małżeństwa nie mają czasu i ... brak własnego kąta - ile można bzykać się w samochodzie i po krzakach?* kobieta.wp.pl 2006. ▢ PS 1995, SW 1996, US 2003

bzykanie[NB] *n, ugs* »Geschlechtsverkehr« - **Bumsen, Vögeln**, *süddt* **Schnackseln**. *Rodzice, mówiąc o kochaniu się, bzykaniu, pieprzeniu, by nie używać innych określeń, stosują omówienie. Tabu. Tak jak ludy prasłowiańskie nie używały słowa „niedźwiedź", by nie kusić bóstwa lub licha.* K. Kofta, Wychowanie seksualne (...) 2000 (K). ▢ PS 1995, SW 1996

C

cafeteria s. **kafeteria**

callanetics [kalanetiks] *m, G -u oder indekl -* **Callanetics**. *Callanetics przyciągał wiele pań i cieszył się bardzo dużą popularnością, ponieważ był spokojniejszy, bardziej statyczny, nie było tu żadnego skakania (...).* www.badzzdrow.pl 2006. *Włączyłam wideo. Zamiast callaneticsu ukazał mi się Harrison Ford.* K. Grochola, Serce na temblaku 2003. *A co powiecie o callaneticsie? Mam możliwość chodzić na takie zajęcia, ale nie wiem, czy warto?* www.wizaz.pl 2006. ⌑ PS 1995, SW 1996, US 2003 ◁engl *callanetics*, vom Namen der amerikanischen Begründerin Callan Pinckney abgeleitet

call center [kolcenter] *n, indekl* »Büro für telefonische Dienstleistungen« - **Callcenter, Call-Center**. *Klienci korzystają z call center w Polsce najczęściej w sektorze bankowym i ubezpieczeniowym.* www-5.ibm.com.pl 2006. *Pracownicy Call Center są cały czas przy stanowisku i mogą obsługiwać zgłoszenia klientów (...).* www.learninglab.pl 2006. ⌑ kein Beleg

całość ♦ *phras* **iść/pójść na całość** *ugs* **1** *auch* **iść/pójść na całego** *ugs* »entschlossen u. ohne Umschweife auf sein Ziel losgehen, ohne auf eventuelle Risiken zu achten; sich voll engagieren, mit ganzer Kraft« - **aufs Ganze gehen**. *Jakim być w miłości? Iść na całość czy zachowywać się stonowanie? Tracić głowę, czy być wyrachowanym? Która miłość jest lepsza?* www.podryw.pl 2005. ⌑ Supl 1994, PS 1995, SW 1996, IS 2000, US 2003. *auch* iść na ↗całość, na ↗maksa **2** - »sich auf eine (flüchtige) sexuelle Beziehung einlassen« *Chłopak tak bardzo jej się podobał, że postanowiła iść na całość.* PSF. ⌑ PSF 2000, SPS online

cały ♦ *phras* **na całego** *ugs* - **bis zum Umfallen; volle Pulle, Power; bis der Arzt kommt**. **a)** *adverbial* »(etw.) entschlossen, ohne Umschweife, ohne auf Risiken zu achten, voller Determination (tun); (etw.) mit ganzer Kraft, intensiv, mit vollem Einsatz (tun)« *Robić coś na całego; iść/pójść na całego - aufs Ganze gehen. Wiedział, że jeżeli chce osiągnąć dobry wynik, musi pójść na całego. Nie może kalkulować, przeliczać, tylko pojechać powyżej swoich normalnych możliwości.* PSF. *Życie jest od tego, aby korzystać z niego na całego!!* db.tlen.pl 2006. *Lubię fajne dziewczyny, które lubią się bawić na całego.* osada.pl 2006. *Gram zawsze na całego. Gram zawsze, jak potrafię, nie poddaję się, szukam granic swoich możliwości. Inaczej nie umiem.* sport.gazeta.pl 2006. ⌑ PS 1995, SW 1996, IS 2000, US 2000. *auch* iść na ↗całość, na ↗maksa **b)** *adjektivisch* »intensiv, vollständig« *Coś na całego. Zabawa, impreza, jazda, walka, wojna na całego. Obojętnie, czy szusuje się na którymś z setek kilometrów nartostrad, czy jest się na nartach biegowych, białe szaleństwo na całego - gwarantowane!* www.snowtrex.pl 2006. *Słońce świeci na całego, ciepłe powietrze się unosi i ptaki ćwierkają cudnie. Wiosna na całego - pomyślałem sobie.* guziec.hi.pl 2006. ⌑ US 2003. *auch* na ↗maksa

camcorder s. **kamkorder**

campus, campusowy s. **kampus, kampusowy**

cappuccino [kapuczino] *seltener* **kapuczino** *n, selten f; indekl, selten G ~na* »(Tasse) Kaffee mit aufgeschäumter Milch o. Schlagsahne, mit ein wenig Kakaopulver bestreut« - **Cappuccino**. *Dwie filiżanki, dwie porcje cappucccino, selten* dwa cappuccina. *Pić cappuccino. Prawdziwe cappuccino musi składać się w 1/3 z kawy, w 1/3 z ciepłego mleka i w 1/3 z pianki. Wtedy ma niezwykły kolor przypominający habity kapucynów (stąd zresztą nazwa tego wybornego napoju).* cappuccino.republika.pl 2005. *Nie lubię cappuccina z dodatkami (...) chodzi mi o jakieś waniliowe czy z cherry itp. Najbardziej lubię takie tradycyjne.* www.forum.smacznie.com 2006. *W lokalu panował półmrok, pachniało orzechowym kapuczino i kremem sułtańskim i czymś jeszcze, ale Kliner na pierwszy rzut nosa nie mógł poznać, co to.* www.clubbing.pl 2006. ⌑ PS 1995, IS 2000, US 2003

cappuccino [kapuczino] *nachgestellt in adjektivischer Funktion, indekl* »den Geschmack o. die Farbe von Cappuccino habend« - **Cappuccino -; cappuccinofarben**. *Lody cappuccino; spódnica cappuccino. Niezwykła suknia w kolorze cappuccino (...).* www.slub.com.pl 2005. ⌑ PS 1995, IS 2000, US 2003

caravan, caravaning, caravaningowy s. **karawan, karawaning, karawaningowy**

carpaccio [karpaczcio] *n, indekl* »kalte (Vor-)speise aus rohen, dünn geschnittenen Rindfleischscheiben; aber auch aus anderen dünn geschnittenen Zutaten« - **Carpaccio**. *Carpaccio z marynowanej wołowiny, z polędwicy wołowej, z łososia, z piersi indyczej, z grzybów; pomidorowe carpaccio z sosem serowym. Szef kuchni poleca niezwykle smaczne dania, między innymi doskonałe carpaccio z polędwicy.* www.hotelolimpia.com.pl 2005. ⌑ kein Beleg ◁vom Namen des italienischen Malers Vittorio Carpaccio abgeleitet

cartridge s. **kartridż**

carving [karwiŋk], **karwing** m, G -u, Sport 1 »Skifahren in einer besonderen Fahrtechnik mit einem speziellen Ski, der eine Fahrweise nur auf den Ski-Kanten ermöglicht« - **Carving**. *Carving bowiem to jazda wyłącznie na krawędzi deski, płaszczyzna ślizgu podczas tej techniki jazdy praktycznie nie powinna mieć kontaktu ze śniegiem.* narty.naszemiasto.pl 2005. *Proszę Pana, prawdopodobnie będzie bardzo trudno znaleźć kogoś, kto potrafi naprawdę jeździć karwingiem i wie teoretycznie, o co tu chodzi.* www.narty.pl 2006. **2 carvingi, carwingi, karwingi** nur im Pl, ugs »Carving-Ski« - **Carver**. *Do narciarskich szaleństw dziś już nikomu nie wystarczają zwykłe narty. Teraz na stoku królują carvingi.* www.newsweek.redakcja.pl 2002. *Carvingi, ujmując rzecz najprościej, to narty, które pozwalają skręcać na krawędziach zgodnie ze swoim wytaliowaniem.* www.wprost.pl 2001. *Mogę ci sprzedać 3-letnie carwingi Völkl P 50, długość 158 cm, w dobrym stanie, cena 500 zł.* narty.onet.pl 2006. *Jaki rodzaj karwingów wybrać, skoro nie wiemy, co to tak naprawdę jest, jaki styl jazdy będzie nam najbardziej odpowiadał.* narty.pl 2006. ⌑ kein Beleg

carvingowy selten **carwingowy, karwingowy** Adj v. ↗carving - **Carving-**. *Narty carvingowe - Carving-Ski. Skręt carvingowy. Narty carvingowe są krótsze od nart tradycyjnych. (...) Są to narty o zwiększonym, a w niektórych wypadkach, radykalnym taliowaniu.* narty.onet. pl 2001. *Moim zdaniem styl carvingowy bardziej zaaprobują snowboardowcy niż „klasycy", zresztą dla osób nie najmłodszych carwing się po prostu nie nadaje.* narty.onet.pl 2006. *Można u nas wypożyczyć komplet karwingowy (...) oraz komplet snowboardowy.* polysport.livenet.pl 2006. ⌑ kein Beleg

case study [kejs stady] n, indekl, Pl auch case studies »wissenschaftliche Untersuchung eines konkreten Falls, Phänomens u. daraus folgende Ableitung genereller Prinzipien« - **Fallstudie**. *E-learning case study - przykłady wdrożeń szkoleń e-learning w korporcjach i organizacjach.* www.mynetwork.pl 2006. *Case study na temat wdrożenia systemu EURECA (...) jest tematem dnia w BiznesNet.* www. c-systems.pl 2006. ⌑ kein Beleg. auch ↗studium przypadku

cash [kesz] selten **kesz** m, G -u, ugs »Bargeld« - **Cash**. *Zapłacić cashem. Teoretycznie można było płacić kartą, ale facet miał starą maszynkę - nie na karty typu: visa elektron lub maestro - musiałam więc zapłacić cashem.* wakacje.pl 2006. *Na to pani kowal parsknęła śmiechem: - A co mnie to (...) obchodzi (...)?! Nie masz cashu, to twój problem. Zarób.* twierdza.org 2006. *Płacący keszem płaci dokładnie tyle samo, co biorący na raty.* astro-forum. org 2006. ⌑ kein Beleg

casting [kastiŋk] seltener **kasting** m, G -u »(Film, Fernsehen) Auswahl der für eine bestimmte Rolle geeigneten Person; Rollenbesetzung« - **Casting**. *Casting do musicalu, filmu, do reality show, reklamy, konkursu; casting na modelki, prezentera. Przeprowadzić casting. Luc Besson chciał, żeby przyszła na casting. Tak naprawdę castingi dawno się już skończyły, więc Magda stawiła się na spotkanie absolutnie zrelaksowana, przekonana, że nie ma już najmniejszej szansy na rolę.* Viva 2003. *Co trzy, cztery tygodnie odbywają się castingi, na które przyjeżdżają właściciele agencji towarzyskich z Warszawy, Poznania, Szczecina. Dziewczyny jednak nie muszą być bliźniaczkami, bo jak twierdzi kobieta zajmująca się całym kastingiem byłoby bardzo trudno je znaleźć.* serwisy.gazeta.pl 2005. ⌑ PS 1995, US 2003 ◁engl

castingowiec seltener **kastingowiec** m, G ~wca, Npl ~wcy, Jargon **a)** »jd., der für die Besetzung eines Films zuständig ist« - **Caster**. *Martwi mnie najbardziej sprawa aktorów, oby castingowcy z niej zręcznie wybrnęli.* www.gwiezdne-wojny.pl 2005. *Chłopiec jako aktor dobrze się czuje przed kamerą - będą z niego ludzie. Gratulacje dla kastingowców - macie oko!!!* nawspolnej.onet.pl 2004. ⌑ kein Beleg **b)** - »Casting-Teilnehmer, Casting-Kandidat« *Jak „castingowcy" wygrywają castingi?* www. radio.com.pl 2005. ⌑ kein Beleg

castingowy seltener **kastingowy** Adj v. ↗casting - **Casting-**. *Sesja kastingowa. Organizowany przez nas kurs castingowy przeznaczony jest dla osób szukających pracy w filmie i reklamie.* www.castingstudio.pl 2005. ♦ **agencja castingowa** - **Casting-Agentur**. *Agencja castingowa Arista poszukuje modeli/modelek do sesji fotograficznych oraz reklam.* www.galeria. com.pl 2005. ⌑ kein Beleg

casus [kazus] seltener **kazus** m, G -u »sich in einer bestimmten Weise darstellende Angelegenheit« - **Casus, Kasus, Fall**. *Casus Serbii powinien być groźnym ostrzeżeniem.* IS. *Rozstrzygnięcie analizowanego kazusu sprowadza się do odpowiedzi na pytanie o charakter prawny tzw. decyzji „zmieniającej", tj. wprowadzającej zmiany do wcześniejszej decyzji.* www.notariusze.pl 2005. ⌑ Supl 1994, PS 1995, SW 1996, IS 2000, US 2003

catering [kateriŋk] seltener **katering** m, G -u »im Dienstleistungsgewerbe: Anlieferung von Speisen, Getränken usw. auf Bestellung; ursprünglich Verpflegungsservice im Flugzeug« - **Catering** [kejteriŋ]. *Catering biurowy; cater-*

ing na bankietach. *Cargo i catering są już niemal gotowe - oświadczył dyr. ds. eksploatacyjnych LOT*. Gazeta Wyborcza 1992. *Na zwykłej prywatce nie ma co się wysilać. (...) Jeżeli stać cię, możesz zamówić catering wraz z obsługą, w dobrej restauracji lub firmie organizującej przyjęcia i bankiety*. CKM 1998 (K). *W oparciu o budżet konferencji zaproponujemy odpowiedni wariant kateringu dla uczestników. Następnie ustalimy menu oraz liczbę porcji*. www.kongres.paiz.com.pl 2005. *Organizujemy rejsy statkiem pasażerskim z pełnym kateringiem, imprezy okolicznościowe i integracyjne, konferencje, sympozja, przejażdżki bryczką*. www. zlotewrota.mikolajki.pl 2005. ◫ PS 1995, OiT 2001 ◁engl

cateringowiec *selten* **kateringowiec** *m, G ~wca, Npl ~wcy* - **Caterer**. *I restauratorzy, i cateringowcy potwierdzają, że menu musi być coraz lżejsze i bardziej wyszukane*. www.przeglad-tygodnik.pl 2006. *Kateringowcy przygotowali wspaniałe szwedzkie stoły - bankiet stojący - pycha*. www.vulcan.pl 2005. ◫ kein Beleg

cateringowy *seltener* **kateringowy** *Adj v.* ↗catering - **Catering-**. *Firma cateringowa; menu, przyjęcie cateringowe; usługi cateringowe. Na wesela wynajmuje się pałacowe albo zamkowe sale, o bufet dba firma cateringowa, a o bezpieczeństwo - ochroniarska*. Polityka 2003. *John D. zapewnia doskonały serwis kateringowy w mniejszych ramach i bardziej intymnej atmosferze*. www.tommex.com.pl 2005. ◫ kein Beleg ✎1990 NSP2

CD [s-idi *seltener* cede] *n, indekl* - **CD**. *Płyta, odtwarzacz CD; książka, biblia na CD. Nowa matura 2007 na CD! U nas znajdziesz wszystko, co potrzebujesz, by zdać ten najważniejszy egzamin w swoim życiu! Z nami zdasz na 100%*. www.matura-cd.pl 2006. *Zapraszamy do zakupu płyty cd zawierającej wszystkie pliki z działu download*. www.papugi.gery.pl 2005. *Wydawca książki telefonicznej na CD i ebook, reklama internetowa, pozycjonowanie, hosting*. www.infobank.eslupsk.pl 2004. ◫ PS 1995, IS 2000, US 2003. *auch* ↗kompakt, ↗płyta kompaktowa ◁engl, Abk von compact disc

CD-ROM, CD-Rom [s-idirom] *m, G* CD-ROM-u, *selten indekl* - **CD-ROM**. *Napęd, płyta CD-ROM; encyklopedia multimedialna, baza danych na CD-ROM. Półroczna prenumerata CHIP-a z CD-ROM-em może być rozpoczęta w dowolnym momencie i obejmuje 6 kolejnych wydań*. www.magazyn.chip.pl 2004. *Do książki dołączona została płyta CD-ROM z materiałami przygotowanymi do programu akademii (...)*. ksiegarnia.pwn.pl 2006. ◫ PS 1995, IS 2000, US 2003 ◁engl, Abk von Compact Disc Read Only Memory

celiakia *f, Medizin* »chronische Verdauungsstörung durch Gluten-Unverträglichkeit, vor allem im Säuglings- u. Kinderalter« - **Zöliakie**. *Sklepy sprzedające produkty bezglutenowe dla dzieci chorych na celiakię były wówczas rzadkością*. OiT. *Celiakia ustępuje najczęściej w okresie dojrzewania*. OiT. ◫ Supl 1994, PS 1995, SW 1996, IS 2000, US 2003 ✎1986 NSP2. *auch* ↗choroba bezglutenowa

cellulitis, cellulit *m, G -u* - **Zellulitis, Cellulitis, Cellulite**. *Cellulitis z medycznego punktu widzenia jest degradacją włókien kolagenowych i elastycznych tkanki łącznej*. www.kobieta.gazeta.pl 2003. *Zabiegiem wykorzystywanym w cellulitisie znacznego stopnia jest liposukcja, czyli zabieg odsysania tkanki tłuszczowej*. www.poradnikmedyczny.pl 2006. *Cellulit - pomarszczona pomarańczowa skóra - ma go co trzecia kobieta*. www.biust.pl 2003. *Do powstawania cellulitu przyczyniają się poza hormonami i złym krążeniem krwi także niezdrowe odżywianie się, mało ruchu, stres*. www.biust.pl 2003. ◫ PS 1995, IS 2000, US 2003. *auch* ↗skór(k)a pomarańczowa

cenotwórczy *Adj* - **Preisbildungs-; preisbildend**. *Mechanizmy, czynniki cenotwórcze. Podatek akcyzowy - Jest on uzupełnieniem podatku VAT, obciążającym dodatkowo sprzedaż lub sprowadzanie z zagranicy artykułów luksusowych oraz paliw. Podatek ten ma charakter cenotwórczy i jest wkalkulowany w cenę sprzedaży towarów*. prace.sciaga.pl 2004. ◫ Supl 1994, PS 1995, SW 1996, IS 2000, US 2003

centrum ♦ **centrum outletowe** *s*. outletowy

cepelia[NB] *f, abwertend* »primitive Volkskunstimitation, auf Volkskunst getrimmter Kitsch« - **Pseudovolkskunst(artikel), Pseudofolklore, nicht authentische Volkskunst**. *Nie spodziewam się, że w ciągu kilku dni pobytu uda ci się natrafić na autentycznych aborygeńskich mędrców i czarowników. Czeka cię raczej albo Cepelia, albo wyżej opisana beznadzieja, albo jakaś mieszanka tych dwóch światów*. www.zycie.australink.pl 2005. *Przez „cepelię" rozumiemy chyba wykorzystanie wzorców zaczerpniętych z kultury ludowej wbrew ich pierwotnemu przeznaczeniu i dla obcych tej kulturze celów, w sposób zniekształcający jej prawdziwe oblicze. Więc wydłubana w drewnie łyżka do jedzenia zupy to „sztuka ludowa", zaś wytoczona na tokarce łyżka do powieszenia na ścianie to cepelia. Józef Broda, grający na liściu, to sztuka, a ryczący tę samą melodię do mikrofonu rockman to cepelia*. www.tygodnik.com.pl 2005. ◫ SW 1996, US 2003. *auch* ↗cepeliada[2] ◁Abk von Centrala Przemysłu Ludowego i Artystycznego (CPLiA), die bis 1990 existierte; seit 1990 als Stiftung „Fundacja Cepelia. Polska Sztuka i Rękodzieło"

cepeliada *f* **1** *teilweise abwertend* »von der Cepelia organisierter Markt o. organisierte Messe, auf dem/der Produkte der Volkskunst präsentiert werden« - *****Cepeliade, Volkskunstmarkt, -messe**. *Michałowa na następnej cepeliadzie też wystawi swoje koronki*. PS. 📖 Supl 1994, PS 1995, US 2003 **2 cepeliada**[NB] *f, abwertend* - **Pseudovolkskunst, -folklore, nicht authentische Volkskunst**. *Od kultowej dziś piosenki „Chłop żywemu nie przepuści" wiadomo było, że urodził się wiejski realista i satyryk niepośledniej miary. Kpiący z ludomanii, cepeliady, subkultury ludowej, ale głęboko czujący - w treści i formie - prawdziwą duchowość wsi*. Dziennik Wschodni 1999 (K). *Dajcie spokój z tym - ich troje - przecież to straszna wiocha i cepeliada. Rozmawiając o tym pseudozjawisku robi się im tylko reklamę*. rozmowy.onet.pl 2005. 📖 SW 1996. *auch* ↗cepelia
cepeliowski[NB] *Adj v*. ↗cepelia, *abwertend* »über Erzeugnisse o. Aktivitäten, die Volkskunst stümperhaft nachahmen« - **auf Folklore, Volkskunst getrimmt**. *Cepeliowska impreza; cepeliowskie przedstawienie. Pyszna jest scena porannego budzenia na wsi, natomiast przesadna wydaje się cepeliowska rekwizytornia powieści*. IS. *Dziś ludy polinezyjskie w różnym stopniu odrywane są od pierwotnej tradycji, a ich kultura jest sztucznie reaktywowana, głównie dla celów komercyjnych, tak więc trudno się dziwić, że ma charakter coraz bardziej „cepeliowski"*. www.obiezyswiat. com 2005. 📖 IS 2000, US 2003
ceprostrada *f, scherzhaft, leicht herablassend* - »stark frequentierte, leichte Touristenroute, Wanderweg in den Bergen, ursprünglich in der Hohen Tatra« *Trasa ta może być na odcinku od Morskiego Oka do Szpiglasowej Przełęczy pokonywana nawet przez początkujących turystów. Odcinek ten to tzw. Ceprostrada - od słowa cepr (albo ceper), które w gwarze góralskiej ma wydźwięk pejoratywny i oznacza człowieka z nizin, bez pojęcia o górach*. tusha.w.interia.pl 2005. *Trasa dookoła pięciu jezior (...) w Masywie Presanelli to dość łatwa trasa z jednym męczącym podejściem. Typowa ceprostrada, której rozpoczęcie ułatwia kolej linowa wywożąca masy turystów z Madonna di Campiglio na boczny szczycik Palon*. dolomity.pl 2005. *Do klasztoru prowadzi ceprostrada - asfaltowa droga spokojnie wijąca się do samego klasztoru*. www. skg.uw.edu.pl 2005. 📖 SW 1996 ◄von ceper, der Bezeichnung der polnischen Bergbewohner (Góralen) für die Flachlandtouristen
ceramid *m, meist im Pl* **ceramidy** *Kosmetik* »hauteigene Substanzen, die den Fett- u. Feuchtigkeitshaushalt der Haut regulieren« - **Ceramide**. *Naturalne ceramidy posiada każdy z nas, jest to tzw. składnik cementu międzykomórkowego. Dzięki ceramidom komórki ściśle do siebie przylegają, a skóra jest jędrna i elastyczna. Jednak z wiekiem zaczyna ich ubywać. Ceramidy dostarczane z kosmetykami osiadają tam, gdzie kiedyś były te naturalne*. Cosmo 2000. 📖 US 2003
certyfikacja *f* »das Versehen eines Produkts mit einem Zertifikat, einer amtlichen Bescheinigung« - **Zertifizierung**. *Certyfikacja wyrobów i usług, produkcji. Prowadzić certyfikację. KEMA Quality od wielu lat zajmuje się certyfikacją wyrobów zarówno na rynki europejskie, jak i światowe*. www.kema.pl 2005. *Oznaczenie symbolem CE świadczy, że dany produkt nie musi podlegać dodatkowym certyfikacjom na terenie UE*. www.przedsiebiorcy. police.pl 2006. *Władze brytyjskiego lotnictwa pytają o zdolność certyfikacji samolotów LOT zgodnie z dokumentem ICA*. NSP2. 📖 PS 1995, US 2003 ✐1989 NSP2
charter, charterowy *s*. **czarter, czarterowy**
chat, chatować, chatowniczka, chatownik *s*. **czat, czatować, czatowniczka, czatownik**
cheerleaderka, cheerliderka [czirliderka] *seltener* **czirliderka** *f, Sport* - **Cheerleader**. *Znając cheerleaderki tylko z amerykańskich filmów, wyobrażamy sobie słodkie dziewczyny wymachujące pomponami, zagrzewające do walki kolegów grających w szkolnej reprezentacji*. www.focus.pl 2005. *Jakimi cechami powinna się charakteryzować cheerliderka? Przede wszystkim musi mieć do tego serce, a ponadto - lubić muzykę, taniec i mieć pomysły układów*. www.rzeczkrotoszynska.pl 2005. *Obiektywnie, jestem na każdym meczu i stwierdzam, że ta dziewczyna się nie nadaje na czirliderkę...* wroclaw.e-basket.pl 2005. 📖 kein Beleg. *auch* ↗pomponiarka, podżegaczka ◄engl cheerleader
cheerleading [czirlidiŋk] *m, G -u, Sport* »Sportart, die Elemente des Turnens, der Akrobatik u. des Tanzes enthält« - **Cheerleading**. *Cheerleading stał się sportem, jednym z najniebezpieczniejszych na świecie. (...) Cheerleading to dziś taniec oparty na karkołomnych ewolucjach rodem z akrobatyki sportowej*. www. focus.pl 2005. 📖 kein Beleg
cheeseburger [czizburger, cziz**bu**rger] *m, G -a* »zwischen den getoasteten Hälften eines Brötchens servierte heiße Frikadelle aus Rinderhackfleisch mit einer Scheibe Käse« - **Cheeseburger**. *Podstawowymi daniami w menu będą hamburgery, cheesburgery, Big Mac, frytki*. NSP2. *Gdy doszłyśmy, ja razem z Grześkiem kupiliśmy sobie po cheeseburgerze, oprócz tego ja jeszcze loda z polewą karmelową*. blog.tenbit.pl 2006. *Dzisiaj byłyśmy na podwójnych cheeseburgerach (...)*. grosio.eblog.pl 2005. 📖 PS 1995, SW 1996, IS 2000, US 2003 ✐1992 NSP2

chemia[NB] *f* »Gleichklang, gefühlsmäßige Übereinstimmung, Harmonie zwischen (zwei) Personen« - **Chemie**. *Z drugiej strony, jest chemia wzajemnych kontaktów. Do jednego człowieka ma się jakieś minimalne zaufanie, lubi się go, a na myśl o spotkaniu z drugim robi się niedobrze.* www.prezydent.pl 2006. *Istotnym aspektem tej historii jest chemia pomiędzy Nancy i Alexem; którzy zmieniają się, toczą walkę, wiele razem przechodzą, ale zawsze razem.* www.spi.pl 2005. ▫ kein Beleg
♦ phras **chemia gra; jest chemia** (między kimś a kimś) »zwischen (zwei) Personen besteht eine gute persönliche Beziehung, man versteht sich intuitiv u. kann sehr gut zusammenarbeiten« - **die Chemie stimmt** (zwischen jdm. u. jdm.). *Gdy Janik został sekretarzem generalnym SLD, na swoich zastępców wybrał właśnie Jakubowską i Nikolskiego. - Szukałem na to stanowisko dziewczyny, z którą grałaby chemia.* Polityka 2003. *Jak mawiano w kuluarach Bundestagu, między premierem Jerzym Buzkiem i Schröderem „nie grała chemia".* www.wprost.pl 2003. *Jak to się mówi: między mną a Józiem jest chemia.* www.trybuna.com.pl 2005. ▫ kein Beleg
chemioterapeuta *m, G ~ty, Npl ~euci,* auch **lekarz chemioterapeuta** *oder* **onkolog chemioterapeuta** »Onkologe, der sich auf Chemotherapie spezialisiert hat« - **Chemotherapeut**. *Pacjent z chorobą nowotworową ma prawo czuć się zagubiony. Miota się pomiędzy chirurgami, radiologami i chemioterapeutami. Przerażony ubocznymi skutkami leczenia boi się zapytać, ile jeszcze pożyje.* NSP3. *Leki chemiczne mogą być także podawane np. do jam ciała. W takich sytuacjach lekarz chemioterapeuta przekazuje szczegółowe instrukcje.* www.pkzr.pl 2005. ▫ kein Beleg
chillout, chill-out, chill out [czil ałt], **czilaut** *m, G -u* - **Chill-out**. **1** *Musik* »Musikrichtung« *Trzypłytowy zestaw zawierający wykonawców z kręgu modnego nurtu chill out, zwanego także lounge.* www.muzyka.interia.pl 2005. *Gość może wybrać jeden z pięciu mini CD w ulubionym stylu muzycznym: chill out, techno, dance, pop lub hip hop.* www.medialink.pl 2005. ▫ kein Beleg **2** »das Entspannen bei sanfter Musik u. beruhigenden Videoclips nach einer Technoparty in speziell dafür eingerichteten Räumen« *Chillout to określenie, które się pojawiło w amerykańskim slangu lat 80. Opisywano nim uczucie wyzwalania się ze stresowego napięcia i emocjonalnego zaangażowania. Oznacza stan relaksu, psychicznego i fizycznego luzu.* www.jelonka.com 2005. *Dzisiaj żaden lokal nie może nosić miana klubu, jeśli nie ma w nim wydzielonego obszaru chilloutu. To strefa azylu od świata korporacji, pogoni za sukcesem, problemów codziennych, gdzie można się wtopić w spokojną, ciepłą atmosferę (...).* www.pora.pl 2005. *Jednokondygnacyjny klub z dwiema salami: taneczną i chill-outem - w obu bar.* www.emuzyka.pl 2006. *Muszę przyznać, że idealna muzyka na klimaty z dziewczyną, bardzo miły i przyjemny czilaut.* www.last.fm 2005. ▫ kein Beleg ≺engl chill-out
chilloutować, czilautować (się) [czilałtować] *ipf, Jargon* **a)** »sich bei ruhiger Musik nach einer Technoparty in einem gesonderten Raum entspannen« - **(aus)chillen**. *Niech ten chillout trwa wiecznie, szkoda tylko, że muszę chilloutować sam.* www.clockworld.ownlog.com 2005. *Na kanapach leżało się jeszcze lepiej, nie było tam głośnej muzy, wszyscy czilautowali. Tyle razy byłam w faraonie, a dopiero teraz odkryłam ten dziwny pokój.* nlog.org.pl 2002. *Teraz się stało oczywiste, że gdy jedna z kopii wywijała na planie podwójnym mieczem świetlnym, drugi osobnik mógł się spokojnie chilloutować w barku.* www.starwars.org.pl 2005. ▫ kein Beleg **b)** »allgemein: sich entspannen, ausspannen, relaxen« - **(aus)chillen, abhängen**. *Można plażować, a kto nie przepada za słońcem może w cieniu spokojnie się czilautować w starym, dobrym hamaku i liczyć listki na tle błękitnego nieba.* www.augustyna.pl 2006. ▫ kein Beleg
chilloutowy, czilautowy [czilałtowy] *Adj v.* ↗chillout - **Chill-out-**. **1** »in Bezug auf die Musikrichtung« Album, hit, zespół chilloutowy; chilloutowa muzyka; chilloutowe składanki. *To już ósmy odcinek popularnej chilloutowej kompilacji układanej i wydawanej przez włoską wytwórnię Irma.* www.wzone.pl 2005. *Plavka ze swojego zadania wywiązuje się poprawnie, choć mam wrażenie, że bez wokalu ten czilautowy numer brzmiałby jeszcze lepiej.* www. clubber.pl 2005. ▫ kein Beleg **2 a)** »in Bezug auf das Entspannen im Chill-out-Room nach einer Party« Klimat czilautowy; impreza chilloutowa. *Wszyscy, którzy kochają spokojny klimat chillout'owych imprez będą zachwyceni.* www. merlin.pl 2005. **b)** »allgemein: in Bezug auf Entspannen, Relaxen« Wieczór czilautowy. *Czwartek to był taki dzień czilautowy. Dłuuuugo spałam, posiedziałam, pomarudziłam, potem polazłam do kina na „Upadek".* insect.blog.pl 2006. *Chilloutowy tydzień spędzony tutaj, po pierwszych 2 tygodniach dość energicznego przemieszczania się po świecie, dużo daje.* hal9000.eu.org 2006. ▫ kein Beleg
chip [czip] *seltener* **czip** *m, G -u oder -a, EDV* - **(Mikro)chip**. **a)** »dünnes, einige Quadratmillimeter großes Halbleiterplättchen, auf dem sich Schaltung u. mikroelektronische Schaltelemente befinden« *Wprowadziliśmy do na-*

szej oferty karty najnowszej generacji - oprócz paska magnetycznego każda nowa lub wznowiona karta płatnicza będzie wyposażona w chip. www.info.bzwbk.pl 2005. *Drugi powód to zależność czasu życia lampy LED od temperatury pracującego chipu.* www.lighting.pl 2004. *W kasie obsługi klienta otrzymujemy zalogowany czip i przechodzimy do szatni.* www.bielawa.pl 2006. *auch* ↗mikrochip, ↗układ scalony **b)** »Mikrochip, der Tieren zur Kennzeichnung unter die Haut eingepflanzt wird« *Wielu posiadaczy psów wizja wszczepienia czipa swoim pupilom nieco niepokoi. Zabieg odbywa się w znieczuleniu miejscowym, dość potężną strzykawką, trzeba też wygolić sierść w miejscu wbicia igły (...). Urzędnicy uspokajają, że czip jest mały, sterylny i powleczony Parylenem C używanym w rozrusznikach serca dla ludzi.* www.szczecinek.net.pl 2005. ⌑ PS 1995, IS 2000, US 2003 ⌘1986 NSP2 ◁engl
chipować *seltener* **czipować** *ipf* / **zachipować** *seltener* **zaczipować** *pf* **1** »Tiere mit einem Mikrochip kennzeichnen, der ihnen unter die Haut eingepflanzt wird (entsprechend der seit der EU-Verordnung von 2004 bestehenden Kennzeichnungspflicht von Tieren im Reiseverkehr)« - **chippen**. *Dopiero pod koniec października we Wrocławiu będzie można bezpłatnie zachipować psy.* www.radioram.pl 2004. *A kiedy macie zamiar zacząć chipować np. koty, chomiki, szczury, rybki albo papugi? (...) ja bym radził chipować głupków.* koziolek.pl 2005. *O psie wędrowniczku - czyli warto czipować psy!* forum.gazeta.pl 2006. ⌑ kein Beleg **2** *Kfz* »die Leistung von Kfz-Motoren durch Austausch der Motorsteuerung, die auf einem Chip als Datensatz im Motorsteuergerät abgelegt ist, steigern« - **chippen, chiptunen**. *Gdzie w dolnośląskiem chipować volvo albo renaulta?* www.streetracing.pl 2005. *Co do tunerów diesla w Warszawie, to najlepsza będzie chyba firma Master's - człowiek specjalizuje się w dieslach, chipują u niego auta ludzie z całej Polski.* www.insomnia.pl 2005. ⌑ kein Beleg
chipowy *seltener* **czipowy** *Adj v.* ↗chip - **Chip-**. *Karta chipowa - Chipkarte (z.B. im Telefon). Karty plastikowe są drukowane offsetowo, laminowane z możliwością stosowania podkładów metalicznych oraz dodatkowych elementów typu pasek podpisu, pasek magnetyczny, układ chipowy lub moduł zbliżeniowy.* www.mcard.com.pl 2005. *Każda z ponad trzystu osób, bo tyle jednocześnie może wejść do wodnego parku, otrzyma specjalny wodoszczelny zegarek z czipowym czytnikiem kodu.* www.gazetawroclawska.pl 2005. ⌑ IS 2000, US 2003
chippendale(s)^NB [czipendejl] *selten* **czipendejl** *m, G* chippendale'a »ein Mann, der vor weiblichem Publikum einen Striptease vorführt« - **Stripteasetänzer, Chippendale(s)**. *Za kilkuminutowy występ tylko przed panną młodą chippendale bierze 130 zł. Za 200 zł można go wynająć na godzinę. Wtedy zatańczy dla wszystkich.* www.zyciepabianic.com.pl 2005. *(...) dobrze zapamiętasz ten wieczór. Najpierw koleś zacznie się rozbierać jak jakiś czipendejl, a potem zobaczysz te kretyńskie, obcisłe majtki w kratę.* blog.tenbit.pl 2005. ⌑ kein Beleg. *auch* ↗striptizer, stripteaser
chips [czips] *seltener* **czips** *m, G -a, meist im Pl* **chipsy, czipsy** »in Fett gebackene dünne Scheiben aus Kartoffeln o.Ä.« - **Chip**, *meist im Pl* **Chips**. *Chrupiące chipsy, chipsy paprykowe, ziemniaczane, kukurydziane, jabłkowe. Chcesz chipsa? Wielu z nas chętnie zajada się chipsami ziemniaczanymi, mimo że żywieniowcy mają nie najlepszą opinię na ich temat. Akryloamid, związek chemiczny, który występuje w chipsach, podejrzewa się o rakotwórcze działanie. (...) Chipsy trudno więc zaliczyć do zdrowych przekąsek, lecz nie ulega wątpliwości, że są smaczne i chętnie kupowane.* www.swiatkonsumenta.pl 2005. *Linia przeznaczona jest do produkcji beztłuszczowych czipsów jabłkowych metodą ciągłą. Dobre efekty uzyskujemy również dla innych owoców i warzyw.* www.thm.com.pl 2005. ⌑ Supl 1994, PS 1995, SW 1996, IS 2000, US 2003
chmurka ♦ *phras* **pod chmurką** *ugs* »nicht im Gebäude, sondern im Freien« - **unter freiem Himmel**. *Restauracja pod chmurką - Gartenrestaurant. Kino, teatr pod chmurką - Freilichtkino, Freilichttheater. Koncert, recital pod chmurką - Freiluftkonzert. Przyjęcie, grillowanie pod chmurką. Spać, garażować, pić pod chmurką. Urządzilibyśmy sobie w ogrodzie kawiarenkę pod chmurką.* SW. *Na Krymie było tak ciepło, że nocowaliśmy pod chmurką.* SW. *Koniec picia pod chmurką. Od dzisiaj nie wolno pić alkoholu w parkach, na placach, czy ulicach - wchodzą w życie przepisy ustawy o wychowaniu w trzeźwości.* informacje.zeszyt.pl 2005. ⌑ PS 1995, SW 1996, IS 2000, US 2003
chodzik^NB *m, G -u oder -a* »Gerät, Gestell auf Rädern, das den Kleinkindern das Laufenlernen erleichtert« - **Lauflerngerät, Lauflernhilfe**. *Drewniany chodzik na kółeczkach. Chodzik przeznaczony jest dla dzieci potrafiących już siedzieć, rozpoczynających naukę chodzenia.* www.bobasmarket.pl 2005. *Chodzik, czyli umieszczone na szerokiej podstawie z kółeczkami siedzenie z otworami na nogi, teoretycznie ułatwia dziecku, które umie już siedzieć, naukę chodzenia.* www.dzieci.org.pl 2005. ⌑ PS 1995, IS 2000, US 2003
chopper [czoper] *m, G -a* »Motorrad mit hohem, geteiltem Lenker u. einem Sattel mit hoher Rückenlehne« - **Chopper**. *Współczesne*

motocykle dzielą się na trzy grupy: sportowe ścigacze, wyglądem przypominające maszyny z torów wyścigowych, dostojne, lśniące chromem choppery i terenowe enduro. Na sportowych podróżuje się niemal leżąc, na chopperach siedzi niczym na tronie, enduro to cywilna odmiana crossowego motoru (...). Dzień dobry 2001 (K). *Harley-Davidson to firma znana od 100 lat. Charakterystyczne dla tych „chopperów" były silniki chłodzone powietrzem, które z powodu nierównej pracy nazywano „wibratorami".* Sukces 2002. 📖 kein Beleg ⊰engl

choroba ♦ **choroba Alzheimera** »in einer Atrophie des Gehirns bestehende Krankheit, die mit fast völligem Erlöschen des Gedächtnisses u. mit Persönlichkeitsverlust einhergeht« - **Alzheimerkrankheit**. *Przyczyna choroby Alzheimera do tej pory nie jest dokładnie znana. Wiadomo, że jest to postępujące zwyrodnienie ośrodkowego układu nerwowego z narastaniem zespołu otępiennego i zespołu zaburzeń poznawczych.* www.resmedica.pl 2005. *W komórkach nerwowych ludzi cierpiących na chorobę Alzheimera (i kilka innych chorób neurodegeneracyjnych) gromadzą się nieprawidłowe włókienka białkowe.* www.biologia.pl 2005. 📖 PS 1994, IS 2000, US 2003. *auch* Alzheimer ⊰nach dem dt. Neurologen Alois Alzheimer (1864-1915)

♦ **choroba bezglutenowa** »chronische Verdauungsstörung durch Gluten-Unverträglichkeit vor allem im Säuglings- u. Kindesalter« - **Zöliakie**. *Podejrzenie o celiakię („chorobę bezglutenową") zmusiło ją, aby została w domu.* NSP2. *Jeszcze do niedawna uważano, że choroba bezglutenowa, czyli celiakia, objawia się po raz pierwszy wyłącznie u dzieci.* www.resmedica.pl 2005. 📖 kein Beleg ∕1989 NSP2. *auch* ↗celiakia

♦ **choroba szalonych krów - Rinderwahn(sinn)**. *W ubiegłym tygodniu na Czechach zanotowano pierwszy przypadek choroby szalonych krów.* Rzeczpospolita 2001. *W 1985 roku w Anglii po raz pierwszy wykryto przypadki gąbczastego zwyrodnienia mózgu (BSE), zwanego również chorobą szalonych krów.* www.cbos.pl 2003. 📖 US 2003. *s. auch* ↗BSE

ciało ♦ *phras* **dać ciała** ugs »durch sein Verhalten dem eigenen Ansehen schaden, sich lächerlich machen« - *neutral* **sich blamieren, kompromittieren, sich eine Blöße geben**. *Jeszcze na noclegach przypominaliśmy sobie materiał dnia, by rano przy powtarzaniu nie dać ciała.* www.docepares.olsztyn.pl 2005. *Będzie trzeba się sprężyć, żeby nie dać ciała. Trzy godziny do startu wykorzystujemy na herbatkę w barze i ostateczne ustalenie taktyki.* www.x-triathlon.gd.pl 2005. *Nie wyobrażałem sobie, że Wisła może dać ciała mając taką przewagę z pierwszego meczu. Wczoraj sobie już nie musiałem wyobrażać, zobaczyłem to na własne oczy.* kosma.ownlog.com 2005. 📖 PP 1996

ciąg[NB] *m, G -u, Jargon* - »periodische, intervallartige Trunk- o. Drogensucht« *Dostała narkotyki i miała półtoramiesięczny ciąg.* IS. *Ciąg może się nawet przytrafić wtedy, gdy mógłby się wydawać, że pacjent jest już wyleczony. W takiej sytuacji leczenie trzeba zaczynać właściwie od nowa.* NSP3. *Jak przerwać ciąg? Pomocy udzielić musisz sobie przede wszystkim sam.* users.nethit.forum.pl 2004. 📖 SW 1996, PS 1996, IS 2000

♦ **być w ciągu, mieć ciąg** *Jargon* - »bei Alkohol- o. Drogenabhängigen: sich gerade in einer Trink- bzw. Suchtphase befinden« *Detoksykacja to pierwszy etap prowadzący do wyleczenia narkomana będącego w ciągu.* NSP3. 📖 PS 1996, SW 1996, IS 2000

♦ **wpadać/wpaść w ciąg** *Jargon* - »in eine Trink- oder Drogenkonsumphase abstürzen« *Po wypiciu jednego kieliszka wpadłem w ciąg na tydzień.* IS. 📖 PS 1996, SW 1996, IS 2000

! im Dt. nur als Personenbezeichnung *Quartalstrinker (-säufer), Intervalltrinker, Periodentrinker* ,jd., der in Intervallen über eine Zeit lang Alkohol trinkt'

ciekłokrystaliczny *Adj* - **Flüssigkristall-, LCD-**. *Ciekłokrystaliczny wyświetlacz* - LCD-Display. *Ciekłokrystaliczny ekran* - Flüssigkristallbildschirm. *Na targach i konferencjach nie wypada już prezentować materiału na zwykłym monitorze - profesjonalizm wymaga, żeby był on ciekłokrystaliczny i półtorametrowy.* Polityka 2002. *Firma SONY wkroczyła w przyszłościowy rynek telewizorów wyposażonych w ekrany ciekłokrystaliczne.* Gazeta Wyborcza 2003. 📖 PS 1996 ∕1989 NSP2

cienkopis *m, G -u* »Schreibgerät mit sehr feinem Strich« - **Feinschreiber**. *Cienkopis kulkowy, kreślarski; cienkopis z końcówką metalową, plastykową. Cienkopis - doskonale imituje pióro, a znacznie łatwiej się nim pisze.* I. Kukiełka, Meandry grafologii 1998 (K). *Cienkopis kulkowy z nowym rewolucyjnym płynnym tuszem żelowym.* www.pentel.pl 2005. 📖 PS 1996, SW 1996, IS 2000, US 2003

cios ♦ *phras* **pójść za ciosem*** - »den Schwung eines erzielonego Erfolgs für weitere (erfolgreiche) Aktionen ausnutzen« *Poszedł za ciosem i ogłosił kolejne żądania.* IS. *Trudno było sobie wyobrazić aktorkę, która po oczywistym sukcesie nie będzie chciała pójść za ciosem, utrwalić swojej pozycji. A jednak Scorupco nie kokietowała. Postanowiła na jakiś czas wycofać się z życia zawodowego (...).* PSF. *Skoro tak jest, to nie bardzo rozumiem, dlaczego Federacja Konsumentów nie idzie za ciosem i nie działa w innych, podobnych*

sprawach. PSF. 📖 PS 1996, SW 1996, IS 2000, PSF 2000, SF 2001, US 2003 ⌀1978 SF ◄aus der Sprache des Boxsports
cisza ♦ **cisza wyborcza** *selten* **cisza przedwyborcza** *Politik* - »in Polen gesetzlich verankertes Verbot jeglicher Wahlagitation unmittelbar vor dem Wahltermin (ein Tag vor der Wahl bis zum Schließen der Wahllokale)« *W prawodawstwie wielu krajów cisza wyborcza nie występuje, jednak między partiami i politykami istnieje tak zwana umowa dżentelmeńska, do której nie trzeba się jednak stosować.* pl.wikipedia.org 2006. *W myśl hasła „Internet też medium" również w sieci powinna obowiązywać cisza wyborcza.* www.idg.pl 2005. *W naszej opinii, regulacje prawne, odnoszące się do ciszy przedwyborczej, w przypadku tych wyborów są przepisem całkowicie martwym i zbędnym.* huby.seo.pl 2005. 📖 kein Beleg
ciucholand *m, G -u* - (für Bekleidung, meist westlichen Ursprungs) **Secondhandshop, Secondhandladen**. *Wczoraj na Ursynowie otworzono Szwajcarski Ciucholand. Można w nim kupić ubrania takich firm, jak Olsen, Boss czy Benetton.* www.kantonia.pl 2005. *Do niedawna były tutaj dwa konkurencyjne ciucholandy. Ten, który pozostał, (...) cieszy się sporym zainteresowaniem klientów.* Pałuki 1998 (K). 📖 PS 1996, SW 1996. *auch* ↗*lumpeks,* ↗*szmateks, s. auch* ↗second hand
clip [klip], **klip** *m, G -u* »kurzer Videofilm zu einem Titel der Popmusik o. über eine Person o. Sache« - **(Video)clip**. *Nagrać, nakręcić (wideo)klip. Jakby na potwierdzenie tych słów jedną z głównych nagród festiwalu otrzymał clip z piosenką Cezarego Pazury.* Polityka 2000 (K). *Klip będzie dostępny w naszym serwisie najpóźniej za dwa miesiące i będzie promował zapowiadaną (...) trzecią już płytę pszczyńsko-bielskiego zespołu.* www.hiphop.mocny.com 2005. 📖 PS 1996, SW 1996, IS 2000, US 2003. *auch* ↗*teledysk,* ↗*wideoklip* ◄engl
clubbing [klabiŋk], **klubbing** *m, G -u* »Freizeitaktivität, in der Jugendliche von (Tanz)klub zu Tanz(klub) o. Pub ziehen« - **Clubbing, Klubbing**. *Uprawiać clubbing, wychodzić na clubbing. Kończy się to przeważnie tym, że autor bloga zaczyna kreować siebie na wielkiego guru od jakiejś konkretnej specjalności - jeśli kiedyś opisywał swoje wieczory w klubach, teraz już będzie udawał największego znawcę clubbingu na świecie.* Wysokie Obcasy 2003. *Malta to olbrzymia przygoda, nie tylko dyskoteki, klubbing, wspaniali ludzie, malownicze zaułki, ale też najstarsze wolno stojące świątynie megalityczne.* www.jdj.com.pl 2005. *Od kilku lat słyszymy, że polski klubbing rozwija się w bardzo szybkim tempie.* www. ultramaryna. pl 2005. 📖 kein Beleg ◄engl

coach [kołcz] *m, G -a* - **Coach**. 1 »Person, die Sportler o. eine Sportmannschaft trainiert, betreut« *W poprzednim numerze zamieściliśmy wywiad z coachem naszej drużyny koszykarskiej.* PS. *Marta Navratilova kilkakrotnie zmieniała coachów.* SW. 📖 PS 1996, SW 1996 2 »erfahrener Mitarbeiter, der jüngere Kollegen für die Berufspraxis schult, fit macht« *Efektem dobrej pracy coacha jest sukces i zadowolenie coachowanego. (...) Ta wiara coacha buduje, rozwija i wzmacnia u pracownika wiarę w siebie.* www.csfrr.pl 2005. 📖 kein Beleg 3 *Kfz* »bestimmter Typ von Autokarosserie: zweitürig, mit zwei festen Sitzen« *Renault Mégane Coupé Coach. Typ ogłoszenia: Sprzedaż. Marka: Renault. Model: Mégane Coupé Coach (...).* www.trader.pl 2005. 📖 PS 1996 ◄engl
coaching [kołczink] *m, G -u* »Schulung von Mitarbeitern, aber auch Führungskräften; Eintrainieren von Fertigkeiten u. Kompetenzen durch einen Coach« - **Coaching, Coachen**. *Coaching managerski. Kolejny moduł stanowi coaching. W programie moduł ten polega na nauce przez pracę. Celem modułu jest sprawdzenie i utrwalenie wiedzy i umiejętności nabytych przez handlowców podczas szkoleń.* www.republika.pl 2002. *Coaching to niezastąpiona metoda skutecznego zarządzania, pozwalająca na poznanie i pełne wykorzystanie potencjału pracowników.* www.independentgroup.pl 2005. 📖 kein Beleg ◄engl
coachować [kołczować] *ipf* »Manager, Mitarbeiter trainieren, schulen« - **coachen**. *Osoba zatrudniająca coacha nie musi być zarazem klientem (na przykład, gdy firma zatrudnia i opłaca coacha, aby coachował jedną lub dwie osoby w firmie).* coachingpartners.pl 2005. *Uczestnicy naszego szkolenia dowiedzieli się, jak skutecznie coachować podwładnych.* www. shepherd. com.pl 2005. 📖 kein Beleg
cola [kola] *seltener* **kola** *f* »koffeinhaltiges Erfrischungsgetränk« - **Cola**. *Coca-cola, pepsicola, hop-cola; butelka coli. Zamówić dwie cole. Podeszliśmy do automatów - do wyboru: kawa, mleko, herbata, cola, wszystko odpowiednio schłodzone albo odpowiednio podgrzane.* R. Antoszewski, Kariera na trzy karpie morskie 2000 (K). *Odkładając na bok rozważania, czy mamy do czynienia z przekazem faktów historycznych - patrzymy na mękę i tortury pogryzając kukurydzę i popijając kolę.* fzp.jewish. org.pl 2005. 📖 PS 1996, SW 1996, IS 2000 ◄engl
college [koledż, koleż] *m, G* college'u, *Npl* college'e 1 - (in Großbritannien u. den USA) **College**. *Dostać się do college'u; ukończyć renomowany college; uczyć, studiować w college'u. Wraz z nadejściem semestru letniego 2005 r. Mila College oferuje swoim (i nie tylko) studentom możliwość wzięcia udziału*

w szeregu specjalistycznych kursów z dziedziny produktów firmy Microsoft za mniej niż 50% ceny kursu w ośrodkach komercyjnych! www.mila.edu.pl 2005. **2** *seltener -* »in Polen: Fach(hoch)schule mit Bachelorabschluss (meist zur Ausbildung von Englischlehrern)« *Powstał college dla przyszłych nauczycieli angielskiego.* IS. *Po maturze zdała do dwuletniego college'u nauczycielskiego.* IS. 🕮 Supl 1994, PS 1996, IS 2000, US 2003. *s. auch* ↗kolegium ◁engl; frz

come back, comeback [kambek] *m, G -u -* **Comeback, Come-back**. *Udany, tryumfalny, wielki, trudny come back; come back na scenę, estradę, stadion; come back do zawodu, do drużyny, do czynnego uprawiania sportu. Było sporo kontrowersji związanych z come backiem tej grupy i rolą, jaką wyznaczono tragicznie zmarłemu gitarzyście i kompozytorowi w trakcie tych występów.* NSP2. *Sport zna mnóstwo przykładów powrotów wielkich mistrzów, wystarczy przypomnieć ostatnie come backi George'a Foremana, czy Michaela Jordana.* wprost.pl 2005. *Comeback po okresie macierzyństwa jest dla wielu zawodniczek bardzo trudny.* PS. 🕮 PS 1996, SW 1996 ✎1992 NSP2 ◁engl

coming out [kamiŋg ałt] *m, indekl* »öffentliches Sichbekennen zu seiner Homo- bzw. Bisexualität« - **Coming out**. *Przyszedł czas na ich „coming out" - lesbijki widać na uczelniach, w klubach i na ulicy.* studia.korba.pl 2006. *„Fakt" ogłosił na pierwszej stronie: „Wyznanie aktora Jacka Poniedziałka: Jestem gejem". (...) Następnego dnia „Fakt" ciągnął temat, publikując wypowiedzi Małgorzaty Foremniak, Jana Peszka i Andrzeja Seweryna, którzy zapewnili o swoim szacunku, a nawet podziwie dla Poniedziałka (...). Natomiast przedstawiciele dwóch najważniejszych organizacji LGBT ogłosili list otwarty, w którym podziękowali za ten ważny krok, jakim jest coming out osoby publicznej.* www.innastrona.pl 2006. 🕮 kein Beleg ◁engl

comp *s.* **komp**
consensus *s.* **konsensus**
consulting *s.* **konsulting**
controller [kontroler] *m, G -a, Wirtschaft* »Fachmann für Kostenrechnung u. Kostenplanung in einem Betrieb« - **Controller**. *Do zakresu obowiązków controllera, odpowiedzialnego za controlling w danym przedsiębiorstwie, należą m.in.: opracowywanie i realizacja planów, wspieranie kadry kierowniczej, opracowywanie oraz interpretacja sprawozdań finansowych, przeprowadzenia kontroli wewnętrznej, analiza słabych punktów przedsiębiorstwa.* www.libra.edu.pl 2002. *Controller jest równorzędnym partnerem zarządu w zakresie zarządzania przedsiębiorstwem (...).* www.columb-controlling.com 2005. 🕮 kein Beleg ◁engl

controlling [kontroliŋk] *m, G -u, Wirtschaft* »von der Unternehmensführung ausgeübte Steuerungsfunktion« - **Controlling**. *Controlling jest jedyną logiczną i spójną odpowiedzią na procesy obecnie zachodzące w firmie jak i w otoczeniu ekonomicznym przedsiębiorstwa.* www.columb-controlling.com 2005. *Często controlling jest utożsamiany z kontrolą, pilnowaniem, sprawdzaniem - i nie jest to błędem, ale dużą nieścisłością, ponieważ controlling pełni przede wszystkim funkcję doradczą, tzn. opiniuje lub wskazuje możliwie kierunki działań pozostawiając podejmowanie decyzji menedżerom.* www.columb-controlling.com 2005. 🕮 kein Beleg ◁engl

controllingowy *Adj v.* ↗controlling - **Controlling-**. *Firmowy portal controllingowy; system controllingowy. System controllingowy będą wdrażały te przedsiębiorstwa, które dostrzegą bariery utrudniające im skuteczne rozwiązywanie problemów.* www.mpec.home.pl 2005. *Na podstawie ustawicznego dążenia do stanu żądanego, system controllingowy porównuje normę ze stanem faktycznym w przedsiębiorstwie.* www.controlling.info.pl 2005. 🕮 kein Beleg

cool [kul] *Adj, Adv, Interj, indekl, ugs* **1** »hervorragend, herrlich, ausgezeichnet, prima, klasse!« - **cool, abgefahren, geil, hammermäßig, stark, spitze, spitzenmäßig, irre, genial**. *Impreza była cool; gdzieś jest cool; być cool. Kilka razy dachowałem i wpadłem do rowu. Ale jazda była cool.* Polityka 2002. *Zaprezentuj swoją cool Stronę WWW lub Blog naszym użytkownikom (...).* www.mojegry.pl 2006. *Gdy go zobaczyła w nowych ciuchach, zawołała: cool!* OiT. *Do image'u gwiazdy dochodzą jeszcze miejsca, w których gwiazda może się pokazywać. (...) Najmodniejsze w mieście knajpy, najdroższe dyskoteki, głośne kawiarnie, lokale tylko „dla wtajemniczonych". Wszystko, co jest „cool".* Cosmo 1999 (K). 🕮 OiT 2001 **2** »leidenschaftslos, nüchternsachlich u. kühl im Handeln o. Einschätzen einer Situation« - **cool**. *„Być cool" to znaczy nie angażować się w nic, olewać tradycyjne hierarchie, być swoim własnym bogiem, tworzyć własne prawa. Człowiek „cool" w nic nie wierzy, ale go to nie martwi, bo on do niczego nie dąży, niczego nie potrzebuje. W życiu szuka przyjemności, a świat i bliźnich dostrzega o tyle, o ile mogą mu tej przyjemności dostarczyć.* NSP3. 🕮 kein Beleg ◁engl

copywriter [kopyrajter] *m, G -a, Npl ~rzy; f, indekl* »jd., der professionell Werbetexte entwirft u. gestaltet« - **Werbetexter(in), selten Copywriter(in)**. *Firma zatrudnia ponadto* *czterech zawodowych copywriterów, żeby teksty reklamowe odpowiadały najwyższym standardom.* OiT. *Wyczerpujące współzawodnictwo i hołdowanie modzie na całodobową dyspozycyjność nie sprzyja jednak przyznawaniu się do bycia zestresowanym. - To jak chwalenie się słabością i tym, że nie radzę sobie nawet z własnymi emocjami - mówi dwudziestoletni copywriter, pracujący w dużej agencji reklamowej.* Wprost 2000 (K). *Gdy Agnieszka, 27-letnia copywriter, urodziła dziecko, wszystko się dla niej zmieniło. Straciła figurę, połowę włosów i pewność siebie. Po dwóch latach wróciła do firmy reklamowej, ale nadal była niezadowolona.* Cosmo 1999 (K). ⌑ PS 1996, OiT 2001, US 2003 ◁engl

cornflakes [kornflejks], **kornfleksy** *seltener* **cornfleksy** [kornfleksy] *nur im Pl, G* ~sów - **Cornflakes**. *Właściwy „English breakfast" składa się z pięciu dań: szklanki soku pomarańczowego lub sałatki owocowej, potem pojawia się owsianka (porridge) lub chrupiące cornflakes z mlekiem.* www.nestle.pl 2005. *Myślałby kto, że bez przerwy spotykam Andrzeja Seweryna! Poznałam go w Krakowie, przy hotelowym śniadaniu (mieszkaliśmy w tym samym Grandzie, ja piłam kawę i niecierpliwie czekałam z papierosem, aż on skończy swoje Bardzo Zdrowe Jedzenie, cornflakes z mlekiem, jogurt owocowy (...), a potem spotkaliśmy się jeszcze dwa razy - zawsze w samolocie z Paryża do Warszawy!* A. i M. Bojarska, Siostry B. 1997 (K). *Miseczka kornfleksów z ciepłym mlekiem stanowi jej codzienne śniadanie.* OiT. *Pojemniki w miarę zużywania kawy, myłam naklejki i ładowałam do nich: makaron, cornfleksy czy suszone pomarańcze.* www.rozrywka.webd.pl 2006. ⌑ PS 1996, IS 2000, US 2003 ◁engl

cottage [kotydż] *m, G* cottage'u *Npl* cottage'e »Ferienhaus, Haus auf dem Lande« - **Cottage**. *Na urodziny zaprosił kolegów do swojego cottage'u pod Warszawą, gdzie mogli bawić się do późna, nikomu nie przeszkadzając.* OiT. *Potrzebujesz domek (cottage) na więcej osób nad jeziorem? Nic prostszego. Odwiedź stronę The Cottage Register, gdzie można znaleźć i zarezerwować domek online.* www.kaszuby.net 2006. ⌑ PS 1996, OiT 2001

count-down, countdown [kałnt dałn] *n, indekl* - **Countdown**. 1 »bis zum Zeitpunkt Null (Startzeitpunkt) rückwärts schreitende Zeitzählung als Einleitung eines Startkommandos (beim Abschuss einer Rakete)« *Gdy do oznaczonego momentu startu rakiety pozostały już tylko sekundy, dyrektor agencji dał znak, by rozpocząć count down.* OiT. ⌑ PS 1996, OiT 2001 2 »letzte technische Vorbereitungen vor einem Unternehmen« *Countdown nad Odrą: Czy region przygraniczny jest przygotowany na rozszerzenie UE?* www.katalog.czasopism.pl 2005. ⌑ kein Beleg ◁engl. *auch* ostatnie odliczanie

countrowiec [kantrowiec] *m, G* ~wca, *Npl* ~wcy, *v.* country, *Musik, Jargon* 1 - **Countrymusiker; Countrysänger**. *Pracy nie znalazł. Jak rasowy countrowiec stanął więc z gitarą w jednym z tuneli wiedeńskiego metra.* www.baczkowski.art.pl 2005. *Takie wyniki osiągają przeważnie boysbandy, natchnione wykonywczynie soul oraz countrowcy. Premierę płyty postanowili uczcić wyjątkowym koncertem.* www.tearmedown-stuff.website.pl 2005. ⌑ kein Beleg 2 - »Anhänger der Countrymusik, des Country; Country-Fan« *Na początek zapraszamy na Olszynkę Grochowską w Warszawie (...). Co prawda nie będziecie pierwsi, przed wami byli tu harleyowcy, automobiliści, countrowcy, ale nie będziecie gorzej przyjęci. W głównym Saloonie mieszczącym 300 osób koncertowało kilkadziesiąt grup muzycznych. W tym świątecznym spotkaniu wzięli udział niemal wszyscy countrowcy z Warszawy, wiele osób dotarło z najdalszych zakątków Polski.* www.lonstar.pl 2005. ⌑ kein Beleg ✎1989 NSP2

countrowy *seltener* **country'owy** [kantrowy] *Adj v.* country, *Musik* - **Country-**. *Piknik bluesowo-countrowy; zespół, koncert countrowy. Albumy zawierały materiał countrowy, typowy dla II połowy lat 90.* www.audio.lukar.net 2005. *Ciekawostką imprezy był jej countrowy charakter.* www.wm.pl 2005. *Do łask powrócił stary rockowo-countrowy wyjadacz - Johnny Cash.* www.free.of.pl 2005. *Później się dowiedzieliśmy, że był to klub country'owy i przychodzą tam ludzie, którzy innej muzyki nie tolerowali.* www.krzaklewski.art.pl 2005. ⌑ IS 2000

cover [kawer] *m, G -u seltener -a* »Fassung eines älteren Schallplattentitels mit (einem) anderen Interpreten« - **Coverversion**. *Niedawno ukazała się jego solowa płyta, jednak nie ma na niej piosenek stworzonych przez Gore'a, ale covery przebojów innych wykonawców.* Viva 2003. *Śpiewanie coverów to trudna sztuka, o czym przekonujemy się i tym razem.* www.boxmusic.com.pl 2006. *Wojtek zrobił wszystko, żeby wyrównać poziomy naszych głosów. Poza tym niczym nadzwyczajnym byłoby zaśpiewanie mojej wersji - na całym świecie powstaje mnóstwo coverów.* www.tspb.net 2004. ⌑ kein Beleg ◁engl
! im Dt. Cover „Schallplattenhülle"

cover girl [kawer gerl] *f, indekl, Pl auch* cover girls »auf der Titelseite einer Illustrierten abgebildetes Fotomodell« - **Covergirl**. *Cover Girl została Anna Roszkowski z New Jersey.* www.polorg.com 2004. *A że zakochana kobieta wygląda pięknie, Edyta Górniak została cover girl listopadowego numeru polskiej edycji*

Maxima. www.muzyka.onet.pl 2005. ◫ PS 1996 ◁engl

cover story [kawer story] *n oder f, indekl* »Titelgeschichte« - **Coverstory**. *Cover story tego wydania poświęciliśmy wyzwaniom, jakim będzie musiała sprostać nasza branża po przyszłorocznej akcesji Polski do Unii Europejskiej.* www.pckurier.pl 2003. *Sytuacja zmieniła się w latach osiemdziesiątych, jak twierdzi autor cover story z tygodnika „New York" (...).* www.racjonalista.pl 2006. *W każdą środę, o godzinie 15.00, odbywa się tu spotkanie z autorem cover story tygodnika Wprost. Zapraszamy do polemiki!* cafe.wprost.pl 2006. ◫ kein Beleg ◁engl

-córka *als zweites Glied einer Substantivverbindung: bezeichnet etw. Untergeordnetes gegenüber dem in der ersten Komponente Genannten - als vorangestelltes Kompositumglied* **Tochter-**. *Spółka-córka* - *Tochtergesellschaft. Jesteśmy spółką-córką należącą do międzynarodowej Grupy PSP, która ma swoje korzenie w Niemczech. Na rynku polskim istniejemy od kilku lat.* www.psp-international.pl 2005. ◫ kein Beleg

crack [krak] *m, G -u* **1** »kristallines Kokain, das geraucht wird u. stark abhängig macht« - **Crack** [krek]. *Handel, handlować crackiem. Narkotyk jest zażywany poprzez podgrzewanie i wdychanie oparów. Crack pojawił się w USA dopiero w latach osiemdziesiątych.* www.pl.wikipedia.org 2005. *Crack bardzo szybko zaburza układ oddechowy, często doprowadza do spadku wagi, towarzyszą temu urojenia i halucynacje.* www.lo.swarzedz.edu.pl 2005. ◫ SW 1996 ✍1992 NSP2 **2** *EDV* »Computerprogramm zur Umgehung des Kopierschutzes, um sich unberechtigt Zugang zu fremden Computerdaten zu verschaffen u. sie zu nutzen« - **Crackprogramm**. *Bardzo często wraz z nielegalną kopią dostarczane są niewielkie programy zwane crackami, które przed pierwszym uruchomieniem modyfikują kod programu lub w trakcie działania symulują obecność klucza.* www.ssi.civ.pl 2005. ◫ kein Beleg ◁engl ! im Dt. Crack auch *ugs* „Profi"

cracker [kraker] *seltener* **kraker** *m, G -a, Npl ~rzy, Internet* »jd., der sich unberechtigt, gewaltsam Zugang zu Computerdaten verschafft u. sie nutzt (insbes. bei Computerspielen)« - **Cracker**. *Istnieją jednak też crackerzy o dużo wyższym poziomie umiejętności, którzy potrafią analizować systemy komputerowe pod kątem dziur w zabezpieczeniach (...). Media często określają crackerów sieciowych mianem hackerów.* www.pl.wikipedia.org 2005. *Haker jest dobrym programistą o ponadprzeciętnej znajomości programów i sieci komputerowych, natomiast kraker jest „złym hakerem" wykorzystującym swoją wiedzę do prowadzenia ataków na komputery i sieci.* pcformat.pl 2006. ◫ kein Beleg. *auch* ↗cyberwłamywacz, *s. auch* ↗haker

crackerski *seltener* **krakerski** *Adj v.* ↗crack(er) - **Crack(er)-**. *Program, atak, kod crackerski; crackerskie grupy dyskusyjne. Generalnie możemy wyróżnić dwa cele działań crackerskich: łamanie zabezpieczeń serwerów, łamanie zabezpieczeń zamkniętego oprogramowania.* pl.wikipedia.org 2006. *Jak jest coś dobrego i darmowego, to znajdą się frajerzy, którzy chcą „poćwiczyć" swoje umiejętności krakerskie.* netzone.wero.pl 2006. ◫ kein Beleg. *s. auch* ↗hakerski

crackerstwo, krakerstwo *n, Internet* - **Cracken, das Crackertum,** *ugs* **Crackerei**. *Na ogół crackerstwo wiąże się z nielegalnym rynkiem oprogramowania i czerpaniem zysku z tego procederu (piractwo komputerowe).* www.ssi.civ.pl 2005. *Rozpowszechnione w Internecie krakerstwo doprowadziło do zdumiewających postępów w technice wykrywania włamań i ochrony zasobów.* www.infoprof.pl 2006. ◫ kein Beleg. *s. auch* ↗hakerstwo

cracking [krakiŋk] *m, G -u, Internet* - **Cracking**. *Cracking sieciowy; zabezpieczenie przed crackingiem. Cracking i antycracking - podstawy i zaawansowane techniki. Niniejsza książka przeznaczona jest więc zarówno dla programistów, którzy chcą się nauczyć zabezpieczać swoje programy przed crackingiem, jak również dla wszystkich początkujących, łaknących wiedzy i marzących o nauczeniu się crackowania. (...) Nie można zabezpieczyć oprogramowania przed crackingiem nie wiedząc, czym cracking jest, tak jak i nie można zajmować się crackingiem bez podstawowych informacji o zabezpieczeniach oprogramowania.* www.sporty.pl 2004. ◫ kein Beleg ◁engl

crash test, crash-test [krasz test] *m, G -u* »Test, mit dem das Unfallverhalten von Fahrzeugen ermittelt werden soll« - **Crashtest**. *Podczas sprawdzania nowych modeli samochodów stosuje się crash testy, w których samochody poddaje się różnym wypadkom.* news.redfish.org.pl 2005. *Crash-test zderzenia czołowego przeprowadzony jest przy prędkości 64 km/h, zderzenia bocznego przy 50 km/h, potrącenie pieszego przy 40 km/h.* www.mazda.website.pl 2005. ◫ kein Beleg. *auch* ↗test zderzeniowy ◁engl

croissant* [kruasa] *m, G -a* - **Croissant**. *Chrupiące croissanty. W kafejce na rogu zjedli typowo francuskie śniadanie: croissant i kawę z odrobiną mleka.* OiT. *W poniedziałek rano około 8.00 jadę na rowerze jak zwykle do biura, jednak tego dnia nie mam ochoty na biuro i chciałbym zacząć dzień od kawki i croissanta.* www.it.wkrakowie.org 2005. *On trzyma w rę-*

kach słoik nutellki i croissanty. Ona trzyma sok pomarańczowy. martineverland.wordpress.com 2006. ⌑ PS 1996, US 2003 ◁frz

cross-countrowiec, crosscountrowiec [kroskantrowiec] *m, G ~wca, Npl ~wcy, Sportjargon* - **Querfeldeinläufer, -fahrer**. *Crosscountrowcy nie są przeważnie aż tak podziwiani i spontanicznie dopingowani przez przeciętną publiczność.* www.extremesport.pl 2005. ⌑ kein Beleg

cross-country [kroskantry] *m oder n, indekl, Sport* »Querfeldeinwettbewerb (Lauf, Radu. Motorradrennen usw.)« - **Crosscountry, Querfeldeinlauf, -rennen**. *Do klasyfikacji MTB punkty nalicza się za mistrzostwa w cross country i w przełajach kolarskich.* www.uks.dobra.iap.pl 2005. *Sekcja cross country liczy 15 zawodników. Trzon sekcji tworzy grupa około 7 osób (trwają ciągłe zapisy i następuje ciągła naturalna selekcja).* www.mtbanna.hm.pl 2006. ⌑ kein Beleg ◁engl

cross-country, cross country *nachgestellt in adjektivischer Funktion, indekl* - **Crosscountry-, Querfeldein-**. *Sprzęt, program, kolarstwo, mistrzostwa cross country. Z wyścigiem cross-country kobiet wiązaliśmy nasze największe nadzieje na medal Mistrzostw Świata w Livigno.* www.rower.com 2005. ⌑ kein Beleg. *auch* crosscountrowy

cud ♦ *phras* **cud nad Wisłą**[NB] »ein fast nicht für möglich gehaltenes u. dennoch eingetretenes Ereignis mit positivem Ausgang« - **das Wunder an der Weichsel**. *Drugi, nowy, kolejny cud nad Wisłą. Cudu nad Wisłą nie będzie - jak stwierdził B. Grabowski z RPP. Byłby, gdybyśmy poszli drogą Irlandii.* Newsweek Polska 2002. *Dokonujące się przemiany uwalniania spod komunistycznego reżimu, przez wielu określane jako „nowy cud nad Wisłą", rodziły się przed obliczem Jasnogórskiej Matki.* www.jasnogora.pl 2005. *Decyzja pozytywna zapadła w ciągu jednego dnia, a nie jak zwykle w ciągu wielu tygodni czy wręcz miesięcy. To - można chyba tak powiedzieć - był drugi cud nad Wisłą.* www.uj.edu.pl 2001. *Jadwiga K. z Polskiego Radia SA, która moderowała debatę, wskazała, iż wiele placówek medycznych oczekuje na „cud nad Wisłą" polegający na centralnym oddłużeniu szpitali.* www.emedyk.pl 2002. ⌑ PS 1996

◁„Cud nad Wisłą" bezieht sich auf den in schwieriger militärischer Lage errungenen Sieg der polnischen Armee unter Marschall Józef Piłsudski im August 1920, wodurch die Rote Armee, die bereits vor Warschau stand, zum Rückzug gezwungen wurde.

♦ **cud nad urną** »in Anspielung auf „cud nad Wisłą": überraschendes, schwer erklärbares Wahlergebnis (das oft auch Spekulationen über eine Fälschung zulässt)« - **„Wunder an der Wahlurne"**. *Muszę powiedzieć, że był to taki najbardziej niepokojący moment w ciągu ostatnich dwóch dni. To znaczy i w czasie głosowania, i w czasie liczenia głosów. Bo zapaliło się czerwone światełko, czy tutaj nie nastąpi jakiś malutki cud nad urną. Ale jednak ta różnica głosów nie zwiększyła się znacząco na korzyść Janukowycza, więc miejmy nadzieję, że jeżeli nawet była jakaś intencja, to nie została zrealizowana.* www.polskieradio.pl 2004. *Jeśli liczba kart jest mniejsza, to wiadomo, że ktoś nie wrzucił karty, a jeżeli jest większa, to po prostu mamy cud nad urną. Co tu można wytłumaczyć?* www.senat.gov.pl 2003. *„Razem wierzyliśmy w wygraną, choć pewności nie mieliśmy. (...) Leszek wygrał pod prąd, bo większość mediów ciągle go kąsała. Dokonał cudu nad urną. Teraz czeka go trudne i odpowiedzialne zadanie, ale poradzi sobie, bo jest doświadczonym politykiem."* Echo miasta Warszawa 2005. ⌑ kein Beleg

curler [kerler] *m, G -a, Npl ~rzy, Sport* »Sportler, der Curling betreibt« - **Curler**. *Dobry curler nigdy nie próbuje rozproszyć przeciwnika i nigdy nie powstrzyma go przed graniem najlepiej jak umie. Żaden curler rozmyślnie nie złamie reguł gry, a jeżeli stanie się to nieumyślnie i ma tego świadomość, będzie pierwszym, który poinformuje o złamaniu zasad.* www.mediacurlingteam.republika.pl 2005. *Dziś najlepsi curlerzy pochodzą właśnie z „Kraju Klonowego Liścia" (...).* www.curling.pl 2005. ⌑ kein Beleg ◁engl

curlerka [kerlerka] *f v.* ↗curler, *Sport* - **Curlerin**. *(...) curlerka kanadyjska, brązowa medalistka olimpijska. Występuje na pozycji skipa (kapitana).* pl.wikipedia.org 2005. *Drodzy curlerzy i curlerki. Jak już zapewne większość z Was wie, turniej finałowy MP odbędzie się jednak w Łodzi 6-9 kwietnia 2006.* www.curling.pl 2005. ⌑ kein Beleg

curling [kerliŋk] *m, G -u, Sport* »ein aus Schottland stammendes Spiel auf dem Eis, das dem Eisschießen sehr ähnlich ist« - **Curling**. *Gra w curling, mistrzostwa w curlingu. Curling to gra sportowa pochodząca ze Szkocji, chociaż od wielu wieków twierdzi się również, że to Holendrzy zapoczątkowali tę dyscyplinę sportu.* pl.wikipedia.org 2005. *Od roku 1998 (Igrzyska Olimpijskie w Nagano) curling jest dyscypliną olimpijską.* www.gwp.com.pl 2005. ⌑ PS 1996 ◁engl

curlingowy *Adj v.* ↗curling - **Curling-**. *Zespół, klub curlingowy. Dzisiaj w samej tylko stolicy mamy pięć klubów curlingowych. Tafla na torze curlingowym wymaga specjalnych zabiegów.* Gazeta Wyborcza 2003. ⌑ kein Beleg

C.V., CV *seltener* **cv, c.v.** [s-iwi] *n, indekl* »Lebenslauf« - **CV**. *Wzory CV. Napisać, przed-*

stawić, dołączyć CV. *Nie wystarczy już jedna wersja CV, trzeba od nowa martwić się nad formułowaniem krągłych wypowiedzi.* praca.wp.pl 2005. *Ponieważ Twoje CV decyduje o tym, jakie wrażenie wywrzesz na pracodawcy, warto poświęcić mu nieco więcej uwagi.* www.randstad.pl 2006. *Pobierz najlepszy darmowy licznik odwiedzin do zliczania statystyk dla swojej domeny; Curriculum vitae, życiorys, wzory cv (...).* www.countomat.pl 2006. *Aplikacja powinna być krótka i stanowić jakby wprowadzenie do c.v. i listu motywacyjnego.* OiT. ⌑ SW 1996, IS 2000, US 2003 ◁engl

cyber- [saiber] *als Erstglied in Zusammensetzungen mit der Bedeutung ‚mit der Internetkommunikation (dann synonym mit internetowy) bzw. der virtuellen Wirklichkeit verbunden'* - **Cyber-** [sai...]. ⌑ kein Beleg ◁engl

cybercafé, cyber-café, cyber café [saiberkafe] *n oder f, indekl* »mit Computern ausgestattetes Café, in dem die Gäste gegen Entgelt einen Internetanschluss nutzen können« - **Cybercafé**. *Pewnego dnia do jednej z polskich Cybercafe przyszła klientka z zamiarem odczytania poczty z własnego konta, znajdującego się gdzieś, hen na włoskich serwerach.* www.kozgan.neostrada.pl 2005. *Kawiarnia internetowa, zwana również net cafe lub cyber cafe, to potoczne określenie jakiegokolwiek miejsca, w którym można skorzystać z dostępu do Internetu.* www.pcworld.pl 2006. *Nie ma pokusy, by po zjedzonym posiłku pójść na małą czarną do cyber-cafe. Nie ma listów w skrzynce pocztowej, których treść może kłopotać.* www.computerworld.pl 2001. ⌑ kein Beleg. *auch* ↗cyberkawiarnia; ↗kawiarenka (kawiarnia, kafejka) internetowa ◁engl

cyberfobia [saiberfobia] *f* »irrationale Angst vor der Arbeit am Computer« - **Cyberphobie**. *Stwierdzona przez psychoterapeutę Craiga Broda (i innych) cyberfobia bierze się ze stresu, jaki przeżywają osoby próbujące odnaleźć się w rosnącej społeczności komputerowej.* STK. *Na naszych oczach pojawiła się cyberfobia z wieloma odmianami (lęk przed komputerami w ogóle, przed wirusem komputerowym, przed e-mailami).* www.cooltura.co.uk 2005. ⌑ STK 1999

cyberkawiarnia *f* »Café, das mit Computern mit Internetanschluss ausgestattet ist u. von den Gästen gegen ein Entgelt benutzt werden kann« - **Cybercafé**. *Na całym świecie funkcjonują już tysiące cyberkawiarni.* www.wswebstyle.com 2005. *Dlatego powodzeniem cieszą się cyberkawiarnie, gdzie spotyka się podobnych sobie maniaków w ich fizycznej postaci.* archiwum.wiz.pl 2006. ⌑ kein Beleg. *auch* ↗cybercafé; ↗kawiarenka (kawiarnia, kafejka) internetowa

cyberkultura [saiberkultura] *f* - **Cyberkultur, Internetkultur**. *Nowym zjawiskiem kulturowym związanym z nowoczesnymi mediami jest cyberkultura. (...) Atrybutami cyberkultury jest rzeczywistość wirtualna - sztuczne światy (...), cyberprzestrzeń dająca możliwość pokonywania wielkich odległości w bardzo krótkim czasie oraz interaktywność dająca możliwość uczestniczenia w informatycznym świecie.* www.radiomaryja.pl 2005. ⌑ kein Beleg

cybermafia [saibermafia] *f* - **Cybermafia**. *Badanie wykazało znaczny wzrost poziomu przestępczości internetowej. Samotnego hakera, atakującego pojedyncze komputery, zastępuje zorganizowana ‚cybermafia' wykorzystująca tysiące sieci komputerowych do popełniania przestępstw na skalę globalną.* www.computerworld.pl 2005. ⌑ kein Beleg

cyberpolicja [saiberpolicja] *f* - **Cyberpolizei**. *Przestępczość internetowa nie zna granic, dlatego polska cyberpolicja ściśle współpracuje z odpowiednimi służbami z innych państw.* www.wprost.pl 2001. *Do tej pory Google godził się jedynie, by cyberpolicja sama blokowała niewygodne strony. Ale reżimowy system blokad był nieszczelny i często nie nadążał za wciąż pojawiającymi się na całym świecie stronami np. o prawach człowieka w Chinach czy wolności dla Tybetu.* serwisy.gazeta.pl 2006. ⌑ kein Beleg

cyberporno [saiberporno] *n, indekl, ugs* »über das Internet verbreitete Filme, Romane, Magazine usw. mit pornografischem Inhalt« - **Cyberporno**. *Jednym z największych zagrożeń młodych ludzi korzystających z sieci jest cyberporno. Badania pokazują, że duża część dzieci i młodzieży (ok. 30 %) regularnie przegląda pornograficzne witryny w sieci internetowej.* www.radiomaryja.pl 2005. *Panowie łatwiej uzależniają się od gier online, cyberporno i hazardu, tymczasem kobiety częściej popadają w nałóg od czatów, komunikatorów, aukcji czy zakupów w Sieci.* www.chip.pl 2005. ⌑ kein Beleg

cyberpornografia [saiberpornografia] *f* »Internetseiten mit pornografischem Inhalt« - **Cyberpornografie**. *Cyberpornografia dziecięca. Zauważa się nasilenie różnych patologii związanych z Internetem, występujących pod niezbyt fortunnymi nazwami jak cyberpornografia, wirtualny seks czy uzależnienie się od anonimowych kontaktów.* www.computerworld.pl 2002. *Obok gier animujących zło i przemoc powszechnie są produkowane gry erotyczne: od „rozbieranych" pokerów, po programy określane mianem cyberpornografia czy cyberseks.* www.frysztak.pl 2005. ⌑ kein Beleg

cyberprzestępca *m, G ~cy, Npl ~cy* - **Cyberkrimineller, Cyberverbrecher**. *Jak potwier-*

dza raport firmy Clearswift, cyberprzestępcy najchętniej wykorzystują nie złośliwy kod w różnych odmianach, ale ludzkie słabości i nadzieje. www.pccentre.pl 2005. *Cyberprzestępcy próbują wykorzystać lukę w Windows. Specjaliści ostrzegają przed wzmożoną aktywnością internetowych włamywaczy.* typer.ys.pl 2005. ▭ kein Beleg

cyberprzestępczość *f, G ~ści* - **Cyberkriminalität, Internetkriminalität.** *Cyberprzestępczość zorganizowana. Dziś cyberprzestępczość to coś, z czym spotykamy się niemal codziennie. Wirusy, dialery, włamania się do sieci korporacyjnych, nielegalne kopiowanie oprogramowania i danych to przejawy cyberprzestępczości, które stały się powszechne.* helion.pl 2005. *Specjaliści od bezpieczeństwa komputerowego ostrzegają, że cyberprzestępczość awansuje w świecie kryminalnym do rangi, jaką dotychczas miał handel narkotykami (...).* praca.gazeta.pl 2006. ▭ kein Beleg. *auch* ↗przestępczość internetowa

cyberprzestrzeń *f, G ~ni* »von Computer erzeugte virtuelle Scheinwelt, die eine fast perfekte Illusion räumlicher Tiefe u. realitätsnaher Bewegungsabläufe vermittelt« - **Cyberspace.** *Cyberprzestrzeń nie jest pustynią, jest poukładana - mówi prof. Wiesław Godzic z Instytutu Nauk Audiowizualnych UJ. - Są kanały, na które trudno wejść albo panują tam określone reguły. Wiem na pewno, że „zostać skikowanym" to na pewnych kanałach nic, a na innych prawdziwa banicja towarzyska.* Polityka 2000. *Dziś w Centrum Sztuki Współczesnej Łaźnia w Gdańsku kończy się całoroczna kampania Wiktorii Cukt. Akcja rozpowszechniała alternatywne podejście do rzeczywistości wirtualnej, promowała cyberprzestrzeń jako całkowicie nowe medium uczestniczące w procesie globalizacji oraz w popularyzowaniu kultury regionalnej.* Cosmo 2000. ▭ STK 1999, US 2003

cyberpunk [saiberpank] *m* - **Cyberpunk. 1** Literatur, *G -u oder -a, nur im Sg* »Strömung der Science-Fiction-Literatur, in der eine Zukunft beschrieben wird, die geprägt ist von Computernetzen, künstlicher Intelligenz, von Hackern und menschlichen Robotern« *Cyberpunk jest to obraz nieuchronnie zbliżającej się przyszłości. Obraz w którym widzimy zdemoralizowane społeczeństwo pławiące się w narkotykach i wirtualnej rzeczywistości.* www.klapa.friko.pl 2005. *Bohaterami cyberpunka są zwykle cyborgi, mutanci, komputerowi włamywacze, informatyczni przestępcy.* www.europaeuropa.pl 2006. ▭ STK 1999 ◁nach dem Roman „Neuromancer" von William Gibson 1982 **2** *G -a, Npl -i* »Mitglied einer Gruppe von Internet-Hackern mit anarchistischen Tendenzen« *Jednak cyberpunk to także realnie istniejąca subkultura. Należą do nich niepokorni użytkownicy sieci komputerowych: rozrabiający w cyberprzestrzeni crackerzy i hackerzy, e-włamywacze, internetowi sabotażyści, twórcy wirusów. Cyberpunki mają swoją etykę i romantykę: nie ma dla nich większej rozkoszy niż wniknąć do supertajnej, wojskowej bazy danych i zostawić w niej swoją wizytówkę, albo sparaliżować dla zabawy system komputerowy wielkiego banku.* www.europaeuropa.pl 2006. ▭ kein Beleg

cyberpunkowy *Adj v.* ↗cyberpunk - **Cyberpunk-**. *Pomimo, iż uważani za cyberpunkowych, pisarze bardzo się od siebie różnili, istniało kilka płaszczyzn, na których ich zainteresowania się spotykały.* www.polskieradio.com 2002. *Cyberpunkowa rzeczywistość jest fascynująca, ale mroczna. (...) Cyberpunkowi bohaterowie to buntownicy, przestępcy i anarchiści operujący na marginesie technosystemu.* www.europaeuropa.pl 2006. ▭ kein Beleg

cyberreklama *f* - **Internet-, Cyberwerbung,** *selten* **Cyberreklame.** *W jakim więc kierunku będzie ewoluowała cyberreklama? Możliwości eksperymentowania są nieograniczone.* www.w3.pl 2005. *Używając terminu cyberreklama, nie mam na myśli kreacji strony WWW ani produkcji bannera, te popularne usługi można zamówić w setkach firm.* www.pckurier 2001. ▭ kein Beleg

cyberseks [saiberseks] *m, G -u* - **Cybersex.** *Jak pisze Patrick Carnes, 6 proc. użytkowników sieci jest uzależniona od cyberseksu, a 1 proc. przejawia uzależnienia niezwykle silne, kompulsywne.* Polityka 2003. *Cyberseks, aktywność seksualna uprawiana za pomocą komputera. (...) Wielu seksuologów uważa, że cyberseks upowszechni się i stworzy nowy model aktywności seksualnej.* portalwiedzy.onet.pl 2006. ▭ STK 1999 ◁engl

cybersklep *m, G -u* - **Internetshop, Onlineshop, Internetladen, Cybershop,** *selten* **Cyberladen.** *Najnowsza inwestycja to cybersklep, czyli księgarnia w Internecie, co kosztowało firmę 2 mln zł.* www.proszynski.pl 2005. *Jeśli chcemy rozpocząć działalność e-commerce - np. założyć cybersklep, (...) należy mieć serwer, stałe łącze z Internetem i przydzielony numer IP.* www.dmd.pl 2006. ▭ kein Beleg. *auch* ↗e-sklep, ↗sklep internetowy

cyberwłamywacz *m, G -a* »jd., der sich gewaltsam Zugang zu Computerdaten verschafft u. sie nutzt (insbes. bei Computerspielen)« - **Cybereinbrecher, Cyberdieb, Hacker, Cracker.** *W poniższym materiale nie będziemy was zanudzać nadmierną ilością tekstu - pokażemy wam tylko, jak szybko cyberwłamywacz może dotrzeć do waszych plików.* www.

idg.pl 2006. *Po odkryciu jednej usterki, specjaliści i cyberwłamywacze zazwyczaj zaczynają badać dziurawą funkcję, szukając kolejnych furtek do ataków.* www. megapliki.pl 2006. ⌑ kein Beleg. *auch* włamywacz internetowy, ↗haker, ↗cracker

cyberzależność *f, ~ści* - **Internetabhängigkeit**, *seltener* **Cyberabhängigkeit**. *Z tego, co opisujesz, można przypuszczać, że mąż jest uzależniony od komputera - określamy to uzależnienie jako sieciocholizm lub cyberzależność.* www.psychologia.edu.pl 2006. *Wciąż brak oficjalnej nazwy dla tego nałogu. Używa się np. takich terminów, jak sieciocholizm (netaholics), sieciozależność (netaddiction), cyberzależność (cyberaddiction), cybernałóg, uzależnienie od Internetu (Internet addiction), zaburzenia spowodowane zależnością od Internetu (Internet Addiction Disorder - IAD) i inne.* www.wsei.edu.pl 2006. ⌑ kein Beleg. *auch* ↗internetoholizm, ↗sieciocholizm, *s. auch* ↗infoholizm

cyfrowy^NB *Adj* - **Digital-**. *Zapis, aparat cyfrowy; technologia cyfrowa. Komputerowy zapis cyfrowy pozwala na druk bezpośredni lub poprzez nośnik pośredni.* pl.wikipedia.org 2006. *Szybki rozwój technik cyfrowych pociąga za sobą coraz szersze wykorzystywanie cyfrowych sygnałów fonicznych. Cyfryzacja sygnałów pozwala na uzyskiwanie szeregu zalet, zarówno jakościowych jak i operacyjnych.* www. fonos.ko.pl 2002. ⌑ PS 1996, SW 1996, US 2003. *auch* ↗digitalny

cyfrówka *f, ugs* **1** *v.* aparat cyfrowy »Gerät, das mit Hilfe digitaler Technik Fotos aufnehmen kann, meist digitaler Fotoapparat, aber auch Videokamera o. Webcam« - **Digitalkamera**. *Cyfrówka z modemem; cyfrówka i webcam w jednym; multimedialna cyfrówka. Kolejna cyfrówka Sony - fotograficzny aparat cyfrowy.* www.fotografia.idg.pl 2002. ⌑ kein Beleg **2** *v.* ↗telewizja cyfrowa - **Digitalfernsehen**. *Ruszyła cyfrówka w Paryżu. Telewidzowie uzyskali dostęp do serwisów cyfrowej telewizji naziemnej.* www.satkurier.pl 2005. ⌑ kein Beleg

cyfryzacja *f, EDV* »Umwandlung von Schrift, Bild, Ton o. jeder anderen Art analoger Signale in digitale Form« - **Digitalisierung**. *Cyfryzacja radiofonii, informacji, radia, analogowej sieci. Cyfryzacja telewizji naziemnej w Wielkiej Brytanii przebiegnie więc o wiele szybciej niż przypuszczano.* www.satkurier.pl 2005. *W przyszłym roku będzie realizowany drugi etap modernizacji, czyli pełna cyfryzacja systemu.* www.rzecznik.opolska.policja.gov.pl 2005. ⌑ kein Beleg ✎1988 NSP2. *häufiger* ↗digitalizacja, *auch* ↗ucyfrowienie

cyrk ♦ *phras* (to) **nie mój cyrk, nie moje małpy** *s.* **małpa**

cytowalność *f* »in Wissenschaft u. Forschung: Zählung, wie oft ein Autor in maßgeblichen Publikationen zitiert wird als messbare Größe für die Leistung, den Rang des Autors« - **Zitierindex**. *Wskaźnikami, które można uzyskiwać z baz danych i stosować do ocen, są: liczba publikacji naukowych, liczba cytowań tych publikacji przez innych autorów oraz stosunek liczby cytowań do liczby publikacji, czyli średnia liczba cytowań jednej publikacji. Tę wielkość można nazwać cytowalnością.* A. K. Wróblewski, Forum Akademickie 1998. *Cytowalność publikacji z różnych krajów świadczy o strukturze ich nauki, głównie o względnej sile dyscyplin biomedycznych w stosunku do innych.* www.forumakad.pl 2002. ⌑ kein Beleg

czad^NB *m, G -u, Jugendsprache* »expressiv, intensivierend: etw., was kraftvoll, dynamisch bzw. laut, intensiv ist (insbesondere in Bezug auf Rockmusik); auch über etw., was (emotional) stark beeindruckt, begeistert« - **Power; (ultimativer) Kick**. *Kiedy jednak gitary Friedricha Webera i Marka Popowa przestają łkać, a wydobywa się z nich prawdziwy rockowy czad, na duszy robi się lekko, miło, no i międzynarodowo.* NSP2. *Proponowałbym też trochę ostrzej grać tzn. więcej „czadu". Szczególnie na gitarze elektrycznej.* mp3.wp.pl 2005. *Powinno być mniej ballad, a więcej czadu z lat 80.* www.bonjovi.komnata.pl 2005. *Alternatywne metody podłączenia do sieci: 56k - czyli ... więcej czadu na łączach.* www.cyber.com pl 2005. *Stary, skoki na linie to niezły czad!* SSM. ⌑ PS 1996, SW 1996, IS 2000, US 2003

♦ *phras* ktoś **daje czadu** *Jugendsprache* »(meist über Musikmachen, Autofahren) expressiv bzw. intensivierend: jd. tut etw. (noch) lauter, dynamischer, schwungvoller, intensiver« - jd./etw. **geht (voll) ab**, *(Musik)* jd. **dreht auf;** *(beginnen)* jd. **legt, powert los;** *(Auto: schneller fahren, beschleunigen)* jd./ etw. **dreht auf; heizt los;** jd. **gibt Speed**, *neutral* **Gas**. *Temperatura w lokalu stale rosła, ale to nie przeszkodziło zespołowi dać jeszcze więcej czadu.* www.overkill.superhost.pl 2005. *Muzycy, bez żadnego uprzedzenia (...) dali nagle przepotwornego czadu. Ryknął przeraźliwy klaster, kakofoniczny akord wszystkich instrumentów.* WSF. *Maryla dała czadu. W piątkowy wieczór na deskach świeckiego amfiteatru wystąpiła gwiazda polskiej muzyki rozrywkowej, Maryla Rodowicz.* www.swiecie.twoje-miasto.pl 2005. *Citroen C2 VTR SQ Plus (...) wygląda jak nie z tego świata, daje więcej czadu niż niejedna dyskoteka i jest tak prowokacyjny, oszałamiający, niesamowity, kosmiczny, że cała reszta się do niego nie umywa.* www.autogaleria.pl 2005. *Po następnym rondzie Renia daje czadu. Zostało nam sześć* *minut na przejechanie dwóch kilometrów.* K. Grochola, Serce na temblaku 2003. ⌑ PS 1996, SW 1996, US 2003, WSF 2005 ⌀1986 NSP2. *auch* ↗czadować

♦ **czadu** *oder* **więcej czadu** *Interj oder Adv, indekl, Jugendsprache* »expressiv bzw. intensivierend: (meist über Musik, Autofahren) lauter, stärker, schneller« - **auf geht's, ab geht's, los geht's, und ab, (mehr) Power, mehr Speed**. *Więcej czadu, panowie, więcej czadu, niech cała okolica wie, że się bawimy...* WSF. *Kiedy słyszę „Czadu Maryla", dobrze jest! - Żyje się, gdy się gra! I do wieczora trwa nieprzerwany cud!* www.muzyka.jeja.pl 2005. *Wyłączyli mi wodę. Ciepłą, zimną i czystą. I to w sam dzień niepodległości. To ja sobie myślę, co mi z takiej niepodległości, jak ja się rano umyć nie mogę. Ale nic to. Chwyciłem wiaderko i czadu do pobliskiego hydrantu.* NSP2. ⌑ US 2003, WSF 2005 ⌀1988 NSP2

czaderski *Adj v.* ↗*czad, Jugendsprache* »expressiv bzw. intensivierend: genial, ausgezeichnet, prima; sehr gut« - **toll, super, cool, abgefahren, stark, irre, groovy, fett, geil, freakig, spitze, spitzenmäßig, hammermäßig, krass**, (etw. ist) **der Hammer, Wahnsinn**, *als Kompositumglied* **Hammer-, Wahnsinns-, Bomben-**. *Czaderski blog, koncert, pomysł, teledysk, zegarek, zespół. Film jest czaderski, chciałbym zobaczyć go jeszcze raz, ale nie wiem, jak tego dokonać.* www.filmwebg.pl 2005. *Promik czaderski, tylko te ceny jak na kieszeń zwykłego zjadacza chleba to trochę wygórowane na 8-godzinny rejs po morzu.* www.unityline.pl 2005. *Bardzo dobrze zagrane role, świetne efekty i czaderski klimacik. Trzeba to koniecznie zobaczyć. Film jest niesamowity.* www.stopklatka.pl 2005. ⌑ kein Beleg. *auch* ↗czadowy

czadersko *Adv v.* ↗*czaderski Jugendsprache* - **super, cool, abgefahren, stark, irre, genial, groovy, fett, geil, freakig, spitze, hammermäßig, hammerhart, krass**, (etw. ist) **der Hammer, der Wahnsinn**. *Wyglądać czadersko. Było super i czadersko, przede wszystkim chcę pochwalić naszych nauczycieli..., tylko szkoda, że ten dzień nie mógł potrwać dłużej.* www.nie-buj-wody.mylog.pl 2005. *Mówiąc szczerze, obudowa wygląda całkiem czadersko. Ale to, co mi się najbardziej podoba, to czarna nagrywarka.* www.free.of.pl 2005. *Nie śpię już drugą noc, nie potrafię się na niczym skupić, oko mi popękało i jest czadersko czerwone.* forum.nauczanie.pl 2005. *Film bardzo mi się podobał, był czadersko odjechany i zasługuje na pięć gwiazdek.* film.o2.pl 2005. ⌑ kein Beleg. *auch* ↗czadowo

czadować *ipf, Jugendsprache - (laut Musik spielen)* **aufdrehen, loslegen;** *(Auto: schneller fahren, beschleunigen)* **aufdrehen, (los-) heizen, Speed,** *neutral* **Gas geben**. *(...) w tym samym kręgu pojawia się grupa ludzi, którzy pokazują, jak można czadować nie masakrując przy tym piękna rock and rolla.* www.hardrock.eia.pl 2005. *Yamaha XT600 Opony: żwirek i kamienie - dobrze, piasek i błotko - oczywiście wozi, ale uślizgi łatwo kontrolować i można czadować.* www.xt600.e9.pl 2004. ⌑ PS 1996. *auch* dać ↗czadu

czadowanie *n, Jugendsprache* - »*lautes, dynamisches Musikmachen; Powern*« *Oczywiście są też na tej płycie utwory w stylu, do którego Udo nas przyzwyczaił - mocne czadowanie utrzymane w estetyce lat 80.* www.terazrock.pl 2005. *Oryginalny wokal i ostrzejsze czadowanie na gitarach brzmią bardzo dobrze. Nie usłyszymy nic powalającego i świeżego, ale całość to solidnie wykonana robota.* s4.webhelp.pl 2005. ⌑ PS 1996

czadowo *Adv v.* ↗*czadowy, Jugendsprache* - **super, cool, abgefahren, stark, irre, genial, groovy, fett, geil, freakig, spitze, spitzenmäßig, hammermäßig, hammerhart**. *Grać, wyglądać, bawić się, brzmieć czadowo. Na początek chłopaki z Non Profit zagrali sympatycznie i czadowo. (...) Dezerter rzeczywiście gra jak za starych dobrych czasów - czadowo i energicznie.* www.network.pl.com 2005. *Będzie czadowo, niech ciągną tłumy, dla każdego wystarczy miejsca. Jeśli ktoś słyszał coś o tych kapelach, to chętnie, poślijcie coś.* maiden.superhost.pl 2005. *Głupio bym się czuł, gdyby się okazało, że bawię się czadowo, podczas gdy wokalista obrzuca mnie epitetami, których nie rozumiałem.* www.searchengines.pl 2005. ⌑ PS 1996, SW 1996. *auch* ↗czadersko

czadowy *Adj v.* ↗*czad, Jugendsprache* »sehr gut, ausgezeichnet, bewundernswert, begeisternd« - **abgefahren, super, stark, genial, spitze, spitzenmäßig, hammermäßig, geil**, *als Kompositumglied* **Wahnsinns-**. *Czadowy koncert; czadowa impreza. Wasza stronka jest czadowa (...).* www.google.pl 2002. *Małolat chciał, żebyśmy dali więcej czadu. Większość publiczności przychodzi na czadową muzykę, ale nieco łagodniejszą. Na koncercie jednostka się nie liczy.* www.ksu.in.net.pl 2005. ⌑ PS 1996, SW 1996, IS 2000, US 2003. *auch* ↗czaderski

czarny ♦ *phras* **czarna dziura** *s.* **dziura**
czarny ♦ *phras* **czarna skrzynka** *s.* **skrzynka**
czarny ♦ *phras* **czarny koń** *s.* **koń**
czarny ♦ *phras* **czarny marsz** *s.* **marsz**

czarter[NB], **charter** *m, G -u* - **Chartermaschine, -flugzeug, -schiff;** *auch* **Charterflug**. *Lecieć, płynąć czarterem. Czarter taki jest dla LOT-u zapewne dochodowy, gdyż jest w obie strony wypełniony po brzegi, do ostatniego*

miejsca. NSP2. *Wiem, że lot czarterem jest dużo tańszy, ale jak taki lot się wykupuje i gdzie?* www.arch2.triger.com.pl 2005. *Z Polski można dolecieć na narty również specjalnym nierejsowym samolotem tzw. charterem. Chartery wynajmują biura podróży i uzyskują u przewoźników (linii lotniczych) duże rabaty.* szus. info 2005. ◫ PS 1996, SW 1996, IS 2000, US 2003
✍1985 NSP2 ◁engl
czarterowy *seltener* **charterowy** *Adj v.* ↗czarter - **Charter-**. *Bilet, przewoźnik, przewóz, ruch, rynek, transport czarterowy. W sezonie letnim Port Lotniczy Poznań-Ławica obsługuje połączenia czarterowe do krajów basenu Morza Śródziemnego (...).* www.airport-poznan.com.pl 2006. *Maksymalny czas pobytu w Egipcie, mając wykupiony bilet czarterowy, wynosi 30 dni.* www.exim-tours.pl 2006. ◫ PS 1996, SW 1996, IS 2000, US 2003
czas ♦ **czas rzeczywisty** *EDV* »Arbeitsweise, bei der ein Programm (nahezu) simultan mit den entsprechenden Prozessen in der Realität abläuft« - **Echtzeit**. *Wideokonferencja to audiowizualne połączenie telekomunikacyjne, umożliwiające jednoczesne przekazywanie w czasie rzeczywistym głosu i ruchomych obrazów pomiędzy grupami użytkowników znajdującymi się w różnych lokalizacjach.* www.skierniewice.tpsa.pl 2002. *Czas rzeczywisty jest nieprzydatny do porównań statystycznych, ponieważ prędkość działania programu zależy od mocy komputera.* www.alife.pl 2005. ◫ PS 1996 ◁engl real time
♦ **najlepszy czas antenowy** »beste, günstigste Sendezeit (vor allem im Fernsehen)« - **Hauptsendezeit, Primetime, Prime Time**. *Emisja odcinków otrzymała najlepszy czas antenowy.* mamycie.onet.pl 2005. *Najlepszy czas antenowy, to nie znaczy najlepszy czas na publicystykę - zwłaszcza wymagającą od widza pewnego zaangażowania.* forum.wprost.pl 2004. *Audycja jest emitowana w poniedziałki, w najlepszym czasie antenowym.* www.inform.pl 2005. ◫ kein Beleg. *auch* ↗prime time
czat, chat [czat] *m, G -u* »im Internet angebotenes Medium, mit dem online Kontakte hergestellt u. Informationen ausgetauscht werden können; auch Onlinekommunikation mithilfe des Chats« - **Chat**. *Rozmowa, spotkanie na czacie. Wejść na czat; rozmawiać, spotkać się na czacie; spędzać godziny na czacie. Przed wejściem na czat musisz wybrać nick - pseudonim - pod którym będziesz znany dla innych. Jeśli wpiszesz hasło, Twój nick zostanie zarejestrowany.* czat.onet.pl 2005. *Od słowa chat powstały inne wyrażenia, takie jak chatownik (ewentualnie czatownik) - osoba korzystająca z chata (czata), oraz chatować (czatować).* pl.wikipedia.org 2005. ◫ US 2003 ◁engl chat

czatować[NB], **chatować** *ipf, Internet* - **chatten**. *Czatować w internecie, sieci. Od dwóch lat czatuję na różnych chatach, poznałam mnóstwo osób z całej Polski.* www.rozmowa.onet.pl 2005. *Używając iChat w domu można wprowadzić zasadę „żadnych rozmów z nieznajomymi", która pozwala kontrolować, z kim czatuje twoje dziecko w sieci.* www.apple.com.pl 2005. *Już obecnie widać jak duży wpływ na ludzi ma Internet - potrafią całymi dniami siedzieć przed komputerem i chatować z kolegą z tego samego budynku, zamiast pójść do niego lub wyjść na podwórko.* cobretti.reporter.pl 2003. ◫ kein Beleg ◁engl chat
czatowanie[NB], **chatowanie** *n, Internet* - **Chatten**. *A Jana R. nikt już z czatu nigdy nie skikuje, bo skończył z czatowaniem. Teraz jest na odwyku, nawet telewizji nie ogląda.* Polityka 2000 (K). *Ja uważam, że kontakty internetowe - w ogóle czatowanie - to coś, co zaczyna się niewinnie, a po pewnym czasie staje się w pewnym sensie nałogiem.* kiosk.onet.pl 2004. ◫ kein Beleg
czatowniczka *selten* **chatowniczka** *f v.* ↗czatownik - **Chatterin**. *Może się zdarzyć, że chcąc mieć wyjątkowy nick, wymyślicie taki, pod którym już się kryje inna czatowniczka.* kobiety-kobietom.pl 2005. *Nasza chatowniczka pragnie zaprezentować swoje dzieło literackie na łamach tegoż forum. Ależ oczywiście! Czemu nie??!* free4web.pl 2006. ◫ kein Beleg
czatownik *selten* **chatownik** *m, G -a, Npl ~icy* »jd., der chattet« - **Chatter**. *Jak zostać czatownikiem? 1. Kupujemy komputer 2. Podłączamy do komputera Internet (...) 3. Wchodzimy na którąś ze stron www (...) 4. Wybieramy opcję czat lub chat, a potem temat dyskusji (np. książki, kultura, film, imprezy towarzyskie) 5. Wprowadzamy swój pseudonim i czatujemy.* Polityka 2000 (K). *Pozdrawiam serdecznie nocnych czatowników.* gwiezdnewojny.pl 2005. *Ostatnio ze mnie marny i chatownik i forumowiec... ale obiecuję poprawę!* vrinda.net.pl 2006. ◫ kein Beleg
czatowy *selten* **chatowy** *Adj v* ↗czat - **Chat-**. *Pokój, pokoik czatowy - Chatroom. Kanał, portal, serwis czatowy; czatowe rozmowy. Profesor jest czatowym lukerem (obserwatorem). Nie uczestniczy w dyskusjach, bo po pierwsze jest przyzwyczajony do poprawnego pisania i nie zawsze rozumie skrajnie uproszczony język IRC-owników („weić na mojo str"), po drugie nie życzy sobie zostać zmieszany z błotem.* Polityka 2000 (K). *Natomiast zarówno kanał chatowy, jak i stricte IRC-owy ma to do siebie, że musi się spotkać minimum dwóch, by toczył się dialog.* forum.dobreprogramy.pl 2006. ◫ kein Beleg
czip *s.* **chip**.

czipendejl *s.* chippendale(s)

czips *s.* chips

czirliderka *s.* cheerleaderka

czkawka ♦ *phras* **coś się (komuś) odbija czkawką** »in der Vergangenheit liegende Fakten zeigen ihre unangenehmen, negativen Auswirkungen in der Gegenwart« - etw. **bleibt nicht ohne Konsequenzen, Auswirkungen** für jdn./etw.; etw. **schlägt** auf jdn./etw. **zurück**; etw. **wirkt sich nachteilig aus** für jdn./ auf etw.; etw. **schlägt sich nieder** auf etw. *Przeszłość odbija się czkawką - die Vergangenheit kommt (wieder) hoch, meldet sich zurück, holt jdn. ein. Spektakularne plajty Kircha, Holtzmanna i Herlitza już odbijają się czkawką największym niemieckim bankom.* www.biznetnet.pl 2002. *Pięć lat względnego dobrobytu odbija nam się czkawką dzisiaj. Odbije się czkawką jeszcze kilku następnym pokoleniom.* forum.wprost.pl 2005. *Noc przyniosła osłabienie dolara. Jest to efekt rosnących cen ropy. Pytanie tylko czy sugerowane dalsze obniżki nie odbiją się czkawką? Odpowiedź na to pytanie poznamy dopiero w przyszłym roku.* www.money.pl 2005. *Wzrost ten jest wywołany przez szalejący huragan Katrina. Rynek obawia się, że nie tylko wysokie ceny ropy, ale również potencjalne zniszczenia wyrządzone przez huragan odbiją się czkawką amerykańskiej gospodarce.* www.wgi.pl 2005. ▯ SW 1996, IS 2000, PSF 2000, SF 2001, US 2003, WSF 2005

członek ♦ **członek założyciel** *m*, *G* członka założyciela »Mitglied, das an der Gründung von etw. mitgewirkt hat« - **Gründungsmitglied**. *Francja jest członkiem założycielem Europejskiej Wspólnoty Węgla i Stali.* www.europa.korba.pl 2005. *Członkiem założycielem jest osoba fizyczna lub jednostka organizacyjna zatrudniająca pracowników, prowadząca działalność gospodarczą w branży solaryjnej (...).* www.zpbs.pl 2005. ▯ kein Beleg ✎ 1989 NSP2

człowiek ♦ **człowiek legenda** *m*, *G* człowieka legendy »expressiv: jd., der so bekannt geworden ist, dass sich bereits Legenden um ihn gebildet haben« - **Legende**. *Ktoś jest, stał się człowiekiem legendą. Dla turystów i mieszkańców Kaszub stał się człowiekiem legendą, gawędziarzem i badaczem kaszubszczyzny.* www.muzeum-kaszubskie.gda.pl 2005. *Ten sam Jan Henryk Dąbrowski już za życia był człowiekiem legendą, a przy tym cieszył się wielką popularnością i szacunkiem.* eduseek.interklasa.pl 2003. *Eric Clapton jest obecnie człowiekiem legendą, na co zapracował przez kilkadziesiąt lat.* eric-clapton.4freemp3.info 2005. ▯ IS 2000. *s. auch* ↗legenda

czteropasmowy *Adj* - **vierspurig**. *Powtarzają się moduły budynków, są jak samochody spod jednej sztancy. Kwadry ponumerowano, nazw ulic nie ma. Obok, dookoła, przebiegają czteropasmowe autostrady, szerokie, przeważnie pozbawione chodników aleje.* O. Budrewicz, Piekło w kolorach 1997 (K). *Wybudowanie czteropasmowej drogi szybkiego ruchu z Warszawy do Katowic znacznie skróciło czas przejazdu między tymi miastami.* PS. ▯ PS 1996 ✎ 1988 NSP2

czteropasmówka *f*, *ugs* - »vierspurig ausgebaute Straße, Autobahn« *(...) w Olkuszu „czwórka" przechodzi z czteropasmówki w zwykłą drogę, przez co już teraz prędkość jazdy gwałtownie spada, a na przewężeniu tworzą się korki.* Wprost 2000. *Zakopiańską szosą mkną pojazdy najpierw do Myślenic (...), a potem, gdy się czteropasmówka tam skończy, jeszcze dziesięć kilometrów do białej tablicy „Pcim".* NSP2. ▯ kein Beleg ✎ 1988 NSP2

czuć ♦ **czuć bluesa** *s.* blues

czynnik ♦ **czynniki, dane miękkie** Soziologie »qualifizierende, mit Unsicherheit behaftete, weniger genaue Daten, die sich der formalen statistischen Analyse entziehen, wie Einstellungen, Bedürfnisse, Interpretationen usw.« - **weiche Faktoren, Daten**. *Do inwestowania w Polsce zniechęcają tzw. czynniki miękkie, czyli opinie o mieszkańcach danego kraju.* www.wprost.pl 1999. *Z badań jakościowych otrzymywano „miękkie dane", takie jak portrety psychologiczne marek tworzone w oparciu o różnego rodzaju techniki personifikacji marek, czy też opisy ich użytkowników.* www.epr.pl 2006. ▯ kein Beleg

♦ **czynniki, dane twarde** Soziologie »quantifizierende, objektive, gesicherte Faktoren wie Zahlen, Listen, Codes usw.« - **harte Faktoren, Daten**. *Atutem Polski mogą się stać jednak „czynniki twarde", czyli wskaźniki ekonomiczne i stwarzanie warunków do inwestowania. Temu służy na przykład koncepcja stopniowego obniżania podatku od dochodów przedsiębiorstw (CIT).* www.wprost.pl 1999. *Jak wynika z badań UNCTAD i Roland Berger Strategy Consultants, przy wyborze kraju docelowego znaczenie mają nie tylko tzw. czynniki twarde, takie jak koszty, umiejętności kadry pracowniczej czy strefa czasowa, ale również tzw. czynniki miękkie, czyli podążanie za konkurencją, promocja krajów docelowych czy wewnętrzny lobbying ze strony zagranicznych oddziałów.* www.bankier.pl 2004. *Na podstawie badań ilościowych uzyskiwano „twarde" dane statystyczne służące socjodemograficznemu opisowi użytkowników, tworzeniu profili wizerunku, map percepcyjnych itp.* www.epr.pl 2006. ▯ kein Beleg

czystka ♦ **czystka etniczna** »planmäßige Eliminierung bestimmter ethnischer Gruppen« - **ethnische Säuberung**. *NATO podjęło akcję, by zahamować czystki etniczne, położyć kres zabijaniu, torturowaniu i gwałceniu przedstawicieli jednej grupy etnicznej, by skończyć z wypędzeniami oraz niszczeniem ich domów.* Wprost 2000 (K). *Podczas akcji „Wisła" w 1947 r. wyrzucono z domostw setki tysięcy osób narodowości ukraińskiej. Łemków przesiedlono na tzw. ziemie odzyskane (ale od 1945 r. trwała też deportacja do ZSRR). Była to typowa czystka etniczna pod pretekstem ostatecznego rozprawienia się z - jak określano - bandami ukraińskimi.* Polityka 2000 (K). ⌑ PS 1996, SW 1996, US 2003 ✐1992 NSP2

czytnik ♦ **czytnik kodu paskowego, kreskowego** - **Barcode-Scanner, Strichcode-Scanner**. *Nie da się ukryć, że system ten może pomóc w wielu przypadkach obsłudze sklepu - nie trzeba będzie przesuwać każdego towaru przez czytnik kodu paskowego, bo wózek wypełniony produktami z chipem RFID przejeżdżający przez czujnik zostanie automatycznie podliczony i w ułamku sekundy dowiemy się, ile zapłacimy za zakupy.* www.po40.pl 2005. *Kod kreskowy może być odczytywany poprzez różnego rodzaju czytniki ręczne i stacjonarne.* www.skk.com.pl 2005. ⌑ kein Beleg. *auch* ↗skanner

Ć

ćpać[NB]* *ipf,* ugs »Drogen nehmen« - *Jargon (Haschisch, Marihuana)* **kiffen,** *(Kokain)* **koksen**. *Przez dwa lata borykałam się z narkotykami. Cały czas z myślą, że już nie chcę ćpać. Ale nie dostrzegałam, że mi się wszystko wali, że nie mogę skończyć szkoły...* Gazeta Wyborcza 2000 (K). *Uważam, że idea informowania ćpających o zagrożeniach związanych z ćpaniem nie przyniesie większych rezultatów. Kto chce - ten i tak będzie ćpać.* hyperreal.info 2004. ⌑ PS 1996, SW 1996, IS 2000, US 2003 ✐1980 PP. *s. auch* ↗zaćpany

ćpun *m, G -a, Npl -y,* ugs, abwertend oder Jargon »Drogenabhängiger« - **Kiffer, Junkie**. *Kiedy w podziemiach albo na dworcu obszarpany ćpun próbuje wyciągnąć od ciebie kilka groszy, to pomyśl, że ten straceniec zaczynał bardzo niewinnie - żaden tam klej czy brudne strzykawki - od marihuany i piwka.* Rzeczpospolita 2000 (K). *Ja się nie zgadzam z tym, że reggae to ćpuny! W kulturze rasta owszem jest zioło itp., ale bez przesady.* www.tymbark.com.pl 2006. ⌑ PS 1996, SW 1996, IS 2000, US 2003 ✐1990 PP

D

dachować *ipf, ugs* - »sich bei einem Unfall mit dem Fahrzeug überschlagen u. auf dem Dach landen« *Kilka razy dachowałem i wpadłem do rowu. Ale jazda była cool.* Polityka 2002. *Wioząca osiem osób furgonetka dachowała i wpadła do rowu.* www.rockmetal.pl 2005. 📖 PS 1996, SW 1996, IS 2000, US 2003

dać ♦ dać ciała *s.* **ciało**

dać ♦ dać czadu *s.* **czad**

dama ♦ *phras* **pierwsza dama, Pierwsza Dama - First Lady.** 1 »Frau eines Staatsoberhauptes« *Mocny kandydat na prezydenta to ani chybi on. Tylko co to będzie za prezydentura bez Pierwszej Damy? Ludzie przywykli: przy piastunie najwyższego urzędu pojawia się ktoś, kto ociepla atmosferę, uśmiecha się do artystów, otula koafiurę czarną chustą odwiedzając Watykan.* Polityka 2003. *Pierwsza Dama nie wypowiada się na tematy konfliktowe, związane z polityką.* www.ceo.orgl.pl 2004. *Rosalynn Carter jako pierwsza dama odgrywała dużą rolę polityczną (...), brała między innymi udział w posiedzeniach gabinetu.* encyklopedia.pl 2005. 📖 PS 1996, IS 2000, US 2003 2 »die tonangebende, bedeutendste Frau in einem Bereich« *Pierwsza dama literatury polskiej, muzyki rockowej, biznesu Ameryki. Nazywana Pierwszą Damą polskiego socjalizmu, [Lidia Ciołkoszowa] przez całe życie, podobnie jak mąż Adam, była nieugiętą przeciwniczką totalitaryzmu.* www.dziennik.com 2002. *Informatyczna pierwsza dama. Prezesem Hewlett-Packarda zostanie Carleton Fiorina. Będzie pierwszą kobietą kierującą tak dużą firmą informatyczną.* www.computerworld.pl 1999. 📖 kein Beleg ◄engl First Lady

dane ♦ miękkie, twarde dane *s.* **czynnik**

dart *m, G -a, selten* **darts** »Spiel, bei dem mit kleinen Pfeilen auf eine Scheibe geworfen wird« - **Darts, Dartspiel**. *Turniej, liga darta; strzałki, rzutki, tablica do darta. Grać w dart. Dart jest zarówno profesjonalnym sportem jak również tradycyjną lokalową rozrywką, bardzo popularną w Wielkiej Brytanii, Holandii, krajach skandynawskich, Stanach Zjednoczonych oraz w wielu innych krajach.* pl.wikipedia.org 2006. *W dart może grać naraz nawet ośmiu zawodników (...). Nasi klienci mogą zarówno zmierzyć się w grach zręcznościowych (bilard, darts) jak i wykazać się umiejętnościami wokalnymi (karaoke).* www.stars-pub.pl 2006. 📖 kein Beleg ◄engl

dartowy *Adj v.* ↗dart - **Dart-**. *Dziś dartowe szaleństwo ogarnęło cały świat, czego przykładem jest chociażby fakt zrzeszenia w World Darts Federation ponad 4 milionów zawodowców.* www.jdsports.com 2006. 📖 kein Beleg

deadline [dedlajn] *m, G* deadline'u, *Publizistik* »letzter (Abgabe)termin für (Zeitungs)artikel, Aufsätze usw.; Stichtag« - **Deadline**. *A ja to przecież wiem sam od siebie - już koło piętnastego poprzedzającego miesiąca zaczyna mnie coś ściskać za gardło, a gdy nadchodzi dwudziesty, nie śmiem przechodniom spojrzeć w oczy, zupełnie bezpodstawnie zresztą, bo który z nich wie, że dziś właśnie jest deadline dla felietonu i dla mnie?* www.forumakad.pl 2004. *Zazwyczaj strony miejskie gazet mają późniejszy deadline niż ich strony krajowe.* promocja.zhp.pl 2005. *(...) ile dajecie sobie czasu na zaprowadzenie spokoju w Bagdadzie, wiadomo, że Irakijczycy mają pretensje do Amerykanów o chaos i bezprawie, które wciąż tam panuje, czy jest deadline, który jest wyznaczony na to, żeby to wszystko zaczęło funkcjonować sprawnie?* www.polskieradio.pl 2005. 📖 kein Beleg

deaktywacja *f, häufiger* **dezaktywacja** *f, EDV* - **Deaktivierung**. *Operatorzy komórkowi dopuszczają deaktywację usługi Poczta Głosowa w dowolnym momencie.* slowniki.pwn.pl 2005. *Dezaktywacji usługi można dokonać na stronie internetowej www.plusnet.pl - wybierając zakładkę Dezaktywacja. Nie ma ograniczeń czasowych.* www.plusnet.pl 2005. 📖 kein Beleg

deaktywować *häufiger* **dezaktywować** *ipf / zdeaktywować häufiger* **zdezaktywować** *pf, EDV* »bestimmte automatische, selbstlaufende Funktionen, z.B. ein Virenprogramm, ausschalten« - **deaktivieren**. *De(z)aktywować funkcję, program wirusowy, klawisze, serwis, usługę telefoniczną. Powinieneś deaktywować wiadomości ostrzegawcze w swojej przeglądarce.* portal.miles-and-more.com 2005. *Jak dezaktywować zabezpieczenie przed programami szpiegującymi?* www.pandasoftware.com 2006. *OrnakCMS automatycznie będzie aktywował albo dezaktywował linki w zależności od tego, czy cel odnośnika jest dostępny i będzie automatycznie tłumaczył.* www.ornak.pl 2005. *Wystarczy w ustawieniach przeglądarki zdeaktywować funkcję Active Scripting support (...).* www.di.com.pl 2004. *Jak zdezaktywować przycisk (button)?* www.flashzone.pl 2001. 📖 kein Beleg

dealer [diler] *seltener* **diler** *m, G -a, Npl ~rzy* 1 - **(Vertrags)händler** (insbesondere für Autos o. Elektronik). *Diler Forda; diler autoryzowany; sieć dilerów. Autoryzowany dealer firm Sony, Panasonic, Pioneer, B&W, Onkyo,*

Denon, Marantz (...) oferuje szeroki asortyment baterii, kaset i sprzętu elektronicznego. katalog.onet.pl 2005. *Jeden nasz dealer w Stanach Zjednoczonych ma więcej towaru w obrocie niż wszystko, co lokujemy w krajach socjalistycznych.* NSP2. 🕮 Supl 1994, PS 1996, SW 1996, IS 2000, US 2003 ℰ1989 NSP2, Zagrodnikowa 1982 **2** »Drogen-, Rauschgifthändler« - **(Drogen)dealer, Drogenhändler**. *Tajemnicą poliszynela są stałe spotkania dealerów koki i innych tego rodzaju smakołyków w okolicach skrzyżowania Świętokrzyskiej i Nowego Światu.* Wprost 2003. *Diler czyha przed szkołą. Dwie torby pełne marihuany i tabletek „Extazy" miały trafić do wrocławskiej szkoły już pierwszego dnia po wakacjach.* hyperreal.info 2003. 🕮 PS 1996, SW 1996, OiT 2001. *auch* ↗narkodealer ◁engl

dealerka *seltener* **dilerka** *f v.* ↗dealer **1** - **(Vertrags)händlerin** (insbesondere für Autos o. Elektronik). *Dealerki są jeszcze u nas rzadkością.* SW. 🕮 SW 1996, US 2003 **2** - **(Drogen)dealerin, Drogenhändlerin**. *Podczas procesu okazało się, że początkiem końca grupy Czarnego było śledztwo w sprawie zabójstwa Agnieszki B., zastrzelonej w 1995 r. dealerki narkotyków ze Szczecina, a także związane z nim działania struktur przestępczego podziemia w Szczecinie.* NSP3. **3** *ugs* »Tätigkeit« - **Dealerei**, *neutral* **das Dealen**. *Pamiętasz, jak wtedy cię suki spisywały na przystanku, i chociaż byłaś tam wtedy z Masztalem, chociaż z nim cię spisali, i chociaż wiesz, że on miał sprawę o dilerkę.* D. Masłowska, Wojna polsko-ruska 2003. *Aby nie zaczynać od zera ma zamiar zarobić trochę pieniędzy na dealerce dużej transakcji narkotykowej.* film.onet.pl 2006. 🕮 kein Beleg

dealerski *seltener* **dilerski** *Adj v.* ↗dealer **1** - **Händler-, Handels-**. *Salon, punkt dealerski; dealerski komis samochodowy; biuro dealerskie; operacje dealerskie. Wszystkie salony dealerskie Volkswagen muszą odpowiadać światowemu wizerunkowi grupy.* www.astron.pl 2003. 🕮 Supl 1994, PS 1996, SW 1996, IS 2000, US 2003 **2** - **Drogenhändler-, Dealer-**. *Dealerska porcja narkotyków; przestępstwa dealerskie. W efekcie działań policji udało się namierzyć i zatrzymać jedną z grup dealerskich działających na terenie miasta.* www.kurier.szczecin.pl 2003. 🕮 SW 1996

dealerstwo *n, v.* ↗dealer **1** - **Handelstätigkeit**. *Dealer ma prawo wypowiedzieć dealerstwo w każdej chwili z zachowaniem 1-miesięcznego okresu wypowiedzenia.* www.I.pl 2005. **2** - **Drogenhandel**, *ugs* **Dealerei**. *Dealerstwo, sprzedawanie narkotyków - to powinno być tępione. A skąd się bierze dealerstwo? Właśnie z nielegalności.* hyperreal.info 1999. 🕮 SW 1996, US 2003

deeskalacja *f, Politik* »stufenweise Verringerung o. Abschwächung eingesetzter (militärischer) Mittel« - **Deeskalation**. *Deeskalacja konfliktu, sytuacji, napięcia, społecznych emocji, działań zbrojnych; proces deeskalacji. W trakcie rozmów Schrödera z Mubarakiem zaistniała zgoda co do tego, że aby doprowadzić do deeskalacji sytuacji, należy wywierać nacisk na obie strony konfliktu.* www.msz.gov.pl 2003. *Idea ochrony mniejszości - jako przeciwwagi dla powszechnie odrzucanych wysiedleń przymusowych czy międzypaństwowych „wymian" ludności jako środka deeskalacji - doprowadziła wręcz do iluzji o możliwości odtworzenia na terenie byłej Jugosławii społeczeństw wielokulturowych, zlikwidowanych podczas niedawnych wojen i czystek etnicznych.* www.austria.org.pl 2005. 🕮 PS 1996

deetatyzacja *f, Politik* »Zurückdrängung, Rückzug des Staates aus Wirtschaft, Markt u. Unternehmen zugunsten von Privatisierung, Verselbständigung« - **Entstaatlichung**. *Lokalne samorządy terytorialne i gospodarcze mogłyby w wyniku deetatyzacji przejąć od państwa szereg nowych uprawnień dotyczących kwestii gospodarczych.* www.kprm.gov.pl 1995. *Przekształcenia własnościowe tworzą jednocześnie warunki dla deetatyzacji działalności gospodarczej.* www.sciaga.online.pl 2005. 🕮 SW 1996, OiT 2001. *auch* ↗odpaństwowienie

dekanter^NB *m, G -a* »spezielle Karaffe, in die nach dem Öffnen der Weinflasche der Rotwein gegossen wird, um den Wein vom Bodensatz zu trennen« - **Dekanter**. *Dekanter - to naczynie służy do przygotowania, do spożycia win czerwonych.* www.kucharz.hrub.pl 2005. *Wystarczy przestrzegać zasady, że wino po otwarciu powinno się przelać do karafki lub specjalnego naczynia (dekanter).* f.kafeteria.pl 2005. 🕮 kein Beleg

dekantować^NB *ipf* / **zdekantować** *pf* »Rotwein mithilfe einer speziellen Karaffe vom Bodensatz trennen« - **dekantieren**. *Czerwone wina mogą mieć osad, wtedy należy je dekantować do czystej karafki. Najczęściej wystarczy zdekantować wino kilkanaście minut przed podaniem (...).* www.festus.pl 2005. *Można również dekantować wino, nalewając je do kieliszków z butelki ustawionej pochyło w specjalnym koszyczku.* www.bartender.pl 2005. 🕮 kein Beleg

deklinować ♦ *phras* **deklinować, odmieniać coś przez wszystkie przypadki** *s.* **przypadek**

dekomunizacja *f* »Beseitigung kommunistischer Herrschaftsstrukturen u. Säuberung des Machtapparats von Vertretern des kommunistischen Establishments« - **Entkommunisierung**. *Dekomunizacja to przecież niezmiernie* *złożona sprawa. (...) Nie da się bezboleśnie dla społeczeństwa wymienić naraz całych elit politycznych i ekonomicznych, a społeczeństwo i bez tego było bardzo obolałe.* M. Zięba, Po szkodzie? Przed szkodą? 1996 (K). ☐ Supl 1994, PS 1996, SW 1996, IS 2000, US 2003

dekomunizacyjny *Adj* v. ↗dekomunizacja - **Entkommunisierungs-**. *Ustawa dekomunizacyjna; działania dekomunizacyjne. Czytanie tej ustawy, ustawy dekomunizacyjnej, mimo że zawiera ona także fragmenty komiczne, nie wywołuje więc śmiechu radosnego, to - jak już powiedziałem - śmiech ponury.* www.borowski.pl 2005. ☐ Supl 1994, SW 1996, IS 2000, US 2003

dekomunizować *ipf* / **zdekomunizować** *pf* - **entkommunisieren**. *Co innego Janek Strzelecki, który, pozostając w PZPR, wystawiał się na pytanie, jak swoje piękne myśli może pogodzić z tą rzeczywistością, w której Kościół był prześladowany, w której katolik nie mógł zostać polskim generałem i w którym działo się dużo znacznie gorszych rzeczy. Jestem przeciwko temu, żeby członków partii prześladować, dekomunizować, ścigać - ale pytać wolno.* A. Michnik, J. Tischner, J. Żakowski, Między Panem a Plebanem 1995 (K). *Od kiedy, kogo, za co, od jakiego stopnia odpowiedzialności, jak i przez kogo dekomunizować. To potwornie skomplikowany problem (...).* M. Zięba, Po szkodzie? Przed szkodą? 1996 (K). ☐ Supl 1994, PS 1996, SW 1996, IS 2000, US 2003 ⌀sehr häufig in den 90er Jahren, danach selten. *s. auch* ↗odkomunizować, ↗odkomuszyć

delegować[NB] *ipf* / **zdelegować** *pf* »Rechte o. Aufgaben auf jd. anderen übertragen« - etw. **delegieren**. *Delegować coś (zadania, uprawnienia, kontrolę). Następnie owe jednostki zawarłyby nową umowę związkową, w której same określiłyby zakres kompetencji delegowanych do władz centralnych.* NSP2. *Teoria mówi, że delegować należy przede wszystkim zadania oraz kompetencje rutynowe i operatywne, ale nie zadania strategiczne.* www.ckl.com.pl 2005. ☐ IS 2000 ⌀1990 NSP2
! im Dt. auch: ironisch 'lästige Arbeit einem anderen aufbürden'

delikwent[NB] *m, G -a, Npl ~nci, ugs* - »scherzhaft über eine männliche Person, die sich in eine unangenehme Situation (sehr oft im Umgang mit Ämtern) hineinmanövriert hat« - *scherzhaft* **Übeltäter, Delinquent**. *I co mam zrobić z tym delikwentem, który przychodzi na egzamin i nawet nie wie, kiedy był chrzest Polski?* PS. *Jeśli jesteśmy w dużym towarzystwie, może się udać, że przez cały wieczór nie przyjdzie nasza kolejka, ale za to opijemy się jak bączki. Jednak koledzy zwykle pamiętają taką osobę, co unika swojej kolejki i po paru takich wyczynach delikwent jest gładko eliminowany z towarzystwa i wieść o jego sknerstwie jest rozpowszechniona.* www.wkp.pl 2005. ☐ Supl 1994, PS 1996, SW 1996, IS 2000, US 2003

delikwentka[NB] *f v.* ↗delikwent, *ugs - scherzhaft* **Übeltäterin, Delinquentin**. *Inna znowu studentka pisała pracę magisterską przeszło pięć lat po uzyskaniu absolutorium. (...) Zgodnie z regulaminem powinna wznowić studia. (...) Ubłagałam kogo mogłam, żeby ten wypadek traktować indywidualnie. Delikwentka dyplom dostała (...).* www.iszip.uw.edu.pl 2005. ☐ PS 1996

demo *n, indekl, ugs* »(kostenlose) Version eines Spiels, eines Programms (CD, DVD) usw., die zur Demonstration dient u. zum Kauf der vollständigen Version ermuntern soll« - *Jargon* **Demo(version)**. *Demo zespołu rockowego. Pobrać, ściągnąć demo. Demo programu możecie znaleźć na naszej stronie w Internecie.* IS. *Na targach komputerowych można było obejrzeć demo zupełnie nowego arkusza kalkulacyjnego.* OiT. ☐ PS 1996, SW 1996, IS 2000, US 2003. *auch* ↗demówka

demo *nachgestellt in adjektivischer Funktion, indekl* - **Demo-**. *Kaseta demo* - **Demokassette**. *Wersja demo* - **Demoversion**. *Program komputerowy w wersji demo; kaseta demo z próbnym nagraniem zespołu. Pobrać, ściągnąć wersję demo. Zapraszamy do ściągnięcia programu Carpe Diem. (...) Wersja demo w odróżnieniu od pełnej zawiera tylko cytaty, aforyzmy i sentencje zaczynające się od litery „a".* www.cytaty.pl 2005. ☐ PS 1996, SW 1996, IS 2000, US 2003

demoludy* *nur im Pl, Gpl* **demoludów**, *abwertend, ironisch* »die unter kommunistischer Herrschaft der Sowjetunion stehenden sozialistischen Länder Europas u. Asiens; Ostblock(staaten)« - *neutral* **Volksdemokratien**. *Zwiedziłem wszystkie kraje naszego bloku, tak zwane demoludy, włącznie z NRD, i wszędzie było to samo zjawisko, co u nas: w czasie emisji pustoszały ulice, miasta zamierały.* polki.wp.pl 2005. *Gdańska konferencja zgromadziła opozycjonistów z demoludów. Gdyby nie „Solidarność", demontaż komunizmu trwałby dłużej i miałby bardziej krwawy przebieg -* powtarzali uczestnicy międzynarodowej konferencji. serwisy.gazeta.pl 2005. ☐ Supl 1994, PS 1996, SW 1996, IS 2000, US 2003 ⌀Zagrodnikowa 1982 ◁Kurzwort aus 'kraje **demo**kracji **lud**owej'

demówka *f, Jargon* - **Demo**. *To co usłyszycie, to ascetyczny styl, nasz styl, jedyny styl. Nasza demówka obejmuje najciekawszy materiał (12 kawałków) tworzony od końca 98. roku (...).* mp3.com.pl 2005. ☐ kein Beleg. *auch* ↗demo

deregulacja *f* »vollständiger o. teilweiser Verzicht des Staates, regulierend in wirtschaftliche Prozesse einzugreifen« - **Deregulierung**. *Prywatyzacja służb publicznych, deregulacja* *rynku pracy, wprowadzanie funduszy emerytalnych. Jak w takim razie wytłumaczyć używanie tych banalnych sloganów przez przedstawicieli tzw. nowoczesnej lewicy.* Robotnik 2000 (K). ⌑ SW 1996, PS 1996 ◁engl

design [dizajn], **dizajn** *m, G -u* - **Design**. **1** *nur im Sg* »formgerechte u. funktionale Gestaltgebung eines Gebrauchsgegenstandes« *Zawsze interesowałam się architekturą i nowoczesnym designem.* Sukces 2002. *Józef Czajkowski był malarzem i architektem, w przyszłości zasłynie jako ojciec polskiego designu.* Twój Styl 2003. **2** *Npl* designy »(Web)Design-Entwurf« *Wykonam designy oraz całe serwisy www pod każdą tematykę, cena nie jest wysoka.* forum.webhelp.pl 2006. *Dizajn to więcej niż rzeczy, to sposób ich używania, budowanie sytuacji, nastroju, ułatwianie lub utrudnianie komunikacji, budowanie obrazu czegoś i kogoś.* www.culture.pl 2002. ⌑ PS 1996, US 2003 ◁engl

designer, dizajner *m, G -a, Npl ~rzy* - **Designer**. *Jak się muszę mundurować, to się munduruję u Armaniego, bo to zdolny krawiec. Przepraszam, teraz krawca nazywa się designerem. (...) Dziś to by się nazywało imperium designingu.* Twój Styl 2002. *Główny bohater, światowej sławy designer, jest nazywany Leonardem da Vinci naszego wieku (...).* Twój Styl 2002. *O tym, co ważne w projektowaniu siedzisk, mówi polski dizajner mieszkający w Norwegii, pracujący dla największych firm meblowych, a ostatnio obecny również na naszym rynku.* www.expomarket.pl 2006. ⌑ PS 1996, US 2003 ✎Zagrodnikowa 1982

designerka, dizajnerka *f v.* ↗designer - **Designerin**. *Czy wzornictwo może dzielić się na męskie i kobiece? Czy taki podział w ogóle jest do utrzymania? Jednym tchem jesteśmy w stanie wymienić mężczyzn-projektantów takich jak Christopher Dresser, Arne Jacobsen czy Filip Starck, jednak w masowej świadomości nie funkcjonuje żadna kobieta-designerka.* www.juju.pl 2005. *W tym roku w Kolonii obejrzeć można było program biurowy, którego autorką jest młoda designerka związana z Poznaniem.* www.gp.pl 2000. ⌑ kein Beleg

designerski, dizajnerski *Adj* - **Designer-, Design-**. *Designerski naszyjnik, pierścień, fotel, stolik; konkurs designerski. Specjaliści firmy w Bodelhausen wyszukują nowe materiały, a zespół designerski tworzy dwie kolekcje roczne (wiosna/lato i jesień/zima).* www.mirexim.pl 2005. *Jury przyznało także nagrodę specjalną Patrickowi Le Ouement, reprezentującego centrum techniczne Renault - w kategorii najlepszy projekt dizajnerski.* moto.onet.pl 2006. ⌑ US 2003

deska[NB] *f, ugs* »Brett, das in verschiedenen (Freizeit)sportarten verwendet wird« - **Board**. **1** *auch* ♦ **deska surfingowa** »flaches, stromlinienförmiges Brett aus Holz o. Kunststoff, das beim Surfing zum Einsatz kommt« - *neutral* **Surfboard, Surfbrett**. *Nie, nie, na pewno nie wyobrażałam sobie, że będę pływać na desce.* www.windsurfing.pl 2005. *Wypożyczenie deski surfingowej - za godzinę. 20,00 zł.* www.mosir.elk.com.pl 2006. ⌑ Supl 1994, PS 1996, SW 1996, IS 2000, US 2003 **2** *auch* ♦ **deska skateboardowa** »als Sportgerät dienendes flaches, stromlinienförmiges Brett auf vier Rollen« - *neutral* **Skateboard**, *selten* **Rollbrett**. *Jak się hamuje na deskorolce? Bo jak się rozpędzę z górki, to nie wiem, jak wyhamować, a jak zeskoczę z deski, to się zaraz przewracam.* forum.deskorolka.com 2006. *Lubię jeździć na desce skateboardowej (...) i grać na kompie (...).* eddy1993.blox.pl 2005. ⌑ IS 2000, US 2003. *auch* ↗deskorolka, ↗skateboard **3** *auch* ♦ **deska snowboardowa** »als Sportgerät dienendes Brett für das Gleiten auf Schnee« - *neutral* **Snowboard**. *Czy planujesz jeszcze w tym sezonie jeździć na nartach lub desce? (...) Jak oceniasz swoje umiejętności na nartach/desce?* www.bialkatatrzanska.com 2005. *Ci, którzy przyjechali w góry z nartami i deskami snowboardowymi, nie zawiedli się.* www.dziennik.krakow.pl 1998. ⌑ IS 2000, US 2003. *auch* ↗snowboard

deskarka *f v.* ↗deskarz, *ugs - neutral* **Surferin; Snowboarderin; Skaterin**. *Stołeczna deskarka pod koniec lutego popłynie na Hawajach na Neil Pryde RS-X.* sport.trojmiasto.pl 2005. *Niedawno wróciła z Tajlandii, przywożąc tytuł mistrzyni Azji i Pacyfiku w formule Windsurfing. W światowym rankingu deskarek zajmuje pierwsze miejsce.* Sukces 2002. ⌑ kein Beleg. *auch* ↗snowbo(a)rdzistka, *auch* ↗surferka

deskarz *m, G -a, Npl -e, ugs* » (Freizeit)sportler, der meist (Wind)surfing, aber auch Skateboard o. Snowboard betreibt« - *neutral* **(Wind)surfer; Snowboarder; Skater**. *Deska, maszt, żagiel są ważne. Ale nie bez znaczenia jest też ubiór, strój. Jednym musiały wystarczyć slipy, ale mazurscy deskarze popatrują na takich golasów z politowaniem. Do deski konieczny jest kombinezon (...).* K. Gałczyńska, Nie wrócę tu nigdy 1998 (K). *Na dużych, otwartych akwenach nigdy nie należy żeglować przy wietrze od lądu. Pomimo tego ostrzeżenia wielu niedoświadczonych deskarzy wtedy wypływa. Nie wolno!* adrenalina.onet.pl 2005. *Młodzież z warszawskich klubów narciarskich WKN i Deski przesiada się na snowboardy, a studenci z AKN zamieniają dwie narty na jedną. Na trasach narciarskich w USA i Alpach nazywa się deskarzy jeźdźcami Apokalipsy.* NSP2. ⌑ PS 1996 ✎1986 NSP2. *auch* ↗deskorolkarz,

↗skater, ↗skejt, ↗skateboardzista, ↗snowbo(a)rdzista, ↗surfer, ↗windsurfingowiec
deskorolka *f* - **Skateboard**, *selten* **Rollbrett**. Jeździć, jazda na deskorolce. *Czy aby na pewno jazda na deskorolce to jedynie mechaniczna praca mózgu i mięśni wykorzystująca płynącą w nas życiową energię (...)?* www.writer.pl 2005. *Jazda na rowerze, rolkach czy na deskorolce może i powinna być bezpieczna. Niestety, każdego roku w okresie wakacyjnym wiele dzieci (...) doznaje w wyniku wypadków różnego rodzaju obrażeń.* www.zdrowie.com.pl 2005. ⌑ Supl 1994, PS 1996, SW 1996, US 2003. *auch* ↗deska (skateboardowa), ↗skateboard
deskorolkarz *m, G -a, Npl -e,* **deskorolkowiec** *m, G -a, Npl ~wcy, ugs* - **Skateboarder, Skater**. *Wyjątkowo emocjonujące wyścigi deskorolkarzy. Wybierasz sobie zawodnika, deskę dla niego oraz styl jazdy i trasę. A potem zasuwasz najszybciej jak tylko to możliwe. Chytry komputer pozwala ci na najdziwniejsze akrobacje: możesz łapać deskę z przodu, z boku, z tyłu, zrobić fikołka i śrubę.* CKM 2001 (K). *Zainspirował nas syn, który sam jest deskorolkowcem i niezłym internautą - opowiada Krzysztof Lizak.* Gazeta Wrocławska 1998 (K). ⌑ kein Beleg ✎1991 NSP2. *auch* ↗deskarz, ↗skater, ↗skejt, ↗skateboardzista
deskorolkowy *Adj v.* ↗deskorolka - **Skateboard-, Skate-**. Tor deskorolkowy. *Stała się rzecz niespodziewana - największa impreza deskorolkowa Europy trafiła jakimś cudem do naszego pięknego kraju.* www.deskorolka.magazyn.pl 2005. ⌑ kein Beleg. *auch* ↗skateboardowy
desolidaryzacja *f* - »Zurückdrängung (der Politiker) der Solidarność-Bewegung aus dem politischen Leben« „*No, oczywiście, że słuchając tylko opozycji można powiedzieć, wszystkiemu winna jest komuna, ale przez te 14 lat rządzili wszyscy i dzisiaj to (...) potrzebna jest lustracja. To by była taka też dekomunizacja, desolidaryzacja, żeby Solidarność odsunąć od władzy, też żeby ci ludzie wszyscy odpowiedzieli za to, że majątek narodowy roztrwonili i sprzedali, majątek, który był warty dużo, przez kilka pokoleń, naszych dziadków, rodziców.*" (A. Lepper) www.samoobrona.pl 2005. ⌑ kein Beleg
desowietyzacja *f* - **Entsowjetisierung, Desowjetisierung**. *Zachód jest także zainteresowany doświadczeniami w polskim laboratorium. Zachodnim naturalnie zależy na demokratyzacji, na desowietyzacji czy dekomunizacji Polski (jeżeli założyć, że Polska w ogóle była kiedyś skomunizowana czy zsowietyzowana).* Kultura 1989 (K). ⌑ PS 1996, SW 1996
deszcz ♦ **kwaśny deszcz** *meist im Pl* **kwaśne deszcze** »Regen, in dem Schwefeldioxid gelöst ist« - **saurer Regen**. *Kwaśny deszcz powoduje uszkodzenia budowli wykonanych z kamienia, korozję metali, zakwaszenie gleby i wód.* www.dami.pl 2005. *Źródłem kwaśnych deszczów, zagrażającym zarówno lasom jak i zabytkom, jest zanieczyszczenie atmosfery. (...) Kwaśne deszcze zasilając jeziora i rzeki, przenoszą truciznę dalej, zabijając po drodze wszelkie mikroorganizmy.* prace.sciaga.pl 2005. ⌑ Supl 1994, PS 1996, SW 1996, IS 2000, US 2003
detoks *m, G -u, Jugendsprache* - »Entgiftung des Organismus bei Drogen- o. Alkoholabhängigkeit, seltener bei Entgiftung aus kosmetischen o. allgemein gesundheitlichen Gründen« - **Entzug,** *neutral* **Entziehungskur; Entgiftung**. Być na detoksie - auf Entzug sein. Pójść na detoks - in den Entzug gehen. *Gdy syn w dniu siedemnastych urodzin wyląduje na detoksie, wtedy rodzice dowiadują się, że ich dziecko prowadziło podwójne życie (...).* K. Kofta, Wychowanie seksualne dla klasy wyższej, średniej i niższej 2000 (K). *Detoks na dobry początek. Skóra jest pamiętliwa. Mści się za niezdrową dietę, brak ruchu, zaniedbania w pielęgnacji. (...) Najlepszą odtrutką są okłady z alg.* Twój Styl 2003. *Jeżeli jesteśmy już uzależnioni od pracy, pośpiechu i adrenaliny, to raz na rok wyjeżdżamy na urlop nie krótszy niż trzy tygodnie. Pierwszy tydzień będzie męką „detoksu", odtruwania - dogonią nas lęk, niepokój, napięcie.* Wysokie Obcasy 2003. ⌑ US 2003 ◁engl
detoksykować *ipf / **zdetoksykować** pf* - **entgiften**. *I tutaj, w tym wypadku, tak samo, polecałabym tą naszą (mikronizowaną) algę morską, (...) ona będzie bardzo detoksykowała, oczyszczała organizm, przyśpieszała krążenie krwi.* TVP 2000 (K). *Detoksował się wiele razy. Dwukrotnie podejmował leczenie w poradni uzależnień na ul. Dzielnej.* www.gazeta.pl 2004. ⌑ kein Beleg
developer, deweloper *m, G -a, Npl ~rzy* »Person o. Firma, die in den Bau von Häusern u. Wohnungen investiert, um sie zu verkaufen o. zu vermieten« - **Bauentwickler, Immobilienentwickler, Bauinvestor, Bauträger(firma)**. *Kredyt pod zastaw hipoteczny może być udzielony zarówno nabywcom nieruchomości, jak i inwestorom (developerom), o ile podpiszą weksel hipoteczny (zgoda na zastaw).* NSP2. *Naszym zdaniem obcokrajowcy chcący nabyć w Polsce mieszkanie, będą chętniej korzystać z ofert znanych sobie zachodnich deweloperów, którzy już istnieją na rynku polskim.* www.gazetaprawna.pl 2004. ⌑ PS 1996, IS 2000, US 2003 ✎1991 NSP2 ◁engl
developerski, deweloperski *Adj v.* ↗developer - **Bauentwicklungs-**. Serwis, zespół, rynek deweloperski; firma deweloperska. *W prakty-*

ce obrotu nieruchomościami, jak również w działalności developerskiej, często sprzedaż i wynajem traktuje się jako alternatywne sposoby wprowadzenia danej nieruchomości na rynek. www.placet.pl 2006. *Nasza bardzo dobra współpraca z bankami pozwala zaoferować inwestorom branży budowlanej kredyt deweloperski.* www.dobrafirma.pl 2004. ▢ US 2003
dezaktywacja, dezaktywować s. **deaktywacja, deaktywować**
diagnostyk[NB] *m, G -a, Technik* »Automechaniker, der auf die Diagnostizierung des technischen Zustandes von Fahrzeugen spezialisiert ist« - **Fahrzeugdiagnostiker, Kfz-Diagnostiker**. *Tymczasem mąż (jest dobrym diagnostykiem samochodowym) ma pracę, w której nie może zarobić lepiej.* Twój Styl 2000 (K). *Diagnostyk samochodowy rozpoznaje stan techniczny pojazdów (...) z wykorzystaniem specjalnej aparatury techniczno-pomiarowej i metod badań diagnostycznych.* www.mikrofirmabhp.pl 2005. ▢ PS 1996 ⚑1986 NSP2
diagnostyka[NB] *f, Technik* »Diagnostizierung des technischen Zustandes von Fahrzeugen« - **Fahrzeugdiagnostik**. *Diagnostyka techniczna, pojazdowa. Wykonujemy diagnostykę, przeglądy, naprawy mechaniczne i blacharskie.* www.absservice.myweb.pl 2005. *Firma wykonuje profesjonalne usługi z zakresu diagnostyki podwozia niemieckim urządzeniem Baissbarth.* www.automex.hg.pl 2005. ▢ PS 1996
dialer [dajler] *m, G -a, EDV* »spezielles Computer-Einwahlprogramm zur Herstellung des Internetzugangs (nicht selten ohne Wissen des Nutzers installiert)« - **Dialer**. *Odinstalować, deinstalować, usunąć, zwalczyć dialer (ugs dialera). To najpewniejszy sposób odinstalowania dialera polega na użyciu specjalnego programu deinstalacyjnego.* www.canpol.com 2006. *Chodzi o tzw. dialery, czyli specjalne programy, które instalują się w komputerze internauty odwiedzającego witrynę internetową (najczęściej erotyczną).* Gazeta Wyborcza 2003. ▢ kein Beleg. *auch* ↗**program dostępowy**
◁engl
didżej *seltener* **DJ** [didżej *seltener* didżej] *m, G -a, Npl -e* - **DJ**. *Didżeje z grubsza dzielą się na tych, którzy grają z kompaktów, i tych, którzy stawiają na winyle.* www.studencka.pl 2006. *Więc jestem DJ'em od ponad roku. Gram Techno.* www.radio.bej.pl 2006. ▢ PS 1996, SW 1996, IS 2000, US 2003. *auch* disc jockey
◁engl
didżejka *seltener* **DJ-ka** *f v.* ↗didżej - »weibl. Discjockey, DJ« *Wszystko tamtej szalonej nocy wirowało. Didżejka nie dość, że nie znajdowała się na zwyczajowym miejscu, to stała się podpórką dla klawiszy.* www.wzone.pl 2005. *Brytyjska DJ-ka zmiksuje w Polsce koncert*

(...) Sonique to jedyna kobieta DJ, która sama zaczęła śpiewać. Metropol 2001 (K). ▢ IS 2000
diesel[NB], **dizel** *G* diesla, *Npl* diesle, *ugs* »Fahrzeug mit Dieselmotor« - **Diesel**. *Zaterkotały dwa trabanty, zaszemrał diesel, samochody krążyły teraz wolno po małym parkingu, przez otwarte okno ktoś z głębi wozu wzywał pomocy.* E. Przybylska, Dotyk motyla 1995 (K). *Panowie, mam takie pytanie: jaka jest różnica między turbiną od dizla a od benzyniaka?* www.capri.pl 2006. ▢ PS 1996, SW 1996, IS 2000, US 2003
digitalizacja *seltener* **dygitalizacja** *f* »digitale Darstellung von Daten u. Informationen« - **Digitalisierung**. *Digitalizacja zasobów bibliotecznych, dokumentów, danych, mikrofilmów. Digitalizacja danych to nic innego jak przenoszenie dokumentów papierowych do postaci cyfrowej.* www.ibe.pl 2005. *Realizujemy projekt digitalizacji i rozpowszechniania tych materiałów na płytach CD, a docelowo także w serwisie internetowym.* tygodnik.onet.pl 2004. ▢ kein Beleg. *auch* ↗**cyfryzacja**, ↗**ucyfrowienie**
digitalizować *seltener* **dygitalizować** *ipf* »Daten u. Informationen digital darstellen« - **digitalisieren**. *Digitalizować zbiory specjalne, stare nagrania analogowe, zdjęcia. Można więc zadać następujące pytanie - czy należy rekonstruować i digitalizować wszystkie filmy? Moim zdaniem nie ma innego wyjścia.* www.swiattechniki.pl 2005. *Zdaniem Kahle, dzięki cyfrowym technologiom można stosunkowo tanio dygitalizować, archiwizować i powszechnie udostępniać wszelkie rodzaje twórczości.* ebib.oss.wroc.pl 2005. ▢ kein Beleg. *seltener* ↗**ucyfrowić**
digitalny *seltener* **dygitalny** *Adj* - **digital**. *Zapis digitalny; digitalny wyświetlacz, mikrofon; technika digitalna. Czy Państwo wiedzą, że dzięki digitalnym aparatom zdjęcia robione na pokazach w cztery minuty potem są już w redakcji gazety?* Twój Styl 2000 (K). *Aparat dygitalny do rozbudowy mięśni lub jako uzupełnienie treningu, poprzez bezpieczną symulację elektryczną bez wysiłku fizycznego.* www.medisana.pl 2006. ▢ PS 1996. *meist* ↗**cyfrowy**
◁engl digital
digitalny überwiegend in den 90er Jahren verwendet, später weitgehend durch *cyfrowy* verdrängt
diler, dilerski s. **dealer, dealerski**
dinozaur[NB] *m, G -a* - **Dinosaurier**. 1 »jd., der ein Veteran in seinem Beruf, Wirkungskreis ist (insbes. in der Rockmusik, im Sport)« *Dinozaur kina, rocka, sceny, futbolu, koszykówki. Gdy niedawno obejrzałem z niejakim „pokoleniowym rozrzewnieniem" retransmisję telewizyjną koncertu dawnych idoli Old Rock Meeting, słuchając bez sprzeciwu określenia „dinozaury" adresowanego do muzyków rozpoczynających swą karierę w 1961 r., przed*

ćwierćwieczem - *nagle uświadomiłem sobie, że jestem akurat takim samym dinozaurem; tyle że telewizyjnym; też debiutowałem na małym ekranie w owym 1961 r.* Polityka 1986 (K). 🕮 PS 1996, SW 1996, IS 2000, US 2003 **2** *abwertend* »jd., der nicht mehr zeitgemäß, ein Überbleibsel alter (oft politischer, wirtschaftlicher usw.) Strukturen, Zeiten ist, die sich überlebt haben« Dinozaury stalinizmu, komunizmu; dinozaur polityczny. *Rosjanie nie uznają istnienia Białorusinów, a Łukaszenko jest dla nich tylko porykującym dinozaurem z minionej epoki. Na razie użytecznym.* www.bialorus.pl 2005. 🕮 US 2003

dip *m, G -u* »kalte, dickflüssige Soße zum Eintunken kleiner Happen usw.« - **Dip**. *Dipy podaje się, zwykle w osobnych miseczkach, do surowych lub gotowanych warzyw, krakersów, chipsów, precli albo do mięsa z grilla, a nawet do owoców.* OiT. *Receptura na przygotowanie dipu jest prosta - wystarczą odpowiednie składniki i duża doza fantazji.* www.winiary.pl 2006. 🕮 OiT 2001, US 2003 ◄engl

disco [disko] *seltener* **dysko** *n, indekl* **1** »sehr rhythmische Musik, zu der in Diskotheken getanzt wird« - **Discomusik**. Słuchać, tańczyć disco. *Urszula Burdyn, zainteresowania: disco, narciarstwo, zbiera znaczki.* NSP2. **2** *ugs* »Diskothek« - **Disco**, *seltener* **Disko**. Zaprosić do disco. *Na wakacjach w Hiszpanii w każdy piątek i sobotę bawiliśmy się do rana w disco.* PS. 🕮 PS 1996, SW 1996, IS 2000, US 2003 ◄engl

disco *seltener* **dysko** nachgestellt in adjektivischer Funktion, *indekl* - **Disco-**. *Muzyka, taniec, styl, rytmy disco. Początkowo albumy disco produkowane były wyłącznie do użytku DJów.* pl.wikipedia.org 2005. 🕮 SW 1996, IS 2000, US 2003 ✏ 1986 NSP2

disco polo [disko polo] *n, indekl* »polnische Variante der Popmusik, die in den 80er Jahren entstanden ist« - *****Discopolo**. *W pierwszej połowie lat 90. muzyka ta stała się zjawiskiem masowym, choć nieobecnym w mediach. (...) Disco polo spotkało się z ostrą krytyką ze strony zwolenników innych gatunków muzycznych (...). Krytyka ta nie wpływała jednak na popularność disco polo.* pl.wikipedia.org 2005. 🕮 PS 1996, SW 1996, IS 2000, US 2003. *auch* ↗muzyka chodnikowa ◄nach dem Muster italodisco gebildet

disco polo nachgestellt in adjektivischer Funktion, *indekl* - **Discopolo-**. *Nurt, zespół, piosenka disco polo. Mniej więcej w 1998 r. nastąpił przesyt tej muzyki i gwałtowny spadek sprzedaży kaset i płyt CD disco polo o ok. połowę.* pl.wikipedia.org 2005. 🕮 SW 1996, IS 2000, US 2003. *auch* ↗discopolowy

discopolowy [diskopolowy] *Adj* - **Discopolo-**. Zespół discopolowy; muzyka discopolowa; piosenkarze discopolowi. *Czy jest możliwość potwierdzenia lub zaprzeczenia, że „Motyw z Jasnorzewskiej" został przypomniany przez discopolowy zespół Viper?* www.budkasuflera.pl 2005. 🕮 SW 1996, US 2003. *auch* ↗disco polo

display [displej] *m, G -a, Npl -e* - **Display** **1** »Anzeige zur optischen Darstellung von Informationen in Form von Ziffern, Buchstaben, Zeichen usw.« Wyświetlić coś na displayu. *Display, zwany też „wyświetlaczem", jest jednym z elementów telefonu komórkowego.* www.gsmcenter.pl 2005. 🕮 PS 1996, OiT 2001. *auch* ↗wyświetlacz **2** *Werbesprache* »werbewirksames, verkaufsunterstützendes Auf-, Ausstellen von Waren; auch verwendetes Dekorationselement (in Form eines Aufstellers, Aufsteckers, Werbebildes usw.)« *Art-Pack stworzył dla firmy Nutricia serię displayów. Jako pierwszy powstał display promujący nowe opakowanie mleka Bebilon.* www.mediarun.pl 2005. 🕮 kein Beleg ◄engl

dizel *s.* **diesel**

DJ, DJ-ka *s.* **didżej, didżejka**

długopis ♦ długopis żelowy *s.* żelopis

dno ♦ *phras* **odbić się od dna** »sich aus einer schwierigen Situation allmählich herausarbeiten, aus der Krise herauskommen o. -finden« - **aus der Talsohle herauskommen, die Talsohle verlassen, die Talsohle durchschritten haben, den Tiefpunkt überwunden haben,** (wieder) **auf die Beine kommen,** (wieder) **Fuß fassen,** (wirtschaftlich) **wieder hochkommen**. *Coś/ktoś odbija się od dna. Czy gospodarka odbija się od dna, czy wychodzi z recesji, czy spada bezrobocie?* Gazeta Wyborcza 2002. *W dłuższej perspektywie słaby złoty i rozdęte wydatki sprawią, że nie odbijemy się od dna.* Newsweek Polska 2002. *Coś drgnęło w Stoczniowcu Gdańsk, zdecydowanym outsiderze ligi przez kilka ostatnich sezonów. Drużyna odbiła się od dna tabeli, na mecze zaczęło przychodzić ponad 1000 widzów.* PSF. *- Mamy co prawda stałe zamówienia z Niemiec, ale to za mało, aby odbić się od dna.* PSF. *Z takiego wstrząsu może coś wyniknąć tylko wtedy, jeśli pojawi się realna perspektywa odbicia się od dna. Inaczej mówiąc, trzeba jeszcze umieć sobie wyobrazić, że życie bez alkoholu jest w ogóle możliwe.* WSF. 🕮 PS 1996, SW 1996, IS 2000, PSF 2000, US 2003, WSF 2005

dobry ♦ być dobrym w te klocki *s.* klocki

dolaryzacja *f, Wirtschaft* - **Dollarisierung**. *Dokonała się - opisywana w podręcznikach ekonomii - dolaryzacja gospodarki. USD stał się drugim, a potem pierwszym środkiem płatniczym w Polsce, niemal wszystkie transakcje między obywatelami (...) odbywały się w twardych walutach.* Polityka 1990 (K). *Dolary-*

dołek

zacja polega na tym, że faktycznie obrót gospodarczy danego kraju jest dwuwalutowy. www.uksw.edu.pl 2005. ▯ kein Beleg

dołek ♦ *phras* **wpaść w dołek** (psychiczny, finansowy) *ugs* »in eine schwierige (psychische, wirtschaftliche usw.) Situation geraten *(sehr oft auch im Sport)*« - **in ein** (tiefes, schwarzes) **Loch fallen, abstürzen**. *Mam na myśli spotkanie w PUEFA i kolejny ligowy mecz z Groclinem. Przy niekorzystnych wynikach krakowska drużyna może wpaść w dołek psychiczny*. www.wislakrakow.com 2005. *Proszę pomyśleć o gospodarce, choćby poparciem planu Hausnera. Nie chcę przy nowych rządach znów wpaść w dołek finansowy*. sport. interia.pl 2005. *Moje skromne doświadczenia pozwalają mi stwierdzić, że wpaść w dołek nie jest wcale trudno, ale wygrzebać się z niego to wielka sztuka*. mojeczarnobialemysli.blog.onet.pl 2005. ▯ US 2003
♦ *phras* **być w dołku** (psychicznym, finansowym usw.) *ugs* »sich in einer schwierigen (psychischen, finanziellen usw.) Situation befinden« - (psychisch, wirtschaftlich usw.) **am Boden sein,** *neutral* **in einem** (seelischen, finanziellen usw.) **Tief sein** o. **stecken, am Tiefpunkt sein, einen Tiefpunkt haben, sich am Tiefpunkt befinden**. *Po śmierci ojca jest w psychicznym dołku*. IS. *Nasza firma od jakiegoś czasu znajduje się w dołku finansowym*. IS. ▯ IS 2000, US 2003. *s. auch* być w ↗dole
♦ *phras* **wyciągnąć** kogoś **z dołka** *ugs* »jdm. in einer schwierigen Situation helfen; jdn. wieder aufrichten « - jdm. **aus dem Tief heraushelfen**. *Z dołka wyciągnęli go przyjaciele*. US. *Moją rolą jest więc czasem podać Ci rękę i wyciągnąć z dołka, czasem z miłością kopnąć w przysłowiowy tyłek, a innym razem po prostu posłuchać Twojej historii*. integra.xtr. pl 2005. ▯ IS 2000, US 2003.
♦ *phras* **wychodzić/wyjść z dołka** *ugs* »aus einer schwierigen Situation herauskommen« - **den Tiefpunkt überwinden, aus dem Tief herauskommen, die Talsohle verlassen**. *Pomagają mu [Pułaskiemu] przyjaciele i zaczyna powoli wychodzić z dołka. Po wyjściu z więzienia zaprzyjaźnia się z Klaudiuszem de Rulhiere - literatem zajmującym się polityką*. www.g30.zeas.edu.pl 2005. *Po trzech latach zapaści branża budowlana powoli zaczyna wychodzić z dołka*. dom.gazeta.pl 2005. *Otóż uważam, że byłoby w Polsce fatalnie, gdyby wybory odbywały się w momencie, kiedy gospodarka dopiero zaczyny wychodzić z dołka*. www2.tvp. pl 2005. ▯ Supl 1994, PS 1996, SW 1996, IS 2000, US 2003. *s. auch* wyjść z ↗doła

dołować[NB] *ipf* / **zdołować** *pf, ugs* **1** »sich in einer schlechten wirtschaftlichen o. finanziellen Situation befinden« - **schwächeln**. *Coś/ktoś dołuje. Kurs, klub piłkarski dołuje; akcje, ceny dołują. Laburzyści wciąż dołują. W wyborach uzupełniających do Izby Gmin rządząca Partia Pracy doznała kolejnego ciosu*. www.trybuna.com.pl 2005. *(...) spółka ostatnio na giełdzie dołowała, biznesmen jest chwilowo stratny, ale wie, że doczeka się zysku, jeżeli wytrwa*. Newsweek 2002. *Jeśli partia tak dołuje, jak dołuje - to trzeba z tego wyciągnąć wnioski. Żądanie dymisji jest faktem?* www.radio.com.pl 2005. ▯ kein Beleg ✎1987 NSP2.
2 Coś/ktoś **dołuje** (kogoś) - jdn. **bedrückt** etw., **drückt** etw. **nieder;** jd. **bedrängt** jdn., **setzt** jdm. **zu**. *Taki krytyk perfekcjonista dołuje dziewczynę, żądając od niej, by stała się kimś super (...)*. IS. *Wyniki te, mimo wszystko, nie powinny nadmiernie dołować*. silownia.net 2005. *Trzeba tworzyć w domu przyjazny klimat. Na pewno nie można dołować dziecka, tylko dodawać mu otuchy i energii*. serwisy.gazeta.pl 2002. ▯ PS 1996, SW 1996, IS 2000, US 2003

dołować się *ipf, ugs* »sich Gedanken, Sorgen machen« - **sich einen Kopf machen, sich den Kopf zermartern** o. **zergrübeln, sich fertig machen**. *Nie dołować się - sich keinen Kopf machen. Jednym słowem po co się dołować. Mając taki potężny argument my się dołujemy. Nosy i uszy do góry a wszystko będzie dobrze*. forum.di.com.pl 2005. *Nie można za każdym razem upadać i jeszcze bardziej się dołować. Wręcz przeciwnie, kiedy upadniesz, podnieś się*. rozmowy.onet.pl 2005. ▯ kein Beleg

dom ♦ **(wspólny) europejski dom** *Politik* - **(Gemeinsames) Europäisches Haus** *Rozmowy o Europie zarezerwowane były na późne popołudnie, kiedy to Tadeusz Mazowiecki spotkał się z prezydentem F. Mitterandem. Francuska i polska wizja przyszłego „europejskiego domu" są - jak podkreślają obie strony - zbieżne*. Gazeta Wyborcza 1990. *Bezsprzecznie, przyszłością obu naszych narodów jest wspólny europejski dom; aby i Polska i Ukraina mogły czuć się w nim komfortowo (...)*. www.msz.gov.pl 2003. ▯ kein Beleg

domena[NB] *f, Internet* »Element einer Internetadresse, das auf das Land o. eine Institution, Organisation verweist« - **Domäne, Domain**. *Wprowadzono tzw. domeny najwyższego poziomu i przydzielono je poszczególnym krajom. W ten sposób Polska otrzymała domenę ‚pl', Francja - ‚fr' itd. Podobnie wprowadzono domeny funkcjonalne takie jak ‚com' czy ‚org'*. pl.wikipedia.org 2005. ▯ US 2003

donat *m, G -a, meist im Pl* **donaty** »amerikanisches, in Fett ausgebackenes Gebäck in typischer Kringelform« - **Donut**. *Wbrew pozorom donaty robi się bardzo szybko, w ciągu 20 minut można je podać gościom*. kuchniabakino.blox.

pl 2005. *W rondelku rozgrzać tyle oleju, żeby donaty były całe zanurzone.* www.gotowanie.wkl.pl 2005. ▯ kein Beleg ◄engl, amerik doughnut, donut

doskok ♦ *phras* **z doskoku** *ugs* - »in unregelmäßigen Abständen, von Zeit zu Zeit, sporadisch, nebenbei, nebenher« **1** *adverbial* Robić coś z doskoku; pracować, współpracować, fotografować usw. z doskoku. *Na razie będę pracował z Adamem na takiej zasadzie jak przed konkursem Pucharu Świata: z doskoku, jako konsultant - mówi Szturc.* www.rzeczpospolita.pl 2004. *Chociaż zdarzyło mi się parę razy uprawiać seks tak z „doskoku", to jednak największą przyjemność czerpie się z seksu z miłości.* forum.idg.pl 2005. **2** *adjektivisch* Ktoś z doskoku. *Kibic, pracownik, fotograf usw. z doskoku. Czy jesteś po szkole teatralnej czy aktorem jesteś z doskoku?* www.radio.com.pl 2005. *Takie małżeństwo na odległość ma swoje dobre i złe strony. Najważniejszą cechą męża z doskoku to chyba to, że swobodnie można go obwiniać za całe zło świata.* www.literka.pl 2005. ▯ PS 1996, IS 2000, US 2003

dotcom, dotkom *m, G -u* »Firma der Internetbranche, deren Leistungen überwiegend über das Internet abgewickelt werden« - **Dotcom, Internetfirma**. *Firmy internetowe zaczynają odgrywać coraz większą rolę na polskim rynku pracy. Dlatego warto bliżej przyjrzeć się, w jaki sposób polskie dotcomy poszukują pracowników oraz na jakie warunki pracy mogą liczyć osoby, które zdecydują się na pracę w tych firmach.* www.placa.pl 2006. *Ile wart jest dotkom? Wallstreet rewaluuje ceny udziałów w dotkomach, donosi „Business Week".* modernmarketing.pl 2000. ▯ kein Beleg ◄von engl dot.com

dotykowy ♦ dotykowy ekran *EDV* »Bildschirm, der auf Antippen mit dem Finger bzw. mit einem Stift reagiert« - **Touchbildschirm, Touchscreen**. *Uniwersalność peceta, mobilność notebooka, dotykowy ekran jak w palmtopach - to tylko nieliczne cechy, którymi można opisać tablety PC.* www.chip.pl 2003. ▯ kein Beleg

♦ dotykowy wyświetlacz *EDV* - **Touchdisplay**. *Dotykowy wyświetlacz LCD pozwala na łatwe dodanie do zdjęcia własnych notatek i rysunków oraz oryginalnej ramki.* www.itpartner.pl 2005. *Telefon wyposażony w duży wyświetlacz dotykowy, z regulowanym kontrastem.* www.siemens.pl 2005. ▯ kein Beleg

down[NB] [dałn] *m, G -a, Npl -y, ugs* »Person, Kind mit Down-Syndrom« - **Down-Kind**. *Łatwiej kochać dziecko ładne i zdolne niż upośledzone i niezbyt urodziwe. Downy jakby wiedzą o tym i szalenie podkładają się do kochania.* Polityka 2003. *Samotność jest wierną siostrą downów. Ci ojcowie, którzy nie uciekli od swych downów, ojcują im często tak żarliwie, że to się rzadko zdarza, gdy mają dzieci normalne.* Polityka 2003. ▯ US 2003
◄nach John L.H. Down, dem ersten Arzt, der das Down-Syndrom beschrieben hat

download [dałnlołt] *m, G -u, Computerjargon* »das Herunterladen von Dateien aus dem Internet« - **Download**. *Download plików, dokumentów, formularzy; darmowy download. Czy można wykonać download w serwisie gdzie są ograniczenia plików zip, exe, mp3?* www.guppy.yoyo.pl 2006 ▯ kein Beleg ◄engl

downloadować [dałnlołdować] *ipf, selten, Computerjargon* »aus dem Internet herunterladen« - **downloaden**. *Downloadować pliki; downloadować za darmo z Internetu, ze strony internetowej. Może ktoś wie, skąd mogę tą grę downloadować?* www.maciekld.pl 2005. *Już więcej nie kupię płyty, więc będę downloadował muzykę z Internetu.* wiadomosci.onet.pl 2005. ▯ kein Beleg ◄engl

dół[NB] *G -a, ugs* »psychischer Zustand der Niedergeschlagenheit; (seelisches, psychisches) Tief« - **Depri-Phase**.
♦ mieć doła, być w dole *ugs* »pessimistisch, niedergeschlagen, depressiv sein« - *neutral* **ein Tief haben; sich in einem Tief befinden; in einem Tief stecken**, *ugs* **in einem tiefen Loch stecken**. *Gdy ktoś ma „doła" to wydaje mu się, że jest jedyny na świecie, że nikt go nie rozumie w jego czarnej przepaści. (...) Czasem jest fajnie być w dole - bo można się pławić w sobie, można się odegrać na ludziach - jak się mną interesują to są źli, bo nie szanują mojego cierpienia, jak się nie interesują - to głupie chamy, których nic nie obchodzę.* www.lutownica.pl 2006. *s. auch* być w ↗dołku
♦ wyjść z doła *ugs* - *neutral* **aus dem Tief herauskommen**. *Jeden lubi gdy się go pociesza, przytula i mówi miłe słówka. Drugi lubi, gdy się z nim milczy, ale są też ludzie, którzy aby wyjść z doła potrzebują dużej dawki śmiechu.* kanwa.mylog.pl 2006. *s. auch* wyjść z ↗dołka ▯ PS 1996, IS 2000

drag *m, G -a oder -u, meist im Plural* **dragi**, *auch* **dragsy** *Jugendsprache* »Drogen« - **Drugs**. Być na dragach. *Nie bierzcie dragów, uprawiajcie bezpieczny seks, nie bądźcie brutalni.* Newsweek Polska 2002. *Była szarówka, na drodze śnieg. Ścigali się z kumplem między Staszowem a Warszawą. Obaj byli na dragach.* Polityka 2002. *To, że drugsy są tak popularne, wszechobecne i łatwo dostępne w dysko to nie do końca się z tym zgodzę.* hyperreal.info 2004. ▯ US 2003. *s. auch* biała ↗śmierć ◄engl

drajwer[NB], **driver** *m, G -a, Computerjargon* »Programm, mit dem ein peripheres Gerät gesteuert wird« - **Treiber**. *Drajwer do drukarki, dla myszy. To jest uniwersalny drajwer, czyli* *do wszystkiego i do niczego. Ale mogę czegoś nie wiedzieć.* www.linuxfan.pl 2006. *Darmowe oprogramowanie dostępne na rynku (...). Jest dość trudne i kłopotliwe w obsłudze. Najlepszym rozwiązaniem byłby oczywiście prosty driver wirtualnej drukarki, nie wymagający niczego ponad „odpalenie" drukowania.* webmaster.helion.pl 2006. ⌸ US 2003. *häufiger* ↗sterownik

dred, dread *m, G -a, meist im Pl* **dredy,** *auch* **dredloki** »aus dünnen Haarsträhnen geflochtene kleine Zöpfchen« - **Dreadlocks.** *Robię, poprawiam, zagęszczam, przedłużam dredy na terenie Poznania i okolic.* www.igo.pl 2005. *Ja tam uważam, że do dredów to trzeba mieć głowę, bo nie każdemu pasują.* hydepark.6r.pl 2004. *Dready nie są fryzurą, o którą nie należy dbać. Wbrew pozorom o dready dba się bardziej niż o inne fryzury.* www.dreadsystem.com 2005. *Nowoczesne dredloki powstały około roku 1950 na Jamajce, wśród członków ruchu Rastafari.* encyklopedia.serwis.pl 2005. ⌸ US 2003 ◁engl dread

drenaż *m, G -u, Wirtschaft -* »Abschöpfung der Kaufkraft der Bevölkerung« Drenaż pieniędzy, kieszeni, portfela. *Celem współpłacenia nie może być drenaż pieniędzy obywateli, ale stworzenie mechanizmów racjonalizujących korzystanie ze świadczeń zdrowotnych.* www.ozzl.org.pl 2003. *Pieniędzy do budżetu trzeba szukać nie poprzez drenaż kieszeni podatników, gnębiąc ich wysokimi podatkami, ale m.in. przez eliminowanie patologii i marnotrawstwa pieniędzy publicznych.* www.samisobie.clan.pl 1999. *Regularny zakup dużych ilości papierosów to dla nałogowego palacza poważny drenaż kieszeni.* www.trojmiasto.pl 2005. ⌸ PS 1996, IS 2000, US 2003

♦ **drenaż mózgów** »Abwerbung von hoch qualifizierten Arbeitskräften u. deren Abwanderung ins Ausland« - **Braindrain.** *Bogate państwa często uprawiają politykę drenażu mózgów.* IS. ⌸ PS 1996, IS 2000, US 2003 ◁engl brain drain

drenować[NB] *ipf* **1** *Wirtschaft* »jdm. (dem Staat, einer Firma, Mannschaft usw.) jdn. (z.B. durch Unterbreitung eines guten Angebots) abspenstig machen« - **ausdünnen, abschöpfen,** (jdm. jdn.) **abwerben, abziehen.** *Drenować środowisko naukowe, lekarskie; firmę, kraj. Sektor prywatny drenuje placówki naukowe z najmłodszych i najzdolniejszych pracowników.* IS. *Czy zamierza pan zmienić politykę stypendialną wobec studentów pochodzenia polskiego, zwłaszcza studentów ze Wschodu? Prosty rachunek świadczy, że zamiast jednego stypendium w roku możemy mieć tam 6-7 stypendiów i tam możemy tworzyć polską inteligencję, a nie drenować najlepszych ludzi,* *pozostawiając tam pustkę.* ks.sejm.gov.pl 2003. ⌸ PS 1996, IS 2000 **2** »jdm. (unverhältnismäßig) viel Geld abnehmen« Drenować kogoś, czyjąś kieszeń - *ugs* jdn. **schröpfen; zur Kasse bitten;** jdm. **in die Taschen** o. **den Geldbeutel greifen, langen;** jdm. **die Taschen leeren;** jdm. **das Geld aus der Tasche ziehen;** *salopp* jdn. **abzocken.** *Drenować akcjonariuszy, klientów, konsumentów* (z finansów, z pieniędzy usw.). *Przyjęto znaną z komunizmu wykładnię, że jak ktoś ma samochód, to ma pieniądze i można go drenować w nieskończoność.* www.autointernet.pl 2005. *Chodzi więc o to, by w pierwszej fazie prywatyzacji nie drenować inwestorów z gotówki, lecz pozwolić im jak najlepiej zarządzać przedsiębiorstwami.* www.prb.pl 2003. *Jeśli jakaś szkoła planuje udział w takich przedsięwzięciach, powinna zbierać fundusze od sponsorów, a nie drenować kieszenie rodziców.* newsweek.redakcja.pl 2005. ⌸ IS 2000

♦ **drenować rynek - den Markt abschöpfen.** *Firmy zachodnie wolą drenować nasz rynek niż inwestować w tutejszy przemysł.* pryzmat.pwr.wroc.pl 2005. *Trwają prace nad ustawą o rtv. Ona zdecyduje, czy TVP będzie dalej drenować rynek reklam ze szkodą dla innych mediów (także publicznych) i własnego programu, czy otrzyma wreszcie przyzwoite wsparcie z abonamentu.* tygodnik.onet.pl 2004. ⌸ PS 1996, IS 2000

dresiarka *f v.* ↗dresiarz, *ugs* - (weiblicher) **Proll,** *abwertend* **Assi, Proletin, Rowdy.** *(...) a te dresiarki drugiego typu mają jeszcze to do siebie, że nie grzeszą kulturą osobistą (...).* energy2000.pl 2005. *Rychu zakochuje się w wysmarowanej samoopalaczem dresiarce, która zapędza go do pracy na straganie rybnym.* www.lecinema.pl 2005. ⌸ kein Beleg

dresiarski *Adj v.* ↗dresiarz, *ugs* **a)** - **Proleten-, Assi-, Rowdy-.** Półświatek, slang, klub dresiarski. *Książkę dwudziestoletniej Doroty Masłowskiej okrzyknięto pierwszą powieścią dresiarską, a autorkę uhonorowano prestiżowym Paszportem „Polityki".* doza.o2.pl 2005. *Słownik dresiarski jest dość ubogi w słowa, ale za to ile znaczeń się pod jednym kryje.* dexlog.jogger.pl 2006. **b)** *abwertend* »(negative) Eigenschaften habend, die für einen* ↗dresiarz *typisch sind«* - **prollig, proletenhaft, rowdyhaft, assihaft, asozial, ordinär, primitiv.** Dresiarski styl; dresiarskie zachowanie, auto. *Dlaczego twój samochód wydaje mi się dresiarski? Z paru różnych powodów.* www.capri.pl 2005. *Ja już jakiś czas temu planowałem zmienić nick, bo ten jest trochę dresiarski.* kominek.blox.pl 2006. ⌸ kein Beleg

dresiarstwo *n, ugs -* »Verhaltens- u. Handlungsmuster eines ↗dresiarz: Zurschaustellung von physischer Gewalt u. krimineller Energie« - *Czy naprawdę tacy ludzie mieszkają w Polsce, w Gdańsku? - Dorota Masłowska: Tak, tacy mieszkają wszędzie. To nie jest kwestia trzech pasków na ubraniu i piwa Volt, ale to jest dresiarstwo, które jest wszędzie. Kiedy ktoś podkłada mi magnetofon pod usta i pyta - kim jesteś? - uważam, że to też jest dresiarstwo.* www.radio.com pl 2005. *Może to na tle fascynacji markową, niedostępną za peerelu odzieżą zrodziło się u nas unikalne w skali świata zjawisko „dresiarstwa"? (...) Dresiarstwo, podobnie jak muzyka disco polo, to zjawisko nierozerwalnie związane z Polską, uwiecznione w piosenkach i w literaturze (...).* doza.o2.pl 2005. OiT 2001

dresiarz *m, G -a, Npl -e, ugs* »Vertreter einer aggressiven Jugend-Subkultur, oft ein jugendlicher Krimineller aus ärmlichem Milieu; äußerlich erkennbar am Outfit: Trainingsdress, Sportschuhe, Muskelshirt, Goldkettchen u.Ä.; im Verhalten ordinär, primitiv, gewalttätig; ungebildet« - **Proll**, *abwertend* **Assi, Prolet, Rowdy**. *W Warszawie nocą trzeba wracać taksówką, żeby nie oberwać od pijanych dresiarzy.* Polityka 2003. *Ogólnie dresiarzy dzielimy na dwie grupy. Po pierwsze, słuchacze muzyki disco polo, ubierający się w dres; zazwyczaj są to ludzie biedni, z robotniczych domów, o niskim wykształceniu. (...). Następną grupą są prawdziwi dresiarze - ludzie głównie młodzież, o niskim wykształceniu. Działają w gangach i mafii.* doza. o2.pl 2005. US 2003 ◄von poln *dres* aus engl *dress*

dresing, dressing [dresiŋk] *m, G -u* »kalte Soße für Salate u. Rohkost« - **Dressing, Salatsoße**. *Dressing jogurtowy, ziołowy, włoski, francuski, niskokaloryczny. Z octu, oliwy, czosnku, roztartego z solą zrobić dresing, polać tym sałatę i oziębić w lodówce.* kobieta.gazeta.pl 2005. *Uwaga na przyprawy, żeby były bez glutaminianu sodu (bo zawiera cukier z buraków), podobnie gotowe dressingi do sałatek.* f.kuchnia.o2.pl 2005. PS 1996, US 2003 ◄engl

drinkować *ipf, ugs* - »(viel) Alkohol trinken; zechen« *Zastał ich mocno pijanych, drinkowali już od trzeciej po południu.* OiT. *Panowie się rozsiedli i zaczęli drinkować. Moja współpasażerka natychmiast opuściła przedział. Chłopaki okazali się bardzo towarzyscy.* www.wsp.krakow.pl 2005. *W czasie picia zagryzać jakimiś przekąskami - wskazane też jest coś ciepłego, jeśli mamy zamiar drinkować całą noc.* forum.webhelp.pl 2005. US 2003 ◄engl to drink

driver *s*. **drajwer**

drukarka[NB] *f, EDV* - **Drucker**. *Drukarka atramentowa - Tinten(strahl)drucker. Drukarka igłowa - Nadeldrucker. Drukarka laserowa - Laserdrucker. Rozdzielczość drukarek laserowych sięga nawet 2400 dpi, szybkość pracy do kilkunastu stron na minutę, wierne kolorowe wydruki (lepsze niż w wypadku drukarek atramentowych), a także niższy koszt wydruku jednej strony.* www.komputerswiat.pl 2005. *Jak obniżyć koszt na drukarce atramentowej?* forum.idg.pl 2005. PS 1996, SW 1996, IS 2000, US 2003

DVD *seltener* **diwidi, dvd** [diwidi] *n* »einer CD ähnlicher Datenträger mit sehr viel höherer Speicherkapazität, *ugs* auch Gerät zum Abspielen von DVD« - **DVD** [defaude]; **DVD-Player**. *Film na DVD. Jak informuje polski dystrybutor „wojny światów" na DVD, jego premiera do sprzedaży w naszym kraju odbędzie się 15 listopada, tydzień przed premierą amerykańską.* www.stopklatka.pl 2005. *Koleżanka z pracy przyniosła mi kilka dni temu diwidi z „Hero". Zrezygnowany zapuściłem diwidi - a tu szok. Piękny, po prostu piękny (...).* starywerter.blox.pl 2005. *Kupił najnowszy film tej wytwórni na dvd, znacznie droższy wprawdzie niż film na kasecie, ale zapewniający niepowtarzalną jakość odbioru.* OiT. IS 2000, US 2003 ◄engl aus **D**igital **V**ideo **D**isc

DVD *nachgestellt in adjektivischer Funktion, indekl* - **DVD-**. *Odtwarzacz DVD - DVD-Player. Nagrywarka DVD - DVD-Brenner. Napęd DVD - DVD-Laufwerk. Technologia, sprzęt, płyta, film, okładka DVD. Napędy CD/DVD firmy TEAC są szybkie, solidne i pewne.* www.teac.de 2005. kein Beleg

dwa ♦ dwa w jednym »zwei Dinge, die in einem Paket angeboten bzw. verkauft werden« - **Two-in-one, Zwei-in-einem**. *Szampon dwa w jednym. Półka - dwa w jednym. Jest nieduża, lekka i niezwykle prosta. Może pełnić podwójną rolę - półki i wieszaka jednocześnie.* www.muratordom.pl 2005. kein Beleg. *s. auch* ↗**trzy w jednym** ◄engl Two in One

Dwudziestkapiątka[NB], **dwudziestkapiątka** *f, Politik* - »die 25 Mitgliedsländer der Europäischen Union nach der sog. Osterweiterung 2004« - **(das) Europa der 25** *oder* **der Fünfundzwanzig**. *We wtorek rozpoczyna się wiosenny szczyt Unii Europejskiej. Nawet jeśli przywódcy państw i rządów Dwudziestkipiątki uzgodnią, co dalej ze Strategią Lizbońską, to przyszłość reform gospodarczych w Unii wciąż stoi pod znakiem zapytania.* Gazeta Wyborcza 2005. *Bardziej zasadnicza dyskusja ma się odbyć 1-2 września w Newport na nieformalnym posiedzeniu ministrów spraw zagranicznych dwudziestkipiątki.* serwisy.gazeta.pl 2005. kein Beleg

Dwunastka[NB], **dwunastka** *f, Politik* - »die 12 Mitgliedsländer der Europäischen Union vor dem Beitritt Schwedens, Finnlands u. Österreichs 1995« - **(das) Europa der 12** *oder* **der Zwölf**. *Kraje Dwunastki. Dzięki wspólnej*

walucie w krajach Dwunastki poprawiły się wyniki handlu i przepływu bezpośrednich inwestycji zagranicznych. www.cxo.pl 2003. *W dniu 7 II 1992 r. przywódcy dwunastki podpisali w Maastricht traktat o Unii Europejskiej, przewidujący integrację ekonomiczną i polityczną państw członkowskich.* www.omp.org.pl 2005. ◫ IS 2000

dwupak *G -u, ugs* »Packung, die zwei Stück von einer Ware bzw. zwei Packungen gleichen Inhalts enthält« - **Doppel-, Zweierpack, Doppel-, Zweierpackung**. *Body dwupak. Bardzo przydatne dla każdego dziecka! Body z krótkim rękawem, rozpięcie polo, body wykonane z dzianiny elastycznej, pakowane po 2 sztuki.* www.tuptup.pl 2006. *Teraz dwupak w cenie jednej sztuki.* www.pasaz.onet.pl 2006. *Atramentowe wkłady drukujące HP 45/78 w wygodnym dwupaku całkowicie pokrywają zapotrzebowanie na druk w czerni i w kolorze.* sklep.morele.net 2006. ◫ kein Beleg

dwupasmowy *Adj* »über eine Autostraße: mit je zwei Fahrspuren für jede Richtung versehen« - **zweispurig**. *Ruch dwupasmowy; droga, autostrada, jezdnia dwupasmowa. Na wschód od węzła Świecko istnieje równie krótki odcinek autostrady, który ma o wiele więcej wspólnego z drogą ekspresową niż z prawdziwą autostradą. Jest to odcinek dwupasmowy (2x2) z twardym poboczem, centralną barierą i pasem zieleni.* www.autostrady.com 2005. ◫ Supl 1994, PS 1996, SW 1996, US 2003

dwupasmówka *f, ugs* »Straße mit zwei Spuren in jeder Richtung« - **zweispurige Straße**. *Niezależnie od terminu zakończenia prac dwupasmówka pomiędzy Gajem a Głogoczowem otrzyma zupełnie nową, czterocentymetrową nawierzchnię z betonu asfaltowego.* otv.pl 2005. ◫ PS 1996, SW 1996, US 2003

dwupaszportowiec *m, G ~wca, Npl ~wcy, ugs* - »polnischer, deutschstämmiger Staatsbürger; Angehöriger der deutschen Minderheit in Polen mit polnischem u. deutschem Pass« - **Doppelstaatler**, *neutral* **Bürger mit doppelter Staatsangehörigkeit**. *Dwupaszportowcy, posiadający oprócz polskiego obywatelstwo niemieckie, stanowią też sporą grupę obywateli na Dolnym i Górnym Śląsku oraz na Pomorzu.* www.wbi.pl 2005. *Inter-Trock-Bau to mała, rodzinna firma. Od wielu lat wysyła pracowników do starych krajów UE. Jak zapewnia [właściciel firmy] - przed rozszerzeniem Unii głównie tzw. dwupaszportowców, czyli opolskich Niemców z polskim obywatelstwem. Oni mogli w UE pracować legalnie.* Rzeczpospolita 2005. ◫ kein Beleg

dygitalny *s.* **digitalny**

dymek[NB] *ugs* »(in Comicstrips) vom Mund einer gezeichneten Figur ausgehende, eine Äußerung o. einen Gedanken umschließende, kreis- o. ellipsenförmige Linie« - **Sprechblase**. *To ostatnie próby do „Opery mleczanej", której premiera odbędzie się 9 marca w Starym Teatrze w Krakowie. To pierwsza na świecie „opera", której libretto powstało z tzw. dymków.* Newsweek 2003. ◫ PS 1996, IS 2000, US 2003

dysk ◆ **dysk elastyczny** *s.* **dyskietka**

◆ **dysk twardy, twardy dysk** *EDV* - **Festplatte, Harddisk, Hard Disc**. *Dysk twardy może zgromadzić o wiele więcej danych niż dyskietka, ma również krótszy czas dostępu do danych i w efekcie szybszy transfer.* pl.wikipedia.org 2005. *Do komputera do biura zaleca się twardy dysk o średnim czasie dostępu nie dłuższym niż 20 milisekund.* www.dyski.wirt.pl 2005. ◫ PS 1996, IS 2000, US 2003 ◁engl hard disc

dyskietka *f, seltener* ◆ **dysk elastyczny** *EDV* - **Diskette**. *Dołączona dyskietka zawiera kody źródłowe wszystkich przykładów znajdujących się w książce.* www.aragon.pl 2005. *Dysk elastyczny jest jednym z prostszych i tańszych nośników danych.* www.tcs.uni.wroc.pl 2005. ◫ Supl 1994, PS 1996, SW 1996, IS 2000, US 2003 ◁engl floppy disc

dyskografia[NB] *f* »Schallplattenverzeichnis, das in geordneter Folge die Plattenaufnahmen eines bestimmten Interpreten o. Komponisten enthält« - **Diskografie**. *Dyskografia zespołu. W majowych audycjach będziemy prezentować dyskografię zespołu Pink Floyd.* OiT. *Dyskografia zespołu Lady Pank jest imponująca. To ponad dwadzieścia płyt oraz więcej niż dwieście różnych, niepowtarzających się utworów.* www.lady-pank.com.pl 2005. ◫ IS 2000 ✎1989 NSP2

dyskont[NB] *m, G -u* »großes Geschäft, in dem Waren zu Billigpreisen erworben werden können« - **Discount(geschäft), Discounter**. *Dyskont spożywczy, komputerowy, meblowy, budowlany. Zaproponowali, że wynajmą drugą połowę naszego budynku na dyskont spożywczy.* www.stowarzyszenie-biedronka.pl 2005. *MBS uruchomiła pierwszy w Polsce dyskont meblowy on-line. Dyskont mieści się w Poznaniu (...).* mbs.emebel.pl 2005. ◫ kein Beleg ◁engl discount

dyskonter[NB] *m, G -a* »jd. (Person, Unternehmen, Unternehmenskette), der eine Ware mit Preisnachlass verkauft« - **Discounter**. *Dyskonter spożywczy. Niemiecki dyskonter Aldi Süd rozpoczął sprzedaż naturalnych kosmetyków - podaje Lebensmittel Zeitung.* www.detaldzisiaj.com.pl 2005. *Jak podaje Planet Retail, niemiecki dyskonter zamierza rozpocząć ekspansję w tej nadbałtyckiej republice od* *otwarcia siedmiu sklepów w Rydze.* www. detaldzisiaj.com.pl 2005. ▯ kein Beleg ◁engl

dyskontowy[NB] *Adj v.* ↗dyskont - **Discount-**. *Etat kasjerki w wielkim sklepie dyskontowym należy w Wielkiej Brytanii do najgorzej opłacanych profesji.* Newsweek 2004. *Dla jednej z wiodących sieci dyskontowych Plus Dyskont wykonaliśmy stronę internetową wykonaną w technologii Macromedia Flash.* www. 2msystems.pl 2005. ▯ kein Beleg

dyskowy[NB] *Adj v.* ↗dysk, *EDV* - **Festplatten-**. *Napęd dyskowy, pamięć dyskowa. W przypadku ustawiania limitu dyskowego dla nowo tworzonego konta, procedura dodawania nowego konta wskazuje odpowiednie miejsce, gdzie należy taki limit ustalić.* serwery.pl 2005. *Nawigator dyskowy zachowuje się jak menu, tylko zamiast sztywno wybranych pozycji zawiera pliki i podkatalogi, do których można zaglądać jak do kolejnych menu.* linuxcentrum. com 2005. ▯ US 2003

dywanik ♦ *phras* (wezwać, wziąć, poprosić kogoś) **na dywanik** *ugs* - jdn. **zu sich zitieren, kommen lassen,** *scherzhaft* jdn. **(zum Rapport) bitten, zitieren, einbestellen** (um ihn un Erklärungen zu bitten o. zur Rechenschaft zu ziehen). *Co robi szef, gdy jego pracownik nie radzi sobie z powierzonymi mu obowiązkami? Najczęściej wzywa go na dywanik i poucza.* www.achieveglobal.pl 2005. *Pewnego dnia jego szef nie wytrzymał i wziął go na dywanik. - Słuchaj no, tego już za wiele. Dlaczego notorycznie spóźniasz się do pracy?* www.humorkowo.net 2005. *Wtedy towarzysze partyjni poprosili Jurka na dywanik i zawyrokowali: „Jeśli ogłosicie ten film Filmem Roku, klub przestanie istnieć".* www.mozaika.org.pl 2005. ▯ PS 1996, US 2003

♦ *phras* (pójść/iść, trafić, zostać wezwanym) **na dywanik;** (być, znaleźć się, wylądować, stawić się) **na dywaniku** *ugs* - »in einer klärungsbedürftigen, für den Betroffenen unangenehmen, oft disziplinarischen Angelegenheit zu jdm. (Vorgesetzten, Chef, Direktor) gerufen, zitiert; einbestellt werden« *Tłumaczyłam sobie, że może moi pupile coś narozrabiali i poszli na dywanik do dyrektora. Nagle zza drzwi wyskakują uczniowie. Sto lat, sto lat - rozlega się...* www.profesor.pl 2005. *Nauczyciel został wezwany na dywanik do dyrektora i obsztorcowany, co przyjął z oburzeniem i prawie wpadł w histerię z tego powodu.* scholaris.pl 2005. *Niestety nasze harce przerwała jedna z opiekunek i wylądowaliśmy na dywaniku u komendantki.* www.gp2.lubaczow.pl 2005. *Realizatorzy ryzykownego pomysłu, jakim było zaproszenie czołowego eurosceptyka na teren Alma Mater, zapewne już niedługo znaj-*

dą się na „dywaniku" u JM Rektora. www. naszawitryna.pl 2005. ▯ PS 1996, US 2003

działka[NB] *f, ugs* **1** »Teil von einem zu teilendem Ganzen, insbes. einer Summe« - **Anteil**. *Złodzieje pobili się o swoje działki.* US. ▯ IS 2000, US 2003 **2** ♦ *phras* **coś (nie) jest czyjąś działką** »etw. gehört (nicht) zu jds. Pflichten; auch nicht jds. Interessen-, Spezialgebiet« - etw. **ist nicht** jds. **Angelegenheit** o. **Geschäft,** *ugs* etw. **ist nicht** jds. **Bier;** etw. **ist (nicht)** jds. **Domäne,** *ugs* **(nicht)** jds. **Ding**. *Wynika to ze zubożenia naszego społeczeństwa, braku tradycji czytelniczych, ale nie chciałbym tego tematu rozwijać, bo to nie moja działka.* www.mediarun.pl 2005. *Mam dość ogólne pojęcie o statystyce (w końcu to nie moja działka), a znam dwa programy wykorzystujące ten kwestionariusz.* www.dobradieta.pl 2005. *(...) Wiedziałem jednak wtedy, że showbusiness to jednak nie moja działka i wróciłem do mojego pomysłu i marzenia o grze komputerowej.* blog.bazyl.net 2005. ▯ PS 1996, US 2003 **3** *Drogenmilieu* - »eine Portion Drogen, Drogenportion« *Następnie, gdy brak mu pieniędzy, proponują rozprowadzanie towaru wśród kolegów, a zapłatą jest darmowa działka narkotyku.* www.fakty.lebork.pl 2005. *Potem jednak już doszedłem do takiego punktu swojego uzależnienia, kiedy liczyła się już tylko kolejna działka narkotyku.* www.forum.akcjasoc.pl 2005. ▯ PS 1996, SW 1996, IS 2000, US 2003

dziecko ♦ **dziecko specjalnej troski** *Medizin* - **besonderes Kind, behindertes Kind**. *Pomoc rodzicom wychowującym dziecko specjalnej troski. Wychować, zaakceptować dziecko specjalnej troski. A przecież w rodzinach, w których urodziło się dziecko specjalnej troski, wzajemna relacja może być od początku utrudniona. Może się to wiązać z trudnościami adaptacyjnymi rodziców, jak i dziecka.* darzycia.nowoczesny.pl 2005. *Najważniejsze jest jednak to, że rodziny, w których znajduje się dziecko specjalnej troski, mogą przebywać razem, wspierać się i wymieniać doświadczenia.* www.kuria.gliwice.pl 2005. ▯ US 2003

♦ **dziecko z próbówki** *ugs* »Baby, das sich aus einem außerhalb des Mutterleibs befruchteten u. dann wieder in die Gebärmutter eingepflanzten Ei entwickelt hat« - **Retortenbaby**. *Państwo Davis przez sześć lat małżeństwa nie mogli doczekać się potomstwa. Lekarze orzekli w końcu, że pani Davis urodzić może tylko dziecko z próbówki.* NSP2. ▯ Supl 1994, PS 1996, SW 1996, IS 2000, US 2003

dziura ♦ **dziura budżetowa** »Loch, Lücke im Budget, Haushalt« - **Haushaltsloch, -lücke**. *Dziura budżetowa zmusiła w grudniu 2001 r. rząd do likwidacji zasiłków, obniżenia świadczeń przedemerytalnych z 90 do 80 proc. i za-*

ostrzenia kryteriów ich przyznawania. www2.tygodnik.com.pl 2005. *Tak więc, Panie Marszałku, gdybyśmy nie zmienili tej ustawy, ta dziura budżetowa byłaby jeszcze większa.* www.senat.gov.pl 2005. 📖 PS 1996, SW 1996, IS 2000

♦ phras **czarna dziura**[NB] ugs **1** »gefährlicher o. unattraktiver Ort, auch Ort, an dem verschiedene Dinge verschwinden« - **schwarzes Loch**. *Czy widzi pan jakąś istotną rolę dla obu stron w krajach znajdujących się wciąż poza granicami Unii - takich jak Ukraina, Rosja, Białoruś, a także Bałkany nazywane czasami „czarną dziurą Europy"? - Przede wszystkim, region Bałkanów nie jest czarną dziurą Europy. (...) Mamy tu do czynienia z obiecującą przyszłością, a nie „czarną dziurą".* www.neweuropereview.com 2005. *Nie chcemy wpaść w czarną dziurę, bez informacji, co nas czeka pod względem finansowym, jak mówi się w niemieckim resorcie finansów.* www.msz.gov.pl 2002. 📖 SF 1996, PSF 2000 **2** »ein bisher unbekannter Bereich o. ein nicht besetztes Thema, unbekanntes, unentdecktes Terrain« - **schwarzes Loch; Leerstelle, Lücke**. *Dla mojego dziecka moja przeszłość to czarna dziura. Nie ma jej po prostu. Wiem, bo ja tak samo myślałam o przeszłości mojej mamy.* www.pinkwart.pl 2004. *Dla Minotels korzyścią jest zapełnienie w końcu czarnej dziury, jaką dotychczas był nasz kraj dla zachodnich turystów.* PSF. 📖 PSF 2000

♦ **dziura ozonowa** »Stelle in der Ozonschicht in der Stratosphäre, bes. der Antarktis, an der das Ozon abgebaut ist« - **Ozonloch**. *Naukowcy z niepokojem informują o powiększaniu się dziury ozonowej nad Antarktydą.* IS. 📖 PS 1996, IS 2000, US 2003

dżihad *m, G -u* »der heilige Krieg der Muslime zur Verteidigung u. Ausbreitung des Islams« - **Dschihad**. *Dla kilku innych uczonych z mojej ankiety badawczej dżihad może zapewne zawierać zaangażowanie typu wojskowo-obronnego, lecz to znaczenie [dżihadu] jest drugorzędne wobec przeważających pojęć moralnego samonaprawienia.* pl.danielpipes.org 2005. 📖 SW 1996, US 2003 ◁arab

dżihadysta *m, G ~ty, Npl ~yści, v.* ↗dżihad »Kämpfer im heiligen Krieg der Muslime zur Verteidigung u. Ausbreitung des Islams« - **Dschihadist, Dschihad-Kämpfer, -Krieger, Dschihad-Terrorist**. *W środę dżihadysta (bojownik świętej wojny) wysadził się w powietrze w Tikricie, około 150 km na północ od Bagdadu, w tłumie głównie szyickich robotników.* www.gazetagazeta.com 2005. *Pokazano między innymi, jak nocą dżihadyści umieszczają bomby przy jakiejś drodze, i jak potem eksplozja rozrywa tam na kawałki samochód terenowy.* www.terroryzm.com 2005. 📖 kein Beleg

dżingiel *s.* **jingle**

dżojstik *s.* **joystick**

E

e- *als Erstglied in Zusammensetzungen in der Bedeutung ,in elektronischer Form; auf elektronischem Wege'* - **E-**. E-klient, e-spółka, e-serwis. ◄Abk aus elektroniczny

e-banking *oder* **e-bankowanie** - **E-Banking**. *W dyskusjach dotyczących rozwoju e-bankingu w naszym kraju, często można usłyszeć, że instytucje finansowe nie mogą zastąpić administracji państwowej zwłaszcza w przygotowaniu infrastruktury i edukacji.* www.e-fakty.pl 2006. *E-Bankowanie to nie tylko prosta metoda zarządzania finansami osobistymi.* Polityka 2006. ꟼ kein Beleg. *auch* ↗bankowość elektroniczna

e-book, ebook, eBook [i-buk] *m, G -a, auch* **e-książka** *f* »in elektronischer Form veröffentlichtes, aus dem Internet abrufbares Buch« - **E-Book, Ebook**. *Znajdziesz tu darmowe ebooki do ściągnięcia, opis najciekawszych ebooków dostępnych w internecie.* typer.ys.pl 2005. *E-book to jeden z najlepszych produktów, jakie można sprzedawać. Wiąże się z nim minimalne ryzyko inwestycji (...).* www.cneb.pl 2005. *Na tej stronie znajdziesz e-książki o turystyce i albumy foto w formacie PDF, które możesz pobrać za darmo.* www.adamski.pl 2006. ꟼ US 2003 ◄engl

e-business [i-biznes], **e-biznes** *m, G -u* »alle Methoden der Abwicklung von Geschäften u. administrativen Vorgängen über elektronische Kanäle« - **E-Business**. *Dla nas e-business to przede wszystkim tworzenie rozwiązań informatycznych oraz ich kompleksowa i profesjonalna obsługa.* www.mv.pl 2005. *E-biznes staje się niezbędny we wszystkich, tak małych, średnich, jak i dużych firmach.* www.wsb.poznan.pl 2005. ꟼ US 2003 ◄engl

e-commerce [i-komers] *m, indekl* »Teilgebiet des E-Business: Geschäftsbeziehungen, bei denen über das Internet eine unmittelbare Handels- o. Dienstleistungsbeziehung zwischen Anbieter u. Abnehmer abgewickelt wird« - **E-Commerce**. *Działalność e-commerce prowadzona jest przez firmy w tradycyjnych sektorach gospodarki, gdzie e-commerce jest rozszerzeniem dotychczasowych działalności, jak również przez nowe, specjalnie tworzone do prowadzenia biznesu przez Internet.* www.jmc.pl 2005. ꟼ US 2003 *s. auch* ↗e-handel ◄engl

e-commerce [i-komers] *nachgestellt in adjektivischer Funktion, indekl* - **E-Commerce-**. aplikacje, rozwiązania e-commerce. *Bardzo ważnym elementem w prowadzeniu działalności e-commerce jest zapewnienie bezpieczeństwa dla realizowanych transakcji.* www.empathy.pl 2005. ꟼ kein Beleg

e-consulting, e-konsulting [i-konsultiŋk, i-konsaltiŋk] *m, G -u* »Beratungsdienstleistungen, die über eine Internetplattform online angeboten werden« - **E-Consulting**. *E-consulting zajmuje się kompleksową usługą firm.* www.katalog.nowotarski.pl 2005. *Gospodarka to również coraz częstsza e-praca (tele) i e-konsulting we własnym domu, bez dojazdów do pracy.* www.forumakad.pl 2005. ꟼ US 2003 ◄engl

écru [ekri] *nachgestellt in adjektivischer Funktion, indekl* »ungebleicht, naturfarben« - **écru(farben), ekrü(farben)**. Sukienka écru - ein écrufarbenes Kleid, ein Kleid in Ekrü. Bluzka, welon, kostium, lakier écru; kamizelka, bezrękawnik w kolorze écru. *Całość jest uszyta z satyny w pięknym odcieniu écru.* www.netwesele.pl 2005. *Sprzedam śliczniutką suknię écru.* forum.stargard.com.pl 2005. ꟼ Supl 1994, PS 1997, US 2003 ◄frz

écru [ekri] *Adv, indekl* »ungebleicht, naturfarben« - **écru, ekrü, in Ekrü**. Pomalować ściany na écru. *A ten model, który wybrałam, nie da się przerobić na écru.* f.kafeteria.pl 2005. ꟼ US 2003

ecstasy, extasy [ekstazy] *f, indekl, auch* **extaza, ekstaza**[NB] *f* »halluzinogene Designerdroge« - **Ecstasy**. *Ecstasy (ekstaza), narkotyk syntetyczny, działa podobnie jak amfetamina, jednak oprócz zdolności pobudzających podwyższa temperaturę ciała.* www.psychologia.edu.pl 2005. *Ludzie zażywają extazy, bo powoduje ona: euforię, poczucie przypływu energii, uczucie empatii i silnej więzi z otoczeniem, intensyfikację przeżyć emocjonalnych, pobudzenie seksualne.* ww2.tvp.pl 2005. *Po zjedzeniu ekstazy serce zaczyna bić szybciej, temperatura ciała się podnosi.* hyperreal.info 2005. ꟼ kein Beleg ◄engl ecstasy

ecu, ECU [eki] *n, indekl* »Verrechnungseinheit der EU bis zur Einführung des Euro« - **Ecu**. *Centralnym elementem systemu było ECU - europejska jednostka walutowa. (...) ECU stanowiło koszyk złożony, początkowo z 9, a ostatecznie z 12 walut krajowych.* www.nbportal.pl 2005. *Powinniśmy pamiętać o pozytywnych aspektach stowarzyszenia i traktować je jako szansę, która pojawiła się przed nauką i rozwojem techniki w naszym kraju. Jest nią bezpośredni dostęp do budżetu rzędu 15 mld ecu, szeroki dostęp do infrastruktury badaw-*

czej (...). www.ippt.gov.pl 1998. ⌑ Supl 1994, SW 1996, PS 1997, IS 2000, US 2003 ◁engl

edycja[NB] *f* »eine innerhalb eines Zyklus regelmäßig stattfindende Veranstaltung« - **Ausgabe**. *Kolejna, poprzednia edycja Pucharu Polskiego, Pucharu Świata; dwunasta edycja teleturnieju. W tegorocznej edycji Pucharu Konfederacji zabraknie kilka znanych nazwisk.* sport.gazeta.pl 2005. *W Warszawie odbędzie się 14. edycja najstarszego w Polsce konkursu djów.* www.ftb.pl 2005. ⌑ SW 1996, IS 2000, US 2003

edytor[NB] *m, G -a, Npl -y, Computer* »Komponente des Betriebssystems eines Computers, die die Bearbeitung von Texten u. Grafiken steuert« - **Editor, Textprogramm, Textverarbeitungsprogramm**. *Edytor tekstu. Edytor tekstu jest znacznie wygodniejszy niż tradycyjna maszyna do pisania.* IS. *Terminal ma wbudowany edytor tekstu, który umożliwia przygotowanie do wysłania teleksu lub poczty elektronicznej.* OiT. ⌑ SW 1996, PS 1997, IS 2000, US 2003

edytorial *m, G -u* **1** *Publizistik* »Leitartikel des Herausgebers o. des Chefredakteurs einer Zeitung« - **Editorial**. *Prohomoseksualna opcja spotkała się z natychmiastową krytyką ze strony środowisk medycznych, ponieważ wywołała znaczne zamieszanie i doprowadziła do jawnych sprzeczności w praktyce klinicznej (por. edytorial „Amercian Journal of Psychotherapy", 28 stycznia 1974).* www.fidelitas.pl 2005. ⌑ US 2003 **2** »Fotoserie eines Models« *W Polsce dziewczyny zaczynają od tego, że najpierw robią zdjęcia do popularnych tygodników. Potem starają się o edytorial (czyli zdjęcia mody) na przykład w „Twoim Stylu".* NSP3. *A. Buzała, której edytorial ukazał się we włoskim Vogue, a zdjęcie zostało umieszczone na prestiżowej stronie internetowej dotyczącej mody (...).* www.axelspringer.pl 2005. ⌑ kein Beleg ◁engl editorial

efekt ♦ *phras* **efekt bumerangowy** »unbeabsichtigte negative Auswirkung einer Handlungsweise, die den Ausführenden selbst trifft« - **Bumerangeffekt**. *Nigdzie same restrykcje nie rozwiążują problemu na dłuższą metę. Wywołują najczęściej efekt bumerangowy, a więc odwrotny do zamierzonego.* www.paulus.org.pl 2005. *Ubiór mówi o tym, co chcesz pokazać i czym się chwalić. Uważaj na drogie gadgety, wygląd sexy i modny image - czasem powodują efekt bumerangowy, sugerują, że nie praca cię interesuje, lecz wygląd.* www.pk.edu.pl 2005. ⌑ kein Beleg

♦ *phras* **efekt domino** *oder* **domina** »durch ein Ereignis ausgelöste Folge von weiteren gleichartigen o. ähnlichen Ereignissen« - **Dominoeffekt**. *Jak efekt domino potoczyły się dalsze wydarzenia.* www.ufoinfo.pl 2005. *Urzędnicy Komisji obawiają się „efektu domina": występowania kandydatów o wszystkie przywileje, jakie otrzymał w negocjacjach któryś z nich.* Rzeczpospolita 2002. *Istnieją obawy, że francuskie „nie" dla eurokonstytucji może wywołać efekt domina.* www.radio.com.pl 2005. ⌑ kein Beleg

♦ *phras* **efekt jo-jo** »die Erscheinung, dass nach einer Abmagerungskur sehr schnell das Ausgangsgewicht wieder erreicht wird« - **Jo-Jo-Effekt**. *Zatrzymać efekt jo-jo; uniknąć efektu jo-jo. Efekt jo-jo jest bardzo przykrym dla osób odchudzających się zjawiskiem, gdyż błyskawicznie unicestwia wysiłki włożone w uzyskanie szczupłej sylwetki.* www.zdrowieity.pl 2005. *Nie cierpiała swojego ciała i nigdy nie pokazywała się partnerowi nago. Jej kolejne diety nie przynosiły rezultatów, a tylko efekt jo-jo.* Cosmo 2000 (K). ⌑ PS 1997

♦ *phras* **efekt kuli śniegowej** *oder* **śnieżnej** »Verbreitungsart einer Nachricht o.Ä., bei der die erhaltene Information an immer mehr Personen weitergegeben wird; auch allgemein über eine Sache, die immer größere Ausmaße annimmt« - **Schneeballeffekt**. *Ich pomysłodawcy liczą zapewne na efekt kuli śniegowej, która - początkowo mała i niegroźna - potrafi po drodze przylepić do siebie masę wielokrotnie większą od początkowej, stając się siłą niszczącą po drodze wszystko, na co natrafi.* www.polskiejutro.com 2005. *Ale widać coraz większe zainteresowanie, ożywienie, sporo ciekawych inicjatyw produktowych, co przypomina efekt kuli śnieżnej.* www.pot.gov.pl 2005. ⌑ kein Beleg

♦ *phras* **efekt placebo** »durch ein Placebo hervorgerufene physiologische Wirkung; auch übertragen« - **Placeboeffekt**. *Efekt placebo jest niezaprzeczalny, spotykamy się z nim na codzień przy okazji wyleczeń, podważających naszą wiarę w skuteczność medykamentów.* T. Kasperczyk, J. Fenczyk, Podręcznik odnowy psychosomatycznej 1996 (K). *Nawet przemysł spożywczy korzysta z efektu placebo - zabarwione na czerwono napoje wydają się słodsze. Mimo to niektórzy naukowcy nadal nie wierzą w istnienie efektu placebo.* www.dzieci.org.pl 2005. ⌑ kein Beleg

♦ **efekty specjalne** *Pl, Film* »besondere (computergenerierte) Effekte zur Schaffung von Bildern u. Tönen« - **Special Effects, Spezialeffekte**. *Profesjonalne efekty specjalne wymagają ogromnych zespołów ludzkich, skomplikowanego sprzętu i niezwykle drogiego oprogramowania.* aparaty.idg.pl 2005. *Zdobywca Oscara za efekty specjalne, jakich użyto do odtworzenia starożytnego świata Gladiatora, kierownik do spraw wizualnych efektów specjalnych, Tim Burke, tym razem stanął*

przed zadaniem, które również wymagało użycia komputerowych efektów specjalnych. www.stopklatka.pl 2005. 📖 PS 1997, IS 2000, US 2003
♦ **efekt synergii** »positive Wirkung, die sich aus dem Zusammenschluss o. der Zusammenarbeit zweier Unternehmen ergibt; auch allgemein positive Wirkung aus dem Zusammenwirken mehrerer Faktoren« - **Synergieeffekt**. *W wyniku fuzji powstają z reguły nowe podmioty gospodarcze, w skład których wchodzą dotychczasowi konkurenci lub - w przypadku integracji pionowej - partnerzy. Głównym celem fuzji jest uzyskanie tak zwanego efektu synergii, czyli takiego zwiększenia wartości jednostki powstałej po połączeniu, żeby przekroczyła ona sumę wartości łączących się firm.* www.pckurier.pl 2002. *Siła lecznicza ziół wzajemnie się wzmacnia, dając efekt łączny większy, niż każda roślina zastosowana oddzielnie, czyli tzw. efekt synergii.* www.przychodnia.pl 2005. 📖 kein Beleg
e-handel *m, G ~dlu* »Handel, der im Internet abgewickelt wird« - **E-Handel**. *E-handel w górę. Handel internetowy systematycznie zyskuje popularność. Według amerykańskiego Departamentu Handlu wartość detalicznego e-handlu wzrosła w pierwszym kwartale do niemal 20 mld dolarów.* www.biznesnet.pl 2005. *Znaleźliśmy się w gronie pięciu państw przystępujących do UE, które spełniły warunek dostosowania się do dyrektywy w zakresie e-handlu.* www.idg.pl 2000. 📖 kein Beleg. *s. auch* ↗e-commerce
e-handlowy *Adj v.* ↗e-handel - **E-Handels-**. Sektor e-handlowy. *Jeśli w okresach wzmożonego ruchu w popularnym serwisie e-handlowym nie zatrudni się dodatkowych pracowników, wtedy klient dostanie towar zbyt późno.* www.money.pl 2005. 📖 kein Beleg
eko *nachgestellt in adjektivischer Funktion, indekl* »bei Industrieerzeugnissen: umweltfreundlich, sparsam im Verbrauch natürlicher Ressourcen« - **Öko-**. Wersja, kożuchy eko. *W obecnie sprzedawanych egzemplarzach jest to już wersja eko czyli spełniająca wyższe normy czystości spalin.* www.automotogielda.pl 2005. 📖 OiT 2001 ◁*gekürzt aus ekologiczny*
eko- *als erstes Glied in Zusammensetzungen in der Bedeutung* 'Bezug zur Ökologie, zur Umwelt, zu Umweltproblemen, zum Umweltschutz bzw. zu einer gesunden, natürlichen Lebensweise' - **Öko-**. Ekobudownictwo, ekoglobalizm, ekokosmetyka, ekomyślenie, ekopark, ekoprzestępca. 📖 PS 1997, IS 2000, US 2003
ekobiznes *m, G -u* »Verarbeitung u. Vermarktung von ökologisch produzierten Lebensmitteln« - **Öko-Business, Öko-Marketing**. *Dokument ten zawiera kierunki rozwoju branży ekobiznesu z zachowaniem wymagań ochrony środowiska.* www.mos.gov.pl 2005. *W Niemczech ekobiznes nabiera coraz większych rozmiarów i obecnie obroty żywnością naturalną sięgają już 1 procent całości handlu spożywczego.* PS. 📖 PS 1997
ekobomba *f* »schwerwiegendes Umweltproblem, das im Falle der Nichtbeseitigung verheerende Folgen für die natürliche Umwelt u. die Menschen hat« - **Ökobombe**. *Odpady radioaktywne po Armii Czerwonej. Radziecka ekobomba. Poszukiwacze złomu dobierają się do magazynów Armii Radzieckiej, w których są przedmioty niebezpieczne dla środowiska.* Gazeta Wyborcza 2001. *Ekobomba pochłonie jeszcze 100 mln zł. Tyle potrzeba na unieszkodliwienie odpadów z likwidowanej spółki z Tarnowskich Gór.* Puls Biznesu 2004 (K). 📖 kein Beleg
ekojajo *n, meist im Pl* **ekojaja** »Ei aus artgerechter Haltung von Hühnern, die mit überwiegend ökologisch erzeugtem Futter gefüttert werden« - **Ökoei(er)**. *Żywione tymi paszami kury znoszą jaja odpowiadające wymogom tzw. produktów ekologicznych (ekojaja).* dossche.com.pl 2005. *Zaawansowane są działania firm produkujących ekojaja czy też biojaja. Niemieckie organizacje drobiarskie zainicjowały działania zmierzające do poprawy jakości żywca wszystkich gatunków drobiu.* gastrona.pl 2005. 📖 kein Beleg. *s. auch* ↗biojajo
ekokatastrofa *f, seltener* **ekoklęska** *f* »Ereignis o. Unglück, das schwerwiegende Umweltschäden zur Folge hat« - **Ökokatastrophe, Umweltkatastrophe**. *Każda zmiana klimatu powodowała spustoszenia w ekosystemie - lokalna w lokalnym, globalna - na całej kuli ziemskiej, te globalne ekokatastrofy nazywa się 'wielkimi wymieraniami'.* klub.chip.pl 2005. *Straszenie ekoklęską nie odniesie skutku, jeżeli nie zostanie wsparte dotkliwymi karami pieniężnymi.* OiT. 📖 OiT 2001
ekokonwersja *f* »Umwandlung eines Teils der Auslandsschulden in Umweltschutzprojekte« - **Ökokonversion**. *Polska wystąpiła wobec swych wierzycieli z Zachodu z projektem ekokonwersji części długu.* OiT. *Ekofundusz obsługuje ekokonwersję polskiego długu zagranicznego.* PS. 📖 PS 1997, OiT 2001, US 2003
ekolek *m, G -u* »Medikament mit pflanzlichen Bestandteilen (aus ökologischem Anbau)« - **Ökopräparat, Ökomedikament, Ökoarzneimittel**. *Oferujemy bogaty wybór ekoleków na bazie ziół.* OiT. *Dziś Stanisław G. mówi, że życie uratowały mu ekoleki: preparaty ziołowe, składniki mineralne i naturalne witaminy.* www.betuland.com.pl 2005. 📖 OiT 2001
ekolog[NB] *m, G -a, Npl ~odzy, ugs* »Anhänger der Umweltschutz-, Ökologiebewegung« -

Umweltschützer. *W zeszłym tygodniu ekolodzy z 23 grup - m.in. Greenpeace - urządzili pikiety pod siedzibami banków w Niemczech, zasypywały ich skrzynki mailowe protestami i apelami.* ekologia.pl 2006. *„Nie" dla F-16 zgodnym chórem głosili w sobotę ekolodzy z dzielnic okalających lotnisko w Krzesinach i poznańscy pacyfiści (...).* wiadomości.onet.pl 2006. ☐ kein Beleg

ekomania *f* »übertriebene, obsessive, mitunter auch oberflächliche Beschäftigung mit Umweltschutzfragen« - **Ökomanie**. *Publicysta uważał, że oprócz szczerego zaangażowania w ochronę środowiska, mamy obecnie do czynienia z falą ekomanii, wywołanej przez modę i media.* OiT. *Degradacja środowiska naturalnego została do pewnego stopnia zahamowana, choć często zachodnia ekomania obciążała Trzeci Świat stertami niebezpiecznych odpadów.* www.fronda.pl 2005. ☐ OiT 2001

ekomaniak *m, G -a, Npl ~acy* »jd., der sich in übertrieben, obsessiv erscheinender Weise für Umweltschutz u. Ökologie einsetzt« - **Ökobesessener**. *Publicznym wyzwiskiem stali się ekomaniacy, ekoteroryści, ekooszołomi. Były próby zastąpienia ekologii sozologią, ale coraz częściej wolimy mianować się przyrodnikami.* www.eko.org.pl 2005. ☐ SW 1996, OiT 2001

ekopodatek *m, G ~tku, meist Pl* **ekopodatki** »auf den Verbrauch u. die Herstellung umweltschädlicher Güter erhobene Steuer« - **Ökosteuer**. *Wprowadzenie „ekopodatków" powinno stanowić istotny bodziec dla wielokrotnego wykorzystania opakowań (np. butelek zwrotnych), segregacji odpadów.* www.ekopodatki.most.org.pl 2005. *Czy twoja firma musi zapłacić ekopodatki? Nie zawsze musi płacić, ale obowiązkowo musisz prowadzić wymagane ewidencje.* www.insert2.pl 2005. ☐ kein Beleg

ekopolityka *f* »Politikbereich des Staates, der auf die Erhaltung der natürlichen Lebensgrundlagen des Menschen gerichtet ist« - **Umweltpolitik, Ökopolitik**. *Ekopolityka rolna, globalna, regionalna. Bez elementów ekopolityki trudno dziś liczyć na szersze poparcie wyborców.* PS. *Programem politycznym, który chcemy realizować, jest program związany z ekopolityką, z podporządkowaniem decyzji politycznych ekologii.* NSP2. ☐ PS 1997, US 2003 ⌗1989 NSP2. *auch* ↗polityka środowiskowa

ekoprodukcja *f* »Produktion von ökologisch einwandfreien Lebensmitteln« - **Ökoproduktion**. *Regulacje prawne dotyczące ekoprodukcji. Region dąży do stworzenia doliny ekologicznej żywności w oparciu o czyste środowisko naturalne oraz stosowane na Lubelszczyźnie metody ekoprodukcji.* www.coi.lubelskie.pl 2005. *Zasady ekoprodukcji obejmują całokształt działań od troski o pozyskiwanie zdrowych surowców poprzez bezpieczny proces technologiczny aż do odpowiedniego kształtowania własności produktu finalnego.* www.ekorol.pl 2004. ☐ PS 1997

ekoprodukt *m, G -u* »aus umweltfreundlichen Bestandteilen, entsprechend ökologischen Grundsätzen hergestelltes Produkt« - **Ökoprodukt**. *Prawdziwy ekoprodukt. Termex jest produkowany wyłącznie z papieru gazetowego, w którym farba drukarska zawiera naturalne pigmenty na bazie oleju naturalnego.* www.sklepy.planty.pl 2005. *Pojęcie „ekoprodukt" jest coraz częściej używane zarówno w życiu codziennym, jak i w różnego typu publikacjach naukowych. Określeniem takim są nazywane wyroby ekologiczne.* www.wsew.edu.pl 2005. ☐ kein Beleg

ekoregion *m, G -u* - **Ökoregion**. *Biuletyn „Ekoregion Ujście Warty" ukazuje się od trzech lat. Prezentujemy w nim konkretne działania, plany, zamierzenia i osiągnięcia, problemy i zagrożenia.* www.zb.eco.pl 2005. *Otoczony jest licznymi lasami, parkami narodowymi tworzącymi ekoregion o nazwie „Zielone Płuca Polski"(...).* www.ec.bialystok.pl 2005. ☐ kein Beleg

ekorolnictwo *n* »auf ökologischen Grundlagen produzierende Landwirtschaft« - **Ökolandwirtschaft, ökologischer Landbau**. *Ekorolnictwo na topie. Austria od lat należy do krajów, w których rolnictwo ekologiczne odgrywa znaczącą rolę.* www.topconsult.pl 2005. *Jako system gospodarowania ekorolnictwo wyodrębniło się z rolnictwa konwencjonalnego (oparte go na przemysłowych środkach produkcji) blisko trzydzieści lat temu.* www.pkegliwice.pl 2005. ☐ kein Beleg. *auch* ↗rolnictwo ekologiczne

ekorolniczy *Adj* »den Regeln des ökologischen Landbaus entsprechend« - **Öko-**. *Tak więc nie wystarczy zaprzestać, na przykład, nawożenia gleby, aby w ten sposób otrzymać produkt ekorolniczy (to samo dotyczy przetwórstwa).* www.qdnet.pl 2005. ☐ kein Beleg

ekorolnik *m, G -a, Npl ~icy* »Landwirt, der nach den Regeln des ökologischen Landbaus produziert« - **Ökobauer, Ökolandwirt**. *W porównaniu z sytuacją polskich rolników ekologicznych, czeski ekorolnik jest w znacznie lepszej sytuacji.* www.ar.wroc.pl 2005. *Orkisz jest starą odmianą pszenicy, którą uprawiają wyłącznie ekorolnicy.* katalog.onet.pl 2005. ☐ kein Beleg

ekorozwojowy *Adj v.* ↗ekorozwój - »die Entwicklung unter Berücksichtigung ökologischer Gesichtspunkte betreffend« *Ekorozwojowy model, wskaźnik, profil partii. Rezonans ekorozwojowy możemy osiągnąć poprzez rozwój nauki i techniki, a zwłaszcza systemów informacyjnych.* www.psl.org.pl 2005. *Szukam ma-*

teriałów z zagadnienia ekorozwoju, może być gotowy plan ekorozwojowy. Zapłacę! www.forum.sciagi.net 2005. ⌑ kein Beleg

ekorozwój *m, G ~oju* »Wirtschaftskonzeption, die eine wirtschaftliche Entwicklung in Übereinstimmung mit den Prinzipien der Ökologie vorsieht« - **ökologische, nachhaltige Entwicklung**. *Specjalna komisja powołana przy prezydencie zorganizowała konferencję na temat ekorozwoju regionu Tatr i Podhala.* OiT. *„Rozwój zrównoważony" lub inaczej „ekorozwój" to polski odpowiednik angielskiego terminu „sustainable development" (...).*prace.sciaga.pl 2005. *Rozwojem zrównoważonym (ekorozwojem) nazywamy rozwój uwzględniający prawa przyrody, zdolny do przetrwania i samopodtrzymujący się.* eduseek.interklasa.pl 2005. ⌑ SW 1996, PS 1997, US 2003. *auch* ↗rozwój zrównoważony

ekosklep *m, G -u* »Laden, in dem nur Waren verkauft werden, die den Vorstellungen von der Erhaltung der natürlichen Umwelt entsprechen« - **Ökoladen**. *Oczywiście nie każdy ma czas i ochotę na dosypywanie otrąb, zakupionych w ekosklepie, do swych posiłków.* www.zb.eko.pl 2005. ⌑ kein Beleg

ekoterrorysta *m, G ~ty, Npl ~yści* »jd., der mit allen - auch radikalen - Mitteln gegen alles kämpft, was eine Bedrohung für die Umwelt bedeutet; auch pejorativ über Umweltschützer« - **Ökoterrorist**. *Rozwoju cywilizacyjnego nie zatrzymamy, nie zrobi tego żaden ekoterrorysta.* tygodnik.forum.pl 2005. *W 1995 r. miał miejsce przypadek obywatelskiego nieposłuszeństwa w celu uświadomienia opinii publicznej skandalicznego wycinania ostatniej puszczy Europy - Puszczy Białowieskiej. „Ekoterroryści" z kilku krajów zamknęli bramę Ministerstwa Ochrony Środowiska i przypięli się do niej łańcuchami, trzymając w dłoniach zdjęcia wyciętej puszczy i transparenty.* www.zb.eco.pl 2005. ⌑ kein Beleg

ekoterroryzm *m, G -u* »Einstellung u. Verhaltensweise, die darauf abzielt, ökologische Ziele durch Sabotageakte durchzusetzen bzw. umweltstörende Faktoren mit Gewalt zu beseitigen« - **Ökoterrorismus**. *Niestety pod koniec lat 90. pojawił się ekoterroryzm, w momencie, gdy za pieniądze zagraniczne, jak także częściowo za środki Narodowego i wojewódzkich funduszy, organizacje proekologiczne w miarę dobrze się urządziły.* www.abrys.pl 2005. *Ekoterroryzm jest terminem, który pojawił się w amerykańskiej polityce gospodarczej lat 80. Lekceważenie amerykańskich ekologów sprowokowało ich radykalizację.* www.biznespolska.pl 2005. ⌑ kein Beleg

ekotorba *f* »Tasche aus ökologisch unbedenklichem, biologisch abbaubarem Material« -

Ökotasche. *Ekotorby wykonane z materiału wielokrotnego użycia; ekotorba na zakupy. Firma ta sprzedaje większość swych produktów w ekotorbach.* OiT. *Bawią mnie owe „ekotorby" z proszkami do prania, zrobione z nie ulegającego biodegradacji plastiku, jak i same proszki „bez fosforanów", bardziej jeszcze szkodliwe od tych z fosforanami.* SW. ⌑ SW 1996, OiT 2001

ekoturysta *m, G ~ty, Npl ~yści* »Tourist, der seinen Urlaub in einer ökologisch intakten Gegend, in engem Kontakt mit der Natur verbringt« - **Ökotourist**. *Ekoturyści reprezentują niemal wszystkie przedziały wiekowe, ale formę podróżowania rowerem preferują ludzie w przedziale 35-54 lat. (...) Ekoturyści preferują zdrowy styl życia i często w sposób świadomy kupują jedynie produkty i usługi przyjazne dla środowiska.* www.wolow.pl 2005. ⌑ PS 1997

ekoturystyczny *Adj v.* ↗ekoturystyka - **ökotouristisch**. *Produkt ekoturystyczny. Przewodnik ekoturystyczny opisuje tereny nad środkową Odrą i dolną Wartą, szczególnie w Parkach Krajobrazowych „Ujście Warty", Krzesińskim i Łagowskim.* www.hoopoe.com.pl 2005. *Ekoturystyczny kierunek rozwoju przewidywany jest głównie dla terenów położonych w otoczeniu jezior: Boczne, Kościelne, Krzywólskie, Przystajne.* www.przerosl.wojpodlaskie.pl 2005. ⌑ kein Beleg

ekoturystyka *f* »Touristik in naturnahen Gebieten mit intakter Umwelt - **Ökotourismus**. *Zasadniczym warunkiem powodzenia w ekoturystyce jest postawa lokalnych społeczności. Ludność miejscowa musi być przekonana o zaletach i korzyściach rozwoju zielonej turystyki i zrozumieć jej sens i istotę.* www.wolow.pl 2005. *Hel dzisiaj może być kopalnią złota. Ta „kopalnia złota" to ekoturystyka, coraz modniejsza w świecie.* NSP2. ⌑ PS 1997, US 2003 ✎1991 NSP2. *auch* ↗zielona turystyka

ekowarzywo *n, meist im Pl* **ekowarzywa** »Gemüse, das nach den Prinzipien des ökologischen Landbaus angebaut wurde« - **Ökogemüse**. *Gotowałam więc ekologiczne obiadki z przywożonych przez męża ekowarzyw, a Jaś rozpromieniał się na widok pełnej miseczki.* Dziecko 2000. ⌑ kein Beleg

ekoznak *m, G -u* »Aufkleber o. Aufdruck auf (der Verpackung) einer Ware, der anzeigt, dass sie aus umweltverträglicher Produktion o. aus umweltverträglichem Anbau stammt« - **Ökolabel, Umweltzeichen**. *Ekoznaki na opakowaniach. Ekoznak promuje produkty przyjazne dla środowiska.* www.intur.com.pl 2005. *Ekoznaki nie usprawiedliwiają niepotrzebnej rozrzutności. Kupując oznaczony ekoznakiem papier, nie powinniśmy go lekkomyślnie marnować.* www.ekokonsument.pl 2005. ⌑ kein Beleg

ekożywność *f* »zertifizierte, gentechnisch unveränderte Lebensmittel, die nach ökologischen Prinzipien hergestellt sind« - **Öko-Lebensmittel**. Sklep, stoisko, handel z ekożywnością. *W „starych" krajach Unii Europejskiej ekożywność jest dużo droższa. Dlatego też Polska z rozległymi polami uprawnymi i nieskażoną tak bardzo glebą jest w wyjątkowej sytuacji.* vege.spinacz.pl 2005. *Takie „kwiatki" ujawnili pracownicy Inspekcji Handlowej w Szczecinie w trakcie kontroli placówek handlujących ekożywnością.* www.kurier.szczecin.pl 2005. 🕮 kein Beleg. *s. auch zdrowa ↗żywność*

ekran ♦ **ekran akustyczny** *oder* **dźwiękochłonny** »Lärmschutzelement an Autobahnen, Eisenbahnlinien o.Ä. in der Nähe von Wohnanlagen« - *(bepflanzter Erdwall)* **Lärmschutzwall**, *(aus Platten o.Ä. errichtete hohe, mauerartige Wand)* **Lärmschutzwand, Lärmschutzzaun**. *Wzdłuż ulicy Ogrodowej powstanie ekran akustyczny. Zielony ekran ustawiają od kilku dni w parku miejskim w Kielcach pracownicy Rejonowego Przedsiębiorstwa Zieleni. Stalowa konstrukcja, na której mają być zamontowane drewniane rusztowania, stanie wzdłuż ulicy Ogrodowej. Obok posadzony zostanie bluszcz, który będzie pochłaniał większość zanieczyszczeń i spalin, wyciszy dobiegający od ulicy hałas, a jednocześnie będzie dodatkowym elementem dekoracyjnym.* www.i-kielce.pl 2005. *W celu zmniejszenia hałasu od pojazdów przejeżdżających po trasie WZ wybudowano wzdłuż osiedla Mickiewicza ekran dźwiękochłonny.* www.gdansk.pl 2005. 🕮 PS 1997, IS 2000
♦ **ekran dotykowy** *s.* **dotykowy**
♦ **ekran plazmowy** »Bildschirm, der ein helles Bild u. ein großes Farbspektrum bietet u. der Licht mit Hilfe von Phosphoren erzeugt, die durch Plasma-Entladungen angeregt werden« - **Plasmabildschirm**. *Ekran plazmowy wyznacza nowy standard oglądania obrazów w możliwie jak najlepszych warunkach. Nowości technologiczne rzeczywiście stają się stylem życia.* www.thomson.com.pl 2005. 🕮 kein Beleg
♦ **ekran płaski** »Bildschirm mit geringer Tiefe, der nicht auf der Technik der Kathodenstrahlröhre beruht« - **Flachbildschirm**. *Płaskie ekrany zaczynają być powszechnie używane, cena ich co roku spada o połowę.* Polityka 2002. *Zgodnie ze swoją maksymą: więcej niż płaski ekran, do swojej oferty firma SONY wprowadza nowe serie telewizorów LCD z serii WEGA.* Gazeta Wyborcza 2003. 🕮 PS 1997

e-książka *s.* **e-book**
e-księgarnia *f* »Versandbuchhandlung, deren Bücher man über das Internet bestellen kann« - **E-Buchhandlung, Internet-Buchhandlung**. *(...) Sukces amazon.com nie oznacza, że zarobisz miliony, jeśli otworzysz e-księgarnię. Pomysł może wypalić, pod warunkiem, że dostosujesz go do swojej branży, firmy, budżetu i rynku.* www.onepress.pl 2006. *auch* księgarnia internetowa 🕮 kein Beleg

ekskomunista *m, G ~ty, Npl ~iści* - **Exkommunist**. *Nie ma postkomunistów, jeżeli są jeszcze gdzieś, to - ekskomuniści, i wcale nie jestem pewien, czy rzeczywiście rozstali się na zawsze ze swoim komunizmem.* www.mateusz.pl 2005. *Ponieważ ekskomuniści byli - jak się zdawało w latach 1989 i 1990 - siłą schodzącą, szybko przestali być głównym obiektem natarcia prawicy.* serwisy.gazeta.pl 2005. 🕮 SW 1996

eksnomenklatura *f* »(ehemalige) politische Führungsschicht im kommunistischen Herrschaftssystem« - **Exnomenklatura**. *W Polsce nie dokonano rozrachunku z PRL i komunizmem, część telewidzów popiera eks-nomenklaturę.* SW. *Warto pamiętać, że sam Kaczyński wcale nie wzdragał się przed układami z eks-nomenklaturą (...).* NSP3. 🕮 SW 1996, OiT 2001

ekstaza[NB] *s.* **ecstasy**

e-learning [ilernink] *m, G -u, auch* **e-nauczanie** *n* »Lernen unter Einbeziehung elektronischer Medien wie PC, CD-ROM u. Internet« - **E-Learning**. *Kurs e-learningu. E-learning jest nową techniką, stosowaną w procesie edukacji, która korzysta z wielu rozwiązań technologii komunikacyjnych i informatycznych. (...) Wykorzystując Internet jako podstawowe medium komunikacji, e-learning stwarza możliwość samokształcenia w oderwaniu od miejsca i czasu.* www.akademia.parp.gov.pl 2005. *E-nauczanie staje się na Uniwersytecie Jagiellońskim coraz bardziej popularne.* www.czn.uj.edu.pl 2007. 🕮 kein Beleg ⊰engl

e-learningowy *Adj v.* ↗e-learning - **E-Learning-**. *Program, kurs e-learningowy. Wprowadzić, wdrożyć system e-learningowy. Czy Twoja uczelnia posiada już wewnętrzny system e-learningowy dla swoich studentów?* www.openlearning.pl 2005. *Rynek e-learningowy w Polsce w najbliższych latach będzie bardzo dynamiczny.* www.profirma.com.pl 2005. 🕮 kein Beleg

elektorat[NB] *m, G -u* »Gesamtheit der Wahlberechtigten, der Wählerinnen u. Wähler« - **Wählerschaft, Wahlvolk**. *Elektorat solidarnościowy, postkomunistyczny; elektorat Samoobrony, SLD. Zdobywać, tracić elektorat; zabiegać o elektorat, o głosy elektoratu. Po rezygnacji Włodzimierza Cimoszewicza zaczął się bój o głosy jego elektoratu.* www.eska.slask.pl 2005. *Pawlak, licząc się ze swoim elektoratem, hamował proces integracji z Za-*

chodem i dlatego musiał odejść. Z elektoratem liczą się przede wszystkim ci, co go mają. www.ciemnogrod.net 2005. 📖 SW 1996, PS 1997, IS 2000, US 2003

elektromarket *m, G -u* »große Verkaufsstätte für elektronische Artikel« - **Elektro(nik)markt**. *Moim zdaniem w cenie (...) nie ma nic lepszego (oczywiście zakupy przez internet), bo w pewnym znanym i nie przez wszystkich lubianym elektromarkecie, którego już dawno powinni zabronić, kosztuje 1200.* foto.recenzja.pl 2005. *Tym razem prezentujemy elektromarkety, czyli dziedzinę, w której następuje daleko idąca konsolidacja i rośnie konkurencja między potentatami.* www.supermarketnews.com.pl 2005. 📖 kein Beleg

elektronika ♦ **elektronika użytkowa** - **Heimelektronik**. *Elektronika użytkowa to ogólna nazwa urządzeń takich jak telewizor, odtwarzacz DVD, magnetowid, sprzęt HiFi, telefon komórkowy, zasilacz, ładowarka itp.* encyklopedia. servis.pl 2005. 📖 kein Beleg

elektroszoker *m, G -a* »Gerät, das mit Hilfe elektrischen Stroms einen Angreifer außer Gefecht setzt« - **Elektroschocker**. *Jeżeli chodzi o elektroszokery, to po konsultacji, także ze specjalistami - tak jak zrobił to również senator Kulak - stwierdzam, że to są rzeczywiście niebezpieczne narzędzia. (...) powiedziano mi, że nawet te o bardzo niskim natężeniu i napięciu mogą być niebezpieczne (...).* www.senat. gov.pl 2000. 📖 kein Beleg. *auch* ↗paralizator

e-mail, email [imejl] *m, G -a, Npl -e, Gpl -i oder -ów, auch ugs* **mail, mejl** *m* **1** »elektronischer Daten- u. Nachrichtenaustausch über das Internet; elektronische Post« - **E-Mail, Mail**. *Wysłać, przekazać wiadomość e-mailem, przez e-mail - eine Nachricht per E-Mail (ver)schicken, übermitteln. Usługi, powiadomienia, horoskop, kontakt przez e-mail. Aktualnie poprzez e-mail można dokonać m.in. przedłużenia terminu zwrotu książki, złożyć kwerendę czy wysłać pytanie do bibliotekarza dyżurującego.* www.bu.uni.torun.pl 2005. *Odkryj, jak wykorzystując e-mail zdobyć pracę, kontakty, klientów, partnerów.* www.zlotemysli.pl 2005. 📖 PS 1997, IS 2000, US 2003. *auch* ↗poczta elektroniczna **2** »Nachricht per E-Mail« - **E-Mail, Mail**. *Wysłać, czytać e-mail (ugs e-maila); czekać, odpowiedzieć na e-mail (ugs e-maila). Pewnego dnia otrzymałem e-mail, w którym oferowano mi zarobienie dość pokaźnej ilości pieniędzy i to nie ruszając sie z domu.* www.gci. przykona.pl 2005. *Nadawca bombowego maila przed sądem.* ww6. tvp.pl 2006. *Jeszcze raz proszę o pilną odpowiedź na moje pytania (na mojego mejla).* forum.demokraci.pl 2005. 📖 IS 2000, US 2003 **3** »Adresse, unter der E-Mails empfangen werden können« - **E-Mail-Adresse, Mail-Adresse**. *Podać swój e-mail. Email zaufania dla osób uzależnionych od alkoholu.* www.alkoholizm. akcjasos.pl 2005. 📖 IS 2000, US 2003. *auch* ↗adres e-mailowy ◄engl e(lectronic) mail

e-mail [imejl] *nachgestellt in adjektivischer Funktion, indekl* - **E-Mail-**. Konto e-mail - E-Mail-Konto, E-Mail-Account. Poczta, usługa, adres e-mail. Zakładać konto e-mail. *Czy są Państwo pewni, że poczta e-mail jest naprawdę bezpieczna, że nikt nie czyta Państwa korespondencji prywatnej czy służbowej?* www.certum.pl 2005. *Załóż darmowe konto pocztowe e-mail gratis.* poczta.o2.pl 2005. 📖 kein Beleg. *auch* ↗e-mailowy

e-mailing [imejlińk] *m, G -u* »Versenden von Werbematerial per E-Mail« - **E-Mailing**. *E-mailing jest bardzo efektywną metodą dotarcia do klienta z przekazem reklamowym. Aby było to skuteczne narzędzie, wymaga ono dużego doświadczenia.* www.expro.pl 2006. 📖 kein Beleg. *auch* ↗mailing ◄engl

e-mailingowy *s.* **mailingowy**

e-mailować, emailować [imejlować] *ipf, auch ugs* **mailować, mejlować**, *v.* ↗e-mail »eine E-Mail schreiben, senden« - **emailen, e-mailen, mailen**. *Wyjeżdża na dwa tygodnie do Londynu. Będzie emailował. I dzwonił.* K. Grochola, Nigdy w życiu 2001. *Jan e-mailuje z Genewy, że załatwił już wszystkie interesy i pojutrze wraca.* OiT. *Pół roku dzwonię do nich i mejluję, żeby mi przyszli i założyli gniazdko, a oni nic - to u nich normalne czy niekoniecznie???* wirtualna.gdynia.pl 2005. *Kuka godzinami surfuje i mailuje. Ma jakieś trzy przyjaciółki, których nigdy nie widziała na oczy, ale którym namiętnie opisuje swoje i nasze życie.* czytelnia. onet.pl 2005. 📖 OiT 2001

e-mailowy, emailowy, emejlowy [imejlowy] *auch ugs* **mailowy, mejlowy** *Adj v.* ↗e-mail - **E-Mail-, Mail-**. Adres e-mailowy; poczta, wiadomość e-mailowa. *Osoby zainteresowane prosimy o kontakt e-mailowy.* www.lart.pl 2005. *Podajcie mi adres mejlowy, to wam dam nasze namiary.* wyprawy.onet.pl 2005. *Informacje proszę przekazywać bezpośrednio na Forum lub na adres mailowy naszej strony.* forum.1944.pl 2005. *Szybko wpłacone pieniążki, miły kontakt emejlowy, gorąco polecam!!!* img11.allegro.pl 2005. 📖 IS 2000, US 2003. *auch* ↗e-mail

e-marketing [i-marketińk] *m, G -u* »elektronisches Marketing, Internetmarketing« - **E-Marketing**. *E-marketing to dziedzina precyzyjnego planowania działań promocyjnoreklamowych z wykorzystaniem sieci Internet.* www.madonet.pl 2005. *E-marketing często jest nadal traktowany jako nowe, nie sprawdzone narzędzie promocyjne. Istnieją ugruntowane*

emigrant 72

opinie-mity, a jak wyglądają fakty? www.dendrite.com 2005. 🕮 kein Beleg

emigrant ♦ emigrant podatkowy s. **podatkowy**

emitor *m, G -a, Umweltschutz* »Industriebetrieb o.Ä., der Emissionen verursacht« - **Emittent**. Emitor zanieczyszeń powietrza, pyłu, dwutlenku siarki. *Betoniarnie są emitorami pyłów.* PS. *Sektor energetyczny, czyli największy emitor dwutlenku węgla, jest w dużym stopniu odpowiedzialny za wzrastające i coraz gwałtowniejsze ekstremalne zjawiska pogodowe i katastrofy przyrodnicze, twierdzi WWF, międzynarodowa organizacja ekologiczna.* wwf.pl 2005. 🕮 PS 1997, US 2003

emotikon *m, G -u, meist im Pl* **emotikony** *auch* **emotikonki** *Internet* »Zeichenkombination, mit der in der elektronischen Kommunikation (E-Mail, Chat, IRC) eine Gefühlsäußerung wiedergegeben werden kann« - **Emoticon**. *Emotikony to już nie tylko "buźki", to małe literowe majstersztyki - bawiące trafnością, zwięzłością i fantazją formy.* www.emotikony.pl 2006. *A już tak zupełnie swoją drogą, to ja nie cierpię takich graficznych emotikonków, a już szczególnie animowanych.* news.sinuspl.net 2005. 🕮 US 2003. *s. auch* ↗smiley ↗śmieszki ◁engl emoticon *aus* emotion *u.* icon

e-nauczanie *s.* **e-learning**

Enerdol, enerdol* *m, G -a, Npl -e, stark abwertend* »Bürger der ehemaligen DDR« - **DDR-ler**. *Dawniej co roku przyjeżdżał do nas w ramach szkolnej wymiany taki jeden Enerdol.* PS. *Berlin to specyficzne miasto. Połowa to enerdole, i to wielu z nich to ci dawniej prominentni, a po zachodniej stronie pełno Turków i kolorowych, do tego jeszcze masa zhipisiałych pacyfistów (...).* www2.usenetarchive.org 2004. 🕮 PS 1997. *s. auch* ↗enerdowiec

enerdowiec* *m, G ~wca, Npl ~wcy, ugs, oft abwertend* »Bürger der ehemaligen DDR« - **DDR-ler**. *I wreszcie, enerdowcy stali się obywatelami Unii, a ich żołnierze niemal w ciągu jednej nocy żołnierzami NATO.* serwisy.gazeta.pl 2005. *W oczach światowej widowni to Czesi, demonstrujący na placu Wacława i potrząsający kluczami, oraz enerdowcy, równie pokojowo manifestujący pod murem, doprowadzili do jego upadku i demontażu komunizmu.* www.mk.gov.pl 2005. *Czuję się jak enerdowiec w czasie pierwszej wizyty w erefenowskim supermarkecie. Szał wyboru. Półki pełne (...).* denton.akcja.pl 2005. 🕮 PS 1997, US 2003 ✎1985 PP. *s. auch* ↗enerdol ◁Ableitung aus der Abk NRD (**N**iemiecka **R**epublika **D**emokratyczna) für DDR

enerdowo* *n oder* **enerdówek*** *m, G ~wka, ugs* - »abwertende Bezeichnung für die DDR« *Stosy marek miały dawne Enerdowo zamienić w krainę mlekiem i miodem płynącą, ale forsa została przeżarta, a do drzwi wschodnich Johanów zapukała bida.* www.nie.com.pl 2005. *Do enerdówka jeździło się głównie po wódeczność i piwo.* PP. *Moda na peerel nadeszła zdecydowanie później niż moda na enerdówek.* respublica.onet.pl 2005. 🕮 kein Beleg ✎1979, 1986 PP

energetyczny[NB] *Adj* »über Produkte, die viel Energie liefern« - **Energie-**. ↗Napój energetyczny - Energydrink, Energiedrink, Energizer. *Preparaty, batony, kosmetyki energetyczne. Dietetycy zalecają naturalne produkty energetyczne - kiełki, orzechy, pełnoziarniste pieczywo.* IS. 🕮 IS 2000

energetyzer *m, G -a oder* **energizer** [energdżajzer] *m, G -a, ugs oder* ♦ **energy drink** *m, G* energy drinka »Getränk, das eine belebende Wirkung auf den menschlichen Organismus haben soll durch Inhaltsstoffe wie Koffein (Guarana), Taurin, Vitamine, Mineralstoffe u.A.« - **Energydrink, Energiedrink, Energizer**. *Ostrożnie z energetyzerami. Maratończycy i inni entuzjaści ekstremalnego wysiłku powinni poskramiać swoje pragnienie. Zwłaszcza jeśli piją napoje energetyzujące.* Gazeta Wyborcza 2003. *Każde pokolenie ma swój kultowy napój. Dziś młodzi aktywni noszą w kieszeni energizera (od angielskiego energy drink).* Polityka 2003. *Siedzisz 10, 15 godzin na dobę, pijesz 5 filiżanek mocnej czarnej, w przerwach między nauką połykasz kanapki i popijasz energy drink'a.* www.studiuj.pl 2004. 🕮 kein Beleg. *auch* ↗napój energetyczny *oder* energetyzujący

energetyzować *oder* **energizować** *ipf* »Energie zuführen, verstärken« - **energetisieren, beleben**. *meist als adj. Partizip* **energetyzujący** *oder* **energizujący** *Szampon energizujący - Energieshampoo.* ↗Napój energetyzujący - Energydrink, Energiedrink, Energizer. *Działanie koloru czerwonego jest intensywne, energetyzujące.* US. *Ten szampon przeznaczony do włosów normalnych, ma je energetyzować. No cóż. Szampon słabo się pieni, włosy mam po nim jakieś oklapnięte, a miały być zenergizowane.* torebka.kafeteria.pl 2005. *auch als Adverb* **energetyzująco - energetisierend, belebend**. *Olejek eukaliptusowy działa energetyzująco.* US. 🕮 US 2003

energizer, energizować *s.* **energetyzer, energetyzować**

energooszczędność *f, G ~ści* - **sparsamer Energieverbrauch, -einsatz; Energieeinsparung**. *Energooszczędność w przedsiębiorstwach produkcyjnych, w budownictwie. Już niedługo energooszczędność będzie jednym z kluczowych wymagań stawianych przed nowo projektowanymi budynkami.* www.rockwool.pl 2005. *Przede wszystkim musimy postawić na*

energooszczędność w procesie produkcji. PS.
📖 PS 1997, IS 2000, US 2003
energooszczędny *Adj* »wenig Energie verbrauchend« - **energiesparend, Energiespar-;** (etw.) **mit Energiespareffekt.** Energooszczędna żarówka - Energiesparlampe. Energooszczędne oświetlenie; energooszczędna pralka, lodówka, zamrażarka. *Oświetlenie w zakładzie może być lepsze, wystarczy zamienić tradycyjne żarówki na energooszczędne świetlówki długie, które nie powodują tzw. efektu migotania.* PS. *Filozofia, na jakiej bazuje budownictwo energooszczędne, sprowadza się do trzech fundamentów poszanowania energii: oszczędzania, odzysku i poboru energii z otoczenia.* www.masatherm.pl 2005. 📖 Supl 1994, PS 1997, IS 2000, US 2003 ◄dt
energoterapeuta *m, G ~ty, Npl ~euci* »Heilpraktiker, der z.B. durch Handauflegen Störungen in den Energieabläufen des menschlichen Organismus beseitigt u. die Selbstheilungskräfte unterstützt« - **Energotherapeut.** *Pacjent jest leczony polem magnetycznym energoterapeuty, który w tym celu wzmacnia je mentalnie (rozumowo).* www.rozmowy.all.pl 2005. *Również energoterapeuci zalecają głaskanie pnia brzozy dłońmi, przykładanie głowy do pnia, opieranie się plecami o pień drzewa.* www.sylveco.pl 2005. 📖 PS 1997, US 2000. *s. auch* ↗bio(energo)terapeuta
energoterapeutka *f v.* ↗energoterapeuta - **Energotherapeutin.** *Do energoterapeutki przyjeżdżają ludzie z całej Polski. Często fatygują się do niej osoby z drugiej półkuli.* relaz. o2.pl 2005. 📖 PS 1997. *s. auch* ↗bio(energo)terapeutka
energoterapeutyczny *Adj* - **Energotherapie-; energotherapeutisch.** *Seans, zabieg energoterapeutyczny; leczenie energoterapeutyczne; zdolności energoterapeutyczne. Zabiegi energoterapeutyczne przez wielu obserwatorów traktowane są jako rodzaj szarlatanerii.* PS. *Gdy parę lat temu odkrył u siebie zdolności energoterapeutyczne, zgłosił się do szpitala, by pomagać pacjentom.* www.polishdaily-news.com 2005. 📖 PS 1997, US 2003. *s. auch* ↗bio(energo)terapeutyczny
energoterapia *f* »Heilungstechnik durch Energieübermittlung« - **Energotherapie.** *JTG Tayler z Uniwersytetu Londyńskiego krytykuje nie tylko energoterapię, ale i radiestezję oraz wszelkie formy okultyzmu.* www.kulty.info 2005. 📖 PS 1997, US 2003. *s. auch* ↗bio(energo)terapia
energy ♦ **energy drink** *s.* **energetyzer**
e-praca *f* - **E-Arbeit, eArbeit, Telearbeit.** *E-praca (telepraca, ang. Telework) polega na wykonywaniu pracy w dowolnej odległości od miejsca zatrudnienia, np. siedziby firmy.* www.sciaga.pl 2006. *Praca w internecie (inaczej e-praca, e-biznes, telepraca) to najwspanialszy biznes, który możesz rozkręcić we własnym domu.* e-praca.org 2006. 📖 kein Beleg. *auch* ↗telepraca
erefenowiec* *m, G ~wca, Npl ~wcy, ugs* »vor allem bis zur Wiedervereinigung Deutschlands 1991 Bezeichnung für die Bürger der Bundesrepublik Deutschland« - **BRD-ler.** *Erefenowcy wbrew pozorom wcale tak nie kochają tych z NRD.* PP. *Znajomy erefenowiec poznał przyrodniego brata z NRD dopiero po zburzeniu muru berlińskiego.* PS. 📖 PS 1997
✐1975 PP ◄abgeleitet aus der Abk RFN (**R**epublika **F**ederalna **N**iemiec) für die alte Bundesrepublik Deutschland
e-reklama *f* »Reklame, Werbung im Internet« - **E-Reklame, E-Werbung.** *Agencja poleca swoje usługi reklamowe, także w zakresie e-reklamy.* OiT. *Czy w ogóle opłaca się i jest sens przyciągać ludzi z ulicy do stron www, czy najlepsze efekty daje tylko e-reklama?* www.cneb.pl 2005. 📖 OiT 2001. *auch* reklama online, reklama internetowa
erka *f, ugs* **1** - »Rettungs- bzw. Notfallwagen, der mit Reanimationsgeräten ausgerüstet ist; Reanimationswagen« *Jeździć erką; wezwać, wysłać erkę; dzwonić po erkę. Był przypadek, że podjąłem reanimację 55-letniej kobiety, ale leki nie pomagały i trzeba było wezwać „erkę" z defibrylatorem.* www.lodz.naszemiasto.pl 2005. 📖 Supl 1994, SW 1996, PS 1997, IS 2000, US 2003 **2** - »klinische Abteilung für lebensbedrohlich Kranke, in der eine Reanimation vorgenommen werden kann; Reanimationsstation, -abteilung« *Leżeć, wylądować na erce, trafić na erkę. Prawie nieprzytomna i na skraju zupełnego odwodnienia i wyczerpania trafiłam do szpitala. Tam położyli mnie na erce, podłączając do monitora, by ciągle mieć pod kontrolą serce, ciśnienie, tętno.* colitisulcerosa.debno.org 2005. 📖 Supl 1994, IS 2000, US 2003
◄abgeleitet von R für reanimacja, reanimacyjny
esbecja* *f, ugs, abwertend* - »in der Volksrepublik Polen von 1956 bis 1990: Staatssicherheitsdienst« *Tylko jak mu pomóc, kiedy esbecja go obstawiła i odizolowała od społeczeństwa.* wybory.onet.pl 2005. *Esbecja zatrzymała mnie i jeszcze czterech chłopaków z kopalni. Nie mieli dowodów, by wytoczyć nam proces, więc nas internowali.* www.kronika.beskidzka.pl 2005. 📖 SW 1996, PS 1997, US 2003. *auch* ↗SB
◄abgeleitet von SB für **S**łużba **B**ezpieczeństwa
esbecki* *seltener* **esbowski*** *Adj, abwertend* - **Staatssicherheits-, Sicherheitsdienst-.** *Esbeckie metody; przeszłość esbowska. SB już nie ma, metody esbeckie - są. Na uczelniach pozostały!* www.nauka-edukacja.tubaza.pl 2005. *Jedna przecież strona obciąża drugą, a ja własnego instrumentarium sprawdzania nie*

miałem. Może była to operacja esbowska, a może nie. serwisy.gazeta.pl 2005. ⌑ SW 1996, PS 1997, US 2003 ◄abgeleitet von ↗esbecja

esbek* *m, G -a, Np ~ecy, ugs, abwertend,* **esbowiec*** *m, G ~wca, Npl ~wcy, ugs, abwertend,* **esbol*** *m, G -a, Npl -e, ugs, verächtlich -* »in der Volksrepublik Polen: Angehöriger des kommunistischen Staatssicherheitsdienstes« *Esbek to funkcjonariusz służb specjalnych, które zajmowały się w PRL prześladowaniem ludzi przeciwstawiających się władzy.* IS. *W spółkach ochrony mienia i detektywistycznych pracuje cała grupa esbowców.* SW. *Esbole również chcieli być jak najbliżej, aby nagrać na swoje magnetofony słowa kardynała Wojtyły.* www.goniec.net 2005. ⌑ SW 1996, PS 1997, IS 2000, US 2003 ⌕1984 PP ◄abgeleitet von SB für **S**łużba **B**ezpieczeństwa

eseldowski *Adj, ugs* - **SLD-; der (Partei) SLD angehörig**. *Burmistrz, projekt eseldowski; eseldowski członek komisji. Przegrani baronowie eseldowscy mają pewne ścieżki odwrotu dzięki własnym kolesiom, którzy są wszędzie.* www.dziennik.com 2003. *Fatalnie przygotowana przez eseldowski rząd ustawa vatowska sprawia bowiem olbrzymie trudności przedsiębiorcom.* www.iap.pl 2005. ⌑ kein Beleg ◄abgeleitet von SLD für das postkommunistische Linksbündnis **S**ojusz **L**ewicy **D**emokratycznej

esemesować *s*. **SMS-ować, smsować**

e-sklep *m, G -u* - **Online-Shop, E-Shop**. *Muzyczny e-sklep dla audiofilów. Otwarty został właśnie kolejny muzyczny sklep online, MusicGiants.* www.idg.pl 2005. *Pepsi otworzyło własny e-sklep. Podczas gdy w branży IT trwa recesja i wiele przedsięwzięć internetowych zakończyło się fiaskiem, firma Pepsi zdecydowała się na uruchomienie na swojej witrynie WWW sklepu.* www.biznes.net.pl 2002. ⌑ kein Beleg. *häufiger* ↗sklep internetowy *oder* sklep online, *auch* ↗e-sklep ◄engl

espadryla* *f, meist im Pl* **espadryle** *Gpl ~li* »Leinenschuh mit einer aus (Esparto)gras o. Schnur geflochtenen Sohle« - **Espadrille,** *meist im Pl* **Espadrilles**. *Para espadryli. Nosić, kupić espadryle. Nagle zaczęło padać i Maria zmoczyła nowe espadryle.* PS. *Gdzie w Poznaniu ładne, modne espadryle?* forum.gazeta.pl 2005. ⌑ Supl 1994, SW 1996, PS 1997, IS 2000, US 2003 ⌕1971 SWO ◄frz espadrille

euro *n, indekl* »Währungseinheit in der Europäischen Union« - **Euro**. *Jedno euro, pięć euro, trzy tysiące euro. 12 z 15 krajów Unii Europejskiej (...) tworzą tzw. „strefę euro", czyli obszar na którym euro zostaje wprowadzone jako jedyna waluta krajowa.* www.bbc.co.uk 2000. *Co dalej z euro? Optymizm, jaki wiązał się ze wspólną walutą europejską, okazał się przesadzony. Euro nie radzi sobie zbyt dobrze na rynkach.* www.egospodarka.pl 2005. ⌑ PS 1997, IS 2000, US 2003 ◄Kurzwort aus Europa, europäisch

euro *nachgestellt in adjektivischer Funktion, indekl* »in Bezug auf die europäische Währungseinheit« - **Euro-**. *Pakt euro - Euro-(stabilitäts)pakt. Poza strefą euro pozostały trzy kraje Unii Europejskiej: Wielka Brytania, Dania i Szwecja.* banki.hoga.pl 2005. *Gra przeznaczona jest dla jednego gracza, który ma za zadanie uzbierać z tzw. „stołu" jak największą liczbę banknotów euro, odróżniając prawdziwe od fałszywych.* www.nbportal.pl 2005. ⌑ kein Beleg

euro- *als Erstglied in Zusammensetzungen, verweist auf den Bezug der zweiten Komponente zu den einzelnen Bedeutungen von Europa* - **Euro-**. **1** ‚Kontinent, europäische Länder' z.B. euroregion. **2** *oft mit positiver Konnotation* ‚europäische Zivilisation u. Kultur', z.B. eurocentryzm. **3** ‚Europäische Union' z.B. eurokrata, eurodeputowany, europarlament. **4** ‚EU-Standards entsprechend' z.B. eurookno, eurowtyczka. **5** *verweist auf den Bezug der zweiten Komponente zur Währungseinheit Euro,* z.B. eurostrefa, euroczek, eurokonto. ⌑ PS 1997, IS 2000, US 2003

euroatlantycki *Adj* »die Beziehungen zwischen Europa u. den Vereinigten Staaten von Amerika betreffend« - **euroatlantisch**. *Ci, którzy żałują odejścia Margaret Thatcher, argumentują, że patrzy ona po prostu bardziej realistycznie w dłuższej perspektywie na procesy integracji europejskiej i warunkuje ich zakres interesami całej euroatlantyckiej wspólnoty.* NSP2. *Polacy, jak i ich ukraińscy sojusznicy i euroatlantyccy koalicjanci, potrzebni są nad Bałtykiem i Morzem Czarnym, a nie w Iraku, na Wzgórzach Golan, Libanie.* www.wirtualnapolonia.com 2005. ⌑ PS 1997, IS 2000, US 2003 ⌕1991 NSP2

euroatlantyzm *m, G -u* »Ideologie eines engen Bündnisses zwischen Europa u. den Vereinigten Staaten von Amerika« - **Euroatlantismus**. *Brytyjczycy oddalają się trochę od USA. Z kolei Francuzi przyznają, iż niemożliwa jest konstrukcja silnej Europy w opozycji do Stanów Zjednoczonych, gdyż, zważywszy na obecny stosunek sił, nieuniknione okazuje się przejście przez fazę euroatlantyzmu.* www.msz.gov.pl 2003. ⌑ kein Beleg

eurocent *m, G -a* »Untereinheit des Euro« - **Eurocent**. *[Włoski] Fiskus chce opodatkować SMS-y. Pomysł zrodził się w głowach członków rządzącej koalicji centro-prawicowej. Wyliczyli oni, że już jeden eurocent od każdej wysłanej wiadomości tekstowej w skali roku wzbogaciłby budżet państwa o co najmniej kilkaset milionów euro - informuje „Trybuna Śląska".* telekomunikacja.interia.pl 2004. ⌑ US 2003

Eurocity, eurocity [euros-ity] *m, indekl, ugs* »gut ausgestatteter Schnellzug im Fernverkehr mit dem Ausland« - **Eurocity(-Zug)**. *Podróżować, pojechać Eurocity. Wykorzystanie pomocy przedakcesyjnej Krzysztof Margol porównuje do załapania się na pociąg pośpieszny. Dziś przez Nidzicę przejeżdża prawdziwy eurocity - wsparcie może być nieporównanie większe - mówi.* merkuriusz.id.uw.edu.pl 2005. ◫ PS 1997, IS 2000, US 2003

eurodeputowana *f, G ~nej, Npl ~ne* »Abgeordnete des Europäischen Parlaments« - **Europa-Abgeordnete, Euro(pa)parlamentarierin**. *Przewodniczący frakcji liberalnej i brytyjski eurodeputowany Graham Watson stoi na stanowisku, że należy na trwałe zapewnić rozdział Kościoła od państwa (...). Również brytyjska eurodeputowana z partii zielonych domaga się przejrzystości w stosunkach między Komisją Europejską a Kościołami i wspólnotami wyznaniowymi.* ekai.pl 2005. ◫ kein Beleg. *auch* ⁊europarlmentarzystka, ⁊europosłanka

eurodeputowany *m, G ~nego, Npl ~ni* - **Europa-Abgeordneter, Euro(pa)parlamentarier**. *Do tej pory eurodeputowani otrzymują pensje od własnych parlamentów narodowych w wysokości przysługującej posłom do tych parlamentów.* www.polskiejutro.com 2005. ◫ kein Beleg. *auch* ⁊europarlmentarzysta, ⁊europoseł

euroentuzjasta *m, G ~ty, Npl~aści* »glühender Befürworter der europäischen Integration, hier insbesondere auch des EU-Beitritts Polens« - **Euro(pa)enthusiast, Europabegeisterter**. *Ale euroentuzjaści zapominają, że członkostwo w Unii to nie tylko przywileje, lecz także ograniczenia i obowiązki.* OiT. *Euroentuzjaści wierzą, że nasze wejście do Unii przyczyni się do zmniejszenia bezrobocia w Polsce, a co za tym idzie - do likwidacji ubóstwa.* www.naszawitryna.pl 2005. ◫ OiT 2001

euroentuzjastka *f v.* ⁊euroentuzjasta - **Euro(pa)enthusiastin, Europabegeisterte**. *Kwaśniewska przyznała, że osobiście nie jest tak ogromną euroentuzjastką, żeby wierzyć, iż w momencie przystąpienia Polski do Unii znikną wszystkie nasze problemy.* euro.pap.pl 2003. *Wykładnię demokratycznego myślenia dała w jednym z programów telewizyjnych naczelna euroentuzjastka III RP, Róża Thun, oburzając się, że to wcale nie Francuzi odrzucili traktat, „lecz 55 proc." Francuzów, którzy nic z niego nie zrozumieli.* wprost.pl 2005. ◫ kein Beleg

eurofob *m, G -a, Npl -i oder -y* »jd., der eine krankhafte Abneigung gegen die Europäische Union und ihre Organe hat« - **Europhober; Europhobiker**. *Przewodniczący partii i minister edukacji, Roman G., znany euro-fob, według którego Unia Europejska jest kontrolowana przez homoseksualistów, zwolnił niedawno urzędnika odpowiedzialnego za Centrum Doskonalenia Nauczycieli za to, że przetłumaczył publikację Rady Europy, w której znajdują się rekomendacje dotyczące nauczania tolerancji.* www.innastrona.pl 2006. ◫ kein Beleg

eurofobia *f* »krankhafte Abneigung gegen die EU und ihre Organe« - **Europhobie**. *Coraz więcej Polaków nie chce naszego wejścia do Unii. Ta eurofobia, która dała o sobie znać również dzisiaj w niektórych wystąpieniach poselskich, jest przede wszystkim wynikiem złej polityki rządu, pogarszającej się sytuacji gospodarczej.* unia-polska.pl 1999. *Taki elektorat jest w stanie akceptować pewną dwuznaczność w stosunku do UE (...), natomiast histeryczna eurofobia go odpycha.* www.nczas.com 2005. ◫ kein Beleg

eurofundusz *m, G -u* - **Eurofonds**. 1 »Fonds, die auf europäischen Aktien o. Rentenpapieren aufgebaut sind« *Dwa Eurofundusze połączą się z funduszami Pioneer w połowie 2002 roku.* money.pl 2005. ◫ kein Beleg **2** *meist im Pl* **eurofundusze** »Europäischer Strukturfonds« *Kraśnik powalczy o eurofundusze. Urząd Miejski w Kraśniku chce w tym roku pozyskać znaczące środki finansowe z funduszy strukturalnych oferowanych przez Unię Europejską.* www.krasnik.pl 2004. ◫ kein Beleg

eurogrant *m, G -u* »finanzielle, zweckgebundene Zuwendung für EU-Projekte, die von der EU vergeben wird« - **EU-Fördermittel, EU-Stipendium, EU-Zuschuss**. *Eurogrant na coś; wniosek o przyznanie eurograntu. Przyznać, uzyskać eurogrant; starać się o eurogrant. Problematyka Warsztatów Europejskich to: wnioski o eurogranty i pozyskiwanie funduszy, zdefiniowanie pojęcia fundraising (...).* www2.gazeta.pl 2004. ◫ kein Beleg

euroizacja *f, Wirtschaft* »(einseitige) Einführung des Euro als Parallelwährung« - **Euroisierung**. *Euroizacja złotego, gospodarki. Czy nowe państwa członkowskie mogą zacząć stosować euro jako walutę równoległą (tzw. euroizacja), zanim ich banki centralne staną się członkami Eurosystemu?* www.ecb.int 2005. *Euroizacja złotego mogłaby ostatecznie zabezpieczyć gospodarkę Polski przed silnymi wahaniami kursu złotego lub stratami rezerw walutowych NBP (...). Za wadę euroizacji złotego uważa się wymuszenie szybkiej restrukturyzacji na poziomie mikroekonomicznym (...).* www.europolforum.pl 2005. ◫ kein Beleg

eurokarta *f* »international gültige Kreditkarte« - **Eurocard, Mastercard**. *Rok temu, kiedy coś załatwiałam w banku, pani w okienku powiedziała, że mają w ofercie karty kredytowe o nazwie „eurokarta"- opowiada. (...) Kiedy po roku nasza czytelniczka otrzymała z banku*

Pekao SA, w którym posiada konto osobiste, pismo informujące, że pobrano z jej środków 65 zł za eurokartę, najpierw była zdumiona. www.gazeta.obywatel.pl 2005. US 2003

eurokomisarka *f v.* ↗eurokomisarz - **EU-Kommissarin**. *W zeszłym tygodniu do Warszawy zjechała eurokomisarka do spraw eurobudżetu Michalina [sic!] Schreyer.* www.nczas.com 2004. *Żeby odsunąć od siebie zarzut, że jestem lewicofobem, napiszę kilka ciepłych słów pod adresem pani eurokomisarki Danuty Hübner.* www.pretext.us.edu.pl 2005. kein Beleg

eurokomisarz *m, G -a, Npl -e* »Mitglied der Europäischen Kommission« - **EU-Kommissar**. *Jednak eurokomisarz ds. rozszerzania UE G. Verheugen uważa projekt kanclerza za sensowny. Zastrzega przy tym, że nie może gwarantować, że UE przejmie stanowisko Niemiec (...).* www.msz.gov.pl 2000. *Za kilka miesięcy polski eurokomisarz, polscy eurodeputowani, polscy eksperci z branży wejdą w sam środek tej rzeki, która płynie już od wielu lat.* hydepark.ryzyko.pl 2004. kein Beleg

eurokonstytucja *f* - **EU-Verfassung**. *Zwróćmy uwagę, że Traktat Konstytucyjny jest odrzucany w krajach, które są najbardziej proeuropejskie. Francuzi i Holendrzy powiadają w gruncie rzeczy tyle: Europa - tak, eurokonstytucja - nie.* www.opoka.org.pl 2005. *UE, jak każda konstrukcja z tego świata, zawiera wiele błędów, eurokonstytucja także nie jest od nich wolna.* www.polskieradio.pl 2005. kein Beleg

Eurokonto, eurokonto *n* »Konto, das dem Kontoinhaber den Zugang zu Bankautomaten sowie andere Finanztransaktionen im Ausland ermöglicht« - **Eurokonto**. *Produkt jest przeznaczony dla klientów Banku Pekao SA, posiadających rachunek oszczędnościowo-rozliczeniowy Eurokonto.* www.pioneer.com.pl 2005. *Warunkiem otwarcia Eurokonta jest zadeklarowanie systematycznych wpłat na rachunek, wypełnienie karty informacyjnej oraz okazanie dokumentu tożsamości.* prace.sciaga.pl 2005. PS 1997, US 2003

Eurokorpus *m, G -u* »multinationaler Einsatzverbund von Truppen aus fünf EU-Staaten« - **Eurocorps**. *Kwatera Eurokorpusu znajduje się w Badenii-Wirtembergii. Eurokorpus stał się w pełni operacyjny w roku 1995 i jest przez niektórych widziany jako zalążek armii europejskiej.* www.ppe.pl 2002. kein Beleg

eurokracja *f* - **Eurokratie**. **a)** *ugs* »die höheren Bediensteten der EU in Brüssel« Brukselska eurokracja. *Europejskie firmy już ledwo dyszą, a będzie jeszcze trudniej dla nich, bo europejska eurokracja nie potrafi zareagować na czas.* waluty.onet.pl 2005. **b)** *abwertend* »von den EU-Kritikern geprägtes Wort, das in Assoziation zu Bürokratie die Dominanz einer gesichtslosen, schwerfälligen u. unflexiblen Verwaltungsbürokratie in Brüssel suggeriert« *Zwolennicy partii narodowej uważali, że eurokracja nie dopuści do korzystnych z naszego punktu widzenia rozwiązań w dziedzinie rolnictwa i zatrudnienia Polaków w krajach Unii.* OiT. OiT 2001 ⁄1987 NSP2

eurokrata *m, G ~ty, meist im Pl* **eurokraci** - **Eurokrat(en)**. **a)** »(höherer) Mitarbeiter in den EU-Organen« *Polacy nie radzą sobie jako eurokraci. Polska, największy spośród nowych krajów członkowskich UE, radzi sobie gorzej niż się spodziewano pod względem liczby pracowników zatrudnionych w Komisji Europejskiej - ocenia we wtorek brytyjski dziennik „Financial Times".* wiadomosci.o2.pl 2006. **b)** *abwertend* »EU-Bürokraten« *Wielu obywateli Unii Europejskiej wprowadzenie wspólnej waluty - euro - traktuje jako niepotrzebny wymysł eurokratów.* PS. *Eurokraci bowiem nie rozumieją, że na dłuższą metę Unii nie da się budować wbrew woli samych zainteresowanych.* www.mateusz.pl 2005. PS 1997, OiT 2001

eurokratka *f v.* ↗eurokrata »(höhere) Mitarbeiterin in den EU-Organen« - **Eurokratin**. *Prócz tego w trzyosobowym gabinecie znaleźli się doświadczona niemiecka eurokratka i inny dyplomata z przedstawicielstwa Węgier.* euro.pap.com.pl 2005. *Daję sobie jeszcze dwa, trzy lata, a potem muszę kogoś znaleźć, żeby chociaż zrobić sobie dziecko - mówi świeżo upieczona polska eurokratka.* grzybek.blog.pl 2003. kein Beleg

eurokrytyczny *Adj* - **europakritisch, EU-kritisch**. *Do wspólnego mianownika trudno sprowadzić tzw. ugrupowania eurokrytyczne. Zaliczyć można do nich m.in. lewicowy Ruch Czerwcowy, populistyczną Samoobronę, Prawo i Sprawiedliwość (PiS) czy centroprawicową Obywatelską Partię Demokratyczną (ODS) czeskiego prezydenta Vaclava Klausa.* Wprost 2004. kein Beleg

! dt. „eurokritisch" eher in der Bedeutung ,kritisch eingestellt gegenüber der (Einführung der) Gemeinschaftswährung Euro'

eurokrytyk *m, G -a, Npl ~ycy* »Kritiker der Europäischen Union, insbesondere des EU-Beitritts Polens« - **Eurokritiker, Europakritiker, EU-Kritiker**. *Władze państwa, z definicji i wedle prawa politycznie i światopoglądowo neutralnego, głosiły w tym względzie całkiem nieneutralne poglądy. Tak samo telewizja i radio publiczne. Eurosceptycy i eurokrytycy byli jawnie spychani na margines i traktowani z olbrzymią niechęcią.* Wprost 2003. *Jestem eurokrytykiem, ale nie eurosceptykiem. Nie sprzeciwiam się istnieniu UE, ale uważam, że powinna ona zostać radykal-*

nie zreformowana - mówi. Wprost 2003. ⌑ kein Beleg
! dt. „Eurokritiker" auch in der Bedeutung ‚Kritiker der (Einführung der) Gemeinschaftswährung Euro'

Euroland, euroland *m, G -u, ugs* »inoffizielle Bezeichnung für die EU-Mitgliedstaaten, deren Währung der Euro ist« - **Euroland**. *Dzięki wspólnej walucie w krajach Dwunastki poprawiły się wyniki handlu i przepływu bezpośrednich inwestycji zagranicznych. Euroland zaczął również przyciągać więcej zagranicznych inwestorów*. www.cxo.pl 2003. *Poziom bezrobocia w eurolandzie jest najniższy od maja 2002 roku (...)*. tvp.pl 2005. ⌑ kein Beleg. *auch* ↗eurostrefa, ↗eurozona, ↗strefa euro

Eurolewica, eurolewica *f* - **Eurolinke**. **a)** »europäische Linksparteien« *Eurolewica, która ze swej natury zawsze promowała programy socjalne, dzisiaj musi ciąć wydatki socjalne, żeby pomóc bezrobotnym dostać pracę*. www.polskieradio.pl 2003. **b)** »proeuropäisch ausgerichtete Linkspartei eines Landes« *Platforma Obywatelska niech się bierze do roboty, żeby zbudować dobrą partię socjalliberalną, bo uprzedzi ją w tym „postkomunistyczna" eurolewica* www.itvp.pl 2006. ⌑ kein Beleg

euroobywatel *m, G -a, Npl -e* - **EU-Bürger**. *Zarówno prawdziwi entuzjaści, jak i zagorzali przeciwnicy integracji Polski z Unią Europejską, są już od ponad pół roku euroobywatelami*. www.katowice.smd.org.pl 2004. *Nasi uczniowie już od ośmiu lat są przygotowywani do bycia euroobywatelami*. szkolazklasa.gazeta.pl 2005. ⌑ kein Beleg

eurooptymista *m, G ~ty, Npl ~iści* - **Euro(pa)-optimist, EU-Optimist**. *Które z określeń najbardziej dziś do Pana pasuje: euroentuzjasta, eurooptymista czy eurorealista? - Eurozwolennik lub Euro-Polak*. www.eurowybory.pl 2004. *Dodał, że nie uznaje etykiet „eurosceptyk" i „eurooptymista". Według niego, używają ich tylko ci, którzy chcą uniknąć dyskusji o Europie*. dziennik.pap.com.pl 2004. ⌑ kein Beleg

eurooptymizm *m, G -u* - **Euro(pa)optimismus**. *W dużej mierze zadziałał też swego rodzaju eurooptymizm, czyli nadzieja na szybszy rozwój gospodarki i jeszcze lepsze wyniki firm po wejściu do unii*. wprost.pl 2004. ⌑ kein Beleg

Europa ♦ **Europa ojczyzn** »die Idee eines vereinten Europas mit offenen Grenzen bei Bewahrung der nationalen Identität« - **Europa der Vaterländer**. *Europa ojczyzn to wizja zakładająca, że w wyniku procesu integracyjnego wzmocnieniu ulegnie centralna pozycja państw narodowych*. www.uni.wroc.pl 2005. ⌑ US 2003
♦ **Europa Regionów, Europa regionów** »politisches föderalistisches Konzept, das die Regionen in den EU-Mitgliedsländern fördern u.

in ihrer regionalen Eigenständigkeit unterstützen soll« - **Europa der Regionen**. *Oczywiście jesteśmy entuzjastami zjednoczonej Europy. Celem jest Europa regionów, a nie Europa państw. Europa, w której podstawowymi jednostkami byłyby państwa, nie stworzy Śląskowi odpowiednich warunków rozwoju. Za to Europa regionów będzie bardzo pomocna*. przekroj.com.pl 2006. ⌑ kein Beleg

europaleta *f, Logistik* »genormte Mehrweg-Transportpalette« - **Europoolpalette**, *ugs* **Europalette**. *Elko to czołowy polski producent palet i europalet, oferujemy usługi transportu międzynarodowego, przewozu ładunków oraz transportu rzeczy*. www.elko-palety.pl 2006. ⌑ kein Beleg

Europarlament, europarlament *m, G -u* - **Europaparlament, EU-Parlament**, *seltener* **Europarlament**. *Europarlament poparł rozpoczęcie rozmów z Turcją*. www.rmf.fm 2005. *Teoretycznie europarlament będzie mógł zablokować każdą kandydaturę*. www.unia-polska.com.pl 2005. ⌑ kein Beleg

europarlamentarny *Adj v*. ↗europarlament - **Europaparlaments-**. *Europarlamentarny Okręg Wyborczy; poseł europarlamentarny; komisja europarlamentarna. Według niego europarlamentarny medal ma jednak drugą stronę. Jest nią milczenie lewicy, która - na razie - ma połowę puli miejsc w Strasburgu*. euro.pap.net.pl 2005. *Europarlamentarna awantura o wystawę LPR. Posłowie LPR zorganizowali w Parlamencie Europejskim wystawę poświęconą dzieciom. I wybuchła awantura*. wyborcza.gazeta.pl 2005. ⌑ kein Beleg

europarlamentarzysta *m, G ~ty, Npl ~yści* - **Europaparlamentarier, Europa-Parlamentarier, Europarlamentarier, EU-Parlamentarier**. *W Augustowie kilku europarlamentarzystów tej Komisji spotkało się z ekologami i przedstawicielami Generalnej Dyrekcji Dróg Krajowych i Autostrad*. www.4lomza.pl 2005. ⌑ kein Beleg. *auch* ↗eurodeputowany, ↗europoseł

europarlamentarzystka *f v*. ↗europarlamentarzysta - **Europaparlamentarierin** *o*. **Europa-Parlamentarierin, Europarlamentarierin, EU-Parlamentarierin**. *Połączyliśmy się z Brukselą, rozmawiamy z Grażyną Staniszewską, polską europarlamentarzystką. - W jakim duchu przebiega debata dotycząca Ukrainy na forum Parlamentu Europejskiego?* www.polskieradio.pl 2004. *Znaleźć też będzie można informacje o działalności Parlamentu Europejskiego, możliwości wyjazdu do PE i oczywiście spotkań z europarlamentarzystką i jej gośćmi z PE*. www.lomza.com.pl 2005. ⌑ kein Beleg. *auch* ↗eurodeputowana, ↗europosłanka

Europaszport, europaszport *m, G -u* »aus fünf Teilen bestehendes, einheitliches Dokument zur Förderung der Transparenz von Qualifikationen u. Kompetenzen auf EU-Ebene« - **Europass**. *Komisja Europejska wprowadziła także europaszport, który ułatwia przekazywanie informacji o doświadczeniu i kwalifikacjach osób starających się o pracę w UE.* www.etu.pl 2005. *Europaszport (...) będzie się składać z pięciu dokumentów. Podstawowym dokumentem spośród składających się na Europaszport to znane już EuroCV, a pozostałe to: Europaszport Językowy, Europaszport Mobilności, Uzupełnienie Dyplomu Europaszportu, Uzupełnienie Świadectwa Europaszportu.* europa.us.edu.pl 2004. ▭ kein Beleg

europeista *m, G ~ty, Npl ~iści* »Wissenschaftler, der sich mit europäischen Fragen befasst« - **Europawissenschaftler, Europaexperte**. *Prawnik europeista światowego formatu, o którego zabiegają najsłynniejsze uniwersytety, autorytet naukowy, uznany przez wszystkie gremia intelektualne, akademickie i polityczne, znalazł w Natolinie coś, co sprawiło, że właśnie tutaj razem z grupą wychowanków i współpracowników wykłada „Natolin total law approach".* wprost.pl 2005. *Unia jest wspólnotą prawa - podkreśla profesor Luc Bernard, belgijski europeista z Uniwersytetu Katolickiego w Louvain-la-Neuve.* polityka.onet.pl 2005. ▭ kein Beleg
! dt. „Europäist" in der Bedeutung ‚Europäer, Anhänger der Idee des Zusammenschlusses Europas', auch mit z.T. abwertender Konnotation ‚Berufseuropäer'

europeistka *f v.* ↗europeista - **Europäistin**. *Swoimi spostrzeżeniami na ten temat podzieli się socjolożka i europeistka Natalia Sarata, a spotkanie odbędzie się 14 grudnia (...).* www.efka.org.pl 2005. *Ponieważ nie jestem europeistką, nie będę dywagować nad sposobami głosowania w różnych sytuacjach i w różnych instytucjach.* www.blogi.pl 2005. ▭ kein Beleg

europeistyka *f* »Wissenschaftsdisziplin« - **Europäistik**. *Jestem przeciwnikiem takich studiów, należy kształcić prawników, ekonomistów, socjologów. Każda z tych specjalizacji powinna dostarczać studentom wiedzę w zakresie europeistyki w różnych aspektach.* Gazeta Uniwersytecka 1998 (K). *Europeistyka powinna być obowiązkowym blokiem programowym na każdym wydziale jako uzupełnienie, które przyda się niemal w każdej pracy.* Polityka 2003. ▭ PS 1997

europesymista *m, G ~ty, Npl ~iści* - **Euro(pa)pessimist, EU-Pessimist**. *Europesymista powiedziałby, że nie ma po co do tej nowej Unii wchodzić.* prawica.net 2004. *Europesymiści straszyli bowiem przez kilka tygodni Francuzów hordami polskich hydraulików, którzy zaleją tutejszy rynek.* www.esponsor.pl 2005. ▭ kein Beleg

europesymizm *m, G -u* - **Euro(pa)pessimismus, EU-Pessimismus**. *Węgierski europesymizm nie jest szczególnie wrogi idei politycznego zjednoczenia Europy (...).* europa.kontextus.hu 1999. *Nie tylko we Francji, również w innych krajach założycielskich zaczyna dominować europesymizm.* www2.dw-world.de 2005. ▭ kein Beleg

europoseł *m, G ~sła, Npl ~słowie* - **Europaabgeordneter, EU-Abgeordneter**. *Europosłowie, uczestniczący w debacie na temat Białorusi, potępili reżim Aleksandra Łukaszenki. W dyskusji wzięło udział zaledwie 30 posłów na 732.* wiadomosci.onet.pl 2005. *W Parlamencie Europejskim uczestnicy zebrania spotkali się m.in. z europosłem prof. dr. hab. Wojciechem Roszkowskim.* www.polonia.be 2005. ▭ kein Beleg
auch ↗eurodeputowany ↗europarlmentarzysta

europosłanka *f v.* ↗europoseł - **Europaabgeordnete, EU-Abgeordnete**. *Na forum pojawili się m.in. wojewoda dolnośląski, marszałek, europosłanka, prezes BCC, jeden z najbogatszych Polaków, ambasador Czech.* www.biznespolska.pl 2005. *Wyjazd do Brukseli będzie możliwy dzięki patronującej konkursowi europosłance Małgorzacie Handzlik.* katowice.naszemiasto.pl 2005. ▭ kein Beleg. auch ↗eurodeputowana, ↗europarlmentarzystka

europrzeciwnik *m, G -a, Npl ~icy* »Gegner der europäischen Integration, insbes. auch des EU-Beitritts Polens« - **EU-Gegner, Europagegner**, selten **Eurogegner**. *Jeśli chodzi o UE, to pomijam aspekt ekonomiczny, bo ten będzie można ocenić za kilka lat. Sądzę, że nie będzie ani tak dobrze, jak mówią euroentuzjaści, ani tak źle, jak przestrzegają europrzeciwnicy.* www.tomaszlis.wp.pl 2005. *Europrzeciwnicy mówią, że w ogóle nie ma co debatować, bo my nie chcemy wejść do Unii, więc nie trzeba debatować o naszym zachowaniu po wejściu do Unii.* ks.sejm.gov.pl 2003. ▭ kein Beleg
! dt. „Eurogegner" wird vor allem in der Bedeutung ‚Gegner der Einführung des Euro als Währung' verwendet

eurorealista *m, G ~ty, Npl ~iści* - **Eurorealist, EU-Realist**. *Pośrednią pozycję zajmują eurorealiści, świadomi zarówno korzyści, jak i kosztów wstąpienia Polski do Unii Europejskiej.* wojsko-polskie.pl 2005. *Początkowo określał siebie jako eurorealistę, obecnie stał się wielkim euroentuzjastą. Jak twierdzi, Unia Europejska jest szansą dla polskiego rolnictwa.* ludzie.wprost.pl 2005. ▭ kein Beleg

eurorealistka *f v.* ↗eurorealista - **Eurorealistin, EU-Realistin**. *I też trzeba zaznaczyć, że Maria Sz. nie jest zupełną - jak to się często mówi - eurosceptyczką, tylko eurorealistką.*

gejowo.pl 2005. *Jestem eurorealistką i myślę, że - jak wszystko - ma to swoje dobre i złe, niestety, strony.* maluch.com 2005. ▢ kein Beleg

eurorealizm *m, G -u* - **Eurorealismus, EU-Realismus.** *Stolica Apostolska i Kościół Katolicki nigdy nie pozostawały obojętne na problemy międzynarodowe, w tym europejskie. Szczególnie bliskie są one Papieżowi Janowi Pawłowi II, który jest orędownikiem jedności, a w kwestii integracji europejskiej głosi eurorealizm budowany na doświadczeniu historii.* www.wandea.org.pl 2005. *Wszystkich cechuje eurorealizm co oznacza, że nie ma bezkrytycznego euroentuzjazmu ani totalnej negacji wszystkiego, co się wiąże z Unią.* www.chojniceinfo.net 2005. ▢ kein Beleg

euroreferendum *n, im Sg indekl* - **Europareferendum.** *Brytyjski premier Tony Blair w swoim noworocznym orędziu przyznał, że decyzja o rozpisaniu euroreferendum może mieć tę samą historyczną wagę, co referendum o wstąpieniu do EWG sprzed 30 lat.* www.wlodkowic.pl 2003. *I tak właśnie zaczęła się zabawa w euroreferendum. Był to raczej wielki, miejski festyn niż prawdziwa debata o przystąpieniu Polski do Unii Europejskiej.* www.naszawitryna.pl 2005. ▢ kein Beleg

euroregion *m, G -u* »Grenzregionen zwischen zwei u. mehr europäischen Ländern, die wirtschaftlich u. kulturell zusammenarbeiten« - **Euroregion, Europaregion.** *Na spotkaniu dyskutowano o powołaniu euroregionu obejmującego przygraniczne tereny Polski, Niemiec i Czech oraz o związanych z tym problemach turystyki i ekologii.* OiT. *Euroregiony są wspierane i dofinansowane przez UE (m.in. w ramach programu Phare). W Polsce na każdej granicy działają euroregiony.* www.geografia.com.pl 2005. ▢ PS 1997, IS 2000, US 2003

euroregionalny *Adj v.* ↗euroregion - **euroregional.** *Festiwal, konkurs, mityng, turniej euroregionalny; izba, konferencja, administracja, współpraca euroregionalna. Przez Szklarską Porębę przebiega euroregionalny długodystansowy szlak rowerowy „Liczyrzepa" ER-2 z Zittau do Mieroszowa.* www.szklarskaporeba 2005. *Cieszymy się, że teraz również nasi euroregionalni sąsiedzi zza Odry będą mogli przeczytać w swoim języku o naszych wspólnych perełkach.* www.pomorzezachodnie.pl 2005. ▢ kein Beleg

eurorynek *m, G ~nku, Wirtschaft* **1** »internationaler Finanzmarkt, über den Bankkredite u. Anleihensoperationen in Eurowährungen abgewickelt werden« - **Euromarkt.** *Eurorynek finansowy, kapitałowy, pieniężny, walutowy. Jednym ze źródeł zaopatrzenia w pieniądze jest dla potencjalnych kredytobiorców eurorynek.* PS. **2** »gemeinsamer Markt der Europäischen Union« - **Europäischer Markt.** *Strategie, metody wejścia na eurorynek. Eurorynek, stanowiąc podstawę Unii Europejskiej, jest przejawem silnych i wyraźnych tendencji integracyjnych rozwiniętych państw kontynentu.* www.msstudio.com.pl 2005. *Czy mamy wspólny eurorynek nieruchomości?* www.rmf.fm 2004. ▢ Supl 1994, PS 1997, US 2003

eurosceptycyzm, eurosceptyzm *m, G -u* - **Euro(pa)skeptizismus.** *Polski eurosceptycyzm jest często antyniemiecki, podczas gdy brytyjski jest raczej antybrukselski. Brytyjski eurosceptycyzm wiąże się również z niechętnym nastawieniem do rozszerzenia UE oraz obawą przed imigracją z nowych państw członkowskich.* Rzeczpospolita 2004. *Ale czy nie powinniście kandydatom wyjaśnić, do jakiej Unii w rzeczywistości wejdą? Niejasności wokół przyszłego wizerunku Europy wywołują eurosceptycyzm w krajach Europy Środkowej.* Polityka 2000 (K). ▢ kein Beleg

eurosceptyczka *f v.* ↗eurosceptyk - **Euroskeptikerin, Europazweiflerin.** *Nawet tak znana eurosceptyczka jak Margaret Thatcher konstatowała: - Prawie wszystkie większe narody musiały pod presją powojennego świata zrzec się dla ogółu znaczących obszarów suwerenności, by stworzyć efektywniejszą polityczną całość.* Przekrój 2005. ▢ kein Beleg

eurosceptyczny *Adj* - **euroskeptisch.** *Partie eurosceptyczne można podzielić na trzy kategorie: ugrupowania przeciwników unii, którzy chcą wycofać swój kraj ze struktur europejskich, partie krytyków akceptujących istnienie UE, chcących jednak zablokować głębszą integrację, oraz tzw. ugrupowania antykorupcyjne, dążące do uzdrowienia struktur europejskich, niekompetentnych i przeżartych przez korupcję.* Wprost 2004. ▢ kein Beleg

eurosceptyk *m, G -a, Npl ~ycy* - **Euroskeptiker, Europazweifler.** *To niesłychane przywiązanie do barw narodowych musi zastanawiać zarówno euroentuzjastów, jak i eurosceptyków.* Polityka 2000 (K). *Badania wykazują, że eurosceptyków jest więcej wśród mieszkańców wsi, osób starszych i mniej wykształconych.* OiT. ▢ PS 1997, OiT 2001

eurosocjalista *m, G ~ty, meist im Pl* **eurosocjaliści** - **Eurosozialist(en).** **a)** »europäische sozialistische Parteien mit proeuropäischer Ausrichtung« *W Brukseli wśród eurosocjalistów jesteśmy postrzegani, delikatnie mówiąc, z lekkim zdziwieniem. (...) Eurosocjaliści popierają też odejście od traktatu nicejskiego forującego Niemcy i Francję we władzach UE.* www.nie.com.pl 2003. **b)** »sozialistische Partei mit proeuropäischer Ausrichtung« *Gdyby polscy eurosocjaliści i chadecy zagłosowali na profesora Geremka wbrew woli swych frakcji,* *potwierdziliby opinię, że Polacy nie rozumieją lub nie chcą unijnej integracji (...).* www.przeglad-tygodnik.pl 2004. ⌑ kein Beleg

eurostrefa *f* »Bezeichnung für die EU-Mitgliedstaaten, deren Währung seit 2002 der Euro ist« - **Eurozone, Euro-Raum**. *Według Roacha z początkiem 2004 roku eurostrefa została wyjątkowo dotkliwie poszkodowana przez zbieg trzech czynników: aprecjację euro, zawieszenie Europejskiego Paktu Stabilizacyjnego i ostatnio - zagrożenie terrorystyczne.* wiadomosci.onet.pl 2004. *Nowi członkowie Unii są zaproszeni do wejścia w eurostrefę, jak tylko wypełnią wymagane kryteria.* www.msz.gov.pl 2005. ⌑ kein Beleg. *auch* ↗euroland, ↗eurozona, ↗strefa euro

eurourzędniczka *f v.* ↗eurourzędnik - **Europabeamtin, EU-Beamtin, EU-Bedienstete, EU-Mitarbeiterin**. *Porozmawiałam ze znajomą Angielką, która powiedziała, że nie warto wybrzydzać - opowiada Małgosia, eurourzędniczka od pięciu miesięcy.* praca.gazeta.pl 2005. *Czasem to wygląda, jakbyśmy się wstydzili, że jesteśmy Polakami - mówi jedna z eurourzędniczek.* praca.gazeta.pl 2005. ⌑ kein Beleg

eurourzędnik *m, G -a, Npl ~icy* »Mitarbeiter in den EU-Organen« - **Europabeamter, EU-Beamter, EU-Bediensteter, EU-Mitarbeiter**. *Kiedy politycy będą zajęci walką o wyborców, ocierającą się o populizm i tanie chwyty, eurourzędnicy będą musieli integrować obszar UE, usprawniać zawiłe regulacje, przybliżać Unię jej mieszkańcom.* www.radio.com.pl 2005. *Urzędnicy z nowych krajów członkowskich, w tym z Polski, mają zarabiać mniej niż obecni eurourzędnicy - tak wynika z nowego regulaminu.* archiwum.pszczolek.com 2005. ⌑ kein Beleg

eurowybory *nur im Pl* »Wahl der Abgeordneten des Europäischen Parlaments« - **Europawahl(en)**. *Partie antyunijne zdobyły w eurowyborach ponad 10 proc. głosów w Austrii, Polsce, Danii, Włoszech, Szwecji, Francji, Belgii i na Słowacji.* Wprost 2004. *Zapraszamy także do lektury specjalnego wydania Kroniki wyborczej, poświęconego eurowyborom w pozostałych krajach Unii Europejskiej.* www.e-polityka.pl 2005. ⌑ kein Beleg

eurozłącze *n, Technik* »für Europa als Standard geltender Stecker zur Herstellung von Steckverbindungen zwischen Audio- u. Video-Geräten wie etwa Fernseher u. Videorekorder« - **SCART-Stecker, Euro-AV, Euroconnector**. *W LG zamontowano dodatkowe złącze scart, do którego możemy podłączyć magnetowid. Ułatwi to życie osobom posiadającym TV wyposażony w tylko jedno eurozłącze.* www.hi-fi.com.pl 2005. ⌑ PS 1997, OiT 2001, US 2003

eurozona *f, ugs* »Bezeichnung für die EU-Mitgliedstaaten, deren Währung seit 2002 der Euro ist« - **Eurozone**. *Według publicysty Financial Times Tony Barbera przyjęcie Grecji do eurozony ma bardziej symboliczne znaczenie niż konsekwencje ekonomiczne (...).* euro.pap.com.pl 2005. *Można oczekiwać, że teraz, gdy będzie się szukać przełamania atmosfery klęski w Europie, idea politycznej integracji eurozony szybko się pojawi w debatach publicznych.* serwisy.gazeta.pl 2005. ⌑ kein Beleg. *auch* ↗euroland, ↗eurostrefa, ↗strefa euro

eurozwolenniczka *f v.* ↗eurozwolennik - **EU-Befürworterin, Europaanhängerin**. *W. jest zdecydowaną eurozwolenniczką.* www.fahrenheit.eisp.pl 2005. ⌑ kein Beleg

eurozwolennik *m, G -a, Npl ~icy* - **EU-Befürworter, Europaanhänger**. *Być może agitacja przeciwników Unii, często radykalna i pełna obrazowych epitetów, łatwiej trafiała do młodej świadomości niż umiarkowane, ugrzecznione argumenty eurozwolenników.* Polityka 2003. *Niewiele osób dziś pamięta, jak ciężka była bitwa o ratyfikację traktatu z Maastricht pomiędzy eurosceptykami a eurozwolennikami.* www.wodzu.tonet.pl 2004. ⌑ kein Beleg

eurożargon *m, G -u* »spezifischer Sprachgebrauch in EU-Institutionen u. -Schriftstücken« - **Eurojargon, EU-Jargon**. *Dokumenty unijne, niezależnie od ich statusu, są niełatwe w odbiorze. (...) Tzw. eurożargon, a tym samym trudności związane z jego jasnym przekładem na język polski, też nie ułatwiają zadania instytucjom czy osobom, które pragną przybliżyć czytelnikowi ich treść.* www1.ukie.gov.pl 2002. *Pracownicy instytucji UE oraz media zajmujące się tematyką unijną często używają eurożargonu - słów i zwrotów, zrozumiałych tylko dla nich samych.* europa.eu 2006. ⌑ kein Beleg

extazy *s.* **ecstasy**

eye-liner, eyeliner [ajlajner] *m, G -a* »Tusche zum Ziehen eines Lidstrichs« - **Eyeliner**. *Na ten długi sylwestrowy wieczór należy stosować szczególnie dobry eye-liner, aby uniknąć rozmazania makijażu. PS. W „Kursie makijażu" przeczytałam o eyelinerze w kamieniu. Gdzie mogę taki kupić?!* www.wizaz.pl 2005. ⌑ PS 1997, US 2003

F

face lifting s. lifting

fajans^NB *m, G -u, ugs* »wertloses, altes, minderwertiges Zeug« - **Krempel, Plunder, Trödel,** *(Fahrzeug, Maschine)* **Klapperkasten, -kiste.** *Zajechał przed szkołę tym swoim maluchem, myślał, że komuś zaimponuje takim fajansem.* PS. *Zrobiłem generalne porządki w domu, starą odzież, buty, jakieś obtłuczone garnki, talerze - cały ten fajans wylądował na śmietniku.* PS. 📖 SW 1996, PS 1997, US 2003

fajerwerki ♦ *phras* **bez fajerwerków - glanzlos, ohne Glanz.** *Adam Małysz zakończył sezon na czwartym miejscu w Pucharze Świata. Bez fajerwerków. Adam Małysz tegorocznego sezonu nie zaliczy do udanych.* www.slowosportowe.pl 2005. *Rysunki są tworzone typową dla większości produkcji Vertigo realistyczną kreską bez fajerwerków, i bez szczególnego polotu - standardowe kadrowanie.* www.kazet.bial.pl 2005. 📖 IS 2000

faks, fax *m, G -u* **1** »Gerät« - **Fax(gerät)**. *Nie wysłałam kopii zamówienia, bo faks był zepsuty.* IS. **2** »Dokument« - **Fax(kopie)**. *Wysyłać, przesłać, rozsyłać, odebrać faksy; przesłać dane faksem. Faks nie może być dokumentem prawnym i nie wolno archiwizować dokumentów na papierze termicznym.* PS. 📖 SW 1996, PS 1997, IS 2000, US 2003 ◁ engl fax

faksować *ipf* / **przefaksować** *pf* - **faxen**. *Cały dzień faksowałam zamówienia do różnych firm (...).* IS. *Właśnie faksujemy to potwierdzenie rezerwacji miejsc.* PS. 📖 SW 1996, PS 1997, IS 2000, US 2003

faksowy *Adj v.* ↗faks - **Fax-**. *Papier, serwer faksowy; linia, wiadomość faksowa. Otrzymane wiadomości można następnie przekazać na dowolny aparat faksowy.* www.ats.pl 2003. 📖 IS 2000, US 2003

fakultet^NB *m, G -u* »Lehrveranstaltungen im höheren Bildungswesen, die je nach Interessenlage der Schüler o. Studenten frei wählbar sind« - **fakultative, wahlobligatorische Lehrveranstaltungen,** *(im modularisierten Studiensystem)* **Wahl(pflicht)modul.** *Fakultet z biologii, wiedzy o filmie. Muszę wybrać jeszcze jeden fakultet, aby wypełnić limit godzin.* PS. *Przed maturą wszyscy chodziliśmy na fakultety.* IS. 📖 PS 1997, IS 2000, US 2003

fala^NB *f, Militär* - »im poln. Militärdienst von den älteren Jahrgängen geübte Praxis, die neuen Rekruten (*poln.* koty - Kater, *dt.* Füchse) zu schikanieren; auch: vergleichbares Verhalten der älteren Schüler gegenüber den jüngeren in der Schule« *O zjawisku „fali", czyli maltretowania nowych żołnierzy przez tych ze starszego rocznika, mówi się w wojsku otwarcie dopiero od kilku lat.* IS. *Obyczajowość, związana z falą, bywa bardzo brutalna i prowadzi nawet do samobójstw młodych żołnierzy. Zjawisko fali wyszło już poza koszary i trafiło do szkół.* PS. 📖 SW 1996, PS 1997, IS 2000, US 2003

♦ *phras* ktoś **jest na fali** »jd. hat Erfolg u. nutzt das für weitere Aktionen aus« - jd. **ist en vogue, in Mode;** *ugs* jd. **ist in;** jd. **ist gefragt.** *Stara się napisać jak najwięcej artykułów, dopóki jest na fali i inni chcą go czytać.* IS. 📖 IS 2000

♦ *phras* **na fali** czegoś »unter dem Einfluss von etw.« - **(voll) auf der Welle, im Zuge** von etw.; **im Zusammenhang mit** etw. *Na fali oszczędności i konsolidacji; na fali fuzji i przejęć. Na fali ponownego zainteresowania się ziołami bardzo popularny zrobił się wiesiołek.* US. 📖 US 2003

♦ *phras* **nadawać na tych samych falach** »die gleiche Art haben, zu fühlen u. zu denken, sich gut verstehen« - **dieselbe** o. **die gleiche Wellenlänge haben; auf derselben** o. **der gleichen Wellenlänge liegen, sein.** *Nadają na tych samych falach, czytają podobne albo te same książki, miewają zbliżone poglądy na świat.* www.przekroj.pl 2005. *Nadawanie na tych samych falach jest oznaką doskonałego porozumienia, żeby nie powiedzieć - pojednania.* www.nczas.com 2005. 📖 IS 2000, US 2003

falafel* *m, G -a* »in der arabischen Küche: vegetarischer Bratling aus Kichererbsen u.A.« - **Falafel.** *(...) Smażyć falafel w gorącym oleju z obydwu stron na ciemnobrązowy kolor.* www.interia.pl 2003. 📖 US 2003 ◁ arab

falandyzacja *f* »Interpretation rechtlicher Fakten unter geschickter Ausnutzung von Lücken in der Gesetzgebung in einer Weise, die sich am Rande der Legalität bewegt« - ***Falandisierung.*** *Falandyzacja prawa. Termin „falandyzacja prawa" pojawił się w 1994 r. przy okazji sporu o interpretację zapisu, iż do Krajowej Rady Radiofonii i Telewizji (KRRiT) trzech członków (z dziewięciu) desygnuje prezydent RP. Prof. Falandysz wywodził, że jeśli prezydent ma prawo mianować, to ma także prawo odwołać osoby przez siebie wyznaczone, jeśli utracą jego poparcie i zaufanie. Była to nadinterpretacja możliwa dzięki ustawodawcom, którzy nie przewidzieli żadnego trybu odwoływania członków Rady.* Leksykon

polskich powiedzeń historycznych 1999. ⌻ PS 1997, US 2003
◄Lech Falandysz, inzwischen verstorbener Rechtsberater des ehemaligen polnischen Präsidenten Lech Wałęsa, der durch seine geschickte Auslegung der gesetzlichen Bestimmungen berühmt wurde

falandyzować *ipf* »rechtliche Fakten unter geschickter Ausnutzung von Lücken in der Gesetzgebung in einer Weise interpretieren, die sich am Rande der Legalität bewegt« - ***falandisieren**. Falandyzować prawo. *Trzeba czytać ustawy, nauczyć się liczyć na poziomie podstawówki i stosować prawo a nie je falandyzować!!!* wiadomosci.onet.pl 2006. *Lepperyzowanie prawa tym się różni od falandyzowania prawa, czym maczuga od szpady. Falandyzować prawo to interpretować jego przepisy w możliwie najbardziej korzystny dla siebie sposób, podczas gdy lepperyzować prawo - to lekce je sobie ważyć, a nawet zwyczajnie mieć je w nosie (...).* www.wprost.pl 2001. *Wszak to [Wałęsa] rozbił „Solidarność", zaczynając „wojnę na górze", a potem pozwalał „falandyzować" prawo i nieustannie atakował parlamentaryzm III RP.* www.ivrp.pl 2006. ⌻ kein Beleg

fałszywka[NB] *f, ugs* »gefälschtes Produkt, gefälschte Banknote« - **Fälschung;** *(gefälschte Banknote) ugs* **Blüte.** *Nie kupuje się koniaku na bazarze, gdzie jest mnóstwo fałszywek.* IS. *Codziennie trafiają się fałszywki, na ogół podróbki banknotu milionowego (...).* IS. ⌻ SW 1996, PS 1997, IS 2000, US 2003

fan [fan] *m, -a, Npl -i* - **Fan** [fen]. *Wierny, zagorzały fan; fani drużyny piłkarskiej. Do Jarocina przyjechało tysiące fanów rocka i heavy metalu.* OiT. *Po wygranej „Lecha" doszło do bijatyki fanów tego klubu z fanami „Legii" Warszawa.* PS. ⌻ Supl 1994, SW 1996, PS 1997, IS 2000, US 2003. *s. auch* ↗pasjonat ◄engl

fanfara ♦ *phras* coś się odbywa, odbyło **z fanfarami***- etw. geschieht, findet statt **mit großem Pomp, mit großem Aufwand, mit großem Zeremoniell**, *ugs* **mit großem Brimborium, Trara, Tamtam**. *I faktycznie, po paru dniach zespół leczący z fanfarami wkroczył do pokoju pacjenta, ku jego wielkiej radości ogłaszając, że lek właśnie nadszedł.* www.simonton.pl 2006. *Chyba nie było przypadkiem, iż publikacja Ewangelii Judasza odbyła się z fanfarami w czasie, gdy Kod Leonarda da Vinci robi miliony, gdyż jest to wyśmienita okazja dla wydawców, aby zarobić na fali popularności ezoteryzmu.* www.kosciol.pl 2006. ⌻ NSPP 1999, IS 2000, US 2003

♦ coś się odbywa, odbyło **bez fanfar*** - etw. geschieht, findet statt **ohne (jedes, großes) Aufsehen, ohne großes Aufsehen zu erregen, ohne große Umstände, in bescheidenem o. kleinem Rahmen, ohne großes Zeremoniell**, *ugs* **ohne großes Brimborium, Tamtam, Trara**. *Bez fanfar i rozgłosu odbyło się epokowe wydarzenie w życiu teatralnym stolicy. Przed tygodniem jedną z nagród kulturalnych burmistrza gminy Centrum otrzymał teatr Rozmaitości za „wybitne osiągnięcia w działalności teatralnej" (...).* www.teatry.art.pl 2002. *Wyjątkowo też Międzynarodowy Dzień Kobiet odbył się bez fanfar; nie było nawoływań do gremialnego wręczania kwiatów, głośnych zachwytów nad macierzyństwem.* kobieta.gazeta.pl 2002. ⌻ IS 2000, US 2003 ✎Literatura 1984 (K)

fanka [fanka] *f v.* ↗fan - (weiblicher) **Fan**. *Jeśli jesteś fanką komputerów, z pewnością zachwyci cię jeszcze inna opcja rodem ze świata wirtualnego, tzw. Auto PC (...).* Cosmo 2000 (K). *Nie jestem wielką fanką tenisa (...). Jeśli jest coś ciekawszego w telewizji, to raczej oglądam coś innego niż tenis.* wiadomosci.o2.pl 2005. ⌻ SW 1996, PS 1997, IS 2000, US 2003

fanklub [fanklup] *m, G -u* - **Fanclub**. *Założyć fanklub, należeć do fanklubu. Fanklub Kubusia Puchatka jest otwarty dla wszystkich chcących się do niego przyłączyć.* fanklubpuchatka.prv.pl 2005. *Założyli fanklub Kory i spotykali się co tydzień, żeby słuchać jej piosenek.* OiT. ⌻ SW 1996, PS 1997, US 2003

fant[NB] *m, G -u oder -a, Jargon* »gestohlener Gegenstand« - **Diebesgut, -beute**. *W centrum Warszawy mieszka ok. 150 tys. ludzi, ale co dzień przewija się przez nie ponad 2 mln. Tu się kradnie, stąd fanty trafiają na blokowiska, do paserów, na bazary i stąd wyjeżdżają na prowincję. (...) Podziemna gospodarka fantami rozwija się swobodnie, bo się na nią godzimy. W ciągu ostatnich dwóch lat najpopularniejszym fantem stał się telefon komórkowy.* Polityka 2001. ⌻ SW 1996

fantasy [fantazy] *f, indekl* »Prosa-, Filmgattung« - **Fantasy** [fentesi]. *„Młot i krzyż" ma wiele cech powieści historycznej, jest to jednak rasowa fantasy: opowieść na pograniczu historii i legend.* IS. ⌻ PS 1997, IS 2000, US 2003

fantasy *nachgestellt in adjektivischer Funktion, indekl* - **Fantasy-**. Literatura fantasy. *Znajomy psycholog powiedział mi, że nie lubi literatury fantasy, gdyż przedstawiony w niej świat jest zbyt nierzeczywisty, nie ma jasnych reguł (...).* www.republika.pl 2003. ⌻ US 2003

fanzin [fanz-in] *m, G -u* »Zeitschrift für Anhänger u. Fans bestimmter Personen o. Sachen« - **Fanzine**. *Fanziny o tematyce politycznej, społecznej, ekologicznej. Fanzin jest wyzwaniem dla prasy oficjalnej, gdyż jest swoistą antygazetą.* OiT. *Najsłynniejszym polskim fanzinem był QQRYQ (czytaj: kukuryku).* OiT. ⌻ SW 1996, PS 1997, US 2003 ◄engl fanzine

fanzinowy [fanz-inowy] *Adj v.* ⁊fanzin - **Fanzine-**. *Absolutnym hitem okazał się fanzinowy panel prowadzony przez redakcję białostockiego fanzinu Manga_PlUS* iss.jogger.pl 2005. ▯ SW 1996, PS 1997

farma ♦ **farma piękności** *Kosmetik* »einem Sanatorium ähnliche Einrichtung, in der sich besonders Frauen einer umfassenden kosmetischen Behandlung unterziehen können« - **Schönheitsfarm**. *Trzy laureatki konkursu spędzą tydzień na Farmie Piękności na Lazurowym Wybrzeżu.* Twój Styl 2001. *Dbanie o ciało i pielgrzymowanie na farmy piękności nie jest wymysłem współczesnych modelek.* Newsweek Polska 2002. ▯ kein Beleg

fascynat *m, G -a, Npl ~aci* »jd., der sich leidenschaftlich für etw. begeistert, von etw. gefesselt o. fasziniert ist; Enthusiast« - *ugs* **Freak, Fan**. *Fascynat piłki nożnej, grafiki komputerowej, Internetu, teatru, fotografii, bluesa. Gdy w latach 80. pierwsi fascynaci gier zaczynali na poważnie rozważać przełożenie swego hobby na biznes, słyszeli zewsząd, że to absolutnie niemożliwe.* Newsweek Polska 2004. *W październiku fascynaci teatru lalek będą mieli okazję zobaczyć sztukę „Królewski jeleń" opartą na legendach świętokrzyskich.* www.teatry.art.pl 2004. ▯ kein Beleg

fast food [fast fut] *m, G* fast foodu **1** »in Schnellgaststätten u. Imbissstuben angebotene Schnellgerichte« - **Fastfood, Fast Food**. *Hamburgery, frytki, a nawet pizza, to typowe fast foody cieszące się niezmiennym powodzeniem u turystów.* OiT. **2** »Schnellgaststätte, in der Fast Food angeboten wird« - **Fast-Food-Restaurant**. *Myślałeś pewnie, że klienci będą Ci wierni, a tak na prawdę gotowi są zdradzić Cię z pierwszym napotkanym fast-foodem. I pomyśl, ile jest tych fast-foodów...* www.caterweb.pl 2005. *Przecież my, jako fast food wydajemy posiłki przez cały dzień.* www.gazeta.pl 2003. ▯ SW 1996, PS 1997, US 2003 ◁engl

fastfoodowy [fastfudowy] *Adj v.* ⁊fast food »Fastfood betreffend« - **Fastfood-**. *Wymowa tego odważnego filmu jest tak drastyczna, że największy na świecie fastfoodowy moloch poczuł się zagrożony.* www.studencka.pl 2005. ▯ kein Beleg

fatwa *f* »(in arabischen Ländern) Rechtsgutachten des Muftis, in dem festgestellt wird, ob eine Handlung mit den Grundsätzen des islamischen Rechts vereinbar ist« - **Fatwa, Fetwa**. *Nałożyć, zdjąć fatwę. Od roku 1989, kiedy to ajatollah Chomeini nałożył fatwę na Salmana Rushdiego, autora „Szatańskich wersetów" chroni policja.* PS. *Fatwa imama Chomeiniego głosi, że każdy muzułmanin, który zabije Rushdiego, trafi do raju.* NSP2. ▯ PS 1997, OiT 2001, US 2003 ✐1992 NSP2 ◁arab

feng shui [feng szua, feng szuj, feng szłej] *n, indekl* »chinesische Lehre der harmonischen Lebens- u. Wohnraumgestaltung, auch: deren praktische Umsetzung« - **Feng-Shui, Feng-shui**. *Konsultant feng shui; kuchenne feng shui; feng shui miłości, dla zakochanych, w biurze, w biznesie. Pierwsza zasada feng shui, by oczyścić otoczenie, nie dopuszczać do nieładu na biurku.* kobieta.interia pl 2004. ▯ OiT 2001, US 2003

feromon *m, G -u, Biologie* »von Tieren u. vom Menschen produzierter u. abgesonderter Duftstoff, der Stoffwechsel u. Verhalten anderer Individuen der gleichen Art beeinflusst« - **Pheromon**. *Feromony regulują zachowania społeczne owadów czy ssaków, ich zachowania seksualne od wabienia, przez zaloty aż po obyczaje kopulacyjne.* www.dzieci.pl 2004. *Jeśli obawiasz się, że Twój urok osobisty nie wystarczy by zdobyć tego wymarzonego, pomóż sobie, kupując T-shirta z feromonami.* uczucia.net 2004. ▯ PS 1997, US 2003

feromonowy *Adj v.* ⁊feromon - **Pheromon-**. *Na przykład mrówki odizolowane od stada zaczynają biegać w kółko, śledząc własny ślad feromonowy, aż umrą z wyczerpania.* www.rzeczpospolita.pl 2004. ▯ kein Beleg
♦ **pułapka feromonowa** »Falle zur Bekämpfung von Schädlingen mit Hilfe von Pheromon« - **Pheromonfalle**. *Te dziwne urządzenia, które napotkać można w lasach, to przemyślne pułapki zastawiane na różnego rodzaju szkodniki żerujące na drzewach. Są to tzw. pułapki feromonowe.* NSP2. ▯ kein Beleg ✐1986 NSP2

fiberglas [fiberglas] *m, G -u* »Verbundwerkstoff aus Epoxydharz u. Glasfasern« - **Fiberglas**. *Powszechniejsze są okna z PCV, rzadszy jest tzw. fiberglas, gdzie materiałem podstawowym jest włókno szklane, a spoiwem - żywica epoksydowa.* forumnt.glos-pomorza.pl 2004. ▯ kein Beleg

fiberglasowy *Adj v.* ⁊fiberglas - **Fiberglas-**. *Do umocnień drewnianych konstrukcji zostaną zastosowane - być może po raz pierwszy w Polsce - materiały fiberglasowe, tj. takie, które są wykonane z włókna szklanego, a zastępują stalowe elementy (...).* Pałuki 1998 (K). ▯ kein Beleg

filar ♦ **pierwszy filar** *Politik* »nach dem seit 1999 verbindlichen Rentensystem die Pflichtrentenversicherung bei der Sozialversicherung ZUS« - **erste Säule** (der Altersversorgung). *Pierwszy filar reformy stanowi zreformowany Zakład Ubezpieczeń Społecznych. Przynależność do pierwszego filaru jest powszechna i obowiązkowa.* www.tf.pl 2005. ▯ kein Beleg
♦ **drugi filar** *Politik* »Rentenversicherung in einem der Rentenfonds« - **zweite Säule** (der

Altersversorgung). *Drugi filar reformy stanowią otwarte fundusze emerytalne, które zarządzają w naszym imieniu składką, stanowiącą 7,3 procent wynagrodzenia.* www.tf.pl 2005. 📖 kein Beleg
♦ **trzeci filar** *Politik* »freiwillige zusätzliche Rentenversicherung als Ergänzung zu den beiden übrigen Bestandteilen des dreiteiligen Rentensystems« - **dritte Säule** (der Altersversorgung). *Trzeci filar to Pracownicze Programy Emerytalne oraz indywidualne ubezpieczenia na życie w różnych odmianach.* www.cvonline.pl 2005. 📖 kein Beleg

film[NB] *m, G -u* »sehr dünne, zusammenhängende Schicht auf einer festen Oberfläche« - **Film**. *Tworzyć delikatny film ochronny, smarujący, nawilżający, olejowy, lipidowy. Ścianki rury ssącej są pokryte cienkim filmem benzynowym.* IS. *Krem pozostawia delikatny, niewyczuwalny film ochronny, co pomaga skórze bronić się przed wrogimi dla niej czynnikami środowiska.* onet.allegro.pl 2004. 📖 IS 2000, US 2003

film ♦ *phras* **czeski film*** *ugs* - »Durcheinander, unüberschaubare Situation« *Czytam list trzeci raz i nic nie rozumiem, czeski film.* SW. *Idę do biura, a tam czeski film, nikt nic nie wie, patrzą na mnie jak na idiotę.* SW. 📖 SW 1996, PS 1997, PSF 2000, US 2003 ✎1982 PP

film ♦ **film akcji** »Spielfilm mit spannungsreicher Handlung u. turbulenten, oft gewaltbetonten Szenen« - **Actionfilm**. *Ten film jest przykładem jak z banalnej fabuły, w której niewiele jest zaskoczenia, można zrobić świetny film akcji.* www.animeworld.pl 2004. *Najlepszy nawet film akcji niewiele jest wart, jeśli nie pojawi się w nim kobieta.* www.filmpolski.pl 2004. 📖 PS 1997, US 2003 ◁engl action film

♦ **film drogi** »Spielfilm, dessen Handlung sich unterwegs, auf einer Fahrt mit dem Auto abspielt« - **Roadmovie**. *Nazwa „film drogi" budzi wiele wątpliwości. Najważniejsze zaś wcale nie są związane z tym, że nie do końca wiadomo, które spośród filmów, mających drogę za bohaterkę, są filmami drogi, które zaś nie (...).* www.jezyk-polski.pl 2004. 📖 PS 1997 US 2003 ◁engl road movie

♦ **film niskobudżetowy** »mit geringem finanziellen Aufwand produzierter Film« - **Low-Budget-Film**. *Film trzyma w napięciu praktycznie od początku do końca. Efekty specjalne jak na film niskobudżetowy - całkiem, całkiem.* www.kinoman.pl 2004. *Film ten ma kłopoty, jak każdy film niskobudżetowy. Został zrobiony 2 lata temu. Zabrakło pieniędzy na udźwiękowienie, potem na montaż.* www.stopklatka.pl 2004. 📖 IS 2000 ◁engl low-budget film

♦ **film wysokobudżetowy** »mit großem finanziellen Aufwand produzierter Film« - **High-Budget-Film**. *„Gwiezdne wojny: część II - Atak klonów", do którego zdjęcia rozpoczęto w czerwcu 2000, jest pierwszym wysokobudżetowym filmem kinowym nakręconym kamerą cyfrową.* www.gwiezdne-wojny.pl 2004. 📖 SW 1996, IS 2000, US 2003 ◁engl high-budget film

filmografia *f* »Verzeichnis, Zusammenstellung aller Filme eines Regisseurs, Schauspielers usw.« - **Filmographie**. *Oglądając „Wyrok na Franciszka Kłosa", mamy od początku świadomość, że w filmografii Andrzeja Wajdy nie jest to z pewnością film wybitny.* www.tygodnik.com.pl 2004. *Lata 90. w jego filmografii przyniosły zbiór najbardziej nierównych filmów, jakie dotychczas wyszły z maszyny do pisania i kamery Allena.* www.esensja.pl 2001. 📖 Supl 1994, PS 1997, US 2003 ◁engl filmography

filmograficzny *Adj* v. ↗filmografia - **filmographisch**. *Opis filmograficzny. W bazie znajdą się opisy filmograficzne polskich filmów fabularnych przeznaczone nie tylko dla fachowców, ale również szerokiego kręgu odbiorców.* www.fn.org.pl 2004. 📖 US 2003

filmówka *f, aus szkoła filmowa, ugs* - *neutral* **Filmhochschule**. *Są oczywiście tacy twórcy (...), którzy zaistnieli jako twórcy offowi, a filmówek nie kończyli.* Przegląd 2003. *F. de Pena, absolwent łódzkiej filmówki, powierzył jej rolę Marioli w swoim najnowszym filmie „Masz na imię Justyna".* Newsweek Polska 2005. 📖 SW 1996, US 2003

filozofia[NB] *f* »Grundgedanke, Idee« - **Philosophie**. *Filozofia działania, rządzenia, gospodarowania; filozofia rządu, premiera, państwa; filozofia futbolu, sportu, judo; filozofia grubej kreski, Okrągłego Stołu; filozofia rynkowa. Pozwolę sobie na kilka uwag o filozofii tego opowiadania.* IS. *Całkowicie zmieniliśmy filozofię działania.* www.geoland.pl. 2005. 📖 Supl 1994, SW 1996, PS 1997, IS 2000, US 2003 ◁engl

filtr[NB] *m, G -a oder -u* »Substanz, die Kosmetika, vor allem Sonnenschutzmitteln, zugefügt wird, um die Haut vor UV-Strahlen zu schützen« - **UV-Filter**. *Filtr UV; filtr ochronny; krem nawilżający, pomadka z filtrem (ochronnym); emulsja do opalania z filtrem UV. Posmarować się kremem z filtrem warto także wtedy, jeśli mamy zamiar spędzić dzień na plaży w bawełnianej koszulce.* serwisy.gazeta.pl 2004. 📖 PS 1997, IS 2000, US 2003

fingerboard [fingerbort] *m, G -a seltener -u* »Miniaturskateboard, das mit dem Zeige- u. Mittelfinger gefahren wird« - **Fingerboard**. *Fingerboarda można kupić w prawie każdym skateshopie. (...) Fingerboard to fajna rzecz, która według mnie nigdy się nie nudzi.* www.eduskrypt.pl 2006. 📖 kein Beleg ◁engl

fingerfood, finger food [finger fut] *m, G* fingerfoodu »Imbisshäppchen, die ohne Besteck, nur mit den Fingern gegessen werden« - **Fingerfood, finger food**. *Nie skądinąd tylko z USA (ojczyzny fast food) powoli dociera do nas moda na tzw. finger food, czyli jedzenie palcami. (...). Zwrot ten dotyczy przekąsek, które po prostu łatwiej i szybciej zjada się trzymając je w palcach.* www.hamburger.pl 2002. *Z punktu widzenia właścicieli barów i restauracji fingerfood ma jeszcze jedną istotną zaletę. Redukuje koszty. W przypadku barów ze sztućcami jednorazowego użytku sprawa jest oczywista - odpada koszt ich zakupu (...).* www.hamburger.pl 2002. ⌑ kein Beleg ◁engl

firanka ♦ *phras* (sklep, osiedle usw.) **za żółtymi firankami*** - »in der Volksrepublik Polen: spezielle Einrichtungen, die ausschließlich für die kommunistische Nomenklatura bestimmt waren« Osiedla, szpital za żółtymi firankami. *Ojczym pracuje w Ministerstwie Spraw Zagranicznych, matka może robić zakupy w sklepach za żółtymi firankami (...).* stary.latarnik.pl 2004. *W sytuacji, gdy kupienie podstawowych towarów, zwłaszcza jedzenia, stanowiło nie lada problem, przedstawiciele władzy mieli do swojej dyspozycji sieć specjalnych sklepów, potocznie nazywanych „za żółtymi firankami".* Newsweek Polska 2001. *Takich osiedli za żółtymi firankami było w Warszawie kilka.* www.iyp.org 2004. ⌑ kein Beleg

fire ♦ *phras* **friendly fire** - **friendly fire**. a) *Militär* »versehentlicher Beschuss eigener Truppen« *Przypadki śmierci od „przyjacielskiego" ognia (friendly fire) zdarzały się i zdarzają dosyć często, choć wojskowi na wszelki wypadek o nich milczą. Podczas wojny koalicji sprzymierzonych państw z Irakiem „friendly fire" pochłonął 35 ofiar spośród 146 zabitych Amerykanów.* www.polska-zbrojna.pl 2006. b) *Computer* »Funktion in Computerspielen« *Ową funkcją jest friendly fire. Na czym to cudo polega? Sprawa jest banalna. Owa funkcja ma zapobiec zabijaniu się członków tej samej drużyny.* www.gtaworld.pl 2006. *Był włączony friendly fire i (...) zastrzelił mnie jakiś radiograf strzelając w plecy.* www.gram.pl 2006. ⌑ kein Beleg. *auch* przyjazny ↗ogień ◁engl
! im Dt. auch übertragen ‚Kritik aus den eigenen Reihen'

firewall [fajrłol] *m, G -u, Npl -e, EDV* »System von Programmen, das Netzwerke vor unerwünschtem Zugriff schützt« - **Firewall**. *A kiedy już go włączyli, to firewall zaczął wariować, to znaczy że przy każdym połączeniu z internetem pojawia się komunikat, że został zablokowany.* www.enter.pl 2004. *W celu zapobieżenia swobodnemu penetrowaniu sieci wewnętrznej przez intruzów stosuje się rozwiązanie zwane firewallem, co w dosłownym tłumaczeniu znaczy „ściana ogniowa". Określeniem, które lepiej oddaje sens tego rozwiązania jest „zapora sieciowa".* PCkurier 1999. ⌑ kein Beleg. *auch* ↗ściana ognia/ogniowa, ↗zapora ogniowa/sieciowa ◁engl

firma ♦ **firma garażowa** »Start-up-Unternehmen mit minimaler Beschäftigtenzahl u. meist ohne eigene Räumlichkeiten« - **Garagenfirma**. *Rozpoczęli współpracę, a po powrocie do Polski, jesienią 1995 roku, założyli w Gdańsku garażową firmę Centrum Nowych Technologii (CNT). Firma zajęła się m.in. prowadzeniem witryny Wirtualna Polska, pierwotnie stanowiącej zbiór artykułów i katalog adresów stron internetowych.* serwisy.gazeta.pl 2004. ⌑ kein Beleg

♦ **firma-skrzynka, firma skrzynkowa,** *auch* **firma krzak** *f, ugs* »Firma, die oft ihren Sitz im Ausland hat u. an Geschäftsausstattung über kaum mehr als einen Briefkasten verfügt; auch abwertend über eine betrügerische Scheinfirma« - **Briefkastenfirma, Scheinfirma**. *Nam policja celna postawiła zarzut, że jesteśmy firmą-skrzynką, która zajmuje się tylko wysyłaniem ludzi do pracy.* Gazeta Wyborcza 2005. *A więc nie jest tylko firmą-skrzynką na listy i prawo wydawania poleceń pracownikom wydelegowanym pozostaje przy firmie delegującej ich do pracy.* praca.gazeta.pl 2005. *W sprawie sprzedaży rafinerii na wschodzie Niemiec koncernowi Elf Aquitaine wdrożenia śledztwa domagali się między innymi francuscy i szwajcarscy adwokaci. Francuzi twierdzą, że na „firmy skrzynkowe" przelano 13 mln franków (...).* NSP3. *Ja mam do czynienia z Teleaikon i jestem zadowolony, a odnośnie firma krzak, to większość operatorów u nas to krzaki. Rzadko kto może sobie pozwolić na zbudowanie infrastruktury technicznej na wysokim poziomie.* www.voiceware.pl 2006. ⌑ kein Beleg

fishburger [fiszburger] *m, G -a* »zwischen den aufgeschnittenen Hälften eines Brötchens servierte Fischfrikadelle« - **Fishburger**. *Proponują hamburgery, cheesburgery, fishburgery. Do tego frytki, sałatki i wspaniałe lody. Wszystko na światowym poziomie, serwowane przez młodzież.* www.wiesci.wolomin.com 2006. ⌑ US 2003 ◁engl

fit *Adj, indekl* »in guter körperlicher Verfassung, leistungsfähig, sportlich durchtrainiert« - **fit**. *Jestem fit - jestem osobą sprawną fizycznie, energiczną, pozytywnie myślącą, dbającą o dietę i wygląd własnego ciała.* kobieta.interia.pl 2004. *Ćwicząc w naszym klubie będziesz fit.* OiT. ⌑ OiT 2001 ◁engl

fitness *m, G -u oder indekl* **1** »gute körperliche Verfassung, Kondition, Leistungsfähigkeit (aufgrund sportlichen Trainings)« - **Fitness**.

Osiągnięcie odpowiedniego poziomu fitness to jeszcze nie kulturystyka, choć może być do kulturystyki wstępem. PS. **2** »Gesamtheit der Maßnahmen, die zu guter körperlicher Kondition führen, vor allem sportliche Übungen« - **Fitnessübungen, Fitnesstraining**. *Mogłaby zająć się zwykłym fitnessem albo aerobikiem w basenie i też zarabiać pieniądze.* Twój Styl 2003. *Fitness dla oczu przy komputerze: Jak, pracując przy komputerze, uniknąć najczęstszych dolegliwości i zachować dobry wzrok?* www.merlin.com.pl 2004. ⌑ PS 1997, US 2003 ◄engl
fitness *nachgestellt in adjektivischer Funktion, indekl* - **Fitness-**. Sprzęt, sala, stroje, hotel, imprezy, rynek fitness. *Serwis poświęcony zajęciom fitness na stronach serwisu Kobiety On-line. (...) Portal fitness - informacje o coraz popularniejszej formie aktywności fizycznej.* katalog.polska.pl 2005. ⌑ kein Beleg
fitness club, fitness klub [klup, klap] *oder* **studio fitness(u)** - **Fitness-Club, Fitness-Center, Fitness-Zentrum, Fitness-Studio**. *Po trudach dnia proponujemy skorzystać z fitness klubu wyposażonego w saunę turecką, siłownię.* www.hotel-komeda.com.pl 2004. *Studio fitnessu to miejsce, w którym trzeba dogodzić i szalonej nastolatce, która chce poskakać, i starszej bizneswoman - opowiada Marta Tymoszewicz.* gospodarka.gazeta.pl 2005. ⌑ PS 1997, US 2003. *auch* ↗klub fitness
fitoestrogen *m, G -u* »pflanzliches Hormon, das Wechseljahrsbeschwerden lindern soll u. auch in der Kosmetik für Gesichtscremes verwendet wird« - **Phytoöstrogen**. *W soi znajduje się również fitoestrogen (roślinny estrogen), który, jak udowodniono w badaniach prowadzonych na zwierzętach, upośledza działanie tarczycy.* www.przyroda.cad.pl 2005. *Soja zawiera naturalny hormon roślinny - fitoestrogen, który dodaje zdrowia skórze i włosom. Polecane jest mleko sojowe i orzeszki sojowe jako przekąska.* www.kafeteria.pl 2006. ⌑ kein Beleg
fixing *m, G -u, Börse* »die an der Börse dreimal täglich erfolgende Feststellung der Wechselkurse« - **Fixing**. Fixing NBP; pierwszy, drugi, podwójny fixing; fixing na otwarciu, na zamknięciu. *Na czwartkowym fixingu za dolara płacono 4,08717 złotego.* Gazeta Wyborcza 2002. *W Warszawie w atmosferze paniki upłynęły zwłaszcza notowania jednolite. Skala spadków była ogromna - z niższymi kursami niż w piątek notowania na fixingu zakończyło aż 200 spółek.* Rzeczpospolita 2000 (K). ⌑ kein Beleg ◄engl
flagowiec[NB] *m, G ~wca, ugs* »führendes Unternehmen, Produkt usw. innerhalb einer Gruppe« - **Flaggschiff**. *O Banku Handlowym długo, nawet po faktycznym przejęciu przez bank amerykański mówiono, że to polski flagowiec i że powinien pozostać w polskich rękach.* archiwum.pszczolek.com 2004. *To tu, w miasteczku Älmhult, powstał flagowiec szwedzkiej przedsiębiorczości - IKEA.* szwecja.net 2004. ⌑ kein Beleg ✎1992 NSP2. *auch* okręt flagowy
flagowy[NB] »angesehen, repräsentativ, führend« - *als Kompositumglied* **Prestige-, Top-, Spitzen-, Erfolgs-; prestigeträchtig**. Dziennik, pojazd, produkt, model flagowy. *Flagowy dziennik TVP ma nową oprawę, ale wciąż trwa gorączkowe kompletowanie zespołu.* Polityka 2004. *Japoński koncern Toyota zaprezentował swój najnowszy flagowy model, czyli Lexus LS 430.* motonews.pl 2005. *Sony prezentuje swój flagowy rekorder DVD z twardym dyskiem o dużej pojemności.* www.sony.pl 2005. ⌑ kein Beleg
flipchart, flip chart [flipczart] *m, G -u* »auf einem Gestell befestigter großer Papierblock, dessen Blätter nach oben umgeschlagen werden können« - **Flipchart**. Zapisać coś na flipcharcie. *Przygotowaliśmy pełen zestaw oprzyrządowania do prowadzenia konferencji: rzutniki folii, ekrany, flipcharty (...).* www.niedzwiadek.gda.pl 2004. *W dobrej sali szkoleniowej jest flipchart, ale i flamastry do pisania na flipcharcie.* nowyprzemysl.wnp.pl 2004. ⌑ kein Beleg ◄engl
flipper, fliper *m, G -a* »Spielautomat, bei dem man eine Kugel möglichst lange auf dem abschüssigen Spielfeld halten muss« - **Flipper**. *Grać na fliperze. W grze na fliperze punktowane jest każde odbicie kuli od licznych grzybków znajdujących się na planszy i przejęcie przez rozmaite drogi na niej. Miał w komputerze grę imitującą działanie flipera.* OiT. ⌑ PS 1997, US 2003 ◄engl
fluid[NB] [flu-it] *m, G -u, Kosmetik* »Creme, Make-up mit flüssiger Konsistenz« - **Fluid**. *Fluid hipoalergiczny, do suchej cery, do końcówek. Położyć fluid na twarz i szyję; rozsmarować fluid. Dzięki silikonom fluidy łatwo się rozprowadzają i matowią skórę.* Wysokie Obcasy 2002. ⌑ Supl 1994, SW 1996, PS 1997, IS 2000, US 2003 ◄engl
foliować[NB] *ipf /* **sfoliować** *pf* »Papier, Stoff usw. mit Folie beschichten« - **folieren, laminieren,** *(Buch)* **einschweißen**. *Foliować dokumenty, legitymacje, świadectwa, paszporty, papier, tkaninę. Biletu abonamentowego nie można foliować, wymieniać, ani przedłużać terminu ważności.* www.intercity.pl 2004. ⌑ SW 1996, PS 1997, IS 2000, US 2003. *s. auch* ↗laminować
folk *m, G -u, Musik* »an Volksmusik o. an deren Traditionen anknüpfender, oft vom Rock beeinflusster populärer Musikstil« - **Folk**. *Grać folk. A zatem, folk - muzyka, która najpiękniej opowie nam o kulturze i legendach i zabierze nas w miejsca, o których jeszcze nie śniliśmy.*

aurinko.krap.pl 2004. PS 1997, IS 2000, US 2003 ◁engl
folk *nachgestellt in adjektivischer Funktion, indekl* - **Folk-**. Styl, muzyka, piosenka, ballada, moda folk. *Konkurs „Moda Folk" organizowany przez Krajową Izbę Mody ma na celu zainteresowanie młodych projektantów tradycją ubioru.* www.moda.com.pl 2004. PS 1997, IS 2000, US 2003. *auch* ↗folkowy
folkowy *Adj v.* ↗folk - **Folk-**. Festiwal folkowy; grupa, ballada folkowa. *Festiwale folkowe na które jeździmy: Folk Fiesta w Ząbkowicach Śląskich.* priv.ckp.pl 2004. IS 2000, US 2003. *auch* ↗folk
format[NB] *m, G -u, EDV* **1** »Speicherform für Textdokumente« - **Format**. Format pliku. *Format pdf wymaga do odczytania programu Acrobate Reader.* www.6pr.pl 2004. **2** *auch*
♦ **format tekstu** »Organisation u. Gestaltung des Textes« - **Textformat**. Zastosować, ustalić odpowiedni format tekstu; ustawić standardowy format tekstu. *Format tekstu określa wygląd tekstu i pewne jego cechy, takie jak rodzaj czcionki, zastosowane marginesy itp.* pl.wikipedia.org 2004. SW 1996, OiT 2001, US 2003
formatować *ipf* / **sformatować** *pf, EDV* - **formatieren 1** »die Festplatte o. eine Diskette für die Aufnahme von Daten vorbereiten« Formatować twardy dysk, dyskietkę. *Jeśli sformatujesz twardy dysk, utracisz wszystkie zawarte na nim programy i dane.* OiT. *Muszę zainstalować ponownie Windows. Czy muszę formatować dysk?* www.enter.pl 2004. **2** »Daten nach vorgegebenen Vorschriften anordnen u. zusammenstellen« Formatować tekst, przypisy. *Jak formatować tekst, aby po przekroczeniu określonej długości przechodził do nowej linii?* web.reporter.pl 2004. SW 1996, PS 1997, IS 2000, US 2003
formuła[NB] *f* »Zusammensetzung, Struktur, Rezeptur eines Produkts« - **Formel**. Formuła leku, kosmetyku. *Nowa formuła miesięcznika Popcorn. Zachowano wszystkie rubryki obecne do tej pory. Zmieniona została jedynie ich formuła.* www.axelspringer.com.pl 2004. *Krem dzięki nowej formule jest idealnie wchłaniany przez skórę.* NSPP. IS 2000◁engl
formuła ♦ **formuła jeden** *oder* **pierwsza** *Motorsport* **1** »Klasse superschneller Rennwagen« - **Formel-1-Klasse**. *Formuła 1 jest synonimem najwyższych technologii. Tylko najlepsi ludzie, najlepsze zespoły i najlepsze technologie mogą wygrać.* www.e-petrol.pl 2004. *Formuła 1 stała się poligonem doświadczalnym dla firm, chcących wypróbować nowe pomysły konstruktorów.* www.toyotajuniors.pl 2004. PS 1997, IS 2000, US 2003 **2** »der Grand Prix der Formel-1-Klasse als Sportereignis« - **Formel 1**. *Formuła 1, mająca status jednego z najpopularniejszych i najbardziej prestiżowych widowisk sportowych, obejmuje w tym roku 18 wyścigów.* www.wirtualnemedia.pl 2004. IS 2000, US 2003 ◁engl formula one
fortepian ♦ *phras* **grać na kilku (dwóch, wielu** usw.**) fortepianach** »gute u. meist vorteilhafte Beziehungen mit vielen Personen, Institutionen, Staaten usw. unterhalten« - **auf mehreren, (zwei, vielen** usw.**) Klavieren spielen**. *Pamiętać też warto, że niegdyś PO gra na bardzo wielu fortepianach, dla jednych ma spokojnego Tuska, dla innych cholerycznego Rokitę, jednym podaruje Schetynę, innym zaś Komorowskiego i Gronkiewicz-Waltz.* trybuna.com.pl 2006. *Od tego czasu do dnia dzisiejszego jest uważany za człowieka Wałęsy. A Wałęsa, jak wiadomo, gra na wielu fortepianach naraz i nie zawsze czysto.* www.mail-archive.com 2006. kein Beleg
♦ *phras* **gra na kilku (dwóch, wielu** usw.**) fortepianach** »die Kunst, gute u. meist vorteilhafte Beziehungen mit vielen Personen, Institutionen, Staaten usw. zu unterhalten« - **Spiel auf mehreren (zwei, vielen** usw.**) Klavieren**. *Grzegorz Kurczuk, decydując się na błyskawiczną lokalną koalicję z Samoobroną, wysyła jasny sygnał: wobec partii chłopskich Sojusz stosować będzie zasadę „dziel i rządź". Ta swoista gra na dwóch fortepianach służyć ma przede wszystkim zdyscyplinowaniu chłopskiego - sejmowego koalicjanta.* abcnet.com.pl 2002. *Ale przecież gra na wielu fortepianach to był wynalazek lewicy, gdy na jednym grał Kwaśniewski, na drugim Miller, wspierani przez niezłą orkiestrę z Borowskim, Oleksym, Janikiem i wieloma innymi.* trybuna.com.pl 2006. *Negocjacje z Unią Europejską to gra na piętnastu fortepianach równocześnie.* www.wprost.pl 2002. kein Beleg
forum[NB] *n, Internet* »themen- o. nutzergruppenbezogenes Forum im Internet« - **Forum**. Forum internetowe - Internetforum. Forum dyskusyjne - Diskussionsforum. Forum moderowane, wielotematyczne, młodzieżowe; forum użytkowników. *Internetowe forum dyskusyjne, obejmujące swoją tematyką sprzęt komputerowy, jak i oprogramowanie.* www.ocforum.org 2006. *Masz pomysł lub uwagę na temat forum, więc napisz go tutaj.* www.linux.com.pl 2006. kein Beleg
forumowicz *m, G -a, Npl -e, Internetjargon* - »Teilnehmer an einem Diskussionsforum, Forumtelnehmer« *Każdy forumowicz ma prawo do jednego ogłoszenia na dany temat.* forum.muratordom.pl 2005. kein Beleg
forumowiczka *f v.* ↗forumowicz, *Internetjargon* - »Teilnehmerin an einem Diskussionsforum, Forumteilnehmerin« *Ze zbiórki pieniędzy forumowiczki kupiły dwie tony opału na zimę,*

Wioletta dostała też lodówkę i pralkę. metro 2005. ⌨ kein Beleg
fotoalergia *f, Medizin* »durch UV-Strahlen ausgelöste Allergie der Haut« - **Photoallergie, Sonnenallergie, Lichtallergie**. *Jeśli zauważysz na skórze wysypkę albo czerwone plamy, natychmiast zakończ opalanie. Niestety na fotoalergię nie ma lekarstwa.* www.egocentrum.pl 2004. ⌨ US 2003 ↗engl photoallergy
fotoalergiczny *Adj v.* ↗fotoalergia, *Medizin* - **photoallergisch**. *Wyprysk fotoalergiczny. Pod wpływem substancji o działaniu fotoalergicznym (...) powstają zmiany określane jako fotoalergiczny wyprysk kontaktowy.* www.sluzba-zdrowia.com.pl 2005. ⌨ kein Beleg
fotoalergik *m, G -a, Npl ~icy, Medizin* »jd., der an einer Photoallergie leidet« - **Photoallergiker**. *Kochani, należę do waszego zacnego grona fotoalergików. Cierpię od kilku lat i nie mogę znaleźć sposobu na to cholerstwo.* www.przychodnia.pl 2005. ⌨ US 2003
fotochromowy *Adj* »von Brillengläsern: sich unter Lichteinwirkung verfärbend« - **fototrop, fotochrom**. *Szkła, soczewki fotochromowe. Osobom mającym wady wzroku poleca się szkła fotochromowe, których stopień przyciemnienia zależy od intensywności słońca.* SW. *Soczewki fotochromowe/fototropowe ciemnieją przy zwiększającym się natężeniu UV.* www.optometria.info.pl 2004. ⌨ SW 1996, PS 1997, IS 2000, US 2003
fotochromy *nur im Pl, Gpl -ów, ugs* **1** *auch* ♦ **okulary fotochromowe** »Brille mit Gläsern, die sich unter Lichteinwirkung verfärben« - **Brille mit fototropen, selbsttönenden, fotochromen Gläsern; Brille mit Fotochromgläsern**. *Fotochromy noszę tylko w dzień.* IS. ⌨ SW 1996, PS 1997, IS 2000, US 2003 **2** *auch* ♦ ↗**szkła fotochromowe** »Gläser, die sich unter Lichteinwirkung verfärben« - **Fotochromgläser**. *Szczególnym rodzajem szkieł okularowych są fotochromy, czyli szkła reagujące na światło słoneczne i barwiące się w zależności od jego natężenia.* www.tracewicz.cso.pl 2004. ⌨ kein Beleg
fotomodel *m, G -a, Npl -e* »fotogener Mann, der als Modell für (Mode)fotos o. Kurzfilme tätig ist« - **Fotomodell**. *Pracować jako fotomodel. Rozpoczął pracę w reklamie i jako fotomodel. W 1995 roku wystąpił w telefilmie.* www.filmweb.pl 2004. *Mario, wychowany w Nowym Jorku, były fotomodel, regularnie współpracuje z największymi magazynami mody.* www.mediarun.pl 2004. ⌨ PS 1997. *s. auch* ↗model
fotomodelka *f* »fotogene Frau, die als Modell für (Mode)fotos o. Kurzfilme tätig ist« - **Fotomodell**. *Pracować jako fotomodelka. Obecnie mieszkam w Warszawie. Na co dzień studiuję, jednak teraz mam wakacje i pracuję jako fotomodelka.* www.annap.com 2004. *Każda nasza modelka, fotomodelka oraz hostessa przechodzi specjalne szkolenie.* www.erica.pl 2004. ⌨ PS 1997, IS 2000, US 2003
fototapeta *f* »Tapete, die eine Fotoreproduktion, meist eine Landschaft, darstellt« - **Fototapete**. *Na jednej ze ścian przyklejono fototapetę, która przedstawiała zachodzące słońce.* PS. ⌨ Supl 1994, SW 1996, PS 1997, US 2003 ✐1988 NSP2
franchising [franczyz-iŋk] *m, G -u, Wirtschaft,* »Vertriebsform im Einzelhandel, bei der ein Unternehmer seine Produkte durch einen Einzelhändler in Lizenz verkaufen lässt« - **Franchising, Franchise**. *Umowa o franchising; zasada franchisingu. Większość restauracji McDonalda działa na zasadzie franchisingu: McDonald's udziela licencji na ich prowadzenie, prawa do korzystania ze znaku firmowego i specjalistycznych urządzeń.* NSP2. ⌨ PS 1997 ✐1992 NSP2. *auch* ↗franszyza
franchisingobiorca [franczyz-iŋgobiorca] *m, G ~cy, Npl ~cy, Wirtschaft* - **Franchisenehmer**. *Przez ostatnie 14 lat, działając jako franchisingobiorca, dużo się nauczyłem i uzyskałem dobry wgląd w istotę tej działalności.* www.subwaypolska.pl 2004. ⌨ kein Beleg. *auch* ↗franszyzobiorca
franchisingodawca [franczyz-iŋgodawca] *m, G ~cy, Npl ~cy, Wirtschaft* - **Franchisegeber**. *Z kolei franchisingobiorca to podmiot rozpoczynający działalność, który chce skorzystać z doświadczenia i renomy franchisingodawcy.* magazyn.wsinf.edu.pl 2004. ⌨ kein Beleg. *auch* ↗franszyzodawca
franchisingowy [franczyz-iŋgowy] *Adj v.* ↗franchising, *Wirtschaft* - **Franchising-**. *Umowa franchisingowa; sieci franchisingowe. W trakcie trwania umowy franchisingowej, franchisingobiorca jest pod stałą kontrolą franchisingodawcy oraz wykonuje umowę zgodnie z zaleceniami.* bp2000.webpark.pl 2004. ⌨ kein Beleg. *auch* ↗franczyzowy
franczyza[NB], **franszyza** *f* »Lizenz zum Vertrieb von Produkten eines Unternehmens durch Einzelhändler; auch diese Form des Handels selbst« - **Franchise**. *Franczyza rośnie w siłę. Przybywa barów, pubów i restauracji. Większość nowych należy do gastronomicznych sieci franczyzowych.* www.gazetaprawna.pl 2006. *Polski Computerland działa na zasadzie franszyzy (płaci za używanie nazwy, w zamian musi zapewnić odpowiedni poziom usług).* Gazeta Wyborcza 1995. ⌨ OiT 2001. *auch* ↗franchising
franczyzobiorca, franszyzobiorca *m, G ~cy, Npl ~cy, Wirtschaft* - **Franchisenehmer**. *Każdy franczyzobiorca działa na własny rachunek, a wszyscy franczyzobiorcy partycypują w kosztach działania sieci poprzez opłaty li-*

cencyjne (...). www.mbe-pl.pl 2004. *Pierwszy przypadek franszyzobiorcy, który zdecydował się na otwarcie kolejnego sklepu, miał miejsce już w pierwszym roku działania na rynku polskim.* www.taf.pl 2004. ▯ OiT 2001. *auch* ↗franchisingobiorca

franczyzodawca, franszyzodawca *m, G ~cy, Npl ~cy, Wirtschaft* - **Franchisegeber.** *Zarówno franczyzodawcy, jak i franczyzobiorcy przyświeca ten sam cel: maksymalizację zysku i ograniczenie ryzyka!* www.ihk.pl 2004. *Zdaniem Zarządu Radia ESKA umowa taka oznacza wiele korzyści i dla franszyzobiorcy, i dla franszyzodawcy.* www.szczecinek.pl 2006. ▯ OiT 2001 *auch* ↗franchisingodawca

franczyzowy, franszyzowy *Adj v.* ↗franszyza - **Franchise-.** *Powstały też dwie nowe spółki franszyzowe prowadzące sklepy z markową odzieżą zachodnią.* Polityka 2003. *Pakiet franczyzowy, nazywany także licencją franczyzową, stanowi istotę systemu franczyzowego, gdyż zawiera kompletną koncepcję prowadzenia działalności.* www.franchising.info.pl 2006. ▯ kein Beleg. *auch* ↗franchisingowy

franszyza *s.* **franczyza**

frisbee [frizbi] *n, indekl* **1** »Sportgerät in Form einer runden Scheibe aus Plastik, die so geworfen wird, dass sie waagerecht (rotierend) fliegt u. wieder gefangen werden kann« - **Frisbee(scheibe).** *Przede mną błękitne morze. Jakieś dzieci bawią się rzucaniem krążka frisbee.* www.tvp.pl 2004. **2** »Spiel mit dem Frisbee« - **Frisbee.** *Grać w frisbee. Rzucanie plastikowym talerzem przestało już być dziecięcą zabawą: frisbee to poważna dyscyplina sportowa, mająca swoje reguły.* forumnt. glos-pomorza.pl 2004. ▯ kein Beleg ◁engl

frontman *m, G ~a, Npl ~i, Musik* »Musiker einer Rockgruppe o.Ä., der bei Auftritten, meist als Sänger, im Vordergrund agiert« - **Frontman, Frontmann, Leadsänger.** *Przeprowadzili wywiad z Krzysztofem Cugowskim, frontmanem „Budki Suflera".* OiT. *O początkach wrocławskiej kapeli Hurt opowiada jej frontman Maciek Kurowicki.* www.bosko.pl 2004. ▯ OiT 2001 ◁engl front man
! im Dt. Frontmann auch in der Bed. ,populärster (Fernseh)moderator'

frontmanka *f v.* ↗frontman, *Musik* - **Frontfrau, Leadsängerin.** *Ekscentryczna frontmanka i jej zespół - w składzie z nowym gitarzystą i basistą - pracują nad longplayem.* www2.gazeta.pl 2004. ▯ kein Beleg. *auch* ↗frontwoman ◁engl
! im Dt. Frontfrau auch in der Bed. ,populärste (Fernseh)moderatorin'

frontwoman [frontłumen] *f, indekl, Musik* - **Frontfrau.** *Na scenie widać, że to ona jest frontwoman, chłopcy grają schowani w jej cieniu.* www.rockmetal.pl 2004. *Paulina jako frontwoman jest coraz lepsza i oby tak dalej.* www.ulicapiotrkowska.pl 2004. ▯ kein Beleg. *auch* ↗frontmanka ◁engl

frotka *f* **1** »Gummi- o. Frottéband zum Zusammenhalten der Haare (z. B. zu einem Pferdeschwanz) o. als Schmuck« - **Haarband.** *Kolorowe frotki; ogonek, kucyk spięty frotką. Jej gładkie uczesanie podkreślała w srebrzystym odcieniu frotka spinająca z tyłu włosy.* PS. **2** *Sport, insbes. Tennis* »um das Handgelenk o. den Kopf getragenes Band aus saugfähigem Stoff, das verhindern soll, dass der Schweiß auf die Stirn o. die Handfläche gelangt« - **Schweißband, Stirnband.** *Frotka na głowę, na nadgarstek.* ▯ SW 1996, PS 1997, IS 2000, US 2003

ful(l) (czegoś) *ugs* - »viel, reichlich« Ful(l) roboty, gości, ludzi, pracy, zajęć, czasu; ful(l) piwa, wódki, papierosów, samochodów, rowerów. *Na okrągło muzyka z odtwarzaczy, łomot, full dymu, smrodu i narkotyków.* IS. *Przymierzyłam full butów, ale żadne mi nie pasowały.* PS. ▯ SW 1996, PS 1997, IS 2000, US 2003 ◁engl
♦ **na ful(l)** *ugs* »mit äußerster Kraft, höchster Leistung, Geschwindigkeit usw.« - **volles Rohr, volle Pulle, volle Power.** *Grać na ful(l); puścić muzykę na ful(l); włączyć radio na ful(l). Zaciągnął hamulec ręczny na ful, żeby wóz nie stoczył się z góry.* PSF. ▯ SW 1996, PS 1997, IS 2000, US 2003 ✐1988 NSP2

funboard [fanbort] *m, G -u, Sport* »Form des Windsurfing mit kürzerem Surfbrett« - **Funboard.** *Formuła Windsurfing wywodzi się z zanikającej pomału klasy funboard, która była najpopularniejsza w latach 80. i 90.* www.windsurfingeracup.pl 2004. ▯ kein Beleg ◁engl

funboardowy [fanbordowy] *Adj v.* ↗funboard, *Sport* - **Funboard-.** *Mistrzostwa funboardowe - Funboard-Meisterschaften. Jego tegorocznym marzeniem jest start na jesieni w halowych zawodach funboardowych, które odbędą się w Wiedniu.* NSP2. ▯ kein Beleg ✐1992 NSP2

funboardzista [fanbordzista] *m, G ~ty, Npl ~iści, Sport* - **Funboarder.** *Najlepsi funboardziści potrafią wyskoczyć w górę na wysokość kilku metrów i zrobić w powietrzu podwójne salto.* www.plusgsm.pl 2004. *Przez wiele lat pływał w czołówce naszych najlepszych funboardzistów.* www.activezone.pl 2004. ▯ kein Beleg ✐1992 NSP2

fundamentalista *m, G ~ty, Npl ~iści, Politik, Religion* »jd., der kompromisslos an seinen (ideologischen, religiösen) Grundsätzen festhält« - **Fundamentalist.** *Fundamentaliści islamscy, marksistowscy, katoliccy. O zamach podejrzewa się marksistowskich fundamentalistów.* OiT. *Pojawili się prowodyrzy, rekrutu-*

jący się z grona wojowniczo nastawionych fundamentalistów muzułmańskich, głoszących konieczność powrotu do surowego islamu i negacji wszelkich obcych wpływów, a zwłaszcza zachodniego trybu życia. NSP2. ⌨ Supl 1994, SW 1996, PS 1997, IS 2000, US 2003 ✏1988 NSP2

fundamentalistka *f v.* ↗fundamentalista, *Politik, Religion* - **Fundamentalistin**. *Jako zadeklarowana fundamentalistka jestem przekonana, że Bóg stworzył wszystkie zwierzęta od razu takie, jakie były kiedyś i takie jak są teraz.* www.kosciol.pl 2005. ⌨ US 2003

fundamentalistyczny *Adj v.* ↗fundamentalizm, *Politik, Religion* - **fundamentalistisch**. *Ruch, fundamentalistyczny; fundamentalistyczny sposób myślenia; fundamentalistyczna doktryna, postawa, partia. (...) Był dobrym publicystą, choć o zbyt fundamentalistycznych poglądach (...).* IS. ⌨ PS 1997, IS 2000, US 2003 ✏1989 NSP2

fundamentalizm *m, G -u, Politik, Religion* »geistige Haltung, Anschauung, die durch kompromissloses Festhalten an (ideologischen, religiösen) Grundsätzen gekennzeichnet ist« - **Fundamentalismus**. *Fundamentalizm religijny, katolicki, islamski. Rzeczywiście sądzę, że dzisiaj chyba najpoważniejszym niebezpieczeństwem jest to, iż po upadku komunizmu mogą dojść do głosu religijne czy nacjonalistyczne fundamentalizmy.* NSP2. ⌨ Supl 1994, SW 1996, PS 1997, IS 2000, US 2003 ✏ 1991 NSP2

fundraiser [fandrejzer] *m, G -a, Npl ~rzy* »jd., der offiziell nach Quellen für die Einwerbung von Finanzmitteln bei Sponsoren sucht« - **Fundraiser**. *Dlatego tak ważna jest rola fundraiserów. Kim więc jest ów fundraiser? Jest to pośrednik pomiędzy potencjalnym sponsorem, a organizacją lub instytucją, posiadającą do zaoferowania różnego rodzaju usługi promocyjne lub reklamowe, albo - oferującą tylko satysfakcję z dobrze spełnionego obowiązku niesienia pomocy potrzebującym.* www. esponsor.pl 2006. ⌨ kein Beleg ◁engl

fund raising, fund-raising, fundraising [fandrejz-iŋk] *m, G -u* »Einwerbung von Finanzmitteln bei Sponsoren« - **Fundraising**. *Skuteczny fundraising. Dochody nadzwyczajne to między innymi fund raising, czyli zdobywanie pieniędzy przez instytucje oraz podejmowanie inicjatyw przez dyrekcje instytucji kultury.* www.senat.gov.pl 2002. *Problematyka Warsztatów Europejskich to: wnioski o eurogranty i pozyskiwanie funduszy, zdefiniowanie pojęcia fundraising (...).* www2.gazeta.pl 2004. ⌨ kein Beleg ◁engl

fundraisingowy *Adj. v* ↗fundraising - **Fundraising-**. *List, plan, projekt fundraisingowy; akcja fundraisingowa. Większość imprez publicznych czy demonstracji organizowanych przez sekcje i grupy może zawierać element fundraisingowy, jak np. zbiórka pieniędzy (...).* amnesty.org.pl 2006. ⌨ kein Beleg

funeralny *Adj, gehoben* - »in Bezug auf Trauer um einen Toten« - **Trauer-**. *Ceremonie funeralne, obrzęd funeralny. Nikodem Dyzma, utalentowany pracownik małej firmy pogrzebowej, niezrównany mówca funeralny, nie ma zbyt wielkich oczekiwań od życia. kariera.* nikosia.dyzmy.filmweb.pl 2004. ⌨ US 2003 ◁engl funeral

funk [fank] *m, G -u, Musik* »meist von Schwarzen in Amerika gespielte Popmusik, die eine Art Mischung aus Pop u. Jazz darstellt« - **Funk**. *Kapela była wszechstronna - grała rocka, rap, funk.* PS. *Funk zdobywa sobie coraz większą popularność.* PS. ⌨ PS 1997. *auch* ↗funky ◁engl

funky [fanki] *n, indekl, Musik* - **Funk**. *Zajęcia prowadzą znani i wybitni specjaliści z dziedziny funky i street dance (...).* www.taniec.oborniki. com.pl 2004. *Nie można jednak grać w kółko tego samego, dlatego w następnym albumie będzie kawałek funky, reggae, swingu, heavy metalu - no, żartuję, ale znajdzie się tam dużo różnej i dobrej muzyki.* NSP2. ⌨ IS 2000 ✏1992 NSP2. *auch* ↗funky ◁engl funky music

funky *nachgestellt in adjektivischer Funktion, indekl* - **Funky-**. *Czy ktoś jeszcze słucha muzyki funky? Pamięta ktoś takich wykonawców jak James Brown, Rick James, Bootsy Collins, NPG, wielki Prince?* db.tlen.pl 2004 *Nagrali album z muzyką funky.* IS. ⌨ IS 2000

G

gadżet, gadget [gadżet] *m, G -u* »etw. Zusätzliches, aber Entbehrliches, für die eigentliche Sache Unwichtiges; kleiner Gegenstand, meist eine technische Neuheit; auch kleines Werbegeschenk« - *als Werbegeschenk* **Gadget**, *oft abwertend* **Spielerei**, *ugs, leicht abwertend* **Schnickschnack, Kinkerlitzchen**. *Gadżety filmowe, sportowe. Rozdawać, kupować gadżety. Z targów nie przywiozłam nic oprócz kilku długopisów, breloczków i innych gadżetów z emblematami różnych firm.* IS. *Czym są gadżety? To wszystkie te „małe zabawki dużych chłopców", które oferuje początek XXI wieku - coraz to wymyślniejsze telefony komórkowe (z portem podczerwieni, radiem, przeglądarką internetową, wibratorem), kieszonkowe komputery, walkmany, discmany...* chlip.pl 2001. *Europejczycy uwielbiają gadżety, odzwierciedlają to ich listy zakupowe. Taki sprzęt jak laptopy, cyfrowe kamery, odtwarzacze DVD i telefony komórkowe zajmują na nich czołowe miejsca.* www.mediarun.pl 2006. *Sprzedawali różne gadżety, takie jak rozśmieszające woreczki, pocztówki z pozytywką, pachnące gumki.* OiT. ⌐ SW 1996, PS 1997, IS 2000, US 2003. *s. auch* ↗**bajer** ◁engl gadget

gadżetoman [gadżetoman] *m, G -a, Npl -i* - »leidenschaftlicher Liebhaber von kleinen technischen Neuheiten, Gadgets« *I witaj wśród dobrych gadżetomanów - ludzi, którzy nie zatracili dziecięcej radości i potrafią bawić się nawet wtedy, gdy ciężko pracują. (...) Źle jednak, gdy wygląd czy sama możliwość posiadania takiej „zabawki" jest jedynym powodem jej zakupu. Tak powstają źli gadżetomani. Kupują po to tylko, by posiadać, błyszczeć w towarzystwie (...).* chlip.pl 2001. ⌐ kein Beleg

gadżetomania [gadżetomania] *f* - »Kauf- u. Sammelleidenschaft von kleinen technischen Neuheiten, Gadgets; „Gadgetomania"« *TDK Recording Media Europe przeprowadziło badania dotyczące wpływu gadżetów na styl życia. Wyniki wskazują, że Europejczycy są uzależnieni od gadżetów i nowych technologii.* www.mediarun.pl 2003. ⌐ kein Beleg

gadżetowiec *m, G -wca, Npl ~wcy, ugs* - »jd., der allerlei Schnickschnack, Gadgets liebt, sammelt; Gadgetfan« *Zwiedzający podzielili się na trzy grupy: gadżetowcy, dotykowcy i wzrokowcy. Grupa „gadżetowców" chodziła skrzętnie od stoiska do stoiska i wypatrywała czegokolwiek, co można było otrzymać za darmo. Tak więc najbardziej zacięci wychodzili z ogromną ilością smyczy na szyi i 10 kg wszelakich katalogów reklamowych.* www.nvision.pl 2006. ⌐ kein Beleg

gadżetowy, gadgetowy *Adj v.* ↗gadżet - **Gadget-, (Werbe)geschenk-, Geschenkartikel-**. *Serwis, sklepik, niezbędnik, sprzęt gadżetowy. Nawiasem mówiąc przemysł gadżetowy wokół filmów to chyba najgłupszy pomysł jaki wymyślono.* www.wladca-pierscieni.pl 2005. ⌐ kein Beleg
✍1989 NSP2

galerzysta *m, G ~ty, Npl ~yści* »Besitzer, Leiter einer Galerie, Kunsthändler« - **Galerist**. *Pomysłodawcą i autorem koncepcji całości jest Andrzej Starmach - krakowski galerzysta, marszand Nowosielskiego od lat piętnastu i kurator warszawskiej wystawy.* www2.tygodnik.com.pl 2006. *Jeszcze za swojego życia jako pierwszy prawdziwy galerzysta w Warszawie (...) stawał się legendą.* www.teatrstudio.pl 2006. ⌐ kein Beleg

galerzystka *f v.* ↗galerzysta - **Galeristin**. *Będąc doktorantem mam do wykonania szereg badań naukowych, a jako galerzystka również muszę finansować pewne działania. Regularnie piszę wnioski o dotacje.* www.artbiznes.pl 2006. ⌐ kein Beleg

gameboy, GameBoy [gejmboj] *m, G -a, EDV* »kleine, in der Hand zu haltende elektronische Spielkonsole für Spiele in der Art von Computerspielen« - **Gameboy**. *Młodsze panie zapewne chętnie będą bawić się konsolką GameBoy, która - wbrew nazwie - ostatnio chętniej jest kupowana przez dziewczęta.* kobieta.interia.pl 2004. *W roku 1988 japońska firma Nintendo wydała na swój rynek przenośną konsolkę o nazwie GameBoy.* www.republika.pl 2004. *Czy zna ktoś jakieś stronki z grami na gameboya lub nintendo 64? Proszę o odpowiedź.* rozrywka.kurde.pl 2005. ⌐ kein Beleg ◁engl

gamepad [gejmpet] *m, G -a selten -u, EDV* »Steuerungsgerät vorrangig für Computerspiele, das an den Gameport des Computers angeschlossen wird« - **Gamepad**. *Gamepad bezprzewodowy, analogowy. Zainstalować gamepad. Każdemu graczowi znane są manipulatory jak joystick czy gamepad. Są one podstawowymi narzędziami do gier komputerowych.* www.hardware.hoga.pl 2004. *Dobrze wyposażony gamepad gwarantuje precyzję sterowania w każdej grze.* www.sklep.komputronik.pl 2004. ⌐ kein Beleg ◁engl

garnitur ♦ pierwszy garnitur »die besten Vertreter aus einer Gruppe« - **die erste Garnitur**. *Pierwszy garnitur zawodników, polityków,* aktorów, naukowców. *Nie ulega wątpliwości, że ten pierwszy garnitur, jeśli tak mogę się wyrazić, polityków SLD przeszedł do rządu i tak się dzieje na świecie.* www.radio.com.pl 2003. ⌑ PS 1997, IS 2000, US 2003

♦ **drugi, trzeci** usw. **garnitur** »die zweitrangigen, weniger guten Vertreter aus einer Gruppe« - **die zweite, dritte** usw. **Garnitur**. *Problem dotyczy raczej tzw. drugiego garnituru. A więc w naszym przypadku większości orkiestr symfonicznych i zespołów operowych i sporej liczby śpiewaków, pianistów, skrzypków, dyrygentów.* NSP2. *Tak zwany pierwszy garnitur Solidarności nie dokonałby tego, czego dokonał, bez zaplecza w postaci garnituru drugiego i trzeciego, złożonego z trudu ludzi, o których warto byłoby jednak coś wiedzieć.* www.kurierplus.com 2001. ⌑ PS 1997, IS 2000, US 2003 ∕1989 NSP2

-gate [gejt] *als Zweitglied in Zusammensetzungen in der Bedeutung* ,Affäre, Skandal um etw., was vom Erstglied (oft ein Eigenname) benannt wird' - *als Zweitglied* **-gate**. Sznapsgate, Kohlgate, CPN-gate, Rywingate, dwójkagate. *Na początku lat 90. Polską, tak mediami, jak i zwykłymi ludźmi, wstrząsnęło ujawnienie afery alkoholowej, tzw. sznapsgate.* www.rynki.pl 2003. *Winni oni są 'deliktu konstytucyjnego' - czyli zawinionego naruszenia ustawy trzeźwościowej, a mówiąc po polsku - afery 'sznapsgate'.* info.fuw.edu.pl 1997. *(...) Tak mniej więcej wyglądać musiały zdarzenia Rywingate, jeżeli przyjąć za scenariusz zeznania Adama Michnika przed Sejmową Komisją śledczą.* ciemnogrod.webpark.pl 2004. ⌑ IS 2000, OiT 2001

◁Geht auf die Watergate-Affäre 1972 in den USA zurück, in deren Folge der amerikanische Präsident Nixon zurücktreten musste. Watergate ist der Name des Gebäudes in Washington D.C., in dem das Hauptquartier der Demokraten seinen Sitz hatte.

gazeta ♦ **gazeta telewizyjna** *s.* **telegazeta**

gazpacho* [gaspaczo] *n, indekl, Kulinaria* »kalt angerichtete spanische Suppe aus rohem, geschnittenem Gemüse« - **Gazpacho**. *Gazpacho jada się jedynie latem i zwykle jest podawane z lodem.* OiT. *Jeśli gazpacho będzie zbyt gęste, dolać szklankę zimnej wody. Ponownie wszystko zmiksować, przecedzić i gazpacho gotowe.* www.kulinaria.pl 2004. ⌑ PS 1997, OiT 2001, US 2003 ◁span

gazport *m, G -u* »Hafen, in dem nur Gastanker be- o. entladen werden« - **Gashafen**. *Police powinny postraszyć, że jak gazport będzie w Gdańsku, to oni pociągną gaz z budowanego rurociągu Rosja-Niemcy (...).* scyscrapercity.com 2006. *A Gazport niech sobie powstaje, aby bez szkody dla miasta i mieszkańców, żyjemy w dobie terroryzmu i to może nam zaszkodzić,* *nie dajmy się zwariować!* www.swinoujscie.com.pl 2006. ⌑ kein Beleg

GB *s.* **gigabajt**

gej *m, G -a, Npl -e, ugs* »Homosexueller« - **Gay; Schwuler**. *Niezwykle skuteczny okazał się lobbing prowadzony przez organizacje gejów i lesbijek.* Newsweek Polska 2002. *Nietolerancja wobec polskich gejów ma długą, wielowiekową tradycję.* NSP2. ⌑ SW 1996, PS 1997, IS 2000, US 2003 ∕1989 NSP2 ◁engl gay

gejować *ipf v.* ↗gej, *ugs -* **schwul sein; sich schwul geben, auf schwul machen**. *Laski sobie poszukaj i tyle! Każdy ma dziwne myśli, ale bez przesady, żeby zaraz gejować!* gala.onet.pl 2005. *Weź się w garść, przestań gejować, znajdź kobietę, wychowuj dzieci, zacznij normalnieć. Nikt nie zrozumie was gejów.* kiosk.onet.pl 2005. *I wydaje mi się, że oni byli „podwójni" tzn. że mogli i gejować i z dziewczynami (bi czy jakoś tak), bo jeden podrywał taką jedną dziewczynę.* www.pilkanozna.pl 2002. ⌑ kein Beleg

gejowski *Adj v.* ↗gej, *ugs -* **Gay-; Schwulen-**. *Ruch, świat gejowski; wspólnota, dyskoteka, organizacja gejowska; czasopismo gejowskie; pary gejowskie. Na gejowskich stronach w internecie znalazłem ogłoszenie o treści: „Szukam kogoś, typ miśka pakera w wieku od 32 do 42 lat".* Duży Format 2003. *W Ameryce gejowski ruch wyzwolenia stał się niebywale aktywny.* PS. ⌑ SW 1996, PS 1997, IS 2000, US 2003

generacja[NB] *f* **1** »durch eine bestimmte Art der Konzeption u. Konstruktion gekennzeichnete Gesamtheit von Geräten usw.« - **Generation**. *Komputery czwartej generacji; telewizor nowej generacji; nowa generacja samochodów, statków, komputerów; systemy alarmowe najnowszej generacji. Kolejne generacje samochodów są coraz bezpieczniejsze.* IS. *Na rynku pojawiły się już proszki do prania nowej generacji.* PS. *Każda generacja Civica technologicznie wyprzedza swój czas.* www.hondapl.org 2005. ⌑ SW 1996, PS 1997, IS 2000, US 2003 ◁engl generation **2** *auch* **generowanie** *n, EDV -* **das Hervorbringen, Generieren**. *Generacja mowy przez komputery. Generacja treści serwisu po stronie serwera, przy średnich i dużych przedsięwzięciach, jest dużo bardziej złożona niż sama prezentacja u klienta.* www.mberkan.pl 2006. ⌑ US 2003

♦ *phras* **generacja** *oder* **pokolenie JP2** »nach dem Tode Johannes Pauls II. populäre Bezeichnung für die Generation (polnischer) Jugendlicher, die Ende der 1970er u. Anfang der 1980er Jahre geboren u. bis dahin als ↗„generacja nic" bezeichnet wurden« - **Generation JP2**. *Jeszcze do niedawna on i jego rówieśnicy uchodzili za generację nic lub pokolenie plastiku. Ludzi nijakich, zagubionych i po-*

zbawionych ambicji. Generację spod znaku komercji, konsumpcji i hedonizmu, która ponad wszystko ceni wygodę i stroni od ideologicznego zaangażowania. Po 2 kwietnia [2005] wszystko jakby się zmieniło. Okrzyknięto ich pokoleniem Jana Pawła II lub po prostu w skrócie - generacją JP2. Przegląd 2005. *Osobiście pierwszy raz usłyszałem określenie „pokolenie JP2" z ust o. Daniela Ange'a (...) podczas Międzynarodowego Kongresu Ruchów Kościelnych w maju 1998 r. w Rzymie. (...) Daniel Ange mówił mi wtedy, że »pokolenie JP2« „widzi obecnego Papieża jako swego ojca i proroka. Jest to pokolenie, które nie miało ojców, które było odepchnięte. Właśnie w Janie Pawle II znaleźli oni ojca".* www.kik.waw.pl 2006. ⌑ kein Beleg

♦ *phras* **generacja** *oder* **pokolenie nic** »Generation polnischer Jugendlicher, die Ende der 1970er u. Anfang der 1980er Jahre geboren wurde u. die durch Konsum, Kommerz, Mangel an gesellschaftlichem Engagement geprägt ist« - **Generation Nichts**. *Artykuł Wandachowicza pt: „Generacja nic", zamieszczony w „Gazecie Wyborczej" (nr 207 z 5 IX b.r.) wywołał burzę. Wzbudził silne emocje i sprowokował wiele ostrych reakcji.* www.spojrzenia.lublin.pl 2002. *Pokolenie NIC nazywa się też, o wiele bardziej wzniośle, pokoleniem JP2 dla określenia równolatków pontyfikatu Jana Pawła II, czyli tych, którzy urodzili się w okolicach roku 1978.* www.teatry.art.pl 2005. ⌑ kein Beleg
◁ geprägt von Kuba Wandachowicz, dem Bassisten der polnischen Musikgruppe *Cool Kids of Death*, in dem September 2002 erschienenen Artikel „Generacja nic"

♦ *phras* **generacja** *oder* **pokolenie X** »Generation der in den 1960er u. 1970er Jahren geborenen Jugendlichen, die durch Orientierungslosigkeit, Desinteresse am Allgemeinwohl usw. charakterisiert wird« - **Generation X**. *Generacja X to pokolenie niewiadomych, generacja ludzi, którzy nie wiedzą, dokąd zmierzają, nie mają pojęcia, co jest sensem ich egzystencji. (...) To jest pokolenie ludzi wiecznie szukających odpowiedzi, miejsca w świecie, generacja potencjalnych narkomanów, alkoholików, samobójców i ofiar AIDS.* www.af.com.pl 2002. *Jest co świętować, więc zorganizowałem wspólnie z kolegami imprezę. Przyszło prawie 50 osób, wszyscy z pokolenia X (...).* nnmag.net 2006. ⌑ kein Beleg
◁ engl generation X, nach dem 1991 erschienenen Buch des kanadischen Schriftstellers Douglas Coupland „Generation X"

generalista *m, G ~ty, Npl ~iści* »jd., der in seinen Interessen nicht auf ein bestimmtes Gebiet festgelegt ist, die Dinge allgemein betrachtet« - **Generalist**. *Lekarz generalista - Allgemeinmediziner. Polityk, inżynier generalista. Miej-* *sce specjalisty, który nie może nadążyć za zmianami zajmie generalista, który potrafi się dostosować.* www.uci.agh.edu.pl 2004. *W nowym systemie rekrutacji zakłada się zwiększenie preferencji dla zdolności menedżerskich (kosztem wiedzy) oraz szersze zatrudnianie tzw. generalistów (kosztem specjalistów).* gazeta.pl 2003. *Na Zachodzie Europy używa się bardziej trafnego terminu: lekarz generalista, a więc taki, który potrafi rozwiązać większość najczęstszych problemów.* www.dzieci.org.pl 2004.
⌑ kein Beleg ⌕ 1989 NSP2

generować[NB] *ipf* / **wygenerować** *pf, überwiegend* Computer, Wirtschaft »hervorbringen, schaffen« - **generieren**. *Generować kod, plik PDF; generować zysk, straty, miejsca pracy. Niektóre specjalistyczne aplikacje graficzne mogą generować PDF-y.* www.signs.pl 2006. *Obowiązkiem każdej firmy jest działać tak, aby generować zyski dla swoich akcjonariuszy (...).* ec.dev.l-design.pl 2006. *Jednocześnie prowadzone są dziwne operacje finansowe, mające w oparciu o posiadane nieruchomości wygenerować nowe środki pieniężne.* Polityka 2003. *Gospodarki te, pomimo zdolności do ekspansji, stale generują zjawiska kryzysowe i patologię społeczną.* OiT. *Zamiast relacjonować, media próbują generować rzeczywistość.* www.lepszyswiat.home.pl 2004. ⌑ OiT 2001, US 2003 ◁ engl to generate

generyczny ♦ **lek generyczny** *auch* **odtwórczy** »pharmazeutisches Präparat mit der gleichen Zusammensetzung wie ein auf dem Markt befindliches Präparat, das in der Regel billiger angeboten wird als dieses« - **generisches Medikament, Nachahmermedikament**. *Leki generyczne są tańsze, ponieważ ich producenci z reguły nie inwestują w badania nad nowymi farmaceutykami lub nie muszą płacić opłat licencyjnych. Producenci leków odtwórczych mogą rozpocząć ich produkcję po upłynięciu okresu ochrony patentowej na dany lek (...).* pl.wikipedia.org 2006. *(...) w naszym interesie leży skracanie (...) okresu ochrony patentowej po to, by wytwórca polski mógł szybko wyprodukować lek odtwórczy, który będzie lekiem tanim.* ks.sejm.gov.pl 2001. ⌑ kein Beleg. *auch* ↗ generyk

generyk *m, G -a, Npl -i* »pharmazeutisches Präparat mit der gleichen Zusammensetzung wie ein auf dem Markt befindliches Präparat, das in der Regel billiger angeboten wird als dieses« - **Generikum**. *Generyk czy lek oryginalny? Oto jest pytanie, na które medycyna nie potrafiła odpowiedzieć w sposób jednoznaczny. Wydawać by się mogło, że skoro nie ma różnic w ilości i jakości substancji czynnej, dawce i postaci, obydwa rodzaje leków są tożsame.* www.pulsmedycyny.com.pl 2005. *Jeśli lek* *nie posiada obecnego na rynku taniego i konkurencyjnego generyka, marża producenta leku podskakuje do 90 proc. ceny leku.* www. informacje. farmacja.pl 2006. ▯ kein Beleg. *auch* ↗lek generyczny

-genny *als adjektivisches Kompositumzweitglied, meist mit Substantiven griechischer Herkunft in der Bedeutung ‚etw. wird gebildet, hervorgerufen o. begünstigt'* - **-gen**. *Kryminogenny, korupcjogenny, kancerogenny.* ▯ IS 2000, US 2003

genom* *m, G -u, Genetik* »einfacher Chromosomensatz einer Zelle, der deren Erbmasse darstellt« - **Genom**. *Model genomu bakterii; badania nad strukturą genomu. Poznanie sekwencji całego genomu ma podstawowe znaczenie dla zrozumienia istoty procesów życiowych w komórce.* PS. ▯ Supl 1994, PS 1997, IS 2000, US 2003

gensek* *m, G -a, Npl -owie, abwertend* - »Generalsekretär einer kommunistischen Partei, insbesondere der Sowjetunion (KPdSU)« *Były gensek stwierdził, że stopniowa reintegracja krajów powstałych w wyniku rozpadu ZSRR przyniosłaby pożytek całemu światu.* SW. *Przed Chruszczowem zresztą wszyscy inni gensekowie też grzebali kapitalizm, a Lenin przepowiadał nawet, że kapitaliści sami dostarczą sznur, na którym zawisną.* www.wprost.pl 2003. ▯ SW 1996, OiT 2001 ◁Kurzwort aus russ. gen**eral'nyj se**kretar'

gest ♦ *phras* pokazać, zrobić **gest Kozakiewicza** *abwertend* »obszöne Geste der Geringschätzung gegenüber dem Kommunikationspartner durch Anheben u. Absenken des angewinkelten linken Unterarms mit geballter Faust u. Abstützen des Ellenbogens auf der Handfläche des rechten Arms (in Anspielung auf das erigierte männliche Glied); im Dt. entsprechende Geste des ausgestreckten Mittelfingers« - *ugs* jdm. **den Stinkefinger** zeigen. *Więc można kogoś znieważyć nie tylko słowem, ale również gestem. Ten słynny gest Kozakiewicza na przykład, czy pukanie się w głowę na przykład, to może być znieważające dla kogoś.* PWN-Korpus 1996. *Na prośbę o wpuszczenie starszych państwa do autobusu odpowiada olimpijskim gestem Kozakiewicza.* NSP2. ▯ PS 1997 ✎1989 NSP2
◁Geht zurück auf eine konkrete Situation bei den Olympischen Spielen 1980 in Moskau, als der spätere Olympiasieger im Hochsprung Władysław Kozakiewicz dem Moskauer Publikum als Reaktion auf deren unfaires Pfeifkonzert bei seinem Siegessprung eben diese Geste vor den Augen der TV-Weltöffentlichkeit zeigte. Dieser Geste entspricht in ihrer Aussage die Geste des deutschen Fußballers Effenberger, der bei der Fußballweltmeisterschaft 1994 den enttäuschten deutschen Fans den erhobenen gestreckten Mittelfinger entgegenstreckte.

gigabajt *m, G -a, Abkürzung* **GB**, *EDV* »1024 Megabyte« - **Gigabyte**. *Pojemność większych dysków twardych podawana jest w gigabajtach.* www.pojeciownik.komputery.szkola.net 2004. ▯ PS 1997, US 2003

giganciarz *m, G -a, v.* ↗gigant, *Jargon* »Minderjähriger, der aus dem Elternhaus ausgerissen ist« - *ugs* **Ausreißer,** *ugs abwertend* **Herumtreiber**. *Gigant równa się wolność - tak myślą giganciarze. Ale wolność różnie smakuje.* nastolatki. bravo.pl 2004. *W roku szkolnym giganciarze wybierają duże miasta, ale w wakacje stawiają na słońce, wodę i zabawę.* www.bosko.pl 2004. ▯ kein Beleg

gigant[NB] *m, G -u oder -a, Jargon* - »Flucht von Minderjährigen aus dem Elternhaus« *Stałe szlaki gigantów to morze i Mazury. Liczą się też miejsca imprez i koncertów.* www.nastolatki.bravo.pl 2004. *Wakacje w Policyjnej Izbie Dziecka w Warszawie to czas spokoju. Największy bowiem ruch panuje tu we wrześniu, w marcu i w czerwcu. Dominują wtedy uciekinierzy z domów, uczestnicy małych i wielkich „gigantów", czyli ucieczek z domu.* NSP2.

♦ **być, przebywać na gigancie** - »von zu Hause ausgerissen sein u. sich herumtreiben« *Młodzież przebywająca „na gigancie" łatwo lgnie do obcych, szybko nawiązuje kontakty, jest podatna na wpływy różnych środowisk.* www.bosko.pl 2004. *Przepraszam kolego, nie myśl, że jestem złodziejem, narkomanem czy bandytą. Jestem po prostu na gigancie (...).* www.reporter.id.uw.edu.pl 2004. ▯ PS 1997, PS 2000, US 2003

gimbus *m, G -a oder -u* »Autobus, der die Schüler aus entlegeneren Orten zum Gymnasium bringt« - **Schulbus**. *Gimbusy (...) mają dowozić dzieci do gimnazjów, które są rzadziej rozmieszczone niż szkoły podstawowe (...).* libra 2002. ▯ OiT 2001 ◁Kurzwort aus **gim**nazjum u. auto**bus**

girlsband [gerlsbent] *m, G -u, Musik* - **Girlsband**. *Zakładać girlsband. Girlsband to grupa wokalna muzyki pop, składająca się z młodych kobiet. Utwory wykonywane przez girlsbandy są skierowane do nastoletniej młodzieży.* pl.wikipedia.org 2006. ▯ kein Beleg

glan *m, G -a, meist im Pl* **glany** *Jargon* »Schürstiefel im Militärlook mit dicker Sohle, Kleidungs-Attribut verschiedener Jugend-Subkulturen, z.B. Punk- u. Skinhead-Szene« - **Springerstiefel**. *Nosić glany. W drugiej licealnej Paweł zaczął wyznawać filozofię punków. Kupił „glany" (wysokie, sznurowane buty na gumie), ogolił głowę na zero, a na czubku zapuścił imponujący kosmyk.* NSP2. *Na dworcu grasują skini, z ogolonymi głowami, w glanach.* IS. ▯ PS 1997, IS 2000, US 2003

globalista *m, G ~ty, Npl ~iści* - **Globalisierungs-Anhänger, -Verfechter**. *Kim jest globalista? To ktoś taki, kto chce znosić wszystkie bariery o charakterze wewnątrzglobalnym. A jakie są bariery wewnątrzglobalne? Poza naturalnymi, stworzonymi przez przyrodę (...) są te stworzone przez człowieka: granice państw. Globalista chce je znieść, przekształcając świat w jedno globalne państwo, w jedną globalną gospodarkę i w jedną globalną kulturę.* www.konserwatyzm.pl 2006. ▭ kein Beleg

globalistka *f v.* ↗globalista - **Globalisierungs-Anhängerin, -Verfechterin**. *(...) jesteś wściekłą globalistką i za wszelką cenę będziesz świadczyć za zalewem Europy przez barbarzyńców!* www.kurier.lublin.pl 2006. ▭ kein Beleg

globalizacja[NB] *f* »Prozess der immer engeren weltweiten wirtschaftlichen Verflechtung u. damit auch kulturellen Annäherung der Nationen; auch i. w. Sinne auf andere Bereiche bezogen« - **Globalisierung**. *Globalizacja gospodarki, handlu, społeczeństw, problemów, konfliktów. Rezultatem globalizacji jest m.in. to, że kryzys w jednym regionie świata odbija się niekorzystnie na gospodarce w innych, odległych regionach (...).* OiT. *Autorzy wskazują, jak wiele problemów społecznych i ekologicznych wiąże się z globalizacją rolnictwa, przetwórstwa i handlu żywnością.* www.obywatel.org.pl 2005. ▭ OiT 2001, US 2003

globalizować[NB] *ipf* »auf die ganze Erde ausdehnen« - **globalisieren**. *Globalizować gospodarkę, handel, telekomunikację, konflikty, problemy. Nie musimy niczego globalizować - od zawsze żyliśmy na tej samej planecie i wszyscy jesteśmy od niej zależni.* manufaktura.pl 2004. *Ujednolicenie muzyki jest zabójstwem kultury. Kultury nie można globalizować.* drzewobabel.pl 2004. ▭ OiT 2001

globalny[NB] *Adj* »auf die gesamte Erde bezogen, weltumspannend« - **global**. *Konflikt, ład globalny; wojna, strategia globalna. Utrzymuje się globalny trend zaostrzania polityki monetarnej.* www.aii.pl 2006. ▭ PS 1997, IS 2000, US 2003

♦ **globalna wioska** »Welt, die durch die Verbreitung der Massenkommunikationsmittel u. die dadurch bedingte Verflechtung der einzelnen Staaten auf politischer, wirtschaftlicher, sozialer, kultureller Ebene gekennzeichnet ist« - **globales Dorf**. *Wybitny teoretyk kultury masowej, kanadyjski uczony Marshall McLuhan, wyobraził sobie kiedyś, że w wyniku nadawania programów telewizyjnych na świecie powstanie „globalna wioska", utopijne zespolenie wszystkich ludzi w jedną rodzinę, żyjącą problemami planety, poinformowaną o sobie równie dobrze, jak to się dzieje w tradycyjnych wsiach.* ▭ PS 1997, US 2003 ◁engl global village, nach dem Soziologen H. M. McLuhan (1911-1980)

głasnost [głasnost'] *f, G -i, Politik* »das Offenlegen; Transparenz bes. in Bezug auf die gesellschaftlichen u. politischen Zielsetzungen in der ehemaligen Sowjetunion, eingeführt in die sowjetische Politik durch M. Gorbatschow seit 1985« - **Glasnost**. *Zwolennicy, przeciwnicy głasnosti. W epoce głasnosti i pierestrojki można było powiedzieć prawdę o zbrodniach w Katyniu.* PS. *Polityka głasnosti zyskała zwolenników w wielu krajach europejskich.* PS. ▭ PS 1997, US 2003 ◁russ glasnost'

głodówkowicz *m, G -a, Npl -e, ugs* **1** »Teilnehmer am Hungerstreik« - **Hungerstreikender**. *Dotychczasowa socjotechnika postępowania ze strajkowiczami tudzież głodówkowiczami była albowiem taka, że przewlekając sprawę w miarę możliwości jak najdłużej, siadało się z nimi do negocjacji.* SW. *Dłuższe nieprzyjmowanie jakichkolwiek posiłków może doprowadzić głodówkowiczów nawet do śmierci.* PS. ▭ SW 1996, PS 1997 **2** »jd., der sich einer Abmagerungskur, einer Heilfastenkur unterzieht« - **Heilfaster**. *Inny głodówkowicz, Bolesław S., nie przyznał się lekarzowi, że stosował głodówkę.* www.ozon.pl 2005. ▭ kein Beleg

głosować ♦ *phras* **głosować nogami** *s.* **noga**

gol ♦ **gol kontaktowy** *Sport* »Treffer, der eine zurückliegende Mannschaft bis auf ein Tor an die Trefferzahl der anderen heranbringt« - **Anschlusstor, Anschlusstreffer**. *Bramka dodała Odrze chęci do gry i spotkanie mogło się skończyć różnie. 2:0 to niedobry wynik, bo wystarczy gol kontaktowy i już robi się gorąco.* strefagieksy.futbol.org.pl 2004. *Dwubramkowe prowadzenie nie utrzymało się długo, gdyż w chwilę później padł gol kontaktowy.* poloniaporaj.pl 2005. ▭ PS 1997, IS 2000, US 2003. *auch* ↗bramka kontaktowa

golfista *m, G -y, Npl ~iści, seltener* **golfiarz** *m, G -a, Npl -e, Sport* - **Golfer, Golfspieler**. *Być zapalonym golfistą. Chociaż zdajemy sobie sprawę, że podstawowe zasady każdego swingu powinny być podobne, wierzymy jednocześnie, że każdy golfista jest indywidualnością.* www.mazurygolf.pl 2004. *Są to specjalistyczne obiekty, na których golfista ćwiczy swing (uderzenie) - najważniejszy dla golfisty element, który wymaga nieustannego ćwiczenia.* www.fundacjagolfa.org 2004. ▭ SW 1996, IS 2000, US 2003

golfistka *f v.* ↗golfista - **Golferin**. *Na szczęście w golfie nie musimy tworzyć nowego „poprawnego" wyrazu w formie żeńskiej - czegoś w rodzaju: filozof - filozofka lub magister - magisterka, gdyż istnieje golfista i golfistka.* www.golf24.pl 2005. ▭ kein Beleg

googlować [guglować] *ipf* / **wygooglować** *pf* »mit Hilfe der Suchmaschine Google im Internet surfen« - **googeln**. *Dlatego też powstała ta strona, ma ona na celu nauczyć Cię googlować, czyli samodzielnego szukania informacji.* prv.pl 2005. *Googluję i wyszukuję, ale jednak nie ma nigdzie tego co szukam, bo chciałabym poczytać o tym w internecie.* forum. gazeta.pl 2005. *Nie wiem o którą ci chodzi, ale wygooglowałem kilka Mozillowych tapet i na przykład ta jest w stylu rewolucyjnym.* mozillapl.org 2005. ▭ kein Beleg ◄ v. Namen der Internetsuchmaschine Google

googlowy *Adj v.* **Google** - **Google-**. *Niestety z klikalnością jest bidnie, szczegółów nie podam, bo zabrania mi tego regulamin googlowy.* www.tarnobrzeg.info 2005. *Jedynym sposobem na uzyskanie googlowego konta jest zaproszenie przez innego użytkownika.* www.czip.pl 2005. ▭ kein Beleg

goreteks, gore-teks, gore-tex *seltener* **goratex, gorateks** *m, G -u* »atmungsaktives Mikrofasergewebe, das durch eine spezielle Membrane Wind u. Feuchtigkeit abhält« - **Goretex, Gore-Tex**. *Kurtka, obuwie z goreteksu. Na wyjazdy w góry kupiłam sobie śliczną granatową kurtkę z gore-teksu.* PS. *Strój musi cię chronić przed wiatrem, chłodem i deszczem. Najlepiej, gdy zabierzesz ze sobą kurtkę lub płaszcz z goreteksu.* www.fit.pl 2004. *Modny ostatnio goratex czy bretex czy inne texy, dobre są przy aktywnym polowaniu zimą.* www.sport.wm.pl 2005. *Przede wszystkim zabrałabym ze sobą buty z gorateksu. W tajdze są one niezastąpione.* www.pap.edu.pl 2005. ▭ PS 1997, IS 2000, US 2003 ◄vom Namen der amerik. Firma Gore abgeleitet

goreteksowy *selten* **gorateksowy** *Adj v.* ↗goreteks - **Goretex-; aus Goretex**. *Goreteksowy śpiwor, namiot. Goreteksowy anorak można oczywiście zastąpić dobrze impregnowaną kurtką ortalionową (niestety przemaka i poci się).* przewodnik.onet.pl 2004. *Nieprzemakalne i oddychające spodnie z tkaniny gorateksowej. Dzięki specjalnej membranie wilgoć nie jest przepuszczana do wewnątrz.* military.pl 2005. ▭ kein Beleg

gorgonzola* [gorgondzola, gorgoncola] *f* »italienische Käsesorte« - **Gorgonzola**. *Gorgonzola jest serem bardzo bogatym w minerały i witaminy, zwłaszcza z grupy A i B.* www.gastronomie.pl 2004. ▭ OiT 2001, US 2003 ⌀SWO 1971

gotowiec *m, G ~wca, Npl ~wce, vorwiegend Jugendsprache* »bereits vorformulierter, fertiger Text, der als Vorlage verwendet werden kann, insbes. in Prüfungen u. Examina in Schule u. Universität« - *neutral* **Textmuster, Fertigtext, Textvorlage**. *Korzystać z gotowców; podłożyć gotowce na egzaminie. Przygotował sobie kilka gotowców, ale okazało się, że żaden nie chciał pasować do tematów podanych przez polonistkę.* PS. *Dyrektorzy dostali także poufny dokument, zawierający 10 wzorów „najbezpieczniejszych i najtańszych form rozwiązywania umowy o pracę". Mile widziany był też wzór nr 4, czyli zwolnienie pracownika z powodu naruszenia obowiązków. Do wzoru dołączono nawet przykładowe gotowce.* Polityka 2003. ▭ PS 1997, US 2003

góral[NB] *m, G -a, ugs* »Fahrrad, das zum Fahren in bergigem Gelände vorgesehen ist« - **Mountainbike**. *Rodzice kupili mu górala, którym przyjeżdżał do szkoły.* US. *Ja zimą wskakuję na swojego starego górala i szlifuję brzegi Odry, latem siadam na rower turystyczny i połykam asfalt, ciesząc się latem.* rowery.trojmiasto.pl 2004. ▭ SW 1996, PS 1997, IS 2000, US 2003. *auch* ↗rower górski

gra ♦ *phras* **gra na kilku (dwóch, wielu) fortepianach** *s.* **fortepian**

gra ♦ *phras* **wypaść z gry** **1** *Sport* - »(wegen einer Verletzung, einer Strafe) ausscheiden, ausfallen« *Straciliśmy też Justina Keegana, który z zerwanym mięśniem łydki wypadł z gry na całe trzy miesiące.* cm4.pl 2004. ▭ kein Beleg **2** *insbes. Sport, Medien, ugs* »bei einem Wettkampf aus der Konkurrenz herausfallen, ausscheiden; in der Politik auch: keine Chance mehr haben« - **aus dem Rennen sein**. *Ktoś jeszcze nie wypadł z gry - jd. ist noch nicht aus dem Rennen, mit jdm. ist noch zu rechnen. Tymczasem gospodarze chcieli pokazać, że jeszcze nie wypadli z gry o czołowe miejsce w 2 lidze i to im się udało, lecz z najwyższym trudem.* www.hajnowka.pl 2003. *Wielkim zaskoczeniem była porażka Milosza Zemana, kandydata socjaldemokratów, który wypadł z gry już po pierwszym głosowaniu.* www.rzeczpospolita.pl 2004. *[Cesarz Józef II] czuł, że w oczach Europy traci prestiż. Nie dość, że niedawno jego matka Maria Teresa straciła Śląsk na rzecz Prus, to na dodatek teraz Austria traciła swoje wpływy na Bałkanach po zwycięskich bitwach wojsk rosyjskich z Turkami. Galicja nie była dla niego cennym nabytkiem, ale dzięki nowym zdobyczom pokazywał, że jeszcze nie wypadł z gry.* miasta. gazeta.pl 2003. *Obie te partie zresztą uważają, że SLD, razem z Kwaśniewskim i Millerem, już wypadł z gry, że władza leży na ulicy (...).* www.mazowsze.kraj.com.pl 2004. ▭ US 2003

♦ **gra akcji** *Computer* »Computerspiel, in dem es vor allem auf Action ankommt« - **Actionspiel**. *Taktyczna gra akcji. „Counter-Strike" to typowa gra akcji, w której można się wcielić w rolę terrorysty lub antyterrorysty*

- *ze wszystkimi tego wyboru konsekwencjami.* Polityka 2002. 📖 kein Beleg ↙engl action game
♦ **gra komputerowa** *Computer* »Spiel, das mithilfe eines an einen PC angeschlossenen Monitors, der als Spielfeld, -brett dient, gespielt werden kann« - **Computerspiel.** *Uczestnikami konkursu mogą być twórcy-amatorzy gier komputerowych. Zadaniem konkursowym jest stworzenie gry na temat Unii Europejskiej.* Metropol 2003. 📖 PS 1997, US 2003 ↙engl computer game
♦ **gra konsolowa** »interaktives Spiel, das auf Spielekonsolen wie Playstation, GameBoy gespielt wird« - **Konsolenspiel.** *Moim zdaniem jest to jedna z najlepszych gier RPG, szkoda tylko że to jest bardziej gra konsolowa.* forum. o2.pl 2004. *Desert Storm to może nie najważniejszy, ale bardzo znamienny tytuł nowego w branży trendu - bardzo dobra gra konsolowa (...).* www.lem.com.pl 2004. 📖 kein Beleg ↙engl consol game
♦ **gra sieciowa** *oder* **gra online** - **Onlinespiel, Netzspiel, Internetspiel.** *Gra sieciowa oferuje kombinację precyzyjnego interfejsu, wielu ustawień użytkownika i prawdziwej gry w piłkę.* dzienник.pap.com.pl 2006. *Darmowe gry online. To właśnie tutaj znajdziesz największy zbiór darmowych gier online w polskim internecie.* www.moon.ps.pl 2006. 📖 kein Beleg ↙engl online game
♦ **gra strategiczna** *Computer* - **Strategiespiel.** *Od czasu pierwszej „Diuny" oraz „Warcrafta" sprzed blisko dziesięciu lat gry strategiczne czasu rzeczywistego stały się odrębnym, wyrafinowanym gatunkiem komputerowej rozrywki, z zespołem własnych konwencji i reguł.* Gazeta Wyborcza 2003. 📖 kein Beleg ↙engl strategic game
♦ **gra wideo** *G* gry wideo »elektronisches Spiel, das über einen Monitor läuft u. in das der Spieler über eine Tastatur, einen Joystick o. mithilfe einer Maus eingreift« - **Videospiel.** *Gra wideo rozeszła się w ogromnym nakładzie 4 milionów egzemplarzy.* eduseek.interklasa.pl 2006. 📖 kein Beleg

grafficiarz *m, G -a, Npl -e,* ugs »meist Jugendlicher, der mit Spraydosen Graffiti an Fahrzeuge, Gebäude, Zäune u. andere Objekte sprüht« - **(Graffiti)sprayer, Graffitisprüher.** *Przymykanie oczu na wandalizm grafficiarzy to zachęta do groźniejszych przestępstw.* Wprost 2003. *Dlatego bohaterem plakatów i reklam telewizyjnych był grafficiarz w czerwonych dżinsach, czarnej koszulce i czapce bejsbolówce odwróconej daszkiem do tyłu.* Wprost 2000. 📖 PS 1997, US 2003. *auch* ↗graffitowiec, ↗sprayowiec, *s. także* ↗graffitoman

graffiti[NB] *n, indekl oder selten nur im Pl dekl* »auf Wände, Mauern, Fassaden usw. meist mit Spray gesprühte, gespritzte o. gemalte (künstlerisch gestaltete) Parole o. Figur« - **Graffito** *meist im Pl* **Graffiti.** *W początkach jego istnienia graffiti miało charakter prowokacyjny.* IS. *Kochamy graffiti! - W takim razie ile pociągów macie już na sumieniu? Bo w Polsce sztuka graffiti kwitnie już od dawna m.in. właśnie na pociągach.* www.sonymusic.com.pl 2006. *Paskudzenie rzekomymi graffitami zaczęło się za III Rzeczypospolitej, a ta plaga splugawiła miasto.* www.poludnie.com 2006. 📖 SW 1996, PS 1997, IS 2000, US 2003

graffitoman *G -a, Npl -i, Jugendsprache* »jd., der mit Begeisterung Graffiti malt« - **Graffitomane.** *Znakiem rozpoznawczym niemal każdego graffitomana jest jego własny tag, krótki podpis złożony z liter o wymyślnych kształtach.* www.rappstyle.fm.interia.pl 2004. *Szanujący się graffitoman nie pisze na ścianach kościołów, domów prywatnych czy na prywatnych samochodach.* www.opoka.org.pl 2004. 📖 US 2003. *s. auch* ↗graffitowiec, ↗grafficiarz, ↗sprayowiec

graffitowiec *G ~wca, Npl ~wcy, meist im Pl* **graffitowcy** »meist Jugendlicher, der mit Spraydosen Graffiti an Fahrzeuge, Gebäude, Zäune u. andere Objekte sprüht« - **(Graffiti)sprayer, Graffitisprüher.** *Graffitowcy to grupa dobrze zorganizowana. Zazwyczaj działają w zespołach dwu-, trzyosobowych.* www.gp.pl 2005. *Do Trójmiasta zjechali artyści-graffitowcy, którzy do 15 sierpnia będą malować obrazy na dziesięciu filarach estakady na Węźle Kliniczna w centrum.* www.centrumprasowe.pl 2005. *Specjalistyczne pisma dla graffitowców poświęcają im obszerne monografie. W Polsce writerzy pojawili się na dobrą sprawę dopiero w 1989 roku.* www.hiphop.torun.com.pl 2005. 📖 kein Beleg. *auch* ↗grafficiarz, ↗sprayowiec, *s. auch* ↗graffitoman

grant *m, G -u* »finanzielle, zweckgebundene Zuwendung für ein wissenschaftliches o. künstlerisches Projekt, die vom Staat, einer Stiftung o. einer anderen Organisation vergeben wird« - **Fördermittel, Stipendium, Zuschuss.** *Grant na coś; wniosek o przyznanie grantu na badania pilotażowe. Przyznać, uzyskać grant. Wystąpiliśmy do Komitetu Badań Naukowych z wnioskiem o przyznanie grantu na realizację naszego projektu.* PS. *Dzięki grantowi przyznanemu nam przez Fundację Batorego mogliśmy dokończyć pierwszy etap badań.* PS. 📖 PS 1997, IS 2000, US 2003 ↙engl

grantowy *Adj v.* ↗grant - **Fördermittel-, Stipendien-.** *Konkurs, program, fundusz grantowy; komisja, umowa grantowa. W środę rusza pierwsza edycja konkursu na dotacje dla pozarządowców, organizowanego przez Fundację Fundusz Grantowy dla Płocka.* www.

mazowsze.uw.gov.pl 2006. *Program Rzeczpospolita Internetowa to ogólnopolski program grantowy dla społeczności lokalnych z gmin wiejskich, którego celem jest budowanie społeczeństwa informacyjnego poprzez nowoczesną edukację oraz aktywizacja mieszkańców polskiej wsi.* www.fundacjagrupytp.pl 2006. ⌑ kein Beleg

gratin* [gratę] *n, indekl, Kulinaria* »überbackenes Gericht« - **Gratin**. *Łososiowe gratin. Jadzik wpada na pomysł, że zostawimy dwa kawałki, bo ma ochotę zrobić mi śmietankowe gratin z łososia.* www.wcwi.net.pl 2004. ⌑ OiT 2001

Greenpeace [grinpis] *m, G* Greenpeace'u »internationale Organisation von Umweltschützern« - **Greenpeace**. *Greenpeace walczy dalej o zaniechanie połowów wielorybów.* www.iceland.pl 2004. *Wokół niego stanęło 20 aktywistów Greenpeace'u (...).* poland. indymedia. org.pl 2005. ⌑ US 2003

gres *m, G -u* »sehr strapazierfähige, abriebfeste keramische Fußbodenplatten« - **Steinzeugplatten, Steinzeugfliesen**. *Płytki gresu. Wyłożyć podłogę gresem. Do przedpokoju najlepiej wybrać gresy lub płytki klinkierowe.* IS. ⌑ IS 2000, US 2003 ◁frz grès

gres *nachgestellt in adjektivischer Funktion, indekl* - *als Kompositumerstglied* **Steinzeugplatten-, Steinzeugfliesen-; aus Steinzeugplatten, aus Steinzeugfliesen**. *Produkowane płytki gres mają wszechstronne zastosowanie, nadają się do wykładania posadzek, ścian i elewacji budynków.* www.jopex. com.pl 2004. ⌑ kein Beleg

grill *m, G -a* »elektrisches Gerät zum Rösten von Fleisch, Geflügel, Fisch usw. auf einem Rost, auch ein Gerät auf Holzkohlenbasis« - **Grill(gerät); Holzkohlengrill**. *Grill ogrodowy, elektryczny; szaszłyki, kiełbaski pieczone na grillu; ryba, befsztyk usw. z grilla. Upiec kurczaka w grillu. Rybę trzeba osolić i ułożyć na grillu.* IS. *Potrawy pieczone w grillu są zdrowsze i smaczniejsze od smażonych.* PS. *Rozpalili węgiel drzewny i - gdy zaczął się żarzyć - na kratce grilla kładli mięso i kiełbaski.* OiT. ⌑ Supl 1994, SW 1996, PS 1997, IS 2000, US 2003 ⌒Zagrodnikowa 1982 ◁engl

grillować *ipf* - **grillen**. **a)** »auf dem Grill rösten« *Hamburgery posmarować delikatnie olejem i grillować po 4-5 minut z każdej strony.* Wysokie Obcasy 2000 (K). *Grillować można praktycznie wszystkie rodzaje mięs (...).* www. express.bydgoski.pl 2006. **b)** »Zeit beim Grillen verbringen« *Grillować w ogrodzie, na tarasie. Dzieciaki szalały, my grillowaliśmy i obchodziliśmy to święto ciastem kawowym.* www. babyboom.pl 2005. *Malowaliśmy motywy na kubkach porcelanowych, pływaliśmy w miejskim basenie, grillowaliśmy, obejrzeliśmy wspaniały spektakl teatralny oraz mistrzowski pokaz.* www.reszel.iap.pl 2005. ⌑ SW 1996, PS 1997, US 2003

grillowanie *n, v.* ⌒grillować - **das Grillen**. *Będzie wielkie grillowanie... mam wino i wiele smakołyków.* W. Korczyńska, Wróć 2001 (K). *Wprawdzie nie szykowałam się jeszcze na grillowanie i lodówka jest prawie pusta, ale lubię rozpalać ogień pod rusztem.* Wysokie Obcasy 2000 (K). ⌑ US 2003

grillowany *v.* ⌒grillować - **gegrillt**. *Grillowane mięso; grillowane kiełbaski. Kolejny smakowity przepis na grilla. Tym razem polecamy grillowane banany z przyprawą cytrusową!* www.puellanova.pl 2005. *Uważał, że grillowane mięso jest zdrowsze i smaczniejsze, ponieważ przyrządza się je bez tłuszczu.* OiT. ⌑ OiT 2001

grillowicz *m, G -a, Npl -e, ugs* »Liebhaber des Grillens, Grillfreund« - **Griller**. *Doświadczeni grillowicze wiedzą, że kiełbasa i żeberka to tylko wstęp do kulinarnego poematu.* www. express.bydgoski.pl 2006. *Tam turyści, grillowicze i wszyscy, którzy znajdą się w lesie, powinni bardzo uważać - apeluje kapitan Marcin J., rzecznik podlaskiej straży pożarnej.* www. bialystokonline.pl 2006. ⌑ kein Beleg

grillowy *Adj v.* ⌒grill - **Grill-**. *Wieczór, sos, keczup grillowy; przyprawa, kiełbasa, patelnia grillowa; mięso grillowe. Kotlety usmażyć na patelni grillowej. Posolić, popieprzyć. Na koniec dodać odrobinę oliwy.* Wysokie Obcasy 2000. *Ukryty za hotelem z widokiem na sąsiadujący las nasz taras grillowy jest miejscem, gdzie pieczony na grillu łosoś smakuje najlepiej.* www.atrium.com.pl 2004. ⌑ PS 1997

grill-party, grill party *n, indekl* »Party, bei der gegrillt wird« - **Grillparty**. *Porady dotyczące urządzania grill-party, ponad 100 przepisów na potrawy z mięsa, drobiu, ryb, owoców morza i warzyw. Książka zawiera obszerną część praktyczną.* www.lideria.pl 2006. *Wszystkie te elementy umieszczono w ramach oraz wokół jednego artykułu, mówiącego o tym, jak zorganizować udane grill party dla znajomych.* www.k2.pl 2006. ⌑ kein Beleg

grojer *s.* **gruyère**

grubokreskowy *Adj v.* gruba ⌒kreska, *Politik* - »bezogen auf die (von Tadeusz Mazowiecki 1989 geprägte) Formel des „dicken Strichs" gegenüber der Behandlung der kommunistischen Vergangenheit u. ihrer Repräsentanten« *Koncepcja, atmosfera grubokreskowa. Czy państwo, w którym przyjęto filozofię „grubej kreski", może być państwem prawa? Czy ten grubokreskowy relatywizm nie przyczynia się do demoralizacji społeczeństwa?* SW. *Po lewej stronie spektrum politycznego spotykam ciągle te same twarze zasłużonych towarzyszy z PZPR, odpornych na wszelkie za-*

biegi lustracyjne, konsumujących bez żenady układ okrągłostołowy i grubokreskowy. www.nowamedia.w.interia.pl 2001. ▯ SW 1996, PS 1997 ✎1991 NSP2

gruby ♦ *phras* **gruba kreska** *s.* **kreska**

grunge [grandż] *m, indekl oder G* grunge'u, *Musik* - **Grunge**. 1 »Ende der 80er Jahre in Amerika entstandener Stil der Rockmusik, für den harte Gitarrenklänge u. eine lässige Vortragsweise typisch sind« *Grać grunge; słuchać grunge'u. Grunge to ruch, wywodzący się z amerykańskiego miasta Seattle. (...) Grunge neguje wszelkie uznane wartości, ale nie jest mu z tym dobrze.* www.jezuici.pl 2000. *Tak naprawdę nie wiadomo, kto wymyślił określenie „grunge", powstało ono jednak w 1988 r. i od tamtej pory używane jest na całym świecie.* www.clik.pl 2004. ▯ SW 1996, PS 1997, OiT 2001, US 2003 2 »bewusst unansehnliche, schmuddelige Mode, die für einen bestimmten Stil steht« *Fryzura w stylu grunge. Związek aktora Johnny'ego Deppa, uosabiającego styl grunge, i modelki Kate Moss, wylansowanej na bożyszcze wszystkich chudych nastolatek, był łakomym kąskiem dla prasy.* OiT. ▯ SW 1996, PS 1997, OiT 2001, US 2003 ◄engl

grungowiec, grunge'owiec [grandż'owiec] *m, G ~wca, Npl ~wcy, Musik, ugs* - **Grunger**. 1 »Anhänger des Grunge als Musikstil, Musiker dieses Stils« *Nie wiem czy pan Sienkiewicz myśli, że grunge wyparł ich muzykę, ale powinien wiedzieć, iż właśnie ci grungowcy uczyli się na ich utworach, riffach, solówkach i wbrew tezie autora żaden z nich (grung'owców) nie zagrałby solo np. Steva Vai'a.* muzyka.onet.pl 2003. ▯ OiT 2001 2 »Anhänger der Grungebewegung, -subkultur« *Widać jednak wiele, naprawdę bardzo wiele podobieństw: grungowcy także ubierali się w „śmieci" tyle, że skóry i irokezy zastąpiły stare wysłużone koszule flanelowe, podarte spodnie oraz długie brudne, przetłuszczające się włosy.* www.tbn.livenet.pl 2006. ▯ OiT 2001

grunge'owy, grungowy [grandż'owy] *Adj v.* ↗grunge, *Musik* - **Grunge-**. *Muzyka, grupa, płyta, subkultura grunge'owa. Gigantyczny sukces albumu „Nevermind" na przełomie roku 1991 i 1992 dał początek wielkiej fali muzyki grunge'owej.* serwisy.gazeta.pl 2004. *Soundgarden to moim zdaniem najlepszy grungowy zespół, podoba mi sie nawet bardziej od Nirvany.* fanclub.muzyka.eurocity.pl 2006. ▯ OiT 2001

grupa ♦ **grupa dyskusyjna**^NB *Internet* - **Diskussionsgruppe**. *To ludzie tworzą grupę dyskusyjną. Jeśli są ciekawi, mają coś do powiedzenia, coś do zaproponowania innym, to grupa jest ciekawa i przyciąga innych ciekawych ludzi.* www.prw.waw.pl 2005. ▯ kein Beleg ◄engl discussion group

♦ **grupa nacisku** »organisierte Gruppe, die versucht, staatliche Entscheidungen zu beeinflussen« - **Interessengruppe, Interessenverband, Lobby**. *Według badań Associated Press i organizacji Center for Responsive Politics, korporacje, związki zawodowe i rozmaite grupy nacisku w USA co miesiąc wydają na opłacanie osób przekonujących kongresmanów i urzędników do swoich racji 100 mln USD!* Wprost 2003. *Komitet ten, ze względu na rozległe wpływy w kołach finansowo-gospodarczych, jest grupą nacisku, która już niejednokrotnie uciekała się do grożenia bojkotem.* arch.rzeczpospolita.pl 2001. ▯ PS 1997, IS 2000, US 2003 ✎1988 NSP2 ◄engl pressure group

♦ **grupa ryzyka** *auch* **grupa niskiego (średniego, podwyższonego, wysokiego** usw.**) ryzyka** »Personenkreis, für den (in bestimmter Hinsicht) ein Risiko besteht« - **Risikogruppe, Gruppe mit geringem (mittlerem, erhöhtem, hohem** usw.**) Risiko**. *Jeszcze w tym roku obowiązkowe będą też szczepienia pracowników służby zdrowia (z tzw. grupy ryzyka) przeciwko wirusowemu zapaleniu wątroby.* NSP2. *Grupa ryzyka to grupa osób, które z uwagi na ich kwalifikacje zawodowe oraz sytuację na lokalnym rynku pracy są zagrożone długotrwałym bezrobociem oraz jego skutkami.* www.infoobywatel.gov.pl 2004. *Do grupy niskiego ryzyka należy zaliczać pacjentów poniżej 40 roku życia, którzy poddawani są krótkotrwałym zabiegom chirurgicznym.* www.chirurg. pl 2006. *Młodzi kierowcy to we wszystkich krajach grupa podwyższonego ryzyka.* www.motoryzacja.interia.pl 2004. *Kobiety bezdzietne należą do grupy wysokiego ryzyka.* www.rakpiersi. pl 2005. ▯ IS 2000 ✎1988 NSP2

♦ **grupa samopomocowa** »Gruppe von Personen mit gleichartigen Problemen, die sich zusammenschließen, um sich untereinander zu helfen« - **Selbsthilfegruppe**. *Grupa samopomocowa dla osób współuzależnionych, matek z dziećmi, dla kobiet bezrobotnych. Grupa samopomocowa, tak samo jak grupy wzajemnej pomocy, jest bardziej adekwatna dla tego typu kontaktów osób niepełnosprawnych między sobą (...).* www.slaboslyszacy.pl 2005. *W Miejskim Ośrodku Pomocy Społecznej powstała pierwsza grupa samopomocowa. Skupia ona osoby niepełnosprawne.* tc.ciechanow.pl 2003. *Na terenie miasta i gminy działa jedna grupa samopomocowa funkcjonująca w oparciu o założenia wspólnoty Anonimowych Alkoholików.* www.bip.umig. lidzbark.pl 2005. ▯ kein Beleg. *s. auch* ↗grupa wsparcia

♦ **grupa wsparcia** »Gruppe von Personen mit gleichartigen Problemen, die unter fachlicher Anleitung ihre Probleme bewältigen« - **Hilfegruppe**. *Co to jest grupa wsparcia? Są to co-*

tygodniowe spotkania ludzi o podobnych problemach. Prowadzone pod opieką psychologa. www.psycholog.com.pl 2005. *Wyjaśniając rolę i znaczenie grupy wsparcia rodziców dzieci z zespołem ADHD, najpierw należałoby odpowiedzieć na pytanie: Co to jest grupa wsparcia? Grupa wsparcia bywa też określana jako grupa samopomocowa, grupa wzajemnej pomocy.* www.adhd.org.pl 2006. ⌑ kein Beleg. *s. auch* ↗grupa samopomocowa

grupenseks *m, G -u, Jargon* »sexuelle Beziehungen, Geschlechtsverkehr zwischen mehreren Personen (mit wechselnden Partnern)« - **Gruppensex**. Uprawiać grupenseks. *A grupenseks mi nie odpowiada, ja tam wolę ze swoim starym...* www.swinoujscie.com.pl 2006. *Trójkąty są już czymś wybitnie niepokojącym, tym bardziej grupenseks.* www.taraka.most.org.pl 2004. ⌑ US 2003 ⌦1989 PP ◁dt Gruppensex, nach amerikan group sex

gruyère* *seltener* **grojer** [grijer] *m, G* gruyèr'a, *Kulinaria* »dem Emmentaler ähnlicher Schweizer Hartkäse aus dem Greyerzer Land« - **Greyerzer (Käse), Gruyère**. *Nie lubię miękkich serów, dlatego bardzo cenię sobie grojer.* PS. *Sery typu szwajcarskiego (Ementaler, Gruyère) mają regularne dziurki o średnicy 20-30 mm z łezką w środku, łagodny zapach i orzechowo-słodkawy smak.* www.samo-zdrowie.pl 2006. ⌑ PS 1997

grypa ♦ ptasia grypa *s.* **ptasi**

grzać ♦ *phras* **grzać ław(k)ę** *s.* **ław(k)a**

Gułag*, gułag *m, G -u* »Straf- u. Arbeitslager (in der UdSSR)« - **Gulag**. Sowieckie gułagi. *Sołówki stały się prototypem dla systemu gułagów, w których w czasach Stalina więziono miliony przeciwników politycznych i niewinnych często ludzi.* NSP2. *Archipelag gułagów był państwem w państwie.* IS. ⌑ Supl 1994, SW 1996, PS 1997, IS 2000, US 2003 ⌦1988 NSP2. ◁Kurzwort aus russ. **G**lavnoe **U**pravlenie **Lag**erej = Hauptverwaltung der Lager

guru[NB] *m, indekl* »jd., der hohe Autorität auf einem Gebiet genießt, geistiger Führer« - **Guru**. Guru giełd - Börsenguru. Guru opozycji, inteligencji, miejscowych artystów. *We wspomnieniach pisarzy jawi się jako guru krytyki literackiej.* IS. *Guru giełd wie, w co inwestować.* www.bankier.pl 2004. *Dlaczego jest tak niewielu europejskich guru zarządzania?* www.idg.pl 2004. ⌑ Supl 1994, SW 1996, PS 1997, IS 2000, US 2003 ◁Hindi

gwizdek ♦ *phras* **cała para (poszła) w gwizdek** *s.* **para**

gyros* *seltener* **giros** *m, G -u* **1** » griechisches Gericht aus Schweine-, Rind-, Hammelfleisch, das an einem senkrecht stehenden Drehspieß gebraten u. dann portionsweise abgeschnitten wird« - **Gyros**. Gyros drobiowy, z piersi kurczaka, z sosem czosnkowym. *Przyjdzie czas na sięgnięcie po lokalne potrawy typu gyros czy suwlaki w barach fast-food.* www.dwz.ath.pl 2004. ⌑ US 2003 **2** »Drehspieß zur Zubereitung von Gyros« - **Gyros-Spieß**. *Gyros elektryczny służy do przygotowania gyrosu, specjalności kuchni greckiej.* www.robin.com.pl 2004. ⌑ US 2003

H

hacker *s.* **haker**

haj ♦ *phras* **być na haju** *ugs* - **high sein**. 1 »in euphorieähnlichem Zustand nach dem Genuss von Rauschgift sein« *Polacy coraz częściej jeżdżą na haju. W Polsce dramatycznie rośnie liczba kierowców prowadzących pod wpływem narkotyków (...).* www.opoka.org.pl 2006. *Holendrzy na haju już od 30 lat. Trzydzieści lat temu otwarto w Amsterdamie pierwszy w Holandii coffeeshop, gdzie można było kupić skręta z haszyszem.* www.polskiejutro.com 2002. **2** seltener »in euphorischer Stimmung sein« *Jaka płyta sprawia, że jesteście na największym haju? Wszystko, co robi Miss Kittin, Ellen Alien, Lamb (...), wszystko to sprawia, że jestem na mocnym haju.* db.tlen.pl 2006. ♦ *phras* (ktoś/ coś) **na haju** *ugs* »(jd./etw.) im Drogenrausch« *Kierowca, jazda, seks na haju. Na pewno wiele do zrobienia ma wciąż sama drogówka, która styka się z problemem stosunkowo dla niej świeżym: kierowcą na haju.* Polityka 2002. 📖 PS 1997, IS 2000 ✎1990 PP ◄engl high

hak ♦ *phras* **mieć, szukać, znaleźć haka** na kogoś *ugs* - »über jdn. etw. wissen, suchen, finden o. erfahren, was ihm schaden, ihn kompromittieren, gegen ihn verwendet werden kann« *Trząsłem się ze zdenerwowania. Czym oni mogą mi zaszkodzić? Mają na mnie jakiegoś haka? Jak każdy człowiek w Polsce prowadzący interes miałem na sumieniu to i owo z urzędem podatkowym czy zakładem ubezpieczeń społecznych. SF. (...) wkrótce M. Wachowski znajdzie zapewne na rzecznika jakiegoś haka, żeby się go pozbyć.* SF. 📖 SW 1996, PS 1997, IS 2000, US 2003 ✎1983 SF

haker, hacker *m, G -a, Npl ~rzy, Internet* »jd., der sich unberechtigt, gewaltsam Zugang zu Computerdaten verschafft u. sie nutzt« - **Hacker**. *Żargon, społeczność hakerów. Plaga hakerów zaczyna już poważnie zagrażać bazom danych przechowywanych w sieciach komputerowych.* PS. *W nielegalnym procederze hackerzy używają różnych sposobów i narzędzi w postaci programów.* www.amfibia. tripod.com 2004. 📖 SW 1996, PS 1997, IS 2000, US 2003 ✎1989 NSP2. *s. auch* ↗cracker, ↗cyberwłamywacz ◄engl hacker

hakerski, hackerski *Adj v.* ↗haker, *Internet* - **Hacker-**. *Program, atak hakerski; kultura hakerska. Program hakerski można poznać po tym, że uruchamia się tylko pod Windows.* www.teksty.jeja.pl 2006. *Polskojęzyczni hackerzy używają bardzo specyficznego żargonu, będącego połączeniem języka polskiego, angielskiego, słownictwa technicznego i słów typowych dla kultury hackerskiej.* pl.wikipedia.org 2004. 📖 SW 1996, PS 1997, IS 2000. *s. auch* ↗crackerski

hakerstwo, hackerstwo *n, Internet* - **das Hacken, die Hackerei**. *Nie popieram hakerstwa, ale to mi się podoba...* komputery.wp.pl 2006. *W książce rozróżnia się szlachetne hackerstwo od nikczemnego crackerstwa, czyli piractwa.* www.zigzag.pl 2004. *Jak zapewnia podinsp. Jan H. z Komendy Głównej Policji, hackerstwo jest na pewno przestępstwem, co jasno stwierdzają artykuły kodeksu karnego.* www.tvp.pl 2003. 📖 US 2003 ✎1989 NSP2. *s. auch* ↗crackerstwo

hakować, hackować *ipf, Internet* »gewaltsam in andere Computersysteme eindringen u. sich Zugang zu Computerdaten verschaffen« - **hacken**. *W latach mojej młodości, kiedy zaczynałem hakować, sprzęt komputerowy był niezwykle drogi i przeciętnych ludzi nie było stać na własny komputer.* www.idg.pl 2004. *Możesz ustawić swoją własną sieć domową, próbować hackować własny system, przez co powiększasz swoją wiedzę bez wyrządzania szkód.* hacking.pl 2004. 📖 kein Beleg ◄engl

halfpipe [haf pajp] *f, indekl, Sport* - **Halfpipe**. **1** »spezielle Konstruktion, die an die untere Hälfte einer waagerechten Röhre erinnert, in der Kunststücke mit dem Skateboard o. (bei Ausstattung mit einer Schneeoberfläche) mit dem Snowboard ausgeführt werden können« *Halfpipe ma średnio 50-100 m długości, 14 metrów szerokości i 3 metry głębokości.* snowboard.onet.pl 2005. *Typowy skatepark posiada urządzenia pozwalające na wykonywanie ewolucji na deskorolkach, rolkach i rowerach BMX: są to banki, różne minirampy, kilka wyskoczni, funbox, quarterpipe albo halfpipe (...) etc.* www.zieloni.org 2005. 📖 kein Beleg **2** »olympische Wintersportdisziplin, bei der in der Halfpipe akrobatische Sprünge auf dem Snowboard gezeigt werden« *Paulina Ligocka zajęła w Lake Placid trzecie miejsce w Pucharze Świata w snowboardowej konkurencji halfpipe.* sport.wp.pl 2005. 📖 kein Beleg ◄engl

Halloween [helołin] *m, G -u* »besonders in den USA gefeierter Tag vor Allerheiligen« - **Halloween**. *Halloween to popularne w Ameryce święto duchów, czarownic i wróżek. Próby przeszczepienia do Polski amerykańskiego Halloweenu na razie (na szczęście) się nie powiodły.* OiT. 📖 OiT 2001, US 2003 ◄engl

halloweenowy [helołinowy] *Adj v.* ⁊Halloween - **Halloween-**. *W tym roku pojawiły się na rogatkach dużych miast ciężarówki z dyniami specjalnie na Halloween. Kupują nie tylko mieszkający w Polsce Amerykanie, ale także miłośnicy amerykańskiej kultury, bo przerażającą halloweenową dynię można łatwo zrobić w domu, używając tylko ostrego noża i łyżki.* Echo miasta Warszawa 2005. ▯ kein Beleg

halun *m, G -u, Npl -y, Drogenjargon* - »Halluzinationen unter dem Einfluss von Drogen« - **Trip**. *Ten prozatorski halun - czyli epicka halucynacja - sprzedał się już w liczbie 40 tysięcy egzemplarzy!* miasta.gazeta.pl 2005. *Książka Dorotki jest co prawda opisem niekończącego się halunu, jednak stu procentowo oddaje rzeczywistość polskiego blokowiska i nie tylko.* www.iik.pl 2006. ▯ SSM 2001 ◄von halucynacja

hamburger *m, G -a* »zwischen den getoasteten Hälften eines Brötchens servierte heiße Frikadelle aus Rinderhackfleisch« - **Hamburger**. *Hamburger z ketchupem, z majonezem, z surówką. Zjeść, przyrządzić hamburgera. Serwowane są tu głównie steki, skrzydełka kurczaka i hamburgery.* Wprost 2000 (K). ▯ SW 1996, PS 1997, IS 2000, US 2003 ◄engl

handel ♦ **handel skórami** *s*. **skóra**

handicap[NB] [hendikap, handikap] *m, G -u* **1** »körperliche o. geistige Behinderung« - **körperliches** o. **geistiges Handicap**. *Dzieci, osoby z handicapem. Dzieci z handicapem mogą chodzić do normalnego przedszkola*. PS. *Wreszcie niepełnosprawność - handicap ma wymiar społeczny, odnosi się bowiem do relacji i ról, jakie jednostka może pełnić w społeczeństwie*. www.idg.org.pl 2004. ▯ PS 1997, OiT 2001 **2 a)** »Vorteil, günstige Voraussetzungen, Bedingungen für die Ausführung einer Sache« *Gospodarze mimo handicapu - własnego boiska - przegrali mecz*. NSPP. **b)** »Nachteil, ungünstige Voraussetzungen, Bedingungen für die Ausführung einer Sache« - **Handicap**. *Brak koloru będzie tu szczególnym handicapem: czarno-biały film o malarzu to coś dziś nie do pojęcia*. IS. ▯ SW 1996, IS 2000, US 2003 ◄engl

handout [hendałt] *m, G -u* »an Teilnehmer einer Tagung, eines Seminars o. dgl. ausgegebene, vervielfältigte Hilfstexte mit (Zusatz)-informationen zu einem Referat o. Vortrag« - **Handout, Hand-out, Handzettel**. *Handouty do wykładu. Sporządzać handouty; odbić pięć egzemplarzy handoutów; skserować, skopiować handout; otrzymać, wręczyć handout. Na handoutach mają państwo wykresy, przedstawiające rozwój zjawiska w ostatnim dziesięcioleciu*. OiT. ▯ SW 1996, PS 1997, OiT 2001 ◄engl

happener [hepener] *m, G -a, Npl ~rzy* **1** »Künstler, der Happenings veranstaltet« - **Happenist**. *Natomiast swoje najnowsze przedstawienie „Sztuka rodzi się na strychu" malarz i happener Darek Miliński niepotrzebnie „przegadał"*. www.teatr.jgora.pl 2004. ▯ kein Beleg ✎Zagrodnikowa 1982 **2** »Teilnehmer an einem Happening« *Wśród happenerów byli nie tylko organizatorzy happeningu, lecz także przypadkowi przechodnie*. OiT. ▯ SW 1996, OiT 2001 ✎1989 NSP2 ◄engl

hard core [hart kor] *m, G* hard core'u **1** »vulgäre Pornografie, in der geschlechtliche Vorgänge z.T. in Großaufnahme u. mit genauen physischen Details gezeigt werden« - **Hardcore(film)**. *Jeśli masz skończone 18 lat, to możesz spokojnie oglądać hardcore za darmo*. naga-na-oklep.myhjj6.info 2006. ▯ PS 1997 **2** *Musik* »extreme amerikanische Variante der Rockmusik der neunziger Jahre« - **Hardcore**. *Grać hard core; słuchać hard core. Hard core jest bardzo popularny wśród młodzieży szkolnej*. PS. ▯ PS 1997 ◄engl

hard core [hart kor] *nachgestellt in adjektivischer Funktion, indekl; auch* **hardcore'owy, hardcorowy** - **Hardcore-**. **1** »in Bezug auf Pornografie« *Pornografia hard core - Hardcorepornografie. Czasopismo, magazyn, film hard core. „Hustler" jest jednym z najbardziej skandalicznych pism hard core w Ameryce*. PS. *Większość osób jest zgodna, że dostęp młodzieży do pornografii hard core powinien być ograniczony*. OiT. ▯ PS 1997, OiT 2001 **2** *Musik* »in Bezug auf Hardcore-Rock« *Po raz pierwszy usłyszałem o Tobie i Twoim bracie, gdy graliście w zespole hard core'owym. Życie Warszawy* 2001 (K). ▯ PS 1997

hardcorowiec [hartkorowiec] *m, G ~wca, Npl ~wcy* **1** *Musik* »Anhänger des Hardcore-Rock« *Żaden hardcorowiec nie zarzuci mi, że należy grać słabymi zespołami (...)*. www.lcm.sup.pl 2004. *Każdy punkowiec, hardcorowiec, oi'owiec, czy inny świr znajdzie w nim coś dla siebie*. www.hc-punk.independent.pl 2004. ▯ PS 1997 **2** *Jugendsprache, Jargon* »ein extremer, aggressiver Fan von etw.« - **Hardcore-Freak**. *Nabrał powietrza i powiedział, że nigdy tak się nie bał jak dziś. Nasz hardcorowiec się bał??? Nie chciałam w to wierzyć, ale to była prawda*. www.agosia.blog.pl 2004. ▯ kein Beleg ◄engl hard core ‚zum harten Kern gehörend'

hardrockowiec [hartrokowiec] *m, G ~wca, Npl ~wcy, Musik, Jargon* »Hardrock-Musiker« - **Hardrocker**. *Owcześni hardrockowcy to przede wszystkim: Mopy Grape, Country Joe & the Fish, Steve Miller, Blue Cheer, Electric Flag*. NSP2. ▯ US 2003 ✎1986 NSP2

hardware [hardłer] *m, G* hardware'u, *L* hardwarze *EDV* »Gesamtheit der technischen Teile einer Datenverarbeitungsanlage« - **Hardware**.

Na targach prezentowano hardware najnowszej generacji: twarde dyski, napędy CD, procesory i drukarki. OiT. ⌑ Supl 1994, SW 1996, PS 1997, IS 2000, US 2003 ⌕1989 NSP2 ◁engl

hardware'owy *selten* **hardwarowy** [hardłerowy] *Adj v.* ↗hardware - **Hardware-**. *Układ, problem hardware'owy. Jako serwer hardware'owy określamy również komputer, na którym jest zainstalowane odpowiednie oprogramowanie.* informatyka.suski.org 2006. *Nie znam programu, w którym programiści przewidzieliby każdą możliwą usterkę i każdy błąd hardwarowy.* www.v-lo.krakow.pl 2004. ⌑ IS 2000 ⌕1989 NSP2

harleyowiec [harlejowiec], **harlejowiec** *m, G ~wca, Npl ~wcy, ugs* »Besitzer o. Fan eines Motorrades der Marke Harley« - **Harley-Besitzer, Harley-Fan, Harley-Freak**. *Każdy bowiem prawdziwy harleyowiec (i nie tylko) wkłada wiele serca w upiększanie i przerabianie swojego sprzętu tak, że staje się on jedyny i niepowtarzalny w swoim rodzaju.* www.poludnie.com.pl 2004. *Ja myślę, że harleyowiec to zwykły człowiek, który posiada Harleya.* www.webchapter.pl 2004. *Nagle drogę zajechał jej na motocyklu pociągający mężczyzna, ubrany jak typowy harlejowiec.* www.maxmagazine.pl 2005. ⌑ PS 1997, US 2003

hasz *m, G -u, Jargon* »Haschisch« - **Hasch**. *Odlot na haszu. Palić, przypalać hasz; być pod wpływem haszu. Z reguły im ciemniejszy jest haszysz, tym jego moc i jakość jest lepsza, aczkolwiek spotyka się wyjątki i zdarzy się dobry hasz afgański o zabarwieniu białym.* yanar.ghost.pl 2005. ⌑ SW 1996, PS 1997, US 2003

hatchback [heczbek] *m, G -a, Kfz* »Limousine, deren Rückscheibe sich in der Kofferraumklappe befindet u. mit dieser angehoben wird« - **Hatchback, Schräghecklimousine, Limousine mit Fließheck**. *Typ hatchback jest przez klientów ceniony głównie ze względu na zalety przy przewożeniu towarów.* OiT. *Dla pań najzwinniejszym autkiem jest z pewnością hatchback. Na pierwszy rzut oka wcale nie sprawia wrażenia przestronnego.* Dzień Dobry 2001 (K). ⌑ SW 1996, PS 1997, IS 2000, US 2003 ◁engl

hat-trick, hat trick [hat trik] *m, G* hat-tricku *oder* hat-tricka, *Sport* »drei in unmittelbarer Folge vom gleichen Spieler erzielte Tore« - **Hattrick**. *Hat-trick Juskowiaka. Polscy piłkarze awansowali do finału olimpijskiego po 16 latach przerwy. Wygrali 6:1, a zdobywca trzech goli w tym meczu, Andrzej Juskowiak, został samodzielnym liderem klasyfikacji strzelców z dorobkiem siedmiu bramek.* Gazeta Wyborcza 1992. *Strzelono 75 bramek (2,5 na mecz). Tylko w jednym spotkaniu zanotowano hat-trick. Napastnik Tuluzy - Passi, strzelił trzy gole samemu Rinatowi Dasajewowi.* NSP2. ⌑ kein Beleg ⌕1986 NSP2 ◁engl hat-trick ! im Dt. auch in der allgemeineren Bedeutung 'dreimaliger Erfolg in einem sportlichen Wettbewerb, z.B. Meisterschaft, Olympiade'

healer [hiler] *m, G -a, Npl ~rzy* - »Heil-(praktik)er, der sich der Bioenergietherapie bedient« *Współcześni healerzy są zwykle dobrymi psychologami, oddziałującymi na psychikę osób, które poddają się ich wpływom.* OiT. *Siedemdziesięciolatek dziękuje healerowi za to, że po kilku seansach grupowych uregulowało się jego ciśnienie krwi i „on sam czuje się jak motylek".* www.echomed.pl 2005. *Według badań niemieckich lekarzy i healerów naturalne leki i preparaty, dynamizowane energią piramid, są o wiele skuteczniejsze i łatwiej przyswajalne (...).* www.stronazdrowia.pl 2005. ⌑ SW 1996, PS 1997, IS 2000 ◁engl

heavymetalowiec [hewimetalowiec] *m, G ~wca, Npl ~wcy, Musikjargon* **a)** »Heavy-Metal-Musiker« - **Heavy Metaller**. *Szwedzcy heavymetalowcy z Nocturnal Rites zmienili wokalistę, dokonali ponadto refleksji nad dotychczasową twórczością (...).* www.rockmetal.pl 2004. **b)** »Heavy-Metal-Fan, Heavy-Metal-Anhänger, Heavy-Metal-Freak« *Dawniej heavymetalowcy ubierali się w wąskie spodnie-rurki, białe adidasy i skórzane kurtki.* www.slimak.sciaga.pl 2004. *Najliczniejszą subkulturą młodzieżową obecnie w kraju są heavymetalowcy skupiający fanów zespołów rockowych - młodzież szkolną w wieku od 15 do 20.* www.juliusz.lo-zywiec.pl 2004. ⌑ SW 1996, PS 1997, US 2003 ⌕1988 NSP2. *auch* ↗metal, ↗metalowiec

helmut *m, G -a, Npl -y* **1** *ugs, abwertend* - »Deutscher« *Najczęstsi goście we wrocławskich hotelach to właśnie helmuty.* PP. *Kto zatem zna swojego sąsiada lepiej? Polacy określają Niemców mianem „helmutów" i „szwabów". Niemcy mówią o „polskiej gospodarce". Który naród częściej posługuje się stereotypami?* www2.tvp.pl 2003. *Już helmuty z NRD zapomniały, jak się jeździ wartburgiem czy trabantem.* kiosk.onet.pl 2004. ⌑ US 2003 ⌕1990 PP **2** *ugs* - »Bezeichnung für die in einigen polnischen Städten kursierenden ausrangierten deutschen Straßenbahnen, die nach der weitgehenden Abschaffung des Straßenbahnverkehrs in Deutschland nach Polen gebracht wurden« *Poznańskie helmuty kursują od 1997. Pochodzą z Düsseldorfu i Frankfurtu nad Menem.* www.partner.terramail.pl 2004. ⌑ kein Beleg ◁dt Helmut
◁geht zurück auf zwei berühmte Träger des Namens Helmut, die ehemaligen Bundeskanzler Helmut Schmidt u. Helmut Kohl

hełm ♦ **błękitny hełm** *meist im Pl* »Soldat der UN-Friedenstruppen« - **Blauhelm(e), Blauhelmsoldat(en)**. *Służyć w błękitnych* hełmach. *Po drugie, jest to tragedia ludności cywilnej udręczonego kraju, dla której przybycie „błękitnych hełmów" było znakiem nadziei i zapowiedzią odmiany losu, a stało się rozczarowaniem i okrutną drwiną.* PSF. ▯ SW 1996 PSF 2000 US 2003 ✐1985 NSP2 ◁engl Blue Berets, abgeleitet von der blauen Farbe der Schutzhelme der UN-Friedenstruppen

hera* *f, Jargon* »Kurzform für heroina« - *neutral* **Heroin**. Polska hera. *Była na takim głodzie, że za działkę hery zrobiłaby wszystko.* PS. *Działka hery otwierała im wstęp do krainy zła, normalnie niedostępnej ludzkiej wyobraźni.* NSP2. ▯ SW 1996, PS 1997, US 2003 ✐1989 NSP2, 1982 PP

herbata ♦ *phras* **jest (było) po herbacie** *ugs* »es ist zu spät; es ist schon passiert, erledigt, vorbei« - **der Zug ist (schon) abgefahren; da war der Zug schon abgefahren; und das ist (war) alles; und das wars.** *Spotkanie u Prymasa miało na celu, jak to się mówi, zbliżenie poglądów, ale wyprodukowało co najwyżej kilka ogólników o potrzebie ładnego różnienia się w polityce. Bo i naprawdę było już po herbacie. Wałęsa zdążył ciut wcześniej zgłosić swoją kandydaturę na prezydenta i tym samym stworzył fakt, który uruchomił lawinę.* Teraz to mówisz, jak już po herbacie! IS. *To są zwykłe porady psychologiczne, po co tracić tyle lat na ćwiczenia, wystarczy przeczytać kilka książek psychologicznych i po herbacie!* home. agh.edu.pl 2006. ▯ SW 1996, PS 1997, IS 2000, US 2003 ✐1990 NSP2

heteryk *m, G -a, Npl ~ycy, ugs* »Kurzform für heteroseksualista« - **Hetero**. *Homoseksualiści cieszą się ze zwycięstwa i krzyczą w mediach: jesteśmy w stanie dać dzieciom miłość i zagwarantować opiekę równie dobrą jak „heterycy".* Newsweek Polska 2002. *Heteryk jest jedynym, choć upartym wrogiem homoseksualisty. W konsekwentnie rozgrywanej wojnie o prawo do własnej identyfikacji seksualnej to właśnie heterycy układają stosy.* NSP2. ▯ SW 1996 ✐1989 NSP2

hif *m, G -a, ugs* - »Aids-Virus, HIV« Złapać hifa; zarazić się hifem. *Nawet nie wiem jak ci o tym opowiedzieć. Chyba... złapałem hifa. - Syfa? - Hifa. Przeleciałem taką jedną... mniejsza o szczegóły, stało się.* www.fp.boo.pl 2005. *Zdarzyło mi się być na pogadance o AIDS i tam dla przybliżenia problemu padło pytanie, czy w WC można się zarazić hifem.* forum. wprost.pl 2005. ▯ US 2003. *s. auch* ↗HIV

hifowiec, HIV-owiec *m, G ~wca, Npl ~wcy, ugs* - »HIV-Träger, HIV-Infizierter« *Socjolog uważał, że ujawnianie informacji o tym, że ktoś jest HIV-owcem, mogłoby powodować izolowanie go w miejscu pracy i zamieszkania.* OiT. *Przyszedł siedemnastoletni Paweł z mia-steczka K. Jest ćpunem i powiedział Grażynie, że może nawet chciałby się leczyć. Ale gdyby się okazało, że jest „hifowcem", to co wtedy?* NSP2. ▯ OiT 2001 ✐1991 NSP2

high end [haj ent] *nachgestellt in adjektivischer Funktion, indekl, oder* **high-endowy** *Adj* »meist über Heimelektronik: dem höchsten, neusten Stand der Technik entsprechend« - **High-End-**. Monitor high end - High-End-Monitor. Server, sprzęt, odtwarzacz (klasy) high-end. *Tamasi nie potwierdził informacji odnośnie wzrostu cen, ale jak dowiedzieliśmy się z naszych źródeł, seria 7800 podniesie pułap cenowy w segmencie high end.* www.tomshareware.pl 2005. *Za tyle można mieć jakiegoś dziadowego Centrino, a ja mam high-endowego Pentium III, ale sporo osób by wybrało centrino.* forum.idg.pl 2006. ▯ SW 1996, PS 1997, OiT 2001 ◁engl

high tech [haj tek] *m, indekl* »Hochtechnologie, Spitzentechnologie« - **Hightech**. *Niektóre systemy budowanego wieżowca będą wymagały zastosowania high tech.* OiT. *High-tech i dynamika. Tymi cechami nowa Astra ma skusić klientów.* autosukces.redakcja.pl 2004. ▯ OiT 2001 ◁engl aus high technology

high tech [haj tek] *nachgestellt in adjektivischer Funktion, indekl* »auf den Einsatz von Hochtechnologie bezogen« - **Hightech-**. Sektor high tech - High-Tech-Sektor. Zegarek, rynek, przemysł high tech. *Na światowych giełdach sektor high tech uchodzi za jeden z najbardziej nieprzewidywalnych.* www.teleinfo.com. pl 2004. *Deficyt Unii Europejskiej w handlu produktami high tech wyniósł w 2001 roku 23 mld euro i znamionuje duży popyt na nowe technologie.* www.cxo.pl 2004. ▯ OiT 2001

hiperłącze *n, oder* **hyperlink** *m, G -a seltener -u, Internet* »durch das Anklicken einer Stelle auf dem Bildschirm ausgelöstes Aufrufen weiterer Informationen« - **Hyperlink**. Hiperłącze adresu, witryny. Wstawić, umieścić, utworzyć hiperłącze; kliknąć w hiperłącze. *Aby połączyć się z inną stroną, wystarczy kliknąć odpowiedni element tekstowy lub graficzny, stanowiący tak zwane hiperłącze.* www.lg. msn.com 2004. *Błąd z hiperlinkiem nadal występuje (po restarcie).* forum.myportal.cn.net.pl 2006. ▯ US 2003. *auch* odsyłacz elektroniczny, ↗link ◁engl hyperlink

hipermarket *m, G -u* - **Verbrauchermarkt, Großmarkt**. Sieć hipermarketów. *Na całym świecie hipermarkety buduje się z dala od centrum miasta.* OiT. *Istnieje niebezpieczeństwo, że działkę tę kupi obca sieć handlowa i wybuduje tam kolejny hipermarket.* www.nsik. com.pl 2004. *Warszawskiemu hipermarketowi (...) zarzuca się naruszenie zbiorowych interesów konsumentów przez stosowanie czynów*

nieuczciwej konkurencji. www.expander.pl 2005.
◫ PS 1997, IS 2000, US 2003 ◁engl hypermarket
hipermarketowy *Adj v.* ↗hipermarket - **Verbrauchermarkt-, Großmarkt-**. Handel, standard, rynek hipermarketowy; wyroby hipermarketowe. *W ramach gorącej letniej oferty Clear Channel proponuje również pakiet hipermarketowy.* www.mediarun.pl 2004. *(...) Nie zawsze przekłada się to na jakość roweru. Proste modele firmowe są równie kiepskie jak i niefirmowe, a nawet hipermarketowy szmelc.* free.of.pl 2005. ◫ kein Beleg

hipermedialny *Adj v.* ↗hipermedium, *EDV -* **Hypermedia-**. *Światowa Pajęczyna to hipermedialny system umożliwiający wyszukiwanie i otrzymywanie informacji znajdujących się w Internecie.* www.erakomputera.com.pl 2004.
◫ kein Beleg

hipermedium *n, meist im Pl* **hipermedia** *Gpl ~diów, EDV* »Hypertext, erweitert um multimediale Elemente wie Ton o. Video« - **Hypermedium**. *Hipermedia to hipertekst, który poza słowem drukowanym intensywnie wykorzystuje również inne media.* www.techsty. art.pl 2004. *Uważam, że internet jest hipermedium - dopiero on sam dopiero zawiera w sobie liczne media, w tym odpowiedniki tzw. mediów tradycyjnych (prasa, radio, telewizja).* terror300.org 2006. ◫ PS 1997, US 2003. *s. auch* ↗hipertekst ◁engl

hipertekst *m, G -u, EDV* »über Hyperlinks verbundenes Netz aus Text-, Bild- u. Dateneinheiten, in dem sich die Nutzer je nach Interesse bewegen können« - **Hypertext**. *Hipertekst to dane w dokumencie, który posiada organizację umożliwiającą tworzenie połączeń występujących w nim słów kluczowych z innymi dokumentami.* www.erakomputera.com.pl 2004. *Podsumowując skrótowo przedstawione wyniki badań, można powiedzieć, że hipertekst jest niezwykle efektywnym narzędziem przekazu informacji reklamowej.* www.modernmarketing.pl 2004. ◫ PS 1997, IS 2000, US 2003. *s. auch* ↗hipermedium ◁engl hypertext

hipertekstowy *Adj v.* ↗hipertekst, *EDV -* **Hypertext-**. System, dokument, odsyłacz, link hipertekstowy. *Dokument hipertekstowy jest normalnym tekstem, z tym, że niektóre słowa (bądź wyrażenia) stanowią odsyłacz (link) do innego dokumentu lub innego miejsca w bieżącym pliku.* www.e-sciagi.pl 2005. ◫ IS 2000

hipertekstualność *f, G ~ści, EDV -* **Hypertextualität**. *Hipertekstualność natomiast polega na jednoczesnym dostępie do wielu informacji i stron, co umożliwia odwoływanie się do słów-kluczy (tzw. linki).* www.pabliszer.pl 2006. *Publikacje multimedialne sprawiają, że w cień odchodzi prostota edytorska, znana z ery druku. I nade wszystko wkracza hipertekstual-* *ność. Możliwość budowania z tekstów pajęczyn powiązań, nawiązań, cytatów i odnośników wpłynęła na e-teksty najmocniej.* www. sienko.net.pl 2006. ◫ kein Beleg

hip hop, hip-hop, hiphop *m, G* hip hopu **1** *Musik* »auf dem Rap basierender Musikstil, der in den 70er Jahren in den USA entstanden ist« - **Hip-Hop**. *„Od trzech lat hip hop upada - zarówno pod względem muzycznym jak i tekstowym. Nie ma wartości" - mówi.* rapstyle.pl 2003. *Hip-hop zaczął powoli przenikać do świata kultury masowej na początku lat 80., by w następnej dekadzie rozprzestrzenić się na każdy zakątek globu.* pl.wikipedia.org 2006. *Zapraszamy wszystkich tych, którzy szukają świeżego powiewu w polskim hiphopie.* wroclaw.gumtree.pl 2006. ◫ PS 1997, US 2003 **2** »Jugendsubkultur, deren tragende Elemente Rap-Musik, Graffiti u. Breakdance sind« - **Hip-Hop-Szene**. *Hip hop funkcjonował jako swoista trybuna zdeklasowanych czarnych.* PS. *Podkłady muzyczne tworzone przez DJ-ów, rymowane melodeklamacje raperów, taniec-połamaniec breakdance oraz graffiti uznaje się na ogół za cztery filary całej kultury hiphopu.* pl.wikipedia.org 2006. ◫ PS 1997, US 2003

hip hop, hip-hop *nachgestellt in adjektivischer Funktion, indekl, oder* **hiphopowy** *Adj -* **Hip-Hop-**. **1** *Musik* »in Bezug auf den Musikstil« *Lajf - członek zespołu hip-hopowego Misterium Verbi - ma na swoim solowym koncie pojedyńcze nagrania.* www.hiphop.jaw.pl 2006. ◫ US 2003 **2** »in Bezug auf die Jugendsubkultur« Ruch hiphopowy; kultura, scena hiphopowa. *Forum całkowicie poświęcone kulturze Hip-Hop! Najnowsze wiadomości, recenzje płyt, teledyski, graffiti, tworzenie muzyki, ogromny download mp3 (...).* www.rapeden.net 2006. *Język hiphopowy to język młodych ludzi, dlatego uważaliśmy, że w taki sposób będzie nam łatwiej dotrzeć do naszych rówieśników.* muzyka.onet.pl 2006. ◫ US 2003

hiphopowiec *m, G ~wca, Npl ~wcy, ugs -* **Hip-Hopper**. **1** *Musik* »Hip-Hop-Musiker« *28 czerwca w klubie muzycznym WZ wrocławski hiphopowiec hcr da koncert. Wstęp 5 pln.* wroclaw.gumtree.pl 2006. ◫ US 2003 **2** »Vertreter, Anhänger der Hip-Hop-Subkultur« *[Dziennikarze] nie mają bezpośredniego kontaktu z kulturą hiphopową. (...) Potem piszą, że każdy hiphopowiec źle się uczy, pali jointy, nosi luźne spodnie, jest złodziejem.* www. hiphop.torun.pl 2006. *Wiem, że jest to uogólnienie, bo nie każdy hiphopowiec to nacpany dresiarz, dla którego jedynym celem w życiu jest zdobycie, niekoniecznie legalnie, wypasionej fury, komóry itp.* my.opera.com 2006.
◫ US 2003

hipoalergiczny *Adj* »keine allergischen Reaktionen hervorrufend« - **hypoallergisch**. Produkt, krem, szampon, tonik hipoalergiczny; mydło hipoalergiczne. *Tusze do rzęs są hipoalergiczne, przebadane okulistycznie i nie zawierają substancji zapachowych*. PS. *Opatrunek jest miękki, łatwo dopasowujący się do ciała. Plasterki są wykonane z użyciem hipoalergicznego kleju akrylowego.* www.3m.pl 2004. 📖 PS 1997, US 2003

hipoterapeuta *m, G ~ty, Npl ~euci* »Spezialist für Hippotherapie, therapeutisches Reiten« - **Hippotherapeut**. *W czasie, gdy rozpalano ognisko, my korzystaliśmy z następujących atrakcji - jeździliśmy konno pod okiem znakomitego hipoterapeuty - pani Iwony.* ww.wtz.fuz.pl 2006. *Jej hobby to literatura, konie, muzyka i języki obce. Marzyła o pracy hipoterapeuty lub krytyka literackiego.* www.gimbarglow.komrel.net 2006. 📖 PS 1997

hipoterapeutka *f v.* ↗hipoterapeuta - **Hippotherapeutin**. *Po latach pracy z pacjentami doświadczona hipoterapeutka potwierdza efekty tej pracy w postaci poprawy napięcia mięśni, obniżenia napięcia spastycznego.* www.nadziejairadość.pl 2004. *Zajęcia prowadzi doświadczona i licencjonowana hipoterapeutka (...).* www.republika.pl 2004. 📖 PS 1997

hipoterapia *f* »Therapie, bei der bestimmte körperliche Schäden, Behinderungen durch therapeutisches Reiten behandelt werden« - **Hippotherapie**. Leczenie hipoterapią. *Hipoterapia pozwala także na osiągnięcie poprawy w zakresie orientacji w przestrzeni oraz w schemacie własnego ciała.* www.hejkoniku.org.pl 2006. *Hipoterapia jest wykorzystywana przede wszystkim u dzieci i młodzieży z mózgowym porażeniem dziecięcym, zespołem Downa, autyzmem, upośledzeniami psychicznymi i różnego rodzaju schorzeniami neurologicznymi.* SW. 📖 SW 1996, PS 1997, IS 2000, US 2003 ⌀1992 NSP2

HIV [hif] *m, indekl* »Aids-Virus« - **HIV**. Nosiciel wirusa HIV; osoba zarażona, zakażona HIV. Zarazić się HIV, złapać HIV. *HIV stał się postrachem dla wielu ludzi.* NSPP. *Przebieg zakażenia HIV jest przewlekły i nawet po upływie wielu lat nie u wszystkich dochodzi do rozwoju AIDS, choć niekiedy pełny obraz tego zespołu pojawia się już po kilkunastu miesiącach.* PS. 📖 Supl 1994, SW 1996, PS 1997, IS 2000, US 2003 ⌀1992 NSP2. *s. auch* ↗hif ◁engl, Abk von human immunodeficiency virus

HIV-owiec *s.* **hifowiec**

-holic, -holik als Zweitglied in Zusammensetzungen in der Bedeutung ,Person, die übertrieben, nahezu zwangvoll etw. tut, das vom Erstglied benannt wird' - als Zweitglied -holic. Pracoholik, workaholik, seksoholik, zakupoholik. 📖 IS 2000 ◁engl

homebanking, home banking [hołm bankiŋk] *m, G -u* »Abwicklung von Bankgeschäften per Computer von der Wohnung aus« - **Homebanking**. *Homebanking spełnia ideę bankowości domowej.* bsbrodnica.pl 2005. *Home banking jest nowoczesnym systemem komunikacji między bankiem a klientem, umożliwiającym szybką i wygodną obsługę rachunków bankowych.* www.wbc.lublin.pl 2005. 📖 kein Beleg

homo sovieticus [homo sowietikus] *m, G* homo sovieticusa »Mensch, dessen Mentalität u. Gewohnheiten durch das kommunistische System geprägt wurden« - **Homo sovieticus**. *Jesteśmy rozpięci między homo sovieticusem a chęcią udziału w wyścigu kapitalistycznych szczurów.* www.trwanie.republika.pl 2005. *Jak wprowadzić kapitalizm tam, gdzie nadal homo oeconomicus nie wyparł homo sovieticusa?* venus.ci.uw.edu.pl 2000. 📖 PS 1997 ⌀1992 NSP2 ◁Titel eines Essays von A. Zinovjev

homologacja[NB] *f* »amtliche Genehmigung zum Betreiben eines Geräts, Produkts« - **Betriebsgenehmigung, Zulassung**. Uzyskać homologację. *Od 1997 roku obowiązywał co prawda przepis, nakazujący zdobycie świadectwa homologacji dla pojazdu przerabianego na ciężarowy, jednak wydziały komunikacji beztrosko rejestrowały pojazdy, nie wymagając homologacji, a skarbówka na podstawie samego dowodu rejestracyjnego zwracała podatek VAT.* Życie Warszawy 2002 (K). *PIH podtrzymał zgłoszony jeszcze w 1994 roku wniosek o objęcie obowiązkową homologacją wszystkich urządzeń telekomunikacyjnych przed wprowadzeniem ich do obrotu handlowego.* PS. *Czy ten telefon ma homologację?* US. 📖 SW 1996, PS 1997, IS 2000, US 2003 ⌀1988 NSP2

homologacyjny[NB] *Adj v.* ↗homologacja »sich auf die Betriebsgenehmigung für ein Produkt beziehend« - **Betriebsgenehmigungs-, Zulassungs-**. Znak, numer, kod homologacyjny; karta homologacyjna; świadectwo homologacyjne. *W drugiej połowie 2002 roku ma się rozpocząć proces homologacyjny, a w 2003 roku powinna ruszyć produkcja seryjna.* www.gieldasamochodowa.com 2001. 📖 SW 1996, PS 1997, IS 2000, US 2003

homologować *ipf* - **zum Betrieb, Gebrauch zulassen**, oft als Partizip **homologowany - (zum Betrieb) zugelassen**. Aparat, sprzęt homologowany. *Teraz swoje produkty musimy homologować w unijnych odpowiednikach nieistniejącego już COTM - narzeka Pokora.* www.ctl.com.pl 2005. *Tak się składa, że mój ojciec miał okazję homologować (dopuszczać do użytku) to beznadziejne urządzenie.* zastava.c2000.pl 2005. *Urząd Telekomunikacji nie*

chciał uwzględnić jego reklamacji, ponieważ używany w biurze telefaks nie był homologowany w Polsce. OiT. 📖 Supl 1994, PS 1997, IS 2000, US 2003
hospicjum[NB] *n, im Sg indekl, Npl ~cja* »Einrichtung zur Pflege u. Betreuung unheilbar Kranker und Sterbender« - **Hospiz**. *Hospicjum onkologiczne; hospicjum dla chorych na choroby nowotworowe. W organizacji służby zdrowia nie istnieje coś takiego jak hospicjum. Część chorych umiera w przepełnionym szpitalu, wśród obcych ludzi. Inni - w domu, gdzie bliscy nie mają warunków do zapewnienia im dobrej opieki i godnej śmierci.* NSP2. *Fundusze zostaną przeznaczone na wsparcie hospicjów uczestniczących w akcji.* media.netpr.pl 2005. 📖 Supl 1994, SW 1996, PS 1998, IS 2000, US 2003 ✍1992 NSP2
hospicyjny[NB] *Adj v.* ↗hospicjum - **Hospiz-**. *Ruch, dom, oddział, kapelan hospicyjny; opieka hospicyjna. Kiedy - przed laty - przystępowałam do pracy jako woluntariusz hospicyjny, miałam zamiar robić tylko jedno: zwyczajnie usługiwać, zająć się tymi podstawowymi potrzebami, pomagając samym chorym i otoczeniu szukającemu wyręki.* NSP2. 📖 IS 2000 ✍1992 NSP2
hostel *m, -u* **1** »billige Unterkunft mit Mehrbetträumen unterhalb des Hotelstandards; Herberge« - **Hostel, Jugendherberge**. *Hostel znajduje się na parterze przedwojennej kamienicy. Cały budynek jest niezwykle uroklíwym miejscem, pełnym pięknych przedwojennych detali (...).* www.travellersinn.pl 2006. *Hostel Óki Doki mieści się w samym centrum miasta, w zacisznym miejscu okrążonym przez kasztanowce, przy Placu Dąbrowskiego.* www.4hotele.pl 2006. 📖 kein Beleg **2** - »soziale Einrichtung, in der z.B. Behinderte, chronisch Kranke, Drogensüchtige Unterkunft u. Therapie finden, um sie auf ein eigenbestimmtes Leben vorzubereiten« *Rewolucja w walce z przemocą w rodzinie. To sprawca ma opuścić dom, a nie jego dręczone ofiary. W Łodzi powstanie hostel dla tych, którzy biją. (...) Utworzeniem hostelu - całodobowego i koniecznie z terapią dla sprawców przemocy - zajmie się Miejski Ośrodek Pomocy Społecznej.* www.oska.org.pl 2006. *Hostel Postrehabilitacyjny dla Neofitów. Celem powstania hostelu jest pomoc psychologiczna, pedagogiczna i terapeutyczna.* www.karan.pl 2006. *Dzięki lekarce z Polski po zakończonej terapii znalazła się w młodzieżowym hostelu (...), w którym z dala od rodzinnych problemów i przygnębiającej atmosfery zamkniętego oddziału mogła wrócić do nauki (...).* Polityka 2002. 📖 PS 1998 ✍1990 NSP2
hostelowy *Adj v.* ↗hostel, *selten* - **Hostel-**. *Program hostelowy. Czarodziejski klawisz F7 fak-*tycznie podkreśla słowo „hostelowy", ale wynika to wyłącznie z niedouczenia Worda, który nie wie, że hostel to „mieszkanie grupowe dla osób chorych psychicznie, uzależnionych od alkoholu lub narkotyków".* portel.pl 2005. 📖 kein Beleg
HTZ *Medizin* - **Hormonersatztherapie**. *Ostatnio przeważa pogląd, że HTZ należy stosować tak długo, jak to możliwe. Trzeba podkreślić, że kobiety, stosujące HTZ, powinny być pod stałą opieką lekarską.* www.zdrowie.med.pl 2006. 📖 kein Beleg ◁Abk von hormonalna ↗terapia zastępcza
hybrydowy ♦ **napęd hybrydowy** *Kfz* »Antrieb durch Verbrennungs- u. Elektromotor« - **Hybridantrieb**. *Pojazdy z napędem hybrydowym posiadają szczególną kombinację, a mianowicie silnik spalinowy i silnik elektryczny.* www.cspsp.pl 2005. *Wygląda na to, że nowy Lexus RX400h wskazuje kierunek, w jakim podąży motoryzacja. Napęd hybrydowy łączy zalety aut, jakimi poruszamy się na co dzień, z samochodami elektrycznymi.* auto.gazeta.pl 2006.
♦ **samochód, pojazd hybrydowy, auto hybrydowe** »Auto mit Hybridantrieb« - **Hybridauto**. *Dla Toyoty samochód hybrydowy może być kluczem do dominacji na rynku światowym - mówi japoński ekspert ds. motoryzacji Tadashi Tateuchi.* www.saga.org.pl 2005. 📖 PS 1998
hydromasaż *m, G -u* **1** - »Einrichtung mit in einer Wanne installierten Massagedüsen, die einen kräftigen Wasserstrahl zu Massagezwecken ermöglichen« *Hydromasaż firmy Jacuzzi; kabina z hydromasażem; wanny z hydromasażem i ozonowaniem do hydroterapii. Wanna z hydromasażem powinna być zabudowana w sposób umożliwiający dostęp do najważniejszych elementów hydromasażu.* www.muratordom.pl 2006. **2** »Massage mit einem Wasser-Luft-Strahl« - **Hydromassage**. *Hydromasaż z olejkiem, kozim mlekiem; hydromasaż w solance. Wziąć hydromasaż. Ludzie starsi, kobiety w ciąży, osoby chore na serce i cukrzycę powinny przed korzystaniem z hydromasażu skonsultować się z lekarzem.* www.muratordom.pl 2005. *Lekarze zalecają hydromasaż osobom cierpiącym na migreny i depresje.* antystres.wizytowka.pl 2005. 📖 PS 1998, US 2003
hydrożel *m, G -u* »feuchtigkeitsspendendes Kosmetikpräparat« - **Hydrogel**. *Hydrożel na dzień, na noc; hydrożel w tubie, w słoiku. Smarować twarz hydrożelem. Hydrożele bardzo dobrze są wchłaniane przez skórę.* PS. *Hydrożel uelastycznia i wygładza naskórek, nie powoduje podrażnienia spojówek.* OiT. 📖 PS 1997, OiT 2001, US 2003
hyperlink, hiperlink *s.* **hiperłącze**

I

identyfikator[NB] *m, G -a* »am Revers usw. getragenes kleines Schild mit dem Namen, manchmal auch noch mit einem Foto« - **Namensschild**. Przypiąć, nosić identyfikator. *Przy wejściu do redakcji dostali identyfikatory z napisem „gość".* OiT. *W wielu instytucjach pracownicy mają obowiązek noszenia identyfikatora.* IS. Supl 1994, SW 1996, PS 1997, IS 2000, US 2003 ⌀1989 NSP2.

igłówka *f, Jargon, EDV* - **Nadeldrucker**. *(...) drukowanie przez kalkę (bo na takiej mniej więcej zasadzie działa papier samokopiujący) na drukarce atramentowej czy laserowej nie ma większego sensu, tymczasem poczciwa igłówka robi to świetnie. Dlatego też drukarki igłowe są typowym wyposażeniem komputerów pracujących w księgowości, magazynach czy sklepach.* www.pckurier.pl 1999. US 2003 ◁aus drukarka igłowa

ikona[NB] *f* **1** *auch* **ikonka** *f, Computer* »grafisches Sinnbild für Anwendungsprogramme, Dateien usw. auf dem Bildschirm« - **Icon**. Ikona programu instalacyjnego. Zredukować program do ikony. *Kliknij na ikonie programu, aby go uruchomić.* IS. *Jeśli chcesz wejść do menadżera plików, musisz dwa razy kliknąć myszą na tej ikonie.* PS. SW 1996, PS 1997, IS 2000, US 2003 ◁engl icon
2 »Kult-, -Symbolfigur« - **Ikone**. Ikona popkultury. *Wspomnienia były ostatnią szansą, żeby zamazać etykietę artystki [i.e. Leni Riefenstahl] na usługach Hitlera, ikony kultury faszystowskiej.* Gazeta Wyborcza 2003. *Ikoną metroseksualności jest David Beckham.* Newsweek Polska 2005. *James Dean stał się ikoną pop kultury, ale jego artystyczny dorobek nie ma z tym wiele wspólnego. Podobnie jak w przypadku Marilyn Monroe czy Che Guevary.* film.onet.pl 2005. kein Beleg

iloraz ♦ **iloraz inteligencji** *s.* **IQ**

image [imaż, imydż] *m, G* image'u »Vorstellung, Bild, das jd. von einer Einzelperson, Gruppe o. Sache hat; (idealisiertes) Bild von jdm./etw. in der öffentlichen Meinung« - **Image**. Stworzyć, ukształtować swój artystyczny image. *Stworzono jego image jako polityka sukcesu.* OiT. *Można usłyszeć, iż ludzie z otoczenia prezydenta już tworzą jego wyborczy image jako „jednego z nas".* Polityka 2003. *Znudzona swoją dotychczasową fryzurą i niewinnym image'em zaczęła świrować ze swoimi włosami. W 2000 roku mogliśmy podziwiać ją w ekstra lokach.* www.miss-aguillera.com

2005. Supl 1994, SW 1996, PS 1997, IS 2000, US 2003. ⌀1989 NSP2. *auch* ↗wizerunek ◁engl

immobiliser *seltener* **immobilizer** [immobilajzer, immobilizer] *m, G -a, Kfz* »elektronische Vorrichtung an einem Kraftfahrzeug, die ein unbefugtes Wegfahren verhindern soll« - **Wegfahrsperre**. *Wszystkie nowo produkowane samochody tej marki są już wyposażone w immobilisery.* OiT. *Najbardziej kłopotliwą okazuje się utrata kluczyków z immobiliserem. Odzyskanie zguby może nas w takim wypadku kosztować sporo czasu i pieniędzy.* www.moto.bielsko.com.pl 2005. SW 1996, PS 1997, IS 2000, US 2003 ◁engl immobiliser

immunoterapia *f* »Heilbehandlung, die eine Stärkung des Immunsystems zum Ziel hat« - **Immuntherapie,** *bei Allergien:* **Desensibilisierung, Hyposensibilisierung**. Lokalna immunoterapia. *W Instytucie Onkologii w Warszawie stosuje się immunoterapię, która pozwala nawet na całkowite zahamowanie rozwoju choroby nowotworowej.* PS. *Immunoterapia jest skuteczną metodą leczenia chorób alergicznych.* www.medinet.com.pl 2005. SW 1996, PS 1998, US 2003

impeachment [impiczment] *m, G -u, Politik* »(in den USA vom Repräsentantenhaus veranlasstes) gegen einen hohen Staatsbeamten gerichtetes Verfahren, das eine Anklage wegen Amtsmissbrauchs mit dem Antrag auf Amtsenthebung ermöglichen soll« - **Impeachment**. Wniosek o impeachment. Wszcząć postępowanie impeachmentu. *W polskiej tradycji parlamentarnej nie istnieje żadna procedura, którą można by nazwać impeachmentem, czyli usunięciem osób wybranych w demokratycznych wyborach przez komisję parlamentarną.* pl.wikipedia.org 2005. *Plan jest taki, żeby na wiosnę przedstawić prezydentowi tzw. wniosek o impeachment, czyli odwołanie prezydenta przed kadencją.* www.sld.org.pl 2004. PS 1998, US 2003 ◁engl

implant *m, G -u, Medizin* - **Implantat**. Implant słuchowy, hormonalny, silikonowy. Założyć implant, by odbudować ząb. *Wykonywanie implantów jest niewątpliwym osiągnięciem w stomatologii.* PS. *Polskim lekarzom udało się wszczepić implant ślimakowy, zachowując jednocześnie własny, choć bardzo słaby, słuch pacjentki.* Gazeta Wyborcza 2002. SW 1996, PS 1998, IS 2000, US 2003 ⌀1992 NSP2.

implementacja[NB] *f* - **Implementierung, Implementation**. **1** *EDV* »das Implementieren, Implementiertwerden« Implementacja algorytmów, baz danych, środowiska. *Przykładem implementacji standardu HTML są różne przeglądarki internetowe, edytory HTML a nawet czytniki poczty elektronicznej, które potrafią wyświetlać wiadomości w tym formacie.* www.wikipedia.pl 2005. ▯ PS 1998, US 2003 **2** »Durchführung, Einführung« Implementacja prawa wspólnotowego, dyrektywy, controllingu. *Aspiracje XXI wieku to pełna i uniwersalna implementacja uzgodnionych na szczeblu międzynarodowym Konwencji i ich respektowanie.* www.unhcr.pl 2005. *Innowacja jest czynnikiem niezbędnym do osiągnięcia sukcesu, a firmy zdają się nie mieć problemów ze znajdowaniem nowych pomysłów. Jednak przekuwanie tych pomysłów na wyniki - czyli implementacja innowacji - okazuje się łatwiejsze w sferze planów niż działania.* www.idg.pl 2005. ▯ kein Beleg

implementować[NB] *ipf* / **zaimplementować** *pf* - **implementieren. 1** *EDV* »in ein bestehendes Computersystem einsetzen, einbauen« Implementować interfejs, algorytmy, system, pliki, profile. *W ramach ćwiczeń studenci będą implementować poszczególne algorytmy.* hektor. umcs.lublin.pl 2005. ▯ PS 1998, US 2003 **2** »einführen, durchführen« Implementować (europejskie) prawo, przepisy, standardy, instrumenty prawne. *Schengen jest częścią dorobku Wspólnoty, który mamy zamiar w całości implementować.* www.msz.gov.pl 2004. *Używając dzisiejszej nowomowy - nie należy w głupi sposób implementować tych standardów, które zaburzają nasz styl życia i które nie są zgodne z tym, co czujemy. Najważniejsze to być sobą.* www.travelplanet.pl 2005. ▯ kein Beleg

impra *f v.* ⁊impreza, *Jugendsprache* - **Fete, Party**. *Jakie jedzonko podajecie na imprach? Czy to samo kupowane żarcie, czy pichcicie coś samemu? (...) A co do żarcia, to ja swoich dań lepiej nie robię na impry, bo ja ledwo jajka ugotuję i gofry zrobię - to mi starczy na razie.* www.flix.pl 2005. ▯ kein Beleg

impregnować[NB] *ipf* / **zaimpregnować** *pf* - jdn. gegen etw. **unempfindlich, immun machen, immunisieren**. Impregnować kogoś na coś. *Trzeba impregnować małolatów na stres, kłopoty, nieporozumienia, nauczyć jak rozmawiać, jak artykułować swoje potrzeby.* www.teatry.trojmiasto.pl 2005. *Próba narzucenia pewnej tożsamości, wyrażająca się w natrętnej propagandzie, może skutecznie impregnować społeczeństwo na takie czy inne treści.* bezdogmatu.webpark.pl 2006. *meist als Adj* **(za-)impregnowany** na coś - **immun** gegen etw. *Impregnowany na jakąkolwiek ideologię, na nowinki techniczne. By wytrącić ewentualnym oponentom oręż z ręki, oświadczam z góry, iż na wszelkie argumenty jestem impregnowany.* www.pacynski.now.pl 2005. *Wiesz, zauważyłem u siebie coś takiego, że kiedy się zakochuję, to staję się zaimpregnowany na wdzięki innych kobiet.* psychologia.edu.pl 2006. ▯ IS 2000, US 2003 ✐1988 NSP2

impresariat *m, G -u* **1** *auch* ♦ **agencja impresaryjna** »Institution, die die Tätigkeit eines Impresarios ausübt, mit der Organisation von künstlerischen Veranstaltungen befasst ist« - **Künstleragentur**. Impresariat artystyczny, muzyczny, sportowy, teatralny. *Za pośrednictwem impresariatu chętni będą mogli nawiązać stałą współpracę z rekomendowanymi tu agentami i impresariami. Przede wszystkim zaś impresariat ma przyczynić się do zmniejszenia liczby stresów i frustracji, wywoływanych działaniami niezbędnymi w obrocie prawami autorskimi.* www.biało-czerwona.pl 2005. *Przemysł i fonografia były państwowe i impresariat też był państwowy.* IS. ▯ Supl 1994, SW 1996, IS 2000, US 2003 **2** - »die Tätigkeit des Impresarios, für einen Künstler Verträge abzuschließen u. die Geschäfte zu führen« *Szukamy przedsiębiorczych ludzi i sponsorów, którzy mogliby zająć się impresariatem.* IS. ▯ Supl 1994, SW 1996, PS 1998, IS 2000, US 2003

impresaryjny *Adj v.* ⁊impresariat - »die Organisation von Veranstaltungen betreffend; mit der Tätigkeit eines Impresarios verbunden« Agencja impresaryjna - Künstleragentur. Działalność impresaryjna; biuro impresaryjne; kontakty, występy impresaryjne. Świadczyć usługi impresaryjne. *[Ewa Demarczyk] sama nigdy nie zabiegała o publicity (...); żenowały ją reklamiarskie chwyty impresaryjne, zawstydzało menażerskie cwaniactwo.* www.EwaDemarczyk.republika.pl 2005. ▯ US 2003

impreza[NB] *f, ugs* - **Fete, Party**. Impreza z okazji urodzin, imienin, zaręczyn; udana, świetna, ostra impreza. Być na imprezie; chodzić z imprezy na imprezę. *Najlepsze balangi medyków odbywają się w akademikach - mówi stały bywalec imprez w studenckich domkach na Jelonkach.* NSP2. ▯ SW 1996, PS 1998, IS 2000, US 2003 ✐1992 NSP2, 1988 PP

imprezować *ipf, ugs* - **eine Fete, Party feiern**. Imprezować od tygodnia; imprezować do samego świtu; ostro imprezować; imprezować w akademiku. *Na studiach poznał dziewczynę, imprezowała razem z nim.* IS. *Owszem, uczyłam się na bieżąco i imprezowałam - jak przystało na prawdziwego studenta.* www.studiuj.pl 2005. ▯ SW 1996, PS 1998, IS 2000, US 2003 ✐1990 NSP2, 1986 PP

imprezowicz *m, G -a, Npl -e, ugs* »jd., der gern auf Partys geht« - **Partygänger, Partytyp, Partyfreak**. *Słyniemy z tego, że jesteśmy zatwardziałymi imprezowiczami.* SW. *Międzynarodowy Komitet Olimpijski oznajmił, że* *nadszedł czas, by w centrum wydarzeń znaleźli się ponownie atleci a nie imprezowicze.* www.innastrona.pl 2005. SW 1996, PS 1998

imprezowiczka *f v.* ↗imprezowicz, *ugs* - **Partygängerin, Partygirl**. *Impreza o drugiej się skończyła, ale największe imprezowiczki hiszpanki stwierdziły, że jest za wcześnie, więc przenieśliśmy się do kuchni.* sisi-wien.blog.onet.pl 2005. *Głównymi bohaterkami opowieści są dwie mieszkające ze sobą i wiecznie rywalizujące siostry, młodsza - nieodpowiedzialna imprezowiczka i starsza - ambitna pani adwokat.* www.studentnews.pl 2005. SW 1996, PS 1998

imprezowy[NB] *Adj v.* ↗impreza - **Party-**. *Namiot imprezowy - Partyzelt. Imprezowy facet; imprezowa dziewczyna; imprezowe towarzystwo; imprezowi znajomi, sąsiedzi. Urodziny zbiorcze mają tę zaletę, że pozwalają zoptymalizować koszty imprezowe.* nowy-pan-x-blog.onet.pl 2005. *Byli w imprezowym nastroju i tylko szukali okazji do zabawy.* IS. SW 1996, PS 1998, IS 2000, US 2003

impuls[NB] *m, G -u, Telekommunikation* »elektronische Einheit, mit deren Hilfe die Dauer von Telefongesprächen gemessen wird« - **(Telefon)einheit, Impuls**. *Karta magnetyczna na sto (pięćdziesiąt) impulsów. Podnieść opłaty za jeden impuls. Cena impulsu telefonicznego to jedna z niewielu rzeczy na Islandii, która jest sporo tańsza niż w Polsce.* www.iceland.pl 2005. *Zdrożeje tzw. impuls, czyli podstawowa jednostka licznikowa. Ile impulsów mieści się w minucie - zależy od odległości i pory doby.* NSP3. SW 1996, PS 1998, IS 2000

inaczej ♦ *phras, in Verbindung mit vorangestellten Adjektiven, scherzhaft oder euphemistisch* - »Abschwächung bzw. Negation der im Adjektiv genannten Eigenschaft, die man nicht direkt ansprechen will« *Kochający inaczej* - Homosexueller; homosexuell; *biały inaczej - (Hautfarbe)* schwarz, farbig; *normalny inaczej* - nicht normal, unnormal; *patriotyczny inaczej* - unpatriotisch; *sprawiedliwy inaczej* - ungerecht; *uczciwy inaczej* - unehrlich; *uzdolniony inaczej, Impuls. Poza tym, żadne inne słowo nie opisze lepiej naszego polskiego kosmosu, ponieważ jest to świat, w którym rzeczywiście wszystko jest inaczej. Mamy polityków, którzy są uczciwi inaczej, mamy przywódców uzdolnionych inaczej, premiera patriotycznego inaczej, prokuratora generalnego sprawiedliwego inaczej, prezydenta ponad podziałami inaczej, intelektualistów niezależnych duchowo inaczej.* NSP3. *Oczywiście mógłbym się zwrócić do pomocy technicznej, ale nie chcę jej uruchamiać, zanim nie instaluję systemów, a tych nie mogę zainstalować, bo nie rozumiem licencji, może jestem inteligentny inaczej.* forum.mandriva.pl 2005. *Dlaczego mamy mówić, że czerwone jest białe? Że niedorozwinięty umysłowo jest inteligentny inaczej, inwalida - sprawny inaczej a Murzyn biały inaczej?* www.homeoft.com 2005. PS 1998, IS 2000

indeksacja *f* **1** *Wirtschaft* »Anpassung der Löhne, Sozialleistungen usw. an die Inflation« - **Dynamisierung, Anpassung, Inflationsausgleich**. *Indeksacja płac, dochodów, rent, emerytur, cen skupu, rat, kredytów; indeksacja płac pracowników sfery budżetowej. Wprowadzić, zastosować, znieść, ograniczyć indeksację. Już przy podpisaniu umowy towarzystwo zastrzegło sobie obowiązek indeksacji, czyli podnoszenia składki przynajmniej co drugi rok.* Polityka 2001. *Uchwała rządu znosi też indeksację rat kredytowych hipotecznych.* OiT. *Spór w komisji trójstronnej dotyczył w gruncie rzeczy tylko zasad indeksacji płac w przemyśle zbrojeniowym.* PS. Supl 1994, SW 1996, PS 1998, IS 2000, US 2003 **2** *Informatik* »Zuordnung von Deskriptoren zu einem Dokument zur Erschließung der darin enthaltenen Sachverhalte« - **Indexierung**. *Indeksacja stron internetowych w katalogu; indeksacja adresów internetowych. Indeksacja jest złożonym procesem, mającym na celu zwiększenie oglądalności promowanych przez nas stron, poprzez umieszczenie ich na czołowych miejscach wyszukiwania w największych wyszukiwarkach w Polsce i na świecie.* www.indeksacja.adv.pl 2005. PS 1998 ✐Zagrodnikowa 1982

indeksacyjny *Adj v.* ↗indeksacja **1** *Wirtschaft* - **Anpassungs-, Dynamizerungs-, Inflationsausgleichs-**. *Wskaźnik indeksacyjny; ustawa indeksacyjna; indeksacyjna waloryzacja płac. Co roku zakład ubezpieczeń proponuje swoim klientom powiększenie składki o tzw. wskaźnik indeksacyjny. Mechanizm pozwala zachować realną wartość przyszłego świadczenia.* www.knuife.gov.pl 2005. SW 1996, PS 1998, US 2003 ✐1989 NSP2 ✐1989 NSP2. **2** *Informatik* - **Indexierungs-**. *Factiva Intelligent Indexing wykorzystuje unikalny proces indeksacyjny, który przydziela zawartości dostępnej z poziomu wyszukiwania cztery typy kodów.* www.akmearchive.pl 2005. kein Beleg

indeksować *ipf /* **zindeksować** *pf* **1** *Wirtschaft* »Preise, (Sozial)leistungen usw. an die Veränderungen der allgemeinen Bemessungsgrundlage anpassen« - **dynamisieren, anpassen**. *Indeksować ceny energii, płace, renty, emerytury, składki; indeksowane wkłady oszczędnościowe. Należy indeksować płace zgodnie ze wskaźnikami inflacji.* OiT. SW 1996, PS 1998, US 2003 ✐1989 NSP2. **2** *Internet* »Internetseiten per Suchmaschine durch Deskriptoren verschlagworten« - **indexieren**. *Indeksować serwis internetowy, stronę internetową. Wyszukiwarki są tak zaprogramowa-*

ne, by często aktualizowane strony uznawać za mające więcej do zaoferowania internautom i wyżej je indeksować. www.pozycjonowanie. biz.pl 2005. *Dzięki NetSprint Intranet można indeksować nie tylko dokumenty wewnętrzne firmy, ale również dowolne zasoby umieszczone w sieci zewnętrznej.* firma.netsprint.pl 2005. ⌑ US 2003
inetowy *Adj, Computerjargon* - **I-Net-, Net-,** *neutral* **Internet-**. *Adres, magazyn, serwis, sklep inetowy. Internet może mieć każdy, Polska przeżywa prawdziwy boom inetowy.* members.lycos.co.uk 2005. *A ja czekam na takie czasy w Polsce, kiedy to dostawca inetowy będzie płacił portalowi za to, że może korzystać z jego zasobów.* forum.jabberpl.org 2005. ⌑ kein Beleg. *auch* ↗netowy, *s. auch* ↗internetowy, ↗sieciowy ◁gekürzte Form von internetowy
inflacjogenny *Adj* »Geldentwertung hervorrufend, vorantreibend« - **inflationstreibend, inflationsfördernd, inflationär**. *Polityka inflacjogenna; czynniki inflacjogenne. Inflacjogenna polityka banku centralnego, polegająca na utrzymaniu stopy procentowej na zbyt niskim poziomie, doprowadziła do nadmiernego wzrostu popytu inwestycyjnego.* SW. *Zgodnie z oczekiwaniami M[inisterstwo] F[inansów] obniżyło akcyzę na benzynę o 5 gr na litrze, by przeciwdziałać inflacjogennemu wzrostowi cen benzyny.* www.biznespolska.pl 2005. ⌑ SW 1996, PS 1998, US 2003 ✐1990 NSP2
info- *als Erstglied einer Zusammensetzung* - **Info-**. *Infocentrum, infolinia; infotechnologia, infostrada.* ⌑ US 2003 ◁von **info**rmacyjny bzw. **info**rmacyjny
infocentrum *n, Sg indekl, Npl* infocentra - **Infozentrum**. *Infocentra dysponują także wiadomościami z zakresu prawa pracy, praw i obowiązków bezrobotnego, integracji europejskiej oraz adresami urzędów pracy i innych.* wup.mazowsze.pl 2005. *Infocentrum jest od początku swego istnienia firmą informatyczną, nastawioną na wykorzystywanie najnowszych technologii w realizacji potrzeb swoich klientów.* www.infocentrum.icnet.pl 2005. ⌑ kein Beleg ◁aus centrum informacyjne
infografika *f* - **Infografik**. *Niezwykle skutecznym narzędziem staje się tu infografika, a więc wszelkiego rodzaju mapy, wykresy, a w szczególności diagramy i schematy, stanowiące uzupełnienie krótkich fragmentów tekstu. (...) Infografika, oddając skomplikowane zjawiska i zależności w uproszczonej, modelowej formie, odbierana jest jako medium zimne (...).* marketing.izinfo.pl 2005. ⌑ kein Beleg
infoholiczka *f v.* ↗infoholik - **Infoholikerin, Netoholikerin, Internetsüchtige**. *Oczywiście infoholiczką byłam ja. Na zdjęciach mam ogromne cienie pod oczami, zasługa charakte-*

ryzatorki Carmabelle. crawlspider.mylog.pl 2004. ⌑ kein Beleg. *s. auch* ↗internetoholiczka, ↗siecioholiczka
infoholik *m, G -a, Npl* ~*cy* »ursprünglich über jdn., der unter dem Zwang leidet, ununterbrochen Informationen zu verbreiten o. konsumieren zu müssen; gegenwärtig insbesondere über jdn., der unter dem Zwang leidet, im Internet surfen zu müssen; auch scherzhaft über jdn., der viel im Internet surft« - **Infoholic, Netoholic, Internetsüchtiger;** *Jargon* **Internetjunkie**. *Tymczasem poszerza się lista patologii społecznych - do smutnego grona z alkoholikiem, pracoholikiem na czele dołącza nowy nałogowiec - infoholik.* Ochmann, Nowe wyrazy złożone 2004. *Myślałam, że infoholik to uzależniony od informacji - np. mój kolega, zresztą z doskonałą pamięcią i ciekawą wiedzą. On preferuje fiszki.* www.3miasto.com.pl 2005. *Cały świat infoholika to mały monitor komputera. Są to ludzie najczęściej bardzo inteligentni, ale ciągłe przebywanie w sieci Internetu powoduje, że radzą sobie tylko z tymi problemami, które pojawiają się na monitorze.* www.empi2.pl 2005. ⌑ kein Beleg. *s. auch* ↗internetoholik, ↗siecioholik
infoholizm *m, G -u* »zwanghafter Drang, ununterbrochen Informationen zu verbreiten o. konsumieren zu müssen, gegenwärtig insbesondere zwanghaftes Surfen im Internet« - **Infoholismus, Internetabhängigkeit, ZEK-** (Zwanghaftes Elektronisches Kommunikations)-**Syndrom**. *Wraz z rozwojem sieci komputerowych pojawił się nowy nałóg - infoholizm (inaczej: siecioholizm) - zdaniem niektórych lekarzy i psychologów wyjątkowo niebezpieczny.* psychotekst.com.pl 2006. *Komputery przechadzały się wczoraj po Gdyni. Zaczepiały przechodniów i pytały, czy wiedzą, co to jest infoholizm. (...) Tak przebrani wolontariusze rozdawali ulotki z informacją o infoholizmie i możliwości jego leczenia.* www.3miasto.com.pl 2005. ⌑ kein Beleg. *s. auch* ↗cyberzależność, ↗infomania, ↗internetoholizm, ↗siecioholizm
infolinia *f* »meist kostenlose Telefonverbindung zu einer Auskunftsstelle« - **Infoline**. *Infolinia turystyczna, firmowa, policyjna, dla bezdomnych, dla kandydatów na studia. Bezpłatna infolinia tp 0-800 to doskonałe narzędzie marketingu i sprzedaży bezpośredniej, utrzymywania relacji z klientami.* www.tp.pl 2005. *79 proc. ankietowanych miało już doświadczenia związane z infoliniami, tzn. dzwoniło pod płatne lub bezpłatne numery firm.* www.biznesnet.pl 2005. ⌑ PS 1998, US 2003
infomania *f* »übergroße Flut von SMS- u. E-Mail-Nachrichten; auch die zunehmende Sucht nach vorwiegend elektronischen Informationen« - **Infomania**. *W dzisiejszym spo-*

łeczeństwie króluje infomania - przeświadczenie, że lepiej poinformowani mają przewagę nad gorzej poinformowanymi (...). www.kominiarz.org.pl 2005. *"Infomania" to uzależnienie od maili i SMS-ów.* www.polibuda.info 2005. *Ofiara infomanii nie potrafi się skoncentrować na niczym konstruktywnym, bo mózg chce odbierać coraz to nowsze informacje.* afm. blog.pl 2006. ◫ kein Beleg. *s. auch* ↗infoholizm

infomat *m, G -u* »Automat, von dem bestimmte Informationen abgerufen werden können« - **Infomat**. *W urzędzie dzielnicy w holu na parterze zainstalowany został infomat dla bezrobotnych. (...) Umożliwia (...) pozyskanie pełnej informacji o ofertach pracy w kraju i poza granicami.* www.um.warszawa.pl 2005. *Multimedialny kiosk informacyjny - infomat - to komputer w estetycznej i ergonomicznej obudowie z czułym na dotyk monitorem i specjalistycznym oprogramowaniem.* www.touch.pl 2005. *Infomat umożliwia wejście na stronę internetową urzędu, uzyskanie informacji o jego strukturze czy miejscu załatwiania poszczególnych spraw.* www.partnersinprogress.pl 2005. ◫ kein Beleg

infomercial [infomerszial] *m, G -u, Marketing* »eine Variante der Telewerbung: längere Werbespots, Werbesendungen von 15 bis 30 Min. Dauer, in denen nur ein Produkt o. eine Produktlinie vorgestellt wird« - **Infomercial**. *Infomercials to przyszłość reklamy telewizyjnej. Są to programy reklamowe poświęcone jednemu produktowi. Mogą mieć postać dokumentalną (...) albo wielkiego show z udziałem publiczności w studiu.* Gazeta Wyborcza 1998. *W oparciu o ich opinie nagraliśmy dobrą, przekonywującą 30-minutową reklamę telewizyjną, tzw. infomercial.* www.studio-moderna.com 2005. ◫ kein Beleg ◂amerik, aus **info**rmation u. com**mercial**

informatyzacja *f, Informatik* »Prozess der Durchdringung aller Lebensbereiche durch Technologieintegration« - **Informatisierung**. *Informatyzacja życia, kraju, administracji, produkcji, transportu. Już trzy czwarte Niemców używa telefonów komórkowych, a 53 % korzysta z internetu - podał w środę niemiecki rząd, uchwalając plan dalszej informatyzacji kraju do r. 2006.* Gazeta Wyborcza 2003. *Dziś informatyzacja to coś więcej niż zainstalowanie na stanowisku pracy komputera, to podłączenie go do sieci informatycznej.* PS. ◫ Supl 1994, PS 1998, US 2003

informatyzować *ipf /* **zinformatyzować** *pf, Informatik* »Computer u. andere Informationssysteme einführen« - **informatisieren**. *Informatyzować gospodarkę, administrację, urząd. Każdy informatyk wie, że bałaganu zinformatyzować się nie da, bo powstanie jeszcze większy chaos.* Polityka 2002. *Nasza firma już nie-* *bawem zaczyna informatyzować największe płockie przedsiębiorstwo przemysłu spożywczego.* PS. ◫ PS 1998, OiT 2001, US 2003

infostrada *f, EDV* »weltumspannende Einrichtung eines elektronischen Netzes zur schnellen Übertragung großer Datenmengen« - **Datenautobahn**. *Wybór sieci jako bazy rozwoju infostrady musi też uwzględnić opanowanie techniki przesyłania informacji między wybranymi punktami sieci.* OiT. *Aktywne programowanie idei globalnej infostrady powinno stać się pilnym zadaniem elit politycznych i gospodarczych naszego kraju.* PS. ◫ SW 1996, PS 1998, OiT 2001, US 2003. *auch* ↗autostrada informatyczna ◂Kürzung aus **infor**matyczna auto**strada**

infotainment [infotejnment] *m, G -u* »informative u. zugleich unterhaltsam aufgelockerte Präsentation von Fakten, Nachrichten usw. (z.B. bei Informationsveranstaltungen, im Fernsehen)« - **Infotainment**. *Samo pojęcie „infotainment"(...) pojawiło się w świecie mediów i we współczesnym języku stosunkowo niedawno, ale za to bardzo szybko zrobiło fenomenalną wprost karierę. (...) W samym połączeniu informacji i rozrywki (ang. information oraz entertainment) nie było zresztą niczego nowego.* www.znak.com.pl 2005. *Infotainment - wszystko w jednym komputerze. System Infotainment w Phaetonie łączy mobilną komunikację, informację i rozrywkę.* www.volkswagen.pl 2005. ◫ kein Beleg ◂engl, aus **info**rmation u. enter**tainment**

infoteka *f* »System zur Selbstinformation: Informationsstand, an dem gespeicherte Informationen auf akustischem o. optischem Weg abgerufen werden können« - **Infothek**. *Wspierane były utworzenie systemu samoinformacji dla konsumentów (polska infoteka), doradztwo prawne na rzecz konsumentów w ok. 50 lokalnych poradniach konsumenckich.* ambasadaniemiec.pl 2005. *Chcemy (...) wybudować „infotekę" - czyli bazę danych, która da rzetelną, wiarygodną naukowo informację o towarach, które znajdują się na rynku - poinformowała nas Ewa Kupis, wiceprezes Urzędu Ochrony Konkurencji i Konsumentów.* www.gazetacz.com.pl 2005. ◫ kein Beleg

insider [insajder] *m, G -a, Npl ~rzy* **a)** *Börse* »jd., der aufgrund seiner Tätigkeit o. Stellung vertrauliche, nicht jedem zugängliche Informationen über Unternehmen besitzt u. diese zum eigenen Vorteil durch Börsengeschäfte ausnutzen kann« - **Insider**. *Insiderzy, którzy byli właścicielami akcji firm giełdowych, rzadko sprzedawali swoje udziały.* www.lenalighting.pl 2006. *Insiderzy na polskich i światowych giełdach. Rynek kapitałowy w Polsce ma niezbyt długą historię, ale „dorobiliśmy się" już własnych szwarccharakterów.* www.

bankier.pl 2006. 🕮 kein Beleg **b)** »jd., der bestimmte Dinge, Verhältnisse als Eingeweihter genau kennt (was andere eventuell noch nicht wissen)« - **Insider, Eingeweihter**. *Grupę prowadzi dr Tomasz Nowak z Zakładu Etnomuzykologii UW oraz pan Sugyianto - pracownik ambasady od 30 lat mieszkający w Polsce, który jako insider służy radą i pomocą młodym adeptom sztuki gamelanu z Polski.* www.imuz.uw.edu.pl 2005. 🕮 kein Beleg ⊰engl

♦ **insider trading** [insajder trejdiŋk] *m, indekl oder selten G* insider tradingu, *Börse* »Börsengeschäft, das jd. tätigt, der für die Entwicklung der Kurse relevante Nachrichten vor deren Veröffentlichung erhält u. diesen Informationsvorsprung zum Nachteil der nicht informierten Kapitalanleger ausnutzt« - **Insidergeschäft, Insider Trading**. *Przestępstwo polegające na udostępnieniu i wykorzystaniu informacji objętych rygorem tajemnicy zawodowej nosi miano insider trading.* www.studia. korba.pl 2005. *Stewart odbywa karę pięciu miesięcy za insider trading, czyli wykorzystanie poufnych informacji w obrocie giełdowym.* www.wprost.pl 2005. 🕮 kein Beleg

instrumentalizacja[NB] *f* »Be- o. Ausnutzung von jdm./etw. als Instrument, Werkzeug für ein bestimmtes Ziel« - **Instrumentalisierung**. *Instrumentalizacja człowieka, prawa, życia ludzkiego. Skutkiem globalizacji w tym zakresie jest instrumentalizacja człowieka, jego urzeczowienie, bowiem zostaje on zmieniony w tzw. „zasoby ludzkie" (human resources).* www.gazeta-it.pl 2004. *To nieprzypadkowa instrumentalizacja przeszłości: gdy mowa o sprawcach, wymienia się bliżej nieokreślonych nazistów, jakichś narodowych socjalistów. Upominając się o ofiary, podkreśla się ich niemiecką narodowość.* Tygodnik Powszechny 2003. 🕮 PS 1998, OiT 2001

instrumentalizować[NB] *ipf* / **zinstrumentalizować** *pf* »jdn./etw. als Instrument, Mittel, Werkzeug benutzen« - jdn./etw. **instrumentalisieren**. Dawać, pozwalać się instrumentalizować - sich instrumentalisieren lassen. Instrumentalizować kogoś/coś: ludzi, wiarę, historię, ustawę zasadniczą. *Tak samo pójście za namową niektórych polskich neokonserwatystów, którzy proponują, aby zinstrumentalizować historię, a - dokładniej mówiąc - polskie cierpienia w przeszłości i używać ich jako poparcia dla żądań wobec Unii Europejskiej, byłoby złym wyborem.* www.unia-polska.pl 2000. *Jeśli jednak chcemy ofiarom - polskim czy niemieckim - oddać hołd, powinniśmy zadbać o to, by ich osobistych dramatów, wynikających z wojny i podziałów, nie instrumentalizować na potrzeby takiej polityki, która dzieli,*

a nie łączy. www.prezydent.pl 2003. 🕮 OiT 2001 ✎1989 NSP2

instrumentalny[NB] *Adj* »als Mittel o. Werkzeug dienend« - **instrumental, instrumentell**. *Instrumentalne podejście do czegoś. Dość już mamy instrumentalnego traktowania kobiet jako stworzeń służących tylko do rodzenia dzieci.* OiT. *Temu instrumentalnemu podejściu towarzyszy arbitralność w określaniu, czym jest antysemityzm. Jak strona żydowska definiuje antysemityzm?* www.sfpol. 2005. 🕮 SW 1996, PS 1998, IS 2000, US 2003

inteligencja ♦ **sztuczna inteligencja** *EDV* »Fähigkeit bestimmter Computerprogramme, menschliche Intelligenz nachzuahmen« - **künstliche Intelligenz**. Badania nad sztuczną inteligencją. *Sztuczna inteligencja, chociaż nieświadoma i póki co nie obejmująca wszystkich niuansów myślenia człowieka, jest obiecującym kierunkiem rozwoju informatyki.* www.open-mind.pl 2005. *Furby to zabawka obdarzona sztuczną inteligencją - pokazuje swoje emocje, wykorzystując ogromną różnorodność ekspresji twarzy.* www.merlin.com.pl 2005. 🕮 PS 1998, IS 2000, US 2003 ✎1988 NSP2

inteligentny[NB] »sich von selbst an die individuellen Bedürfnisse des Benutzers anpassend« - **intelligent**. Produkt inteligentny; inteligentny proszek do prania; inteligentna karta; inteligentne systemy grzewcze. *Kosmetyki inteligentne to nowa generacja preparatów reagujących na indywidualne potrzeby skóry.* NSP3. *Firma Guerlain stworzyła inteligentny produkt na bazie wyciągu z liści miszpelnika japońskiego.* NSP3. 🕮 PS 1998

interaktywność *f, EDV* »wechselseitige Kommunikation zwischen Mensch u. Datenverarbeitungsanlage über Tastatur u. Terminal; Dialog zwischen Benutzer u. elektronischem Gerät, Computerprogramm, Spiel usw.« - **Interaktivität**. *System rozpoznawania mowy, mnóstwo humoru i duża interaktywność programu sprawiają, że dziecko łatwo i przyjemnie nauczy się języka angielskiego.* www.jezyki. com.pl 2005. *Serwisy internetowe pozwalają na pewną interaktywność z użytkownikiem.* javascript.ixion.pl 2005. 🕮 OiT 2001, US 2003

interaktywny[NB] *Adj, EDV* »über elektronische Geräte: den Dialog zwischen Mensch u. elektronischem Gerät betreffend« - **interaktiv**. Interaktywny słownik internetowy; interaktywny plan miasta; multimedialna, interaktywna bajka dla dzieci; gry interaktywne. *Rozdział ten opisuje możliwe do użycia w makrach funkcje, sterujące działaniem funkcji interaktywnych.* slm.pl 2005. *Strojenie odbiornika dzięki przejrzystemu, interaktywnemu menu jest bardzo proste.* OiT. 🕮 PS 1998, OiT 2001, US 2003 ✎1988 NSP2.

InterCity, Intercity [inters-iti] *m, indekl* »mit besonderem Komfort ausgestatteter Schnellzug, der zwischen großen Städten kursiert u. nur an wichtigen Bahnhöfen hält« - **Intercity**. *Podróżować, jeździć InterCity. Intercity z Warszawy do Krakowa jedzie tylko dwie i pół godziny.* SW. *Do Pekinu wracam szybkim InterCity.* IS. 🕮 SW 1996, PS 1998, IS 2000, US 2003 ✐1986 NSP2

intercity *nachgestellt in adjektivischer Funktion, indekl* - **Intercity-, InterCity-**. *Pociąg intercity - Intercity-Zug, InterCity-Zug. Oprócz wahadłowych pociągów do centrum Oslo zatrzymują się przy terminalu wszystkie pociągi intercity i dalekobieżne, kursujące w relacjach Skien Oslo.* gbk.mi.gov.pl 2005. *Niemieckie pociągi intercity na niektórych odcinkach jadą z prędkością ponad 200 km/h.* OiT. 🕮 OiT 2001

interfejs *m, G -u, EDV* - **Interface, Schnittstelle**. *Interfejs komputerowy. Aby sprawnie posługiwać się programem, należy dobrze rozumieć jego interfejs.* webmaster.helion.pl 2005.

♦ **interfejs użytkownika** »Programm, das dem Benutzer den Dialog mit dem Computerprogramm ermöglicht« - **User Interface**. *Interfejs użytkownika jest mechanizmem poruszania się internauty po witrynie-sieci.* www.funkcjonalnosc.friko.pl 2005. 🕮 Supl 1994, SW 1996, PS 1998, US 2003 ◄engl

internacjonał[NB] *m, G -a, Npl -owie* **a)** »Sportler (oft Fußballer), der als Mitglied der Nationalmannschaft eines Landes in einem ausländischen Klub spielt« - **Internationaler**. *Liczący sobie 33 lata polski internacjonał za grę w katarskim klubie zainkasował 1,8 miliona dolarów.* www.legia.info.pl 2006. *Oto ostatnio władze piłkarskie podjęły decyzję, że w ligowych klubach hiszpańskich może grać najwyżej po 2 zagranicznych piłkarzy. (...) ostatnio (występowało) w Hiszpanii aż 186 zagranicznych internacjonałów.* NSP1. 🕮 kein Beleg ✐1979(!) NSP1 **b)** *Npl -owie* - »weltweit wirkender, auch international denkender Mensch; Künstler, Sportler mit internationaler Karriere« - **Weltbürger**. *Roman Polański, wybitny internacjonał świata filmowego, rodem z Polski (...). Zaczyna w Polsce, kontynuuje karierę w Europie, trafia do Hollywood. Potem znów osiada w Paryżu.* www.radio.com.pl 2005. 🕮 kein Beleg **c)** *Npl -y* - »internationales Produkt« *LDV Convoy (...) jest coraz częściej spotykany na naszych drogach. (...) Zresztą LDV to prawdziwy internacjonał. Można w nim znaleźć wiele elementów znanych, a przede wszystkim sprawdzonych w innych samochodach.* www.trucks.com.pl 2006. 🕮 kein Beleg

internat[NB] *m, G -u, ugs* »Ort, wo während des Kriegszustands in Polen 1981-1983 internierte Zivilpersonen festgehalten wurden« - *neutral* **Internierungslager**. *W czasie stanu wojennego została internowana. Z internatu wyszła ciężko chora, nie mogła chodzić.* SW. *Wałęsa musiał zostać prezydentem. Mówił o tym już w 1982 r. po wyjściu z internatu. Życie Warszawy* 1992. 🕮 SW 1996, PS 1998, US 2003 ✐1992 NSP2, 1987 PP

internauta *m, G -ty, Npl ~auci, Internet* »jd., der das Internet nutzt, insbesondere auch: jd., der dabei überdurchschnittlich viel Zeit im Internet verbringt« - **Internetnutzer; Internaut, Cybernaut, Internetfreak**. *Młodzi internauci potrafią całymi godzinami „żeglować" po Internecie.* OiT. *Przeciętny polski internauta jest mężczyzną bardzo młodym lub w wieku średnim, posiadającym wyższe wykształcenie, mieszkającym w dużym mieście.* PS. *Najwięcej „codziennych" internautów jest wśród mieszkańców miast powyżej 100 tys. mieszkańców - codzienny kontakt z siecią deklaruje 60 proc. internautów tych miast.* www.pogodzinach.net.pl 2005. 🕮 PS 1998, OiT 2001, US 2003. *s. auch* ↗surfer

internautka *f v.* ↗internauta, *Internet* - **Internetnutzerin; Internautin, Cybernautin**. *W Polsce prawie 14 procent kobiet ma dostęp do internetu, choć tylko 6 procent z niego korzysta. Oznacza to, że w Polsce jest nieco ponad 876 tysięcy internautek.* www.winter.pl 2005. *Czuję się jak osoba zdradzona! Takie kłopoty i rozterki pogrążają co drugą internautkę, która tutaj zawarła znajomość i liczyła na coś więcej.* forum.onet.pl 2005. 🕮 US 2003. *s. auch* ↗surferka

Internet, internet *m, G -u* »weltweiter Verbund von Computersystemen« - **Internet**. *Mieć dostęp do Internetu; wejść, podłączyć się do Internetu; szukać informacji w Internecie; przesyłać wiadomości przez Internet; robić zakupy za pośrednictwem Internetu. Zdaniem psychologów, pracujących z ludźmi uzależnionymi, Internet staje się równie groźny jak alkohol i narkotyki.* www.biznesnet.pl 2005. *Co drugi internauta zagląda codziennie do sieci. Co czwarty spośród codziennych użytkowników internetu jest klientem banku internetowego, a co trzeci robi przez internet zakupy.* www.pogodzinach.net.pl 2005. 🕮 PS 1998, IS 2000, US 2003. *auch* ↗sieć (internetowa), *s. auch* ↗net ◄engl

internetoholiczka *f v.* ↗internetoholik - **Internetsüchtige, -abhängige**. *Po dogłębnej analizie wyników testu doszłam jednak do przekonania, że nie jestem internetoholiczką. Paradoks tylko pozorny, bo ja siadam przed monitorem nie w poszukiwaniu nowych stron, gier, ale dlatego, że przywiązałam sie do ludzi, z którymi jedynie w ten sposób mogę się kontaktować.* antidotum.org 2004. *Zauważyłam,* *że kiedy nie mam Internetu, to się bardzo rozleniwiłam - skutek - trochę gorzej się uczę. Kiedy miałam neta, żyłam jakby... szybciej? Strasznie mi go brakuje i nie ukrywam, że jestem internetoholiczką.* vencia.blog.pl 2004. ⌨ kein Beleg. *auch* ↗*sieciolioliczka, s. auch* ↗*infoholiczka*

internetoholik *G -a, Npl ~icy* - **Internetsüchtiger, -abhängiger**, *salopp* **Internetjunkie.** *Co z internetoholikami? Czy do końca życia powinni trzymać się z daleka od komputerów, zwłaszcza tych wyposażonych w karty sieciowe?* www.psychologia.edu.pl 2003. *Bezsenne noce, notoryczne sprawdzanie poczty, stała dostępność na komunikatorze. Życie internetoholika prędzej czy później staje się jednym wielkim pasmem udręk.* genesis.net.pl 2006. ⌨ kein Beleg. *auch* ↗*siecioholik, s. auch* ↗*infoholik*

internetoholizm *m, G -u* - **Internetsucht;** *selten* **Internetabhängigkeit.** *Internetoholizm stał się we współczesnym świecie poważnym zagrożeniem, traktowany jest na równi z takimi używkami jak alkohol, narkotyki i papierosy. Internet powoli, lecz skutecznie, wdziera się w nasze życie.* www.rzeczkrotoszynska.pl 2006. *Internetoholizm często dotyka osób i dzieci, które mają już inne problemy, np. emocjonalne, a uzależnienie od Internetu jest odzwierciedleniem tego, co w nich się dzieje.* www.opiekun.com 2006. ⌨ kein Beleg. *auch* ↗*siecioholizm,* ↗*cyberzależność s. auch* ↗*infoholizm*

internetowiec *m, G ~wca, Npl ~wcy* »jd., der die Dienste des Internets nutzt; auch: jd., der professioneller Internetspezialist ist« - **Internetnutzer, Internetuser; Netzexperte, Internetexperte**. *Na pewno [slang internetowy] wzbogaca język, bo każda odmiana jakoś język wzbogaca. Martwimy się jednak, kiedy zamiast naturalnych słów języka codziennego, internetowcy proponują tam własne, dziwne słowa.* czytelnia.pwn.pl 2005. *No cóż, internetowcy zwykle nie są za pan brat z sportem.* koscian.net.pl 2005. *Po prostu nasi internetowcy nie byli w stanie na bieżąco obrobić kilkuset zdjęć i filmów z kamery cyfrowej.* wosp.swinoujscie.pl 2006. *Mieszkam w Niemczech, tam studiowałem, a teraz pracuję jako „internetowiec".* www.innastrona.pl 2006. ⌨ kein Beleg. *s. auch* ↗internauta

internetowy *Adj v.* ↗*Internet* - **Internet-**. *Sklep, bank, portal internetowy; internetowy serwis informacyjny; powieść, literatura, księgarnia internetowa; łącze internetowe. Apteka internetowa Vitanea.pl oferuje tanie leki bez recepty oraz kosmetyki. Zapraszamy na zakupy.* www.vitanea.pl 2006. ⌨ IS 2000, US 2003. *auch* ↗sieciowy, *s. auch* ↗inetowy, ↗netowy

internetyzacja *f* - **Internetisierung. a)** »Vordringen des Internets in alle Lebensbereiche« *Internetyzacja globalna. Internetyzacja to niewątpliwie współczesna forma oświecenia.* bip.kprm.gov.pl 2002. ⌨ kein Beleg **b)** »technische Ermöglichung des allgemeinen Zugangs zum Internet« *Internetyzacja pracy administracji, dydaktycznej, urzędu i gminy, szkolnictwa, sektora publicznego. Szacuje się, że w Polsce około roku 2008 internetyzacja sięgnie 20 procent gospodarstw domowych (...).* akson.sgh.waw.pl 2006. *Komisja uważa, że internetyzacja Polski nadal pozostawia wiele do życzenia, a i z telefonami nie jest najlepiej.* www.fkn.pl 2006. ⌨ kein Beleg

internetyzować *ipf* »allgemeinen Zugang zum Internet schaffen« - **internetisieren**. *Pewnie dlatego, że od 1998 roku zaczęliśmy intensywnie internetyzować szkoły, Polska może powiedzieć, że wcale nie odbiegamy od tych unijnych priorytetów - wręcz odwrotnie, doskonale się w nie wpisujemy.* www.miastawnecie.pl 2005. *Kiedyś z pożytkiem Polskę elektryfikowano, dziś jeszcze z większymi korzyściami trzeba internetyzować.* www.psl.org.pl 2006. ⌨ kein Beleg

interview[NB] [interwju] *n, indekl* - **Eignungsgespräch, Auswahlgespräch** (mit einem Stellenbewerber, Kandidaten). *Interview z kandydatami na asystenta. Dość często podczas interview pracodawca pyta o zdanie nt. swego produktu, testując w ten sposób twą wiedzę, sposób formułowania wniosków, jak oryginalność.* www.kariera.wprost.pl 2005. *Jeśli zaproszono cię na rozmowę kwalifikaycjną czyli tzw. interview, gratulacje! Pamiętaj, że teraz będziesz osobiście sprawdzany pod kątem tego, co napisałeś o sobie.* www.irelandjobs.pl 2005. ⌨ IS 2000, US 2003 ◁engl

intifada, Intifada *f* »Name für zwei palästinensische Aufstände in den von Israel besetzten Gebieten« - **Intifada**. *Na ziemiach okupowanych przez Izrael, a Palestyńczycy zaliczają do nich nie tylko Zachodni Brzeg Jordanu i Strefę Gazy, ale również i wschodnią Jerozolimę, trwa intifada, co po arabsku znaczy powstanie.* NSP2. *Palestyńska organizacja Hamas ogłosiła, że Intifada będzie kontynuowana.* www.izrael.badacz.org 2005. ⌨ PS 1998, US 2003 ✎1988 NSP2 ◁arab

Intranet, intranet *m, G -u, EDV* »firmeninternes Computernetz zur Übermittlung von Daten u. Informationen zwischen Abteilungen o. Filialen einer Firma« - **Intranet**. *Intranet PWr zawiera strony przeznaczone wyłącznie dla pracowników, doktorantów i studentów Politechniki Wrocławskiej.* www.ac.pwr.wroc.pl 2005. *Billingi mogą być przeglądane przez pracowników w intranecie lub rozsyłane pocztą.* www.unity.com.pl 2005. ⌨ US 2003

intranetowy *Adj v.* ↗Intranet - **Intranet-**. System, portal intranetowy; intranetowy serwis WWW. *System intranetowy jest idealnym rozwiązaniem, pozwalającym w jednym miejscu skoncentrować wiele systemów oraz informacji, wykorzystywanych w codziennym funkcjonowaniu przedsiębiorstwa.* www.sklepyinternetowe.pl 2005. 📖 kein Beleg

in vitro [in witro] »im Reagenzglas, außerhalb des lebenden Organismus (durchgeführt)« - **in vitro**. *Bakterie chorobotwórcze, hodowane in vitro; doświadczenia in vitro. Początkowo prowadzono badania metodą in vitro na komórkach pobranych z guzów.* IS.

♦ **zapłodnienie in vitro** - **In-vitro-Fertilisation, In-vitro-Befruchtung**. *Kontrowersje wokół zapłodnienia komórki jajowej in vitro mają wymiar filozoficzny.* PS. 📖 PS 1998, IS 2000, US 2003

in vivo [in wiwo] »am lebenden Objekt (beobachtet, durchgeführt)« - **in vivo**. *Zapłodnienie, hodowla, badania in vivo. Hodować zarodki in vivo. Wyniki uzyskane podczas hodowli bakterii in vivo są nieco bardziej wiarygodne.* PS. 📖 PS 1998, US 2003

inwazyjny[NB] *Adj, Medizin* »(zu diagnostischen u. therapeutischen Zwecken) in ein Organ eingreifend« - **invasiv**. Minimalnie inwazyjny - minimal invasiv. *Inwazyjne badania; inwazyjne metody diagnostyki, chirurgii. Mało inwazyjny sprzęt chirurgiczny, produkowany przez Boston Scientific, cieszy się doskonałą reputacją wśród lekarzy i szpitali na całym świecie.* www.achieveglobal.com.pl 2005. *Jest to mało inwazyjny i bezkrwawy zabieg wykonywany ambulatoryjnie.* www.damian.com.pl 2005. *Wynika to z ciągłego rozwoju medycyny, zarówno farmakoterapii, jak i medycyny inwazyjnej.* www.kardiolog.pl 2005. 📖 IS 2000, US 2003 ✎1989 NSP2.

inżynieria ♦ **inżynieria genetyczna** »Technik der Erforschung u. Manipulation der Gene« - **Gentechnik**. *Inżynieria genetyczna polega na przenoszeniu genów z jednego żywego organizmu do innego. Inżynieria genetyczna umożliwia uzyskanie szczepów bakterii wytwarzających użyteczne białka, a także wyhodowanie roślin i zwierząt, w których komórkach ulegają ekspresji obce geny.* www.gotowce.com.pl 2005. 📖 Supl 1994, SW 1996, PS 1998, IS 2000, US 2003

iPod [ajpot] *m, G -a* »tragbarer MP3-Player der Firma Apple« - **iPod**. *iPod shuffle waży tyle, ile kluczyk do samochodu, a jest zdecydowanie bardziej szykowny.* www.apple.com.pl 2006. *Papież Benedykt XVI przyznał, że jest uzależniony od swojego nowego iPoda Nano, którego otrzymał w ubiegłym roku.* www.mediarun.pl 2006. *iPod jest na rynku już tak długo, że jego nazwa stała się synonimem dla odtwarzaczy MP3.* www.idg.pl 2006. 📖 kein Beleg ◁engl

IQ [i-**ku**, aj-**kju**] *m oder n, indekl, auch* ♦ **iloraz inteligencji** - **IQ, Intelligenzquotient**. Test, skala IQ. Mieć wysoki IQ. *Dowiedziała się, że IQ tego pacjenta wynosił 135.* NSPP. *Zasady sporządzania testów IQ również nie są zagadką.* www.iqtest.online.pl 2005. 📖 NSPP 1999, US 2003 ◁engl aus intelligence quotient

IRC [i-er-ce, irc] *m, indekl oder G* IRC-a, *EDV* »Internetdienst, der den Benutzern ermöglicht, in thematisch organisierten Chaträumen miteinander zu kommunizieren« - **IRC**. *Skorzystać z IRC-a. Dziekan ograniczył dostęp studentów do IRC na uczelni.* US. *Miłośnicy komiksów spotykają się także w IRC-u, na własnym kanale.* US. 📖 US 2003 ◁engl, Abk von Internet Relay Chat

IRCoholik, ircoholik *m, G -a, Npl ~icy, v.* ↗IRC, *Computerjargon* »Computernutzer, der einen großen Teil seiner Zeit vor dem Computer im IRC-Channel verbringt« - **Ircoholic**. *Jak my wszyscy ircoholicy się cieszymy, ale jeszcze nie wszyscy o tym wiemy, że jesteś back.* erpi.blog.pl 2005. 📖 kein Beleg

ircować, IRCować *ipf, v.* ↗IRC, *Computerjargon* »im IRC-Channel kommunizieren« - **IRCen** o. **ircen**. *Umówiłam się raz, bardzo dawno temu, z chłopakiem, z którym wcześniej pisaliśmy emaile i ircowaliśmy przez 2 miesiące.* f.kafeteria.pl 2005. *Jednak jeśli chcesz ircować w miarę spokojnie, to musisz odpowiednio zabezpieczyć swój komputer.* www.pomoc.irc.pl 2005. *Dodam, że sam kiedyś namiętnie IRCowałem, ale wtedy byłem w liceum, a i tak dyskutowałem tylko o komputerach.* minder.blog.pl 2005. 📖 kein Beleg

IRC-ownik *m, G -a, Computerjargon* »Computernutzer, der im IRC-Channel kommuniziert« - **IRCer** o. **Ircer**. *Profesor jest czatowym lukerem (obserwatorem). Nie uczestniczy w dyskusjach, bo po pierwsze jest przyzwyczajony do poprawnego pisania i nie zawsze rozumie skrajnie uproszczony język IRC-owników, po drugie nie życzy sobie zostać zmieszany z błotem.* Polityka 2000 (K). *Jako stary IRC-ownik powinieneś wiedzieć, jak to działa.* www.searchengines.pl 2005. *Czasami ircownik podaje inny niż wykonywany zawód, by uatrakcyjnić swój wizerunek w oczach nowo poznanej osoby.* www.teatry.art.pl 2005. 📖 kein Beleg

IRC-owy, ircowy *Adj v.* ↗IRC - **IRC-**. *Kanał, magazyn, robak, serwer ircowy. Ruszył polski IRC-owy kanał dla graczy w Scrabble.* sopot.lex.pl 2005. *Wejdź na IRC-owy kanał, gdzie zawsze siedzi grupa dobrych przyjaciół.* www.abrahama.net.pl 2005. 📖 kein Beleg

irokez[NB] *m, G -a, Npl -y* »Haarschnitt, bei dem der Kopf auf beiden Seiten kahl geschoren wird u. in der Mitte ein Streifen bürstenartig hochgekämmter Haare stehen bleibt; auch der Streifen selbst« - **Irokese(nschnitt)**. *Aha i jak powiedzieć fryzjerce, żeby ścięła mnie na irokeza? To się jakoś fachowo nazywa czy nie?* www.wizaz.pl 2005. *Do rozmowy wtrąciła się dziewczyna, na której głowie świecił efektownie wypracowany irokez.* PS. ⌑ SW 1996, PS 1998, US 2003 ✐1992 NSP2.

islamista[NB] *m, G -ty, Npl ~iści* »Anhänger des islamischen Fundamentalismus, islamischer Fundamentalist« - **Islamist**. *Wojujący islamista. O islamie można pisać w Polsce wszystko. Listy ze sprostowaniami pozostają często bez odpowiedzi. Tak było w przypadku serii listów w sprawie słowa „islamista", które w języku polskim znaczy „znawca, badacz islamu", natomiast w angielskim „fundamentalista muzułmański". Od wojny w Zatoce (1990-91) dziennikarze, wzorując się na anglojęzycznych tekstach, stosują ten wyraz niezgodnie z polskim znaczeniem.* Tygodnik Powszechny 2002. *Zamachu na amerykańskich lekarzy-pracowników misyjnego szpitala na południu Jemenu dokonał w poniedziałek rano jemeński islamista.* www2.tvp.pl 2005. ⌑ SW 1996, US 2003 ✐1992 NSP2 ◄engl

izoflawon *m, G -u, meist im Pl* **izoflawony** Biomedizin »in Soja enthaltenes Phytohormon, dem brustkrebsvorbeugende Wirkung insbesondere bei Frauen in den Wechseljahren nachgesagt wird« - **Isoflavon**. *Soja zawiera związki podobne do estrogenu, izoflawony, które - jak uważają lekarze - mogą chronić przed rakiem piersi.* Cosmo 2001 (K). *Soja jest zawsze dostępna. Jednak nie wszystkie produkty sojowe są jednakowo bogate w izoflawony. Im bardziej produkt przetworzony, tym mniejsza jego wartość odżywcza (...).* Twój Styl 2000 (K). ⌑ kein Beleg

J

jacuzzi [dżakuz-i] *n, indekl* - **Jacuzzi**. **a)** »Bassin o. Wanne, in der das Badewasser durch Düsen in sprudelnde Bewegung gebracht wird« *Kaskada wody wpadająca do jacuzzi oprócz efektów wizualnych tworzy nastrój przyjemnego odprężenia.* www.mrongovia.hotel.pl 2005. *Najprostszą formą masażu wodnego jest zwykły prysznic. Więcej możliwości daje kąpiel w wannie z hydromasażem. Wanny te potocznie zwane są „jacuzzi"od nazwy firmy, która opatentowała to rozwiązanie i jako pierwsza wprowadziła na rynek ten rodzaj wanien.* www.muratordom.pl 2005. **b)** »Entspannungsbad in einer solchen Wanne« *Przy basenach wanna do jacuzzi wydaje się maleńka, chociaż w rzeczywistości może pomieścić sześć osób.* www.gazeta.kolobrzeska.netbiz.pl 2005. ⌑ PS 1998, IS 2000, US 2003

janosikowy[NB] *Adj v.* Janosik, *Politik* - »über wirtschaftlich-finanzielle Maßnahmen, Regelungen, die die Wohlhabenderen zugunsten der Ärmeren belasten (vgl. BRD: Finanzausgleich zwischen Bund, Ländern u. Gemeinden)« *Janosikowy pomysł; janosikowy plan, podatek. Mamy janosikowy system poboru podatków. Zabieramy bogatym i dajemy biednym. Przy podatku liniowym nie będzie komu zabierać. Co dajemy biednym?* sld.kluby.sejm.pl 2005. *Nasz janosikowy parlament przyjął ostateczny kształt podatków na przyszły rok i postanowił zabrać bogatym.* gielda.onet.pl 2005. *Poza tym osłabiliśmy trochę janosikowy mechanizm, poprzez który bogatsze gminy, powiaty i województwa mają przekazywać wpłaty na subwencje wyrównawcze dla najbiedniejszych samorządów.* www.gminyrp.pl 2003. ⌑ kein Beleg
◁ Anspielung auf Janosik, den legendären Räuber, der die Reichen ausraubte u. die Beute an die Armen verteilte

japiszon *m, G -a, Npl -y selten -i, ugs* »junger, karrierebewusster, großen Wert auf seine äußere Erscheinung legender Mann, Aufsteiger« - *neutral* **Yuppie**. *Określenie „japiszon" kwalifikuje młodych profesjonalistów do tej samej grupy, w której znajdują się już pampersy i nowobogaccy.* Adwokat Domowy 2000. *Prawdziwy japiszon już przed trzydziestką robi błyskotliwą karierę.* www.republika.pl 2002. *Pierwsze kampanie reklamowe telefonów komórkowych skierowane były jednak do ludzi pączkującego biznesu i szybkich karier, budujących image polskich yuppie, do których w krótkim czasie przylgnęło swojsko brzmiące określenie japiszony.* www.kasstor26.webpark.pl 2005. ⌑ PS 1998 ⌔1989 NSP2. *auch* ↗japs, ↗yuppie

japończyk[NB] *m, G -a, Npl -i, ugs* »Auto eines japanischen Herstellers« - **Japaner**. *Kupić, mieć japończyka. Japończyki same w sobie nie są drogie, ale gorzej z cenami części zamiennych.* PS. *Z czasem trochę wydoroślałem i zacząłem jeździć japończykiem, ale to już mały szczegół.* www.skutery.net 2005. ⌑ PS 1998, US 2003

japs *m, G -a, Npl -y, ugs* **1** - *neutral* **Yuppie**. *Marcin należał do środowiska poznańskich japsów - regularnie spotykają się z przyjaciółmi w modnych nocnych klubach i dyskotekach.* PS. ⌑ SW 1996, PS 1998. *auch* ↗japiszon, ↗yuppie **2** *meist im Pl* **japsy, Japsy** *seltener* **Japsi** »Einwohner Japans, Japaner« - *ugs, abwertend* **Japs**, *Npl* **Japse(n)**. *Ale o tym, co japsy robiły w Indochinach, to nikt nie pamięta. Bardzo dobrze, że te bombki spadły. Gdyby nie one, wojna by jeszcze trwała i wielu ludzi by zginęło.* forum.pclab.pl 2005. *Raz Japsy popełniły błąd, zdradzili wszystkie techniki judo i kto jest teraz najlepszy na świecie?* www.home.agh.edu.pl 2005. ⌑ kein Beleg **3** - »japanisches Erzeugnis (meist Auto japanischer Produktion)« *No to po zakupach. Miałeś jakieś złudzenia? Tyle dobrego, że cło na japsy spadnie (z 35% do 10%).* www.mail-archive.com 2005. *Powinny potanieć japsy. To po pierwsze zwiększa obszar zainteresowań, szczególnie dla kobitek, po drugie - zwiększa konkurencję.* arch2.triger.com.pl 2004. ⌑ kein Beleg

jarać *ipf* / **zajarać** *pf, ugs, Jargon* »(Tabak; Haschisch, Marihuana, Kokain) rauchen« - *salopp, abwertend* **qualmen**, *ugs* **paffen** (*Haschisch, Marihuana, Kokain*) **kiffen**. *Jarać sporty, mocne, popularne; jarać dwie paczki papierosów dziennie; jarać hasz(ysz), kokę. Mój ojciec, ledwo się obudzi, już jara.* US. *Dużo osób mówi: „jak nie będę chciał, to nie będę jarał", „mogę przestać jarać w każdej chwili itp., a jednak tak nie jest.* www.forum.unreal.pl 2005. *Mój brat od ok. 2 lat jarał, a ostatnio zaczął i twardsze brać i na szczęście jego przyjaciele w porę zareagowali.* www.monar.org.pl 2005. ⌑ SW 1996, PS 1998, IS 2000, US 2003 ⌔1990 PP

jazzy [dżez-i] *auch* **dżezi** *Adj, ugs, Jugendsprache, indekl* - **hip, trendy, cool**. *Bo teraz trendy jest passé, a trendy jest jazzy.* www.blog 2005. *Cool już dawno jest passe, trendy też powoli przechodzi do lamusa. Teraz obo-*

wiązuje jazzy (wymawiaj dżezi). O czym marzymy na progu 2005 roku? O tym, aby być naprawdę jazzy. Newsweek 2005. *Zagraniczne marki są bardziej jazzy niż polskie. Kobiety bardziej cool niż mężczyźni.* www.imperion.pl 2005. *Zmarszczki są piękne, choć nie dżezi.* cheshire.blog.onet.pl 2006. kein Beleg

jednostka ♦ **jednostka centralna komputera (CPU)** *EDV* »zentraler Prozessor eines Rechners« - **(Haupt)prozessor, CPU.** *Klawiaturę się podłącza do komputera za pomocą kabla (są również klawiatury bezprzewodowe, które komunikują się z jednostką centralną komputera dzięki podczerwieni) i wtyczki DIN lub PS/2.* prace.sciaga.pl 2004. US 2003. *auch* ↗procesor ◁engl Central Processing Unit

jet lag [dżetlak] *m, G -u* »Störung des biologischen Rhythmus aufgrund der mit weiten Flugreisen verbundenen Zeitunterschiede« - **Jetlag, Jet-Lag.** *Jet lag powoduje zakłócenia w rytmie dnia i pojawia się, gdy podróżuje się przez kilka stref czasowych.* www.wizzair.com.pl 2006. *Jet lag, nazywany również zespołem długu czasowego, powstaje na skutek zaburzenia czynności zegara biologicznego w stosunku do czasu lokalnego.* www.he.com.pl 2006. kein Beleg ◁engl

♦ **jet lag społeczny** »Nichtübereinstimmung des menschlichen Biorhythmus mit der Arbeitszeit« - **sozialer Jetlag.** *Niemiecki uczony przebadał ponad 40 tys. mieszkańców Austrii i Niemiec od 8. do 90. roku życia. Okazało się, że u wielu osób cierpiących na tzw. społeczny jet lag zegar biologiczny jest przesunięty w stosunku do ich codziennego rytmu snu, pracy lub edukacji co najmniej o godzinę lub dwie, a u niektórych nawet o sześć godzin!* www.wprost.pl 2006. kein Beleg ◁engl social jet lag

jingle [dżingl] *n oder Pl, indekl oder G* jingle'a, *auch* **dżingiel, dżingel** *m, G* dżingla »kurze, einprägsame Melodie, Tonfolge (z.B. als Bestandteil eines Radio-, Kino- o. TV-Werbespots)« - **Jingle.** *Potrzebujesz jingle'a reklamowego, a może podkładu do prezentacji? Skomponujemy muzykę.* www.lesnik.scene.pl 2005. *Radio Zet co jakiś czas odświeża swoje jingle.* www.medianews.com.pl 2005. *Ten sygnał coś mi przypomina, to chyba dżingiel „Panoramy".* PS. *O telefonie zaufania będą informować media - przygotowano już specjalny dżingiel, który będzie nadawać Radio Józef (...).* www.bocian.pl 2005. SW 1996, PS 1998, US 2003 ∕1992 NSP2 ◁engl

jogger [dżoger] *m, G -a, Npl ~rzy* »jd., der Jogging betreibt« - **Jogger.** *Wielu biegaczy ma joggerów w pogardzie, głównie za to, że joggerzy biegają z powodu mody na jogging, niefachowo, nieskutecznie i niezdrowo.* budo.net.pl 2006. *Najliczniejsza grupa internetowych biegaczy, czyli joggerzy, jest bardzo zróżnicowana: są to i byli zawodnicy i tacy, co mieli wiecznie zwolnienie z WF-u...* www.bieganie.pl 2006. kein Beleg

jogging [dżogiŋk] *m, G -u* »Fitnesstraining, bei dem man entspannt in mäßigem Tempo läuft« - **Jogging.** *Poranny jogging. Uprawiać jogging. Bieganie to świetny sposób na zachowanie dobrego nastroju przez cały dzień i na utrzymanie kondycji. By jogging sprawiał ci przyjemność, pamiętaj o kilku prostych zasadach.* Cosmo 2002. *Jogging przywędrował do Europy z Ameryki Północnej wraz z modą na zdrowe życie.* PS. Supl 1994, SW 1996, PS 1998, IS 2000, US 2003 ∕1989 NSP2

joggingować (się) [dżogingować], **joggować** [dżogować] *ipf, selten* - **joggen.** *Tylko szkoda, że mam siłę joggingować się tylko jakieś 15-20 minut, ale powiem Wam, że biegałam dopiero dwa razy, a już widzę poprawę sylwetki!* www.f.kafeteria.pl 2005. *Poszłam spać z zamierzeniem, że o szóstej polecę joggować.* cutenona.blog.pl 2006. *No, też muszę zacząć joggować (...). tylko trochę brakuje tego czynnika motywującego, że tak to określę...* www.24h.pl 2006. kein Beleg

joggingowy *Adj v.* ↗jogging - **Jogging-.** *Komplet, trening joggingowy. Wyczerpujący program joggingowy, gdzie bieganie przeplata się z marszem.* www.e-niemiecki.pl 2005. kein Beleg

joint [dżojnt] *m, G -u, Drogenmilieu* »selbst gedrehte Zigarette, deren Tabak Haschisch o. Marihuana beigemengt ist« - **Joint.** *Palić, skręcić jointa. Mogę się bez tego obejść, ale sięgam po jointa, gdy tylko jest impra (...).* www.forum.bosko.pl 2005. *Bohaterowie filmu to młodzi ludzie, żyjący od imprezy do imprezy, od jointa do jointa, nie potrafiający stworzyć trwałych związków uczuciowych (...).* www.film.wp.pl 2005. SW 1996, US 2003 ◁engl

joint venture [dżojnt wenczer] *n, indekl, Pl auch* joint ventures, *Wirtschaft* »Zusammenschluss von Unternehmen zum Zweck der gemeinsamen Durchführung von Projekten« - **Joint Venture, Jointventure.** *Naiwnością jest sądzić, że można założyć skuteczne joint venture w wyniku prostego kojarzenia firm.* www.exporter.pl 2006. *Joint ventures muszą mieć silne zarządy, zdolne do odcięcia się od konfliktów między partnerami.* IS. Supl 1994, SW 1996, PS 1998, IS 2000, US 2003 ∕1989 NSP2 ◁engl

joint venture [dżojnt wenczer] *nachgestellt in adjektivischer Funktion, indekl, Wirtschaft* - **Jointventure-.** *Spółka joint venture. Kapitał szwajcarski jest zainteresowany tworzeniem spółek joint venture z polskimi firmami (...).* IS. kein Beleg

jojoba [żożoba, chochoba] *f* »aus den Früchten der Jojoba gewonnenes Öl, das in der Kosmetik eingesetzt wird« - **Jojoba-Öl**. Szampon, odżywka, szminka z dodatkiem *oder* z olejkiem jojoby. *Naturalnie czysty olejek jojoba, uzyskany z ziaren zawsze zielonych krzewów jojoba delikatnie pielęgnuje i wygładza suchą, wrażliwą skórę nie obciążając jej.* www.gazeta. perfumeria.pl 2005. *Zawiera olejki roślinne (między innymi jojobę) oraz witaminy. Głęboko odżywia włos, nadaje mu jedwabistość i połysk.* www.alejahandlowa.pl 2005. ☐ OiT 2001, US 2003

jolka[NB] *f, Jargon* - »Kreuzworträtsel, in dem nicht nur die Wörter geraten werden müssen, sondern auch ihre Lokalisierung innerhalb des Rätseldiagramms« Rozwiązać jolkę. *Cotygodniową jolkę zamieszcza „Gazeta Wyborcza" w swoim kolorowym dodatku.* PS. *Na przyszłość proponuję po obejrzeniu tego rodzaju filmu zagrać kilka partii w szachy, rozwiązać jolkę lub ułożyć syntezę krzyżówki.* www.ffp.polanet.pl 2005. ☐ PS 1998, US 2003

joystick [dżojstik], **dżojstik** *seltener* **joystik** *m, G -a, Computer* »Steuerhebel für Computerspiele« - **Joystick**. Joystick bezprzewodowy - schnurloser Joystick. Dżojstik analogowy, cyfrowy. Podłączyć joystick. *Pierwszy na świecie zaawansowany, bezprzewodowy joystick dla wytrawnych graczy.* www.sklep.akari.pl 2005.

W salonie gier komputerowych młodzi ludzie z dużą wprawą operują joystikami, prowadząc na ekranie gwiezdne wojny. PS. *Dżojstik jest wyposażony w sześć przycisków i dwa ośmiokierunkowe przełączniki.* www.gamestar.pl 2005.
☐ Supl 1994, SW 1996, PS 1998, IS 2000, US 2003
✐1990 NSP2 ◄engl

jumbo jet, jumbo-jet, Jumbo-Jet, Jumbo Jet [dż**a**mbo dżet] *m, G -a* »Großraumflugzeug« - **Jumbojet**. *Nazwą jumbo jet określono samoloty Boeing 747, zabierające na pokład ponad 450 pasażerów.* PS. *Boeing liczy, że jego nowy model, plasujący się pomiędzy wielkim jumbojetem 747 a modelem 767, wciśnie się na rynek i stanie się pożądanym przez linie lotnicze typem samolotu, nadającym się zarówno do obsługi lotów dalekosiężnych, jak i na krótkich liniach pomiędzy wielkimi miastami.* NSP2. *Wszyscy pasażerowie podróżują pierwszą klasą na pokładzie jednosilnikowego Jumbo-Jeta oferowanego przez Polskie Linie Lotnicze „Kiler".* www.angelfire.com 2005.
☐ SW 1996, PS 1998, IS 2000 ✐1989 NSP2
◄geht zurück auf die Benennung des Großraumflugzeugs Boeing 747

K

kablówka *f, ugs,* - **Kabelfernsehen, Kabel-TV**. *Założyć, podłączyć kablówkę. Poziom sygnału naziemnych stacji TV nie jest rewelacyjny mimo wzmacniacza antenowego, a żadna kablówka nigdy do mnie nie dojdzie.* www.teleinfo.com.pl 2004. *Na ostatnim zebraniu rada osiedla ustaliła, ile będzie wynosić koszt podłączenia kablówki.* PS. 📖 PS 1998, IS 2000, US 2003 ◁aus ↗telewizja kablowa

kafejka ♦ **kafejka internetowa** *s.* **kawiarenka internetowa**

kafeteria, cafeteria [kafeteria] *f* - **Cafeteria**. *Wstąpiliśmy do kafeterii coś zjeść, bo tradycyjnie obiady były bardzo późno i czułem się trochę jakbym był z innego świata, bo całkiem zapomniałem jak się w Europie jada.* geocities.com 2005. *W pięknym ogrodzie otaczającym hotel miło usiąść przy dającej ochłodę fontannie i skorzystać z bogatej oferty cafeterii.* www.morski.afr.pl 2006. 📖 Supl 1994, SW 1996, PS 1998, IS 2000, US 2003

kamera ♦ **kamera cyfrowa** - **Digitalkamera**. *Tak jak filmy nieme ustąpiły miejsca dźwiękowym, a czarno-białe kolorowym, tak kamera cyfrowa stanie się jednym z narzędzi, którymi posługiwać się będą filmowcy.* www.gwiezdnewojny.pl 2005. 📖 kein Beleg

♦ **kamera internetowa** *seltener* **kamerka internetowa** »fest installierte Videokamera, deren Bilder direkt ins Internet gestellt werden« - **Internetkamera, Webcam**. *Widok z kamer internetowych zainstalowanych na Molo. Obraz jest odświeżany co 5 sekund.* www.molo.sopot.pl 2004. *Od jakiegoś czasu noszę się z zamiarem kupna kamerki internetowej.* www.linuxfan.pl 2002. 📖 kein Beleg. *auch* ↗webcam

♦ **kamera wideo** *seltener* **wideokamera** *f* »Kamera zur Aufnahme von Filmen auf Videobändern« - **Videokamera**. *Przede wszystkim należy się upewnić, że cyfrowa kamera wideo i komputer mogą się komunikować ze sobą.* www.microsoft.com 2004. *Pracownicy o istnieniu szpiegowskiego sprzętu dowiedzieli się dopiero po kilku miesiącach, i to zupełnie przypadkowo - wideokamera wypadła z donicy ze sztucznymi kwiatami podczas przesuwania jej.* www.nowe-panstwo.pl 2004. 📖 PS 1998

kamikadze[NB], **kamikaze** *m, indekl, ugs* »jd., der alles riskiert« - **Kamikaze**. *Rowerowy kamikaze. Jakiś kamikadze szalejący na narciarskim stoku. Nie pojadę w taką pogodę, nie jestem kamikaze.* PS. 📖 SW 1996, PS 1998, IS 2000, US 2003

kamkorder, camcorder *m, G -a* - **Camcorder**. *Kieszonkowy, cyfrowy kamkorder. Mieliśmy do czynienia z próbką tego, co w zakresie techniki wideo (według systemu VHS) proponują polscy entuzjaści i ich zagraniczni - od razu trzeba powiedzieć, że bardziej wprawni - koledzy, posługujący się w realizacji filmowej wyłącznie kamkorderami.* NSP2. *Jako fachowiec zabrałem swój kamkorder na wypadek, gdybyśmy potrzebowali coś udokumentować, wsiedliśmy do łodzi i wyruszyliśmy na ryby.* www.hyperreal.info.pl 2004. 📖 kein Beleg ⟋1989 NSP2 ◁aus engl **camera recorder**

kampania ♦ **kampania nacisku** »zeitlich begrenztes Handlungsprogramm zur Druckausübung, um ein bestimmtes Ziel zu erreichen« - **Druckkampagne**. *Prowadzić kampanię nacisku na kogoś. Wezwał też opinię publiczną do kampanii nacisku na producentów leków, aby przekonać ich o potrzebie obniżenia cen.* www2.tvp.pl 2004. *W ostatnich latach organizacje pozarządowe zorganizowały kampanie nacisku przeciwko firmom Royal Dutch/Shell w Nigerii (...).* maitri.diecezja.gda.pl 2003. *Aktywnie przyłączył się do międzynarodowej kampanii nacisku na rząd izraelski w celu uznania statusu Patriarchy Jerozolimy.* www.kosciol.pl 2004 📖 kein Beleg

kampus, campus [kampus] *G -u* »Gesamtanlage einer Hochschule, Universitätsgelände« - **Campus**. *Kampus uczelniany, uniwersytecki; kampus Uniwersytetu Jagiellońskiego. W natolińskim campusie, ogrodzonej, zadbanej posesji na skraju miasta, uczą się i mieszkają studenci z 28 krajów, w tym tylko piąta część z Polski.* Polityka 2003. *Na obszarze miasta Poznania Politechnika Poznańska posiada szereg budynków w trzech kampusach przy ul. Strzeleckiej.* www.put.poznan.pl 2005. *Jesienią z nowych sal dydaktycznych będą mogli korzystać studenci w głównym kampusie przy Krakowskim Przedmieściu.* www.biznespolska.pl 2005. 📖 im angelsächsischen Raum: SJPSz 1978, PS 1995, SW 1996, IS 2000, US 2003 ⟋Zagrodnikowa 1982

kampusowy, campusowy *Adj v.* ↗**kampus** - **Campus-**. *Zabudowania kampusowe. Stąd też powszechną praktyką na Śląsku staje się nie rozwój kampusowy uczelni, ale promienisty, żeby można było zdobywać wyższe wykształcenie możliwie blisko swojego miejsca zamieszkania.* www.senat.gov.pl 2001. 📖 SW 1996, IS 2000, US 2003

kanalizować[NB] *ipf /* **skanalizować** *pf* »gezielt, in bestimmte Bahnen, in eine bestimmte Rich-

kanapowiec 122

tung lenken u. dadurch das Problem bewältigen« - **kanalisieren**. Kanalizować odruchy społecznego niezadowolenia; kanalizować dyskusję, debatę, obrady. *Usiłowano skanalizować żywiołowe wystąpienia robotnicze na Wybrzeżu.* SW. *Resentymenty antyniemieckie są u nas wciąż bardzo silne, wszak metoda takiego kanalizowania uczuć społecznych ma ponad 40-letnią tradycję.* NSP2. ▯ SW 1996, PS 1998, IS 2000, US 2003 ◢1989 NSP2

kanapowiec^NB *m, G ~wca, Npl ~wcy,* ugs, ironisch-abwertend - »über einen Funktionär einer zahlenmäßig kleinen, unbedeutenden politischen Partei o. Gruppierung« *Jak on śmie mówić w imieniu większości, przecież to najzwyklejszy kanapowiec.* PS. *R. to mierny polityk, dla mnie to zwykły „kanapowiec". Zaliczył tyle partii, że trudno już sobie przypomnieć.* polityka.onet.pl 2003. ▯ PS 1998, US 2003

kanapowość *f, Politik -* »Zersplitterung der Parteienlandschaft in viele kleine Parteien u. Gruppierungen« *Nieszczęściem polskiej sceny politycznej jest kanapowość partii. O ile jednak PiS mimo to wygrał wybory, to teraz już nikt im nie wybaczy i w Polsce i w Europie (...), personalnego charakteru akcji wyborczej, wykorzystania symboli religijnych i hierarchów kościoła (...).* wiadomosci.onet.pl 2006. *Jako szary obywatel Rzeczypospolitej poprzez kanapowość rozumiem zauważalność na scenie politycznej. Przy takim rozumieniu tego pojęcia PiS nie jest partią kanapową, a IDP i owszem. Nie znam liczby członków ani jednej, ani drugiej partii i słabo mnie to interesuje.* coztapolska.wp.pl 2004. ▯ kein Beleg

kanapowy ♦ **partia kanapowa** *ironisch, Politik* »zahlenmäßig kleine, unbedeutende Partei, politische Gruppierung (deren wenige Mitglieder auf einem Sofa Platz finden)« - **Kleinpartei; Splitterpartei** (bes. wenn sich diese von einer größeren abgespalten hat), **Randpartei**. *Jeszcze jedna partia kanapowa chce dostać się do koryta? Koniecznie trzeba podnieść stawki podatkowe na opłacenie działaczy nowych partii.* wiadomosci.wp.pl 2006. *Czy UW ma szanse na wewnętrzną reformę, czy pozostanie już tylko partią kanapową?* czat.gazeta.pl 2006. ▯ SW 1996, PS 1998, IS 2000, US 2003 ◢1990 NSP2

kanioning [kanioniŋk] *m, G -u* »als Extremsport betriebenes Durchwandern, Durchklettern von engen Gebirgsschluchten mit reißenden Flüssen« - **Canyoning**. Uprawiać kanioning. *Kanioning znany jest we Francji już od ponad wieku. Do Polski przywędrował dopiero 6 lat temu. Skok z kilkumetrowego wodospadu na głęboką wodę nie zawsze jest prosty i bezpieczny.* dlaczego.korba.pl 2003. *Kanioning, znany również pod nazwą kloofing, polega na skokach z urwisk skalnych do górskich stawów. Kanioning jest często połączony z wędrówką przez rezerwat przyrody.* republika.pl 2003. ▯ kein Beleg ◂engl

kanioningowy *Adj v.* ↗kanioning - **Canyoning-**. *Trzy lata temu oglądałam relację z kanioningowej wyprawy w telewizji. Od razu wiedziałam, że to coś dla mnie.* NSP3. ▯ kein Beleg

kanon^NB *m, G -u, bildungssprachlich* »Liste mustergültiger Autoren, Werke« - **Kanon**. Kanon lektur szkolnych; kanon książek dla dzieci i młodzieży; kanon filmów fantastycznych. Wejść do kanonu literatury światowej. *Kanon lektur polonistycznych został ostatnio niebezpiecznie okrojony.* PS. ▯ PS 1998, IS 2000, US 2003

karaoke *n, indekl* **1** »Veranstaltung, bei der zur (vom Band abgespielten) Instrumentalmusik eines Schlagers dessen Text (von nicht berufsmäßigen Sängern) gesungen wird« - **Karaoke**. Wybrać się na karaoke. *Karaoke narodziło się i rozpowszechniło w Japonii, nic więc dziwnego, że w wielu krajach przyjęto tę japońską nazwę tej rozrywki.* OiT. ▯ OiT 2001, US 2003 **2** »Funktion einer Anlage zur Erstellung einer für Karaoke geeigneten Musikaufnahme« - **Karaoke-Anlage, Karaoke-Funktion**. *Czy twoja wieża ma karaoke?* OiT. ▯ OiT 2001 **3** »Lokalität, in der Karaoke stattfindet« - **Karaoke-Lokal**. Pójść do karaoke. ▯ OiT 2000, US 2003 ◂jap

karawan^NB, **caravan** [karawan] *m, G -a* **1** »Campinganhänger, der von einem Auto gezogen wird« - **Caravan**. *U nas karawan kojarzy się głównie z wozem pogrzebowym. W języku angielskim dominują natomiast skojarzenia turystyczne. Caravaning to podróżowanie z samochodową przyczepą mieszkalną, czyli caravanem.* www.kurierlubelski.pl 2005. ▯ PS 1996, SW 1996, OiT 2001 **2** »Auto mit integriertem Wohnbereich« - **Wohn-, Reisemobil, Freizeitmobil**. Nadwozie typu karawan. Podróżować karawanem. *Nasi znajomi z Torunia od kilku lat w sierpniu i wrześniu podróżują karawanem po Europie.* PS. *Impreza jest połączona z wystawą przyczep campingowych i caravanów.* aktualnosci.siecpolska.pl 2004. ▯ kein Beleg. *auch* ↗karawaning

karawaning^NB, **caravaning** *m, G -u* »das Reisen im Caravan« - **Caravaning, Wohnwagenurlaub**. Amatorzy karawaningu. Uprawiać karawaning. *Niemieccy zwolennicy karawaningu upodobali sobie toruński kamping Tramp jako etap w podróżach na Mazury.* www.twoje-miasto.pl 2005. ▯ Supl 1994, SW 1996, PS 1998, IS 2000, US 2003 ◢1990 NSP2. *auch* ↗karawan ◂engl caravanning

karawaningowiec *m, G ~wca, Npl ~wcy*, ugs »Anhänger, Liebhaber des Caravaning« - **Caravaner**. *Wieczór w wieczór na trawniku Trampa parkuje kilkadziesiąt „karawanów" - sporych, dobrze wyposażonych mieszkalnych samochodów. Z reguły mają rejestrację krajów zachodniej Europy, najczęściej niemieckie. (...) Typowy karawaningowiec to młody duchem, dość zamożny niemiecki emeryt w podróży na polskie Mazury.* www.twojemiasto.pl 2005. 📖 SW 1996, PS 1998
karawaningowy[NB], **caravaningowy** *Adj v.* ↗karawaning - **Caravaning-**. *Wyprawa, turystyka, ekspedycja karawaningowa; pole karawaningowe. Na targach wiosennych w Poznaniu dużym zainteresowaniem zwiedzających cieszył się sprzęt karawaningowy.* PS. 📖 Supl 1994, SW 1996, PS 1998, IS 2000, US 2003
kardiostymulator *m, G -a*, *Medizin* - **Herzschrittmacher**. *Mała bateria znajdująca się w tkance podskórnej chorego jest źródłem prądu kardiostymulatora.* OiT. 📖 PS 1998, OiT 2001, US 2003. *auch* rozrusznik, stymulator serca
karimata *f* »dünne, wasserdichte u. isolierende Schaumstoffmatte, Schlafunterlage« - **Isomatte, Thermomatte, „Karrimat"**. *Rozłożyć, zwinąć karimatę. Karimatę zwijamy w rulon i przymocowujemy do plecaka.* OiT. *Karimaty są lżejsze od materacy gumowych, dlatego tak chętnie są zabierane na wędrówki piesze.* PS. 📖 SW 1996, PS 1998, IS 2000, US 2003 ✎1989 NSP2 ◁engl, vom Produktnamen Karrimat der Firma Karrimor
karta ♦ **karta bankomatowa** »Plastikkarte zum Abheben von Bargeld am Bankautomaten« - **Bankkarte**. *Karta bankomatowa służy tylko i wyłącznie do użytku w bankomacie (wypłata gotówki, sprawdzenie salda, zasilenie telefonu, funkcja depozytowa), nie można nią płacić w sklepie, ani wykonywać innych operacji.* www.2p.pl 2004. 📖 PS 1998
♦ **karta bankowa** *s.* **karta płatnicza**
♦ **karta chipowa** [czipowa] »Plastikkarte mit einem elektronischen Chip, die als Ausweis, Zahlungsmittel verwendet wird« - **Chipkarte**. *Coraz więcej uczelni zamierza zastąpić tradycyjny indeks elektroniczną legitymacją studencką. Miałaby ona postać karty chipowej, która spełniałaby rolę legitymacji studenckiej, indeksu, karty wstępu do różnych uczelnianych agend (...) Studenci Wyższej Szkoły Informacji i Zarządzania w Rzeszowie od 2 lat korzystają z kart chipowych, które funkcjonują równolegle z tradycyjnymi indeksami.* www.pw.edu.pl 2004. 📖 PS 1998. *s. auch* ↗karta elektroniczna
♦ *phras* **czerwona karta** *s.* **kartka**
♦ **karta debetowa** »Karte, die auf Guthabenbasis geführt wird bei sofortiger Belastung des Kontos« - **Debitkarte**. *Karta debetowa to podstawowa karta płatniczo-bankomatowa, wydawana do rachunku bieżącego, charakteryzująca się tym, iż saldo konta bankowego jest obciążane automatycznie kwotą transakcji w chwili jej wykonania i dotarcia tej informacji do banku.* www.banki.pl 2004. 📖 kein Beleg
♦ *phras* **dzika karta** 1 *Sport, bes. Tennis* »(vom Veranstalter erteilte) Berechtigung, an einem Turnier o. Wettkampf teilzunehmen, ohne die dafür geltende formelle Qualifikation zu erfüllen (z.B. bei einem hinteren Platz in der Rankingliste)« - **Wildcard**. *Organizatorowi Mistrzostw Polski, w których obowiązują eliminacje, przysługuje tak zwana „dzika karta", dająca prawo zgłoszenia do zawodów trzech zawodników, każdego w innej wadze.* www.skkb.pl 2005. *Nowym elementem Konkursu Miss Polonia 2003 jest tzw. Dzika Karta. Daje ona szansę każdej dziewczynie na udział w Finale.* www.mediarun.pl 2004. 📖 PS 1998 ◁engl wild card 2 *EDV* »besonderes Zeichen, das den Platz von anderen Zeichen besetzt, z.B. der Asterisk *.*« - **Wildcard, Jokerzeichen, Platzhalter, Stellvertreterzeichen**. *Terminem maska (ang. mask) lub dzika karta (ang. wild card) określa się znaki „*" (asterisk) i „?" (znak zapytania), używane podczas przeszukiwania na przykład zasobów sieci Internet, zasobów bazy danych, czy zasobów komputera.* www.republika.pl 2006. 📖 kein Beleg
♦ **karta dźwiękowa** *EDV* »spezielle Steckkarte, die der Wiedergabe von Tönen bei Computern dient« - **Soundkarte**. *Karta dźwiękowa to urządzenie wejścia/wyjścia komputera. (...) Umożliwia rejestrację, przetwarzanie i odtwarzanie dźwięku. Obecnie karty dźwiękowe, wystarczające do zastosowań amatorskich, często wbudowywane są w płytę główną.* www.wikipedia.org 2004. 📖 PS 1998, IS 2000, US 2003 ◁engl sound card
♦ **karta elektroniczna** »Plastikkarte mit elektronischem Chip (im Unterschied zur Karte mit Magnetstreifen)« - **Chipkarte**. *Karty elektroniczne TP są coraz bardziej popularne wśród użytkowników. To nowoczesny produkt spełniający światowe standardy jakości. (...) Wszystkie automaty przystosowane do przyjmowania kart magnetycznych TP zostaną zastąpione aparatami przyjmującymi karty elektroniczne TP.* www.telekomunikacja.pl 2004. 📖 kein Beleg. *s. auch* ↗karta chipowa
♦ **karta graficzna, grafiki** *EDV* »spezielle Steckkarte zur Erstellung (farbiger) Grafiken auf dem Monitor eines Computers« - **Grafikkarte**. *Karta grafiki VGA - VGA-Grafikkarte. Karta graficzna może być zintegrowana z płytą główną komputera (...). Najważniejszymi parametrami karty graficznej są: szybkość*

pracy, ilość pamięci, rozdzielczość i ilość kolorów wyświetlanego obrazu i inne. www.wiem. onet.pl 2004. ⌸ PS 1998, IS 2000, US 2003 ◂engl graphics card

♦ **karta (stałego) klienta** »Vorteilskarte für die Stammkunden eines Anbieters« - **Kundenkarte**. *Kartę stałego klienta ma w portfelu co najmniej 3,5 mln dorosłych Polaków.* gazeta. pl 2003. *Karta stałego klienta uprawnia do 5-procentowej zniżki na ubezpieczenia indywidualne i jest ważna na trzy lata.* www.warta. krakow.pl 2004. ⌸ kein Beleg. *s. auch* ↗karta lojalnościowa

♦ **karta kredytowa** »Plastikkarte, mit deren Hilfe der Karteninhaber bargeldlose Zahlungen auf Kredit tätigen kann« - **Kreditkarte**. Płacić kartą kredytową. *Karta kredydowa to najbardziej prestiżowa karta spośród kart płatniczych, o wydaniu której decyduje bank na podstawie przedłożonych dokumentów o dochodach lub możliwych zabezpieczeniach.* www.banki.pl 2004. ⌸ PS 1998, IS 2000, US 2003 ✎1988 NSP2 ◂engl credit card

♦ **karta lojalnościowa** »Vorteilskarte für die Stammkunden eines Anbieters« - **Kundenkarte**. *Nic więc dziwnego, że dziś wielu kierowców ma w portfelach nawet pięć-sześć kart lojalnościowych różnych sieci.* www.e-karta.pl 2004. *Karta lojalnościowa stanowi podstawę uzyskania bonusów w ramach schematu lojalnościowego, jak również jest nośnikiem informacji o kliencie i transakcji.* www.optimusic. com.pl 2004. ⌸ kein Beleg. *s. auch* ↗karta (stałego) klienta ◂engl loyalty card

♦ **karta magnetyczna** »Plastikkarte mit einem magnetisierbaren Streifen zur Aufnahme bestimmter Daten« - **Magnetkarte**. *Karta magnetyczna jest obecnie najbardziej rozpowszechnioną kartą telefoniczną. Z czasem będzie zastępowana kartą elektroniczną i zniknie z punktów sprzedaży. Wszystkie automaty, przystosowane do przyjmowania kart magnetycznych TP, zostaną zastąpione aparatami, przyjmującymi karty elektroniczne TP.* www. telekomunikacja.pl 2004. ⌸ PS 1998, IS 2000, US 2003 ✎1988 NSP2

♦ **karta pamięci** EDV »kleines Speichermedium zum Speichern von Daten bei kleinen Geräten, z.B. Spielkonsolen, Palmtops, Handys« - **Speicherkarte**. (Super)szybka karta pamięci. *Czytnik umożliwia przekazywanie danych pomiędzy komputerem a kartą pamięci w łatwy i szybki sposób.* www.fujifilm.pl 2006. ⌸ kein Beleg

♦ **karta platynowa** »Geldkarte, die von der Bank für vermögende Kunden angeboten wird u. deren Leistungsmerkmale über die reine Zahlungsfunktion hinausgehen« - **Platinkarte**. *Karta platynowa daje przede wszystkim prestiż. Posiadacz takiej karty może za darmo przelecieć się do Londynu i polatać na symulatorze lotów Boeinga.* citybankhandlowy. mybank.pl 2006. *Najtańsza karta platynowa wydawana przez PKO BP kosztuje 400 zł na rok.* www.kartyonline.pl 2006. ⌸ kein Beleg

♦ **karta płatnicza, bankowa** »Magnet- o. Chipkarte zum bargeldlosen Einkauf u. zur Bargeldentnahme am Bankautomaten« - **Bankkarte, Geldkarte**. *Na rynku współistnieje szereg rodzajów kart płatniczych, z których najważniejsze to karta kredytowa, karta debetowa, karta bankomatowa (...).* www.webstyle.pl 2004. ⌸ PS 1998

♦ **karta prepaid** [pripejt, prepajt], **prepaidowa** »Karte, die bei Erwerb über ein bestimmtes Guthaben verfügt, häufig in Bezug auf Handy-Telefonkarten« - **Prepaidkarte, Guthabenkarte**. Telefon komórkowy z kartą prepaid; pakiet startowy z kartą prepaid; bankowa karta prepaid. *Przez dłuższy czas, kiedy się wyjeżdżało za granicę, trzeba było zostawić telefon z kartą prepaid w domu. Teraz abonenci wszystkich naszych operatorów mogą zabrać aparat ze sobą w podróż.* www.goldhand. com.pl 2006. ⌸ kein Beleg

♦ **karta sieciowa** EDV »Erweiterungskarte, über die der Anschluss an ein Netzwerk hergestellt werden kann o. über die verschiedene Arbeitsstationen miteinander verbunden werden können« - **Netzwerkkarte**. Zewnętrzna karta sieciowa, zintegrowana karta sieciowa. (Za)instalować kartę sieciową. *Najważniejszym parametrem karty sieciowej jest jej prędkość transmisji.* wiem.onet.pl 2004. ⌸ kein Beleg ◂engl network card

♦ **karta telefoniczna** - **Telefonkarte**. *Każda karta telefoniczna wyprodukowana po 1 grudnia 2003 roku ma nadruk z terminem ważności.* tp.pl 2006. ⌸ PS 1998

♦ **karta telewizyjna** EDV »Computer-Erweiterungskarte, die dazu dient, TV-Signale am Bildschirm darzustellen o. auf der Festplatte aufzuzeichnen« - **TV-Karte**. Konfiguracja, instalacja karty telewizyjnej; sterownik do karty telewizyjnej. *Głównym zadaniem karty telewizyjnej jest wzbogacenie komputera o możliwość oglądania programów telewizyjnych.* www.enter.pl 2006. ⌸ kein Beleg

♦ **karta zbliżeniowa** »Chipkarte, die keinen Kontakt mit dem Lesegerät benötigt, um eingelesen zu werden, z.B. bei elektronischem Ticketing« - **Näherungskarte; berührungslose, kontaktlose Karte; Proximity-Karte**. *Karta zbliżeniowa jest technicznie najnowocześniejszą kartą elektroniczną. Odczyt tego typu karty następuje drogą radiową, po jej zbliżeniu w okolicę pola odczytowego zamka. Bezkontaktowy odczyt karty zapewnia jej dłuż-*

szą żywotność od innych kart elektronicznych. www.hsk.com.pl 2006. *Karta zbliżeniowa - plastikowa karta, przypominająca fizycznie kartę kredytową, czasami z wbudowanym niewielkim mikroprocesorem, pamięcią i anteną. W chwili obecnej karty tego typu są najbezpieczniejszymi nośnikami informacji.* pl. wikipedia. org 2006. ▢ kein Beleg. *auch* karta bezstykowa
♦ **zielona karta** *Kfz* »grünfarbige Haftpflichtversicherungs-Karte für grenzüberschreitende Fahrten mit dem Auto« - **Grüne Karte**. *Każda osoba, która wyjeżdża samochodem za granicę, jest zobowiązana posiadać Zieloną Kartę - ubezpieczenie OC, obowiązujące na terytorium kraju, do którego wyjeżdża, lub przez terytorium którego przejeżdża.* www. centuria.pl 2004. ▢ US 2003
♦ **złota karta** »Kreditkarte einer Bank mit speziellen Leistungsmerkmalen, die über die reine Zahlungsfunktion weit hinausgehen, auch exklusive Karte eines Klubs, einer Firma« - **Goldkarte**. *Posiadaczowi złotej karty oferowanych jest wiele usług dodatkowych (...).* www.bosbank.pl 2006. *Złota karta stałego klienta to oprócz stałej zniżki dodatkowe przywileje i uprawnienia.* www.eurolines.polska. pl 2006. ▢ kein Beleg
♦ **żółta karta** *s.* **kartka**
♦ *phras* **rozdawać karty** - »entscheidenden Einfluss auf das politische Kräfteverhältnis, auf die Besetzung von Posten haben; am Schalthebel der Macht sein« - **die Karten austeilen**. *Kto naprawdę rozdaje karty? Bardzo chętnie dziś się głosi, że obecny upadek Polski i ubóstwo Narodu jest pochodną braku dekomunizacji.* zaprasza.net 2006. *Prezydent rozdaje karty w mediach publicznych. W pałacu Lecha Kaczyńskiego rozstrzyga się, kto będzie kierował telewizją publiczną (...).* www.bankier. pl 2006. ▢ kein Beleg
kartka ♦ *phras* **czerwona kartka**, *selten* **karta czerwona** - **rote Karte**. 1 *Sport, insbes. Ballsport* »Karte in roter Farbe, die vom Schiedsrichter nach einem groben Foul usw. als Zeichen für einen Platzverweis in die Höhe gehalten wird u. die mit einer Spielsperre verbunden ist« Pokazać komuś (bramkarzowi, obrońcy) czerwoną kartkę - jdm. (dem Torwart, dem Verteidiger) die rote Karte zeigen. *Ukarać zawodnika za brzydki faul czerwoną kartką. Sędzia zawodów jest upoważniony do stosowania kar dyscyplinarnych - czasowe (żółta kartka) lub całkowite usunięcie z boiska (czerwona kartka) - szczególnie za atak z tyłu na nogi, brutalną grę lub niesportowe zachowanie.* www.bialogard.info.pl 2004. ▢ IS 2000, US 2003 ✏1989 NSP2 **2** »ernste Rüge mit schwerwiegenden Konsequenzen« *Czerwona kartka od kogoś dla kogoś za coś.* Pokazać komuś czerwoną kartkę - jdm. die rote Karte zeigen. Dostać czerwoną kartkę - die rote Karte sehen, gezeigt bekommen. Zasłużyć na czerwoną kartkę. *Leszek Miller przestał być przewodniczącym SLD. Postkomuniści w sondażach idą na dno jak „Titanic", mając poparcie gdzieś pomiędzy 10 a 14 proc. To już nie jest czerwona kartka, ale jednoznaczne „precz!", powiedziane im przez ludzi (...).* Tygodnik Nasza Polska wyd. intern. 2004. *W wyborach prezydenckich, przegranych przez Mariana Krzaklewskiego, AWS dostał „żółtą kartkę", a jeśli nie wyciągniemy z tego wniosków, w wyborach parlamentarnych będzie to „czerwona kartka".* www.free.polbox.pl 2000. ▢ kein Beleg
♦ *phras* **żółta kartka - gelbe Karte**. 1 *Sport, insbes. Ballsport* »Karte in gelber Farbe, die vom Schiedsrichter nach einem Foul als Zeichen für die Verwarnung eines Spielers in die Höhe gehalten wird« Dostać żółtą kartkę - die gelbe Karte (*ugs* Gelb) sehen, gezeigt bekommen. Pokazać komuś żółtą kartkę za krytykowanie sędziego, za faul. *Największą stratą Niemców w półfinale z Koreą była żółta kartka dla Ballacka. Oznacza ona absencję pomocnika w finale.* www.mundial.taf.pl 2004. ▢ IS 2000, US 2003 ✏1988 NSP2 **2** »Ermahnung, Verweis für Fehlverhalten« Pokazać komuś (partii, rządowi, krajowi, instytucji) żółtą kartkę - jdm. die gelbe Karte zeigen. *Żółta kartka dla Kuczmy. Zgromadzenie Parlamentarne Rady Europy (ZPRE) zagroziło zawieszeniem członkostwa Ukrainy, jeśli jej władze będą z naruszeniem prawa dążyły do antydemokratycznych zmian konstytucji.* wprost.online 2004 *Żółta kartka dla „czerwonych" - poparcie dla SLD-UP spadło do 13%.* www.polskiejutro.com 2004. ▢ kein Beleg

kartofel ♦ *phras* **gorący kartofel** »über eine heikle, bedenkliche Angelegenheit, deren Ausgang ungewiss ist u. der man deshalb reserviert gegenübersteht; ein ungeliebtes Thema« - **eine heiße Kartoffel, ein heißes Eisen**. Traktować, odrzucać coś jak gorący kartofel - etw. wie eine heiße Kartoffel behandeln, fallenlassen. Sparzyć się gorącym kartoflem; ktoś przerzuca czymś jak gorącym kartoflem; podrzucić komuś gorący kartofel. *Na pytanie: jaka będzie ochrona zdrowia? - mając w pamięci doświadczenia z przeszłości - można po wyborach dać odpowiedź: przede wszystkim kłopotliwa. Dość wspomnieć, że tym gorącym kartoflem zdążyli się sparzyć i AWS, i Unia Wolności, i SLD.* www. nil.org.pl 2005. *Jestem głęboko przekonany, że te sądy starają się jak gorący kartofel odrzucać od siebie sprawę,* *która będzie blokowała bieżące sprawy.* www.rzeczpospolita.pl 2006. ⌑ kein Beleg

kartridż *m, -a, auch* **cartridge** *m, G* cartridge'a, *Npl* cartridge'e, *EDV* »Behälter aus Kunststoff für Tinte, Toner, Tusche zum Einlegen in Drucker, Kopierer, Faxgerät« - **(Druck-)patrone, Tinten-, Toner-Kartusche**. *Kartridż do drukarek, kopiarek; regeneracja, napełnianie kartridży; kartridż regenerowany. Napełnić kartridż. Ile razy można napełnić jeden kartridż?* www.mkubiak.neostrada.pl 2006. *Oryginalne kartridże są zazwyczaj kosztowne, ale istnieją rozwiązania znacznie tańsze.* druknet.pl 2006. ⌑ kein Beleg

karuzela ♦ *phras* **karuzela stanowisk** »gleichzeitige Neubesetzung mehrerer Ämter o. Positionen, wobei überwiegend auf bereits vorhandenes Personal zurückgegriffen wird« - **Personalkarussell**. *Karuzela stanowisk się kręci - das Personalkarussell dreht sich. Karuzela stanowisk już ruszyła, widać popłoch tych, którzy nie wsiedli.* www.serwisy.gazeta.pl 2004. *Nie ustaje karuzela stanowisk w rządzie. Poza najważniejszą roszadą zaszło także kilka mniejszych.* www.tygodniksolidarnosc.com 2004. ⌑ IS 2000, US 2003 ⁄1986 NSP2

karwing *s.* **carving**

kasa^NB *f, ugs* - »(viel, eine Menge) Geld« *Ktoś/coś robi kasę* - jd. macht (eine Menge) Geld, verdient ein Heidengeld mit etw., etw. bringt jdm. eine Menge Geld (ein). *Mieć kasę; nabić sobie kasę. Cztery litery. Już kiedyś zatytułowałem tak mój felieton we „Wprost", ale tym razem nie chodzi mi o obsceniczne słowo. Mam na myśli inny czteroliterowy wyraz, który zrobił ostatnio oszałamiającą karierę - kasa. Dawniej nazywano tak pomieszczenie, w której dokonywano czynności finansowych. Dziś słowo to oznacza pieniądze, wypierając dawne jego synonimy, jak forsa, mamona, flota, moneta (...).* Wprost 2003. *Pierwszy tenor zarabia tak dobrze, że gdyby chodziło tylko o kasę, nigdy nie marnowałbym czasu na pracę z orkiestrami.* Viva 2003. ⌑ SW 1996, PS 1998, IS 2000, US 2003

kasować^NB *ipf* / **skasować** *pf, ugs* - »Geld einnehmen« *Kasować coś (od kogoś)* - etw. (von jdm.) kassieren. *Kasować kogoś* - jdn. abkassieren. *Car tyczki Bubka za każdy rekord powyżej 6 m kasował milion dolarów i dlatego, chociaż mógł, będąc w wysokiej formie, pobić swój poprzedni rekord nawet jednorazowo o 5 czy 10 cm, dawkował po 1 cm i kasował za każdym razem okrągły milion dolarów.* www.money.pl 2006. *Rzemieślnik co miesiąc kasował całkiem sporą sumkę, którą przepijał w pobliskim barze.* forum.demokraci.pl 2006. *Znajomych kasowała po*

80 zł, resztę po stówie. www.wirtualny.szczecin.pl 2006. ⌑ SW 1996, US 2003

kasting *s.* **casting**

katalizator^NB *m, G -a, Kfz* »Vorrichtung in Kraftfahrzeugen, mit deren Hilfe das Abgas von umweltschädlichen Stoffen gereinigt wird« - **Katalysator**. *Wyposażyć pojazd w katalizator spalin. W pojazdach posiadających katalizator tlenek węgla (CO) utlenia się przechodząc w dwutlenek węgla (CO_2), co w konsekwencji prowadzi do zmniejszenia emisji.* prace.sciaga.pl 2006. ⌑ PS 1998

katalog^NB *m, G -u, EDV* »Art u. Weise der Gruppierung u. Ordnung von Dateien auf der Festplatte des Computers« - **Verzeichnis**. *Założyć nowy katalog. W zależności od używanego systemu operacyjnego pliki można umieścić w katalogu według nazwy, daty utworzenia, rozmiaru pliku itd.* PS. ⌑ PS 1998, IS 2000, US 2003 ⊰engl directory

kawiarenka ♦ **kawiarenka, kawiarnia, kafejka internetowa** »Café, in dem den Gästen gegen Entgelt Computer mit Internetanschluss zur Verfügung stehen« - **Internetcafé**. *Kawiarenka internetowa jest dostępna dla studentów i pracowników.* www.wsz.pl 2005. *Kawiarnia internetowa zlokalizowana w dawnej kotłowni, która została zlikwidowana po przejściu ogrzewania na gaz.* www.sopot.net 2005. *Kafejki internetowe znajdziesz w centrum niemal każdego większego miasta oraz w większości mniejszych miejscowości.* www.twojemiejsce.net 2005. ⌑ kein Beleg. *auch* ⁄cybercafé, ⁄cyberkawiarnia

♦ **kawiarenka tlenowa** »Café, in dem man sich auch einer Sauerstoffanwendung unterziehen kann« - **(Café mit) Sauerstoffbar**. *Dzięki naszej kawiarence tlenowej naborą Państwo energii i zregenerują siły witalne.* www.centrumciala.pl 2005. ⌑ kein Beleg. *s. auch* ⁄bar tlenowy

KB *s.* **kilobajt**

kebab* *m, G -u* »an einem senkrecht stehenden, sich drehenden Spieß gebratenes, stark gewürztes Fleisch, das oft mit Salat in einem Fladenbrot serviert wird« - **Döner(kebab)**. *Ostry, pikantny kebab. Zapraszam cię do tureckiej restauracji na kebab.* PS. ⌑ Supl 1994, PS 1998, US 2003 ⊰türk

kibol *m, G -a, Npl -e Sportmilieu, ugs* »fanatischer, auch gewaltbereiter Anhänger eines Sportclubs, einer Mannschaft« - *neutral* **(Fußball)fan**. *Po meczu w pobliskim parku dochodzi do walk kibiców z policją. Kibole Gwardii w tym czasie wychodzą przez płot od drugiej strony.* www.flota.swinoujscie.com.pl 2004. *Szalikowcy czyli kibole są fanatycznymi kibicami drużyn piłkarskich.* free4web.pl 2004. ⌑ PS 1998 ⁄1989 NSP2. *s. auch* ⁄szalikowiec

ki(c)kować [kikować] *ipf / ski(c)kować pf, Internetjargon*»jdn. aus dem Chat entfernen« - jdn. **herauskicken**. Skikować kogoś z czatu, kanału. *Radziłbym politykom, żeby zmienili sposób ekspresji słownej, gdy wchodzą do Internetu - mówi prof. Wiesław G. z UJ. - Oni wchodzą z językiem, którego nauczyli się na wiecach, posiedzeniach i operatywkach. W normalnej internetowej dyskusji ktoś, kto używa tak drętwego języka, zostałby po drugim zdaniu skikowany (wykopany) z kanału.* Polityka 2000. ◻ kein Beleg ◁engl

kick-bokser, kick-boxer, kickbokser [kikbokser] *m, G -a, Npl ~rzy* - **Kickboxer**. *Czołowy polski kick-bokser występuje od lat na ringach Niemiec i tam zdobywa laury.* OiT. ◻ SW 1996, PS 1998, US 2003 ℰ1989 NSP2

kickbokserka, kickboxerka [kikbokserka] *f* - **Kickboxerin**. *Najlepszym sportowcem została wybrana kickbokserka Katarzyna Furmaniak z TKKF Siedlce.* www.echo.siedlce.net 2006. ◻ kein Beleg

kick-boxing, kickboxing, kick boxing [kikboksiŋk] *m, G -u* »Kampfsportart, bei der die Gegner sowohl boxen als auch mit bloßen Füßen treten dürfen« - **Kickboxen**. *Walka, mistrzostwa w kickboxingu. Tradycyjny kick boxing dopuszcza kopnięcia tylko powyżej pasa.* PS. *Kick boxing uprawiany jest zarówno przez mężczyzn, jak i przez kobiety.* PS. ◻ SW 1996, PS 1998, IS 2000, US 2003 ℰ1989 NSP2 ◁engl

kickboxingowy *Adj v.* ↗kick-boxing - *als Kompositumglied* **Kickboxing-**. *Mistrzostwa kickboxingowe - Kickboxing-Meisterschaften, Meisterschaften im Kickboxing. Ring kickboxingowy. Czas trwania amatorskiej walki kickboxingowej wynosi trzy rundy po dwie minuty.* PS. ◻ SW 1996, PS 1998, US 2003

kiełbasa ♦ *phras* **kiełbasa wyborcza** »Zugeständnis eines Politikers, einer Partei an die Wähler vor einer Wahl, um Stimmen zu gewinnen« - **Wahlgeschenk, Wahlversprechen**. *Podwyżka miała być w styczniu 2003, ale tak się złożyło, że będzie akurat w październiku. Kiełbasa wyborcza? Skąd, u nas wybory bez przerwy. A do kiełbasy wódka wyborcza? Też przez przypadek minister finansów przyspieszył obniżenie akcyzy na alkohol o trzy miesiące i akurat padło na wyborczy październik.* www.felietony.republika.pl 2003. *To, co partie mają do powiedzenia o ochronie zdrowia, sukcesu nie wróży. Nawet jeśli to, co mówią, to tylko kiełbasa wyborcza, czyli obiecanki-cacanki.* www.mp.pl 2004. ◻ PS 1998, US 2003

kierować ♦ *phras* **kierować z tylnego siedzenia** *s.* **siedzenie**

kij ♦ *phras* **kij** (komuś) **w oko** *salopp* »Wendung, die im Dialog die trotzig-geringschätzige Reaktion gegenüber dem Gesprächspartner zum Ausdruck bringt, der gerade mit seiner Äußerung die Erwartungen des Sprechers enttäuscht hat« - **Du kannst, er kann** usw. **mich mal!**; *ugs* **Du kannst, er kann** usw. **mich gern haben!** *Nie chcesz, to nie. Kij ci w oko.* US. *Masz szanse grać jeszcze długo i zarobić dużo kasy. A zazdrośnikom kij w oko.* www.reczna.pl 2006. ◻ PS 1998, PSF 2000, US 2003 ℰ1990 PP

killer *m, G -a, Npl ~rzy* 1 »bezahlter Mörder« - **Killer**. *Przynajmniej kilka niewyjaśnionych do dziś zabójstw polska policja przypisuje profesjonalnym killerom. Najczęściej przebywają w naszym kraju zaledwie kilka dni lub kilka godzin. Policja sądzi jednak, że kilkunastu płatnych zabójców rezyduje w Polsce na stałe, zlecenia realizując na Zachodzie.* Wprost 1998. ◻ SW 1996, PS 1998, US 2003 **2** *oder* **kiler** *m* »Film o. Computerspiel, in dem Töten das dominierende Element ist« - **Killerfilm, -spiel**. *Klienci często wypożyczają kilery.* US. *Ta gra to typowy kiler.* US. ◻ US 2003 ◁engl

kilobajt *m, -a, auch als Abkürzung* **KB** *EDV* »Einheit von 1024 Byte« - **Kilobyte**. *Strony długie to te, które mają powyżej dziesięciu kilobajtów tekstu; strony o rozsądnej długości - mają od kilku do dziesięciu kilobajtów.* www.winter.pl 2004. ◻ SW 1996, PS 1998, IS 2000, US 2003 ℰ1988 NSP2 ◁engl kilobyte

kinder-niespodzianka *f, G* kinder-niespodzianki »in Stanniolpapier eingewickeltes hohles Schokoladenei, in dessen Innerem sich eine kleine Figur aus Kunststoff (in Form von zusammensetzbaren Einzelteilen) befindet« - **Überraschungsei, Kinderüberraschung**. *Mój brat uwielbia kinder-niespodzianki. Codziennie chce, by mu je kupowano. Pewnego dnia moja mama pokazała mu, że 10 zwykłych jajek kosztuje tyle, ile jedna kinder-niespodzianka.* www.republika.pl 2003. *Czy normalny, w pełni rozumu człowiek naprawdę może uwierzyć, że kinder-niespodzianka wystarczy, żeby cała rodzina była szczęśliwa?* www.magazyn.pl 2003. ◻ kein Beleg ◁dt Kinderüberraschung

kino ♦ **kino domowe** - **Homekino(anlage), Heimkino(anlage)**. *Kino domowe jest ostatnio bardzo modnym tematem i niestety, często nadużywanym sloganem reklamowym. Jak sama nazwa wskazuje jest to stworzenie w domu warunków panujących w kinie. Najważniejszą rzeczą, odróżniającą oglądanie filmów w domu od oglądanych w kinie, jest wielkość obrazu i co ważniejsze jakość dźwięku.* audioefm.w.interia.pl 2004. ◻ kein Beleg

♦ **kino wielosalowe** »großes Kinozentrum« - **Multiplex**. *Pierwsze na Pradze Północ nowo-*

czesne kino wielosalowe zostanie otwarte 7 listopada bieżącego roku. www.filmweb.de 2004. *Nowoczesne kino wielosalowe to nie tylko gwarancja ciekawego repertuaru, ale również doświadczenie wzbogacone nowatorskimi rozwiązaniami technicznymi.* www.polandproperty.pl 2004. 📖 PS 1998. *auch* ↗multikino, ↗multipleks

kinoholik *m, G -a, Npl ~cy, scherzhaft* »jd., der übermäßig viel Zeit im Kino verbringt« - **Kinoholic.** *Kim jest kinoholik? Niektórzy twierdzą, że to kinoman do kwadratu. Jest nałogowcem. Nie można jednak jego nałogu porównywać z telemaniactwem, alkoholizmem czy pracoholizmem. (...) Kinoholicy nie mieli ostatnio zbyt wielu szans na twórcze wykorzystanie i rozwijanie swojego nałogu.* www.ars.pl 2005. 📖 kein Beleg

kitesurfing [kajtserfiŋk] *m, G -u* »Wassersportart, bei der sich der Sportler auf einem kleinen Brett von einem Lenkdrachen über das Wasser ziehen lässt u. dabei durch den Auftrieb des Drachens extrem hohe Sprünge ausführen kann« - **Kitesurfing, Kitesurfen.** *Dopiero niedawno rozwiązania techniczne doprowadziły do powstania nowej dyscypliny sportu, do uprawiania której potrzebny jest specjalny, dający się sterować latawiec i deska z uchwytami na stopy. Kitesurfing przypomina narty wodne, tylko że zamiast hałaśliwej motorówki, deskarza ciągnie siła wiatru.* www.f-one.pl 2003. 📖 kein Beleg ◄engl

kitesurfingowy [kajtserfiŋgowy] *Adj v.* ↗kitesurfing - **Kitesurfing-.** *Kurs, rejs, wyjazd, sprzęt, sklep kitesurfingowy. Pierwszy długodystansowy rejs kitesurfingowy odbył się w grudniu zeszłego roku. (...) Latawce kitesurfingowe są też robione z myślą o dużej stabilności w powietrzu - duża odporność na szkwały i zmiany kierunku wiatru - aby mimo wszystko nie spadały za często do wody.* www.windsurfing.pl 2003. 📖 kein Beleg

kiwi* *n, indekl* »eiförmige, behaarte Frucht mit saftigem, säuerlichem Fruchtfleisch« - **Kiwi.** *Owoce kiwi; dojrzałe kiwi; sałatka z kiwi. Z największych plantacji w Nowej Zelandii i Kalifornii uzyskuje się do 25 ton kiwi z 1 ha.* PS. 📖 SW 1996, PS 1998, IS 2000, US 2003

klasa ♦ **klasa polityczna** »Personenkreis, der einen realen Einfluss auf den Lauf des politischen Geschehens im Lande hat« - **Politische Klasse(n).** *Niemałą rolę odgrywa tu tradycyjny polski pesymizm i skłonność do narzekania, jednak zdecydowaną winę ponosi tzw. klasa polityczna.* www.e-polityka.pl 2004. *Polska klasa polityczna w sprawie interwencji z Irakiem albo nie potrafi sformułować własnego poglądu, albo też czyni to w sposób nieprzekonujący.* www.tygodnik.com.pl 2004. 📖 PS 1998, IS 2000, US 2003

klaster *m, G -a oder ~tra, Informatik* - **Cluster.**
a) »mehrere von einem Dateisystem zu einer Verwaltungseinheit zusammengefasste Sektoren auf einer Festplatte« *Wszystkie systemy plików, używane przez system Windows, organizują przestrzeń na dyskach twardych na podstawie klastrów, które składają się z jednego sektora lub większej liczby sąsiadujących ze sobą sektorów.* www.centrumxp.pl 2004.
b) »Gruppe miteinander verbundener Computer, die wie ein Computer arbeiten« Klaster serwerów; klaster komputerowy; konfiguracje klasterów. *Komputery wchodzące w skład klastra (będące członkami klastra) nazywamy węzłami.* pl.wikipedia.org 2006. 📖 PS 1998, US 2003 ◄engl cluster

klawisz ♦ **klawisz funkcyjny** *Computer* »eine der (mit dem Buchstaben F u. arabischen Ziffern gekennzeichneten) Tasten auf der Tastatur eines PC, durch deren Betätigung bestimmte Befehle ausgeführt werden können« - **Funktionstaste.** *Nacisnąć klawisz funkcyjny. Każdą z powyższych opcji można uruchomić, wciskając odpowiadający ikonom klawisz funkcyjny (od F2 do F12).* www.akropolis.com.pl 2004. 📖 PS 1998, US 2003 ◄engl function key

♦ **klawisz skrótu** *seltener* **gorący klawisz** *Computer* »Tastenkombination, mit deren Hilfe ohne Verwendung der Maus bestimmte Computerbefehle eingegeben werden können« - **Hotkey.** *Klawisze skrótu pomagają ominąć menu i bezpośrednio wykonywać polecenia.* www.microsoft.com.pl 2004. *Gorący klawisz to dowolny klawisz lub kombinacja klawiszy pozwalające wykonać jakąś czynność w programie.* www.il.pw.edu.pl 2004. 📖 kein Beleg ◄engl hot key

klementynka* *f* »kleine, süße, aromatische u. kernlose mandarinenähnliche Zitrusfrucht« - **Klementine,** *seltener* Clementine. *Klementynka jest krzyżówką mandarynki i gorzkiej pomarańczy. Jest bardzo smaczna i nie ma pestek.* M. Derkacz-Strybel, Egzotyczne owoce i warzywa 2001 (K). 📖 PS 1998, US 2003

klęska ♦ *phras* **propaganda klęski** *s.* **propaganda**

klikalność *f, Computer* »vom Webcounter angezeigte Anzahl der Aufrufe einer Webseite, Messkriterium für die Effizienz von Bannerwerbung (CTR=click through rate)« - **Zugriffszahl, Aufrufzahl.** *Wraz z ilością kontaktów z reklamą malała klikalność, aż do CTR 1,07% dla użytkowników, którzy widzieli banner osiem razy.* www.hypermedia.pl 2004. *Standardowe banery są małe i przez to ich klikalność jest niewielka.* www.adminer.pl 2004. 📖 kein Beleg

kliknąć *pf, seltener* **klikać** *ipf, Computer* »ein Programm, Bild, einen Link auf der Benutzeroberfläche mithilfe der Maus markieren o. anwählen« - **(an)klicken**. *Kliknąć myszą - mit der Maus anklicken. Kliknąć na link, ikonę - einen Link, ein Icon anklicken. Kliknąć (myszką) dwa razy - doppelklicken. Żeby wyjść z programu, klikasz tutaj raz i gotowe.* IS. *Aby uruchomić ten program, musisz kliknąć dwa razy lewym klawiszem.* US. ⌐ SW 1996, PS 1998, IS 2000, US 2003

kliknięcie *n, v.* ↗kliknąć, *Computer* - **(Maus-)klick**. *Dwukrotne kliknięcie - Doppelklick. Kliknięcie myszą, prawym przyciskiem myszy. Połączenie tworzy się poprzez kliknięcie myszą na specjalnej ikonie i przeniesieniu jej do wybranego elementu w drugim zestawie.* www.reward-net.com.pl 2004. ⌐ PS 1998, US 2003

klip, clip *m, G -u* »kurzer Videofilm zu einem Titel der Popmusik o. über eine Person o. Sache« - **(Video)clip**. *Nakręcić, nagrywać klip. Klip telewizyjny przygotowany został przez Inicjatywę Obywatelską Tak w Referendum, której jesteśmy uczestnikiem.* www.mirellapanek.pl 2004. *Klip w nieco innej niż pozostałe formie, a mianowicie nagrywany był w studiu oraz podczas codziennego życia członków zespołu.* www.metallica.xcom.pl 2004. ⌐ SW 1996, PS 1998, IS 2000, US 2003 ⁄1989 NSP2. *auch* ↗wideoklip, ↗teledysk ◁engl

klocki ♦ *phras* **w te klocki** *ugs* **a) być dobrym** (świetnym, niezłym, perfekcyjnym, słabym, cienkim, początkującym, kompletną nogą usw.) **w te klocki** - »in der genannten Sache, auf dem genannten Gebiet gut (ausgezeichnet, nicht schlecht, perfekt, schwach, Anfänger usw.) sein, sich (gut, schlecht, wenig usw.) auskennen« *A przecież większość z nas lubi głośne kobiety w łóżku, bo to pomaga nam nabrać pewności, że jesteśmy dobrzy w te klocki i sprawiamy im przyjemność.* www.he.com.pl 2006. *Jestem nowy w te klocki, ale szukam czegoś, co mnie przekona do Linuxa na 100 % (...).* linuxforum.pl 2006. *Czy jest to w ogóle możliwe, a jak tak, to prosiłbym o instrukcję łopatologiczną, bo za kumaty w te klocki to ja nie jestem...* www.geeklog.now.pl 2006. **b) bawić się w te klocki** »sich der zuvor genannten Sache, dem genannten Gebiet widmen« - **sich damit beschäftigen**. *Dopiero zaczynam się bawić w te klocki, zdjęcia robię od kwietnia Panasonicem (to w ogóle mój pierwszy aparat).* www.fototok.tkb.pl 2006. *Nic z tego nie rozumiem. Wiem tylko, że mam serdecznie dość i nie zamierzam się w te klocki dalej bawić.* kein-schlechter-mensch.blog.pl 2006. ⌐ IS 2000, US 2003 ⁄1990 PP

klocki lego *s.* **lego**

klon *m, G -u, Biologie* **1** »durch Klonen entstandenes Lebewesen« - **Klon**. *Z wcześniejszych doniesień wynika, że pierwszy ludzki klon jest dzieckiem 30-letniej Amerykanki.* www.japonia.org.pl 2004. ⌐ SW 1996, PS 1998, IS 2000, US 2003 **2** *Computer* »billige, meist in Asien hergestellte Kopie eines Markencomputers, auch einzelner Computer-Bauteile« - **Nachbau-Produkt, Kopie**. *Dalekowschodnie klony. Na giełdzie można było kupić po bardzo atrakcyjnej cenie koreańskiego klona.* PS. *Kryteria są zazwyczaj jasno określone: marka oferuje pewność za większe pieniądze, klon jest tańszy, lecz gorszy.* www.benchmark.pl 2004. ⌐ PS 1998, IS 2000, US 2003 ◁engl clone

klonować *ipf /* **sklonować** *pf* **1** *Biologie* »genetisch identische Kopien von Pflanzen o. Lebewesen herstellen« - **klonen, klonieren**. *Możemy klonować zwierzęta, czy będziemy mogli klonować ludzi?* www.apetycik.pl 2004. *Zespół szkockich badaczy, który sklonował pierwszego na świecie ssaka - owieczkę Dolly, chce obecnie uzyskać pozwolenie na klonowanie zarodków ludzkich.* www.etu.pl 2004. ⌐ SW 1996, PS 1998, IS 2000, US 2003 **2** *Computer* »Marken-Computer(teile) kopieren« - **kopieren**. *Potrafi na przykład tworzyć pliki obrazu dyskowych partycji, klonować dyski i edytować sektory startowe.* www.winxp.pl 2004. ⌐ kein Beleg

klonowanie *n, Biologie* »Vermehrung genetisch identischer Kopien von Pflanzen o. Lebewesen« - **Klonen**. *Klonowanie terapeutyczne - therapeutisches Klonen. Klonowanie człowieka, DNA. Zalegalizować klonowanie ludzkich embrionów. Trzy lata temu na naszej planecie pojawił się pierwszy ssak stworzony na drodze klonowania - słynna owieczka Dolly.* www.sciagawa.pl 2004. *Czy są sytuacje, w których klonowanie ludzi może być dopuszczalne? Klonowanie ludzi ma być przede wszystkim wykorzystywane do indywidualnej reprodukcji.* www.rzeczpospolita.pl 2004. ⌐ SW 1996, PS 1998, IS 2000, US 2003

klub ♦ **klub fitness** [klup, klap fitnes] ↗**fitness klub** - **Fitness-Club, Fitness-Center, Fitness-Zentrum, Fitness-Studio**. *Jeśli nie stać nas na karnet w klubie fitness, nie mamy czasu na bieganie po parku, a chcemy mieć dobrą kondycję i ładną sylwetkę - pozostają ćwiczenia w domu.* Gazeta Wyborcza 2003. *Fitness klub zaprasza na siłownię, aerobik i solarium.* www.katalog.lca.pl 2003. ⌐ PS 1997, OiT 2001 ◁engl

klubbing *s.* **clubbing**

know-how [noł hał] *n oder m, indekl* - **Know-how**. *Transfer know-how - Know-how-Transfer. Know-how techniczne, elektroniczne, handlowe. Pojęcie know-how jest związane ze środkami produkcji oraz specyficznymi* *umiejętnościami wykonywania określonego zawodu. (...) Know-how musi mieć charakter sekretu lub nowości i może być chronione lub nie chronione patentami.* www.exporter.pl 2006. *Sojusz udostępnia specjalistyczny know-how i zdolności na potrzeby wielonarodowych operacji, które nie są kierowane przez NATO.* www.nato.int 2006. ꕤ SW 1996, PS 1998, US 2003 ✐1991 NSP2

know-how *nachgestellt in adjektivischer Funktion, indekl* - **Know-how-**. Umowa (typu) know-how. *Kradzież sekretu know-how może być zaskarżone do sądu wyłącznie tytułem nielojalnej konkurencji.* www.exporter.pl 2006. *Wymagany jest co najmniej wkład niematerialny (np. wiedza know-how, klientela).* gospodarka.gazeta.pl 2006. ꕤ kein Beleg

koalicja ♦ **moherowa koalicja** *s.* **moherowy**

kobieton *m, G -a, ugs, abwertend* »große, starke, männlich wirkende Frau« - **Mannweib**. *Ten mały przekręt pozwolił na przewiezienie kłopotliwego prezentu samolotem, choć jeszcze w Kanadzie olbrzymi kobieton-celniczka obwąchiwała go jak pies.* www.iyp.org 2004. *Tak jak niemożliwe jest zdefiniowanie kobiety, tak i podanie definicji kobietona jest czymś nieosiągalnym. Negacja kobiety to kobieton.* forum.wprost.pl 2004. ꕤ PS 1998 ✐1991 NSP2

kod ♦ **kod kreskowy, paskowy** »Verschlüsselung der Angaben über Hersteller, Warenart usw. in Form unterschiedlich dicker, parallel angeordneter Striche« - **Strichcode, Barcode, EAN-Code**. *Z chwilą upowszechnienia się kodu kreskowego wydawać się mogło, że niewiele już można unowocześnić w handlu.* NSP2. *Każda książka ma wklejony kod kreskowy na stronie tytułowej (...).* www.lib.tu.kielce.pl 2004. *Wprowadza się kod paskowy drukowany lub wpisuje się zestaw znaków, zastępujących kod paskowy, według przyjętego przez bibliotekę schematu.* www.pfsl.poznan.pl 2004. ꕤ PS 1998, OiT 2001, US 2003 ✐1989 NSP2 ◄engl bar code

♦ **kod PIN** *s.* **PIN**

kohabitacja, koabitacja *f, Politik* »Zusammenarbeit eines Staatsoberhauptes mit einer Regierung, die nicht dem gleichen politischen Lager angehört« - **Kohabitation**. *Kohabitacja w Polsce ma już chyba dłuższą tradycję niż takie rządy jednorodne. Można mówić zaledwie o dwóch latach rządów SLD-PSL z moją prezydenturą, o roku rządów premiera Bieleckiego, który był wyznaczony przez prezydenta Wałęsę, a więc to jest trzeci rok, kiedy można uznać, że była pełna współpraca, a pozostałych 7 lat to był okres kohabitacji.* www.prezydent.pl 2000. ꕤ PS 1998, OiT 2001 ◄franz cohabitation

◄ursprünglich nur in Bezug auf die politischen Verhältnisse in Frankreich, inzwischen für jede derartige politische Konstellation, z.B. 1993 in Polen zwischen Präsident Wałęsa u. dem Linksbündnis, 1997 zwischen Präsident Kwaśniewski u. der konservativen AWS unter Premier Buzek, aber auch in Serbien usw.

koks[NB] *m, G -u* **1** *Sportjargon* - »Dopingmittel, Anabolikum« Brać, zażywać, łykać, stosować koks; być na koksie. *Sportowcy biorą koks, bo wolą żyć krótko, byle zakosztować sławy i pieniędzy.* www.wprost.pl 2004. ꕤ SW 1996, PS 1998, IS 2000, US 2003 ✐1986 NSP2 **2** *Jargon* »Kokain« - **Koks**. *Jaka ma być Unia Wolności: W dziedzinie obyczajowości - konserwatywna, światopoglądowo - liberalna (...), na pewno żadnych miękkich narkotyków, koks to koks, białe jest białe, a czarne to czarne.* www.uw.org.pl 2004. *Paliłam od rana jak świnia, potem brałam koks i amfę, i tak codziennie.* www.stopklatka.pl 2004. ꕤ OiT 2001

koksiarz, koksownik, kokser *m, G -a, Sportjargon* »Sportler, der sich dopt« - **Doper**. *Śmierć człowieka jest zawsze tragedią. (...) kolejny koksiarz się przeliczył.* sport.onet.pl 2004. *Miejsca koksowników w zawodach powinny zostawać puste, a zawodnicy czyści powinni pozostawać na swoich miejscach, bo nie potrafili wygrać z koksownikami.* www.boxing.top2.pl 2004. ꕤ PS 1998, US 2003 ✐1984 NSP2. *s. auch* dopingowiec

! im Dt. Kokser ‚Kokainsüchtiger'

koksować[NB] *ipf* / **skoksować (się)** *pf, Sportjargon* »Dopingmittel einnehmen« - **(sich) dopen**. *Żeby się koksować, trzeba przede wszystkim umieć pakować i wiedzieć coś o kulturystyce i koksach, a nie kłuć się bezsensownie - wtedy nie uzyskacie maksymalnych efektów.* www.kulturystyka.pl 2004. *Każdy sportowiec dzisiaj, który chce być na fali, musi się koksować i robi to. Tyle że dzisiaj w klubach pracują nad tym całe sztaby lekarzy.* www.sport.onet.pl 2004. ꕤ PS 1998 ✐1977 NSP3

! im Dt. koksen ‚Kokain nehmen'

koktajler *m, G -a* »elektrisches Küchengerät zum Zerkleinern u. Mischen« - **Standmixer**. *Koktajler - specjalny blender kielichowy przystosowany do przygotowywania koktajli, kruszenia lodu itd.* www.maxaudio.pl 2006. *Wszystko wygląda tak, jakby ktoś wrzucił zawartość moich szafek do wielkiego koktajlera (jakkolwiek to się nazywa) i włączył. Ale zapomniał wcześniej zamknąć.* avisblog.pl 2006. ꕤ kein Beleg. *s. auch* ↗blender

kolczykować[NB] - **piercen**. *W tej chwili kolczykować można wszystkie części ciała, najpopularniejsze jest kolczykowanie nosów, języków, brwi oraz pępków i intymnych części ciała.* www.celticdragon.kujawy.pl 2005. ꕤ kein Beleg

kolczykowanie ♦ **studio kolczykowania** *s.* **piercing**

kolegium[NB] *n, Sg indekl, Npl* kolegia »Fach-(hoch)schule mit dreijähriger Ausbildung, die mit dem akademischen Grad eines Lizenziats (Bachelors) abschließt« - **College, Kolleg**. *Kolegium językowe; kolegium nauczycielskie. Kolegia dają możliwość zdobycia zawodu bez potrzeby kończenia pięcioletnich studiów.* PS. ⌐ SW 1996, PS 1998, IS 2000, US 2003. *s. auch* ↗college
koleś ♦ **republika kolesiów** *s.* **republika**
koloniada *f* - »im Ferienlager organisierte Sportwettbewerbe« „*Grybowska Koloniada"* - *zawody sportowe zorganizowane w ramach półkolonii letnich.* www.grybow.pl 2006. *Koloniada dla dzieci wypoczywających na terenie naszej Gminy.* www.ug.limanowa.pl 2006. ⌐ kein Beleg ◁von kolonie ‚Ferienlager'
kolorystka *f, Kosmetik* »Spezialistin für Farbberatung u. Typbestimmung« - **Farb(typ)beraterin**. *Seans analizy kolorystycznej zwykle przebiega następująco: Po dokładnym obejrzeniu karnacji, włosów i oczu klientki kolorystka drapuje wokół jej twarzy barwne szale czterech pór roku. (...) Kolorystka, zanim uzyska dyplom, uczy się analizy na przynajmniej kilkudziesięciu modelkach.* Gazeta Wyborcza 1997. ⌐ kein Beleg
kolorystyczny ♦ **analiza kolorystyczna** *Kosmetik, Mode* »Analyse der Farben, die zu einem bestimmten Typ passen« - **Farb(typ-)analyse, Farb(typ)beratung, Farbstilberatung**. *Analiza kolorystyczna jest skomplikowanym studium nad barwami, którego niestety nie można nauczyć się z książki. Wiele osób, które same na sobie przeprowadzały analizę kolorystyczną, popełniało błędy.* Gazeta Wyborcza 1997. ⌐ kein Beleg
komando[NB] *n* 1 »Gruppe von Terroristen, die Anschläge verübt« - **Terrorkommando**, *seltener* **Terroristenkommando, Terrorbande**. *Służby specjalne (...) nadal nie są w stanie wyjaśnić, jak w Moskwie można było: wysadzić w powietrze bloki mieszkalne, zorganizować kilkudziesięcioosobowe komando i opanować cały teatr, zorganizować pod miastem ośrodek szkolenia kamikaze, którzy co kilka miesięcy wysadzają się w powietrze w miejscach publicznych.* Wprost online 2004. *Sytuacja uległa pogorszeniu po 13 grudnia br., kiedy uzbrojone komando napadło na siedzibę indyjskiego parlamentu.* www.wschodni.com 2004. ⌐ kein Beleg 2 »speziell ausgebildete Eliteeinheit der Armee o. Polizei, die bei Terroranschlägen o. Überfällen eingesetzt wird« - **Antiterroreinheit, Antiterrorkommando, Antiterror-Kommando**. *Komando powołane do zwalczania teroryzmu.* SW. *Obserwowali trening komanda antyterorystycznego.* OiT. ⌐ SW 1996, IS 2000, US 2003

komin ♦ **komin płacowy** - »überdurchschnittlich hohes Einkommen« *Słyszy się głosy nawołujące do znoszenia kominów płacowych.* IS. ⌐ PS 1998, IS 2000, US 2003
komórka[NB] *f, seltener* **komórkowiec** *m, G ~wca, ugs* »Mobiltelefon« - **Handy**. *Zadzwonić do kogoś na komórkę; dzwonić z komórki; włączyć, wyłączyć komórkę. Dlaczego dla niektórych komórka to nieodzowny element życia, a dla niektórych najgorsze zło?* www.gim11.lublin.pl 2004. *Odkryto niedawno, że olbrzymia grupa korzystających z telefonów komórkowych to dzieci, które naciągają swoich rodziców na ogromne wydatki za swoje rozmowy. (...) Komórkowiec dla dzieci działa tylko na terenie kraju.* www.posa.z-ne.pl 1998. ⌐ SW 1996, PS 1998, IS 2000, US 2003. *s. auch* ↗telefon komórkowy
♦ **komórka macierzysta** *Genforschung* »nicht ausdifferenzierte Körperzelle« - **Stammzelle**. *Badania komórek macierzystych* - Stammzellenforschung. *Embrionalne komórki macierzyste* - embrionale Stammzellen. *Centrum badań komórek macierzystych; bank komórek macierzystych. Komórki macierzyste mają to do siebie, że mogą dać początek dowolnym komórkom.* serwisy.gazeta.pl 2000. *Okazało się, że komórki macierzyste, pochodzące ze szpiku kości, mają działanie krwiotwórcze i mogą uczestniczyć w regeneracji mięśnia sercowego i wątroby.* polityka.onet.pl 2005. ⌐ kein Beleg
♦ **komórka WAP** *s.* **WAP**
komórkomania *f* - **Handy-Manie, Handymania**. 1 »übermäßiger Handy-Gebrauch« 2 »zwanghafte Abhängigkeit vom Handy u. von der SMS-Kommunikation« *Komputeromania i komórkomania stały się chorobami społecznymi. Duńska klinika, specjalizująca się w leczeniu patologicznego zachowania, dodała do listy swoich pacjentów osoby uzależnione od internetu i SMS-ów.* businessman.onet.pl 2004. ⌐ kein Beleg
komórkowiec *s.* **komórka**
komp, comp *m, G -a, v.* komputer, *Computerjargon* »Computer« *(...) granie na kompie w gry konsolowe psuje ich klimat IMO.* forum.revolution.pl 2004. *Spędzę całą noc przed compem.* forum.gazeta.pl 2003. ⌐ kein Beleg. *s. auch* ↗PC, ↗pecet, ↗komputer osobisty
kompakt *m, G -u, ugs* 1 »Kompaktschallplatte« - *neutral* **CD-Platte**, *ugs* **CD**. *Kompakt z nagraniem Mozarta. Kupić kilka kompaktów. Jego wczesne albumy były już kilkakrotnie wznawiane na kompaktach.* IS. ⌐ Supl 1994, SW 1996, PS 1998, IS 2000, US 2003 ✍1989 NSP2. *aus* ↗płyta kompaktowa, *auch* ↗CD ◁engl compact disc 2 »platzsparend zusammengebautes Ensemble verschiedener zu-

sammenpassender Stücke« - **Kompaktanlage**, *(Anlage aus Radio, Kassettenrecorder, CD-Player)* **Kompaktgerät**. Kompakt łazienkowy »Einheit von Toilettenbecken u. Spülvorrichtung« *Z tego powodu wciąż nie słabnie popularność misek ustępowych stojących. Wśród nich najchętniej kupowane są urządzenia zintegrowane, zwane popularnie kompaktami, w których miskę i spłuczkę zaprojektowano jako jedną całość.* www.gazeta.pl 2004. ⌑ SW 1996, PS 1998, IS 2000, US 2003   **3** »fest gebaute, wenig Raum beanspruchende Dinge« **Kompaktkamera; Kompakt(puder)** »gepresster Puder«; **Kompaktski** »relativ kurze Ski«; *Kfz* **Kompaktauto, Kompaktwagen**. *Jak twierdzą sprzedawczynie w sklepach kosmetycznych i kosmetyczki z salonów piękności, warszawianki nie potrafią jeszcze w pełni docenić zalet tzw. pudrów kompaktowych. Te kompakty idealnie nadają się do błyskawicznego przygotowania makijażu (...).* www.polonia-online.pl 2004. *Jeśli więc aparat fotograficzny nie jest narzędziem pracy, a służy przede wszystkim do robienia pamiątkowych zdjęć z wakacji, to warto kupić kompakt.* www.era-komputera.pl 2004. *Dla początkujących polecam jednak narty nieco krótsze. Bardzo dobre są kompakty, których wysokość powinna być równa wzrostowi narciarza.* NSP2. *Dzięki ładowności i możliwościom dopasowywania wnętrza do potrzeb samochód odbiera punkty wszystkim trzem klasycznym kompaktom. Czy Meriva to auto klasy B z przestrzenią kompaktu?* Fakt 2003. ⌑ kein Beleg

kompaktowy *Adj v.* ↗kompakt, *auch* **kompakt** nachgestellt in adjektivischer Funktion, indekl **1 - CD-**. Płyta kompaktowa; odtwarzacz kompaktowy. **2 - Kompakt-**. Kuchnia kompaktowa - Kompaktküche. Kompaktowy aparat fotograficzny; puder kompaktowy. *Kfz* Klasa kompakt - Kompaktklasse. *Aparat kompaktowy, przeznaczony głównie dla fotoamatorów.* pl.wikipedia.org 2006. *Wsiadając do tego samochodu ma się wrażenie, że to samochód z górnej półki a nie klasy kompakt.* www.citroen.triger.com.pl 2004. ⌑ Supl 1994, SW 1996, PS 1998, IS 2000, US 2003

kompatybilność *f* »Vereinbarkeit (verschiedener Systeme), das Zueinanderpassen« - **Kompatibilität**. Kompatybilność całkowita, częściowa, programowa, sprzętowa. *Kompatybilność sprzętu z softwarem dostępnym na rynku to wyjątkowo ważna rzecz.* www.nbg.iplus.pl 2004. *Decydując w grudniu 2002 r. o wyborze samolotu, członkowie polskiej komisji przetargowej nie mieli podobno żadnych wątpliwości, że to F-16 jest konstrukcją najlepszą spośród trzech uczestniczących w przetargu. (...) Nie bez znaczenia była (...) ich kompaty-* *bilność z siłami powietrznymi sojuszników (...).* www.polska-zbrojna.pl 2004. ⌑ Supl 1994, SW 1996, PS 1998, IS 2000, US 2003 ⌀1988 NSP2 ◄engl compatibility

kompatybilny *Adj* - **kompatibel**. *Aparat jest również kompatybilny z ogromną liczbą akcesoriów dodatkowych.* www.fotopolis.pl 2004. ⌑ Supl 1994, SW 1996, PS 1998, IS 2000, US 2003 ◄engl compatible

kompociarz *m, G -a, Npl ~rze, Drogenmilieu* »Konsument des „polnischen Heroin", eines Suds aus Mohnstroh« - *neutral* **Drogenkonsument**. *Kompociarzy (...) łatwo rozpoznać na ulicy: przegrani, wynędzniali, chorzy, zarażeni HIV. (...) Wąchanie kleju, branie kompotu i używanie strzykawek są powszechnie źle widziane - to narkotyki low class.* www.gazeta.pl 2004. *Dzisiejszy świat narkomanów nie jest jednolity. W zasadzie istnieją dwa, odrębne i nieprzychylne sobie, narkomańskie światy - ćpunów lub kompociarzy, czyli tzw. opiatowców, oraz młodszych wiekiem narkomanów, którzy zaczęli, gdy na naszym rynku były nowocześniejsze specyfiki.* www.ratusz.ids.pl 2004. ⌑ SW 1996

kompot[NB] *m, G -u, Drogenmilieu, ugs -* »Sud aus Mohnstroh, als „polnisches Heroin" bekannt« Strzykawka z kompotem. Wstrzyknąć sobie kompot; kupić działkę kompotu. *(...) kompot, zwany także polską heroiną - otrzymywany poprzez obróbkę chemiczną makowin - zawiera morfinę, heroinę, kodeinę i inne substancje.* www.hyperreal.info 2004. *Poznańska policja zlikwidowała w zeszłym roku kilka nielegalnych wytwórni kompotu.* PS. *Moje pierwsze zetknięcie z heroiną zdarzyło się w zupełnie prozaicznej sytuacji. Znajomi brali dożylnie heroinę, a raczej nasz polski kompot.* hyperreal.info 2004. ⌑ Supl 1994, SW 1996, PS 1998, IS 2000, US 2003 ⌀1992 NSP2, 1984 PP

kompresować *ipf* / **skompresować** *pf, EDV* - **komprimieren**. Kompresować dane. *Kopie zapasowe zajmują dużo miejsca, które przecież kosztuje. Aby zredukować objętość kopii można je kompresować. Istnieje kilka sposobów. Niektóre programy mają obsługę kompresji wbudowaną (...). Alternatywnie można kompresować każdy plik z osobna.* www.linuxpl.org 2006. *Podpowiemy Ci, na co zwracać uwagę przy zakupie tunera TV. Ponadto radzimy, jak nagrywać, edytować, kompresować i archiwizować sekwencje wideo.* www.psworld.pl 2006. ⌑ kein Beleg. *s. auch* ↗pakować

komputer ♦ komputer osobisty *auch* **mikrokomputer - Personalcomputer, Personal Computer**. Wpisać coś do komputera; wprowadzać dane do komputera; (za)logować się do komputera; podłączyć drukarkę, modem do komputera. *Co wypada dziś wiedzieć o kom-*

puterach osobistych? *Ich użytkownikami są najczęściej biznesmeni, naukowcy oraz przedstawiciele tzw. wolnych zawodów.* NSP2. ◫ PS 1998, IS 2000, US 2003 ⌕1985 NSP2. s. auch ↗PC, ↗pecet, ↗komp ◁engl personal computer
♦ **komputer pokładowy** »Computer an Bord von Flugzeugen, Raumschiffen, Kraftfahrzeugen zur Auswertung von Daten aus dem bordeigenen Kontrollsystem u. zum Anzeigen von Defekten« - **Bordcomputer**. *Czy można założyć do Focusa pokładowy komputer jazdy?* forum.fordclub.polska.pl 2005. *Komputer pokładowy pokazuje, który z pasażerów z tyłu zapiął pasy.* www.gieldasamochodowa.com 2006. ◫ kein Beleg
komputeromania *f* - **Computerabhängigkeit**. *Czym jest komputeromania? To uzależnienie od komputera poprzez: gry komputerowe, programowanie, internet.* www.sp4.gimsat.pl 2004. *Komputeromania zaczyna dotyczyć już dzieci i powoduje zaburzenia osobowości.* www.ndw.v.pl 2004. ◫ kein Beleg ⌕1986 NSP2
komputerowiec *m, G ~wca, Npl ~wcy, ugs* **1** - »Computerfachmann, Computerspezialist, Computerexperte« *Znowu coś nie działało, więc zadzwoniliśmy po zakładowego komputerowca.* OiT. **2** - »Computeranwender, Computernutzer« *Zapalony komputerowiec - Computerfreak. Prawdziwy komputerowiec myśli jednak tylko o jednej rzeczy: w żadnym wypadku nie dołączy do tej szarej masy ludzi, kupujących komputery w supermarketach.* www.pl.tomshardware.com 2004. ◫ SW 1996, PS 1998, IS 2000, US 2003
komputeropis *m, G -u* »am Computer erstellter, von einem Drucker ausgedruckter Text« - **Computerausdruck**. *Jej praca magisterska obejmuje sto stron komputeropisu.* PS. *Autorowi może coś umknąć, źle przycisnąć się na klawiaturze i... rękopis - dziś raczej komputeropis - trafia w ręce korektora.* www.makulatura. elbi.pl 2004. ◫ PS 1998, US 2003
komputeryzować *ipf* / **skomputeryzować** *pf* - **computerisieren**. **1** *auch* **komputeryzować się** »(sich) mit Computern ausstatten« *Komputeryzować przedsiębiorstwo, biuro, szkołę, uniwersytety, handel. Optimus nie tylko dostarczył episkopatowi komputery do obsługi wizyty Ojca Świętego w Polsce, ale będzie także komputeryzować biura poselskie.* www.teleinfo.com.pl 2004. *Czy wszyscy mamy na gwałt się komputeryzować i internetyzować?* www.zapis.net.pl 2004. ◫ SW 1996, PS 1998, IS 2000, US 2003 ⌕1986 NSP2 **2** »Informationen u. Datenbestände aufbereiten, im Computer speichern u. verarbeiten« *Komputeryzować zbiory biblioteczne, procesy produkcyjne. Pracownicy Federacji będą nie tylko komputeryzować zbiory kościelnych bibliotek, ale także*

przeszkolą pracowników bibliotek publicznych i szkolnych. www.tygodnik.com.pl 2004. ◫ kein Beleg ⌕1991 NSP2
komuch* *m, G -a, Npl -y, ugs, abwertend* - »Kommunist bzw. kommunistischer, linker Sympathisant« *Dawniej, gdy człowiek chciał obrazić człowieka, przezywał go: politrukiem, biurokratą i jajogłowym. Dziś, gdy poseł chce przekonać posła, mówi do niego: głąbie kapuściany, bezmózgowcu, komuchu lub betonie.* NSP2. *Miller, Kwaśniewski i cała ta zgraja wokół nich to były komuchy (...).* forum.wprost.pl 2004. ◫ Supl 1994, SW 1996, PS 1998, IS 2000, US 2003 ⌕1991 NSP2. *s. auch* ↗**komuszek**
komuna* *f, ugs, verächtlich* - »der Kommunismus als Gesellschaftsordnung bzw. die Gesamtheit der Kommunisten« *Jedni nienawidzą komuny, inni piszą na murach napisy: Komuno wróć!* SW. ◫ SW 1996, PS 1998, IS 2000, US 2003 ⌕1991 NSP2
komunikator *m, G -a* **1** »jd., der mit anderen leicht, mühelos kommuniziert, ins Gespräch kommt« - **Kommunikator**. *Świetny komunikator jest zawsze świetnym słuchaczem. Nie jest zaś prawdą, że świetny mówca jest zawsze dobrym komunikatorem.* www.placa.pl 2004. *Michail Gorbaczow jest bez wątpienia „wielkim komunikatorem" i osobowością telewizyjną. Mówi z werwą, sugestywnie, znakomicie panuje nad gestami i mimiką.* NSP2. ◫ kein Beleg ⌕1988 NSP2 **2** *Computer* »Internet-Tool, das eine Internetkommunikation in Echtzeit ermöglicht« - **Instant Messenger**. *Tlen.pl to polski komunikator internetowy, oprócz funkcji Instant Messengera za pomocą Tlenu można także wysyłać sms-y na polskie sieci komórkowe.* www.programy.mysms.pl 2004. *Portal Wirtualna Polska udostępniła komunikator internetowy Kontakt, dzięki któremu można rozmawiać w czasie rzeczywistym z innymi internautami, wysyłać sms-y oraz odbierać pocztę elektroniczną. Najpopularniejszą aplikacją tego typu jest ICQ, które ma już ponad 100 milionów zarejestrowanych użytkowników, a w Polsce - Gadu Gadu, zamieszczone w portalu Arena.* www.onas.wp.pl 2004. ◫ kein Beleg
komunizacja* *f* »Einführung der kommunistischen Ordnung in Staat u. Gesellschaft, Verbreitung der kommunistischen Ideologie« - **Kommunisierung**. *Komunizacja organizacji młodzieżowych. Problem wyboru właściwej postawy wobec kataklizmu, jakim była komunizacja Polski, jest jednym z głównych problemów, podejmowanych przez Michnika.* www.calculemus.org 2004. ◫ US 2003 ⌕1990 NSP2
komunizować* *ipf* / **skomunizować** *pf* **(się)** **1** »Staat, Gesellschaft, Institutionen usw. nach kommunistischem Muster organisieren« - **kommunisieren**. *Komunizować kraj. Nie*

chcemy sytuacji dwuznacznych, nie chcemy być zależni od łaski i niełaski urzędniczej. Albo idziemy do Europy albo się komunizujemy. www.stare-miasto.com 2004. **2** - »mit dem Kommunismus sympathisieren, liebäugeln« *Później kilku tutejszych modernistów zaczęło ostro komunizować. Jeden z nich - malarz Vogeler - ożenił się nawet z córką Juliana Marchlewskiego.* www.kasstor26.webpark.pl 2004. *Nigdy nie komunizowała, inaczej niż większość ówczesnych intelektualistów.* IS. ▭ SW 1996, PS 1998, IS 2000, US 2003

komuszek* *m, G ~szka, Npl ~szki, ugs, ironisch, abwertend -* »Kommunist« *Polskie społeczeństwo, które co najmniej w 80 % było i jest komuchowate (patrz procent poparcia dla komuszka Kwaśniewskiego...), wybrało ich w wolnych i demokratycznych wyborach do najwyższych władz państwowych.* forum.wprost.pl 2004. ▭ SW 1996. *s. auch* ↗komuch

komuszka* *f, ugs, ironisch, abwertend -* »Kommunistin« *Już jutro minie dokładnie 50 lat od chwili, gdy na prasowym rynku Dolnego Śląska ukazała się nasza babunia-komuszka „Gazeta Robotnicza".* www.gazeta-wroclawska.pl 2004. *Teraz Irena S. nie będzie już tylko komuszką, którą ktoś kiedyś będzie chciał rozliczać (w ramach całej formacji) za zbrodnie PRL-u. Europejki nikt nie waży się ruszyć. I oto chodzi.* www.polskiejutro.com 2005. ▭ PS 1998

komuszy* *Adj v.* ↗komuch, *ugs, abwertend -* »kommunistisch« *Kto po Olku? Może komuszy elektorat się podzieli i zwiększy szansę takiemu powiedzmy Tuskowi?* www.space.pl 2004. *Myślę, że tego, co mówi NFZ i pani minister, nie można brać serio, bo te kontrakty unieważni każdy nawet najbardziej komuszy sąd.* www.emedyk.pl 2004. ▭ SW 1996, PS 1998

kondycja^NB *f -* »allgemeiner Zustand, Verfassung, in der sich jd./etw. befindet« *Zła, dobra, finansowa, materialna, ekonomiczna kondycja kogoś/czegoś (polskiej nauki, oświaty, mniejszości narodowych). Po lipcowej powodzi kondycja wielu rodzin, dotkniętych kataklizmem, jest bardzo zła.* PS. *Jak bankructwo WorldComu wpłynie na kondycję europejskich telekomów?* Gazeta Wyborcza 2002. ▭ SW 1996, PS 1998, IS 2000, US 2003 ✍1989 NSP2

konfekcja^NB *f, ugs, abwertend -* »auf den bloßen Kommerz ausgerichtete, wenig anspruchsvolle künstlerische Produktion für den Massenrezipienten; Kunst, die bloße Konfektion ist; künstlerische Konfektion« *Konfekcja filmowa. Oba filmy, jako należące do hollywoodzkiej konfekcji, kończą się dobrze, choć idiotycznie (...).* IS. *Wydawcy nastawieni na literacką konfekcję zacierają ręce.* IS. ▭ IS 2000, US 2003 ✍1988 NSP2

konfliktować *ipf* / **skonfliktować** *pf* »einen Streit, Konflikt verursachen, herbeiführen, in eine Gruppe hineintragen« - jdn. **entzweien, spalten**. *Konfliktować kogoś z kimś; konfliktować społeczeństwo, środowisko, pracowników, przyjaciółki, kolegów. Reasumując, pragnę jeszcze raz podkreślić, że nie jest to ustawa, która ma nas konfliktować. Jest to ustawa zgodna z duchem czasu, jest to ustawa europejska, jest to ustawa na miarę XXI wieku.* www.senatorjanowska.arg.pl 2003. *Dobre stosunki Polski ze Stanami Zjednoczonymi nie powinny konfliktować nas z jakimkolwiek krajem Unii Europejskiej.* www.alternatywa.pl 2004. *auch als Partizip* **skonfliktowany - zerstritten**. *Skonfliktowany zespół, skonfliktowane społeczeństwo. Skonfliktowane z dyrektorem związki zawodowe domagają się odwołania go z zajmowanego stanowiska.* IS. *Nie przypominam sobie, aby kiedykolwiek był z kimś skonfliktowany. Natomiast każdemu był życzliwy. Szanowali go wszyscy - od prominentów do zwykłych ludzi.* www.pzpn.pl 2006. ▭ SW 1996, IS 2000, US 2003

konsensus, consensus *m, G -u, bildungssprachlich -* **Konsens, Konsensus**. **a)** »Übereinkunft, die durch Vermittlung u. Kompromisse erreicht wird« *Konsensus polityczny, społeczny; szukanie politycznego konsensusu; konsensus w podejmowaniu decyzji, uchwały. Dążyć, doprowadzić do konsensusu; osiągnąć konsensus. Consensus będzie można osiągnąć tylko w wyniku negocjacji.* IS. **b)** »Übereinstimmung der Meinungen, übereinstimmende Haltung in einer Angelegenheit« *Wśród krytyków nie ma konsensusu co do wartości filmów sensacyjnych.* IS. ▭ Supl 1994, SW 1996, PS 1998, IS 2000, US 2003

konsensusowy, consensusowy *Adj v.* ↗konsensus - **Konsens-**. *Konsensusowy zapis w projekcie ustawy; konsensusowe stanowisko zarządu w sprawie podwyżki. Na skuteczne rozwiązanie consensusowe nie było już czasu ani realnych możliwości po obu stronach, a na zmianę systemu politycznego nie było żadnych realnych szans.* NSP2. ▭ US 2003 ✍1989 NSP2

konsola^NB *f, Computer* **1** »Grundgerät für elektronische Spiele mit integriertem Bildschirm o. mit Anschlussmöglichkeit an ein Fernsehgerät« - **(Spiel)konsole**. *Konsola do gier; konsola Nintendo. Najbardziej zaawansowana konsola do gier firmy Microsoft wyznacza nowe standardy kontroli nad grą.* pasaz.onet.pl 2003. ▭ PS 1998 **2** *Elektronik* »Schalttafel, auf der alle zur zentralen Steuerung einer elektronischen Anlage usw. nötigen Schalter, Regler, Instrumente usw. angeordnet sind, z.B. in der Disco, im Aufnahmestudio« - **Schaltpult, Steuerpult**. *Typowe laboratorium językowe:*

stół wykładowcy z konsolą, kabiny dla słuchaczy. IS. ⌸ SW 1996, PS 1998, IS 2000, US 2003 ⟋1986 NSP2

konsolowy *Adj v.* ↗konsola, *Computer* - **Konsolen-.** ↗Gra konsolowa; piractwo konsolowe; aplikacje, hity konsolowe. *Targi E3 w Los Angeles to, obok targów w Tokio, największa, coroczna impreza, na której prezentowane są gry pecetowe i konsolowe.* www.gry-online.pl 2004. *Piractwo konsolowe - owszem, jest. Jednak ma ono zasięg wręcz marginalny.* www.prepaid.boo.pl 2004. ⌸ kein Beleg

konspira* *f, v.* konspiracja, *ugs* - »konspirative Tätigkeit gegen das kommunistische Regime, besonders in den 80er Jahren, auch: Teilnehmer an dieser Tätigkeit bzw. die Organisation selbst; Untergrund, Konspiration« *Konspira antykomunistyczna. Działać w konspirze. W nocy konspira rozwiesiła plakaty obrażające władzę ludową.* PS. ⌸ SW 1996, PS 1998, US 2003 ⟋1989 NSP2

konsulting, consulting [konsultiŋk, konsaltiŋk] *m, G -u, Wirtschaft* »Beratung, Beratertätigkeit« - **Consulting.** *Konsulting gospodarczy, handlowy. Zajmować się konsultingiem; prowadzić konsulting. Konsulting prowadzony jest także dla istniejących już serwisów internetowych, szczególnie w celu optymalizacji ich działania.* www.webtel.pl 2004 ⌸ Supl 1994, SW 1996, PS 1998, IS 2000, US 2003 ⟋1988 NSP2 ◁engl

konsultingowy, consultingowy [konsultiŋgowy, konsaltiŋgowy] *Adj v.* ↗konsulting - **Consulting-.** *Koncern, zespół, projekt, ośrodek konsultingowy; firma konsultingowa; usługi konsultingowe. Zespół konsultingowy ma za zadanie analizować stan i potrzeby sieci telekomunikacyjnych.* www.internet-standard.com.pl 2004. *Międzynarodowy koncern konsultingowy w kategorii Rising Stars odnotowuje firmy działające na rynku od 3 do 5 lat i wykazujące przychody powyżej 30 000 euro.* www.enter.pl 2004. ⌸ Supl 1994, SW 1996, PS 1998, IS 2000, US 2003 ⟋1991 NSP2

konwencja[NB] *f* »(Wahl)kongress einer Partei« - **(Wahl)parteitag,** USA **Parteikonvent, Wahlkonvent.** *Wielką zaprzepaszczoną szansą premier Leszek Miller nazwał obradującą w sobotę Krajową Konwencję SLD. Gdyby sygnały z konwencji były takie, że w obliczu wielkich społecznych i gospodarczych problemów (...) SLD prezentuje katalog spraw, które chce załatwić, (...) to oznaczałoby, że SLD zajmuje się przyszłością.* gazeta.online.pl 2004. *Dlatego kolejna - czwarta - konwencja PiS, która odbyła się w Rybniku, była poświęcona zdrowiu.* www.pis.org.pl 2003. *Kandydat demokratów zostanie ostatecznie wybrany na konwencji Partii Demokratycznej.* IS. ⌸ PS 1998, IS 2000, US 2003 ⟋1989 NSP2 ◁engl convention

konwerter[NB] auch **konwertor** *m, G -a, EDV* »Programm zum Umwandeln von Daten« - **Konverter.** *Konwerter polskich znaków; konwerter plików tekstowych, graficznych. Konwerter jest programem przeznaczonym do konwersji plików tekstowych. Program umożliwia konwersję tzw. polskich znaków, które kodowane są na wiele sposobów.* www.ermik.com.pl 2004. ⌸ SW 1996, US 2003 ◁engl converter

konwertować[NB] *ipf, EDV* »Informationen von einem Datenträger auf einen anderen übertragen; auch: Daten von einem Format in ein anderes umwandeln« - **konvertieren.** *Konwertować dane, pliki. Jak tworzyć dokumenty PDF z polskimi znakami i konwertować pliki txt na pdf?* www.katalog.di.com.pl 2004. ⌸ US 2003

koń ♦ *phras* **czarny koń** »jd., der in einer (ursprünglich oft sportlichen) Konkurrenz unerwartet gewinnt o. auf den Gang der Ereignisse Einfluss nimmt« - **Überraschungssieger, Überraschungskandidat, Außenseiter.** *Nigeria wygrała zasłużenie. Czyżby piłkarze z Czarnego Lądu mieli stać się czarnym koniem amerykańskich mistrzostw?* SF. *Większość politologów domniemywała, że już pierwsza tura wyborów (...) może przynieść obsadzenie stanowiska prezydenta, przy czym pod uwagę brano właściwie tylko dwie kandydatury: premiera Mazowieckiego i moją. Nikt chyba nie przewidział, że do rozgrywki wejdzie na ostatniej prostej czarny koń, Stanisław Tymiński.* SF. *Czarnym koniem tego sezonu teatralnego był rosyjski film.* US. ⌸ SW 1996, PS 1998, IS 2000, PSF 2000, SF 2001, US 2003 ◁engl dark horse

♦ *phras* **koń trojański**[NB] *Internetjargon* - **Trojanisches Pferd.** *Koń trojański to ukryty w programie kod, który sprawia, że program ten po uruchomieniu realizuje oprócz swoich funkcji także różne przykre dla użytkownika działania np. zawieszanie systemu operacyjnego, usuwanie plików bądź też wyświetlanie na ekranie różnych komunikatów.* www.wirusy.onet.pl.2002. ⌸ US 2003. *auch* ↗trojan ◁engl

kop[NB] *G -a, ugs* **a)** »durch Drogen hervorgerufener euphorieähnlicher Zustand« - **Kick.** *Mieć, dostać, czuć kopa. Zrobił sobie dwa centymetry heroiny, kop był niezły, na cały dzień starczyło.* IS. *Ja brałem dwa razy, ale nic specjalnego ze mną się nie stało. Mały kop, szybsze tętno i to wszystko.* NSP3. *(...) Poczułem kopa - przyjemne mrowienie w całym ciele.* hyperreal.info 2004. ⌸ SW 1996, PS 1998, IS 2000, US 2003 **b)** »Schwung, Energie, Auftrieb, Spaß, Freude (etw. zu tun)« - **Kick,** neutral **Motivationsschub.** *Dać, dostać kopa. Na*

dobry początek wziąć telefon i umówić się na parę spotkań. Może to być męczące, ale da dużego kopa emocjonalnego. psychologia.edu.pl 2004. *Mam nadzieję, że zwycięstwo z Estonią da im „kopa" do gry w kolejnych spotkaniach.* www.sportowefakty.pl 2006. *Gdy wreszcie zrobiłem prawo jazdy, dostałem kopa do pracy.* US. *Po raz pierwszy w życiu brałam udział w zawodach zabawkowej formuły pierwszej. Miałam drugie miejsce. (...) Przez to będę mieć kopa energii na co najmniej cały miesiąc.* theschizz.blog.onet.pl 2005. ⌂ US 2003 **c)** *Autofahrerjargon* »Leistung, Beschleunigungsvermögen eines Autos« - **Spritzigkeit, Power**. Mieć, dać, dostać kopa. *Wspomnę także o braku tzw. kopa w samochodach wyposażonych w silniki diesla.* www.polskieradio.pl 2006. *Można ustalić samemu, kiedy auto ma mieć większego kopa, a kiedy mniejszego (kręcąc śrubką regulacyjną).* www.allegro.pl 2006. ⌂ kein Beleg
kop ♦ *phras* dać; dostać kopa, kopniaka ugs **1 dostać kopa (w tyłek,** *salopp* **w dupę)** - **einen Tritt (in den Hintern,** *salopp* **den Arsch) bekommen, kriegen. a)** »entlassen, fortgejagt werden« *Jest to bardzo przykre, dostać kopa po kilkunastu latach nienagannej pracy.* www.wnp.com 2006. *Po paru tygodniach pracy dali im kopniaka i kazali sobie szukać innej firmy.* SW. **b)** »schlecht, brutal behandelt werden« *Musiałam dostać kopa w dupę, mieć doła, znowu się zakochać... Kiedy to wszystko przeszłam, miałam już o czym pisać teksty.* www.miastokobiet.pl 2006. **c) dostać kopa (od życia, losu)** »eine schlechte Erfahrung machen, eine Niederlage erleiden« - **eins auf den Deckel** o. **auf die Mütze bekommen, kriegen; einen Schuss vor den Bug bekommen, kriegen**. *No niestety czasem trzeba dostać kopa od życia, żeby się czegoś nauczyć i wyciągnąć wnioski i zmienić podejście do pewnych spraw, sytuacji itp.* f.kafeteria.pl 2005. *Nie można stawiać tylko na uczuciu, bo kiedyś możemy od losu dostać kopa i po miłości, mam na myśli rozwód.* kiosk.onet.pl 2006. ⌂ SW 1996, PS 1998, IS 2000, US 2003 **2 dostać kopa w górę** »über jd., der in eine höhere Position befördert wird (oft, um ihn loszuwerden)« - **die Treppe hinauf-, hochfallen;** *auch:* **weggelobt werden**. *Tajner ma dostać „kopa w górę" na stanowisko dyrektora sportowego kadry, czyli bez żadnej odpowiedzialności, a z niezłą pensją.* www.cdprojekt.info 2005. *Tygodnik pisze, że gdy próba znalezienia haka nie powiodła się, Kluczek „dostał kopa w górę". Sądzili, że zadowoli go pensja.* radio.com.pl 2006. ⌂ PS 1998, IS 2000, US 2003
kornfleksy *s.* **cornflakes**
korupcjogenność *f* »Eigenschaft, dass etw./jd. für Korruption anfällig ist, dazu neigt bzw. von Korruption erfasst wird, ihr ausgesetzt ist« - **Korruptionsanfälligkeit; Korruptionsbegünstigung; Korruptionsförderung**. *Korupcjogenność systemu ochrony zdrowia, prawa, ustawy, ludzi. P. Biedziak zwrócił również uwagę na korupcjogenność, wynikającą m.in. z niskich uposażeń policjantów.* www.gazeta.policja.pl 2006. *Stara wersja ustawy o zamówieniach publicznych była krytykowana za swoją korupcjogenność.* www.mklimk.sisco.pl 2006. ⌂ kein Beleg
korupcjogenny *Adj* - **korruptionsfördernd; korruptionsanfällig**. *Charakter, element, wpływ, mechanizm korupcjogenny; korupcjogenne zjawiska; korupcjogenne przepisy. Ciągle mamy nieprzejrzysty i, niestety, korupcjogenny system zakupów sprzętu wojskowego i broni.* www.senat.gov.pl 2004. *Według przedstawiciela UPR wszystkie ustawy są korupcjogenne, a jedynym wyjściem jest prywatyzacja gospodarki.* www.ngo.pl 2005. ⌂ SW 1996, OiT 2001
kosmetyk ♦ **kosmetyki selektywne** - **Kosmetika für gehobene Ansprüche; hochwertige Kosmetik**. *Dlaczego sięgać po kosmetyki selektywne, bardzo drogie, jeśli zasypywani jesteśmy nawet w supermarketach bogatą gamą tanich preparatów?* www.moda.com.pl 2006. *Ludzie nadal niechętnie wydają pieniądze na drogie kosmetyki selektywne.* sport.gazeta.pl 2005. ⌂ kein Beleg
kostka ♦ **kostka myjąca** *Kosmetik* »Seife für besonders empfindliche Haut, die auf der Basis von synthetischen Tensiden hergestellt ist« - **Syndet(seife), Waschstück**. *Kostka myjąca do ciała. Kostki myjące to mydła bez mydła. (...) Głównym ich składnikiem są otrzymane drogą syntezy chemicznej tzw. środki powierzchownie czynne. Działają właśnie na powierzchni skóry oraz doskonale sobie radzą z resztkami makijażu i kurzem, a nie niszczą kwaśnej powłoki ochronnej.* NSP3. *W latach osiemdziesiątych kostka myjąca Dove została wprowadzana na rynki Europy Zachodniej.* www.unilever.pl 2006. ⌂ kein Beleg
♦ **kostka Rubika 1** »puzzleartig zusammensetzbarer bunter Spielzeugwürfel, der von dem Ungarn Ernö Rubik erfunden wurde« - **Zauberwürfel**. *Ułożyć kostkę Rubika.* ⌂ US 2003 **2** ♦ *phras* **coś jest jak kostka Rubika** - »etw. ist schwierig zu einer sinnvollen Einheit zusammenzufügen« *Życie to jak kostka Rubika, próbujemy je ułożyć. Non-stop mamy z tym problemy. Jedno miesza się z drugim.* www.antypody.pl 2004. *Jesteśmy jak kostka Rubika. Przeważnie dużo należy się natrudzić, zwłaszcza początkującemu, aby to ułożyć i stwierdzić, co wyszło.* muzyka.onet.pl 2004 *Dlaczego świat jest taki trudny do ogarnięcia, jak kostka*

Rubika skomplikowana? rafalek1989.blog.pl 2004. ▢ kein Beleg ◁engl Rubik's cube
kot ♦ *phras* **zagłaskać kota na śmierć** - »jd. durch seine überzogene, übertriebene Fürsorglichkeit, Gefühlsbetontheit, Zuwendung erdrücken, ersticken« *Nie potrzebuję mężczyzny, który może zagłaskać kota na śmierć.* forum.onet.pl 2004. *Uczucie, które Cię rozpiera, okazywane w nadmiarze, może jednak przytłoczyć Twojego ukochanego. Znasz powiedzenie o zagłaskaniu kota na śmierć?* www.forumnt.glos-pomorza.pl 2004. *Wyręczanie seniora we wszystkim, także tam, gdzie nie jest to potrzebne, bardzo przypomina przysłowiowe zagłaskiwanie kota na śmierć.* www.tematy.info 2004. ▢ kein Beleg ✍1988 NSP2. *auch* ↗zagłaskać kogoś (na śmierć)
kotlet ♦ *phras* **grać (śpiewać, recytować) do kotleta** *ugs, scherzhaft o. geringschätzig* - »sich durch Musizieren, Singen, Theaterspielen in Restaurants, auf Feiern usw. etwas dazu verdienen« *Grać w restauracji do kotleta; dorabiać graniem do kotleta. Muzyka do kotleta. Powoli jednak stawali się popularni i zamiast grać do kotleta, zaczęli dla młodzieży, porywając werwą, z jaką wykonywali rock'n' rollowe utwory.* georgeharrison.w.interia.pl 2004. *Już rok po studiach byłem zmuszony do śpiewania do kotleta na kontrakcie.* www.aftertouch.art.pl 2004. *Na wesele potrzebna jest muzyka do kotleta i pod nogę.* www.informator-weselny.pl 2004. ▢ SW 1996, PS 1998, PSF 2000, US 2003
Kozakiewicz ♦ *phras* **gest Kozakiewicza** *s.* **gest**
kraker, krakerski *s.* **cracker, crackerski**
kratka ♦ *phras* **rozpacz w kratkę** *s.* **rozpacz**
krążek[NB] *m, G ~żka, ugs* »CD, Schallplatte« - **Scheibe, Platte**. *Debiutancki, koncertowy krążek. Złoty Krążek. Książka na krążku. Właśnie taka jawi się książka przyszłości. Na jednym srebrnym krążku już teraz może być zapisanych 20 tysięcy stron, a zapewne kiedyś uda się pomieścić ich jeszcze więcej.* NSP2. *Ostatni krążek Stinga miał bardzo dobrą prasę.* IS. ▢ PS 1998, IS 2000, US 2003 ✍1989 NSP2
kredyt ♦ **niskoprocentowany kredyt** *s.* **niskoprocentowany**
krem[NB] *m, G -u, Kulinaria* »(mit Sahne) eingedickte Suppe aus püriertem Gemüse« - **Cremesuppe, legierte Suppe**. *Krem z borowików. Przepis pochodzi od Svenji Mamy, poratowała mnie. Krem genialny!* www.wizaz.pl 2005. ▢ PS 1998, US 2003. *auch* ↗zupa-krem
kremożel *s.* **żel-krem**
kreska ♦ *phras* **gruba kreska**. *Oddzielić, odkreślać coś* **grubą kreską**; **polityka grubej kreski** »insbesondere in der Politik: eine (negativ bewertete) Sache nicht wieder aufrollen, definitiv für abgeschlossen erklären u. einen Neuanfang befürworten« - **einen dicken Strich** unter eine Sache (z.B. die Vergangenheit) ziehen; Politik **des dicken Strichs**. *Można więc powiedzieć, że sami niejako wypracowaliśmy korzystny klimat dla sił postkomunistycznych, sami zatarliśmy różnicę, mówiąc o grubej kresce (...).* NSP2. *Może należałoby oddzielić grubą kreską życie społeczne od prywatnego, lecz to chyba niemożliwe.* IS. ▢ PS 1998, IS 2000, US 2003 ✍1992 NSP2
◁vom ersten postkommunistischen polnischen Ministerpräsidenten Tadeusz Mazowiecki 1989 geprägte Formel (gruba linia) in Bezug auf die Behandlung der kommunistischen Vergangenheit, oft interpretiert als Grundsatz, die Verantwortlichen des alten politischen Systems nicht zur Verantwortung zu ziehen
krewny ♦ *phras* **krewni i znajomi królika*** *ugs, abwertend* - »Personen im Umfeld einer hochgestellten, einflussreichen Person, die bei der Besetzung von Posten auf Grund ihrer Beziehungen (Verwandtschaft bzw. Bekanntschaft) bevorzugt werden« *Zagłosowałbym na tego polityka, ale nie mam pewności, że razem z nim nie wejdzie do Sejmu cała rzesza krewnych i znajomych Królika.* pl.wiktionary.pl 2006. *Ujawniony mechanizm był prosty: żonie, jego siostrzenicy i przyjacielowi warszawski Spedpol - w zamian w obsługę spedycyjnej zakładu w Kole - płacił 2 proc. prowizji. Od sześciu lat! Wspomniani krewni i znajomi królika działali jak pośrednicy-akwizytorzy firmy spedycyjnej.* www.kolo.com.pl 2006. ▢ PS 1998 ◁nach Figuren aus *Winnie the Pooh* von Alan Milne
kriokomora *f, Medizin* »abgeschlossener Raum, in dem Temperaturen von ca. -80 Grad C herrschen u. der zur Ganzkörper-Kältebehandlung genutzt wird« - **Kältekammer**. *Wizyta w kriokomorze to mocne przeżycie, mimo że trwa bardzo krótko.* Look 2003. *Na szczególną uwagę zasługuje nowo otwarta kriokomora, oraz takie atrakcje jak podwodne gejzery, tryskacze wody, urządzenia do hydromasażu.* www.cos.pl 2003. ▢ PS 1998
krokiet ♦ *meist im Pl* **krokiety wiosenne** *selten* »asiatische Vorspeise aus einer Teigtasche mit einer Fleisch-, Fisch- o. Gemüsefüllung« - **Frühlingsrolle**. *Krokiety wiosenne (sajgonki) to chyba najpopularniejsze danie serwowane w chińskich budkach.* szukaj.onet.pl 2004. ▢ kein Beleg. *häufiger* ↗sajgonka
króliczek[NB] *m, G -a* »schönes Fotomodell, das auf den Titelseiten von Männerzeitschriften in gewagten Aufnahmen posiert« - **Häschen**. *Króliczki „Playboya". Zanim zadebiutowała w kinie, pracowała jako króliczek w klubach „Playboya".* www.stopklatka.pl 2004. *Wypijmy za to - Kilim pobiera króliczkowi od Hefnera dwa wysmukłe kieliszki, króliczek uśmiecha się i doktor drapie króliczka po dekolcie.* www.esensja.pl 2002. ▢ PS 1998, IS 2000, US 2003

kryptocenzura *f* - »verdeckte, versteckte Zensur« *Reżyser i scenarzysta nie godzili się na kryptocenzurę, jaką w myśl zasady, kto płaci, ten decyduje, narzucał producent filmowy.* PS. *Sprawa odbiła się szerokim echem w mediach zagranicznych, jednak ani komunistyczna cenzura, ani poprzewrotowa, katolicka kryptocenzura nie były zainteresowane popularyzowaniem tego tematu z oczywistych względów.* www.e-polityka.pl 2004. ▢ SW 1996, PS 1998

kryptokomuch* *m, G -a, Npl -y, ugs, abwertend für* ↗kryptokomunista - **Kryptokommunist**. *Dzięki zmianie rządu wielu kryptokomuchów straci ciepłe posadki w aparacie administracyjnym.* PS. *Warto pamiętać, że tego właśnie dnia przeciwko rządowi wyprowadził Samoobronę na ulice ten kryptokomuch Lepper.* www.samoobrona.org.pl 2004. ▢ SW 1996, PS 1998

kryptokomunista* *m, G -ty, Npl ~iści* - **Kryptokommunist**. *Czy sądzi Pan, że porozumienia „Okrągłego Stołu" były wyreżyserowane przez komunistów i kryptokomunistów z Solidarności?* www.money.pl 2004. ▢ SW 1996, PS 1998, IS 2000, US 2003

kryptokomunistyczny* *Adj* - **kryptokommunistisch**. *Kryptokomunistyczna gazeta, kryptokomunistyczni działacze. Do rządu dostało się kilku kryptokomunistycznych ministrów.* PS. *Kryptokomunistyczny reżim całkowicie podporządkowuje się Ameryce, licząc, że w przyszłości będzie miał z tego jakieś profity.* www.bosko.pl 2004. ▢ SW 1996, PS 1998, US 2003

kryptokomunizm* *m, G -u* »kommunistische bzw. dem Kommunismus nahestehende Auffassungen von Personen, die sich nicht als Kommunisten deklarieren« - **Kryptokommunismus**. *Bez obalenia władającego Polską kryptokomunizmu nie ma mowy o uzdrowieniu ekonomii polskiej.* SW. *Gwoli prawdzie trzeba powiedzieć, że delegaci kościelni ze Wschodu byli często podejrzewani o kryptokomunizm przez zachodnie czynniki polityczne.* www.luteranie.pl 2004. ▢ SW 1996, PS 1998, US 2003

kryptoreklama *f* - **Schleichwerbung; verdeckte, versteckte Reklame**. *Kryptoreklama piwa, papierosów; kryptoreklama partii, stowarzyszenia. Przedstawiciele Kancelarii Prezydenta starają się być ostrożni i nie chcą, aby ujawnienie nazwiska projektanta sukni Jolanty Kwaśniewskiej było postrzegane jako kryptoreklama.* www.radio.com.pl 2004. ▢ SW 1996, PS 1998, US 2003

krysznowiec *m, G ~wca, Npl ~wcy* »Anhänger der Hare-Krishna-Bewegung« - **(Hare-)Krishna-Jünger, (Hare-)Krishna-Anhänger**. *Został krysznowcem i jest mu z tym dobrze.* SW. *(...) Krysznowcy wierzą, tak jak my, że Bóg jest jeden. Oni Go tylko inaczej nazywają.* www.asnyk.kalisz.pl 2004. ▢ SW 1996, OiT 2001, US 2003 ✎1992 NSP2

księga ♦ **biała księga** *Politik* »Zusammenstellung von Dokumenten, Statistiken usw. zu einem bestimmten Bereich, die der Öffentlichkeit vorgelegt wird« - **Weißbuch**. *Biała księga prac rządu nad ustawą. Biała księga Rady Europejskiej stanowi kolejny etap strategii przedczłonkowskiej (...).* wiem.onet.pl 1999. ▢ PS 1998, US 2003

♦ **czerwona księga** »Verzeichnis der bedrohten Tier- u. Pflanzenarten, auch des bedrohten Welterbes« - **Rote Liste**. *Znaleźć się, odnotować w czerwonej księdze; trafić do czerwonej księgi. W wyniku rozwoju cywilizacji coraz więcej gatunków zwierząt trafia do czerwonej księgi.* PSF. *Na zakopiańskiej ekspozycji można zobaczyć okazy paleontologiczne sprzed setek milionów lat (...). Wiele prezentowanych gatunków znalazło się już w „Polskiej czerwonej księdze zwierząt"*. PSF. ▢ SW 1996, PS 1998, PSF 2000, US 2003

kształcenie ♦ **kształcenie ustawiczne (permanentne, ciągłe)** *EU-Jargon* »lebenslanger Prozess der ständigen Vervollkommnung der allgemeinen u. beruflichen Qualifikationen« - **Lebenslanges Lernen**. *Przyznanie prawa wykonywania zawodu jest etapem wstępnym. Wspólnota Europejska duży nacisk kładzie na kształcenie ustawiczne i jego jakość.* www.portalmed.pl 2004. *Kształcenie permanentne wynika z konieczności przystosowania się jednostki do dynamicznych przeobrażeń ekonomicznych, kulturalnych i naukowych występujących w życiu współczesnych społeczeństw.* wiem.onet.pl 2004. ▢ PS 1998 ◂engl lifelong learning

kultowy[NB] *Adj* »drückt in Bildungen mit Substantiven aus, dass jd. (eine Band, ein Sänger) o. etw. (ein Buch, Film, Song, ein Kleidungsstück) für eine bestimmte Generation von großer (emotionaler) Bedeutung, Ausdruck eines Lebensgefühls ist« - **Kult-**. *Kultowy zespół, film, muzyk; fryzura, płyta kultowa; kultowe ubranie młodzieżowe. Z czasem powieść ta stała się dla nas książką kultową.* IS. *Ekspozyturę nad Wisłą chce utworzyć także Lucas Art, należący do imperium rozrywkowego George'a Lucasa, wydawca kultowej serii „Star Wars".* Newsweek 2004. ▢ SW 1996, PS 1998, IS 2000, US 2003

kumać *ipf, ugs* »verstehen« - **kapieren, schnallen, raffen, peilen, rallen, checken**. *Nic nie kumam; nie kumam tego; powoli zaczynam kumać. To jest łatwe, jak można tego nie kumać.* www.nudy.pl 2006. *No nie wszyscy muszą wszystko kumać od razu, co nie?* miss-unperfect.ownlog.com 2006. ▢ PS 1998, IS 2000, US 2003 ✎1990 PP, 1990 NSP2

kumaty v. ↗kumać, ugs **a)** »leicht begreifend, sich schnell orientierend, insbes. in Alltagssituationen« - **schlau, gewitzt, clever**. *Nie kumaty, niekumaty - begriffsstutzig. Mam nadzieję, że jesteś kumaty i zrozumiesz.* avalah.logger.pl 2005. 📖 kein Beleg **b)** »sich in einem Gebiet gut auskennend, Bescheid wissend« - *neutral* **beschlagen**. *Kumaty w jakiejś dziedzinie. Jeśli ktoś z Państwa zna jakiego kumatego, proszę spytać, czy wie, o co toczona jest wojna z Lechem i gdzie wzięła początek.* legia-live.pl 2005. *Od razu mówię, że jestem mało kumaty w tej dziedzinie i chcę, aby ktoś mi to łopatologicznie wytłumaczył.* www.immerse.pl 2004. 📖 kein Beleg

kumkwat* m, G -a oder -u, Kulinaria »aus Ostasien stammende kleine Orange« - **Kumquat**. *A co to kumkwat? (...) a kumkwat to taka miniaturowa pomarańcza. Widziałem to, ale nie próbowałem.* www.poezja-polska.art.pl 2006. 📖 PS 1998, US 2003

kung-fu n, indekl »aus China stammende sportliche Disziplin u. Methode der Selbstverteidigung im Stil des Karate« - **Kung-Fu**. *Mistrz, mistrzostwa kung-fu. Trenować kung-fu. W takich sytuacjach przydaje się znajomość kung-fu, karate czy innej sztuki walki.* IS. 📖 Supl 1994, SW 1996, PS 1998, IS 2000, US 2003 ✏1988 NSP2

kupnoholizm m, G -u - **Kaufsucht, Kaufzwang, Kaufrausch, Kaufwut, Shopping-Zwang**. *Uzależnienie od zakupów jest jeszcze w Polsce mało znane i nie ma swojej jednowyrazowej nazwy, poddaję pod dyskusję przypisanie mu nazwy - kupnoholizm.* www.waw.pl 2004. *Czy można jednak paść ofiarą kupnoholizmu? Można. I to bardzo łatwo, bo warunki w społeczeństwach konsumpcyjnych bardzo temu sprzyjają.* www.opoka.org.pl 2006. 📖 kein Beleg. *häufiger* ↗zakupoholizm, *auch* ↗shopoholizm

kupon ♦ phras **odcinać** seltener **obcinać kupony** od czegoś - **Kapital, Gewinn** aus etw. **schlagen;** oft abwertend (mit möglichst wenig Mühe u. Kosten) **Nutzen, Profit ziehen** aus einer Sache o. Tätigkeit (aus früheren Aktivitäten, Verdiensten, Erfolgen). *Borys żyje tu całkowicie incognito i nigdy żadnych kuponów od sławy ojca nie odcinał.* IS. *Właściciele Polkomtela, operatora sieci komórkowej Plus GSM, chcą wreszcie odcinać kupony od jego bardzo zyskownych inwestycji. Przymierzają się do sprzedaży swych akcji, ale najpierw wypłacą sobie sutą dywidendę (...).* Gazeta Wyborcza 2003. *W dniach Monachium demokracja europejska nie rozumiała jeszcze, że paktuje z bandytami. Tylko inny bandyta, w Moskwie, mówił o tym głośno i bez żenady. Później miał przez długie lata obcinać kupony od tego ka-pitału swej oświeceniowej, racjonalistycznej przenikliwości.* Szczypiorski 1997 SF. 📖 SW 1996, PS 1998, IS 2000, PSF 2001, SF 2001, US 2003

kuracja ♦ phras **kuracja wstrząsowa, szokowa** »radikale Maßnahme, die die Verbesserung eines Zustands bewirken soll« - **Schocktherapie**. *Wprowadzić, zastosować, zaaplikować kurację wstrząsową; przeżyć kurację wstrząsową. Kuracja wstrząsowa brytyjskiej gospodarki wyszła jej na dobre.* IS. *Na zjawisko to złożyły się: kuracja szokowa z lat 1989-1992, oszukańcza waloryzacja rent i emerytur, zawłaszczenie dobrowolnych i przymusowych.* www.kurier.wzz.org.pl 2004. 📖 SW 1996, IS 2000, PSF 2000, US 2003. *auch* ↗terapia wstrząsowa, szokowa

kurek ♦ phras **1 zakręcać/zakręcić kurek** komuś z czymś/czegoś »jdm. den Zugang zu etw. (meist Geld) versperren« - **jdm. den (Geld)hahn zudrehen, abdrehen**. *Zakręcić kurek z pieniędzmi, z kasą, z gazem. Środowisko szantażowało TVP obowiązkiem wywiązywania się z „misji wspierania narodowej kultury". Po to, by nie zakręcano ostatniego kurka z pieniędzmi.* Polityka 2002. *- Chodzi o to, że osoby, które kradną muzykę, nie tylko działają na szkodę artystów i wytwórni, ale również najwierniejszych fanów - podkreślał na konferencji w Manchesterze Jamieson - tym samym czas zakręcić kurek z nielegalną muzyką, zanim przemysł znajdzie się w sytuacji podbramkowej.* www.pcworld.pl 2003. 📖 IS 2000, US 2003 **2 przykręcać/przykręcić kurek** komuś z czymś/czegoś »jdm. den Zugang zu etw. (meist Geld) erschweren« - **am (Geld)hahn drehen**. *Amerykański finansista i filantrop George Soros w 2004 roku przykręci kurek z pieniędzmi dla fundacji działających w krajach, które przystąpią do UE.* Newsweek Polska 2002. *Jeszcze raz chciałbym odwołać się do deklaracji, że naszą troską jest to, żeby te banki spółdzielcze były, bo byłoby, powiedziałbym, nie w porządku, mówić o rozwijaniu polskiej przedsiębiorczości poprzez rozwiązania w sektorze bankowym i jednocześnie próbować przykręcić kurek bankom spółdzielczym.* ks.sejm.gov.pl 2003. 📖 IS 2000, US 2003 **3 odkręcać/odkręcić kurek** komuś z czymś/czegoś »jdm. den Zugang zu etw. (meist Geld) ermöglichen« - jdm. **den (Geld)hahn aufdrehen, für jdn. den (Geld)hahn öffnen**. *Jak dogodzić lekarzom, nic prostszego - trzeba spełnić ich postulat, a mianowicie zwiększyć strumień pieniędzy. A jak odkręcić kurek? Trzeba tylko podnieść składkę zdrowotną w tej części, której nie odpisuje się od podatku.* www.money.pl 2006. *Trzeba jednak przyznać, że wobec PC jest Kaczyński dość ostrożny, choć podobno dawni koledzy głośno pukają do jego drzwi.*

Wciąż ma chyba w pamięci aferę Telegrafu, Art-B i wszystkie niejasności z tym związane. Na wszelki wypadek nie odkręca za bardzo tego kurka, przynajmniej na razie. Polityka 2003. 📖 IS 2000, US 2003

kuroniówka *f, ugs* **1** - **Stütze,** *neutral* **Arbeitslosengeld; Arbeitslosengeld II (Arbeitslosen- u. Sozialhilfe).** *Być, siedzieć na kuroniówce; otrzymywać, pobierać kuroniówkę; iść na kuroniówkę. Do języka potocznego weszła kuroniówka jako zasiłek dla bezrobotnych oraz darmowa zupa, którą Kuroń osobiście rozlewał potrzebującym.* www.barka.org.pl 2006. *Kto to widział, żeby taki zdrowy, młody chłop, w dodatku z dobrym fachem w ręku, siedział na kuroniówce.* PS. *Straciłeś pracę i planujesz utrzymywać się z zasiłku dla bezrobotnych? Sprawdź najpierw, czy przysługuje Ci do niego prawo, a jeśli tak, to na jak wysokie świadczenie możesz liczyć. Ostatecznie Twoje prawo do popularnie zwanej „kuroniówki" zostanie potwierdzone przez urzędnika Powiatowego Urzędu Pracy.* www.pracainauka.pl 2006. **2** - »kostenlose (Suppen)mahlzeit aus der Suppenküche für Arbeitslose u. Bedürftige« *Iść po kuroniówkę. Codziennie stawali w kolejce po kuroniówkę i często był to ich jedyny posiłek.* IS. *Kubeł wody, jedna mrówka i wychodzi kuroniówka.* www.funsite.tox.pl 2006. 📖 SW 1996, PS 1998, IS 2000
◀ vom Namen des legendären Oppositionellen der kommunistischen Zeit u. späteren Arbeits- u. Sozialministers Jacek Kuroń abgeleitet, der 1989 diese Form der Unterstützung für die sozial Schwächsten in der Gesellschaft einführte

kursor[NB] *m, G -a, Computer* - **Cursor.** Kursor myszy - Mauszeiger. Przesuwać/przesunąć kursor; poruszać się kursorem po ekranie monitora. *Przesuń kursor na pasek narzędzi, wybierz pożądaną czynność i kliknij myszą.* PS. *Kształt kursora myszy zmienia się w zależności od tego, co Word for Windows aktualnie robi.* OiT. 📖 SW 1996, PS 1998, IS 2000, US 2003
◀ engl cursor

kuskus* [kuskus] *m, G -u* - **Couscous. 1** »grobkörniger Weizengrieß als Grundlage für das gleichnamige Gericht« *Jak wiele kasz, kuskus ma wszechstronne zastosowanie w kuchni - towarzyszy zarówno potrawom z mięsa, jak i z warzyw i owoców.* OiT. **2** »nordafrikanisches Gericht aus Weizen-, Hirse- o. Gerstenmehl, Hammelfleisch, verschiedenen Gemüsen u. Kichererbsen« *Kuskus to potrawa narodowa krajów Maghrebu, ale obecnie międzynarodowym, znanym i docenianym na stołach całego świata.* www.gastronomie.pl 2004.
📖 SW 1996, PS 1998, US 2003 ◀ arab

L

label [lejbel] *Musik* »Schallplattenfirma« - (**Platten-, Musik-**)**Label**. *W sierpniu 1994 label Izabelin Studio ze swoim katalogiem artystów został kupiony przez międzynarodową wytwórnię PolyGram, stanowiącą część firmy Philips.* www.universalmusic.pl 2006. *Być może za parę lat będziemy mieli swoje zespoły nie tylko w Ninja Tune, ale też w innych szanowanych labelach na świecie.* www.europeansrecords.com 2006. ⌑ kein Beleg ◁engl

lajtowy, lightowy *Adj, Jugendsprache, häufig abwertend* - »leicht, einfach, durchschnittlich« *Jutro lajtowy dzień na uczelni, w ogóle lajtowy tydzień się zapowiada, jedynie w środku tygodnia czeka mnie sporo pracy.* nlog.org 2003. *Fajny film, ale nie robi jakiegoś wybitnego wrażenia, po prostu lajtowy filmik, który się ogląda i zapomina.* skazzza.pl 2006. *Nie panikujcie, pierwszy semestr jest lightowy.* forum.pcz.pl 2007. ⌑ kein Beleg

laminarka *f* »Gerät zum Einschweißen von Papier in spezielle Laminierfolie« - **Laminiergerät, Laminator**. *Koszt laminowania odpada, bo mam laminarkę w pracy.* www.forum.ep.com.pl 2004. ⌑ US 2003 ⌁1986 NSP2. *häufiger* ↗laminator

laminat[NB] *m, G -u* »Schichtpressstoff für Bodenbeläge« - **Laminat**. *Układać laminat. Klimat pomieszczenia ma ogromny wpływ na materiały podłogowe, w szczególności zaś na drewno, i ostatnio od kilku lat wraz z modą na tanie podłogi drewnopodobne - laminaty. (...) Drewno, a także laminat, dopasowuje się do otoczenia, drewno puchnie i schnie. Laminat zaś puchnie, w wyniku czego jego krawędzie podnoszą się i falują.* www.parkiet.net.pl 2003. ⌑ kein Beleg

laminator[NB] »Gerät zum Einschweißen von Papier in spezielle Laminierfolie« - **Laminiergerät, Laminator**. *Wystarczy włożyć dokument w folię i wraz z torebką wsunąć do laminatora, a zgrzanie nastąpi wyjątkowo szybko i czysto.* www.xara.pl 2005. ⌑ PS 1998, OiT 2001, US 2003 ⌁1991 NSP2. *seltener* ↗laminarka

laminować[NB] *ipf* / **zalaminować** *pf* - **laminieren; folieren**. *Po prostu kładziesz dokument, który chcesz zalaminować, na półkę laminatora, przekręcasz korbką, odcinasz folię przesuwając gilotynkę i gotowe.* www.skrzypczak.com.pl 2005. ⌑ PS 1998, US 2003. *s. auch* ↗foliować

lancz, lanczowy *s.* **lunch, lunchowy**

-land *m, G -u, selten* **-landia** *f, G ~ii, Npl ~ie*. *zweites Glied in Zusammensetzungen, das (zumeist) Verkaufsstätten für das im ersten Glied Genannte bezeichnet* - **-land**. *Ciucholand, dywanoland, komputerland, mebelland* ⌑ IS 2000 ⌁Bogusławski/Wawrzyńczyk 1993

lans [ląns] *m, G -u, Jugendsprache* »Darstellung der eigenen Person, um Eindruck zu machen« - *neutral* **Selbstdarstellung**. *Robić coś dla lansu. Słowo „lans" jest chwilowo tak bardzo modne („trendy"), że bywa używane nawet trzy razy w jednym zdaniu. Można również posługiwać się zwrotem „lansy" (ang. modny, na topie, umiejętnie wylansowany).* www.studencka.pl 2005. *Dla lansu? Psychologowie wolą fachowy termin: autoprezentacja. To zaprezentowanie własnej osoby w taki sposób, żeby wywrzeć wrażenie. (...) Zaraz też doczekała się popowej ksywki (lans) i miejsca w słowniku najmłodszej polszczyzny.* www.ozon.pl 2005. *Dobrze jest też umieścić swoje zdjęcia, zwłaszcza że w Photoshopie wszyscy jesteśmy piękni. Profil służy przede wszystkim autokreacji, przez niektórych zwanej lansem, a nie ma lepszej zabawy dla narcystycznej młodzieży niż autokreacja, no przecież.* www.ritabaum.serpent.pl 2006. ⌑ kein Beleg

lanser [ląnser] *m, G -a, Npl ~rzy, Jugendsprache* **1** »jd., der einen Trend auslöst u. Produkte dadurch am Markt platziert« - (**jugendlicher**) **Trendsetter**. *Nie każdy, kto siada przy oknie w kawiarni, od razu jest lanserem. - To człowiek otwarty na wszystkie takie nowe sposoby wyrażania się w muzyce, ubiorze. I zna się na tym. (...) Trzeba odpowiednio wyglądać (najlepiej „fajnie", w markowych ciuchach), bywać (najlepiej w modnych klubach), wiedzieć (co i gdzie się dzieje i co jest aktualnie na topie) oraz znać (odpowiednich ludzi).* www.mediarun.pl 2004. *Trendsetterzy czy, jak kto woli, lanserzy to nasi charyzmatyczni znajomi albo znajomi znajomych, którzy przekazują nie do końca uświadomione sygnały o tym, że coś jest modne, a raczej, że za chwilę będzie niezwykle modne. (...)* www.studencka.pl 2006. ⌑ kein Beleg **2** - *Jugendsprache, teilweise geringschätzig* »jd., der die eigene Person herausstellt, effektvoll zur Geltung bringt« *Ja się nie ścigam, auto swoje znam dobrze, bo jeżdżę nim 5 lat, a jak widzę jakiegoś lansera czy innego wieśniaka w badziewnie zrobionym aucie, które ma silnik 2.0 gsi, (...) to pokazuję mu, że tona spojlerów nic mu nie da (...).* www.mtk.2-0.pl 2005. *Najwyżej z czasem kupisz sobie jakieś piękne felgi, np. Alpiny, żeby być już* *kompletnym lanserem.* www.streetracing.pl 2005 ▯ kein Beleg. *auch* ↗lansiarz

lanserka *f v.* ↗lanser, *Jugendsprache* - **1 a)** *oft geringschätzig* - »weibl. Person, die sich in den Vordergrund drängelt, die eigene Person herausstellt« *U mnie wprawdzie też są lanserki, i to z reguły one narzekają na męski wzrok, ale same do tego prowokują.* www.kif.pl 2006. *Kolejna „inteligentna" (...) i inne żałosne lanserki chcą podczepić się pod super kolesia, jakim jest Kubica.* gwiazdy.wp.pl 2006. *„Lanserki" - czyli wytapetowane zdziry, które szukają kasiastego kolesia na sponsora (...).* www.kibice.net 2006. ▯ kein Beleg **1 b)** - »weibl. Person, die etw. propagiert, bekannt macht« *Wzięłyśmy sobie nawet tak mocno lans do serca, że jak wiecie utworzyłyśmy partnerski obóz lanserek tego forum „Tatry 2006"...* tatry.inspiration.pl 2006. ▯ kein Beleg **2** *nur im Sg, neutral* das **Sich-in-Szene-setzen; Selbstdarstellung**. *Tak, lanserka to jest świetne określenie. Sito w dziedzinie autokreacji jest mistrzem. I zapomina o tych, którzy mu pomogli. (...) Sito uprawia lanserkę i stąd wrażenie, że dokonał nie wiadomo czego.* wirtualnemedia.pl 2005. *Mniej hałasu i taniej lanserki, weź przykład ze swojego kolegi Oksia, który dużo robi, mało krzyczy.* forum.1944.pl 2006. ▯ kein Beleg

lansiarski, lanserski *Adj, Jugendsprache* - **cool; trendy**. *Lansiarski o. lanserski design, pub; lansiarskie o. lanserskie przedmioty. Metroseksualista jest bardziej lansiarski, taki wizerunek popierają media, więc może podobać się dziewczynom, bo jest na topie, ale tak naprawdę kobiety wolą prawdziwych facetów.* doza.o2.pl 2005. *(...) prawie cała klasa pisała zaległą klasówkę, a mnie otoczyli „jednokomórkowcy", którzy na swoich lansiarskich telefonach albo słuchali mp3, albo czytali książki (...).* drummerka.blog.pl 2006. *Komórka na szyi nigdy nie wygląda fajnie. Komórka wygląda fajnie w kieszeni koszuli, kiedy poza nią wystaje ten lanserski paseczek.* forum.waneko.pl 2006. ▯ kein Beleg.

lansiarz *m, G -a, Npl -e oder* **lansator** *m, G -a, Npl ~rzy, Jugendsprache* »jd., der die eigene Person herausstellt, effektvoll zur Geltung bringt; Selbstdarsteller« *Niedługo powstaną ankiety takie jak na najlepszego DJ'a, ludzie będą wybierać największego lansiarza...* www.clubbing.pl 2005. *Tak naprawdę, to co tu pisze o Fredzie jest jedynie kroplą w morzu tego co on potrafi. Sama doświadczyłam tego jakim jest lansatorem.* www.rozbark.net.pl 2005. *Aha, i zdaniem wielu moich rozmówców jest jeszcze słowo „lansator" opisujące człowieka, który zawsze i wszędzie coś podrywa.* cwaw.blog.pl 2003. ▯ kein Beleg. *auch* ↗lanser

lansować się[NB] *Jugendsprache* »die eigene Person herausstellen, effektvoll zur Geltung bringen« - **sich in Szene setzen**. *Zgodnie z regulaminem na (...) konto [słowa lans] zostały zapisane głosy zdobyte przez słowa pokrewne: „lansować" (w nowym znaczeniu „lansować się", a nie jak dawniej „lansować kogoś/coś"), „lanserka" itp.* www.studencka.pl 2005. ▯ kein Beleg

laptop *m, G -a* - **Laptop**. *Pracować na laptopie. Na sesję z laptopem? Być może wszyscy radni województwa małopolskiego będą mieć do dyspozycji laptopy, czyli przenośne komputery.* www.malopolskie.pl 2002. *Komponenty laptopów są mniejsze i znacznie droższe od części do komputerów.* helion.pl 2005. ▯ Supl 1994, SW 1996, PS 1998, IS 2000, US 2003. *auch* ↗notebook ◁engl

laptopowy *Adj v.* ↗laptop - **Laptop-;** *auch* **laptopartig**. *Wypadałoby również sprawdzić w specyfikacjach, czy ten napęd laptopowy czyta poprawnie wszystkie rodzaje płyt DVD.* www.cdrlab.pl 2005. *Nie chodzi mi o laptopowy wygląd, po prostu często podróżuję.* www.palmpage.pl 2005. ▯ kein Beleg

lasagne *s.* **lazania**

laseczka[NB] *f v.* ↗laska, *Jugendsprache, ugs, familiär* »hübsches, niedliches Mädchen, hübsche, wohlgeformte, junge Frau« - **Puppe, Schnecke**. *Widziano go ostatnio z jakąś laseczką.* SW. *Znasz ją? To fajna laseczka.* IS. ▯ SW 1996, PS 1998, IS 2000, US 2003

laserówka *f, Computerjargon, ugs* - »Laserdrucker« *Jak ktoś szuka taniego i szybkiego drukowania tekstu, to już lepiej kupić tanią laserówkę.* forum.pclab.pl 2005. ▯ kein Beleg ◁aus drukarka laserowa

laska[NB] *f, Jugendsprache, ugs* »attraktives Mädchen; attraktive junge Frau« - **Schnecke, Schnitte, Puppe**. *Ładna, zgrabna, milutka, powabna, inteligentna laska; poderwać jakąś laskę. Ta Majka to niezła laska, nie ma faceta, który by się na nią nie napalał.* PP. ▯ SW 1996, PS 1998, IS 2000, US 2003 ✍1986 NSP2, 1990 PP. *s. auch* ↗laseczka

last minute [last minyt] *in adjektivischer Funktion, indekl* »kurzfristiges, preisgünstiges Angebot von Reiseveranstaltern, Fluggesellschaften usw.« - **Last-Minute-**. *Oferta last minute - Last-Minute-Angebot. Podróż last minute - Last-Minute-Reise. Wakacje, wypoczynek last minute. Do pewnych niedogodności związanych z ofertą last minute, należy zaliczyć brak możliwości wyboru z odpowiedniego standardu zakwaterowania i jego lokalizacji.* www.libra.pl 2002. ▯ kein Beleg ◁engl

laweta[NB] *f, Kfz* - »Autoanhänger (meist zum Transport von Unfallwagen)« *Laweta jednopojazdowa, wielopojazdowa. Wjechać samo-*

chodem na lawetę; załadować samochód na lawetę. *Przez to przejście graniczne z Niemcami przejeżdża każdego dnia kilkanaście samochodów z lawetami, na których znajdują się uszkodzone lub niekompletne volkswageny, audi i BMW.* OiT. *Ośrodek dysponuje pojazdem z lawetą, nadającą się do holowania.* www.tc.ciechanow.pl 2005. 📖 PS 1998, IS 2000, US 2003 ✍1989 NSP2

layout [lejałt] *seltener* **lejaut** *m, G -u* »Text- u. Bildgestaltung einer Seite, eines Werbemittels bzw. einer Publikation« - **Layout, Lay-out**. *Nowy, nowoczesny, czytelny layout strony www. Wykonać, zmienić, projektować layout. Wielka zmiana layoutu naszego serwisu. Zmniejszyłem ilość podstron, poprawiłem menu.* www.comhlan.erin.krakow.pl 2002. *Nowy lejaut pisma wymyślił Andrzej M.* www.ritabaum.serpent.pl 2004. 📖 kein Beleg ◁engl

lazania* [lazańja], **lasagna** *f, G ~nii, ~gni oder* **lazanie, lasagne** *n, indekl* **a)** »italienisches Gericht aus Nudelplatten mit einer Hackfleischfüllung« - **Lasagne**. *Lazania z kurczaka, ze szpinakiem, z jabłkami; lazania wegetariańska; makaron, płaty do lazanii. Przyrządzić, przygotować, upiec lazanię. Lazania musi wystygnąć, bo jak pokroimy ją po wyjęciu, to się rozleci (ale smakuje tak samo - sprawdzone).* www.wizaz.pl 2005. *Długie bufety wypełniają miseczki sałat, szklane dzbanki z koktajlami oraz niewielkie skrzynki gorących lasagnii i warzyw z pieca.* www.serwisy.gazeta.pl 2004. 📖 PS 1998, OiT 2001, US 2003 **b)** »plattenförmige Nudeln zur Zubereitung einer Lasagne« - **Lasagneblätter, -platten**. *Zwykle lazanie sprzedawane w Polsce trzeba przed zapieczeniem obgotować (proszę jednak sprawdzić na opakowaniu, czy producent nie zaleca innego postępowania). Lazanię gotujemy partiami po jednym płacie.* mojegotowanie.onet.pl 2005. 📖 US 2003 ◁ital

lądowanie ♦ *phras* **miękkie lądowanie** »Beendigung einer schwierigen Situation, ohne Schaden genommen zu haben« - **weiche Landung**. *Dodatek wyrównawczy miał zapewnić miękkie lądowanie osobom, które utraciły alimenty z FA.* www.dzieci.org.pl 2005. *Dlatego, dbając o swoje interesy i miękkie lądowanie, koniecznie muszą zagwarantować sobie na pożegnanie ciepłych posadek, sute odprawki.* www.kurier.wzz.org.pl 2005. 📖 SW 1996, PS 1998, PSF 2000, US 2003 ✍1991 NSP2 ◁engl soft landing

lead, lid [lit] *m, G -u, Publizistik* »bei Zeitungen u. Zeitschriften: meist dem Titel eines Artikels nachfolgende, knappe Zusammenfassung des Artikelinhalts, die zum Lesen anregen soll« - **Vorspann, Lead**. *Święty Gral dla dziennikarzy to lead. Pierwsze zdanie lub krótki akapit pisanego tekstu stanowią kwintesencję i sens istnienia całego artykułu.* www.wsip.com.pl 2006. *Jak wskazują badacze gatunków prasowych, lid zawiera informacje, które w danym artykule traktuje się jako najważniejsze lub najbardziej atrakcyjne. Co zatem za najważniejsze uznane zostało w wiadomościach o śmierci Jana Pawła II? Lidy z „Gazety Wyborczej" i „Rzeczpospolitej" na płaszczyźnie treściowej okazują się niemal identyczne.* www.mateusz.pl 2005. 📖 kein Beleg ◁engl

leader *s.* **lider**

leasing [liziŋk] *selten* **lizing** *m, G -u, Wirtschaft* »Vermietung von Maschinen u. Anlagen mit der Möglichkeit des späteren Kaufs« - **Leasing**. *Leasing komputerów, samochodów, samolotów, kontenerów; umowa, przedmiot leasingu. Dać, wziąć, brać coś w leasing. Leasing jest coraz bardziej popularną formą finansowania inwestycji, również w zakresie technologii informatycznych.* www.1.ibm.com 2004. *Wszystkich i wszędzie będę ostrzegał przed leasingami. To rozbój w biały dzień.* www.leasing.eta.pl 2005. *A lizing ma wiele typów i jest, ogólnie rzecz biorąc, czymś jak zakupy na raty.* galaxy.uci.agh.edu.pl 2005. 📖 Supl 1994, SW 1996, PS 1998, IS 2000, US 2003 ✍1992 NSP2 ◁engl

leasingobiorca *selten* **lizingobiorca** *m, G ~cy, Npl ~cy* - **Leasingnehmer**. *Po wypowiedzeniu umowy leasingobiorca musi niezwłocznie zwrócić przedmiot leasingu (jeśli go posiada), a także zapłacić wszystkie pozostałe raty oraz opłaty wynikające z umowy leasingowej.* www.1praca.gov.pl 2005. *Lizingobiorca nie otrzymał rozwiązania umowy na piśmie, uzupełniając w międzyczasie brakujące raty wraz z odsetkami za zwłokę.* www.e-prawnik.pl 2005. 📖 PS 1998, OiT 2001, US 2003

leasingodawca *selten* **lizingodawca** *m, G ~cy, Npl ~cy* - **Leasinggeber**. *Zabezpieczenie leasingodawcy; umowa z leasingodawcą. Współpracujemy z wieloma leasingodawcami, należącymi do największych banków w kraju oraz koncernów międzynarodowych.* www.gooru.pl 2005. *Lizingodawca poinformował w rozmowie telefonicznej o rozwiązaniu umowy lizingowej ze względu na brak wpłat opłat ratalnych.* www.e-prawnik.pl 2005. 📖 PS 1998, OiT 2001, US 2003

leasingować *selten* **lizingować** *ipf /* **wyleasingować** *pf, v.* ↗leasing - **leasen**. *Leasingować samochód, sprzęt, wyposażenie. W ostatnich latach auta z krótką cieszyły się popularnością wśród przedsiębiorców, którzy nie tylko mogli je leasingować lub kupować na korzystnych zasadach kredytowych, ale też odliczać VAT przy zakupie oraz wrzucać w koszty firmy zatankowane paliwo.* Życie Warszawy 2002 (K). *Nic więc dziwnego, że się okazało, iż poseł, jak był* *burmistrzem, to wylizingował kserokopiarki dla urzędu o wiele za drogo.* www.nie.com.pl 2004. ⌑ NSPP 1999, OiT 2001, US 2003

leasingowy *selten* **lizingowy** *Adj v.* ↗leasing - **Leasing-**. *Fundusz, przedmiot, doradca leasingowy; firma, spółka, agencja, umowa leasingowa. W przypadku możliwości przedłużenia umowy, umowa przyznaje leasingobiorcy znaczne korzyści, np. znaczną obniżkę opłat leasingowych, zwiększając tym samym prawdopodobieństwo przedłużenia umowy.* www.twoja-firma.pl 2005. *Europejski Fundusz Lizingowy SA Przedstawicielstwo w Mielcu.* www.e-kat.pl 2005. ⌑ Supl 1994, SW 1996, PS 1998, IS 2000, US 2003 ⌗1989 NSP2

legenda[NB] *f* »expressiv: über jdn./etw., der/das in seinem Einflussbereich eine große Rolle gespielt hat, sehr bekannt ist« - **Legende**. *Legenda rocka. Być, stać się legendą. Zbyszek Cybulski już za życia stał się legendą.* PS. *Zespół, który już od dawna jest żywą legendą rocka i staż ma niemal dwukrotnie dłuższy niż Metallica, przeszedł ostatnio kilka ostrych zakrętów.* www.nmag.net 2006. ⌑ PS 1998. *s. auch* ↗człowiek legenda

legginsy, leginsy [leginsy] *nur im Pl* - **Leggin(g)s**. *Obcisłe, błyszczące legginsy; legginsy za kolana, do kostek. Nosić, włożyć legginsy; chodzić w legginsach. Buty te nosi się do wszystkiego: od dżinsów i legginsów począwszy, na długich spódnicach skończywszy.* SW. *Dwa lata temu kupiłem leginsy biegowe duńskiej firmy New Line. (...) Leginsy zostały wykonane ze specjalnej mieszanki materiałowej zwanej Dry N.* biegajznami.pl 2005. ⌑ SW 1996, PS 1998, IS 2000, US 2003 ⌗1992 NSP2 ◁engl leggin(g)s

lego *n, indekl* »bunte Kunststoffklötzchen o. -teile in unterschiedlichen Formen, die aufeinander gesteckt werden, um Modelle o. Spielzeuge zu bauen« - **Lego, Legosteine**. *Dostać, kupić lego. Mamo, kup mi lego!* IS. *Lista sklepów sprzedających lego.* www.pinia.pl 2005. ⌑ PS 1998, IS 2000, US 2003 ⌗1989 NSP2 ◁von der dän. Herstellungsfirma LEGO

lego *nachgestellt in adjektivischer Funktion, indekl* - **Lego-; aus Lego(steinen)**. *Klocki lego - Legosteine. Zabawki, domek, miasteczko lego. W miejscowości Vejle w Danii zbudowano z klocków lego miniaturowe miasto zwane Legolandem.* PS. *Harcerze szczególnie zapraszają dzieci - to na nich będzie każdego dnia czekać wesołe miasteczko, samochodziki, zabawa w paintball, miasteczko lego (można je dowolnie przebudowywać), konkursy.* www.ue.krakow.pl 2005. ⌑ IS 2000, US 2003

lejaut *s.* layout

lekarz ♦ **lekarz pierwszego kontaktu** »Arzt, der die Patienten in seinem Zuständigkeitsbereich zuerst behandelt u. sie nur im Bedarfsfall an einen Facharzt o. ein Krankenhaus überweist« - **Kontaktarzt, Hausarzt**. *W przychodniach spotykamy przede wszystkim lekarzy pierwszego kontaktu, do których idziemy w poszukiwaniu pomocy i od których, jeśli choroba tego wymaga, jesteśmy odsyłani ze skierowaniem do innych specjalistów.* www.medycynarodzinna.pl 2003. ⌑ US 2003

lekoodporność *f, G ~ści, v.* ↗lekoodporny - **Arzneimittelresistenz**. *Lekoodporność na antybiotyki - Antibiotikaresistenz. Lekoodporność drobnoustrojów, wirusów; przyczyny lekoodporności. Coś prowadzi, doprowadza do lekoodporności. Problem zakażeń związany jest z lekoodpornością drobnoustrojów chorobotwórczych oraz wprowadzaniem nowych inwazyjnych metod diagnostycznych.* medin.home.pl 2005. ⌑ PS 1998, US 2003

lekoodporny *Adj* - **arzneimittelresistent**. *Lekoodporny szczep (bakteryjny); lekoodporna gruźlica; lekoodporne bakterie. Tymczasem pojawiały się nowe i lekoodporne zakażenia, powodowane przez dotąd nieznane drobnoustroje.* www.bbn.gov.pl 2000. ⌑ PS 1998, US 2003

lenteks, lentex *m, G -u* »Fußbodenbelag aus PVC (oft mit Parkettmuster)« - **PVC-(Fuß-)bodenbelag**. *Wyłożyć lenteks; wyłożyć, przykryć, pokryć coś lenteksem. Butwiejąca podłoga przykryta była dywanem, przez którego rozcięcia świeciła żółć prowizorycznie przytwierdzonego lenteksu.* www.fabrica.civ.pl 2005. *W pokojach podłogi drewniane przykryte lentexem, ściany wygładzone, okna drewniane.* www.bit-nieruchomosci.pl 2006. ⌑ Supl 1994, SW 1996, PS 1998, IS 2000, US 2003 ◁vom Firmennamen Lentex

lepperiada *f, Politikjargon* 1 *ironisch, abwertend* »(Bauern)proteste mit Straßenblockaden« - *Lepperiade. Zorganizować lepperiadę. Niedawne protesty rolników polskich („lepperiada") i zagranicznych (...) zwróciły uwagę opinii publicznej na problemy dręczące obszary wiejskie i ich mieszkańców.* www.zb.eco.pl 1999. *Pewnie gdybyśmy robili lepperiadę, to skutki były by większe, zadyma i koktajl Mołotowa uderzyłby do głowy urzędasów.* www.mlody-lekarz.pl 2004. ⌑ kein Beleg 2 *verächtlich* - »provozierendes (u. oft ungesetzliches) Auftreten u. Handeln gegen Verfassungsorgane u. -institutionen« *OBOP wskazuje na przykład na 17-procentowe poparcie, ale wedle badań Pentora, nie ma powodu do uspokojenia nastrojów. Lepperiada trwa w najlepsze i Samoobrona nie ustępuje w rywalizacji z PO.* www.wprost.pl 2004. *Czy to w ogóle jest możliwe, zapyta niejeden, mieszać się do prywatnego przedsiębiorstwa, czyż to nie lepperiada? Być*

może. Ale przyjmuję wyzwanie. www.zwierko. livenet.pl 2005. ❏ kein Beleg
◄v. Namen des populistischen Vorsitzenden der Bauernpartei „Samoobrona Chłopska" Andrzej Lepper, der sich durch die Organisation spektakulärer Bauernprotestaktionen, z.B. Straßenblockaden gegen den EU-Beitritt Polens, einen Namen machte, für die er auch strafrechtlich zur Verantwortung gezogen wurde

lepperować *ipf, Politik* - »eine Politik der Hinwendung zum patriarchalischen Sozialstaat unter straffer Führung, gegen die Härten der postkommunistischen 3. Republik vertreten« - *****lepperisieren**. *Lepperować Polskę, to znaczy bezmyślnie szastać pieniędzmi z budżetu państwa, robić koalicje z kim się da w celu wydębienia stołków w rządzie.* media.wp.pl 2006. *My, jak sądzę, chcemy ten nasz kraj naprawiać a nie lepperować... Masz rację! Polskę trzeba zreperować, precz z Hojarską, Beger i Lepperem.* forum.demokraci.pl 2006. *Lud nareszcie szczęśliwy - kraj będziemy wreszcie lepperować.* www.antoranz.net 2006. ❏ kein Beleg. *s. auch* ↗lepperyzować

lepperowiec *m, G ~wca, Npl ~wcy, Politik* - »Mitglied der von Andrzej Lepper gegründeten Partei Samoobrona; auch Lepper-Anhänger« *Demonstracja lepperowców. Lepperowcy zbierają się, wiążą krawatki w biało-czerwone pasy, śpiewają na swojską nutę: (...) Czym są groteskowe koncepty, gdy gazety przynoszą wiadomość, że podobno wokół lepperowców kręci się p. W.* Polityka 2003. ❏ kein Beleg. *s. auch* ↗lepperysta

lepperowski *Adj v. Lepper, Politik* »die Anhänger des populistischen polnischen Politikers Andrzej Lepper, auch dessen aggressive, drastische, beleidigende Ausdrucksweise betreffend« - **Lepper-**. *Populizm, żargon, sposób lepperowski; blokada, ideologia, retoryka lepperowska. Boję się kompromitacji. I na arenie międzynarodowej (...) boję się ruiny kraju, do jakiej doprowadziłaby lepperowska „ekonomia", a ponadto nie widzę powodu, by prosta gęba pszenno-buraczana (...) miała być reprezentantem narodu 40 mln.* www. trojmiasto.pl 2004. *Żargon lepperowski różni się zdecydowanie od języka przedstawicieli innych polskich partii politycznych. Język Leppera to język, który ma przemawiać do „zwykłego człowieka" (...).* dialogipolityczne.webpark.pl 2006. ❏ kein Beleg

lepperysta *m, G ~ty, Npl ~yści, Politik* »Anhänger der populistischen Auffassungen Andrzej Leppers« - *****Lepperist**. *Nie każdy kto krytykuje naszą rozdmuchaną administrację, musi być lepperystą.* usenet.pomocprawna.info 2006. *Gorzej wszakże niż lepperyści prezentują się twórcy i zwolennicy reanimowanej Unii Wolności.* portal.solidarnosc.gda.pl 2005. ❏ kein Beleg. *s. auch* ↗lepperowiec

lepperyzm *m, G -u, Politik* »die von Andrzej Lepper (in aggressiv-populistischer Rhetorik) vertretenen Auffassungen« - *****Lepperismus**. *Lepperyzm w wydaniu jego twórcy można sprowadzić do dwóch, systematycznie powtarzanych haseł: „Balcerowicz musi odejść" i „Rządzący są złodziejami".* www.dzis.com.pl 2004. *(...) skłonny jestem uznać, że sam „lepperyzm", a w jego ramach również żargon lepperowski, to zjawiska niezwykle ważne dla współczesnej polskiej polityki. Nadto warto przypomnieć wypowiedź Marka Borowskiego wskazującą, że „Lepper i lepperyzm to nie są zjawiska przejściowe. Nie można w nich widzieć jedynie patologii (...)".* dialogipolityczne. webpark.pl 2006. ❏ kein Beleg

lepperyzować *ipf, Politik* »die Politik, die Gesellschaft entsprechend den Auffassungen u. Methoden des Populisten Andrzej Lepper gestalten« - *****lepperisieren**. *Falandyzować prawo to interpretować jego przepisy w możliwie najbardziej korzystny dla siebie sposób, podczas gdy lepperyzować prawo - to lekce je sobie ważyć.* img14.allegro.pl 2006. *Konkurent Leppera nie może podejmować z nim dyskusji, zniżać się do jego wulgarnej retoryki, lepperyzować debaty publicznej.* serwisy.gazeta.pl 2006. ❏ kein Beleg. *s. auch* ↗lepperować

lewica ♦ *phras* **lewica kawiorowa** *Politik, meist verächtlich* »Mitglieder linker Parteien, deren aufwendiger Lebensstil den selbst propagierten Idealen von Gleichheit widerspricht« - **Kaviar-Linke;** *(in Deutschland)* **Toskana-Fraktion**. *Obecni liderzy lewicy dużo i chętnie mówią o równości i sprawiedliwości społecznej, sami jednak są zaprzeczeniem tych postulatów. (...) Wszystko wskazuje więc na to, że mamy w Polsce do czynienia ze zjawiskiem, które Francuzi nazywają „kawiorową lewicą", a Anglicy „szampańskim socjalizmem". Określenia te pochodzą od ulubionych punktów w jadłospisach lewicowych liderów podczas licznych rautów i bankietów, na których bywają stałymi gośćmi.* www.opoka.org.pl 2006. ❏ kein Beleg ◄frz

licencjacki[NB] *Adj v.* ↗licencjat - **Lizenziats-** o. **Lizentiats-; Bachelor-**. *Egzamin licencjacki; praca licencjacka; kolegium licencjackie; studia licencjackie. W pierwszej fazie studia zawodowe i licencjackie byłyby bezpłatne.* SW. *Zestaw pytań do egzaminu licencjackiego na kierunku socjologia - studia zaoczne.* www. ekrol.sggw.waw.pl 2005. ❏ SW 1996, PS 1998, IS 2000, OiT 2001

licencjat[NB] *m* 1 *G -u, Npl -y* »in Polen: erster akademischer Grad nach einem (meist dreijährigen) Studium in einer nichttechnischen Fachrichtung« - **Lizenziat** o. **Lizentiat**. *Tytuł zawodowy licencjata. Uzyskać, przyznać,*

otrzymać, mieć, zrobić licencjat. *Nasi absolwenci otrzymują licencjat, który uprawnia ich do nauczania języka angielskiego w szkołach podstawowych.* PS. ▢ SW 1996, PS 1998, IS 2000, US 2003 **2** *G -a, Npl ~aci* »Absolvent mit dem Abschluss eines Lizenziaten« - **Lizenziat; Bachelor.** *Jestem od roku licencjatem pedagogiki.* OiT. ▢ SW 1996, PS 1998, IS 2000, US 2003 **3** *G -u* - **Lizenziatsstudium; Bachelorstudium.** *Ukończyć licencjat. W kolegiach językowych licencjat trwa trzy lata.* SW. ▢ SW 1996, NSPP 1999, OiT 2000
licencjatka *f v.* ⁊licencjat - **Lizenziatin; Absolventin eines Bachelorstudiums.** *Jestem 22-letnią licencjatką administracji publicznej.* www.praca.leg.pl 2004. ▢ kein Beleg
lid *s.* **lead**
lider[NB] *seltener* **leader** [lider] *m, G -a, Npl ~rzy* **1** »jd. (Person, Unternehmen, Land usw.), der innerhalb einer Gruppe der Erste bzw. der Beste ist, die Spitzenposition einnimmt« - **Spitzenreiter;** -**führer.** *Lider rynku* - *Marktführer. Lider partii, teleturnieju, konkursu, biznesu, technologii, ekologii; niekwestionowany lider; światowy lider w produkcji komputerów. Liderzy Unii Wolności byli zaskoczeni wprowadzeniem zarządu komisarycznego w gminie Centrum.* www.rzeczpospolita.pl 2005. *Grupa Lafarge - to światowy lider w produkcji materiałów budowlanych (...).* www.lafarge.com.pl 2005. *Wprost finansowym leaderem. Tygodnik Wprost miał w październiku tego roku największe, pod względem cennikowym, wpływy reklamowe spośród magazynów prasowych (...).* www.medialine.pl 2006. ▢ PS 1998, IS 2000, US 2003 **2** »Leiter einer Musikband« - **(Band)leader.** *Lider grupy rockowej, zespołu. Grupa zmienia skład kilkakrotnie aż do 1981 roku, kiedy pada decyzja o nagraniu pierwszego singla. Wtedy też w składzie Tony Wilhelmsson (lider grupy i frontman, wokalista, kompozytor), Janne Fagerberg, Erik Strömblad (...) przyjmują nazwę FAKE.* www.top80.pl 2005. ▢ US 2003 ⌀1986 NSP2 ◁engl leader
liderka *f v.* ⁊lider **1** »Frau, die eine Organisation, Bewegung, Partei usw. leitet« - **Führerin; Chefin.** *Liderka partii politycznej, opozycji, stowarzyszenia. Benazir Bhutto urodziła się w 1953 r. (...). Na czele rządu stała jeszcze w latach 1993-1996. Później została liderką opozycji.* www.ludzie.wprost.pl 1998. *Polityczne liderki, bez względu na ich liczebność, mogą przyczynić się do zmian.* www.oska.org.pl 2005. ▢ PS 1998, IS 2000, US 2003 **2** - **Gewinnerin; Champion.** *Liderka klasyfikacji, rankingu, biegów, pływaczek. Zdobyć, otrzymać tytuł liderki. Nową liderką klasyfikacji generalnej po dzisiejszym sprincie została Kathi Wilhelm.* www.olimpik.pl 2005. *Liderki z Charlton odniosły minimalne zwycięstwo nad Doncaster Rovers. (...) Mecz był bardzo wyrównany, jednak spotkanie wygrały liderki 2:1.* www.angielskapilka.pl 2005. ▢ PS 1998, IS 2000, US 2003 ⌀1991 NSP2 **3** - **(Band)leaderin.** *Liderka grupy rockowej, zespołu. Liderką zespołu jest Iwona K., wokalistka, autorka tekstów i muzyki.* www.wiara.pl 2005. ▢ PS 1998, IS 2000, US 2003
liderować[NB] *ipf* »die erste Position in etw. einnehmen; in etw. führend sein« - **führen.** *Liderować czemuś/komuś; liderować (w) czymś. Kraj, w którym będzie liderował jako prezydent, musi być państwem demokratycznym.* SW. *Zna reguły tej gry, ma dość siły przebicia, by liderować kolegom, załatwić salkę, podejść cenzurę, zawojować publiczność.* www.teatry.art.pl 2005. ▢ SW 1996, PS 1998, US 2003 ⌀1987 NSP2
lifestylowy [lajfstajlowy] *Adj* »modern, dem Zeitgeist entsprechend, ausgefallen, charakteristisch« - **Lifestyle-, Life-Style-.** *Lifestylowy magazyn* - *Lifestyle-Magazin. Lifestylowy serwis, samochód, klient; prasa, impreza, pigułka lifestylowa. W aptekach jest coraz więcej preparatów, które nie leczą chorób, tylko poprawiają nastrój i pozwalają czuć się komfortowo. Mają już nawet swoją nazwę: pigułki lifestylowe. (...) Gwiazda wśród specyfików lifestylowych, prozac, poza dobrym nastrojem wywołuje bezsenność, niepokój, mdłości, osłabienie, utratę apetytu.* Twój Styl 2003. *Jako ekskluzywny miesięcznik lifestylowy, kolportowany bezpłatnie, tworzy na rynku prasowym nowy segment bezpłatnych czasopism luksusowych.* www.katalog.f6.pl 2005. ▢ kein Beleg ◁engl
liftback [liftbek] *m, G -a* »Fahrzeug mit einer Karosserie, deren Heck hinten abgeflacht ist« - **Liftback.** *Przyjechał granatowym liftbackiem.* OiT. *(...) kupiłem liftbacka 5-drzwiowego, jest dłuższy od 3-drzwiowego o 17 cm, ale ma o prawie 100 l większy bagażnik.* cinquecento.autokacik.pl 2005. ▢ OiT 2001
liftback [liftbek] *nachgestellt in adjektivischer Funktion, indekl* »mit einem hinten abgeflachten Heck ausgestattet« - **Liftback-.** *Wersja, model liftback. Oferujemy samochody w wersjach hatchback, fastback i liftback.* OiT. *W 1976 roku linia Celiki została powiększona o model liftback, dostępny jedynie w wersji GT.* www.celicateam.vel.pl 2005. ▢ OiT 2001
lifting [liftiŋk] *m, G -u* - **Lifting. 1** »kosmetische Operation zur Straffung der alternden Haut, inbes. des Gesichtes« *Chłopcy na liftingu: Brzydka płeć coraz więcej inwestuje w swoją urodę. (...) Drugim popularnym zabiegiem jest lifting twarzy, ze szczególnym uwzględnieniem okolicy oczu, powiek, policzków i fałd między brwiami.* Polityka 2002. ▢ Supl 1994, SW 1996, PS 1998, IS 2000, US 2003 ⌀1991 NSP2 ◁engl **2** »(meist optische) Verän-

derung, Nachbesserung einer Sache« Po liftingu - geliftet. *Ustawa po liftingu - nowelizacja ustawy o ochronie praw lokatorów.* www.dominium.pl 2003. *Antygona po liftingu. I antyk można przewietrzyć, a dowodem tego nowe tłumaczenie sztuki Sofoklesa, autorstwa jednego z najlepszych w kraju badaczy teatru.* www.kkkk.pl 2005. *Artykuł o podpisie (po liftingu). Poniższy tekst jest udoskonaloną wersją artykułu, który ukazał się w poprzednim numerze Gazety.* www.gazeta-it.pl 2005. ▯ kein Beleg
♦ **face lifting** [fejs liftiŋk] - **(Face)lifting**. 1 *Kosmetik* »Gesichtsoperation, bei der altersbedingte Hautfalten durch Herausschneiden von Hautstreifen operativ beseitigt werden« *Face lifting wykonano jej wzorowo - nie widać było ani jednej zmarszczki wokół oczu.* OiT. ▯ PS 1998, OiT 2001 **2** *meist Kfz* »optische Verbesserung, Verschönerung eines Automodells« *Oświetlenie przednie i tylne przed faceliftingiem.* www.capri.pl 2005. *Nissan Micra został poddany drobnemu face-liftingowi. Poprawie uległ komfort podróżowania autem.* www.4x4.pl 2005. ▯ PS 1998
liftingować *ipf* - **liften**. **1** *Kosmetik* »alternde Haut (meist operativ) straffen« *Jak zobaczę pierwsze zmarszczki to zacznę liftingować, prasować, czy co tam trzeba.* forum.o2.pl 2006. *Odpowiednie zabiegi na twarz i szyję przeprowadzane pod nadzorem lekarza dermatologa odmładzają skórę twarzy i szyi oraz nieoperacyjnie liftingują ją.* basmed.pl 2006. ▯ kein Beleg **2** »optisch verbessern, aufbessern; schönen« *Socjaliści przebudowali swój wizerunek, liftingowali go i odmłodzili. Na czele partii stoi młody polityk István Hiller.* www.serwisy.gazeta.pl 2005. *Na szczęście konstruktorzy z Mercedesa ciągle liftingowali ten model i nie sprawiał wrażenia przestarzałego.* stratus.blog.onet.pl 2005. ▯ kein Beleg
liftingowy *Adj v.* ↗lifting **1** - **Lifting-**. *Zabieg liftingowy. Zabieg liftingowy na bazie kolagenu - Nowość! Zabieg wykonywany jako intensywna kuracja, jak również profilaktycznie i zachowawczo.* www.centrumciala.com 2005. ▯ kein Beleg **2** *oder* **liftingujący** »einen Liftingeffekt habend« - **(haut)straffend, mit Liftingeffekt**. *Krem, podkład liftingujący; pielęgnacja, kuracja, maseczka liftingowa. Liftingująca linia kosmetyków. Ten zapobiegający starzeniu liftingowy krem na dzień zapewnia optymalne nawilżenie (...).* www.kosmetyka-profesjonalna.pl 2005. *Masaż liftingujący twarzy to nieinwazyjna terapia kosmetyczna, która spowalnia proces starzenia się [i] wygładza zmarszczki (...).* www.medicon.pl 2006. ▯ IS 2000
light *m, G -a, Npl -y, ugs* - eine **Light;** *neutral* **Light-Zigarette**. *Paczka lightów. Nie ma znaczenia czy palisz lighty, ultralighty czy zwykłe papierosy. Ryzyko śmierci z powodu raka płuc jest w każdym przypadku identyczne (...).* histmag.org 2005. ▯ kein Beleg
light [lajt] *nachgestellt in adjektivischer Funktion, indekl* »(von Nahrungs- u. Genussmitteln) weniger von dem Inhaltsstoff enthaltend, der gesundheitsschädigend o. -gefährdend sein kann« - **light; Light-**. *Produkty, papierosy light; coś w wersji light. Prawdziwą karierę robią obecnie wszystkie rodzaje żywności, cechujące się niską kalorycznością, a określane mianem light.* PS. *W słodyczach i napojach light cukier zastępowany jest słodzikami.* www.kulinaria.pl 2005. ▯ PS 1998 ◄engl
lightowy *s.* **lajtowy**
limet(k)a*, **limon(k)a*** *f* - **Limette**, *seltener* **Limone, Limonette**. *Mydło - cytryna z limoną. Usuwa przebarwienia pigmentacyjne, nadaje skórze piękną i naturalną świeżość.* www.mojekosmetyki.pl 2006. *Marynowanie: łososia pokroić w plastry, włożyć do głębokiego naczynia. Wycisnąć sok z 1 pomarańczy, 1 grejpfruta i limonki.* Twój Styl 2006. *Limetę wyszorować namydloną szczoteczką i opłukać wrzątkiem. (...) Po tym czasie wyjąć limetę, przekroić i wycisnąć z niej sok (...).* www.apetycik.pl 2006. *Owoce zmiksować na pulchną masę z sokiem z limetki, rumem, grenadiną i 2 łyżkami kruszonego lodu.* zdrowie.onet.pl 2006. ▯ PS 1998, US 2003
linia ♦ *phras* **gorąca linia 1** »direkte telefonische Verbindung (zwischen den Großmächte), bes. bei ernsten Konfliktsituationen« - **heißer Draht**. *Z zadowoleniem podkreślono fakt modernizacji bezpośredniego połączenia alarmowego Waszyngton-Moskwa, tak zwanej „gorącej linii".* NSP2. ▯ IS 2000, US 2003 ⁄1986 NSP2 ◄engl hotline **2** *ugs* »von Firmen, Institutionen usw. eingerichtete, direkte telefonische Verbindung (für rasche Serviceleistungen)« - **Hotline**. *Ustanowić gorącą linię. Powstała gorąca linia telefonu zaufania.* US. *Okazało się, że podanie numeru gorącej linii dla osób chcących rzucić palenie zwiększyło liczbę połączeń z tą usługą.* europa.eu.int 2005. ▯ PS 1998, IS 2000, US 2003
♦ **linia kosmetyków** »Serie von Kosmetika eines Produzenten, die denselben Namen tragen u. denselben Wirkstoff beinhalten bzw. für einen bestimmten Hauttyp bestimmt sind« - **Kosmetiklinie, Kosmetikserie**. *Wypuścić, wyprodukować jakąś linię kosmetyków. Dział (...) wytworzył w wyniku badań naukowych, doskonale zapowiadającą się nową linię kosmetyków zapobiegających procesom starzenia (...).* www.belter.pl 2005. *Linia kosmetyków dla młodej skóry. Linia Skin Care System Blue opracowana została specjalnie z myślą o po-

trzebach młodej skóry. www.bio-med.pl 2005. 📖 PS 1998, IS 2000, US 2003
♦ **linia kredytowa** »maximale Kredithöhe eines dynamischen Kreditkontos; Verfügungsrahmen« - **Kreditlinie, Kreditgrenze, Kreditlimit**. *Linia kredytowa na zakup papierów wartościowych udzielana jest w formie odnawialnego limitu.* www.bise.pl 2005. *Za pożyczone w ramach tych linii kredytowych pieniądze można nabyć także maszyny i urządzenia oraz nieruchomości, potrzebne do produkcji.* www.gazetaprawna.pl 2006. 📖 PS 1998
♦ **tania linia lotnicza** »Fluggesellschaft, die ihre Flüge sehr preisgünstig anbietet« - **Billiglinie**, *ugs* **Billigflieger**. *E. zastanawiał się nad stworzeniem taniej linii lotniczej od wielu miesięcy. (...) Czy będzie pierwszą tanią linią lotniczą na naszym rynku?* Gazeta Wyborcza 2002. *Informujemy o najkorzystniejszych taryfach na bilety lotnicze klasycznych linii lotniczych i tak zwanych tanich linii lotniczych.* www.bilety-lotnicze.net.pl 2004. 📖 kein Beleg
link *m, G -a seltener -u* »Stelle auf dem Bildschirm, an der durch Anklicken mit der Maus weitere Informationen (meist auf einer anderen Internet- o. Computerseite) angezeigt werden« - **(Hyper)link**. *Kliknąć w/na link; dodać, umieścić, podać link. Więcej na ten temat można przeczytać pod tym linkiem.* www.starwars.pl 2005. *W zamian jednak prosimy o umieszczenie linku do naszego zbioru.* www.polskiinternet.com 2005. 📖 US 2003. *auch* ↗hiperłącze, hiperlink ◄engl
liposom, lipozom *m, G -u, meist im Pl* **liposomy, lipozomy** *Kosmetik* »oberflächenaktive Moleküle einer Flüssigkeit, die die Fähigkeit besitzen, in tiefe Hautschichten zu gelangen« - **Liposom(e)**. *Krem, maseczka z liposomami. Liposomy wnikają w skórę. Mechanizm działania liposomów na skórę nie został jeszcze do końca poznany.* OiT. *Liposomy kojarzą się wielu osobom (szczególnie kobietom) z kremami.* www.dzieci.org.pl 2005. 📖 SW 1996, PS 1998, IS 2000, US 2003 ✎1992 NSP2 ◄griech
liposomowy *Adj v.* ↗liposom, *Kosmetik* - **Liposomen-**. *Krem, balsam, preparat, odczynnik liposomowy; maseczka, odżywka, technologia liposomowa; mleczko liposomowe. Regenerujący żel, oparty na specjalnej formule liposomowej z witaminami A, C, E.* www.wizaz.pl 2005. 📖 SW 1996, PS 1998, IS 2000, US 2003
lipożel *m, G -u, Kosmetik* »Gel, das Liposome enthält« - **Lipogel**. *Lipożel pod oczy. Nowością są lipożele, na przykład Nawilżacz S.O.S. Dermiki.* OiT. *(...) Producenci produktów pielęgnacyjnych umieszczają na opakowaniach nazwy typu lipożel lub hydrożel albo informacje o hypoalergiczności.* prace.sciaga.pl 2005. 📖 OiT 2001, US 2003 ◄frz

list ♦ **list intencyjny** *Wirtschaft* »(im internationalen Handel) Schreiben, das zur Abgabe eines Angebots o. zum Beginn von (Geschäfts)-verhandlungen auffordert« - **Absichtserklärung**. *List intencyjny o czymś; podpisanie, wymiana, sygnatariusze listu intencyjnego. Podpisać list intencyjny (w jakiejś sprawie). Bankierzy szwajcarscy przyjęli zaproszenie do Poznania. Przyjadą we wrześniu i podpiszą listy intencyjne o zasadach współpracy i tworzeniu wspólnych przedsięwzięć kapitałowych w sferze budownictwa.* NSP2. 📖 PS 1998, IS 2000, US 2003 ✎1990 NSP2 ◄engl letter of intent
♦ **list motywacyjny** »Schreiben, in dem jd. sein Interesse begründet, insbes. an einer Arbeitsstelle« - **Bewerbungs(an)schreiben, Anschreiben (zur Bewerbung)**. *Forma, wygląd, układ, zadanie, zasady pisania listu motywacyjnego. CV wraz ze zdjęciem oraz list motywacyjny prosimy przesyłać na poniższe adresy: (...).* www.wydawnictwo.beck.pl 2005. *Kandydaci opisują w liście motywacyjnym raz jeszcze swoje doświadczenie zawodowe.* www.edulandia.pl 2005. 📖 PS 1998, IS 2000, US 2003
lista ♦ **lista dyskusyjna** »Mailingliste im Internet, die abonniert werden kann und deren Inhalte von den Abonnenten gestaltet werden« - **Diskussionsliste**. *Moderator, uczestnik, netykieta listy dyskusyjnej. Utworzyć listę dyskusyjną; zamieścić coś na liście dyskusyjnej. Od 15.01.1999 istnieje lista dyskusyjna polskich sceptyków. Chcielibyśmy, aby było to miejsce wymiany poglądów i informacji na różne tematy (...).* www.amsoft.com.pl 2005. 📖 kein Beleg
♦ *phras* **lista kolejkowa, społeczna**, *auch* **społeczna lista kolejkowa** *ugs* - »Warteliste, die von den in der Schlange nach etw. anstehenden Personen selbst erstellt wird« *Lecz przed drzwiami Rydla czekają nadal inni, spisani na „liście kolejkowej".* www.filmweb.pl 2000. *W poniedziałek o 13.00 były zapisy na staro-cerkiewno-słowiański. Byłam na uczelni parę minut po dwunastej i miałam na liście społecznej lokatę 188.* www.archipelagi.blog.pl 2002. *Pierwsi kolejkowicze ustawili się przed bankiem już w piątek 8 bm. rano. Na społecznej liście kolejkowej zapisało się łącznie 260 osób (...).* www.nowadeba.pl 2004. 📖 PS 1998, US 2003 ✎1986 NSP2
♦ **lista mailingowa** [lista mejlingowa] *Internet* »Liste, in die man seine E-Mail-Adresse eintragen kann, um dann automatisch E-Mails zu bestimmten Themen zu erhalten« - **Mailingliste**. *Należeć do listy mailingowej; prowadzić listę mailingową; wpisać się do listy mailingowej. Dodaj swój e-mail do naszej listy mailingowej.* www.fiwe.ae.krakow.pl 2004. *W każdej chwili możesz zrezygnować z przy-*

należności do listy mailingowej. www.adv.pl 2005. ▢ kein Beleg ◄engl mailing list
literatura ♦ **szara literatura** »(oft institutionsintern erschienene) Literatur, die nicht über den Buchhandel bezogen werden kann« - **graue Literatur**. *Na szarą literaturę składają się gazety, raporty, opracowania, dysertacje, dokumenty rządowe, dzienniki i almanachy, białe księgi, wyniki badań opinii, materiały konferencyjne i inne (podobne) publikacje.* www.idg.pl 2002. ▢ kein Beleg
♦ phras **literatura wagonowa** *ugs* »leichte, anspruchslose Literatur, die als preiswertes Buch häufig während der (Zug)reise gelesen wird« *Rynek czytelniczy najlepiej wchłania rozrywkę, literaturę może niezbyt wysokiego lotu, za to łatwą, przyswajalną, „wagonową".* NSP2. *(...) księgarnie na dworcach kolejowych powinny być niewyczerpanym źródłem literatury wagonowej - łatwej, przyjemnej i zabijającej czas podróży.* czytelnia.onet.pl 2005. ▢ US 2003 ✎1987 NSP2
live [lajf] *Adj/Adv, indekl* »(bes. Rundfunk, Fernsehen) als Direktsendung; in einer Direktsendung« - **live; Live-**. *Transmisja live - Live-Übertragung. Relacja, koncert, audycja live. Nagrano live w Teatrze Bagatela w Krakowie 30 czerwca 1998 roku w trakcie VIII Festiwalu Kultury Żydowskiej.* www.tylkomuzyka.pl 2005. *Jeśli chcesz wziąć udział w nagraniu live koncertu w Alchemii, zarejestruj się na forum i wypełnij sondę.* www.motion-trio.art.pl 2005. ▢ PS 1998, OiT 2001, US 2003
lizing, lizingować *s.* **leasing, leasingować**
lobbing *selten* **lobbying** [lobbiŋk] *m, G -u, Politik* »Beeinflussung von Abgeordneten o. Entscheidungsträgern (insbes. in der Politik) durch Interessengruppen« - **Lobbying**, *selten* **Lobbing; Lobbyismus**. *Agencja, praktyki lobbingu; lobbing na rzecz kogoś/czegoś; lobbing na kogoś/coś. Uprawiać, prowadzić lobbing. Co z tym lobbingiem? Ustawa o lobbingu może być tylko jednym z elementów całego systemu rozwiązań instytucjonalnych, promujących etyczne wzory postępowania.* tygodnik. onet.pl 2005. *Tam istnieje po prostu konflikt interesów, niestety, ostry lobbing, a nawet zderzające się lobbingi dosyć wpływowych grup.* www.senat.gov.pl 2005. *Prelegent namawiał do skuteczniejszego lobbyingu przedsiębiorców na rząd w celu zmniejszenia podatków.* SW. ▢ SW 1996, PS 1998, OiT 2001. *auch* ↗lobbowanie ◄engl
lobbingowy *selten* **lobbyingowy** *Adj v.* ↗lobbing, *Politik* - **Lobbying-,** *selten* **Lobbing-; Lobbyismus-**. *Klub, magazyn lobbingowy; firma, działalność lobbingowa. Jako przykład modelowej kampanii nacisku wskazuje się działania A. D., od 2000 r. szefa firmy lobbin-*gowej Cross Media, reprezentującej interesy branży piwnej i tytoniowej. Wprost 2003. *Wydaje się, że właśnie te liczby znacznie lepiej oddają wielkość środowiska lobbingowego, działającego przy instytucjach europejskich.* secure. biznespartner.pl 2006. ▢ PS 1998
lobbować [lobować, lobbować] *ipf, Politik* - **Lobbying betreiben;** (für jdn./etw.) **eintreten,** (jdn./etw.) **unterstützen,** (etw.) **betreiben,** (auf jdn./etw.) **Einfluss nehmen,** *selten* **lobbieren**. *Lobbować za czymś, na rzecz kogoś/czegoś, dla kogoś/czegoś. Będziemy lobować za obcięciem cen, ale wszystko w rękach rządu.* Polityka 2001. *Holenderski biznesmen zapewniał, że nie lobbował za uchwaleniem korzystnych dla siebie przepisów ustawy o grach losowych.* serwisy.gazeta.pl 2005 *Budowlańcy lobbowali na rzecz wprowadzenia do ustawy o VAT definicji „budownictwa mieszkaniowego".* www.isanit.pl 2005. ▢ kein Beleg
lobbowanie *n, Politik* - **Lobbying,** *selten* **Lobbing; Lobbyismus**. *Lobbowanie za rolnictwem.* www.zagroda.atomnet.pl 2005. *Lobbowanie to instrument wywierania nacisku na władzę, na decydentów, a my chciałyśmy mieć wyraźny wpływ na kształtowanie polityki unijnej.* www.oska.org.pl 2005. *Niektóre kraje wprowadzają wręcz ograniczenia praw do lobbowania. Lobbysta musi na przykład zarejestrować swoją działalność i zdawać regularne raporty.* liberter.webpark.pl 2005. ▢ kein Beleg. *auch* ↗lobbing
lobby *n, indekl* - **Lobby**. 1 »Interessengruppe, die versucht, die Entscheidung von Abgeordneten zu beeinflussen« *Potężne, wpływowe lobby; lobby naukowe, przemysłowe, rolnicze. Tworzyć lobby; należeć do lobby. Lobby górnicze naciska rząd w celu utrzymania dotacji kopalń.* OiT. *W Unii też działają różne lobby, tak jak i u nas, i starają się, żeby więcej było dla jednych, a mniej dla drugich.* www.prezydent.pl 2005. ▢ Supl 1994, SW 1996, PS 1998, IS 2000, US 2003 **2** »einflussreiche Gruppe in bestimmten Kreisen, Unternehmen usw.« *Lobby ochrony środowiska w fabryce.* US. ▢ US 2003 ◄engl
lobbysta *m, G ~ty, Npl ~yści* »jd., der Entscheidungsträger (insbes. Abgeordnete) für seine Interessen zu gewinnen sucht« - **Lobbyist**. *Działania lobbysty. Wynająć lobbystę; zlecić coś lobbyście. (...) Nie rozumieją, że ktoś, kto mówi, iż wszystko może załatwić za pieniądze, to nie lobbysta, ale łapówkarz.* Wprost 2003. *Wytrawnemu lobbyście po prostu nie opłaca się uciekać do metod działania sprzecznych z etyką zawodową.* www.e-click.pl 2005. ▢ SW 1996, PS 1998, US 2003 ✎1989 NSP2 ◄engl
lobbystka *f v.* ↗lobbysta - **Lobbyistin**. *Nie schodzi z ekranów telewizyjnych i gazet głów-*

na lobbystka podatku liniowego - przewodnicząca Federacji Pracodawców Polskich Henryka B. www.tygodniksolidarnosc.pl 2005. ▭ kein Beleg

lobbystyczny, lobbistyczny *Adj* »Lobbying betreibend« - **Lobby-; lobbyistisch**. *Strategia lobbystyczna; układy lobbystyczne. Trzeba było podjąć wcześniej działania lobbystyczne.* OiT. *Nikt nie zarzuci natomiast środowisku lobbystycznemu, że jest przeciwne prawnemu uregulowaniu takiej działalności.* www.finanse.wp.pl 2005. *Uważam, że jest to lobbystyczny spisek, mający na celu zmonopolizowanie rynku komentatorskiego w Polsce.* www.komentatorzy.soccer.com.pl 2002. ▭ SW 1996, PS 1998, IS 2000, US 2003 ⌘ 1986 NSP2

loft *m, G -u, Npl -y* »aus (der Etage) einer Fabrik umgebautes Atelier o. Wohnung« - **Loft**. *Pofabryczny loft. Mieszkać, pracować w lofcie; kupić, zagospodarować loft. Ten loft znajduje się w środku Melbourne. Przy małej ulicy. Był kiedyś drukarnią. Nadal z zewnątrz przypomina budynek przemysłowy, bowiem fasada pozostała niezmieniona.* Wysokie Obcasy 2000 (K). *Na Szmulkach powstają lofty. Są to przestrzenne, widne, stylowe budynki pofabryczne przerobione na biura, pracownie, galerie, teatry, kluby, a nawet mieszkania.* www.fabrykatrzciny.pl 2005. ▭ kein Beleg ⌐engl

login *m, G -u, Npl -y, Computer - (zum Einloggen in einen Computer)* **Benutzerdaten**. *Jeżeli nie pamiętasz swojego loginu lub hasła, wpisz swój adres e-mail, który podałeś podczas rejestracji, a system wyśle na niego Twój login i hasło.* www.mojatapeta.com 2006. *Dlaczego w powiadomieniach o rejestracji z takim naciskiem piszecie, żeby loginy i hasła trzymać poza komputerem?* www.rejestrator.net 2006. ▭ kein Beleg. *vgl. auch* ↗logowanie ⌐engl
! bezeichnet im Dt. den Vorgang 'Einloggen'

logistycznie *Adv v.* ↗logistyczny - **logistisch**. *Wspierać, opracować coś logistycznie; być logistycznie przygotowanym do czegoś. Państwo powinno zacząć wspierać finansowo i logistycznie ubezpieczenia produkcji rolnej w naszym kraju.* www.miesiecznik.ryzyko.pl 2005. *Władze Indii nie są chyba logistycznie przygotowane do udzielania informacji o zniszczonych terenach, to są ogromne obszary.* www.radio.com.pl 2005. ▭ IS 2000

logistyczny[NB] *Adj v.* ↗logistyka - **logistisch; Logistik-**. *Operator logistyczny; obsługa, baza logistyczna; centrum logistyczne; służby, systemy logistyczne. Pomimo początkowych trudności logistycznych planowaną superprodukcję zrealizowano w dwa miesiące.* IS. *Ten dział firmy zajmuje się wszelkimi czynnościami logistycznymi.* OiT. ▭ PS 1998, IS 2000, US 2003

logistyk[NB] *m, G -a, Wirtschaft* »Spezialist, der in einem Unternehmen für die Versorgungskoordination zuständig ist« - **Logistiker; Logistik-Fachmann**. *W Biurze Głównym nasi logistycy pracują w działach: planowania, obsługi klienta oraz zakupów korporacyjnych.* www.unilever.pl 2006. ▭ PS 1998

logistyka[NB] *f* - **Logistik. 1** »Planung u. Organisation eines komplexen Vorhabens, an dem zahlreiche Personen beteiligt sind« *Sprawami związanymi z organizacją i logistyką przedsięwzięcia zajmował się dr Krzysztof B. - młody chirurg, koordynator badania.* www.kardiochirurgia.net.pl 2002. ▭ PS 1998, IS 2000, US 2003
2 *Wirtschaft* »Gesamtheit aller Aktivitäten eines Unternehmens, die die Beschaffung, die Lagerung u. den Transport von Materialien u. Produkten betreffen« *Dział, departament, sektor, branża logistyki. Celem szkolenia jest przygotowanie jego uczestników do sprawnego zarządzania logistyką w swoich przedsiębiorstwach.* www.szkolenia.com.pl 2005. ▭ OiT 2001 ⌐engl logistics

logo *n, indekl oder G -a* »Marken-, Firmenzeichen« - **Logo**. *Logo firmy, partii, zespołu, instytucji; loga na komórkę, telefon. Oto kolorowe animowane wygaszacze ekranu z logami firmowymi Motorola.* www.mojekartki.pl 2005. *Dzięki logom możesz się pozbyć denerwującego napisu era, idea, plus gsm ze swojego telefonu. Pozwoli ci to mieć niekomercyjny telefon.* www.logosy.u3.pl 2005. ▭ SW 1996, PS 1998, IS 2000, US 2003 ⌐engl

logować się *ipf /* **zalogować się** *pf, Computer* »durch Eingabe von Benutzername u. Passwort die Verbindung zu einem Computer herstellen« - **sich einloggen**. *Logować się do sieci, serwera, programu; logować się na konto, na jakiejś stronie; logować się w witrynie. Wpisywanie hasła za każdym razem, gdy się logujesz, jest niezbędną procedurą, która służy zapewnieniu Ci bezpieczeństwa podczas korzystania z naszych usług.* pl.sportingbet.com 2005. *Zalogował się do sieci i nawiązał kontakt z serwerem.* OiT. *Piszę jako gość, bo forum nie bardzo chce mnie zalogować, tzn. zaloguje, ale po kilku przejściach z tematu do tematu wylogowuje tak samo z siebie.* www.mozillapl.org 2005. ▭ PS 1998, OiT 2001, US 2003. *seltener* ↗wlogować ⌐engl to log in

logowanie (się) *n, v.* ↗logować (się), *Computer* - **Einloggen; Login**. *Logowanie się do sieci, serwera, programu. Zarejestrowanie się i logowanie w naszej witrynie jest Twoją dobrowolną decyzją, umożliwiającą Ci pełniejsze korzystanie z witryny.* www.mambo.zwiastun.net 2004. ▭ PS 1998, US 2003. *vgl. auch* ↗login

lojalka* *f, ugs* »Loyalitätserklärung gegenüber der Regierung, einem (fremden) Staat o. Vorgesetzten« - *neutral* **Loyalitätserklärung.** Podpisać lojalkę. *Zastępca kierownika kadr (...) wzywa do siebie kolejno i zmusza do podpisania lojalki.* NSP2. *Nigdy nie podpisywałem lojalki wobec władz (...).* www.ipn.gov.pl 2006. ⌑ Supl 1994, SW 1996, PS 1998, IS 2000, US 2003 ✐1986 PP

lokalizacja ♦ lokalizacja oprogramowania *EDV* »Anpassung einer Software an die sprachlichen u. kulturellen Gegebenheiten eines Landes bzw. Sprachgebiets« - **Softwarelokalisierung.** Implementacja lokalizacji oprogramowania. *Państwa firma może nam zlecić całość usług związanych z lokalizacją oprogramowania: lokalizujemy elementy programu, wymagające tłumaczenia, pliki pomocy, podręczniki użytkownika w wersji książkowej oraz elektronicznej.* www.transsoft.seo.pl 2004. *Aktualnie trwają prace nad lokalizacją oprogramowania. (...) dokładam wszelkich starań, aby polska wersja wygaszacza pojawiła się jak najszybciej.* www.wyluzuj.com 1999. ⌑ kein Beleg ◄engl software localization

lokomotywa^NB *f* »jd. o. etw. besonders zugkräftig Wirkendes« - **Lokomotive, Zugpferd.** Lokomotywa gospodarki, przemysłu, wyborów, Europy Wschodniej. *Budownictwo mieszkaniowe może się stać lokomotywą całej gospodarki.* SW. *Występuje jako solista, tu i ówdzie zasiada w jury, przygotowuje i prowadzi koncerty, jest lokomotywą różnych muzycznych przedsięwzięć.* www.guru.art.pl 2005. *Globalizacja jest i zawsze była lokomotywą postępu, pozwalającego kulturom wzbogacać się o nowe wartości.* www.sikorski.fol.pl 2005. ⌑ SW 1996, PS 1998, IS 2000, US 2003 ✐1990 NSP2

long drink *m, G* long drinka, *Npl* long drinki »mit Soda, Eiswasser usw. verlängerter, in hohen Gläsern servierter Cocktail« - **Longdrink.** Hawajski long drink. *Ten long drink idealnie nadaje się do podania po posiłku.* www.palcelizac.pl 2006. *Natomiast long drinki serwowane w wysokich szklanicach, obowiązkowo podaje się z rurką. (...) Long drinki można pić nieco dłużej, zwłaszcza te z lodem.* pl.wikipedia.org 2006. ⌑ PS 1998 ◄engl

lotion [lotjon] *m, G -u, Kosmetik* »Emulsion zur Pflege von Haut o. Haaren« - **Lotion.** Lotion nawilżający; lotion do skóry suchej, do włosów. Wmasować lotion w skórę. *Lotion z żeńszeniem, czarną rzodkwią i olejem rycynowym. Intensywnie regeneruje i wzmacnia.* www.pasaz.wp.pl 2005. ⌑ PS 1998, OiT 2001, US 2003 ◄engl

lottomat *m, G -u* »Gerät, das automatisch Spielreihen tippt u. diese auf den Lottoscheinen ankreuzt« - **Lottoautomat,** *selten* **Lottomat.** Obsługiwać lottomat. *Zainstalowany w lottomacie skaner automatycznie sprawdza zakreślone pola, posługując się właśnie prostą aplikacją OCR.* www.pckurier.pl 2005. *Jedenaście tysięcy terminali (zwanych lottomatami) tworzy największą w kraju sieć sprzedaży działającą w czasie rzeczywistym (system on-line).* serwis.lotto.pl 2005. ⌑ SW 1996, PS 1998, US 2003 ✐Bogusławski/Wawrzyńczyk 1993

lumpeks *m, G -u, Npl -y, ugs, meist scherzhaft* »Geschäft mit billiger, gebrauchter Kleidung« - *neutral* **Secondhandshop.** Ubranie, ciuchy z lumpeksu. Nosić coś z lumpeksu; ubierać się w lumpeksie. *Ja sama mam ciuchy z lumpeksu - i to niekiedy całkiem nowe, takie, których nie byłabym w stanie kupić w sklepie - bo też mnie nie stać.* www.miriam76.blog.onet.pl 2005. *Na Ładnej jest lumpeks, gdzie jest cały wieszak z odzieżą ciążową.* www.happymum.pl 2005. ⌑ PS 1998, IS 2000, US 2003. *auch* ↗ciucholand, ↗szmateks, *s. auch* ↗second hand

lumpeksowy *Adj v.* ↗lumpeks, *ugs* - **Secondhand-.** *Lumpeksowy biznes atakuje Warszawę. Sklepy z odzieżą używaną pojawiły się nawet w Śródmieściu, na prestiżowych ulicach.* lumpeksy.pl 2005. *A lumpeksowe wyprawy to prawdziwe łowy. Przerzucam sterty ciuchów, przeglądam wieszak po wieszaku, aż znajdę coś ekstra.* miasta.gazeta.pl 2005. ⌑ kein Beleg

lumpen- *als erstes Glied in Zusammensetzungen in der Bedeutung* ,minderwertig, armselig, jämmerlich' *Politikjargon, abwertend -* **Lumpen-.** Lumpen-inteligencja, lumpen-pisarz, lumpen-kultura. ⌑ kein Beleg

lumpenliberalizm *m, G -u, Politikjargon, verächtlich* »die infolge der Reformen nach der politischen Wende 1989/90 in Polen eingeführte - nach Ansicht konservativer Kräfte zu liberale - Wirtschafts- u. Staatsordnung« - **Lumpenliberalismus.** *„Lumpenliberalizm" - przez podobne brzmienie może też kojarzyć się z lumpenproletariatem, co wzmacnia negatywne zabarwienie tego terminu i sugeruje zdegenerowaną formę liberalizmu.* pl.wikipedia.org 2007. *Jarosław Kaczyński użył słowa lumpenliberalizmu, aby nazwać układ, który jego zdaniem zdominował III RP.* pl.wikipedia.org 2006. ⌑ kein Beleg

◄in Analogie zum marxistischen Begriff ,Lumpenproletariat'

lumpenliberalny *Adj, Politikjargon, verächtlich -* **lumpenliberal.** *Elektorat liberalno-konserwatywny wcale się w Polsce nie powiększył. To maksymalnie 15%. Reszta wyborców PO to elektorat lumpenlewicowy i lumpenliberalny.* wiadomosci.onet.pl 2006. *Teraz przyszłość narodu nie czyta nic, tylko słucha prezesa. Dozwolony jest tylko Nasz Dziennik, reszta to lumpenliberalne łże-media.* galba.blox.pl 2006 ⌑ kein Beleg

lumpenliberał *m, G -a, Npl -owie, Politikjargon, verächtlich* - **Lumpenliberaler.** *Lumpenliberałowie niewątpliwie stanowią część lżeelity, a lże-elita to elita, która mija się z prawdą, w szczególności w kwestii rozpoznania przyczyn wszelkiego zła i sposobów jego naprawy.* forum.muratordom.pl 2006. *Liderzy PiS zaliczyli do „lumpenliberałów" zarówno PO jak i SLD, a flagowym symbolem tego „układu" miał być ich zdaniem Leszek Balcerowicz oraz jego działalność w NBP.* pl.wikipedia.org 2006. ▭ kein Beleg

lunch [lancz], **lancz** *m, G -u, Npl -e* »(ursprünglich in den angelsächsischen Ländern) kleinere, leichte Mahlzeit in der Mittagszeit« - **Lunch.** *Lekki lunch; pora lunchu; zaprosić kogoś na lunch. Dwa hamburgery, cola i lunch zjedzony.* OiT. *Jakiś czas później miałam okazję zobaczyć, jak jadła lancz z szefem, i od razu zrozumiałam.* ksiazka.nf.pl 2005. ▭ Supl 1994, SW 1996, PS 1998, IS 2000, US 2003 ✎1986 NSP2 ◁engl

lunchowy, lanczowy *Adj v.* ↗lunch - **Lunch-.** Pakiet lunchowy - Lunchpaket. Zestaw, bufet lunchowy; przerwa, pora lunchowa. *To raczej gustowny barek lunchowy, który codziennie serwuje (za pośrednictwem znajomości) inne danie.* serwisy.gazeta.pl 2005. *Wracam z przerwy lanczowej, spotykam koleżankę, która jest jeszcze ciągle w firmie (...).* powtoorka-zrozrywki.blog.pl 2003. ▭ kein Beleg

lustracja[NB] *f, Politik* »Überprüfung von Politikern u. Inhabern öffentlicher Ämter auf Kontakte zum (polnischen) Sicherheitsdienst in der Zeit vor 1989« - **Durchleuchtung, Überprüfung,** *selten* **Lustration**. *Dokonać lustracji, przeprowadzić lustrację. Lustracja to procedura, polegająca na sprawdzaniu powiązań i ujawnianiu współpracy obywateli ze służbami bezpieczeństwa w byłych państwach komunistycznych. Lustracja została przeprowadzona m.in. w Czechach i byłej NRD.* www.ceo.org.pl 2005. *Lustracją mieliby zostać objęci m.in. rektorzy, prorektorzy, dziekani uczelni państwowych i niepaństwowych.* www.centrumwroclaw.org.pl 2006. ▭ SW 1996, PS 1998, IS 2000, US 2003 ✎1992 NSP2

lustracyjny[NB] *Adj v.* ↗lustracja - **Durchleuchtungs-, Überprüfungs-;** *selten* **Lustrations-**. Ustawa lustracyjna - Durchleuchtungsgesetz. Przepis, proces lustracyjny; komisja lustracyjna; postępowanie lustracyjne. *Rokita jest przeciwny lustracji. Uważa jednak, że „dziś procedura lustracyjna jest nie do powstrzymania".* NSP2. ▭ SW 1996, PS 1998, IS 2000, US 2003 ✎1992 NSP2

♦ **Sąd Lustracyjny, sąd lustracyjny** »(bis 2006) Kammer am Warschauer Berufungsgericht, die Inhaber staatlicher bzw. öffentlicher Ämter auf Kontakte zum (polnischen) Sicherheitsdienst vor 1989 überprüft« - **Lustrationsgericht.** Wezwać sąd lustracyjny. *W Sądzie Apelacyjnym w Warszawie tworzy się Wydział do Spraw Lustracji - Sąd Lustracyjny, zwany dalej „Sądem Lustracyjnym".* www.abc.com.pl 1997. *Prokurator prowadzący sprawę otrzymał od sądu lustracyjnego prawo wglądu do akt.* www.trybuna.com.pl 2004. ▭ PS 1998
! entspricht funktionell der deutschen Gauck- bzw. Birthler-Behörde, die jedoch - im Gegensatz zu ihrem polnischen Pendant - über keine Vollmachten eines Gerichts verfügt

lustrator[NB] *m, G -a, Npl ~rzy, Politik* - »Beamter, Prüfer, der Personen auf die Kontakte zum (polnischen) Sicherheitsdienst vor 1989 überprüft« *Dziennikarz zauważa, że wszyscy lustratorzy zapominają jednak, że to, co robią, robią na dziko. „Bo obowiązujące w Polsce prawo stanowi, że od lustracji polityków jest rzecznik interesu publicznego i sąd lustracyjny".* www.trybuna.com.pl 2005. *W najgłębszej pogardzie mam wszystkich zawodowych i „społecznych" lustratorów. W ogóle mam dość wiecznego babrania się w przeszłości.* www.wiadomosci24.pl 2006. ▭ SW 1996, PS 1998, US 2003

lustrować[NB] *ipf / z***lustrować** *pf, Politik* - **durchleuchten,** (auf Kontakte zum Sicherheitsdienst vor 1989) **überprüfen.** Lustrować posłów na sejm, urzędników, służby bezpieczeństwa. *Czy jest możliwe to, żeby lustrować wszystkich urzędników państwowych?* OiT. *Antoni M., Bogdan P. i inni im podobni najchętniej by zlustrowali cały kraj w poszukiwaniu spisku dziejów wobec tych lepszych Polaków.* www.tarnobrzeg.info 2005. ▭ SW 1996, PS 1998, IS 2000, US 2003

luz ♦ *phras* **na luzie** *ugs* »zwanglos, locker; einfach, ohne Anstrengung« - **cool, locker, entspannt.** (Ktoś, coś) na luzie; facet, życie na luzie. Robić, traktować coś na luzie; być, żyć na luzie; zdać egzamin na luzie. *Dzień bez stresu funduj sobie raz w tygodniu, a będziesz na luzie przez cały tydzień.* www.przyjaciolka.pl 2005. *Chcesz mieć bilety na ten koncert? Mogę ci je załatwić na luzie.* PSF. *Słuchacze naszego radia cenią sobie styl na luzie.* IS. *Jest to lokal na luzie i dla ludzi na luzie. Polecam, jeśli chcecie się dobrze zabawić.* www.cracow-life.com 2005. ▭ Supl 1994, SW 1996, PS 1998, IS 2000, US 2003 ✎1983 PP. *auch* ↗luzacki, luzacko

luzacki *Adj,* **luzacko** *Adv, Jugendsprache, ugs* - **cool, locker, entspannt.** Luzacki styl, sposób bycia; luzacka odpowiedź; luzackie podejście. Luzacko podchodzić do czegoś. *Nie miała nic przeciw kolegom córki, nawet gdy pytali, czy mogą się u niej przechować, bo w szkole akurat klasówka. - Luzacką masz starą! - mówili potem Agnieszce i to wystarczyło, by doszła do* *wniosku, że mama jest jednak okey.* Twój Styl 1996 (K). *Luzacki styl życia rockmanów z zespołu Stillwater wiąże się z beztroskim brakiem odpowiedzialności, egoizmem i, oczywiście, z rozwiązłością seksualną.* www.oceandvd.pl 2005. *My mamy się nie dziwić, że magistrowie luzacko podchodzą do zajęć, bo dostają marną kasę, a poza tym pracują nad doktoratami i habilitacjami?* studia.interia.pl 2006. 🕮 SW 1996, PS 1998, IS 2000, US 2003 ✎1987 NSP2

luzactwo *n, Jugendsprache, ugs* - **Lockerheit, Coolness.** *Samodzielność i niezależność są cechami wysoko cenionymi, oczekuje się ich już od dorastającej młodzieży. Niemieccy rówieśnicy starają się więc zachowywać w sposób demonstrujący pewność siebie, luzactwo i niekonwencjonalność (...).* www.dpjw.org 2006. 🕮 kein Beleg

luzak[NB] *m, G -a, Npl ~acy, Jugendsprache, ugs* »jd., der sehr zwanglos, leger ist« - **lockerer, cooler Typ.** *Kocham Eminema, bo jest sobą. Zawsze mówi to, co myśli. Jest totalnym luzakiem i dlatego olewa tych, którzy źle o nim mówią.* www.muzyka.onet.pl 2001. 🕮 SW 1996, PS 1998, IS 2000, US 2003 ✎1989 NSP2

♦ *phras* **na luzaku** *Jugendsprache, ugs* »zwanglos, leger« - **cool, locker.** *Ktoś/coś na luzaku. Zrobić coś na luzaku. Heeh szkoda, że faceci nie przyznają się do tego tak na luzaku, gdy się ich o to pyta.* forum.mportalik.com 2005. *(...) jako fajnego faceta, z którym zawsze można na luzaku pogadać.* www.wosp.org.pl 2005. 🕮 kein Beleg. *s. auch* ↗**na luzie, luzacko**

lycra [lajkra] *f* »äußerst elastische Kunstfaser; auch Stoff u. Kleidung aus dieser Faser« - **Lycra.** *Rajstopy, sweterek z lycry; body z lycrą. Poszukuję tkanin z lycrą, gładkich do produkcji sukienek do tańca towarzyskiego dla klasy D.* www.tkaniny.com.pl 2005. *Wiele kobiet woli lycry, dlatego że mają połysk.* IS. 🕮 Supl 1994, SW 1996, PS 1998, IS 2000, US 2003 ✎1991 NSP2 ◄Kunstwort der Herstellungsfirma

lycrowy [lajkrowy] *Adj v.* ↗**lycra** - **Lycra-.** *Lycrowy kostium; lycrowe ubranko. Michelle powiedziała, iż cieszy się, że w skąpy kostium Kocicy przebierze się tym razem powabna Halle Berry - aktorka przyznaje, że nienawidziła lycrowego stroju swojej bohaterki.* film.wp.pl 2003. 🕮 kein Beleg

Ł

ładować ♦ *phras* **ładować akumulatory** *s.* **akumulator**
ładowarka[NB] *f* »Gerät zum Aufladen von Akkumulatoren, Batterien usw.« - **Ladegerät**. Szybka ładowarka - Schnellladegerät. Ładowarka (do) akumulatorów, baterii. *Standardowa ładowarka sieciowa, zasilana z gniazdka sieciowego 230 V, przeznaczona do ładowania pakietów niklowych (NiCD i NiMH) o napięciu łącznym 7,2 V.* www.modele.sklep.pl 2006. *Czy mogę ją ładować ładowarką o prądzie ładowania 300mA - proszę o odpowiedź.* www.zabawki-modele.pl 2006. 🕮 PS 1998
lał *s.* **wow**
łapanka ♦ *phras* **ktoś z łapanki** *ugs, scherzhaft* »jd., der gezwungenermaßen (u. eher zufällig) eine bestimmte, von anderen nicht gewollte Aufgabe verrichten muss« - jd. **von der Straße; der Erstbeste**. Minister, premier, burmistrz z łapanki. Prezes z łapanki do Więcborka? www.medyczna.bydgoszcz.pl 2004. *Ojciec został członkiem komitetu rodzicielskiego z łapanki.* US. *Mam brać reżyserów, przepraszam za kolokwializm, z łapanki? - przekonuje dyr. Orzechowski.* www.teatry.art.pl 2005. *Radni z łapanki - pożytku z nich raczej nie będzie. Dlatego poważnie zastanowię się, czy nie oddać głosu na kandydata startującego z listy partii.* jankowice.terramail.pl 2005. 🕮 IS 2000, US 2003 ✍Bogusławski/Wawrzyńczyk 1993
lata[NB] *f, EDV* »Korrektur-Software zur Schließung von Sicherheitslücken bzw. zur funktionalen Aufrüstung« - **Patch**. Zainstalować łatę. *We wtorek Microsoft udostępni uaktualnioną wersję swojej łaty MS06-015. Pierwotna łata miała usunąć lukę krytyczną Eksploratora Windows, jednak niektórzy użytkownicy oprogramowania niepochodzącego od firmy Microsoft zgłosili, że łata ta powoduje pewne problemy.* www.viruslist.pl 2006. 🕮 kein Beleg. *auch* ↗patch ◁engl patch
law(k)a ♦ *phras* **grzać ław(k)ę** *Sportjargon* »meist im Fußball: für ein Spiel nur als Reservespieler vorgesehen sein« - **auf der Ersatzbank** o. **Reservebank sitzen**. *On nie lubi, jak mu się przypomina to, że w lidze angielskiej tylko grzał ławkę.* www.komentatorzy.soccer.pl 2005. *STAL jest jedyną polską drużyną na dobrym poziomie, gdzie obcokrajowcy grzeją ławę, a Polacy grają w pierwszej piątce.* www.e-basket.pl 2005. 🕮 PS 1998, US 2003
łącze ♦ **stałe łącze (internetowe** *oder* **do Internetu)** *Computer* »meist (Fest)verbindung eines Standortes zum Internet mit Hilfe eines ISDN-* o. *DSL-Zugangs«* - **(DSL-, ISDN-)Internetzugang; (Internet)standleitung**. Podłączyć kogoś/coś do stałego łącza; ładować coś szybko na stałym łączu. *Wyposażenie biblioteki w stałe łącze internetowe stwarza bibliotece nowe możliwości, ale równocześnie stawia nowe wyzwania.* www.biblioteka.edu.pl 2001. *We wrześniu Dialog wprowadzi usługę stałych łączy internetowych - są to pierwsze w Polsce łącza stałe z gwarantowanym poziomem serwisu i jakości.* www.biznesnet.pl 2005. 🕮 kein Beleg
łowca ♦ *phras* **łowca głów** »jd., der Führungs- u. Fachkräfte abwirbt« - **Headhunter, Kopfjäger**. *„Łowcy głów" wysyłają np. pocztę elektroniczną z ofertą wyższych zarobków (...) do wszystkich inżynierów w firmie.* PSF. *Zawód headhunter - bez tajemnic. Coraz większa konkurencja na rynku pracy, zabieganie przez pracodawców o najlepszych specjalistów, poszukiwanie osób jak najbardziej kompetentnych, dzięki którym firma mogłaby „wybić" się jak najwyżej - to wszystko dało początek powstania nowego zawodu - „łowców głów".* www.praca.interia.pl 2005. 🕮 PSF 2000, US 2003. *auch* headhunter ◁engl headhunter
♦ *phras* **łowca skór**[NB] *ugs* »jd. (meist ein Mitarbeiter des Gesundheitswesens), der Informationen über den Tod eines Patienten an ein Bestattungsinstitut verkauft« - **Leichenhändler, Leichenjäger**. *Łowcy skór - reportaż o łódzkich handlarzach zwłok. W łódzkim pogotowiu od ponad dziesięciu lat handluje się zwłokami zmarłych pacjentów. Kto sprzedaje? Niektórzy lekarze, sanitariusze, kierowcy karetek i dyspozytorzy. Kto kupuje? Łódzkie zakłady pogrzebowe. Ciało zmarłego w pogotowiu nazywa się „skórą". Za jedną skórę płaci się dziś 1200-1800 zł.* serwisy.gazeta.pl 2002. *Po raz drugi nie doszło do przesłuchania przed łódzkim sądem jednego z kluczowych świadków oskarżenia w procesie tzw. „łowców skór".* www.tvp.pl 2005. 🕮 kein Beleg. *vgl. auch* handel ↗skórami, ↗nekrobiznes
♦ *phras* **łowca talentów** »jd., der nach talentierten (jungen) Personen sucht, insbes. für die Film- u. Musikindustrie sowie für den Sport« - **Talentscout, Talentjäger, Talentsucher**. *Kolejnym ważnym momentem w karierze Daniela okazało się akustyczne wykonanie popularnej piosenki w programie Top of The Pops. Oglądał go łowca talentów firmy P. - Simon G., który zdał sobie sprawę, że Daniel ma większy*

potencjał i, nie zwlekając, zaproponował mu kontrakt. www.cogito.com.pl 2005. *Gdy miał 9 lat dostrzegł go łowca talentów Dynama Kijów i Andrij od tej pory związany był z „chlubą Ukrainy".* www.worldsoccer.friko.pl 2005. IS 2000, US 2003. *auch* ↗skaut
♦ *phras* **łowca trendów** »jd., der im Auftrag von Firmen neuste (Mode)trends aufspürt, der insbesondere bei jungen Leuten ausforscht, was „in" ist« - **Coolhunter, Trendscout, Trendjäger**. *Czy wiesz, że twój ubiór, gadżety i wiele innych rzeczy, których używasz na co dzień, mogą być efektem pracy cool huntera, czyli łowcy trendów?* www.cvmarket.pl 2005. *Cool hunter dosłownie oznacza łowcę trendów czyli tego, co pojawia się jako nowość na przykład w ubiorach, wnętrzach i wszelkich gadżetach i przekazywanie tej wiedzy firmom. Dzięki temu producenci wiedzą, w jaki sposób zaprojektować nowy produkt, by ten stał się przebojem na rynku.* www.radio.com.pl 2006. kein Beleg. *auch* cool hunter

łysy[NB] *m, G -ego, Npl ~si, Jargon* »Jugendlicher mit rechtsradikalem Hintergrund, dessen auffälliges Kennzeichen der kurz oder kahl geschorene Kopf ist« - **Glatze, Glatzkopf; Skin**. *Nie jestem przeciwko nowemu stadionowi, ale w odczuciu ludzi to „kibice" Legii wywołali zamieszki, zniszczyli Starówkę, a teraz mają im budować nowy stadion? Żeby po meczach awanturowało się nie 6 tys. łysych tylko 2-3 razy więcej?* www.legia.net 2006. kein Beleg. *auch* ↗skin, *s. auch* ↗skinhead

łyżworolka *f, meist im Pl* **łyżworolki** »Rollschuh mit schmalen, in einer Reihe hintereinander angeordneten Rollen« - **Inlineskate(r); Rollerblade, Inline(r)**. Jazda na łyżworolkach - Inlineskating. Jeździć na łyżworolkach - (roller)bladen, (inline)skaten, inlinen. *Zestaw ochraniaczy o. protektorów, kask do jazdy na łyżworolkach. Trenować jazdę na łyżworolkach. Młodzież szaleje na łyżworolkach. IS. Łyżworolki występują w wersjach z kółkami w liczbie trzech do pięciu.* www.fitness-polska.com.pl 2005. SW 1996, PS 1999, IS 2000, US 2003. *auch* ↗roller

łyżworolkarz *m, G -a, Npl -e, seltener* **łyżworolkowiec** *m, G ~wca, Npl ~wcy* - **(Inline-)skater, Inliner, (Roller)blader**. *Drogi, place, ulice, trasy dla łyżworolkarzy. Plan przedstawia centrum sportowo-rekreacyjne ze skateparkiem, lodowiskiem, trasami dla łyżworolkarzy i rowerzystów (...).* www.iph.krakow.pl 2004. *Pełne wyposażenie łyżworolkowca powinno być uzupełnione o ochrony łokci i kask.* www.jerzyrosa.com 2005. SW 1996, PS 1999, US 2003. *auch* ↗roller, ↗rolkarz

łże- *als erstes Glied in Zusammensetzungen in der Bedeutung* ‚nur dem Anschein nach, nicht wirklich jd. oder etw. sein; verlogen, heuchlerisch, falsch' *Politikjargon, abwertend* - **Schein-, Pseudo-; Lügen-**. Łże-logika, łżedziennik, łże-autorytet, łże-koalicja. kein Beleg 1988 NSP2 ◁russ

łżedemokratyczny, łże-demokratyczny *Adj, Politikjargon, abwertend* »nur dem Anschein nach demokratisch« - **pseudodemokratisch, scheindemokratisch**. *Doskonałe zakłamanie łżedemokratycznych elit ilustruje PPP - Program Powszechnej Prywatyzacji (...).* www.nczas.com 2006. *No właśnie tym się różniła łże-demokratyczna III RP od demokratycznej IV RP, że w tej pierwszej szefowie i członkowie PiS mogli walić w prezydenta i wszystkie organy państwowe jak w bęben, a w tej drugiej prokuratura ściga emeryta za e-maile z jpgami żartującymi z prezydenta z PiS.* warszawski.blox.pl 2006. kein Beleg

łżeelita, łże-elita *f, Politikjargon, abwertend* »verlogene Elite(n); scheinbare, falsche Elite(n) - **Lügen-Elite(n); Pseudoelite(n), Scheinelite(n)**. *Lumpenliberałowie niewątpliwie stanowią część łże-elity, a łże-elita to elita, która mija się z prawdą, w szczególności w kwestii rozpoznania przyczyn wszelkiego zła i sposobów jego naprawy.* forum.muratordom.pl 2006. *Ostatnio marszałek Jurek, tłumacząc słowa prezesa (...) wyjaśnił, że „łże" to rusycyzmy funkcjonujące w naszym języku, i oznaczają ni mniej ni więcej jak... „niby". Czyli łże-elity to niby-elity.* galba.blox.pl 2006. kein Beleg

łże-inteligent *m, G -a, Npl ~ci, Politikjargon, abwertend* - **Pseudo-Intelligenzler**. *My, łże-inteligenci (tfu!), powinniśmy się trzymać razem.* twojepc.pl 2006. *Inteligent to taki, co czyta GW, Politykę i Tygodnik Powszechny (powiedział niejaki Jedlicki). Koń by się uśmiał. - To był łże-inteligent.* galba.blox.pl 2006. kein Beleg. *vgl. auch* ↗wykształciuch

łże-media *nur Pl, Politikjargon, abwertend* »Medien, die Lügen verbreiten« - **Lügenmedien**. *Teraz przyszłość narodu nie czyta nic, tylko słucha prezesa. Dozwolony jest tylko ND, reszta to lumpenliberalne łże-media.* galba.blox.pl 2006. kein Beleg

M

macho [maczo] *m, indekl, ugs, häufig verächtlich* »sich (übertrieben) männlich gebender Mann« - **Macho**. Prawdziwy, stuprocentowy macho. Zgrywać się na macho. *Gdy w grę wchodzi prawdziwa miłość, zimni macho i mężczyźni zakochani w sobie nie mają u kobiet szans (...).* IS. ⌸ Supl 1994, SW 1996, PS 1999, IS 2000, US 2003 ⌀1990 NSP2 ◁span

mail, mailować, mailowy *s.* **e-mail, e-mailować, e-mailowy**

mailing [mejliŋk] *m, G -u* **a)** »Versand von Werbematerial mit der Post« - **Mailing**. *Mailing pozwala dotrzeć do ogromnej rzeszy konsumentów przy stosunkowo niskich kosztach.* PS. ⌸ PS 1999 **b)** *auch* ↗**e-mailing** *m, Internet* »Versand von Werbematerial per E-Mail« - **(E-)Mailing**. *Reklamodawca jest zobowiązany do dostarczenia kreacji mailingu w formacie HTML lub TXT oraz do podania następujących informacji: dokładna nazwa oraz adres reklamodawcy, tytuł maila, adres zwrotny poczty elektronicznej, na który będą przesyłane ewentualne odpowiedzi na maila.* www.idmnet.pl 2006. *Przekaz reklamowy w e-mailingu może być ubrany zarówno w zwykły tekst jak też w kolorowe, animowane prezentacje.* www.e-mage.pl 2006. ⌸ kein Beleg. ◁engl

mailingowy [mejlingowy] *Adj v.* ↗mailing **a)** - **Mailing-**. *Oferujemy zarówno pełną usługę mailingową, tzn. kopertowanie dostarczonych materiałów oraz wysyłanie ich pod ustalone adresy, jak również etykietowanie kopert i ich wysyłkę.* PS. ⌸ PS 1999 **b)** *auch* **e-mailingowy** *Internet* - **(E-)Mailing-**. *Jest już dostępna najnowsza wersja oprogramowania Jet.Mail - inteligentnego systemu e-mailingu, służącego do realizacji internetowych kampanii mailingowych, wysyłki cyklicznych newsletterów oraz audytu wysyłek prowadzonych przez portale i witryny tematyczne.* informatyka.serwis.pl 2006. ⌸ kein Beleg

makdonaldyzacja, makdonalizacja *f* »Übernahme von Mustern amerikanischer Massenkultur u. Lebensart durch andere Länder« - **Mcdonaldisierung**. *Makdonalizacja społeczeństwa, kultury. Triumfy makdonaldyzacji zbiegają się w czasie z całkowitym załamaniem się wszelkich ideologii, które oferowały masom obietnicę lepszego, szczęśliwszego życia.* www.merlin.com.pl 2005. *Globalizacja powoduje amerykanizację kultury światowej, zwaną makdonalizacją kultury; i to nie tylko za sprawą wszechobecnej szybkiej żywności tzw. fast food, ale poprzez cały przemysł rozrywkowy: kino, muzykę i telewizję.* www.forum.iaw.pl 2004. ⌸ OiT 2001 ◁nach der weltweit agierenden amerikan. Fastfoodkette McDonald's

make-up [mejk-ap] *m, G* make-upu, *Npl* make-upy, *Kosmetik* - **Make-up**. Make-up w kolorze brzoskwini. Nałożyć, rozprowadzić make-up. *Puder jest doskonałym wykończeniem make-upu, bo dobrze utrwala całość i matuje skórę.* www.polki.pl 2005. *Upiorny makijaż bohatera został ponoć zainspirowany make-upami muzyków zespołu Kiss.* www.archiwum.zalogag.pl 2005. ⌸ PS 1999, IS 2000, US 2003 ◁engl

makijaż ◆ **makijaż permanentny** *Kosmetik* »Form von Make-up, bei dem die Farben unter die Haut gespritzt werden u. dadurch etwa 4-5 Jahre halten« - **Permanent-Make-up, Permanent Make-up**. Wykonać makijaż permanentny. *Makijaż permanentny jest zawsze wykonywany małymi krokami. Tylko tak można uzyskać bezkompromisowy rezultat.* www.obcasy.pl 2006. ⌸ PS 1999 ◁engl

makijażysta *m, G ~ty, Npl ~yści, Kosmetik* »Spezialist für die vorteilhafte Gestaltung des Gesichts mit den Mitteln der dekorativen Kosmetik« - **Visagist**. *Jeśli tak mocny kolor „zejdzie" poniżej oka, może dawać niepotrzebne wrażenie podkrążonych, zmęczonych oczu - mówi makijażysta Tom Pecheux.* www.bizz.pl 2004. *Teraz makijażyści postawili na stuprocentową kobiecość - szminki wracają do mody i stają na równi z błyszczykami.* www.bizz.pl 2005. ⌸ OiT 2001. *auch* ↗wizażysta

makijażystka *f v.* ↗makijażysta, *Kosmetik* - **Visagistin**. *Miała oczywiście własną makijażystkę, własnego fryzjera, a nawet garderobianą.* Viva 2003. *Dzieci czekały w długiej kolejce, aby dostać się w ręce Pań makijażystek, by za chwilę wyjść z namiotu z kolorową twarzą kota, motyla czy wróżki.* www.tp.pl 2005. ⌸ OiT 2001. *auch* ↗wizażystka

makro ◆ *phras* **w skali makro, na szczeblu/ poziomie makro** »auf der höchsten Ebene eines Systems o. Ganzen« - **auf (der) Makroebene**. Rozpatrywać, oceniać coś w skali makro. *Koncepcja cen była tworzona na podstawie obliczeń w skali makro (...).* IS. *Na szczeblu makro, tam gdzie polityka fiskalna skoncentrowana jest na sprawach budżetowych, są już pewne ograniczenia.* www.radio.com.pl 2004. *Analiza więzi międzyludzkich na poziomie mikro (rodzina, przyjaciele) i makro (naród, państwo).* US. ⌸ IS 2000, US 2003 ⌀1989 NSP2. *auch* w ↗makroskali

makro *n, indekl oder G -a, Npl -a, Gpl* makr EDV »zu einer Einheit zusammengefasste Folge von Befehlen« - **Makro(befehl)**. Funkcja, konwersja makra. Wykonać, uruchomić, utworzyć makro. *Teraz wystarczy wykonać makro, aby wykres ożył.* www.cadcamforum.pl 1998. *(...) kiedy makro jest uruchomione, serwer przeznaczony do obsługi makr interpretuje kod skryptu.* www.republika.pl 2005. *Makro może być jednym makrem złożonym z sekwencji akcji lub może być grupą makr.* www.office. microsoft.com 2005. 📖 IS 2000, US 2003
makrobiotyczny *Adj v.* ↗makrobiotyka - **makrobiotisch**. Zen makrobiotyczny - Zen-Makrobiotik. Przepis, lunch, ryż, chleb makrobiotyczny; dieta, żywność, restauracja makrobiotyczna. *Wielka księga makrobiotycznego odżywiania i sposobu życia.* OiT. *Sztuka odmładzania i długowieczności. Gina, ja teraz wieczorkami czytam o pięciu przemianach i zenie makrobiotycznym Georges Oshawy, niezłe.* www.f.kuchnia.o2.pl 2005. 📖 Supl 1994, PS 1999, OiT 2001, US 2003
makrobiotyk *m, G -a, Npl ~ycy* »Anhänger der Makrobiotik« - **Makrobiotiker**. *Wrocławski rynek tzw. zdrowej żywności jest bardzo zaniedbany. Niewiele jest sklepów specjalizujących się w sprzedaży produktów przeznaczonych dla wegetarian, wegan i makrobiotyków.* www.grasad.w.interia.pl 2002. *Jan T., przedsiębiorca (firma TAST) wraz z grupą handlowców, makrobiotyków, mistrzem kuchni wegetariańskiej i przedstawicielem gazetki ekologicznej „Zielony Rynek" zaprezentowali poglądy wspólnej filozofii łączącej ich działania (...).* www.gryfino.powiat.pl 2004. *Zaś makrobiotycy rezygnują z pożywienia zwierzęcego na rzecz warzyw, ziaren i produktów zbożowych.* www.prace.sciaga.pl 2005. 📖 PS 1999
makrobiotyka *f* »spezielle, hauptsächlich auf Getreide u. Gemüse basierende Ernährungsweise« - **Makrobiotik**. Zasady, podstawa makrobiotyki. Propagować makrobiotykę. *Jedną z unikalnych korzyści makrobiotyki jest ta, że przynosi ona zdrowie nie tylko człowiekowi, ale także całej planecie.* www.fit.pl 2004. *Książka przeznaczona jest dla tych, którzy dotychczas z makrobiotyką się nie zetknęli i chcą się dowiedzieć, czym jest naturalny, czyli makrobiotyczny sposób odżywiania.* www.zakupy.wp.pl 2005. 📖 Supl 1994, PS 1999, US 2003 ✎SWO 1971 ◁griech
makroskala ♦ *phras* **w makroskali** »auf der höchsten Ebene eines Systems o. Ganzen« - **auf (der) Makroebene**. *Celem reformy jest zwiększenie efektywności gospodarowania w makroskali.* IS. *W makroskali autostrada jest w pewnym sensie budową proekologiczną, ale w mikroskali stanowi poważne zagrożenie dla miejscowego środowiska (...).* www.zalesie.kk.pl 2005. 📖 Supl 1994, SW 1996, PS 1999, IS 2000, US 2003 ✎1987 NSP2. *auch* w skali ↗makro

maks ♦ *phras* **na maksa** *ugs* **a)** »mit voller Kraft, mit ganzer Intensität« - **volle Pulle; bis der Arzt kommt**. Jazda, seks, intymność na maksa; kochać się, rozrabiać, grać na maksa; podkręcony, wkurzony, zestresowany na maksa. Iść/pójść na maksa »alle Kräfte mobilisieren« *Siedział godzinami w fotelu, słuchając na maksa Metalliki.* US. *Jasne, że możecie pójść na maksa i wymienić standardowe rozwiązanie chłodzenia na coś lepszego.* www.tomshardware.pl 2006. 📖 PS 1999, IS 2000, US 2003 *s. auch* iść na ↗całego, na ↗całość **b)** »vollständig, ganz« - **total**, *neutral* **völlig, ganz und gar**. *Wieczorem byliśmy zmęczeni na maksa.* US. 📖 SW 1996, PS 1999, US 2003
malakser *seltener* **melakser** *m, G -a seltener -u, Npl -y* - **Mixer; Küchenmaschine**. Instrukcja obsługi malaksera. Wyrabiać ciasto malakserem; ubijać pianę z białek w malakserze. *Żółtka włożyć do pojemnika malaksera, dodać masło, cukier, cukier waniliowy, ucierać (przy dużych obrotach malaksera) do osiągnięcia gładkości.* www.oeiizk.waw.pl 2001. *Dodać orzechy, oliwę, bulion, czosnek, curry i sól. Mieszać w malakserze, aż sos będzie miał konsystencję gęstej śmietany.* www.teczowy.blog.onet.pl 2005. *Ciasto dobrze wyrobić (można to zrobić ręcznie, można też użyć melaksera), pod koniec dodać bakalie.* www.kuchnia.o2.pl 2004. 📖 Supl 1994, SW 1996, PS 1999, IS 2000, US 2003 ✎1986 NSP2 ◁frz malaxeur
mall [mol] *m, G -a, Npl -e* »(bes. im angesächsischen Raum) großes überdachtes Einkaufszentrum mit Restaurants, Cafés u. Kinos« - **(Einkaufs-, Shopping-)mall, Shopping Center**. *Wielkopowierzchniowe malle, świątynie konsumpcji - jak nazywali je w latach 90. amerykańscy publicyści - dzień w dzień potwierdzają swoją moc oddziaływania na nasze umysły i portfele.* Newsweek 2002. 📖 kein Beleg ◁engl
małpa[NB] *f, Internetjargon, ugs* »Zeichen, das in der E-Mail-Adresse zwischen dem Namen u. der weiteren Adresse steht (Zeichen: @)« - **Klammeraffe**. Znak małpy. *Login może zawierać minimalnie 3 a maksymalnie 25 znaków. Może składać się z polskich liter, podkreślenia, spacji, znaku małpy @ lub nawiasów okrągłych.* www.animesub.info 2004. *Znak wykrzyknika (!) oddziela od siebie pole nicka i pole identa, natomiast znak małpy (@) oddziela pole identa od pola hosta.* www.irc.ircnet.pl 2005. 📖 IS 2000, US 2003. *seltener* ↗małpka
małpa ♦ *phras* (to) **nie moje małpy, nie mój cyrk** *oder* (to) **nie mój cyrk, nie moje małpy**

ugs »(das ist) nicht meine Angelegenheit, nicht meine Sache« - (das ist) **nicht mein Bier, nicht mein Problem**. *Kutz ma rację. My, naród, musimy dostać tak porządne lanie, aby ulubiona piosenka - „Nie moje małpy, nie mój cyrk" - ugrzęzła nam w gardle. To nasze małpy i nasz cyrk, kochani. I należy się wtrącać, głośno wrzeszczeć i mówić: nie!* www.przeglad-tygodnik.pl 2006. *Teczka z dokumentami nadal leżała na tylnym siedzeniu. Minęły ponad dwie godziny od chwili, gdy powinienem je zwrócić. Facet narobił już pewnie w portki. No cóż, kupi sobie nowe za łapówę, którą zainkasował. Nie moje małpy, nie mój cyrk. Powinien brać pod uwagę nieprzewidywalne okoliczności i wliczać ryzyko w koszty.* www.proszynski.pl 2006. *Monika O.: A widział pan reakcję wicemarszałka Sejmu (...), który śmiał się rubasznie mówiąc, jak można zgwałcić prostytutkę? Michał K.: Jeden z redaktorów naczelnych polskich gazet ma zwyczaj mówić: Nie mój cyrk, nie moje małpy. Ja tak to skomentuję. Monika O.: Nie, to jest nasz wspólny cyrk, panie pośle, bo A. L. jest wicemarszałkiem naszego Sejmu, i pana i naszego.* www.radiozet.pl 2006. ⌑ kein Beleg

małpka[NB] *f, Internetjargon* - **Klammeraffe**. *Co robisz? - Szukam tego dziwnego znaczka, @. - Co to jest? Potocznie mówi się na to małpka.* SSM. *Pierwszy program do jej obsługi został napisany przez Raya Tomlinsona, który wprowadził popularny znak „małpki" - @.* www.kailastudio.com.pl 2005. ⌑ kein Beleg. *häufiger* ↗małpa

mały ♦ *phras* **(pora, czas na) małe co nieco*** *ugs* - »meist scherzhaft (vom Essen): eine kleine Portion, ein bisschen; eine (kleine) Mahlzeit; auch: Zeit, sich etw. zu gönnen; übertragen, meist ironisch: Kleinigkeit« *Zjeść, mieć ochotę, zaprosić kogoś na małe co nieco; otrzymać małe co nieco. Po pracy uczniowie z „dwójki" zostali przez burmistrza zaproszeni na gorącą herbatę i „małe co nieco".* PSF. *Tak, tak... Oczywiście już czas na małe co nieco! Ale z ciebie łakomczuch!* www.43bis.media.pl 2006. *Ponadto mistrz świata Tony R. także otrzymał od działaczy „małe co nieco" (ponoć 200 tys. marek niemieckich) za zmianę środowiska z gorzowskiego na gdańskie.* PSF. ⌑ PS 1999, PSF 2000, US 2003
◁geht auf ein Zitat aus der polnischen Übersetzung der Geschichte von Pu dem Bären (engl. Winnie-the-Pooh) zurück, der damit die Zeit für eine Mahlzeit ankündigt

management [menedżment] *m, G -u, Wirtschaft* - **Management**. **1a)** »Führungskräfte eines Großunternehmens« *Top management; prężny, kreatywny management; szczebel managementu; umowa, walka z managementem. Management zbierał się co tydzień, by radzić o sytuacji firmy.* OiT. *W bliskiej współpracy z managementem spółki, zamierzamy dalej rozwijać działalność EBCC jako niezależnego przedsiębiorstwa, inwestując przede wszystkim w rozwój nowych produktów i dalszą poprawę technologii.* www.aii.pl 2006. ⌑ OiT 2001, US 2003 ✐1991 NSP2 **b)** *Npl -y* »(wirtschaftliche) Führung eines Künstlers o. einer Künstlergruppe« *Management artystyczny. Jak się dowiadujemy w managemencie zespołu, w przerwach między koncertami grupa będzie nagrywała piosenki na nową płytę.* www.cgm.pl 2005. *Q Prime uchodzi bowiem za jeden z najlepszych managementów na świecie, który potrafi wprowadzać nowe zespoły na rynek i dochodzić z nimi do szczytu.* www.enuta.pl 2005. ⌑ kein Beleg **2** »das Leiten, Führen eines Großunternehmens« *Szkoła managementu. Konieczna jest tu też wiedza ekonomiczna, nazywana obecnie ogólnie „managementem", „marketingiem" itd.* www.ar.wroc.pl 2006. *Co daje Twojej karierze praca na stanowisku typu profit center manager? (...): najlepszą szkołę managementu i kierowania ludźmi (...).* www.naj.com.pl 2004. ⌑ US 2003 ◁engl

manager, managerski *s*. **menedżer, menedżerski**

manga *f, Npl -i, Gpl* mang »aus Japan stammender, handlungsreicher Comic, der durch besondere grafische Effekte gekennzeichnet ist« - **Manga**. *Wydawnictwo mang. Przeglądać, tworzyć mangę. Aby odszukać interesujący Cię tom mangi z określonej serii możesz posłużyć się „Indeksem tytułów". (...) Szukając mang ulubionego autora możesz posłużyć się „Indeksem autorów".* www.jpf.com.pl 2006. ⌑ PS 1999 ◁jap

-mania *als Zweitglied in Zusammensetzungen:* **-manie, -mania**. **1** »übertriebenes, oberflächliches u. exaltiertes Interesse an dem im ersten Kompositumglied Bezeichneten« *Komórkomania, smsomania*. **2** *Psychologie* »krankhafte, zwanghafte Abhängigkeit von dem im ersten Kompositumglied Bezeichneten« *Lekomania, narkomania,* ↗komputeromania. ⌑ IS 2000 ◁griech

marakuja* *f, G ~ui, Npl ~uje, Gpl ~uj oder ~ui* **a)** »Frucht der Passionsblume« - **Maracuja, Passionsfrucht**. *Sok, konfitura, syrop z marakui; jogurt, sałatka z marakują; coś o smaku marakui. W jednym opakowaniu znajdują się żelki o smaku malinowym, brzoskwiniowym, czarnej porzeczki i marakui.* www.nestle.pl 2003. *Marakuję spożywa się na surowo jako dodatek do produktów mlecznych (np. lodów), produkuje się z niej również sok (sprzedaje się go w puszkach).* www.biology.pl 2005. ⌑ PS 1999, US 2003 **b)** »rankende Pflanze mit großen, gelappten bis gefingerten Blättern u. großen,

strahligen Blüten« - **Passionsblume, Maracuja(pflanze).** *Marakuja jest pnączem do 15 m długości o przepięknych kwiatach. Roślina pochodzi z Brazylii. Przez hiszpańskich odkrywców Ameryki Południowej została „kwiatem Męki Pańskiej" lub męczennicą, bo części kwiatu przypominały im narzędzia męki Chrystusa.* www.biology.pl 2005. ⌑ kein Beleg ◁port
marker *m, G -a* **1** »Stift zum Markieren« - **(Text)marker.** *Podkreślać, zaznaczać (coś) markerem. Definicje podstawowych pojęć zaznaczała żółtym markerem.* OiT. *Elegancki marker do tagowania na wszystkich powierzchniach, praktycznie niezmazywalny.* www.sk8shop.pl 2005. ⌑ SW 1996, PS 1999, OiT 2001, US 2003 **2** *Medizin* »biologische Substanz (z.B. Protein, Hormon usw.), deren Vorhandensein im Körper auf einen Krankheitszustand hindeutet« - **Marker.** *Marker nowotworowy - Tumormarker, Krebsmarker. Nowy marker uogólnionej infekcji u pacjentów z rozrostowymi chorobami krwi - doniesienie wstępne.* www.borgis.pl 2001. *Molekuły adhezyjne - potencjalny marker zmian w obrębie komórek śródbłonka sprzyjających rozwojowi miażdżycy. Markery nowotworowe to substancje antygenowe, których obecność jest charakterystyczna dla niektórych postaci raka.* www.pl. wikipedia. org 2005. ⌑ PS 1999
market *m, G -u, Npl -y* »großer Selbstbedienungsladen des Einzelhandels, in dem Waren aller Art verkauft werden« - **Markt, Supermarkt, Kaufhalle.** *Pracownik, dyrektor marketu. Robić zakupy w markecie; otworzyć, uruchomić market. Mam 22 lata, w markecie pracuję od dwóch lat. (...) Zauważyłem pewne zjawiska. Większość ludzi przychodzi do marketu w niedzielę, aby zająć sobie czymś czas.* www.kiosk.onet.pl 2004. ⌑ PS 1999, IS 2000, US 2003 ✎1991 NSP2. *s. auch* ↗hipermarket, ↗supermarket ◁engl
♦ **market budowlany - Baumarkt.** *Lustra można kupić lub zamówić praktycznie wszędzie: od marketu budowlanego po galerię sztuki.* www.dom.gazeta.pl 2004. ⌑ kein Beleg
♦ **market elektroniczny - Elektromarkt.** *W galerii znajdziecie Państwo ponad 90 butików i sklepów branżowych. Do największych z nich należą: Real - hipermarket spożywczo-przemysłowy, Media Markt - market elektroniczny, Praktiker - market budowlany.* krakow. naszemiasto.pl 2006. ⌑ kein Beleg
♦ **market spożywczy - Lebensmittelmarkt.** *W kilkunastu największych rzeszowskich marketach spożywczych i hipermarketach trwa zbiórka żywności dla najuboższych.* www.wiadomosci.tvp.pl 2004. *Na część handlową składać się będą: market spożywczy, budowlany i galeria 40 sklepów.* www.pk.host.pl 2005. ⌑ kein Beleg
marketer *m, G -a, Npl ~rzy, Wirtschaft* - **Marketingexperte.** *Większość marketerów jest przekonana, że budżety reklamodawców do końca 2002 r. pozostaną na tym samym poziomie lub zwiększą się w porównaniu do 2001 r.* www.mediarun.pl 2002. *Seth Godin, amerykański guru marketingu, w swoim najnowszym bestsellerze „Marketerzy kłamią" (...) udowadnia, że marketerzy... nie kłamią, tylko zaspokajają oczekiwania swoich klientów.* Wprost 2005. ⌑ kein Beleg. *auch* ↗marketingowiec ◁engl
marketing ♦ **marketing polityczny** »wählerorientierte Entwicklung und Vermarktung der Politik einer politischen Partei o. eines bestimmten Kandidaten« - **Politikmarketing.** *Internetowy marketing polityczny. Dziś w Polsce marketingiem politycznym posługują się osoby, które zajmują się lobbyingiem i wykorzystują kampanie do budowania zaplecza dla prowadzonej przez siebie działalności - dodaje.* www.nowe-panstwo.pl 2001. *Jedną z kolejnych zasad kardynalnych marketingu politycznego jest taktyka używania tzw. pojęć kluczy. Istnieje zaledwie sześć pojęć, na które, od wieków to wiadomo, reagujemy najbardziej emocjonalnie i pozytywnie. Próżno byłoby szukać owych pojęć w wypowiedziach naszych polityków.* www.opoka.org.pl 2006. ⌑ PS 1999
♦ **marketing społeczny** »Strategien, die direkt o. indirekt auf die Lösung sozialer Aufgaben gerichtet sind; auch Organisation u. Kontrolle von Marketingstrategien u. -aktivitäten nichtkommerzieller Organisationen« - **Sozialmarketing; Non-Profit-Marketing.** *Marketing społeczny jest dziedziną nową. Pojawił się, ponieważ organizacje społeczne szukały sposobów dotarcia do szerszych środowisk. Do ludzi, którzy mogliby pomóc w realizacji ich misji, do potrzebujących, którym chcą pomóc, do tych, którzy chętnie wesprą dobrą sprawę.* www.wsp.pl 2001. *„Podaruj Dzieciom Słońce" jest największą inicjatywą marketingu społecznego w Polsce. Akcja organizowana jest od 1999 roku przez P. & G. oraz Fundację P.* www.wroclaw.pl 2006. ⌑ kein Beleg ◁engl social marketing
marketingowiec *m, G ~wca, Npl ~wcy, Wirtschaft* - **Marketingexperte.** *Poszukuję do współpracy dynamicznego marketingowca w branży reklamowej.* www.signs.pl 2006. *Za wschodnią granicą cenią polskich marketingowców.* gospodarka.gazeta.pl 2005. ⌑ kein Beleg ✎1990 NSP2. *auch* ↗marketer
marsz ♦ *phras* **biały marsz** »Protestmarsch« - **Weißer Marsch; Schweigemarsch.** *Po zamachu na życie Jana Pawła II studenci Krakowa,*

jako wyraz protestu przeciw złu na świecie, zorganizowali w Krakowie w duchowej jedności z Ojcem Świętym „Biały Marsz". Przeszedł on 17 maja 1981 r. z Błoń do Rynku Głównego (...). Idea „Białego Marszu" doprowadziła do zorganizowania Pieszej Pielgrzymki Krakowskiej na Jasną Górę. www.galaxy.uci.agh.edu.pl 2001. *Odwołanie sędziego Connerotte wywołało olbrzymi sprzeciw. W połowie października 1996 r. w Brukseli odbył się biały marsz milczenia.* www.polskiejutro.com 2004. *Gdy zbrodnie zboczeńca wstrząsnęły Europą, w tejże Brukseli odbył się „biały marsz". Protest przeciw panu Dutroux? Tak to wyglądało.* www.wiara.pl 2005. ◫ kein Beleg

◂geht zurück auf den Protestmarsch in Krakau nach dem Attentat auf Papst Johannes Paul II., an dem die Teilnehmer z.T. weiß gekleidet waren

♦ phras **czarny marsz** - »Protestmarsch gegen Gewalt u. Mord« *Tydzień później ulicami Krakowa przeszedł „Czarny marsz", demonstrując przeciwko zabiciu Pyjasa i dając początek Studenckiemu Komitetowi Solidarności.* www.ipn.gov.pl 2004. *W czarnym marszu wzięli udział studenci, koledzy zamordowanego, oraz władze rektorskie.* IS. ◫ PS 1999, IS 2000

♦ phras **marsz milczenia** - **Schweigemarsch**. *Kilkanaście tysięcy uczniów wzięło udział w marszu milczenia, który przeszedł ulicami Białegostoku dla uczczenia ofiar piątkowego wypadku maturzystów.* ekai.pl 2005. ◫ US 2003

♦ **Marsz Równości** *s.* **parada**

♦ phras (z)robić coś **z marszu** *ugs* »etw. ohne Vorbereitung, sofort tun; etw. nebenher tun« - etw. **aus dem Stand, aus dem Stegreif, mit links** machen. *Zdobyć miasto, wygrać mecz z marszu. Kto trochę czytał i rozglądał się po świecie, a licealiści zwykle robią obie te rzeczy, jest w stanie napisać to z marszu.* www.liceum.pl 2001. *Studziński zaczął z marszu wprowadzać nowe porządki.* www.powiat.wloclawski.pl 2005. *Do regat przystąpiliśmy „z marszu", praktycznie bez treningu.* www.470sailing.org.pl 2005. ◫ IS 2000, US 2003 ✎1989 NSP2

martensy *nur im Pl, Gpl -ów, ugs* »(ursprünglich schwarze o. braune) grobe Schnürschuhe mit dicker, fett-, säure- u. benzinabweisender Gummisohle« - **Doc-Martens-Schuhe, Dr.-Martens-Schuhe**. *Buty martensy; oryginalne, klasyczne martensy. Chodzić w martensach. Dziewczyna w dżinsach i martensach zaraz zacznie recytować wiersz Poświatowskiej i uwaga wszystkich zebranych skupia się na niej.* www.teatry.art.pl 2000. *Są przeważnie nastolatkami, mają długie włosy, chodzą w martensach, wojskowych spodniach i czarnych koszulkach ulubionych zespołów (...).* www.

theochem.kth.se 2003. ◫ PS 1999 ◂vom Produzentennamen Martens

marycha *seltener* **maryśka**[NB] *f, nur im Sg, Drogenjargon* »Marihuana« - **Gras**, *selten* **Ganja**. *Legalna marycha; party z marychą. Palić, przemycać marychę. W tym kraju policja skarbowa jest znacznie skuteczniejsza niż kryminalna, więc jeśli ktoś będzie chciał sprzedawać zalegalizowaną marychę bez akcyzy, to będzie miał trudniej niż gdyby chciał sprzedawać teraz nielegalną marychę.* www.zieloni.org.pl 2003. *Punkowcy lubią mieszać alkohol z maryśką.* SW. ◫ SW 1996, PS 1999, US 2003. *auch* ↗traw(k)a, ↗zioło

maska[NB] *f, Computer* »wie ein Formular aufgebaute Bildschirmoberfläche eines Computers, die zum Eintragen von strukturierten Daten auf den Bildschirm abgerufen werden kann« - **Maske**. *(Nie)prawidłowa, (nie)działająca maska; maska plików, (pod)sieci. W programie do zarządzania bazą danych maska AZ zezwala na wprowadzenie dowolnych liter (małych i wielkich), a uniemożliwia wpisanie cyfr.* STK. *Użyta w formie wyrażenia regularnego maska zadziała nawet pod czystym DOS-em.* www.kolec.pl 2004. ◫ STK 1999

mass media *nur im Pl, G* **mass mediów** »Kommunikationsmittel (z.B. Fernsehen, Rundfunk, Zeitung), die auf breite Kreise der Bevölkerung einwirken« - **Massenmedien**. *Wszechwładne, wszechobecne mass media; krajowe, lokalne, zachodnie mass media; dostęp do mass mediów; współpraca, kontakt z mass mediami. Studiując informacje podawane przez mass media, dostrzegamy w nich często sprzeczności.* SW. ◫ Supl 1994, SW 1996, PS 1999, IS 2000, US 2003. *auch* ↗media ◂engl

materializacja[NB] *f* »Prozess, in dem die materiellen Interessen die Dominanz über etw. gewinnen« - **Materialisierung**. *Materializacja dominująca systemy wartości. Materializacja współczesnej kultury doprowadziła do wypędzenia sacrum z naszego życia.* IS. *Pogorszenie stosunków międzyludzkich: materializacja życia, pogoń za pieniędzmi, osłabienie więzi rodzinnych.* www.cbos.pl 2006. ◫ IS 2000

materiałooszczędność *f v.* ↗**materiałooszczędny** - **sparsamer, effizienter Materialeinsatz**. *Materiałooszczędność produkcji. Materiałooszczędność i łatwość montażu to niewątpliwe zalety nowej technologii.* US. ◫ US 2003

materiałooszczędny *Adj* »geringen Einsatz von Material fordernd« - **materialsparend**. *System materiałooszczędny; materiałooszczędna technika, technologia, metoda, konstrukcja. Materiałooszczędne linie produkcyjne znacznie poprawiają kondycję finansową firmy, lokując ją w czołówce zakładów z naszej branży. PS. Energo- i materiałooszczędny sys-*

tem kształtowania mikroklimatu (ogrzewania i wentylacji) w budynku. www.medium.media.pl 2005. ⌐ Supl 1994, PS 1999, IS 2000, US 2003
-matka *als zweites Glied einer Substantivverbindung*»etw. dem in der ersten Komponente Genannten Übergeordnetes« - *als vorangestelltes Kompositumglied* **Mutter-.** *Koncernmatka - Mutterkonzern. Spółka-matka, partiamatka.* ⌐ PS 1999, IS 2000, US 2003
MB *s.* **megabajt**
media[NB] *nur im Pl, Gpl ~iów* **1 - (Massen-) medien.** *Niezależne media; media publiczne, lokalne; współpraca, kontakty z mediami; ludzie mediów. Występować w mediach. W niektórych mediach pojawiła się ostatnio informacja o ogłoszeniu upadłości przez jeden z banków.* SW. ⌐ SW 1996, PS 1999, IS 2000, US 2003. *auch* ↗mass media **2** *Technik -* »Leitungen zur Versorgung eines Gebäudes mit Gas, Wasser, Wärme, Elektrizität usw.« *Wyposażyć dom w media. Mieszkania będą wyposażone we wszystkie media.* NSPP. *Bazy użyteczności publicznej oraz grunty komunalne są utwardzone. Zostały wyposażone w media: drogi, wodociąg, gazociąg, energię elektryczną i telefony.* www.potokwielki.lubelskie.pl 2005. ⌐ NSPP 1999, IS 2000, US 2003
medialność *f v.* ↗medialny - **Medienwirksamkeit; Medienpräsenz.** *Medialność kogoś/czegoś. Medialność sportu, produktu; prezydenta; medialność politycza. W artykule „Medialność produktu" Iwona K. i Norbert O. z agencji On Board wyjaśniają, co sprawia, że produkt jest medialnie atrakcyjny. Medialność polega według nich na jego popularności w środkach masowego przekazu.* www.proto.pl 2005. *Ważnym atutem jest medialność. Każdy z publikowanych komunikatów prasowych jest optymalizowany w celu zapewnienia mu widoczności w wybranych wyszukiwarkach.* www.netpr.pl 2006. *My gwarantujemy [ludziom] popularność, medialność, natomiast bycie artystami mogą zagwarantować sobie tylko i wyłącznie sami. Skala bycia artystą jest uzależniona w dużym stopniu od obecności w mediach (...).* muzyka.wp.pl 2003. ⌐ kein Beleg
medialny *Adj v.* ↗media **a)** »die Medien betreffend« - **Medien-; medial.** *Partner, szum, skandal medialny; rzeczywistość medialna; wydarzenie medialne; środki medialne. Michał Wiśniewski, postać medialna numer jeden III Rzeczypospolitej Anno Domini 2003, podziękował publicznie przedstawicielom Auchan (...).* www.sn.tradepress.com.pl 2005. ⌐ SW 1996, PS 1999, IS 2000, US 2003 **b)** »sich in den Medien besonders wirkungsvoll darstellend« - **medienwirksam, medial.** *Polityk, tekst, sport medialny. Być medialnym. Naturalnym przywódcą LPR stał się więc Giertych*

- medialny, elokwentny, a jak trzeba - arogancki. Gazeta Wyborcza 2003. *Żeglarstwo od zawsze boryka sie z trudnościami związanymi z pozyskiwaniem sponsorów (...). Są różne pomysły na spowodowanie, aby żeglarstwo było bardziej medialne. Rozgrywanie regat meczowych. Bardziej strawne dla przeciętnego odbiorcy i przynajmniej widać, kto prowadzi.* www.sails.pl 2006. ⌐ kein Beleg
medioteka *f* »Sammlung audiovisueller Medien, häufig als Teil(bestand) einer Bibliothek« - **Mediothek, Mediathek.** *Medioteka szkolna. Stworzyć mediotekę. Doceniając znaczenie tej umiejętności oraz wychodząc naprzeciw prośbom studentów, założyliśmy mediotekę z kilkoma stanowiskami do odsłuchiwania tekstów i pracy nad nimi.* www.wship. edu.pl 2006. *Bibliotekom szkolnym reforma stwarza szansę na przekształcenie się w nowoczesne ośrodki dydaktyczno-informacyjne o charakterze medioteki.* www.archiwum.literka.pl 2003. ⌐ kein Beleg
medium[NB] *n, im Sg indekl, bildungssprachlich* »(Hilfs)mittel, das der Vermittlung von Inhalten dient« - **Medium.** *Telewizja pełni funkcję medium informującego opinię publiczną i zarazem odzwierciedlającego jej stan.* US. ⌐ IS 2000, US 2003
medycyna ♦ **medycyna paliatywna** *s.* **paliatywny**
mega-[NB] *erstes Glied in Zusammensetzungen: ugs, emotional verstärkend* »über jdn./etw.: besonders groß, mächtig, hervorragend, bedeutend« - **Mega-.** *Megagwiazda, megakoncern, megakoncert, megakorek, megamarket, megarynek.* ⌐ SW 1996, PS 1999, IS 2000, US 2003
◁griech
megabajt *m, G -a, Abkürzung* **MB,** *Informatik* »Einheit für das Speichervolumen von Disketten u. Festplatten, die 1 048 576 Byte entspricht« - **Megabyte, MB.** *Pojemność obecnie używanych dyskietek sięga kilku megabajtów, zaś dysków twardych w mikrokomputerach - kilkunastu gigabajtów.* OiT. ⌐ PS 1999, IS 2000, US 2003 ⌕1991 NSP2
megagwiazda *f* »außerordentlich beliebter Star« - **Megastar.** *Sportowa megagwiazda; megagwiazda koszykówki, festiwalu, kina. W tegorocznych mistrzostwach megagwiazdy zawiodły nadzieje kibiców.* PS. *Britney Spears - megagwiazda muzyki pop. Britney Spears jest najmłodszą piosenkarką, którą uhonorowano gwiazdą na hollywodzkim Walk Of Fame.* www.salonfryzur.pl 2006. ⌐ SW 1996, PS 1999
megasam* *m, G -u, ugs -* **(großer) Supermarkt.** *Osiedlowy megasam. Nieopodal szkoły jakaś zachodnia firma buduje kolejny megasam.* PS. ⌐ Supl 1994, SW 1996, PS 1999,

US 2003 ◄aus der Zeit der späten Volksrepublik, heute verdrängt durch *supermarket, hipermarket*
mejl, mejlować, mejlowy *s.* **e-mail, e-mailować, e-mailowy**
melakser *s.* **malakser**
menedżer[NB] *auch* **menadżer, manager** [menedżer, menadżer] *m, G -a, Npl -owie* - **Manager. 1** *Npl -owie* »geschäftlicher Betreuer von Künstlern, Berufssportlern usw.« *Menedżer sportowca, piosenkarza, aktora, zespołu muzycznego. Dzięki znakomitemu menedżerowi występowała na najbardziej prestiżowych scenach Europy (...).* IS. *Czy aby być managerem musisz mieć do tego predyspozycje?* forum. gazeta.pl 2006. ⌑ SW 1996, PS 1999, IS 2000, US 2003. **2** *Computer* Menedżer plików - Dateimanager. *Ten dokument zawiera informacje na temat budowy panela DirectAdmin w menedżerze plików. Menedżer plików pozwala (...).* www.pnth.net 2005. ⌑ kein Beleg ◄engl
menedżerka *seltener* **menadżerka** *f v.* ⌕menedżer, menadżer - **Managerin 1** *Wirtschaft* »Frau in leitender Stellung in einem Unternehmen« *Polskie menedżerki to na ogół kobiety bardzo dobrze wykształcone. Blisko 3/4 menedżerek miało co najmniej dyplom wyższej uczelni, pozostałe legitymowały się wykształceniem średnim zawodowym lub pomaturalnym.* akson.sgh.waw.pl 2003. ⌑ kein Beleg ✎1990 NSP2 **2** »geschäftliche Betreuerin von Künstlern, Berufssportlern usw.« *Były gitarzysta Guns'N'Roses, Slash, rozchodzi się ze swoją drugą żoną Perlą, która jest jednocześnie menedżerką obecnej grupy muzyka Velvet Revolver.* www.nuta.pl 2006. *Tina Douglas - matka wokalistki Ashanti, porzuciła posadę technika komputerowego i została menadżerką córki.* media.cgm.pl 2006. ⌑ kein Beleg ✎1989 NSP2
menedżerski *seltener* **menadżerski, managerski** [menedżerski, menadżerski] *Adj. v.* ⌕menedżer, menadżer - **Manager-**. *Kontrakt menedżerski - Managervertrag. Kurs menedżerski; studia, kadry menedżerskie. Spółdzielnia powstała jako jedna z pierwszych, została jako jedna z ostatnich. Sukces ekonomiczny, zręczność menedżerska czy socjalistyczny skansen wykorzystujący dawne układy?* SW. *Kontrakt managerski zawierany jest zwykle z osobami o bardzo długim doświadczeniu zawodowym, które w dużym stopniu gwarantuje sukces.* www.kariera.wprost.pl 2001. *Głównym obszarem naszej działalności jest rekrutacja personelu tymczasowego, outsourcing oraz rekrutacja pracowników stałych, począwszy od stanowisk wykonawczych po stanowiska średniego i wyższego szczebla menedżerskiego.* www.info-praca.pl 2005. ⌑ SW 1996, PS 1999, IS 2000, US 2003
menu[NB] [meni] *n, indekl, Computer* »auf der Benutzeroberfläche angezeigte Liste der Funktionen eines Programms, die dem Anwender zur Festlegung der nächsten Arbeitsschritte zur Verfügung stehen« - **Menü**. *Menu główne - Hauptmenü. Pasek menu - Menüleiste. Wszystkie formaty znaków można wprowadzać i usuwać za pomocą opcji „Czcionki" z menu „Format".* PS. ⌑ PS 1999, IS 2000, US 2003 ◄engl
merchandiser [merczendajzer] *m, G -a, Npl ~rzy* »jd., dessen Aufgabe das Merchandising ist« - **Merchandiser**. *Stanowisko, praca, nadzór merchandisera. Celem działalności nie jest oferowanie towaru lub usługi, podpisywanie umów kupna-sprzedaży czy negocjowanie warunków, lecz zajmowanie się towarem firmy już obecnym w sklepie, co zasadniczo odróżnia merchandisera od akwizytora.* www.wsp.pl 2004. *Merchandiserowi potrzebna jest przebojowość, umiejętność negocjacji, wymagana jest samodzielność.* www.careergate.pl 2005. ⌑ OiT 2001
merchandising [merczendajzink] *m, G -u* »Gesamtheit der verkaufsfördernden Maßnahmen u. Aktivitäten des Herstellers einer Ware (Produktgestaltung, Werbung, Kundendienst usw.)« - **Merchandising**. *Sieć merchandisingu. W Polsce, na dzień dzisiejszy, coraz więcej firm i producentów artykułów żywnościowych włącza do swoich działań marketingowych właśnie merchandising.* www.wsp.pl 2004. *Merchandising obejmuje więc taktyki promocyjne, wykorzystywane w handlu detalicznym, mające na uwadze przyciągnięcie uwagi konsumentów.* www.tf.pl 2005. ⌑ kein Beleg ◄engl
merchandisingowy *Adj v.* ⌕merchandising - **Merchandising-**. *Standardy, usługi, strategie, koncepcje, szkolenia, doradztwo merchandisingowe. Oferujemy usługi merchandisingowe w sieciach supermarketów w całej Polsce.* www.republika.pl 2004. ⌑ kein Beleg
metal[NB] *m, Musik, Jargon* **1** *G -u* »aggressivere Variante des Hard Rock« - **Metal**. *Grać metal; słuchać metalu. Metal to muzyka buntu dla prawdziwych mężczyzn - twierdzi lider TSA.* NSP2. *Hip-hop nie dorasta do pięt metalowi.* www.muzyka.onet.pl 2005. ⌑ SW 1996, PS 1999, IS 2000, US 2003 ✎1987 NSP2. *auch* ⌕heavy metal **2** *G -a* »Anhänger, Fan von (Heavy-) Metalmusik« - **Metaller, Metalhead, Heavie**. *A tak dla sprostowania jestem bardziej rockmanem niż metalem. (...).* www.gothic.phx.pl 2005. ⌑ kein Beleg. *auch* ⌕heavymetalowiec, ⌕metalowiec
metalik *m, G -a, auch* **metalic, metallic** [metalik] *indekl, ugs* **a)** »Metallic-Farbe« - **Metallic**. *Niebieski, granatowy, szary metalik. Meble w metaliku. Pokryć, polakierować, pomalować coś metalikiem. Srebrzysty metalik jest najdroższy, ale i bardziej trwały (...).* IS. *Czyli pomalowanie zwykłym lakierem (nie metali-*

kiem) byłoby tańsze - tak? fiat126p.iq.pl 2006. 📖 Supl 1994, PS 1999, IS 2000, US 2003 **b)** *G -a oder -u, Npl -i, Kfz* »metallicfarbenes Fahrzeug« - **Metallic**. Jeździć metalikiem. *Paweł jeździ nowym fordem, takim granatowym metalikiem.* PS. 📖 Supl 1994, PS 1999, IS 2000, US 2003

metalik *seltener* **metalic, metallic** [metalik] *nachgestellt in adjektivscher Funktion, indekl, Jargon* - **metallic(farben), Metallic-**. Lakier metalik - Metallic-Lack. Polonez metalik - metallicfarbener Polonez. *Dodatkiem do lokalowego luksusu był polonez metalic wyposażony w radiotelefon.* NSP2. 📖 SW 1996, PS 1999, IS 2000, US 2003 ✎1991 NSP2

metalowiec[NB] *m, G ~wca, Npl ~wcy, Musikjargon* **a)** »Musiker« - **Metaller**. *W Jarocinie występują różne kapele, są skini, metalowcy, punki, a nawet sekty religijne.* IS. **b)** »Anhänger, Fan von (Heavy-)Metalmusik« - **Metaller, Metalhead, Heavie**. *Żeby być metalowcem, trzeba czuć to coś, a nie zapuścić sobie włosy.* www.forum.o2.pl 2005. 📖 SW 1996, PS 1999, IS 2000, US 2003 ✎1987 NSP2. *auch* ↗heavymetalowiec, ↗metal

metalowy[NB] *Adj v.* ↗metal, *Musikjargon - neutral* (**Heavy-)Metal-**. Zespół, koncert, występ metalowy; muzyka, formacja, grupa metalowa; metalowa grupa rockowa. *Neohipisi, anarchiści, fani różnych odmian muzyki metalowej woleli być raczej obywatelami świata i Zachód, zwłaszcza ten wolnościowy, niekonserwatywny, kojarzył im się pozytywnie.* Polityka 2003. 📖 SW 1996, PS 1999, IS 2000, US 2003 ✎1989 NSP2. *auch* heavymetalowy

metkować *ipf* / **ometkować,** *seltener* **zametkować** *pf* **1** »(Waren) mit einem Preisschild versehen« - **auszeichnen**. Metkować towar, bieliznę, płaszcze, puszki konserw. *Od tej pory łapie się zajęć dorywczych - przez dwa tygodnie metkował towary w nowym sklepie sportowym, potem w Polifarbie naklejał naklejki na eksportowane farby.* www.praca.gazeta.pl 2004. *W swoim sklepie z wykwintną odzieżą sprzedawał skórzane paski i przez pomyłkę ometkował je zamiast na 60 to na 600 zł.* www.narrator.republika.pl 2005. *Chleb był źle ometkowany.* www.gloskoszalinski.com.pl 2005. *Bo jak tu na przykład „zametkować" plasterki opatrunkowe lub wkłady do długopisów?* www.ruch.com.pl 2005. 📖 Supl 1994, SW 1996, PS 1999, IS 2000, US 2003 ✎1989 NSP2 **2** »mit einer (meist negativen) Wertung versehen u. darauf festlegen« - (jdn./etw.) **abstempeln, etikettieren, mit einem Etikett versehen**. Metkować kogoś/coś. *Jestem sceptycznie nastawiona do powieści, które metkuje się jako „polska Bridget Jones", oraz do talentów, które jak grzyby po deszczu zaczęły wyrastać.* www.dk.tlen.pl 2005. *Stasio jest przypadkiem indywidualnym - Stasia nie da się ometkować.* www.rock.art.pl 2006. 📖 kein Beleg

metkownica[NB] *f* »Gerät zur Warenauszeichnung« - (**Preis)auszeichnungsgerät**. Metkownica jednorzędowa, dwurzędowa, numeryczna; taśma, metki do metkownicy. *Wyposażenie sklepów fabrycznie nowe, z gwarancją: lady chłodnicze, wagi elektroniczne, metkownice.* NSP2. *Prezentuje nową metkownicę z serii PB. Drukuje także pogrubioną trzcionkę!* www.sato-polska.com.pl 2005. 📖 Supl 1994, SW 1996, PS 1999, US 2003 ✎1991 NSP2

metroseksualista *m, G ~ty, Npl ~iści* »ein Mann, der einen extravaganten Lebensstil führt u. keinen Wert auf Kategorisierung in ein Rollenbild legt« - **Metrosexueller**. *Terminem metroseksualista po raz pierwszy posłużył się felietonista Mark Simpson, opisując stereotyp zakochanego w sobie mężczyzny, mieszkańca wielkiego miasta, konsumenta idealnego z punktu widzenia koncernów kosmetycznych czy odzieżowych.* pl.wikipedia.org 2006. *Jak przy metroseksualiście ma się dziewczyna czuć bezpiecznie?? Taki w jej obronie jakby co nie stanie, bo może sobie manicure zepsuć...* forum.ilife.pl 2006. 📖 kein Beleg

metroseksualizm *m, G -u* - **Metrosexualität**. *Słowa ‚metroseksualizm' użył po raz pierwszy angielski dziennikarz i pisarz Mark Simpson w 1994 roku i od tego czasu coraz częściej pojawia się ono w mediach. Pojęciem tym określono mężczyzn młodych, wykształconych, mieszkających w dużych miastach, heteroseksualnych, dobrze sytuowanych i zadbanych. Metroseksualizm ma swoje miejsce w kontekście społecznym, kulturowym i psychologicznym.* www.mediarun.pl 2004. *Z metroseksualizmem kojarzone są również takie cechy osobowości, jak wrażliwość i delikatność, ciepło i zdolność do empatii.* pl.wikipedia.org 2005. 📖 kein Beleg

metroseksualny *Adj* - **metrosexuell**. Mężczyzna, mąż, partner metroseksualny. *Kolorowe pisma wieszczą, że nadchodzi nowy mężczyzna - przyciąga specyficznym stylem życia, ubiorem, prezencją, atrakcyjnością, dbałością o wygląd. To mężczyzna, taki jak David Beckham, Tom Cruise i Johnny Depp. Określa się go jako metroseksualny.* www.rozmowywtoku.onet.pl 2004. *Jednocześnie kobiety trochę się obawiają, że mogą wyglądać gorzej od mężczyzny metroseksualnego. Nie bez znaczenia dla kobiet jest także fakt, że metroseksualny partner dość dużo wydaje na kosmetyki, zwiększając obciążenie domowego budżetu.* www.mediarun.pl 2004. 📖 kein Beleg ◁engl, aus **metro**politan u. hetero**sexual**

microfaza *s.* **mikrofaza**

międzykulturowy *Adj* »die Beziehungen zwischen verschiedenen Kulturen betreffend; verschiedene Kulturen umfassend, verbindend« - **interkulturell**. Dialog, projekt, marketing międzykulturowy; współpraca, komunikacja, edukacja, pedagogika międzykulturowa; związki, różnice międzykulturowe. *Wzajemne zrozumienie międzykulturowe i umiejętność międzynarodowej współpracy winny być także w dobie globalizacji nieodzowną cechą każdego podmiotu gospodarczego.* www.bis.agh. edu.pl 2004. *Komunikacja międzykulturowa to wszelkie oddziaływania między różnymi kulturami, mające na celu nawiązanie kontaktów pomiędzy nimi i wzajemne poznanie.* pl. wikipedia.org 2005. ▢ PS 1999, US 2003

mięśniak[NB] *m, G -a, Npl ~acy,* seltener **mięśniowiec** *m, G ~wca, Npl ~wcy, ugs,* meist abwertend »muskulöser, wenig intelligenter Mann« - **Muskelpaket, Muskelprotz, Muskelmann, Schrank**. *Dziewczynom nie podobają się jacyś napakowani mięśniacy, tylko właśnie tacy przystojni i słodcy faceci!!!* www. film.onet.pl 2005. *Jedynym i niekwestionowanym zwycięzcą wyścigu o fotel gubernatora Kalifornii jest Arnold Schwarzenegger (...). Swoją wielką karierę zaczął dość mało atrakcyjnie. Kulturysta, naoliwiony mięśniowiec. Został wprawdzie pięciokrotnym Mister Universum, ale co to za osiągnięcie?* www.nczas.com 2004. ▢ PS 1999, US 2003 ✍ 1988 NSP2

mikro *Adj, indekl* »(sehr) klein, fein, gering« - **Mikro-**. *W imieniu Polskiej Fundacji Przedsiębiorczości oraz Zarządu Powiatu Stargardzkiego (...) mamy przyjemność zaprosić Państwa (...) na bezpłatne seminarium szkoleniowe przeznaczone dla mikro, małych i średnich przedsiębiorstw (MMSP).* www.powiatstargardzki.pl 2004. ▢ PS 1999, IS 2000, US 2003
♦ *phras* **w skali mikro,** *auch* **na poziomie mikro** »auf der kleinsten Ebene eines Systems o. Ganzen« - **auf (der) Mikroebene**. *Rozpatrywać, oceniać coś w skali mikro. Funkcjonowanie gospodarki odbywa się na różnych poziomach, począwszy od skali mikro, czyli gospodarstwa domowego, stanowiska lub zakładu pracy. IS. To, co prawdziwe w skali mikro, nie musi być i często nie jest prawdziwe w skali makro.* www.studia.korba.pl 2005. ▢ PS 1999, IS 2000, US 2003. *auch* w ↗mikroskali

mikrochip [mikroczip], *auch* **mikroczip** *m, G -u oder -a, Elektronik* »dünnes, einige Quadratmillimeter großes Plättchen aus Halbleitermaterial, auf dem sich die Schaltung u. mikroelektronische Schaltelemente befinden« - **(Mikro)chip**. Elektroniczny mikrochip. *Jeszcze nie tak dawno przeżywaliśmy w Polsce rewolucję przy kasach sklepowych, wywołaną masowym wprowadzaniem kodów paskowych.*

Dziś są one w niebezpieczeństwie. Zagraża im mała płytka z wtopionym, prostym chipem pamięci. Niby nic nowego pod słońcem: mikrochipy zaczynają być używane, dość powszechnie, nawet nad Wisłą. www.boss.com.pl 2003. *Jeżeli zwierzę było zaszczepione przeciwko wściekliźnie przed datą implantacji mikroczipa, to w dniu implantacji mikroczipa zwierzę musi być ponownie zaszczepione.* www.pies.pl 2006. ▢ kein Beleg. *auch* ↗chip, ↗układ scalony ◁engl microchip

mikrofala *s.* **mikrofalówka**

mikrofalować *ipf, ugs* - **in der Mikrowelle erwärmen, garen**. Mikrofalować coś przy średniej, najwyższej mocy. *Przykryć i mikrofalować 2 minuty przy 50% mocy kuchenki.* trzaskprask.blog.pl 2002. *Wkładam pojemnik przykryty i na 9 opiekam tę ilość mięsa 10 min. Następnie wyjmuję, przekładam mięso na drugą stronę i mikrofaluję na 3 następne 30 min.* www.kuchnia.bytow.pl 2005. ▢ US 2003

mikrofalówka *f, selten* **mikrofala**[NB] *f, ugs* - **Mikrowelle; Mikrowellenherd**. Mikrofalówka z opiekaczem, z grillem. Rozmrozić, upiec, ugotować coś w mikrofalówce. *Czy wiesz, że... przygotowując mrożone warzywa w mikrofalówce rozmrażamy je, jednocześnie gotując? Dzięki temu są gotowe w kilka minut.* www.mrozonki.hortex.com.pl 2004. *Pokój nieduży, ale z Internetem 24h/dobę i kablówką. W kuchni mikrofala, opiekacz elektryczny, nowa kuchenka gazowo-elektryczna, ekspres do kawy (...).* www.bleble.pl 2004. ▢ SW 1996, PS 1999, US 2003 ✍ 1990 NSP2

mikrofaza *f, selten* **microfaza** [mikrofaza] *f* »für Stoffe verwendete, aus feinsten Strukturen bestehende Polyesterfaser mit wärme-, luft- u. feuchtigkeitsregulierender Wirkung; auch der Stoff aus diesen Fasern selbst« - **Mikrofaser(stoff)**. Mikrofaza optyczna; płaszcz, kurtka, ścierka z mikrofazy. *Z reguły jednak, o dziwo, pod cienką kurtką z mikrofazy wystarcza cieniutka koszulka.* www.klubprzygody.pl 2004. *Pościele Microfaza - kołdry, poduszki, spodki z microfazy.* www.gooru.pl 2004. ▢ SW 1996, PS 1999, IS 2000, US 2003 ✍ 1992 NSP2. *auch* ↗mikrowłókno, *s. auch* ↗mikrofibra ◁dt Mikrofaser

mikrofibra *f* »für Stoffe verwendete, aus feinsten Strukturen bestehende Polyesterfaser mit wärme-, luft- u. feuchtigkeitsregulierender Wirkung; auch der Stoff aus diesen Fasern selbst« - **Mikrofiber(stoff)**. Tkanina, rajstopy, ścierka z mikrofibry. *Zmień jakość sprzątania! Kompletny mop z dwoma wymiennymi wkładkami z mikrofibry. Tkanina z mikrofibry zbudowana jest z milionów mikrowłókien.* www. formorpolska.com 2006. ▢ PS 1999. *s. auch* ↗mikrofaza, ↗mikrowłókno ◁engl

mikrofibrowy *Adj v.* ↗mikrofibra - **Mikrofiber-**. *Przędza, ściereczka mikrofibrowa; rajstopy mikrofibrowe. We wnętrzu welur zastąpiono tkaninami mikrofibrowymi.* auto.gazeta.pl 2005. *W salonach optycznych są chusteczki mikrofibrowe (chyba tak to się nazywa) - nadają się doskonale do czyszczenia plexi z kurzu.* www.okulary.forum.pl 2006. ▯ PS 1999

mikrokomputer *m, G -a, EDV* »in extrem verkleinerter Bauweise hergestellter Computer« - **Mikrocomputer; PC**. *Uruchomiona zostanie produkcja mikrokomputerów osobistych i profesjonalnych (około 50 tys. sztuk rocznie).* NSP2. *Realizacja na mikrokomputerze programowego wariantu automatu Moore'a.* www.eka.pwr.wroc.pl 2003. ▯ Supl 1994, SW 1996, PS 1999, IS 2000, US 2003 ✐1987 NSP2 ◄engl

mikrokomputerowy *Adj v.* ↗mikrokomputer, *EDV* - **Mikrocomputer-; PC-**. *Program, system mikrokomputerowy; technika, technologia, sieć, jednostka mikrokomputerowa; wyposażenie mikrokomputerowe. Mikrokomputerowa analiza bilansu przedsiębiorstwa.* www.uoo.univ.szczecin.pl 2004. ▯ IS 2000, US 2003

mikroprocesor *m, G -a, EDV* »standardisierter Baustein eines Mikrocomputers, der Rechenu. Steuerfunktion in sich vereint« - **Mikroprozessor**. *Kalkulator, programator z mikroprocesorem. Ciągłe dynamiczne zarządzanie pracą silnika zawdzięczamy mikroprocesorowi z wpisanym unikatowym oprogramowaniem.* www.aec-powerboss.com.pl 2005. *Nazywamy je mikroprocesorami, a w historii nie było wynalazku, który tak szybko rozprzestrzenił się po świecie, tak głęboko dotknął tak wielu aspektów ludzkiej egzystencji.* www.cyber.com.pl 2005. ▯ Supl 1994, SW 1996, PS 1999, IS 2000, US 2003 ◄engl microprocessor

mikroprocesorowy *Adj v.* ↗mikroprocesor, *EDV* - **Mikroprozessor(en)-**. *Programator, włącznik, sterownik mikroprocesorowy; technika, aparatura, jednostka mikroprocesorowa. Prostowniki automatyczne, ze sterownikami mikroprocesorowymi w pełni kontrolującymi proces ładowania akumulatora.* www.prostowniki.semi.com.pl 2005. ▯ IS 2000, US 2003

mikroskala ♦ *phras* **w mikroskali** »auf einer niedrigen Ebene eines Systems o. Ganzen« - **auf (der) Mikroebene**. *Działać, opracować, badać coś w mikroskali. Rozumieją mechanizmy gospodarcze, zarówno w mikroskali przedsiębiorstwa, jak i makroskali kraju czy świata.* IS. *W mikroskali zjawisko takie można zaobserwować na przykładzie miasteczka i gminy wokół niego, które mają wspólny urząd i radę gminy.* www.ktp.org.pl 2005. ▯ Supl 1994, PS 1999, IS 2000, US 2003. *auch* w skali ↗mikro

mikrowieża *f, Heimelektronik* »besonders kleine Stereoanlage« - **Mikroturm, Mikro-Anlage**. *Super malutka mikrowieża za super cenę!!!* idg.allegro.pl 2006. *Wysokiej klasy mikrowieża z odtwarzaczem DVD. Wyjątkowe wzornictwo, dwa oddzielne elementy na szklanej podstawie.* www.e-zagiel.pl 2006. ▯ kein Beleg. *s. auch* ↗miniwieża

mikrowłókno *n* »für Stoffe verwendete Polyesterfaser, die aus feinsten Strukturen besteht u. dadurch Luft einschließen kann, so dass die Stoffe wärme- u. feuchtigkeitsregulierend, luftdurchlässig u. sehr leicht sind; auch der Stoff aus diesen Fasern selbst« - **Mikrofaser-(stoff)**. *Ścierka z mikrowłókna dzięki zastosowaniu najnowszych osiągnięć w wytwarzaniu materiałów włókienniczych, charakteryzuje się unikalnymi właściwościami.* www.czesciagd.pl 2006. *Decydując się na zakup czegoś intymnego pamiętaj, że istnieją obecnie dzianiny z mikrowłóknem, które sprawia, że skóra może oddychać.* www.sisi.pl 2006. ▯ PS 1999. *auch* ↗mikrofaza, *s. auch* ↗mikrofibra

mikry *Adj, ugs, geringschätzig* »klein, kümmerlich, zurückgeblieben wirkend; auch zu klein, nicht ausreichend« - **mick(e)rig**. *Mikry chłopiec, mężczyzna, mąż; mikra kobieta, dziewczyna, żona; mikre muszki, owady, komary, zwierzęta, rośliny, kwiaty. Drugie danie było nawet dobre, ale zupa wyjątkowo mikra.* IS. *Ale czy taki malutki, chudziutki i mikry kotek może być tak podstępny i przebiegły?* www.grubaska.blog.onet.pl 2005. *Jednak najbardziej dokucza mi mikry wzrost.* www.arch2.triger.com.pl 2005. ▯ PS 1999, IS 2000, US 2003 ✐1987 NSP2

minidysk *m, G -u, auch* **minidisc, mini-disc** *m, indekl* **a)** »kleine CD mit 3,5 Zoll Durchmesser« - **Mini-Disc, Minidisc, MD**. *Pojemność, czas zapisu minidysku; minidysk z muzyką rozrywkową. Nagrywać minidysk. Marzec 2003 przyniósł łakomym fanom prezent w postaci drugiego już minidysku Summoning. Płytka nazwana „Lost Tales" zawierała dwa niepublikowane do tej pory nagrania.* www.minigunmen.net 2006. ▯ PS 1999 **b)** »Gerät zum Über- u. Abspielen der Minidiscs« - **Mini-Disc, Minidisc; Mini-Disc -Player; Minidisc-Player**. *Ale polecam Ci raczej kupienie minidysku, bo w zasadzie chyba się niczym nie różni od mp3 playera. Tylko co do minidysku uważaj, byś nie kupił odtwarzacza, musi być koniecznie z możliwością nagrywania, wtedy zgrasz sobie po prostu mp3 z kompa i po bólu, heh...* wp.internauci.pl 2000. ▯ PS 1999 ◄vom Produktnamen MiniDisc der Firma Sony

minimum ♦ **minimum socjalne** »zum Leben unbedingt nötiges Mindesteinkommen« - **Existenzminimum**. *Zarabiać poniżej/powyżej*

minimum socjalnego. *W grudniu 2003 r. minimum socjalne dla osoby samotnej w wieku produkcyjnym wynosiło łącznie 792,30 zł.* www.ipiss.com.pl 2003. *Pismo, ukazujące się od 1974 r., (...) zamieszcza dane o minimum socjalnym.* www.mpips.gov.pl 2004. ◫ SW 1996, PS 1999, IS 2000, US 2003 ⌀1988 NSP2
mininotebook, mini notebook [mininołtbuk] *m, G -a, Npl -i, Computer* »besonders kleines u. leichtes Notebook« - **Mini-Notebook**. *Pierwszy mini notebook, o wadze poniżej 1,5 kg; ze standardowymi portami i klawiaturą w 95% zbliżoną do wielkości klawiatury standardowej: ThinkPad 240 (1999).* www.ibm.com 2003. ◫ PS 1999 ◁engl
minipigułka *f, auch* ♦ **pigułka jednoskładnikowa** *Medizin* »empfängnisverhütendes hormonelles Mittel ohne Östrogenanteil« - **Minipille**. *Istnieją również pigułki jednoskładnikowe - tzw. minipigułki z gestagenami (...). Minipigułki mogą przyjmować te kobiety, dla których nie są wskazane pigułki dwuskładnikowe.* serwisy.gazeta.pl 2000. *Minipigułki nie są zarejestrowane w Polsce, jednak na zamówienie ginekologa mogą być sprowadzone przez aptekę z zagranicy.* www.dziecko-info.com 2006. ◫ kein Beleg
minivan *seltener* **miniwan** [mini-wan] *m, G -a/-u, Npl -y* »Kleinwagen mit einer möglichst optimalen Raumausnutzung u. mit einem höheren Fahrzeugdach« - **Minivan**. *Pakowny, pojemny, ładowny minivan. Debiut minivana tuż przed wakacjami wydaje się najlepszym na to momentem. O jego walorach będzie można przekonać się zabierając rodzinę na dłuższy wyjazd.* moto.money.pl 2003. *Owszem, dla rodziny miniwan to fajne autko.* pclab.pl 2005. ◫ PS 1999. *vgl. auch* ↗van
miniwieża *f, Heimelektronik* »besonders kleine Stereoanlage« - **Miniturm, Mini-Anlage**. *Miniwieża zbudowana z kilku elementów tworzących kinowy system audio-wideo.* www.kinodomowe.idg.pl 2005. *Zestaw oferujący wyższą moc muzyczną niż większość miniwież. Zapewnia efektowny dźwięk z potężnym basem i wysokimi poziomami głośności.* www.kupic.pl 2005. ◫ kein Beleg ⌀1988 NSP2 *s. auch* ↗mikrowieża ◁engl mini tower
minuta ♦ *phras* (mieć, otrzymać) **swoje pięć minut** *ugs* »kurzer Zeitraum, in dem man Erfolg hat, sich hervortun o. zeigen kann, was man kann« - **seine fünf Minuten** (Ruhm, Erfolg usw. haben); **seine Gelegenheit, Chance** (haben, bekommen). *Czyjeś pięć minut (nie) nadeszło, minęło. W filmie, w teatrze, w telewizji dziś jesteś, jutro cię nie ma. Kiedy już masz te swoje pięć minut, musisz się zabezpieczać. Kasa chroni przed frustracją, z której wynikają różne wariactwa i nałogi.* PSF. *Każdy z poważniejszych kandydatów miał już swoje pięć minut. Zbigniew Religa, bo pierwszy zadeklarował, że startuje. Lech Kaczyński, bo pierwszy rozpoczął intensywną kampanię. (...) Teraz swoje pięć minut ma Tusk, który wykorzystał wakacyjne leniuchowanie kontrkandydatów.* www.rzeczpospolita.pl 2005. *Tym razem nie tylko Ania będzie główną bohaterką. Swoje pięć minut otrzymają inni mieszkańcy Avonlea.* www.gandalf.com.pl 2006. ◫ IS 2000, PSF 2000, US 2003
! im Dt. vor allem in der Bed. ,ausrasten, verrückt spielen'
miśki ♦ **gumowe miśki** *ugs* - **Gummibärchen**. *O chłopcu, który chciał jeść tylko gumowe miśki.* www.spoleczna-jedynka.pl 2006. *Sam błyszczyk ma bardzo ładny zapach, taki jak miśki gumowe, konsystencja nie płynna, ale nie gęsta, nadaje ładny blask i lśnienie.* www.wizaz.pl 2004. ◫ kein Beleg. *s. auch* ↗żelek ◁dt
mleko ♦ *phras* **mleko się rozlało** »etw. Unerfreuliches ist (bereits) eingetreten« - **die Milch ist vergossen, verschüttet; das Kind ist in den Brunnen gefallen**. *W jakimś sensie mleko już się rozlało. Więzi wytworzone w okresie przełomu, kiedy powstawały elity III Rzeczpospolitej, trudno będzie zmienić, podobnie jak obraz elit w oczach zwykłych ludzi.* Polityka 2003. *Mleko się rozlało. Teraz liderzy partii politycznych zaczynają się zastanawiać, dlaczego 79 procent wyborców nie poszło głosować.* www.korso.ptc.pl 2004. *Ale po liście Wildsteina mleko się rozlało, więc trzeba się raczej zastanowić, jak tę sytuację uregulować, a już odwrotu chyba nie ma.* www.radio.com.pl 2005. ◫ kein Beleg
Młodopolak, młodopolak *m, G -a, meist im Pl* **Młodopolacy, młodopolacy** *Politik* - »(ehemaliges) Mitglied der 1979 gegründeten (u. 1989 aufgelösten) oppositionellen konservativen Bewegung Ruch Młodej Polski (RMP)« *Ruch Młodej Polski stworzyła w 1979 roku grupa dwudziestoparolatków buntujących się przeciw PRL-owi. (...) Kolebką młodopolaków był Gdańsk.* www.nowe-panstwo.pl 2006. *Piotr Z. moderował debatę o miejscu i roli Młodopolaków w życiu publicznym III RP.* www.mk.org.pl 2004. ◫ kein Beleg
młody ♦ *phras* **młode wilczyce** *s.* **wilczyca**
młody ♦ *phras* **młode wilki** *s.* **wilk**
MMS, mms [em-em-es] *m, G -a, Npl -y* »multimediale Nachricht, die von einem Handy (o. E-Mail-Konto) an andere mobile Endgeräte o. an E-Mail-Adressen geschickt wird« - **MMS**. *Czy można wysłać MMSa na telefon Nokia, który nie ma tej funkcji?* www.nokia.com.pl 2006. *Myślicie, że nie wysłałem tego MMSa znad jeziora?... Wyślę więc kolejnego MMSa z wieściami i obrazkiem, jak się bawimy nad naszym jeziorem.* innyblog.blox.pl 2005.

Konfiguracja tego telefonu do mms i wapu jest prosta. Wystarczy aktywować usługę w danej sieci. Wpisać odpowiednie adresy ip, porty hasła. (...) Wszystkie dane można znaleźć w internecie. www.webdeveloper.pl 2005. ▯ kein Beleg ◁engl, Abk von **m**ultimedia **m**essaging **s**ervice

MMS, mms [em-em-es] *nachgestellt in adjektivischer Funktion, indekl oder* **MMSowy, mmsowy** [em-em-esowy] *Adj v.* ↗MMS - **MMS-**. *Usługa MMS. Fotokartkę MMS wysyła się w bardzo prosty sposób. Wystarczy zrobić zdjęcie za pomocą aparatu fotograficznego w jak najlepszej rozdzielczości - wbudowanego lub dołączanego do telefonu komórkowego w sieci Plus GSM i przesłać go z adresem odbiorcy (...).* www.plusgsm.pl 2006. *Pobierz tapety mms na telefon nokia.* misio.org 2005. *Głównym założeniem konkursu „MMSowy fotoreportaż z wakacji" jest promowanie pomysłowości i fantazji członków Clubu N. Za pomocą MMSowych zdjęć umieszczanych na moBlogach mają oni za zadanie ułożenie wakacyjnych „fotohistorii'.* www.k2.pl 2005. *Chcesz mmsować taniej? Skorzystaj z rabatu na Pakiety mmsowe przez 3 miesiące od jego zamówienia!* www.idea.pl 2006. ▯ kein Beleg

MMS-ować, mmsować [em-em-esować] *ipf, v.* ↗MMS, *Jargon* »eine MMS versenden« - **mmsen**. *Wybierz bezpłatne połączenia w ramach usługi Wybrane Numery, dzięki której możesz (...) MMS-ować do woli (...).* www.orange.pl 2006. *Dałem taki przykład, gdyż za tego typu usługi w abonamencie płaci się osobno i gdy będziemy dużo wapować lub mmsować a mało rozmawiać, to i tak zapłacimy.* www.orange-portal.pl 2006. ▯ kein Beleg

mobbing *m, G -u, nur im Sg* »ständiges Schikanieren, Quälen eines Arbeitskollegen (meist mit der Absicht, ihn aus der Firma zu vertreiben)« - **Mobbing**. *Ofiara, zjawisko mobbingu. Zwalczać mobbing; przeciwdziałać mobbingowi. Mobbing jest to bezpodstawne, ciągłe i długotrwałe dręczenie, zastraszanie, prześladowanie, szykanowanie człowieka w pracy nie tylko przez przełożonego, ale czasem także przez współpracowników.* www.mobbing.most.org.pl 2005. ▯ US 2003

mobbingowy *Adj v.* ↗mobbing - **Mobbing-; Antimobbing-**. *Szkolenie mobbingowe; działania, praktyki mobbingowe. Serdecznie zachęcamy Państwa do zapoznania się z teoretycznym materiałem dotyczącym tematyki mobbingowej oraz skorzystania z naszej oferty szkoleniowej.* www.mobbing.pl 2005. *Jeżeli dojdziemy do wniosku, że „już dalej tak być nie może", to musimy dać sobie jeszcze trochę czasu na dokumentowanie zachowań mobbingowych zarówno z przeszłości, jak i te, które będą następować w najbliższym czasie.* www.mobbing.most.org.pl 2005. ▯ kein Beleg

mobbować *ipf, v.* ↗mobbing - **mobben**. *Mobbować kogoś. Nie było tej szarej i nijakiej myszy, której w domu się nie zauważa, na ulicy potrąca, w pracy mobbuje, tej buraski z przegranym życiem (...).* www.kafeteria.pl 2005. *Kto kogo mobbował? Dyrektorka bielawskiego Liceum Ogólnokształcącego Daria M. złożyła doniesienie o podejrzeniu popełnienia przestępstwa do prokuratury na byłego starostę Zbigniewa R. Zarzut miał dotyczyć gróźb, jakie podobno skierował wobec dyrektorki.* www.to.dzierzoniowski.pl 2003. ▯ kein Beleg

mobilność[NB] ♦ **mobilność społeczna** »Beweglichkeit (in Bezug auf die soziale Stellung, den Beruf, den Wohnsitz)« - **Mobilität**. *W dzisiejszej Ameryce skala mobilności społecznej, rozumianej jako ruch w górę i w dół społecznej drabiny - czytamy w komentarzu redakcyjnym „New York Timesa" z 31 maja - jest w rzeczywistości znacznie mniejsza, niż uważali ekonomiści, niż sądzi większość Amerykanów.* www.lewica.pl 2006. *Ale czy przy obecnej społecznej mobilności możemy być pewni, że nasze dzieci zostaną z nami na zawsze i zechcą zamieszkać w naszym domu ze swoimi dziećmi?* www.archipelag.pl 2005. *Odzwierciedleniem tych tendencji jest wzrastająca stale liczba rozwodów, którym sprzyjają większa mobilność społeczna, industrializacja, urbanizacja, wzrastające kryteria awansu społecznego itd.* encyklopedia.interia.pl 2006. ▯ PS 1999, US 2003

mobilny[NB] *Adj* »durch Mobilität gekennzeichnet, besonders zu Wechsel von Wohnsitz, Arbeitsplatz bereit, fähig« - **mobil; flexibel**. *Mobilny pracownik; wiek mobilny. Amerykanie są bardzo mobilni, chętnie podróżują.* IS. *Ludność w wieku produkcyjnym (w tys.), w tym: w wieku mobilnym, w wieku nie mobilnym, poprodukcyjnym.* www.ciechanow.powiat.pl 2005. ▯ IS 2000, US 2003

model[NB] *m, G -a, Npl -e* »Mann, der Modekollektionen, (Modell)kleidung auf Modeschauen vorführt« - **(männliches) Model, Dressman**. *Zaangażować modela; model prezentuje nową kolekcję garniturów. Adrien Brody niedawno odebrał Oscara dla najlepszego aktora, wcześniej był mistrzem breakdance, ostatnio został modelem (reklamuje garnitury włoskiej firmy odzieżowej Ermenegildo Zegna).* Viva 2003. ▯ SW 1996, PS 1999, IS 2000, US 2003. *s. auch* ↗fotomodel ◁engl

modem *m, G -u, EDV* »elektronisches Gerät für die Datenübertragung auf Telefonleitungen« - **Modem**. *Modem DSL - DSL-Modem. Modem zarządzający, wewnętrzny, kablowy; modem światłowodowy; wewnętrzny głośnik modemu. Połączyć się z czymś przez modem.*

Dzięki modemowi DSL lub modemowi kablowemu można zwiększyć szybkość połączenia internetowego, ale nie można poprawić bezpieczeństwa w sieci. www.microsoft.com 2005. 📖 PS 1999, IS 2000, US 2003 ✎1988 NSP2 ◁engl

modemowy *Adj v.* ↗modem, *EDV* - **Modem-**. Rozmowa, karta modemowa; łącze, połączenie modemowe; modemowy dostęp do Internetu. *Szkoła posiada 16 stanowisk komputerowych dydaktycznych wraz z modemowym podłączeniem do internetu.* www.trzeszczany.pl 2005. 📖 PS 1999, IS 2000, US 2003 ✎1989 NSP2

moderator^NB *m, G -a, Npl ~rzy* **a)** »jd., der (bei einem Konflikt) als lenkender Vermittler auftritt« - **Moderator; Schlichter**. *Był moderatorem w tych trudnych negocjacjach.* US. 📖 PS 1999, US 2003 **b)** »jd., der eine Diskussion, ein Treffen, eine Sendung leitet, moderiert« - **Moderator**. *Gospodarzem i moderatorem dyskusji panelowej był prof. Wiesław G. (SWPS), znany medio- i filmoznawca (...).* www.swps.edu.pl 2003. 📖 OiT 2001 **c)** *Internet* »jd., der eine Diskussionsliste im Internet betreut u. leitet« - **Moderator**. Moderator listy, forum. *Zgłosić coś moderatorowi. Ha, chyba mój komentarz nie spodobał się moderatorowi, bo jakoś nie pojawił się od popołudnia (...).* www.wyprawy.onet.pl 2003. *Tutaj możecie wpisywać, co myślicie o moderatorach tego forum i o niszczeniu przez nich wątków.* www.info.onet.pl 2005. 📖 kein Beleg

moderować *ipf* - **moderieren. a)** »eine Diskussion, Fernsehdebatte, ein Treffen leiten« Moderować dyskusję, panel. *Jadwiga K. z Polskiego Radia SA Pr. I., która moderowała debatę, wskazała, iż wiele placówek medycznych oczekuje na „cud nad Wisłą" polegający na centralnym oddłużeniu szpitali.* www.emedyk.pl 2002. *Wprowadzenie wygłosi i moderował będzie Jan Sz., Prezes MFP/ KFP.* www.informacje.farmacja.pl 2005. 📖 kein Beleg **b)** *Internet* »eine Diskussionsliste, ein Diskussionsforum im Internet betreuen, leiten« Moderować listę, forum, czat. *Bardzo chciałem nim zostać, nie wiem tylko, jaki dział na forum miałem moderować, ale myślę, że to nie stanowi większego problemu, można się dogadać.* www.historia.org.pl 2006. 📖 kein Beleg

moher^NB *m, G -a, stark abwertend* **1** *meist im Pl* **mohery**, *auch* ↗**moherowe berety** »als Sinnbild für die Hörerschaft des nationalkatholischen Senders Radio Maryja; auch Bezeichnung für die um diesen Sender versammelten Politiker« - „**Mohair-Mützen-Träger(innen)**". *Moralne propozycje moherów są przerażające, a gospodarcze chyba jeszcze bardziej. Katolickie mohery już rozpoczęły walkę z ustawą aborcyjną oraz np. invitro.* www.searchengines.pl 2006. 📖 kein Beleg **2** »Sinnbild für engstirnige, nationalkonservative Geisteshaltung u. eifernde Religiosität, die mit dem Umfeld des katholischen Senders Radio Maryja in Verbindung gebracht werden« - „**Mohair**". *To, co nazywa się dzisiaj moherem - prostactwo, awanturniczość, niekompetencja - jest cechą nie tylko niektórych polityków, którzy doszli we wrześniu do władzy, ale ludzi (oczywiście nie wszystkich) należących do całej tzw. klasy politycznej, niezależnie od partii, którą reprezentują.* merkuriusz.id.uw.edu.pl 2006. 📖 kein Beleg

moherowy ♦ *phras* **moherowe berety** »als Sinnbild für die Hörerschaft des nationalkatholischen Senders Radio Maryja; auch Bezeichnung für die um diesen Sender versammelten Politiker« - „**Mohair-Mützen**". Premier, rząd moherowych beretów. *Ekstatycznie wpatrzone w prałata Jankowskiego starsze kobiety oklaskami przyjmują niemal każde jego słowo. W Gdańsku mówi się, że ksiądz prałat ma swój „legion moherowych beretów".* Rzeczpospolita 2004. *Ale przecież z grupą islamskich fanatyków nie można utożsamiać wszystkich wyznawców islamu. Tak, jak nie można utożsamiać wszystkich Polaków z „moherowymi beretami" rodem z Radia Maryja.* forum.wprost.pl 2006. 📖 kein Beleg
◁zunächst wohl Bezeichnung für die älteren, meist weiblichen Besucher der Gottesdienste des nationalkonservativen Prälaten H. Jankowski in Danzig, die oft Strickmützen aus Mohairwolle trugen; dann übertragen auf die Hörerschaft des Senders Radio Maryja; nach dem Wahlsieg der nationalkonservativen Kräfte Ende 2005 von den Oppositionellen zur Charakterisierung der Anhängerschaft des rechtskonservativen Regierungsbündnisses aus PiS, LPR und Samoobrona sowie der Politiker selbst verwendet

moherowy^NB *Adj., stark abwertend* »dem religiös-nationalkonservativen Lager um den katholischen Sender Radio Maryja angehörend bzw. nahestehend« - *als Kompositumglied* „**Mohair-Mützen**"-. Moherowi ludzie, dziennikarze, patrioci, politycy. *Mam tylko nadzieję, że (...) nie dojdą do głosu moherowi obrońcy wiary katolickiej - bo to teraz trendy.* watchtower.org.pl 2005. *Każdego dnia dowiaduję się o nowych moherowych pomysłach, aż strach wiadomości słuchać!* www.searchengines.pl 2006. *Im większe głupoty robi PiS, tym bardziej moherowi ludzie atakują PO.* wiadomosci.onet.pl 2006. *Internauci prezentują tu własne prace z moherową tematyką - kolaże plakatów, nagrania piosenek i komiksy.* Newsweek 2006. 📖 kein Beleg. *vgl. auch* ↗**radiomaryjny** ◁aus ↗moherowe berety

♦ **moherowa koalicja** *stark abwertend* »die nationalkonservative (Regierungs)koalition aus PiS, Samoobrona und LPR« - „**Mohair-Mützen**"-**Koalition**. *Zwrot moherowe berety* *upowszechnił się w języku potocznym, zwłaszcza w dyskursie politycznym. Przykładem odniesienia się do tego zwrotu jest termin moherowa koalicja, użyty przez Donalda Tuska podczas debaty sejmowej nad exposé premiera Marcinkiewicza 11 listopada 2005. (...) Lider PO określił w ten sposób nieformalną koalicję sejmową PiS-u, Ligi Polskich Rodzin i Samoobrony, sugerując jej istnienie, czemu w tym czasie PiS zaprzeczał.* pl.wikipedia.org 2006. ▭ kein Beleg

♦ **moherowa rewolucja** stark abwertend »Ausweitung des Einflusses der religiös-nationalkonservativen Kräfte auf staatliche u. nichtstaatlich Organe u. Institutionen; Machtübernahme durch diese Kräfte« - „**Mohair-Mützen**"-**Revolution**. *Kto by przypuszczał, że symbol moherowej rewolucji, słynne berety, importujemy z Chin. Może stąd te ciągoty jej maszynistów do dyktatury?* www.trybuna.com.pl 2006. *Jak mawiał Napoleon - „tam, gdzie nie ma wolności - nie ma ani praw, ani obowiązków". Wyrażam nadzieję, że prowadząca do IV RP „moherowa rewolucja", której istotnym ogniwem jest o. Tadeusz Rydzyk, tej wolności nam nie odbierze.* www.sdpl.org.pl 2005. ▭ kein Beleg

molestant *m, G -a, Npl ~nci* »jd., der andere sexuell belästigt, bedrängt« - **Belästiger**. *Policja zatrzymała molestanta. 52-letni Eugeniusz J. jest podejrzany o molestowanie seksualne czwórki kilkuletnich dzieci.* www.ropczyce.pl 2006. *Faktem jest, że „molestant" nie zamierza spocząć na dziatwie, czy sekretarce w pracy. Gotów jest do dalszego zadośćuczyniania swoim popędom.* www.kiosk.onet.pl 2005. ▭ kein Beleg

molestantka *f v.* ↗molestant - **Belästigerin**. *Czy ja mam być molestowana, czy być molestantką?* www.forum.wprost.pl 2005. ▭ kein Beleg

molestować[NB] *ipf, oder* ♦ **molestować seksualnie** »jdm. gegenüber sexuell zudringlich werden u. ihn zu sexuellen Handlungen zwingen (wollen)« - **(sexuell) belästigen**; **(sexuell) missbrauchen**. Molestować kogoś; być molestowanym. *Pewnie molestowałeś przy wigilijnym stole swoją kuzyneczkę, szepcząc jej do ucha sprośności jednocześnie miętosząc jej miękkie uda?* www.mip.av.pl 2005. *Leonarda, gdy był jeszcze dzieckiem, molestowała seksualnie własna siostra.* www.orror.com.pl 2005. ▭ PS 1999, IS 2000, US 2003

molestowanie[NB] *n, v.* ↗molestować, *oder* ♦ **molestowanie seksualne** - **(sexuelle) Belästigung**. *Molestowanie (seksualne) kobiet, dziewczyn, chłopców, dzieci. Surowe prawa przeciwdziałające molestowaniu seksualnemu kobiet w pracy przez ich zwierzchników.* IS. ▭ IS 2000, PS 1999, US 2003

Monar, MONAR *m, G -u* - »von Marek Kotański gegründete Organisation, die über ein Netz von Anlaufstellen u. Therapiezentren für Drogenabhängige in ganz Polen verfügt; auch eine solche Anlaufstelle o. ein solches Therapiezentrum selbst« Ośrodek, terapeuta, poradnia Monaru. Przebywać, leczyć się, pracować w Monarze; uciec z Monaru. *Prywatnie lubi chodzić po górach. Kocha Tatry. Odkrył je, będąc w Monarze, i od tej pory każdego roku spędza tam kilka dni.* www.adra.org.pl 2004. *Jeszcze kilka lat temu MONAR w Wyszkowie żył własnym życiem, zmieniali się pacjenci, pojawiali się nowi terapeuci i kierownicy, ale nas - mieszkańców - to nie obchodziło.* www.wyszkow.monar.pl 2006. ▭ US 2003

◁abgeleitet von der Bezeichnung für die 1981 gegründeten Antidrogenbewegung *Młodzieżowy Ruch na Rzecz Przeciwdziałania Narkomanii*

monarowiec *m, G ~wca, Npl ~wcy, v.* ↗Monar - »Patient u. Bewohner eines Monar-Therapiezentrums«; *im Jargon der Monar-Bewohner* »jd., der die dritte u. höchste Stufe innerhalb des Therapieverlaufs erreicht hat« Były monarowiec. *Zgodnie z ogólnymi zasadami przyjętymi w MONAR'ze leczenie przebiega etapami: nowicjusz - domownik - aspirant - monarowiec.* www.zbicko.monar.pl 2005. ▭ kein Beleg ⌀1992 NSP2

monarowski *Adj v.* ↗Monar - **Monar-**. Ośrodek, ruch, model, terapeuta monarowski; noclegownia monarowska. *Drugi już numer monarowskiego pisemka traktującego o problematyce narkomanii.* www.hyperreal.info 2005. ▭ US 2003

Monicagate [monikagejt] *m, G ~te'u* »Sexaffäre des amerikanischen Präsidenten Clinton mit der Praktikantin Monica Lewinsky Ende der 90er Jahre« - **Monicagate, Zippergate, Lewinsky-Affäre**. *Reakcje Polaków na wydarzenia związane z największą aferą polityczno-obyczajową w historii Stanów Zjednoczonych, czyli tzw. Monicagate, są jednoznacznie przychylne dla prezydenta Billa Clintona.* www.cbos.pl 1998. ▭ kein Beleg. *auch* ↗Zippergate, ↗afera rozporkowa

monitoring *m, G -u* »systematische Beobachtung u. Analyse zahlenmäßiger u. qualitativer Veränderungen bestimmter Größen« - **Monitoring; ständige Kontrolle** o. **Überwachung**. Lokalny, ogólnopolski, światowy monitoring; monitoring rynku, prasy, mediów, powietrza atmosferycznego, zanieczyszczeń; metody, usługi monitoringu. Prowadzić monitoring. *Monitoring obiektów jest skutecznym rozwiązaniem zmiejszającym ryzyko kradzieży oraz jego następstwa.* www.impel.com.pl 2006. ▭ SW 1996, PS 1999, IS 2000, US 2003 ⌀1991 NSP2 ◁engl

monitoringowy *Adj v.* ⁊monitoring - **Monitoring-; Beobachtungs-; Überwachungs-**. System, raport monitoringowy; stacja monitoringowa; badania, pomiary monitoringowe. *Ocena stanu jakości wód powierzchniowych objętych kontrolą monitoringową ze względu na wskaźniki biologiczne.* www.mos.gov.pl 2005. ☐ IS 2000, US 2003 ✐1990 NSP2

monitorować *ipf, selten pf* **zmonitorować** - **beobachten, überwachen**. Monitorować rynek, środowisko naturalne, proces produkcyjny. *Emisja gazów i pyłów będzie monitorowana w systemie ciągłym.* US. *Narodowa Agencja będzie monitorowała sposób organizacji wymiany studentów i nauczycieli akademickich oraz poprawność prowadzonej dokumentacji.* www.socrates.org.pl 2004. *Chcąc poprawić stan bezpieczeństwa, wołomiński urząd zamierza zmonitorować całe miasto.* fakty.wwl.pl 2006. ☐ SW 1996, PS 1999, IS 2000, US 2003 ✐1988 NSP2

mop *m, G -a* - **Wischmopp**. *Myć powierzchnię wilgotnym mopem lub zmywakiem, unikać znacznego zwilgocenia.* www.pol-dom.pl 2006. *Oprócz wyposażenia podanego w charakterystyce wyposażony jest w prasę do wyciskania mopów (...).* www.pesmenpol.com 2005. ☐ PS 1999, OiT 2001, US 2003

mopować *ipf / * **zmopować** *pf, v.* ⁊mop - (mit dem Mopp) **wischen**. Mopować podłogę, parkiet. *Siedzieliśmy przy kasie, a jak ludzi nie było, to też musieliśmy coś robić - zbierać pudła, worki, dokładać towar, mopować cały sklep.* www.roztocze.net 2005. *Wszedłem do sklepu, ekspedientka już sprząta i mopuje posadzkę, trochę mi głupio, zostają za mną czarne, błotniste ślady.* www.niebardzo.blog.pl 2004. ☐ PS 1999

moro *n, indekl, ugs* »Hose, Anzug usw. aus tarnfarbenem Stoff« - **Kampfhose, Kampfanzug; Tarnhose, Tarnanzug;** *ugs* **Armyhose, Armyanzug**. Ktoś w moro. *A potem nagle spod ziemi wyrósł facet od stóp do głów ubrany w moro, z psem, który aż rwał się do Piotrkowego plecaka.* Newsweek 2003. ☐ PS 1999, IS 2000, US 2003 ✐1981 PP

moro *nachgestellt in adjektivischer Funktion, indekl* - **tarnfarben;** *ugs* **im Army-** o. **Militärlook**. Mundur, spodnie, koszulka, bielizna, tkanina, wzór moro. *Nosił zieloną kurtkę i spodnie moro.* IS. *Posiadamy w ofercie tkaninę moro.* www.tkaniny.pl 2005. *Uniwersalna karimata z warstwą folii w kolorze moro.* www.activio.pl 2005. ☐ PS 1999, IS 2000

motolotnia *f* »Segelflugzeug mit Hilfsmotor« - **Motorsegler**. Pilot motolotni. Latać motolotnią *oder* na motolotni. *Motolotnia gwałtownie zatrzymała się i przewróciła na plecy. (...) Motolotnia upadła dokładnie na koła i uległa niezbyt poważnym uszkodzeniom.* www.

lotnictwoul.pl 2005. *I wreszcie lotnisko polowe, na którym to odbywać się będą przeloty motolotniami organizowane przez aeroklub pińczowski!* www.dabie.k-ow.net 2004. ☐ SW 1996, PS 1999, US 2003 ✐1989 NSP2

motoparalotnia *f* »beim Paragliding verwendetes fallschirmähnliches Sportgerät mit rechteckigem Schirm, das von einem Motor angetrieben wird« - **Motorgleitschirm, Paramotor**. *Motoparalotnia - paralotnia z napędem, który pilot zakłada na plecy.* www.tczewskie.pl 2005. ☐ kein Beleg

motywator *m, G -a* **1** *Npl -rzy* »jd., der motiviert« - **Motivator**. *Lider jako motywator. Jako lider możesz nagradzać i wzmacniać ludzi pieniędzmi lub pozytywnymi emocjami albo obydwoma typami „waluty" jednocześnie.* www.pt.pl 2005. *Drużyna - może kogoś to rozśmieszy, ale przydałby się drużynie psycholog (zdolny motywator).* www.lechia.gda.pl 2005. ☐ kein Beleg **2** *Npl -y* »etw., das motiviert« - **Motivations-, Anreizfaktor**. *Badania i obserwacje wskazują, że pieniądze w formie podwyżki czy premii to motywator krótkotrwały. Działa przez jakiś czas.* www.miesiecznikpracodawca.com.pl 2002. *Drugim motywatorem jest uczestnictwo w co rok organizowanych przez firmę ekspedycjach i imprezach.* www.centrumwiedzy.edu.pl 2005. ☐ kein Beleg

motywować[NB] *ipf / * **zmotywować** *pf* »jd. zu etw. anregen, veranlassen« - **motivieren**. Motywować kogoś do czegoś. *A pozycja w rankingu będzie nas motywowała do ciągłego ulepszania serwisu, co głównie Wam użytkownikom wyjdzie na dobre.* www.vulcan.edu.pl 1999. *Jak motywować, żeby zmotywować? Sen z powiek każdego personalnego spędza umiejętne delegowanie zadań i właściwa motywacja pracowników.* www.serwiskariery.pl 2005. ☐ SW 1996, PS 1999, IS 2000, US 2003 ✐1986 NSP2

mozzarella* [mocarella], **mozarella** *f* - **Mozzarella**. Sałatka, grzanki, pomidory z mozzarellą. *Kiedyś mozzarellę robiono z mleka bawolic, dziś wytwarza się z mleka krowiego.* OiT. *Mozarellę kroimy na plasterki i pokrywamy nimi ciasto.* www.kuchnia.o2.pl 2005. ☐ PS 1999, OiT 2001, US 2003 ◁ital

mouse pad *s.* **podkładka pod mysz**

mrówka[NB] *f, meist im Pl, ugs* »(meist an der Ostgrenze Polens tätiger) Kleinhändler, der (häufig mehrfach) täglich die Grenze passiert u. dabei Zigaretten u. Alkohol (u. meist in von den Zollvorschriften zugelassenen Mengen) über die Grenze bringt« - **(Grenz)händler**. Miejscowe mrówki. Kupować coś od/u mrówek. *Budowa i uruchomienie dużego centrum handlowego w tej okolicy w sposób naturalny ograniczyłyby przewozy towarów w bagażnikach samochodów przez tzw. „mrówki", czyli*

handlarzy stale kursujących pomiędzy Polską a Ukrainą. www.ukraina.net.pl 2002. *Zdesperowane mrówki zablokowały granicę. (...) Mrówki w Gołdapi zaprotestowały przeciw wprowadzonym przez Rosjan opłatom.* www.gazetaolsztynska.pl 2006. *Litr oleju napędowego kosztuje w Rosji 8-9 rubli, rolnicy kupują go od mrówek po 2-2,4 zł.* www.konsorcjum-polen.pl 2004. PS 1999
♦ *phras* przemycać, sprowadzać coś **na mrówkę** oder **na mrówę; chodzić na mrówkę**, ugs - »(eine Ware) häufig (u. meist in von den Zollvorschriften zugelassenen Mengen) über die Grenze bringen« *Pamiętacie, ile było zadymy, że alkohol na mrówkę z Czech sprowadzano? Obniżyli akcyzę, to mrówek nie ma, a wpływy do budżetu wzrosły.* www.kazik.art.pl 2005. *Teraz ceny się wyrównały i nikt już nie chodzi na mrówkę, ale kiedyś granica to była atrakcja - mówi pani Małgosia, nauczycielka z Istebnej.* www.miasta.gazeta.pl 2005. kein Beleg ∕1990 PP

MUD, mud *m, G -a, Computerjargon* »Rollenspiel, das auf einem zentralen Computer bzw. Server läuft« - **MUD**. *Polski mud; gracz, adres, strona muda. Być, grać, robić coś na mudzie. Miłośnicy gier sieciowych mogą korzystać ze znacznie mniej wymagających pod względem technicznym mudów (MUD - ang. Multi User Dungeons, to internetowa gra osadzona przeważnie w klimacie fantasy, w której nie ma ani grafiki ani dźwięku - tylko sam tekst). Jednocześnie mogą grać w nią nawet setki graczy, choć na polskich mudach średnia wynosi około trzydziestu-pięćdziesięciu uczestników.* Polityka 2002. *Zawitałeś na stronę najbardziej polskiego i jednego z najciekawszych ze wszystkich mudów. Usiądź wygodnie i rozkoszuj się tym, co dla ciebie przygotowaliśmy.* www.lac.pl 2003. kein Beleg ∢engl, Abk von **M**ulti **U**ser **D**ungeons

mudżahedin *m, G -a, Npl -i* »(religiöser) Freischärler (im islamischen Raum)« - **Mudjaheddin, selten Mudschahed**. *Arabski mudżahedin; ruch, oddziały mudżahedinów. W Izraelu skazano na karę więzienia pięciu arabskich mudżahedinów.* OiT. *Terroryści zawsze chcą być nazywani określeniami zastępczymi typu wojownik, bojownik o wolność, mudżahedin, rzecznik ludu.* www.sciagawa.pl 2005. *Czternastoletni chłopiec opowiada: „Jestem mudżahedinem z godnością i honorem. Jestem mudżahedinem i muszę walczyć o swoją ziemię! (...)"*. www.reporter.edu.pl 2005. *Po inwazji sowieckiej na Afganistan w roku 1979 Carter zdecydował się na udzielenie daleko idącej pomocy mudżahedinom afgańskim.* www.pl.wikipedia.org 2005. Supl 1994, SW 1996, PS 1999, IS 2000, US 2003 ∕1989 NSP2 ∢arab

mudżahediński *Adj v.* ↗mudżahedin - **Mudjaheddin-, selten Mudschahed-**. *Bojownik, ochotnik mudżahediński; armia, komórka, organizacja mudżahedińska. Ale wszystko zaczęło się po zwycięstwie, kiedy poszczególne ugrupowania mudżahedińskie zaczęły się nawzajem ze sobą wybijać.* www.polskieradio.pl 2005. US 2003 ∕1991 NSP2

mufinka *f, meist im Pl* **mufinki** »in einem kleinen Förmchen gebackenes (süßes o. pikantes) Kleingebäck« - **Muffin(s)**. *Mufinki orzechowe, mufinki z borówkami, czerwoną papryką i fetą; przepis, foremka na mufinki. Przełamanie jeszcze ciepłej, aromatycznej mufinki to prawdziwa przyjemność. Warto oddać się rozkoszy skosztowania mufinki jagodowej, gruszkowo-pekanowej, czy też poznać bogactwo smaków mufinki z parmezanem, rozmarynem i oliwkami.* literatura.katalog.com.pl 2006. *Zostaw mufinki w formie przez 5 minut, a potem wyjmij i ułóż na metalowej kratce, aby całkowicie ostygły.* kuchnia.gazeta.pl 2006. kein Beleg ∢engl muffin(s)

multikino *n* »großes Kinozentrum mit mehreren Kinosälen« - **Multiplex(kino)**. *Iść, pójść do multikina; obejrzeć film w multikinie. W multikinie znajdują się zawsze kawiarnie i bufety, często też obszerne foyer.* OiT. SW 1996, PS 1999, US 2003 ∕1986 NSP2. *auch* ↗multipleks, ↗kino wielosalowe

multimedia *nur im Pl* »das Zusammenwirken, die Anwendung von verschiedenen Medien (meist mithilfe von Computern)« - **Multimedia**. *Multimedia domowe; przemysł, targi, rynek, serwer, zastosowanie, obsługa multimediów; oprogramowanie dla multimediów. Zastosować multimedia. Często zapomina się o tym, że multimedia to nie tylko skomputeryzowana zabawka, lecz także narzędzie pracy.* OiT. *Odbędzie się prezentacja i wykład poświęcony współczesnym multimediom i technologii wpływającej na najnowsze trendy w sztuce multimediów.* www.alternativepop.pl 2005. SW 1996, PS 1999, IS 2000, US 2003 ∢engl

multimedialny *Adj v.* ↗multimedia - **Multimedia-; multimedial**. *Multimedialny leksykon, komputer, przekaz, program; artysta multimedialny; gra multimedialna. Jest to pierwszy multimedialny leksykon opracowany przez polską firmę.* SW. *Współczesny młody człowiek w coraz młodszym wieku jest poddawany oddziaływaniu multimedialnemu.* www.prace.sciaga.pl 2005. SW 1996, PS 1999, IS 2000, US 2003

multipleks *m, G -u* »großes Kinozentrum mit mehreren Kinosälen« - **Multiplex(kino)**. *Iść, pójść do multipleksu; obejrzeć film w multipleksie. Dziś rusza największy multipleks w Warszawie. Już od dziś warszawiacy mogą oglądać filmy w największym multipleksie*

multiplikator

w stolicy - Cinema City Arkadia. www.filmweb.pl 2004. ⌑ PS 1999, IS 2000, US 2003. *auch* ↗multikino, ↗kino wielosalowe ◁engl multiplex
multiplikator[NB] *m, G -a Npl ~rzy, bildungssprachlich* »jd., der Wissen o. Information weitergibt u. zu deren Verbreitung, Vervielfältigung beiträgt« - **Multiplikator**. *Multiplikator czegoś. Multiplikatorzy wiedzy - dziennikarze, nauczyciele, liderzy społeczni, trenerzy, duchowni. Są to odbiorcy, którzy mają możliwość przekazywania zdobytej wiedzy innym ludziom.* www.nbportal.pl 2005. ⌑ kein Beleg ◁engl
muskuł ♦ *phras* **prężyć muskuły** *ugs* »Stärke u. Durchsetzungskraft zeigen (meist als Drohgebärde, um etw. durchzusetzen)« - die **Muskeln spielen lassen**. *Zamiast prężyć muskuły, powinniśmy zacząć się po prostu przyzwyczajać, że jako przedmurze demokratycznej Europy będziemy narażeni na szykany Rosji.* www.przekroj.pl 2005. *Gdy światowe supermocarstwa przestały prężyć muskuły, rzeka rządowych pieniędzy płynących do wojskowych laboratoriów zamieniła się nagle w wątły strumyk.* www.ozon.pl 2005. ⌑ kein Beleg
musli, muesli, müsli [musli, misli, miusli] *n oder als Pl, Gpl* müslii/muesli - **Müsli, Müesli**. *Pożywne, wartościowe, chrupkie musli; posiłek z musli/mueslami. Jeść, przyrządzać musli; zmieszać musli/muesli z mlekiem. Gosia zawsze wybierała z musli rodzynki, których za nic w świecie nie chciała jeść. PS. Polecano przepis na muesli, nazywając je „surówką piękności".* OiT. *Bakoma wzbogaca jogurty Premium o linię produktów z müsli.* www.wiadomoscihandlowe.com.pl 2004. *Magnez zawarty w musli wpływa na obniżenie stresu.* www.zakupy.wp.pl 2005. ⌑ PS 1999, IS 2000, US 2003 ◁dt

muzyka ♦ **muzyka chodnikowa,** *auch* **muzyka disco polo** *ugs* »polnische Variante der Popmusik, die in den 80er Jahren entstanden ist« - **Discopolo-Musik**. *Można by przypuszczać, że karierę muzyki chodnikowej zapoczątkował jakiś zespół doskonale znający przeboje wiejskich wesel i zabaw z własnej praktyki muzycznej. Udało się to jednak amatorskiej grupie Top One, ćwiczącej w domu kultury w podwarszawskim Pruszkowie.* archiwum.wiz.pl 2006. *Muzyka disco polo zawsze wydawała mi się niezwykle ciekawym i zagadkowym zjawiskiem socjologicznym (...). Przez jednych szyderczo wyśmiewana przez innych hołubiona, muzyka chodnikowa bez żadnej promocji i wsparcia mediów cieszy się niesłabnącą popularnością, także wśród ludzi, uważających się za intelektualną elitę społeczeństwa.* www.classic.org.pl 2006. ⌑ PS 1996, NSPP 1999. *s. auch* ↗disco polo
mydlany ♦ *phras* **opera mydlana** *s.* **opera**
mysz[NB] *f, auch* **myszka**[NB] *f, Computer* - **(Computer)maus**. *Mysz optyczna; podkładka pod mysz. Zainstalować, wymienić, uszkodzić mysz; (dwukrotnie) kliknąć myszą. Ruch myszy po powierzchni stołu powoduje przemieszczenie się w tym samym kierunku strzałki na ekranie monitora.* IS. *W celu wyświetlenia dalszej części listy należy kliknąć myszką odpowiednią liczbę.* www.artemix.com.pl 2006. ⌑ Supl 1994, SW 1996, PS 1999, IS 2000, US 2003 ⌐1985 NSP2 ◁engl mouse
♦ **podkładka pod mysz(kę)** *s.* **podkładka**

N

nabłyszczacz *m, G -a, Npl -e* »Mittel, das Glanz verleiht« - **Glanz(mittel);** *(Haare)* **Haarglanz(lack);** *(Geschirrspüler)* **Klarspüler.** Nabłyszczacz do roślin, kwiatów, liści - Blattglanz(mittel). Nabłyszczacz do zmywarek; szampon samochodowy z nabłyszczaczem; nabłyszczacz w sprayu; żel do mycia naczyń z nabłyszczaczem. *Nabłyszczacz to środek służący do nadawania połysku liściom roślin doniczkowych. Zawiera naturalne woski.* Kwietnik 1995 (K). *Żeby fryzura zyskała na objętości, wcieram we włosy nabłyszczacz. Żeby optycznie nie obciążała twarzy, utrwal ją żelem Polish Gloss i podkreśl nabłyszczaczem.* Twój Styl 2003. *Ciało powinno być mocno opalone i pokryte warstwą specjalnego brązera oraz olejku (najnowsze brązery są od razu z nabłyszczaczem), nie za grubo.* www.sdw.pl 2005. PS 1999 1992 NSP2

nabłyszczać[NB] *ipf* / **nabłyszczyć** *pf* »bewirken, dass etw. (z.B. Haut, Haare) glänzt« - **Glanz verleihen;** *(nur bei Pflanzen)* **Blattglanz auftragen.** Nabłyszczać włosy brylantyną; nabłyszczać liście roślin. *Szampon nie ma za zadanie nabłyszczać włosów, więc nie ma takiego efektu, ale z odpowiednią odżywką można zdziałać wiele.* www.wizaz.pl 2004. *Nałożyła tusz do rzęs, nabłyszczyła usta, włosy, szybkim ruchem suszarki przesuszyła i chaotycznie upięła je dwoma wsuwkami.* www.fabrica.civ.pl 2005. *Uwaga: liści cyklamenów nie wolno nabłyszczać!* www.skrzacik.now.pl 2006. US 2003

nachy *nur im Pl, Jugendsprache, Jargon* - »Hose« Szerokie nachy. *Przyjdźcie elegancko ubrani, a nie w jakiś nachach i adidasach.* lists. hyperreal.info 2003. - *Jak reagujesz na (...) długą zimę w tym roku? - Jestem załamany!!! Bo lubię chodzić w krótkich nachach.* www. slowosportowe.pl 2005. *Czy laski lecą na deskę?... Może i lecą... Ale jak śmigasz w super szerokich nachach za 160 PLN ze skateshopu lecą, ale tylko te najbardziej płytkie.* www.andegrand. pl 2005. kein Beleg

naczynie ♦ *phras* **naczynia połączone**[NB] »System, in dem die einzelnen Elemente voneinander abhängig sind, sich einander bedingen« - **kommunizierende Röhren.** System, zasada naczyń połączonych. *Gospodarka jest systemem naczyń połączonych, cokolwiek stanie się na jednym rynku, ma głęboki wpływ na inne (...).* IS. *Gospodarka działa jak naczynia połączone. Aktywność ekonomiczna ludności, poziom życia i wyniki osiągnięte przez gospo-darkę są ze sobą ściśle powiązane.* www.mgip. gov.pl 2005. PS 1999, IS 2000, US 2003

naćpać się[NB] *pf, Jargon, ugs* »sich mit Drogen vollpumpen« - **sich zukiffen, bekiffen; sich die volle Dröhnung geben.** *Oczy ma nieprzytomne, widać, że się naćpał.* IS. *Mętny wzrok i nieskoordynowane ruchy świadczyły, że znów się czegoś naćpał.* www.rotfl.eu.org 2006. PS 1999, IS 2000, US 2003

naćpany *Adj v.* ↗naćpać się, *ugs, Jargon* »unter Drogeneinfluss stehend; mit Drogen vollgepumpt« - **zugekifft, bekifft, zugedröhnt.** Naćpany facet; naćpana młodzież. *(...) naćpani młodzi ludzie na Krakowskim Przedmieściu.* IS. *Na wszelkiego pochodzenia pyłki z nosa mi ciekną, oczy mnie swędzą i łzawią, a po proszkach chodzę jak naćpany... ale i tak kocham tę porę roku!* fotografia.interklasa.pl 2005. *Ta „dyskoteka" to kompletna porażka! Chodzą tam dzieciaki w wieku 16-17 lat, zazwyczaj naćpani albo spici na maksa. Bramkarze chyba tego nie widzą (...).* www.pora.pl 2006. PS 1999, IS 2000, US 2003 1985 PP

nagłaśniać[NB] *oder* **nagłośniać** *ipf* / **nagłośnić** *pf* »eine Sache (oft tendenziös) in der Öffentlichkeit darstellen, an die Öffentlichkeit bringen (sodass sie Aufsehen erregt, die Aufmerksamkeit auf sich zieht)« - etw. **publik machen,** *ugs* **Wirbel** um etw. **machen.** Nagłośnić (gdzieś) sprawę, problem, kwestię. *Jak wiadomo, rozpoczyna się „Żółty tydzień", w tym roku niebywale nagłośniony w prasie i w telewizji.* Metropol 2003. *Ten skandal nagłośnił minister finansów Gordon Brown, twierdząc, że wspomniana czwórka musi się przed społeczeństwem wytłumaczyć z roli jaką odegrała.* www.trybuna.com.pl 2005. *Pani dyrektor prosiła, byśmy sprawy nie nagłaśniali i nie wysyłali pisma do kuratorium (...).* www.gloskoszalinski.com.pl 2005. *W ostatnich latach media nagłaśniały głównie przypadki naruszania etyki zawodowej oraz procedury i przewlekłości postępowania sądowego.* finanse.wp.pl 2005. SW 1996, PS 1999, IS 2000, US 2003 1989 NSP2

nagrywarka[NB] *f, Elektronik* »elektronisches Gerät, das Ton, Bild o. andere Daten auf ein Medium aufzeichnet« - **Rekorder, Recorder; Brenner.** Nagrywarka CD - CD-Rekorder, CD-Brenner. Nagrywarka DVD - DVD-Rekorder; DVD-Brenner. Nagrywarka głosu - Voice-Recorder. *Podobne zalety ma drugi nowy standard - Super Audio CD - stworzony i agresywnie promowany przez firmy Sony i Philips, które na koncie mają już takie wyna-*

lazki, jak płyta kompaktowa, walkman, nagrywarka CD, discman czy mini disc. Wprost 2000 (K). *Wyniki ostatniego badania firmy IMS Research wskazują na lawinowy rozwój rynku stacjonarnych nagrywarek DVD.* www.pcworld. pl 2005. *W stosunku do czytnika różnica polega na tym, że laser używany w nagrywarce ma większą moc i służy zarówno do odczytu jak i „wypalenia" danych na płycie.* www.e-cyfrowe.pl 2005. *(...) w kabinie nagrywarka głosu zarejestrowała „rozpaczliwą i brutalną szarpaninę" na pokładzie (...).* archiwumlbc.w. interia.pl 2006. ◻ PS 1999. *auch* wypalarka

naleśnikarnia *f* »Imbissstube, in der als Hauptgerichte (zumeist süß o. pikant gefüllte) Eier-Pfannkuchen angeboten werden« - **Crêperie; Pfannkuchen-Bar.** *Wszyscy przychodzą do naleśnikarni na ul. Plebańskiej. Stali goście o stałych porach zajmują miejsca przy drewnianych ławach i zamawiają to co zwykle - naleśniki z jabłkami, cynamonem i czekoladowym sosem albo z kapustą i grzybami.* www.kopnet. gliwice.pl 2003. *W czasie ostatniej wizyty po raz pierwszy pojechaliśmy do znakomitej „Naleśnikarni" w Ustroniu Śląskim.* www.kucharz.pl 2006. ◻ kein Beleg

namiary *nur im Pl, ugs* »Angaben wie Name, Anschrift, Telefonnummer u. andere Informationen, die die Kontaktaufnahme mit jdm. ermöglichen« - **Daten, Koordinaten.** *Mieć czyjeś namiary; mieć na kogoś/coś namiary. Podaj mi jeszcze namiary tej firmy.* IS. *Daj mi jego namiary, zadzwonię jutro.* PP. ◻ SW 1996, PS 1999, IS 2000, US 2003 ✎ 1989 PP, 1986 NSP2

nano *nachgestellt in adjektivischer Funktion, indekl, Fachsprache* - **Nano-**. *Skala, technika nano. Stąd w miarę wzrostu klasy betonu zanika problem nieszczelności stref stykowych, mimo że w skali „nano" może i chyba na pewno ciągle istnieje.* Z. Jamroży, Beton i jego technologie 2000 (K). *Potrafimy już konstruować obiekty w rozmiarach „nano", czy to na razie wciąż teoria? A obiekt „nano" może wniknąć do organizmu nierozpoznawalny.* www.kurier. lublin.pl 2005. ◻ kein Beleg

nano- *Fachsprache, als Erstglied in Zusammensetzungen in der Bedeutung* (1) ‚auf den milliardsten Teil einer physikalischen Einheit bezogen' (2) ‚auf eine sehr kleine Größe bezogen' - **Nano-**. *Nanometr, nanosekunda; nanoplankton, nanoświat.* ◻ PS 1999, US 2003

nanocząstka *f* »aus bis zu mehreren tausend Atomen bestehende Gebilde, die in ihren chemischen u. physikalischen Eigenschaften von denen eines Festkörpers abweichen« - **Nanoteilchen.** *Strukturalne nanocząstki, nanocząstki metali. Wytwarzać nanocząstki. Analizy te są niezwykle użyteczne w badaniach modelowych nośników leków (liposomy, niosomy, nanocząstki).* www.biochem.microb.uni. wroc.pl 2002. *Strzelbą genową (gen-gun), czyli niewidocznymi gołym okiem, wstrzykiwanymi pod skórę tzw. nanocząstkami, które regenerują uszkodzone wypustki komórek nerwowych, zajął się zespół prof. Leona Gradonia z Politechniki Warszawskiej we współpracy z Uniwersytetem w Minnesocie.* www.wprost.pl 2003. *Moja obawa wiąże się z niezbadanym wpływem nanocząstek na organizm ludzki.* www. kurierlubelski.pl 2005. ◻ kein Beleg

nanomanipulator *m, G -a* » präzises Werkzeug zur Manipulation u. zum Testen von Bauteilen und Strukturen der Nano- u. Mikrotechnologie« - **Nanomanipulator.** *Zademonstrowano nawet nanomanipulator umożliwiający prace „inżynierskie" z nanorurkami.* www.polityka.onet.pl 1999. *Nanomanipulator firmy Zyvex, wykorzystywany do doświadczeń w próżni, pod mikroskopem elektronowym.* www.enter.pl 1999. ◻ kein Beleg

nanomateriał *m, G -u* »polikristalline Substanzen, die eine Mikrostruktur von weniger als 100 Nanometer aufweisen« - **Nanomaterial.** *Wytrzymały nanomateriał; nanomateriał ceramiczny; produkcja nanomateriału. Poznano struktury wielu makrocząsteczek biologicznych, nauczono się wytwarzać materiały o ziarnach krystalicznych znacznie mniejszych od mikrona - nanomateriały, o specyficznych własnościach, często znacznie wytrzymalsze od materiałów tradycyjnych.* www.polityka.onet. pl 1999. *Przykładem nanomateriału jest sadza, która znalazła zastosowanie w ubiegłym wieku w technologii gumy jako dodatek zwiększający wytrzymałość opon.* www.mse.put.poznan.pl 2004. ◻ kein Beleg

nanorurka *f* »Röhren, deren Durchmesser weniger als 100 Nanometer beträgt« - **Nanoröhre, Nanotube, Nanoröhrchen.** *Nanorurka węglowa - Kohlenstoff-Nanoröhrchen, Nanoröhrchen aus Kohlenstoff. Specjaliści z amerykańskiej firmy Zyvex pokazują, jak można za pomocą nanomanipulatora zginać nanorurki.* Polityka.onet.pl 1999. *Nanorurki - tysiące razy cieńsze od ludzkiego włosa, a zarazem setki razy bardziej wytrzymałe niż stal.* www.radio. com.pl 2004. ◻ kein Beleg

nanoskala *f* »Größenverhältnisse im Nanobereich« - **Nanokala; Nanogröße.** *Cząsteczki, badania, urządzenia w nanoskali. Operować nanoskalą. W drugiej połowie XX w. zbudowano narzędzia pozwalające na badanie struktury w nanoskali.* www.inmat.pw.edu.pl 2002. *Możliwość zmniejszenia wymiarów cząsteczki do nanoskali prowadzi do uzyskania wyjątkowych własności nanowłókien węglowych, cienkich folii, struktur opartych na DNA* *czy emiterów laserowych.* www.nanopac.pl 2004. ⌑ kein Beleg

nanosomy *f, nur im Pl, Kosmetik* »mikroskopisch kleine Teilchen, die Pro-Retinol A in die Oberhautschichten transportieren u. so den Alterungsprozess der Haut verlangsamen bzw. verhindern sollen« - **Nanosome**. *Formuła nanosomów. Retinol zamknięty w nanosomach (...).* Twój Styl 2003. *Formuła nanosomów (swoistych cząsteczek tłuszczu) sprawia, iż witamina K, zawarta w Auriderm, posiada maksymalną wchłanialność, a tym samym optymalne działanie.* www.bio-med.pl 2005. ⌑ kein Beleg

nanoświat *m, G -a* »Gesamtheit von Strukturen u. Prozessen im Größenbereich der Nanometerskala« - **Nanowelt**. *Nanoświat rządzi się swoimi egzotycznymi prawami, których działania w świecie makroskopowym nie odczuwamy.* www.polityka.onet.pl 1999. *Rozwijając ideę nanoświata bardzo wiele uwagi poświęca narzędziom molekularnym występującym w naturze: DNA, białkom, lipidom.* www.spent.friko.pl 2005. ⌑ kein Beleg

nanotechnika *f* »Technik, die sich mit Strukturen u. Prozessen im Größenbereich der Nanometerskala befasst« - **Nanotechnik**. Epoka nanotechniki. *W ostatnich kilku latach na świecie powstało ponad 500 firm zajmujących się zastosowaniem nanotechniki w medycynie, elektronice, informatyce, lotnictwie i budowie samochodów.* www.wprost.pl 2003. ⌑ PS 1999

nanotechnologia *f* »Sammelbegriff für eine breite Palette von Technologien, die sich mit Strukturen u. Prozessen im Größenbereich der Nanometerskala befassen« - **Nanotechnologie**. *Najbliższe realizacje wydają się jednak perspektywy nanotechnologii w miniaturyzacji komputerów i budowie miniaturowych sensorów mierzących różne wielkości fizyczne, lokalne stężenie różnych jonów itd.* archiwum.wiz.pl 2005. ⌑ kein Beleg

napa *f, meist im Pl* **napy** »für verdeckte Kleiderverschlüsse verwendeter Metall- o. Plastikknopf aus zwei Plättchen, die ineinander gedrückt u. durch eine Feder gehalten werden« - **Druckknopf**. Zapięcie, teczka na napy. *Bluza z granatowymi wstawkami na kołnierzu i rękawach, krótki rękaw, trzy kieszenie z przodu, zapinana na napy.* www.salonbhp.com.pl 2004. *Podwójna regulacja rozmiaru za pomocą specjalnej gumy zapinanej na guziki i wszytej w tył paska oraz dwurzędowe napy zapinane po bokach spodni.* www.9fashion.pl 2005. ⌑ Supl 1994, PS 1999, IS 2000, US 2003 ✐ 1988 NSP2

napęd ♦ **napęd hybrydowy** *s.* **hybrydowy**

napęd[NB] *m, G -u oder* ♦ **napęd komputera, komputerowy** *Computer* »Teil eines Computers, in dem Disketten, CD-ROMs o. DVDs gespeichert, gelesen o. beschrieben werden« - **(Computer)-Laufwerk**. Napęd CD-ROM - CD-ROM-Laufwerk. Napęd DVD(-ROM) - DVD-Laufwerk. Komputer zaopatrzony w napęd do odczytu płyt CD-ROM. *W tym drugim przypadku po włożeniu płyty do napędu komputera pracującego np. pod kontrolą Windows ME zobaczymy menu startowe płyty instalacyjnej Windows.* www.komputer.boo.pl 2005. *Po prostu wykorzystano tutaj fakt, iż napęd komputerowy odczytuje więcej informacji niż stacjonarny odtwarzacz - i wykorzystano to na jego niekorzyść.* www.cdrinfo.pl 2005. ⌑ PS 1999, IS 2000

napinacz *m, G -a oder* ♦ **napinacz pasów (bezpieczeństwa)** *Kfz* »Mechanismus, der die Sicherheitsgurte in einem Pkw (bes. während eines Aufpralls) feststellt u. damit ein optimales Anliegen des Gurtbandes bewirkt« - **Gurtstraffer, Gurtspanner**. *Napinacze, przytwierdzające w chwili wypadku ciała pasażerów do foteli, stosuje się już w bardzo wielu modelach aut.* PS. *Jeżeli nie wybawią nas z opresji znakomite hamulce z seryjnym ABS-em, to możemy już tylko liczyć na system bezpieczeństwa z poduszkami powietrznymi, napinaczami pasów i zespołem pedałów ulegającym kontrolowanej deformacji.* Motomagazyn 1996. ⌑ PS 1999

napój ♦ **napój energetyzujący** *oder* **energetyczny** »alkoholfreies Erfrischungsgetränk, das aufgrund bestimmter Bestandteile stimulierend, leistungssteigernd wirken soll« - **Energydrink, Energiedrink, Energizer**. *Nowością ostatnich lat są napoje energetyzujące, zwane również energizerami lub psychodrinkami.* www.resmedica.pl 2000. *Na rynku pojawia się coraz więcej napojów energetycznych. Część z nich wcale nie spełnia swej funkcji.* www.insomnia.pl 2005. ⌑ PS 1999. *auch* ⇗ energetyzer, energizer, energy drink ⇐ engl

♦ **napój izotoniczny** »Getränk mit Mineralstoffen u. Spurenelementen, das bei langer sportlicher Betätigung eingesetzt wird« - **isotonisches Getränk, Isogetränk**. *Okazuje się, że tylko jeden z dziewięciu zbadanych produktów jest tak naprawdę napojem izotonicznym.* www.swiatkonsumenta.pl 2003. *Napoje izotoniczne nie zawierają syntetycznej kofeiny, która zwęża naczynia krwionośne i przyśpiesza akcję serca.* www.trybuna.com.pl 2006. ⌑ kein Beleg

narko- als Erstglied in Zusammensetzungen in der Bedeutung ,Drogen' - **Drogen-**. Narkomania, narkobiznes. ⌑ PS 1999, US 2003

narkobaron *m, G -a, Npl -owie* »durch Drogenhandel reich gewordenes, einflussreiches Mitglied des Drogenkartells« - **Drogenbaron, Drogenboss**. *Jednak to grupa mokotowska wzbudziła tak duże zaufanie narkobaronów, że*

pozwolili niepozornemu Polakowi na zaopiekowanie się częścią europejskich kanałów. www.kulisy.pl 2006. *Narkobaronowie zdobyli przyczółki w rządzie i Kongresie, w policji i prokuraturze.* hyperreal.info 2006. ☐ kein Beleg
narkobiznes *m, G -u* »illegale Produktion von Drogen sowie Handel mit Drogen« - **Drogengeschäft**. *Rynek, syndykat, środowisko narkobiznesu. Jak można łatwo sobie wyobrazić czynnikiem napędzającym narkobiznes są kolosalne zyski.* cela.onet.pl 2005. *Kolumbia zawsze była liderem w narkobiznesie w krajach andyjskich i w całej Ameryce Łacińskiej i nadal nim pozostaje.* www.iberysci.pl 2005. ☐ SW 1996, PS 1999, US 2003
narkodealer [narkodiler], **narkodiler** *m, G -a, Npl ~rzy* - **Drogendealer, Drogenhändler**. *Jeden z aresztowanych kosowskich narkodealerów (...) warknął w twarz policjantom zupełnie czytelnie: „Mamy kilkadziesiąt tysięcy dobrze uzbrojonych bojowców, więc co możecie mi zrobić?"* kibice.net 2004. *Stwierdziłabym, że to oszust, narkodiler, gdyby nie fakt jego ojcostwa nad moją koleżanką.* taimyr.blox.pl 2005. ☐ kein Beleg. *auch* ↗dealer
narkodolar *m, G -a, meist im Pl* »Dollars, die mit dem Drogengeschäft erwirtschaftet wurden« - **Drogendollar**. *Prać narkodolary; przekupić kogoś narkodolarami. Ci, którzy sugerują, że terroryzm jest skutkiem niesprawiedliwości i że jego przyczyny leżą w biedzie. Ci, co wolą przemilczeć fakt, że terroryści ludźmi biednymi bynajmniej nie są, że bin Laden jest miliarderem, że islamoterroryzm opłacany jest milionami petro- i narkodolarów.* www.tertio.krakow.pl 2006. *W finansowanej z narkodolarów wojnie domowej w ciągu roku ginie około 3,5 tys. ludzi.* www.abw.gov.pl 2005. ☐ SW 1996, PS 1999, OiT 2001 ✍1985 NSP2
narkogang *m, G -u* - **Drogenring, Drogenbande, Drogengang**. *Nawet po rozbiciu kartelu z Cali narkogangi mają większy wpływ na amerykańską gospodarkę niż Al-Kaida.* www.wprost.pl 2005. *Agenci DEA, największej amerykańskiej agencji antynarkotykowej, będą z Warszawy uderzać w międzynarodowe narkogangi.* www.wyborczy.pl 2005. ☐ kein Beleg
narkomafia *f* - **Drogenmafia**. *(...) walka państwa z narkomafią, narkomanią nie dotyczy tylko Polski, jest ona prowadzona restrykcyjnie w wielu krajach Europy.* www.senat.gov.pl 2005. ☐ kein Beleg
narkoprzemytnik *m, G -a, Npl ~icy* - **Drogenschmuggler**. *Mimo że nie ma tygodnia bez podobnej wpadki narkoprzemytników, Amerykanie szacują, że udaje im się przechwycić najwyżej 10 proc. szmuglowanych tędy narkotyków.* www.wprost.pl 2005. *(...) może to być morderca, może to być przestępca jakiegokolwiek rodzaju, biały kołnierzyk, czarny kołnierzyk, może to być narkoprzemytnik, terrorysta (...).* us.geocities.com 2005. ☐ kein Beleg
narkotest *m, G -u, meist im Pl* »Untersuchungsmethode zur Feststellung von Drogenkonsum; auch die Teststreifen, das Testgerät selbst« - **Drogentest**. *Wziąć kogoś na narkotesty; przeprowadzić, stosować narkotesty. Na podstawie próbki moczu narkotest potrafi wykazać obecność morfiny, kokainy, amfetaminy i marihuany.* hyperreal.info 2005. *Narkotesty są jednorazowe i dają możliwość wykrycia sześciu substancji, wchodzących w skład praktycznie każdego odurzającego środka.* koziolek.pl 2006. *Jeden taki narkotest kosztuje ok. 200 zł. Na razie ma je tylko kielecka drogówka.* sse.pl 2005. ☐ kein Beleg. *s. auch* ↗narkotester
narkotester *m, G -a* »Gerät zur schnellen u. einfachen Feststellung von Drogen(konsum)« - **Drogentester**. *Wykorzystanie, zastosowanie narkotesterów. Zbadać kogoś narkotesterem. Wielki przełom ma nastąpić za sprawą malutkiego urządzenia wielkości długopisu, zwanego testerem. Wystarczy potrzeć czubkiem testera o bagaż, ubranie czy skórę podejrzanego, aby wykryć, czy człowiek (lub przedmiot) miał kontakt z narkotykami. Tester zmienia wtedy kolor na różowy. Narkotester może być przydatny również dla rodziców. Nie pomogą wykręty, obędzie się bez zadawania kłopotliwych pytań.* Detektyw 1999 (K). ☐ PS 1999. *s. auch* ↗narkotest
narkotyk ♦ **narkotyki miękkie** »Rauschgift (Marihuana, Haschisch usw.), das i.d.R. nicht so schnell zur Abhängigkeit führt« - **weiche Drogen**. *Zwalczanie, zażywanie, posiadanie narkotyków miękkich. Zalegalizować narkotyki miękkie. Istnieje odmienny pogląd, głoszony przez zwolenników legalizacji narkotyków miękkich, że nie ma związku między paleniem trawy a potrzebą sięgania po narkotyki twarde.* www.mnb.krakow.pl 2000. *Dlaczego marihuana i inne miękkie narkotyki stały się w Polsce trendy?* newsweek.redakcja.pl 2005. ☐ PS 1999, IS 2000, US 2003
♦ **narkotyki twarde** »Rauschgift (Kokain, Heroin usw.), das i.d.R. schnell zur Abhängigkeit führt« - **harte Drogen**. *Czasami, (przy tzw. narkotykach twardych) śmierć powodowana jest przez przedawkowanie narkotyku.* www.abc.narkotyki.webpark.pl 2004. *Dziewczęta łatwiej sięgają po twarde narkotyki, szybciej stosują injekcje.* www.obywatelreporter.ngo.pl 2005. ☐ PS 1999, IS 2000, US 2003
narto- als Erstglied in Zusammensetzungen in der Bedeutung ‚Ski' - als Erst- o. Zweitglied in Zusammensetzungen **Ski-; -ski**. *Nartostrada - Skipiste. Nartorolki - Rollski. Nartosanki - Bobschlitten, Lenkschlitten.* ☐ OiT 2001

nartorolka *f, meist im Pl* **nartorolki** »zum Training außerhalb der Wintersaison verwendeter Ski, unter dem Rollen angebracht sind« - **Rollski**. Bieg na nartorolkach. Trenować na nartorolkach. *Nartorolki to „narty" do jazdy po trawie. Jazda na nich jest podobna do jazdy na nartach karwingowych (na krawędziach). (...) Jeżdżąc na nartorolkach narciarz nie tylko podtrzymuje kondycję, ale doskonali technikę karwingową (...).* www.chabowka.com 2005. Supl 1994, PS 1999, IS 2000, US 2003

nartosanki *nur im Pl* »Wintersportgerät aus einem Gestell, das auf zwei hintereinander angeordneten, kurzen Skiern montiert ist, von denen der vordere mit einem Lenker gesteuert wird« - **Bobschlitten, Lenkschlitten**. Zjazd na nartosankach. Zjeżdżać na nartosankach. *Wypożyczalnie rowerów górskich, sanek i nartosanek.* www.olimp-rzemieslnik.pl 2005. *Ciotka schodzi i mówi, dlaczego nie pozwalamy mu jeździć na nartosankach itp.* blog.tenbit.pl 2005. SW 1996, PS 1999, US 2003

nawigacja[NB] *f* **1** *Internet, Elektronik* »der Aufbau einer Internetseite bzw. der Display-Anzeige eines elektronischen Gerätes; auch gezielte Suche nach Informationen im Internet« - **Navigation; Surfen**. Nawigacja po Internecie, serwisie, stronie. *Mimo wykorzystania wielu efektów graficznych, strona WWW ładuje się szybko, a nawigacja po jej zasobach nie stanowi problemu.* www.cyber.com.pl 2006. kein Beleg **2** *auch* ♦ **nawigacja satelitarna** *Elektronik* »System zur Positionsbestimmung u. Navigation auf der Erde u. in der Luft durch den Empfang von Satellitensignalen« - **(Satelliten)navigation**. System nawigacji GPS - GPS-Navigationssystem. Nawigacja GPS, samochodowa - Navigationsgerät, *ugs* Navi (-gerät). *Wielu użytkowników nawigacji satelitarnej pewnie się zastanawia, jak powstają mapy cyfrowe wykorzystywane w nawigacji GPS (...).* www.telepolis.pl 2006. PS 1999 ◁engl

nawigacyjny[NB] *Adj v.* ↗nawigacja - **Navigations-**. **1** *Internet, Elektronik* Banner, przycisk, klawisz nawigacyjny; menu nawigacyjne. *Telefony firmy S., które mają pulpit z ikonami, wyposażone są również w dżojstik lub klawisz nawigacyjny. Dzięki temu urządzeniu sterującemu możesz się łatwo poruszać po menu telefonu w górę, w dół, w lewo, w prawo używając kciuka lub innego palca.* www.sonyericsson.com 2006. PS 1999 **2** *Elektronik* System nawigacyjny - Navigationssystem. Palmtop nawigacyjny - Pocket PC mit Navigationssystem. Satelita, zestaw, sprzęt, nawigacyjny. *W czasie jazdy samochodem można na przykład wyszukać najbliższą stację benzynową i nakazać systemowi nawigacyjnemu,* *aby wyznaczył do niej najkrótszą drogę (...).* www.pcworld.pl 2006. *UE pokazała pierwszego satelitę systemu nawigacyjnego Galileo.* prasowka.mi.gov.pl 2005. PS 1999

nawigować (się)[NB] *ipf, v.* ↗nawigacja **1** *Internet, Elektronik* - **navigieren; surfen**. Nawigować między plikami; nawigować po Internecie. *Nie można nawigować wstecz do poprzedniej strony sieci Web.* support.microsoft.com 2006. *Urządzenie możemy podłączyć bezpośrednio pod telewizor, a po polskim menu nawigować się za pomocą dołączonego pilota.* www.pc-tuning.pl 2006. kein Beleg **2** *Elektronik* - **navigieren, führen, leiten**. *Zszokowany natomiast byłem, kiedy wjechaliśmy dość głęboko w las i były tam zaznaczone wszystkie (!) szutrowe dukty leśne, mało tego - program nadal nawigował, wyprowadzając mnie z głębi lasu do punktu przeznaczenia.* www.pdaclub.pl 2004. kein Beleg

nawijka *f* **1** *ugs* »langes, schnelles, meist pausenloses Reden« - **(langes, blödes) Gequatsche; Gelaber, (leeres) Gerede**. *W końcu, po półgodzinie balcerowiczowej nawijki, spokojnie wyjmuje on plastikowe naczynie z tortem i nachylony przemieszcza się wzdłuż prawej bocznej ławy.* www.la.most.org.pl 2004. *Wyczaj kończy się to nawijką w stylu: „za dużo pracy mam w tej chwili...".* arch2.triger.com.pl 2005. PS 1999 1989 NSP2 **2** *Musikjargon* - »Lied« Jamajska, hiphopowa nawijka. *Nie siląc się na kopiowanie jamajskich nawijek, raz za razem podkręcał publiczność do zabawy, by za chwilę znowu zamilknąć, oddając pole raggowym (...).* www.popupmagazine.pl 2005. *Hiphopowa nawijka - Konkurs (...) Witam wszystkie hiphopowe składy i samotnych hiphopowych tekściarzy.* eduseek.interklasa.pl 2006. kein Beleg

negocjowalny *Adj* »so beschaffen, dass darüber verhandelt werden kann« - **verhandelbar, verhandlungsfähig; Verhandlungs-**. Coś jest negocjowalne - etw. ist Verhandlungssache. Paragraf, rabat negocjowalny; cena, lokata negocjowalna; terminy płatności, warunki negocjowalne. *Nie wszystko do negocjacji. Jest czerwona linia, której nie przekroczymy. Nie wszystko jest negocjowalne.* Rzeczpospolita 2001. PS 1999 1990 NSP2

nekrobiznes *m, G -u, abwertend* »Bestattungsdienstleistungen u. die daraus erzielten Gewinne; auch: (illegale) Geschäfte mit Leichen« - **Bestattungsgeschäft, Bestattungsbusiness**. Zarobić na nekrobiznesie. *Przedsiębiorcy pogrzebowi nie kryją, że praca wokół zmarłego to opłacalny interes. W prosektorium kwitnie nekrobiznes.* SW. *Nekrobiznes. Szpitale mają obowiązek bezpłatnego opiekowania się zwłokami zmarłych pacjentów. Wie-*

le z nich jednak nielegalnie na tym zarabia: za wydanie zwłok rodzina płaci ok. 100 zł. www.elamed.com.pl 2002. ▯ SW 1996, PS 1999, OiT 2001. *vgl. auch* handel ↗skórami

nektaryna, nektarynka* *f* - **Nektarine**. *Jeśli masz nawyk jedzenia czegoś przed TV, to masz załatwione jabłkowe chipsy. To samo możesz zrobić z gruszką, nektaryną i innymi owocami.* nie-bede-plakac.blog.onet.pl 2004. *Nektarynkę gotujemy w wodzie z dodatkiem cukru, cynamonu i wina.* www.papaja.pl 2006. ▯ Supl 1994, SW 1996, PS 1999, IS 2000, US 2003

neokomuna *f, ugs, abwertend* - »Neokommunismus« *Butna neokomuna. Współpracować, walczyć z neokomuną. Martwi się, że niepowodzenie reformy w ich kraju może doprowadzić do powstania jakiejś formy neokomuny.* SW. *Drugim zaś krajem, gdzie komuna albo raczej neokomuna ma się bardzo dobrze, jest Białoruś. Z tym, że na Białorusi Łukaszenka jest autentycznie lubiany.* www.gazeta.obywatel.pl 2005. ▯ SW 1996, PS 1999

neokomunista *m, G -ty, Npl ~iści, meist abwertend* »Altkommunist, der sich aber für Demokratie u. freie Marktwirtschaft ausspricht« - **Neokommunist**. *Ofensywa, zwycięstwo, akcja wyborcza neokomunistów; współrządzenie neokomunistów. Neokomuniści sprytnie powołują się na nędzę i głód, które są oczywiście - wedle nich - wynikiem kapitalizmu.* www.rubikkon.pl 2005. *Dla lidera neokomunistów Ziuganowa Stalin to rosyjski patriota, któremu zabrakło parę lat, aby skończyć z żydowską ideą internacjonalizmu.* www.forum-znak.org.pl 2005. ▯ SW 1996, PS 1999

neokomunistyczny *Adj, meist abwertend* - **neokommunistisch**. *Neokomunistyczny parlament, system, obóz, reżim; neokomunistyczna większość, elita, władza. Dyskusja ideologiczna popada w neokomunistyczny żargon, który jest słaby o tyle, że stanowi ideologiczną powtórkę.* www.teatry.art.pl 2005. *Poniżej publikujemy tekst, którego druku odmówiła gdańskiemu prałatowi ks. Henrykowi Jankowskiemu redakcja neokomunistycznej „Trybuny".* www.iyp.org 2005. ▯ SW 1996, PS 1999

neokomunizm *m, G -u, meist abwertend* »modifizierte u. an die veränderten Bedingungen angepasste Form des Kommunismus, die in den Ostblockstaaten nach dem Zusammenbruch der Sowjetunion entstand« - **Neokommunismus**. *Neokomunizm zalewa Europę. Dzisiaj to jest program wyborczy, na który zdaje się gotowa jest oddać głosy większość. Ale cóż, nie złośćmy się, lepsza taka lewica niż żadna, lepsza międzynarodowa socjaldemokracja niż neokomunizm z Ziuganowem na Kremlu (...).* Wprost 2000 (K). *Nasza dzisiejsza manifestacja jest protestem przeciwko neokomunizmowi i populizmowi szerzącemu się w naszym kraju za sprawą Andrzeja Leppera.* www.uw.krakow.pl 2005. ▯ SW 1996, PS 1999

neonomenklatura *f, meist abwertend* »Personen, die nach 1989 aufgrund ihrer Verbindungen zu der jeweils regierenden Partei hohe Ämter in Staat u. Verwaltung einnehmen, häufig ohne dafür ausreichende Qualifikationen zu haben« - ***Neonomenklatura, neue Nomenklatura**. *Powstała neonomenklatura, w której mieszają się ludzie z kręgów starej i nowej władzy.* www.prekursor.com.pl 2006. ▯ OiT 2001

neopopiwek *m, G ~wku, Wirtschaft* - »(in den 1990er Jahren eingeführte) Version der Steuer auf überdurchschnittliche Einkommen bei Beschäftigten in Staatsunternehmen, der Lohnzuwachssteuer« *Uchwalenie, zniesienie neopopiwku. Płacić, znieść, zlikwidować neopopiwek. PSL i SLD będą jutro głosować za odrzuceniem prezydenckiego weta w sprawie popiwku. Waldemar Pawlak zapowiedział dziś jednak, że możliwe będzie znowelizowanie ustawy zgodnie z zastrzeżeniami, które Lech Wałęsa zgłosił, odmawiając podpisania neopopiwku.* TVP1 1994 (K). *Wprowadzenie neopopiwku miało na celu przede wszystkim wyhamowanie inflacji.* PS. ▯ PS 1999. *vgl. auch* ↗popiwek

neopopiwkowy *Adj v.* ↗neopopiwek - »die neue Version der Lohnzuwachssteuer betreffend« *Podatek neopopiwkowy; ustawa neopopiwkowa. Unia Demokratyczna poprze jednak weto prezydenta w sprawie ustawy neopopiwkowej, gdyż uważa za nie do przyjęcia wprowadzenie wojennych restrykcji wobec sektora prywatnego. „Gdyby nie fakt, że ustawa neopopiwkowa ma działać wstecz i dotyczyć sektora prywatnego, Unia Demokratyczna mogłaby ją zaakceptować."* TVP1 1994 (K). ▯ PS 1999. *vgl. auch* ↗popiwkowy

neopren *m, G -u* »durch Polymerisation einer bestimmten Chlorverbindung synthetisch hergestellter Kautschuk« - **Neopren**. *Rękawiczki sportowe, hełm z neoprenu; klej do neoprenu. Powlec coś neoprenem. Jest coś takiego, co zowie się Lube Suite - nie znam co prawda materiału, ale z pewnością izoluje całe ciało od lateksu kombinezonu (to pewnie lateks z neoprenu was uczuła).* www.tgroups.google 2001. ▯ PS 1999, US 2003

neoprenowy *Adj v.* ↗neopren - **Neopren-**. *Ochraniacz, skafander, fartuch, kaptur, futerał, kask neoprenowy; koszulka, maska neoprenowa; rękawice neoprenowe. Ogólnie mam wrażenie, ze do nurkowań rekreacyjnych lepszy jest skafander neoprenowy, a trylaminat pomyślany jest raczej dla ekstremistów i zawodowców.* www.nurkomania.pl 2006. ▯ US 2003

nerwicogenny *selten* **nerwicotwórczy** *Adj, Medizin* »eine Neurose auslösend« - **neurotogen**. Bodźce, tendencje, czynniki, warunki nerwicogenne *o.* nerwicotwórcze. *Eliminowanie z procesu dydaktyczno-wychowawczego nadmiernych sytuacji stresowych i nerwicogennych.* www.nowasarzyna.ires.pl 2005. *Nie praca zdaje się więc być czynnikiem nerwicotwórczym, chociażby najuciążliwsza, lecz sytuacja środowiskowa, z której płyną bodźce warunkowe.* zbrodnia.killer.radom.net 2005. 📖 PS 1999

net[NB] *m, G -u, Internet, ugs* »weltweiter Verbund von Computersystemen« - **Net, Netz**. Dostawca, udostępnienie netu; zawieszanie się netu; program do darmowych rozmów z netu na telefony stacjonarne. Mieć dostęp do netu; wejść do netu. *Poznałam wiele osób z netu, dzięki graniu w gry karciane (...).* rozmowy. onet.pl 2004. 📖 kein Beleg. *s. auch* ↗Internet, ↗sieć (internetowa) ◁engl

netowy *Adj v.* ↗net, *Internet, ugs* - **Net-, Netz-**. *Napisałam dziś do netowego sklepu muzycznego, w którym przeglądałam wybrane płyty DVD, ale ich opisy były pozbawione zdjęć (...).* dulcyneabest.blox.pl 2006. *Jeśli w wielu powyższych kwestiach udzieliłeś sobie odpowiedzi twierdzącej, jest wysoce prawdopodobne, że trafiłeś na netowego oszusta.* sympatia.onet.pl 2006. 📖 kein Beleg. *s. auch* ↗internetowy, ↗sieciowy

netykieta *f* »Gesamtheit der Regeln für soziales Kommunikationsverhalten im Internet« - **Netiquette**, *selten* **Netikette**. Netykieta internetowa; zasady, standardy netykiety. Naruszyć netykietę; przestrzegać netykiety; stosować netykietę. *Dziś IRC jest już szacowną instytucją, a jej weterani uważają się za elitę. To oni pierwsi ustalali standardy netykiety (sieciowej grzeczności).* Polityka 2000 (K). *W Internecie początkowo nie obowiązywały żadne nakazy i zakazy (...). Sami użytkownicy Internetu wypracowali zasady, znane pod nazwą netykiety (ang. net - sieć) i dotyczące zachowania się w sieci.* www.esculap.pl 2003. 📖 US 2003 ◁engl netiquette

neuroprzekaźnik *m, G -a, Biochemie* »von den Nervenzellen produzierte Substanz, die für die Reizleitung verantwortlich ist« - **Botenstoff; Neurotransmitter**. Neuroprzekaźnik mózgu; mechanizm działania neuroprzekaźnika. Wydzielać, wytwarzać neuroprzekaźnik. *Dopamina to jeden z licznych tzw. neuroprzekaźników - cząsteczek sygnałowych, uwalnianych przez komórki nerwowe. Neurony, by mózg mógł sprawnie funkcjonować, muszą się ze sobą sprawnie komunikować - właśnie za pośrednictwem neuroprzekaźników.* www.radio.com.pl 2004. 📖 PS 1999 ✎1986 NSP2

New Age [ńju ejdż] *m, indekl oder G* New Age'u »neues Zeitalter als Inbegriff eines von verschiedenen Forschungsrichtungen u. alternativen Bewegungen vertretenen neuen integralen Weltbildes« - **New Age**. *Muzyka New Age ma charakterystyczne, hipnotyczne brzmienie, powołujące stan nirwany.* PS. *Ruch New Age narodził się w Kalifornii jako negacja mieszczańskiej cywilizacji konsumpcyjnej.* www.wsp.krakow.pl 2005. 📖 PS 1999, IS 2000, US 2003 ◁engl

news [ńjus], **nius** *m, G -a, Npl -y, Jargon* »neueste Nachricht; Neuigkeit« - *nur im Pl* **News**. Czytnik newsów; strona, pasek, biuletyn z newsami. Opublikować newsy; umieścić newsy na pierwszej stronie. *Wiadomość o dymisji premiera była newsem we wszystkich agencjach europejskich.* OiT. *Radzę nie ufać zbytnio temu newsowi. Jak dla mnie to zbyt wiele w nim sprzeczności, a ATI oficjalnie milczy.* twojepc.pl 2005. *Wiele złego zrobiło także nastawienie mediów - pogoń za atrakcyjnym niusem, co skojarzyło trwale nową sztukę z działalnością „kontrowersyjną".* www.bunkier.com.pl 2005. 📖 PS 1999, IS 2000, US 2003 ✎1989 NSP2 ◁engl news

newsletter [ńjusletter] *selten* **niusletter** *m, G -a, Internet* »regelmäßig erscheinender Internetbeitrag, der (zumeist) an die E-Mailkonten der Subskribenten gesandt wird« - **Newsletter**. Bezpłatny, cotygodniowy newsletter; subskrypcja newslettera. Zapisać się do newslettera. *Dzięki naszemu newsletterowi będziesz na bieżąco informowany o nowych, ciekawych, darmowych i komercyjnych ebookach jak też ciekawych wydań tradycyjnych książek.* www.darmowe-ebooki.pl 2004. *Na końcu niuslettera napisałam coś jeszcze od siebie do Ciebie.* www.warszawa.pl 2004. 📖 kein Beleg ◁engl

newsowy [ńjusowy], **niusowy** *Adj v.* ↗news, *Jargon* - **News-;** *neutral* **Nachrichten-**. System, serwis, serwer, portal newsowy; czołówka, grupa, lista newsowa; konto newsowe. *Często zdarza się, że grupy dyskusyjne są sprzężone z grupami newsowymi, co znaczy, że nasz list jest dystrybuowany do członków grupy dyskusyjnej oraz do grupy newsowej.* A. Patek, Najnowsza historia świata 1945-1995. 1997 (K). *Kolega newsowy nie napisał, że karta jest przeznaczona wyłącznie na rynek azjatycki.* twojepc.pl 2005. *Bieżące wydarzenia mają charakter „niusowy", i wygodnie jest, kiedy najnowsze wiadomości znajdują się na górze, a nie trzeba do nich przewijać.* pl.wikipedia.org 2005. 📖 kein Beleg ✎1992 NSP2

nick [nik] *m, G -a, auch* **nickname** [niknejm] *m, G* nickname'u, *Internet* »Spitzname, Pseudonym, das eine Person im Internet (bes. in einem Chat) für sich wählt« - **Nick, Nickna-**

me. Wpisać, podać nick (*ugs* nicka); mieć jakiś nick (*ugs* jakiegoś nicka). *Internet zafascynował także dramatopiszarzy. Krzysztof Rudowski, zainspirowany wirtualnymi rozmowami, napisał dramat pt. „Cz@t". Formą przypomina on prawdziwe sieciowe pogawędki, a jego akcja rozgrywa się właśnie na czacie - bohaterowie mają swoje nicki i używają emotikonków.* Cosmo 2002. *Następnie należy wpisać nickname (nick) czyli ksywę, pod którym będziesz występować na IRC oraz nick alternatywny, którego będziesz używać gdy twoje pseudo jest już zajęte.* www.wiosenna.pl 2004. ⌑ kein Beleg ◁engl

niedziela ♦ biała niedziela - »am Sonntag stattfindende ärztliche Sprechstunden (meist unter der Dorfbevölkerung, die aufgrund großer Entfernungen einen erschwerten Zugang zur medizinischen Betreuung hat)« *„Biała niedziela" była zorganizowana sprawnie, a jest to niewątpliwie zasługa zarówno władz gminy, jak i dyrektora szkoły. Lekarze przyjęli ponad 700 chorych, wielu skierowali do specjalistycznych przychodni.* NSP2. *Korzystam prawie z wszystkich takich „białych niedziel", które są organizowane w powiecie. - A ja byłam u kardiologa z chorobą wieńcową i nadciśnieniem tętniczym. Leczyłam się w Lublinie. Za drogie są te wyjazdy i dlatego chętnie korzystam z takiej okazji, jaką jest „biała niedziela".* www.nasza.wlodawa.pl 2002. ⌑ PS 1999, US 2003 ✐1986 NSP2
! im Dt. ist „weißer Sonntag" der Sonntag nach Ostern, an dem in der katholischen Kirche die Erstkommunion stattfindet

niegazowany *Adj* »(meist von Getränken) keine Kohlensäure enthaltend« - **ohne Kohlensäure; still**. Woda (mineralna) niegazowana - stilles (Mineral)wasser. Napój niegazowany. *Przez cały rok dbam o wagę: jogurty, sałatki, mało mięsa, dwa litry niegazowanej wody dziennie. Chodzę na siłownię i na basen.* Cosmo 2000 (K). ⌑ PS 1999

niekompatybilność *f v.* ↗niekompatybilny, *häufig EDV* »Nichtvereinbarkeit zweier o. mehrerer Dinge, Eigenschaften, von Geräten, Hard- u. Softwarekomponenten u. dgl.: Nichtkombinierbarkeit« - **Inkompatibilität, Unvereinbarkeit,** *selten* **Nichtkompatibilität**. Niekompatybilność danych, oprogramowania; niekompatybilność sprzętowa, materiałowa. *Nie odpowiadamy za niekompatybilność zakupionych u nas podzespołów (...).* www.znak.pl 2006. *Problem to niekompatybilność: linii kolejowych, wagonów i TIRów.* www.komunikacja.krakow.pl 2006. *Niestety, w nowych krajach członkowskich Unii Europejskiej obserwuje się znaczne rozproszenie zbiorów terminologicznych w różnych instytucjach (...). Należy również podkreślić w tym kontekście wysoką niekompatybilność strukturalną i techniczną zasobów.* www.opi.org.pl 2006. ⌑ PS 1999, US 2003. *selten* inkompatybilność

niekompatybilny *Adj,* überwiegend *EDV* »unverträglich, miteinander nicht vereinbar, (von Geräten, Hard- u. Softwarekomponenten u. dgl.:) nicht zueinander passend, nicht kombinierbar« - **inkompatibel, nicht kompatibel**. Niekompatybilny z czymś. *Minusem telefonu jest fakt, iż jest on niekompatybilny z komputerem (...).* torebka.kafeteria.pl 2006. *Linux ma inny system plików, który jest niekompatybilny z systemem windowsa.* forum.idg.pl 2006. *Islam niekompatybilny z europejskim stylem życia.* www.europa21.pl 2006. ⌑ PS 1999, US 2003. *selten* inkompatybilny

niekumaty *Adj, ugs* **a)** »schwer begreifend, nicht sofort verstehend (insbes. in Alltagssituationen)« - **schwer von Begriff, von Kapee;** *neutral* **(begriffs)stutzig**. Ktoś jest niekumaty - *salopp* jd. steht auf dem Schlauch, jd. rafft, rallt, peilt, checkt nichts. *Może jestem niekumaty, ale naprawdę nie wiem, o co chodzi w tej zabawie.* www.pilka.pl 2005. *Student niekumaty, więc profesor chce się zlitować nad studentem i pyta go: - Jakie jest prawdopodobieństwo wyrzucenia 6 w kostce do gry?* www.kurnik.pl 2005. **b)** »sich auf einem Gebiet nicht auskennend, keine Ahnung habend« - **keinen (blassen) Schimmer** von etw. **habend; keine Peilung, keinen Durchblick habend;** *neutral* **ahnungslos, unwissend**. *Ja oczywiście niekumata w tych sprawach nie przyznawałam się, że ją wyłączyłam. Zaproponował mi antiwirusa, więc przeskanowałam i faktycznie wykrył wirusa.* www.searchengines.pl 2006. ⌑ kein Beleg

niepełnoetatowy *Adj* »keinen vollen Arbeitstag bzw. nicht alle Tage der Woche arbeitend« - **Teilzeit-; teilzeitbeschäftigt**. Praca niepełnoetatowa - Teilzeitarbeit, Teilzeitjob. Pracownik niepełnoetatowy; zatrudnienie, stanowisko, miejsce pracy niepełnoetatowe. *Panie Przewodniczący, proponowałbym, żeby w warunkach konkursu umieścić jeszcze charakter zatrudnienia, a więc informację, czy jest ono pełnoetatowe czy niepełnoetatowe.* www.senat.gov.pl 2002. *Jak poprawnie ustalić wymiar urlopu dla pracownika niepełnoetatowego?* www.kiosk24.pl 2004. ⌑ kein Beleg. *auch* ↗niepełnozatrudniony

niepełnosprawność *f v.* ↗niepełnosprawny - **Behinderung**. Stopień niepełnosprawności; orzeczenie o niepełnosprawności. *Nie mógł pogodzić się ze swoją niepełnosprawnością.* US. *Niepełnosprawność nie jest już rozumiana tylko jako skutek choroby czy urazu. Jest ona przede wszystkim rezultatem barier, na jakie* *napotyka w społeczeństwie osoba z niepełnosprawnością. Wyróżniamy dwa modele niepełnosprawności: medyczny i społeczny.* www.zsa.tcz.pl 2005. ☐ PS 1999, IS 2000, US 2003

niepełnosprawny *m, G -nego, Npl ~ni, auch*
♦ **osoba niepełnosprawna** »Person mit einer körperlichen o. geistigen Behinderung« - **Behinderter**. *Rehabilitacja, ośrodek, stowarzyszenie, centrum dla niepełnosprawnych; integracja osób niepełnosprawnych. W przyszłości wyniki projektu IDOL mogą zostać rozszerzone na inne sektory oraz inne grupy niepełnosprawnych w celu zwiększenia ich szans pracy na otwartym rynku pracy powiększającej się Unii Europejskiej.* www.uni.torun.pl 2004. *Cele i zadania Sejmiku: reprezentowanie interesów środowiska osób niepełnosprawnych (...).* www.free.ngo.pl 2004. ☐ Supl 1994, SW 1996, PS 1999, IS 2000, US 2003

niepełnosprawny *Adj* »infolge einer körperlichen, geistigen o. seelischen Schädigung beeinträchtigt« - **behindert**. *Osoby, dzieci niepełnosprawne (fizycznie, ruchowo); sportowcy, zawodnicy niepełnosprawni. Przystosować mieszkanie do/dla potrzeb ludzi niepełnosprawnych. (...) Ministerstwo Polityki Społecznej podjęło działania prowadzące do przywrócenia pomocy finansowej dla niepełnosprawnych studentów.* www.mgpips.gov.pl 2004. ☐ Supl 1994, SW 1996, PS 1999, IS 2000, US 2003

niepełnozatrudniony *Adj* »keinen vollen Arbeitstag bzw. nicht alle Tage der Woche arbeitend« - **Teilzeit-; teilzeitbeschäftigt**. *Przykładowo, jeśli pracownik niepełnozatrudniony pracuje po 4 godziny dziennie, to udzielając mu urlopu w danym dniu powiem, że otrzymał ½ dnia urlopu.* prawo-pracy.pl 2004. ☐ PS 1999 ⚘1989 NSP2. *auch* ↗niepełnoetatowy

niezbędnik^NB *m, G -a* **a)** »Zusammenstellung von Gerätem, Werkzeug usw., die für eine (meist sofortige) Bedienung, Pflege, Reparatur usw. von etw. notwendig sind« - **Set;** *als Kompositumglied* **-set; Notausrüstung**. *Gdy jest w miarę pewna pogoda, można wybrać się bez plecaka, jednak warto pomyśleć o zapchaniu kieszeni lub torebki pod siodłem poza niezbędnikiem rowerowym i portfelem, batonami, a bidony napełnić i to minimum dwa (...).* www.xcopole.republika.pl 2006. *Ubrany w płócienny strój przypominający koszulę nocną, z numerem 810 na piersi oraz wręczonym mi niezbędnikiem higieniczno-kosmetycznym, wylądowałem w celi.* kwasy.blog.pl 2005. *Od rodziców Liz dostałam coś, co wyglądało jak laptop, a w rzeczywistości było składanym maleńkim niezbędnikiem do rysowania (...).* www.miyo.mylog.pl 2006. ☐ SW 1996, PS 1999, US 2003 **b)** »etw. (Ausrüstung, Ausstattung, Informationen usw.), das unverzichtbar ist« - **Grundausstattung; Rüstzeug; ein (absolutes) Muss**. *Niezbędnik Internauty to aplikacja, która pozwala użytkownikom systemu Windows odbierać cyfrowe radio i telewizję poprzez Internet.* htn.pl 2006. *Przewodnik nazwać można prawdziwym wędkarskim niezbędnikiem, zawiera bowiem dużo informacji nieodzownie potrzebnych każdemu udającemu się na łowisko wędkarzowi.* ksiazki.wp.pl 2006. *Publikowany przez nas słowniczek będzie niezbędnikiem dla każdego uczestnika rynku.* www.zamowienia.com.pl 2006. ☐ kein Beleg ⚘1990 NSP2

nimfetka *f* »sexuell frühreifes Mädchen, das zugleich unschuldig u. raffiniert, naiv u. verführerisch wirkt« - **Kindfrau,** *selten* **Nymphchen**. *Atrakcyjna, seksowna, szałowa nimfetka. Przyjaźni się z Simone, która w przeciwieństwie do niej jest słodką nimfetką i robi piorunujące wrażenie na mężczyznach.* www.ksiegarnia.uni.torun.pl 2005. *Nie napiszę o rozkrzyczanych nimfetkach i o feministkach, zdzierających z siebie staniki i palących je na stosie (...).* piaskime.blog.pl 2005. ☐ Supl 1994, PS 1999, IS 2000, US 2003 ⚘1991 NSP2

niosomy *m, Pl, Kosmetik* »mikroskopisch kleine Fettteilchen, die in Cremes enthaltene Nährsubstanzen in tiefere Hautschichten bringen« - **Niosome**. *W roku 1986 w produktach Lancôme pojawiają się niosomy™. Są to pęcherzyki lipidowe, mające kształt kuleczek o średnicy od 25 do 5000 nm.* www.najpiekniejsza.pl 2005. ☐ OiT 2001

NIP [nip] *m, G -u, Npl -y* »seit 1995 in Polen von den Finanzbehörden vergebene Steuernummer« - **Steuernummer**. *Podać numer NIP-u o. numer NIP; wpisać NIP. Przy wypełnianiu blankietu zapomniał o NIP-ie.* NSPP. *NIP otrzymujemy w chwili, kiedy uzyskujemy status płatnika.* www.prawo.waw.pl 2005. *Jesteśmy na początku trudnej drogi prowadzącej przez biurokrację, niejasności legislacyjne, numerki NIP-ów czy REGON-ów, kont.* www.bpa.wset.pl 2005. ☐ PS 1999, IS 2000, US 2003. *vgl. auch* ↗PESEL, ↗PIT, ↗REGON ◂Abk von numer identyfikacji podatkowej

niskobudżetowy *Adj* **a)** »nicht kostenintensiv« - **billig, preiswert; Billig-**. *Niskobudżetowy komputer dla szkoły i biura. Gulipin Officer - uniwersalny komputer do zastosowań biurowych.* www.gulipin.pl 2005. *Jako że to pierwszy mój eksperyment indoor, postawiłem na wariant niskobudżetowy.* hyperreal.info 2005. *s. auch* ↗film niskobudżetowy **b)** »für Verbraucher mit geringer Kaufkraft bestimmt« - **Low-Budget-; Billig-**. *Rynek niskobudżetowy. Niskobudżetowy teleshopping nigdy nie rozwinął skrzydeł, lecz stał się kanałem zbytu produktów drugiej kategorii.* www.modernmarketing.pl 2005. *Celeron to rodzina proceso-*

rów firmy Intel przeznaczona na rynek niskobudżetowy. wikipedia.org 2005. *Nie brak w Australii firm nastawionych na „niskobudżetowych plecakowiczów".* www.travelbit.pl 2006. ◫ kein Beleg

niskocholesterolowy *Adj* »mit niedrigem Cholesteringehalt« - **cholesterinarm, cholesterinreduziert**. *Dlatego też książkę uzupełniono najważniejszymi zasadami diety niskocholesterolowej, proponowanej przez dr hab. Jadwigę Biernat.* www.medicon.pl 2005. *Mięso dietetyczne, niskocholesterolowe, wyprodukowane na ekologicznych paszach zielonych.* www.ppr.pl 2005. ◫ PS 1999, US 2003

niskocukrowy *Adj* »mit niedrigem Zuckergehalt« - **zuckerreduziert, zuckerarm**. *Pokarm, dżem niskocukrowy; przetwory niskocukrowe. Stosowanie diety niskocukrowej i doprowadzanie masy ciała do normy prowadzą zwykle do uzyskania prawidłowej poziomu cukru we krwi.* www.sfd.pl 2006. *Serwatka w proszku, niskocukrowa. Produkt otrzymany z serwatki, z której usunięto częściowo laktozę.* www.wetgiw.gov.pl 2005. ◫ PS 1999. *auch* ↗niskosłodzony

niskokwalifikowany *m, G ~nego, Npl ~ni* »niedrig, gering qualifizierte Arbeitskraft« - **Geringqualifizierter**. *Zasadniczą grupą bezrobotnych i nieaktywnych zawodowo są dziś - nie tylko w Polsce - niskokwalifikowani. (...) skala bezrobocia i bierności zawodowej wśród niskokwalifikowanych są wyjątkowo wysokie.* www.pfsl.pl 2006. ◫ kein Beleg

niskokwalifikowany *Adj* »mit geringer Berufsausbildung« - **gering, niedrig qualifiziert**. *Zawód, robotnik niskokwalifikowany. Stopa zatrudnienia maleje wraz ze spadkiem poziomu wykształcenia (...). Osoby niskokwalifikowane mają więc zdecydowanie większe trudności ze znalezieniem pracy.* www.pfsl.pl 2006. *Najczęściej łamanie praw dotyczyło pracowników o stosunkowo najgorszej pozycji na rynku: słabo wykształconych i wykonujących niskokwalifikowane prace.* www.fundacjamama.pl 2006. ◫ PS 1999

niskonakładowy *Adj* **1** - »mit geringer Auflage« *Druk, plakat niskonakładowy; ulotka, płyta niskonakładowa. W naszej ofercie znajduje się między innymi niskonakładowy druk cyfrowy. Druk cyfrowy to idealne rozwiązanie dla prac nisko- i średnionakładowych.* www.webweb.pl 2005. *Ciekawe jak długo jeszcze przetrwa ten niskonakładowy periodyk.* www.slupca.pl 2005. ◫ PS 1999, IS 2000, US 2003 **2** »mit geringem Einsatz finanzieller Mittel« - **kostengünstig**. *Rolnictwo niskonakładowe charakteryzuje się niskim zużyciem środków produkcji i wielokierunkową produkcją rolną.* www.wrotamalopolski.pl 2002. *Niskonakładowa produkcja rolnicza z wykorzystaniem pasz z użytków zielonych w Karpatach Polskich.* www.imuz.edu.pl 2005. ◫ IS 2000

niskoodpadowy *Adj, Ökologie* »wenig Abfälle produzierend o. die Abfallentstehung reduzierend« - **abfallsparend, -arm**. *Niskoodpadowy system opakowaniowy; technologia niskoodpadowa. Mimo wprowadzenia w niektórych wysoko uprzemysłowionych krajach tzw. technologii niskoodpadowych oraz nowych metod niszczenia odpadów, ich eksport do krajów rozwijających się urósł do gigantycznych rozmiarów.* A. Patek (u.a.), Najnowsza historia świata 1945-1995. 1997 (K). *Niskoodpadowy sposób prowadzenia gospodarstw domowych. Prawidłowy wybór i świadome korzystanie z dóbr konsumpcyjnych.* www.tarnow.pl 2005. ◫ PS 1999

niskooprocentowany ♦ **niskooprocentowany kredyt** »Kredit mit einem niedrigen Zinssatz« - **niedrig verzinster Kredit**. *Zaoferować, zaciągnąć, otrzymać, wziąć niskooprocentowany kredyt. Oferujemy klientom naszej firmy możliwość zakupu energooszczędnych okien i drzwi balkonowych na niskooprocentowany kredyt.* www.b-com.pl 2002. *Ci hodowcy mogą liczyć na korzystny niskooprocentowany kredyt (1,5% rocznie), rozłożony nawet na 8 lat.* www.animex.pl 2005. ◫ PS 1999 ⌦1990 NPS2

niskopodłogowiec *m, G ~wca, Npl ~wce, Verkehrstechnik, Jargon* - »Bus o. Straßenbahnwagen mit niedrig hängendem Fahrgestell« - *neutral* **Niederflurbus, Niederflurstraßenbahn(wagen)**. *Bydgoszcz: Na wiosnę rozpocznie się w Pesie produkcja niskopodłogowców dla Elbląga.* www.infobus.com.pl 2005. ◫ kein Beleg

niskopodłogowy *Adj, Verkehrstechnik* »mit niedrigem Boden (u. ohne Trittbrett)« - *(bei Bus, Straßenbahn usw.)* **Niederflur-; tiefergelegt**. *Niskopodłogowy autobus - Niederflurbus. Niskopodłogowy tramwaj - Niederflur-Straßenbahn. Od dawna mamy świadomość, że we Wrocławiu mieszkają także osoby na wózkach. Z uwagi na nich w naszym taborze znalazły się niskopodłogowe autobusy. Zabiegamy, by były także takie tramwaje.* Gazeta Wrocławska 1999 (K). ◫ PS 1999

niskosłodzony *Adj* »mit niedrigem Zuckergehalt; wenig gesüßt« - **zuckerreduziert, zuckerarm**. *Sok, dżem, budyń niskosłodzony; konfitura, galaretka niskosłodzona. Co prawda kiedyś kupiłem dla niej niskosłodzony kefir zamiast śmietany na pomidorówkę, ale można było zjeść, fajnie się łowi te białe oczka na powierzchni.* www.cogito.com.pl 2006. *Dbający o zdrowie i linię odnajdą te same smaki w gamie konfitur niskosłodzonych, która zawiera także smaki egzotyczne: morelę, ananasa i brzoskwinię z maracują.* PWN-Korpus 1997. ◫ PS 1999. *auch* ↗niskocukrowy

niskotłuszczowy *Adj* »mit niedrigem Fettgehalt« - **fettarm, fettreduziert**. *Margaryna, dieta niskotłuszczowa; pokarm niskotłuszczowy. Stwierdzono na przykład, że częściej chorują mieszkanki dużych miast niż wsi, a kobiety otyłe częściej niż szczupłe. Dieta niskotłuszczowa, zawierająca chudy nabiał, ryby, dużo owoców i warzyw zmniejsza ryzyko, ale chorują też zagorzałe wegetarianki.* Cosmo 1998 (K). *Odżywiam się głównie jarzynami, ciemnym chlebem w małych ilościach, niskotłuszczowym nabiałem, rybami, owocami.* serwisy.gazeta.pl 2005. ◻ PS 1999 ✎1984 PWN-Korpus

nisza^{NB} *f* »kleiner, geschützter Freiraum, der von jdm. besetzt werden kann, der sonst keine Entwicklungschancen hätte« - **Nische**.
♦ **nisza ekologiczna** »Gebiet, in dem die ausschlaggebenden Lebens-, Umweltbedingungen einer bestimmten Tier- o. Pflanzenart das Überleben ermöglichen« - **ökologische Nische**. *Porażka gadów była jednocześnie zwycięstwem ssaków, które mogły teraz bez przeszkód wypełnić wszystkie nisze ekologiczne, opuszczone przez wymarłe zwierzęta.* IS. ◻ PS 1999, IS 2000
♦ **nisza rynkowa** »enges u. spezifisches Marktsegment« - **(Markt)nische**. *Rozkwit rynku funduszy hedgingowych budzi podziw nawet wśród bankowców inwestycyjnych. Jeszcze kilka lat temu stanowiły one rynkową niszę, w której operowała garstka zapaleńców.* Gazeta Bankowa 1998 (K). *Podczas zagranicznych wyjazdów doszła do wniosku, że w Polsce jest nisza rynkowa, właśnie jeśli chodzi o sklepy ze zdrową żywnością, mydlarnie, manufaktury.* gospodarka.gazeta.pl 2006. ◻ PS 1999, IS 2000

niszczarka *f, auch* ♦ **niszczarka dokumentów** *oder* **do dokumentów** »Reißwolf zur Vernichtung von Dokumenten« - **Aktenvernichter, Aktenwolf**. *Niszczarka biurowa. Oferujemy Państwu trzy rodzaje niszczarek dokumentów, które dostosowane są do indywidualnych wymagań.* www.agawa.pl 2005. ◻ PS 1999, IS 2000, US 2003 ✎1992 NSP2

niszowy^{NB} *Adj v.* ↗nisza »in Bezug auf Erscheinungen, die nur eine eng begrenzte Öffentlichkeitswirkung haben; Produkte, die Bedürfnisse eines engen Abnehmerkreises bedienen« - **Nischen-**. *Partia niszowa - Nischenpartei. Produkcja niszowa - Nischenproduktion. Kino niszowe - Nischenkino. Niszowy program radiowy, styl muzyczny; wydawnictwo, pisarstwo niszowe. Miecugow zanegował wprowadzone przez obecną dyrekcję Trójki zmiany programowe, uznając, że powinna pozostać radiem niszowym.* Polityka 2002. *Niemal równie oczywiste jest to, że w głównym koncercie juwenaliowym nie pojawią się przedstawiciele hip-hopu i elektroniki, które to gatunki już dawno przestały być stylami niszowymi, a ich popularność wśród młodych ludzi rośnie w zastraszającym tempie.* Dziennik Polski 2002. *W centrum i na prawicy procentowo dominują partie niszowe.* www.nowe-panstwo.pl 2002. ◻ kein Beleg

niuchacz *m, G -a, Npl -e, ugs, Jargon* »jd., der sich gewohnheitsmäßig durch das Inhalieren von Dämpfen bestimmter leicht flüchtiger Stoffe (z.B. Lösungsmittel von Lacken, Klebstoffen) berauscht« - **Schnüffler**. *Niuchacz kleju. Kolega był niuchaczem, zaczął się bawić ze słomą makową. Poczęstował mnie kilka razy. Było mi dobrze. Czułem luz, żadnego spięcia.* NSP2. ◻ kein Beleg ✎1986 NSP2

nius *s.* **news**

noclegowicz *m, G -a, Npl -e, ugs* »Obdachloser, der in einem Obdachlosenasyl o. an einem geschützten Ort (z.B. Bahnhof, U-Bahntunnel) übernachtet« - *salopp, abwertend* **Pennbruder**; *(im Asyl) neutral* **Schlafgast**. *W okresie mrozów zawsze wzrasta liczba noclegowiczów w noclegowni na Mokotowie.* PS. *Ponadto noclegowicze korzystali z następujących form pomocy: socjalnej: pomoc finansowa i rzeczowa, pomoc w ustalaniu stopnia niepełnosprawności, umieszczanie w szpitalu, pomoc terapeutyczna (...).* www.mops.walbrzych.pl 2004. *Przed kilkoma laty bezdomni z powodzeniem mieścili się na antresoli lubelskiego dworca, stałych noclegowiczów było około dwudziestu.* www.kurierlubelski.pl 2005. ◻ PS 1999

noclegownia *f, auch* ♦ **noclegownia dla bezdomnych** - »Übernachtungsstätte, Nachtquartier für Obdachlose, Nachtasyl«. *W Sopocie nie ma noclegowni dla bezdomnych. Sopocki MOPS ma jednak podpisane umowy z noclegowniami w Gdańsku (...).* www.trojmiasto.pl 2004. *Celem noclegowni jest zapewnienie miejsc noclegowych osobom dorosłym przy jednoczesnym zastosowaniu (w miarę możliwości) pracy socjalnej.* www.bip.olawa.ig.pl 2005. ◻ Supl 1994, SW 1996, PS 1999, IS 2000, US 2003

noga ♦ *phras* **głosować nogami; głosowanie nogami** *ugs* »sich durch Teilnahme an einer Veranstaltung o. Fernbleiben für/gegen etw. entscheiden« - **mit den Füßen abstimmen; Abstimmung mit den Füßen**. *„Słusznie się mówi, że Polacy głosowali wtedy nogami - mówi bp Pieronek. - Jeszcze wtedy nie umieli mówić. Papież jak gdyby otwierał im usta (...)."* andrzej.ekai.pl 2004. *Nacisk na frekwencję był najsilniejszym elementem kampanii eurozwolenników, dlatego duża część przeciwników integracji nie poszła do urn. Ludzie głosowali nogami.* serwisy.gazeta.pl 2003. ◻ PS 1999 ✎1990 NSP2

nominacja[NB] *f* »Vorschlag für einen Preis« - **Nominierung**. Nominacja do czegoś. Otrzymać, zdobywać nominację. *Film otrzymał nominacje w dwu kategoriach*. SW. *"Babel" zdobywa 7 nominacji do Złotych Globów.* www.filmweb.pl 2006. ◫ SW 1996, PS 1999, IS 2000, US 2003

nominat[NB] *m, G -a, Npl ~aci* »jd., der für einen Preis nominiert wurde« - **Nominierter, Kandidat**. Nominat do nagrody, tytułu. Nominat do Oscara - Oscar-Nominierter. *Wczoraj na Międzynarodowych Targach Książki w Warszawie zostały ogłoszone nominacje do NIKE - największej nagrody literackiej w Polsce. Wśród 20 nominatów są pisarze ze wszystkich pokoleń (...)*. Gazeta Wyborcza 2000 (K). *W 1993 roku nominatem do tej prestiżowej nagrody było nasze czasopismo "Edukacja i Dialog".* www.vulcan.edu.pl 2005. ◫ PS 1999, US 2003 ⚐1989 NSP2

nominatka[NB] *f v.* ↗nominat - **Nominierte, Kandidatin**. *Nie spodziewałem się po nominatce do nagrody Nike, że jest taką prospołeczną Mniszkówną.* respublica.onet.pl 2005. ◫ kein Beleg

nominować[NB] »jdn. o. etw. als Kandidaten für einen Preis o. eine Auszeichnung bestimmen, benennen« - **nominieren**. Nominować kogoś/coś do nagrody, tytułu, do Oskara. *W dziedzinie muzyki "Pegaz" nominował do nagrody dwóch pianistów (...)*. www.tvp.pl 2005. *Ściśle określone osoby, wymienione w Statucie norweskiego Instytutu Nobla, mogą co roku nominować swoich faworytów.* www.recogito.pologne.net 2006. ◫ PS 1999, IS 2000, US 2003

non profit, non-profit *nachgestellt in adjektivischer Funktion, indekl* »etw., das nicht auf Gewinnerzielung ausgerichtet ist« - **Non-Profit-**. Organizacja non profit - Non-Profit-Organisation. Funkcja, przedsiębiorstwo, instytucja non profit. Działać na zasadzie non profit. *Fundusze są organizacjami non profit.* Wprost 1999 (K). *Kasy mieszkaniowe z założenia nie przynoszą zysku (są instytucjami non profit) i prowadzenie ich jest dla banków wątpliwym interesem.* Polityka 2000 (K). *Większość społecznych organizacji takich jak ZHP, PCK jest organizacjami non-profit.* pl.wikipedia.org 2005. ◫ PS 1999, US 2003

nordic walking [nordik łokiŋk] *indekl oder G* nordic walkingu, *nur Sg, Sport* »Ausdauersportart, bei der schnelles Gehen durch den Einsatz von zwei Stöcken unterstützt wird« - **Nordic Walking**. Kijki (do) nordic walking - Nordic-Walking-Stöcke. *Nordic Walking (czyli podbiegunowy spacer) jest sportem dla każdego i pomysłem na utrzymanie dobrej energii przez cały rok. (...) Nordic Walking to nic innego, jak marsz, tyle że z użyciem specjalnie zaprojektowanych kijów. (...) Liczba zwolenników Nordic Walking z roku na rok systematycznie wzrasta.* Rzeczpospolita 2006. ◫ kein Beleg ⟨engl

nosidełko *n, selten* **nosidło**[NB] *n, ugs* »Vorrichtung zum körpernahen Transport von Babys u. Kleinkindern (auf dem Rücken, vor dem Bauch)« - **Babytrage(gestell), Babytragesack, Bauch-, Hüft-** oder **Rückentrage**. Nosidełko dla dziecka. Siedzieć w nosidełku; wsadzić dziecko w nosidełko; przytroczyć sobie do pleców nosidełko. *We wtorki Joanna pakuje w plecak pieluszki i ubranka na zmianę, sadowi małą w nosidełku i jedzie na spotkanie grupy wsparcia dla matek małych dzieci (...)*. Wysokie Obcasy 2000 (K). *Dziecko musi się z nosidłem oswoić, nie tylko z nosidłem, ale ze specyfiką poruszania się. Bliskość rodzica z pewnością uspokaja i stwarza poczucie bezpieczeństwa.* www.aak.pl 2004. ◫ Supl 1994, SW 1996, PS 1999, IS 2000, US 2003 ⚐1990 NSP2

notebook [nołtbuk] *m, G -a* »tragbarer, leichter Personalcomputer« - **Notebook, Laptop**. Kupić notebook (*ugs* notebooka); podłączyć coś do notebooka. *Firma sprzedaje także własną wersję cyfrowego, plazmowego telewizora z kartą VGA, umożliwiającą podłączenie go do notebooka (...)*. Życie 2000 (K). *Późną jesienią ubiegłego roku postanowiłem kupić notebook. Po konsultacjach ze znajomymi wybraliśmy Toshibę.* www.koneczny.pl 2005. ◫ PS 1999, IS 2000, US 2003. *auch* ↗laptop

notes ♦ notes, notatnik elektroniczny - **elektronisches Notizbuch**. *Ja chciałam wyjaśnić, żeby nie wprowadzać wysokiej komisji w błąd. To nie jest treść notesu elektronicznego, bo notesu nie używam od 9 miesięcy. To jest treść kalendarza (...), który (...) został wgrany w komputer sekretariatu.* arch.rzeczpospolita.pl 2003. *Niezwykle cenna bateria P. Alkaline LR03, dodana na pierwsze wyposażenia notatnika elektronicznego firmy C.* www.futurysta.pl 2006. ◫ PS 1999. *vgl. auch* ↗organizer, ↗palmtop

nowobogactwo *n, G -a, nur im Sg, abwertend* **1** »neu erworbener Reichtum« - **Neureichtum**. *Wszystkie prezentują nowobogactwo ich dawnych właścicieli, którzy budowali w duchu eklektyzmu, w różnych odmianach stylów historycznych.* www.mpk.lodz.pl 2005. *Intryga goni intrygę, bieda przeplata się z nowobogactwem, bałkańskie cwaniactwo na każdym kroku, whisky leje sie strumieniami, a złoto razi po oczach.* www.kinoman.pl 2005. ◫ kein Beleg ⚐1989 NSP2 **2** »Personengruppe, die durch neu erworbenen Reichtum in die höhere Gesellschaft aufgestiegen ist, ohne jedoch deren gesellschaftliche Formen zu beherrschen« - **Neureiche**. *(...) nowobogactwo buduje sobie* różne urągające estetyce domy mieszkalne, mające formą świadczyć o dworskich manierach właściciela. www.obywatel.org.pl 2004. *Pojawiło się (...) zjawisko tzw. nowobogactwa. Z francuska nazywamy noworyszami.* www.radiomaryja.pl 2002. *Najchętniej klną w Polsce ludzie sukcesu, nuworysze, nowobogactwo. Chamski język dodaje im pewności siebie, w swoich i cudzych oczach są „macho".* www.dziennik.com 2005. ▢ kein Beleg ✎1990 NSP2

nuggetsy [nugetsy] *seltener* **nugetsy** *m, nur im Pl, Kulinaria* »kleine panierte Fleischstücke (meist Geflügel), die häufig mit einer Currysauce, Barbecuesauce o. Ketchup serviert werden« - **Nuggets**. *Specjalnością pubu jest kawa po irlandzku, „nuggetsy" z kurczaka w zestawie z frytkami i surówką.* www.krakow.pl 2004. *Biedne dziewczyny nie miały oczywiście pojęcia - argumentuje ich adwokat - że bigmaki, frytki i nugetsy są niezdrowe. Także arcysmakosze Francuzi uważają, że hamburgery, nugetsy i inne McDonald'sowe „malbouffe" (wszawe żarcie) to obraza dla podniebienia.* Polityka 2002. ▢ kein Beleg ◄engl nugget

nurek[NB] *m, G* ~*rka, Npl* ~*rki, auch* ♦ **nurek śmieciowy** *oder* **śmietnikowy** *Jargon* »jd., der Müllhalden o. Mülltonnen nach Verwertbarem durchsucht, was häufig seine einzige Erwerbsquelle darstellt« - **Müllmensch**. *Zrywają się o piątej rano, by zdążyć przed śmieciarkami i konkurencją. Ich królestwo to śmierdzące kontenery i brudne śmietniki. Kilka lat temu mekką nurków śmieciowych było wysypisko w Łaskowicach. Tam mogli buszować do woli. Teraz przeganiają ich stamtąd służby miejskie.* www.zyciepabianic.com.pl 2002. *Są to kloszardzi, żebracy, nurki śmietnikowe, żyjący w kanałach ciepłowniczych, pod peronami dworców kolejowych, na działkach, w pobliżu wysypisk śmieci.* www.qdnet.pl 2005. ▢ PS 1999 ✎1992 NSP2. *auch* ↗śmieciarz

O

oaza[NB] *f, Kirche* **1** *auch* **Oaza** *f* »von Polen ausgehende katholische) geistliche Erneuerungsbewegung, die sich an Kinder, Jugendliche wie Erwachsene richtet« - **Bewegung Licht-Leben, Oasenbewegung**. *Należeć do oazy; działać w oazie. Cały swój wolny czas Marta poświęca oazie - wciąż przygotowuje jakieś wystąpienia, programy, biega na spotkania.* PS. *Choć odbyły się już pierwsze spotkania, cały czas apelujemy do wszystkich zainteresowanych z klas od 3 do 6 szkoły podstawowej, że chcąc być w Oazie wystarczy przyjść na kolejne spotkanie (...).* www.sw-rodzina.chrzanow.pl 2005. Supl 1994, SW 1996, PS 1999, US 2003 1986 NSP2 **2** - »mehrtägige (Sommer)lager für Mitglieder u. Anhänger dieser Bewegung« *Pobyt na oazie. Jechać na oazę; zorganizować oazę. A w oazach niemal wszystko za darmo. Kościół finansuje. Rajdy, spotkania, rozmowy o życiu, kontemplacja także.* NSP2. *Kilka dni wakacji spędziłem z paroma kolegami naszej szkoły na oazie w Żurowej.* www.polska.lex.pl 1997. Supl 1994, SW 1996, PS 1999, US 2003 1986 NSP2

oazowicz *m, G -a, Npl -e, v.* oaza, *ugs, seltener* **oazowiec** *m, G ~wca, Npl ~wcy, ugs, auch abwertend, Kirche* - »Mitglied der Oasen-Bewegung, Oasenmitglied; auch Teilnehmer an einem Oasen-Lager« *Greckie słowo „Agape" stało się wśród oazowiczów słowem powszechnie znanym. Nawet średnio uformowany oazowicz wie, że oznacza ono miłość, ucztę miłości (...).* www.oazowicz.cad.pl 2005. *Takie skromne, milutkie, grzeczniutkie dziewczynki i chłopcy. Kiedy zabieraliśmy ich na imprezy, zachowywali się jak oazowcy i zaraz uciekali, podczas gdy my balowaliśmy do rana.* www.polki.pl 2004. SW 1996, PS 1999, US 2003 1989 NSP2

oazowy[NB] *Adj v.* oaza, *Kirche* »sich auf die Licht-Leben- bzw. Oasen-Bewegung beziehend« - *als Kompositumglied* **Oasen-**. *Ruch, wyjazd oazowy; młodzież, grupa, piosenka, modlitwa oazowa; spotkanie oazowe. Dzięki ruchowi oazowemu nauczyłem się i modlić, i myśleć (tzn. stawiać samemu sobie jakieś poważniejsze pytania).* www.oaza.lublin.pl 2005. Supl 1994, SW 1996, PS 1999, US 2003 1990 NSP2

obcas ♦ *phras* **brać/wziąć** kogoś/coś **pod obcas** »sein Augenmerk auf jdn./etw. richten (um ihn zu kritisieren)« - jdn./etw. **ins Visier nehmen;** jdn./etw. **aufs Korn nehmen;** jdn. **unter Beschuss nehmen; sich** jdn./etw. **vornehmen**. *Być wziętym pod obcas - ins Schussfeld, Visier geraten sein. Politycznie poprawne media w tradycyjnie wielokulturowym Gdańsku wzięły pod obcas dyrektora Teatru Wybrzeże Macieja N. N. jest zdeklarowanym homoseksualistą, a w teatrze można zobaczyć kawałek gołego cycka. I to się nie podoba.* www.teatrwybrzeze.pl 2004. *Gdybym sam pisał komentarz, to autora (albo autorkę) z tego dziwnego pisma wziąłbym z rozkoszą - i bez trudności - pod obcas.* www.wssmia.kei.pl 2004. *Świadomość kształtuje wzięta pod obcas telewizja i wysokonakładowa prasa, mające błogosławieństwo Kremla.* www.msz.gov.pl 2006. kein Beleg

obciach *m, G -u, ugs* **1** - »Situation, in der sich jd. der Lächerlichkeit preisgibt; Blamage, Peinlichkeit, Schande« *Obciach stulecia. Narobić, nastrzelać obciachu (komuś). Słyszałaś, jakiego obciachu narobiła, wstydzi się teraz tam pokazywać.* PP. *Ludzie, opamiętajcie się, to obciach słuchać disco polo.* www.boys.art.pl 2006. Supl 1994, PS 1999, IS 2000, US 2003 1990 PP **2** »über etw., was jdm. nicht gefällt, ihn unangenehm überrascht, seine Erwartungen nicht erfüllt, wovon er enttäuscht ist« - (ein glatter) **Reinfall**. *Poszliśmy do kina na film sensacyjny, a tu obciach - film był nudny i nic się nie działo.* IS. IS 2000

♦ *phras* **bez obciachu** *ugs* - »problemlos; ohne Bedenken, Skrupel; ungeniert; ohne weiteres; ohne sich zu blamieren« *Ja zapuszczę kompa z Chicago, boję się tylko, że tradycyjnie serwer się zawiesi, a tu już goście zaproszeni... Żeby tylko było bez obciachu!* www.itvp.pl 2005. *Po koncercie w Bełchatowie w tegoroczne wakacje stwierdziłem, że to jedyny polski zespół, który może się bez obciachu pokazać na zachodzie.* www.porcys.com 2004. *Na forum można też bowiem zamieszczać, i to za darmo, ogłoszenia handlowe. Bez obciachu więc można pisać, że chcecie sprzedać lub kupić aparat, że poszukujecie fotomodelki lub obiektywu itd.* www.fotogenia.info 2004. *Firmowe wigilie stały się stałym elementem polskiego obyczaju korporacyjnego. (...) Niejednokrotnie dochodzi podczas nich do gorszących ekscesów, mocno komplikujących później relacje interpersonalne w firmach. Oto kilka pożytecznych porad, które pomogą wam przeżyć firmową kolację wigilijną bez obciachu.* www.tvbiznes.wp.pl 2006. *Nie martw się, są szkoły, gdzie tempo nauczania jest dostosowane do Twoich możliwości. Teraz nawet nie wolno im*

używać „specjalna" w nazwie, więc bez obciachu możesz rozwijać się intelektualnie. pclab.pl 2005. US 2003
obciachowy Adj v. ↗obciach, ugs »über etw. (o. jdn.), das (o. der) peinlich ist, mit dem man sich lächerlich macht« Obciachowa kurtka, kiecka, książka. *Obciachowy spektakl. Komisja śledcza do spraw banków ledwie zaczęła swoją pracę, a, prawdę mówiąc, mogłaby ją już skończyć.* fakty.interia.pl 2006. *Fajny blog, tylko obciachowy czerwony kolor tla...!* lalkiubieranki.blog.onet.pl 2006. *Według niego, każda epoka w dość irracjonalny sposób ustala, kto jest obciachowy, a kto nie, kogo należy popierać, a kogo nie.* www.wprost.pl 2006. *Jaki był najbardziej obciachowy, wieśniacki, nietrafiony prezent jaki kiedykolwiek dostaliście (...)?* www.plywanie.dmkhosting.com 2006. PS 1999, IS 2000, US 2003
obiad ♦ *phras* **obiad drawski** *Politik* - »Treffen der polnischen Generalität 1994 in Drawsko Pomorskie mit dem damaligen Staatspräsidenten Wałęsa, was als Zeichen von Illoyalität dem damaligen Verteidigungsminister Kołodziejczyk gegenüber gewertet wurde« *(...) niesławny obiad drawski, na którym - jak pamiętamy - grupa generałów pod wodzą ówczesnego prezydenta Lecha Wałęsy próbowała zmusić ministra Piotra Kołodziejczyka do dymisji.* www.szmajdzinski.pl 2002. *Tzw. obiad drawski, podczas którego wojskowi wymówili posłuszeństwo adm. Piotrowi Kołodziejczykowi, szefowi MON, zorganizowano w 1994 r. podczas manewrów na poligonie w Drawsku Pomorskim.* www.wprost.pl 2002. kein Beleg
obóz ♦ **obóz posierpniowy** *s.* **posierpniowy**
ochraniacz[NB] *m, G -a, Npl -e, Sport* »(meist Knie- u. Ellenbogen)schoner« - **Schützer, Schoner**. *Ochraniacze piszczeli; ochraniacze na łokcie; zestaw ochraniaczy; ochraniacze do jazdy na łyżworolkach. Założyć, zdjąć ochraniacze. Wysokiej klasy zestaw ochraniaczy, w skład zestawu wchodzą 2 ochraniacze na nadgarstek, 2 na kolano, 2 na łokieć.* www.mysport.pl 2006. *I po ostatniej jeździe ten nadgarstek trochę „poużywałem" i mnie troszkę boli - tu moje pytanie, czy korzystacie z jakiś ochraniaczy - np. takie jak na rolki?* forum.snowboard.kondi.pl 2005. SW 1996, PS 2000, US 2003. *auch* ↗protektor
ochroniarz *m, G -a, Npl -e* **1** »jd., der zum Schutz von (wichtigen) Personen o. Objekten angestellt wurde« - *(für Personen)* **Personenschützer, Bodyguard, Leibwächter, Leibwache;** *(für Objekte)* **Wachschützer**. *Ochroniarz prezydenta. Zatrudnić, wynająć ochroniarza. Na schodach pojawił się ich idol, otoczony liczną grupą ochroniarzy.* IS. *Mam 17 lat i chciałbym w przyszłości zostać prywatnym ochroniarzem! Czy mógłbym zostać ochroniarzem, nie mając konkretnego zawodu, tylko maturę?* www.ochroniarz.pl 2004. *Każdy wchodzący do budynku interesant musi podać przy wejściu ochroniarzowi swoje imię i nazwisko oraz nr dokumentu tożsamości.* www.ochrona.pl 2004. Supl 1994, SW 1996, PS 2000, IS 2000, US 2003 ✎1990 PP **2** *Jargon* »Umweltschützer, Naturschützer« *Manifestacja ochroniarzy; apel ekologiczny ochroniarzy. Ochroniarze protestowali przeciwko spuszczaniu ścieków do rzeki.* US. Supl 1994, PS 2000, IS 2000, US 2003
ochroniarski *Adj v.* ↗ochroniarz **1** »sich mit dem Schutz von Personen bzw. Objekten befassend« - *(für Personen)* **Personenschutz-, Bodyguard-, Leibwächter-;** *(für Objekte)* **Wachschutz-**. *Firma, spółka, agencja ochroniarska; personel ochroniarski. Nad bezpieczeństwem targowiska czuwa ekipa ochroniarska.* IS. SW 1996, PS 2000, IS 2000, US 2003 ✎1990 NSP2 **2** *Jargon* »den Umweltschutz betreffend« - **Umweltschutz-, Naturschutz-**. *Opracowano nowy program ochroniarski dotyczący Puszczy Jodłowej.* US. US 2003
odbić się ♦ *phras* **odbić się od dna** *s.* **dno**
odjazd[NB] *m, G -u, Drogenjargon* **1** »berauschender Zustand nach Drogen- o. Alkoholkonsum; Rausch« - **(Drogen)trip**. *Niezły, niesamowity, pierwszy, zupełny, totalny, całkowity odjazd. Mieć, zaliczyć odjazd; ocknąć się po odjeździe. Gdzieś w kącie jakaś panienka zaliczała kolejny odjazd.* PS. *Niebezpieczny odjazd „na wisielca". Dzieci i młodzież, które szukają narkotycznego odjazdu, ale nie mają pieniędzy, stosują makabryczny sposób - na chwilę się wieszają.* hyperreal.info 2005. PS 2000, US 2003 **2** *ugs* »etw., was außerordentlich gut, faszinierend, verrückt ist« - (etw.) **Abgefahrenes, Geiles;** (etw. ist) **der Wahnsinn, der Hammer**. *Zupełny, totalny, niesamowity odjazd. Wczorajszy koncert tej kapeli to zupełny odjazd!* PS. PS 2000, US 2003 ✎1991 NSP2. *auch* ↗odlot
odjazdowo *Adv v.* ↗odjazdowy, *ugs, Jugendsprache* - **super, geil, zum Abfahren**. *Ubierać się, wyglądać, grać, śpiewać, opisać coś odjazdowo. Całą imprezę bawiłem się z Marylką, ona nie tylko odjazdowo tańczy, ale świetnie się z nią rozmawia.* PS. *Jest super. - Nie mówi się super, tylko odjazdowo - zwrócił uwagę wysoki chłopak, który wyglądał na starszego od pozostałych. - Odjazdowo albo odlotowo - to mówiły takie wapniaki, jak ty, parę lat temu - odparł chłopak z walkmanem. - Teraz się mówi: super albo ekstra. Trzeba być na czasie, koleś.* www.niedziela.pl 2005. PS 2000, IS 2000, US 2003. *auch* ↗odlotowo

odjazdowy[NB] *Adj v.* ⁊odjazd, *ugs, Jugendsprache* - **super, geil, abgefahren, zum Abfahren**. Odjazdowy film, koncert, pokaz mody, pomysł, facet; odjazdowa fryzura, impreza; odjazdowe ciuchy. *Zamawiam u Ryłki w Krakowie. Ma młodą, piękną córkę Ewę, która projektuje dla mnie takie nowoczesne buty. Ona wymyśla ich odjazdowe kształty.* Cosmo 2002. *Jeśli szukasz czegoś odjazdowego do swojej komórki... dobrze trafiłeś! Mam nadzieję, że stronka Ci się spodoba i że znajdziesz w niej to, czego oczekiwałeś.* prv.pl 2005. *Namiot z przyjemną dla oka dekoracją i równie odjazdową muzyką.* www.ftb.pl 2005. ⌨ PS 2000, IS 2000, US 2003 ✎1991 NSP2. *auch* ⁊odlotowy, ⁊odjechany

odjechany *Adj, ugs, Jugendsprache, selten* - **super, geil, abgefahren, zum Abfahren**. Odjechany film, koncert, pokaz mody, pomysł, facet; odjechana fryzura, impreza; odjechane ciuchy. *Film bardzo mi się podobał, był czadersko odjechany i zasługuje na pięć gwiazdek.* film.o2.pl 2005. ⌨ kein Beleg. *auch* ⁊odlotowy, ⁊odjazdowy

odkłamywać *ipf* / **odkłamać** *pf* »etw. von Lügen(elementen) o. bewusst einseitigen Interpretationen befreien« - etw. (Tatsachen, Fakten) **freilegen; enthüllen;** etw. **ins rechte Licht rücken;** etw. **im richtigen Licht darstellen**. *Odkłamać przeszłość, rozdział historii, losy bohaterów; odkłamać sumienie. Odkłamywać trzeba bardzo wiele fałszerstw. Konieczne staje się odkłamanie fałszowanej przez lata i pokoleń historii Powstania Warszawskiego.* www.solidarnosc-swietokrzyska.pl 2005. *Jednak mimo to polski historyk zdołał przynajmniej częściowo odkłamać obraz aż trzykrotnego pogromcy Rzymian i przedstawić go jako jednego z najwybitniejszych wodzów swoich czasów, godnego następcy myśli wojskowej Aleksandra Macedońskiego.* www. esensja.pl 2005. ⌨ Supl 1994, PS 2000, IS 2000, US 2003

odkomunizować *pf, Politik* »Personen mit kommunistischer Vergangenheit aus Ämtern u. einflussreichen Positionen entfernen« - **entkommunisieren; von Kommunisten säubern**. Odkomunizować parlament, stronnictwo, ugrupowanie, politykę, wymiar sprawiedliwości, gospodarkę, kraj, społeczeństwo. *Polacy z całego świata protestują narzekając, że ambasady i konsulaty polskie nie zostały odkomunizowane.* SW. *Nie miałem wątpliwości, że na kuratora wywierane były naciski - i z góry i z dołu - by wreszcie odkomunizował do końca instytucje wojewódzkie.* www.sierpc. com.pl 2005. ⌨ SW 1996. *s. auch* ⁊odkomuszyć, ⁊dekomunizować

odkomuszyć *pf, seltener ipf* **odkomuszać** *ugs, Politik* »Personen mit kommunistischer Vergangenheit aus Ämtern u. einflussreichen Positionen entfernen« - *neutral* **entkommunisieren; von Kommunisten säubern**. Odkomuszyć parlament, politykę, wymiar sprawiedliwości, gospodarkę, kraj, społeczeństwo. *Nowy Pan Prezydent (...) nie lubi belzebubów. Odkomuszyć cały kraj, wszyscy do spowiedzi i codziennie na mszę.* www.trojmiasto.pl 2005. *Nie będzie się społeczeństwa odkomuszać z milionów byłych członków byłej PZPR, bo to jednak i za dużo roboty i niejednego własnego członka możnaby utrącić.* www.tc.ciechanów.pl 1999. ⌨ PS 2000 ✎1991 NSP2. *s. auch* ⁊odkomunizować, ⁊dekomunizować

odlot[NB] *m, G -u, Drogenjargon* **1** »berauschender Zustand nach Drogen- o. Alkoholkonsum; Rausch« - **(Drogen)trip**. Niezły, niesamowity, pierwszy, zupełny, totalny, całkowity odlot. *Mieć, zaliczyć odlot; ocknąć się po odlocie. Prochów nie starczyło nawet na pięć odlotów.* PS. *Doprowadzenie się do stanu odurzenia nosi w żargonie biorącej młodzieży nazwę „odlotu", natomiast uzyskanie stanu euforii przedstawia się słownie jako tzw. „haj".* pmp.monar.org.pl 2004. ⌨ Supl 1994, SW 1996, PS 2000, IS 2000, US 2003 **2** *ugs* »etw., was außerordentlich gut, faszinierend, verrückt ist« - (etw.) **Abgefahrenes, Geiles;** (etw. ist) **der Wahnsinn, der Hammer**. Zupełny, totalny, niesamowity odlot. *Muzułmanki w spodniach to w ogóle odlot!* IS. ⌨ PS 2000, IS 2000, OiT 2001, US 2003. *auch* ⁊odjazd

odlotowo *Adv v.* ⁊odlotowo, *ugs, Jugendsprache* - **super, geil, zum Abfahren**. Ubierać się, wyglądać, grać, śpiewać, opisać coś odlotowo. *Uszyto specjalnie dla nas stroje, w których wyglądaliśmy odlotowo.* IS. *Niektóre nawet jakoś się odlotowo ubierają, czego nie można powiedzieć o facetach (...). Jest super.* - *Nie mówi się super, tylko odjazdowo - zwrócił uwagę wysoki chłopak, który wyglądał na starszego od pozostałych.* - *Odjazdowo albo odlotowo - to mówiły takie wapniaki, jak ty, parę lat temu - odparł chłopak z walkmanem.* www.niedziela.pl 2005. ⌨ PS 2000, IS 2000, US 2003 ✎1992 NSP2. *auch* ⁊odjazdowo

odlotowy[NB] *Adj v.* ⁊odlot, *ugs, Jugendsprache* - **super, geil, abgefahren, zum Abfahren**. Odlotowy film, koncert, pokaz mody, pomysł, facet; odlotowa fryzura, impreza; odlotowe ciuchy. *To odlotowy facet, zazdroszczę ci go (...).* IS. *Totalny odlot z odlotowymi agentkami... Clower to moim zdaniem najśmieszniejsza z całej trójki.* akcja-sam.blog.onet.pl 2005. *Nie znają siły działania narkotyku i przekonani, że pigułka z wytłoczoną, atrakcyjną nazwą pozwoli im na odlotową zabawę, ryzykują zatru-*

ciem. szkola.interia.pl 2005. ▢ Supl 1994, PS 2000, IS 2000, US 2003 ⌀1992 NSP2. *auch* ↗odjazdowy, ↗odjechany

odmrozić^NB *pf, seltener* **odmrażać** *ipf* »etw. von auferlegten Beschränkungen befreien« - **freigeben**. Odmrozić ceny, aktywa, projekty, płace. *Za pomocą kredytu refinansowego Multi-Banku można odmrozić gotówkę wydaną nie później niż rok temu na mieszkanie spółdzielcze lub własnościowe z rynku wtórnego (...).* www.expander.pl 2005. *Wynika może nie tyle z tego, że klienci zaczęli nagle dużo więcej zarabiać, tylko po prostu poczuli się, patrząc na wskaźniki, na sygnały płynące z całej gospodarki na tyle bezpiecznie, że zaczynają odmrażać swoje ulokowane środki pieniężne.* www.polskieradio.com.pl 2005. ▢ PS 2000, IS 2000, US 2003 ⌀1989 NSP2

odnawialny ♦ **odnawialne energie, odnawialne źródła energii** »Energien u. deren Quellen, die nach menschlichen Maßstäben unerschöpflich sind (z.B. Sonnen-, Wind- u. Wasserenergie)« - **erneuerbare, regenerative Energien** bzw. **Energiequellen**. *Wykorzystywanie odnawialnych źródeł energii. Znaczny wzrost zainteresowania odnawialnymi źródłami energii nastąpił w latach dziewięćdziesiątych, szacuje się, że od roku 1990 światowe wykorzystanie energii promieniowania słonecznego wzrosło około dwukrotnie, a energii wiatru około czterokrotnie. (...).* www.oze.bpp.lublin.pl 2004. *Pomimo, że wykorzystanie odnawialnych źródeł energii w Polsce stale wzrasta, ich rozwój jest jeszcze niewystarczający.* samorzad.pap.com.pl 2006. ▢ kein Beleg

odnowa ♦ **odnowa biologiczna** »kosmetische o. medizinische Anwendungen, die den allgemeinen Gesundheitszustand verbessern u. eine Entspannung bewirken sollen« - **biologische Regeneration** o. **Erneuerung**. *Gabinet, salon, studio, centrum, ośrodek odnowy biologicznej; wczasy, wypoczynek, pensjonat z odnową biologiczną. Perfekcyjnie, indywidualnie dobrany zestaw zabiegów i ćwiczeń w połączeniu z dietą oraz odnową biologiczną zapewniają najwyższej klasy specjaliści i lekarze.* www.horizon-travel.pl 2004. *Kąpiel borowinowa w odnowie biologicznej jest skutecznym zabiegiem po treningach czy zawodach* prace.sciaga.pl 2005. ▢ SW 1996, PS 2000, IS 2000, US 2003 ⌀1992 NSP2

odpalić^NB *pf, seltener* **odpalać** *ipf Computerjargon* **1** »durch das Ausführen der entsprechenden Startdatei ein Programm, Spiel usw. beginnen« - **starten**. *Odpalić program, płytę główną, CD-ROM, grę, system, drivera. Czy denerwuje Cię, że musisz co jakiś czas odpalać Outlooka, by sprawdzić pocztę?* www.paniowki.pl 2003. *Gdy nasze dzieło jest gotowe, musimy się zalogować do sieci poprzez modem, połączyć się z serwerem (...) no i w końcu odpalić przeglądarkę.* www.pckurier.pl 1999. ▢ kein Beleg **2** »(eine leere CD-ROM o. DVD) mit Daten beschreiben« - **brennen, kopieren**. *Odpalić płytę CD, DVD. Musisz mieć koniecznie napęd dvd, aby odpalić dvd.* forum.ksekspert.pl 2004. ▢ kein Beleg

odpaństwowić *pf* - **entstaatlichen**. *Powinniśmy starać się „odpaństwowić" KBN i przekazać decyzje dotyczące rozdziału środków w ręce instytucji od struktur rządowych niezależne.* www.forumakad.pl 2002. *Dlatego kobiety śmiało i coraz bardziej świadomie dążą, by macierzyństwo odideologizować i odpaństwowić, uczynić je przedmiotem wolnego, indywidualnego wyboru (...).* kobieta.gazeta.pl 2004. ▢ kein Beleg

odpaństwowienie *n* »Zurückdrängung, Rückzug des Staates aus Wirtschaft, Markt u. Unternehmen zugunsten von Privatisierung, Verselbständigung« - **Entstaatlichung**. *Odpaństwowienie rynku, życia społecznego. Konieczne zatem jest „odpaństwowienie" i depolityzacja kultury, oświaty, gospodarki, opieki społecznej, i powierzenie tych sfer samorządowi oraz przedsiębiorczości jednostek.* kkwl.webpark.pl 2005. *Sposobem na odpaństwowienie i odpartyjnienie gospodarki jest pełna prywatyzacja, a nie sprzedaż części akcji przy pozostawieniu reszty pod kontrolą Skarbu Państwa.* www.money.pl 2005. ▢ kein Beleg. *auch* ↗deetatyzacja

odpicować (się)^NB *pf, ugs* »etw./jdn./sich (meist übertrieben) herrichten; (sich) zurecht machen« - etw./jdn./sich **aufmotzen**; sich **aufdonnern**, sich **aufbrezeln**. *Odpicować samochód, mieszkanie; odpicować się jak na wesele. Wstał, przeciągnął się i włożył swoje okulary. Swoje kroki skierował do łazienki, aby odpicować się - bo kto, jak kto, ale on musi wyglądać powalająco.* lily-james.blog.onet.pl 2005. *Dasz dwie stówki, to samochód ci odpicuje, że go nie poznasz.* IS. *Odpicować przeglądarkę. Wystarczy poświęcić trochę czasu, by nasza przeglądarka (w tym przypadku Opera) zaoszczędziła nam go znacznie więcej.* rasheed.jogger.pl 2005. ▢ PS 2000, IS 2000, US 2003

odpicowany *v.* ↗odpicować, *ugs* - **aufgemotzt, aufgedonnert, aufgebrezelt**. *Odpicowany samochód; dziewczyna odpicowana jak lalka. Stała w grupie odpicowanych, ufryzowanych i umalowanych eleganteк. IS. Nie byłam szczególnie odpicowana, ale elegancka. Niech Francuz wie, że Polki to kobiety z klasą.* kobieta.gazeta.pl 2005. *Rycerz nadjeżdża w błyszczącej, totalnie odpicowanej zbroi. Ma ogromny, pełen runów i ozdób miecz.* www.joemonster.org 2005. ▢ IS 2000, US 2003 ⌀1988 NSP2

odpuścić[NB] *pf seltener ipf* **odpuszczać (sobie)**, *ugs* »etw., was einem unwesentlich erscheint, nicht weiter verfolgen« - **sich** (etw.) **schenken;** (etw.) **stecken lassen**, *neutral* (etw.) **lassen**. Odpuścić (sobie) coś. *Padało, więc odpuściliśmy sobie wyjście do kina.* SW. *Niektóre egzaminy odpuściłam i teraz żałuję (...).* IS. 📖 SW 1996, PS 2000, IS 2000, US 2003 ⚿1989 NSP2

odrzut[NB] *m, G -u, Medizin* »Abstoßen eines transplantierten Organs durch den Körper« - **Abstoßung, Abstoßen**. Reakcja odrzutu; odrzut przeszczepu. *Istnieją już dziś leki, które zwalczają odrzut.* PS. 📖 PS 2000, IS 2000, US 2003 ⚿1989 NSP2

♦ *phras* **z odrzutu** *ugs* »minderwertig; von schlechter Qualität« - **drittklassig**. *Gwiazdor z odrzutu.* film.onet.pl 2005. *Egzaminy wstępne do kolegium odbywają się w tym samym czasie, co na studia filologiczne w UG. Chcemy w ten sposób uniknąć kandydatów „z odrzutu".* www.forumakad.pl 2005. *Poznawałyśmy mnóstwo chłopców i to nie powiem, że jacyś z odrzutu byli. Całkiem przystojni byli.* aneczka90.mylog.pl 2005. *Ładne kobiety wybierają sobie przystojnych mężów, brzydkim zostają ci z puli z odrzutu.* www.krakow.semestr.pl 2005. *Może swój na swego trafił! Ona gąska, on ojciec z odrzutu.* gala.onet 2005. 📖 kein Beleg

♦ *phras* **mieć odrzut** od czegoś *ugs* - »Widerwillen gegen etw. empfinden/haben« - **Ekel** vor etw. **haben**. *Ja mam odrzut od jedzenia tak straszny, że przez najbliższe parę dni nie będzie mi potrzebna dieta.* users.nethit.pl 2005. *Generalnie to nie palę po kilka tygodni, miesięcy. Ogólnie to mam odrzut od papierosów.* www.pclab 2005. *Ostatnio troszkę poimprezowałam i mam odrzut od alkoholu, jak pomyślę, to mi niedobrze.* cct.risp.pl 2005. *Prowadzi oczywiście Nina, bo ja mam odrzut od motoryzacji, więc Nina gasi silnik, wysiada, otwiera mi drzwi, i ja wysiadam.* asen.chlip.com 2005. 📖 kein Beleg

odskok[NB] *m, G -u, ugs* »Verstoß gegen Normen, Regeln« - **Ausrutscher; (bei einer Tätigkeit) Patzer**. Mieć odskoki; nie tolerować czyichś odskoków. *Po kolejnym odskoku został wezwany do dowódcy (...).* IS. *Coraz częściej zdarzały mu się różne odskoki.* US. 📖 SW 1996, IS 2000, US 2003

odsłona[NB] *f, Internet* »Aufruf einer Internetseite« - **Zugriff**. Ilość, liczba odsłon - Anzahl der Zugriffe. Odsłona strony internetowej, strony www. *U nas co miesiąc możesz dostać tyle odsłon, ile Twoja strona wygenerowałaby dopiero po kilku latach uczestniczenia w systemach.* www.bannerki.pijpiwo.pl 2006. *W sierpniu nasz portal osiągnął 716 000 odsłon. Dziękujemy miłośnikom i admiratorom dobrego smaku.* www.apetycik.pl 2006. 📖 kein Beleg

odstawka ♦ *phras* **iść/pójść w/na odstawkę*** *ugs, selten* »von einer Person o. Sache: nicht mehr gebraucht werden« - *(Person)* **auf ein Abstellgleis geschoben werden; abserviert werden;** *(Sache)* **ausgemustert werden; entsorgt werden**. *Od początku nie miała cierpliwości, a jak urodziło się dziecko, w ogóle poszedłem w odstawkę (...).* IS. *Każda gwiazda prędzej czy później pójdzie w odstawkę. I co wtedy? Nie mam pojęcia i prawdę mówiąc, na razie niezbyt często się nad tym zastanawiam.* www.stopklatka.pl 2005. 📖 Supl 1994, SW 1996, PS 2000, IS 2000, US 2003 ⚿1988 PP

odstrzał ♦ *phras* **iść/pójść** *selten* **być na odstrzał** *oder* **do odstrzału** *ugs* »aus seiner Stellung entfernt werden« - **abgeschossen werden; in die Wüste geschickt werden; gehen müssen**. *Po kompromitacji służb specjalnych na odstrzał poszedł minister spraw wewnętrznych i szef kontrwywiadu.* SW. *Na pewno nie awansujemy, nawet Czesi nas wyprzedzą. Tacy skoczkowie jak M., czy nawet zachwalany przez Kruczka S., powinni „być na odstrzał".* forum.gazeta.pl 2005. 📖 SW 1996, PS 2000, IS 2000 PSF 2001, US 2003

♦ *phras* **przeznaczyć** kogoś **na odstrzał** *oder* **do odstrzału** *ugs* »jdn. zur Entlassung vorsehen« - jdn. **zum Abschuss freigeben**. *Po zmianie premiera na odstrzał przeznaczeni są wszyscy ministrowie.* PSF. *I biedny student został przeznaczony do odstrzału selekcyjnego na najbliższych egzaminach, z powodu braku należnej pokory.* www.wszpwn.com.pl 2005. 📖 PSF 2001

odstrzelić[NB] *pf, ugs* »entlassen« - **abschießen**. Odstrzelić kogoś. *(...) i tym samym 02.07. 2004 r. piramida kadrowa się obróci (przecież lepiej odstrzelić chorążych oraz podoficerów niż siebie samych).* www.wojsko-polskie.pl 2004. *Dlaczego chcą „odstrzelić" mera Kijowa?* www.ukraina.net.pl 2005. 📖 IS 2000

odtwarzacz ♦ **odtwarzacz CD** *oder* **kompaktów, płyt kompaktowych** »Abspielgerät für Compact Discs« - **CD-Player, CD-Spieler**. Trzypłytowy, stacjonarny, przenośny odtwarzacz CD; radio, radiomagnetofon, zestaw muzyczny z odtwarzaczem CD. *Pierwsze odtwarzacze CD pojawiły się w końcu lat 80. (...).* pl.wikipedia.org 2006. *Bezpośrednio od importera możesz kupić atrakcyjny prezent - tani odtwarzacz kompaktów, akcesoria do komputera czy coś do samochodu.* www.wolumen.com.pl 2004. *Pojawienie się w latach osiemdziesiątych, spośród wielu innych, trzech typów elektronicznych urządzeń: mikrokomputera, odtwarzacza płyt kompaktowych i magnetowidu w sposób istotny wpłynęło na naszą kulturę.* www.jz.winter.pl 1998. 📖 Supl 1994, SW 1996, PS 2000, IS 2000, US 2003

♦ **odtwarzacz MP3** »Gerät, das digital im MP3-Format gespeicherte Audiodateien abspielt« - **MP3-Player, MP3-Spieler**. *Plik MP3. Lekkie przenośne urządzenie będące połączeniem odtwarzacza MP3, pamięci USB flash, oraz dyktafonu cyfrowego*. www.eltris.pl 2006. *Kupiłem sobie nowy odtwarzacz mp3, 128MB, (kupiłem okazyjnie, ponieważ discman mi się rozpadł)*. www.community.tomshardware.pl 2004. ⌸ kein Beleg
♦ **odtwarzacz (płyt) DVD** »Abspielgerät für DVDs« - **DVD-Player, DVD-Spieler**. *Stacjonarny, przenośny odtwarzacz (płyt) DVD. Zgodnie z wcześniejszymi zapowiedziami, koncern Motorola zaprezentował na targach Computex całą gamę nowych produktów - m. in. telewizory LCD i plazmowe, a także przenośny odtwarzacz DVD*. www.pcworld.pl 2004. *Samsung zapowiedział na marzec wprowadzenie do sprzedaży przenośnego odtwarzacza płyt DVD*. www.pcworld.pl 2003. ⌸ kein Beleg
♦ **odtwarzacz wideo** Gerät für die (Aufnahme u.) Wiedergabe von Videofilmen« - **Video(gerät);** *(nur Wiedergabe)* **Videoabspielgerät**. *Zawsze się coś dzieje. Mamy własną, niedużą bibliotekę, telewizor i odtwarzacz wideo. Mile spędzamy tutaj czas*. Gazeta Wrocławska 1999 (K). ⌸ Supl 1994, SW 1996, IS 2000, US 2003. *auch* ↗wideoodtwarzacz

odwiedzać^{NB} *ipf* / **odwiedzić** *pf, Internet* - **besuchen**. *Odwiedzić stronę, witrynę internetową. Chodzi o tzw. dialery, czyli specjalne programy, które instalują się w komputerze internauty odwiedzającego witrynę internetową (najczęściej erotyczną)*. Gazeta Wyborcza 2003. *Użytkownik posiadając login i hasło może odwiedzać stronę internetową bez każdorazowego logowania się, co przyśpiesza proces ładowania strony*. www.chelm.gda.pl 2005. *Warto wpaść i odwiedzić stronę internetową poświęconą małej wiosce Krężoły w gminie Złotniki Kujawskie. Zapraszam!* katalog.wp.pl 2005. ⌸ kein Beleg ⫤engl to visit

odzysk ♦ *phras* **z odzysku 1** »aus aufbereiteten bereits benutzten Rohstoffen« - **Recycling-, Alt-**. *Coś z odzysku. Papier z odzysku - Recyclingpapier. Butelki, dachówki, cegły, drewno, węgiel z odzysku. Części, materiały, dane z odzysku. Przedsiębiorstwa przemysłu papierniczego opracowują własne wymagania jakościowe dotyczące surowców, przy czym w klasyfikacji papieru i tektury z odzysku posługują się normą PN-EŃ 643:2004*. www.geoland.pl 2004. *Dostajemy sporo listów, także z zagranicy. Na kopertach widnieje często znak „Recycled Paper" - „papier z odzysku"*. www.zb.eco.pl 2005. *Dane z odzysku mogą być i bywają dowodami przestępstw. Osoby, które łamią prawo, pilnie strzegą informacji mogących je pogrążyć*. www.mbm.com.pl 2006. ⌸ SW 1996, PS 1999, IS 2000 **2** *ugs* - **aus zweiter Hand; gebraucht; Second-Hand-**. *Komórki z odzysku dla Trzeciego Świata. Liczba zużytych telefonów komórkowych lawinowo rośnie. Amerykańskie firmy znalazły na to sposób - uzdatniają je i sprzedają do biednych krajów, głównie w Afryce*. gospodarka.gazeta.pl 2006. *Polacy z odzysku. Co roku około 1200 osób stara się w Opolskim Urzędzie Wojewódzkim o poświadczenie polskiego obywatelstwa. Trzy czwarte z nich to ludzie, którzy wyjechali do RFN w czasach PRL*. www.wiadomosci.wp.pl 2004. ⌸ PS 2000, IS 2000, US 2003
♦ *phras* **panna/kawaler z odzysku** *ugs, scherzhaft* - »geschiedene Person« *Osoby spoza Poznania winny przedstawić odpis aktu urodzenia. Kawalerowie i panny „z odzysku" są zobowiązani do przedłożenia odpisu aktu poprzedniego małżeństwa - z adnotacją o rozwodzie*. www.gp.pl 2005. *Pamiętnik niemłodej i niestatecznej panny z odzysku*. www.bigbook.pl 2005. *W rozkręceniu przedsięwzięcia pomaga jej pan Roman - kawaler z odzysku, pracownik fizyczny bez stałego zajęcia, były drwal*. www.tvp.pl 2005. ⌸ PS 2000

odżywka^{NB} *f, Kosmetik* »Creme, Gel o. Schaum, der regenerierend u. kräftigend auf Haare, Haut usw. wirkt« - **Aufbaupräparat; (Haar-)packung, Pflegespülung; (Gesichts)maske**. *Szampon z odżywką - Aufbau-Shampoo. Krem z odżywką - Aufbaucreme, Nährcreme. Odżywka z elastyną, z proteinami; odżywki do włosów i paznokci. Na wakacje najlepiej kosmetyki typu 2 w 1, np. szampon z odżywką, krem do ciała i twarzy*. PS. *Odżywka do włosów normalnych i przetłuszczających się. Odżywka bazująca na naturalnym ekstrakcie z aloesu*. www.bingo.net.pl 2005. *Zawarty w odżywce pantotenian wapnia działa odżywczo oraz łagodzi drobne podrażnienia skóry*. www.zwierzaczek.pl 2005. ⌸ Supl 1994, SW 1996, PS 2000, IS 2000, US 2003

ofertówka *f* »zweiseitig geschlossene Hülle ohne Heftrand aus (meist durchsichtigem) dünnem Kunststoff zur Aufbewahrung von Schriftstücken usw.« - **(Klar)sichthülle**. *Warto zadbać, aby dokumenty były zapakowane lub oprawione w eleganckie i profesjonalne materiały - jak np. przezroczyste koszulki do przechowywana dokumentów lub ofertówki - czyli rodzaj koszulki, która łączy też w sobie zastosowanie teczki. Zaletą takiego rozwiązania jest to, iż życiorys wręczony w takiej właśnie ofertówce, wygląda profesjonalnie i znacznie estetyczniej*. www.kobieta.byc.pl 2006. ⌸ PS 2000

off *s.* **offowy**

offline, off-line *nachgestellt in adjektivischer Funktion, indekl, Computer* »getrennt von der Datenverarbeitungsanlage o. vom Internet« - **offline, off-line**. Plik, przeglądarka, ogłoszenie offline; wersja czegoś offline; serwis w wersji, trybie offline. *Znajdą Państwo tutaj spakowaną wersję naszej witryny do przeglądania w trybie offline.* www.zdz.slupsk.ids.pl 2004. *Katalog naszych książek w wersji off-line: pełna oferta Wydawnictwa WAM w pliku RTF.* www.wydawnictwowam.pl 2004. ⌺ kein Beleg. *vgl.* auch ↗online ◂engl

offline, off-line *Adv, Computer* »getrennt von der Datenverarbeitungsanlage o. vom Internet« - **offline, off-line**. Pracować, przeglądać, kupować, instalować offline. *Aby pracować offline ze skanerem trzeba w menu głównym Plik (File) wybrać polecenie Offline.* www.pu.kielce.pl 2006. ⌺ kein Beleg. *vgl.* auch ↗online ◂engl

offowy *Adj, oder* **off** *nachgestellt in adjektivischer Funktion, indekl* »(bes. bei Kino) jung u. unabhängig« - **Off-**. Kino offowe *oder* kino off - Off-Kino; Programmkino. Twórca, teatr offowy; produkcja, sztuka, impreza, kultura offowa. *Off z angielska to coś „poza, z dala, z boku". Na świecie takie obrazy realizują głównie entuzjaści, amatorzy z potrzeby serca, a nie z potrzeby zaistnienia w zawodzie. (...) Niezależny i offowy „Edi" zdobył uznanie krytyków i przyciągnął publiczność do kin.* Przegląd 2003. *Efekty specjalne wyglądają jak robione do kina offowego przez studentów I roku.* forum.polter.pl 2005. *Nieważne, czy to jest kino off czy komercja pełną gębą, to prawa są te same - żeby dostawać pochwały, trzeba tworzyć coś, co wpadnie w gusta większości oceniających (...).* www.filmforum.pl 2006. *Tak, jest już teatr offowy. Gdyby powstała tu sieć specyficznej kultury, byłoby to fantastyczne dla miasta.* www.teatry.art.pl 2005. ⌺ kein Beleg ◂engl off

offset[NB] *m, G -u, Wirtschaft* »Handelsabschluss im Import-Export-Geschäft, bei dem eine Ware nicht ausschließlich mit Geld, sondern im Zuge eines Gegengeschäfts ganz o. teilweise mit einer anderen Ware o. Dienstleistung beglichen wird« - **Offsetgeschäft, Kompensationsgeschäft**. *Offset (z ang. wyrównanie, kompensata) oznacza system kompensacji wydatków ponoszonych przez kraj, dokonujący za granicą zakupów uzbrojenia i sprzętu wojskowego.* www.mnii.gov.pl 2005. *Offset w ręku ministra Hausnera. Nadal nie znamy szczegółów dotyczących wprowadzenia systemu. Dopiero po zatwierdzeniu generalnych ram dla offsetu rozpoczną się z partnerami Rad-moru rozmowy biznesowe.* Rzeczpospolita 2003. ⌺ US 2003 ◂engl

offsetowy[NB] *Adj v.* ↗offset, *Wirtschaft* - **Offset-, Kompensations-**. Umowa offsetowa - Offset-Abkommen, Kompensationsabkommen. Rokowania, negocjacje, oferty offsetowe. *Zamówienia wartości ponad 100 mln USD ma otrzymać w ramach offsetu Stocznia Szczecińska Nowa, należąca do Agencji Rozwoju Przemysłu (w której prowadzone są wszystkie rokowania offsetowe).* Rzeczpospolita 2003. ⌺ US 2003

oflagować[NB] *pf, seltener* **oflagowywać** *ipf* »(als Zeichen von Protest o. Streik) mit Fahnen (u. Transparenten) versehen« - *(Gebäude, Plätze)* **beflaggen;** *(Gebäude)* **behängen**. Oflagować budynek, ulicę, fabrykę, szpital, miasto. *Cała stocznia jest oflagowana. Zaczyna się strajk.* IS. *Związkowcy zamierzają na razie oflagować obiekty TP SA i przeprowadzić wiece.* www.biznesnet.pl 2005. *W ramach swej akcji mieszkańcy okupowali urząd gminy w Nurze, bojkotowali wybory prezydenckie, oflagowywali wsie, zbierali podpisy poparcia (...).* antyburzuj.portal.dk3.com 2005. ⌺ SW 1996, PS 2000, IS 2000, US 2003

ogień ♦ *phras* **przyjazny** *selten* **przyjacielski ogień** *Militär* »versehentlicher Beschuss eigener Truppen; auch übertragen« - **Friendly fire**. *Najgorszym stał się jednak „przyjazny ogień" - „friendly fire" zabił niemal tyle samo żołnierzy koalicji co wojska Husajna.* www.wprost.pl 2003. *Pomimo wielu „wypadków przy pracy", do jakich należy zaliczyć „przyjazny ogień", zestrzelenie przez Amerykanów brytyjskiego samolotu, czy nieliczne bombardowania cywilów, wojna [w Iraku] poszła gładko i sprawnie.* www.stosunki.pl 2003. *Przypadki śmierci od „przyjacielskiego" ognia (friendly fire) zdarzały się i zdarzają dosyć często, choć wojskowi na wszelki wypadek o nich milczą.* www.zbrojna-polska.pl 2006. *Przyjazny ogień - działania uboczne terapii antynowotworowych.* www.ekonferencje.pl 2006. ⌺ kein Beleg. *auch* ↗friendly fire ◂engl
! im Dt. auch übertragen „Kritik aus den eigenen Reihen"

oglądalność *f, G -ści, Fernsehen* »Zahl der Personen, die eine Sendung eingeschaltet haben, gemessen an der Gesamtzahl der Fernsehteilnehmer« - **Einschaltquote**. Oglądalność programów publicystycznych, seriali telewizyjnych; pora największej oglądalności telewizji. *Oglądalność rośnie, maleje; emitować coś w porze największej oglądalności. W tym tygodniu największą oglądalność osiągnął program informacyjny „Fakty", nadawany przez TVN. PS. Dużą oglądalnością cieszyła się dyskusja na temat istoty duszy.* www.e-mentor.edu.pl 2005. 📖 SW 1996, PS 2000, IS 2000, US 2003

ogranicznik^NB *m, G -a* »etw., was eine Sache o. Aktivität begrenzt o. bremst« - **Bremsfaktor, Hemmschuh**. Ogranicznik rozwoju produkcji, zatrudnienia, importu, tekstu. *Wśród ograniczników wymienić trzeba także niedobór fachowców, którzy wolą rzemiosło albo - co gorsza - wielki przemysł, bo to oznacza utratę człowieka pracującego dotąd dla wsi.* NSP2. *(...) nigdy jeszcze pieniądze nie stanowiły dla SAS tego rzeczywistego ogranicznika rozwoju.* www.msipolska.pl 2005. 📖 Supl 1994, SW 1996, PS 2000, IS 2000, US 2003 ✐1986 NSP2

ojciec ♦ *phras* **ojciec chrzestny** »Mafiachef, Mafiaboss« - **Pate**. Ojcowie chrzestni nowojorskiej mafii. *Lucky Luciano, czyli wzór ojca chrzestnego: Salvatore Lucania (...), przybył do Włoch z USA w 1946 r. i osiadł w Neapolu.* Wprost 2003. 📖 SW 1996, PS 2000, IS 2000, PSF 2001, US 2003 ✐1989 NSP2

okej, okay, OK [okej] *ugs* - **Okay, o.k., O.K. 1** »abgemacht, einverstanden« *Okej, już wszystko rozumiem! A czy ktoś ma fotki z tego turnieju?* www.rugby.pl 2005. *Powiedziałam sobie, okay, nie chcesz mnie znać, to nie.* OiT. *Nie rozumiesz? - OK, spróbujmy z drugiej strony.* IS. 📖 PS 2000, IS 2000, US 2003 ✐1980 PP **2** *Adj, Adv* »in Ordnung, gut« Być okej. *Jak poszło? - Okej...* IS. *Koncert był okay; gliniarze byli okay, ludzie byli okay i tylko panowie redaktorzy się czepiali.* OiT. *Film jest okej. Niezbyt zawiła ta fabuła, ale przyjemnie się ogląda.* film.onet.pl 2005. 📖 IS 2000, OiT 2001 ◁engl

okno^NB *n, Computer* » rechteckiges Feld auf der Benutzeroberfläche eines Programms, das dazu dient, Informationen darzustellen u. zu bearbeiten« - **Fenster**. Okno jakiegoś programu. Otworzyć, zamknąć, powiększyć, zmniejszyć, zlikwidować, dzielić, zmienić okno. *Teraz najedź myszą i kliknij, musisz zamknąć to okno.* IS. 📖 SW 1996, PS 2000, IS 2000, US 2003 ◁engl window

♦ **aktywne okno** *Computer* »Fenster, dem im gegebenen Moment die Befehle des Benutzers gelten« - **aktives Fenster**. *Dodatkowe przyciski myszki umożliwiają np. zamknięcie aktywnego okna.* PS. 📖 PS 2000, US 2003

okno ♦ *phras* **okno życia** »Einrichtung, bei der neugeborene, von der Mutter nicht gewollte Kinder anonym abgegeben werden können« - **Babyklappe**. *„Okno życia", czyli miejsce, w którym matka może anonimowo zostawić nowonarodzone dziecko, nie narażając go na niebezpieczeństwo, znajduje się przy ul. Przybyszewskiego 39. Otwiera się od zewnątrz, jest w nim zamontowane ogrzewanie i wentylacja. Wewnątrz okna jest miejsce na pozostawienie niemowlęcia. Po otwarciu okna uruchamia się alarm, który wzywa mieszkające w domu siostry nazaretanki.* caritas.pl 2006. *Chociaż niektóre obecne posunięcia władz - jak zakaz reklam podpasek, zdjęcie plakatu reklamującego Kod Leonarda, czy przywrócenie instytucji „okna życia" - nawiązują raczej do tradycji średniowiecza.* gender.blox.pl 2006. 📖 kein Beleg

oko ♦ *phras* **kij** (komuś) **w oko** s. **kij**

około-^NB *bezeichnet als Erstglied in adjektivischen Zusammensetzungen eine Reihe von Fakten, die sich eng um das im Zweitglied Genannte gruppieren, eng zu ihm gehören - wird im Äquivalent nicht explizit ausgedrückt, Zweitglied als Kompositumerstglied:* Okołoakademicki - Hochschul-, Universitäts-. Okołopartyjny - Partei-; Parteien-. 📖 IS 2000, PS 2001, US 2003

okołoaborcyjny *Adj* »mit dem (Gesetz über den) Schwangerschaftsabbruch zusammenhängend« - **Abtreibungs-**. Kwestie okołoaborcyjne. *Wśród publikacji WHO znajduje się książka „Komplikacje okołoaborcyjne" - poniżej zamieszczamy jej fragmenty.* www.life.net.pl 2000. *Prawdę rzekłszy, tematyka okołoaborcyjna mało mnie interesuje. Atoli cieszę się, że być może ta holenderska krypa ponownie przypłynie do Polski.* lewica.home.pl 2006. 📖 kein Beleg

okołobudżetowy *Adj, Politik* »mit dem Haushalt zusammenhängend« - **Haushaltsbegleit-**. Ustawa okołobudżetowa - Haushaltsbegleitgesetz. Przepisy, regulacje okołobudżetowe; pakiet ustaw okołobudżetowych. *Podczas posiedzenia stanowisko rządu w sprawie tzw. ustawy okołobudżetowej zaprezentował wiceminister finansów Jan Rudowski.* www.senat.gov.pl 2000. *Debata okołobudżetowa oraz zaniepokojone głosy analityków, obawiających się o stan finansów państwa, skłoniły jednak większość ekspertów do rewizji poglądów.* www.tf.pl 2005. *PKO BP udostępnił usługę PKO Inteligo także wspólnotom mieszkaniowym i jednostkom okołobudżetowym.* www.infor.pl 2005. 📖 SW 1996, PS 2000, IS 2000, US 2003 ✐1992 NSP2

okołokonkordatowy *Adj, Politik* »mit dem Konkordat zusammenhängend« - **Konkordats-**. Projekt okołokonkordatowy; ustawa okołokonkordatowa; postanowienia okołokonkordatowe. *Sejm 24 lipca 1998 roku uchwalił tzw. ustawy okołokonkordatowe zmieniające Kodeks Rodzinny i Opiekuńczy, Ustawę o Aktach Stanu Cywilnego oraz Kodeks Postępowania Cywilnego.* www.mateusz.pl 1998. *Teraz wszystko jest około, na przykład okołobudżetowe itd. Zaczęło się od okołoporodowego, to był taki pierwszy wyraz, potem było okołokonkordatowe i w ogóle wszystko się stało około.* www.senat.gov.pl 2006. 📖 SW 1996, PS 2000, US 2003

okrągłostołowiec *m, G ~wca, Npl ~wcy, Politikjargon, auch abwertend* - »Teilnehmer an den Verhandlungen am Runden Tisch 1989; Anhänger der Verhandlungen am Runden Tisch« *Jesteśmy świadkami krajowej zimnej wojny między „okrągłostołowcami" a „prawdziwymi patriotami", którzy rosną w siłę.* www.uw.org.pl 2005. *Wywojowaliśmy sobie Polskę okrągłostołowców, Polskę grubej kreski. Popisaliśmy się, że szkoda gadać.* porozmawiajmy.za.pl 2006. ⌨ SW 1996, PS 2000
okrągłostołowy *Adj, Politik* - **am Runden Tisch (vereinbart); des Runden Tisches;** *als Kompositumglied* **Runder-Tisch-**. *Sejm, pakt, proces, kompromis okrągłostołowy; ustalenia okrągłostołowe; ekipa, elita, Polska, opozycja, partia, klika okrągłostołowa; kolesiostwo okrągłostołowe. Narusza to kolejny mit związany z 1989 r., a sprowadzający się do twierdzenia, że wybory czerwcowe stanowiły wspólny sukces obu stron okrągłostołowego kontraktu.* www.ipn.gov.pl 2002. *Na naszych oczach wyczerpuje się okrągłostołowy projekt pojednania narodowego, oparty niestety na relatywizacji i amnezji.* www.historycy.org 2005. ⌨ SW 1996, PS 2000 ✎1990 NSP2
♦ *phras* **układ okrągłostołowy** *Politik* - »das aus den Vereinbarungen am Runden Tisch hervorgegangene politische Kräfteverhältnis« *Obie strony układu okrągłostołowego wyczerpały swoje możliwości: został Lepper, czyli złość i nienawiść.* www.wprost.pl 2004. *Gazeta Wyborcza (...) [od] początku swego istnienia stała po stronie układu okrągłostołowego, hołdowała ideologii „grubej kreski" (...).* www.grodzisk.lpr.pl 2006. ⌨ kein Beleg
okrągły ♦ *phras* **Okrągły Stół** *s.* **stół**
olej ♦ **olej (z) drzewa herbacianego** - **Teebaumöl.** *Mydło, preparat, sprej, krem z olejem (z) drzewa herbacianego. Puder pielęgnacyjny z olejem drzewa herbacianego dla psa i kota. Stosowany regularnie, pomoże utrzymać u zwierzęcia lśniącą sierść i czystą, świeżą skórę.* colisa.com.pl 2006. *Mydło lekarskie z olejem z drzewa herbacianego (zielone) dla każdego rodzaju skóry, zwłaszcza skóry skłonnej do infekcji i trądziku (...).* mediweb.pl 2006. ⌨ kein Beleg
ombudsman [ombadzmen, ombudzmen] *m, G -a, Npl -i, Politik* »Person, die die Rechte der Bürger gegenüber Behörden, Unternehmen u. Verbänden wahrnimmt« - **Ombudsman, Bürgerbeauftragter.** *Urząd, kadencja ombudsmana; skargi kierowane do ombudsmana. Powołać, wybrać ombudsmana. We Francji ombudsmana powołuje gabinet, a faktycznie wyznacza go prezydent.* PS. *Prof. Adam Zieliński umocnił i zapewnił polskiemu ombudsmanowi wysoką pozycję w skali międzynarodowej.* prawaczlowieka.net 2005. *W 4 landach są ombudsmani, a funkcję rzecznika pełni komisja Bundestagu - komisja petycji.* www.radio.com.pl 2005. ⌨ PS 2000, US 2003 ✎1989 NSP2. *auch* ↗**rzecznik praw obywatelskich** ◁schwed

online, on-line *nachgestellt in adjektivischer Funktion, indekl, Computer* »verbunden mit dem Internet o. einer zentralen Datenverarbeitungsanlage« - **online, on-line.** *Redakcja online - Online-Redaktion, On-line-Redaktion. Gazeta, usługa, gra, sprzedaż, zakup, głosowanie, radio, telewizja online. Dla internautów Omnia w specjalnej ofercie! (...) Słowniki języków obcych online.* www.slownik-online.pl 2004. *Polskie gry online. Sprawdź je!* www.gry-internetowe.pl 2005. *Serwis Zakopane on-line jest umieszczony na serwerze ACK CYFRONET.* www.zakopane.pl 2004. ⌨ PS 2000, US 2003. *vgl. auch* ↗offline ◁engl
online, on-line *Adv, Computer* »»verbunden mit dem Internet o. einer zentralen Datenverarbeitungsanlage« - **online, on-line.** *Pracować, instalować online. Otóż chciałbym ściągnąć wszystkie poprawki do win2000, ale żeby ich nie instalować online tylko ściągnąć na kompa i mieć na potem.* www.frazpc.pl 2005. ⌨ PS 2000, US 2003. *vgl. auch* ↗offline ◁engl
opcja[NB] *f Computer* »Auswahlmöglichkeit beim Computer o. bei einem technischen Gerät« - **Option.** *Lista dostępnych opcji w komputerze. Jakieś opcje pojawiły się na ekranie komputera. Na ekranie pojawia się okno z dwoma opcjami: OK i Przerwij.* IS. *Dzięki zaawansowanym opcjom możliwe jest tworzenie skrótów do ulubionych folderów lub ustawianie odrębnego widoku dla określonych grup plików.* www.kinodomowe.idg.pl 2005. ⌨ SW 1996, PS 2000, IS 2000, US 2003 ✎1989 NSP2
opera ♦ *phras* **opera mydlana** *ugs, teilweise verächtlich* »vielteilige, meist rührselige Fernsehspielserie« - **Seifenoper, Soapopera, Soap Opera.** *Wróciłem do domu. Ilona siedziała przed telewizorem, oglądając amerykańską operę mydlaną.* PSF. *Opera mydlana, gdy traci oglądalność, po prostu się urywa. Mają one bardzo dużą liczbę odcinków (nawet do kilku tysięcy) i są nadawane niekiedy przez wiele lat.* pl.wikipedia.org 2005. ⌨ PS 2000, IS 2000, PSF 2001, US 2003 ✎1992 NSP2. *vgl. auch* ↗telenowela ◁engl soap opera
opera ♦ **opera rockowa** *s.* **rock-opera**
operator[NB] *m, G -a, Npl ~rzy* »zumeist Unternehmen, das ein bestimmtes Netz (Telefon-, Fernsehkanalnetze usw.) zur Verfügung stellt« - **Anbieter.** *Operator sieci - Netzanbieter. Operator telewizji kablowej, telefonii komórkowej, sieci telefonicznej, telefonii mobilnej. Operatorzy telewizji kablowej starają się też*

uatrakcyjnić swoją ofertę, uzupełniając ją o usługi dodatkowe (...). www.pckurier.pl 2001. *O konkurencyjności operatorów sieci komórkowych decyduje oferta usług dla ostatecznych użytkowników.* di.com.pl 2005. PS 2000, US 2003 ◄engl
oplakatować *pf* »viele Plakate anbringen« - etw. **mit Plakaten bekleben,** *ugs* **bepflastern**. Oplakatować budynek, mur, miasto. *Do rzucenia nikotynowego nałogu zachęcano w podawanych przez dworcowe megafony komunikatach, a oplakatowane budynki wzywały do wzięcia udziału w ogólnopolskim konkursie „Rzuć palenie razem z nami".* Super Nowości 1998 (K). *Organizatorzy nie przebierali w środkach i oplakatowali dużą część miasta.* www.gildia.com 2005. *Kupcy oplakatowali miasto, sprzeciwiając się w ten sposób budowie supermarketów.* www.kkozle.pl 2005. IS 2000 ✍1992 NSP2
opozycja ♦ **konstruktywna opozycja** *Politik* »Opposition, die nicht nur kritisiert, sondern auch konkrete (Gegen)vorschläge macht« - **konstruktive Opposition**. *Unia zapowiada konstruktywną opozycję: - Do propozycji mniejszościowego zarządu AWS będziemy podchodzić merytorycznie, a nie politycznie - deklaruje.* polityka.onet.pl 2005. *Wtedy jest jeszcze szansa aby w najbliższych wyborach uzyskać tyle mandatów aby stworzyć konstruktywną opozycję.* wybory.onet.pl 2005. PS 2000, US 2003 ✍1988 NSP2
oprogramować *pf, Informatik* »ein Programm für einen Computer, eine computergesteuerte Anlage usw. erstellen« - **programmieren**. Oprogramować komputer. *Jest to system komputerowy oprogramowany eksperymentalnie do medycznych zastosowań diagnostycznych.* IS. Supl 1994, PS 2000, IS 2000, US 2003 ✍1986 NSP2
oprogramowanie *n, v.* ↗oprogramować, *Informatik* **1** - **Programmierung**. *Dział ten zajmował się głównie produkcją i oprogramowaniem sterowników mikroprocesorowych dla ZDAJ IPJ Świerk.* www.zielona-gora.pl 2004. IS 2000, US 2003 **2** - **Software**. Oprogramowanie systemowe, aplikacyjne, antywirusowe, skanujące, edukacyjne, multimedialne; błąd, luka, dziura w oprogramowaniu. Zainstalować oprogramowanie. *Duże sumy pochłonął zakup oprogramowania.* SW. *Wykryto lukę w oprogramowaniu Sophos Anti-Virus, umożliwiającą potencjalne zdalne wykonanie kodu.* www.cert.pl 2005. SW 1996, PS 2000, IS 2000, US 2003. *seltener* ↗software
oprotestować[NB] *pf* - (gegen etw.) **protestieren, Einspruch erheben, Widerspruch anmelden**. Oprotestować czyjąś wypowiedź, kandydaturę, jakiś wniosek; oprotestować reformę zdrowia, rozstrzygnięcie przetargu, wyniki wyborów. *Zarząd postanowił wczoraj oprotestować decyzję władz centralnych. Do ministerstwa zostanie wysłane oficjalne pismo w tej sprawie.* www.e-teatr.pl 2005. *Mniejszościowi udziałowcy z pewnością oprotestowaliby i taką decyzję, bo ich zdaniem konieczna jest większość 75 proc. głosów.* www.muratorplus.pl 2005. Supl 1994, PS 2000, IS 2000, US 2003 ✍1989 NSP2
organizacja ♦ **organizacja pozarządowa** *seltener* **nierządowa** *s.* **pozarządowy**
♦ **organizacja użytku publicznego** *Recht* »Organisation, deren Tätigkeit darauf gerichtet ist, die Allgemeinheit auf materiellem, geistigem o. sittlichem Gebiet selbstlos zu fördern« - **gemeinnützige Organisation**. *Przy podejmowaniu decyzji, którą z organizacji użytku publicznego wesprzeć, nie należy kierować się regionem, w którym ona działa.* forum.gazeta.pl 2005. *W lutym 2006 roku Stowarzyszenie uzyskało status organizacji użytku publicznego, co oznacza, że każdy z nas może wspomóc jego działalność statutową.* gu.us.edu.pl 2006. kein Beleg
organizer [organizer, *selten* **o**rganajzer] *m, G -a* **1** »Kalender, Notizblock u. meist Adressblock in einem« - **Organizer**. *Ciekawe tylko, czy uda mi się wyrobić nawyk wpisywania do organizera nowych zadań i wydarzeń. Na wszelki wypadek zapisałem już datę ślubu, chociaż i tak narzeczona mi przypomni, prawda?* www. linuxdlafirm.pl 2005. PS 2000, US 2003 **2** *oder* ♦ **elektroniczny organizer** »Mikrocomputer, der besonders als Terminkalender sowie als Adressen- u. Telefonverzeichnis benutzt wird« - **Organizer**. *Osobisty, elektroniczny organizer. Wspaniały elektroniczny organizer o wartości 69,50 zł.* Twój Komputer bez tajemnic 2003. PS 2000. *vgl. auch* ↗notes elektroniczny, ↗palmtop **3** »(Plastik)behälter mit vielen Fächern zur Aufbewahrung von Werkzeug, kleinen Sachen usw.« - **Aufwahrungsbox; Ordnungsbox**. Organizer narzędziowy z wkładką; organizer czterokieszeniowy; organizer do czegoś. *Organizer do nici: Plastikowy motyl, to wyjątkowo przydatny produkt przy haftowaniu. Z łatwością możesz posegregować 34 kolory nici.* www.needleart.pl 2004. PS 2000 ◄engl
orientacja ♦ **orientacja seksualna** »in der Natur eines Menschen liegende, angeborene sexuelle Anlage« - **sexuelle Veranlagung**. *Pojęcie orientacji seksualnej; niepewność co do orientacji seksualnej. Człowiek jednak nie wybiera swojej orientacji seksualnej. Po prostu jest tym, kim jest - gejem czy lesbijką.* www.homoseksualizm.pl 2004. *Nasza orientacja seksualna formuje się w okresie prenatalnym i zale-*

ży od wypływu hormonów na kształtujący się układ nerwowy. (...) U kobiet jednak orientacja seksualna jest bardziej płynna niż u mężczyzn. www.homoseksualizm.pl 2005. ▯ PS 2000, IS 2000, US 2003

osiemnastka[NB] *f,* auch Pl **osiemnastki** ugs »achtzehnter Geburtstag; Feier des achtzehnten Geburtstags« - **Achtzehnter**. *Uroczysta, huczna osiemnastka. Obchodzić, wyprawić osiemnastkę; zaprosić kogoś na osiemnastkę. Dziś bardzo niewielu nastolatków decyduje się zorganizować osiemnastkę w domu, a jeśli już, to z pewnością bez rodziców.* eurostudent.pl 2005. *Urodziny natomiast szczególną estymą cieszą się wśród młodzieży, a najbardziej znaczące miejsce przypada urodzinom osiemnastym („osiemnastkom").* www.bilgoraj.lbl.pl 2005. *Zainteresowanie trzeźwymi osiemnastkami będzie wzrastało, a piło się będzie przed i po.* www.hajnowka.pl 2005. ▯ SW 1996, PS 2000, IS 2000, US 2003 ⌕1988 NSP2

osłona ♦ **osłona socjalna** »die gesetzlich verankerten sozialen Leistungen, die den einzelnen Bürger vor sozialer Not schützen« - **soziale Sicherung, sozialer Schutz, soziales Netz**. *Zapewnić, gwarantować, stworzyć osłonę socjalną; poszerzyć, zmniejszyć osłonę socjalną. Dożywianie dzieci i rodzin najuboższych - osłona socjalna w postaci gorącego posiłku i paczek żywnościowych. Osłona socjalna osób i rodzin najuboższych, w tym pomoc adresowana do matek samotnie wychowujących dzieci, rodzin dysfunkcyjnych i wielodzietnych, osób bezdomnych.* www.umwp-podlasie.pl 2005. *Wydatki krajów kandydackich na osłonę socjalną są relatywnie wysokie w stosunku do PKB i przekraczają średni poziom w UE.* www.rynki.sm.pl 2005. ▯ IS 2000

osłonowy ♦ **dodatek osłonowy,** auch ugs **osłonowe** *n* »(in der Volksrepublik Polen) Lohnzulage zum Ausgleich von Preiserhöhungen« - **Preissteigerungszulage, Preisanstiegszulage, Preisanstiegsausgleich**. *Tymczasem liczba przeprowadzanych przez ZUS operacji stale się zwiększa, bo wciąż przeprowadza się rozmaite podwyżki emerytur i rent, waloryzacje, wprowadza się różne dla różnych grup zawodowych dodatki osłonowe.* NSP2. *Czy tzw. osłonowe dla górników zwiększa wymiar urlopu wypoczynkowego?* www.prawo.hoga.pl 2004. ▯ PS 2000, IS 2000 ⌕1989 NSP2

♦ **pakiet osłonowy - Sozialpaket**. *Pakiet osłonowy dla hutników.* www.mgip.gov.pl 2005. *Rząd zapowiada pakiet osłonowy, który powinien zrekompensować związane z tym podwyżki.* www.ekologika.pl 2005. ▯ kein Beleg

♦ **program osłonowy - Schutzprogramm, Sozialprogramm**. *Ministerstwo Polityki Społecznej wprowadziło w bieżącym roku program osłonowy przeciwdziałania wykluczeniu społecznemu osób bezdomnych i zagrożonych bezdomnością.* www.ngo.czestochowa.um.gov.pl 2005. ▯ kein Beleg

osoba ♦ **osoba publiczna** »Person, die allgemein bekannt ist o. ein Amt, eine Institution usw. repräsentiert« - **Person des öffentlichen Lebens; Amtsträger**. *Odkąd został osobą publiczną, nawet na urlop ciągnie za nim gromada fotoreporterów.* IS. ▯ IS 2000, US 2003

oszołom *m,* ugs, abwertend **1** G *-a,* Npl *-y -* »jd., der besessen von einer (politischen) Idee ist, die er anderen aufzwingen will; Besessener, Fanatiker« *Oszołom polityczny. W żadnym wypadku go tam nie zatrudnią. Dla takich oszołomów jak on, to tam nie ma miejsca.* PP. *Można więc być oszołomem w zakresie polityki kryminalnej (...), oszołomem religijno-pseudopatriotycznym (...), oszołomem uniwersalnym.* www. racjonalista.pl 2005. *Dobra sekretarka od razu wie, czy ma do czynienia z oszołomem, czy z zagubionym petentem, kogo dopuścić do szefa, a kogo nie.* www.wielkopolska.com.pl 2005. ▯ Supl 1994, SW 1996, PS 2000, IS 2000, US 2003 ⌕1992 NSP2, 1990 PP **2** G *-u* »Wahnsinn; Fanatismus, Wahn« *Ten pokaz mody to po prostu oszołom.* Supl. *Sesja ta, jak sądzę, przejdzie do historii polskiego parlamentaryzmu jako festiwal oszołomu.* SW. ▯ Supl 1994, SW 1996, PS 2000, US 2003 ⌕1992 NSP2

outdoor [ałtdor] *m,* G *-u* »Werbeformen (z.B. Plakat-, Schaufenster-, Fahrzeugwerbung), bei denen sich der Werbeträger im öffentlichen Raum befindet« - **Außenwerbung, Outdoorwerbung**. *Promocja olimpijska ORLENU będzie intensywnie komunikowana w radio (...), w prasie (...) oraz na outdoorze (billboardy i backlighty).* www.smb.pl 2004. *Jeśli chodzi o tendencje związane z portfolio klientów, to obserwujemy duży wzrost zainteresowania outdoorem wśród producentów odzieży, obuwia, kosmetyków.* www.brief.pl 2005. ▯ kein Beleg ⌕Gazeta Wyborcza 1999 ◄engl

outdoor [ałtdor] nachgestellt in adjektivischer Funktion, indekl - **Outdoor-, Außen-; draußen; im Freien**. *Odzież outdoor* »Kleidung, die im Freien getragen wird« - **Outdoor-(Be)kleidung**. *Trening, sprzęt outdoor. Celem Kodeksu jest podniesienie jakości oferowanych w Polsce szkoleń outdoor oraz ułatwienie klientom wyboru firmy, która zagwarantuje zajęcia outdoor najwyższej jakości.* www.outdoor.edu.pl 2004. *Oczywiście odzież outdoor musi być przydatna w każdych warunkach, stąd też nasza obecność na stoisku firmy Agnen.* narty.wp.pl 2002. *Membrana Supra-Tex jest stosowana w produkcji odzieży outdoor od kilku lat.* www.sportbiznes.pl 2004. ▯ kein Beleg. *auch* ⌕outdoorowy ◄engl

outdoorowy *Adj v.* ↗outdoor - **Outdoor-, Außen-; draußen; im Freien**. Trening, program, sprzęt, produkt, plakat, rynek outdoorowy; szkolenie outdoorowe. *Urozmaicony program outdoorowy, nurkowanie, jazda konna, 1 nocleg, 2 dni z pełnym wyżywieniem + kawa, herbata, przekąski, koszt: 1500 zł od osoby.* www.exstream.com.pl 2005. *Klienci chętnie reklamują się na tablicach, ale nie zawsze rynek outdoorowy cieszył się dobrą opinią.* businessman.onet.pl 2005. *Opinie Niezależnej Grupy Testingowej na temat sprzętu outdoorowego jak namioty, plecaki, buty, śpiwory.* mikar.pl 2005. ▯ kein Beleg. *auch* ↗outdoor

outlet [ałtlet] *m, G -u, Npl -y* »Geschäft einer Herstellerfirma, in dem deren Produkte preisgünstig im Direktverkauf vertrieben werden; Fabrikladen« - **Outlet**. Factory Outlet - Faktoryoutlet; Fabrikladen. Sieć outletów. *Moda na outlety. Po dyskontach, hipermarketach, centrach handlowych w Polsce zaczyna zyskiwać na popularności kolejny model sprzedaży, przeniesiony żywcem z USA i Europy Zachodniej - outlety.* cogdziekupic.pl 2006. *To tzw. outlety, gdzie przez cały rok można kupić końcówki serii i pojedyncze rozmiary markowej odzieży.* www.glamouronline.pl 2006. *Świadomość marki, jak też możliwości nabywcze społeczeństwa są coraz wyższe, a outlety z pewnością są atrakcyjną alternatywą dla konsumentów.* www.biznespolska.pl 2006. ▯ kein Beleg ◁engl

outletowy *Adj v.* ↗outlet - **Outlet-**. Sklepy, kompleksy outletowe. *Obecnie konkurują na naszym rynku dwie sieci sklepów outletowych, posiadające łącznie cztery takie placówki.* www.rnw.pl 2006. *Poszukuje dystrybutorów, właścicieli hurtowni, chętnych do współpracy przy sprzedaży dużych ilości produktów outletowych: odzież, obuwie, lampy, zabawki.* openkontakt.twoja-firma. pl 2006. ▯ kein Beleg

♦ **centrum outletowe** »Einkaufszentrum mit Geschäften, in denen Herstellerfirmen ihre Produkte preisgünstig im Direktverkauf vertreiben« - **Outletcenter, Outletzentrum**. *Pod koniec lat dziewięćdziesiątych w Polsce pojawiły się pierwsze wielkie centra outletowe. Dopiero dzisiaj jednak branża rozkwita, gdyż do tej pory Polacy nie bardzo wiedzieli, „z czym outlet się je".* www.obcasy.pl 2006. ▯ kein Beleg

outplacement [ałtplejsment] *m, G -u, Wirtschaft* »Arbeitsmarktstrategie, bei der einem gekündigten Arbeitnehmer (meist einer Führungskraft) durch gezielte Maßnahmen seitens einer Unternehmensberatung das Finden eines neuen Arbeitsplatzes erleichtert wird« - **Outplacement**. *Program wsparcia w okresie zmiany zawodowej, nazywany także zwolnieniem monitorowanym lub - z języka angielskiego - outplacementem, cieszy się coraz większą popularnością, także w Polsce.* www.hrk.pl 2002. *Dobry outplacement to przede wszystkim outplacement skupiający się na konkretnych działaniach, jakie jego uczestnik może podjąć samodzielnie, także po zakończeniu programu.* www.dbm.pl 2006. ▯ kein Beleg

outplacementowy *Adj v.* ↗outplacement, *Wirtschaft* - **Outplacement-**. Program outplacementowy; firma outplacementowa. *Wobec świadomości trudnej sytuacji na rynku pracy coraz powszechniejsza staje się praktyka korzystania z profesjonalnych firm outplacementowych, by wspierać zwalnianych w procesie poszukiwania następnej pracy.* www.dbm.pl 2006. ▯ kein Beleg

outsiderka [ałtsajderka] *selten* **autsajderka** *f v.* outsider - **Außenseiterin, Outsiderin**. 1 »abseits der Gesellschaft, einer Gruppe stehende Frau« *Sama wybrała status outsiderki. IS. Przenoszony z jednej szkoły do drugiej i z miasta do miasta, nasz bohater w końcu ląduje w Nowym Jorku, gdzie z kolei musi mieć do czynienia ze swoim dziadkiem (Goldblum), jego kochanką (Peet), jej przyjacielem (Harris) i piękną autsajderką (Claire Danes).* www.filmweb.pl 2001. *Zawsze lubiłam odgrywać rolę outsiderki, lubiłam izolować się od społeczeństwa (...).* blog.tenbit.pl 2005. ▯ IS 2000, US 2003 ⚑1989 NSP2 **2** *Sport* »Wettkampfteilnehmerin mit geringen Gewinnchancen« *Zwycięstwo outsiderki. Stawiać na outsiderkę. Jeśli uwzględni się pewne cechy jej osobowości, to można powiedzieć, że odpowiada jej sytuacja, w której jest małą wśród wielkich, gdy znajduje się na drugim planie, za takimi gwiazdami jak siostry Williams, Clijsters i Davenport. Bardzo lubi status outsiderki. Tymczasem nawet pod względem fizycznym jest równie silna jak inne.* www.pzt.pl 2004. ▯ IS 2000, US 2003

outsiderski *selten* **autsajderski** *Adj v.* outsider - **Außenseiter-, Outsider-**. Pozycja, postawa outsiderska; podejście, spojrzenie, pochodzenie, życie outsiderskie. *Rzecz jednak w tym, że Siwczuk zaczął ewoluować w zaskakująco własnym kierunku, zaczął tworzyć coś bardzo osobnego, jakby marginalnego i outsiderskiego.* www.tin.pl 2001. *To, co umieścił na górze, jest bezładne, chaotyczne, jest nieprzewidywalne, niezorganizowane, nędzne, niestabilne, „autsajderskie", niebezpieczne.* www.pogranicze.sejny.pl 1997. ▯ US 2003 ⚑1990 NSP2

outsourcing [ałtsursiŋk] *m, G -u, Wirtschaft* »das Abgeben von bisher in einem Unternehmen o. Verwaltung selbst erbrachten Leistungen an externe Dienstleister, bes. Übergabe von Bereichen, die nicht zum Kernbereich gehören, an spezialisierte Dienstleistungsunternehmen« - **Outsourcing**. Outsourcing czegoś.

Kolejną propozycją adresowaną do średnich i dużych przedsiębiorstw jest outsourcing usług informatycznych. Dzięki outsourcingowi firmy mają możliwość skoncentrowania się na podstawowej działalności i w konsekwencji podniesienia jakości oferowanych produktów i usług (...). Siemens: Siemens w Polsce 2002 (K). *Zalety outsourcingu, albo raczej różnych form partnerstwa prywatno-publicznego (hasło to robi ostatnio karierę na świecie), dostrzegają niemal wszyscy.* Polityka 2002. ▭ kein Beleg
◄engl

outsourcingowy *Adj v.* ↗outsourcing, *Wirtschaft* - **Outsourcing-**. *Kontrakt, projekt outsourcingowy; firma, umowa, usługa outsourcingowa; rozwiązanie outsourcingowe. Nawet dobrze przygotowany i prowadzony projekt outsourcingowy nie wykaże znacznej części swoich korzyści bez odpowiedniego przygotowania organizacji nabywcy.* cio.cxo.pl 2006. *Dokonując wyboru partnera outsourcingowego firmy powinny zwracać uwagę na wysokie kwalifikacje, umiejętności, doświadczenie, skalę działania oraz wypracowaną przez partnera outsourcingowego metodologię świadczenia usług.* www.hp.com.pl 2006. ▭ kein Beleg

ouzo* [uzo] *n, meist indekl* »griechischer Anisschnaps« - **Ouzo**. *Jako aperitif Grecy piją ouzo (czytaj uzo). Jest to wódka o aromacie i smaku anyżku. Pije się ją z wodą lub lodem. Ciekawostką jest to, że po dodaniu do ouzo wody lub lodu wódka robi się mleczno biała.* www.pierwszy.hg.pl 2004. *Mieszkałem tam kilka lat i wiem, że od ouza jeszcze lepszy jest kac po nim.* przewodnik.onet.pl 2005. ▭ PS 2000, US 2003
◄neugriech

owoc ♦ owoce morza* *nur im Pl* »zusammen angerichtete Fische, Krebse, Muscheln usw.« - **Meeresfrüchte**. *Dużo jest różnych wariacji na temat owoców morza. Homar, langusta, kraby, kalmary, przeróżne kombinacje kre-* *wetkowe (np. faszerowane mięsem krabów).* NSP2. *Owoce morza dzielimy na skorupiaki, mięczaki, małże i głowonogi. (...) Ryby i owoce morza powinny być przechowywane w zamkniętych pojemnikach.* www.winiary.pl 2005. ▭ PS 2000, IS 2000, US 2003 ✎1992 NSP2 ◄ital frutti di mare

ozonoterapia *f, oder* ♦ **terapia ozonowa** *Medizin* »Therapie, bei der ein Ozon-Sauerstoff-Gemisch in Arterien, Venen o. Muskeln injiziert wird« - **Ozonthertapie**. *Aparat, urządzenie do ozonoterapii. Stosować ozonoterapię. Terapia ozonowa jest metodą efektywną i wyjątkowo bezpieczną, polecaną do stosowania w lecznictwie rehabilitacyjnym w warunkach sanatoryjnych (...).* www.irbishome.pl 2004. *Oznacza to, że stosowanie ozonoterapii jest świetną metodą pobudzania sytemu immunologicznego u pacjentów z zespołem obniżonej odporności i/lub jej brakiem. Dzięki szczególnym własnościom ozonu, terapia ozonowa wykorzystywana jest w trzech głównych obszarach wskazań.* www.epacjent.pl 2004. ▭ PS 2000
✎1990 NSP2

ozusować *pf, ugs, Jargon* - »(sozial)beitragspflichtig machen« *Ozusować dochody. W Polsce nigdy nie będzie lepiej, dopóki diet poselskich nie obniży się do minimalnego wynagrodzenia, i do tego diety poselskie trzeba ozusować (...).* www.gazetaprawna.pl 2006. *Prawie 90 proc. zatrudniało pracowników na umowy zlecenia lub umowy o dzieło, gdyż umowy cywilnoprawne były łagodniej „ozusowane" od umów o pracę.* www.forbes.pl 2006. ▭ kein Beleg
◄von der Bezeichnung der polnischen Sozialversicherungsanstalt ZUS

P

packer s. paker

pager [pejdżer] *m, G -a* »Funkempfangsgerät, das einen eintreffenden Ruf akustisch o. optisch signalisiert« - **Pager**. Pager dzwoni; wysłać komuś informację na pager; być pod pagerem. *Nikogo dziś już nie dziwi widok biznesmena z pagerem.* SW. *Drgnęła na dźwięk ukrytego w kieszeni pagera.* IS. ꕕ SW 1996, IS 2000, PS 2000, US 2003. *s. auch* ⌐biper ◄engl

paintball [pejntbol] *m, G -u, seltener -a* »Kampfspiel, bei dem zwei Mannschaften mit farbgefüllten Patronen aufeinander schießen« - **Paintball**. Paintball sportowy; zestaw do paintballu; mistrzostwa w paintballu. Grać w paintball. *Historia paintballa zaczęła się w latach 80. Na preriach Stanów Zjednoczonych pistoletów na kulki z farbą używano do znakowania bydła. (...) Jednak nie długo później zauważono, że strzelanie się kulkami z farbą to świetna zabawa. (...) Paintball w Polsce pojawił się dopiero 10 lat poźniej.* www.activquady.pl 2006. ꕕ PS 2000, US 2003 ◄engl

paintballowy *Adj v.* ⌐paintball - *als Kompositumglied* **Paintball-**. Sklep, obóz, turniej paintballowy; gra, broń, kulka paintballowa; pole paintballowe. *W związku ze zbliżającym się „długim" weekendem zapraszamy do wyrwania się z miasta i wzięcia udziału w niedzielnym pikniku paintballowym.* www.miastodzieci.pl 2006. ꕕ PS 2000

paker *selten* **packer I** *m, G -a, Npl -y, Computerjargon* »Computerprogramm, das zur Komprimierung von Dateien dient« - **Zip-Programm, Packprogramm**. Używać pakera; spakować plik za pomocą pakera. *Zip jest archiwizerem (pakerem) plików o najwyższym stopniu kompresji.* www.7-zip.com 2006. *W TC Powerpack od dawna korzystam ze starszej wersji packera ZIP, wzbogaconej właśnie o szyfrowanie archiwów ZIP.* www.totalcmd.pl 2006. ꕕ SW 1996, PS 2000, US 2003. *auch* program kompresujący

paker *selten* **packer II** *G -a, Npl ~rzy, Jargon -* »jd., der gezieltes Muskeltraining betreibt; Bodybuilder« Młody, ambitny paker. *(...) wyrażeń „paker", „pakować" i „pakernia" (klub, gdzie się pakuje) używa się powszechnie w stosunku do osoby, która pracuje nad rozwojem swojej muskulatury i miejsc, do których udaje się na ćwiczenia.* www.dużyformat 2003. *W powszechnej opinii ćwiczący facet kojarzy się z pakerem z piwnicznej siłowni. Nic bardziej mylnego.* www.gymnasion.pl 2006. *Nie uważam się co prawda za super packera, siłacza nad siłacze (...).* f.kafeteria.pl 2006. ꕕ OiT 2001, US 2003

pakernia *f, Jargon* 1 »Fitnessstudio« - **Muckibude**. Chodzić na pakernię *o.* do pakerni. *Pakernie masowo rozkwitły na początku lat 90. Mój kolega z liceum, który wtedy trenował muskuły, mówił jednak w zgodzie ze słownikiem, że chodzi na siłownię. W miarę jak muskuły rosły, mawiał już o „siłce", a później: „idę przypakować".* www.duzyformat.pl 2003. *Traciliśmy w tańcach sporo sił, które mogliśmy później regenerować w siłowni (nazwanej przez nas pakernią) na atlasie, wiośłarzu, steperze.* www.marfan.pl 2006. ꕕ OiT 2001. *auch* ⌐siłka 2 »künstlich angelegte Kletterwand, an der man frei, ohne Seilsicherung, klettern kann« - **Boulderingwand**. *Osoby zainteresowane korzystaniem z pakerni podczas weekendów proszone są o wcześniejsze informowanie biura klubu o swoich zamiarach. Wspinanie (...) możliwe jest wyłącznie po uzgodnieniu wszelkich spraw technicznych z opiekunami obiektu.* www.kw.katowice.pl 2002. *Na pakerni „W pionie" jest wiele dużych i łatwych chwytów, zatem śmiało możemy ją polecić także tym wszystkim, których do tej pory podobne obiekty odstraszały od uprawiania bulderingu.* www.redpoint.pl 2006. ꕕ kein Beleg

pakiet[NB] *m, G -u, Jargon, bes. in Wirtschaft u. Politik* »größere Gesamtheit von Dingen, Teilen, Vorschlägen usw.« - **Paket,** *als Kompositumglied* **-paket, -pack**. Pakiet ustaw - Gesetzespaket. Pakiet serwisowy - Servicepaket, Servicepack. Pakiet programów - Softwarepaket. Pakiet ubezpieczeń, zagadnień, propozycji. *Białoruska strona nadal uważa za aktualny przedstawiony Polsce pakiet inicjatyw zmierzający do poprawy stosunków dwustronnych - zadeklarował ambasador Białorusi w Warszawie Paweł Łatuszka podczas pobytu w Mińsku.* fakty.interia.pl 2006. *Hilti wprowadza na polski rynek unikalny pakiet serwisowy.* www.muratorplus.pl 2006. ꕕ SW 1996, IS 2000, PS 2000, US 2003 ✍1988 NSP2

♦ **pakiet promocyjny** »Zusammenstellung von Waren o. Dienstleistungen, die im Rahmen einer Werbeaktion preiswerter abgegeben werden bzw. ein Gratisprodukt einschließen« - **Werbepaket; Angebotspaket, Aktionspaket**. *Kupując tę wersję samochodu możesz zakupić pakiet promocyjny (dodatkowe obręcze kół z lekkich stopów) w cenie 1650 PLN. Promo-*

cja trwa do odwołania. www7.nowe.mojeauto.pl 2006. *Specjalny pakiet promocyjny, w którym znajduje się: kamera Logitech QuickCam Express, słuchawka z mikrofonem, kod promocyjny na 30 darmowych minut rozmów międzynarodowych przy pomocy komunikatora Skype.* www.merlin.com.pl 2006. ▯ kein Beleg
♦ **pakiet socjalny** »soziale Fragen betreffende Regelungen bei betriebsbedingten Entlassungen« - **Sozialpaket; Sozialplan**. *Kilka miesięcy wcześniej przyszły nabywca podpisał bowiem ze związkami bajecznie hojny pakiet socjalny. Przewidywał on m. in., że pracownicy zwolnieni przed upływem trzyipółrocznego okresu gwarancji zatrudnienia dostaną sowite odszkodowania.* Polityka 2003. ▯ kein Beleg
♦ **pakiet startowy** »Zusammenstellung von Sachen o. Dienstleistungen für Anfänger (insbes. im Telekommunikationsbereich)« - **Start(er)paket**. *Pakiet startowy umożliwia również dostęp do bazy CV, jednakże dane osobowe kandydata pozostają niedostępne dla poszukującego.* www.hotjob.pl 2005. *Cena pakietu startowego obejmuje 3 nurkowania, obsługę instruktorską, korzystanie z zaplecza bazy, powietrze oraz cały niezbędny sprzęt nurkowy.* www.nowa-ama.pl 2006. ▯ kein Beleg

pakować[NB] **I** *ipf* / **spakować** *pf, Computer* »eine Datei mit Hilfe eines Computerprogramms komprimieren« - **packen, zippen, komprimieren**. *Pakować pliki. Prosimy pakować czyli kompresować pliki wyłącznie w podanych formatach: ZIP, RAR, ACE, SIT, HQX.* www.wersdesign.com.pl 2004. *Wpisz zip, by spakować pliki zipem, lub unzip, by rozpakować pliki. Ten program jest kompatybilny z programem zip dla DOS.* polish.colossus.net 2006. ▯ PS 2000, US 2003. *auch* ↗kompresować

pakować[NB] **(się) II** *ipf* / **napakować (się)** *pf, Sportjargon* - »(intensives) Muskelaufbau-Training betreiben« Pakować się na siłowni. *My głodzimy się, chodzimy w szpilkach, oni pakują, tatuują bicepsy.* Wysokie Obcasy 2003. *A z tą siłą to poczekać i zachować pewien umiar - bo nie chodzi tu, żeby napakować się, nabrać mięśni itd.* bttg.zalesie.eu.org 2006. ▯ SW 1996, IS 2000, PS 2000

pakt ♦ **pakt (stabilizacyjny) euro** »1997 geschlossenes Abkommen, das mit Hilfe verschiedener Kriterien (z.B. der Einführung der 3-Prozent-Grenze beim Haushaltsdefizit) die Stabilität der damals noch einzuführenden neuen Euro-Währung garantieren sollte« - **Euro(stabilitäts)-Pakt**. *Niemcy i Francja chcą wyraźnych zmian w pakcie stabilizacyjnym euro - żądają większej swobody inwestycyjnej mimo wysokich deficytów budżetowych. Zależy im też, by polityka finansowa państw nie hamowała wzrostu gospodarczego.* www.informatorbudowlany.pl 2004. *Gdyby nawet sędziowe uznali, że ministrowie złamali pakt euro, wówczas Komisja będzie musiała na nowo przedstawić zalecenia dla Francji i Niemiec (...).* www.ue.krakow.pl 2005. ▯ kein Beleg

palenie ♦ **bierne palenie** »Einatmen von Tabakrauch, der durch einen Raucher verursacht wird« - **Passivrauchen**. *Bierne palenie to poważne zagrożenie dla zdrowia i środowiska.* www.kafeteria.pl 2005. *Bierne palenie to problem tak poważny, że doczekał się angielskiego terminu naukowego: „second hand smoker", co dosłownie oznacza: „palacz z drugiej ręki".* www.sciaga.pl 2006. ▯ US 2003

paliatywny ♦ **medycyna paliatywna** »Behandlung von unheilbar Kranken mit begrenzter Lebenserwartung, deren Ziel die Verbesserung ihrer Lebensqualität ist« - **Palliativmedizin**, *seltener* **lindernde Medizin**. *Konferencja, szkoła medycyny paliatywnej. Bardzo dynamicznie przebiegający proces choroby w jej ostatnim stadium wymagał dużych umiejętności opanowania wielu dolegliwości somatycznych i psychicznych. Wyrazem tych potrzeb stało się stworzenie opieki i medycyny paliatywnej, ukierunkowanej początkowo wyłącznie na medyczny aspekt, a obecnie całościowe jej sprawowanie (...).* www.amg.gda.pl 2005. *Uzyskanie specjalizacji w medycynie paliatywnej upoważnia do pełnienia funkcji kierownika ośrodka opieki paliatywnej lub hospicjum (...).* www.cmkp.edu.pl 2000. ▯ kein Beleg

paliwożerny *Adj, ugs, Jargon* »mit hohem Treibstoffverbrauch« - **spritfressend**. *Paliwożerny samochód, samolot, pojazd, silnik. Wcześniej jeździłem Volkswagenem Jetta 1.8, ale ze względu na automatyczną skrzynię biegów był dość paliwożerny, stąd decyzja o zmianie samochodu.* www.radio.com.pl 2004. *SR-71 był też najbardziej paliwożernym samolotem w historii lotnictwa. W ciągu godziny lotu spalał bowiem 30500 litrów.* www.usaf.website.pl 2006. ▯ Supl 1994, IS 2000, PS 2000, US 2003 ⌀ 1990 NSP2

palma ♦ *phras* **palma komuś odbija/odbije/odbiła** *ugs* » jd. hat den Bezug zu Realität verloren, ist übersspannt« - jd. **dreht durch, hebt ab**; jd. ist **abgedreht, durchgedreht, durchgeknallt**; jd. ist (völlig, total) **abgehoben**. *Na studiach brakowało mu kasy, no ale odkąd jest adwokatem, to wszystkim się chwali i palma mu odbiła!! Nie założy nic innego oprócz Pierre Cardin (...).* f.kafeteria.pl 2006. *Jestem normalnym człowiekiem ze wszystkimi zaletami i wadami. Na szczęście rodzice pilnują, by mi palma nie odbiła... - zwierzał się widzom podczas poniedziałkowego spotkania w Rabce*

Wojciech C. PSF. *Mam tylko nadzieję że Michałowi palma nie odbije. I będzie dobrze.* www.legialive.pl 2006. *Ogólnie rzecz biorąc, przy ocenie akcji białoruskiej byłbym bardzo ostrożny, bo w takich sprawach Polakom zawsze odbija kompletna palma, a (...) duma narodowa i kompleksy od stuleci uniemożliwiają choć trochę obiektywny ogląd sytuacji.* czerski. art.pl 2005. ⌑ SW 1996, IS 2000, PSF 2000, US 2003 ✎ 1989 PP

palmtop *m, G -a oder -u* »Mikrocomputer, der vor allem als Terminkalender sowie als Adressen- u. Telefonverzeichnis benutzt wird« - **Palmtop**. *Podłączyć coś do palmtopa; zainstalować coś w/na palmtopie. Nowe palmtopy mają wbudowane telefony komórkowe, ściągają i odbierają e-maile, przechowują gigantyczne zbiory biblioteczne (...).* Wprost 2003. *Handspring Treo to połączenie palmtopa działającego z systemem Palm OS i telefonu.* www.opoka.org.pl 2006. ⌑ PS 2000, US 2003. *vgl. auch* ↗notes elektroniczny, ↗organizer ◁engl

paler *s.* **power**

pamięć[NB] *f, EDV* »Vorrichtung an elektronischen Rechenanlagen zum Speichern von Informationen« - **Speicher**. *Pamięć magnetyczna, elektroniczna, masowa, przenośna; telefon z pamięcią. Poszerzyć, zwiększyć pamięć; wprowadzić dane do pamięci komputera. Sam komputer - czyli wszystko to, co znajduje się wewnątrz obudowy - pamięć, procesor, dyski itd. - nie byłby w stanie robić niczego sensownego (...), gdyby nie jeden dodatkowy element - myśl człowieka „zaklęta" w programie komputerowym.* www.eduseek.interklasa.pl 2004. *Zaletą pamięci komputerowej jest jej niezwykła trwałość oraz szybkość w przetwarzaniu pewnych typów informacji (...).* pl.wikipedia.org 2006. *Największy wybór pamięci przenośnych PenDrive w Polsce.* www.pendrive.pl 2006. ⌑ SW 1996, IS 2000, PS 2000, US 2003 ◁engl memory

pampers *m, G -a* **1** *meist im Pl* **pampersy**, *ugs* »spezielle Form der Einmalwindel, Wegwerfwindel in Höschenform« - **Windelhöschen, Höschenwindel; Pampers**. *Założyć dziecku pampersa; zmienić pampersy. Różnorodność na rynku pampersów umożliwia mamom wybór tego, co im odpowiada cenowo i jakościowo.* OiT. *Rozbierz dziecko z ubranka i z pampersa (pieluchy); przykryj nagie ciałko. (...) Teraz możesz już całe ciałko dokładnie natrzeć oliwką, założyć pampersa i ubrać.* niemowlaczek.republika.pl 2006. ⌑ SW 1996, IS 2000, PS 2000, US 2003 ✎ 1991 NSP2. *auch* ↗pieluchomajtki ◁engl, von der führenden Herstellermarke **2** *meist im Pl* **pampersi** *oder ugs* **pampersy**, *Politikjargon, scherzhaft-ironisch, auch abwertend* - »konservative Gruppe junger Journalisten o. Politiker um W. Walendziak; auch allgemein junger, unerfahrener, aber selbstbewusster Journalist mit konservativen Auffassungen« *Inwazja pampersów do telewizji. Środowisko Pampersów (...) reprezentowało konserwatywne wartości w sferze obyczajowej i lansowało liberalizm gospodarczy. Apogeum wpływów osiągnęli pampersi w okresie rządów Wiesława Walendziaka w TVP (lata 1994-1996).* pl.wikipedia.org 2006. *Pampersi, środowisko młodych konserwatystów, przez jednych demonizowane, przez innych wysławiane pod niebiosa, w praktyce przestało istnieć.* Rzeczpospolita 2002. *Trzeba wytłumaczyć pampersom, że dziennikarstwo dociekliwe nie musi być chamskie.* US. ⌑ SW 1996, IS 2000, PS 2000, US 2003

◁ursprünglich als Spitznamen für den TV-Journalisten D. Zdort, später auf das gesamte Milieu übertragen

pampersowy *Adj v.* ↗pampers, *Politikjargon, abwertend o. ironisch* »in der Art eines jungen, unerfahrenen, aber selbstwussten Journalisten o. Politikers« *Będziemy grupą dobrze przygotowanych, ambitnych, wykształconych specjalistów i nie będziemy popełniać „pampersowych" błędów.* SW. ⌑ SW 1996, IS 2000, PS 2000

panel* *m, G -u* **1** »Diskussion von Experten (auf einem Podium) vor Zuhörern« - **Podiums-, Plenumsdiskussion**. *Panel telewizyjny; panel na jakiś temat. Wziąć udział, uczestniczyć w panelu. Zorganizowano panel na temat roli Kościoła w życiu publicznym.* NSPP. *Do paneli zaproszono językoznawców i socjologów.* IS. ⌑ Supl 1994, SW 1996, IS 2000, PS 2000, US 2003 ✎ SWO 1971, 1986 NSP2 **2** »Wand-, Deckenverkleidung bzw. Bodenbelag aus Holzplatten« - **Paneel**. *Panel podłogowy - Bodenpaneel. Panel ścienny - Wandpaneel. Panele boazeryjne. Ułożyć panel. Każdy panel podłogowy należy przed i podczas montażu dokładnie sprawdzić pod kątem uszkodzeń mechanicznych i różnic kolorystycznych.* www.bakema. com.pl 2006. ⌑ IS 2000, PS 2000, US 2003

panelista *m, G ~ty, Npl ~iści, v.* ↗panel - **Podiumsdiskussionsteilnehmer**. *Jako pierwszy z panelistów głos zabrał prof. Cezary Józefiak. Podjął w swoim wystąpieniu trzy kwestie: związek efektywności z konkurencyjnością rynków, związek rynków z własnością oraz powody oporów przeciw prywatyzacji.* www. inepan.waw.pl 2006. ⌑ US 2003 ✎ 1990 NSP2

panelowy *Adj v.* ↗panel - **Podiums-, Plenums-**. *Dyskusja panelowa - Podiumsdiskussion. Spotkanie panelowe na temat zasad refundacji leków w Polsce.* www.mz.gov.pl 2006. ⌑ Supl 1994, SW 1996, IS 2000, PS 2000, US 2003 ✎ 1989 NSP2

panino *n, meist im Pl* **panini**, *indekl, Kulinaria* »typische italienische kleine Weißbrote, die, mit Schinken, Käse, Wurst usw. belegt, als Zwischenmahlzeit dienen« - **Panino**. *Moda na kanapki wegetariańskie dosięgła nawet bardzo modnych panini, czyli kanapek przygotowywanych na sposób włoski. (...) Popularnością cieszą się bardzo oryginalne panini z prosciutto, gruszką i serem fontina czy też z figami w plasterkach i z serem mascarpone.* www. pinezka.pl 2006. *Siedziałam sobie ostatnio w metrze i jadłam gorące panini. Nagle na ekranie mojej komórki pojawiła się wiadomość: „Cześć ślicznotko, smaczne to panini?"* www. marketing-news.pl 2006. ⌑ kein Beleg ◁ital

pankowiec *s.* **punkowiec**

państwo ♦ **państwo opiekuńcze*** »Staat, der ein ausgebautes Sozialsystem hat« - **Wohlfahrtsstaat**; **Sozialstaat**. *Szwedzki, niemiecki model państwa opiekuńczego. Zapewne jest tu także element tęsknoty za państwem opiekuńczym, które wiele daje obywatelowi, niewiele w zamian oczekując.* Polityka 2002. *Jednak już w latach 30. obecnego [XX] wieku zostały sformułowane podstawy doktryny państwa opiekuńczego. Program społeczny państwa opiekuńczego stanowił z jednej strony kontrpropozycję wobec liberalnego państwa kapitalistycznego z przełomu XIX i XX w., z drugiej zaś strony stanowił alternatywę wobec rozwiązań socjalnych zaproponowanych przez ZSRR po rewolucji październikowej.* portal. engo.pl 2005. ⌑ IS 2000, PS 2000, US 2003 ⌀Bogusławski/Wawrzyńczyk 1993

♦ **państwo prawa*** »Staat, der gemäß seiner Verfassung das von seiner Volksvertretung gesetzte Recht verwirklicht u. sich der Kontrolle unabhängiger Richter unterwirft« - **Rechtsstaat**. *Żyjemy w państwie prawa. Takie zapewnienia słyszymy ze strony rządzących. Słyszymy i czytamy o tym w mediach. Dobrze by było, żeby to była prawda.* www.solidarnoscswietokrzyska.pl 2004. *Koncepcja państwa prawa opiera się na założeniu, iż zadaniem prawa (przez które rozumie się ustawę) jest ochrona jednostki przed arbitralnym działaniem państwa.* prace.sciaga.pl 2006. ⌑ IS 2000, PS 2000, US 2003

♦ **państwo zbójeckie** »Staat, der (aus der Sicht der USA) eine Bedrohung für die internationale Ordnung darstellt u. daher bekämpft werden muss« - **Schurkenstaat**. *Nowa strategia [USA] stwierdza, że źródłem nowych śmiertelnych zagrożeń, są państwa zbójeckie. (...) Państwa zbójeckie są zdecydowane zdobyć broń masowej zagłady dla realizacji agresywnych planów swych reżymów.* www. republika.pl 2006. *Pod koniec lat 90. XX wieku za „państwa zbójeckie" uznawane były Afganistan, Irak, Iran, Korea Północna oraz Libia.* pl.wikipedia. org 2006. *Samo zburzenie państwa zbójeckiego, jakim był saddamowski Irak, to mało, aby mówić o pełnym powodzeniu podjętej akcji prewencyjnej.* www.aon.edu.pl 2004. ⌑ kein Beleg ◁engl Rogue State

papabile [papabile] *m, Pl* **papabili**, *indekl* »Kandidat für die Papstnachfolge« - **Papabile**. *Jan Paweł II mianował arcybiskupem Mediolanu biblistę Carlo Marię Martiniego (...). Papież dodawał odwagi 52-letniemu jezuicie, który miał przez kolejne lata pojawiać się w czołówce prasowych rankingów papabile, czyli prawdopodobnych następców Jana Pawła II.* tygodnik.onet.pl 2003. *Przed konklawe, które wybrało Jana Pawła II, z różnych stron dochodziły głosy, że nowy papież nie będzie Włochem. (...) Kard. Wojtyły nie uważano za kandydata, czyli papabile, bo jeśli nawet ktoś myślał o Polaku, to raczej o kard. Wyszyńskim.* www.opoka.org.pl 2006. ⌑ PS 2000 ◁ital papabile = zum Papst wählbar

papamobile [papamobile] *n, indekl, seltener* **papamobil** *m, G -u* »von Papst Johannes Paul II. bei öffentlichen Reisen u. Auftritten verwendetes Fahrzeug, das einen Aufsatz aus Panzerglas hat« - **Papamobil**. *Jan Paweł II używa papamobile od czasu zamachu na swoje życie w 1981 r.* OiT. *Przekazanie przez firmę Daimler Chrysler nowego papamobile włącza się w ponad siedemdziesięcioletnią tradycję. Pierwszy pojazd marki Mercedes-Benz otrzymał w darze Pius XI w roku 1930.* www.opoka. org.pl 2006. *Był to papamobil, którego Ojciec Święty używał w czasie swej ostatniej, piątej z kolei wizyty w tym kraju - w lipcu 2002 roku.* www.oecumene.radiovaticana.org 2006. ⌑ IS 2000, PS 2000, US 2003 ⌀1991 NSP2 ◁ital

paparazzo [paparac-co] *m, oder* **paparazzi** [paparacc-i] *indekl oder adj Dekl G -zziego, Npl ~zzi, Gpl ~zzich, ugs, abwertend* »aufdringlicher Pressefotograf, Skandalreporter« - **Paparazzo**. *Wścibski, zuchwały, nachalny paparazzo. Uciekać przed paparazzo/paparazzim seltener przed paparazzi. Oboje niby swobodni, luźni, ale wewnętrznym spięci. Uśmiechający się do siebie uśmiechami wystudiowanej teatralnej miłości. Bo po sali krąży kilku paparazzich polujących niczym myśliwi na kolorowe bażanty.* Twój Styl 2001. *Zdjęcia, które francuski paparazzi zrobił księżnej Dianie w samochodzie po tragicznym wypadku w Paryżu w sierpniu 1997 roku, zostały skonfiskowane przez policję i nie były do tej pory nigdzie publikowane.* www.pclab.pl 2004. *Podając się za paparazzo, oferował „zdjęcia Jolanty Kwaśniewskiej nago". Pisma odmawiały,* *tłumacząc się m.in., że wydawcy są powiązani ze światem polityki.* www.obywatel.org.pl 2006. 📖 IS 2000, PS 2000, US 2003 ◁ital paparazzo, nach dem gleichnamigen Klatschkolumnisten in Fellinis Film „La dolce vita"

papież ♦ *phras* **papież pielgrzym, Papież Pielgrzym** »Bezeichnung für Papst Johannes Paul II. auf Grund seiner zahlreichen Pilgerfahrten« - **Pilgerpapst, Pilger-Papst**. *Papież Jan Paweł II przejdzie do historii jako Papież Pielgrzym. Podczas swojego pontyfikatu odbył ponad 100 pielgrzymek do krajów na wszystkich kontynentach.* www.gazetylokalne.pl 2006. *Przez świat nazywany był papieżem pielgrzymem, papieżem reformatorem, my najczęściej mówiliśmy o nim - nasz papież.* www.seusa.info 2006. 📖 PS 2000 ⌀1988 NSP2

para ♦ *phras* **cała para (poszła) w gwizdek** *oder* **kierować, puścić (całą) parę w gwizdek** *ugs, ironisch oder abwertend* »seine gesamte Energie, Kraft o. Mittel bereits für die Ankündigung o. den Beginn einer Sache bzw. eines Vorhabens aufbrauchen« - **die ganze Energie verpuffte** (schon) **am Anfang, ging** (schon) **für den Anfang drauf; die gesamte Energie schon am Anfang verbrauchen**. *Jak to wszystko wytłumaczyć praktycznym Niemcom, ateistycznym Francuzom, pragmatycznym Anglikom. Zatem wysiłek poszedł na marne - cała para w gwizdek?* www.region.halicz.pl 2003. *I znów się nie da, bo cała para poszła w gwizdek, więc pociąg zwany „Prawo i Sprawiedliwość" nie może ruszyć. Gratuluję tym, co poszli na wybory.* www.gazetaprawna.pl 2006. *To bardzo proste. Można puścić parę w gwizdek - czyli w biura, ich wystrój, poligrafię, konkursy i kieszenie szefów.* www.webpark.pl 2004. 📖 IS 2000, PS 2000, US 2003 ⌀1988 NSP2

parada ♦ **Parada Równości** *auch* **Marsz Równości** »Umzug u. Demonstration gegen die Diskriminierung Homosexueller« - **(Gay-)Pride-Parade**. *Blisko 3 tysiące osób uczestniczy w Marszu Równości w Warszawie. Sprzed Sejmu ruszyła Parada Równości. (...) Wśród uczestników są nie tylko geje i lesbijki, ale też osoby, którym nie podoba się polityka obecnego rządu.* www.radio.com.pl 2006. 📖 kein Beleg ! in Deutschland finden diese Paraden unter der Bezeichnung „CSD(-Parade)" (Christopher Street Day) statt

parafiada *f* - »Sport- u. Kulturtage, die von den Mitgliedern u. Pfarrern von Kirchengemeinden veranstaltet wird; Kinder- und Jugendtreffen der Pfarreien« Brać udział w parafiadzie; zorganizować parafiadę. *Katolicy ćwiczą ciało i ducha na V Parafiadzie.* OiT. *Organizatorem corocznych międzynarodowych parafiad od 15 lat jest zakon pijarów (...). Finały międzynarodowej „Parafiady dzieci i młodzieży" to największe europejskie spotkanie harmonijnie łączące wydarzenia sportowe, kulturalne, religijne.* ks.sejm.gov.pl 2006. 📖 PS 2000, OiT 2001

paragliding *s.* **paralotniarstwo**

paralizator *m, G -a* »Gerät, das mit Hilfe elektrischen Stroms jdn. außer Gefecht setzt« - **Paralysator; Elektroschocker**. Paralizator elektryczny. Zaatakować kogoś paralizatorem. *Stanisław S. 12 maja 1998 roku tuż po godz. 8 rano otwierał biuro. Nie wiedział, że jest obserwowany. Chwilę potem stanęło za nim dwóch młodych ludzi, którzy wepchnęli go do środka. Jeden z bandytów zaatakował ofiarę paralizatorem.* Gazeta Wrocławska 2000 (K). *Konstrukcja paralizatora uniemożliwia wyładowanie wtórne w sytuacji bezpośredniej styczności z napastnikiem, np. gdy napastnik złapie za rękę.* www.arobron.pl 2006. 📖 PS 2000 ⌀1990 NSP2. *auch* ↗elektroszoker

paralotnia *f, Sport* »beim Paragliding verwendetes fallschirmähnliches Sportgerät mit rechteckigem Schirm« - **Gleitschirm, Gleitsegel, Paragleiter**. Paralotnia z napędem. Szybować na paralotni. *Nowe rodzaje sportu popularne w Europie Zachodniej z pewnym opóźnieniem docierają do Polski i innych krajów byłego bloku wschodniego. Coraz częściej zobaczyć można nad górami kolorowe czasze paralotni.* NSP2. *Przygodę z paralotniami rozpoczął w 1987 roku. (...) Zajmował się zawodowo produkcją paralotni, badaniami, projektowaniem i oblatywaniem nowych konstrukcji.* www.dudek.com.pl 2006. 📖 IS 2000, PS 2000, US 2003 ⌀1992 NSP2

paralotniarski *Adj v.* ↗paralotniarz - *als Kompositumglied* **Gleitschirmflieger-, Paragleiter-**. Obóz, serwis, sprzęt, sezon, sport paralotniarski. *W Alpach sezon paralotniarski trwa od początku maja do połowy września, ale nie brakuje również chętnych na latanie w zimie.* www.mojaaustria.pl 2004. 📖 IS 2000

paralotniarstwo *n, selten* **paragliding** [paraglajdiŋk], **paraglajding** *m, G -u* »das Fliegen mit einem Gleitschirm von Berghängen« - **Gleitschirmfliegen, Gleitsegeln, Paragliding**. Paralotniarstwo wyczynowe; trener, mistrz paralotniarstwa. Uprawiać, trenować, ćwiczyć paralotniarstwo. *Gwałtowny wzrost popularności takich dyscyplin, jak akrobacje powietrzne, wspinaczka po lodospadach, paralotniarstwo i skoki ze spadochronem z wysokich obiektów dowodzi, że świat oszalał na punkcie ryzyka.* Przekrój 2001 (K). *Tatry Polskie są obszarem uprawiania turystyki górskiej, wspinaczki skalnej, turystyki rowerowej, speleologii i turystyki jaskiniowej, paraglidingu, a zimą narciarstwa.* www.narty.pl 2004. *Dla ak-*

tywnego spędzenia wolnego czasu polecam rafting (trochę niebezpieczne... i trzeba namachać się wiosłem) oraz paraglajding (...). forum.wakacje.pl 2006. ⌑ Supl 1994, SW 1996, IS 2000, PS 2000, US 2003 ✎1992 NSP2 ◁engl paragliding

paralotniarz *m, G -a, Npl -e, v.* ↗paralotnia - **Gleitschirmflieger, Gleitsegler, Paragleiter, Paraglider**. *Dla paralotniarzy ważne jest to, że w bezpośrednim otoczeniu miasta jest mnóstwo łąk i pastwisk, gdzie można bezpiecznie wylądować po ekscytującym locie.* www.kowary.pl 2004. *Kombinezon stanowi jednoczęściowe wierzchnie okrycie paralotniarza, którego zadaniem jest utrzymanie ciepłoty ciała oraz ochrona przed wiatrem.* www.air-pol.com.pl 2006. ⌑ IS 2000, PS 2000

paralotniowy *Adj v.* ↗paralotnia - **Gleitsegel-, Paragliding-**. *Magazyn, klub, kurs, sprzęt, instruktor paralotniowy; szkoła, sekcja, wyciągarka paralotniowa; szkolenie, ubranie paralotniowe. Zakończyły się Paralotniowe Mistrzostwa Polski „Polish Paragliding Open" 2005. Jak co roku najlepsi polscy i zagraniczni piloci paralotniowi spotkali się we włoskich Dolomitach, w Pieve d'Alpago.* adrenalina.onet.pl 2006. ⌑ kein Beleg

paraolimpiada *f, Sport* »Olympiade der Behindertensportler, die jeweils im Anschluss an Olympische Spiele stattfinden« - **Paralympics, Paraolympiade**. *Deszcz medali na paraolimpiadzie.* ww2.tvp.pl 2004. ⌑ kein Beleg ✎1992 NSP2 ◁engl paralympics

paraolimpijczyk *m, G -a, Npl ~ycy, Sport* »Teilnehmer an einer Paraolympiade« - **Paraolympionike**. *Po rozegraniu kolejnych konkurencji, nasi paraolimpijczycy zajmują 16. miejsce w klasyfikacji medalowej z 26 medalami w dorobku.* www.niepelnosprawni.info 2004. ⌑ kein Beleg

paraolimpijka *f v.* ↗paraolimpijczyk, *Sport* - **Paraolympionikin**. *Laureatką tegorocznej edycji plebiscytu „Człowiek bez barier" została Katarzyna Rogowiec - paraolimpijka z Nowego Sącza, która będzie reprezentować Polskę na Olimpiadzie w Turynie w 2006 roku.* wiadomosci.ngo.pl 2005. ⌑ kein Beleg

paraolimpijski *Adj, Sport* - **paralympisch, paraolympisch; Paralympics-**. *Zapłonął paraolimpijski znicz.* www.dziennik.krakow.pl 2006. ⌑ kein Beleg ✎1992 NSP2

parasol ♦ parasol atomowy *oder* **nuklearny** *Politik* »militärische Absicherung von Staaten durch Atomwaffen (einer mit ihnen verbündete Atommacht)« - **Atomschirm, Nuklearschirm, Atom(schutz)schild**. *Amerykański, radziecki parasol atomowy. Chronić, objąć jakieś państwo parasolem atomowym. Nad krajami Europy rozciągał się dyskretny, ale skuteczny amerykański parasol atomowy, a że EWG skupiała państwa demokratyczne i rynkowe (...), to budowa wspólnej przestrzeni ekonomicznej zakończyła się gigantycznym sukcesem.* www.opoka.org.pl 2002. *Choć Wietnamem rządzili socjaliści, to jednak radziecki parasol atomowy nie uchronił tego państwa przed wojną z USA.* www.geocities.com 2006. *Waszyngton jest gwarantem bezpieczeństwa Europy: zapewnia parasol nuklearny, dysponuje jako jedyny wyposażeniem do prowadzenia ofensywnej polityki na obrzeżach Europy (...).* www.polskiejutro.com 2006. ⌑ PS 2000 ✎1986 NSP2

♦ **parasol ochronny** - **Schutzschirm, Schutzschild**. *Parasol ochronny kogoś/czegoś. Rozpiąć nad kimś/czymś parasol ochronny. Często okazuje się, że ich ubezpieczyciel nie przygotował im parasola ochronnego na wypadek utraty pracy i gwałtownego pogorszenia się kondycji finansowej.* Polityka 2001. ⌑ IS 2000, PS 2000, US 2003 ✎1990 NSP2

♦ **parasol socjalny** »Bündel von Maßnahmen u. Mitteln, die der sozialen Absicherung dienen« - **soziales Netz**. *Skuteczny parasol socjalny. Rozwinąć, zwinąć, stworzyć parasol socjalny. Większość Białorusinów przedkłada ideę równości nad wolnością, stąd ograniczenie swobód obywatelskich, nadrzędność języka rosyjskiego, cenzura i brak wolnych mediów są akceptowane w zamian za szeroki parasol socjalny gwarantowany przez państwo.* www.psz.pl 2004. *Były mieszkania i wczasy zakładowe, działkowe ogródki i parasol socjalny. Stoczniowiec to był ktoś.* www.portalmorski.pl 2006. ⌑ PS 2000

parkiet[NB] *m, G -u, auch* ♦ **parkiet giełdowy** *Börse* »offizieller Börsenverkehr« - **(Börsen)parkett**. *Parkiet podstawowy, równoległy; warszawski parkiet; notowania na parkiecie. Wpuścić, wprowadzić firmę na parkiet. Jesienią na parkiecie zadebiutują akcje kilku banków. IS. Elektroniczny system obrotu sprawił, że parkiet giełdowy jako miejsce handlu papierami wartościowymi mógłby nie istnieć. Ale giełda to nie tylko parkiet. To także symbol tego rynku.* www.literka.pl 2003. ⌑ SW 1996, IS 2000, PS 2000, US 2003 ✎1991 NSP2 ◁reaktiviert

parkingowy[NB] *m, adj Dekl G* parkingowego, *Npl* parkingowi, *ugs* »Person, die einen Parkplatz bewacht u. ggf. Parkgebühren kassiert« - **Parkplatzwächter**. *Miejsce postoju pojazdów. (...) Warunki korzystania: niewielka opłata u parkingowego w okresie letnim.* www.gdansk.lasy.gov.pl 2004. *Zdarza się jednak i tak, że parkingowi pobierają opłaty za bilety, a nie wydają kart.* www.q4.pl 2006. ⌑ SW 1996, IS 2000, PS 2000, US 2003

parkomat *m, G -u, seltener* **parkometr** *m, G -u* - **Parkautomat; Parkuhr.** Ustawić parkomaty; wrzucić pieniądze, monety do parkomatu. *Za półgodzinny postój na oznaczonym parkingu z parkomatem trzeba zapłacić złotówkę, a nie jak dotychczas 50 groszy.* arch.samorzad. pap.pl 2006. *Oczywiście są też wyznaczone zwykłe place z miejscami do parkowania i miejsca do parkowania przy ulicach z parkometrami.* www.adamski.pl 2006. ⌂ IS 2000, PS 2000, US 2003
partia ♦ **partia kanapowa** *s.* **kanapowy**
partnerstwo ♦ **partnerstwo prywatno-publiczne** *Wirtschaft, Politik* »Mobilisierung privaten Kapitals u. Fachwissens zur Erfüllung staatlicher Aufgaben; auch kooperatives Zusammenwirken von Hoheitsträgern mit privaten Wirtschaftssubjekten« - **Public Private Partnership, Öffentlich-Private Partnerschaft.** *Hala ma powstać poprzez partnerstwo „prywatno-publiczne": miasto daje ziemię, inwestor wykłada pieniądze na budowę.* skyscrapercity.com 2004. *Będziemy podejmować działalność, będziemy pozyskiwać środki techniką finansową PPP: partnerstwo prywatno-publiczne.* www.senat.gov.pl 2006. ⌂ kein Beleg ◁engl private public partnership
pasek ♦ **pasek menu** *Computer* »Leiste (meist am oberen Rand der Benutzeroberfläche), auf der in Stichworten die verschiedenen Menüs eines Arbeitsprogramms aufgeführt sind« - **Menüleiste.** *Podobnie do oryginału pokazuje on dyski i kosz bezpośrednio na pulpicie, istnieje pojedynczy pasek menu, który znajduje się zawsze u góry ekranu, a ikony plików można umieszczać na pulpicie.* www.i-lo.tarnow.pl 2004. ⌂ kein Beleg
♦ **pasek narzędzi** *Computer* »Leiste (zumeist am linken Rand der Benutzeroberfläche), auf der in Form von Icons verschiedene mögliche Operationen eines Arbeitsprogramms aufgeführt sind« - **Werkzeugleiste.** *Przesuń kursor na pasek narzędzi, wybierz pożądaną czynność i kliknij myszą.* PS. ⌂ PS 2000
pasemko[NB] *n, meist im Pl* **pasemka** »einzelne blondierte, getönte o. gefärbte Haarsträhne(n)« - **Strähnchen(n).** *Zrobić sobie pasemka - sich Strähnchen machen lassen. Zamiast trwałej zrobiła sobie kolorowe pasemka i trochę obcięła włosy.* IS. *Kiedy patrzysz w lustro i widzisz swoje włosy, myślisz...: przydały by się jakieś jasne pasemka.* pasemka.info.pl 2006. ⌂ IS 2000, PS 2000, US 2003
pasjonacki[NB] *Adj v.* ↗pasjonat - **leidenschaftlich, begeistert.** *Pasjonacka miłość, chęć; pasjonacka ciekawość świata, ludzi. Wszystko, co robi Ośrodek Kultury, to w dużej mierze pasjonacka praca pracowników poświęcających się dla idei.* www.polska.lex.pl 2006. *Nie każdy warsztat mechaniczny „lubi" stare samochody. My wiemy, do którego należy się zwrócić. Stare samochody wymagają wielkiej, pasjonackiej wiedzy.* pajak.esem.pl 2006. ⌂ IS 2000, PS 2000 ✏1991 NSP2

pasjonat[NB] *m, G -a, Npl ~aci* - **(passionierter, leidenschaftlicher, begeisterter) Fan, Freak, Anhänger; Enthusiast** von etw. *Pasjonat sportu, teatru, turystyki, filmów, komputerów, starych samochodów; klub pasjonatów. Owszem, doceniamy popularność piłki nożnej, ale w naszym zakładzie są też pasjonaci nurkowania, wędrówek po górach.* NSP2. *Raz w roku w Puławach spotykają się pasjonaci teatru lalek.* www.teatry.art.pl 2006. ⌂ SW 1996, IS 2000, PS 2000, US 2003 ✏1986 NSP2. *s. auch* ↗fan
pasta*f, Kulinaria* »(italienische) Teigwaren« - **Pasta.** *Pasta pesto; pasta z parmezanem. Przepyszna pasta z delikatnym sosem ze śmietanki i szpinaku z dodatkiem pieczarek.* www.palcelizac.pl 2006. ⌂ SWO 1971, US 2003 ◁ital
paszmina *f* a) »aus dem Haar der Kaschmirziege hergestellte Wolle« - **Paschmina; Kaschmir(wolle).** *Szal paszmina; szal z paszminy. Siedzi przede mną supermodny mężczyzna: dżinsy dzwony, czarna koszula i wspaniale się z tym wszystkim komponujący szal z popielatej paszminy.* Twój Styl 2002. *Czyszczenie paszminy jest łatwe. Czyszczenie chemiczne w dłuższym okresie czasu niszczy paszminę (tak jak wszystkie rodzaje dobrej wełny).* nicola.com.pl 2006. ⌂ kein Beleg b) »Stoff, Kleidungsstück aus Paschmina« - **Paschmina, Paschminaschal, Paschminastola u.a.** *Przydałaby mi się jakaś gustowna paszmina do owinięcia, paszmina jest nieodzowna w tym sezonie.* ebo4all.blog.pl 2003. *Paszmina to delikatne i ciepłe sukno tkane z wełny z piersi kóz górskich. Zaczęła zyskiwać popularność poza granicami Indii.* www.independent.pl 2006. ⌂ kein Beleg
pat[NB] *m, G -a* »schwierige, unlösbare, ausweglose Situation« - **Patt.** *Pat parlamentarny, budżetowy. Pat wyborczy na Akademii Rolniczej. Żaden z dwóch kandydatów nie otrzymał wymaganej liczby głosów.* www.ppr.pl 2006. *Jak obejść pat w negocjacjach?* www.cegos.com.pl 2006. ⌂ SW 1996, IS 2000, PS 2000, US 2003 ✏1989 NSP2
patch [pacz, pecz] *m, -a, Computerjargon* »Korrektur-Software zur Schließung von Sicherheitslücken bzw. zur funktionalen Aufrüstung« - **Patch.** *Pobierać, zainstalować patch. Patch usuwa przede wszystkim błędy w programie, które powodowały niestabilność aplikacji.* www.pcworld.pl 2006. *Patch poprawia wiele problemów zarówno w grze sieciowej jak*

i w grze dla jednego gracza. www.lem.com.pl 2006. ▫ kein Beleg. *auch* ↗łata ◁engl

patchwork [paczłerk, peczłerk] *m, G -u, Npl -i* »Wandbehänge, Decken, Taschen usw., die aus unterschiedlichen Stoff- o. Lederteilen harmonisch zusammengefügt wurden; auch Technik dieses Herstellungsverfahrens« - **Patchwork.** *Kolorowy patchwork; wystawa patchworków. Szyć, robić patchworki. Projektant łączy różne kolory dżinsu, tworząc patchworki o kroju inspirowanym stylem militarnym.* NSPP. *Patchwork to coś z niczego - z kawałków zniszczonej odzieży, pięknych sukien, wykonanych z kosztownych materiałów, jedwabnych taft i szyfonów a także bawełny - produkt z odzysku, rzemiosło recyklingowe.* www.muratordom.pl 2006. ▫ IS 2000, PS 2000, US 2003 ✎1990 NSP2 ◁engl

patchworkowy *Adj v.* ↗patchwork - **Patchwork-.** *Patchworkowa tkanina, kurtka, kołdra; patchworkowa narzuta na tapczan. Skórzany patchworkowy płaszcz i dżinsy jego projektu nosiła sama Brigitte Bardot.* Viva 2003. ▫ PS 2000, US 2003

♦ **rodzina patchworkowa** »Familie, in der außer den gemeinsamen Kindern auch Kinder aus früheren Beziehungen der Eltern leben« - **Patchworkfamilie.** *Powstała prawdziwie „patchworkowa rodzina", która spotyka się w święta przy jednym stole, a czasami jeszcze na nartach.* kobieta.interia.pl 2007. *Mam nadzieję, że książeczka uwzględnia każdy typ rodziny patchworkowej, gdyż relacje między rodzicami, przybranymi rodzicami a dziećmi potrafią kształtować się bardzo różnie w zależności od tego, czy nowym partnerem jest kobieta czy mężczyzna.* www.biblioteka.pl 2006. *Dla mnie rodzinka „patchworkowa", to taka, która jest posklejana/poszywana z kilku „kawałków". Najczęściej określają ludzi - mężczyznę „po przejściach" lub kobietę z „bagażem" (bądź odwrotnie) - zakładających po raz kolejny rodzinę, mających dzieci z poprzedniego małżeństwa.* forumhumanitas.ipbhost.com 2005. ▫ kein Beleg

patison* *m, G -a* - **Patisson(kürbis) a)** »Gemüsepflanze aus der Familie der Kürbisse mit großen dunkelgrünen Blättern« *Patison: Jednoroczna roślina należąca do rodziny dyniowatych, której ojczyzną jest południowa część Ameryki Północnej.* www.medycyna.linia.pl 2000. ▫ IS 2000, PS 2000, US 2003 **b)** »essbare Frucht dieser Pflanze« *Dojrzałe, białe, złote patisony; usmażone, zakiszone, marynowane patisony. Faszerować patisony. Na dnie szerokiego a niskiego garnka układamy patisony, podlewamy wodą i dusimy do miękkości.* www.kafeteria.pl 2003. ▫ IS 2000, PS 2000, US 2003

patowy *Adj v.* ↗pat - *als Kompositumglied* **Patt-; unentschieden.** *Być może dla Niemiec byłoby najlepiej, gdyby po tych wyborach (...) powstała Wielka Koalicja chadecko-socjaldemokratyczna. (...) Takie rozwiązanie zdawał się też sugerować patowy wynik.* www.tygodnik.com.pl 2002. ▫ IS 2000, PS 2000, US 2003

♦ *phras* **sytuacja patowa** »Situation, in der keine Partei einen Vorteil erringen, den Gegner schlagen kann; Unentschieden« - **Pattsituation.** *Powstała, trwa sytuacja patowa; być, znajdować się w sytuacji patowej. Czy „remisowe" rozstrzygnięcie oznacza nieprzyjęcie projektu uchwały? Przed chwilą pan Łukasz F. powiedział, że jest to sytuacja patowa, a nie rozstrzygnięcie.* www.isip.sejm.gov.pl 2004. ▫ Supl 1994, IS 2000, PS 2000, US 2003

PC, pc [pece] *m, indekl, EDV* - **PC, Personalcomputer, Personal Computer.** *Multimedialny PC. Problem z działaniem PC. Podłączyć drukarkę do PC. We wrześniu Dell planuje inwestycję za 200 milionów euro w Łodzi, aby przyspieszyć ekspansję swoich PC w Europie.* www.benchmark.pl 2006. *Gry komputerowe, a inaczej gry na pc, to kody, recenzje, spolszczenia oraz dema gier.* www.gryzonie.pl 2006. ▫ IS 2000, PS 2000, US 2003. *s. auch* ↗pecet, ↗komp, ↗komputer osobisty ◁engl, Abk von personal computer

PC *nachgestellt in adjektivischer Funktion, - als Kompositumglied* **PC-.** *Rozwój rynku PC. Gry PC w najniższych cenach. Gry PC najlepszych firm.* www.ceneo.pl 2006. *Pełna moc obliczeniowa tabletów PC i przekształcalnych notebooków firmy Fujitsu Siemens Computers pozwala najlepiej wykorzystać czas podróży.* www.fujitsu-siemens.com.pl 2006. ▫ kein Beleg. *s. auch* ↗pecetowy

pecet *m, G -a, Computerjargon, ugs* »PC, Computer« *TV na pececie. Rozbudować, doposażyć peceta; podłączyć peceta do sieci. Czy na pececie można nagrać amigową grę na dyskietkę tak, aby gra działała na Amidze?* www.ppa.pl 2005. *Chcesz zmienić standardowego peceta w prawdziwe cacko? (...) Sięgnij po tę książkę...* www.techniczna.com.pl 2006. ▫ IS 2000, PS 2003, US 2003. *s. auch* ↗PC, ↗komp, ↗komputer osobisty

pecetowy *Adj v.* ↗pecet, *Computerjargon, ugs - neutral* **PC-.** *Monitor, serwer, dysk, wirus, rynek pecetowy; gra, konsola, encyklopedia, wersja pecetowa. Pewne już jest, że Microsoft nie planuje pecetowej konwersji tej gry.* rozrywka.pclab.pl 2006. ▫ kein Beleg. *s. auch* ↗PC

peeling [piliŋk] *seltener* **piling** *m, G -u, Kosmetik* - **Peeling. a)** »kosmetische Behandlung zur Entfernung der obersten Hornschicht der (Gesichts)haut« *Peeling mechaniczny, enzy-*

matyczny, farmakologiczny, ziołowy, powierzchniowy; peeling twarzy, ciała, pleców. Wykonać, robić (sobie) peeling. *Peeling kwasem migdałowym daje efekt widocznej poprawy płytkich zmarszczek.* www.bio-med.pl 2006. *Peeling, czyli złuszczanie, polega na usuwaniu z powierzchni skóry martwych komórek naskórka.* naj.kobieta.pl 2007. 📖 IS 2000, PS 2000, US 2003 **b)** »Peelingmittel« Peeling do twarzy, ciała, wrażliwej twarzy. *Możemy sobie także zaserwować pilingi własnej roboty. Można do tego wykorzystać gruboziarnistą, nieoczyszczoną sól, sodę oczyszczoną, cukier, płatki owsiane lub otręby pszenne, a więc produkty dostępne za niewielkie pieniądze w każdym sklepie spożywczym.* www.wizaz.pl 2002. 📖 IS 2000, PS 2000, US 2003 ◁engl

peelingować *seltener* **pilingować (się)** *ipf /* **wypeelingować** *pf* »ein Peeling machen« - **peelen**. Peelingować skórę, ciało, stopy. *Nie ma żadnego logicznego uzasadnienia dla teorii głoszącej, że skórę tłustą trzeba peelingować częściej, a skórę suchą rzadziej (...).* www.crossdressing.pl 2005. *Pilinguję się już, ale niewiele to pomaga.* zuzel.home.pl 2005. *W mojej wannie sól delikatnie się pieni. Faktycznie kryształki nie rozpuszczają się do końca, ale dla mnie to zaleta, bo można nią wypilingować stopy (...).* torebka.kafeteria.pl 2006. 📖 kein Beleg

peelingowy *seltener* **pilingowy** *Adj v.* ↗peeling, *Kosmetik* »sich auf Peeling beziehend« - **Peeling-**. *Krem peelingowy do stóp - zawiera naturalny pumeks, skutecznie usuwający stwardniały naskórek na stopach.* www.batavan.com.pl 2006. *Mydło posiada właściwości pilingowe, złuszczające naskórek, a cedrowy mocny zapach pobudzi najbardziej zmęczone zmysły i przywróci siły witalne.* www.mydlandia.pl 2005. 📖 kein Beleg

peelingujący *v.* ↗peelingować, **pilingujący** - »einen Peelingeffekt, Peelingwirkung habend« *Mydło peelingujące do stóp delikatnie usuwa martwy i szorstki naskórek.* www.scallya.pl 2006. *Delikatnie pilingujący żel do mycia ciała zawiera delikatne drobinki, które nadają skórze gładkość oraz delikatny zapach (...).* www.wizaz.pl 2005. 📖 kein Beleg

peep show *oder* **peep-show** [pipszoł] *m indekl oder G* peep showu - **Peep-Show**. **a)** »Striptease in einem kleinen Raum, in dessen Wänden sich Scheiben befinden, durch die man die Darbietung beobachten kann« Oglądać peep show. *W poszukiwaniu obsceniczności odwiedzał liczne peep show, tanie burdele, lokale ze striptizem, pokoje na godziny i piwnice tortur.* free.art.pl 2006. *„Gram kobietę z peep-showu, z dołów społecznych. Jak się okazuje, i one* *mogą czasem dostać nagrodę."* www.teatry.art.pl 2002. 📖 IS 2000, PS 2000 ✎1992 NSP2 **b)** »Raum, in dem die Peep-Show stattfindet« Pójść do peep show. *W filmie „Paris-Texas" bohaterowie spotykają się w jakimś peep show, gdzie prowadzą długą i nudną dla widza rozmowę.* OiT. 📖 PS 2000, US 2003 ◁engl

peerelizacja *f, Politik* »Einführung der volksdemokratischen Ordnung in Staat u. Gesellschaft in Polen« - **Volksdemokratisierung (Polens)**. *Trzeba stworzyć zaporę dla peerelizacji Polski - apelował Jan Olszewski, lider Ruchu Odbudowy Polski.* www.wprost.pl 2000. *Krótko mówiąc, chciałbym wiedzieć, czy mamy do czynienia z „peerelizacją prawa", czy też nie. Ja mam przekonanie, że gdyby Sejm podjął tę decyzję, to wróciłby do kształtu Sejmu z PRL. A to jest po prostu hańba.* www.k.pl 2003. *Krajobraz po peerelizacji. Ekipa Leszka Millera zafundowała nam PRL-bis.* newsweek.redakcja.pl 2004. 📖 kein Beleg

◁von PRL (gesprochen pe-er-el), der Abk für Polska Rzeczpospolita Ludowa (Volksrepublik Polen)

peerelowski* *Adj v.* peerel »die Volksrepublik Polen (PRL) betreffend« - *als Kompositumglied* **VRP-;** *selten* **volkspolnisch,** *auch verallgemeinernd* **kommunistisch**. Epoka, gospodarka peerelowska. Czasy, metody peerelowskie. *Moda na rekwizyty z okresu Peerelu zatacza coraz szersze kręgi. (...) TVP na okrągło powtarza peerelowskie seriale. Paradoksalnie, dzisiejsza moda na peerelowskie rekwizyty przypomina dawną fascynację gadżetami z Zachodu.* www.nowe-panstwo.pl 2006. 📖 Supl 1994, SW 1996, PS 2000, IS 2000, US 2003. *vgl. auch* ↗postpeerelowski

pellet, pelet *m, G -u, meist im Pl* **pellety, pelety** »Festbrennstoff in Form von kleinen Röllchen aus gepressten Spanabfällen«- **(Holz)pellet(s)**. *Pellety jako opał są materiałem bardzo wygodnym, nie brudzą, spalają się niemal w całości.* www.brykiet.infobank.eslupsk.pl 2006. *Pelety. Jest to paliwo ekologiczne w postaci granulatu, które powstaje z odpadów poprodukcyjnych firm przemysłu drzewnego.* www.verner.com.pl 2006. 📖 kein Beleg ◁engl

pełny ♦ *phras* **pełny wypas** *s.* **wypas**

pendrive, PenDrive [pendrajf] *m, indekl oder G* pendrive'a, *EDV* »kleines, steckbares USB-Gerät, das als auswechselbares Speichermedium dient« - **Pendrive, USB-Stick, Memory-Stick**. *Chodzi o to, aby można było podłączyć tylko pendrive, przypisane do odpowiednich użytkowników. (...) Nie chcę mieć sytuacji, że ludzie sobie przynoszą pendrive i robią z nimi, co chcą, bez mojej wiedzy, a potem te dane mogą się znaleźć gdziekolwiek na zewnątrz.* wss.pl 2003. *PenDrive zagościł na naszym rynku* *pod koniec 2001 roku. Nie był wtedy zbyt popularny ze względu na stosunkowo duże ceny tych - jak to się wtedy uważało - zabaweczek.* www.benchmark.pl 2006. kein Beleg ◄engl

penthouse [penthałs] *m, G* penthouse'u, *Npl* penthouse'y »exklusives Appartment auf dem Flachdach eines Etagenhauses o. Hochhauses« - **Penthouse**. *Luksusowy penthouse. Z okien penthouse'u powinien roztaczać się zapierający dech w piersiach widok, np. na panoramę miasta.* www.w-a.pl 2004. *Ceny za metr kwadratowy penthouse'ów - mieszkań usytuowanych na ostatnich piętrach budynku, których minimalna powierzchnia ma wynieść prawie 150 mkw.* www.frazpc.pl 2006. IS 2000, PS 2000, OiT 2001 ◄engl

pepperoni* *f, indekl* **1** *oder* ♦ **kiełbasa pepperoni** »scharf gewürzte Würstchen, seltener scharf gewürzte Wurst wie z.B. Salami o.Ä.« - **Peperoni-Würstchen; Peperoni-Wurst**. *Kup 20 dag pepperoni i tyle samo salami.* PS. *Kurczak po węgiersku. Skład: ryż, pomidor, papryka, cebula, kurczak, pieczarki, kiełbasa pepperoni, saszetka z przyprawami.* www.igloopol.pl 2004. IS 2000, PS 2000, US 2003 **2** *oder* ♦ **papryka pepperoni** »kleine, sehr scharfe (meist in Essig eingelegte) Paprikaschote« - **Peperoni**, *seltener* **Peperone**. *Konserwowana, kiszona pepperoni; pizza z pepperoni. Nakładamy na mięso, a także obok niego pociętą paprykę, cebulkę, a na samą górę paprykę pepperoni w całości.* www.se.com.pl 2004. IS 2000, PS 2000, US 2003 ◄ital

performance* [performans] *m, indekl, Kunst* »einem Happening ähnliche, meist von einem einzelnen Künstler dargebotene künstlerische Aktion« - **Performance**. *Performance uważany jest za sztukę żywą rozumianą dwojako: z jednej strony jako osobisty, personalny pokaz artysty przed publicznością i bezpośredni z nią kontakt, z drugiej - jako sprzeciw wobec tego, co skonwencjonalizowane.(...). Performance dokonał rewolucji, która początkowo była lekceważona. Podważył kulturowe podstawy sztuki.* pl.wikipedia.org 2006. PS 2000, US 2003 ✐1989 NSP2 ◄engl

performer *m, G -a, Npl ~rzy, v.* ↗performance, *Kunst* »Künstler, der eine Performance darbietet« - **Performance-Künstler**. *Dzisiaj na Uniwersytecie w Montrealu robi doktorat o sztuce, której tematem jest chodzenie po mieście. Pisze o twórczości performerów - m. in. Polaka Krzysztofa Wodiczki.* Wysokie Obcasy 2003. *Jak genialnym performerem i konferansjerem jest Tymon, zorientowałem się całkiem niedawno - w kwietniu, na warszawskim festiwalu Weź To Wyłącz.* www.stopklatka.pl 2006. PS 2000, US 2003 ✐1992 NSP2

performerka *f v.* ↗performer, *Kunst* - **Performance-Künstlerin**. *W wideo „Octopus" performerkę widzimy na skrzyżowaniu ulic, wieloręką i wielonogą (dzięki trikom komputerowym).* Wysokie Obcasy 2003. *Performerki zawsze podkreślają, że stanowią jeden organizm. Występowały też zawinięte w plastikową folię czy połączone aparatem oddechowym.* serwisy. gazeta .pl 2006. kein Beleg

peryferie[NB] *s.* **urządzenie peryferyjne**

PESEL [pesel] *m, G -u* **1** *nur im Sg, indekl* »landesweites elektronisches Einwohnerregister, in dem die Personendaten aller in Polen ansässigen Personen erfasst sind« - **(Polnisches) Allgemeines Elektronisches Einwohnerregister**. *Aktualizować PESEL. Baza danych PESEL jest aktualizowana na podstawie informacji z biur meldunkowych.* PS. S 2000, PS 2000, US 2003 ◄Abk von Powszechny Elektroniczny System Ewidencji Ludności **2** *oder* **pesel** *Npl -e* »Nummer aus diesem Register, die jeder Person zugeteilt wird u. im Personalausweis eingetragen ist« - **Evidenz-Nummer, Personalnummer**. *Podać, odczytać PESEL; ludzie o dwóch PESEL-ach. Uzupełniliśmy informacje pracowników (NIPy, PESELe, daty itp.). Przy przegrywaniu bazy na sieć okazało się, że nikt nie wie, jakie jest hasło do bazy. Proszę o jakąś pomoc.* www.pckp. pl 2006. *Pesel składa się z 11 cyfr, z czego 6 pierwszych to rok, miesiąc i dzień urodzenia obywatela.* PS. IS 2000, PS 2000, US 2003. *vgl. auch* ↗PIT, ↗NIP, ↗REGON

phisher [fiszer] *G -a, Npl ~rzy, oder* **phishingowiec** [fiszingowiec] *m, G ~wca, Npl ~wcy, v.* ↗phishing, *Internetjargon* »jd., der Phishing betreibt« - **Phisher**. *Phisherzy opracowali nową metodę ataku. Zamiast umieszczać w wiadomości odnośnik do strony łudząco przypominającej internetową witrynę naszego banku, cyberprzestępcy umieszczają w mailach formularze.* www.idg.pl 2005. *Zresztą w pierwszych tygodniach istnienia www. aukcje24.pl byłem przekonany, że to jakiś cwany podstęp domorosłych polskich phishingowców.* www.myapple.pl 2006. kein Beleg

phishing [fiszing] *m, G -u, Internetjargon* »Form des Trickbetrugs im Internet, bei dem per E-Mail versucht wird, den Empfänger zur Herausgabe von Zugangsdaten und Passwörtern zu bewegen, insbes. bei Online-Banking« - **Phishing**. *Phishing jest to rodzaj oszustwa mającego na celu kradzież tożsamości. Polega ono na tym, że oszust próbuje wyłudzić od potencjalnej ofiary cenne dane osobowe - takie, jak numer karty kredytowej, hasło, dane dotyczące konta lub inne informacje (...).* www.microsoft.com 2005. *Według oświadczenia ban-*

ku, procedury te zapewnią skuteczną ochronę przed „phishingiem". www.internet-standard.pl 2005. ▢ kein Beleg ◄engl
phishingowy *Adj v.* ↗phishing, *Internetjargon -* **Phishing-**. Atak phishingowy. *Podobnie jak komputerowe wirusy, oszustwa phishingowe były początkowo domeną złośliwych hakerów, chcących w ten sposób pochwalić się umiejętnościami w półświatku.* www.pcworld.pl 2006. *Według ostatnich badań firmy Sophos, aż 58% internautów otrzymuje każdego dnia przynajmniej jedną wiadomość e-mail będącą pułapką phishingową.* www.fantasyworld.pl 2006. ▢ kein Beleg
piana ♦ *phras* **bicie piany** *s.* **bicie**
piar *m, G -u,* **PR** [pi-ar] *indekl, Jargon* »Public Relations« - **PR**. Agencja PR; spec piaru. *Świadectwem poziomu polskiego PR są także poświęcone jemu sympozja. Czytelników magazynu czeka również bliskie spotkanie z branżą PR na Węgrzech oraz zapis zamkniętej debaty z udziałem zagranicznych sław światowego piaru (...).* dziennik.pap.com.pl 2006. *(...) A Hotel przymknął na to oko, byleby sobie nie robić złego piaru.* www.proto.pl 2006. ▢ kein Beleg. *auch* ↗public relations ◄Kurzwort aus Public Relations
piarowiec, PR-owiec *m, G ~wca, Npl ~wcy Jargon* »PR-Berater« - **PR-Mann, PR-Frau,** *Pl* **PR-Leute; PR-ler**. *W Polsce PR nadal raczkuje. A polscy piarowcy to malarze malujący wirtualną rzeczywistość. Brak im doświadczenia.* wiadomosci.onet.pl 2006. *PR-owiec (piarowiec, często mylony z ojcami pijarami, ale to nic w przypadku żeńskiej odmiany - piarówki!) w przeciętnej polskiej firmie ma do pokonania w swojej pracy wiele przeszkód. Po pierwsze, zwykle należy się cieszyć, że ktoś z zarządu firmy pomyślał o czymś takim jak PR czy wizerunek.* www.studiuj.pl 2006. ▢ kein Beleg ◄Kurzwort aus Public Relations
piarowski, PR-owski *Adj v.* ↗piar, PR *Jargon* »Public-Relations betreffend« - **PR-**. *„Trafia mnie, kiedy słyszę, że ktoś robi w dwóch literkach (PR), a wszystko co do tej pory zrobił, to wystukał na komputerze dwie notki prasowe" - irytuje się Bożena, która prowadzi własną agencję piarowską.* www.egospodarka.com 2006. *Nawet jeżeli PiS stanowi swoisty polityczny fenomen, to z całą pewnością w nie mniejszym stopniu jest to także fenomen PR-owski i marketingowy.* sondaz.wp.pl 2007. ▢ kein Beleg
pielgrzymka[NB] *f, auch* ♦ **pielgrzymka papieża, pielgrzymka papieska** »Auslandsbesuch, Auslandspilgerreise des Papstes« - **(Pilger)reise des Papstes, päpstliche (Pilger)reise**. Pielgrzymka Jana Pawła II do ojczyzny. *Między 2 a 10 czerwca 1979 roku Jan Paweł II przybywa do Polski z pierwszą pielgrzymką papieską. Wizyta papieża dodaje Polakom wiary i sił w trudnym okresie.* www.1944.pl 2006. *Przygotowania medialne do papieskiej pielgrzymki w Polsce są już bardzo zaawansowane.* wirtualnemedia.pl 2006. ▢ IS 2000, PS 2000 ✍1988 NSP2

pieluchomajtki *nur im Pl* »Wegwerfwindel in Höschenform« - **Windelhosen, Windelhöschen, Höschenwindel; Pampers**. Zmienić, założyć pieluchomajtki. Pieluchomajtki dla dorosłych. *Pieluszki jednorazowe, inaczej zwane pieluchomajtkami, są tak skonstruowane, że po zużyciu umożliwiają odpowiednie złożenie i sklejenie.* www.dzieckook.pl 2005. *Dzięki serdeczności naszego personelu i pieluchomajtkom nasi mieszkańcy w pełni mogą uczestniczyć w życiu Domu bez przykrych niespodzianek.* www.domyopieki.pl 2004. ▢ PS 2000 ✍1991 NSP2. *auch* ↗pampers

pieniądz ♦ **plastikowy pieniądz, plastikowe pieniądze** *oder* **plastik**[NB] *m, G -u, Jargon, ugs* »Kreditkarten als Zahlungsmittel« - **Plastikgeld; Plastik**. Płacić plastikowym pieniądzem *oder* plastikiem. *Plastikowy pieniądz podbija rynek. Rynek kart płatniczych w Polsce ulega ciągłym zmianom, ale w ostatnich latach jego rozwój nabrał niespotykanej wcześniej dynamiki.* www.kartyonline.ol 2006. *Podróżujący Polacy doceniają plastikowe pieniądze jako dogodną formę płatności podczas podróży po kraju i za granicą.* www.polcard.pl 2006. *Duży wybór figurek plastikowych w skali 1/72 różnych firm, farb, modeli i książek. Nie można płacić plastikiem (kartami).* wargaming. bellerofont.net 2004. ▢ IS 2000

♦ **pusty pieniądz, puste pieniądze** *Wirtschaft* »Geld, für das es keine Deckung in Waren, Werten gibt« - **leeres Geld**. *Rząd godzi się na drukowanie pustego pieniądza i tym samym zwiększa inflację*. IS. *Aby pozbawić nas oszczędności, wymieniano nam pieniądze, drukowano puste pieniądze, utrzymując inflację na wysokim poziomie, specjalnie o tym nie informując.* www.money.pl 2005. ▢ IS 2000, PS 2000, US 2003 ✍1989 NSP2

♦ *phras* **prać/wyprać (brudne) pieniądze** *Jargon* »auf illegale Weise erworbenes Geld durch finanzielle Transaktionen wieder in den wirtschaftlichen Kreislauf einschleusen u. dadurch legalisieren« - **Geld waschen**. *Mafia pierze swoje pieniądze w założonych do tego celu przedsiębiorstwach.* SW. *Handlarze narkotyków i oszuści podatkowi starają się na rynku dzieł sztuki wyprać brudne pieniądze.* IS. ▢ SW 1996, IS 2000, PS 2000, US 2003 ✍1992 NSP2

♦ *phras* **pranie brudnych pieniędzy** *Jargon* »Umtausch von illegal erworbenem Geld in

solches von unverdächtiger Herkunft« - **Geldwäsche**. *Pranie brudnych pieniędzy, pochodzących z nielegalnego handlu narkotykami oraz z innych poważnych przestępstw z nimi związanach stanowi poważne zagrożenie dla integracji i stabilności systemów finansowych i handlu na świecie.* unic.un.org.pl 1998. ▢ IS 2000, PS 2000, US 2003
♦ *phras* **pralnia brudnych pieniędzy** *Jargon* »Einrichtung, Institution usw., die Geldwäsche betreibt« - **Geldwaschanlage**. *Pieniądze pochodziły m. in. z gier losowych i handlu złotem, szły zaś do stołówek pracowniczych i na resorty mundurowe, a jeśli coś zostało, to i na walkę z gangsterami podobno też. Złośliwi mówią, że była to pralnia brudnych pieniędzy (...).* www.gdansk.naszemiasto.pl 2004. ▢ PS 2000 ✐1992 NSP2
piercing [pirs-iŋk], **body piercing** *m, G -u, auch* **kolczykowanie** *n* »Durchstechen der menschlichen Haut an bestimmten Stellen für das Einsetzen von metallischem Schmuck« - **(Body)piercing, (Körper)piercing**. *Piercing wargi, pępka; kolczyki, maszynki do piercingu. Wykonać, zrobić (body) piercing. Piercing wykonuje się igłą jednorazową - pistoletu używamy wyłącznie do przekłuwania miękkiego płatka ucha.* www. wizaz.pl 2004. *Zajmuję się piercingiem i mogę pochwalić się największym profesjonalizmem w Koszalinie i okolicach.* misiek54.getphoto.pl 2006. *Moda na kolczykowanie różnych części ciała (body piercing), a nie tylko uszu, zatacza w Polsce coraz szersze kręgi, w różnych środowiskach.* spc.kolczyki.pl 2007. ▢ PS 2000, US 2003 ◀engl
piercingowiec *m, G ~wca, Npl ~wcy, ugs* »jd., der eine Vorliebe für Piercing hat, gepierct ist« - **Piercingträger, Piercingfan**. *Kolczyki toleruję tylko w uszach (a najlepiej u dziewczyn). Wprawdzie nic nie mam do piercingowców, ale ja z ćwiekiem w skroni cały czas byłbym kłębkiem nerwów.* cvvaniak.superhost.pl 2006. *Piercingowcy twierdzą, że to uzależnia jak nałóg. Ci, którzy wbiją pierwszy kolczyk, z reguły wracają po następne.* download.kolczyki.pl 2006. ▢ PS 2000
piercingowy *Adj v.* ↗piercing - **Piercing-**. *Cyber tattoo. Najwiekszy w Polsce dystrybutor sprzętu do tatuażu oraz biżuterii piercingowej.* www.cybertattoo.net 2006. *Przypomniało mi się, jestem przecież piercingowym fetyszystą.* wielokropkowy.mylog.pl 2005. ▢ kein Beleg
pierestrojka* *f, Politik* »Umbildung, Neugestaltung des kommunistischen politischen Systems, die in der Sowjetunion gegen Ende der 1980er Jahre von M. Gorbatschow initiiert u. die auch von anderen Ostblockländern übernommen wurde« - **Perestroika**. *Lecz dopiero Gorbaczow, wprowadzając w połowie lat 80. „pierestrojkę", otwarcie przyznał, że ideologię w praktyce trzeba trochę poprawić.* www.rosjapl.info 2005. *Pewną zmianę w tym względzie przyniosła pierestrojka w ZSRR, która została ogłoszona także w Bułgarii przez I sekretarza Todora Żiwkowa w roku 1986.* www.darski.info 2006. *Węgrzy walczyli zbrojnie o wolność spod sowieckiej dyktatury, my przyjęliśmy wariant „pierestrojki" i tow. Gomułkę.* tomaszlis.wp.pl 2006. ▢ Supl 1994, SW 1996, IS 2000, PS 2000, US 2003 ✐1987 NSP2 ◀russ perestrojka
pierestrojkowy* *Adj v.* ↗pierestrojka, *Politik -* **Perestroika-**. *Program pierestrojkowy zakładał przecięcie owej pępowiny, co oznaczać mogło tylko jedno: stopniowy proces oddzielenia się KPCz od centrum, a co za tym następuje - jej szybsze lub wolniejsze obumarcie.* www.republika.pl 2006. *Na Litwie pierwsze manifestacje niepodległościowe okresu pierestrojkowego zostały organizowane przez Ligę Wolności Litwy w sierpniu 1987 r.* www.sw.org.pl 2005. ▢ kein Beleg ✐1989 NSP2
Piętnastka, piętnastka[NB] *f, Jargon* »Staaten der Europäischen Union, die von 1995 bis 2004 aus fünfzehn Mitgliedern bestand« - **die Fünfzehn, die fünfzehn EU-Staaten**. *Kraje, sankcje Piętnastki. Według przewodzących Unii Greków na lunchu Powella z szefami MSZ NATO nie zabraknie ani jednego ministra z krajów Piętnastki.* Gazeta Wyborcza 2003. *Liberalizacja w handlu artykułami przemysłowymi z UE jest niemal pełna, kraje piętnastki lokują na naszym rynku ponad połowę swoich nadwyżek eksportowych.* Wprost 2000. ▢ PS 2000
pigalak *m, G -a, Npl -i, ugs, Jargon* »Straße, Gegend, in der sich Frauen aufhalten, um sich zur Prostitution anzubieten« - **Strich**. *Warszawski pigalak. Stać na pigalaku, iść na pigalak. Tym razem nie chodziło mi o jakieś tam wycieruchy z Pigalaka, ale o prawdziwe damy z agencji towarzyskiej.* stell-press.webpark.pl 2005. *Ale trudno, po godzinie bezładnego kluczenia po warszawskim pigalaku, czyli tunelach dworca centralnego (tych ze sklepami, oczywiście), trafiliśmy na odpowiedni przystanek, wsiedliśmy w odpowiedni tramwaj i wysiedliśmy tam, gdzie trzeba.* polter.pl 2005. ▢ IS 2000, PS 2000, US 2003 ✐1986 NSP2. *auch* ↗pikieta
◀frz, von Pigalle, einem Pariser Platz, der wegen der dortigen Bordelle u. Prostituierten berühmt ist

pigułka ♦ *phras* (coś) **w pigułce** »(vermitteltes Grundwissen zu einem Gebiet) auf engstem Raum« - (etw.) **auf einen Blick;** (etw.) **kurz u. bündig**. *Niemiecki, rosyjski w pigułce. Tatry, Bieszczady w pigułce; egzamin gimnazjalny w pigułce. „Angielski w pigułce" to nauka języka angielskiego od podstaw i pomo-*

ce naukowe, zebrane w jednym miejscu oraz rozmówki angielskie. www.angielski.nauczaj.com 2006. *Polska w pigułce. Serdecznie zapraszamy Państwa do krótkiej podróży po Polsce, jej wspaniałej przeszłości, bogatej teraźniejszości i obiecującej przyszłości.* www.msz.gov.pl 2004. *Historia Polskiego Radia w pigułce.* www.polskieradio.pl 2005. 📖 kein Beleg

♦ **pigułka aborcyjna** »Pille, durch deren Einnahme eine Fehlgeburt ausgelöst wird« - **Abtreibungspille**. *Jej zdaniem na pokładzie statku było około 15-20 ochotniczek z całej Polski. (...). Nie odpowiedziała na pytanie, czy na pokładzie rozdawano pigułki aborcyjne, zasłaniając się polskim prawem.* www.wiadomosci.wp.pl 2003. *1988 - po wycofaniu pigułki aborcyjnej RU-486 z produkcji - francuski producent Roussel Uclaf oświadczył, iż jest w stanie powrócić do jej wytwarzania.* www.pcworld.pl 2005. 📖 PS 2000. *auch* pigułka ↗wczesnoporonna

♦ **pigułka jednoskładnikowa** s. **minipigułka**

♦ **pigułka po (stosunku)** *ugs* »empfängnisverhütende (Hormon)pille, die nach dem Geschlechtsverkehr eingenommen wird« - **die Pille danach**. *Jeśli nie stosujesz pigułek antykoncepcyjnych, ani innych metod zapobiegania ciąży, powinnaś wziąć Postinor - to taka pigułka po stosunku.* www.mnb.krakow.pl 2004. *To na razie jedyna dostępna w Polsce pigułka „po". Zawiera dużo większą niż inne tabletki dawkę syntetycznego progesteronu, który hamuje lub opóźnia zbliżającą się owulację.* www.technikamedyczna.pl 2005. 📖 PS 2000

♦ *phras* **pigułka szczęścia** *ugs* »Medikament gegen Depressionen« - **Glückspille**. *Pigułki szczęścia. Do lekarza po dobre samopoczucie.* www.wprost.pl 2002. *Z biegiem czasu pigułka szczęścia ujawniła bowiem swoje niekoniecznie pozytywne strony.* www.gildia.com.pl 2006. 📖 PS 2000

♦ **pigułka wczesnoporonna** s. **wczesnoporonny**

pikieta^NB *f* 1 »organisierte Protestgruppe (meist vor einem Regierungsgebäude); auch Form dieses Protests« - **Protest; Mahnwache**. *Pikieta antyrządowa, antywojenna; pikieta związkowcom. Prowadzić pikietę; zaprosić na pikietę; uczestniczyć w pikiecie. Trwa pikieta przed Urzędem Rady Ministrów.* IS. *Zdjęcia z pikiety pod konsulatem Federacji Rosyjskiej z okazji 62 rocznicy deportacji narodów czeczeńskiego i inguskiego (...).* poland.indymedia.org 2006. 📖 SW 1996, IS 2000, PS 2000, US 2003 2 »Gruppe streikender Arbeiter, die Streikbrechern den Zugang zu dem bestreikten Betrieb verwehren will« - **Streikposten**. *Pikieta blokująca wejście do zakładu, hali. Wystawić, zroganizować pikietę przed bramą zakładu. Nie można liczyć na pełną solidarność załogi. Nie wszyscy przystąpią do strajku, dlatego pikieta jest niezbędna.* PS. 📖 SW 1996, PS 2000, US 2003 3 *Jargon* »bestimmte Orte (z.B. Parks, Toiletten), an denen sich Homosexuelle zur Kontaktaufnahme treffen« - **Cruising**. *Krakowskie, warszawskie, poznańskie pikiety. Chodzić, latać na pikietę; szukać partnera, przygód na pikiecie. Przedstawia dobrze znane z „Lubiewa" zakątki homoerotycznych schadzek i napaści: wrocławską pikietę i nagą plażę.* www.ksiazka.net.pl 2006. 📖 PS 2000 4 *Jargon* »Straße, Gegend, in der sich Frauen aufhalten, um sich zur Prostitution anzubieten« - **Strich**. *Stać na pikiecie; iść na pikietę. Posyłał swoje dziewczyny na pikietę, sam spędzał noce w pobliskich knajpach.* PS. 📖 PS 2000. *auch* ↗pigalak

pikietować^NB *ipf, v.* ↗pikieta - **protestieren, demonstrieren**. *Pikietować gmach ministerstwa, ambasady; pikietować przedsiębiorstwo, sklep; pikietować przed sejmem, na placu, ulicy. Przez cały dzień demonstranci pikietowali gmach Ambasady Chińskiej (...).* IS. 📖 SW 1996, IS 2000, PS 2000, US 2003

piksel *m, G -a oder ~sla Npl ~sle, EDV* »kleinstes Element bei der gerasterten, digitalisierten Darstellung eines Bildes auf einem Bildschirm« - **Pixel**, *selten* **Bildpunkt**. *Cyfrowy aparat Sony (...) rejestruje zdjęcia złożone aż z (...) milionów pikseli.* Wprost 2003. *Rozdzielczość oznacza liczbę pojedynczych punktów obrazu (piksli).* www.topmarket.pl 2006. 📖 SW 1996, PS 2000, US 2003 ◁engl pixel

piling s. **peeling**

pilot^NB *m, G -a, Npl -y* 1 »kleines elektronisches Gerät zur Bedienung von elektrischen Geräten« - **Fernbedienung**. *Pilot telewizyjny; pilot do telewizora, magnetowidu. Pilot do autoalarmu nie powinien działać na zbyt dużą odległość.* PS. *Hotele pobierają kaucję za pilota do telewizora.* www.matuszek.com.pl 2006. 📖 Supl 1994, SW 1996, IS 2000, PS 2000, US 2003 2 *Kino, Fernsehen* »werbende Ankündigung eines Films, einer Fernsehserie usw. durch einen Spot aus zusammengestellten Szenen« - **Trailer**. *Pilot serialu, filmu, programu publicystycznego, sitkomu. Wyświetlić pilota serialu telewizyjnego.* Supl. *Pilot serialu został pokazany amerykańskiej publiczności 9 września 2004.* www.canalplus.pl 2006. *W 1969 roku Norman Lear nakręcił pilota serialu All in the Family.* www.futrega.org 2006. 📖 Supl 1994, IS 2000, PS 2000, US 2003. *auch* zwiastun, *seltener* ↗trejler

pilotaż^NB *m, G -u, Npl -e* »Projekt, in dem versuchsweise neuartige Verfahren, Arbeitsweisen usw. angewendet werden« - **Pilotprojekt, Pilotversuch**. Wyniki pilotażu. Przeprowadzić pilotaż; uczestniczyć w pilotażu. *Nauczyciele uczący w klasach, objętych pilotażem, będą wspierani szkoleniami i materiałami edukacyjnymi. Szczegóły na temat pilotażu znaleźć można na stronach (...).* www.ceo.org.pl 2006. ▯ SW 1996, IS 2000, PS 2000, US 2003

pilotażowy[NB] *Adj v.* ↗pilotaż - **Pilot-**. Odcinek pilotażowy (serialu) - Pilotfolge (einer Serie). Program, projekt pilotażowy; gmina, produkcja pilotażowa; badanie, miasto pilotażowe. *W 1989 roku wyreżyserował pilotażowy odcinek „Life Goes On", przełomowego i niezwykle popularnego serialu.* www.spi.pl 2004. *W dniu 12 grudnia 2003 roku w trzech powiatach (...) przeprowadzono pilotażowy egzamin maturalny z języka polskiego, matematyki i języka angielskiego.* www.oke.krakow.pl 2003. ▯ SW 1996, IS 2000, PS 2000, US 2003

piłka ♦ *phras* **piłka jest po** czyjejś **stronie** *ugs* »jd. ist nun an der Reihe zu reagieren, handeln; es ist an jdm. zu handeln« - **jd. ist dran; „der Ball ist auf** jds. **Seite"**. *Piłka jest po stronie PiS-u. To oni powinni podjąć decyzję, w którą stronę pójdą.* www.samoobrona.org.pl 2006. *Od czasu odwrotu armii izraelskiej i likwidacji żydowskich osiedli w Strefie Gazy na Izrael spadło ponad 350 palestyńskich rakiet. - Poczekamy, zobaczymy - uspokajał ostatnio jordańskiego króla Abdullaha premier Izraela Ehud Olmert. Ale i on dobrze wie, że tym razem piłka znajduje się po stronie Palestyńczyków.* wprost.pl 2006. *„Piłka" jest więc po stronie władz obu miast. Już miesiąc temu doszło do spotkania prezydenta Włocławka Władysława Skrzypka i prezesa ciechocińskiego klubu (...).* www.cksz droj.com 2006. ▯ kein Beleg

PIN [pin], **pin** *m, G -u, Npl -y* »persönliche Identifikationsnummer (Geheimnummer für Geldautomaten usw.)« - **PIN-(Nummer)**. Pin trudny do zapamiętania. Zapomnieć, pomylić pin; przyznać, nadać komuś pin. *Ktoś, kto nie może przypomnieć sobie swojego PIN-u i nigdzie go nie zapisał, musi starać się o nową kartę do bankomatu.* OiT. *Już od kwietnia mieszkańcy Wielkopolski zamiast z legitymacją ubezpieczeniową mają chodzić do lekarzy z kartą chipową. PIN-em lub odciskiem palca będą potwierdzać swoją tożsamość.* forum. fronda.pl 2006. *Czy też konieczne jest wprowadzanie pinu bądź jakiś innych kodów?* www.bezkabli.pl 2006. ▯ IS 2000, PS 2000, US 2003 ◁engl, Abk von Personal Identification Number

Piña Colada* [pinja kolada] *f, Kulinaria* »Mix-Getränk aus Ananassaft, Kokosmilch u. Rum« - **Piña Colada**. *Rum kojarzy się przeciętnemu użytkownikowi alkoholu co najwyżej z drinkami Cuba Libre czy Pina Colada albo z popularnym aromatem do ciast, a nie prawdziwym alkoholem do picia (...).* www.he.com.pl 2002. ▯ kein Beleg ◁span

pingwin[NB] *m, G -a, Npl -y, ugs, scherzhaft* »Nonne« *Uczył ich religii pingwin, czyli siostra zakonna.* PP. *Powinni byli to kręcić w Polsce. Mamy najwięcej pingwinów na metr kwadratowy. Więcej zakonnic ma chyba tylko Watykan.* film.onet.pl 2005. ▯ US 2003 ✎1990 PP

piracki[NB] *Adj* »illegal (kopiert)« - **raubkopiert**. Piracki film; piracka płyta kompaktowa, piracka kaseta wideo; pirackie oprogramowanie, nagranie. *W środku miasta w weekendy w najlepsze tętni handel pirackim oprogramowaniem.* Fakt 2000. *Na rynku pojawiły się pirackie dodruki powieści Katarzyny Grocholi i Joanny Chmielewskiej.* www.tvp.pl 2004. ▯ SW 1996, PS 2000, US 2003

piractwo[NB] *n* »illegale Übernahme u. Nutzung von urheberrechtlich geschützten Gütern (z.B. Software, Büchern, Musik), um Gewinn daraus zu erzielen; auch illegale Nachahmung von Markenprodukten« - **(Marken)piraterie; (Kopieren von Datenträgern) Raubkopiererei**. Piractwo radiowe, internetowe, komputerowe; ściganie piractwa; walka z piractwem. *Francuski rząd zapowiada walkę z piractwem internetowym, polegającym na bezpłatnym kopiowaniu z internetu filmów i muzyki.* www. biznesnet.pl 2006. *Raport skupia się w tym roku szczególnie na piractwie wyrobów cyfrowych, podlegających prawom autorskim, takich jak CD, DVD i CD-ROM.* www.4safe.pl 2006. ▯ SW 1996, IS 2000, PS 2000, US 2003 ✎1990 NSP2

pirat[NB] *m, G -a, Npl ~ci* »jd., der Markenpiraterie, Raubkopiererei betreibt« - *als Kompositumzeitglied* **-pirat,** *(Fälscher von Markenware)* **Markenpirat;** *(Kopierer von Datenträgern)* **Raubkopierer**. Pirat radiowy, telewizyjny, komputerowy. *Mowa jest tam o tym, że lepiej chyba dać zarobić programiście czy artyście, aniżeli piratowi.* www.pclab.pl 2005. *Kiedyś z radia nagrywałem swoje ulubione piosenki i nie wiedziałem, że jestem piratem.* wiadomosci.onet.pl 2006. ▯ SW 1996, IS 2000, PS 2000, US 2003

pisowski, PiS-owski *Adj, Politik, Jargon - als Kompositumglied* **PiS-; der (Partei) PiS**. Minister, rząd pisowski. *Trzeba przyznać, że zaproszenie Stefana Mellera do rządu PiS-u było posunięciem niezwykle sprytnym. Zamortyzowało ono szok spowodowany powstaniem „pisowskiego" rządu.* krolikibedanagie.com 2006. *Sejm zajął się PiS-owskim projektem zmian w ordynacji samorządowej.* www.marianowska. win.pl 2006. ▯ kein Beleg

◁abgeleitet von der Abk für die nationalkonservative Partei „Recht und Gerechtigkeit" PiS (Prawo i Sprawiedliwość)

PIT *m, nur im Sg, indekl oder ugs G* PIT-u, *L* Picie, *Steuerrecht* **1** *Jargon* - »(polnische) Einkommenssteuer« *Ustawa o PIT; stawka PIT. Wszystkie informacje o PIT w jednym miejscu.* www.bankier.pl 2006. *Ustawa o PIT jest skomplikowana - to wie prawie każdy. Ale nawet najwięksi eksperci od podatków nie wiedzą jak bardzo (...).* www.skarbowcy.pl 2005. **2** *seltener* **pit**, *G* PIT-u/pitu; *Npl* PIT-y/pity, *ugs* - »(polnisches) Steuererklärungsformular für Einkommenssteuer« *PIT z rocznym zeznaniem; korekta pitu. Wypełnić PIT. Porady: przechowuj stare PIT-y i rachunki, które wykorzystałeś do odliczeń przez 5 lat.* www.podatki.wp.pl 2004. *Mam dołączyć rachunek do pitu?* podatki.wp.pl 2005. *Ja rozliczam się z fiskusem, a przy okazji wypełniania pitu wyliczam sobie stawki podatku.* forum.demokraci.pl 2005. - *Gdybyśmy płacili więcej, to powinniśmy to mieć kompensowane w picie, całkiem po prostu.* www.polskieradio.pl 2006. ⌑ IS 2000, PS 2000, US 2003 ⌑ kein Beleg. *vgl. auch* ↗PESEL, ↗NIP, ↗REGON ◁engl, Abk von Personal Income Tax

pita, pitta *f, G* pitty, *L* pitcie, *Kulinaria* - **Pitta, Pita a)** »flaches, rundes Brot aus Hefeteig; Fladenbrot« *Podgrzać pitę. Po wyjęciu pitty z paczki lekko skropić ją wodą (łatwiej się potem otworzy). W celu uzyskania „koperty" zawsze rozgrzać pittę do momentu, aż będzie elastyczna.* www.pitta.pl 2006. *Pitę robi się z ciasta mniej więcej takiego jak na naleśniki. Piecze się ją w piekarniku.* gratka.wp.pl 2006. **b)** »als Gericht mit einer Füllung aus Gemüse, Käse, Fleisch u.a.« *Pita z warzywami, z kurczakiem, z gyrosem. Gdzie we Wrocławiu można zjeść dobrą pitę?* f.kafeteria.pl 2006. ⌑ kein Beleg ◁arab

pitbull, pit bull, pitbul *m, G* -a, *Npl* -e, *oder* **pitbullterier** *m, G* -a, *Npl* -y »mit Bulldogge u. Terrier verwandter, als Kampfhund gezüchteter Hund« - **Pitbull, Pit Bull, Pitbullterrier**. *A ja uważam, że pitbulle wprawdzie stworzono do walk na arenach, ale jak ktoś się umie obchodzić z tymi psami, będzie miał w nich prawdziwego oddanego przyjaciela.* www.forumowisko.pl 2005. *Gameness to u psów rasy pit bull utrata instynktu samozachowawczego i niepohamowana wola walki. (...) To właśnie wyróżnia pit bulla spośród wszystkich innych ras.* pl.wikipedia.org 2006. *Pitbullterier zagryzł właścicielkę.* ww5.tvp.pl 2003. ⌑ kein Beleg ◁engl

PIT-owy, pitowy *Adj v.* ↗PIT *Steuerrecht* - **Einkommenssteuer**-. *Problem, stres PIT-owy.*

Totalna porażka z tym PIT-owym programem! www.jaslan.pl 2005. *Jak każdy szanujący się podatnik wie - dzisiaj pitowy deadline.* matyldaa.blog.pl 2003. *Jednak płytę z programem pitowym (wg wyjasnień gazety) nie każdy może otworzyć, gdyż nie wszyscy mają wymagane programy.* forum.murator.dom.pl 2002. ⌑ kein Beleg

pitu *n oder f, indekl* »brasilianischer Zuckerrohrschnaps« - **Pitu**. *Pitu wytwarzane jest wyłącznie z trzciny cukrowej najwyższej jakości. Po raz pierwszy Pitu wyprodukowano w roku 1938 (...). Pitu to doskonały składnik egzotycznych koktajli.* www.tph.pl 2006. *Pitu - brazylijska odmiana rumu, a właściwie wódka robiona ze świeżej, jeszcze zielonej trzciny cukrowej.* www.racke.pl 2006. ⌑ kein Beleg

plama ♦ *phras* **dać plamę*** *ugs* - **sich blamieren, sich kompromittieren, sich eine Blöße geben**. *Dać plamę na egzaminie, przyjęciu. Warszawa dała plamę. Aż się wierzyć nie chce: liczni i wyśmienicie opłacani stołeczni urzędnicy stracili szansę na unijne pieniądze. Nie potrafili przedstawić sensownego projektu na ich wykorzystanie. - Daliśmy plamę - przyznaje były prezydent Warszawy.* Gazeta Wyborcza 2003. *Dałeś plamę, chłopie! Jak można przegapić taką okazję?!* PSF. ⌑ SW 1996, IS 2000, PS 2000, PSF 2000, US 2003 ⌘1983 PP

plastik[NB] *s.* **pieniądz**

plastikowy[NB] *Adj, ugs* - »wertlos, billig, minderwertig, unecht« *Heh, jak dla mnie Eurowizja to plastikowy tandetny show prezentujący niezbyt ambitną scenę muzyczną...* www.lekka.pl 2006. *(...) jeżeli chodzi o treść, aktorstwo i odniesienie [filmu] do rzeczywistości załamałem się, chociaż z drugiej strony nie spodziewałem się niczego lepszego po poprzednich częściach. Film tandetny, plastikowy i głupi aż do bólu.* www.filmweb.pl 2006. ⌑ kein Beleg

platforma[NB] *f Politik* »(politische) Handlungsbasis; auch Parteiprogramm« - **Plattform**. *Platforma współpracy, porozumienia; platforma obywatelska, dyplomatyczna. Głównymi celami stowarzyszenia będą: stworzenie medialnej i ideowej platformy porozumienia dla organizacji i inicjatyw kobiecych.* kobietykobietom.com 2006. *Teoretycznie powinny one stanowić platformę współpracy równorzędnych partnerów, jednak w praktyce nie spełniają one zwykle tego zadania.* ryzyko.pl 2006. ⌑ SW 1996, IS 2000, PS 2000, US 2003 ⌘1989 NSP2

platformers *m, G* -a, *Npl* -i, *Politikjargon* - »Mitglied, Anhänger der liberalen Partei „Platforma Obywatelska" (Bürgerplattform)« *Ponad dwa lata temu, gdy PO i Samoobrona zajmowały dwa pierwsze miejsca w partyjnych rankingach, platformersi nagle ogłosili świętą wojnę z „barbarzyńcami", czyli partią Leppe-*

ra. (...) Teraz PO widzi, że działania PiS budzą wielkie kontrowersje i sprzeciw sporej części społeczeństwa. Wyczuwając koniunkturę, platformersi stali się formacją totalnie antypisowską. www.wprost.pl 2006. *Sukces jest więc możliwy, tylko liderzy PiS muszą przestać bez przerwy wyciągać rękę do platformersów. Nic to nie da - a tylko zniechęci elektorat.* www.medianet.pl 2006. ⌑ kein Beleg

platfus[NB], **Platfus** *m, -a, Npl -y, Politikjargon, ugs, auch ironisch-abwertend* »Mitglied der Partei Platforma Obywatelska« *Na dziś Platforma nie ma zadania tworzenia rządu, a same platfusy twierdzą, że z nikim koalicji zawierać nie będą, za to uderzą w PiS grając na jego rozłam (...).* tomaszlis.wp.pl 2006. *To co Platfusy zaproponowały, to nie jest liberalizm.* lze.blog.onet.pl 2006. ⌑ kein Beleg
◁ Anspielung auf die phonetische Ähnlichkeit zwischen **Platf**orma und **platf**us

platyna[NB] *f, Musik, Jargon* »Ehrung, die Künstler der Musikszene für eine bestimmte Anzahl verkaufter Tonträger erhalten« - **Platin**. *Kilkakrotna platyna - mehrfaches Platin. Otrzymać, uzyskać, dostać platynę. Moja hiszpańskojęzyczna płyta w Finlandii stała się potrójną platyną.* Viva 2003. *Ale 3. płyta musi dostać platynę! Ja wspomogę ją swoim zakupem. Smile.* kateryan.phpbbweb.com 2005. ⌑ kein Beleg
✎ 1989 NSP2. *auch* ↗**płyta platynowa**

play off, play-off [plej of] *m, indekl oder G* play offu, *L* play offie, *Npl* play offy, *Sport* »Endrundenspiele in Turnieren, in denen die Verlierermannschaft nach dem K.o.-System jeweils ausscheidet; Stichkampf« - **Play off**. *Wynik, stan play off/offu. Zagrać w play off. Władze zawodowej ligi koszykarzy NBA zapewniają, że nowy system rozstawienia w play off będzie bardziej sprawiedliwy i zmusi drużyny do walki nawet w ostatnich meczach (...).* tvp.pl 2006. *Utrzymanie to plan minimum, jednak takim cichym celem każdego z nas jest awans do play-offu.* www.e-basket.pl 2005.
⌑ PS 2000 ✎ 1989 NSP2 ◁engl

play off, play-off [plej of] *nachgestellt in adjektivischer Funktion, indekl, Sport* - **Play-off-**. *Runda play off - Play-off-Runde. Terminarz rundy play off w żużlowej ekstralidze.* www.radio-maks.tarman.pl 2004. *Zwycięskimi dla Prokomu finałami zakończyły się rozgrywki play-off.* www.polskikosz.pl 2004. ⌑ kein Beleg
◁engl

playlista [plejlista] *selten* **plejlista** *f, Musik* »Zusammenstellung von meist digitalen Musikstücken, die auf Computern abgespielt werden« - **Playlist, Titelliste, Wiedergabeliste**. *Playlista, to najczęściej grane utwory w Polskim Radiu Szczecin. Dla osób, które są stałymi słuchaczami, playlista nie ma tajemnic, jednak wszystkich internautów serdecznie zapraszamy do archiwum, w którym zapoznać się można z najczęściej odtwarzanymi hitami muzycznymi danego tygodnia.* www.radio.szczecin.pl 2006. *Kilka innych rozgłośni wprowadza powoli dancehall do swoich playlist.* Polityka 2006. ⌑ kein Beleg

plecakowiec *m, G ~wca, Npl ~wcy, Jargon, ugs* »Tourist, der nur mit Rucksack u. entsprechender Ausrüstung reist« - **Rucksacktourist**. *Z roku na rok do Krakowa przyjeżdża coraz więcej młodych turystów zza granicy, tak zwanych „plecakowców".* w_krakowie.tur-info.pl 2005. *Od wielu lat obserwuję, jak plecakowcy zapychają z wielkimi tobołami w kierunku zamku ogrodzienieckiego.* jurapolska.com 2006.
⌑ kein Beleg. *auch* ↗backpacker

plecakowy ♦ **turystyka plecakowa** - **Rucksacktourismus**. *Chciałbym się kiedyś wybrać do Indii drogą lądową. (...) oczywiście turystyka plecakowa - czyli namioty lub spanie jak najtańsze, jedzenie po najtańszych kosztach. Jak myślicie, ile trzeba pieniędzy na taką wyprawę?* www.odyssei.com 2006. *Czy turystyka plecakowa jest popularna?* www.cxt.pl 2004.
⌑ SW 1996

plener[NB] *m, G -u* - **Freilichtkonzert, Open-Air-Konzert**. *Maanam żąda za koncerty biletowane do 60-80 tys., za zamknięte koncerty dla firm, za duże plenery średnio 35-40 tys.* Polityka 2003. *Najbliższą imprezą będzie przegląd kapel rockowych i plener muzyczny na Gryżycach w Żaganiu - mówi Andrzej Gładysz, prezes stowarzyszenia.* www.zary.com.pl 2006. ⌑ kein Beleg

plejlista *s.* **playlista**

plenerowy[NB] *Adj* - **Freilicht-,Open-air-; im Freien**. *Koncert plenerowy - Open-Air-Konzert. Impreza plenerowa. Plenerowy przegląd filmów spodobał się wszystkim amatorom oglądania kina pod gołym niebem.* www.pieszyce.pl 2006. *To taka feta, gdzie przychodzą wszyscy i coś w rodzaju festynu się z tego robi. A ja za tego typu plenerowymi koncertami średnio przepadam.* happysad.art.pl 2006.
⌑ SW 1996, IS 2000, PS 2000, US 2003

plik[NB] *m, G -u, EDV* - **Datei**. *Plik tekstowy - Textdatei. Plik tymczasowy - Temp-Datei. Plik spakowany, skompresowany - Zip-Datei. Ściągnąć plik z Internetu - eine Datei aus dem Internet herunterladen. Skasować, uaktualnić, otworzyć, zmodyfikować, zamknąć plik. Jeśli robimy stronę opartą o pliki tekstowe, przyda się możliwość kasowania pojedynczych wierszy z danego pliku.* www.webcity.pl 2004.
⌑ SW 1996, IS 2000, PS 2000, US 2003

plikoteka *f* »Sammlung von digitalen Musikstücken (meist auf der Festplatte eines Computers)« - **Musiksammlung, Musikbibliothek**. *W ten sposób możemy wzbogacić naszą „plikotekę" praktycznie o wszystkie najnowsze przeboje.* www.enter.pl 2004. *Nieco większe urządzenia, jak popularny iPod firmy Apple, umożliwiają zbudowanie gigantycznej plikoteki, przekraczającej w najdroższych modelach 20 tys. piosenek.* wiadomosci.onet.pl 2005. ▢ kein Beleg

plot(t)er *m*, *G* -*a*, *EDV* »meist als Zusatz zu einer Datenverarbeitungsanlage arbeitendes Zeichengerät, das automatisch eine grafische Darstellung der Ergebnisse liefert« - **Plotter**. *Pisak, przykładnica, silnik plotera. Rysować, kreślić, wycinać na ploterze. Plotera używa się do sporządzania wykresów, planów architektonicznych.* OiT. ▢ SW 1996, IS 2000, PS 2000, US 2003 ✐1991 NSP2 ◁engl plotter

plujka^NB *f*, *EDV, Jargon, ugs* - »Tintenstrahldrucker« *Wydruk z plujki. Co ma zwykła drukarka atramentowa, zwana popularnie plujką, do hodowli komórek nerwowych? Na pierwszy rzut oka wydaje się, że niewiele.* www.e-medyk.info 2005. *Drukarki domowe to przede wszystkim drukarki atramentowe, czyli plujki - bo plują tuszem na papier. Inaczej mówiąc: inkjet.* www.amm-komputer.com.pl 2006. ▢ SW 1996, IS 2000, PS 2000, US 2003 ✐Bogusławski/Wawrzyńczyk 1993. *s. auch* ↗atramentówka

pluskwa^NB *f*, *oder* ♦ **pluskwa komputerowa** *oder* **e-pluskwa** *Internetjargon* »kleine Grafiken in html-E-Mails o. auf Webseiten, die eine Logfile-Aufzeichnung ermöglichen« - **Web-Bug, Web-Wanze**. *Twórcy popularnego, bezpłatnego systemu Linux'owego stwierdzili ostatnio nieprawidłowości bądź nawet pluskwę w patch'u, dodanym ostatnio do systemu.* www.prz.rzeszow.pl 2004. *A co gorsza, e-pluskwa zawiadamia nadawcę spamu, że przesyłka wysłana na dany adres została przez odbiorcę przeczytana, co zawsze oznacza zwiększenie się ilości spamu przesyłanego na to konto.* www.nospam-pl.net 2004. ▢ kein Beleg ◁engl web bug

płyta ♦ **płyta (kompaktowa)** - **CD-Platte**, *ugs* **CD**. *Wypożyczalnia płyt kompaktowych - CD-Verleih. Odtwarzacz płyt kompaktowych - CD-Player, CD-Spieler. Zmieniacz płyt kompaktowych - CD-Wechsler. Wydać, nagrać płytę kompaktową. Pojawienie się w latach osiemdziesiątych, spośród wielu innych, trzech typów elektronicznych urządzeń: mikrokomputera, odtwarzacza płyt kompaktowych i magnetowidu w sposób istotny wpłynęło na naszą kulturę.* www.jz.winter.pl 1998. ▢ SW 1996, IS 2000, PS 2000, US 2003. *auch* ↗CD, ↗kompakt ◁engl compact disc

♦ **płyta (główna) komputera** *EDV* »Platte, auf der die wichtigsten elektronischen Elemente eines Computers wie Prozessor, Speicher usw. montiert sind« - **(Haupt)platine, Motherboard**. *Umieścić, zamontować coś na płycie (głównej) komputera. Czytnik podpina się bezpośrednio do gniazda portu USB na płycie komputera i jest przez komputer traktowany jako dodatkowy dysk.* www.foto.e-cyfrowe.pl 2004. *Istnieją dwie podstawowe odmiany pamięci RAM, montowane na płytach głównych (...).* www.jarkom.pl 2004. ▢ IS 2000, US 2003

♦ **platynowa płyta, Platynowa Płyta** *Musik* »Ehrung, die Künstler der Musikszene für eine bestimmte Anzahl verkaufter Tonträger erhalten« - **Platin(schallplatte)**. *Na festiwalu [Ryszard Rynkowski] otrzymał również platynową płytę za album Dary losu (...).* www.rynkowski.art.pl 2003. *Kolędy nagrane przez Cappellę „Nowy Rok u Ojca Świętego" zdobyły Platynową Płytę.* www.gedanensis.pl 2004. ▢ PS 2000 ✐1989 NSP2. *auch* ↗platyna

♦ **złota płyta, Złota Płyta** *Musik* »Ehrung, die Künstler der Musikszene für eine bestimmte Anzahl verkaufter Tonträger erhalten« - **Goldene Schallplatte, Gold**. *Już w lutym 1992 r. otrzymał złotą płytę.* www.muzyka.gildia.pl 2004. *1 lipca podczas wieczornego, galowego koncertu „Święta Śląska 2006" Zespół Pieśni i Tańca „Śląsk" odbierze Złotą Płytę za album pieśni maryjnych „Bogurodzica".* www.ksj.pl 2006. ▢ IS 2000, PS 2000, US 2003 ✐1989 NSP2

płyta ♦ **płyta singlowa** *s.* **singel, singlowy**
płyta ♦ **płyta CD-ROM** *s.* **CD-ROM**
płyta ♦ **płyta DVD** *s.* **DVD**

pobierać^NB *ipf* / **pobrać** *pf*, *Computer, Internet* »von einem (meist größeren) Computer o. aus dem Internet auf einen Arbeitsplatzcomputer übertragen« - **downloaden, herunterladen**. *Pobrać plik, aktualizację z Internetu, sieci. Po jej wnikliwej lekturze wnioskuję, że internauta nie pobrał pliku „z Internetu", tylko włamał się na serwer firmy fonograficznej poprzez stronę www.xxx.* prawo.vagla.pl 2004. *Aktualizacje możesz pobrać z Internetu.* strefamandrivy.pl 2006. ▢ kein Beleg. *s. auch* ↗ściągać

pocisk ♦ **pocisk manewrujący** *Militär* »unbemannter militärischer Flugkörper, der mit einem konventionellen o. nuklearen Sprengsatz ausgerüstet werden kann« - **Marschflugkörper**. *Ponaddźwiękowy, nuklearny pocisk manewrujący. Odpalić pocisk manewrujący. Siły amerykańskie zużyły przez 12 dni kampanii irackiej jedną trzecią zapasów pocisków manewrujących Tomahawk - podała telewizja*

CNN. Metropol 2003. 📖 kein Beleg ◄engl cruise missile

poczta ♦ **poczta elektroniczna - elektronische Post, E-Mail**. Przesyłanie, odbiór poczty elektronicznej. *Poczta elektroniczna zmieniła nasze myślenie o komunikacji.* akson.sgh.waw.pl 2001. *Poczta elektroniczna pozwala zaoszczędzić czas i pieniądze.* www.microsoft.com 2006. 📖 SW 1996, IS 2000, PS 2000, US 2003. *auch* ↗e-mail ◄engl electronic mail
♦ **poczta głosowa** »Übermittlung von Sprach-Mitteilungen auf elektronischem Weg durch Datenübertragung; auch diese Mitteilungen u. das Konto, auf dem diese Nachrichten gespeichert werden« - **Voice-Mail; Voice-Mail-Box**. *Poczta głosowa posiada szereg cech, które czynią ją jedną z najatrakcyjniejszych usług na polskim rynku telefonii komórkowej.* www.plusgsm.pl 2006. *W tym celu należy zadzwonić na pocztę głosową (...), odszukać pozostawioną wiadomość faksową i wcisnąć na faksie klawisz # (...).* www.netia.pl 2006. 📖 PS 2000 ◄engl voicemail

podatek ♦ **podatek liniowy** *Steuerrecht* »einheitlicher Einkommenssteuersatz für alle Einkommensbezieher« - **Flat Tax, Einheitssteuer, Einfachsteuer**. *Stawka podatku liniowego - Flat-Tax-Satz. Podatek liniowy od dochodów. OPZZ jest przeciw ewentualnemu wprowadzeniu 15-procentowego podatku liniowego CIT, PIT i VAT, bo pomysł jest „niewykonalny przy obecnym stanie finansów państwa" (...).* www.pb.pl 2004. 📖 PS 2000

podatkowy ♦ **emigrant podatkowy** *ugs* »jd., der zur Umgehung der Steuerpflicht seinen Wohn- o. Unternehmenssitz ins Ausland verlegt« - **Steuerflüchtling**. *Jesteśmy w domu państwa Brentów, emigrantów podatkowych przebywających w Hiszpanii.* www.teatry.art.pl 2001. *Uporali się z tym, wybierając w 1971 r . życie emigrantów podatkowych na południu Francji.* www.wprost.pl 2002. 📖 kein Beleg
♦ **próg podatkowy** *Steuerrecht* »maximale Einkommenshöhe, die nach einem bestimmten Satz besteuert wird« - **Grenzsteuersatz**. *Przekroczyć pierwszy, drugi próg podatkowy; rozliczać się z jakiegoś progu podatkowego. Senat poparł wprowadzenie 50-proc. progu podatkowego.* www.twoja-firma.pl 2004. *Jedynie co setny podatnik rozlicza się według najwyższego 40-procentowego progu podatkowego.* www.cbos.pl 1999. 📖 NSPP 1999, US 2003
♦ **raj podatkowy** *ugs* »Staat, der keine o. nur sehr niedrige Steuern erhebt u. daher für Steuerflucht begehende Ausländer attraktiv ist« - **Steuerparadies, Steueroase**. *Prawo wielu państw utrudnia podatnikom przerzucanie dochodu do tzw. rajów podatkowych. Nasze także, ale czy na pewno zgodnie z wymaganiami ustaw?* www.twoja-firma.pl 2005. *Jakie kraje są uznawane za raj podatkowy, określił Minister Finansów w Rozporządzeniu z dnia 16 maja 2005 r.* www.biznespartner.pl 2006. 📖 kein Beleg
♦ **wakacje podatkowe** *Wirtschaft, Jargon* »(insbes. bei Unternehmen) Steuerbefreiungs-Zeitraum« - **Steuerferien**. *Okres wakacji podatkowych. Korzystać z wakacji podatkowych. Do spadku zysku netto w 1997 r. przyczyniło się wygaśnięcie wakacji podatkowych.* www.pckurier.pl 1998. *Umorzenie zobowiązań publiczno-prawnych, wakacje podatkowe dla nowych i małych firm oraz zmiany w opodatkowaniu banków - to propozycje Grzegorza Kołodki, ministra finansów, które rząd przyjął i skierował do prac w Sejmie.* www.biznesnet.pl 2002. 📖 PS 2003, US 2003 ✏1990 NSP2 ◄engl tax holidays

podejście ♦ *phras* **w/przy pierwszym** (drugim, kolejnym usw.) **podejściu*** *oder* **za pierwszym** (drugim, kolejnym usw.) **podejściem*** - **im ersten** (zweiten, nächsten, soundsovielten) **Anlauf; beim ersten** (zweiten, nächsten, soundsovielten) **Anlauf** *oder* **Versuch**. *Większość kadry, która zdawała w „pierwszym podejściu", także może się pochwalić całkiem dobrymi wynikami.* www.wat.edu.pl 2006. *Po kilku latach wziąłem ją ponownie do ręki, siadłem i przeczytałem od deski do deski już przy pierwszym podejściu; no i „odkryłem" ją na nowo.* db.tlen.pl 2005. *Za pierwszym podejściem obrabowali dwa mieszkania, za drugim Peweks i sklep monopolowy.* PP. 📖 IS 2000, PS 2000, US 2003 ✏1984 PP

podgląd[NB] *m, G -u, oder* ♦ **podgląd komputerowy** *Computer* »Bild (z.B. einer Textseite) auf dem Bildschirm eines Computers« - **(Bildschirm)ansicht, Vorschau**. *Skalowany, szybki podgląd; podgląd wydruku, mapy bitowej. W niektórych programach komputerowych podgląd to możliwość zobaczenia dokumentu w takiej postaci, jaką będzie on miał w druku.* IS. 📖 IS 2000, PS 2000

podgrzewacz[NB] *m, G -a* »kleine Kerze für ein Stövchen, meist in einer Aluminiumhülse« - **Teelicht**. *Podgrzewacze zapachowe. Produkujemy świece, świeczki, świece ozdobne i podgrzewacze w każdej ilości.* www.ns-poreba.pl 2006. 📖 kein Beleg

podkładka ♦ **podkładka pod mysz** *oder* **myszkę**, *selten* **mouse pad, mouse-pad** *Computer* »rutschfeste Unterlage, auf der die Computermaus bewegt wird« - **Mousepad, Mauspad**. *Masz to jak w banku, kiedy podarujesz mu podkładkę pod mysz z reklamą Twojej Firmy! Podkładki pod mysz to bardzo praktyczny i skuteczny gadżet reklamowy.*

www.siedemzyczen.pl 2006. *Podkładka pod myszkę: Z kulką czy bez, ta wyjątkowo miękka podkładka jest idealna dla każdej myszki.* www.spreadshirt.net 2006. *Wygrane drużyny zawsze dostawały jakieś skromne gadżety, mouse pady, części do komputerów, koszulki, pieniądze.* www.radiobartoszyce.pl 2006. *Producent reklamowych akcesoriów komputerowych. W ofercie znajdują się między innymi podkładki pod myszki czyli mouse-pady.* katalog.wow.pl 2006. 📖 kein Beleg ◁engl mouse pad

podpis ♦ **podpis elektroniczny** »Daten, mit denen sich die Authentizität von elektronischen Daten prüfen lässt« - **elektronische Unterschrift,** *amtssprachlich* **elektronische Signatur.** *Ustawa o podpisie elektronicznym. Posługiwać się podpisem elektronicznym. W pierwszym numerze biuletynu mówimy o nowej jakości komunikacji elektronicznej związanej z zastosowaniem podpisu elektronicznego.* www.polcert.pl 2002. *Należy tu wyraźnie zaznaczyć, że kwestie prawne i techniczne są nierozerwalnie związane z problematyką podpisu elektronicznego.* prawo.vagla.pl 2003. 📖 PS 2000

podróbka *f, ugs* »minderwertiges, nachgeahmtes Produkt« - *neutral* **(billiges, illegales) Imitat; Fälschung.** *Podróbka kosmetyków. Postanowiłem przyjrzeć się bliżej popularnej u nas podróbce koniaku, czyli tak zwanemu "Napoleonowi".* koniak.e-drinks.com.pl 2006. *Wojnę polskim sprzedawcom podróbek wytoczyła m.in. jedna z największych międzynarodowych kancelarii prawnych.* gospodarka.gazeta.pl 2006. 📖 SW 1996, IS 2000, PS 2000, US 2003

podróż ♦ **podróż motywacyjna** »Reise, die ein Unternehmen bestimmten Mitarbeitern als Anreiz zur Leistungssteigerung, als Prämie o.Ä. stiftet« - **Incentivereise.** *(...) oczywiste zalety podróży motywacyjnej zauważył po raz pierwszy Henry Ford i w roku 1910 zorganizował dla swoich najlepszych sprzedawców samochodów wycieczkę z Ohio do Nowego Jorku (wydarzenie to uznawane jest za pierwsze incentive travel).* www.mojaaustria.com 2006. *Podróż motywacyjna to o wiele więcej aniżeli wycieczka na koszt pracodawcy.* www.atatravel.com.pl 2006. 📖 kein Beleg ◁engl incentive travel

♦ **podróż studyjna** »Reise zu Bildungs- o. kulturellen Zwecken« - **Studienreise.** *Corocznym elementem kalendarza pracy Biura jest podróż studyjna, organizowana dla dziennikarzy z sąsiedzkich regionów (...).* www.umzachodniopomorskie.pl 2005. *Niedawno odbyła się podróż studyjna posłów na Ukrainę, do Mołdawii i do Rumunii.* www.isip.sejm.gov.pl 2002. 📖 kein Beleg

poduszka ♦ **poduszka powietrzna** *Kfz* - **Airbag.** *Boczna poduszka powietrzna - Seitenairbag. W połączeniu z pasami bezpieczeństwa poduszki powietrzne mogą zapobiec poważnym, a nawet śmiertelnym obrażeniom ciała podczas wypadku samochodowego.* www.allianz.pl 2006. *Boczna poduszka powietrzna jest wyposażeniem dodatkowym w autach średniej klasy.* pl.wikipedia.org 2006. 📖 IS 2000, PS 2000, US 2003. *seltener* ↗airbag ◁engl airbag

podziemie ♦ **podziemie aborcyjne** *s.* **aborcyjny**

podżegaczka[NB] *s.* **pomponiarka**

pogotowie ♦ **pogotowie strajkowe** »Protestform, bei der an einem Betrieb o. Gebäude zum Zeichen von Streikbereitschaft Transparente angebracht wurden« - **Streikbereitschaft, Streikankündigung.** *Ogłosić pogotowie strajkowe; pogotowie strajkowe trwa, obowiązuje. Wyczerpawszy wszystkie inne możliwości działania, zdecydowano się najpierw na pogotowie strajkowe, następnie na strajk ostrzegawczy.* NSP2. 📖 PS 2001, US 2003 ✎1989 NSP2

pojazd ♦ **pojazd hybrydowy** *s.* **hybrydowy**

pokolenie ♦ **pokolenie JP2** *s.* **generacja**

pokolenie ♦ **pokolenie nic** *s.* **generacja**

pokolenie ♦ **pokolenie X** *s.* **generacja**

pokój[NB] *m, G -u, oder* ♦ **pokój czatowy** *Internet* »Teil eines Internet-Chats zu einem bestimmten Thema« - **Chatroom.** *Wejść do pokoju; administrować pokojem. Podaj nazwę pokoju, który chcesz założyć.* czat.onet.pl 2004. *Będąc właścicielem pokoju czatowego powinieneś mieć świadomość, w jaki sposób możesz utracić prawa do niego.* czat.onet.pl 2006. 📖 kein Beleg ◁engl chatroom

pokręcony[NB] *Adj, ugs* »von der Norm, vom Üblichen, Erwarteten abweichend« - **schräg, freakig, ausgeflippt; verrückt.** *Jeden długi, pokręcony film. Jednak za mało pokręcony, życie nie może być proste, musi być powyginane jak spirala DNA.* dekambrysta.blogo.pl 2005. *Z wszystkich filmów Tarantino to w Pulpie chyba jest najwięcej tego pokręconego humoru i dlatego ten film tak lubię.* www.fantasyworld.pl 2005. *Poznaliśmy pokręconego Ruska i chichraliśmy się na artdyskusji o czymś tam.* www.bedzinbeat.com 2006. *Prawie każdy mieszkaniec tego pokręconego kraju z lubością cytuje papieża i prawie żaden nie stosuje się do tych nauk!* www.lubin.on-line.pl 2003. 📖 US 2003

polar *m, G -u* **1** *nur im Sg* »polnische Handelsbezeichnung für ein leichtes, weiches, atmungsaktives Textil aus Polyester« - **Fleece.** *Kominiarka, spodnie z polaru. Wierzchnia warstwa z nieprzemakalnego goreteksu, spodnie z polaru.* Przyjaciółka 2004. *Polar wspaniale*

nadaje się na ubrania sportowe, konfekcję damską, męską, młodzieżową i dziecięcą oraz galanterię odzieżową typu szaliki, czapki czy rękawiczki. www.biruna.com.pl 2006. ⌐⌐ PS 2001, US 2003 **2** *Npl -y, ugs* »Kleidungsstück (Jacke, Bluse, Mütze usw.) aus Fleece« - *als Kompositum mit Erstglied* **Fleece-**, z.B. Fleecejacke, -pullover, -mütze usw. Ubrać, nosić polar. *Polary - tą nazwą określamy kurtki uszyte z poliestrowej dzianiny typu „fleece". W polarze nie zmarzniesz.* www.jarmark.damis.pl 2006. ⌐⌐ PS 2001, US 2003
polarowy *Adj v.* ⌐polar - **aus Fleece,** *als Kompositumglied* **Fleece-**. Dres, materiał, komplet, golf polarowy. Bluzka, czapka polarowa. *Jesienno-zimowy komplet polarowy dla niemowląt w wieku ok. 3 miesięcy.* ale.gratka.wp.pl 2006. *Na początku przykrywałam kocykiem polarowym i na wierzch grubszym kocem. Ale stwierdziłam, że to przesada (...).* www.gimbla.pl 2006. ⌐⌐ kein Beleg
polepszacz ♦ **polepszacz, ulepszacz smaku** *oder* **wzmacniacz smaku** *meist im Pl* »Lebensmittelzusatzstoff, der den Geschmack von Speisen verstärkt« - **Geschmacksverstärker, -verbesserer**. *Niestety glutaminian sodu - polepszacz smaku pięknie odkłada się w kościach, bardzo źle wpływa na jelita. Niedawno była o tym mowa w „Pytaniu na śniadanie" w TVP.* kuchnia.o2.pl 2005. *MSG to jest sztuczny ulepszacz smaku, sama chemia, lepiej tego unikać.* www.wizaz.pl 2006. *Glutaminian sodu jest substancją dodawaną do żywności jako tzw. wzmacniacz smaku i zapachu. Substancja ta jest silnie alergizująca (...).* zdrowezywienie.w.interia.pl 2006. ⌐⌐ kein Beleg
policjant ♦ **śpiący policjant** *s.* **spowalniacz**
political ♦ **political correctness** *s.* **poprawność**
polityka ♦ **polityka środowiskowa** *oder* **polityka ekologiczna** »Politikbereich des Staates, der auf die Erhaltung der natürlichen Lebensgrundlagen des Menschen gerichtet ist« - **Umweltpolitik, Ökopolitik**. Zasady, cele, instrumenty polityki środowiskowej/ekologicznej. *Program Ochrony Środowiska określa politykę środowiskową, ustala cele i zadania środowiskowe oraz szczegółowe programy zarządzania środowiskowego (...). Wymienione działania winny być zgodne z regulacjami prawnymi Unii Europejskiej oraz założeniami krajowej polityki ekologicznej.* www.bip.zdunskawola.pl 2006. ⌐⌐ US 2003. *auch* ⌐ekopolityka
polo ♦ **disco polo** *s.* **disco polo**
Polska ♦ **Polska posierpniowa** *s.* **posierpniowy**
poluzować[NB] *pf, ugs* »die Anforderungen senken; die Disziplin lockern« - **(die Zügel) lockern, locker lassen**; jdm. (in etw.) **nachge-**

ben; jdm. **entgegenkommen, Zugeständnisse machen**. Poluzować sobie - die Zügel schleifen lassen, (bei/in etw.) nachlassen, einen Gang zurück/tiefer schalten. Poluzować rygory, dyscyplinę; poluzować dzieciom na wakacjach; poluzować praktykantom, studentom. *Jak tylko trochę poluzowałem, to przestał się Pan wysilać.* www.dmochowski-gallery.net 2006. *Na jednym z posiedzeń podkomisji przewodniczący RGSW oświadczył, że Rada chce poluzować, odstąpić od sztywnych wymogów.* akson.sgh.waw.pl 2006. *Przyszedłem do pracy po piątej i na początku zapał był niezły, ale później poluzowałem... Co tam - i tak zrobiłem wszystko za dwa dni.* free.blox.pl 2006. *Ja niestety poluzowałem sobie trochę dietę i moja wiosenna redukcja zatrzymała się w miejscu.* www.kif.home.pl 2006. ⌐⌐ IS 2000, PS 2001, US 2003 ⁄1992 NSP2
połknąć ♦ *phras* **połknąć żabę** *s.* **żaba**
pomponiarka, pomponiara *f, oder* **podżegaczka**[NB] *f, meist im Pl, ugs* »Mitglied einer Mädchengruppe, die bei Sportveranstaltungen die Stimmung durch eine Mischung aus Turnen, Akrobatik, Tanz anheizen soll« - **Cheerleader(in)**. *Nazywają je pomponiarkami lub podżegaczkami. Ładne, zgrabne, wysportowane - tańczą i rozsyłają promienne uśmiechy. Kto nie oglądał pokazów cheerleaderek, a jedynie widział urywki ich występów w telewizji, może sądzić, że to lekka, łatwa i przyjemna forma spędzania czasu.* focus.pl 2006. *Podżegaczki, zapiewajki, pomponiary - tak w Polsce określa się cheerleaderki. Tańczące maskotki. (...) Kolejny amerykański przeszczep.* www.przegladtygodnik.pl 2002. ⌐⌐ kein Beleg. *auch* ⁄cheerleaderka ⇠engl cheerleader
popcorn [popkorn], **popkorn** *m, G -u* - **Popcorn**. Porcja popcornu; popcorn w torebkach, kubkach. *Oferujemy: Watę cukrową (kolorową), popcorn, kolby kukurydzy na gorąco, frytki.* www.stare-miasto.com 2004. *Przy wejściu pani/pan skanuje czytnikiem wyświetlacz z kodem kreskowym i już można zajadać się popkornem i szeleścić batonami i pociągać kolę.* internetainment.blox.pl 2006. ⌐⌐ Supl 1994, SW 1996, IS 2000, PS 2001, US 2003 ⇠engl
popers, poppers *m, G -a, Npl -i* »(bes. in den 1980er Jahren) Jugendlicher, der sich durch gepflegtes Äußeres u. modische Kleidung bewusst von einem Punker abheben will« - **Popper**. Horda popersów. *Popers ubierał się schludnie i obowiązkowo nosił pumpy. Zbyt wąskie spodnie groziły przeszeregowaniem do panków lub hipów.* www.republika.pl 2004. *Rodzimych poppersów charakteryzował „turecki fason", szerokie, pumpiaste spodnie, białe skarpetki, mokasyny, fryzura podgolona z dłu-*

gą grzywką, często podkolorowaną. OiT. 📖 Supl 1994, PS 2000, US 2003 ✐1985 NSP2 ◄engl popper

popiwek *m, G ~wku, Wirtschaft* »eine zeitweise in den 1980/90er Jahren in Polen von Staatsunternehmen zu zahlende Steuer auf Einkommen, die die Höhe der landesweit vereinbarten Löhne überstiegen« - **Lohnzuwachssteuer**. *Uchwalenie, zniesienie popiwku. Płacić, znieść, zlikwidować popiwek. (...) popiwek był podatkiem od ponadnormatywnego wzrostu wynagrodzeń w przedsiębiorstwach państwowych. Wprowadzony jeszcze w latach 80. miał być przeciwwagą dla płacowych roszczeń załóg. Był on płacony przez przedsiębiorstwa, które przekroczyły ustalony administracyjnie poziom wzrostu wynagrodzeń. Ostatecznie został on zniesiony dopiero w 1996 r.* www.nbportal.pl 2006. 📖 Supl 1994, SW 1996, PS 2001, US 2003 ✐1988 NSP2. *vgl. auch* ↗neopopiwek ◄von PPWW (podatek od ponadnormatywnego wzrostu wynagrodzeń)

popiwkowy *Adj v.* ↗popiwek, *Wirtschaft* - **Lohnzuwachssteuer-**. *Ustawa popiwkowa - Lohnzuwachssteuer-Gesetz. Zobowiązania popiwkowe. Na przykład, za każdą złotówkę niedozwolonego wzrostu płac - firma płaciła 2, 3 i więcej złotych popiwkowego haraczu.* www.przegladpodatkowy.pl 2004. 📖 SW 1996, PS 2001, US 2003. *vgl. auch* ↗neopopiwkowy

poprawność ♦ **poprawność polityczna** *auch* **political correctness** [politikal korektnes] »Vermeidung von Äußerungen o. Handlungen, durch die jd. aufgrund seiner ethnischen Herkunft, seines Geschlechts, seiner Zugehörigkeit zu einer bestimmten sozialen Schicht, seiner körperlichen o. geistigen Behinderung o. sexuellen Neigung diskriminiert wird« - **Political Correctness, politische Korrektheit**. *Nowa cenzura, już nie dekretowana administracyjnie, zastąpiona jednak została „poprawnością polityczną".* www.przk.pl 2006. *Książka stanowi próbę spojrzenia na problematykę wielokulturowości i politycznej poprawności z punktu widzenia najnowszej filozofii polityki.* www.poczytaj.pl 2006. *Nie wolno islamu jako takiego oskarżać o atak na World Trade Center, ale dozwolone jest mówić o chrześcijaństwie jako całości, co się chce, również rzeczy najgorsze. Political correctness obowiązuje tylko wobec islamu. Nie znoszę political correctness. Chcę jak Oriana Fallaci mówić, co mi się podoba i co myślę.* www.tygodnik.com.pl 2002. 📖 SW 1996, IS 2000, PS 2001 ◄engl

poprawny ♦ **poprawny politycznie - politisch korrekt**. *Poprawne politycznie poglądy, wypowiedzi. Ridley Scott nakręcił poprawny politycznie epos o wyprawach krzyżowych.* www.eurojihad.org 2005. *Śliczny, politycznie poprawny artykuł. Ciekawe, czy równie poprawny był wykład - żałuję, że mi się w oczy nie rzucił, bo na pewno bym poszedł.* ww.igf.waw.pl 2006. 📖 kein Beleg

pora ♦ **pora na małe co nieco** *s.* **mały**

porno *n, indekl, ugs* **1** »Pornofilm; auch Zeitschrift, Erzählung usw. mit pornografischem Charakter« - **Porno; Pornofilm; Pornoheft, Pornomagazin, Pornoroman**. *Gwiazda porno; kaseta z porno. Oglądać, kupić, wypożyczyć porno. Telewizja serwuje nam wieczorne porno.* IS. 📖 IS 2000, PS 2001, US 2003. *auch* ↗pornofilm, ↗pornos, ↗seksfilm **2** »Pornografie« *Przypomnę (usunięty z kolejnych monografii Witkiewicza o Matejce) zmysłowy, „nieprzyzwoity" wręcz obraz mistrza Jana, każdego imaginacyjnie topić własną, kusząco nagą żonę w Bosforze, co należy do szczytowych porno w sztuce.* NSP2. 📖 IS 2000, PS 2001, US 2003 ✐1989 NSP2

pornobiznes, porno-biznes, porno biznes *m, G -u, ugs* »Bereitstellung u. Vertrieb von pornografischen Druckerzeugnissen u. Filmen; Pornoindustrie« - **Pornobusiness**. *Legalny, nielegalny, podziemny pornobiznes; centrum pornobiznesu. Czerpać duże dochody/zyski z pornobiznesu. Innym przykładem, że i w tej dziedzinie pornobiznesu nie jesteśmy za innymi, może być sprawa sprzed prawie roku.* NSP2. *W porno biznesie pracują dziś tysiące ludzi.* OiT. 📖 Supl 1994, SW 1996, IS 2000, PS 2001, US 2003 ✐1992 NSP2. *s. auch* ↗seksbiznes

pornofilm, porno-film, porno film, film porno *m, G -u* - **Pornofilm, Porno; Sexfilm**. *Aktor, aktorka, reżyser pornofilmów. Wypożyczać, oglądać, nagrywać pornofilmy; grać w pornofilmie. W byle osiedlowej wypożyczalni możesz znaleźć całą półkę z ostrymi pornofilmami.* PS. *Już sam plakat wskazuje na to, że kiłką zawiewa, piękne panie i panowie prawie jak z okładki filmu porno.* film.o2.pl 2004. 📖 Supl 1994, SW 1996, IS 2000, PS 2001, US 2003 ✐Zagrodnikowa 1982. *auch* ↗porno, ↗pornos, ↗seksfilm

pornografia ♦ **pornografia miękka** »Pornografie, die keine besonders ausgefallenen Sexualpraktiken dargestellt« - **weiche Pornografie**. *Nawet jej zagorzali obrońcy w sumie zgadzają się do tego, że to rzecz paskudna i szkodliwa - przesuwają jedynie granicę, tworząc pojęcie pornografii miękkiej, która ma nie być pornografią, tylko „materiałami erotycznymi".* www.ziemkiewicz.fantastyka.art.pl 2000. 📖 IS 2000, PS 2001, US 2003

♦ **pornografia twarda** »Pornografie, die ausgefallene Sexualpraktiken darstellt« - **harte**

Pornografie. *To jest ta brzydsza twarz demokracji, jak mówi prezydent, czyli zwiększona przestępczość pospolita, zwiększona przestępczość groźna, zorganizowana, napływ narkotyków, no i także, niestety, wielki rynek pornografii, tej pornografii twardej, strasznej, którą przecież odrzucamy.* www.radiozet.pl 2004. IS 2000, PS 2001, US 2003

pornogwiazd(k)a, porno-gwiazd(k)a, porno gwiazd(k)a *f* »(bekannte) Pornodarstellerin« - **Pornostar; Pornosternchen.** Czołowa, znana pornogwiazda. Zacząć, zrobić karierę pornogwiazdy. *- A Ty grasz kogo? - Wiele postaci - i pornogwiazdę, i reżysera takich filmów, i agenta z tego biznesu (...).* www.teatry. art.pl 2006. *Fetowanie włoskiej porno gwiazdki jako sławy, robienie z nią wywiadów, zapraszanie na festiwal - to żałosny skutek braku rozeznania i braku gustu niektórych menedżerów.* OiT. *Cicciolina Ilona Staller, pierwsza pornogwiazda, która trafiła do parlamentu Włoch.* CKM 2001 (K). OiT 2001, PS 2001 ⚐1991 NSP2 ◁engl porno star

pornogwiazdor, porno-gwiazdor porno gwiazdor *m, G -a, Npl ~rzy, selten* »(bekannter) Pornodarsteller« - **(männlicher) Pornostar.** *Praca striptizerki cztery lata temu umożliwiła jej start w filmach dla dorosłych, jeszcze zanim poślubiła pornogwiazdora Cala Jammera.* CKM 1998 (K). *Will Clark to nie tylko pornogwiazdor znany z tak wspaniałych filmów jak River Patrol, ale także aktywista zbierający fundusze na walkę z AIDS.* gay.pl 2006. kein Beleg ◁engl porno star

porno kaseta, pornokaseta, porno-kaseta *f* »Videokassette mit einem Pornofilm« - **Pornovideo, Pornokassette; Porno(film)**. Wypożyczać, produkować, nagrywać, oglądać porno kasety. *Uważam, że ani porno kasety, ani homoseksualizm, ani praktyki s/m nie są w stanie obalić systemu.* www.republika.pl 2002. *Nie wprawiło mnie też w osłupienie zamówienie na gejowskie pornokasety z pewnego znanego klasztoru (...).* www.gay.pl 2006. *(...) Stan aktualny ujawniają „brudne" pisemka i porno-kasety, ukryte w obudowie zlewozmywaka.* film.onet.pl 2004. IS 2000, PS 2001, US 2003 ⚐1989 NSP2

pornomagazyn, porno-magazyn *m, G -u* - **Pornomagazin, Sexmagazin, Pornozeitschrift, Pornoheft.** *Gdyby którakolwiek mieszkanka Zachodniej Europy została tak potraktowana, gdyby zdjęcia jej opublikowano bez jej zgody w porno-magazynie, mogłaby wnieść sprawę do sądu i uzyskać duże odszkodowanie.* NSP2. IS 2000, PS 2001, US 2003 ⚐1990 NSP2

pornomodelka, porno-modelka *f* - **Pornomodell, Sexmodell.** *Fotografka Koo Stark - niegdyś pornomodelka - i projektantka mody Elizabeth Emanuel ubrały się w strój epoki elżbietańskiej.* NSP2. PS 2001 ⚐1992 NSP2

pornoshop, porno-shop, porno shop *m, G -u* - **Pornoshop, Sexshop.** Klienci pornoshopu. Pracować, kupować w pornoshopie. *Poznańskie Zjednoczenie Chrześcijańsko-Narodowe oskarżyło prezydenta miasta o tolerowanie pornografii, a konkretnie - pornoshopów.* NSP2. *Pojechałam więc któregoś dnia do najbliższego miasta wojewódzkiego. Z pół godziny łaziłam wokół porno-shopu, ale wstydziłam się wejść.* www.opowiastki.piwko.pl 2004. Supl 1994, SW 1996, PS 2001, US 2003 ⚐1990 NSP2, Zagrodnikowa 1982. *auch* ↗sex-shop

pornos, pornus *m, G -a, ugs* »pornografischer Film o. pornografisches Druckerzeugnis« - **Porno; Pornofilm; Pornoheft, Pornomagazin.** Oglądać, kupić, wypożyczyć pornosa. *„Pornosy" to dla większości Polaków, użytkowników magnetowidów, pornografia na kasetach, sprowadzana głównie z Danii, Niemiec i Szwecji.* NSP2. *Człowiek, który co wieczór pije brandy i dla rozrywki ogląda „pornusa" powoli zapomina, jak wygląda prawdziwe życie.* SW. Supl 1994, SW 1996, IS 2000, PS 2001, US 2003 ⚐1990 NSP2. *auch* ↗porno, ↗pornofilm, ↗seksfilm

pornozdjęcie, porno-zdjęcie *n* - **Sexfoto, Sexbild,** *selten* **Pornofoto.** *Ksiądz oskarżony o robienie pornozdjęć 6-latce.* www.wp.pl 2004. *Znany psycholog zatrzymany za porno-zdjęcia.* www.serwisy.gazeta.pl 2004. US 2003

pornus *s*. **pornos**

port[NB] *m, G -u, EDV* »Schnittstelle, die ein peripheres Gerät mit dem Computer verbindet« - **Port.** Port USB - USB-Port. Port równoległy, szeregowy. Bluetooth podłączany do portu USB. Podłączyć drukarkę do portu. *Połączenie PORT poprzez port równoległy umożliwia przesyłanie danych pomiędzy dwoma komputerami w tym samym pomieszczeniu, przy użyciu specjalnego kabla równoległego.* totalcmd.pl 2006. SW 1996, PS 2001, US 2003 ◁engl

portal[NB] *m, G -u, Internet* »(meist mit Werbung gestaltete) erste Seite eines Browsers« - **Portal.** Portal internetowy - Internetportal. Portal tematyczny, finansowy, futbolowy, głosowy; zagraniczny, polski. Otworzyć, uruchomić, stworzyć portal. *W Polsce do popularnych portali należą m. in. Onet i Wirtualna Polska.* OiT. PS 2001, US 2003. *s. auch* ↗wortal

portfolio[NB] *n, meist indekl* »eine Mappe (mit Fotos, Zeichnungen usw.), die das künstlerische Können einer Person dokumentiert; (Foto)mappe, Künstlermappe; auch in Form einer

Webseite im Internet« - **Portfolio**. *Prezentacja - to jeden z najważniejszych aspektów twojego portfolio. Portfolio, jak wiadomo, musi wyglądać profesjonalnie, tak abyś i ty wyglądał profesjonalnie.* www.latarnik.pl 2004. *Zapraszam do zapoznania się z moim portfolio.* www.amigo.pop.pl 2003. *Możesz zapoznać się z portfoliem, wykazem nagród i wystaw. Kto lubi dobrą fotografię, zmodyfikowaną komputerowo, znajdzie tu coś dla siebie.* katalog. hoga.pl 2006. PS 2001, US 2003 ≠1989 NSP2

portret ♦ **portret pamięciowy** *Kriminalistik* »nach Zeugenaussagen gezeichnetes Bild eines gesuchten Täters« - **Phantombild**. *Sporządzić portret pamięciowy. Policjanci z grupy operacyjnej, uzbrojeni w portrety pamięciowe, odwiedzali wszystkie stołeczne komisariaty, dopytywali dzielnicowych, czy wizerunki podejrzanych przypominają im kogoś.* Polityka 2003. IS 2000, PS 2000, US 2003

porządek ♦ *phras* **porządek dziobania** »(urspünglich aus der Verhaltensforschung) Form der Rangordnung, bei der der Ranghöhere den Rangniederen bei der Vergabe bestimmter Vorteile hintansetzt« - **Hackordnung**. *Thorleif Schjelderup-Ebbe ukuł termin „porządek dziobania" i jako pierwszy zdefiniował pojęcie hierarchii.* www.merlin.com.pl 2006. *Bogactwo zawsze było istotne w ustalaniu porządku dziobania, czyli czyjegoś miejsca w hierarchii społecznej, ale teraz staje się jedynym kryterium wartości danej osoby.* econom.edu.pl 2006. *W UE jest ustalony pewien porządek „dziobania", jakaś gradacja. I kraj, który chce z pozycji kury i kopciuszka przejść piętro wyżej, musi uświadomić sobie, że nikt za niego tego nie zrobi (...).* gu.us.edu.pl 2003. *Przez długie lata, przez cały czas PRL-u, istniał - ja tak to nazywam - „porządek dziobania". Najpierw pieniądze dzieliło się na województwa, województwa na powiaty, powiaty dzieliły na gminy i na końcu tej struktury nie zostawało prawie nic. Więc jak ktoś był wyżej w „porządku dziobania", to miał większe szanse.* www1.atlas.intarnet.pl 2004. *Poseł na Sejm RP (...) w wystąpieniu „Gmina, region i fundusze europejskie", czyli jak znaleźć się w europejskim porządku dziobania, mówił o dotychczasowych polskich doświadczeniach (...) w pozyskiwaniu środków przedakcesyjnych.* www.wszins.tychy.pl 2006. kein Beleg

posierpniowy *Adj* - »bezogen auf die politischen Ereignisse in Polen nach dem August 1980 (d.h. nach der Gründung der unabhängigen Gewerkschaft „Solidarność")« *Okres posierpniowy; posierpniowy działacz, przywódca. Szef rządu zadeklarował, że dla uratowania koalicji gotów jest zrezygnować ze stanowiska, gdyż dla niego najważniejsze jest istnienie porozumienia sił posierpniowych.* Rzeczpospolita 2000 (K). *Lecz miasto (...) i zasługuje na lepszą przyszłość niż ta, którą oferują pseudopolitycy i samorządowcy posierpniowi.* www. sierpc.com.pl 2005. PS 2001 ≠1989 NSP2

♦ **obóz posierpniowy** - »gesellschaftliche Gruppen, insbesondere politische Parteien, die sich als Nachfolger der Solidarność-Bewegung betrachten« *Dokładnie 12 lat temu (...) odbyły się wybory, w wyniku których wyłoniony został Sejm, nazwany później „Sejmem kontraktowym". (...) Jak z Pańskiej perspektywy i czym z Pańskiej perspektywy różni się dzisiejszy obóz posierpniowy od tamtego obozu posierpniowego?* www.uw.org.pl 2001. PS 2001

♦ **Polska posierpniowa** - »Polen nach den Ereignissen im August 1980; Polen nach der Gründung der Gewerkschaft „Solidarność"« *Dla wielu to nadal paradoks, że Aleksander Kwaśniewski wygrał w pierwszej turze; że jego wynik plus głosy Andrzeja Olechowskiego (...) daje 70 proc., i że Marian Krzaklewski, reprezentant „Polski posierpniowej", dostał tak kiepskie poparcie.* www.tygodnik.com.pl 2000. *Pana rząd był trzecim kolejnym rządem Polski posierpniowej, ale pierwszym, który nie tylko jednoznacznie powiedział o konieczności wejścia Polski do NATO, lecz podjął niezbędne kroki w tej sprawie.* www.centraleuropeanreview.pl 2002. PS 2001

post *m, G -a, Internet* »Mitteilung, Meinungsäußerung in einem elektronischen Kommunikationsmedium« - **Post**. *Aby usunąć post z archiwum Grup dyskusyjnych Google, zaloguj się na to samo konto, z którego post został wysłany, a następnie wyświetl żądany post.* groups.google 2006. *Czyli to nie są posty nieprzeczytane, tylko posty od ostatniej wizyty.* help.mojeforum.net 2006. kein Beleg ◄engl

postenerdowski *Adj* »bezogen auf die Zeit nach dem Untergang der DDR 1990« - als Kompositumglied **Post-DDR-**. *Postenerdowska świadomość; postenerdowscy konsumenci; postenerdowskie landy, blokowiska, osiedla, archiwa. (...) postkomunistyczna PDS, która przez całe lata 90. wegetowała w postenerdowskiej niszy (...)".* Polityka 2002 (K). *Film „Sąsiadki" może się spodobać tym, którzy ulegli wylansowanej przez „Good bye Lenin" modzie na postenerdowską nostalgię.* www.latarnik.com.pl 2005. kein Beleg ≠NSP2 1999

poster *m, G -u* - **Poster**. **1** » plakatartiges, großformatig gedrucktes Bild« *Czarno-biały poster; poster aktora, piosenkarza. Przy jej białych meblach i jasnych ścianach przykuwał uwagę duży kolorowy poster.* IS. Supl 1994,

IS 2000, PS 2001, US 2003 ✏1992 NSP2 **2** »(bes. auf wissenschaftlichen Konferenzen) kompakte u. anschauliche Darstellung wissenschaftlicher Ergebnisse« Autor posteru; prezentacja posterów. *Postery będą przyczepiane na wydzielone przez organizatorów miejsca do twardego podłoża. Organizatorzy zapewniają taśmy dwustronne do przyczepienia posteru.* www.ssptchem.w.activ.pl 2006. ▭ PS 2001 ◁engl

postkomuch *m, G -a, Politik, ugs, stark abwertend* - »Postkommunist« Poglądy, przekonania, idee postkomuchów. Wyzywać kogoś od postkomuchów. *Mam samopoczucie postkomucha, bo takie samopoczucie narzuca mi panująca ideologia i propaganda, w której intencji określenie „postkomuch" jest piętnem, którego jednak nie musi się nosić jako czerwonej łaty na rękawie czy na plecach.* www.racjonalista.pl 2006. *(...) zastanawiam się, czy dzisiejszą opozycję stać na to, aby się zjednoczyć w celu odebrania władzy ugrupowaniu, które wszędzie węszy spisek i w każdym, kto nie jest z nimi, widzi komucha, postkomucha lub agenta.* terazmy.onet.pl 2006. ▭ SW 1996, PS 2001. *s. auch* ↗postkomunista

postkomuna *f, Politik, ugs, abwertend* »Postkommunismus« - *sehr selten* **„Postkommune".** Głosować na postkomunę. *Jest to przemyślana prowokacja polityczna ze strony postkomuny rządzącej w Polsce.* SW. *Trzeba tylko dać sobie szansę - wykorzenić raz na zawsze postkomunę (...).* www.nowepokolenie.pl 2006. ▭ SW 1996, PS 2001, US 2003. *s. auch* ↗postkomunizm

postkomunista *m, G ~ty, Npl ~iści, Politik, teilweise auch abwertend* »(bes. nach dem Zusammenbruch des Kommunismus 1989) jd., der die Ideologie kommunistischer Parteien fortführt; auch Politiker, der früher der kommunistischen Partei angehörte« - **Postkommunist.** Radykalni, skrajni postkomuniści. Czuć niechęć, sympatię do postkomunistów. *Może postkomunistą nie jest, ale wedle mojej oceny bliżej mu do czerwonych niż do innych.* tomaszlis.wp.pl 2006. *Bo jeśli nie da mu się przypiąć łatki postkomunisty lub AWS-owskiego szczura, to znajdą się tacy, którzy znajdą mu jakiegoś Żyda wśród jego antenatów.* forum.o2.pl 2006. ▭ SW 1996, IS 2000, PS 2001, US 2003. *s. auch* ↗postkomuch

postkomunistyczny *Adj, Politik* - **postkommunistisch**. Kraj, rząd, system, porządek, polityk, działacz, prominent, pierwszy premier postkomunistyczny; Polska, Rosja postkomunistyczna; gospodarka, lewica, partia, elita postkomunistyczna; państwo, społeczeństwo, ugrupowanie postkomunistyczne. *W wyborach sukces odniosły partie postkomunistyczne i lewicowe.* SW. ▭ Supl 1994, SW 1996, IS 2000, PS 2001, US 2003

postkomunizm *m, G -u, Politik* »Ideologie, Doktrin, die aus dem Kommunismus entstanden u. eine modifizierte Form des Kommunismus ist; auch die Zeit bzw. die Staaten nach dem sog. Realsozialismus« - **Postkommunismus**. Ekonomiczny, moralny, gospodarczy postkomunizm; błędy, wypaczenia, niedoskonałości, osiągnięcia postkomunizmu. *Chodzi też o to, żeby typ życia społecznego charakterystyczny dla postkomunizmu rosyjskiego nie został przeniesiony na polski grunt.* SW. *O konieczności konfiskaty nieuczciwie zdobytych majątków polityków jako skutecznej formie walki z postkomunizmem przekonywał krakowian lider PiS.* wiadomosci.wp.pl 2004. ▭ SW 1996, PS 2001, US 2003. *s. auch* ↗postkomuna

postpeerelowski [post-pe-er-el-owski] *Adj, Politik* - »aus der Zeit nach der Volksrepublik stammend; auch: sich aus der dem System, der Ideologie der Volksrepublik herleitend« Postpeerelowski działacz, układ, establishment, okres; postpeerelowska gospodarka, nomenklatura. *Związek zajmuje się wspomaganiem postpeerelowskiego establishmentu.* SW. *Obóz postpeerelowski, starając się o demokratyczną legitymizację, nie podjął obrony systemu ustrojowego PRL.* www.ipn.gov.pl 2002. ▭ SW 1996, PS 2001. *vgl. auch* ↗peerelowski

◁von PRL (gesprochen pe-er-el), der Abk für die Bezeichnung der Volksrepublik Polen

postsolidarnościowy *Adj, Politik* »sich aus der Gewerkschaft „Solidarność" herleitend o. von (ehemaligen) Mitgliedern der Gewerkschaft gegründet« - **Post-Solidarność-; Nach-Solidarność-**. Rząd, obóz, blok postsolidarnościowy; opozycja, elita, partia, siła postsolidarnościowa; ugrupowanie postsolidarnościowe. *Konflikt postsolidarnościowego prezydenta z postkomunistycznym sejmem.* SW. *Ludzie, którzy nie zaprzedali się układowi postsolidarnościowemu, znaleźli się w zdecydowanej mniejszości i w tragicznej sytuacji wyborczej.* itmake.nazwa.pl 2006. ▭ SW 1996, PS 2001, US 2003

potteromania *f* »leidenschaftliche Begeisterung für Harry-Potter-Romane« - **Pottermania, Harry-Potter-Fieber**. *Od pewnego czasu żyjemy w prawdziwym szale potteromanii.* www.radiomaryja.pl 2002. *Młodszy co prawda został, ale on obecnie cierpi na potteromanię i chyba szósty raz w tym tygodniu ogląda Komnatę Tajemnic, biedne dziecko.* kapim.blog.pl 2006. ▭ kein Beleg ◁von der Titelfigur Harry Potter aus den Büchern von J. K. Rowling

potteromaniaczka, Potteromaniaczka *f v.* ↗potteromaniak, *ugs* - **Harry-Potter-Freak**.

Blog o życiu potteromaniaczki, które wydaje się na pozór proste... wcale tak nie jest, jak myślisz. Wejdźcie na tą stronkę! dziewczynnaa. najlepsze.net 2006. *Ja kiedyś byłam ogromną Potteromaniaczką, mam autografy z dedykacjami osób grających w filmie, J. K. Rowling.* film.onet.pl 2006. 🕮 kein Beleg
potteromaniak, Potteromaniak *ugs* »leidenschaftlicher Harry-Potter-Anhänger« - **Harry-Potter-Freak, Harry-Potter-Jünger**. *A to z tym prawdziwym potteromaniakiem to taka przenośnia, przecież oczywiste, że ten, kto przeczytał wszystkie tomy Potterka, jest potteromaniakiem.* syriuszblack.ehost.pl 2006. *Każdy Potteromaniak zna stronę www.harrypotter.com.* www.harrypotter.info 2006. *Potteromaniacy uważajcie. Ta cała bzdurna antypotteria staje się coraz bardziej bezczelna.* film.onet.pl 2006. 🕮 kein Beleg
power [pałer], **pałer** *m, G -u, Jargon* »Kraft, Stärke, Leistung« - **Power**. *Cugowski śpiewał z największym powerem, a solo Radulego to był majstersztyk.* www.budkasuflera.pl 2002. *Taka cicha i spokojna... Mówi takim cichutkim głosikiem. Więcej poweru!* rozmowywtoku.onet.pl 2006. *Hmm, mam mieszane uczucia co do tej dziewczyny. No i oczywiście brak mu jakiejś głębi, charakterystyczności na dłuższą metę czy - że tak powiem - „poweru" (chociażby lekkiego).* www.film.org.pl 2002. *To są młodzi ludzie, którzy mają straszny pałer - informuje od razu Borysewicz.* www.ladypank.friko.pl 2006. 🕮 kein Beleg ◄engl
powieść-rzeka *s.* **-rzeka**
pozarządowiec *m, G ~wca, Npl ~wcy, ugs* »Mitarbeiter einer Nichtregierungsorganisation, einer nichtstaatlichen Organisation« - **NGO-ler**, *neutral* **NGO-Mitarbeiter, NGO-Vertreter**. *Bliżej nas, w Niemczech, pozarządowcy skutecznie pomagają państwu i samorządom. Zaś w Ameryce, niejako już tradycyjnie, są one trzonem społeczeństwa.* www.eko.org.pl 2006. *Pozarządowcy skarżą się na współpracę z samorządami. - Choć ustawa zobowiązała je do uchwalania programów współpracy z organizacjami, często są one tworzone bez ich udziału.* www.gminyrp.pl 2006. 🕮 kein Beleg ◄aus organizacja pozarządowa
pozarządowy *Adj* - **Nichtregierungs-, NGO-**. *Eksperci pozarządowi; środki, fundusze, partie, inicjatywy pozarządowe; międzynarodowa komisja pozarządowa. Od maja 2000 r. do lutego 2001 r. Stowarzyszenie realizowało projekt „Sektor pozarządowy w lokalnym życiu publicznym"(...).* www.eswip.elblag.pl 2002. *Natomiast przyjęcie wniosku mniejszości oznacza w praktyce podjęcie już dziś - wbrew środowisku pozarządowemu i bez próby porozumienia się z nim - decyzji o ograniczeniu od roku 2005 zwolnień podatkowych do nieistniejących jeszcze organizacji pożytku publicznego.* www.forumdarczyncow.pl 2003. 🕮 PS 2001, US 2003
♦ **organizacja pozarządowa** *seltener* **organizacja nierządowa** *Politik* »eine Organisation, die weder formal noch finanziell von einer Regierung abhängt« - **Nichtregierungsorganisation, NGO**. *Międzynarodowa organizacja pozarządowa. Decydując się na aktywność w organizacji pozarządowej, należy wziąć pod uwagę własne zainteresowania, zdobytą wiedzę i umiejętności, ilość wolnego czasu.* powiat.pabianice.pl 2005. *Fundacja jest organizacją pozarządową, a nie jest organizacją społeczną, a z kolei związek zawodowy jest organizacją społeczną, lecz nie jest organizacją pozarządową.* pl.wikipedia.org 2005. *Instytuty to z założenia organizacje nierządowe, niezależne od władz, współpracujące z UNESCO, Ruchem Europejskim i Komisją Europejską w Brukseli.* Tygodnik Powszechny 1994 (K). 🕮 Supl 1994, PS 2000, US 2003 ✍1985 PWN-Korpus
półka ♦ *phras* **z dolnej półki** *Wirtschaft* »zu einer niedrigen Preisklasse gehörend« - **im/aus dem niedrigen Preissegment, Preisbereich; niedrigpreisig**. *Wina, książki z dolnej półki. Najbardziej popularne obecnie telefony z tzw. dolnej półki u producenta kosztują do 100 EUR (...).* Rzeczpospolita 2003. *Oferowane przez tę firmę rowery z dolnej półki są pewniakami na rynku towarów powszechnego użytku i nie trzeba ich zbytnio zmieniać z roku na rok.* cio.cxo.pl 2006. 🕮 kein Beleg
♦ *phras* **z górnej półki** *Wirtschaft* »zu einer hohen Preisklasse gehörend, auch in übertragener Bedeutung« - **im/aus dem oberen Preissegment, Preisbereich; hochpreisig**. *Telefon z górnej półki wyposażony jest we wszystko, co tylko wymyślono.* Reklama 2003. *Niestety nie pozwalam sobie na wina z górnej półki, natomiast tańsze wina kupuję od czasu do czasu (...).* www.kurdesz.com 2006. *Wątpliwe, by do zespołu dołączył zawodnik z „górnej półki".* www.sport.wp.pl 2006. 🕮 kein Beleg. *s. auch* ↗**wysokopółkowy**
półplayback [pułplejbek] *m, G -u* »tontechnisches Verfahren, bei dem Sprache o. Gesang durch den Interpreten selber vorgetragen wird u. alle weiteren akustischen Komponenten (z.B. Musik) vom Band kommen« - **Halbplayback**. *Można korzystać z „półplaybacku" (tło muzyczne z playbacku), a także z akompaniamentu.* www.wybryk.lo3.wroc.pl 2005. *Na festiwalu piosenki będą wykonywane z półplaybackiem lub akompaniatorem (...).* www.elblag-ug.bil-wm.pl 2005. 🕮 PS 2001 ✍1989 NSP2
PR *s.* **piar**

pracoholiczka *f v.* ↗pracoholik - **Arbeitssüchtige, Workaholikerin, Workaholic, Workoholic**. *I już wtedy, choć chodziła na bale i bywała w salonach Brandtów i Wierusz-Kowalskich, gdzie spotykała się artystyczna Polonia, Olga B. była pracoholiczką.* Twój Styl 2003. *Rzut oka na życie innych ludzi uświadamia pracoholiczce, że można robić jeszcze coś innego poza pracą.* www.psychologia.edu.pl 2006. ▭ SW 1996, IS 2000, PS 2001, US 2003 ✎1993 NSP2

pracoholik *m, G -a, Npl ~icy* »jd., der unter dem Zwang steht, ununterbrochen arbeiten zu müssen« - **Workaholic, Workoholic,** selten **Arbeitssüchtiger**. Mieć opinię pracoholika. *Pracoholik musi zrozumieć przede wszystkim to, że jego życie nie może kręcić się wokół pracy, a poza nią są również inne przyjemności.* Fakt 2003. *Dni wolne od pracy wyzwalają u pracoholików poczucie dyskomfortu, a nawet cierpienia.* www.akmed.waw.pl 2006. ▭ SW 1996, IS 2000, PS 2001, US 2003 ✎1987 NSP2. *auch* ↗workoholic ◁engl workaholic, aus work u. alcoholic

pracoholizm *m, G -u* »krankhafter Drang, ständig zu arbeiten« - **Arbeitssucht,** selten **Workoholismus**. *Tempo, w jakim żyją, nie sprzyja zawieraniu stałych znajomości. Jednak to nie pracoholizm jest głównym utrudnieniem.* Sukces 2002. *Termin pracoholizm został po raz pierwszy użyty przez W. Oatesa w 1968 roku poprzez analogię do zjawiska alkoholizmu.* www.e-mentor.edu.pl 2006. ▭ SW 1996, PS 2001, US 2003 ✎1987 NSP2

pracownik ♦ pracownik uliczny »jd., der Sozialarbeit unter Drogenabhängigen o. straffällig gewordenen Jugendlichen vor Ort in deren Lebensmilieu leistet« - **Streetworker**. *Pracować jako pracownik uliczny. - Po pierwszej rozmowie w ogóle nie wiedziałem, o co chodzi - śmieje się Darek. Ale ponieważ nie miał pracy, był otwarty na wszystko. I tak został pracownikiem ulicznym, streetworkerem.* www.dzieciulicy.ngo.pl 1998. ▭ kein Beleg. *auch* ↗streetworker ◁engl streetworker

pralkosuszarka *f* »Waschmaschine u. Wäschetrockner in einem« - **Waschtrockner**. *Rodzina W. z Karczewa wystąpiła w „Chwili prawdy" - programie prowadzonym przez Zygmunta Chajzera - i zdobyła nagrody: samochód, pralkosuszarkę, komputer i rower.* www.linia.com.pl 2003. *Jestem niestety posiadaczem od lat 6 pralkosuszarki. (...) Rdza przybyła do mojej pralkosuszarki już niespełna po roku eksploatacji!* cokupic.onet.pl 2006. ▭ PS 2001 ✎1991 NSP2

pralnia ♦ *phras* **pralnia brudnych pieniędzy** *s.* **pieniądz**

pranie ♦ *phras* **coś okaże się (sprawdzi się, wyjdzie** usw.**) w praniu** *meist pf, ugs, scherzhaft -* »etw. wird sich (in der Praxis) zeigen, erweisen, herausstellen; etw. wird herauskommen« *Przenoszę się na WordPressa. Ten właśnie system wybrałem, jest najpopularniejszy. W praniu dopiero okaże się, czy spełnia wszystkie moje potrzeby.* egree.jogger.pl 2006. *Tymczasem „w praniu" okazało się, że ceny zwariowały i zaprojektowana przy „Okrągłym Stole" indeksacja okazała się zła.* PP. *Teraz jednak nie ma co wyrokować, co się będzie działo za kilka miesięcy. Wszystko sprawdzi się w praniu.* www.e-basket.pl 2006. *W każdym razie taki mam zamiar, zobaczymy co z tego wyjdzie w praniu.* ga.art.pl 2006. ▭ IS 2000, PS 2001, US 2003 ✎1989 PP

prasa ♦ prasa kolorowa »Wochenblätter, deren Beiträge im Wesentlichen aus trivialer Unterhaltung, gesellschaftlichem Klatsch, Sensationsmeldungen usw. bestehen« - **Regenbogenpresse**. *(...) ponieważ wszystkie trzy jesteśmy z pod Skorpiona, przejrzałyśmy sobie prasę kolorową pod tym kątem i ja nie będę tutaj wymieniała tytułów, żeby już nie przesadzać z tą kryptoreklamą.* Hörbeleg 1998 (K). *Czytelnik dzisiejszy, co świetnie czują autorzy, to osobnik źle wykształcony, bezkrytyczny, zdemoralizowany przez prasę kolorową.* Nowe Książki 2002. ▭ kein Beleg. *auch* ↗żółta prasa, yellow press

prepaid, pre-paid [pripejt] *m, -u, Jargon* »Mobiltelefon mit wieder aufladbarer Telefonkarte; auch die Karte selbst« - **Prepaidhandy; Prepaidkarte**. *Najwcześniej w połowie lutego zachować numer przy zmianie operatora będą mogli użytkownicy prepaidów, czyli telefonów na kartę.* Metropol 2006. *Ja żongluję prepaidami i płacę coraz mniej (...).* pclab.pl 2004. *Tylko, że to jest właśnie plus pre-paidów. Zapomnisz się, skończy się kasa i możesz albo kupić następną kartę albo (...) np. wstrzymać się miesiąc od kupowania karty (...).* forum.servis.pl 2005. ▭ PS 2001. *s. auch* ↗telefon na kartę

prepaid, pre-paid *nachgestellt in adjektivischer Funktion, indekl* »(meist bei Mobiltelefonen) mit einer wieder aufladbaren Telefonkarte ausgestattet, auch allgemein: im Voraus bezahlt« - **Prepaid-**. *Karta prepaid - Prepaid-Karte. Usługa prepaid. Doładować kartę prepaid. 24h na dobę możesz błyskawicznie doładować swoje konto prepaid.* www.ksiazki.bro.pl 2006. *Nowa marka proponuje usługi w systemie pre-paid, w którym nie ma abonamentu, a klient płaci z góry za rozmowy, kupując specjalne karty.* Newsweek 2004. *Jako jedni z pierwszych w Polsce wprowadziliśmy nowe, atrakcyjne cenowo taryfy i niekonwencjonalne formy płatności za energię - na przykład (...) liczniki przedpłatowe, działające na zasadzie pre-paid, co oznacza, że płaci się za zamówioną „porcję" energii przed jej zużyciem. www. geoland.pl 2004. ⌑ kein Beleg. *auch* ↗prepaidowy ‹engl

prepaidowy *Adj v.* ↗prepaid »(meist bei Mobiltelefonen) mit einer wieder aufladbaren Telefonkarte ausgestattet, auch allgemein: im Voraus bezahlt« - **Prepaid-**. *System prepaidowy. To, o co teraz walczą telekomy - to nadal jednak rynek prepaidowy.* www.cxo.pl 2006. *Kolejnym innowacyjnym rozwiązaniem stosowanym przez DRSA (...) jest prepaidowy system dostępu do Internetu.* www.drsa.pl 2006. ⌑ kein Beleg. *auch* ↗prepaid

prezydencja[NB] *f, oder* ♦ **prezydencja (w Radzie) Unii Europejskiej** *Politik* - **Präsidentschaft, EU-(Rats-)Präsidentschaft; EU-Vorsitz**. *Brytyjska, fińska prezydencja; prezydencja Danii, Austrii. Obejmować, przejmować, sprawować, przekazać prezydencję. Podsumowując prezydencję grecką, Ch. Alexandris porównał tworzenie Unii do budowy katedry, w której Grecja miała zaszczyt pełnić rolę „kierownika budowy" przez ostatnie półrocze. (...) W nadziei na kontynuację dzieła Grecja przekazuje prezydencję Włochom.* www.msz.gov.pl 2003. *Obrady prowadzone są przez przedstawiciela Komisji Europejskiej oraz reprezentanta kraju sprawującego w danym czasie prezydencję Unii Europejskiej.* www.ekoportal.pl 2006. ⌑ PS 2001

prężyć ♦ *phras* **prężyć muskuły** *s.* **muskuł**

prime ♦ **prime time** *m, indekl oder G* prime time'u »beste, günstigste Zeit für die Ausstrahlung von Fernseh- o. Radiosendungen, auch: bevorzugte Zeit der Internetnutzung« - **Primetime** *oder* **Prime Time;** *(bei Fernseh- u. Radiosendungen)* **Hauptsendezeit**. *Dla telewizji prime time wypada wieczorem. Prime time dla Internetu przypada w ciągu dnia.* www.idmnet.pl 2006. *Proporcje konsumpcji mediów zmieniają się na korzyść Internetu. Prowadzone przez Gemius SA analizy czasu korzystania z Internetu wskazują, że tzw. prime time przypada na godziny 09.00-17.00 i stale wydłuża się kosztem innych mediów.* www.tezmedium.pl 2006. *Można więc przypuszczać, że u naszych wschodnich sąsiadów serial także stanie się królem prime-time'u.* o2.pl 2006. ⌑ kein Beleg. *auch* najlepszy ↗czas antenowy ‹engl

proaktywność *f, ~ści* »frühzeitiges initiatives Handeln (im Gegensatz zu einem abwartenden reaktiven Handeln); auch eine besondere Bejahung des Handelns als innere Einstellung« - **Proaktivität**. *Proaktywność to szczególna odpowiedzialność, świadomość niezbywalnego prawa wyboru w każdej sytuacji.* www.psychodnia.pl 2006. *Jednym z bardziej przydatnych nawyków w naszym życiu jest nawyk proaktywności. Słowo proaktywność znaczy nie tylko przejmowanie inicjatywy, a także przejmowanie odpowiedzialności za własne życie.* it.izinfo.pl 2006. ⌑ kein Beleg

proaktywny *Adj* »vorausschauend, eigeninitiativ handelnd« - **proaktiv**. *Człowiek, krok, system proaktywny; metoda proaktywna; podejście, zachowanie proaktywne. Gdy to się stanie, NATO będzie posiadać ważny, nowy element potencjału wojskowego, to jest zdolność do proaktywnego działania.* www.nato.int 2006. *Proaktywne słuchanie jest podstawą pracy zespołowej, dzięki której może zwiększyć się wydajność i efektywność pracy.* www.achieveglobal.pl 2006. ⌑ kein Beleg

probiotyczny *Adj* »mit Bakterienkulturen angereichert, denen eine gesundheitsfördernde Wirkung zugeschrieben wird (vor allem bei Milchprodukten)« - **probiotisch**. *Krem, jogurt, preparat probiotyczny; żywność, terapia, kultura probiotyczna; bakterie probiotyczne. „Probiotyczny" - nowy szlagier? Gdy mówi się dziś o jogurcie czy innej potrawie na bazie kwaśnego mleka, nie powinno zabraknąć pojęcia „probiotyczny".* www.bioter.pl 2006. *Rosnąca wiedza konsumentów na temat znaczenia diety dla zdrowia stymuluje innowacyjny rozwój produktów spożywczych, w tym żywności probiotycznej (...).* www.almamedia.com.pl 2002. ⌑ PS 2001

procesor *m, G -a, EDV* »zentraler Teil eines Rechners« - **Prozessor**. *Procesor graficzny, dźwiękowy; procesor tekstu. Czy pamięć RAM najnowszej generacji nadal jest elementem hamującym współczesne procesory?* www.idg.pl 2006. *W trzydziestą piątą rocznicę prezentacji swojego pierwszego procesora firma Intel udostępniła schematy oraz instrukcję użytkownika do pierwszego wyprodukowanego przez siebie mikroprocesora - układu Intel 4004.* www.idg.pl 2006. ⌑ Supl 1994, SW 1996, IS 2000, PS 2001, US 2003 ✎1987 NSP2. *auch* ↗jednostka centralna komputera

proch[NB] *m, G -u, meist im Pl* **prochy** *ugs* »starke Medikamente o. Drogen« *Brać, zażywać różne prochy; nałykać się prochów; skończyć z prochami; nafaszerować się prochami. Czy oni są winni, że biorą prochy? Może to my jesteśmy winni, że stworzyliśmy świat, od którego chcą uciekać za pomocą prochów?* NSP2. *Jak mieli ochotę pohandlować narkotykami, to pomini się byli liczyć z konsekwencjami. To nie pierwszy przypadek rozbicia handlarzy prochami w naszym mieście i to powinno dać im do myślenia (...).* www.pinczow.com 2003. ⌑ SW 1996, IS 2000, PS 2001, US 2003 ✎1988 NSP2

♦ *phras* **być na prochach** *ugs* »unter dem Einfluss von Drogen o. (starken) Medikamenten stehen« - *(Drogen)* **high, vollgedröhnt, zugedröhnt sein; auf dem Trip sein;** *(Medikamente)* **mit Tabletten, Medikamenten vollgepumpt, vollgestopft sein.** *Nasze komando patrzy i reaguje na kilkuosobowe grupki zwyczajnych łobuzów, doliniarzy, złodziei. Są to goście na gazie, na prochach, na kacu.* PSF. *Efekty były tak rewelacyjne, że myślałem, że jestem na jakichś prochach, no po prostu, że oni tam sypią do herbaty narkotyki.* zywienie.host.sk 2006. ⌑ SW 1996, IS 2000, PSF 2000, PS 2001, US 2003

produkt[NB] *m, G -u* »Dienstleistung einer Bank, Versicherungsgesellschaft o. eines Reisebüros« - **Produkt.** Produkt finansowy - Finanzprodukt. Produkt bankowy - Bankprodukt. Produkt ubezpieczeniowy - Versicherungsprodukt. *W polityce dystrybucji produktów banku wykorzystywane są przede wszystkim kanały bezpośrednie - tzn. mamy do czynienia tylko z bankiem i jego klientami.* www.sciaga.pl 2006. *Zamawianie usług i produktów finansowych, oferowanych przez naszych partnerów, wymaga podania w odpowiednim formularzu pełniejszych danych adresowych.* www.bankiinternetowe.pl 2006. *Zapraszamy do zakupu online wybranych produktów ubezpieczeniowych.* www.cignastu.waw.pl 2006. ⌑ PS 2001

proekologiczny *Adj* »die natürliche Umwelt begünstigend o. nicht beeinträchtigend« - **umweltfreundlich; umweltschonend,** *selten* **proökologisch;** *auch als Kompositumglied* **Umweltschutz-.** Ruch proekologiczny - Umweltschutzbewegung. Organizacja proekologiczna - Umweltschutzorganisation. Polityka proekologiczna - Umweltschutzpolitik, umweltfreundliche Politik. Inwestycja proekologiczna - umweltfreundliche, umweltschonende Investition. *Ustawa o lasach nakazuje prowadzenie w nich gospodarki proekologicznej.* IS. *Dzięki świadomemu wychowaniu proekologicznemu przez rodziców można zapobiec niewłaściwym zachowaniom turystów i ich śladom pobytu na szlakach turystycznych (...).* www.opoka.org.pl 2006. *Minimum działania ruchu proekologicznego dziś, to walka o tworzenie ciągle nowych rezerwatów i Parków Narodowych oraz poszerzanie zakresu starych.* www.most.org.pl 2006. ⌑ SW 1996, IS 2000, PS 2001, US 2003

proeuropejczyk *m, G -a, Npl ~ycy* »jd., der die Idee der europäischen Einigung bejaht« - **Proeuropäer.** *W Brukseli Jarosław Kaczyński pokazuje się jako proeuropejczyk.* www.mfa.gov.pl 2006. *Choć większość Holendrów określiłaby się zapewne jako proeuropejczycy, to jednak kombinacja różnych drażliwych spraw nastawia ich przeciwko konstytucji.* www.bbc.co.uk 2005. ⌑ kein Beleg

proeuropejski *Adj* »die Idee der europäischen Einigung vertretend« - **proeuropäisch.** Proeuropejska polityka rządu; orientacja, tendencja proeuropejska. *Najbardziej proeuropejscy okazali się mieszkańcy Oławy, bo spośród głosujących tam 16 tysięcy osób, aż 85,73% powiedziało „Tak dla UE!".* www.gazeta.olawa.pl 2000. *Jak wygląda poparcie obywateli Ukrainy dla proeuropejskiego kursu polityki zagranicznej?* www.tolerancja.pl 2006. ⌑ PS 2001 ⌕ 1992 NSP2

program[NB] *m, G -u, EDV* »Folge von Anweisungen für einen Computer zur Lösung einer bestimmten Aufgabe« - **Programm.** Program komputerowy - Computerprogramm. Program antywirusowy - Antivirenprogramm. Program kalkulacyjny - Kalkulationsprogramm. Pakiet programów; piracki program. Przegrać, skopiować, uruchomić jakiś program. *W trakcie wczytywania danych zawiesił się program.* IS. *U nas zawsze znajdziesz najnowszą wersję programu!* www.zassaj.pl 2005. ⌑ SW 1996, IS 2000, PS 2001, US 2003

♦ **program dostępowy** *EDV* »spezielles Programm zum Einwählen ins Internet, das sich beim Besuch bestimmter Seiten oft unbemerkt auf dem Computer installiert u. nicht selten hohe Telefonkosten verursacht« - **Einwahlprogramm, Dialer.** *Szybki rozwój usług audiotekstowych i ich olbrzymie powodzenie skłoniło nasz zespół do przygotowania specjalnego programu dostępowego do płatnych stron WWW - Media Dialer.* www.biznesinfo.pl 2006. *A ja mam neo128 (...) i nie mam problemu. Wszystko działa ładnie i bez przerwy. (...) Używacie programu dostępowego TP?* www.searchengines.pl 2005. ⌑ kein Beleg. *auch* ↗dialer

projektant ♦ **projektant stron www** *oder* **internetowych** *Internet* »jd., der Websites gestaltet« - **Webdesigner.** *Czy twoim zdaniem projektanci stron WWW (webdesignerzy) powinni wykazywać się znajomością języka HTML?* www.idg.pl 2006. *Czasami projektanci stron internetowych wpadają w pułapkę, tworząc bogatą w grafikę stronę.* www.data2town.com 2006. ⌑ kein Beleg. *auch* ↗webdesigner

projektor ♦ **projektor multimedialny** »Projektor zur vergrößerten Wiedergabe des Computerbildschirms« - **Beamer.** *Pokazy cyfrowe przygotowywane są przy użyciu komputerowych programów prezentacyjnych, uruchamiane na komputerze i wyświetlane na projektorze multimedialnym.* www.us.szc.pl 2005. *Teraz możesz wypożyczyć projektor multimedialny* *na 24h lub dłużej.* www.sklep.probit.net 2006. ◫ kein Beleg

prokonsumencki *Adj* - **kundenfreundlich, kundenorientiert;** *auch als Kompositumglied* **Verbraucherschutz-**. *Ruch prokonsumencki - Verbraucherschutzbewegung. Prokonsumencki przepis - kundenfreundliche Vorschrift. Polityka, decyzja, organizacja prokonsumencka. Polska ustawa o kredycie konsumenckim już od 18 lutego przyszłego roku będzie jeszcze bardziej prokonsumencka niż nakazuje nam dyrektywa UE.* www.tutej.pl 2005. *W efekcie podejmowanych przez nas wysiłków wprowadzono prokonsumenckie zapisy w wielu aktach prawnych.* www.federacja-konsumentow.org.pl 2005. ◫ SW 1996, PS 2001, US 2003

promocja[NB] *f, Wirtschaft* 1 »Gesamtheit von Werbemaßnahmen zur Markteinführung eines Produkts, auch zur Propagierung, Förderung einer Region, eines Landes, eines Personenkreises« - **Werbung, Reklame, Werbekampagne,** `seltener` **Promotion**. *Promocja turystyczna. Zorganizować, przeprowadzić promocję czegoś (nowego samochodu, proszku do prania usw.). Pracowałem w promocji znanego produktu, patronat objęła znana telewizja muzyczna, pieniędzy nie dostałem jeszcze...* www.poradaprawna.pl 2006. *Waldemar Włodarski z Polskiej Organizacji Turystycznej wyjaśnił, że Miss World to ogromna szansa na promocję naszego kraju.* www.polskieradio.pl 2006. *Samorząd województwa dolnośląskiego przeznaczy ponad 6 mln zł na promocję Dolnego Śląska w 2006 roku.* www.tur-info.pl 2006. ◫ SW 1996, IS 2000, PS 2001, US 2003 2 »(zeitlich begrenzte) Werbeaktion für ein (neues) Produkt durch Verkauf zu einem günstigeren Preis, Verteilung von Warenproben usw.« - **(Werbe-)Aktion, Angebot**. *Miesięczna, tygodniowa, świąteczna promocja. Promocja kawy, sprzętu RTV. Kupić coś w promocji - etw. im Angebot kaufen. Mieć coś w promocji - etw. im Angebot haben. Ten model odkurzacza dziś mamy w promocji.* US. ◫ SW 1996, IS 2000, PS 2001, US 2003 3 » Veranstaltung zur Einführung eines neuen Produkts, z.B. eines Buches (oft unter Teilnahme des Autors), einer Platte« - **Werbeveranstaltung, Vorstellung**. *Promocja książki - Buchvorstellung. Promocja najnowszej płyty zespołu. Brać udział w promocji. Magdalena K. i Jarosław K. zapraszają na promocję książki.* www.szczyrk.pl 2006. *Ks. Henryk Jankowski nie weźmie udziału w promocji wody mineralnej „Jankowski" - zapowiada „Dziennik Bałtycki".* wiadomosci.wp.pl 2006. *W siedzibie wydawnictwa odbyła się promocja nowego słownika.* US. ◫ IS 2000, US 2003 4 *Jargon* »(in einem Unternehmen, Betrieb) Abteilung für Werbung, Reklame, Marketing; Werbeabteilung« - **Werbung**. *Teraz od kilku lat pracuję w promocji i marketingu.* psphome.dhtml.pl 2006. ◫ kein Beleg ◁engl promotion

promocyjny[NB] *Adj v.* ↗promocja, *Wirtschaft* »die Werbung für ein (neues) Produkt o.Ä. betreffend« - **Werbe-, Einführungs-; Angebots-, Aktions-**. *Cena promocyjna - Angebotspreis, Aktionspreis; Einführungspreis. Wieczór promocyjny; kampania, sprzedaż promocyjna; firma promocyjna; spotkanie promocyjne. Wszystkie kosmetyki będzie można już jutro kupić po cenach promocyjnych.* IS. *Teraz dzięki nowemu programowi promocyjnemu „Dobra rada sąsiada", który przygotowaliśmy dla naszych Klientów, możesz zapłacić za gaz jeszcze mniej!* www.orlengaz.pl 2006. *Volkswagen Leasing Polska przedłużył promocyjną ofertę leasingu na samochody osobowe. Tak jak do tej pory, ofertą promocyjną objęte są wszystkie modele.* www.volkswagenbank.pl 2006. ◫ SW 1996, IS 2000, PS 2001, US 2003

promować[NB] *ipf /* **wypromować** *pf, Wirtschaft* - *für jdn./etw.* **Werbung, Reklame machen**; *für jdn./etw.* **werben**; *etw.* **bewerben, propagieren**; *jdn./etw.* **lancieren**. *Promować książkę, płytę, film, spektakl, nowy towar. Swoje regiony promowali wczoraj wojewodowie lubelski i łódzki.* OiT. *A wszystko to za sprawą albumu, który kwintet skomponował, nagrał, wyprodukował i wypromował za własne pieniądze - bez żadnego wsparcia ze strony jakiejkolwiek wytwórni płytowej.* www.polskieradio.pl 2006. *Jak się sama nie wypromuję, to nikt mnie nie wypromuje. Musiałam iść do jakiegoś dennego reality show, żeby ktoś mnie zauważył.* doda.blox.pl 2006. ◫ SW 1996, IS 2000, PS 2001, US 2003 ✐1990 NSP2

propaganda ♦ *phras* **propaganda klęski** »in Analogie zu ↗propaganda sukcesu: politische Propaganda im postkommunistischen Polen, die ein pessimistisches Szenario der Entwicklung zeichnet«- **„Propaganda des Niedergangs"; Niedergangs-, Untergangs-, Katastrophenpropaganda**. *Ponadto (...) wydaje mi się, że bardzo przeszkadza ten ogólny moralny klimat, który może przesadnie nazwałbym propagandą klęski, uprawianą przez różne ugrupowania polityczne, które powoduje, że ludziom opadają ręce.* www.polskieradio.pl 2002. *Byłoby nieprawdą, gdybyśmy mówili, że większość spraw zmienia się na gorsze; taka propaganda klęski jest równie fałszywa jak propaganda sukcesu.* www.tiger.edu.pl 2006. *Ponadto Lepperowi sprzyja propaganda klęski, uprawiana przez polityków wszystkich kie-

runków oraz media. www.nie.com.pl 2006. ▢ kein Beleg

♦ *phras* **propaganda sukcesu*** »kommunistische Propaganda in Polen der 1970er Jahre, die die wirtschaftlichen u. politischen Erfolge übertrieben darstellte u. herausstrich« - **(kommunistische, sozialistische) Erfolgspropaganda**. *Najbardziej urzędniczały takie formalne święta w latach siedemdziesiątych, kiedy to propaganda sukcesu wciągnęła festiwal opolski do pasma swoich nieustannych sukcesów!* www.tvp.com.pl 2004. *Powstaje jednak uzasadnione pytanie, czy te optymistyczne wizje nie są tylko propagandą sukcesu kolosa na glinianych nogach.* dziennik. ryzyko.pl 2006. ▢ IS 2000, PS 2001, US 2003

propozycja ♦ *phras* **propozycja nie do odrzucenia** *ugs, ironisch* »Vorschlag, bei dem jdm. keine Wahl gelassen wird, den man nicht ablehnen kann, der keine Ablehnung duldet« - **unablehnbarer, unabweisbarer Vorschlag**. *Zdaniem szefa Platformy propozycja złożona premierowi, by został kandydatem na prezydenta Warszawy, była „propozycją nie do odrzucenia".* www.platforma.org 2006. *Lew wkracza do akcji z propozycją nie do odrzucenia: albo będzie mógł się do nich przyłączyć, albo wyda ich policji.* www.hbo.pl 2004. ▢ IS 2000, PS 2001, US 2003

protektor[NB] *m, G -a* **1** *Kosmetik* »in Kosmetika enthaltene UV-Lichtschutzsubstanz« - **Lichtschutz**. *Krem, olejek do opalania, emulsja nawilżająca z protektorem (słonecznym). Przemysł kosmetyczny oferuje bogaty wybór odżywek i balsamów do włosów, niektóre z nich zawierają w swym składzie protektor.* PS. ▢ IS 2000, PS 2001, US 2003 **2** *meist im Pl* **protektory** *Sport* »aus abfedernden Materialien hergestellte Elemente der Schutzbekleidung bei verschiedenen Sportarten, die die Aufprallenergie bei Stürzen absorbieren« - **Protektoren, Schützer, Schoner**. *Zestaw protektorów; protektory do jazdy na łyżworolkach. Zdjąć, założyć protektory. Ja mam kurtkę tekstylną z protektorami na barkach, ramionach itd.* www.skutery.net 2006. *Karbonowe protektory i usztywnienia w okolicach nadgarstka dość skutecznie chronią nasze dłonie przed urazami.* www.skutery-tuning.pl 2006. ▢ SW 1996, PS 2000, US 2003. *auch* ↗**ochraniacz 3** »tiefe Rillen, Einkerbungen, die die Schuhsohle rutschfest machen (bes. bei Sport- u. Wanderschuhen)« - **Profil**. *Buty z protektorami. Rzeźba protektora jest dobrze rozbudowana (...). Błoto łatwo wypada z wgłębień protektora.* ngt.pl 2006. ▢ IS 2000, PS 2001, US 2003 **4** *Technik* »äußere Reifenschicht mit Rillen, die ein Rutschen des Rades verhindern sollen« - **Protektor**. *Opony z zimowymi protektorami; protektor o doskonałej przyczepności. Protektor zapewnia dobrą przyczepność opony, a tym samym pojazdu do powierzchni jezdnej.* www. opony.pl 2006. ▢ IS 2000, PS 2001, US 2003

protest song, protestsong *m, G* prostest songu, *Npl* protest songi, *Musik* »Song, in dem soziale o. politische Verhältnisse kritisiert werden« - **Protestsong**. *Powszechnie znana forma protest songu, z akompaniamentem gitary akustycznej i harmonijki ustnej, została spopularyzowana na początku XX wieku przez Woody Guthrie i Pete'a Seegera.* pl.wikipedia.org 2006. *Jako gość imprezy wystąpił zespół Nowoje nieba z Mińska z kultową piosenką białoruskich rockmenów „Prezydencie, idź do domu!". To protestsong przeciw rządom Aleksandra Łukaszenki.* www.slonko.com.pl 1996. ▢ US 2003 ✍1990 NSP2 ◁engl

prounijny[NB] *Adj, Politik* »die Europäische Union unterstützend, befürwortend« - **EU-freundlich, proeuropäisch (eingestellt)**. *Nastrój prounijny; polityka prounijna; media prounijne. Prounijny program, prowadzony przez polski rząd, ma za zadanie rozbudzić te nadzieje, pamiętając przy tym, że nie ma nic za darmo i Polacy także będą musieli dać z siebie wiele.* www.esciagi.info 2006. *Wszystko, co jest związane ze zdrowym rozsądkiem, wskazuje, że powinniśmy być beneficjentem, a bardzo wielu ekonomistów, także pracujących dla ośrodków prounijnych oblicza, że tak naprawdę będziemy płatnikiem i to jest bardzo niedobra rzecz.* www.radio.com.pl 2006. *Jeśli ktokolwiek ma jeszcze wątpliwości, żeby ustosunkować się do tego aktu prawnego, radzę zrobić właśnie tę jedną prostą rzecz, która większości prounijnych polityków nie przyszła chyba do głowy - radzę przeczytać Traktat Konstytucyjny!* www.eurokonstytucja.pl 2006. *To się właśnie nazywa uleganie populizmowi prounijnemu. Wolny rynek jest w UE mocno ograniczony, co będzie widać na przykładzie Polski.* forum.gery. pl 2006. ▢ PS 2001

provider [prowajder], *seltener* **prowider** *m, G -a, Npl ~rzy, Telekommunikation* »Anbieter von Telekommunikationsdienstleistungen wie Telefon, Mobilfunk« - **(Telefon-, Mobilfunk)provider, -anbieter;** *auch* **Netzbetreiber, -anbieter**. *Provider usług telefonicznych, komórkowych. Bezeq - pierwszy w Izraelu narodowy provider usług telefonicznych i telekomunikacyjnych.* www.izrael.badacz.org 2006 ▢ kein Beleg

♦ **provider**, *seltener* **prowider internetowy** *oder* **provider Internetu** »Dienstleister, der PC-Benutzern den Zugang zum Internet anbietet« - **Internetprovider, -anbieter**. *Azja*

wyrasta na Eldorado dla providerów internetowych. informacje.typer.ys.pl 2006. *(...) Providerzy działają w Polsce jakby bezkarnie i niewiele im można zrobić.* www.djsportal.com.pl 2006. *Ostateczne decyzje (...) spoczywają na lekarzu. Zarówno autorzy, konsultanci, jak i wydawcy serwisu oraz prowider internetowy nie mogą ponosić odpowiedzialności za błędy (...).* www.alergen.info.pl 2006. ▭ kein Beleg. *auch* dostawca (usług telefonicznych, internetowych) ◀engl
providerski [prowajderski], *selten* **prowiderski** *Adj v.* ↗provider, *Telekommunikation* - **Provider-, Anbieter-**. Firma, usługa providerska. *Iridium podpisało blisko 300 umów dystrybucyjnych z firmami providerskimi oraz partnerami roamingowymi (...).* www.teleinfo.com.pl 1998. *W roku 1994 był współzałożycielem jednej z pierwszych firm prowiderskich w Polsce - PDi (Publiczny Dostęp do Internetu) (...).* pl.wikipedia.org 2006. ▭ kein Beleg
próbówka ♦ **dziecko z próbówki** *s.* **dziecko**
próg ♦ **próg podatkowy** *s.* **podatkowy**
PR-owiec, PR-owski *s.* **piarowiec, piarowski**
przebicie^NB *n, ugs, Jargon* - »ein höherer Gewinn als der bei einer bestimmten Transaktion übliche; Mehrgewinn« Przebicie na czymś; przebicie rzędu 70 procent. Mieć, uzyskać kilkakrotne przebicie na sprzedaży. *Większość obrazów sprzedano z niewielkim przebiciem.* IS. *(...) bardzo tanie akcesoria, które mają przebicie na aukcjach internetowych nawet 3-krotne.* my.aukcje24.pl 2006. ▭ SW 1996, IS 2000, PS 2001, US 2003 ⌀1988 NSP2
♦ *phras* **mieć** jakieś (małe, duże usw.) **przebicie** *ugs* »(nicht) dynamisch u. erfolgreich sein, (nicht) wirksam u. effektiv agieren« - (geringe, große, hohe usw.) **Durchschlags-, Überzeugungskraft haben**. *Mamy znikome przebicie. Nikt nie chce nas słuchać, bo przychodzimy z cierpieniami i potrzebami, a to nie jest popularne.* NSP2. *Co prawda ilość nie zawsze przechodzi w kinie w jakość, ale skoro facet ma przebicie w Hollywood i nikt na tym finansowo nie traci, to chyba dobrze.* rpg.net.pl 2006. ▭ SW 1996, PS 2001, US 2003 ⌀1988 NSP2. *s. auch* ↗**siła przebicia**
przechlapane ♦ *phras* **mieć przechlapane** (u kogoś) *ugs* »sich in einer ungünstigen Situation befinden; keine andere Wahl o. Möglichkeit haben; auch: es sich mit jdm. verdorben haben, bei jdm. in Ungnade gefallen sein« - (bei jdm.) **untendurch sein;** (bei jdm. o. etw.) **schlechte Karten haben; alt aussehen**. *Jest tak: albo się uformuje jakiś rząd w Polsce, wszystko jedno jaki, albo nie. Jeśli nie, to mamy przechlapane.* NSP2. *Po zmianie ustroju nie mogła znaleźć zatrudnienia, bo miała przechlapane z powodu pracy w cenzurze.* PSF. *I masz do wyboru: albo rób tak jak inni, albo masz przechlapane.* www.plfoto.com 2006. *Zając, zamknij się, bo lew usłyszy i wszyscy będziemy mieli przechlapane, jak się wkurzy.* www.flashzone.pl 2006. *Baśka ma u mnie przechlapane, nic już jej nie pożyczę.* IS. ▭ IS 2000, PSF 2000, PS 2001, US 2003 ⌀1988 PP, 1991 NSP2
przeciw ♦ *phras* **być za, a nawet przeciw** *s.* **być**
przeciwutleniacz *s.* **antyutleniacz**
przedbieg ♦ *phras* **coś/ktoś odpada w przedbiegach** *ugs* »jd./etw. scheidet vor dem eigentlichen Beginn o. im Anfangsstadium eines Projekts usw. aus« - jd./etw. **scheitert in der Vorrunde;** jd./etw. **bleibt** (bald) **auf der Strecke;** *neutral* jd./etw. **scheidet** (bereits) **im Vorfeld aus;** etw. **hat sich** (schnell) **erledigt**. *Kielce odpadły w „przedbiegach", bowiem propozycja ta była najmniej korzystna finansowo - usłyszeliśmy od jednego z działaczy.* PSF. *Ponieważ naszym marzeniem nie było stworzenie portalu internetowego, koncepcja ta odpadła w przedbiegach.* www.pckurier.pl 2006. *Co zrobić, aby nie odpaść w przedbiegach? Wstęp, czyli analiza ogłoszeń o pracę.* www.semestr.pl 2006. ▭ IS 2000, PSF 2000, US 2003 ⌀1990 PP
przedgrupa *f, Musik* »im Vorprogramm eines Rockkonzerts o.Ä. vor dem eigentlichen Star auftretende Gruppe« - **Vorgruppe**. *Jako przedgrupa zagra Gash z Częstochowy.* home.agh.edu.pl 1995. *Całkiem nieźle jak na przedgrupę. Pomyślałem sobie nawet, że niewiele w sumie brakowało i zagraliby tak samo długo jak główna gwiazda wieczoru.* dp.netglob.com.pl 2003. ▭ kein Beleg
przefarbować się^NB *pf, ugs, verächtlich* »das (politische) Lager wechseln; überlaufen« - **die Farbe, die Seiten wechseln**. Przefarbować się (z czegoś) na coś. *To ci sami ludzie przefarbowali się z czerwonego na bardziej zakamuflowany kolor. Zmieniają sobie tylko nazwę w zależności od powiewu wiatru.* www.wirtualnapolonia.com 2006. *Co do komuchów z „Wprost", to przefarbowali się zupełnie i nie sądzę, żeby chcieli wrócić do starego systemu.* ksiazki.wp.pl 2006. *Spryciarze ze „spółdzielni" wymyślili, żeby przefarbować się z koalicji na partię. Bo pierwsza musi dostać aż 8 procent głosów, a drugiej wystarczy ledwie 5.* www.nowepanstwo.pl 2006. ▭ IS 2000, PS 2001, US 2003 ⌀1989 NSP2
przeglądarka^NB *f, Computer* »Programm, mit dem Websites gefunden, gelesen u. verwaltet werden können« - **Browser**. Przeglądarka internetowa - Internetbrowser. Przeglądarka do stron internetu. *Na rynku poza Internet Explo-*

przejęcie 230

rerem jest bardzo wiele przeglądarek i niełatwo wybrać z nich najlepszą. browsehappy.pl 2006. *Google chce wprowadzić na rynek własną przeglądarkę internetową - twierdzą internetowe serwisy technologiczne.* www.biz-netnet.pl 2004. 🕮 IS 2000, PS 2001, US 2003

przejęcie ♦ *phras* **przyjazne przejęcie** *Wirtschaft* »Übernahme eines Unternehmens, die im Einvernehmen mit dem Management der Zielgesellschaft verwirklicht wird« - **freundliche Übernahme**. *Przedmiotem opracowania jest łączenie spółek akcyjnych na drodze inkorporacji, będącej przejawem tzw. przyjaznego przejęcia jednej spółki przez drugą.* www.bankowa.asz.pl 2006. *Warunki ostateczne przejęcia przyjaznego są wynikiem uzgodnień zarządów firmy przejmującej i przejmowanej.* www.ipo.pl 2006. 🕮 kein Beleg ◁engl friendly takeover
♦ *phras* **wrogie przejęcie** *Wirtschaft* »Übernahme eines Unternehmens, die nicht im Einvernehmen mit dem Management der Zielgesellschaft verwirklicht wird« - **feindliche Übernahme**. *Premier chce nacjonalizować polskie firmy, by chronić je przed „wrogim przejęciem".* www.telegazeta.pl 2006. *I, proszę świadka, jeszcze mam takie pytania dwa. Znana była powszechnie, świadkowi także, sprawa tzw. wrogiego przejęcia BIG Banku, mówię tak zwanego, bo to jest taka opinia potoczna.* arch.rzeczpospolita.pl 2005. 🕮 kein Beleg ◁engl hostile *oder* unfriendly takeover

przestępczość ♦ **przestępczość internetowa** *Internet* - **Internetkriminalität, Cyber-Kriminalität**. *Zorganizowana przestępczość internetowa; wzrost, poziom przestępczości internetowej. Zwalczać przestępczość internetową. Nie zabrakło również opracowań na temat przestępczości internetowej oraz bezpieczeństwa sieci.* www.prawnik.net.pl 2001. *Oszuści zostali zatrzymani dzięki współpracy pracowników działu bezpieczeństwa portalu Allegro i specjalnej komórki do zwalczania przestępczości internetowej w lubelskiej policji.* www.biznesnet.pl 2006. 🕮 kein Beleg. *auch* ↗**cyberprzestępczość**

przyjazny[NB] *Adj* »günstig, gut geeignet o. unschädlich für jdn./etw.« - *als Kompositumglied* **-freundlich**. ♦ Przyjazny dla środowiska *oder* przyjazny środowisku - umweltfreundlich. ♦ Przyjazny dla użytkownika - (be)nutzerfreundlich. ♦ Przyjazny dzieciom - kinderfreundlich. *Akcja „Kraków przyjazny maluchom" - Aktion „Kinderfreundliches Krakau". Rośnie zainteresowanie technologiami produkcji przyjaznymi dla środowiska naturalnego.* IS. *mBank zajął pierwsze miejsce w V Ogólnopolskiej Olimpiadzie Usług Bankowych. Zwyciężył jako Bank najbardziej przyjazny Klientom.* mbank-inteligo.blogspot.com 2006. 🕮 IS 2000, PS 2001

przypadek ♦ *phras* **deklinować coś przez wszystkie przypadki** *ugs* »etw. in vollem Umfang berücksichtigen, ausschöpfen; sich mit etw. gründlich auseinander setzen; etw. oft wiederholen« - etw. **durchdeklinieren**. *Słowo „miłość" było przez niego deklinowane przez wszystkie przypadki.* US. *Można też kochać Boga bezgłośnie. Milczący naśladowcy Pana są częściej bliżej Niego niż ci, co deklinują Boże imię przez wszystkie przypadki.* www.diecezja.zgora-gorzow.opoka.org.pl 2005. *Nie pytając o anachronizm historyczny, który w zastosowaniu tych nazw do dzielnic rozbiorowych leży, już się te nomenklatury poczyna wprowadzać, już deklinuje się na wszystkie przypadki Małopolskę z Krakowem i Lwowem, ale bez Sandomierza i Lublina.* www.omp.org.pl 1998 (przedruk artykułu z 1919 r.). 🕮 PS 1996, US 2003 ✐ 1919 (!)

przytulanka *f, ugs* **1** »Spielzeug (meist ein Spielzeugtier) aus Samt, Plüsch o. ähnlichem kuscheligem Stoff« - *familiär* **Kuscheltier, Schmusetier; Kuschel-** *mit konkreter Angabe des Spielzeugs:* Miś przytulanka - **Kuschelbär**. Kaczka przytulanka - **Kuschelente**. Lalka przytulanka - **Kuschelpuppe, Schmusepuppe**. *Nie mógł zasnąć bez swojej przytulanki.* SW. *Przytulanka - lew z chusteczką. Delikatnie pachnąca, miękka w dotyku przytulanka o twarzy lwiątka.* www.totu.pl 2006. *Taka pluszowa zabawka na pewno spodoba się każdemu dziecku i stanie się jego ulubioną przytulanką.* pasaz.wp.pl 2006. 🕮 SW 1996, IS 2000, PS 2001, US 2003 ✐ 1991 NSP2 **2** - »(erotisches) Anschmiegen (z.B. beim Tanzen)« *Zatańczę, tylko bez przytulanek, proszę!* SW. *Nie znoszę, jak mnie ludzie dotykają. Przytulanki z bliskimi lubię, wykorzystujemy je do okazania sobie uczucia, dlatego zupełnie inaczej je odbieram.* jbk.blog.pl 2006. *Żadnych przytulanek, trzymania za ręce, całowania. To jest tu źle widziane - mówi Pan K.* www.tur-info.pl 2006. 🕮 SW 1996, US 2003

psychozabawa *f, oder* **psychotest** *m, G* -u »psychologischer Test, der in der Presse zur Unterhaltung gedruckt wird« - **Psychotest**. *Jakim mężczyzną jesteś, jakim kochankiem, co jest dla Ciebie ważne w związku z bliską Ci osobą? Proponuję małą psychozabawę, która pomoże Ci odpowiedzieć na te i wiele innych pytań.* www.rozrywka.onet.pl 2004. *Psychotest - poznaj siebie i swój obraz nakreślony przez komputerowego psychologa.* www.republika.pl 2004. 🕮 PS 2001, US 2003

ptasi ♦ **ptasia grypa** *Medizin* »eine durch das Virus H5N1 hervorgerufene Seuche, von der vor allem Geflügel u. wildlebende Vögel betroffen sind, u. die in seltenen Fällen Menschen befällt« - **Vogelgrippe**. Zachorować, umrzeć na ptasią grypę. *Grypa ptasia jest chorobą zakaźną występującą wśród ptactwa wywoływaną przez szczep wirusa grypy typu A. Choroba ta została zidentyfikowana po raz pierwszy we Włoszech 100 lat temu; występuje praktycznie na całym świecie.* www.biolog.pl 2006. *Kolejna Egipcjanka zmarła na ptasią grypę. 15-letnia Egipcjanka zmarła w poniedziałek na ptasią grypę, co zwiększyło do dziewięciu liczbę śmiertelnych ofiar wirusa H5N1 w Egipcie.* tvp.pl 2006. ▭ PS 2002

pub [pap] *m, G -u, Npl -y* »(vor allem in Großbritannien u. Irland) Kneipe, Wirtshaus« - **Pub**. Przesiadywać w pubie; wstąpić na piwo do pubu; odwiedzać okoliczne puby. *Ander-Grant jest obecnie największym pubem w Olsztynie. Tylko tutaj można sączyć piwko, słuchając starej i nowej (niepublikowanej jeszcze w Polsce) muzyki.* www.orientacja.pl 2006. *Zapraszamy na spacer po krakowskich kawiarniach, pubach i klubach muzycznych.* krakow.zaprasza.net 2006. ▭ Supl 1994, SW 1996, IS 2000, PS 2002, US 2003 ⚹1985 NSP2

public relations [pablik rilejszyns] *meist im Pl, indekl* **a)** »Beziehungen zwischen einem Unternehmen o. einer Organisation u. der (interessierten) Öffentlichkeit, auch die Aktivitäten zur Herstellung dieser Beziehungen« - **Public Relations** *oder* **Publicrelations, PR; Öffentlichkeitsarbeit, PR-Tätigkeit**. Dobre public relations z kimś. Dbać o public relations; kształtować public relations. *W książce autorka przedstawia istotę public relations, rozumianych jako proces komunikacji przedsiębiorstwa z otoczeniem (...).* www.e-marketing.pl 2006. *Analiza wycinków prasowych jest standardowym narzędziem profesjonalnych public relations.* US. ▭ SW 1996, IS 2000, PS 2002, US 2003 **b)** »die für die Öffentlichkeitsarbeit zuständige Abteilung« - **PR-Abteilung, Abteilung für Public Relations** *oder* **Öffentlichkeitsarbeit**. Ktoś z public relations. Pracować w public relations. *Ludzie z PR alarmują, że nazwa naszej firmy zaczyna się źle kojarzyć przeciętnej gospodyni domowej.* OiT. ▭ SW 1996, IS 2000, PS 2002, US 2003. *auch* ↗piar/PR ⚹engl.

publicity [pablis-ity] *n oder f, indekl* »durch Medienpräsenz bedingte Bekanntheit in der Öffentlichkeit; auch Reklame, Bemühung um öffentliches Aufsehen« - **Publicity**. Uzyskanie, zdobywanie publicity; hałaśliwa publicity wokół kogoś/czegoś. Mieć, zdobywać publicity; zrobić, zorganizować komuś/czemuś publicity; dbać o swoją/swoje publicity. *Publicity często jest utożsamiana z PR lub wykorzystywana do jej definiowania, podobnie jak reklama.* www.epr.pl 2006. *Nie bez racji rozwścieczony Steve Ballmer wyznał, że żadna inna firma nie może pochwalić się takim publicity jak Google.* www.idg.pl 2006. ▭ Supl 1994, SW 1996, IS 2000, PS 2002, US 2003 ⚹engl

pulpit[NB] *m, G -u, Computer* »Arbeitsfläche bei grafischen Benutzeroberflächen« - **Desktop, Bildschirm**. Tapeta, ikonki pulpitu. Umieścić coś na pulpicie. *Okna aplikacji otwierane na pulpicie pojawią się tylko na tym pulpicie. Pozwala to otworzyć jednocześnie wiele aplikacji bez zaśmiecania ekranu.* www.i-lo.tarnow.pl 2004. *Zapraszamy do instalacji tapet pulpitu na swoich komputerach.* www.zpgo.pl 2006. ▭ kein Beleg ⚹engl desktop

pułapka ♦ pułapka feromonowa *s.* **feromonowy**

punk [pank] *m, G -a, Npl -i* **1** »Anhänger der in den 1970er u. 80er Jahren aktiven Protestbewegung von Jugendlichen mit bewusst rüdem, exaltiertem Auftreten u. bewusst auffallender Aufmachung (grelle Haarfarbe, zerrissene Kleidung, Metallketten usw.); auch diese Bewegung selbst« - **Punk, Punker; Punkbewegung**. Stylizować się na punka. *Obecnie duża część obserwatorów i samych punków uważa, że punk stracił to, co było w przeszłości jego siłą: złość, buntowniczość, kreatywność, stając się karykaturą samego siebie.* pl.wikipedia.org 2006. ▭ Supl 1994, SW 1996, IS 2000, PS 2002, US 2003 ⚹1988 NSP2. *auch* ↗punkowiec **2** *Musik* »Punkmusik« - **Punk, Punkrock**. *Wypada podkreślić, że w USA do sceny deathrockowej zaliczano także wykonawców grających czystego punka.* www.alternativepop.pl 2006. ▭ SW 1996, IS 2000, PS 2002, US 2003 ⚹1986 NSP2. *s. auch* ↗punk rock **3** *Musik* »Punkmusiker« - **Punker, Punkrocker**. *Gdy dotarliśmy do Płocka, na scenie grały jakieś punki.* www.altpltsa.netg.pl 2002. ▭ US 2003. *auch* ↗punkowiec ⚹engl

punk *nachgestellt in adjektivischer Funktion, indekl* »den Punk o. die Punkmusik betreffend« - **Punk-**. Muzyka, moda, styl punk. *Nie można bezkrytycznie stroić się w różne modne drobiazgi. Trzeba umieć odróżnić style - i styl Chanel i moda punk mają swoją wartość i mogą służyć różnym ludziom.* NSP2. ▭ IS 2000, PS 2002 ⚹1992 NSP2. *auch* ↗punkowy

punkowiec [pankowiec] *selten* **pankowiec** *m, G ~wca, Npl ~wcy* - **Punk, Punker**. Strój, ubiór punkowca; filozofia, ideologia, grupa punkowców. *Jeśli ktoś nie zna tych zespołów, nie powinien uważać się za punkowca (...).* www.nuta.pl 2006. *Punkowcy nie uznają żadnej władzy, nienawidzą polityków.* www.edu.info.

pl 2006. *Na podstawie wywiadu przeprowadzonego z młodym człowiekiem opiszę następujące subkultury: pankowców, skinów, hippisów, metalowców, dyskomanów i szalikowców.* radiomaryja.mylog.pl 2006. ▦ SW 1996, PS 2002, US 2003 ✐1991 NSP2. *auch* ↗punk

punkowy [pankowy] *Adj v.* ↗punk »den Punk o. die Punkmusik betreffend« - **Punk-**. *Zespół, muzyk punkowy; subkultura, grupa punkowa. W Polsce skini pojawili się na początku lat 80. Początkowo były to w zasadzie grupy punkowe - charakterystycznie ubrani, z fantazyjnymi, często kolorowymi grzebieniami na wygolonych głowach.* NSP2. ▦ SW 1996, PS 2002, US 2003 ✐1989 NSP2. *auch* ↗punk

punkówa [pankuwa] *f, selten* **punkówna** *f v.* ↗punk, *ugs, Jargon* - »Punkerin« *Punkówy chodzą w brudnych, podartych, szaroburych szmatach (...), swe krótkie włosy usztywniają mieszaniną wazeliny z talkiem i farbują na zielono lub fioletowo (...)* PS. *Dziewczyny preferują krótkie spódniczki, podarte pończochy, wysokie buty (...). Twarz - wapno, ostry makijaż oczu, grubo uszminkowane usta: punkówny powinny być ucharakteryzowane na wampa.* NSP2. ▦ PS 2002, US 2003 ✐1985 NSP2

punk rock, punkrock [pankrok] *m, G -a, Musik* »Stilart der Rockmusik« - **Punkrock, Punk**. *Punk rock i wszystko, co się z nim wiąże - fryzury, ekstrawaganckie stroje i zachowanie na scenie, są wyrazem buntu młodego pokolenia (...)*. NSP2. *Jakiś czas temu punk-rock i tak zwana scena niezależna została wchłonięta przez mainstream i obecnie większość punkrocka, jaki można usłyszeć, to muzyka rozrywkowa, rock'n'roll, adresowany do nastolatków.* www.popupmagazine.pl 2006. ▦ SW 1996, IS 2000, PS 2002, US 2003 ✐1987 NSP2. *auch* ↗punk. ◁engl

punk rockowy, punkrockowy *Adj v.* ↗punk rock, *Musik* - **Punkrock-**. *Zespół, muzyk punk rockowy; grupa, muzyka punk rockowa. Znacie może jakieś kapele punk rockowe godne uwagi? Najlepiej było by jakieś polskie, ale zagraniczne też mogą być.* www.osiol.net 2006. *Grup punkrockowych było tam chyba najwięcej. Klasyczny skład to dwie gitary, perkusja i wokalista.* NSP2. ▦ SW 1996, IS 2000, PS 2002, US 2003 ✐1987 NSP2

punktować[NB] *ipf* **1** *ugs* - »jds. Fehler aufzählen, auflisten« *Punktować wady, błędy. Chce powołać grupę szybkiego reagowania, która ma punktować błędy stołecznych władz i pokazywać, jak można rozwiązać problemy warszawiaków (...).* demokraci.pl 2006. *Słuchał uważnie przemówienia ministra i dokładnie punktował wszystkie błędy językowe.* PS. ▦ PS 2001 ✐1986 NSP2 **2** *Sport* »in der Klassifikation Punkte erringen« - **punkten**, *Jargon* **Punkte holen**. *Punktowane miejsce. Wczoraj gnieźnieńscy żużlowcy, zwyciężając przed własną publicznością, (...) zakończyli sezon zasadniczy. Spójrzmy jak punktowali w poszczególnych spotkaniach zawodnicy czerwono-czarnych.* www.espeedway.pl 2005. ▦ IS 2000, PS 2001, US 2003

puzzel [puzel, pucel] *m, G ~zla, Npl ~zle* »ein Element des Puzzlespiels« - **Puzzle, Puzzleteil, Puzzlestück**. *Komplet, pudełko puzzli. Puzzle bardzo szybko się układają, aczkolwiek ostatni puzzel na górze wkłada się z dużymi problemami.* www.puzzle-sklep.pl 2006. *Pamiętaj, że World Wide Web jest wielkim puzzlem, pracowicie układanym przez niezliczone rzesze webmasterów.* webmaster.helion.pl 2006. *Zapomniała jej powiedzieć, że brakuje jednego puzzla...* gufo.blog.onet.pl 2006. ▦ IS 2000, US 2003

puzzle [puzle, pucle], *nur im Pl, Gpl ~zli* »Bild, das nach einer Vorlage aus einzelnen Teilen richtig zusammengesetzt werden muss« - **Puzzle, Puzzlespiel**. *Układać puzzle; siedzieć nad puzzlami. Dla dzieci polecam puzzle - kolorowe układanki.* NSP2. *Sklep z puzzlami - puzzle 1000, 2000, 3000, 5000 elementów i większe!* www.puzel.pl 2006. ▦ SW 1996, IS 2000, PS 2002, US 2003 ✐1992 NSP2 ◁engl puzzle

Q

quad [kfat] *m, G -a, Kfz* »ein dem Motorrad ähnliches Fahrzeug mit vier Rädern und dicken Reifen« - **Quad**. *Zajmujemy się wypożyczaniem profesjonalnych quadów (...).* www.quady.tanio.net 2006. *Czy quad to samochód? (...) Jeśli jednak w posiadanym przez podatnika świadectwie homologacji quada brak jest oznaczenia kategorii L7e - quad nie jest uznawany za pojazd czterokołowy, ale za motocykl.* motoryzacja.interia.pl 2006. ▦ kein Beleg ◁engl

R

rachunek ♦ rachunek oszczędnościowo-rozliczeniowy *s.* **ROR**

rada ♦ *phras* **nie da rady, oba samce** *ugs* »man muss etw./jdn. so nehmen, wie es/er ist; etw. ist unabänderlich; auch in der Diskussion um homosexuelle Partnerschaften: das ist gegen die Natur« - **da kann man nichts machen; da ist nichts zu machen** o. **wollen; da beißt die Maus keinen Faden ab; daran ist nicht zu rütteln; das geht nicht**. *Mam wagonik fleischmanna, ma on gniazdo i sprzęg taki jak widać na zdjęciu. Mam lokomotywki i wagoniki - ale posiadające sprzęgi standardowe - piko. Więc jedno z drugim średnio kompatybilne (nie da rady, oba samce).* forum.martel.pl 2004. *Wulgarne powiedzenie ludowe brzmi, „nie da rady, oba samce". Spór o to, czy pary homoseksualne mogą posiadać dzieci, jest więc tu doskonałym przykładem. Z ludzkiej natury wynika, że nie mogą (...).* tygodnik.onet.pl 2006. 📖 PS 2002 ✍ Bogusławski/Wawrzyńczyk 1993

radio taxi [radio taksi] *n, indekl* **1** *selten auch* **taxi radio** »Zentrale, über die ein Taxi telefonisch bestellt werden kann« - **Funktaxi-Zentrale; Funktaxi**. *Numer do radio taxi. 12 października 1994 roku klient zamówił pierwszy kurs w Radio Taxi Barbakan.* www.taxi.barbakan.krakow.pl 2006. 📖 IS 2000, PS 2002, US 2003 **2** »telefonisch bestelltes Taxi« - **Funktaxi**. *Zadzwonić po radio taxi; zamówić, wezwać radio taxi. Bał się (...) iść pieszo i dlatego zadzwonił po radio taxi. Otrzymał wtedy odpowiedź, że taksówkarzowi nie opłaca się przyjechać na krótki kurs do centrum miasta.* www.gwarek.com.pl 2003. *Radzimy zamówić Radio Taxi i nie korzystać z taksówek oczekujących na postoju obok dworca.* www.cpi.com.pl 2003. 📖 IS 2000, US 2003 ✍ 1989 NSP2

radiomaryjny *Adj v.* Radio Maryja, *meist mit pejorativer emotionaler Färbung* »über etw., was charakteristisch ist für den einflussreichen katholischen, ultrarechten Rundfunksender Radio Maryja u. seine Hörerschaft« - etw. **wie** o. **in der Art von Radio Maryja**. *Poziom, patriotyzm radiomaryjny; radiomaryjny ciemnogród. 10 grudnia odbyła się radiomaryjna manifestacja pod budynkiem Telewizji Polskiej we Wrocławiu.* www.racjonalista.pl 2005. *Tekst typowo radiomaryjny... przykre.* www.bosko.pl 2005. *Poglądy diametralnie różne (ona - radiomaryjna, on - subtelny liberał), ale znaleźliśmy wspólny mianownik obojga kandydatów.* www.nowe-panstwo.pl 2005. *Koalicja z Samoobroną to dla PiS kompromitacja i odejście dużej części elektoratu do PO (...). Koalicja z PO, to z kolei odejście dużej części elektoratu radiomaryjnego do LPR i Samoobrony.* forum.demokraci.pl 2006. 📖 kein Beleg. *vgl. auch* ↗**moherowy**

◁Radio Maryja - nationalkatholischer Rundfunksender, eine der meist gehörten Rundfunkstationen in Polen, mit fundamentalistischer, teilweise antisemitischer, EU- u. fremdenfeindlicher Tendenz. Das Adjektiv *radiomaryjny* spielt an auf die konservativ-katholische Geisteshaltung der meist älteren Zuhörerschaft aus unteren Bildungsschichten.

rafting [raftiŋk] *m, G -u* »Wildwasserfahren im Schlauchboot« - **Rafting**. *Rafting ekstremalny; szkoła raftingu. Uprawiać rafting. Rafting - co to jest? Można to przetłumaczyć jako spływy pontonowe po dzikich górskich rzekach.* 4risk.net 2006. *Rzeki górskie tworzą malownicze przełomy (...). Dunajec także. Ma swoje spokojne plosa i wartkie bystrzyny, te dla raftingu są najbardziej pożądane, tak naprawdę właśnie dla nich się pływa.* www.beskidy.kylos.pl 2005. 📖 PS 2002 ◁engl

raftingowy *Adj v.* ↗rafting - **Rafting-**. *Sport, spływ, ponton, instruktor raftingowy; wyprawa, trasa, szkoła, załoga, zjeżdżalnia raftingowa. Poza stałą bazą instruktorzy RU organizują turystykę rowerową, wyprawy raftingowe (spływ pontonem górską, wzburzoną rzeką), wyjazdy na narty itp.* www.medsport.pl 1999. 📖 PS 2002

raj ♦ **raj podatkowy** *s.* **podatkowy**

RAM [ram] *m, G* RAM-u, *Informatik* » Arbeitsspeicher (Hauptspeicher) eines Rechners, in dem temporär Daten gespeichert werden« - **RAM**. *Pamięć RAM. Komputer ma ileś RAM; powiększyć RAM. Powiększę panu RAM, to przyspiesza o tyle pracę na komputerze, że jednocześnie będzie pan mógł mieć otwartych wiele programów i dokumentów.* OiT. *Chodzi mi o pamięć: jaka jest minimalna ilość RAM-u, żeby poczta ze skanerem antywirusowym chodziła znośnie?* www.linuxfan.pl 2005. 📖 IS 2000, PS 2002, US 2003 ✍ 1995 PWN-Korpus ◁engl Kurzwort aus Random Access Memory

ramówka *f, Fernseh-, Rundfunkjargon* »Ablaufplan mit den festen Sendezeiten für Sendungen u. Programmblöcke eines Fernseho. Rundfunksenders« - **Sendeplan**. *Ramówka wakacyjna, letnia, zimowa; ramówka telewizji, radia, stacji radiowej. Umieścić coś w ramówce; zdjąć coś z ramówki. TV Puls deklaruje, że w marcu ruszy z nową ramówką i skupi się na programach religijnych, społecznych oraz filmach dokumentalnych.* Gazeta Wyborcza

2003. *Nowości wiosennej ramówki Telewizji Polskiej. Telewizja Polska przygotowuje dla swoich widzów kolejne nowości programowe.* ww2.tvp.pl 2005. 📖 Supl 1994, SW 1996, IS 2000, PS 2002, US 2003

randka ♦ *phras* **randka w ciemno** »Verabredung mit einer unbekannten Person mit dem Ziel, eine partnerschaftliche Beziehung anzubahnen; übertr. auch eine Sache mit ungewissem Ausgang« - **Blind Date**. *Kobiety i mężczyźni powinni przynajmniej usłyszeć głos przyszłego partnera czy partnerki, zanim umówią się na randkę „w ciemno" (...).* studentnews.pl 2006. *Uczelniane komisje egzaminacyjne prześcigają się w wymyślaniu oryginalnych testów i tematów kwalifikacyjnych. Raz przypomina to konkurs dla hobbystów, innym razem randkę w ciemno.* Polityka 1996. *Wybory nie powinny być randką w ciemno, a partie w Polsce niestety tak się zachowują, nie ma precyzyjnych programów, tylko zestawy życzeń, na podstawie których niestety będziemy musieli dokonać wyboru.* www.gora.com.pl 2005. 📖 kein Beleg

ranking [raŋkiŋk] *m, G -u* **a)** »Rangliste; Einordnung in eine Rangliste« - **Ranking** [ræŋkiŋ]. *Ranking polityków - Politikerranking. Krajowy, światowy ranking; ranking (najlepszych) uczelni, bestsellerów, płyt, filmów, sportowców, placówek naukowych. Zajmować czołowe miejsce w rankingu; wygrywać w rankingu; przeprowadzić, ogłosić ranking. Uniwersytet Warszawski znalazł się na pierwszym miejscu w międzynarodowym prestiżowym rankingu informatyków Top Coder, prowadzonym przez amerykańskie firmy informatyczne.* www.hacking.pl 2005. *Przed kupnem samochodu poczytaj prasę fachową. Znajdziesz w niej wiarygodne rankingi, które auta najrzadziej się psują i mają opinię niezawodnych.* Twój Styl 2000 (K). 📖 Supl 1994, SW 1996, IS 2000, PS 2002, US 2003 **b)** *Sport* »Platz auf einer Rang-, Rankingliste« - **Rankingplatz**. *Najwyższy, najniższy ranking; ktoś/coś z jakimś rankingiem; mieć jakiś ranking. Prawo udziału w XIII Mistrzostwach Polski w Scrabble (MP 2005) mają członkowie Polskiej Federacji Scrabble oraz gracze nie będący członkami PFS, którzy wg aktualnego na dzień MP rankingu (...) mają ranking wyższy niż 100.* www. pfs.org.pl 2005. *Open A - zgłoszony do Fide dla zawodników z rankingiem >1800. Open B - turniej klasyfikacyjny dla zawodników z rankingiem do 1800.* www.wszach.poznan.pl 2005. 📖 kein Beleg ⊲engl

rankingowy *Adj v.* ↗ranking - **Ranking-**. *Lista rankingowa - Rankingliste, Rangliste. System rankingowy; pozycja, metoda, komisja rankingowa. Wzory obliczania wskaźnika rankin-*

gowego kandydatów zawiera Uchwała nr 25 Senatu Politechniki Poznańskiej z dnia 10 grudnia 2003 r. www.fceaee.put.poznan.pl 2005. *Zespół przyjął listę rankingową inwestycji budowlanych do finansowania z dodatkowych środków budżetu nauki w roku 2000.* www.kbn.gov.pl 2005. 📖 Supl 1994, SW 1996, IS 2000, PS 2002, US 2003 ✎ 1989 NSP2

rap [rap] *m, G -u, Musik* **a)** *nur im Sg* »schneller, rhythmischer Sprechgesang« - **Rap, Rapgesang**. *Fan, zwolennik rapu; moda na rap. Wykonywać rap. Myślę, że w przyszłości najprostszym wyjściem z tej sytuacji będzie ustalenie, że na rap, techno, metal, piosenkę poetycką itd. będą głosowali tylko ci, co na co dzień mają do czynienia z tymi gatunkami.* Machina 1998 (K). *Skoro wszyscy są tak wielkimi fanami polskiego rapu, wierzą w tą muzykę, utożsamiają się z nią (...), to dlaczego ściągają te płyty z internetu!?* www.djworld.pl 2005. 📖 SW 1996, IS 2000, PS 2002, US 2003 ✎ 1992 NSP2 **b)** *Pl -y* »Tanz zu diesem Musikstil« - **Rap, Rapdance, Raptanz**. *Break Dance to taniec na głowie, a rap to skakanie. Break Dance tańczy się w dyskotece, a rap na ulicy.* www.hiphop.torun.com.pl 2005. 📖 NSPP 1999, PS 2002, US 2003 **c)** *Pl -y* »Lied in diesem Musikstil« - **Rap, Rap-Song, Raplied**. *Płyta CD z 25 piosenkami, chantami, rapami i rymowankami - w wersji wokalnej i instrumentalnej, tzw. wersji karaoke.* www.merlin.com.pl 2005. 📖 kein Beleg ⊲engl

rap [rap] *nachgestellt in adjektivischer Funktion, indekl, Musik* - **Rap-**. *Muzyka rap. Muzyka rap zaczynała stopniowo zdobywać coraz większe grono zwolenników na całym świecie.* www.breakdance.boo.pl 2006. 📖 kein Beleg. *auch* ↗rapowy

rap(p)er *m, G -a, Npl ~rzy, selten* **rapowiec** *G ~wca, Npl ~wców, Musik* - **Rapper**. *Tak jak do kolejnych dekad przystawali cukierkowi wykonawcy z dyskotek, później zbuntowani punkowcy, dziś gniewni raperzy z jednej strony, a z drugiej często anonimowi twórcy techno.* Polityka 2000 (K). *Od ulicy, poprzez „liwing", pokoik i drzwi przebijał się potężny łomot i skan-do-wa-nie rapowców.* E. Redliński, Szczurojorczycy 1997 (K). 📖 SW 1996, IS 2000, PS 2002, US 2003 ✎ 1992 NSP2 ⊲engl

rapować *ipf* / **zarapować** *pf, v.* ↗rap, *Musik* »Rapmusik machen; einen Rap singen, spielen« - **rappen**. *Kazik S. samotnie rapuje po polsku od kilku lat.* SW. *Kiedy postanowiliśmy zarapować po islandzku, trzeba się było nieźle nagłówkować, jak taki rap ma wyglądać.* www.muza.net.pl 2005. 📖 SW 1996, PS 2002, US 2003 ⊲engl

rapowany *v.* ↗rapować, *Musik* »etw., das in der Art des Rap gemacht wurde« - **gerappt**. *Rapowany tekst, utwór; rapowana rozmowa,*

wersja piosenki. *W lutym 1996 roku Liroy został zaproszony przez Malcolma McLarena do Londynu. Efektem tej wizyty jest rapowany przez Liroya po polsku utwór, który ukaże się na nowym albumie ekscentrycznego menedżera Sex Pistols.* www.angelfire.com 2004. *Podsumowując, materiał zawarty na „Wideotece" jest słaby i zbyt śpiewany, a za mało rapowany.* www.hiphopepicentrum.blogonet.pl 2005.
◫ PS 2002 ✐1992 NSP2

rapowiec s. **rap(p)er**

rapowy *Adj* v. ↗rap, *Musik* - **Rap-**. Song, taniec, koncert, zespół rapowy; muzyka rapowa; pokolenie rapowe. *Dwupłytowa składanka najpopularniejszych utworów tego artysty-gangstera to wybór z sześciu albumów, przez krytyków uznawanych za najważniejsze płyty rapowe swoich czasów.* Cosmo 1999 (K).
◫ SW 1996, IS 2000, PS 2002, US 2003 ✐1991 NSP2.
auch ↗rap

rat(t)an* *m, G -u, meist im Sg* »Rohr aus den Stängeln bestimmter Rotangpalmen, das besonders zur Herstellung von Korbwaren u. Möbeln verwendet wird« - **Rattan**. Meble, krzesła, komplet, fotel z rattanu. *Czym dla naszego meblarstwa jest wiklina, tym w krajach egzotycznego południa jest rattan. (...). Z rattanu robi się lekkie fotele, kanapy, stoliki o różnych kształtach, regały, szafki z wyplatanymi szufladami, łóżka z ażurowymi wezgłowiami, duże szafy.* Poradnik Domowy 1995 (K).
◫ IS 2000, PS 2002, US 2003 ✐1939 SWO

rat(t)anowy* *Adj* v. ↗rat(t)an - **Rattan-**. Komplet rattanowy; łóżko rattanowe; meble rattanowe. *Kosze wyplatane są z najlepszej jakości trzciny rattanowej, wykańczane skórą i wyposażone w praktyczne schowki na bagaż podręczny podróżnych.* www.skyadventure.pl 2005. *Będzie się czuła jak w lesie, bo Mańka w kibelku ma olbrzymią jukę i meble ratanowe - może to nie las, ale w każdym razie przytulnie i z roślinką.* K. Grochola, Nigdy w życiu! 2001.
◫ IS 2000, PS 2002, US 2003

ratatuja, ratatouille* [ratatuj] *f, indekl* »Gemüsegericht aus Tomaten, Auberginen, Paprika usw.« - **Ratatouille**. Ratatuja z makaronem, z ryżem; przepis kulinarny na ratatuję. Dusić ratatuję. *Cukinia, bakłażany i pomidory doprawione winem i ziołami tworzą rozpływającą się w ustach potrawę zwaną ratatują, która doskonale pasuje do ostro przyprawionego steku.* www.digest.com.pl 2003. *Ratatouille jest codziennym lokalnym daniem z Nicei. (...) Na garnek letnich warzyw duszonych w pomidorach z czosnkiem i ziołami mówimy zazwyczaj „ratatuja", a nie peperonata, pisto czy briam.* www.kobieta.gazeta.pl 2004. ◫ PS 2002, US 2003
◂frz ratatouille

rating [ratiŋk] *m, G -u, Wirtschaft* »Verfahren zur Beurteilung von Personen o. Situationen mithilfe von Ratingskalen« - **Rating** [reitiŋ]. Rating ubezpieczeniowy, długoterminowy. *Rating to opinia niezależnej, wyspecjalizowanej instytucji, określająca wiarygodność kredytową podmiotu gospodarczego lub państwa: (...).* www. bip.city.poznan.pl 2004. *Perspektywa ratingu długoterminowego BRE Banku jest pozytywna.* www.trend.strefa.pl 2005. ◫ PS 2002
◂engl

ratingowy ♦ **agencja ratingowa** *Wirtschaft* »Agentur, die die Einschätzung der Kreditwürdigkeit eines Unternehmens, Staates usw. vornimmt« - **Ratingagentur**. Międzynarodowa, polska, niezależnie działająca agencja ratingowa. Agencja ratingowa podwyższyła, obniżyła, podtrzymała rating czegoś. *Agencja ratingowa Standard&Poor's już zapowiadała, że wkrótce może zmienić ocenę ryzyka inwestycyjnego w Polsce ze „stabilnej" na „negatywną".* Newsweek 2003. ◫ PS 2002

ratrak *m, G -a selten -u* »Kettenfahrzeug zum Präparieren von Skipisten durch Verdichtung des Schnees« - **Pistenraupe, Pistenbully**, *selten* **Ratrak**. Śnieg ubijany ratrakami. *W górach wieje silny wiatr, a mgła ogranicza widoczność do kilku metrów. Radzimy więc wszystkim niecierpliwym amatorom białego szaleństwa poczekać do czasu, kiedy ratraki przygotują trasy i gdy ruszą wyciągi.* Gazeta Wyborcza Dolnośląska 261 (K). *Wszystkie trasy zjazdowe są codziennie przygotowywane przy pomocy ratraka.* www.pieniny.turist.pl 2005.
◫ Supl 1994, SW 1996, PS 2002, US 2003 ✐1987 NSP2 ◂vom Firmennamen Ratrak

rave [rejf] *m, indekl* »Musikrichtung, die Ende der 1980er in Großbritannien als Mischung aus Housemusik u. Musik der 1960er Jahre entstanden ist« - **Rave-Musik**. *Zaczątki tej muzyki można zauważyć pod koniec lat 80. Określana była ona wtedy jako... rave - termin ten (ang. rave = szaleństwo) przyjęto obecnie w odniesieniu do kierunku muzyki techno.* www.cyber.com.pl 1998. *Pierwsze dźwięki rave były naprawdę ostre. Jak długo można było słuchać punk rocka? Ta muzyka była równie energetyczna, co punk.* www.magazyn-sztuki.pl 2004. ◫ PS 2002 ◂engl
! Rave im Dt. - (Techno)party

ravioli* [rawioli] *nur im Pl, indekl* »mit Fleisch o. Gemüse gefüllte kleine Teigtaschen aus Nudelteig« - **Ravioli**. *Ravioli można jeść w zupie, mogą też być, polane masłem, oddzielnym daniem, podanym zamiast zupy.* OiT. *Ravioli, potrawa wywodząca się z kuchni włoskiej: pierożki w kształcie kwadratów, nadziewane bryndzą, mięsem lub szpinakiem. Ravioli podawane są z utartym serem lub z dodatkiem* *sosu.* www.makaron.website.pl 2005. ▭ PS 2002, US 2003 ◁ital

readmisja *f, Politik* »Rückführung illegaler Flüchtlinge u. die Verpflichtung des Staates, aus dem sie unmittelbar kamen, diese aufzunehmen« - **Rücknahme, Rückführung**. Umowa o readmisji - Rücknahme-, Rückführungsabkommen. Zasada readmisji; wniosek o readmisję; zgoda na readmisję. *W ramach readmisji przekazano innym państwom 2919 cudzoziemców, najwięcej stronie ukraińskiej - 2862.* Super Nowości 1999 (K). *Kwestią sporną jest m. in. brak zgody Rosji na readmisję czyli przyjmowanie z powrotem osób, które nielegalnie z tego kraju przedostały się na terytorium UE.* www.e-polityka.pl 2005. ▭ NSPP 1999, PS 2002, US 2003 ✎1991 NSP2

reaganizm [reganizm] *m, G -u, Politik* »Politik des US-Präsidenten R. Reagan gegenüber dem Ostblock; auch allgemein für die Politik von R. Reagan« - **Reaganismus**. Idea, odrodzenie, założenia, zwolennik reaganizmu. *Wobec ogólnoświatowej wrogości islamistów do USA sojusz ten mógł być tylko czasowy, z czego Amerykanie zapewne doskonale zdawali sobie sprawę, ale brak wyobraźni i charakterystyczny dla reaganizmu obłęd antykomunistyczny okazały się ważniejsze niż myślenie w dłuższej perspektywie czasowej.* www.la.most.org.pl 2001. *Na określenie tej zmiany jest „neoliberalizm", jednak przyjęło się ją również nazywać „reaganizmem-thatcheryzmem" czy „konsensem waszyngtońskim".* www.uni.wroc.pl 2005. ▭ PS 2002, US 2003 ✎1988 NSP2
◁Ronald Reagan, amerikanischer Präsident 1981-1989

reaganomika [reganomika] *f, Politik* »liberale u. monetaristisch ausgerichtete Wirtschaftspolitik des US-Präsidenten R. Reagan« - **Reaganomic(s)**. *Podobnie jak reaganomika w Stanach Zjednoczonych, analizowane są także inne doktryny ekonomiczne, jak np. thatcheryzm w Wielkiej Brytanii jako przykład praktycznego funkcjonowania anglosaskiego modelu gospodarczego.* www2.sgh.waw.pl 2002. *Cherlawa w latach 70. światowa gospodarka nabrała rozpędu tylko dzięki reaganomice.* www.wprost.pl 2005. ▭ SW 1996, PS 2002, US 2003 ✎1988 NSP2
◁engl reaganomics

reaktywacja[NB] *Film* »(häufig nach Jahren) Fortsetzung o. Neuauflage eines Films« - **Reloaded**. Matrix Reaktywacja - Matrix Reloaded. *Oglądałem w kinie Matrix Reaktywację i bardzo przypadł mi do gustu wbrew odrzucającej go publice. Uważam film za kapitalny łącznik między trzecią, a pierwszą częścią i dopełnienie pierwszej. Chętnie zobaczę Matrixa Reaktywację raz jeszcze (mam nadzieje, że będzie dostępny na VHS).* www.merlin.com.pl 2003. *King Kong - super kino. Rok 2005 przyniósł reaktywację tego legendarnego stwora, który okazał się mieć ludzkie uczucia.* cooltura.korba.pl 2006. ▭ kein Beleg

real ♦ *phras* **w realu**, *Internetjargon* »in Wirklichkeit; echt« - *neutral* **in der Realität**. Powiedzieć, zrobić coś w realu; spotykać się w realu. *Wirtualność to anonimowość. Pozwala mi ona pytać o takie rzeczy, o które nie zapytałabym nigdy nikogo w realu. Internet to konfesjonał (...).* gryonline.wp.pl 2007. *Wirtualne randki, najpierw randki w sieci, potem randki w realu. Zapraszamy osoby samotne do umawiania się.* www.randki.romanse.pl 2005. *Bardzo ciekawa wydaje się migracja znajomości z sieci do realu. Przeszło co trzeci Internauta, posiadający znajomych, poznanych on-line, (36%) spotkał się choć raz z którymś z nich w świecie rzeczywistym.* www.internetstandard.pl 2005. ▭ kein Beleg. *vgl. auch* w ↗wirtualu

reality ♦ **reality show**[rielity szoł, reality szoł] *n oder m, indekl, Fernsehen* »Sendung im Fernsehen, die tatsächlich geschehene Unglücksfälle live zeigt bzw. nachgestellt darbietet« - **Realityshow, Reality-Show**. Polskie, amerykańskie, internetowe reality show; casting do reality show. Występować, brać udział w reality show. *Bohaterowie teatralnego reality show „Łaźni" to: Anulka, Baha, Robin i Opsko - ludzie, którzy za wszelką cenę dążą do osiągnięcia sukcesu.* www.culture.pl 2004. ▭ PS 2002, US 2003 ◁engl

realizować się[NB] *ipf* / **zrealizować się** *pf* »sich, seine Fähigkeiten in einer Tätigkeit o. Rolle unbehindert entfalten u. Befriedigung darin finden« - **sich verwirklichen**. Realizować się w pracy, w zawodzie, w wychowaniu dzieci; realizować się jako ojciec, naukowiec. *Twierdzą one, że niezależność kobiet jest wielką zdobyczą, że wspaniale jest realizować się w pracy zawodowej, że daje im to poczucie niezależności od mężczyzny (...).* Rzeczpospolita 1998 (K). *Ma szansę zrealizować się w zawodach, wymagających pracy naukowej i analitycznego myślenia, np. technolog medyczny, pracownik naukowy, astronom (...).* www.biurokarier.gwsh.pl 2005. ▭ SW 1996, IS 2000, PS 2002, US 2003 ✎1989 NSP2

receiver [resiwer] *m, G -a, Technik, Rundfunk* »Kombination von Rundfunkempfänger u. Verstärker für Hi-Fi- u. Satelliten-Wiedergabe« - **Receiver**. Digitalny, cyfrowy receiver; receiver na satelitę. *Receiver jest wyposażony w dysk twardy 80 GB, co pozwala na nagrywanie programów satelitarnych oraz buforowanie, czyli oglądanie programu z opóźnieniem czasowym.* www.dipol.com.pl 2005. *Z receivera wystaje drucik (który robi za antenkę). Odbiornik komunikuje się z myszką poprzez fale radiowe. Zarówno w receiverze,* *jak i w myszce znajduje się świecąca na czerwono diodka.* www.benchmark.pl 2005. PS 2002 1989 NSP2 engl

recykling, recycling [recyklink, risajklink] *m, G -u* »Aufbereitung u. Wiederverwendung bereits genutzter Rohstoffe« - **Recycling**. *Recykling odpadów (plastikowych), pojazdów; papier z recyklingu. Zapewnić recykling czegoś. Wytyczna Parlamentu Europejskiego zakłada przetwarzanie 75 proc. opakowań w krajach UE w 2006 r., jednocześnie wyklucza możliwość spalania odpadów jako recyklingu z odzyskaniem energii.* Wprost 2000 (K). *Recycling jest formą ochrony środowiska.* US. *Badania materiałów z recyklingów pod kątem ponownego ich użycia w elektrotechnice.* www.ie.ps.pl 2005. Supl 1994, SW 1996, IS 2000, PS 2002, US 2003 1992 NSP2 engl

reggae* [rege] *n, indekl, Musik* »aus Jamaika stammende Spielart der Popmusik, deren Rhythmus durch die Hervorhebung unbetonter Taktteile gekennzeichnet ist« - **Reggae**. *Polskie reggae. Reggae, rodzaj współczesnej muzyki rozrywkowej o parzystym metrum i umiarkowanym tempie, wywodzący się z Wysp Karaibskich (Jamajka).* www.wiem.onet.pl 2005. *Biografia artysty i jego zespołu The Wailers, dyskografia, teksty, artykuły i inne informacje związane z reggae.* www.reggae.zw.pl 2005. IS 2000, PS 2002, US 2003 1987 NSP2 engl

reggae* [rege], *nachgestellt in adjektivischer Funktion, indekl, Musik* - **Reggae-**. *Muzyka, styl, rytm, zespół reggae. Pod koniec lat 70. i na początku 80. piosenki/single nagrywane przez DJ'ów stały się dominującym stylem reggae na Jamajce (...).* www.radiolodz.pl 2003. IS 2000. *auch* reggae'owy

reggaeowy*, reggae'owy [regowy] *Adj v.* reggae, *Musik* - **Reggae-**. *Artysta, styl, zespół, utwór reggaeowy; muzyka, płyta reggaeowa; muzycy, wykonawcy reggaeowi. Na szczęście rzeczywiste gwiazdy „Reggae nad Wartą" grały dobrze i mimo kropiącego deszczu nie ustawały tańce i wspólne śpiewanie reggaeowych hitów.* NSP2. *Stołeczny zespół reggae'owy „Vavamuffin" wydał w kwietniu 2005 swój debiutancki album „Vabang!".* www.ultramaryna.pl 2005. PS 2002 1986 NSP2. *auch* reggae

REGON *m, G -u, selten indekl, Wirtschaft* **a)** »Nummer im polnischen Register der Wirtschaftssubjekte, das alle natürlichen u. juristischen Personen verzeichnet, die eine Wirtschaftstätigkeit führen« - **Nummer der Wirtschaftssubjekte**. *Nadać, dostać, wpisać REGON. Zarazem do zarejestrowania w Urzędzie Skarbowym konieczne jest posiadanie REGON-u. Uzyskanie REGON-u jest drugim krokiem na drodze do rozpoczęcia działalności.* www.ipis.pl 2002. *REGON jest wydawany w ciągu 7 dni od daty otrzymania formularza RG-1 przez urząd statystyczny.* prawo.ngo.pl 2005. PS 2002, US 2003 **b)** »das Register selbst« - **Register der Wirtschaftssubjekte**. Numer REGON-u. Podać numer REGON-u. *Od 1 stycznia 2004 roku osoby fizyczne podejmujące indywidualną działalność gospodarczą mają możliwość złożenia formularza o wpis do REGON w okienku Urzędu Gminy w tym samym momencie, gdy składają wniosek o wpis do ewidencji działalności gospodarczej.* www.pok-koscian.ires.pl 2006. *W celu uzyskania numeru REGON przedsiębiorca musi dysponować już numerem organu rejestrowego, czyli pozytywnie przejść procedurę rejestracyjną w Sądzie Gospodarczym. Z kolei uzyskanie numeru REGON jest niezbędne do uzyskania w Urzędzie Skarbowym numeru NIP.* www.wrotapodlasia.pl 2006. SSS 1999, PS 2002. *vgl. auch* PESEL, PIT, NIP Abk von Krajowy Rejestr Gospodarki Narodowej

rejtan ♦ *phras* **kłaść/położyć się, leżeć, stanąć Rejtanem** *oder* **rejtanem** »sich (im letzten Moment) mit allen Kräften gegen etw. wehren, widersetzen« - **sich entgegenstellen; sich dagegenstemmen; sich querstellen**. *Jeszcze nie wiadomo, czy i kiedy połączą się banki Pekao i BPH, a już trwają spory, czy fuzja ograniczy, czy może pobudzi konkurencję na rynku? Politycy przyjęli dogmat, że ograniczy. PiS położy się Rejtanem, do fuzji nie dopuści!* www.gazetabankowa.pl 2005. *Inne polskie źródło dyplomatyczne powiedziało nam, że w sprawach finansów „nie położymy się Rejtanem", nie zablokujemy negocjacji w ostatniej fazie.* www.msz.gov.pl 2006. *W Europie trwa spór na temat dyrektywy patentowej i - jak zwykle w takich przypadkach - nad rozsądkiem górę biorą emocje. Od momentu, gdy Polska stanęła Rejtanem w tej sprawie, kwestia patentowania zaczęła być tematem artykułów w tygodnikach popularnych i tylko czekać, aż któraś partia polityczna uczyni z niej temat wyborczy.* Computerworld 2005. kein Beleg Tadeusz Reytan (1742-1780), polnischer Sejmabgordneter, der 1773 in dramatischer Weise (indem er sich zu Boden warf u. damit den Ausgang für die Sejmabgeordneten versperrte) gegen die Anerkennung des Vertrages über die Teilung Polens protestierte; diese Szene wurde im 19. Jh. in einem Monumentalgemälde von Jan Matejko dargestellt.

rek(i)et *m, G -u, nur im Sg, ugs, Jargon* »Schutzgelderpressung bei Reisenden o. Händlern durch Mitglieder der (russischen) Mafia; auch das Schutzgeld selbst« - *neutral* **Schutzgelderpressung;** *neutral* **Schutzgeld**. *Prawo rek(i)etu. Kiedyś cały chór z Ukrainy zapłacił reket w pociągu z Wrocławia do Warszawy. Ich opiekunce w centrum stolicy nie-*

mal złamano nos, bo nie chciała oddać pieniędzy. www.ukraine-poland.com 2006. *Rekiet nie jest u nas specjalnością tylko przybyszów zza wschodniej granicy, choć ten proceder kojarzy się głównie z nimi.* OiT. ▭ SW 1996, PS 2002, US 2003 ✐1989 NSP2 ◁russ reket

rekieter *seltener* **rek(i)etier** *m, G -a, Npl ~rzy, ugs, Jargon* »Mitglied der (russischen) Mafia, das Schutzgeld erpresst« - *neutral* **Schutzgelderpresser**. *Rosyjscy, polscy rekieterzy; grupa rekieterów. W Polsce z kolei, gdzie ukraińscy murarze, reketierzy i pomoce domowe stały się oczywistym elementem krajobrazu, prowadzono wobec Ukrainy politykę pełną historycznej poprawności.* odra.art.pl 2005. *Do jednej z niemieckich firm rekietierzy zgłosili się jeszcze przed dokonaniem ataku grożąc, że w razie braku płatności działalność serwisu zostanie całkowicie zablokowana.* www.idg.pl 2005. ▭ SW 1996, PS 2002, US 2003 ✐1989 NSP2 ◁russ reketer

reklamówka[NB] *f, ugs* »Tragetasche aus Plastik (mit Werbeaufdruck)« - **Plastiktüte** o. **-beutel,** *neutral* **(Kunststoff-** o. **Plastik)tragetasche**. *Reklamówka z (kolorowym) nadrukiem. Zapakował, włożył coś do reklamówki; nieść zakupy w reklamówce. Wsiadają we trzech, czterech i od progu rozglądają się za łupem. (...) W rękach trzymają torby lub reklamówki, latem przewieszone przez ramię kurtki.* Życie Warszawy 2002 (K). *Aż miło było patrzeć, jak co druga osoba na ulicy niesie swoje zakupy w takiej reklamówce.* www.1praca.gov.pl 2005. ▭ Supl 1994, SW 1996, IS 2000, PS 2002, US 2003 ✐1992 NSP2

rekomunizacja *f, nur im Sg* »(in postkommunistischen Ländern:) Wiederbelebung kommunistischer Strukturen; Besetzung von Ämtern mit Personen, die mit dem ehemaligen kommunistischen System verbunden waren« - **Rekommunisierung**. *Rekomunizacja państwa, instytucji politycznych, administracji, mediów, oświaty. Oni dobrze wiedzą, że tylko nasz związek może skutecznie przeciwstawić się rekomunizacji. Dlatego usiłują wmówić społeczeństwu, że opozycyjna działalność Solidarności ma znamiona terrorystyczne.* Tygodnik Solidarność 1996 (K). *Czas rządów Millera to rekomunizacja życia publicznego, obsadzanie głównych stanowisk państwowych byłymi funkcjonariuszami komunistycznych specsłużb.* www.polonia-online.com 2005. ▭ SW 1996, PS 2002, US 2003

rekomunizacyjny *Adj v.* ↗rekomunizacja - **Rekommunisierungs-**. *Proces, układ rekomunizacyjny. Proces rekomunizacyjny zagraża młodej polskiej demokracji.* PS. *Zarysował się bardzo wyraźny układ rekomunizacyjny.* www. abcnet.com 2004. ▭ SW 1996, PS 2002.

rekomunizować *ipf /* **zrekomunizować** *pf, v.* ↗rekomunizacja - **rekommunisieren**. *Rekomunizować instytucje polityczne, administrację, media, oświatę. Suwalscy związkowcy pojawili się przed MEN-em w samo południe. Rozwinęli transparenty z napisami „Rekomunizacja stop!", „Żądamy podniesienia nakładów na oświatę", „Oni rekomunizują - koryt potrzebują".* Gazeta Współczesna 1995 (K). *Jego zdaniem szef resortu, Jerzy Wiatr, rekomunizuje naukę historii Polski. Młodzież z ROP zapowiada więc działania przeciw ministrowi.* home.agh.edu.pl 1997. ▭ SW 1996, PS 2002.

rekonstrukcja ♦ **rekonstrukcja rządu, gabinetu** »Änderung der Regierungszusammensetzung« - **Regierungs-** o. **Kabinettsumbildung; Regierungs-** o. **Kabinettsneubildung**. *Rekonstrukcja rządu jest efektem umowy koalicyjnej zawartej przez PiS, Samoobronę i LPR.* hotnews.pl 2006. *Vladimir Szpidla, szef rządu, lider Czeskiej Partii Socjaldemokratycznej, rozpoczął rozmowy o rekonstrukcji gabinetu.* Rzeczpospolita 2002. ▭ IS 2000, PS 2002, US 2003

rekorder *seltener* **recorder** [rekorder] *m, G -a*
1 »Gerät zur Datenaufzeichnung auf CD-ROM« - **Rekorder, Recorder**. *Rekorder płyt CD-ROM. Rekorder czystych płyt CD ma tę zaletę w porównaniu z innymi rekorderami cyfrowymi, że nie operuje techniką kompresji przy nagrywaniu.* OiT. ▭ PS 2002, US 2003
2 »Aufnahmegerät zur Aufzeichnung von Fernsehsendungen u. zum Abspielen von Videokassetten u. DVD« - **(Video)rekorder, (Video)recorder; (DVD)rekorder, (DVD)recorder**. *Rekorder DVD. Rekordery Sony idą o krok dalej i zapewniają także najlepszą możliwą jakość nagrywanego obrazu.* www.saysonic.com.pl 2004. ▭ OiT 2001 **3** »(bei Flugzeugen) in einem bruch- u. feuersicheren Gehäuse installierter Flugdatenschreiber u. Cockpit-Stimmrekorder, die wichtige Flugdaten bzw. die Gespräche im Cockpit aufzeichnen«- **Blackbox, Black Box**. *Wyjaśnienie przyczyn katastrofy samolotu utrudniał fakt, że spłonął rekorder rejestrujący przebieg lotu.* PS. ▭ OiT 2001, PS 2002, US 2003. *auch* **czarna skrzynka** ◁engl

relaksacja[NB] *f* »körperliche u. geistige Entspannung, die mit Hilfe bestimmter Übungen erreicht wird« - **Entspannung,** *selten* **Relaxation**. *Metoda, kurs, technika relaksacji. Nie powiedziano im, że organizacja jest zarejestrowana jako związek wyznaniowy, a także, że kursy relaksacji są w rzeczywistości nauką zaawansowanych form medytacji orientalnej.* Dzień Dobry 2001 (K). *Klasyczna relaksacja wymaga specjalnych warunków - ciszy, spokoju, specjalnego światła, pozycji ciała trudnej do* *osiągnięcia w warunkach szkolnych, instrumentarium fonicznego.* www.scholaris. pl 2005. ◫ Supl 1994, PS 2002, US 2003

relaksacyjnyᴺᴮ *Adj v.* ↗relaksacja - **Entspannungs-**. *Trening, masaż relaksacyjny; psychoterapia, technika relaksacyjna; ćwiczenie relaksacyjne. Druga część nagrania jest połączeniem muzyki relaksacyjnej, dźwięków ułatwiających osiąganie głębszych, zdrowszych poziomów umysłu i głosu lektora.* www.aquarius.4me.pl 2005. *Na sali gimnastyki relaksacyjnej obowiązuje zakaz wchodzenia w obuwiu.* www.balticoasis.gd.pl 2005. ◫ IS 2000, PS 2002, US 2003 ✍1991 NSP2

relaksująco *Adv* - **entspannend**. *Tonic relaksująco-nawilżający. Działać, wpływać relaksująco. Zapachy mogą działać na człowieka relaksująco (np. zapach pomarańczy) lub pobudzająco (np. zapach jaśminu).* www.moda.com.pl 2005. ◫ IS 2000, PS 2002 ✍1990 NSP2

remake [rimejk] *m, G* remake'u, *Npl ~ki* **a)** *Film* »Neufassung einer künstlerischen Produktion, bes. neue Verfilmung älterer, bereits verfilmter Stoffe« - **Remake; Neuverfilmung, Wiederverfilmung**. *Telewizyjny remake; remake filmu, serialu, obrazu. Latynoska piękność Cameron Diaz, słowiańskonordycka piękność Drew Barrymore oraz azjatycka piękność Lucy Liu chwytają za broń w pełnometrażowym remake'u najsłynniejszego damskiego serialu detektywistycznego sprzed 25 lat.* Cosmo 2000 (K). *Jego film trudno właściwie nazwać remake'em. Reżyser nakręcił Psychozę jeszcze raz - odtworzył ją pieczołowicie scena po scenie, ujęcie po ujęciu.* www.europaeuropa.pl 2005. ◫ Supl 1994, SW 1996, IS 2000, PS 2002, US 2003 ✍1988 NSP2 **b)** *Musik* »Neufassung eines Liedes« - **Remake**. *Remake piosenki, utworu. A teraz coś całkowicie odmiennego: Remake starej piosenki jakiegoś gościa, którego nie znam.* www.megaportal.pl 2004. *Inna grupa, nagrywająca w 1960 r. dla Madison, to Bell Notes, która wylansowała wcześniej dla Shad Records duży hit „I've had It", zaś w nowej firmie „Shortnin' Bread", rock'n'rollowy remake dziecięcej piosenki.* www.republika.pl 2004. ◫ kein Beleg ◁engl

remiks [remiks] *m, G -u, Musik* »Produkt, Ergebnis des Mischens einer bereits veröffentlichten Aufnahme« - **Remix** [rimiks]. *Remiks singla, utworu. Remiks może składać się z kilku kluczowych fraz, powtarzanych w określonym rytmie, ale może być też znacznie bardziej rozbudowany. (...) Słowo remiks jest nieco mylące, ponieważ kojarzy się z ponownym miksowaniem istniejących utworów.* www.rapp-style.hip-hop.pl 2006. *Wbrew pozorom nazwa remiksu jest niesłychanie istotna, bo to właśnie ona wyróżni ten produkt spośród innych,* *podobnych stylistycznie „wyrobów" muzycznych.* www.eis.com.pl 2005. ◫ IS 2000, PS 2002 ✍1989 NSP2 ◁engl remix

remikser *m, G -a, Npl ~rzy, Musik* »jd., der eine bereits veröffentlichte Aufnahme neu mischt« - **Remixer**. *Remikserzy natomiast dzielą utwór na części, często wplatając nowe elementy melodyczne i zawsze dodając przewodni temat rytmiczny.* www.rapp-style.hip-hop.pl 2006. *Sprawny remikser zrobi prawdziwy parkietowy hit nawet z klasycznego ćwiczenia dla akordeonistów pt. „Zielony mosteczek"!* www.eis.com.pl 2006. ◫ kein Beleg

remiksować *ipf / zremiksować pf, Musik* »eine bereits veröffentlichte Aufnahme neu mischen« - **remixen**. *Podczas gdy w USA i Europie Zachodniej DJ'e zaczęli tworzyć muzykę, miksować i remiksować nagrania, decydować o muzycznym charakterze klubów (...), w Polsce ukuto termin „prezenter", a docenianą umiejętnością było opowiadanie dowcipów i zabawianie publiczności wygłupami.* djworld.pl 2006. *Zremiksować można dowolny utwór, ale łatwiej jest to zrobić, jeśli nagranie ma odpowiednie cechy.* www.rapp-style.hip-hop.pl 2006. ◫ kein Beleg

remiksowanie *n, v.* ↗remiksować, *Musik* »erneutes Mischen einer bereits veröffentlichten Aufnahme« - **Remix, das Remixen**. *Remiksowanie utworu można nazwać „wywracaniem go na lewą stronę".* www.rapp-style.hip-hop.pl 2006. *To kolejna płyta pokazująca, że remiksowanie jest prawdziwą sztuką - o ile dokonuje go artysta o silnej indywidualności i twórczej niezależności.* www.gazeta.vivo.pl 2006. ◫ kein Beleg

replay [riplej] *m, G -a/-u, Npl -e - (bei Film- o. Tonaufnahmen)* **Wiederholung, Replay;** *auch* **Replaytaste, -funktion**. *Replay finiszu sprinterów. Puścić, włączyć replay; zobaczyć coś na replayu. Na replayu widać było wyraźnie, że zawodnik dotknął piłki ręką.* OiT. *Każda taka akcja, jak i strzelenie bramki, nagradzana jest replayem, pokazanym z trzech różnych kamer.* www.gry.wp.pl 2005. ◫ Supl 1994, SW 1996, IS 2000, PS 2002, US 2003 ◁engl

reprint [reprint] *m, G -u* »unveränderter Nachdruck eines (meist alten) Druckwerks« - **Reprint, Nachdruck,** *selten* **Wiederdruck**. *Bibliofilski reprint; reprint książki, starodruku, sztychu, starej mapy; technika reprintu. Zrobić, wykonać reprint. Jedyny dokończony „Słownik etymologiczny języka polskiego", jaki mamy, zawdzięczamy wielkiemu uczonemu, Aleksandrowi Brücknerowi, który wydał to dzieło w roku 1927. Było w naszych dziesięcioleciach niejednokrotnie wznawiane jako reprint.* Z. Kubiak, Przestrzeń dzieł wiecznych 1993 (K). *Od kilku lat, dzięki reprintom książek*

i wystawom, organizowanym w prestiżowych instytucjach (...), nazwisko Szyka powraca do zbiorowej pamięci. www.artandbusiness.onet.pl 2005. ▯ Supl 1994, SW 1996, IS 2000, PS 2002, US 2003 ◁engl
reprintowy *Adj v.* ↗reprint - **Reprint-, Nachdruck-**. Wydanie reprintowe - Reprintausgabe. Reprintowy przedruk. *Nowe, reprintowe wydanie „Słownika języka polskiego" Samuela Bogumiła Lindego cieszyło się na rynku księgarskim ogromnym powodzeniem.* PS. *W działalności krakowskiej Oficyny Podhalańskiej reprintowe reedycje stanowią rozdział ważny i cenny.* www.koscieliska.pl 2005. ▯ Supl 1994, IS 2000, PS 2002, US 2003
republika ♦ *phras* **republika bananowa*** *abwertend* - **Bananenrepublik**. *Republika bananowa - to pejoratywne określenie małego, politycznie niestabilnego państwa należącego do tzw. krajów trzeciego świata, gospodarczo zależnego od eksportu jednego surowca i rządzonego w niedemokratyczny sposób, zazwyczaj przez dyktatora lub reżim wojskowy.* pl. wikipedia.org 2003. *Cokolwiek mianowicie nie wydarzyłoby się w Somalii, Burundi, bądź innej republice bananowej, wpływ tych wydarzeń na „globalną wioskę" będzie żaden.* omega-zmigrod.pl 2005. *Zamachowcy nie docenili dumy mieszkańców Moskwy, Leningradu, a także innych miast, których mieszkańców próbowano upokorzyć puczem w stylu dawnych republik bananowych.* NSP2. ▯ IS 2000, US 2003 ✍1991 NSP2 ◁engl banana republic
♦ *phras* **republika kolesiów** *ugs, verächtlich* »Bezeichnung für die polnischen Regierungen der 1990 Jahre; auch allgemein: Bevorzugung von (Partei-)freunden (u. Verwandten) bei der Vergabe von Geld u. einflussreichen Stellen (durch Mitglieder des Staatsapparates)« - **Kungelrepublik; Republik der Kungelbrüder; Republik der Seilschaften; Kungelverein**. *Wypowiedź naszego burmistrza utwierdza mnie w przekonaniu, że nasza gmina to republika kolesiów, że w dalszym ciągu jesteśmy w epoce PRL-u.* www.nowagazeta.pl 2006. *W wielu tych przedsiębiorstwach państwowych lub częściowo państwowych mieliśmy do czynienia z klasyczną republiką kolesiów.* www.radiozet.pl 2006. - *IV Rzeczpospolita to nie republika kolesiów - ostrzega na łamach dzisiejszej Rzeczpospolitej abp Józef Życiński.* www.opoka.org.pl 2006. ▯ PS 2002
reset [reset] *m, G -u, Computer* »erneuter (Not)start des Betriebssystems eines Computers; auch die dazu dienende Taste« - **Reset** [riset]; **Resettaste, -funktion**. Miękki, ciepły reset - Warmstart. Twardy, zimny reset - Kaltstart. Przycisk reset - Resettaste, Resetknopf. Reset komputera. Zrobić reset; mieć problem z resetem. *A ja się też już z takim czymś spotkałem i to właśnie po zrobieniu resetów. A dzieje się tak często w softach, które mają usunięty angielski język.* www.forum.pasjagsm.pl 2005. *Nie naciskaj przycisku Reset, bo grozi to uszkodzeniem systemu oraz koniecznością jego ponownej instalacji, powodującej znaczne obciążenie serwera i sieci.* mops.uci.agh.edu.pl 2005. ▯ US 2003 ◁engl
resetować *ipf* / **zresetować** *pf, v.* ↗reset, *Computer* **1a)** »den Computer mit Hilfe des Resetknopfes neu starten« - **resetten**. Resetować komputer, bios, monitor, modem; awaryjnie resetować. *Kiedy program się zawiesza, resetują komputer.* US. *Znacznie częściej muszę resetować modem do neostrady, który mam w pracy, bo zawiesza się ze 3 do 4 razy dziennie.* www.telix 2006. ▯ PS 2002, US 2003 **b)** ein vergessenes Passwort löschen und durch ein neues ersetzen« - **zurücksetzen**. Resetować hasło - Passwort zurücksetzen. *Dzięki temu użytkownicy będą mogli samodzielnie resetować zapomniane hasła, które zostaną następnie automatycznie zsynchronizowane we wszystkich połączonych systemach.* www. novell.pl 2006. ▯ kein Beleg **2** *übertr, meist* **(z)resetować się** *Jugendsprache* »neu beginnen« - **sich erneuern, regenerieren**. Zresetować się psychicznie. *Ktoś powie, że się wymądrzam, a sam ściągałem. Otóż tak, wymądrzam się, ściągałem na potęgę, robiłem to, co wszyscy i mi się udało. Na studiach musiałem zresetować swój stosunek do ściągania.* forum.gery.pl 2005. *Ja na weekend uciekam za miasto resetować się.* fotografia.interklasa.pl 2005. *Ale takie „namęczenie się" w ogrodzie jest cudowne, zwłaszcza jak się cały tydzień stresu nazbiera, to można się świetnie zresetować.* www.ecentrum.pl 2006. *Widzę, że rozmowa o języku religijnym jakoś się nie klei. Może trzeba się zresetować, zacząć jeszcze raz... A tak w ogóle, „zresetować się" to ostatnio modne w kręgach młodzieżowych określenie religijne, a znaczy... „wyspowiadać się".* forum.bosko.pl 2005. ▯ kein Beleg
resort ♦ **resort prezydencki** *meist im Pl* **resorty prezydenckie**, *Politik* - »Ressorts, für deren Besetzung der polnische Staatspräsident das Vorschlagsrecht hat (Außen-, Innen- u. Verteidigungsressort)« *Mała konstytucja okazała się ustawą niejasną, wieloznaczną, dającą ogromne pole do rozmaitych interpretacji (...). To wówczas pojawiły się tzw. resorty prezydenckie (MON, MSZ, MSW (...)*. polityka.onet. pl 1992. *Na przełomie lat 1993/1994 w związku z powstaniem rządu koalicji SLD-PSL uwidocznił się spór o kierowanie polityką zagraniczną i bezpieczeństwa RP. W jego wyniku potwierdzono podział ministerstw na tzw.*

resorty prezydenckie (MSZ, MON i MSW) i inne, pozostające w gestii rządu. www.sprawymiedzynarodowe.pl 1995. *(...) MSW był to wtedy tzw. resort prezydencki (prezydentem był Lech Wałęsa), lecz premierem odpowiedzialnym konstytucyjnie i politycznie była Hanna Suchocka.* www.wzz.org.pl 1997. ◻ PS 2002
♦ **resort siłowy**, *meist im Pl* **resorty siłowe**, *Politik -* »Ressorts für nationale Sicherheit (Innen- u. Verteidigungsressort) u. (seltener) für Justiz« Obsadzić, kontrolować, mieć w rękach resorty siłowe. *Faktem jest, że w rządzie Mazowieckiego resorty siłowe (Spraw Wewnętrznych i Obrony) były kontrolowane przez ludzi reżimu.* pl.wikipedia.org 2006. *Czy wyborcy PiS mogą czuć się oszukani? Głosowali na program socjalny (...). Dostali rząd, w którym najważniejsze są resorty siłowe, a polityka społeczna i gospodarcza zostały zepchnięte na dalszy plan (...). - Rzeczywiście, pierwszy garnitur polityków PiS obsadził głównie tzw. resorty siłowe.* www.wyborylewicy.pl 2005. *Budowa skrzydła centrowego i socjalnego praktycznie została ukończona. Tym pierwszym kieruje sam prezes partii i to ono trzyma w swoich rękach kluczowe resorty siłowe - związane z bezpieczeństwem publicznym i sprawiedliwością.* www.money.pl 2006.
◻ PS 2002
retinol *m, G -u, nur im Sg, Kosmetik* »Form von Vitamin A« - **Retinol**. *Krem, kosmetyk, kapsułki, żel z retinolem. Stosować retinol. Odmładzający krem do rąk z retinolem niweluje oznaki starzenia się skóry rąk oraz jej przebarwienia.* www.kosmetycznykram.pl 2005. *Terminu witamina A używa się najczęściej w odniesieniu do związku o nazwie retinol.* www.resmedica.pl 2004. ◻ PS 2002, US 2003
retrowirus *m, G -a, Medizin* »Virus, dessen Erbinformation in der RNA (anstatt in der DNA) enthalten ist u. das Tumore u. Aids auslöst« - **Retrovirus**. *Genom, nosiciel, uaktywnienie retrowirusa; zakażenie retrowirusem. U jednej trzeciej chorych na schizofrenię w strukturze DNA znaleziono ślady wirusa. Jest to tzw. retrowirus, który ma zdolność włączania się w materiał genetyczny.* Metropol 2001 (K). *HIV to szczególny rodzaj wirusa - tak zwany retrowirus. Choć retrowirusy są mniej skomplikowane od zwykłych wirusów, na ogół trudniej je zwalczyć.* www.domnadziei.org.pl 2005.
◻ Supl 1994, PS 2002, US 2003 ✍1988 NSP2
rewitalizacja *f* **1** *Architektur* »Wiederaufbau, Erneuerung von zerstörten o. sich in einem schlechten Zustand befindenden Gebäuden u. Stadtteilen« - **Renovierung, Instandsetzung,** *(bes. österr.)* **Revitalisierung; Wiederbelebung**. *Rewitalizacja zabytkowej dzielnicy, śródmieścia, Starego Miasta. Przeprowadzić rewitalizację. Rewitalizacja jest to przywrócenie dotychczasowych funkcji zdegradowanego społecznie, ekonomicznie, środowiskowo obszaru, bądź zamiana jego dotychczasowych funkcji na nowe.* www.czestochowa.pl 2005. ◻ PS 2002, US 2003 **2** *Medizin* »Wiederherstellung der Funktionsfähigkeit des Körpers, eines Organs usw.« - **Mobilisierung**. *Rewitalizacja organizmu, pacjentów, ludzi starszych. W rewitalizacji niezwykle ważną rolę odgrywają, poza środkami farmaceutycznymi, wykonywane regularnie przez pacjentów ćwiczenia gimnastyczne. PS. Po tych zabiegach następuje pobudzanie układu immunologicznego i ogólna rewitalizacja organizmu.* www.promedico.pl 2005. ◻ Supl 1994, PS 2002 **3** *Kosmetik* »hautverjüngende Maßnahmen mit Hilfe von kosmetischen Präparaten« - **Revitalisierung; Verjüngung**. *Rewitalizacja skóry. Produkt ten jest substancją czysto biologiczną, bez dodatków i konserwantów. Prowadzi do ogólnej „rewitalizacji" czyli przywrócenia sił witalnych.* Panorama Wieliczki 1998 (K). *Po czterdziestce na noc dochodzi rewitalizacja i odżywianie (maseczki, kremy z witaminami, z hormonami i wyciągami roślinnymi) (...).* Wysokie Obcasy 2000 (K). ◻ US 2003
rewolucja ♦ *phras* **aksamitna rewolucja** »unblutiger u. schneller Übergang vom Kommunismus zur Demokratie in der Tschechoslowakei im Herbst 1989; auch für andere unblutige, von der Bevölkerung erzwungene Regierungswechsel« - **Samtene Revolution**. *Zwycięstwo, dziedzictwo aksamitnej rewolucji. Po aksamitnej rewolucji 1989 roku Milan Sládek, już aktor-legenda na Słowacji, zadeklarował chęć odbudowania teatru pantomimicznego.* Dialog 1995 (K). *To było na przełomie 1989-1990 r., gdy zostałem wysłany do Pragi, aby sfotografować aksamitną rewolucję w Czechosłowacji.* www.zoom.idg.pl 2005. *Po fali zamachów, terroru, zabójstw i starć zbrojnych w Iraku, Turcji i na Bliskim Wschodzie, po aksamitnej rewolucji w Gruzji, po dużych spadkach na rynkach i giełdach trudno się spodziewać spokojniejszych dni.* www.solarius.pl 2003.
◻ PS 2002, US 2003 ✍1991 NSP2 ◁tschech sametová revoluce

♦ **moherowa rewolucja** *s.* **moherowy**
♦ *phras* **pomarańczowa rewolucja** »Ende 2004 von der ukrainischen Bevölkerung nach einem mehrwöchigen friedlichen Protest gegen Wahlfälschungen erzwungene erneute Stichwahl bei der Präsidentschaftswahl, die die Wahl von V. Juschtschenko, die Ablösung der russlandorientierten Kräfte u. eine Westorientierung der Ukraine zur Folge hatte« - **Orang(farb)ene Revolution**. *Mija rok od wybuchu na Ukrainie protestów społecznych*

określanych mianem Pomarańczowej Rewolucji. serwisy.gazeta.pl 2005. *W Moskwie, Taszkencie, Mińsku ludzie nieżyczliwi ukraińskim przemianom ze złośliwą radością mówią o fiasku pomarańczowej rewolucji.* wiadomosci.onet.pl 2005. 🕮 kein Beleg

rezydencja^NB *f* »repräsentativer, komfortabler Wohnsitz für gehobene Ansprüche, auch Wohnung in einer Luxus-Wohnanlage« - **Domizil, Residenz; Villa**. *Rezydencja - okazała siedziba jakiejś ważnej osobistości - to pojęcie jak każde ewoluuje i przenosi się do różnych sfer życia, będąc coraz bliższym zwykłego człowieka. Nie jest już zarezerwowane wyłącznie dla ludzi o wysokiej randze społecznej, lecz dostępne wszystkim, którzy wykazują taką potrzebę.* www.dom-jednorodzinny.pl 2006. *Oferujemy projekty aranżacji wnętrz mieszkań, domów, rezydencji, apartamentów, lokali gastronomicznych (...).* www.webwweb.pl 2006. *Na zdjęciu: Kot Fidel w salonie rezydencji Jerzego Urbana w Konstancinie.* Viva 2003. 🕮 SW 1996, IS 2000, PS 2002, US 2003

rezydencjalny^NB, **rezydencjonalny** *selten* **rezydencyjny** *Adj v.* ↗rezydencja »repräsentativen Wohnsitz betreffend« - **Residenz-; Villen-**. *Dzielnica rezydencjalna - Villenviertel. Kompleks, dom rezydencjalny, działka rezydencjalna. Mieszkanie, budownictwo, zabudowanie rezydencjalne. Pierwszy projekt Viterry Villa Wilanów, rezydencjalny budynek z 16 apartamentami zlokalizowany został w warszawskim Wilanowie.* www.viterra.pl 2000. *Na terenie całej gminy rozwija się budownictwo mieszkaniowe, siedliskowe, jedno-rodzinne, rezydencjonalne, rekreacyjne (...).* www.nowosolna.gminarp.pl 2004. *Oferuję do sprzedaży 5 działek przeznaczonych pod zabudowę rezydencyjną (...).* www.dzialki-rezydencyjne.republika.pl 2004. 🕮 SW 1996, IS 2000, PS 2002, US 2003 ✍1988 NSP2

rezydent^NB *m, G -a, Npl ~ci* **1** *Tourismus* »Reiseleiter, der für die Organisation am Urlaubsort (Fahrt, Unterkunft, Ausflüge, Führungen) verantwortlich ist« - **Reisebetreuer; Reiseleiter (vor Ort)**. *Opieka, pomoc rezydenta. Cena zawiera: przelot, transfery, 11 noclegów w hotelu, wyżywienie HB, ubezpieczenie, opiekę rezydenta, (...).* www.podzamcze.pl 2004. *Chcę podziękować rezydentowi Abdulowi, który zawsze był do naszej dyspozycji i dzięki któremu przeżyłyśmy cudowną wycieczkę do Abu Galum.* www.gazeta.wakacje.pl 2005. 🕮 kein Beleg **2** »Person, die dauerhaft in einem anderen Land lebt (ohne dessen Staatsbürgerschaft zu besitzen)« - **Resident**. *Status rezydenta. Od końca lat 80. krajem, w którym coraz częściej osiedlają się cudzoziemcy, jest Hiszpania. Nie są to już jedynie angielscy i niemieccy rezydenci w miejscowościach wczasowych na wybrzeżu Morza Śródziemnego, ale ludzie, którzy uciekają przed nędzą.* www.nowe-panstwo.pl 2001. *Andrzej G. ma w Stanach Zjednoczonych status rezydenta, zachował jednak obywatelstwo polskie.* PS. 🕮 PS 2002

rezydentka^NB *f v.* ↗rezydent, *Tourismus* - **Reisebetreuerin; Reiseleiterin (vor Ort)**. *Po wylądowaniu na miejscu odebrała nas Pani rezydentka i tu na dzień dobry pojawiło się małe zamieszanie, kto którym autokarem ma jechać z lotniska do hotelu itd.* tripstop.com 2004. *Urlop udany z wyjątkiem 3 zmarnowanych dni, dużo to kosztowało zdrowia i nerwów, rezydentka koszmar, hotel część główną - polecam zdecydowanie, obsługa Oki, a reszta zależy od Was.* www.forum.gazeta.pl 2004. 🕮 kein Beleg

rękaw^NB *m, G -a* **1** »Tunnel o. Korridor zwischen dem Flughafenterminal u. dem Flugzeug, der das Ein- u. Aussteigen beim Flugzeug ohne Betreten des Flugplatzes ermöglicht« - **Finger, Fluggastbrücke, Flugzeugbrücke**. *Prowadzący do samolotu rękaw; rękaw łączący terminal lotniska z kadłubem samolotu. Wysiąść przez rękaw na lotnisko. Kolejną inwestycją jest rozbudowa terminala pasażerskiego przystosowanego do wymogów traktatu z Schengen. Dobudowany zostanie nowy pawilon, a pasażerowie będą wchodzić na pokład samolotu i go opuszczać przez tzw. rękaw.* www.ue.krakow.pl 2003. 🕮 SW 1996, IS 2000, PS 2002, US 2003 ✍1989 NSP2 **2** *auch* ♦ **rękaw (ratowniczy** *selten* **ewakuacyjny)** »Tunnelrutsche, über die im Notfall Personen ein Flugzeug, ein Gebäude o. ein Schiff verlassen können« - **Notrutsche, Rettungsrutsche**. *Ewakuacyjny rękaw ratowniczy; ewakuacja za pomocą rękawów. W zależności od zakładanej ilości ewakuowanych osób stosuje się rękaw pojedynczy lub rękawy podwójne.* www.griffin.com.pl 2004. *Tymczasem na szóstym piętrze wybuchł pożar. Do akcji przystąpiły jednostki straży pożarnej wyposażone w sprzęt do ewakuacji ludzi z wysokich pięter. Poszły w ruch drabiny i rękaw ratowniczy.* dw.lublin.pl 1999. *Ważnym elementem wyposażenia podnośnika jest rękaw ewakuacyjny oraz okładana kładka, umożliwiająca łatwiejsze przejście np. z okna do kosza.* www.strazak.pl 2004. 🕮 PS 2002

roadster [rołtster] *m, G -a, Kfz* »meist zweisitziges Cabriolet mit zurückklappbarem o. einzuknüpfendem Verdeck« - **Roadster**. *Bodajże najlepiej sprzedającym się roadsterem na świecie jest Mazda MX-5 (...).* www.motonews.pl 2001. *W sumie mamy powiew nowości w świecie roadsterów - tak opisał model Wind Patrick le Quement, dyrektor Design Renault. Rzeczywiście Wind posiada wszelkie cechy roadstera i trudno przy tym odmówić* *mu także urody.* www.autocentrum.pl 2005. ⌑ PS 2002 ◁engl

roaming [rołmiŋk, roamiŋk] *m, G -u, Telekommunikation* »Möglichkeit der Übertragung von Gesprächen zwischen verschiedenen Mobilfunknetzen o. -anbietern, was die Handynutzung im Ausland ermöglicht« - **Roaming**. Roaming międzynarodowy, naziemny, satelitarny; roaming wewnętrzny między operatorami. Aktywować roaming. *Czy operator ma prawo żądać ode mnie kaucji za uruchomienie roamingu, czyli możliwości korzystania z telefonu podczas pobytu za granicą?* Claudia 2002. *Dzięki roamingowi podróżujący za granicą mogą korzystać z telefonów i kart SIM sieci Plus GSM w wielu krajach Europy, Afryki, Azji, Ameryki Północnej.* www.gsm.vis.pl 2005. ⌑ PS 2002, US 2003 ⌕1999 PWN-Korpus ◁engl

roamingowy [rołmingowy, roamingowy] *Adj v.* ↗roaming, *Telekommunikation* - **Roaming-**. Umowa, usługa, taryfa, opłata roamingowa. *Dzięki umowom roamingowym, podpisywanym przez operatora twojej sieci, możesz rozmawiać za granicą, a płacić w Polsce. Obecnie roamingi polskich operatorów działają we wszystkich atrakcyjnych turystycznie państwach Europy i wielu zakątkach Azji.* Cosmo 1999 (K). ⌑ PS 2002, US 2003

robak[NB] *m, G -a, auch* ♦ **robak internetowy** »Programm, das sich über das Internet verbreitet u. das Computernetz lahmlegen soll« - **(Internet)wurm**. *W Internecie pojawił się nowy robak pocztowy, podszywający się pod wiadomość od administratora.* www. computerworld. pl 2003. *Zasil ten robakiem internetowym, którego działanie polega na rozsyłaniu informacji o zainfekowanym komputerze.* www.wirusy.onet.pl 2003. ⌑ PS 2002 ◁engl

robotyka *f, Elektronik* »Wissenschaftszweig, der sich mit der Projektierung u. dem Einsatz von Robotern befasst; auch Studienfach« - **Robotik**. Robotyka teoretyczna, przemysłowa, medyczna, rehabilitacyjna. *Chcemy sprawdzić, czy napędzany energią słoneczną robot jest w stanie pracować przez całą dobę - mówi zajmujący się robotyką David Wettergreen.* Metropol 2001 (K). *Domeną robotyki są również rozważania nad sztuczną inteligencją. (...) Początek rozwoju robotyki jako dziedziny wiedzy przypada na rok 1961.* pl.wikipedia.org 2005. ⌑ Supl 1994, SW 1996, IS 2000, PS 2002, US 2003 ⌕1989 NSP2 ◁engl robotics

rocker [roker] *m, G -a, Npl ~rzy, auch* **rockman, rockmen** [rokmen] *m, G -a, Npl ~i* »Rockmusiker« - **Rocker, Rockmusiker**. Zespół, grupa, popis, festiwal rockerów o. rockmanów. *Mój chłopak jest człowiekiem dość spokojnym, a wśród moich przyjaciół jest pełno oryginałów i dzikich rockerów.* Cosmo 2000 (K). *Dzwonią telefony z Rzymu, Budapesztu, Krakowa, Gdańska z pytaniami, czy już można rezerwować bilety na unikalny koncert australijskiego barda, rockmana, poety, kompozytora, dramaturga i skandalisty Nicka Cave'a.* Gazeta Wrocławska 1999 (K). ⌑ SW 1996, PS 2002, US 2003. *auch* ↗rockowiec

rockerka *f v.* ↗rocker, *auch* **rockmanka** [rokmenka, rokmanka] *f v.* ↗rockman - **Rockerin, Rockmusikerin**. Stylizować się na rockerkę o. rockmankę. *Kora przestała być rockerką i została wybitną artystką establishmentu. SW. Zarabiała na życie składaniem komputerów, była też kierowcą, dziennikarką i panienką z seksteleforu. Anja O., liderka zespołu Closterkeller. Jedyna rockmanka, która jest radną.* Cosmo 2000 (K). ⌑ SW 1996, PS 2002 ⌕1986 NSP2

rockers [rokers] *m, G -a, Npl ~si* »meist in der Clique auftretender, aggressiver Rockmusikfan, in schwarzer Kleidung u. mit schwerem Motorrad« - **Rocker**. *Rockersi mówili o bezpiecznej jeździe! Na co dzień postrzegani jako szarżujący po drogach szaleńcy.* radioem.pl 2004. *Występują tu też pomniejsze grupy jak: Dresowcy, Blokersi, Rockersi, Anarchiści i inni. Wszystkie grupy łączy coś wspólnego, a mianowicie protest i bunt.* www.opoka.org.pl 2006. ⌑ PS 2002

rockfan [rokfan] *m, G -a, Npl -i* »Anhänger der Rockmusik« - **Rockfan**. Zagorzały, wierny rockfan; klub, pismo rockfanów. *Krzykliwy język młodzieżowy z kręgu rockmanów i rockfanów zaskakuje nas takim słownictwem, takimi skojarzeniami i tematami, że aż trudno uwierzyć, iż są one w centrum zainteresowania nastolatków. NSP2. Na uroczysko Boryk ciągnęli rockfani, ale i gródczanie, całymi rodzinami. Powoli zaczynała się kręcić zabawa.* www.slonko.com.pl 2005. ⌑ PS 2002 ⌕1989 NSP2

rockman, rockmanka *s.* **rocker, rockerka**

rock-opera [rok-opera] *f, erstes Glied indekl, auch* ♦ **opera rockowa** »Musical mit Rockmusik als Bühnenmusik« - **Rockoper**. Stworzyć, wystawić, obejrzeć, napisać, skomponować rock-operę. *Radziecki reżyser myśli także o stworzeniu rock-opery na kanwie powieści Dostojewskiego „Zbrodnia i kara".* Ekran 1988 (K). *Do najsłynniejszych oper rockowych świata należą dzieła Andrew Lloyda Webbera i Tima Rice'a „Jesus Christ Superstar" oraz „Evita".* OiT. ⌑ PS 2002, US 2003 ⌕1988 PWN-Korpus ◁engl

rockowiec [rokowiec] *m, G ~wca, Npl ~wcy* 1 »Rockmusiker« - **Rocker, Rockmusiker**. Zespół, grupa rockowców. *Co prawda mieliśmy już w historii muzyki kilku rockowców, którzy próbowali muzykę Bacha przetransponować przykładowo na gitarę elektryczną (...).*

www.stickcenter.com 2006. ▢ SW 1996, OiT 2001, PS 2002 ⌀1991 NSP2. *auch* ↗rocker **2** »Rockanhänger« - **Rockfan, Rockanhänger**. *Tatuują się dosłownie wszyscy - i ci z nizin społecznych, i ci z elity. Tak samo rockowcy, jak i dyskotekowcy.* www.tygodnik.siedlce.com 2005. ▢ SW 1996, OiT 2001

rodnik ♦ wolny rodnik *meist im Pl* **wolne rodniki - freie Radikale**. *Rozwojowi chorób cywilizacyjnych sprzyja przede wszystkim gromadzenie się w organizmie wolnych rodników powstających w wyniku oksydatywnej modyfikacji lipoprotein LDL.* Samo Zdrowie 2002. *Wolny rodnik jest to nietrwała molekuła lub atom. Nadmiar wolnych rodników może wywołać różne szkodliwe działania w zależności od tego, które tkanki atakują.* www.zdrowie-inaczej.pl 2003. ▢ PS 2002, US 2003

rodzina ♦ rodzina patchworkowa *s.* **patchworkowy**

rok 1 ♦ rok zerowy* »auf den Schulunterricht vorbereitendes Jahr in der Vorschulerziehung« - **Vorschuljahr**. *W Zespole prowadzone są oddziały przedszkolne (rok zerowy), realizujące program wychowania przedszkolnego.* www.zsimrzeryna.strefa.pl 2005. *Jeżeli szkoła ma w programie tzw. rok zerowy, kiedy należy składać podanie?* uwc.org.pl 2005. ▢ kein Beleg. *vgl. auch ugs* zerówka **2 ♦ rok zerowy**[NB] »(an einigen Hochschulen in Polen) Zeitraum (meist ein Jahr) zwischen der Zulassung zum Studium u. der Aufnahme des Studiums; auch Personen, die sich in diesem Jahr befinden« - **Vorstudienjahr**. Student roku zerowego. *Praktykanci mają możliwość wzięcia udziału w licznych imprezach, przygotowywanych przez stowarzyszenie. Jedną z nich jest coroczny Ogólnopolski Obóz Adaptacyjny dla studentów roku zerowego (...).* STEP Student Trainee Exchange Programme 2000 (K). ▢ IS 2000, PS 2002, US 2003

rolkarz *G -a* »jd., der auf Inlineskatern läuft« - **(Inline)skater**, *ugs* **Inliner, (Roller)blader**. Zaawansowany rolkarz. *Podczas takich zawodów rolkarze, jeżdżąc na specjalnie zaprojektowanych urządzeniach, rozwijają swoje umiejętności, którymi mogą popisać się w trudniejszych warunkach czyli prawdziwym świecie - „ulicy".* abc.wp.pl 2005. *Owszem bruk na Starym Mieście i chyba na pl. Krasińskich nie jest najlepszą nawierzchnią dla rolkarzy. Ale to raczej ich problem, a nie organizatorów.* biegajznami.pl 2005. ▢ US 2003. *auch* ↗łyżworolkarz, ↗roller

roller [roler] *m, G -a* **1** *Npl -y, meist im Pl* »Rollschuh mit schmalen, in einer Reihe hintereinander angeordneten Rollen« - **Inlineskate(r), Rollerblade**. Jeździć na rollerach. *Nie znaczy (...) jednak, że wszyscy od rana do wieczora przesiadywali w kajakach. Ale i tak nie mieli chwili wytchnienia. Pływanie, koszykówka, piłka nożna, badminton, aerobik, hokej halowy, tenis stołowy, rollery, boccia, rowery, zajęcia w siłowni wypełniały im czas od rana do wieczora.* Głos Wielkopolski 1998 (K). ▢ SW 1996, PS 2002, US 2003. *auch* ↗łyżworolka **2** *Npl ~rzy, selten* »jd., der auf Inlineskatern läuft« - **(Inline)skater**, *ugs* **Inliner, (Roller)blader**. *Grupy rollerów próbowały swoich umiejętności na specjalnym podjeździe.* OiT. ▢ SW 1996, PS 2002, US 2003. *auch* ↗rolkarz, ↗łyżworolkarz

rollerka *f v.* ↗roller - **Inlineskaterin**. *Pani X jest łyżwiarką, wrotkarką, a ostatnio także rollerką*. SW. ▢ SW 1996, PS 2002

rolnictwo ♦ rolnictwo biodynamiczne *auch* **ekologiczne, alternatywne, naturalne** »Form der Landwirtschaft, bei der ausschließlich natürliche Methoden u. Mittel verwendet werden u. die die gegenseitige Wechselwirkung zwischen den einzelnen Pflanzen, Tieren u. dem Boden ausnutzt« - **Ökolandwirtschaft, ökologische Landwirtschaft, biodynamischer, biologischer Anbau** *o.* **Landbau**. *Problematyka rolnictwa naturalnego (ekologicznego, biodynamicznego) pojawiła się już przy okazji tematu szkodliwych substancji chemicznych w żywności.* www.coolt.pl 2004. *Niezależnie od rolnictwa konwencjonalnego, istnieją liczne formy rolnictwa alternatywnego, jak np.: organiczne, ekologiczne, zintegrowane i biodynamiczne.* www.geografia.sciaga.biz 2002. ▢ PS 2002, US 2003 ⌀ 1987 NSP2. *auch* ↗ekorolnictwo

rolnik ♦ rolnik ekologiczny - **Öko-Bauer**. *Stowarzyszenie rolników ekologicznych. Zgromadziło ono przedstawicieli różnych instytucji i organizacji - między innymi przedstawicieli władz wojewódzka małopolskiego, organizacji rolniczych, świata nauki, organizacji pozarządowych, biznesmenów, polityków oraz rolników ekologicznych.* www.zb.eco.pl 2001. *We wrześniu b.r. wpłynęło 3580 wniosków od rolników ekologicznych lub rozpoczynających atestację gospodarstw.* www. koalicjafs.org.pl 2004. ▢ kein Beleg

ROM [rom] *m, G ROM-u, EDV* »Datenspeicher, dessen Daten nach dem Einprogrammieren nur noch abgerufen, aber nicht mehr verändert werden können« - **ROM, Festwertspeicher**. Stała pamięć ROM; dane, programy zapisane *o.* zawarte w ROM-ie. *Wystarczy, że program wpisuje coś w obszar, który sam zajmuje. Do pamięci ROM nie da się nic wpisać, więc oryginał będzie działał normalnie.* Bajtek 1988 (K). ▢ IS 2000, PS 2002, US 2003 ⌀1988 PWN-Korpus ◁Abk vom engl read only memory

Rom *m, G -a, meist im Pl* **Romowie** »internationale Selbstbezeichnung aller Volksgruppen, die Romani sprechen; politisch korrektes Synonym für Zigeuner« - **Roma**. *Społeczeństwo Romów. Pamiętajmy o Romach i Sinti, ale nie zapominajmy, że ginęli tu przedstawiciele narodu żydowskiego, że umierali tu Polacy, Niemcy i obywatele wszystkich państw okupowanych przez III Rzeszę.* www.senat.gov.pl 2001. *W tekście stosuję określenie "Romowie", od czasu do czasu posiłkując się nazwą "Cyganie". W Polsce na skutek nacisku samych organizacji romskich od tej drugiej nazwy się odchodzi, gdyż ma ona zdecydowanie negatywny wydźwięk (przypomnijmy czasownik "cyganić").* www.free.art.pl 2001. *Rozważania o dziejach Cyganów-Romów wypada rozpocząć od kilku ustaleń. Pierwsze dotyczy nazw nadawanych tej zbiorowości: nazwa własna jej przeważającej części brzmi Roma (Romowie), za wyjątkiem zbiorowości niemieckich Sinti i francuskich Manuszów, którzy wywodząc się z tej samej nacji używają nazw odmiennych.* www.olszowka.most.org.pl 2003. ⌑ PS 2002, US 2003

romski *Adj v.* ↗Rom - **Roma-**. *Język, lud romski; romski zespół folklorystyczny; narodowość, ludność, muzyka, romska; organizacje romskie. Kodeks romski kategorycznie zabrania nawiązywania kontaktów z urzędnikami państwowymi lub społecznościami spoza ich kręgu.* www.kgp.gov.pl 2004. ⌑ PS 2002, US 2003

rooming [rumiŋk] *m, G -u, auch* ♦ **rooming-in** »gemeinsame Unterbringung von Mutter u. Kind in einem Klinikzimmer nach der Entbindung o. bei Krankheit des Kindes« - **Rooming-in**. *System rooming o. roomingu. Przygotowany został tzw. rooming, gdzie przy każdym łóżku matki jest łóżeczko dla dziecka.* SW. *W oddziale położniczym matka powinna mieć możliwość przebywania bez ograniczeń z dzieckiem. Należy dążyć do organizowania systemu rooming-in, czyli sal dla matek z dziećmi.* Wysokie Obcasy 2000 (K). ⌑ SW 1996, PS 2002, US 2003 ◁engl

roomingowy [rumiŋgowy] *Adj v.* ↗rooming - **Rooming-in-**. *System, pokój roomingowy; sala roomingowa. Przez otwarte drzwi widziałam sale roomingowe, gdzie matki miały ze sobą dzieci, karmiły je i tuliły.* SW. ⌑ SW 1996, PS 2002

ROR [ror] *m, G ROR-u, Abkürzung aus* ♦ **rachunek oszczędnościowo-rozliczeniowy** *Bankwesen* - **(Giro)konto**. *Posiadacz ROR-u. Przelać sumę na ROR; mieć pieniądze na ROR o. RORze; posiadać ROR w banku. Przy pobieraniu gotówki z bankomatu, należącego do banku, w którym posiadamy ROR, nie jest pobierana żadna prowizja.* www.libra.pl 2002. *Kredytem odnawialnym można finansować bieżące potrzeby posiadacza rachunku oszczędnościowo-rozliczeniowego - przeznaczenie tego kredytu nie wymaga dokumentowania.* www.pkobp.pl 2006. ⌑ PS 2002, US 2003

roszada[NB] *f* »bes. bei politischen Ämtern: (meist unbedeutende) Personaländerung« - **(Personal)rochade, (personelle) Umbesetzung**. *Roszada kadrowa, personalna* - Personalrochade. *Roszada gabinetowa* - Kabinettsrochade. *Roszada administracyjna* - Verwaltungsrochade. *Niewielka, nieznaczna roszada; roszada wśród kogoś. Przesadnie zakrojone roszady administracyjne mogą zaś sprawić, że administracja zajmie się sama sobą w czasie, gdy powinna skutecznie rozwiązywać problemy piętrzące się przed krajem.* Hörbeleg 1991 (K). *Indagowany na temat ewentualnych roszad wśród polskich dyplomatów, rzecznik MSZ, Paweł Dobrowolski, udzielił "Śl" dyplomatycznej odpowiedzi: - Jest sprawą ewidentną, że zmiana ekipy rządzącej i w ogóle całej koalicji pociągnie za sobą zmiany personalne na innych ważnych stanowiskach.* Trybuna Śląska 1997 (K). ⌑ IS 2000, PS 2002, US 2003

rower ♦ **rower górski** - **Mountainbike**. *Wycieczka na rowerze górskim. Rower górski, w ostatnich latach najpopularniejszy, można powiedzieć najbardziej uniwersalny produkt.* www.erowery.pl 2004. *To, czy osiągniesz szczyt na swoim rowerze górskim, zależy wyłącznie od twojej kondycji.* rozrywka.msstudio.com.pl 2006. ⌑ SW 1996, IS 2000, PS 2002, US 2003. *auch* ↗góral ◁engl mountain bike

♦ **rower stacjonarny** - **stationäres Fahrrad, Heimtrainer, Hometrainer**. *Trenować na rowerze stacjonarnym. Jednym z najpopularniejszych domowych urządzeń do ćwiczeń jest rower stacjonarny.* www 2003. *Naukowcy z Uniwersytetu Georgia badali 16 młodych, niepalących mężczyzn, pedałujących na stacjonarnym rowerze przez dwa dni po 30 minut.* Zdrowie 2003. ⌑ PS 2002

♦ **rower trekkingowy, crossowy** - **Trekkingbike, Trekkingrad**. *Rower trekkingowy lub crossowy - różni się jedynie tym, że cross nie posiada wyposażenia dodatkowego takiego jak: błotniki, bagażnik, oświetlenie, sakwy, stopka.* www.erowery.pl 2004. *Ale do jazdy po lesie lepszy jest rower crossowy, czyli odchudzony "trekking". Nie będzie miał błotników, lampek, bagażnika.* miasta.gazeta.pl 2006. ⌑ kein Beleg ◁engl trekking bike

rozdzielczość *f ~ści, v.* ↗rozdzielczy, *EDV* - **Auflösung**. *Rozdzielczość ekranu* - Bildschirmauflösung. *Wysoka, niska, ograniczona rozdzielczość; rozdzielczość obrazu, ekranu komputera, telewizora. Im wyższa rozdzielczość, tym mniej trzeba przesunąć mysz, aby* *przesłała ona swoje położenie. Zjawisko to jest zwiększane, rzecz jasna, w połączeniu z rozdzielczością ekranu.* www.tomshardware.pl 2006. *W urządzeniach o niskiej rozdzielczości (na przykład drukarkach 9-igłowych) matrycę tworzy mniej punktów, w sprzęcie o wyższej jakości jest ich więcej.* Z. Nowakowski, TAG 3.1 dla opornych 1995 (K). ▭ Supl 1994, SW 1996, IS 2000, PS 2002, US 2003

rozkład ♦ *phras* ktoś **ma** coś/kogoś **na rozkładzie** *ugs* **a)** »meist in der Jagd u. im Sport: jd. kann auf messbare Erfolge, Siege, Errungenschaften usw. verweisen« - etw./jdn. **auf seiner Trophäenliste** o. **in seiner Trophäensammlung haben;** etw. (einen Sieg usw.) **in seiner Erfolgsbilanz aufweisen, verbuchen können;** etw./jd. **steht auf** jds. **Erfolgsliste;** etw. **steht zu Buche;** (bei Personen auch) jd. **zu seinen Eroberungen zählen**. *W grze podwójnej najwięcej medali wywalczył niezwykle silny debel Mariusz Cyrta i Andrzej Pilny, który ma na rozkładzie już najlepszych na Śląsku.* www.pingpong.pl 2005. *Ma na rozkładzie wiele wspaniałych okazów, w tym 9-ciokilogramowego dorsza, kilkadziesiąt czarniaków (w tym kilka sztuk ponad 15 kg), kilkaset szczupaków.* www.firmadragon.pl 2005. *Dział marketingu Rigipsu ma na rozkładzie wiele innowacyjnych produktów i systemów.* www.kalejdoskop-budowlany.pl 2006. *Prosiłam Cię, abyś nie wchodził w układy ze (zdrajcą) A. O. On ma na rozkładzie kilka formacji politycznych.* wybory2005.interia.pl 2005. ▭ SW 1996, PSF 2000, PS 2002, **b)** »sich etw. vornehmen, etw. vorhaben« - etw. **im Plan haben,** etw. (eine Aufgabe usw.) / jdn. **vor sich haben**. *Co dziś mamy na rozkładzie?* napisy.qwe.pl 2006. *W następnej kolejce mamy na rozkładzie wicemistrzów.* fightclub.blox.pl 2006. *Mamy na rozkładzie takie reprezentacje jak Rosję, Belgię czy Rumunię, więc na pewno będą to pożyteczne mecze dla nas.* www.futsal-polska.pl 2006. *Czeka nas dużo pracy i dobrze, że mamy na rozkładzie sparingi z wymagającymi przeciwnikami.* maltanscywojownicysp3.blog.onet.pl 2005. ▭ US 2003

rozpacz ♦ *phras* **(to jest) rozpacz w kratkę** *ugs* »etw. ist hoffnungslos (schlecht)« - (etw. ist) **ein (einziger) Jammer;** (etw. ist) **zum Weinen (Heulen, Schreien);** (jd. ist) das **heulende Elend**. *Ten tekst to jest rozpacz w kratkę. Błędy gramatyczne, składniowe, literówki. Wiele zdań pozbawionych jakiegokolwiek sensu.* www.portal.ksiazka.net.pl 2004. *Mokry, głodny - ten psiak to istna rozpacz w kratkę.* US. *Na zdjęciu sa ładne oczy, uszy i to wszystko. A już tło to rozpacz w kratkę.* www.onephoto.net 2005 ▭ PS 2002, US 2003 ⫽Bogusławski/Wawrzyńczyk 1993

rozpakować[NB] *pf, seltener* **rozpakowywać** *ipf, Computer* - **entpacken**. Rozpakować plik, program, demo, archiwum. *Aby rozpakować plik, należy kliknąć prawym klawiszem myszki na ikonę; spowoduje to wyświetlenie menu podręcznego.* www.sonect.pl 2004. *Plik ZIP zawiera tapetę (...). Wystarczy jak zwykle ściągnąć, rozpakować i umieścić na pulpicie.* www. autoplaneta.pl 2006. ▭ PS 2002, US 2003 ◁engl

rozrywkowy[NB] *Adj, ugs* »über jd., der sich gern amüsiert o. vom Leben überwiegend Vergnügen erwartet« - **spaß-, amüsier-, vergnügungsfreudig; lebensfroh, -lustig**. Człowiek rozrywkowy - Spaßmensch. Towarzystwo, społeczeństwo rozrywkowe - Spaßgesellschaft. Mężczyzna, chłopak rozrywkowy; kobieta, dziewczyna rozrywkowa. *Otóż sędzia zawodów, jak się okazało człowiek rozrywkowy, poszedł na „głębszego" do wojskowej kantyny (zawody odbywały się na terenie koszar) i zgubił dokumentację.* www.speedway. torun.pl 2002. *Zmieniam się z tej nieśmiałej dziewczynki w przebojową, rozrywkową dziewczynę. Mam nadzieję, że ta zmiana niedługo się zakończy.* www.tococzuje.blog.onet.pl 2005. ▭ IS 2000, PS 2002, US 2003

rozwiązanie ♦ **rozwiązanie siłowe** - **Gewaltlösung, gewaltsame Lösung**. Rozwiązanie siłowe konfliktu, sporu, sprawy. *Sam Jelcyn zdecydował się na rozwiązanie siłowe. W nocy z 3 na 4 października 1993 r. oddziały wierne prezydentowi zdobyły parlament (...).* www. eduseek.interklasa.pl 2001. *Cesarz nie podjął jednak propozycji rozwiązania siłowego, lecz próbował wciąż drogi porozumienia.* www. gnosis.art.pl 2005. ▭ SW 1996, PS 2002, US 2003 ⫽Bogusławski/Wawrzyńczyk 1993

♦ **rozwiązanie zerowe** - **Nulllösung**. *Kilkanaście dni temu przewodnicząca BdV ogłosiła, że wypędzeni mogą rezygnować z materialnych roszczeń odszkodowawczych („rozwiązanie zerowe") w imię zapewnienia w Europie „pokoju prawnego".* www.rzeczpospolita.pl 2004. *Sund jest cieśniną, poprzez którą następuje wymiana wody między Bałtykiem a Morzem Północnym, most mógł zakłócić morskie prądy. Dlatego projektanci po szczegółowych badaniach przyjęli zobowiązanie tzw. rozwiązania zerowego, gwarantując, że wymiana wody nie zostanie zakłócona.* www.polityka.onet.pl 2000. ▭ PS 2002 ⫽1987 NSP2

rozwój ♦ **rozwój zrównoważony** »Wirtschaftskonzeption, die eine wirtschaftliche Entwicklung in Übereinstimmung mit den Prinzipien der Ökologie vorsieht« - **nachhaltige, ökologische Entwicklung**. *„Rozwój zrównoważony" lub inaczej „ekorozwój" to polski odpowiednik angielskiego terminu „sustainable development", który można zdefiniować jako: „...gospodarowanie wykorzystywaniem przez człowieka biosfery (...) w taki sposób, aby osiągnąć możliwie największe, trwałe korzyści z bieżącej produkcji i zbiorów (...)". www. sciaga.pl 2006. Również Polska włącza się w międzynarodowe działania na rzecz zrównoważonego rozwoju i wdraża programy służące realizacji tej idei zarówno na szczeblu centralnym, jak i lokalnie w poszczególnych miastach i gminach. odiee.geo.uw.edu.pl 2006. ⌑ kein Beleg. *auch* ↗ekorozwój ◁engl

rukola, ruccola* [rukola] *f* »als Salat gegessene Blätter der Rucola-Pflanze« - **Rucola, Rukola, Rauke.** Pęczek, liście rukoli; sałata z rukoli; mozzarella na rukoli *o.* z rukolą; pasta z rukolą. *Najłatwiej kupić rukolę w doniczkach - jest dostępna we wszystkich większych sklepach.* www.tutej.pl 2006. *Rukolę wymieszać z sosem. Na talerzach układać warstwami: cząstki papryki, rukolę, usmażony ser, rukolę i płatki parmezanu, posypać oliwkami.* www.gotowanie. x3m.pl 2005. ⌑ US 2003 ◁ital

ruletka ♦ *phras* **rosyjska ruletka** »Unternehmen mit offenem, gefährlichem, u.U. tödlichem Ausgang« - **russisches Roulett(e).** *Grać, bawić się w ruletkę rosyjską; coś przypomina ruletkę rosyjską. Odliczenie jak rosyjska ruletka. Podatnicy, którzy korzystają z nielimitowanego odliczenia darowizn na podstawie ustaw regulujących stosunki RP z poszczególnymi kościołami, mogą wkrótce wpaść w kosztowną pułapkę.* www.gazetaprawna. pl 2003. *A Józef Oleksy uważa, że opozycja gra w rosyjską ruletkę, bo to już czwarty raz, kiedy opozycja stara się zdymisjonować rząd Leszka Millera.* www.radiozet. com.pl 2004. *Jak w rosyjskiej ruletce, nie wiadomo, gdzie jest kula i kiedy wystrzeli.* www. wprost.pl 2005. ⌑ SW 1996, IS 2000, PSF 2000, PS 2002

rybosom *m, G -u, meist im Pl* **rybosomy**, *Biologie* »vor allem aus Ribonukleinsäuren u. Protein bestehendes, für den Eiweißaufbau wichtiges kleines Körnchen« - **Ribosom.** *Podjednostka, struktura rybosomu. Rybosomy zostały odkryte w 1953 r. przez Robinsona w komórkach fasoli, a wkrótce potem także w komórkach zwierzęcych.* www.meteo.ids.pl 2004. *Hamuje syntezę białek patogenów wiążąc się z ich rybosomem. Antybiotyk szybko przenika z jelit do krwi, w ciągu 1-2 godzin.* www.parazyt.gower.pl 2005. ⌑ Supl 1994, PS 2002, US 2003 ◁engl ribosome

rzecz ♦ *phras* (to) **rzecz nabyta** *ugs, scherzhaft* »etw., was man verlieren u. ersetzen kann u. dessen Verlust keine großen Sorgen verursachen sollte« - *neutral* (etw. ist) **austauschbar, ersetzbar, beliebig, flüchtig, vergänglich;** etw. **zufällig Erworbenes.** *Usprawiedliwiałam się tym, że nie wyrządzałam nikomu żadnej krzywdy, bo pieniądze, to rzecz nabyta.* Karan 1995 (K). *Mąż to rzecz nabyta, w końcu wybieramy go z miliona, jak wybieramy sobie przyjaciół. Można oddać, jak się nie sprawdzi, powiedzieć no sory, ale nie wyszło.* www.haniuta. blogi.tpa-rodzina.pl 2005. *Jestem jaka jestem. Mam na imię Natalia. Nie narzekam, imię to przecież rzecz nabyta. Nieprawdaż? Po świecie dreptam 14 lat i może trochę więcej.* www. amazonka162.wizytowka.pl 2005. ⌑ PS 2002 ⌀Bogusławski/Wawrzyńczyk 1993

rzecznik ♦ **rzecznik praw obywatelskich** »Person (u. Amt), der (bzw. das) die Rechte der Bürgerinnen u. Bürger gegenüber Behörden, Unternehmen u. Verbänden wahrnimmt« - **Bürgerbeauftragter, Ombudsmann.** *Biuro, działanie, urząd rzecznika praw obywatelskich; ustawa o rzeczniku praw obywatelskich. Powołać rzecznika praw obywatelskich. Kilka dni wcześniej, jakby przewidując tego typu tragedie, rzecznik praw obywatelskich wystąpił do Trybunału Konstytucyjnego przeciw eksmisjom na bruk.* Unia Wolności 2000 (K). *Europejski Rzecznik Praw Obywatelskich bada skargi, złożone na niewłaściwe administrowanie w instytucjach i organach Unii Europejskiej.* www.ombudsman.europa.eu 2006. ⌑ SW 1996, IS 2000, PS 2002. *auch* ↗ombudsman

rzeczówka *f, Jargon* »Finanzmittel für den Einkauf von Sachmitteln« - *neutral* **Sachmittel,** *auch* **Sachausgaben.** *Pieniądze wydane, przeznaczone na rzeczówkę. Rzeczówka stanowi ileś procent budżetu, wydatków. W styczniu na tzw. „rzeczówkę" (materiały i leki) otrzymałem tylko 16 tys. zł, a na same leki wydaję 120 tys. zł* - mówi Rudolf S. Gazeta Wrocławska 1999 (K). *Jeśli same place mają teraz wzrosnąć o 6,7 procent, to na pewno kosztem tak zwanej „rzeczówki", czyli remontów szkół, szkolenia nauczycieli, opału czy nowych mebli.* www.gp. pl 2000. ⌑ SW 1996, PS 2002

rzeczpospolita ♦ **Czwarta Rzeczpospolita, IV RP** »politischer Slogan von der notwendigen politischen, moralischen u. sozialen Erneuerung des polnischen Staates im Wahlkampf 2005; als Beginn einer zu schaffenden 4. Republik wird von den Befürwortern der Wahlsieg der Partei PiS u. die Präsidentschaft von Lech Kaczyński gesehen« - **Vierte Republik.** *Budować Czwartą Rzeczpospolitą. Bardzo wysokie bezrobocie, niski wzrost gospodarczy, przekonanie o powszechnie panującej korupcji, a także frustracja społeczeństwa powodują, że coraz częściej mówi się o kryzysie państwa, a nawet o konieczności powstania „czwartej Rzeczpospolitej".* www. rzeczpospolita.pl 2003. *Opinie na temat IV RP są podzielone. Zdaniem części polityków PiS, a także niektórych używających tego określenia*

dziennikarzy, IV RP już istnieje. pl. wikipedia.org 2006. *"Gazeta Wyborcza" pisze, że większość Polaków nie widzi wokół siebie obiecywanej Czwartej Rzeczypospolitej.* www.opoka.org.pl 2006. ⌑ kein Beleg
♦ **Trzecia Rzeczpospolita, III RP** »(inoffizielle) Bezeichnung für den polnischen Staat nach 1989« - **Dritte Republik**. *Wszystkich, którzy dla dobra Trzeciej Rzeczypospolitej tę Konstytucję będą stosowali, wzywamy, aby czynili to, dbając o zachowanie przyrodzonej godności człowieka, jego prawa do wolności i obowiązku solidarności z innymi (...).* Präambel zur Polnischen Verfassung von 1997. *Działalność Zboru w pierwszych latach Trzeciej Rzeczypospolitej obfitowała w różnorodną aktywność sekcji zborowych tudzież poszczególnych członków Kościoła w Białymstoku.* www.protestanci.org 2006. ⌑ PS 2002

rzeczywistość ♦ **rzeczywistość wirtualna** »vom Computer simulierte Wirklichkeit, künstliche Welt« - **virtuelle Realität** o. **Wirklichkeit**. *Internet pozwala ci znaleźć osobę podobną do ciebie, podobnie myślącą. Świat staje się mniejszy, a ludzie zbliżają się do siebie. Przeciwnicy tego medium często mówią, że to tylko rzeczywistość wirtualna. A ja się pytam: kiedy ostatni raz rozmawiałeś ze swoim sąsiadem?* CKM 2000. ⌑ SW 1996, IS 2000, PS 2002, US 2003 ✎1992 NSP2

-rzeka zweites Glied in Zusammensetzungen, beide Wörter dekl »über ein endlos langes o. vielteiliges Werk (Buch, Film usw.)« - **Endlos-; (sehr) lang, unerschöpflich**. *Temat-rzeka - Endlosthema, unerschöpfliches Thema. Serial-rzeka - Endlosserie. Wywiad-rzeka - Endlosinterview, langes Interview. Temat dzieci jest tematem rzeką. Tyle czy można mówić o dzieciach, jak się ich nie ma?* www.forum.obcasy.pl 2006. *Janusz R., który nieco wcześniej zdobył rozgłos wywiadem-rzeką z Edwardem Gierkiem, przeprowadził teraz podobny wywiad z Bujakiem.* www.nowe-panstwo.pl 2002. ⌑ kein Beleg

rzep[NB] *m, G -u -* **Klettverschluss**. *Buty na rzepy o. z rzepami; plecak zapinany na rzepy; kurtka zapinana na rzepy. Równie nagle skończyła się moda na rzepy. Co prawda, nadal są one stosowane w obuwiu dla dzieci, które nie lubią sznurowadeł. W miejsce rzepów projektanci wprowadzili bajecznie kolorowe sznurówki.* Razem 1989 (K). *Mocowanie paska oraz rzepu zostały wszyte zbyt głęboko po wewnętrznej stronie rękawic (...).* www.skutery.net 2005. ⌑ Supl 1994, SW 1996, IS 2000, PS 2002, US 2003 ✎1989 NSP2

rzut ♦ *phras* **rzutem na taśmę** *ugs* - »mit letzter Kraft(anstrengung), mit einem letzten, verzweifelten Kraftakt, unter Mobilisierung aller Kräfte« *Zrobić, załatwić, wygrać coś rzutem na taśmę. Rzutem na taśmę zdałam egzaminy przed wyjazdem.* US. *Jednak rządowi Prodiego udało się zdławić inflację i zmniejszyć deficyt budżetowy - i rzutem na taśmę znaleźć się w europejskiej elicie.* Gazeta Wyborcza 1999. *Dopiero rzutem na taśmę zapewnił sobie awans do czołowej czwórki walczącej o medale.* www.slowo-sportowe.pl 2005. ⌑ OiT 2001, PSF 2000, US 2003 ✎Bogusławski/Wawrzyńczyk 1993

S

sajgonka *f, meist im Pl* »asiatische Vorspeise aus einer Teigtasche mit einer Fleisch-, Fisch- o. Gemüsefüllung« - **Frühlingsrolle**. *Warzywne, mięsne, wegetariańskie, smażone, wietnamskie, chińskie sajgonki; sajgonki na wynos. Sajgonki podajemy ze świeżo ugotowanym ryżem oraz z wcześniej przygotowanym na zimno sosem słodko-kwaśnym z dodatkiem sosu słodko-ostrego (...).* www.kafeteria.pl 2006. PS 2002. *auch* ↗krokiety wiosenne

salon ♦ **salon masażu**[NB], **salon erotyczny** *verhüllend* »einem Bordell ähnliche Einrichtung« - **Erotiksalon, Massagesalon**. *Była już jakaś komisja i stwierdzili, że [to tylko] drink bar i salon masażu. (...) Tu nie ma żadnych stosunków seksualnych - dziewczyny są w toplesie. (...) Dziewczyny są zarejestrowane przez policję i wszystkie mają badania.* PSF. *Władze wprowadziły zakaz, chcąc przede wszystkim, aby w rozpoczynającym się sezonie turystycznym centrum miasta wolne było od wizerunków nagich panienek i naganiaczy, wciskających reklamy barów i salonów erotycznych (...).* wirtual.nemedia.pl 2005. PS 2002 ✎1998 PSF

♦ **salon piękności** - **Schönheitssalon**. *Jodowo-bromowa woda termalna, która dolewana do kąpieli daje we własnej wannie efekt pobytu w salonie piękności, gabinecie odnowy i uzdrowisku.* vitamarket.pl 2006. IS 2000, PS 2002, US 2003 ✎Bogusławski/Wawrzyńczyk 1993

sałatkarnia *f* »Lokal, in dem als Hauptgerichte bzw. überwiegend Salate angeboten werden« - **Salat-Bar**. *Chcę tylko zaznaczyć, że w sałatkarni żaden zwiędły koper się nie pokazuje, za to szerokie drewniane parapety uginają się pod ciężarem dyń, tykw i patisonów.* serwisy.gazeta.pl 2003. *Po południu zafundowałam sobie mały zestaw sałatek w mojej ukochanej sałatkarni Chimerze.* f.kafeteria.pl 2005. PS 2002 ✎1992 NSP2

samiec ♦ *phras* **nie da rady, oba samce** *s.* **rada**

samizdat* [samizdat] *m, G -u, Npl -y* »(ursprünglich in der früheren UdSSR) ein außerhalb der staatlichen Verlage illegal veröffentlichtes Werk« - **Samisdat**. *Drukować, publikować samizdaty. Świadczy o tym istnienie skinheadowych samizdatów drukowanych w niemieckich drukarniach i rozpowszechnianych w coraz większych nakładach.* Gazeta Wyborcza 1994. Supl 1994, PS 2002, US 2003 ✎1988 NSP2. ◁russ

samochód ♦ **samochód hybrydowy** *s.* **hybrydowy**

♦ **samochód pułapka, samochód-pułapka** »Fahrzeug, in dem bei einem terroristischen Anschlag eine Bombe zur Explosion gebracht wird« - **Samochód pułapka eksplodował, wybuchł, zabił kogoś** - eine Autobombe explodierte, tötete jdn. *Bomba ukryta była w samochodzie pułapce.* IS. *Kiedy zbierano się w siedzibie premiera, wybuchła szósta w ciągu dziesięciu dni bomba w samochodzie-pułapce, zabijając 27 osób, raniąc ponad 80.* NSP2. IS 2000, PS 2002, US 2003 ✎1986 NSP2

samokopiujący *Adj* - **selbstkopierend**. *Papier samokopiujący* - selbstkopierendes Papier. *Sprzęt samokopiujący, urządzenie samokopiujące, tablica samokopiująca. Wśród nowości Panasonica jest również tablica samokopiująca. Pisze się na niej specjalnym pisakiem. Po zapisaniu całej powierzchni tablicy przyciska się guzik. Tekst wciągany jest do pamięci. W razie potrzeby można go ponownie wyświetlić lub też wydrukować.* NSP2. *Papier samokopiujący jest papierem z warstwami funkcjonalnymi, umożliwiającymi proces chemicznego kopiowania.* www.cinek.xo. pl 2003. PS 2002 ✎1992 NSP2

samoopalacz *m, G -a, Kosmetik* »Kosmetikum, das der Haut Bräune verleiht« - **Selbstbräuner, Bronzer**. *Samoopalacz do twarzy, do ciała; samoopalacz w piance. Dla uzyskania jaśniejszego tonu opalenizny mieszamy samoopalacz z balsamem do ciała - bardzo dokładnie, żeby uniknąć cętek na ciele.* www. polonia-windsor.com 2003. PS 2002, US 2003. *auch* ↗brązer ◁engl selftanner

samoprzylepny *Adj* - **selbstklebend**. *Taśmy, tapety, koperty, naklejki, znaczki samoprzylepne. Firma zajmuje się głównie produkcją taśm samoprzylepnych.* PS. Supl 1994, SW 1996, IS 2000, PS 2002, US 2003

samorealizacja *f* »Entfaltung der eigenen Persönlichkeit durch das Realisieren von Möglichkeiten, die in jdm. selbst angelegt sind« - **Selbstverwirklichung**. *Proces, doświadczenie samorealizacji; droga, dążenie do samorealizacji; moralna samorealizacja. Do szkół niepublicznych w pierwszej kolejności trafiali nauczyciele, którzy tu dostrzegali odpowiednie warunki do samorealizacji.* Zarządzanie - Teoria i praktyka 1996 (K). Supl 1994, SW 1996, PS 2002, US 2003

samorozpakowujący (się) *Adj, Computer* - **selbstentpackend**. *Plik, instalator, program samorozpakowujący (się). Po pobraniu przeglądarki otrzymujemy plik o nazwie* *oskarv.exe i jest to samorozpakowujący się program, pracujący w środowisku Windows.* www.oskarplus.com.pl 2006. *Poniższe samorozpakowujące pliki zawierają program TextPad.* www.textpad.com 2006. ⌧ kein Beleg ◁engl self-extracting

samorządowiec *m, G -a, Npl ~wcy, ugs* - »Mitglied, Beschäftigter der kommunalen Selbstverwaltung o. einer Selbstverwaltungsorganisation« *Samorządowiec gminny. - Tak naprawdę, to niewiele o Panu wiemy: młody, przystojny, kawaler. Polityk czy działacz samorządowy? - Zdecydowanie samorządowiec.* www.wiesci.wolomin.com 2001. *W Izbie Lekarskiej znali go już jako energicznego samorządowca.* PS. ⌧ SW 1996, PS 2002, US 2003

sampler [sampler] *m, G -a, Musik* - **Sampler** [sæmpler]. **1** »Langspielplatte, CD o.Ä. mit einer Auswahl von (meist früher bereits veröffentlichten) Aufnahmen« *Sampler promocyjny. Nagrać sampler. Przeciwieństwem do tej bandy amatorskich chłopców od łączenia i miksowania jest grupa artystów, dla których stworzenie samplera czy wydawnictwa typu „greatest hits" stanowi równie istotne wyzwanie jak album autorski.* www.popupmagazine.pl 2004. *Tego wszystkiego jeszcze trudno się doszukać w interpretacjach Floreza - przynajmniej w tych ośmiu ariach umieszczonych na samplerze - dominuje młodzieńczy impet.* www.republika.pl 2006. ⌧ kein Beleg **2** »elektronisches Musikinstrument« *Sampler bezklawiaturowy. Zapisać muzykę, umieścić dźwięk w samplerze. Sampler to urządzenie pozwalające na wczytywanie dźwięku do komputera. Dzięki tej możliwości można dalej obrabiać dźwięk na różne sposoby.* www.efunzine.com 2006. ⌧ PS 2002. *auch składanka* ◁engl

sampling [samplińk] *m, G -u, auch* **samplowanie** *n* - **Sampling**. **1** *Musik* »Technik, bei der ein Teil einer Musikaufnahme in einem neuen musikalischen Kontext verwendet wird« *Trzy licencje na sampling zezwalają na samplowanie, remiksowanie i przetwarzanie utworu dla celów zarówno nie- jak i komercyjnych (...).* creativecommons.pl 2006. *Samplowanie natomiast jest to proces „wykradania" pojedynczych brzmień lub nawet całych partii utworu, które chcemy wykorzystać dla swoich potrzeb.* tworzeniemuzyki.republika.pl 2006. ⌧ PS 2002 **2** *Marketing* »verkaufsfördernde Maßnahme durch Gratisproben« *Sampling jest efektywną formą promocji. Niestety, koszt przeprowadzenia tego rodzaju akcji w placówkach handlowych lub prasie nie należy do najniższych.* www.marketing-news.pl 2006. *Prowadzimy akcje sprzedaży bezpośredniej oraz sampling „od drzwi do drzwi". Chcesz prze-* *prowadzić sampling lub akcję sprzedaży?* www.abc-dc.com.pl 2006. ⌧ kein Beleg

samplować *ipf, Musik* »Musik, Töne elektronisch bearbeiten, zusammenstellen« - **sampeln**. *Samplować muzykę, dźwięki. Ale jeżeli za jego pomocą będziesz chciał samplować skrzypce czy gitarę klasyczną albo jakieś perkusyjne szmerki (...) to nie wróżę wielkiego powodzenia.* www.eis.com.pl 2004. *(...) Z tego, co mi wiadomo, w Polsce można bez łamania prawa samplować starsze utwory polskie, wyprodukowane (prawdopodobnie) przed rokiem 1970.* tworzeniemuzyki.republika.pl 2006. ⌧ kein Beleg

sarkofag[NB] *m, G -u* »Beton-Ummantelung, die einen zerstörten Atomreaktor umschließt u. seine Umgebung vor weiterer Strahlung schützt (hier insbes. den 1986 zerstörten Atomreaktor in Tschernobyl)« - **Sarkophag**. *Betonowy sarkofag; kontrola, rekonstrukcja, remont, zabezpieczenie sarkofagu. O wydarzeniach, jakie tu (w Czarnobylu) miały miejsce, przypominają tylko trzy duże plansze na lewo od wejścia, ukazujące przekrój sarkofagu (stalowo-betonowej skorupy, którą obudowano szczątki IV bloku) oraz rozmieszczenie czujników w jego wnętrzu.* NSP2. *Sarkofag, przykrywający zniszczony reaktor elektrowni atomowej w Czarnobylu, przetrwa najwyżej 10-15 lat, nie zaś, jak przewidywano, 30-50.* PS. ⌧ PS 2002 ✎1988 NSP2

SARS [sars] *m, indekl, Abkürzung aus* ♦ **syndrom ostrej niewydolności oddechowej** *Medizin* »ansteckende Lungenerkrankung, die sich 2003 von China aus ausbreitete« - **SARS, Schweres Akutes Atemwegssyndrom**. *Epidemia, wirus, szczepionka przeciwko SARS. Osoby, które opiekowały się osobą podejrzaną o SARS lub mieszkały z nią w jednym mieszkaniu po wystąpieniu u niej objawów ze strony układu oddechowego, należy poddać 10-dniowej obserwacji w szpitalu zakaźnym, w osobnych pomieszczeniach.* www.katowice.uw.gov.pl 2003. *Autor tekstu „Epidemia bioterroryzmu?" zastanawia się, czy tzw. syndromu ostrej niewydolności oddechowej i śmiertelnej choroby roznoszonej przez drób nie wywołali późni wnukowie dr. Mengele, w osobach Osamy bin Ladena bądź Kim dzong Ila.* Wprost 2003. ⌧ kein Beleg. ◁engl aus Severe Acute Respiratory Syndrome

sąd ♦ **Sąd Lustracyjny** *s.* **lustracyjny**

SB* [esbe] *f oder n, indekl,* »(in den Zeiten der Volksrepublik Polen) politische Geheimpolizei mit geheimdienstlichen Aufgaben (gegründet 1956, aufgelöst 1990)« - (polnischer) **Sicherheitsdienst**, (polnische) **Sicherheitspolizei**, *vgl. (in der DDR)* **Stasi**. *Tajny współpracownik (TW) SB - Inoffizieller Mitarbeiter des Sicherheitsdienstes SB. Funkcjonariusz,* oficer, agent SB. Donosić do SB. *W istocie rola SB sprowadzała się do ochrony władzy komunistycznej poprzez kontrolowanie wszystkich dziedzin życia społecznego, łamanie praworządności i zwalczanie opozycji.* www.wiem.onet.pl 2003. ◻ IS 2000, PS 2002, US 2003. *s. auch* ↗esbecja ◁Abk von Służba Bezpieczeństwa

scenariusz^NB *m, G -a* »Beschreibung, Entwurf, Modell der Abfolge von möglichen Ereignissen o. der hypothetischen Durchführung einer Sache« - **Szenario**. Katastroficzny scenariusz - Katastrophenszenario. Scenariusz na najbliższe lata; scenariusz rozwoju sytuacji politycznej. Działać według jakiegoś, czyjegoś scenariusza. *Zanim ustalą się pewne zasady gry, Wałęsa będzie rządził sam. Stworzy wokół siebie najściślejszą grupę doradców, którzy będą mieli za zadanie opracowanie prawdopodobnych scenariuszy rozwoju sytuacji politycznej.* NSP2. *Przekazuję do wykorzystania gotowy i sprawdzony scenariusz ślubowania dla klasy I szkoły podstawowej.* www.literka.pl 2006. ◻ Supl 1994, SW 1996, IS 2000, PS 2002, US 2003 ✎1989 NSP2

scout *s.* **skaut**

scrabble [skrabl, skrable] *n, indekl; ugs m, G* scrabble'a [skrabla]; *auch als Plural* **scrabble** [skrable] *oder* **skrable** »Spiel für zwei bis vier Personen, bei dem mit Buchstaben bedruckte Spielsteine zu Wörtern zusammengelegt werden« - **Scrabble** [skræbl]. Zasady, partia scrabble; gra/grać w scrabble. *W naszym filmie bohaterka zapracowuje się przy organizowaniu innym wesel. Jej życie osobiste to partyjki scrabble'a ze znajomymi ojca, czyli jałowa egzystencja kobiety biznesu.* Dzień dobry 2001 (K). *Partia skrabli trwa na przykład do chwili, gdy żaden z graczy nie potrafi wykonać ruchu.* PS. ◻ SW 1996, IS 2000, PS 2002 ◁engl

scrab(b)lista [skrablista], **skrablista** *m, G -ty, Npl ~iści* - **Scrabble-Spieler**. Doświadczony scrab(b)lista. *Od kiedy Waldek dostał scrabble, stał się zapalonym scrabblistą - bierze udział we wszystkich zawodach organizowanych na terenie województwa i kraju.* PS. *Zaproszenie dotyczy wszystkich scrabblistów bez wyjątku i pozostaje zawsze aktualne.* www.scrabble.isp.pl 2003. *Ęsi, hyź czy kpa - to tylko niektóre z bardzo wielu wyrazów, o jakich większość z nas nie ma pojęcia, a o których powinien wiedzieć każdy szanujący się skrablista.* www.pila.eska.pl 2004. ◻ SW 1996, PS 2002

scrab(b)listka *seltener* **skrablistka** *f v.* ↗scrab(b)lista - Scrabble-Spielerin. *W pierwszym półfinale najlepsza polska scrablistka pokonała wschodzącą gwiazdę z Inowrocławia - Artura K.* www.aktivgry.pl 2006. *Lubię neologizmy, jako zapalona scrablistka często ba-*
wię się słowami. www.poezja.org 2006. *Skrablistki i skrabliści też oczywiście mogą korzystać z LITERATORA (...).* www.doogle.pl 2006. ◻ kein Beleg

scrab(b)lowy, scrabble'owy [skrablowy], **skrablowy** *Adj v.* ↗scrabble, skrable - **Scrabble-**. Klub, turniej skrablowy; plansza, gra skrablowa; zasady, zawody, mistrzostwa skrablowe. *W niedzielę rozegrany zostanie kolejny już Turniej Scrabblowy w Ośrodku Kultury.* www.dziennik.krakow.pl 2004. *Początkujący zawodnik scrabble'owy osiąga w jednym meczu ok. 200 punktów, podczas gdy „przyzwoita" średnia mieści się między 350-400 punktami.* gu.us.edu.pl 1998. *Póki co, mamy w Polsce ruch skrablowy, a nie sport, i potrzeba na to jeszcze trochę czasu, aby scrabble upowszechniły się (...).* www.usenet.gazeta.pl 2005. ◻ SW 1996, IS 2000, PS 2002

screening [skrininjk], **skrining**, *selten* **skryning** *m, G -u* **1** *Gesundheitswesen* »an einer großen Anzahl von Personen in der gleichen Weise durchgeführte Untersuchung (z.B. Röntgenreihenuntersuchung, Krebsvorsorge) - **Screening**. Screening raka sutka, piersi, grubego jelita. Screening cytologiczny. *Stosunek nakładów do korzyści jest w wypadku masowego screeningu, jaki był przeprowadzony w Niemczech lub Austrii, zbyt niekorzystny - mówią szwajcarscy eksperci.* www.blekitnawstazka.org.pl 2006. *Skrining jest „wyławianiem" z populacji kompletnie zdrowych ludzi, którzy nie mają żadnych objawów choroby nowotworowej, takich przypadków, które są tą chorobą zagrożone lub już ją mają, bywa, że i w rozwiniętej formie.* www.blekitnawstazka.org.pl 2006. *Niestety, najczęściej u kobiet objętych skryningiem pojawia się skłonność do pesymizmu i bierności, często wręcz uczucie beznadziejności (...).* biust.pl 2006. ◻ PS 2002. *auch* badania przesiewowe **2 screening** *EU-Recht* »in Vorbereitung von EU-Beitrittsverhandlungen: Vergleich des EU-Rechts mit dem Recht des jeweiligen Beitrittskandidaten« *Pierwszy etap negocjacji rozpoczął się 3 kwietnia 1998 roku i dotyczył tzw. screeningu, czyli przeglądu i porównania prawa krajowego z prawem unijnym.* www.staff.amu.edu.pl 2006. ◻ kein Beleg

screeningowy, skriningowy *selten* **skryningowy** *Adj v.* ↗screening - **Screening-**. Test screeningowy - Screeningtest. *Ostatnie badania dowodzą, iż obecny program screeningowy tego rodzaju raka jest nieskuteczny ze względu na niski poziom wykrywalności.* www.okkp.pl 2006. *Dobry test skriningowy powinien mieć określone cechy, z których podstawowymi są wysoka czułość i swoistość.* www.e-manus.pl 2006. *Od 1988 r. Pracownia realizuje program skryningowy, opracowany przez Ze-*

spół Programowy ds. populacyjnych badań przesiewowych (skryningu) raka szyjki macicy u kobiet w Polsce (...). www.coi.waw.pl 2006. ⌂ PS 2002

second hand, second-hand [sekynt hent] *G -u, Npl* second-handy, *ugs* - **Secondhandladen, Secondhandshop**. *Coś z second handu; moda na second handy. Kupić coś w second handzie. Z odsieczą tym, których nie było stać na bluzę z naszywką Adidasa przyszły second handy, oferujące sportowe ubrania nienajgorszej jakości.* doza.o2.pl 2005. *Koszulka z second handu ręcznie malowana farbami akrylowymi. Ciuszek z duszą dla oryginalnych kobiet.* www.twojamoda.pl 2006. *Dowiemy się, jak często Polacy kupują ubrania w second-handzie.* ww2.tvp.pl 2006. ⌂ kein Beleg. *s. auch* ↗ciucholand, ↗lumpeks, ↗szmateks

segment ♦ **segment cenowy** *Wirtschaft* - **Preissegment**. *Najniższy, średni, najwyższy segment cenowy. Nie powiela wad wielu swoich konkurentów, a wytknięte przez nas niedoskonałości w tym segmencie cenowym są jeszcze do przełknięcia.* www.idg.pl 2006. *Teraz usługi te stają się dostępne w niższym segmencie cenowym.* www.nokia.com.pl 2006. ⌂ kein Beleg

sekretarka ♦ **automatyczna sekretarka** *auch ugs* **sekretarka**[NB] *f* - **Anrufbeantworter;** *ugs* **AB**. *Telefon z (automatyczną) sekretarką. Przesłuchać (automatyczną) sekretarkę; nagrać się, nagrać wiadomość na sekretarkę; zostawić informację na sekretarce. W końcu ustalamy, że najprościej będzie, jeśli porozmawiamy przez telefon. Trzeba tylko zgrać terminy. Zostawiam wiadomość na automatycznej sekretarce.* Viva 2003. *Z reguły nie nagrywam się na sekretarkę, nie lubię rozmawiać z automatem.* PS. ⌂ SW 1996, IS 2000, PS 2002, US 2003 ✎1992 NSP2

seks- *als Erstglied in Zusammensetzungen* - **Sex-**. *Seksfilm, seksoferta, seksshop.* ⌂ IS 2000 ⊲engl sex

seks ♦ **bezpieczny seks** »Sexualverhalten, das die Gefahr einer HIV-Infektion mindert« - **Safer Sex, Safersex**. *Uprawiać bezpieczny seks. Domagają się one zagwarantowania kobietom prawa do „bezpiecznego seksu".* SW. *Bezpieczny seks opiera się na wykorzystaniu odpowiednich środków zapobiegających wymianie wspomnianych wyżej płynów pomiędzy partnerami (...).* www.milosc.god.pl 2006. ⌂ SW 1996, IS 2000, PS 2002, US 2003 ⊲engl safer sex

seksbiznes, sex biznes *m, G -u, ugs* - **Sexbusiness, Pornobusiness**. *Nielegalny, podziemny seksbiznes. Czerpać duże dochody, zyski z seksbiznesu; działać, pracować w seksbiznesie; walczyć z seksbiznesem. Policja jeszcze nie dysponuje dowodami na to, czy kręci się u nas porno-filmy na szeroką skalę. Nie za-uważono „wzmożonej aktywności" w tej dziedzinie seksbiznesu.* 1992 NSP2. ⌂ SW 1996, PS 2002 ✎1985 NSP2. *s. auch* ↗pornobiznes ⊲engl sex business

seks czat, seks-czat *selten* **seksczat** *m, G* seks czatu, *meist im Pl, Internet, ugs* - **Sex-Chat**. *Darmowe seks czaty. Parlamentarzyści na seks czatach. Komputery w duńskim parlamencie są dość intensywnie wykorzystywane do internetowych czatów na tematy seksualne.* informatyka.servis.pl 2005. *Dowiedz się, kogo możesz spotkać na seks-czatach.* blog.tenbit.pl 2004. ⌂ kein Beleg ⊲engl sex chat

seksfilm, sexfilm, sex film *m, G -u* - **Sexfilm**. *Monstrualna mieszanka złożona z musicalu, horroru i seksfilmu nakręcona została z udziałem aktorów teatralnych.* www.filmweb.pl 2003. *On zakochuje się w niej, ale kiedy wpada na pomysł, aby zaprosić ją do kina na sexfilm, miłość rozbija się o różnicę poglądów i zainteresowań.* www.oceandvd.pl 2005. ⌂ kein Beleg. *auch* ↗porno, ↗pornofilm, ↗pornus

seksista *m, G -ty, Npl ~iści, abwertend* - **Sexist**. *Być seksistą; uważać kogoś za seksistę. Nie rozumiem, dlaczego nazywa się mnie seksistą.* NSP2. *(...) Mogłoby się wydawać, że jego mężczyźni to typowi seksiści, postrzegający kobietę wyłącznie jako obiekt do zdobycia.* www.esencja.pl 2006. ⌂ SW 1996, IS 2000, PS 2002, US 2003 ✎1992 NSP2

seksistka *f v.* ↗seksista, *meist abwertend* - **Sexistin**. *Dogmatyczna seksistka. (...) Pomagała mu zaproszona przezeń redaktorka „Gazety Polskiej", która stwierdziła, że feministki, zarzucając innym „seksizm", same są seksistkami.* www.kobiety-kobietom.com 2005. *Wśród kobiet też zdarzają się seksistki, które np. powtarzają, że faceci myślą tylko o jednym.* www.hey.art.pl 2006. ⌂ SW 1996, IS 2000, PS 2002, US 2003

seksistowski *Adj, abwertend* »auf Sexismus beruhend, davon bestimmt« **seksistisch**. *Seksistowski charakter prawa; seksistowski szef, dowcip, żart; seksistowska polityka, ustawa, wypowiedź; seksistowskie zachowanie. Jest osobą przełamującą seksistowskie stereotypy nieprzydatności kobiet w wojsku, lubi się fotografować w ekstremalnych sytuacjach.* www.polit.blog.pl 2004. *Postawy seksistowskie nie są domeną mężczyzn.* www.free.ngo.pl 2005. ⌂ SW 1996, PS 2002, US 2003

seksizm *m, G -u, abwertend* »Diskriminierung, Benachteiligung von Menschen aufgrund ihres Geschlechts« - **Sexismus**. *Elementy, przejawy seksizmu. Wynalazkiem społeczeństw cywilizacyjnie rozwiniętych jest pojęcie seksizmu, czyli segregacji płciowej.* www.free. ngo.pl 2005. *Zdaniem referentek „seksizm językowy wzmacnia społeczną nierówność obu płci, sankcjonuje i utrwala stereotypy kulturowe,* *pośrednio zachęca do seksistowskich postaw i zachowań"*. www.rjp.pl 2003. ▢ Supl 1994, SW 1996, IS 2000, PS 2002, US 2003 ✎1988 NSP2 ◁engl sexism

seks klub, seks-klub, seksklub, *vor allem in der Erotik-Werbung auch* **sex club, sex klub** *m, G -u* - **Sex-Club**. *Jeśli masz ochotę na seksklub, to zapraszamy do środka.* fotki-jaz.pl 2006. *Ma własny sex-club o nazwie Sex Club Seven.* gtasite.net 2006. *Dalia i Joanna wybierają się do sex klubu. To niezwykłe miejsce, w którym spotkać można pary, szukające urozmaicenia życia erotycznego (...).* polishlovers.com 2006. ▢ kein Beleg ◁engl

sekslinia, sexlinia *f* »Telefonnummer, unter der Gespräche erotischen Inhalts o. Telefonsex angeboten wird« - **Sexline, Sextelefon, Telefonsex-Nummer.** *Zadzwonić na sekslinię. Najwięcej połączeń z sexliniami przypada na godziny 13-14, a więc wtedy, kiedy młodzież już wraca ze szkoły, a rodzice jeszcze są w pracy.* www.man.lodz.pl 1995. *Kasia opowiadała w licznych wywiadach, że lubi prowokować i że to nie jest żadna sekslinia, tylko telefon zaufania, który w dodatku zapewnia jej przyzwoite stałe dochody.* www.teatry.art.pl 2003. ▢ kein Beleg. *auch* ↗sekstelefon ◁engl sexline

seks-masaż *m, G -u, in der Erotik-Werbung auch* **sex-masaż** *m, G -u* - **Sexmassage, erotische Massage.** *Seks-masaż na pobudzenie zmysłów.* www.forma.mpp.pl 2005. *Śliczna nowa 18-latka. Zapraszam na sex-masaż konkretnych sponsorów, pary - panowie itp.* www.onyx.of.pl 2003. ▢ SW 1996, IS 2000, PS 2002 ✎1992 NSP2. *häufiger* masaż erotyczny

seksoferta, sex-oferta *f* »Angebot sexueller Dienstleistungen« - **Sexangebot.** *"Salon" - setki ofert pań (mnóstwo seksofert z adresami), bezpłatne ogłoszenia, dyskretna przesyłka.* NSP2. *I co ogólnie wiadomo - są w naszym narodzie mężczyźni, którzy skorzystają z seksoferty swoich pracowniczek. Moralność takich działań jest ich własną sprawą...* weronika. jogger.pl 2006. ▢ PS 2002 ✎1991 NSP2

seksoholiczny *Adj v.* ↗seksoholizm - **sexsüchtig, sexabhängig.** *O swym seksoholicznym problemie rozmawiali tylko z zaprzyjaźnionymi psychologami.* SW. ▢ SW 1996, PS 2002

seksoholiczka *f v.* ↗seksoholik - **Sexoholikerin, Sexabhängige, Sexsüchtige.** *Badania Carnesa wykazały, że erotomania jest domeną mężczyzn - kobiety stanowią 20% chorych. (...) Liczba kobiet-seksoholiczek rośnie znacząco, a sprzyja temu m.in. łatwość dostępu do pornografii, zwłaszcza tej internetowej i anonimowość w wirtualnych kontaktach erotycznych (na czatach itp.).* www.psychotekst.com 2003. ▢ kein Beleg

seksoholik *m, G -a, Npl ~icy* - **Sexoholic, Sexabhängiger, Sexsüchtiger.** *Można być nałogowym podrywaczem i czuć się szczęśliwym. Ale zdarza się, że seks przeradza się w niszczycielską siłę. Kto obsesyjnie myśli o „tych rzeczach", zaniedbuje rodzinę i pracę, a potrzeby seksualne skłonny jest zaspokoić nawet przemocą, byle gdzie i z byle kim, jest seksoholikiem. Ma zaburzoną osobowość.* Twój Styl 1996 (K). *Seksoholicy są perfekcjonistami; doskonalą techniki seksualne, wciąż pragną idealnego orgazmu, każdy doznawany jest zawsze nie ten.* Polityka 2003. ▢ SW 1996, PS 2002 ✎1992 NSP2

seksoholizm *m, G -u* »krankhafte Suche nach sexuellen Kontakten« - **Sexsucht, Sexabhängigkeit, Erotomanie.** *Do łask wraca znowu psychoanaliza pod wpływem nowego zjawiska, jakim jest seksoholizm.* NSP2. *Seksoholizm, inaczej erotomania, to patologiczne wzmożenie poziomu potrzeb i zachowań seksualnych. Pamiętać należy, że ani duża liczba partnerów, ani częste czy urozmaicone kontakty seksualne nie stanowią kryterium rozpoznania nałogu!* www.psychotekst.com 2003. ▢ SW 1996, PS 2002 ✎1992 NSP2

seksownie *Adv v.* ↗seksowny, *ugs* - **sexy.** *Seksownie czerwone usta, seksownie odsłonięte piersi, plecy, ramiona; seksownie ubrana kobieta. Poruszać się, wyglądać, zachowywać się seksownie. Naturalnie piękna. Seksownie potargane włosy i błyszczące, zmysłowe usta - nic tak na niego nie działa!* Cosmo 2000 (K). *W tej sukience wyglądasz niezwykle seksownie, na pewno spodobasz się Jackowi.* PS. ▢ SW 1996, IS 2000, PS 2002, US 2003 ✎1987 NSP2. *auch* ↗sexy

seksowność *f v.* ↗seksowny »erotische, sexuelle Anziehungskraft« - **Sex-Appeal.** *Seksowność bielizny, sukienki; seksowność dziewczyny, kobiety, chłopaka, mężczyzny, figury, ruchów, kształtów. Badania francuskiego pisma „Elle" wykazały, że aż 34 procent kobiet ma kochanka o co najmniej pięć lat młodszego. Trzy czwarte pań wybrało młodziaków ze względu na „wdzięk i seksowność".* NSP2. *Spontaniczność, seksowność i pewność siebie to jej cechy. Pomimo swojego słodkiego powabu nie traci nic ze swojej asertywności.* gucci.perfumeria.o12.pl 2006. ▢ IS 2000, PS 2002 ✎1992 NSP2

seksowny *Adj, ugs* - **sexy. 1** »von Personen: sexuell attraktiv« *Seksowny chłopak, facet; seksowna aktorka, dziewczyna, piosenkarka; seksowne ciało, spojrzenie. Dla niej najseksowniejszymi mężczyznami są ratownicy.* SW. ▢ Supl 1994, SW 1996, IS 2000, PS 2002, US 2003 ✎1992 NSP2 **2** »von Sachen: sexuell attraktive Wirkung hervorrufend« *Seksowny* dekolt, strój, sweter, zapach; seksowna bielizna, bluzka, sukienka, spódnica; seksowne rozcięcie. *Kobiety, które chcą zwrócić uwagę mężczyzn, powinny ubrać się na czerwono. (...) Najbardziej seksowne jest połączenie czerni z czerwonymi dodatkami.* NSP2. ⌑ Supl 1994, SW 1996, IS 2000, PS 2002, US 2003 ∅1990 NSP2. *auch* ↗sexy

seksparty, seks-party, sex-party *n, indekl, ugs* »private Party mit sexuellem Hintergrund« - **Sexparty**. Odlotowe seksparty. Organizować seksparty, zapraszać na seksparty. *Wiele razy spotykaliśmy również poważnych inżynierów i lekarzy, którzy na brzegu zalewu urządzali seksparty, bynajmniej nie ze swoimi żonami.* SW. *Wesołych biznesmenów dodatkowo obciąża fakt, że niektóre z zapraszanych na kokainowe seks-party dziewczyn są nieletnie.* NSP2. ⌑ SW 1996, PS 2002 ∅1989 NSP2 ◁engl sex party

seks shop *s.* **sex-shop**

sekstelefon *m, G -u, ugs* »Telefonnummer, unter der Telefonsex angeboten wird; auch die Firma selbst« - **Sextelefon, Sexline, Telefonsexnummer; Telefonsexfirma**. Korzystać z sekstelefonów; pracować w sekstelefonie. *Zarabiała na życie składaniem komputerów, była też kierowcą, dziennikarką i panienką z sekstelefonu.* Cosmo 2000 (K). *Nie wolno nam opowiadać o pracy w sekstelefonie. Podpisałam umowę, że nie pisnę ani słowa. (...) Podstawowym warunkiem pracy w sekstelefonie jest umiejętność prowadzenia rozmowy i miły, pociągający głos.* polki.wp.pl 2006. ⌑ SW 1996, PS 2002. *auch* ↗sekslinia

sekstelefoniczny *Adj v.* ↗sekstelefon, *ugs* - **Sextelefon-, Sexline-**. Sekstelefoniczne połączenie; sekstelefoniczne rozmowy, uciechy. *Zablokowania międzynarodowych połączeń sekstelefonicznych zażądało od ministerstwa łączności Stowarzyszenie Rodzin Katolickich.* SW. ⌑ SW 1996, PS 2002

seksturysta *m, G -ty, Npl ~iści, ugs* »Tourist, der mit dem Ziel sexueller Kontakte in ein bestimmtes Land reist« - **Sextourist**. Mekka, raj seksturystów. *W Tajlandii, uznawanej za jeden z głównych celów seksturystów, masowe rozdawnictwo prezerwatyw doprowadziło do siedmiokrotnego spadku liczby zakażeń w ciągu 13 lat.* www2.tvp.pl 2004. *Seksturyści wykorzystują pauperyzację społeczeństwa: biedni rodzice sprzedają lub zmuszają swe dzieci do prostytucji, bezdomne dzieci świadczą usługi seksualne, by przeżyć (...).* www.wprost.pl 2001. ⌑ kein Beleg

seksturystyczny *Adj* - **sextouristisch**. *W przeszłości media donosiły o seksturystycznych aferach. W Szczecinie na przykład działała agencja, która kojarzyła homoseksualistów z dziećmi.* www.pismo.niebieskalinia.pl 2006. ⌑ kein Beleg

seksturystyka *f, ugs* - **Sextourismus, Sextouristik**. *W sumie w zeszłym roku odwiedziło Kubę prawie 200 tys. Amerykanów - dwa razy więcej niż w 1998 r. Znaczna część tych podróży to seksturystyka.* Polityka 2000 (K). *Zjawisku temu towarzyszy lament mediów nad rozwojem seksekssportu i seksturystyki (...).* www.mateusz.pl 1996. ⌑ PS 2002 ∅1992 NSP2

seksy *s.* **sexy**

selekcja ♦ **selekcja negatywna** »Auswahl von Kandidaten (z.B. für eine bestimmte Tätigkeit o. einen Beruf), die die gestellten Anforderungen nicht erfüllen; auch Verdrängung von qualifizierten Kräften durch unqualifizierte« - **Negativselektion**. Zasada selekcji negatywnej. *Taki stan rzeczy jest w pierwszym rzędzie wynikiem złego systemu wyborczego, który okazał się być mechanizmem selekcji negatywnej.* jow.org.pl 2005. *Zawsze skarżyliśmy się, że jeżeli chodzi o polityczne elity, królowała zasada selekcji negatywnej.* IS. ⌑ IS 2000, PS 2002, US 2003 ∅1988 NSP2

senior[NB] *m, G -a, meist im Pl* **seniorzy** »älterer Mensch, Mensch im Rentenalter, Ruheständler« - **Senior**. Dom Seniora - Seniorenheim. Klub seniora - Seniorenklub. Zdrowie seniorów. *Do gerontologów trafia zaledwie ułamek procenta amerykańskich seniorów.* Polityka 2002. *Gdy seniorzy szukają ubezpieczenia, przeważnie okazuje się, że z racji wieku muszą płacić bardzo wysokie składki. (...) Dlatego Allianz stworzył ubezpieczenie specjalnie dla seniorów.* www.allianz.pl 2006. *Dom Seniora powinien obok bezpieczeństwa i opieki zapewniać mieszkańcom cząstkę samodzielności, swobody wyboru, stanowienia o sobie, niezależności i indywidualności.* www3.uj.edu.pl 2006. ⌑ kein Beleg

senioralne *n, ugs* - »(ab 2007 geplante) jährliche Einmalzahlung an die bedürftigsten Rentner« Wypłata senioralnego. Wprowadzić senioralne. *Senioralne po becikowym. 500 zł jednorazowego dodatku dla około 2 mln emerytów i rencistów przewiduje projekt ustawy senioralnej, przygotowany przez Ligę Rodzin Polskich.* dzis.dziennik.krakow.pl 2006. *Komu pomoże wypłata senioralnego? - współautora ustawy senioralnej Wojciecha Wierzejskiego pyta Katarzyna Kolenda-Zaleska „Fakty", TVN.* www.przekroj.com.pl 2006. ⌑ kein Beleg.

senioralny[NB] *Adj v.* ↗senior[NB] - **Senioren-**. Wiek, podatek, dodatek, zasiłek senioralny; ustawa senioralna; lata senioralne. *Uniwersytet Trzeciego Wieku współpracuje z Akademią Medyczną i Akademią Wychowania Fizycznego we Wrocławiu w zakresie medycyny i ak-*

tywności fizycznej ludzi w wieku senioralnym. www.uni.wroc.pl 2006. 📖 PS 2002.

sensytywny *Adj* **a)** »Personen: von (über)großer Feinfühligkeit; (über)empfindlich« - **sensibel, sensitiv, (über)empfindlich**. *Osoba, osobowość sensytywna, charakter sensytywny. Sensytywni są często niepewni siebie. Błahe wydarzenia odczuwają łatwo jako chęć upokorzenia ich i upośledzenia w ich prawach życiowych, co podrywa ich zaufanie do samych siebie.* www.killer.radom.net 2003. **b)** »über Daten: schutzwürdig, vertraulich« - **sensibel**. *Dane sensytywne - sensible Daten. Bardzo istotne jest wprowadzone ustawą o ochronie danych osobowych rozróżnienie na dane o zwykłym charakterze oraz tzw. dane sensytywne, czyli wrażliwe.* www.blitz.pl 2006. 📖 Supl 1994, PS 2002, US 2003

sequel [sikłel] *m, G -a, Npl -e, Film* »Fortsetzungsfilm, bes. als Nachfolgefilm eines großen Erfolges mit gleichem Personenkreis u. ähnlicher Thematik« - **Sequel**. *Produkcja sequela; sequel jakiegoś filmu. Nakręcić sequel. Sequele przeważnie realizowane są w celach komercyjnych, powstając na fali popularności, albo są z góry zaplanowaną częścią serii.* pl.wikipedia.org 2006. *Tak jak i wiele innych hitów z USA tak i superprzebój z roku 2002 „The Ring" doczekał się sequela i, jak się okazało, bardzo dobrego sequela.* filmnews. blog.onet.pl 2006. 📖 kein Beleg ◁engl

serfer, serfować *s.* **surfer, surfować**

serwer *m, G -a, EDV* »Rechner, der für andere in einem Netzwerk mit ihm verbundene Systeme bestimmte Aufgaben (z.B. das Speichern von Dateien) übernimmt« - **Server**. *Serwer główny, pomocniczy; lokalny serwer; serwer dwuprocesorowy, wieloproceso(ro)wy; administrator serwera. Zalogować się w/na serwerze; podłączyć się do serwera. Właśnie komputeryzujemy naszą uczelnię i myślimy, że do przyszłego miesiąca uporamy się z większością istotnych zakupów, takich jak: serwery i komputery.* PS. *Podlaski Serwer Ekologiczny - strona główna organizacji ekologicznych Podlasia.* www.eko.pbbialystok.pl 2003. 📖 SW 1996, PS 2002, US 2003 ◁engl server

♦ **serwer sieciowy** *EDV* »zentraler Rechner, der den angeschlossenen Netzwerknutzern Speicher o. Daten zur Verfügung stellt« - **Netzwerkserver**. *Instalacja, konfiguracja, wydajność serwera sieciowego. Wybór odpowiedniego systemu operacyjnego do serwera sieciowego jest jednym z kluczowych problemów firm, planujących instalację sieci.* www. pcworld.pl 2006. *Użytkownik nie jest uprawniony do sporządzenia dodatkowej kopii, jeśli program jest uruchamiany z serwera sieciowego.* www.fonon.univ.rzeszow.pl 2006. 📖 PS 2002

serwisant *m, G -a, Npl ~nci* »Person, die Maschinen und Geräte wartet u. ggf. repariert« - **Kundendienst(mitarbeiter), Service(mitarbeiter); Dienstleister**. *Autoryzowany serwisant; serwisant urządzeń chłodniczych, maszyn żniwnych, komputerów, kas fiskalnych. Jestem serwisantem w jednym z łódzkich sklepów komputerowych. Dobrze wiem, że każdą naprawę zaczyna się od wywiadu środowiskowego (...).* usterka.onet.pl 2005. *Firma komputerowa zatrudni serwisanta komputerów PC.* Gazeta Wyborcza 1998 (K). 📖 SW 1996, IS 2000, PS 2002 ✎1991 NSP2

serwisować *ipf* - (ein Gerät, eine Maschine) **warten, instandhalten, pflegen (lassen)**. *Gdzie serwisować motocykl? W tym miejscu znajdziecie listę warsztatów motocyklowych godnych polecenia.* www.riders.pl 2006. *Serwisowanie roweru górskiego. Krok po kroku, punkt po punkcie autor prowadzi czytelnika przez skomplikowane czynności. Dzięki temu każdy może profesjonalnie serwisować i naprawiać swój rower.* www.merlin.com.pl 2006. 📖 kein Beleg

sesja[NB] *f* **1** *auch* ♦ **sesja giełdowa, sesja giełdy (papierów wartościowych)** *Wirtschaft* »Börsenarbeitstag« - **Börsentag**. *Sesja na giełdzie. Otwierać, zamykać sesję (giełdową). Przyjęliśmy, że różnica kursów pomiędzy sesjami nie powinna przekraczać 10 proc. Jeśli jest większa, może nastąpić zawieszenie notowań.* NSP2. *Wczorajsza sesja na giełdzie przyniosła spadek większości akcji.* IS. 📖 IS 2000, PS 2002, US 2003 ✎1991 NSP2 **2** *auch* ♦ **sesja zdjęciowa** »Aufnahme, Anfertigung von Fotos für einen bestimmten Zweck (z.B. für eine Werbekampagne o.Ä.)« - **(Foto)session, (Foto)shooting**. *Bezpłatna, płatna, reklamowa sesja (zdjęciowa); studyjna, plenerowa, erotyczna sesja (zdjęciowa). Miałam dzisiaj sesję zdjęciową - mówi Ewa, która właśnie wróciła z agencji reklamowej.* IS. 📖 IS 2000, PS 2002, US 2003 **3** *auch* ♦ **sesja nagraniowa** *Musik* »Aufnahme von Musik für eine neue Schallplatte, CD o.Ä.« - **(Aufnahme)session**. *Próbna, podwójna, wyjazdowa, profesjonalna sesja (nagraniowa). Namówili do wspólnej sesji nagraniowej Tammy Wynette.* NSP2. *Kasety należy nadsyłać do 30 września, główną nagrodą jest dwutygodniowa sesja nagraniowa (...).* www. ccm.pl 2005. 📖 IS 2000, PS 2002, US 2003 ✎1992 NSP2

sesyjny *Adj v.* ⁊sesja - **Aufnahme-**. *Jako muzyk sesyjny grał z Orkiestrą Polskiego Radia w Krakowie, Orkiestrą Filharmonii Krakowskiej, w Operze Krakowskiej. Występował w wielu nagraniach jako solista, grając między innymi muzykę barokową.* www.krakow.pl 2003. 📖 IS 2000, US 2003

sex- s. **seks-**

sex shop, sex-shop [seks szop] *m, G -u, ugs* - **Sexshop**. *Internetowy sex shop zaprasza na zakupy po artykuły erotyczne dla kobiet i mężczyzn.* www.sex-sklep.com.pl 2005. *Nie przypadkiem jednak najmniejsza ekscytacja pornografią jest w Skandynawii, gdzie nagość zawsze traktowano naturalnie, sauny są koedukacyjne, a sex-shopy kwitły w czasach, gdy nawet w USA zabraniano druku książek Millera i Nabokowa.* Twój Styl 2000 (K). ⌑ Supl 1994, SW 1996, IS 2000, PS 2002, US 2003 ⌀Zagrodnikowa 1982. *auch* ↗pornoshop ◁engl sex shop

sexy [seksi] *seltener* **seksy** *Adj o. Adv, indekl, ugs* - **sexy. 1** »von Personen: sexuell attraktiv« *Wyglądać sexy. Kobieta w ciąży jest sexy.* kobieta.wp.pl 2006. *Czy Polska jest sexy? - pytano niedawno w jednej z gazet. Cała Polska może jeszcze nie, ale że Samoobrona jest sexy, to pewne.* gdansk.naszemiasto.wp.pl 2006. *Niby ciągle jest młody, ale już nie za bardzo. Mówiąc żartobliwie: dla młodych dziewcząt już nie jest seksy, jest jednak ciągle za młody, aby wywołać w nich kompleks ojca.* J. Wiśniewski, Molekuły emocji 2006. **2** »zu einer entsprechenden Wirkung verhelfend« *Bielizna, spódniczka, bluzeczka sexy. (...) Wiąże się to z przekonaniem, że zarost jest męski i jest sexy (podobnie jak u kobiet jest sexy brak owłosienia tu i ówdzie).* www.kosmetologia.org 2006. ⌑ Supl 1994, SW 1996, IS 2000, PS 2002, US 2003 ⌀Zagrodnikowa 1982. *auch* ↗seksowny ◁engl

shaker [szejker] *m, G -a* - **Shaker, Mixbecher**. *Shaker standardowy, podręczny shaker. Kiedy już wlejemy do shakera alkohole w odpowiednich proporcjach, zamykamy go przykrywką i energicznie nim wstrząsamy.* PS. ⌑ PS 2002, US 2003 ⌀1986 NSP2 ◁engl

shareware [szerłer] *m oder n, indekl, Computer* »zu Testzwecken kostengünstig angebotene Software« - **Shareware**. *Program shareware; kompakt, dysk z programami shareware. Dzięki shareware mam pogląd na to, co się dzieje w oprogramowaniu do peceta.* PS. *Poniżej przedstawiamy Państwu informacje dotyczące coraz bardziej popularnego w Polsce, specjalnego sposobu dystrybucji oprogramowania (Shareware) oraz niekomercyjnych programów typu Freeware, Bannerware oraz Public Domain, będących dobrą alternatywą dla indywidualnych użytkowników komputerów.* www.studioastro.com.pl 2003. ⌑ PS 2002, US 2003. ◁engl

-shop *letztes Glied in Zusammensetzungen in der Bedeutung* 'Geschäft, Laden'; *häufig einem Namen nachgestellt - als Kompositumzweitglied* **-shop**. *Porno-shop, sex-shop.* ⌑ kein Beleg ◁engl

shop [szop] *m, G -u, Npl -y* - **Shop**. *Kiedy podobny żargon pojawił się u nas w Polsce i zaroiło się od shopów oraz marketów, to pierwsza nasza reakcja była pozytywna: zapachniało wielkim światem.* SW. ⌑ SW 1996 ◁engl

shoping, shopping [szopiŋk] *m, G -u* - **Shopping, Einkauf(en)**. *Ta grupa najczęściej używa argumentu, że nie należy potępiać naszych handlarzy, skoro „shoping", czyli wyjazdy na zakupy, nie są tylko naszą specjalnością.* NSP2. *I shopingi, shopingi... My tylko kupujemy, my z Renią kupujemy, chodzimy i szukamy sklepów, nieważne, czy to jest Wołomin, czy to jest Nowy Jork, zawsze musimy coś kupić, bo to jest jedyna nasza przyjemność.* Hörbeleg (K). 1997. ⌑ PS 2002 ⌀1989 NSP2, Zagrodnikowa 1982 ◁engl shopping

shopoholiczka *f v.* ↗shopoholik - **Kaufsüchtige, Shopaholic**. *Zajebiście się tu robi zakupy kosmetyków. Jeszcze zostanę shopoholiczką.* blog.art.pl 2004. *Duży hipermarket, półki, produkty, ja i koszyk. Chyba jestem shopoholiczką.* witch-craft.blog.pl 2004. ⌑ kein Beleg. *häufiger* ↗zakupoholiczka

shopoholik [szopoholik] *m, G -a, Npl ~icy* - **Kaufsüchtiger**. *Otóż okazuje się, że jest ona niemal klinicznym przypadkiem zjawiska, określanego jako „shopoholizm". Tacy ludzie - „shopoholicy" podlegają narkotycznemu wręcz przymusowi ciągłego kupowania nowych, niepotrzebnych rzeczy.* www.infor.pl 2002. ⌑ kein Beleg. *häufiger* ↗zakupoholik ◁engl

shopoholizm *m, G -u* - **Kaufsucht, Kaufzwang, Kaufrausch, Kaufwut, Shopping-Zwang**. *Napady shopoholizmu. Cierpieć na shopoholizm. (...) Dlaczego cierpią na shopoholizm - przymus kupowania? (...) W Polsce nałóg kupowania nie jest jeszcze uważany za uzależnienie. Na Zachodzie jednak już od kilku lat traktuje się go jak chorobę.* Przekrój 2001 (K). ⌑ kein Beleg. *auch* ↗zakupoholizm, *seltener* ↗kupnoholizm

short track [szort trek] *m, G* short tracku, *Sport* »Eisschnelllauf auf einer kurzen (nur ca. 110 m langen) Bahn« - **Shorttrack**. *Mistrzostwa w short tracku. W Warszawie odbyły się mistrzostwa świata w short tracku.* Przekrój 2003. ⌑ PS 2002 ◁engl

show-biznes [szoł biznes], **show biznes** *m, erstes Glied indekl, G* show biznesu; *auch* **show-business, show business** - **Showbusiness, Schaugeschäft**, *ugs* **Showbiz**. *Gwiazda, świat show-biznesu. Pracować w show-biznesie; czerpać zyski z show-biznesu. Jedną z najbardziej dynamicznie rozwijających się gałęzi gospodarki Tajlandii jest show-biznes.* PS. *Rozrywkowy talk-show, który łączy konwencję rozmowy i turnieju z konwencją programu kabaretowego. Jego bohaterami są* *powszechnie znane i lubiane osoby ze świata show biznesu, sportu, kultury, nauki i mediów (...).* ww2.tvp.pl 2005. *Raport specjalny: Polski show business przeżywa ciężkie chwile (...). Już we wrześniu polski show business zapada w sen zimowy.* www.bankier.pl 2005. ▯ Supl 1994, SW 1996, IS 2000, PS 2002, US 2003 ✍Zagrodnikowa 1982 ◂engl show business

show-biznesowy, showbiznesowy [szołbiznesowy] *Adj v.* ↗showbiznes - **Showbusiness**-. Showbiznesowy styl, charakter czegoś. *Showbiznesowy styl uprawiania polityki zaczął się przyjmować w polityce europejskiej dopiero na początku lat 90.* Wprost 2002. ▯ kein Beleg ✍1986 NSP2

showgirl, show-girl [szołgerl] *f, indekl* »in einer Show auftretende Sängerin o. Tänzerin« - Showgirl. *Jak zostać showgirl?* www.smog.pl 2006. *Była najlepiej zarabiającą showgirl na świecie. Miała wtedy 19 lat.* www.britneyspears.pl 2006. *Ona nawet poświęciła karierę show-girl i zadedykowała się rodzinie.* www.intermediolan.com 2006. ▯ US 2003 ◂engl

showman [szołmen] *seltener* **showmen** *m, G -a, Npl -i* **1** »jd., der im Showgeschäft tätig ist; auch jd., der eine Show führt« - **Showman; Showmaster**. *Telewizyjny, popularny showman. 61-letni Blues Boy dysponuje doprawdy imponującą kondycją. (...) Grał i śpiewał, okazał się ponadto urodzonym, pełnym humoru showmanem.* NSP2. ▯ Supl 1994, SW 1996, IS 2000, PS 2002, US 2003 ✍1986 NSP2 **2** »jd., der die öffentliche Aufmerksamkeit auf sich zu ziehen versteht« - **Showman**. *Clinton jest nie tylko prezydentem, ale i showmanem, który zdobywa popularność poza polityką.* IS. *W show biznesie nie brakuje ludzi, którzy niedostatek predyspozycji do odnoszenia wielkich sukcesów w wybranych przez siebie dziedzinach niwelują umiejętnością skutecznego sterowania swoją karierą. Umiejętna autopromocja i, rzecz jasna, ciężka i systematyczna praca sprawiają, że jest o nich o wiele głośniej niż o niektórych bardziej utalentowanych kolegach. Jednym z takich facetów jest bez wątpienia sportowiec, showmen i biznesmen, pochodzący ze Strzelina Przemysław Saleta (...).* www.slowosportowe.pl 2003. ▯ IS 2000 ◂engl

siano ♦ *phras* **dać sobie siana** *Jugendsprache* **a)** »aufhören« - *ugs* **es (gut) sein lassen, Ruhe geben**. *Stary, daj sobie siana. Z nimi nie wygrasz.* IS. *Powinienem już sobie dać siana i posiedzieć przed telewizorem.* www.cgm.com.pl 2006 **b)** (z kimś) - »sich nicht mehr mit jdm. abgeben, von jdm. abwenden, von jdm. ablassen« *Daj sobie siana z Szymonem, bo nie jest Cię wart głupi gówniarz.* www.flix.pl 2005. **c)** (z czymś) - »mit etw. aufhören u. es nicht weiterverfolgen, es bei etw. bewenden lassen« *Dałem sobie siana z tą robotą.* IS. *Sołtysik powinien sobie dać siana z udziałem w sportowych imprezach (...).* www.lubliniec.info 2006. ▯ IS 2000, PS 2002

siding [sajdiŋk] *m, G -u, Bauwesen* »Verkleidung der Außenwände von Wohnhäusern u. öffentlichen Gebäuden mit flächigen Profilen« - **(Fassaden)verkleidung;** *selten* **Siding**. *Siding winylowy, aluminiowy. Zastosować, wykonać siding. Moda na pokrywanie ścian zewnętrznych sidingiem, czyli panelami tworzywowymi, imitującymi oblicówkę z desek, układanych na zakład, dotarła do nas kilkanaście lat temu ze Stanów Zjednoczonych i Kanady.* dom.gazeta.pl 2005. ▯ PS 2002, US 2003 ◂engl

siecioholiczka *f v.* ↗siecioholik - **Internetsüchtige**. *Ponieważ jestem siecioholiczką, a nikt nie blokuje mi dostępu do Internetu, mam prawie zawsze dobry humor.* non-omnis-moriar.mylog. 2006. ▯ kein Beleg. *auch* ↗internetoholiczka, *s. auch* ↗infoholiczka

siecioholik *m, G -a, Npl ~icy* - **Internetsüchtiger,** *Jargon* **Internetjunkie**. *Uzależnienia to choroby zaprzeczeń. Choć wszyscy dookoła wiedzą, co się dzieje, siecioholik, podobnie jak alkoholik czy hazardzista uważa, że to, co robi, nie różni się niczym od tego, co robią inni.* www.pulsmedycyny.com.pl 2003. ▯ kein Beleg. *auch* ↗internetoholik, *s. auch* ↗infoholik

siecioholizm *m, G -u* - **Internetsucht;** *selten* **Internetabhängigkeit**. *Terapia siecioholików. Chory, podatny na siecioholizm. Cierpieć, chorować na siecioholizm. Wraz z rozwojem sieci komputerowych pojawił się nowy nałóg - infoholizm (inaczej: siecioholizm) - zdaniem niektórych lekarzy i psychologów wyjątkowo niebezpieczny.* www.psychotekst.com 2003. *W naszym kraju siecioholizm w tym roku znalazł się na liście chorób psychicznych (w USA Internet Addiction Disorder jest chorobą już niemal od dekady).* www.wprost.pl 2004. ▯ kein Beleg. *auch* ↗internetoholizm, ↗cyberzależność, *s. auch* ↗infoholizm

sieciowy[NB] *Adj v.* ↗sieć **1** *Computer* »das Computernetz betreffend« - **Netz(werk)-**. Komputer sieciowy; karta sieciowa; łącze, oprogramowanie sieciowe. *Książka prezentuje sieciowy system operacyjny Novell NetWare 4 oraz jego praktyczne zastosowania.* helion.pl 1994. ▯ IS 2000, PS 2002, US 2003 **2** *Internet, selten* »das Internet betreffend« - **Internet-**. *Cyberdzienników jest coraz więcej, stąd w wielu serwisach o blogach znajdują się alfabetyczne indeksy pamiętnikarzy, co ułatwia odnalezienie poszukiwanego tekstu. Często pojawiają się też reklamy sieciowych pamiętników mające zaintrygować potencjalnego czytelnika.* www. pcworld.pl 2006. ▯ kein Beleg.

sieciówka 258

auch ⁊internetowy, *s. auch* ⁊inetowy, ⁊netowy

sieciówka *f* **1** *Computerjargon* »Erweiterungskarte, über die der Anschluss an ein Netzwerk hergestellt werden kann« - **(Computer)netzkarte, Netzwerkkarte**. Sieciówka aktywna, pasywna, bezprzewodowa. Podłączyć sieciówkę. *Jak połączyć dwa komputery bez sieciówki?* forum.gery.pl 2006. ▯ kein Beleg **2** *ugs* »Karte, die zur Nutzung aller zu einem gemeinsamen Verkehrsverbund zusammengeschlossenen Verkehrsmittel in einem bestimmten Zeitraum berechtigt« - *neutral* **(Verbund)netzkarte**. Sieciówka miesięczna, tygodniowa. Kupić, mieć sieciówkę; jeździć na sieciówkę. *Opłaca się kupić sieciówkę tygodniową lub miesięczną - jest to tańsze i zaoszczędza czas. Ta sama sieciówka może być wykorzystana na przejazd autobusem, metrem i pociągiem w obrębie danych stref.* www.linguatravel.com.pl 2003. ▯ PS 2002. *auch* bilet sieciowy

sieć[NB] *f* **1** *auch* ♦ **sieć internetowa - Internet, Net, Netz**. Podłączyć (się) do sieci. *S@motność w Sieci - powieść tak współczesna, że bardziej nie można: z Internetem, pagerem, elektronicznymi biletami lotniczymi, dekodowaniem genomu i SMS-ami.* www.play.pl 2006. *Sieć internetowa nowej generacji umożliwi operatorom bardziej efektywną obsługę multimediów (...).* itbiznes.pl 2006. ▯ PS 2002. *auch* ⁊Internet, *s. auch* ⁊net **2** *auch* ♦ **sieć komputerowa - Computernetz(werk)**. Miejska, lokalna sieć (komputerowa). *Pierwsza lokalna sieć została zbudowana ok. 1994 roku. Studencki Ośrodek Informatyczny został podpięty do sieci Wydziału Elektroniki oraz Internetu w maju 1994 roku.* www.riviera.pw.edu.pl 2003. *W chwili obecnej Miejska Sieć Komputerowa eksploatuje własną infrastrukturę światłowodową o łącznej długości około 70 km.* www.cyfkr.edu.pl 2003. ▯ IS 2000, PS 2002, US 2003 ◁engl net

♦ **sieć komórkowa** *oder* **mobilna** *Telekommunikation* - **Mobilnetz, Handynetz**. Operator, klient sieci komórkowej. *Wybór połączenia pozwala na obniżenie kosztów połączeń - tanie połączenia w ramach sieci stacjonarnej (np. TP S.A.) lub tanie połączenia w ramach abonamentu (np. z sieci komórkowej do sieci komórkowej).* www.mobilebox.pl 2006. *Plus GSM jako pierwszy mobilny operator w Polsce umożliwia swoim klientom wysyłanie wiadomości SMS do sieci mobilnych w Stanach Zjednoczonych i Kanadzie (...).* www.plusgsm.pl 2006. ▯ kein Beleg

♦ **sieć stacjonarna** *Telekommunikation* - **Festnetz**. *Dla przykładu połączenie z sieci stacjonarnej, np. z sieci TP S.A., do abonentów wszystkich sieci telefonii komórkowej wynosi obecnie aż 1,15 zł/min.* www.centel.net.pl 2006. ▯ kein Beleg

siedzenie ♦ *phras* **(kierować, sterować) z tylnego siedzenia** *Politik* - **aus dem Hintergrund** o. **aus der zweiten Reihe (lenken** o. **steuern), von der Hinterbank aus (hinein)regieren**. Kierować, sterować rządem, państwem z tylnego siedzenia. *Wówczas pojawiło się w mediach określenie „kierowanie z tylnego siedzenia" - według nie potwierdzonych spekulacji Buzek miał być jedynie figurantem, zaś Krzaklewski w nieformalny sposób miał wpływać na premiera i ministrów.* pl.wikipedia.org 2006. *Kandydat Prawa i Sprawiedliwości na premiera, Kazimierz Marcinkiewicz, zapewnił w telewizji TVN 24, że nie dojdzie do kierowania rządem z „tylnego siedzenia".* wiadomosci.wp.pl 2005. *Pan Kaczyński steruje z tylnego siedzenia jak za pana Buzka Krzaklewski.* wiadomosci.wp.pl 2006. ▯ kein Beleg

siła ♦ *phras* **siła przebicia** - **Durchschlagskraft, Überzeugungskraft, Wirksamkeit**. Ktoś z siłą przebicia. Mieć siłę przebicia. *Twoja siła przebicia. Jak sprzedawać siebie od rozmowy kwalifikacyjnej przez prośbę o podwyżkę po negocjacje handlowe.* www.merlin.com.pl 2003. ▯ IS 2000, PS 2002, US 2003. *s. auch* mieć ⁊przebicie

siłka[NB] *f, Jargon* »Fitness-Studio« - **Muckibude**. Bywalec, fan siłki. *Fakt, jeśli ktoś nie ma dostępu do siłki, to pompki są dobre, ale jest dobrze, dopóki je robisz (...).* www.boxingforum.pl 2006. *Pakernie masowo rozkwitły na początku lat 90. Mój kolega z liceum, który wtedy trenował muskuły, mówił jednak w zgodzie ze słownikiem, że chodzi na siłownię. W miarę jak muskuły rosły, mawiał już o „siłce", a później: „idę przypakować".* www.duzyformat.pl 2003. *Wczoraj po powrocie z siłki nie miałam już siłki na noszenie żywych 6 kg.* bettyblue.blog.pl 2006. ▯ kein Beleg. *auch* ⁊pakernia

siłowy[NB] *Adj* »mit der Anwendung von Gewalt verbunden« - **Gewalt-; gewaltsam**. Koncepcja siłowa; rozwiązanie, wejście siłowe; metody siłowe. *Nie ma tam (na Haiti) wejścia siłowego.* SW. *Emigracyjne środowiska birmańskie obawiają się, że juncie zabrakło cierpliwości i górę wzięli zwolennicy metod siłowych.* www.serwisy.gazeta.pl 2003. ▯ SW 1996, IS 2000, PS 2002, US 2000

singel, singiel, syngiel, single[NB] [s-ingel, s-ingiel, syngiel] *m, G* ~gla, *Npl* ~gle, *Gpl* ~gli (~glów) **1** *Akk* singel *oder* singla, *auch* ♦ **płyta singlowa** *Musik* »CD mit einem Musiktitel; früher: kleine Schallplatte mit nur je einem Titel auf der Vorder- u. Rückseite« - **Single, Single-CD, Single-Platte**. Złoty, platynowy singel; muzyka, nagrania z singla.

Nagrać singla. *Pierwszy album już nie zaprzątamoich myśli. (...). Jedyny mój kontakt z tą płytą to nagrywanie remiksów na single.* Hörbeleg (K). 1996. ⌸ SW 1996, IS 2000, PS 2002, US 2003 ⌁Zagrodnikowa 1982 **2** *Akk* singla »jd., der ohne Bindung an einen Partner lebt« - **Single**. Klub, kuchnia, wycieczki, wczasy dla singli. Zostać singlem. *Rozpada się co trzecie małżeństwo. Równocześnie wzrasta liczba singli, ludzi, którzy świadomie zdecydowali się na taką formę życia.* NSP2. *We współpracy z biurem turystycznym single.travel organizujemy imprezy dla singli.* www.bratniadusza.pl 2006. ⌸ PS 2002 ⌁1992 NSP2 ◁engl single

singielka *f v.* ↗singel - **Single(-Frau)**. *Wielki horoskop na rok 2007 dla singielki i mężatki. Nasza astrolog przygotowała horoskop, w którym zdradza, co szykują nam gwiazdy.* Świat Kobiety 2006. ⌸ kein Beleg

singlowy[NB] *Adj v.* ↗singel - **Single-**. **1** *Musik* Płyta singlowa - Single, Single-CD, Single-Platte. Przebój, hit, album, remiks, utwór singlowy; piosenka, wersja singlowa. *Do podstawowego zestawu utworów dodano utwory singlowe i nagrania archiwalne nigdy do tej pory nie publikowane.* www.mtj.pl 2006. ⌸ PS 2002, US 2003 **2** »einen Single betreffend« *Singlowe Forum. Forum dla każdego, kto obecnie jest sam.... Kto był, jest, będzie singlem z wyboru lub z przymusu.* forum.gazeta.pl 2006. *Singlowe dylematy. (...) Z obserwacji terapeutycznych wynika, że jeśli mężczyzna szuka kobiety na żonę, to posługuje się listą preferowanych cech.* vroobelek.iq.pl 2005. ⌸ kein Beleg

sitcom [s-itkom] *m, G -u, Fernsehen* »Situationskomödie (besonders als Fernsehserie)« - **Sitcom**. Seria sitcomu; scenarzysta, reżyser sitcomu. Kręcić, produkować sitcom. *Oglądanie komediowych sitcomów typu „Friendship Sitcoms" okazuje się silnie związane z dużym zaufaniem społecznym.* Polityka 2000 (K). *Pierwszym polskim sitkomem był „13 Posterunek", emitowany przez Canal+.* www.libra.pl 2001. ⌸ PS 2002 ◁engl aus situation comedy

skaner *m, G -a, EDV* **1** »elektronisches Eingabegerät« - **Scanner**. Skaner płaski - Flachbettscanner. Skaner antywirusowy - Antivirenscanner. Czarno-biały, kolorowy skaner. *Agfa wprowadziła na rynek nowy model płaskiego skanera o rozdzielczości 600 x 1200 dpi.* PS. ⌸ SW 1996, IS 2000, PS 2002, US 2003 ⌁1988 NSP2 **2** *auch* ♦ **skaner kodów kreskowych** »Gerät zum Einlesen von Preisen o. anderen Daten in einer elektronischen (Registrier-)Kasse« - **(Kassen)scanner**. *LS 2208 to skaner przeznaczony do pracy w biurach i sklepach.* www.hit-kody.com.pl 2006. *Ten niewątpliwie najtańszy na rynku skaner kodów kreskowych posiada średni zasięg odczytu oraz pamięć flash.* www.kasyidrukarki.com.pl 2006. ⌸ PS 2002. *auch* ↗czytnik ◁engl scanner

skanować *ipf* / **zeskanować** *o.* **wskanować** *pf* »mit einem Scanner abtasten« - **(ein)scannen**. Skanować dokument, fotografię, tekst, mapy, ryciny. *Za pomocą tych urządzeń można skanować dosłownie wszystko.* www.hp.com.pl 2003. ⌸ SW 1996, IS 2000, PS 2002, US 2003 ◁engl to scan

skarbówka *f, ugs für* **urząd skarbowy** - *neutral* **Finanzamt**. Kontrola ze skarbówki, skarbówka elektroniczna. *Skarbówka nie radzi sobie z pytaniami podatników.* Rzeczpospolita 2006. *Skarbówka walczy z nieuczciwymi transferami zysków.* www.money.pl 2006. ⌸ SW 1996, PS 2002

skarpetka ♦ *phras* **puścić** kogoś **w skarpetkach** *ugs* »jdm. (unrechtmäßig erworbenes) Vermögen abnehmen, jdn. finanziell zur Verantwortung ziehen« - jdn. „**in bloßen Socken**" *o.* **nackt u. bloß von dannen** *o.* **in die Wüste schicken** *o.* **vom Hof jagen; jdn. zur Kasse bitten**; jdm. **an den Geldbeutel gehen**. *Osoby, które Lech Wałęsa chciał „puścić w skarpetkach", mają się całkiem dobrze, należąc do grupy osiągającej najwyższe dochody.* free.polbox.pl 2006. *(...) I wybrali Wałęsę, bo obiecał przewietrzyć Warszawę, puścić paru gości w skarpetkach i zdekomunizować za pomocą siekierki to wszystko, co jeszcze da się zdekomunizować.* NSF. ⌸ SW 1996, IS 2000, PSF 2000, PS 2002, US 2003
◁in Analogie zu „puścić kogoś z torbami" gebildet; geht zurück auf Lech Wałęsa, der 1992 als Präsident versprach: „Każdy, kto ukradł złotówkę, będzie osądzony i puszczony w skarpetkach."

skateboard [skejtbort] *m, G -u* - **Skateboard a)** »als Spiel- u. Sportgerät dienendes Brett auf vier Rollen« Jeździć na skateboardzie. *Generacja X wywołuje przedziwne skojarzenia: skateboard, snowboard, luźne bluzy, szerokie spodnie, narkotyki, rave, grunge, graffiti, wolna miłość, popcorn, krótko przycięte, farbowane na żółto włosy, kolczyki, AIDS, robaki i tak w nieskończoność (...).* www.lukaszwajs.link.pl 1996. ⌸ IS 2000, PS 2002. *auch* ↗deska (skateboardowa), ↗deskorolka **b)** *auch* **skateboarding** [skejtbordiŋk] *m, G -u* »als Sportart« Zawody, mistrzostwa w skateboardzie, uprawiać skateboard. *Skateboard powstał w latach sześćdziesiątych dwudziestego wieku, początkowo uprawiany był w formie rekreacyjnej, a obecnie jako sport.* PS. ⌸ US 2003 ◁engl

skateboardowy *seltener* **skateboardingowy** *Adj* - **Skateboard-**. Serwis, team, portal, blog, sezon skateboardowy; jazda, ↗deska skateboardowa. *Na pewno słyszeliście o deskach mini logo, które robi prawie każda firma skateboardowa.* www.andegrand.pl 2005. *W kinach pojawił się pierwszy 18-minutowy film skate-*

boardingowy, zwracający uwagę na deskorolkę o nazwie „Skater Dater". www.underflip.kom.pl 2005. 🕮 kein Beleg. *auch* ↗deskorolkowy

skateboardzista [skejtbordzista] *m, G -ty, Npl ~iści* »jd., der Skateboard fährt« - **Skateboarder**. *Popisy skateboardzistów. Pojawiają się nawet skateboardziści (goście z majtasami opuszczonymi do kolan).* gry.wp.pl 2005. 🕮 US 2003. *auch* ↗skater, ↗skejt, ↗deskarz, ↗deskorolkarz

skatepark [skejtpark] *m, G -u* »für Skateboarder u. Inlineskater eingerichtete Fläche bzw. Anlage mit speziellen Rampen u. Vorrichtungen« - **Skatepark**. *Nowy skatepark wybudowała firma M&M. Jak na polskie warunki prezentuje się bardzo dobrze.* adrenalina.onet.pl 2005. 🕮 PS 2002

skater [skejter] *m, G -a, Npl ~rzy, Jugendsprache* »jd., der Skateboard (seltener Inlineskater) fährt« - **Skateboarder, Skater, Inlineskater, Inliner, (Roller)blader**. *Więc, skaterzy mają wiele problemów. Wymienię te najczęściej spotykane. Pierwszy zasadniczy problem to... Policja! Tak, to prawda! Jedziesz sobie na desce i kleisz kickflipa, a tu taki podchodzi i ma problemy, że niszczymy chodniki i takie tam...* www.andegrand.pl 2005. 🕮 PS 2002. *auch* ↗skejt, ↗skateboardzista, ↗deskorolkarz, ↗deskarz

skaut[NB] *seltener* **scout** [skałt] *m, G -a, Npl ~uci, Sport* »jd., der neue Talente aufspürt« - **(Talent)scout, Talentsucher**. *Na bydgoskim campie „East meets West" pojawił się jeden z pierwszych skautów w historii NBA Rob Meurs, który jest odpowiedzialny za skauting (poszukiwanie młodych talentów) w New Jersey Nets.* www.e-basket.com.pl 2006. *Grzegorz Mielcarski będzie miał nowego współpracownika - Mario Branco, były scout hiszpańskiego Pontevedera CF, obejmuje stanowisko scouta międzynarodowego Wisła Kraków SSA. (...) do jego obowiązków będzie należało obserwowanie i wyszukiwanie zawodników dla zespołu mistrza Polski.* www.wislakrakow.com 2005. 🕮 kein Beleg. *auch* ↗łowca talentów ◄engl

skejt *m, G -a, Npl ~jci, Jugendsprache* »jd., der Skateboard (seltener Inlineskater) fährt« - **Skateboarder, Skater, Inlineskater, Inliner, (Roller)blader**. *Skejci to inaczej miłośnicy akrobacji na rolkach, deskorolkach i BMX-ach (w uproszczeniu - małych rowerach przystosowanych do akrobacji).* krakow.blox.pl 2005. 🕮 kein Beleg. *auch* ↗skater, ↗skateboardzista, ↗deskorolkarz, ↗deskarz

skin *m, G -a, Npl -i (ugs -y), Kurzform v.* ↗skinhead, *ugs* - **Skin**. *W powszechnym mniemaniu skini biją cudzoziemców, bezdomnych i anarchistów, urządzają zadymy na stadionach sportowych i manifestują w rocznicę urodzin Hitlera. Rodzimi skini zaistnieli na początku lat 80. i byli wtedy tzw. chuliganami.* PS. 🕮 Supl 1994, SW 1996, IS 2000, PS 2002, US 2003. *auch* ↗łysy, *s. auch* ↗skinhead

skinhead [skinhet] *m, G -a, Npl ~dzi* »(in einer Clique organisierter) zu Gewalttätigkeit neigender Jugendlicher mit kurz o. kahl geschorenem Kopf« - **Skinhead**. *Najbardziej niepokojącym jest jednak fakt wzrostu popularności skinheadów, zwanych skinami, skinersami, skórogłowymi lub łysymi.* msubkultury.republika.pl 2006. *Skinheadzi - to ruch, który powstał przy końcu lat sześćdziesiątych w Wielkiej Brytanii.* zniewoleni.republika.pl 2006. 🕮 IS 2000, PS 2002, US 2003. *s. auch* ↗łysy ↗skin ◄engl

skinheadowski *seltener* **skinheadowy** *Adj v.* ↗skinhead - **Skinhead-**. *Ruch, zespół skinheadowski oder skinheadowy. Hmm, ruch skinheadowski przestał mieć znaczenie po zadymach na meczach. Kojarzony jest tylko z szalikowcami i rozróbami na dworcach PKP.* www.phalanx.pl 2006. *Świadczy o tym istnienie skinheadowych samizdatów, drukowanych w niemieckich drukarniach i rozpowszechnianych w coraz większych nakładach.* Gazeta Wyborcza 1994. 🕮 PS 2002 ✎1992 NSP2. *s. auch* ↗skinowski/skinowy

skinowski *seltener* **skinowy** *Adj v.* ↗skin, *Jargon* - **Skin-**. *W ogóle te skinowskie zespoły są wysoce rozrywkowe, ale tylko na krótką metę.* forum.badtaste.pl 2006. *Wygląda Pani przeuroczo w tym niemalże skinowym fryzie.* www.fabrica.civ.pl 2005. 🕮 PS 2002 ✎1992 NSP2. *s. auch* ↗skinheadowski/skinheadowy

sklep ♦ **sklep internetowy** *auch* **sklep online, on-line** [sklep onlajn] - **Internetshop, -kaufhaus; Onlineshop, -haus**. *Budować, tworzyć, prowadzić sklep internetowy. Reklama w wyszukiwarkach zwiększa sprzedaż sklepów internetowych. Szacuje się, że cała sieć WWW liczy już teraz od 2 do 4 miliardów dokumentów.* www. netsprint.pl 2003. *Zapraszamy do skorzystania z możliwości zakupu mebli w naszym sklepie online.* www.bociekmeble.pl 2006. *Dla klientów, którzy dokonają zakupu w niedzielę w sklepie on-line, zostanie naliczony dodatkowy rabat wysokości 5%!* www.bilardshop.pl 2006. 🕮 PS 2002. *auch* ↗e-sklep, ↗cybersklep ◄engl

♦ *phras* **sklep za żółtymi firankami*** - »(zur Zeit der Volksrepublik) Geschäft mit reichem (westlichem) Warensortiment, das nur hohen Parteifunktionären u. Prominenten vorbehalten war« *(...) ci, którzy są naprawdę bogaci, w tym kraju od dawna podatków nie płacą, a zawdzięczamy to przede wszystkim durnowatym, restrykcyjnym przepisom, lansowanym przez ludzi, którzy domagając się sprawiedliwości społecznej, zapomnieli, że sami zaopa-*

trywali się w sklepach za żółtymi firankami. www.przeglad-tygodnik.pl 2003. *Uciekłem z niego, bo nie mogłem znieść arogancji tow. Gierka i jego komunistów (słynne sklepy za żółtymi firankami dla nich, lewe domy [...], górnicze sklepy na kartę G dla górników, a dla hołoty mięso i Fiat 126p po cenach komercyjnych itp.).* uwaga.onet.pl 2005. ▯ PS 2002 ✎1990 NSP2

skok ♦ *phras* **żabi skok** *ugs* »geringe Entfernung« - **Katzensprung**. *Redakcję „Kuriera Szczecińskiego" dzieli tylko krok od historycznej Bramy Królewskiej, dwa kroki od zabytkowego kościoła Piotra i Pawła, trzy kroki od Zamku Książąt Pomorskich i żabi skok od siedziby władz wojewódzkich przy Wałach Chrobrego („Kurier Szczeciński").* phorum.us.edu.pl 2004. *To jest żabi krok od Barcina, kilka kilometrów.* paluki.tygodnik.pl 2004. ▯ kein Beleg

skonfliktowany *s.* **konfliktować**

skóra ♦ **handel skórami**[NB] *Jargon* - »Verkauf der Information über den Tod eines Patienten an ein Bestattungsinstitut durch Mitarbeiter des Gesundheitswesens«. Handlować skórami. *Sąd aresztował wczoraj kolejne trzy osoby zamieszane w handel „skórami". Tak pracownicy łódzkiego pogotowia nazywali proceder sprzedawania wiadomości o zgonach firmom pogrzebowym.* www.batory.org.pl 2002. *Do sierpeckiej prokuratury wpłynęło doniesienie, że w sierpeckim szpitalu kwitnie handel „skórami.* www.sierpc.com.pl 2003. *(...) handluje się zwłokami. Sprzedają lekarze, sanitariusze, kierowcy karetek i dyspozytorzy. Kupują zakłady pogrzebowe. Zmarłego się nazywa „skórą". Dla zdobycia „skóry" być może nawet zabijano. (...) Do handlujących skórami pracowników pogotowia może co roku trafić w sumie parę milionów złotych.* Gazeta Wyborcza 2002. ▯ PS 2002. *vgl. auch* ↗nekrobiznes, ↗łowca skór

skórka ♦ *phras* **skórka pomarańczowa**[NB] *Kosmetik* »Veränderung des Bindegewebes der Unterhaut, besonders an den Oberschenkeln bei Frauen« - **Orangenhaut, Zellulitis, Cellulitis, Cellulite**. *Skórka pomarańczowa zmniejszona nawet o 1 stopień po 4 tygodniach.* Samo Zdrowie 2002. *Celulit to defekt kosmetyczny, dla określenia którego używamy takich nazw jak skórka pomarańczowa, patologia tkanki łącznej czy podskórnej lub liposkleroza.* www.sport.onet.pl 2003. ▯ kein Beleg. *auch* ↗cellulit(is)

skrable *s.* **scra(b)ble**

skrót ♦ **skrót klawiszowy** *oder* **skrót**[NB] *m, -u, Computerjargon* »Tastenkombination, um bestimmte Steuerbefehle zu geben bzw. Funktionen auszulösen« - **Hotkey, Shortcut**. *Jak stworzyć skrót klawiszowy do komendy zoom - okno?* www.cad.pl 2001. *Hot key - skrót klawiszowy, a nie gorący klawisz.* www.serwistlumacza.com 2003. ▯ kein Beleg

skrzynka ♦ **czarna skrzynka** »(bei Flugzeugen) in einem bruch- u. feuersicheren Gehäuse installierter Flugdatenschreiber u. Cockpit-Stimmrekorder« - **Blackbox, Black Box**. *Czarna skrzynka samolotu. Odczytać zapis z czarnej skrzynki. Dopiero po dwóch tygodniach udało się wydobyć z morskich głębin obie „czarne skrzynki". Analiza przebiegu lotu boeinga i rozmów pilotów, a także dodatkowe ustalenia śledcze FBI pozwoliły na odtworzenie ostatnich chwil.* www.egipt.amra.pl 2003. ▯ Supl 1994, SW 1996, IS 2000, PSF 2000, US 2003 ✎1987 NSP2. *auch* ↗rekorder ◄engl black box

♦ **skrzynka (e-)mailowa** *Internet* - **(E-)Mail-Box**. *Darmowa skrzynka (e-)mailowa - kostenlose (E-)Mail-Box. Wysłać coś na skrzynkę (e-)mailową; założyć, zapychać skrzynkę (e-)mailową. Wirusowe filmy, zdjęcia, linki codziennie zalewają nasze skrzynki e-mailowe.* www.katalogfirm.com.pl 2005. *W 2004 r. liczba maili, które wpłynęły na skrzynkę mailową programu była rekordowa: 4200.* www.1praca.gov.pl 2005. ▯ kein Beleg ◄engl e-mail box

slajd[NB] *m, G -u, L ~dzie, Computer* - **(Powerpoint-)Folie, (Powerpoint-)Bild**. *Do przygotowywania slajdów w prezentacji programu PowerPoint wykorzystywane są style nagłówków (...). Na przykład, każdy akapit sformatowany przy użyciu stylu Nagłówek 1 zostanie przekształcony w tytuł nowego slajdu (...).* office.microsoft.com 2006. *Przykładowe slajdy zawarte w prezentacjach multimedialnych.* www.zieloni.osiedle.net.pl 2006. ▯ kein Beleg

słuchalność *f, ~ści* - **Radio-Einschaltquote**. *Wzrost, spadek słuchalności; audycja o dużej słuchalności. Zwiększyć słuchalność audycji. Od trzech lat można zaobserwować renesans radia. Medium to jest słuchane coraz częściej i coraz dłużej, choć w Polsce słuchalność tygodniowa stacji nieznacznie spadła. (...) W aglomeracji śląskiej stacją o najlepszej słuchalności jest zdecydowanie Polskie Radio Katowice.* www.radio.katowice.pl 2005. ▯ SW 1996, PS 2002 ✎1992 NSP2

smerf, smurf [smerf] *m, G -a, meist im Pl* **smerfy 1** - **Schlumpf**, *meist im Pl* **Schlümpfe**. *Przygody smerfów; domek smerfa; osada smerfów; komiksy, kreskówki o smerfach. W Polsce smerfy znane są głównie dzięki telewizyjnemu serialowi (...).* pl.wikipedia.org 2006. *Smurfy to małe niebieskie postacie, żyjące w domkach z kształcie muchomorów.* www.insomnia.pl 2006. ▯ PS 2002 ✎1989 NSP2 **2** *Jargon, geringschätzig* »die in Polen dunkelblau uniformierten Polizisten« - **Bulle, Bullerei**. *Uciekać, ostrzegać przed smerfami.*

Czy ktoś wie, jaka może być kara, jeśli by mnie złapali bez prawa jazdy (mam 15 lat)? Na razie uciekałem przed smerfami, ale nie wiem, co może mnie spotkać. forum.scigacz.pl 2005. *Dzisiaj uciekłam smerfom. Jechali już za mną i świecili tymi swoimi niebieskimi i czerwonymi sygnałami.* www.malgos.huzia.pl 2006. 📖 PS 2002 ◄engl smurf

smiley [smajlej] *m, indekl o. G* smileya, *Npl* smileye, *Internetjargon* »in der schriftlichen elektronischen Kommunikation verwendete graphische Darstellung eines lächelnden Gesichts«- **Smiley**. *Smiley - (buźki, emoticon, śmieszki) forma prostego wyrażania uczuć w wiadomościach, przesyłanych za pośrednictwem poczty elektronicznej; są to zwykle znaki, wpisywane za pomocą klawiatury (...).* www.pojeciownik.komputery.szkola.net 2003. 📖 US 2003. *auch* ↗śmieszki, *s. auch* ↗emotikon ◄engl

SMS [es-em-es], **sms, esemes** *m, G -a -* **SMS a)** »Kurznachrichtendienst der Mobilfunkbetreiber« *SMS, czyli Short Message Service, jest usługą polegającą na przesyłaniu krótkich (do 160 znaków) wiadomości między abonentami sieci komórkowych w standardzie GSM.* www.fkn.pl 2002. **b)** »die per Handy übermittelte Kurznachricht selbst« *Darmowy, płatny SMS; migający, graficzny SMS. Wysłać komuś SMS (ugs SMS-a); odebrać, skasować SMS (ugs SMS-a). Jak napisać SMS i podać się za kogoś innego?* forum.funiaste.net 2006. 📖 PS 2002, US 2003 ◄engl, Abk von Short Message Service

SMS [es-em-es] *nachgestellt in adjektivischer Funktion, indekl, oder* **SMS-owy, esemesowy** *Adj - als Kompositumglied* **SMS-**. *Bramka SMS - SMS-Portal. Usługa SMS o. SMS-owa, serwis SMS oder SMS-owy - SMS-Dienst. Konkurs esemesowy. Usługa SMS stała się bardzo popularna i powszechna, o czym niech świadczy choćby fakt, iż zaczęły o niej już powstawać nawet piosenki.* www.fkn.pl 2002. *Krótkość form czatowych i sms-owych wynika oczywiście z warunków, w jakich powstają komunikaty.* słowniki.pwn.pl 2006. *Przede mną weekend i kolejny esemesowy maraton.* wrednaiza.ownlog.com 2005. 📖 kein Beleg

SMS-ować, smsować, esemesować *ipf,* **zaesemesować** *- pf, Jargon* »eine SMS schicken« - **simsen**. *Uwielbiam tańczyć i chodzić na imprezy. Lubię też SMS-ować i wiele innych rzeczy.* www.flirty.pl 2006. *Chłopaki skądś skombinowali numery naszych komórek i zaczęli do nas smsować.* tokiohotelbill.blox.pl 2006. *Nawet dziecko potrafi esemesować i mailować, ale o blogowaniu mogą mówić tylko zaawansowani internauci.* www.wm.pl 2005. *Część osób nie korzysta ostatnio zbyt często z forum, więc może warto zaesemesować w tej sprawie.* biegajznami.pl 2006. 📖 kein Beleg

smurf *s.* **smerf**

snowboard [snołbort] *m, G -u* **1** *auch* ♦ **deska snowboardowa** [snołbordowa] »Sportgerät« - **Snowboard**. Jeździć na snowboardzie. *Ostatnio przy okazji olimpiady usiłowałem dowiedzieć się, czy są jakieś polskie określenia na snowboard, czyli deskę śnieżną, albo half pipe, czyli pół rury - tak nazywa się miejsce, gdzie deskarze wykonują swoje akrobacje. Po polsku deska może być do prasowania, a nie poważnym sprzętem sportowym, a pół rury to pół rury kanalizacyjnej. Więc lepiej zostawić to po angielsku.* Gbank 1998 (K). 📖 SW 1996, IS 2000, PS 2002, US 2003. *auch* ↗deska (snowboardowa) **2** *auch* **snowboarding** [snołbordiŋk] *m, G -u* »Sportdisziplin« - **Snowboarding, Snowboarden**. *Nauka, szkoła snowboardingu. Wczoraj w niemieckim kurorcie zimowym rozpoczęły się mistrzostwa świata w snowboardzie.* PS. *Nawet dla pozera deska jest jednym z najważniejszych elementów snowboardingu.* www.snowboard.kondi.pl 2006. 📖 SW 1996, IS 2000, PS 2002, US 2003 ◄engl

snowboardowy *Adj v.* ↗snowboard - **Snowboard-**. *Sprzęt snowboardowy; zawody, mistrzostwa snowboardowe. Trasy zjazdowe o różnym stopniu trudności liczą łącznie niemal 100 km, działają liczne szkółki narciarskie i snowboardowe.* Cosmo 1999 (K). *A jeszcze nagle przypomina ci się, że (...) zapomniałaś o terminie płatności rat za deskę snowboardową (...).* Cosmo 2000 (K). 📖 IS 2000, PS 2002, US 2003

snowbo(a)rdzista *m, G -ty, Npl ~iści -* **Snowboarder, Snowboardfahrer**. *Nie powiodło się naszym snowboardzistom. Słowenka Damjana Kacafura i Austriak Michael Dabringer zdobyli we wtorek złote medale w snowboardowym slalomie gigancie.* Metropol 2001 (K). *Każdy snowbordzista chyba przynajmniej raz przewrócił się podczas zjazdu (...).* www.pascal.onet.pl 2005. 📖 SW 1996, PS 2002, US 2003. *auch* ↗deskarz

snowbo(a)rdzistka *f v.* ↗snowbo(a)rdzista - **Snowboarderin, Snowboardfahrerin**. *Znana polska snowboardzistka zamierza prowadzić tutaj swoją szkołę.* narty.turinfo.pl 2006. *Dużą niespodziankę sprawiła nam snowbordzistka Jagna Marczułajtis, która zajęła 4. miejsce w konkursie.* www.rmf.fm 2005. 📖 OiT 2001. *auch* ↗deskarka

socjal *m, G -u, ugs* **1** *selten auch* **socjał**[NB] »staatliche Hilfe, die einem bedürftigen Menschen die materielle Grundlage für eine menschenwürdige Lebensführung geben soll« - **Sozialhilfe**. *Skromny socjal. Gwarantować, przyznawać socjal; żyć, być na socjalu; żyć* z socjalu. *Tak dobrze, jak nam było na zasiłku socjalnym, to teraz nam nie jest - powiada Andreas. Kiedy utrzymywało ich państwo, mieli nawet samochód, choć „na socjalu" nie wolno go mieć (...).* Polityka 2000 (K). *Zaś otrzymanie choćby grosza z „socjału" obwarowane jest wieloma przepisami. Rodzina, która wyciąga rękę po taki grosz, poddawana jest prześwietleniu, w tym upokarzającym wywiadom środowiskowym, jakby o wszystkim nie mówiła wysokość dochodów, jakie uzyskuje.* www.medianet.pl 2002. ⌂ SW 1996, PS 2002, US 2003 ✎1991 NSP2 **2** »Wohnung, die Eigentum der Gemeinde ist u. bedürftigen Personen (kostenlos) zur Verfügung gestellt wird« - **Obdachlosenunterkunft, Obdachlosenquartier**. *Przydzielić komuś socjal. Socjal ma zgodnie z ustawą spełniać tylko dwa warunki: nadawać się do zamieszkania i gwarantować 5 metrów kwadratowych pokoju na jedną osobę.* PS. ⌂ PS 2002 ✎1991 NSP2

socjeta *f* »gesellschaftliche Oberschicht, vornehmste Kreise der Gesellschaft« - **High Society, Highsociety, Society**. *Socjeta artystyczna, naukowa, polityczna. Należeć do socjety; tworzyć, reprezentować socjetę. Roberto Cavalli ubiera światową socjetę: David Beckham nosi marynarki drukowane w zwierzęce wzory, Jennifer Lopez skórzane sukienki.* Twój Styl 2003. *Zgromadzone dowody sugerują, że inspiratorem mogła być grupa okultystyczna, złożona z osób zajmujących wysokie pozycje we włoskiej socjecie.* Gazeta Wyborcza 2003. ⌂ SJPSz 1992 (veraltet), SW 1996, IS 2000, PS 2002, US 2003 ◁engl society; reaktiviert

softporno, soft porno *n, indekl, auch* **soft core** [soft kor] *m oder n, indekl* »Pornografie, in der die sexuellen Vorgänge nicht besonders detailliert gezeigt werden« - **Softporno, Softcore**. *Miała być interaktywność i rozrywka, a jest soft porno dla nastolatków. Tak w ostatnim czasie zmieniły się polskie stacje muzyczne MTV i VIVA.* serwisy.gazeta.pl 2006. ⌂ kein Beleg

software [softłer] *n, indekl oder m, G* software'u - **Software**. *Software systemowy, aplikacyjny, antywirusowy, licencjonowany, edukacyjny. Zainstalować software. Główna w Polsce impreza wystawiennicza, poświęcona oprogramowaniu komputerowemu, to targi, na których dominuje rodzimy software. Najważniejszymi odbiorcami krajowego software'u są w Polsce banki i przemysł.* PS. ⌂ Supl 1994, SW 1996, IS 2000, PS 2002, US 2003 ✎1989 NSP2. *häufiger* ↗oprogramowanie ◁engl

software'owy [softłerowy] *Adj v.* ↗software - *als Kompositumglied* **Software-**. *Modem, problem, rynek, serwis software'owy; firma software'owa; piractwo software'owe. Zdecy-* *dowana większość patentów software'owych i biznesowych w USA, Japonii i EU to patenty trywialne (...).* www.isoc.org.pl 2006. ⌂ IS 2000, PS 2002, US 2003 ✎1989 NSP2

solarium[NB] *n, Npl ~ia, Kosmetik* »Anlage, Gerät für künstliche Bräunung des Körpers unter UV-Strahlung« - **Solarium, Sonnenstudio**. *Opalać się w solarium; chodzić do (ugs na) solarium. Dziś trudno rozróżnić, kto ma naturalną oliwkową cerę, a kto korzysta z solarium lub mleczka samoopalającego.* PS. *Solarium kojarzy nam się z opalenizną i zdrowym wyglądem, jednak opalanie trzeba stosować z umiarem.* www.uroda.medserwis.pl 2006. ⌂ SW 1996, IS 2000, PS 2002, US 2003 ✎1986 NSP2

solaryjny *Adj v.* ↗solarium - **Solarium-**. *Salon, gabinet solaryjny o. studio solaryjne - Solarium, Sonnenstudio. E. jest niekwestionowanym liderem w temacie słońca, solarium i opalenizny. Wie to każdy, kto choć raz odwiedził studio solaryjne.* www.virgo.lebork.pl 2006. ⌂ PS 2002

solidarnościowiec *m, G -a, Npl ~wcy, Politik, ugs* »Anhänger, Mitglied der Gewerkschaft „Solidarność" (vor allem in der Anfangsphase ihres Bestehens)« - **Solidarność-Mann**, *im Pl* **Solidarność-Leute**. *Polityka, rządy solidarnościowców; poglądy, światopogląd, idee solidarnościowców. Mazowiecki mówił znakomicie, spokojnie, przez siedem minut. Solidarnościowcom z obsługi bardzo się jego występ podobał.* W. Kuczyński, Burza nad Wisłą, Dziennik 1980-1981 (K). ⌂ SW 1996, PS 2002. *s. auch* ↗solidaruch

solidarnościowy[NB] *Adj v.* Solidarność, *Politik* »sich auf die Gewerkschaft Solidarność beziehend«- *als Kompositumglied* **Solidarność-**. *Polityk, działacz, obóz, rząd, ruch solidarnościowy; emigracja, opozycja solidarnościowa; podziemie solidarnościowe. Zmiany w kodeksie pracy solidarnościowy rząd uzasadnia oczywiście koniecznością przezwyciężania pozostałości po PRL.* www.kurier.wzz.org.pl 1999. ⌂ SW 1996, IS 2000, PS 2002, US 2003 ✎1989 NSP2

solidaruch *m, G -a, Npl te -y, ugs, auch abwertend, Politik* - »Anhänger, Mitglied der Gewerkschaft „Solidarność", vor allem in der späteren Zeit ihres Bestehens« *Poglądy, przekonania, idee solidaruchów. Popierać solidaruchów, głosować na solidaruchów; wyzwać kogoś od solidaruchów; ubliżać komuś od solidaruchów. Za komunizmem nigdy nie byłem, ale solidaruchów też nie będę popierał.* PP. *Bo solidaruchy się po prostu do rządzenia nie nadają.* prawica.net 2005. ⌂ SW 1996, PS 2002 ✎1990 PP. *s. auch* ↗solidarnościowiec

sommelier [somelier] *m, G -a, Npl ~rzy, Gastronomie* »in Restaurants: Weinberater, Weinkellner und -verkoster« - **Sommelier**. *Dyplo-*

mowany sommelier. *Nazwa kursu: kelner - specjalizacja sommelier (doradca w zakresie win).* edukacja.money.pl 2006. *A właściwie jak postępować z kelnerem czy sommelierem? (...) Dobry sommelier powinien uprzedzić klienta o charakterze wina, aby uniknąć niespodzianek.* www.festus.pl 2006. ⌨ kein Beleg ◄frz

sommelierka [somelierka] *f v.* ↗sommelier - **Sommelieuse**. *Mistrzostwa Polski Sommelierów. Po raz pierwszy w rundzie rozstrzygającej uczestniczyła sommelierka - Magda B., która uzyskała najwyższą ocenę punktową w eliminacjach.* www.rynki.pl 2006. ⌨ kein Beleg

sorki, sorry, sory *ugs, Jugendsprache* - **sorry, 'tschuldigung**. *Sorki, ale wymęczył mnie ten film, żona z zachwytem oglądała, a ja z niesmakiem.* www.filmweb.pl 2006. *Sorki za zamieszanie.* forum.idg.pl 2006. *Sorry, ale nie masz pojęcia o notebookach, za to o szpanerstwie pewnie spore.* forum.idg.pl 2006. *No sorry, ale siłownia, to ostatnie, na co mam ochotę.* www.miastoplusa.pl 2006. *No to jest fotka z imprezy. Sory, że jestem trochę rozmazany, ale taka balanga była...* osada.pl 2006. ⌨ PS 2002 ◄engl

Spa *n, indekl, Kosmetik* »Wellness-Oase, insbes. Badebereich in einem Wellness-Hotel« - **Spa**. *Sauna Spa. Spa zaczyna być modne w Polsce. (...) Obowiązkowe w Spa są specjalistyczne pomieszczenia (np. do sauny parowej, natrysków) i aparatura (np. kapsuły z parą wodną lub ciepłem promieni podczerwonych).* Newsweek Polska 2002. *Zabiegi w ramach odnowy biologicznej, w tym spa, sauna, masaże, kąpiele solankowe i inne - zobacz pełny wykaz.* www.piastowgrod.pl 2006. ⌨ kein Beleg ◄vom belgischen Badeort Spa

spalacz ♦ **spalacze tłuszczu** »Substanzen, die die Fettverbrennung im Körper ankurbeln sollen« - **Fatburner**. *Czy łykasz różne „spalacze tłuszczu", ćwiczysz regularnie i stosujesz przeróżne diety?* www.twojafigura.pl 2006. *Oferujemy szeroki wybór tylko skutecznych spalaczy tłuszczu, kosmetyków zwalczających cellulit i rozstępy, urządzenia i akcesoria do fitness i wiele innych.* www.superwaga.pl 2006. ⌨ kein Beleg ◄engl fat burner

spam [spam] *m, G -u, Internet* »unaufgefordert massenhaft verschickte Werbe-E-Mails« - **Spam** [spæm]. *Wysyłać, otrzymać, dostać spam. Spam jest to niechciana, natrętnie przysyłana poczta elektroniczna - najczęściej reklamy, nieoczekiwane informacje, tzw. „łańcuszki szczęścia" itp.* www.jawsieci.pl 2003. ⌨ PS 2002 ◄engl

spamer [spamer] *m, G -a, Npl ~rzy, v.* ↗spam, *Internet* »Versender unerwünschter Massen-E-Mails« - **Spam(m)er**. *Spamerzy ci są chyba równie znienawidzeni, jak handlarze obnośni czy „dystrybutorzy" firm marketingu bezpośredniego, wielopoziomowego czy jak by tego dziadostwa nie nazwać.* www.homepages.globe.net.nz 2002. ⌨ kein Beleg

spamming *m, G -u,* **spamowanie** *n, Internet* »Versand unerwünschter Massen-E-Mails« - **Spamming, Spammen**. *Jednym z przykładów tego typu nachalnej działalności reklamowej w sieci jest spamming. Polega na wysyłaniu tekstu o charakterze reklamowym, do wszystkich dostępnych nadawcy adresatów, bez wcześniejszego wyselekcjonowania tych, których ów tekst rzeczywiście mógłby zainteresować.* www.wsp.krakow.pl 2003. *„Uważam, że apel do internautów o spamowanie skrzynek urzędników godzi w tworzenie pozytywnego wizerunku tego medium".* www.idg.pl 2003. ⌨ PS 2002 ◄engl

spamowy *Adj v.* ↗spam, *Internet* - **(Anti-)Spam-**. Mail, list spamowy. *Działalność Richtera jest postrzegana w sieci jednoznacznie - jako szkodliwa i niechciana. Mimo to spamowy potentat nie ma sobie nic do zarzucenia.* Newsweek Polska 2003. ⌨ kein Beleg

spec- *Erstglied in Zusammensetzungen, ugs* »für einen speziellen Zweck bestimmt« - *neutral* **Sonder-, Spezial-**. Specgrupa, speckomisja, specustawa. ⌨ PS 2002 ✍1991 NSP2 ◄aus **spe**cjalny

specgrupa *f, Politikjargon* »Gruppe, die mit Sonderaufgaben betraut ist« - **Soko**, *neutral* **Sonderkommando, Spezialeinheit, Sonderkommission**. *Policyjna specgrupa - Polizeisonderkommando. Członek, szef, dowódca specgrupy; specgrupa do walki z przestępczością zorganizowaną. Powołać specgrupę. Gangsterzy pewnie nigdy nie zostaliby wykryci, gdyby nie trafili na „Szerszenia", warszawską policyjną specgrupę powołaną do walki z przestępcami napadającymi na banki - mówi jeden z funkcjonariuszy.* Życie Warszawy 2001 (K). ⌨ SW 1996, PS 2002 ✍1992 NSP2

speckomisja *f, Politik, Jargon* - **Sonderkommission**. *Prace, stanowisko, ustalenia speckomisji. Powołać speckomisję. Sejmowa speckomisja obradowała wczoraj za zamkniętymi drzwiami.* Życie Warszawy 2002 (K). ⌨ SW 1996, IS 2000, PS 2002

specsłużba *f, meist im Pl* **specsłużby**, *Jargon* - **Geheimdienst(e)**. *Funkcjonariusz, pracownik specsłużb. Agenci WSI w kręgach władzy: Sprawa dla komisji ds. Specsłużb.* www.bhp.org.pl 2004. *„Bułgarski ślad" wytworem włoskich specsłużb? „Bułgarski ślad" w zamachu na Jana Pawła II w 1981 roku jest dziełem włoskich służb specjalnych (...).* wiadomosci.info.superhost.pl 2005. ⌨ kein Beleg.

specustawa *f, Politik, Jargon* - »Sondergesetz« Uchwalić, wydać specustawę. *Ekolodzy są zdania, że specustawa stoi w jaskrawej sprzeczności z unijną Konwencją z Aarhus,* *ratyfikowaną przez Polskę w maju 2003 r., jak na ironię - wkrótce po przyjęciu specustawy przez Sejm.* hotnews.pl 2005. ◫ SW 1996, PS 2002 ⌀1991 NSP2

spid, speed [spit] *m, G -a, Jargon* »stimulierende, aufputschende Droge (bes. Amphetamin)« - **Speed**. *Brać spid, sięgać po spid(a); być na spidzie. Kiedy kilkunastolatek sięga po piguły, „kompot", „herę", „trawkę", „śmieszkę", „spida", kieruje nim chęć skosztowania zakazanego owocu.* NSP2. ◫ PS 2002 ⌀1989 NSP2 ◁engl speed

spidować (się) *ipf, v.* ↗spid, *Drogenjargon* »sich durch Amphetamin- o. anderen Drogenkonsum in Rausch versetzen« - **(sich)** (mit Amphetamin o. Drogen) **zudröhnen** o. **voll pumpen, sich bekiffen**. *Nie mówię przecież, że legalizacja ganji sprawi, że wszyscy przestaną spidować, albo że spida się zaraz zalegalizuje.* thor.wm.pl 2005. *Jest niewiele osób, które spidowały tylko raz. I nie ma chyba takich, które spidowały dwa razy.* users.nethit.pl 2005. *Żadne [uzależnienie] nie doprowadziło mnie zbyt blisko śmierci, równie łatwo przestawało mi się spidować po 4 latach, jak palić papierosy po 16 latach - zawsze wystarczał miesiąc, by dojść do siebie.* zgoda.jogger.pl 2003. ◫ kein Beleg

spinning[NB] *m, G -u* »von Musik untermaltes Ausdauertraining in der Gruppe auf speziellen stationären Fahrrädern (Indoor-Bikes)« - **Spinning**. *Zajęcia, kurs spinningu. Uprawiać spinning, chodzić na spinning. Od kilku lat na świecie, a od niedawna w Polsce bardzo popularny stał się „aerobik na rowerach". Mam tu oczywiście na myśli jazdę na rowerze stacjonarnym w rytm muzyki czyli spinning.* www.fit.pl 2003. *O wiele łatwiej jest zmobilizować się do wysiłku w grupie, na zajęciach aerobiku i spinningu.* Gazeta Wyborcza 2003. ◫ kein Beleg ◁engl

spojler, spoiler [spojler] *m, G -a, Kfz* »die aerodynamischen Verhältnisse günstig beeinflussendes Blech- o. Kunststoffteil an Kraftfahrzeugen« - **Spoiler**. *Spojler przedni, tylny. Przykręcić, przymocować, umocować spojler, zahaczyć spojlerem o krawężnik. Do przedniego zderzaka przymocowano spojler, mający za zadanie utrzymywać samochód przy drodze, ale który tak naprawdę jest tylko wizualnym gadżetem.* www.autoplaneta.pl 2002. *Odróżniający się samochód to marzenie każdego prawdziwego tuningowca! Gwarancją podkreślenia swej odmienności na pewno obok efektownych felg są spoilery.* www.tuninguj.com.pl 2005. ◫ Supl 1994, SW 1996, PS 2003, US 2003 ⌀1991 NSP2 ◁engl

spoko *Kurzform v. spokojnie, ugs* **1** *Jugendsprache* »Aufruf zum Bewahren von Ruhe« - **bleib cool!, ruhig Blut!, immer schön ruhig bleiben!** *Spoko, spoko, nic ci się takiego nie stało!* PP. *Spoko, spoko, ten mecz to dla nas pryszcz.* PS. ◫ SW 1996, IS 2000, PS 2003, US 2003 ⌀1986 PP **2** *in adjektivischer Funktion, indekl, ugs* - **ganz o.k., ganz in Ordnung**. *W sumie są spoko, ale osobiście również wolę starszy metal np. Black Sabbath (...).* tygodnik.onet.pl 2003. *Pomimo, że Jola wygląda na spoko babeczkę, ja już na wybory więcej nie pójdę!* www.info.onet.pl 2003. ◫ kein Beleg

społeczeństwo ♦ **społeczeństwo dobrobytu** »Gesellschaft, in der Wohlstand herrscht u. für die der Wohlstand das einzig Erstrebenswerte ist« - **Wohlstandsgesellschaft**. *Niemiecka lokomotywa utknęła w piasku źle dokonanego zjednoczenia i ociężałości społeczeństwa dobrobytu.* Polityka 2002. *Inną jeszcze praktyczną formę odpowiedzi na komunizm stanowi społeczeństwo dobrobytu albo społeczeństwo konsumpcyjne.* www.kongresruchow.pl 2006. ◫ PS 2003

♦ **społeczeństwo informacyjne** *seltener* **informatyczne** »Gesellschaft, die durch die Fülle an Informationsmöglichkeiten mithilfe der modernen Medien geprägt ist« - **Informationsgesellschaft**. *Podczas szczytu przywódców „15" w Goeteborgu premier Jerzy Buzek podpisze program e-Europy - zakładający budowę społeczeństwa informacyjnego najpóźniej do końca 2003 roku.* Rzeczpospolita 2001. *Jakim językiem będzie się posługiwało społeczeństwo informatyczne? (...). Społeczeństwo informatyczne będzie się komunikowało multimedialnie.* www.wprost.pl 2002. ◫ PS 2003 ⌀1988 NSP2

♦ **społeczeństwo konsumpcyjne** *oft abwertend* »in ihrem ganzen Lebensstil vorwiegend auf die Sicherung u. Steigerung des Konsums ausgerichtete Gesellschaft« - **Konsumgesellschaft**. *U podłoża rozwoju krytycznej teorii reklamy leży założenie, że reklama jest instrumentem nacisku ze strony rynku, czy po prostu systemu społeczeństwa konsumpcyjnego na odbiorcę indywidualnego.* www.kbn.gov.pl 2003. ◫ PS 2003

♦ **społeczeństwo obywatelskie** »Gesellschaft, die durch die aktive Teilnahme ihrer Mitglieder am öffentlichen Leben gestaltet u. weiterentwickelt wird« - **Bürgergesellschaft**. *Społeczeństwo obywatelskie potrafi działać niezależnie od instytucji państwowych.* pl.wikipedia.org. 2007. *Organizacje społeczeństwa obywatelskiego są uznawane za najlepsze podłoże rozwoju współczesnej demokracji.* www.mp.gov.pl 2006. ◫ PS 2003, US 2003

♦ **społeczeństwo otwarte** »liberal geprägtes Gesellschafts- bzw. Staatsmodell, das dem Individuum die größtmögliche Freiheit zubilligt« - **offene Gesellschaft**. *Popper dzielił* *społeczeństwo na otwarte, czyli demokratyczne, oraz zamknięte, czyli totalitarne.* psr. racjonalista.pl 2003. *Obecnie założone przez Sorosa fundacje istnieją w 31 krajach (...). Fundacje poprzez wspieranie różnorodnych inicjatyw edukacyjnych i kulturalnych, a także przedsięwzięć związanych z restrukturyzacją gospodarki, pomagają w budowie instytucji społeczeństwa otwartego.* www.batory.org.pl 2001. ⌘ PS 2003 ◁dt, nach Karl Popper „Die offene Gesellschaft und ihre Feinde"

sponsor [sponsor, spąsor] *m, G -a, Npl ~rzy* - **Sponsor, Geldgeber**. Główny sponsor - Hauptsponsor. Oficjalny sponsor - offizieller Sponsor. Sponsor lokalny - lokaler Sponsor. Sponsor festiwalu, konkursu, teleturnieju. *Przemysł bywa sponsorem badań naukowych w zakresie fizyki i chemii.* IS. *Sponsor główny: Nazwa i logo sponsora na wszystkich publikacjach konferencyjnych od zaproszenia do strony internetowej imprezy z logo i wzmianką o partnerstwie w tekście rozpoczynającym i końcowym (...).* www.baltic-sea-forum.org 2003. ⌘ Supl 1994, SW 1996, IS 2000, PS 2003, US 2003 ✐1986 NSP2 ◁engl

sponsorowanie *n, auch* **sponsoring** [sponsoriŋk, spąsoriŋk] *m, G -u, selten* **sponsorat** [sponsorat, spąsorat] *m, G -u* - **Sponsoring, Sponsorschaft**. Sponsorowanie kogoś/czegoś. *Sponsorowanie audycji telewizyjnych daje nieporównywalnie wyższy efekt promocyjny niż tradycyjne formy reklamy (...).* www.bialystok.tvp.pl 2003. *Na świecie rocznie przeznacza się ponad 20 mld dolarów na sponsoring.* www.opoka.org.pl 2002. *Zespół często zabiegał o sponsorat swoich prac i starał się propagować swoją ideę, udzielając na przykład wywiadów radiowych.* www.baza.polsek.org.pl 2003. ⌘ SW 1996, IS 2000, PS 2003, US 2003 ◁engl sponsoring

sponsorować [sponsorować, spąsorować] *ipf* - **sponsern**. Sponsorować kogoś/coś. Audycja, prenumerata sponsorowana. *SAP sponsoruje sportowców.* www.sap.com 2006. *Wystawne przyjęcie sponsorowali zaprzyjaźnieni z klubem biznesmeni.* IS. ⌘ Supl 1994, SW 1996, IS 2000, PS 2003, US 2003 ✐1987 NSP2 ◁engl

sponsorski [sponsorski, spąsorski] *seltener* **sponsoringowy** *Adj - als Kompositumglied* **Sponsor(en)-**. Umowa sponsorska - Sponsor(en)vertrag. Wsparcie sponsorskie, działalność sponsorska. *Sponsor i twórca obecnej drużyny oraz grupa sponsorska mieli przylecieć rejsowym samolotem we wtorek.* SW. *W efekcie powstały dwa filmy: promocyjny i sponsoringowy. Film sponsoringowy, pokazujący kolejno twarze zawodników wychodzących z tunelu tuż przed meczem, to propozycja duńskiego reżysera - Dannego Hiele.* www.opoka.org.pl 2002. ⌘ SW 1996, PS 2003 ✐1992 NSP2

sport ♦ **sport ekstremalny**, *meist im Pl* **sporty ekstremalne** - **Extremsport, Extremsportarten, extreme Sportarten**. *Obecnie sporty ekstremalne stają się bardzo modne, bez względu na to, czy pod tym pojęciem rozumiemy deskorolkę, która jest ogólnie dostępna, czy też „quady" (pojazdy czterokołowe), zyskujące coraz więcej miłośników. Także sporty zimowe - np. snowboard i narty - stały się sportami ekstremalnymi.* www.trojmiasto.pl 2005. *Wiele z tak zwanych sportów ekstremalnych ma komercyjny charakter i w istocie jest zjawiskiem bardziej socjologiczno-marketingowym niż sportowym.* pl.wikipedia.org 2006. ⌘ IS 2000, US 2003

spot *m, G -u* **1** *oder* ♦ **spot reklamowy** »meist sehr kurzer (Werbe)film o. Text; kurz eingeblendete Werbung« - **(Werbe)spot**. Spot wyborczy - Wahlwerbespot. Spot kosmetyków, samochodów; spot propagandowy, telewizyjny. Kręcić, produkować spot. *Wzięła w banku kredyt, dołożyła rodzinne oszczędności i wykupiła za 500 tys. złotych kampanię reklamową w telewizji. - W Polsce mogły sobie na nią pozwolić tylko duże zachodnie koncerny, ale ja uparłam się, że to musi być spot, który nauczy ludzi, jak pić cappuccino.* Newsweek Polska 2002. ⌘ SW 1996, IS 2000, PS 2003, US 2003 ✐1991 NSP2 **2** »dreh- u. schwenkbar befestigte Leuchte, die ein stark gebündeltes Licht abgibt« - **Spot**. Spot halogenowy. *Dlatego dobrze jest połączyć ten sposób oświetlenia z zespołem halogenowych reflektorków, skierowanych w różne strony. Same halogenowe spoty wyglądają dość surowo i nadają się raczej do pomieszczeń służbowych, jednak odpowiednio oprawione i „dograne" mogą też oświetlać dom.* www2.gazeta.pl 2003. ⌘ kein Beleg ◁engl

spowalniacz[NB] *m, G -a,* ♦ **spowalniacz ruchu** *oder* ♦ *phras* **śpiący policjant** *ugs* »bewusst in den Straßenbelag eingebautes Hindernis zur Tempoverringerung (z.B. in Wohngebieten)« - **(Straßen)schikane**. *Spowalniacze są po to, by różni „miłośnicy motoryzacji" (...) byli zmuszeni jeździć wolniej po osiedlowych uliczkach.* www.kurierlubelski.pl 2002. *Podobne przepisy są łamane na osiedlu Kamionka. Nie pomogły nawet tzw. spowalniacze ruchu na ulicy Różanej. Kierowcy w ogóle nie przejmują się, że są na terenie strefy zamieszkania.* www.strzegom.pl 2004. *Doktor Theresa McCann jedzie do pracy w szpitalu. Po drodze przejeżdża zbyt szybko przez śpiącego policjanta (na wszelki wypadek przypomnę - chodzi o betonowy próg, wymuszający na kierowcach wolną jazdę), niszczy samochód, w którym* *urywa się rura wydechowa z tłumikiem (...).* www.latarnik.com 2006. ▯ kein Beleg ◄engl sleeping policeman

spray [sprej], **sprej** *m, G -u, Npl -e* - **Spray; Spraydose, Sprühdose.** *Spraye techniczne, czyszczące, odtłuszczające. Spray na insekty, mrówki - Insekten-, Ameisenspray. Spray do włosów - Haarspray. Spray do ochrony przeciwsłonecznej skóry - Sonnenschutzspray. Dezodorant, lakier, w sprayu. Spray Teflon został stworzony specjalnie do użytku na elementach osprzętu żeglarskiego.* www.port21.pl 2006. *Sprej z olejem z drzewa herbacianego do pielęgnacji sierści psa i kota to naturalny, kojący balsam do rozpylania bezpośrednio na podrażnioną skórę (...).* www.ubasseta.com.pl 2005. ▯ Supl 1994, SW 1996, IS 2000, PS 2003, US 2003 ✎1989 NSP2 ◄engl

sprayowiec [sprejowiec], **sprejowiec** *m, G ~wca, Npl ~wcy, v.* ↗spray, *Jargon* »jd., der sprayt, besonders jd., der mit Spray Graffiti o. Ähnliches herstellt« - **Sprayer.** *Na miejscu spodziewaliśmy się ruiny pobazgranej przez sprayowców, a tu proszę - mur zupełnie nienaruszony, a zamiast bazgrołów, artystyczne, antyamerykańskie malowidła.* iran.pn.com.pl 2002. *Na większości zdjęć widać „podpisy" sprejowca czy sprejowców - literki „idc" lub „dps". To w języku grafficiarzy tzw. tag, czyli rodzaj autografu.* www.franchise.pl 2003. ▯ PS 2003 ✎1991 NSP2. *auch* ↗**grafficiarz,** ↗**graffitowiec,** *s. auch* ↗**graffitoman**

sprejować *ipf* »mit Spray sprühen, besprühen« - **sprayen.** *Mamy w „Blokersach" scenę, kiedy to do wagonu pociągu ku przerażaniu podróżnych wpada komando grafficiarzy w kominiarkach, którzy zaczynają sprejować i dewastować, co się da.* www.latkowski.com 2006. *Sukcesorzy ruchu hipisowskiego, młodociani anarchiści, radykalni zwolennicy ekologii tłumnie zaludniali rockowe koncerty, sprejowali mury, wydawali swoje alternatywne gazetki.* free-people.blog.onet.pl 2003. **sprejowanie** *n* - das **Sprayen.** *(...) Z takimi szablonami (...) dwójka harcerzy wraz z dwoma dzielnicowymi wyruszyła pod szkoły. Przed każdą odbywało się sprejowanie na chodnikach.* www.echo.32.pl 2003. ▯ kein Beleg

sprężać się^NB *ipf / sprężyć się pf, ugs* »sich energisch zusammennehmen« - **sich zusammenreißen, sich anstrengen, sich mobilisieren.** *Sprężyć się intelektualnie, psychicznie, umysłowo, wewnętrznie; sprężyć się na/do maksimum. Sprężył się i szybko odrobił lekcje.* US. *Kolejny, 83-kilometrowy odcinek tej linii - od Działdowa do Olsztyna - jest już w zasadzie przygotowany do eksploatacji. Jeszcze tylko trzeba się „sprężyć" przy pracach wykończeniowych (...).* NSP2. *Naszym chłopakom zostało jeszcze 6 dni na to, by się odrodzić psychicznie i sprężyć się na maksimum.* www.radio.com.pl 2002. ▯ SW 1996, IS 2000, PS 2003, US 2003 ✎1986 NSP2

squash [skłosz] *m, G -a* »Ballspiel, bei dem ein kleiner Gummiball mit einem Schläger gegen eine Wand gespielt wird« - **Squash.** *Gra w squasha; piłka do squasha; hala do gry w squasha. Rozegrać mecz w squasha. Pomieszczenia do ćwiczenia jogi, aerobiku, gry w squasha, minikoszykówkę i minisiatkówkę.* Newsweek Polska 2002. *Od 1981 rozgrywane są mistrzostwa świata w squashu.* PS. ▯ IS 2000, PS 2003, US 2003 ✎1986 NSP2 ◄engl

stabilizacja ♦ *phras* **mała stabilizacja** *meist leicht ironisch* - »Bezeichnung für den bescheidenen materiellen Wohlstand der polnischen Gesellschaft während der Gomułka-Ära; auch allgemein über einen bescheidenen Wohlstand« *Wtedy nastąpiło to, co ironicznie nazywano potem „nasza mała stabilizacja". Jest to tytuł wzięty z Różewicza, zastosowany do całego okresu gomułkowskiego. Był to okres, w którym pewne dziedziny stały się neutralne, a to już było dużo. To była różnica między stalinizmem, a nie-stalinizmem.* www.zwoje.com 1998. *Syta, mała stabilizacja dawnych gniewnych budzi w nim wstręt.* IS. ▯ IS 2000, PS 2003, US 2003
◄nach dem Theaterstück „Świadkowie, albo nasza mała stabilizacja" (1964, dt. „Die Zeugen oder unsere kleine Stabilisierung") von Tadeusz Różewicz

stacja ♦ **stacja dokująca** *Elektronik* »Multifunktionsgerät, das zur Verbindung von elektronischen Geräten mit Datenleitungen und der Energieversorgung dient« - **Andockstation, Dock(ing)station.** *Stacja dokująca dla kamer, palmtopa. Ta specjalna stacja dokująca służy jako wielofunkcyjna baza do szybkiego i łatwego ładowania akumulatorów, przesyłania zdjęć do komputera (przez kabel USB).* www.europe-nikon.com 2006. *Po raz pierwszy też w zestawie znajdziemy stację dokującą, która służy jako ładowarka i łącznik z komputerem, drukarką, telewizorem czy innymi peryferiami.* www.pixmania.com 2006. ▯ kein Beleg ◄engl docking station

stacja ♦ **stacja dysków, dyskietek** *Computer* - **Disketten-Laufwerk.** *Pojedyncza, dwustronna stacja dysków. Włożyć dyskietkę do stacji dysków. Samsung obwieścił koniec stacji dyskietek. Od 1 stycznia 2003 roku firma nie będzie montować w składanych przez siebie zestawach i laptopach stacji dyskietek.* www.zagan.net 2002. ▯ Supl 1994, SW 1996, IS 2000, PS 2003, US 2003 ✎1986 NSP2

♦ **stacja (dysków) CD-ROM, DVD** *Computer* - **CD-ROM-, DVD-Laufwerk.** *Wybierz komputer, który będzie używany jako kompu-*

ter główny, a następnie skonfiguruj kolejność rozruchu w systemie BIOS, tak aby stacja CD-ROM była pierwsza, dysk twardy drugi, a stacja dyskietek trzecia. www.msinfo.pl 2002. *Mam problem ze stacją dysków DVD-ROM (...). Od pewnego czasu nie odtwarza żadnych płyt DVD.* forum.pcarena.pl 2006. ▭ kein Beleg.

stajnia[NB] *f* a) *oder* ♦ **stajnia wyścigowa** *Sport* »Firma, die ein Rennfahrerteam beschäftigt« - **(Renn)stall**. *Kierowca jakiejś stajni; stajnia Renaulta, Toyoty, McLarena. Jeździć w jakiejś stajni, reprezentować jakąś stajnię. Tego dnia w Maranello - siedzibie stajni - nawet kościelne dzwony biły dla Schumachera. Tak było w Benettonie, kiedy Schumacher zdobywał pierwszy tytuł mistrza świata (...) w barwach tej stajni.* Gazeta Wyborcza 2001. ▭ IS 2000, PS 2003 ✐1992 NSP2 b) »in der Modebranche auch ein Unternehmen, für das Models arbeiten« - **Stall**. *Stajnia modelek; modelka ze stajni X. Należeć do stajni znanego projektanta. Włoski projektant przyjął do swojej stajni kilka nowych modelek.* PS. ▭ SW 1996, IS 2000, PS 2003

stanowisko ♦ *phras* **karuzela stanowisk** *s.* **karuzela**

starter ♦ **starter (promocyjny)** »(meist in der Telekommunikationsbranche) besondere Zusammenstellung von Dienstleistungen (Gesprächsguthaben, Grundgebühr usw.) für Anfänger bzw. Neukunden« - **Starterpaket**; *seltener* **Starterkit**. *Kupić, nabyć starter (promocyjny). Starter Tak Tak „20". Płacisz 20 zł brutto i otrzymujesz 20 zł brutto na rozmowy i SMSy oraz prostą i tanią taryfę Happy z 1-sekundowym naliczaniem (...).* www.era.pl 2006. *Promocja nowych starterów. POP pisze, że wprowadza nowe startery w fajnych opakowaniach. Jakby w tym wszystkim opakowanie było najważniejsze, a nie to, co w nim jest.* www.telix.pl 2005. ▭ kein Beleg

startup, start-up, start up [startap] *m, G -u, Npl -y, Wirtschaft, Jargon* »junges (meist in kurzer Zeit bereits) erfolgreiches Unternehmen mit einer neuen Geschäftsidee« - **Start-up, Startup-Unternehmen, Start-Up-Unternehmen**. *Inwestować w start-upy. Wszystko wskazuje na to, że to właśnie dostawcy IT, a nie startupy, mają największe powody do zadowolenia.* www.modernmarketing.pl 2003. *Inkubatory przyjmują pod swoje „skrzydła" przede wszystkim młode firmy tzw. startupy, oferując im powierzchnie biurowe i wsparcie doradców po wyjątkowo niskich kosztach.* www.egospodarka.com 2006. *Monitorowanie działalności oraz wsparcie dla nowopowstałych 5 start-up'ów.* www.ppnt.poznan.pl 2005. ▭ kein Beleg ⪤engl

stepper *m, G -a* »Sportgerät zum Trainieren der Bein- u. Gesäßmuskulatur« - **Stepper**. *Ćwiczyć, trenować na stepperze. Czy stepper może zastąpić bieganie? (...) No właśnie, czy ćwiczenie na stepperze, może być dobrym, sporadycznym zamiennikiem biegania?* www.bieganie.home.pl 2002. ▭ PS 2003 ⪤engl

sterownik[NB] *m, G -a, Computer* »Programm, mit dem ein peripheres Gerät gesteuert wird« - **Treiber**. *Sterownik klawiatury, drukarki; sterownik do karty graficznej, monitora; sterownik kablowy, stacjonarny. Zainstalować sterownik. Na tej stronie znajdują się sterowniki programowe, narzędzia oraz opisy techniczne do urządzeń montowanych w komputerach OPTIMUS oraz znajdujących się w sięci dystrybucyjnej.* www.partner.optimus.pl 2005. ▭ IS 2000, PS 2003, US 2003. *auch* ↗drajwer

sticker [stiker] *m, G -a* **1** - **Sticker**. *Logo naszej firmy mamy w formie reklamowych naszywek, stickerów i znaczków.* PS. ▭ PS 2003 ✐1989 NSP2 **2** *meist Computer* - **Garantiesticker, (Garantie)siegel, (Garantie)aufkleber**. *Oznaczenie TLA można odczytać ze stickera, naklejonego na obudowie napędu, zawierającego informacje o napędzie (...).* www.cdrinfo.pl 2006. *Stickery to nieduże etykiety samoprzylepne o specjalnych właściwościach. Ponieważ nie są palne, odporne na temperaturę, wodę, grzyby, niektóre chemikalia i nie przewodzą prądu, często stosowane są do znakowania płytek oraz części elektronicznych.* www.etistick.pl 2006. ▭ kein Beleg ⪤engl

stolik ♦ *phras* **stolik brydżowy** *Politik, abwertend* - »inoficjelle, geheime Absprachen zwischen Intessengruppen; Kungeleien« *(...) głównym zamiarem jest oczyszczenie kraju z wszelkich układów korupcyjnych, symbolicznie przedstawianych jako stolik brydżowy, przy którym grają politycy, gangsterzy, służby specjalne oraz niekiedy także media, inspirowane przez polityków, służby i biznes.* www.polish-dailynews.com 2006. *„Szara sieć", „układ", „stolik brydżowy" złożony z polityków, biznesmenów, gangsterów i esbeków - tak opisują Polskę zwolennicy sanacji.* serwisy.gazeta.pl 2007. *Podczas debaty nad exposé premiera Marcinkiewicza on sam jak i Jarosław Kaczyński mówią o „stoliku brydżowym" - patologicznym układzie służb specjalnych, polityków, przestępców i wielkiego biznesu.* Newsweek 2006. ▭ kein Beleg. *vgl. auch* ↗układ

stolikowiec *m, G ~wca, Npl ~wcy, ugs* - »Straßenhändler, der seine Waren vom Tisch verkauft« *Przejście pod placem 1 Maja puste i wypucowane! „Stolikowcy" musieli się wynieść.* www.wirtualny.wroclaw.pl 2003. *Problem jednak w tym, że od pięciu lat Stowarzyszenie Handlowców Gaj dzierżawi ten teren od mia-*

sta i nie ma tutaj specjalnie miejsca dla stolikowców. uby.seo.pl 2003. ⌑ SW 1996, PS 2003, ✎ 1992 NSP2

stół ♦ *phras* **Okrągły Stół, okrągły stół** *Polityk* - **Runder Tisch, runder Tisch**. 1 »Verhandlungen zwischen Vertretern des polnischen kommunistischen Regimes u. der Opposition 1989, die zum Wechsel des politischen Systems führten« Negocjacje, obrady, rozmowy okrągłego stołu. *Okrągły Stół, rozmowy przedstawicieli opozycji, głównie osób związanych ze zdelegalizowaną po wprowadzeniu stanu wojennego „Solidarnością", z reprezentantami obozu rządzącego, przede wszystkim zaś z PZPR, prowadzone od 6 lutego do 5 kwietnia 1989 w Magdalence koło Warszawy.* www.wiem.onet.pl 2003. *W obawie o stopniową utratę władzy w kraju i monopolu na trwały kontakt z Komunistyczną Partią Związku Sowieckiego zdecydowano się na Okrągły Stół.* mazowsze.kraj.com.pl 2006. ⌑ IS 2000, PSF 2000, PS 2003, US 2003 ✎ 1989 NSP2. 2 »allgemein für gleichberechtigte Verhandlungen von Vertretern verschiedener Hierarchieebenen, die nach Kompromiss-Lösungen suchen« *Amerykańsko-polski energetyczny „okrągły stół" daje nowe nadzieje na możliwość pozyskania amerykańskich inwestorów dla sektora energetycznego w Polsce (...).* expatpol.com 2006. *Rozpoczął pracę medyczny Okrągły Stół. Przedstawiciele rządu, samorządów zawodowych i związków zawodowych rozpoczęli prace nad zreformowaniem systemu opieki zdrowotnej w Polsce.* www.kurier.wzz.org.pl 2003. ⌑ PSF 2000, PS 2003, US 2003

-strada *letztes Glied eines Substantivkompositums, das eine besondere Art von Straße beschreibt - als Kompositumzweitglied* **-bahn**. Autostrada, nartostrada, ceprostrada. ⌑ IS 2000

streamer [strimer] *m, G -a, Computer* »magnetischer Datenträger (Diskette o. Band), auf den Daten zur Sicherung von der Festplatte übertragen werden« - **Streamer**. *Wszystkie informacje zawarte w bazach danych są zabezpieczane poprzez archiwizowanie ich na zewnętrznych nośnikach magnetycznych (np. streamer, dysk optyczny itp.).* www.technoprogress.com.pl 2003. ⌑ PS 2003, US 2003 ◁engl

streetball [stritbol] *m, G -u/-a* »auf Plätzen, Höfen o.Ä. gespielte Variante des Basketballs mit drei o. vier Spielern in einer Mannschaft« - **Streetball**. Turniej streetballu - Streetballturnier. Mecz, zawody, drużyna streetballu; boisko do streetballu. Grać w streetball. *Poziom polskiego streetballu rośnie, to widać.* generacja.gadu-gadu.pl 2006. *Prowadzący zawody Marek Ż. powtarza, że piękno streetballa polega na tym, iż nie ma tu sędziów, choć to przecież gra kontaktowa.* Gazeta Wrocławska 1999 (K). ⌑ SW 1996, PS 2003 ◁engl

streetballowy *Adj v.* ↗streetball - **Streetball-**. Turniej streetballowy; streetballowe boisko. *Do drugiego wakacyjnego turnieju streetballowego zameldowało się 16 ekip, w tym 3 kobiece.* www.bespress.pl 2005. ⌑ kein Beleg

streetworker [stritłerker] *m, G -a, Npl ~rzy* - **Streetworker**. Pracować jako streetworker. *Tu, na Dworcu Centralnym, przy szklanych drzwiach, które są pierwszym przystankiem na codziennym dyżurze streetworkerów, nazywanych po polsku „pracownikami ulicznymi", ustawia się kolejka narkomanów.* Życie Warszawy 2002. *Streetworker musi być komunikatywny, charyzmatyczny, silny emocjonalnie i w jakiś sposób atrakcyjny dla tych, wśród których ma pracować - narkomanów, prostytutek, członków subkultur.* www.niebieskalinia.pl 2003. ⌑ kein Beleg. *auch* ↗pracownik uliczny ◁engl

strefa ♦ *phras* **czarna strefa** *Wirtschaft* »Bereich der Wirtschaftskriminalität« *Uważamy nadal, że to jest problem dzisiaj dla walki z patologią czarnej strefy w naszej gospodarce kluczowy. Ta czarna strefa obejmuje nie tylko ogromną część życia gospodarczego w Polsce, ale coraz bardziej, coraz głębiej rzutuje także na życie polityczne i społeczne.* www.rop.sky.pl 2002. *Osoby fizyczne i prawne, prowadzące działalność gospodarczą, i mające tzw. niższa zdolność kredytową (...) zmuszone będą poszukiwać niezbędnych środków w szarej lub czarnej strefie.* www.kig.pl 2005. ⌑ kein Beleg

♦ *phras* **szara strefa** *Wirtschaft* »Bereich der Wirtschaft an der Grenze zwischen Legalität u. Illegalität, um keine Steuern u. Sozialabgaben abzuführen« - **Grauzone (der Wirtschaft)**. Ograniczać, zwalczać szarą strefę. *Dochody państwa byłyby większe, gdyby nie szara strefa.* SW. *Szara strefa bowiem nie jest przestępczością, to nie jest czarna strefa. To są działania ekonomiczne sensowne, społecznie użyteczne, tylko oficjalnie nierejestrowane i w związku z tym także nieopodatkowane.* www.kolodko.tiger.edu.pl 2002. ⌑ SW 1996, IS 2000, PSF 2000, PS 2003, US 2003

♦ **strefa euro** *Wirtschaft* »Länder mit dem Euro als gültiger Währung« - **Eurozone**; *ugs* **Euroland**. Gospodarka strefy euro. Przystąpić, wejść do strefy euro; opuścić strefę euro. *Europejski Bank Centralny (EBC) podniósł w czwartek prognozę inflacji w strefie euro na 2004 rok.* www.e-biznes.pl 2003. *1 stycznia 2002 nastąpiło oficjalne zlikwidowanie walut narodowych państw członkowskich strefy euro i zastąpienie ich monetami i banknotami euro*

(...). www.pl.wikipedia.org 2003. ◫ PS 2003. *auch* ↗euroland, ↗eurostrefa, ↗eurozona

stresogenny *seltener* **stresotwórczy** *Adj* - **Stress auslösend**. Bodziec, czynnik stresogenny; sytuacja stresogenna; środowisko stresogenne; warunki stresogenne. *(...) nauczmy się rozładowywać napięcie i wprowadźmy takie zmiany w swoim życiu, które wyeliminują najbardziej stresogenne sytuacje.* www.poradnikzdrowie.pl 2006. *Zapotrzebowanie na kojącą i uspokajającą muzykę jest obecnie większe niż kiedykolwiek z uwagi na fakt, że jesteśmy obecnie szczególnie przeciążeni najróżniejszymi czynnikami stresotwórczymi.* www.samadi.republika.pl 2006. ◫ PS 2003 ✎1991 NSP2

stretching [strecziŋk] *m, G -u, Sport* »aus Dehnungsübungen bestehende Gymnastik« - **Stretching**. Prowadzić, wykonywać stretching; chodzić na stretching. *Tak, jak po joggingu był callanetics, wypierany obecnie przez stretching, tak zmieniają się kolejne diety cud.* NSP2. ◫ IS 2000, PS 2003, US 2003 ✎1992 NSP2 ◁engl

stringi *m, nur im Pl, Gpl ~ów, ugs* »Tanga(slip), dessen rückwärtiger Teil aus einem schmalen, schnurförmigen Stück Stoff o.Ä. besteht« - **String(tanga)**. *Seksizm w stringach. Oskarżona o seksizm hiszpańska izba turystyki wycofała kontrowersyjną reklamę, która zachęcała do wypoczynku na Półwyspie Iberyjskim fotografią półnagiej kobiety.* Przekrój 2003. ◫ PS 2003, US 2003 ◁engl

striptizer *selten* **stripteaser** [striptizer] *m, G -a, Npl ~rzy* - **Stripper**. Zawodowy striptizer. Występ striptizera. *Wiele wieczorków panieńskich nie może się dziś odbyć bez udziału striptizera. Nawet „szarym myszkom" puszczają wtedy hamulce i zabawa nie kończy się tylko na tańcu.* www.wm.pl 2006. ◫ kein Beleg. *auch* ↗chippendale(s)

strona[NB] *f, auch* ♦ **strona internetowa** *Internet* - **Internetseite, (Web)seite, (Web)site**. Strona domowa - Homepage. Strona główna - Startseite, Hauptseite, Leitseite. Strona w przebudowie - Diese Seite befindet sich im Umbau. Strona w przygotowaniu - Diese Seite befindet sich in Vorbereitung. Oficjalna strona rządu, miasta, prezydenta. Aktualizować, odświeżać, odwiedzać, zaprojektować, zaprogramować stronę; zapraszać na swoją stronę; zamieścić informacje, linki, odnośniki na stronie. *Witamy wszystkich na naszej nowej stronie i zapraszamy do rejestracji.* www.lanparty.pl 2006. *Serdecznie witamy na stronie internetowej Banku S. w Łazach. Mamy nadzieję, że informacje zawarte na tej stronie zachęcą Państwa do korzystania z naszych usług.* www.republika.pl 2003. ◫ IS 2000, PS 2003, US 2003. *s. auch* ↗witryna ◁engl site, page

♦ **Żółte Strony, żółte strony** »Branchen(telefon)verzeichnis« - **Gelbe Seiten**. *Żółte Strony Polski to katalog polskich firm i instytucji.* www.katalogstron.com.pl 2006. *Adresów wydawców znajdziesz na żółtych stronach książki telefonicznej.* www.webmedia.pl 2000. ◫ kein Beleg ◁engl yellow pages

strzał ♦ *phras* **złoty strzał** *Jargon* »(in selbstmörderischer Absicht vorgenommene) Injektion einer tödlichen Dosis Heroin o.Ä.« - **der goldene Schuss**. Strzelić, dać sobie, wziąć złoty strzał. *Została znaleziona na ulicy Mickiewicza w publicznej toalecie. Przedawkowanie heroiny. W jej przedramieniu tkwiła jeszcze strzykawka. To był tzw. złoty strzał.* www.nastolatek.pl 2005. ◫ PS 2003, US 2003 ✎1990 NSP2

studio[NB] *n* **1** »(modernes, elegantes u. hochwertig ausgestattetes) Geschäft« - **Studio, Salon**. Studio kosmetyczne - Kosmetikstudio. Studio fryzjerskie - Haarstudio, Frisurenstudio. Studio piękności - Schönheitsstudio. Studio solaryjne - Sonnenstudio. Studio tatuażu - Tattoo-Studio. Studio kolczykowania, piercingu - Piercing-Studio. *W zeszłym tygodniu odwiedziłam to nowe studio kosmetyczne przy Starym Rynku, wydałam mnóstwo pieniędzy, ale nie jestem zadowolona (...).* PS. *Następnie poszedł do studia tatuażu i wytatuował ten napis na lewym ramieniu.* www.empe3.net 2006. ◫ PS 2003, US 2003. *auch* salon. **2** »abgeschlossene Einzimmerwohnung« - **Studio**. *Studio jest to jeden pokój, w którym znajduje się wyposażony aneks kuchenny (najczęściej jest to lodówka, zlewozmywak, płyta kuchenna oraz zestaw podstawowych sztućców).* wycieczki.interia.pl 2005. *(...) wynajmę studio mieszkalne 45m².* forum.nawigator.biz 2006. ◫ kein Beleg

studium ♦ **studium przypadku** »(wissenschaftliche) Untersuchung, Darstellung eines interessanten Einzelfalles« - **Fallstudie**. *Przedstawione dalej studium przypadku omawia trwającą ponad miesiąc kampanię sklepu motoryzacyjnego moto.sklep.pl w wyszukiwarce NetSprint.* PKP Kurier 2002. *Analiza i ocena funkcjonowania przedsiębiorstw - studium przypadku.* www.wne.uw.edu.pl. 2003. ◫ PS 2003. *auch* ↗case study ◁engl case study

styling [stajliŋk] *m, G -u, auch* **stylizacja**[NB] *f, meist im Sg* **1** »Formgebung, Design, Gestaltung von Fahrzeugen, Möbeln, Kleidung usw.« - **Design, Gestaltung; Styling**. Styling samochodów. *Opel Omega kombi pierwszej generacji to samochód, którego w gronie aut tuningowanych szukać trzeba ze świecą. Rzadki okaz trafił przed obiektyw fotoreporterów z „GT" w „stolicy stylingu", Poznaniu.* www.gt-online.pl 2003. *Pochodnymi były zagadnienia związane z architekturą nadwozi, która* *ewoluowała do tzw. stylizacji (stylingu) nadwozi.* www.automotoserwis.com.pl 2000. ⌑ PS 2003, US 2003; PS 2003 **2** »mit kosmetischen Mitteln, Kleidung, Frisuren o.Ä. jds. o. sein eigenes Äußeres verschönen« - **Styling**. *Styling włosów, fryzur* - *(Hair)styling. Środek, preparat do stylingu; nauka stylingu. Styling po polsku. Rynek produktów do stylingu odnotował w tym roku niewielki wzrost. Ulubionym produktem Polek jest już tradycyjnie lakier do włosów.* www.kosm.pl 2002. *Żel do układania mocny i ekstra mocny. Perfekcyjna stylizacja, trwały efekt.* www.kosmetyki.naczasie.pl 2003. ⌑ kein Beleg ◁engl

stylista[NB] *m, G -ty, Npl ~iści* **1** »jd., der sich mit Formgebung, Design, Gestaltung von Möbeln, Kleidung, Fahrzeugen usw. beschäftigt« - **Designer, Gestalter, Stylist**. *(...) Stylista, przystępując do wymyślania nadwozia musi wiedzieć, co będzie atrakcyjne za kilka lat.* www.poczta.pnet.pl. 2003. ⌑ IS 2000, PS 2003, US 2003 **2** »jd., der sich mit der Beratung in Bezug auf das äußere Erscheinungsbild einer Person beschäftigt, insbesondere in Fragen von Kleidung, Frisur u. Make-up« - **Farb-, Stil- u. Imageberater, Stylist**. *Stylista włosów, fryzur* - *(Hair)stylist, Friseur. Zadaniem wizażysty jest aranżacja twarzy. Stylista dodatkowo zajmuje się tworzeniem wizerunku, między innymi pomaga w określeniu, w jaki sposób dana osoba powinna się ubierać, jakie fasony są dla niej najlepsze.* Kurier Poranny 2001 (K). *Maciek W. to młody, dynamiczny polski stylista, którego można określić mianem jednego z najlepszych i najbardziej doświadczonych w Polsce.* www2.gazeta.pl 2003. ⌑ IS 2000, PS 2003, US 2003 ◁engl

stylistka[NB] *f v.* ↗stylista - **1 Designerin, Gestalterin, Stylistin**. *Na nadchodzącą zimę 2003/2004 stylistka proponuje nam całą gamę ubrań kobiecych, a zarazem wygodnych i funkcjonalnych.* www.twojemiasto.gazeta.pl 2003. ⌑ IS 2000, US 2003 **2 Farb-, Stil-, Imageberaterin, Stylistin**. *Stylistka włosów, fryzur* - *(Hair)stylistin, Friseurin. Katarzyna Mostowicz, wizażystka i stylistka, tłumaczy, że każdy casting jest inny. Ten dla modelek różni się od tego dla aktorów.* Cosmo 2002. *Warto zacząć od szamponu wygładzającego - przekonuje Jaga H., stylistka fryzur.* www2.gazeta.pl 2003. ⌑ IS 2000, PS 2003, US 2003

stylizacja *s.* **styling**

stylizować[NB] *ipf* **1** »das Design von Gebrauchsu. Verbrauchsgütern bzw. das Styling von etw. entwerfen« - **designen, gestalten, stylen**. *„AMG" - firma zajmująca się tylko tuningiem optycznym. Stylizuje z bardzo dużym powodzeniem samochody marki Mercedes (wszystkie klasy).* www.zss.q4.pl 2003. *Stylizuję się sama, a ubieram głównie w Hexeline, bo oni mają proste, bardzo dobrej jakości kobiece stroje, a jeśli potrzebuję czegoś wyjątkowego, to szyją ubranie specjalnie dla mnie.* Cosmo 2002. ⌑ kein Beleg **2** »eine Frisur formen, kreieren« - **(Haare) stylen, frisieren**. *W przypadku długich włosów, należy równomiernie rozprowadzić odpowiednią ilość serum na całej długości włosów, po czym wysuszyć je suszarką, stylizując je przy tym grubą szczotką.* www.hbs.pl 2003. ⌑ kein Beleg ◁engl

styropianowiec *m, G -a, Npl ~wcy, scherzhaft bis ironisch* - »Politiker, der an den Streiks 1980 teilgenommen hatte u. 1981/82 interniert war« *Rząd styropianowców. Po pokoleniach zetempowców, bananowej młodzieży, budowniczych Polski Ludowej i styropianowców, doczekaliśmy się generation @, czyli „pokolenia małpy"* CKM 1999. *Rezultaty rządów styropianowców widać wszędzie. Zarówno te ostatnie, jak i te zaraz po 1989. Rewolucjoniści się do rządzenia nie nadają, bo umieją tylko burzyć.* www.info.onet.pl 2003. ⌑ SW 1996, PS 2003
◁Anspielung auf die Zeit der Solidarność-Streiks in der Danziger Werft 1980, als die Streikenden nachts gemeinsam auf Styropor-Platten schliefen

sucho ♦ *phras* (robić coś) **na sucho**[NB]; (coś) **na sucho**[NB] *ugs* »etw. unter simulierten, nicht realen Bedingungen, zur Probe (machen, üben)« - (etw.) **als Trockenübung** (machen); **Trockenübung**. *Trenować na sucho. Gra giełdowa na sucho, ćwiczenie na sucho. Pierwszy etap składania wykonujemy prowizorycznie, na sucho, aby się przekonać, czy wszystkie elementy są do siebie należycie dopasowane.* IS. *Na szczęście to były tylko ćwiczenia - mówił przyglądający się operacji zastępca komendanta wojewódzkiego (...). - Tylko przez tego rodzaju akcje na sucho można doskonalić nasz fach - dodał dowódca sztabu akcji (...).* www.slowoludu.com.pl 2003. ⌑ IS 2000, US 2003

sudoku *n, indekl* »Zahlenpuzzle, Zahlenrätsel mit einem 9x9-Gitterfeld, in das die Zahlen von 1-9 so eingetragen werden müssen, dass jede Zahl in einer Reihe nur einmal vorkommt« - **Sudoku**. *Grać w sudoku. Mistrzostwa w sudoku. Sudoku to łamigłówka pochodząca z Japonii.* www.sudoku.neat.pl 2006. *W 2004 oraz 2005 r. sudoku stało się niezwykle popularne w Wielkiej Brytanii. (...) W Polsce sudoku jako pierwszy opublikował tygodnik „Polityka" w 2005 r.* pl.wikipedia.org 2006. ⌑ kein Beleg ◁jap

sufit ♦ **szklany sufit** *Genderforschung* »unsichtbare Hemmnisse u. Barrieren, auf die Frauen in der beruflichen Karriere treffen« - **gläserne Decke, Glass-Ceiling-Phänomen**. *Pod szklanym sufitem. Mieć, czuć nad sobą szklany sufit. Mianem „szklanego sufitu"* *określa się przeszkody, na jakie napotykają kobiety pełniące funkcje kierownicze: wyrażenie to symbolizuje widoczność awansu przy równoczesnej jego nieosiągalności. Przeszkody, kreujące tę sytuację, określa się mianem „szklanego sufitu".* www.kulturaihistoria.umcs. lublin.pl 2002. *Po zdobyciu pewnego szczebla kariery kobiety napotykają coś, co można nazwać „szklanym sufitem".* Wprost 2004. ▯ kein Beleg ◁engl glass ceiling

sukces ♦ *phras* **propaganda sukcesu** *s.* **propaganda**

supercena *f, Jargon* - **Superpreis, ein super Preis**. *Zakup za supercenę. Kupić, oferować coś za supercenę; coś ma supercenę. Superauto za supercenę, tylko dokumenty trochę nietypowe? Bądź czujny!* www.gieldasamochodowa.com 2006 ▯ PS 2003

superekspres *m, G -u* **1** »(mit besonderem Komfort ausgestatteter) Schnellzug, der nur an wenigen Bahnhöfen hält« - **Superexpress(zug), Schnellgeschwindigkeitszug;** *(in Deutschland)* **ICE**. *W Niemczech w 1991 r. wprowadzono na trasie z Monachium do Hamburga superekspres ICE (Inter City Express). (...) średnia prędkość wynosiła 250 km/h.* www.bas.ap.siedlce.pl 2001. *Z Genewy i Lozanny kursuje kilka pociągów dziennie do Paryża w tym francuski superekspres TGV, który trasę pokonuje w 3-4 godziny.* www.przewodnik. onet.pl 2003. ▯ Supl 1994, SW 1996, PS 2003, US 2003 **2** *ugs* »Ausführung einer Dienstleistung schneller als gewöhnlich« *als Kompositumglied* **Express-, Eil-, Schnell-**. Doliczenie za superekspres - Expresszuschlag. *Oddać pranie na superekspres; oddać buty do naprawy na superekspres; zamówić odbitki na superekspres. Nasze ceny są bardzo konkurencyjne. Wyróżnia nas to, że nie stosujemy żadnych doliczeń za superekspres!* www.faxtranslations.webpark.pl 2003. *Szybka realizacja - możliwy też superekspres (24 h).* www.globicoinkaso.com.pl 2003. ▯ Supl 1994, SW 1996, PS 2003, US 2003 **3** »Postsendung, die innerhalb von 24 Stunden zugestellt wird« - **Expresssendung**. *Wysłać superekspres; dostać, wysłać coś superekspresem. Wśród nowych ofert Poczty Polskiej warto polecić superekspres, który obejmuje wszystkie miasta wojewódzkie i powiatowe.* PS. ▯ PS 2003

superekspresowy *Adj v.* ↗superekspres - **Express-, Schnell-**. Termin, tryb, dostawca superekspresowy; superekspresowa pralnia, naprawa, przesyłka; superekspresowe pranie, czyszczenie garderoby. *Tłumaczenie ustne, zlecone w tym samym dniu, w którym ma się odbywać, traktowane jest jako zlecenie wykonywane w trybie superekspresowym.* www. largo.net.pl 2003. *Sporządzenie raportu o firmie zagranicznej: w trybie superekspresowym (do 7 dni).* www.iph.bydgoszcz.pl 2003. ▯ Supl 1994, SW 1996, IS 2000, PS 2003, US 2003

super hiper, super-hiper *Jugendsprache* - **super hyper, affengeil**. **a)** *Adv* »emotional verstärkend u. intensivierend: sehr gut, unübertrefflich« Super hiper trendy, super hiper fajny. *Na dyskotece było super hiper.* US. *Ostatnio rozmawialiśmy z Baśką na temat zdrady, zaufania itp., oczywiście Baśka stwierdziła, że jest super hiper nowoczesna, zna swoją wartość, ufa mi i dlatego nie bywa zazdrosna (...).* zwyczajnyblox.pl 2007. **b)** *Adj* »emotional verstärkend u. intensivierend: sehr gut, unübertrefflich, nicht zu toppen seiend« Super hiper film, super hiper nowość. *Wielokrotnie podkreślaliśmy, jaka to mozilla jest super hiper i że przestrzega standardów.* www. mozillapl.org 2007. *Nie każdy pracuje w super-hiper serwisie.* forum.mazdaspeed.pl 2006. ▯ PS 2003, US 2003 ✎Zagrodnikowa 1982

super hiper mega, super-hiper-mega, super-hiper giga *Jugendsprache* - **super hyper mega, super giga ultra, mega giga doll, superaffengeil, obersuperaffengeil**. **a)** *Adv* »emotional maximal verstärkend u. intensivierend: äußerst gut, unübertrefflich« Super hiper mega fajny. *Z dobrze poinformowanych źródeł wiem, że to nie jest super-hiper-mega oficjalny klip do tego utworu.* tomasz.topa.pl 2006. **b)** *Adj* »emotional maximal verstärkend u. intensivierend: äußerst gut, unübertrefflich« *Nie każdy jest takim super hiper mega specjalistą jak ty, który tylko w konsoli będzie klepał jakieś komendy.* www.osiol.net 2006. *Poplamiłam białą bawełnianą bluzkę atramentem. Próbowałam juz vanish oxy duo, vanish zwykły i niezwykły, super-hiper-mega odplamiacz z amway'a, dzisiaj zakupiłam nowy vanish white i nic.* www.grupy.senior.pl 2006. ▯ kein Beleg

superhit *m, G -u, ugs* »überaus publikumswirksamer Hit« - **Superhit**. Superhit kasowy - Kassenschlager. Absolutny, kinowy superhit; superhit roku, sezonu, wiosny. *Coś stało, okazało się superhitem. Utwór „Cruisin", oryginalnie wykonany przez Smokey Robinsona, właśnie kilka dni temu poszedł w eter i od razu stał się superhitem.* www.kurierplus.com 2000. *Wielu skrzypków buntuje się przeciwko ciągłemu domaganiu się superhitu Vivaldiego przez organizatorów występów (i publiczność).* www.zycie.com.pl 2005. ▯ SW 1996, PS 2003, US 2003 ◁engl

supermarket *m, G -u* - **Supermarkt**. Supermarket budowlany - Baumarkt. Supermarket spożywczy - Lebensmittelmarkt. Sieć supermarketów; bony, talony do supermarketu. *Od pół roku inwestor usiłuje wydusić z magistratu odpowiedź, czy dostanie zgodę na bu-*

dowę kolejnego supermarketu obok Obi. I prędko nie wydusi. www.twojemiasto.gazeta.pl 2003. ▯ Supl 1994, SW 1996, IS 2000, PS 2003, US 2003 ◁engl

supermarketowy *Adj v.* ↗supermarket - **Supermarkt-**. *Supermarketowy boom; supermarketowe ulotki. W Polsce supermarketowy boom dopiero się rozpoczął, a konsumenci bardziej zwracają uwagę na zalety supersklepów (niskie ceny, duży wybór towarów), niż na niedogodności takich zakupów.* www.wallstreetjournaleurope 2000. ▯ SW 1996, PS 2003, US 2003

superprodukcja *f, Jargon* »sehr kostspielige, gigantische Filmproduktion mit Starbesetzung u. vielen aufwändigen Spezialeffekten« - **Superproduktion**. *Polska, hollywoodzka superprodukcja; ciekawa, kasowa superprodukcja. Na ekrany wchodzi kolejna amerykańska superprodukcja.* US. ▯ IS 2000, PS 2003, US 2003

superpromocja *f, Jargon* - **Superangebot**. *Zapraszamy do superpromocji w miesiącu marcu.* www.viapress.pl 2006. *Którą z gier chcielibyście zobaczyć w najbliższej superpromocji?* www.gry-online.pl 2006. ▯ kein Beleg

superstrada ♦ superstrada informacyjna *Internet* »Einrichtung zur sehr schnellen Übertragung sehr großer Datenmengen (z.B. zur Anwendung von Multimedia)« - **Superdatenautobahn, Information-Highway, Informationssuperautobahn**. *Korzystanie z usług superstrady informacyjnej wymaga znajomości komputerów osobistych i wiedzy o sposobie poruszania się w sieci.* www.zsba.gdansk.ids.pl 2000. ▯ kein Beleg ◁engl *information super highway*

suplement ♦ suplement diety *meist im Pl* **suplementy diety** - **Nahrungsergänzungsmittel**. *Ten suplement diety opracowany został z myślą o potrzebach żywieniowych osób po 50 roku życia.* www.multiwitaminy.com.pl 2006. *Rytm codziennego życia większości osób staje się coraz szybszy. Coraz mniej czasu i uwagi ludzie poświęcają na przygotowywanie posiłków, co sprawia, że wzrasta zapotrzebowanie na suplementy diety.* www.izz. waw.pl 2006. ▯ kein Beleg

support [sa*port*, se*port*] *m, G -u oder indekl* **1** *Musik* »im Vorprogramm eines Rockkonzerts o. einer auftretende Gruppe« - **Vorgruppe**, *selten* **Support**. *Zagrać, występować jako support jakiejś grupy. Jedyny w Polsce koncert zespołu Mad Sin, support: The Analogs.* www.wrock.pl 2006. *Cały czas waży się problem, kto ma wystąpić jako support SLAYERA podczas warszawskiego koncertu w STODOLE.* www.forum.gazeta.pl 2005. ▯ PS 2003, US 2003 ✍1991 NSP2 **2** *Computer* »Hilfe, Unterstützung bei Hardware- u. Softwareproblemen« - **Support**. *Support techniczny - technischer Support. Support center, bezpłatny support, support online. Zadzwonić po support. Support - rozwiązywanie problemów. Jeśli masz jakiś problem z korzystaniem z naszego serwisu lub gier, to tu możesz nam go zgłosić.* www.zagraj.pl 2003. ▯ kein Beleg. *auch* wsparcie techniczne ◁engl

surfer, serfer *m, G -a, Npl ~rzy* **1** *Sport, auch* **surfista** *m, G -ty, Npl ~iści, selten* **surfingowiec** *m, G ~wca, Npl ~wcy* - **(Wind)surfer**. *Zawody, mistrzostwa surferów. Produkty na rok 2001 są wynikiem jedenastoletnich prac i doświadczeń zdobytych z najlepszymi surferami.* www.energysports.pl 2003. *Nie można marnować takiej pięknej wrześniowej pogody, mimo że siła wiatru niezbyt duża. Są o tym przekonani najbardziej wytrwali serferzy jeziora Niepruszewskiego.* www.zborowo.tdm.com. pl 2005. *Niejeden surfista próbował połączyć deskę z żaglem, by wykorzystać wiatr do wypływania w morze i pływać na desce, gdy nie ma wysokich fal.* www.aktywny. pl 2003. *Pecha miał również pewien surfingowiec z Afryki Południowej. Zostaje zaatakowany przez żarłacza białego.* www.tvp.pl 2003. ▯ PS 2003 ✍1992 NSP2. *auch* ↗deskarz, ↗windsurfingowiec **2** *Internet* - **(Internet)surfer**. *Surfer sieciowy. Tańszy Internet - to petycja, przez którą być może TP przestanie gnębić surferów rachunkami (zachęcam do wypełnienia).* www.republika.pl 2003. *Dotychczas serferzy, korzystający z numeru 0-20, płacili za korzystanie z Internetu jak za połączenia lokalne.* www.internetstandard.pl 2000. ▯ PS 2003. *s. auch* ↗internauta ◁engl

surferka *f* **1** *Sport* - **(Wind)surferin**. *Opisana tu technika jest jedynie podstawową wersją wykonania skoku, który każdy rekreacyjny surfer/surferka jest w stanie wykonać.* www.windsurfing.pl 2003. *Zaatakowana przez rekina surferka bohaterką filmu.* www.filmweb.pl 2005. ▯ kein Beleg. *auch* ↗deskarka **2** *Internet* - **(Internet)surferin**. *Najstarsza internetowa surferka mieszka w Bułgarii.* www.naukawpolsce. pap.pl 2005. ▯ kein Beleg. *s. auch* ↗internautka

surfingować, surfingowiec *s.* **surfować, surfer**

surfingowy *Adj. v.* ↗surfować - **(Wind)surfing-**. *Kombinezon, obóz, ośrodek, sprzęt, żagiel surfingowy; surfingowy mistrz świata;* ↗deska surfingowa; *zawody surfingowe. Klub surfingowy, z którym współpracuje szkoła SILC, zapewnia deskę, strój i ochraniacz.* www.guliwer.edu.pl 2003. ▯ Supl 1994, IS 2000, PS 2003, US 2003. *auch* ↗windsurfingowy

surfista *s.* **surfer**

surfować [serfować], **serfować** *ipf* **1** *Sport, selten auch* **surfingować** »Windsurfing betreiben« - **(wind)surfen**. *Surfować po/na falach, surfować na desce. Fale były niewielkie, niebo* *bezchmurne, idealne warunki, aby surfować.* PS. *Zamiast plansz informacyjnych - symulatory, w których, gdy mowa jest o sportach w Nowej Zelandii, surfinguje się, pływa, walczy z wiatrem, zmaga z wodą, nawet skacze jak na bungy jumping.* www.globinfotour.pl 2003. *Jednak nie należy tu serfować samemu, bo złamanie masztu oznacza ok. 1 godziny płynięcia.* www.windsurfing.pl 2005. ⌑ PS 2003, US 2003 **2** *Internet* - **(im Internet) surfen**. Surfować w/po Internecie, sieci, stronach internetowych. *Już przy pierwszym podejściu internetowy czat wessał debiutanta, specjalnego wysłannika „Polityki" Jana R., lat 27, w dziurę czasoprzestrzenną. R. surfował wirtualnie po światłowodach wszystkich krajów świata.* Polityka 2000 (K). *Poserfujesz do woli.* Gazeta Wyborcza 2003. ⌑ PS 2003, US 2003 ◂engl

surfowanie, serfowanie *n* **1** *Sport* - **das (Wind)surfen, (Wind)surfing**. Morskie surfowanie; surfowanie na desce; sprzęt, warunki do surfowania; serfowanie na Bałtyku. *Surfowanie na desce lub leżenie płaskie i obserwacja popisów młodych surfingowców.* www.travelport.pl 2005. ⌑ PS 2003, US 2003. *auch* ↗windsurfing **2** *Internet* - **(Internet)surfen**. Surfowanie w/po (Inter)necie, sieci, witrynie; surfowanie bezprzewodowe. *Surfowaniem określa się często przeglądanie stron internetowych, co może być czynnością przypominającą podróżowanie po wielkim morzu najróżniejszych wiadomości, dostępnych w Internecie.* www.jawsieci.pl 2003. *Rekordziści potrafią zmarnować na prywatne serfowanie ponad cztery godziny dniówki.* www.mi.com.pl 2002. ⌑ PS 2003, US 2003

survival [survival, serwajwal] *m, G -u* »Training, systematische Ausbildung zum Erlernen von Fähigkeiten u. Fertigkeiten, um in Notsituationen zu überleben« - **Survivaltraining, Überlebenstraining, Überlebensschule**. Podręcznik, szkoła, technika survivalu. Survival turystyczny, wyczynowy. *Na obozach survivalu „westmani" robią zadziwiające odkrycia: oto można przeżyć bez hamburgerów, koli, codziennego prysznica i telefonu komórkowego.* OiT. *Cele szkolenia: opanowanie podstawowych zasad teorii i metodyki, potrzebnych do samodzielnego programowania i prowadzenia zajęć surwiwalu w zakresie rekreacji ruchowej (...).* www.pwsz.bialapodlaska.pl 2006. ⌑ OiT 2001, PS 2003, US 2003. *auch* ↗szkoła przetrwania ◂engl

survivalowiec, surwiwalowiec [survivalowiec] *m, G ~wca, Npl ~wcy* »Teilnehmer o. Anhänger des Überlebenstrainings« - **Survivalfreak, Survivalanhänger**. *Własnoręcznie wykonany plecak i namiot, uszyte przez siebie traperskie ubranie, cały zestaw przyborów, sporządzonych dzięki własnej przedsiębiorczości - wszystko to powie o klasie „survivalowca".* www.swiatpodrozy.pl 2006. *Surwiwalowcy, chcąc zjeść kurę, musieli ją wypatroszyć, oczyścić z piór, dopiero potem upiec - opowiada ze śmiechem Zbigniew L., zastępca komendanta.* www.nowiny.rybnik.pl 2004. ⌑ PS 2003

survivalowy, surwiwalowy *Adj v.* ↗survival, surwiwal - *als Kompositumglied* **Survival-**. Rajd survivalowy; wyprawa, technika survivalowa. *Miłośnicy wypraw survivalowych mogą spędzić całe dnie w zupełnym oderwaniu od cywilizacji.* www.poland.tourism.pl 2006. *Teren sprzyja pieszym i rowerowym wycieczkom po oznakowanych trasach, obok w okresie wakacji duży obóz harcerski z bogatym programem surwiwalowym.* www.ustrzyki-dolne.pl 2006. ⌑ PS 2002, US 2003

sushi [suszi] *n, nur im Sg, indekl* »Gericht aus rohem Fisch u. gesäuertem Reis« - **Sushi**. Japońskie sushi. Zjeść, zamówić sushi. *Codziennie jem przynajmniej trzy kaloryczne posiłki. Na obiad rybę lub japońskie sushi.* Sukces 2002. *Choć prawdziwe sushi podobno potrafią przyrządzić tylko Japończycy, w Europie jest już wielu specjalistów od sushi.* www.kulinaria.pl 2005. ⌑ US 2003 ◂jap

suspens [suspens, saspens] *m, G -u, Film, Literatur* »Kunstgriff in Filmen u. Erzählungen, um den Zuschauer o. Leser in Spannung zu halten o. um ihn mit einer unerwarteten Wendung der Handlung zu überraschen« - **Suspense**. Mistrz suspensu; film, kryminał, powieść z suspensem. *Przygotowując całość, dział reklamy postępował trochę w myśl starej zasady mistrza suspensu, Alfreda Hitchcocka.* NSP2. *Film z suspensem nie może już dziś liczyć na taką kasę, jak jeszcze trzy lata temu.* OiT. ⌑ Supl 1994, SW 1996, IS 2000, PS 2003, US 2003 ⚑1990 NSP2 ◂engl

swing[NB] [sliŋk] *m, G -u, Jargon, verhüllend* »Gruppensex mit Partnertausch« - **Swinging, Swingersex**. Swing-klub - Swingerklub. Uprawiać swing. *Bywa, że stałe pary, parające się seksem, szybko nudzą się między sobą. Z myślą o nich wynaleziono we Francji swing. Swing to rodzaj rozrywki polegający na uprawianiu seksu z nieznajomymi. Do swing-klubu idzie się we dwoje, by uprawiać wyzwolony seks ze spotkanymi tam ludźmi na oczach partnera.* CKM 2003. ⌑ kein Beleg ◂engl

swingers [sliŋers] *m, G -a, Npl ~si, seltener swinger m, G -a, Npl -rzy, Jargon, verhüllend* - **Swinger**. Klub swingersów - Swingerklub. *Swingersi to tacy ludzie, którzy mają partnerów, ale sprawia im przyjemność mieszanie.* sex.blox.pl 2006. *Szukamy pary lub kobiety a nawet większego grona swingerów (pani* *dominująca mile widziana).* mytez.randki.sexzone.pl 2006. ⌨ kein Beleg ◁engl swinger

swingowaćᴺᴮ *ipf v.* ↗swing »Gruppensex mit Partnertausch praktizieren« - **swingen**. *Klaudia i Piotr swingować zaczęli trzy lata temu. Inicjował on, ale ona wahała się tylko trzy dni. Ogłosili to w sieci: Bardzo atrakcyjna para 28-latków z panią bi, szuka aktrakcyjnej pani lub faceta do wspólnych zabaw erotycznych.* www.wm.pl 2006. *Nasze rodzime swing kluby to zazwyczaj prywatne domy par, które kilka lat temu zaczęły swingować i dzisiaj prowadzą spotkania u siebie.* www. swingersi.org 2006. ⌨ kein Beleg

syllabus *m, G -a, Pädagogik* »Zusammenfassung o. Übersicht eines Kurses, einer Lehrveranstaltung o. eines Studienmoduls, insbes. auch im E-Learning« - **Syllabus, Lehrveranstaltungskonzept**. *Syllabus maturalny; syllabus z języka hiszpańskiego; syllabus pediatryczny. Syllabus z chemii jest ogólnopolskim dokumentem, zawierającym informacje o egzaminie maturalnym.* www.republika.pl 2006. *Syllabusy zaczęły powstawać w 2002 r., gdy wprowadzono nową formę egzaminu maturalnego. Mają one pomóc młodemu maturzyście w odpowiednim przygotowaniu się do egzaminu dojrzałości.* pl.wikipedia.org 2006. *Byłem członkiem dolnośląskiego zespołu przygotowującego syllabus z historii do matury 2002.* www2.tygodnik.com.pl 2003. ⌨ PS 2003 ◁engl

syndromᴺᴮ *m, G -u* »Komplex von Problemen, der symptomatisch für eine Erscheinung ist« - **Syndrom**. *Syndrom jedynaka - Einzelkindsyndrom. Syndrom bezrobotnego, dziecka sławnych rodziców; syndrom starości, katastrofy ekologicznej/gospodarczej. Cierpieć na jakiś syndrom. W Iraku Amerykanie przezwyciężyli ostatecznie „syndrom wietnamski" - niechęć do angażowania się w jakikolwiek konflikt zbrojny.* IS. *Problemem są też sprawy emocjonalne u dzieci bez rodzeństwa, tak zwany syndrom jedynaka.* www.sm.fki.pl 2006. ⌨ Supl 1994, SW 1996, IS 2000, PS 2003, US 2003 ✎1991 NSP2

♦ **syndrom ADHS** *Medizin* »meist bei Kindern: Konzentrationsstörungen (u. Hyperaktivität, Impulsivität)« - **(kindliche/s) Aufmerksamkeitsstörung(ssyndrom), Aufmerksamkeits-Defizit- (und Hyperaktivitäts)störung (ADS, ADHS)**. *Odkrycie syndromu o nazwie ADHS ojcowie i matki przyjęli z olbrzymią ulgą. Łatwiej akceptują swoje nieznośne dziecko, jeśli przyczyną problemów nie leży wyłącznie po stronie wychowania. (...). Chociaż syndrom ADHS ma podłoże dziedziczne, nie może bynajmniej rozgrzeszać całkowicie rodziców. (...) Co właściwie odróżnia dziecko z syndromem ADHS od żywego, ruchliwego bachora z twórczymi pomysłami?* www.akn.pl 2006. ⌨ kein Beleg. *auch* nadpobudliwość psychoruchowa

♦ **syndrom ostrej niewydolności oddechowej** *s.* **SARS**

syngiel *s.* **singel**

system ♦ **system, układ antypoślizgowy** *Kfz* »Bremssystem, das ein Blockieren der Räder verhindert« - **Antiblockiersystem, ABS**. *Samochód wyposażony w system, układ antypoślizgowy. Hamowanie samochodem, wyposażonym w system „antypoślizgowy" ABS, jest manewrem dosyć specyficznym i wymagającym od kierowcy wprawy i wyczucia.* www. panoramafirm.com.pl 2003. ⌨ kein Beleg. *auch* ↗ABS ◁dt Antiblockiersystem

♦ **elektroniczny system stabilizujący (jazdę, tor jazdy)** *o.* **(system) ESP** *Kfz* »ein die Lenkung eines Fahrzeugs unterstützendes System, das beim Kurvenfahren ein Ausbrechen des Fahrzeugs verhindert« - **elektronisches Stabilitätsprogramm, ESP**. *Sprinter jako pierwsza rodzina samochodów dostawczych na świecie będzie dostępny od początku 2003 roku opcjonalnie z elektronicznym programem stabilizującym ESP (...).* www.motonews.pl 2002. *Standardowa specyfikacja dla wszystkich modeli obejmuje także elektroniczny system stabilizujący jazdę ESP.* www.trucks.com.pl 2005. *New Beetle wyposażony jest w ESP - elektroniczny system stabilizujący tor jazdy.* www.chylinscy.pl 2005. ⌨ kein Beleg ◁dt Elektronisches Stabilitätsprogramm

♦ **system operacyjny** *EDV* »Software, die die Verwendung (den Betrieb) eines Computers ermöglicht« - **Betriebssystem**. *Wirtualny, sieciowy system operacyjny. Instalować, uaktualniać, zmienić system operacyjny. Czy BIOS jest małym systemem operacyjnym?* rainbow.mimuw.edu.pl 2003. *Celem warsztatów jest zapoznanie uczestników z obsługą i administrowaniem systemem operacyjnym.* www.szkolenia.coig.pl 2006. ⌨ PS 2003, US 2003 ◁engl

sytuacja ♦ **sytuacja patowa** *s.* **patowy**

szalikowiec *m, G ~wca, Npl ~wcy, Jargon* »in der Gruppe auftretender (jugendlicher) Fußballfan, der einen langen Schal mit den Farben seines Klubs trägt u. sich häufig aggressiv gegenüber den Fans der gegnerischen Mannschaft verhält« - **Hooligan, Randalierer, Pseudofan,** *selten* **Schaltträger**. *Agresywni, brutalni szalikowcy; bójka, zadyma szalikowców. Zmorą dzisiejszych klubów piłkarskich i stadionów sportowych są grupy wyrostków, przejawiające brutalność, wulgaryzm językowy i wandalizm, potocznie nazywanych szalikowcami. Należą oni do grupy podkultur młodzieżowych, odznaczających się wyjątkowo agresywnymi formami zachowania. (...) Dla* *szalikowca mecz nie jest formą rozrywki jako takiej, ale pretekstem do wyrażenia agresji wobec innych.* www.sekty. iq.pl. 2000. ◫ SW 1996, IS 2000, PS 2003, US 2003 ⟋1992 NSP2. *s. auch* ↗kibol

szczęka[NB] *f, meist im Pl* **szczęki**, *ugs* »im Straßenhandel u. auf Märkten verwendete zusammenklappbare Verkaufsstände aus Blech« - **mobile Marktbude, fliegender Marktstand**. *Kupować, sprzedawać towar w szczękach, rozstawić, rozłożyć szczęki. Na miejscu „szczęk" będą pawilony. Stowarzyszenie Kupców Szwederowa działa na rzecz poprawy wizerunku targowiska w tej dzielnicy.* www.express.bydgoski.pl 2006. ◫ SW 1996, IS 2000, PS 2003, US 2003 ⟋1990 PP

szczękowiec *m, G ~wca, selten* **szczękarz** *G -a, v.* ↗szczęki, *ugs* - **Fliegender Händler**. *U szczękowca jest zawsze tani i świeży towar. PS. Zwróć uwagę, że nawet w małych miastach małe, rodzinne biznesiki funkcjonują w Europie niezależnie od hipermarketów. U nas też tak będzie. Pewnie, że padną szczękarze i budkowcy, ale niech lepsze wyprze gorsze.* forum.gazeta.pl 2005. ◫ PS 2003 ⟋1990 NSP2, 1990 PP

szeptanka[NB] *f* **1** *ugs* - »Gerücht, das hinter vorgehaltener Hand weitergegeben wird« *Szeptanka o czymś. Szeptanki rozeszły się; zawierzyć szeptance. Szeptanki na temat ministerialnych pensji nasilały się zawsze wtedy - mówią starzy pracownicy URM - gdy zapowiedziano jakąś wysoką podwyżkę.* NSP2. *Pytania o prawdę i fałsz reportażu zeszły na poziom kawiarnianej szeptanki, stugębnej plotki.* SW. ◫ Supl 1994, SW 1996, PS 2003, US 2003 ⟋1991 NSP2 **2** *Jargon* »Dolmetschen mit leiser Stimme« - *neutral* **Flüsterdolmetschen**. *Szeptane tłumaczenie (szeptanka) to odmiana tłumaczenia konsekutywnego. Tłumacz znajdujący się w pobliżu osoby przekłada zaniżonym głosem wypowiedzi innych.* www.csx.pl 2006. ◫ kein Beleg

szereg ♦ *phras* **wyjść, wystąpić** usw. **przed szereg** »als erster etw. tun, „vor die Reihe treten"« - **vortreten, als erster den Finger heben, sich in den Vordergrund drängen, sich vordrängeln, die Initiative an sich ziehen, sich ins rechte Licht rücken, vorangehen, den ersten Schritt tun**. *Nie zamierzamy wyjść tu przed szereg i ogłaszać Europie, że polska formuła jest zwarta, ostateczna i idealna. Będziemy się zachowywać w sposób skromny, to znaczy uważnie słuchać (...) - powiedział poseł Józef Oleksy, który reprezentuje w konwencie Sejm.* www.cie.gov.pl 2002. *Po jakiego czarta znowu wybiegamy przed szereg? A potem larum, że nie możemy eksportować albo mamy założone embargo na nasze wyroby.* www.wyborczy.pl 2005. *Natomiast premier jak zwykle i jego ludzie chcą wychodzić przed szereg i pokazywać, że to oni są tacy aktywni, że to oni są pierwsi wszędzie - powiedział lider Samoobrony Andrzej Lepper w audycji „Salon polityczny Trójki".* wiadomosci.wp.pl 2006. ◫ kein Beleg

szerokopasmowy[NB] *Adj, Technik* »spezielle Form der Übertragung von Frequenzen mit großer Bandbreite« - **Breitband-**. *Szerokopasmowa technologia - Breitbandtechnologie. Szerokopasmowy dostęp do Internetu -* Breitband-Internetzugang. *Antena, sieć, transmisja szerokopasmowa; bezprzewodowa sieć szerokopasmowa. Własna sieć internetowa pozwala nam dostarczać Klientom szerokopasmowy dostęp do zasobów polskiego i międzynarodowego Internetu.* www.cdp.com.pl 2003. ◫ PS 2003

szkło ♦ **szkła dwuogniskowe** »zum Sehen in die Ferne u. in die Nähe geeignete Brillengläser aus zwei verschieden geschliffenen Teilen mit verschiedenen Brennpunkten« - **Bifokalgläser**, *seltener* **Zweistärkengläser**. *W szkłach dwuogniskowych istnieje wyraźna granica podziału na część do patrzenia w dal i do patrzenia do bliży czyli np. czytania.* tyitwojdom.wp.pl 2006. *Obecnie otrzymanie szkieł dwuogniskowych na receptę graniczy z cudem.* forum.okulary.net 2005. ◫ PS 2003

♦ **szkła fotochromowe** »Brillengläser, die sich bei UV-Einstrahlung verdunkeln« - **Fotochromgläser, selbsttönende Gläser**. *Okulary ze szkłami fotochromowymi. Przeciwwskazane są szkła przyciemniane, podobnie stosowanie szkieł fotochromowych lub zabarwionych nie daje dobrych efektów.* www.student.lublin.pl 2003. ◫ IS 2000, PS 2003, US 2003 ⟋1989 NSP2. *auch* ↗fotochromy

♦ **szkła progresywne** »aus einem Stück geschliffene Brillengläser, die einen gleitenden Übergang vom Teil für die Ferne zum Teil für die Nähe schaffen« - **Gleitsichtgläser**, *seltener* **Multifokalgläser, Progressivgläser**. *Szkła progresywne dają komfort dobrego widzenia dali, bliży jak i na odległość pośrednią dzięki płynnemu zmienianiu się mocy w soczewce, nie ma w nich linii podziału.* tyitwojdom.wp.pl 2006. ◫ kein Beleg

szkoła ♦ **szkoła przetrwania 1** »Training, systematische Ausbildung zur Erlernung von Fähigkeiten u. Fertigkeiten um in Notsituationen zu überleben« - **Überlebenstraining, Survivaltraining, Überlebensschule**. *Zapisać się na szkołę przetrwania. Warto więc osobom, które mają innowacyjne pomysły, ale nie zawsze potrafią wcielić je w życie, zorganizować na przykład wyjazd typu „szkoła przetrwania", tak aby nauczyli się polegać na sobie i własnych decyzjach.* www.cxo.pl 2003.

📖 SW 1996, IS 2000, PS 2003, US 2003. *auch* ⁊survival **2** *phras, ugs* »schwierige (Lebens)situation, die zu einer persönlichen Anstrengung o. zum Erlernen bestimmter Fähigkeiten zwingt« - **Überlebensschule, Überlebenstraining**. Przejść szkołę przetrwania. *Dla Roberta Radosa praski turniej, jak i cały cykl GP, będzie z pewnością ostrą szkołą przetrwania, czyli próbą utrzymania się w cyklu na rok 2000.* PSF. *Szkoła przetrwania na rynku pracy.* www.opusdei.pl 2002. 📖 SW 1996 ⁊1998 PSF

♦ *phras* **zielona szkoła** *Pädagogik* »mehrtägige Klassenfahrt, während der Unterricht stattfindet u. die Schüler sich gleichzeitig erholen können« - **Landschulheim, Schullandheim**. Wyjechać, zapisać się na zieloną szkołę; zorganizować zieloną szkołę dla dzieci. *Ośrodek wypoczynkowo-kolonijny nad morzem (Mielno-Unieście): zielona szkoła nad morzem, wycieczka szkolna nad morze, biwak klasowy za umiarkowaną cenę w dysponującym dobrymi warunkami pobytu, atrakcyjnie położonym ośrodku (...). Dobre zaplecze dla wypoczynku i dla realizacji programu przybyłych na zielone szkoły, wycieczki krajoznawcze lub biwaki.* www.interpro.home.pl 2005. 📖 SW 1996, IS 2000, PS 2003, US 2003 ⁊1992 NSP2

szlaban[NB] *m, G -u/-a, ugs* »Befehl, etw. Bestimmtes zu unterlassen« - *neutral* **Verbot**, als Kompositumglied **-verbot**. Szlaban na telewizję - Fernsehverbot. Mieć, dostać, stawiać szlaban (na coś). *Toteż wielu rodziców (...) zatrudniało korepetytorów i stawiało szlaban na rower, piłkę i inne zajęcia uboczne.* Polityka 2001. *Na sam koniec dostałem szlaban na komórkę, kompa i telewizję.* www.thpoland.fora.pl 2006. *Prezydenccy ministrowie są mniej wyrozumiali, bo dostali od prezydenta szlaban. Od początku roku zakazał swoim ministrom uczestnictwa w wydarzeniach natury prywatno-osobistej ludzi biznesu czy ludzi mediów.* Polityka 2003. 📖 SW 1996, IS 2000, PS 2003, US 2003 ⁊1986 NSP2

szlem ♦ **Wielki Szlem** *Sport* »Gewinn der internationalen Tennismeisterschaften von Großbritannien, Frankreich, Australien u. den USA innerhalb eines Jahres durch einen Spieler; auch das Turnier selbst« - **Grandslam, Grand Slam**. *Od pierwszego Wielkiego Szlema, wywalczonego na kortach w Melbourne w wieku 16 lat, przez cztery lata na absolutnym topie, po niespodziewaną rezygnację ze sportu.* www.ozon.pl 2005. *Ja zwyciężyłam w dwóch turniejach Wielkiego Szlema, natomiast Kim przez cały rok grała niezwykle równo.* www.tenisklub.pl 2006. 📖 kein Beleg. *s. auch* **turniej** ⁊wielkoszlemowy ⊰engl Grand Slam

szmateks *m, G -u, ugs, scherzhaft* »Laden, in dem gebrauchte, meist westliche Kleidung nach Gewicht verkauft wird« - *neutral* **Secondhandladen, Secondhandshop**. Bluzka, spodnie ze szmateksu. Ubierać się, kupować w szmateksie. *Ja też się ubieram w szmateksie, ale to mi nie przeszkadza być snobem (tyle, że szmateksowym).* www.gala.onet.pl 2003. *Gazety wykorzystują w sesjach zdjęciowych ubrania ze szmateksów, a powrót do stylistyki lat siedemdziesiątych i osiemdziesiątych uczynił je ciekawym miejscem nie tylko przy okazji kompletowania garderoby na przebieraną imprezę, ale także na zwyczajne, codzienne zakupy.* doza.o2.pl 2005. 📖 PS 2003. *auch* ⁊ciucholand, ⁊lumpeks, *s. auch* ⁊second hand

szowinista[NB] *m, G -ty, Npl ~iści, abwertend* - **Chauvinist**; *ugs* **Chauvi**. Męski szowinista. *Wystarczy chwila obserwacji, kilka spojrzeń i generalnie wiem, jak powinienem do dziewczyny podejść i jak łatwo pociągnąć za żyłkę, by chwyciła haczyk. Można określić to mianem intelektualnego szowinisty. Albo wyrachowanego - interpretacja dowolna.* www.he.com.pl 2003. *Szowiniści twierdzą, że aby umilić życie mężczyźnie, Bóg stworzył kobietę.* forumwns.org.pl 2006. 📖 OiT 2001, PS 2003, US 2003

szowinistyczny[NB] *Adj* - **chauvinistisch**. Kawał, dowcip szowinistyczny. *Czas więc do lamusa odesłać stary, szowinistyczny dowcip o kobiecie informatyku, która jest jak świnka morska. Ani świnka, ani morska.* www.idg.pl 2005. 📖 PS 2003, US 2003

szowinizm[NB] *m, G -u, oder* ♦ **męski szowinizm** »Grundhaltung von Männern, nach der Frauen allein aufgrund ihres Geschlechts gering geachtet werden« - **(männlicher) Chauvinismus**. *Padłam dzisiaj ofiarą męskiego szowinizmu. Nic nie znaczący komentarz na temat możliwości kobiet za kierownicą wypowiedziany przez dwóch najbliższych mi w życiu mężczyzn.* www.studentnews.pl 2006. *Jak walczyć z szowinizmem w reklamach? W Skandynawii za seksistowskie reklamy nakłada się na firmy ogromne kary.* kobiety-kobietom.com 2005. 📖 IS 2000, PS 2003, US 2003

szrot *m, G -u, ugs* »An- u. Verkauf von Autowracks« - **Autoschrotthändler, Autoschrotthandel**. Zakup samochodu, części na szrocie. *Część samochodów na szrotach jest sprawna.* NSP2. *Szrot z częściami do Volvo.* www.klubvolvo.org.pl 2003. 📖 OiT 2001, PS 2003, US 2003 ⁊1990 PP. *auch* ⁊autoszrot ⊰dt Schrott

sztab[NB] *m, G -u, oder* ♦ **sztab wyborczy** - **Wahlkampfstab**. *PiS wygrał wybory parlamentarne i prezydenckie. W obu kategoriach musiał w sondażach gonić: najpierw PO, potem Tuska z PO. W obu na finiszu odniósł minimalne, ale zwycięstwa. Świadczy to o* *fatalnym przygotowaniu kondycyjnym sztabu Donalda Tuska.* www.szukamypolski.com 2005. *Wielka radość w sztabie wyborczym Lecha Kaczyńskiego.* wiadomosci.gazeta.pl 2005. 🕮 IS 2000, PS 2003, US 2003

sztabowiec[NB] *G ~wca, Npl ~wcy, Jargon* - »Mitglied des Wahlkampfteams; Wahlkampfberater, Wahlkampfmanager« *Koleżeński sąd dyscyplinarny PiS usunął byłego sztabowca Lecha Kaczyńskiego, Jacka K. za wypowiedź o dziadku kandydata PO na prezydenta Donalda Tuska.* ludzie.wprost.pl 2005. *Tuskowi zaszkodzili sztabowcy: grzeczni, uładzeni z każdym dniem przypominający coraz bardziej niewyraźnych demokratów.pl. (...) Wybory prezydenckie 23 października 2005 wygrali sztabowcy.* www.szukamypolski.com 2005. 🕮 kein Beleg

sztabowy[NB] *Adj v.* ↗sztab, *Jargon* - **Wahlkampfteam-, Wahlkampf-.** *Kazimierz R. zobowiązał się do realizacji opieki informatycznej nad kampanią oraz prowadzenia sztabowego sekretariatu.* www.rmsld.gda.pl 2005. *Dziękuję wszystkim moim współpracownikom sztabowym za te 40 pracowitych dni.* www.e-upr.org 2006. 🕮 kein Beleg

szyberdach [szyberdach, szyberdach] *m, G -u* »zurückschiebbarer Teil im Verdeck eines Personenkraftwagens« - **Schiebedach.** *Elektryczny szyberdach; samochód z szyberdachem. To był jego pierwszy samochód, ten polonez. Chuchał na niego i dmuchał. A to alufelgi, a to szyberdach, a to najnowszy blaupunkt z odtwarzaczem, nie żadne safari, jak u Adama.* A. Strączek, Wyznanie lekarza-łapownika, 1995 (K). *Po otwarciu szyberdachu przewietrzenie kabiny zwiększa się o 70 proc., nie powstają przeciągi i jest ciszej niż wtedy, gdy opuścimy boczne szyby.* www.gieldasamochodowa.com 2005. 🕮 SW 1996, IS 2000, PS 2003, US 2003 ✍1991 NSP2 ◂dt Schiebedach

Ś

ściana ♦ *phras* **ściana ognia** *oder* **ściana ogniowa** *Internet* »System von Programmen, das Netzwerke u. Computer vor unerwünschtem Zugriff schützt« - **Firewall.** *Zainstalować ścianę ognia. Firewall (ściana ognia) jest urządzeniem służącym do zapewnienia bezpieczeństwa dostępu sieci lokalnej podłączonej do Internetu.* www.optima.poznan.pl 2003. *Ściana ogniowa - nieudolne polskie tłumaczenie terminu Firewall.* www.internet.interia.pl 2003. 🕮 kein Beleg. *häufiger* ↗firewall, ↗zapora ogniowa/sieciowa ◂engl firewall

ściągać[NB] *ipf* / **ściągnąć** *pf, Computerjargon* »von einem (meist größeren) Computer o. aus dem Internet auf einen Arbeitsplatzcomputer übertragen« - **herunterladen, downloaden.** *Ściągnąć coś z Internetu - etw. aus dem Internet herunterladen. Ściągnąć program, plik. Zanim zaczniemy ściągać plik do siebie, musimy znać dokładnie zarówno adres komputera, na którym ten plik się znajduje, jak i jego położenie i nazwę.* www.biz.net.pl 1996. *Kolejny program p2p dzięki któremu możesz ściągać nowe mp3 za darmo!* www.mp3.dlakazdego.pl 2003. 🕮 kein Beleg. *s. auch* ↗pobierać

ściema *f, Jugendsprache* - »Schwindel, Betrug« *No wiadomo, że horoskopy to ściema (...).* www.forumzn.fora.pl 2006. *Wielka ściema!!! Nie idźcie na kursy. Uczelnie tylko zdzierają kasę, a więcej materiału przerobicie w domu.* kiosk. onet.pl 2006. *6 listopada w poznańskich uczelniach rozpocznie się kontynuacja zeszłorocznej akcji „Demokracja to nie ściema". Tym razem studenci ze Studenckiego Koła Naukowego (...) namawiają swoich kolegów do spełnienia obowiązku obywatelskiego, jakim jest oddanie głosu w wyborach samorządowych.* www.marketing-news.pl 2006. 🕮 kein Beleg

ściemniacz *m, G -a, Npl -e* **1** »Helligkeitsregler« - **Dimmer.** *Ściemniacz dotykowy, obrotowy; wyłącznik ze ściemniaczem. Zamiast zwykłego włącznika jednobiegunowego można zamontować ściemniacz, który umożliwia regulację natężenia światła.* dom.gazeta.pl 2003. *Zadaniem prezentowanego ściemniacza jest włączanie i wyłączanie światła oraz płynna regulacja jego natężenia.* www.sklep.e-system. com.pl 2006. 🕮 PS 2003, US 2003 **2** *Jugendsprache, Jargon* - »jd., der Halbwahrheiten erzählt, schwindelt« *Tak, tak... świat jest pełen ściemniaczy i ściemniaczek, powtarza zawsze kolega od ludzika. (...) Tak czy owak - ściemniacze wszystkich krajów - łączcie się.* fascynacje. blog.onet.pl 2005. *Nie odbieramy także telefonów*

zastrzeżonych. Mamy dość już ściemniaczy i prosimy o kontakt tylko bardzo poważnych Panów. www.eroskop.pl 2006. 📖 PS 2003
ściemniać[NB] *ipf, Jugendsprache, ugs* - »über etw. wenig präzise u. sehr allgemein reden, um die Fakten zu verschleiern« *Nie wierzę ci, coś ściemniasz.* US. *Facet w sklepie powiedział mi, że karta będzie działać z 50% jej mocy, ale wydaje mi się, że ściemniał.* www.nvision.pl 2004. 📖 SW 1996, PS 2003, US 2003
ścieżka[NB] *f, oder* ♦ **ścieżka dźwiękowa** »Musik, Ton, die für einen Film, eine Aufführung o. eine Sendung (auf einer Tonspur) aufgenommen wurde« - **Soundtrack, Filmmusik**. *Ścieżka dźwiękowa filmu, widowiska. Posłuchać ścieżki dźwiękowej, opracować ścieżkę dźwiękową. Film szybko zapominamy, ale ścieżka dźwiękowa pozostaje na długo w pamięci.* IS. 📖 IS 2000, PS 2003, US 2003
ścieżka[NB] *f oder* ♦ **ścieżka edukacyjna** *Hochschulwesen* - **Schwerpunkt, Spezialisierung (im Rahmen eines Studienganges)**. *Studia europejskie, obecnie rozbite na setki rozlicznych specjalizacji i ścieżek, prawdopodobnie od przyszłego roku akademickiego zostaną wprowadzone na kilku większych uniwersytetach jako odrębny kierunek (...).* Polityka 2003. *Studia zaoczne, pięcioletnie magisterskie; ścieżka: pielęgniarstwo społeczne.* www.uw.edu.pl 2001. 📖 PS 2003
ślub ♦ **ślub konkordatowy** *oder* **wyznaniowy** »kirchliche Eheschließung, die aufgrund des Konkordats zugleich auf Antrag zivilrechtliche Geltung erlangt« - **Konkordatsehe**. *Od lipca 1998 roku (po podpisaniu ustawy konkordatowej przez Polskę i Stolicę Apostolską) wystarczy zawrzeć związek małżeński w kościele oraz dopełnić kilku formalności, aby był on uznawany przez polskie prawo.* www.waszewesele.pl 2006. *Większość par, pragnących zawrzeć związek małżeński, decyduje się na zawarcie związku wyznaniowego ze skutkami cywilno-prawnymi (czyli na tzw. ślub konkordatowy).* www.wadowita.pl 2005. 📖 kein Beleg. *auch* małżeństwo konkordowe *oder* wyznaniowe

śmieciarz[NB] *m, G -a, ugs* »jd., der Müllhalden o. Mülltonnen nach Verwertbarem durchsucht« - **Müllmensch**. *Obdarty śmieciarz. Miejscowe władze, szacując, że śmieciarze, grzebiący w odpadkach, zbierają miesięcznie około 1,2 tysiąca ton materiałów, nadających się do recyklingu (...), zaczęły im płacić za zbiórkę.* www.nowe-panstwo.pl 2002. 📖 Supl 1994, SW 1996, IS 2000, US 2003. *auch* ↗nurek
śmierć ♦ *phras* **biała śmierć**[NB] *verhüllend* - »Drogen, insbesondere Kokain« *Handlować białą śmiercią. Funkcjonariusze brytyjskich służb celnych rozważają wytrenowanie grupy świń - „wąchaczy" do wykrywania narkotyków w portach, na lotniskach i na statkach, a także wszędzie tam, gdzie prowadzona jest walka z handlarzami „białą śmiercią".* NSP2. 📖 SW 1996, IS 2000, PS 2003, US 2003 ✎1991 NSP2. *s. auch* ↗dragi
♦ **zagłaskać kota** *oder* **kogoś na śmierć** *s.* **zagłaskać**
śmieszki *nur im Pl, Internet* »Emoticons in Form eines kleinen, stilisierten, um 90 Grad gegen den Uhrzeigersinn gedrehten Gesichtes« - **Smileys**. *Innym zjawiskiem spotykanym w przesyłkach poczty elektronicznej są tzw. śmieszki lub buźki (ang. smileys). Są to znaczki, ułożone z liter oraz innych znaków (np. kropek, przecinków, dwukropków), służące do wyrażania nastrojów, uczuć i emocji.* www.esculap.pl 2003. 📖 kein Beleg. *auch* ↗smiley, *s. auch* ↗emotikon ◁engl smiley
środowisko ♦ **przyjazny środowisku, dla środowiska** *s.* **przyjazny**

T

tabasco [tabasko] *n, indekl* »sehr scharfe Würzsoße aus roten Chillies; auch die Chillisorte selbst« - **Tabasco(soße)**. *Czosnek, zioła lub cebula, jajka, bułka tarta, musztarda, sok z cytryny, sos sojowy, tabasco - to dobre dodatki do mięsa.* Wysokie Obcasy 2000 (K). ⌑ OiT 2001, PS 2003, US 2003 ◄nach dem mexikanischen Bundesstaat Tabasco

tablet *m, G -u, oder* ♦ **tablet PC** *Computer* »flacher PC, bei dem die Eingaben per Stift o. Finger direkt auf dem Bildschirm getätigt werden« - **Tablet-PC**. *Uniwersalność peceta, mobilność notebooka, dotykowy ekran jak w palmtopach - to tylko nieliczne cechy, którymi można opisać tablety PC. (...) Klawiatura przestała być elementem nieodzownym.* www.chip.pl 2003. *Apple posiada już w pełni działający prototyp tabletu (...). Tablet współpracuje z nową generacją bezprzewodowych słuchawek Apple.* itbiznes.pl 2006. *Ten zupełnie nowy tablet PC firmy Acer jest wyposażony w opatentowany, jedyny w swoim rodzaju mechanizm przesuwny, umożliwiający przekształcenie tabletu w notebooka.* www.xmobile.pl 2005. ⌑ kein Beleg ◄engl

tabletka ♦ **tabletka wczesnoporonna** *s.* **wczesnoporonny**

tabletowy *Adj v.* ↗**tablet**, *Computer* - als Kompositumglied **Tablet-**. Komputer, długopis, rysik, rysunek tabletowy. *Ekran przykryto specjalną powłoką, umożliwiającą pracę z tabletowym rysikiem.* www.semestr.pl 2006. *Klątwa tabletowego długopisu prześladuje widocznie firmę Genius, bo znów projektanci umieścili przyciski w niedostępnym miejscu.* www.frazpc.pl 2005. ⌑ kein Beleg

tabloid *m, G -a, Medien* **a)** »kleinformatige Zeitung mit leicht konsumierbaren Informationen« - **Tabloid**, (kleinformatiges) **Boulevardblatt**. *Czy nowe tabloidy podbiją polski rynek?* wiadomosci.wp.pl 2005. *Jeśli nie istniejesz w tabloidach, to tak jakbyś nie żył. To zasada współczesnego show-biznesu.* www.wprost.pl 2005. ⌑ PS 2003 ♦ **internetowy tabloid** »Internetmagazin, -portal mit leicht konsumierbaren Informationen« - **Internet-Tabloid, Tabloid-Portal, Tabloid-Magazin**. *Dlatego onet.pl coraz bardziej wygląda nie jak portal, ale jak tabloid internetowy, taka internetowa kopia Superexpresu czy Faktów.* www.wizaz.pl 2006. ⌑ kein Beleg ♦ **telewizyjny tabloid** - **TV-Tabloid, Tabloid-Sender, -Kanal**. *1 września miała wystartować Superstacja, telewizyjny tabloid, dystrybuowany drogą satelitarną i kablową. Telewizja chce przyciągnąć widzów tanią sensacją.* www.filmweb.pl 2006. ⌑ kein Beleg **b)** »Erscheinungsformat einer Zeitung, das etwa der Hälfte des bisher üblichen Zeitungsformats entspricht« - **Tabloid; Tabloidformat**. *Tendencja do zmiejszania formatów dotknęła najpierw brytyjskie dzienniki, jak „The Times", „The Independent" i „The Guardian". (...) Zmieniają one swoje duże, nieporęczne formaty na tabloid (jak „Gazeta Wyborcza") lub „berlinkę" (jak francuski „Le Monde").* mediacafepl.blogspot.com 2006. ⌑ kein Beleg ◄engl

tabloidowy *Adj v.* ↗**tabloid**, *Medien* **a)** *auch* **tabloidalny** *Adj* »Tabloid betreffend; auch übertragen: vereinfachend, seicht, reißerisch« - **Tabloid-**. Styl, tytuł tabloidowy; prasa, polityka tabloidowa. *Tymczasem w kioskach zadebiutował Nowy Dziennik. Kosztuje niedużo, jest mniej tabloidowy od Faktu i mniej poważny od Wyborczej.* gry.imro.pl 2005. *Bohaterem gazety staje się półtoraroczny Marcel N., któremu lekarze w Katowicach odmówili pomocy. Relacja z tego zdarzenia, zamieszczona na czołówce, jest przykładem dziennikarstwa typowo tabloidalnego (czarno-biały obraz świata, skupienie się na tragedii pojedynczego, konkretnego, bezbronnego człowieka, granie emocjami).* 5wladza.blogspot.com 2006. ⌑ kein Beleg **b)** »das Tabloidformat betreffend« - **Tabloid-; im Tabloidformat**. *Rzeczpospolita zmieni format na tabloidowy?* www.mediarun.pl 2006. *Ponieważ połowa gazet ma format tabloidowy, brytyjski sektor prasowy jest podzielony na trzy rynki: ‚jakościowy', ‚pośredni' i ‚popularny'. Wszystkie ‚popularne' i ‚pośrednie' gazeta są tabloidami.* www.samorzad.uw.edu.pl 2006. ⌑ kein Beleg

taczerysta, taczeryzm *s.* **thatcherysta, thatcheryzm**

taekwondo, taekwon-do, tekwondo [tekuondo] *n, indekl, Sport* »dem Karate ähnliche koreanische Kampfsportart« - **Taekwondo**. Mistrz, specjalista, trener, zawodnik taekwondo; mistrzostwa, zawody (w) taekwondo; czarny pas w taekwondo. Uprawiać taekwondo. *Taekwon-do uczy szacunku dla przeciwnika i dla siebie, kształtuje wolę zwycięstwa i sprawność fizyczną, ale uczy też, żeby nie szafować swoją siłą bez potrzeby.* Gazeta Wrocławska 1999 (K). *Do następnych olimpiad niczego zapewne z programu nie usuniemy, za to pojawią się konkurencje nowe. Choćby tekwondo, demon-*

strowane w Seulu (...). NSP2. PS 2003 ⌕1988 NSP2 ◁korean

tai chi, tai-chi [taj czi] *oder* **taiji** [tajci] *n, indekl* »(aus einer chinesischen Technik der Selbstverteidigung hervorgegangene) Abfolge von Übungen mit langsamen, fließenden Bewegungen von meditativem Charakter« - **Tai-Chi.** Kurs, mistrz tai chi; mistrzostwa w tai chi. Uprawiać tai chi. *Tai chi to system opracowanych w XI wieku w Chinach harmonijnych, powolnych ruchów, pozytywnie wpływających na poprawę i utrzymanie zdrowia fizycznego i psychicznego.* www.taichi.pl 2003. *Ćwiczenia taiji angażują całe ciało i umysł.* www.dojrzewalnia.pl. 2006. PS 2003 ◁chin

talasoterapia, thalasoterapia *f* »Heilmethode, die die günstige Wirkung des Meeres auf den menschlichen Organismus ausnutzt« - **Thalassotherapie.** Poddawać się talasoterapii. *Zabiegi z zakresu talasoterapii obejmują między innymi: bicze wodne, kąpiele w wodzie morskiej oraz gimnastykę w wodzie.* PS. *Odkąd odkryto zalety wód termalnych, wody morskiej i alg, moda na thalasoterapię, czyli leczenie wodą, nie przemija.* Sukces 2003. Supl 1994, PS 2003, US 2003

talerz[NB] *m, G -a, ugs* »Parabolantenne zum Empfang von Programmen des Satellitenfernsehens« - **(Satelliten)schüssel.** Zainstalować talerz na domu. *Jak ustawić talerz na dwa satelity?* www.elektroda.pl 2006. *Talerz działa jak lustro. LNB widzi sygnał z satelity, odbity od talerza.* sci.pam.szczecin.pl 2006. IS 2000, PS 2003, US 2003 ⌕1991 NSP2

talib *m, G -a, meist im Pl* **talibowie** »Angehöriger einer radikal-islamischen Gruppierung, die sich um 1993 formierte u. in Afghanistan bis 2001 die Macht ausübte« - **Taliban.** Duchowny przywódca talibów. *Rządzący Afganistanem talibowie ogłosili w poniedziałek, że zaczęli wysadzać w powietrze monumentalne posągi Buddy w Bamjanie.* Metropol 2001 (K). SW 1996, PS 2003, US 2003

talk show, talk-show [tok szoł] *m, indekl* - **Talkshow.** Radiowy, telewizyjny talk show. Prowadzić talk show; wystąpić w talk show; zaprosić kogoś do talk show. *W takich zwierzeniach produją najchętniej Amerykanie, zwłaszcza kiedy mogą sprzedać swoje łóżkowe kłopoty w talk show na oczach milionowej widowni.* Cosmo 2000 (K). *O to właśnie zapytał ją także amerykański spec od talk-show, David Letterman.* Sukces 2002. SW 1996, IS 2000, PS 2003, US 2003 ◁engl

tanoreksja *f, Medizin* »krankhafte Neigung, sich (im Solarium) zu bräunen« - **Bräunungssucht, Tanorexie.** Cierpieć na tanoreksję; uwolnić się od tanoreksji. *Pierwszy raz termin „tanoreksja" pojawił się w prasie brytyjskiej w 1996 roku wraz z alarmującymi informacjami na temat wzrastającej liczby osób uzależnionych od opalenizny. Podobnie jak anoreksja, tanoreksja często występuje wśród młodych, wykształconych i pracujących osób, zarówno u kobiet, jak i mężczyzn.* PWN-Korpus. OiT 2001, PS 2003

tanorektyczka *f* »zwanghaft nach Sonnenbräune strebende Frau« - **Tanorektikerin.** *Tanoreksja - brzmi groźnie, i słusznie. Jest to bardzo niebezpieczne uzależnienie, wręcz choroba. Polega na nałogowym opalaniu się w solariach. (...) Podobnie jak anorektyczka, która myśli, że jest za gruba, tak tanorektyczka, że jest za blada.* www.epacjent.pl 2004. PS 2003

tapeta[NB] *f* **1** *ugs, abwertend* »grelles, dick aufgetragenes Make-up« - **(dicke) Tünche.** *Jennifer Lopez ma świetnie zrobiony makijaż i dlatego wszystkim panom ten film polecam (oczywiście, niech zabiorą swoje panie, żeby sobie mogły zobaczyć jak wygląda ładny makijaż, ale nie tzw. „tapeta").* www.kinoman.pl 1998. IS 2000, PS 2003, US 2003. *auch* ↗tynk
2 *Computerjargon* »Hintergrund eines Computerbildschirms, auf dem sich Icons verschiedener Programme befinden« - **(Bildschirm)hintergrund, Wallpaper.** Tapeta na komórkę - Handy-Hintergrund(bild), Handy-Wallpaper. Tapeta na pulpit; tapeta z deseniem, z krajobrazem. Zmienić, usunąć tapetę; ściągnąć tapetę z Internetu. *Również tę tapetę ściągnąłem sobie z Internetu.* PS. *Wallpaper: Kliknij w obrazek, a pojawi się tapeta, która będzie mogła zdobić Twój pulpit.* www.olsensiters.boo.pl 2004. PS 2003. *vgl. auch* ↗wygaszacz ekranu

tapeta ♦ *phras* **brać/wziąć** coś **na tapetę** *ugs* »eine Sache in den Mittelpunkt des Interesses u./o. der Tätigkeit rücken, um sie zu ordnen bzw. zu erledigen« - etw. **aufs Tapet bringen,** etw. **zur Sprache bringen.** *Skończmy najpierw z jednym, a potem bierzemy tamtą sprawę na tapetę.* PP. *Jako pierwszy na tapetę weźmy ranking „Perspektyw" i „Rzeczpospolitej", w którym to nasza uczelnia zajmuje 58 miejsce.* www.wsp.krakow.pl 2004. PSF 2000, PS 2003, US 2003 ⌕1987 PP

tapetować się *ipf, v.* ↗tapeta, *ugs, abwertend* »sich übertrieben stark schminken« - **(dicke) Tünche auftragen.** *Ona oczywiście woli się tapetować i stroić w skóry węża. Daltonistka jedna.* www.wrzuty-na-lodziary.blog 2003. *E tam „tapeta", my kobiety lubimy się tapetować.* www.plfoto.com 2004. IS 2000

taśma ♦ *phras* **rzutem na taśmę** *s.* **rzut**
taxi ♦ **taxi radio** *s.* **radio taxi**
team[NB] [tim] *m, G -u* - **Team, Gruppe, Mannschaft.** Doborowy, świetny team; team kierowniczy, team fachowców. Stanowić zgrany

team; dołączyć do teamu. *Projekt wykonywany przez nasz team dotyczy problemu wizualizacji pola elektrycznego w pewnej przestrzeni.* www.bogodesign.net 2002. ▭ Supl 1994, SW 1996, IS 2000, PS 2003, US 2003 ◄engl

technika ♦ **technika wideo, wideotechnika** *f* - **Videotechnik**. Profesjonalna technika wideo. Stosować technikę wideo. *Mimo że od czasu realizacji „Tanga", „Orkiestry" i „Schodów" technika wideo poszła do przodu, w filmach tych uderza ich mistrzostwo techniczne i formalna wirtuozeria.* www.dziennik.com 2003. *Dzięki możliwości wykorzystania koloru, grafiki, animacji, dźwięku oraz wszystkich współczesnych środków wideotechniki możemy tworzyć realne warunki działania ucznia.* www.oeiizk.edu.pl 2001. ▭ kein Beleg

techno-[NB] *erstes Glied in Zusammensetzungen in der Bedeutung* ,Technomusik' - **Techno-**. Technoklub, technoparty. ▭ IS 2000, OiT 2001

techno *n, indekl, Musik* »elektronische, von besonders schnellem Rhythmus bestimmte Tanzmusik (besonders in Diskotheken), die in den 1980er Jahren entstanden ist« - **Techno**. Tańczyć przy techno; grać, słuchać techno. *Jeśliby więc szukać dźwiękowego komentarza do lat 60., to niespokojny jazgot Hendriksowskiej gitary pasowałby do tego idealnie. Tak jak do kolejnych dekad przystawali cukierkowi wykonawcy z dyskotek, później zbuntowani punkowcy, dziś gniewni raperzy z jednej strony, a z drugiej często anonimowi twórcy techno.* Polityka 2000 (K). ▭ SW 1996, IS 2000, PS 2003, US 2003 ◄engl

techno *nachgestellt in adjektivischer Funktion, indekl, Musik* - **Techno-**. Impreza, dyskoteka, kompozycja, kultura, moda, muzyka, parada, rytm, scena techno. *Ten romans epoki techno, niczym uwspółcześniona wersja powieści Fleszarowej-Muskat czy Siesickiej, pozwala odpowiedniej grupie wiekowej czytelników przeżywać miłosne perypetie.* Polityka 2001. ▭ SW 1996, IS 2000, PS 2003, US 2003

technoklub *m, G -u, Jargon* »Lokal, in dem Technomusik gespielt wird« - **Technoclub, Raveclub**. *W większości polskich technoklubów co weekend młodzi ludzie tłoczą się przez całą noc w małych pomieszczeniach.* SW. *Każda ulica jest inna, może Twoja jest bardziej kulturalna, nie wiem. Zauważ jednak, że w „Poniedziałku" nie ma kawiarni i technoklubów, jest zapadła dziura i fabryka azbestu, podobnie jak, powiedzmy, w gorszych dzielnicach Łodzi.* Cinema 1999 (K). ▭ SW 1996, PS 2003, US 2003

technokultura *f, Jargon* »auf der Grundlage der Technomusik entstandene Jugendkultur in den 1980er u. 1990er Jahren« - **Technokultur**. Zwolennicy, przeciwnicy, fanatycy technokultury. *Ekspansja technokultury w wiele dziedzin naszego życia jest niemalże namacalna. Głównym ośrodkiem technicznego szaleństwa są oczywiście techno parties, na których ludzie zapominają o swoich problemach i łączą się w jedną całość.* www.djf1.w.interia.pl 2004. ▭ PS 2003

technoman *m, G -a, Npl ~i, auch* **technowiec** *m, G ~wca, Npl ~wcy, ugs* »Anhänger der Technomusik« - **Technoman, Technoanhänger**. Bezideowość, antyideowość, kultura technomanów. *W początkach lat 90. takiej muzyki było sporo i na pewno każdy starszy technoman poczuje beat sprzed lat, lecz w naszych czasach jest to zaledwie namiastka muzyki.* www.gry.wp.pl 1998. *(...) dużo „technowców" tańczących całą noc w klubach odwodniło swój organizm, co wielokrotnie już wymagało natychmiastowej pomocy lekarskiej.* www.kielce.kwp.gov.pl 2004. ▭ SW 1996, PS 2003, US 2003 ◄engl

technoparada, techno-parada, parada techno *f* »Umzug der Technoanhänger« - **Technoparade;** *(bes. in Berlin)* **Loveparade**. Pójść na technoparadę; wziąć udział w technoparadzie. *Zdania Łodzian na temat technoparady są podzielone.* www.wiadomosci.tvp.pl 2003. *W pierwszej techno-paradzie w Gorzowie (a kto wie, czy nie pierwszej w Polsce?) wzięło udział ponad tysiąc osób.* Arsenał Gorzowski 1998 (K). *W Łodzi po raz pierwszy od 6 lat nie odbędzie się parada techno.* www.kfl.ho.pl 2003. ▭ kein Beleg

technoparty *n, indekl* - **Technoparty**. Zabawa na technoparty. Pójść na technoparty. *Muzyki techno najlepiej słucha się na technoparty, bo żaden domowy zestaw nagłośnieniowy nie jest w stanie oddać jej w pełni - potrzebuje ona ogromnej głośności, mocy i przestrzeni.* SW. ▭ SW 1996, PS 2003, US 2003 ◄engl

technowiec *s.* **technoman**

teczka ♦ *phras* **czarna teczka** *ugs* - »kompromittierende Dokumente« *Czarna teczka SLD. SLD uważa, że inwigiluje go policja. MSWiA zapewnia, że tropi przestępców, nie polityków.* www.zycie.com.pl 2000. ▭ US 2003

♦ *phras* **mieć, prowadzić, założyć teczkę** (na kogoś) *ugs* - »gegen jd. kompromittierende Dokumente haben o. sammeln« *Na każdego prowadzono jakąś teczkę, na mnie też. Powiedziałem potem, kiedy chciano mi ją pokazać: zostawcie, nawet oglądać jej nie chcę i zostawiłem.* T. Torańska, Oni, 1997 (K). *Przyszli po cywilnemu. Trzymali go na dołku razem z kryminalistami, żeby skruszał. Potem przesłuchania, typowe esbeckie metody: - Panie Janku, tu jest teczka na pana! Wszystko o panu wiemy! Dostanie pan trzy lata, może pięć...*

M. Miller, Pierwszy milion, 1999 (K). 📖 SW 1996, IS 2000, PS 2003, US 2003

♦ *phras* **przywieźć, przynieść** (kogoś, *selten* coś) **w teczce** *ugs* - »einen fertigen, von außen kommenden Kandidaten für einen höheren Posten präsentieren; eine fertige Lösung mitbringen« *Po pierwsze, kandydata można przywieźć w przysłowiowej teczce, gdyż nie musi on mieszkać na terenie, na którym ma kandydować.* www.mariuszroman.pl 2002. *Pewnie skończy się tak, jak z autostradami - ktoś z zewnątrz będzie musiał przywieźć w teczce gotowy projekt i go zrealizować.* www.korkonet.i7.pl 2004. 📖 IS 2000, PS 2003, US 2003

♦ *phras* (ktoś) **z teczki** *ugs* - »(jd.) von außen, nicht aus dem jeweiligen Milieu kommend« *Kandydat, dyrektor z teczki. Nadal nie wiadomo, kto od 1 września będzie dyrektorem Szkoły Podstawowej w Szafarni w gminie Radomin. (...) Rodzice zapowiadają, że nie wpuszczą do szkoły dyrektora z teczki.* www.szafarnia.art.pl 2003. 📖 kein Beleg ∥Bogusławski/Wawrzyńczyk 1993

teczkomania *f v.* ↗teczka, *Politik* »manische Ausrichtung aller Bemühungen auf die Aufdeckung einer Zusammenarbeit bestimmter Personen mit der kommunistischen Staatssicherheit« - **Aufklärungs-, Enthüllungswut; Lustrationsfuror.** *Teczkomania to groźna choroba, przejawiająca się sianiem absurdalnej nienawiści; jej społeczne skutki będą przerażające.* www.redtram.pl 2006. *Teczkomania doszła do tego, że żaden z historyków obozu establishmentowego nie jest w stanie pisać o historii bez odwołania się do zawartości archiwów SB.* www.super24.pl 2006. 📖 kein Beleg

teczkomaniak *m, G -a, Npl ~acy, v.* ↗teczkomania, *Politik* - **Lustrationsfanatiker, -besessener, Aufklärungsfanatiker.** *Teraz postępujesz jak typowy teczkomaniak, coś wiesz, ale nie powiesz (...).* passent.blog.polityka.pl 2006. *Teczkomaniacy, wśród nich Ryszard B. i Krzysztof W., z pomocą zasobów IPN chcą zniszczyć autorytet Kościoła.* www. trybuna.com.pl 2006. 📖 kein Beleg

teczkowy *Adj v.* ↗teczka *Politik* »im Zusammenhang mit der Aufklärung einer Zusammenarbeit mit der kommunistischen Staatssicherheit stehend« *Teczkowy szał, festiwal, atak. Atak teczkowy ma doprowadzić do spętania rąk dwóm najważniejszym osobom w państwie.* www.trybuna.com.pl 2005. *Tak zwane elity opanowała nad Wisłą epidemia teczkomanii, amok teczkowy i szaleństwo teczkowe na raz. (...) już pojawiły się donosy i podszepty o kolejnych hierarchach, którzy rzekomo też mieli współpracować z komunistyczną SB.* www.networkpl.com 2007. *To był teczkowy zamach stanu.* www.biznetnet.pl 2006. *Dlatego mamy dzisiaj kryzys „teczkowy" na najwyższych szczeblach naszego Kościoła, który musiał rozwiązać dopiero sam papież Benedykt XVI.* www.tyna.info.pl 2007. 📖 kein Beleg

tekster *m, G -a, Npl ~rzy, Jargon, selten* »jd., der (berufsmäßig) Werbe- bzw. Anzeigentexte verfasst« - **Texter, Werbetexter, Anzeigentexter.** *Pracownik warszawskiej agencji ABC zdobył tytuł najlepszego tekstera roku. PS. Podczas zajęć (...) uczestnicy poznają podstawowe techniki i zasady tworzenia haseł, scenariuszy oraz tekstów reklamowych. Każdy będzie mógł wczuć się w rolę copywritera, rozwiązując zadania, z którymi na codzień zmagają się zawodowi teksterzy w agencjach reklamowych.* www.praktis.com.pl 2004. 📖 PS 2003, US 2003

tekwondo *s.* **taekwondo**

telebim, telebeam [telebim] *m, G -u* »großer (Fernseh)bildschirm, der meist bei Großveranstaltungen verwendet wird u. das Geschehen auf der Bühne o. dem Podium vergrößert wiedergibt« - **Videoleinwand; Großbildschirm.** *Na olbrzymim telebimie umieszczonym na rynku w Manufakturze kibice będą mogli obejrzeć wszystkie 64 mecze piłkarskich mistrzostw świata w Niemczech.* wiadomosci.o2.pl 2006. 📖 SW 1996, IS 2000, PS 2003, US 2003 ∥1989 NSP2

teleclip *s.* **teledysk**

teledebata *f -* **Fernsehdebatte.** *Przedwyborcza teledebata. Wziąć udział, uczestniczyć, wystąpić w teledebacie. Poniedziałkowa teledebata przed niedzielnymi wyborami prezydenckimi na Ukrainie przekształciła się w ostre starcie między premierem Wiktorem Janukowyczem i prozachodnim liderem opozycji Wiktorem Juszczenką.* www.dziennik.pap.pl 2004. 📖 kein Beleg

teledysk *m, G -u, selten* **(tele)clip** *m, G -u* »kurzer Videofilm zu einem Titel der Popmusik o. über eine Person o. Sache« - **Videoclip.** *Teledysk piosenkarza, zespołu. Nagrywać, nakręcić, przygotowywać, realizować teledysk. Maciej S., z wykształcenia fotografik i operator, jeszcze podczas studiów zebrał wiele nagród za krótkie filmy. Robił teledyski i reklamówki, ale za swój główny zawód uważa pisanie scenariuszy.* Twój Styl 2000 (K). 📖 Supl 1994, SW 1996, IS 2000, PS 2003, US 2003 ∥1989 NSP2. *auch* ↗**klip**, ↗**wideoklip**

teledyskowy *Adj v.* ↗teledysk - **Videoclip-.** *Mój sceniczny czy teledyskowy obraz nie ma nic wspólnego z panującą modą.* SW. 📖 SW 1996, PS 2003 ∥1987 NSP2. *auch* ↗**wideoklipowy**

telefon ♦ **telefon bezprzewodowy - schnurloses Telefon.** *Do sprzedaży trafił nowy bezprzewodowy telefon Siemens Gigaset AS140.* www.ultraphon.pl 2006. 📖 PS 2003 ∥1988 NSP2

♦ **telefon internetowy, telefon VoIP** »Telefon, das an das Internet angeschlossen wird u. bei dem die Gespräche mit Hilfe des VoIP-Verfahrens geführt werden« - **Internet-Telefon, VoIP-Telefon.** *Czym jest internetowy telefon? Najprościej mówiąc jest to oprogramowanie, które pozwala na połączenie się z dowolnym użytkownikiem Sieci, dysponującym analogicznym oprogramowaniem i prowadzenie z nim normalnej rozmowy za pomocą głosu. (...) Niestety dużą wadą telefonu internetowego jest niewygodny sposób nawiązywania połączeń.* www.cyber.com.pl 1997. ⌕ kein Beleg

♦ **telefon komórkowy - Handy, Mobiltelefon, mobiles Telefon.** Zadzwonić na telefon komórkowy, z telefonu komórkowego. *Docierają do mnie sygnały, że do niektórych dzielnicowych nie można się dodzwonić. Przypomnę jednak, że telefon komórkowy nie jest telefonem do łączności alarmowej.* Gazeta Wrocławska 2000 (K). ⌕ PS 2003, US 2003 ∥1988 NSP2. *s. auch* ↗komórka

♦ **telefon na kartę** »Mobiltelefon mit wieder aufladbarer Telefonkarte« - **Kartentelefon, Prepaidhandy, Prepaid.** *Telefon na kartę to bardzo elastyczne rozwiązanie, ponieważ płaci się za tyle, ile się używa.* www.justlanded.com 2006. *Szybko i bezpiecznie doładuj telefon na kartę w sieci Plus GSM.* simplus.kody.gsm.pl 2006. ⌕ kein Beleg. *s. auch* ↗prepaid

♦ **telefon stacjonarny - Festnetztelefon; Festnetzanschluss.** Rozmowy, SMS-y z telefonu stacjonarnego. *Ciągły wzrost opłat abonamentowych spowodował, że wiele osób rezygnuje ze stacjonarnych telefonów na rzecz telefonów komórkowych.* PS. ⌕ PS 2003, US 2003

♦ **telefon VoIP** *s.* **telefon internetowy**

telefonia[NB] *f* »Sprachkommunikation per Telefon« - **Telefonie.** Telefonia stacjonarna, przewodowa - Festnetztelefonie. Telefonia analogowa, cyfrowa, internetowa, międzymiastowa, krajowa, międzynarodowa, światowa. *Jako pierwsi w Polsce oferujemy zintegrowany pakiet usług, na który składają się: telefonia stacjonarna, telewizja kablowa oraz szerokopasmowy dostęp do Internetu.* PWN-Korpus 2000. ⌕ SW 1996, IS 2000, PS 2003, US 2003

♦ **telefonia internetowa, telefonia VoIP** »Telefonieren über das Internet auf der Grundlage des Internetprotokolls« - **Internet-Telefonie, DSL-Telefonie, VoIP(-Telefonie).** *Coraz więcej osób wybiera telefonię Internetową (dla przypomnienia jest to technologia sieciowa, która umożliwia przesyłanie słów przez Internet...).* www.akonet.pl 2005. *Telefonia VoIP jest również przeznaczona dla Ciebie. Małe bramki VoIP łatwo (...) podłączysz do zwykłego telefonu.* www.vincom.pl 2006. ⌕ kein Beleg. ≺engl VoIP = Voice over Internet Protocol

♦ **telefonia komórkowa** »Funktelefonverkehr zwischen mobilen o. zwischen mobilen u. festen Stationen« - **Mobilfunk(netz).** *Telefonia komórkowa od 11 lat swojego istnienia zyskała dziś około miliarda użytkowników na całym świecie.* www.sep.com.pl 2004. ⌕ SW 1996, IS 2000, PS 2003, US 2003

♦ **telefonia stacjonarna** »Telekommunikationsnetz über das herkömmliche drahtgebundene Telefonnetz« - **Festnetztelefonie.** *Mimo, że liczba użytkowników telefonii komórkowej w Polsce dawno już przekroczyła liczbę abonentów telefonii stacjonarnej, to nadal ok. 70% wszystkich rozmów odbywa się w sieciach stacjonarnych.* www.republika.pl 2005. ⌕ PS 2003

♦ **telefonia VoIP** *s.* **telefonia internetowa**

telegazeta *f, selten* ♦ **gazeta telewizyjna** »eine Art Teletext, die aktuelle Informationen u. Werbung enthält« - **Telezeitung.** Redakcja telegazety. Umieścić aktualne informacje, reklamę w telegazecie. *Telegazeta - popularna forma teletekstu, zawierająca aktualne informacje społeczno-polityczne, gospodarcze, kulturalne, religijne oraz ogłoszenia.* www.wiem.onet.pl 2003. *Ponad 52% gospodarstw domowych w Polsce ma możliwość odbierania gazety telewizyjnej.* www.masterplan.com.pl 1999. ⌕ Supl 1994, SW 1996, IS 2000, PS 2003, US 2003 ∥1988 NSP2. *auch* ↗teletekst

telekom *m, G -u, Npl -y* - **Telekom, Telekommunikationsgesellschaft.** *Duże telekomy chcą opóźnić wprowadzenie taniego dostępu do Sieci.* www.biznesnet.pl 2006. *Jak bankructwo WorldComu wpłynie na kondycję europejskich telekomów?* Gazeta Wyborcza 2002. ⌕ kein Beleg

teleman *s.* **telemaniak**

telemania *f* - **Fernsehsucht, Telemanie.** Zjawisko telemanii. Popaść w telemanię. *Moja determinacja bierze się z obawy, że przyzwalając na oglądanie wszystkiego, przegapię moment, kiedy dzieci popadną w telemanię i szkody (rozpad więzi rodzinnych, niechęć do szukania ambitniejszych rozrywek) staną się nieodwracalne.* Wysokie Obcasy 2000 (K). ⌕ SW 1996, PS 2003, US 2003

telemaniak *m, G -a, Npl ~acy, ugs, seltener* **teleman** *m, G -a, Npl -i* »Fernsehliebhaber, der einen Großteil seiner Zeit mit Fernsehen verbringt; auch Fernsehsüchtiger« - **Fernsehfan, Fernsehverrückter;** *Jargon* **Fernsehjunkie.** *Nałogowy telemaniak, podobnie jak palacz papierosów, wstaje razem z telewizorem, ogląda wszystkie programy po kolei, gotuje obiad, spożywa posiłki.* www.opoka.org.pl 2003. *W zależności od wskazywanej tendencji korzystania z różnych form mediów możemy* *wyróżniać odbiorców o różnych orientacjach, na przykład kinomani, telemani (...).* T. Globan-Klas, Media i komunikowanie masowe 2000 (K). ⌨ SW 1996, PS 2003, US 2003

telemarket *s.* **telesklep**

telemarketer *m, G -a, Npl ~rzy,* auch **telesprzedawca** *G ~wcy, Npl ~wcy* »jd., der in einem Call-Center arbeitet u. telefonisch Kunden betreut o. Waren verkauft« - **Call-Agent**. *Telemarketerzy to telefoniczni handlowcy, którzy udzielają klientom podstawowych informacji i umawiają spotkania z agentami.* www.praca.gazeta.pl 2002. *Ton głosu telesprzedawcy powinien wskazywać na entuzjazm i budzić zaufanie u osób, z którymi rozmawia.* www.teleinfo.com.pl 1996. ⌨ PS 2003, US 2003

telemarketerka *f v.* ↗**telemarketer** - **Call-Agentin**. *Dzwoniąca w imieniu producenta solidnych samochodów telemarketerka pyta, czy dostałem broszurę ze zdjęciami nowego modelu.* www.masterplan.com.pl 2000. ⌨ US 2003

telemarketing *m, G -u* »Gewinnung u. Betreuung von Kunden« - **Tele(fon)marketing, Telefonwerbung**. Centrum telemarketingu - Callcenter; Kundenzentrum. Dział telemarketingu; produkt oferowany w telemarketingu. Wspierać sprzedaż telemarketingiem. *Rozróżnia się dwa rodzaje telemarketingu: wychodzący (zadaniem telemarketera jest dotarcie do klienta i zachęcenie go do zakupu danego towaru) i przychodzący (zadaniem telemarketera jest udzielanie wyczerpujących informacji na temat danego produktu).* www.libra.pl 2001. ⌨ kein Beleg

telemarketingowy *Adj v.* ↗**telemarketing** - **Tele(fon)marketing-, Telefonwerbungs-**. Centrum telemarketingowe - Callcenter; Kundenzentrum. Agent, personel, rynek, system, zespół telemarketingowy; akcja, firma, kampania, usługa telemarketingowa. *„Złota Słuchawka"* - *nagroda przyznawana za najlepszą kampanię telemarketingową.* www.cbb.pl 2004. ⌨ kein Beleg

telenaprawa *f, meist in der Anzeigenwerbung, ugs - neutral* **Fernsehreparaturen**. *Telenaprawa - dojazd bezpłatny.* ale.gratka.wp.pl 2006. *Telenaprawy - emeryci zniżka.* egazeta.express.lodz.pl 2006. ⌨ PS 2003, US 2003 ✎ 1990 NSP2. *s. auch* ↗**telepogotowie**

telenowela *f* »der Soap Opera verwandte, vielteilige Fernsehserie, die ursprünglich aus Lateinamerika kommt« - **Telenovela**. *Dwudziesty odcinek telenoweli. Pierwszą telenowelą wyświetlaną w Polsce była Niewolnica Isaura w 1984.* pl.wikipedia.org 2006. ⌨ SW 1996, IS 2000, PS 2003, US 2003 ✎ 1988 NSP2

♦ **telenowela dokumentalna** »Fernsehfilme mit Merkmalen der Soap Opera u. des Dokumentarfilms« - **Doku-Soap, Dokusoap, Reality-Soap**. *Pierwsze telenowele dokumentalne powstały w połowie lat 90. w BBC. Wkrótce podobne seriale zaczęto produkować w innych europejskich stacjach telewizyjnych.* pl.wikipedia.org 2006. *Ta telenowela dokumentalna to program z pogranicza rozrywki i eksperymentu społecznego.* Newsweek 2005. ⌨ kein Beleg

telepizza *f* »telefonisch bestellte Pizza, die ins Haus geliefert wird« - **Telefonpizza**. *Potrzeba karmienia chłopców jest mi dobrze znana, ale w takiej sytuacji zamówiłabym telepizzę.* www.efka.org.pl 2006. *W związku z tak radosnym wydarzeniem planujemy dziś telepizzę oraz winko italiano.* fringilla.blog.pl 2006. ⌨ kein Beleg

telepogotowie *n, meist in der Anzeigenwerbung,* - **Fernseh-Reparatur(not)dienst**. Prowadzić telepogotowie; korzystać z usług telepogotowia. *Dzwoniłam pod numer telepogotowia, ale przez niemal dwie godziny telefon był zajęty.* PS. ⌨ PS 2003. *s. auch* ↗**telenaprawa**

telepraca *f* - **Telearbeit**. Oferta telepracy. Oferować telepracę. *Telepraca - to rodzaj zajęcia, wykonywanego na odległość, (...) za pośrednictwem komputera oraz łączy teleinformatycznych.* Metropol 2001 (K). ⌨ PS 2003. *auch* ↗**e-praca**

telepracownik *m, G -a, Npl ~icy* - **Telearbeiter, Telearbeitnehmer, Telebeschäftigter**. Oprogramowanie dla telepracownika; wyposażenie miejsca pracy telepracownika. *Często telepracownicy to osoby zatrudniane przy konkretnych projektach, tylko na czas ich trwania.* Metropol 2001 (K). ⌨ kein Beleg

teleprodukcja *f, selten* »Filme, Serien u. Informationssendungen, die speziell für das Fernsehen produziert wurden« - **Fernsehproduktion**. Teleprodukcja z USA. *Program telewizyjny komercyjnych stacji zdominowany jest przez tanie i mało ambitne teleprodukcje.* PS. ⌨ PS 2003 ✎ 1991 NSP2

tele-shop *s.* **telesklep**

tele-shopping *s.* **telesprzedaż**

telesklep *m, G -u, auch* **telemarket, teleshop** *m, G -u* »Geschäft, in dem der Käufer die Waren am Bildschirm sieht u. sie telefonisch bestellt« - **Teleshop**. Zamówić, kupić coś w telemarkecie. *A słyszałam, że w telesklepie sprzedają po 150 PLN, a w supermaketach nawet po 30 PLN można dostać.* www.bieganie.pl 2003. *Klienci teleshopów to ludzie ufający telewizji. Potrafią słono zapłacić za coś, czego nie mieli w ręku, bo wierzą, że się im trafia okazja (...).* www.profit.redakcja.pl 2003. ⌨ PS 2003

telesprzedawca *s.* **telemarketer**

telesprzedaż *f, auch* **teleshopping** [teleszopiŋk] *m, G -u,* **telezakupy** *nur im Pl* »Ein- bzw. Verkauf, bei dem der Käufer die Waren am Bildschirm sieht u. sie telefonisch bestellt« - **Tele-Shopping, Fernsehverkauf**. *Telesprze-*

daż, to szeroko stosowana na świecie - a od niedawna zdobywająca popularność w Polsce - metoda sprzedaży, opierająca się całkowicie lub w zasadniczym stopniu na kontakcie telefonicznym z klientem. www.masterplan.com.pl 1997. *Po co zaprzątać sobie głowę czymkolwiek innym? W zasięgu dłoni leży pilot, za jego pomocą można szybko przenieść się do świata telezakupów.* www.lewica.pl 2002. *Szczególnym zainteresowaniem darzyłem pokazywane na niemieckich kanałach prezentacje telesklepu - nie rozumiejąc, na czym rzecz polega. Dziś, gdy teleshopping zadomowił się w Polsce na dobre, intryguje mnie i zastanawia jeszcze bardziej.* www.cyberforum.edu.pl 2003. ⌂ PS 2003

teletekst *m, G -u* **1** »auf dem Bildschirm eines Fernsehgeräts übermittelter Text« - **Teletext, Videotext**. Dekoder, karta teletekstu, przekazywanie teletekstu. *Teletekst w telewizorze ignoruje polskie znaki i skoczek nazywa się Malysz a polityk Walesa.* Metropol 2001 (K). ⌂ PS 2003, US 2003 ✎1988 NSP2 **2** »bestimmte Form von Teletext, die aktuelle Informationen u. Werbung enthält« - **Telezeitung, Bildschirmzeitung, Teletext, Videotext**. Umieścić aktualne informacje, reklamę w teletekście. *W teletekście można znaleźć bieżące informacje polityczne, gospodarcze, kulturalne, sportowe i inne.* PS. ⌂ PS 2003, US 2003 ✎1988 NSP2. *auch* ↗telegazeta **3** »Gerät zur Dekodierung des Teletextes« - **(Teletext)decoder**. Pamięć teletekstu. Odtwarzać z teletekstu. *Opisy wprowadza się przed emisją do pamięci teletekstu i później przy pomocy kodu czasowego, jest to emitowane równolegle z obrazem.* NSP2. ⌂ PS 2003, US 2003 ✎1989 NSP2 ◁engl

teletekstowy *Adj v.* ↗teletekst - **Teletext-**. Dekoder, kanał, system, serwis teletekstowy; teletekstowa książka telefoniczna. *W 1996 wdrożony został we współpracy z Telegazetą i Giełdą Papierów Wartościowych serwis teletekstowy TSG.* www.cait.com.pl 2003. ⌂ PS 2003, US 2003 ✎1987 NSP2

telewizja ♦ **telewizja cyfrowa** - **digitales Fernsehen, Digitalfernsehen**. Naziemna telewizja cyfrowa. *Intensywna kampania promująca telewizję cyfrową w Wielkiej Brytanii nie przyniosła oczekiwanych wyników. Ostatnie wydarzenia wskazują, że nieufność konsumentów jest uzasadniona.* www.cxo.pl 2002. ⌂ PS 2003

♦ **telewizja kablowa, przewodowa** - **Kabelfernsehen, Kabel-TV**. *Podstawą uzyskania przez klienta dostępu do sieci telewizji kablowej jest zawarcie umowy o świadczenie usług telewizji kablowej i podpisanie przez klienta protokołu odbioru prawidłowo wykonanej instalacji.* www.teleton.pl 2003. ⌂ SW 1996, IS 2000, PS 2003, US 2003 ✎1987 NSP2. *auch* ↗kablówka

♦ **telewizja kodowana** - **verschlüsseltes** o. **codiertes Fernsehen**. *Przy warsztatach pracy, w sztolniach, fabrykach i podstawowych komórkach społecznych roztrząsa się, czy telewizja kodowana jest ogólnodostępna, czy nie. Oto problem godzien filozofii!* www.tygodnik.com.pl 2000. ⌂ PS 2003

♦ **telewizja płatna** »Fernsehprogramm, das gegen Bezahlung mithilfe eines Decoders empfangen werden kann« - **Pay-TV, Bezahlfernsehen**. *Powiało grozą, że nawet mecze drużyny niemieckiej byłyby na żywo dostępne jedynie w telewizji płatnej.* Polityka 2002. *Przyszłość płatnej telewizji, w jej obecnej formule, dobiega końca.* www.medialink.pl 2003. ⌂ kein Beleg ◁engl pay TV

♦ **telewizja przewodowa** *s.* **telewizja kablowa**

telezakupowy *Adj v.* ↗telezakupy - **Teleshopping-**. Kanał telezakupowy. *Wielu widzów w Polsce czeka, aż któryś z nadawców skusi się wreszcie na uruchomienie w naszym kraju kanału telezakupowego z prawdziwego zdarzenia.* www.tvnews.tivi.pl 2006. ⌂ kein Beleg

telezakupy *s.* **telesprzedaż**

tenor ♦ *phras* **trzech tenorów** »insbes. in der Politik: drei führende Persönlichkeiten (einer Partei, einer Organisation usw.), die gemeinsam agieren« - **„die Drei Tenöre"; Dreiergespann; Troika**. *Platforma Obywatelska, kiedyś partia trzech tenorów: Olechowskiego, Tuska, Płażyńskiego, ma dziś w rzeczywistości jednego lidera. To Platforma Rokity.* Polityka 2005. *Jakiś szatański czar tkwi w osobach „trzech tenorów"? Niezupełnie. Cała trójka to tzw. politycy medialni, dobrze wypadający w środkach przekazu.* www.rzeczpospolita.pl 2001. *Marek Borowski, Tomasz Nałęcz i Andrzej Celiński ćwiczą głosy przed odegraniem roli trzech tenorów polskiej lewicy.* wprost.pl 2004. *(...) w momencie wychodzenia Marka Borowskiego i tej grupy wokół niego, skupionej z SLD, zabrakło takiego bing bang, czyli czegoś w rodzaju trzech tenorów Platformy. Próbowano wtedy porównywać te dwie inicjatywy.* www.polskieradio.pl 2006. ⌂ kein Beleg ◁in Anspielung auf die drei weltberühmten Tenöre Domingo, Carreras u. Pavarotti, die seit den 90er Jahren gemeinsame Konzerte gaben u. gemeinsam Schallplatten einspielten. Im Polnischen zuerst auf die drei Gründer der Bürgerplattform PO (2001) Olechowski, Tusk, Płażyński bezogen.

tequila* [tekila] *f* »mexikanischer Branntwein aus Pulque« - **Tequila**. *Może tylko wpatrywać się w kolejne kufle, wypełnione złotym płynem albo budować piramidkę z pustych kieliszków po tequili.* Cosmo 1998 (K). ⌂ SW 1996, PS 2003, US 2003 ✎1983 PWN-Korpus ◁nach der mex. Stadt Tequila

-terapia *zweites Glied in Zusammensetzungen mit der Bedeutung* 'Heilbehandlung' - *als Kompositumzweitglied* **-therapie**. Muzykoterapia, thalassoterapia, tlenoterapia. ⌑ IS 2000
terapia ♦ hormonalna terapia zastępcza (HTZ) *Medizin* »therapeutischer Einsatz von Östrogen u. Gestagen zur Behandlung von Wechseljahrsbeschwerden« - **Hormonersatztherapie**. Stosować hormonalną terapię zastępczą. *Kilka dni temu w telewizji i prasie nagłośniono wyniki badań dotyczących ryzyka i zysków ze stosowania złożonej hormonalnej terapii zastępczej. W środku upalnego w tym roku lata polskie mass media uraczyły swoich czytelników krótką notatką o wynikach badań amerykańskich, świadczących o szkodliwości HTZ (...).* www.pfm.pl 2004. ⌑ kein Beleg
♦ **terapia ozonowa** *s.* **ozonoterapia**
♦ *phras* **terapia wstrząsowa, szokowa** »Anwendung radikaler Mittel (häufig in Politik o. Wirtschaft), um in kurzer Zeit die Verbesserung eines Zustands zu erreichen« - **Schocktherapie**. Przechodzić, stosować, zaaplikować terapię wstrząsową. *Korzystając na początku lat 90. ze społecznego poparcia dla procesu transformacji, rząd mógł rozpocząć terapię wstrząsową.* www.confrontations.org 2006. *Wszystko wskazuje na to, że kuracja wstrząsowa, zaaplikowana przez szefów turyńskiego koncernu, przynosi spodziewane efekty.* Wprost 2000 (K). ⌑ SW 1996, IS 2000, US 2003. *auch* ↗kuracja wstrząsowa, szokowa
terenówka *f, ugs* - »Geländewagen o. -fahrzeug« *Wielu zamożnych kierowców przesiada się w weekendy ze swoich limuzyn do terenówek, by nieco poszaleć na bezdrożach.* PS. ⌑ Supl 1994, SW 1996, PS 2003, US 2003
terminal *m, G -u oder -a* **1 a)** »Zielbahnhof für Containerschiffe, Busse« - **Terminal**. Terminal celny - Zollterminal. Terminal graniczny - Grenzterminal. Terminal gazowy, zbożowy, promowy, kontenerowy, przeładunkowy. *Załadunek towarów na statki odbywa się teraz w nowoczesnym terminalu.* OiT. **b)** *oder* ♦ **terminal lotniczy** »Halle auf dem Flughafen, in der Fluggäste abgefertigt werden« - **(Flughafen)terminal, Abfertigungshalle**. *Wiatr, który zabił w Polsce sześć osób, naruszył konstrukcję nowego terminalu pasażerskiego na Okęciu - pisze „Życie Warszawy".* wiadomosci.gazeta.pl 2007. ⌑ Supl 1994, SW 1996, IS 2000, PS 2003, US 2003 ✎Zagrodnikowa 1982
2 *Computer* »(eine meist aus Tastatur u. Bildschirm bestehende) Vorrichtung für die Ein- u. Ausgabe von Daten« - **Terminal, Datenendgerät**. Terminal bankowy - Bankterminal. Pracować przy terminalu; zalogować się na terminalu. *Kiedy tylko wszedł, włączyła się klimatyzacja, terminal zaczął pokazywać kolumny danych, których zupełnie nie rozumiał.* PWN-Korpus. ⌑ Supl 1994, SW 1996, IS 2000, PS 2003, US 2003 ◁engl

terminalowy *Adj v.* ↗terminal - **Terminal-1** »in Bezug auf Abfertigungsbahnhof« *Nowy system obsługi terminalowej pozwoli skrócić czas przeładunku kontenerów z wagonów normalnotorowych na wagony szerokotorowe.* PS. ⌑ PS 2003 **2** *Computer*. Serwer, program terminalowy; łączność, sieć, praca terminalowa; urządzenie terminalowe. *Realniejsze wydaje się wykorzystanie łącza RS 232C do lokalnej komunikacji między komputerami (do 15 m), a w szczególności do pracy terminalowej. (...) W przypadku tworzenia lokalnych sieci terminalowych te możliwości PCW nie są do pogardzenia.* Bajtek 1988 (K). ⌑ US 2003 ✎1987 NSP2

terminator[NB] *m, G -a, Npl ~rzy* »außerirdisches Wesen (o. Roboter), das tötet« - **Terminator**. *Arnold Schwarzenegger gra w filmie rolę elektronicznego mordercy, terminatora przysłanego ze świata przyszłości.* OiT. *Wasiljew uważa, że przy odrobinie doświadczenia można napastnika nie tylko poszatkować, ale również - np. w finale rundy - poderżnąć mu kartą gardło. Rosyjski terminator zwraca też uwagę na pióra kulkowe i okulary, które również mogą siać strach i zniszczenie.* CKM 2000 (K). ⌑ OiT 2001, PS 2003 ◁engl

termoloki *nur im Pl* »aufheizbare Lockenwickler« - **Thermolockenwickler**. *Jeśli przywykłaś do klasycznych lokówek, zaprzyjaźnij się z nowoczesnymi termolokami. Lokówki, błyskawicznie podgrzane w specjalnym pojemniku, podłączonym do prądu, nawija się na suche włosy i zdejmuje po kilku minutach.* www2.gazeta.pl 2004. ⌑ kein Beleg

test ♦ test zderzeniowy »Test zur Ermittlung des Unfallverhalten von Kraftfahrzeugen« - **Crashtest**. Test zderzeniowy samochodu, samolotu. Przeprowadzić test zderzeniowy. *Poza testowaniem kabiny pod kątem wytrzymałości na obciążenia sprawdzano zachowanie się całego pojazdu podczas testu zderzeniowego z prędkością 30 km/h z nieruchomą przeszkodą.* www.motogazeta.mojeauto.pl 2004. ⌑ kein Beleg. *auch* ↗crash test ◁engl crash test

tester *m, G -a* **1** *Kosmetik* »kleine, meist kostenlose Probe(packung) eines Kosmetikums« - **Probe(packung)**. Tester perfum, wody toaletowej, kremu; testery zapachów; tester z wodą toaletową, z perfumami. *Szanująca się perfumeria powinna dawać testery każdego zapachu, zwłaszcza że dobre perfumy to niebagatelny wydatek.* SW. ⌑ SW 1996, PS 2003, US 2003 **2** *selten* **testownik** *G -a* »Prüfgerät; meist Geldscheintester« - **Tester**. Tester banknotów - Banknotentester. Stacjonarny tester trzeźwo-

ści. *Testery sprzedawane na naszym rynku są już całkowicie niezawodne.* OiT. *Testownik do sprawdzania banknotów eliminuje fałszywe pieniądze.* NSP2. ⌸ SW 1996, IS 2000, PS 2003, US 2003 ✎1992 NSP2, Zagrodnikowa 1982 **3** *Npl* testerzy, *Medizin* »Freiwilliger, an dem die Wirkung neuer, noch nicht zugelassener Kosmetika, Medikamente usw. ausprobiert wird« - **Test-, Versuchsperson, Proband**. Tester leków. *Dla innych "tester" nowych leków jest cynicznym osobnikiem, handlującym za duże pieniądze własnym organizmem.* SW. ⌸ SW 1996, IS 2000, PS 2003, US 2003 ✎1992 NSP2 ◄engl
testownik *s*. **tester**
thalassoterapia *s*. **talasoterapia**
thatcherysta, taczerysta [taczerysta] *v.* ↗thatcheryzm, *m, G -ty Npl ~yści* »Anhänger o. Verfechter des Thatcherismus« - **Thatcherist**. Skrajny, zagorzały thatcherysta; frakcja taczerystów. *A jednak Partia Ludowa, na przekór wszelkim sondażom, wygrała te wybory. Po raz kolejny thatcherysta Aznar wyszedł na swoje.* www.serwisy.gazeta.pl 2004. *Jednocześnie taczeryści opowiadali się za utrzymaniem silnej pozycji rządu, odpowiedzialnego za stabilność gospodarki (...).* sekretychemy.webpark.pl 2006. ⌸ PS 2003, US 2003 ✎1988 NSP2 ◄engl
thatcherystowski, taczerystowski *Adj v.* ↗thatcheryzm - **thatcheristisch,** *als Kompositumglied* **Thatcher-**. System thatcherystowski; prawo thatcherystowskie; reformy thatcherystowskie. *W przyspieszonych wyborach do Bundestagu większość zdobędzie najpewniej CDU/CSU, a szefem niemieckiego rządu zostanie Angela Merkel, z racji swych thatcherystowskich przekonań nazywana w Niemczech "Maggie Merkel".* www.msz.gov.pl 2005. ⌸ PS 2003 ✎1990 NSP2
thatcheryzm *seltener* **taczeryzm** [taczeryzm] *m, G -u* »liberale Wirtschaftspolitik der britischen Premierministerin Margaret Thatcher in den Jahren 1979-1990« - **Thatcherismus**. *Thatcheryzm jako filozofia wolnej gry rynkowej w połączeniu z cięciami wydatków publicznych, limitowaniem uprawnień związkowych i forsowaniem indywidualnej przedsiębiorczości okazał się receptą, umożliwiającą wyciągnięcie Wielkiej Brytanii z łóżka, w którym niedomagała poprzednio jako "chory człowiek Europy".* NSP2. *Kanclerz Gerhard Schröder, chcąc ratować niemiecką gospodarkę, stara się o obniżenie podatków i zmniejszenie zasiłków dla bezrobotnych. Czyżby po 20 latach taczeryzm zawitał do Niemiec?* www.cxo.pl 2003. ⌸ SW 1996, PS 2003, US 2003 ✎1989 NSP2 ◄engl
think tank, think-tank [tink tank, fink tank] *m* »Institution, bes. im Bereich von Wirtschaft u. Politik, in der ein großer Stab von Fachleuten über wirtschaftliche, politische u. gesellschaftliche Probleme nachdenkt, Lösungsvorschläge erarbeitet, die dann (von Unternehmen, Politikern) in die Praxis umgesetzt werden sollen« - **Thinktank, Think-tank, Denkfabrik**. *Szczególnie istotnym elementem działania programu MOST jest powołanie do życia tzw. Think Tank, czyli grupy wybitnych przedstawicieli różnych dziedzin takich, jak edukacja, telekomunikacja, biznes, administracja państwowa, informatyka, socjologia, psychologia, media i marketing.* www.piit.org.pl 2003. *Niemiecki think tank berlinpolis we współpracy z Fundacją Hansa Boecklera opublikował raport na temat warunków socjalnych w krajach Unii Europejskiej.* www.cxo.pl 2007. ⌸ kein Beleg ◄engl
thrash metal [tresz metal] *m, G* thrash metalu, *Musik* »rauere, dynamischere u. aggressivere Form des Heavymetal, die Mitte der 1980er Jahre in den USA entstanden ist« - **Thrashmetal, Thrash Metal**. Ostry thrash metal. Grać trash metal. *Thrash metal jest to odmiana muzyki metalowej zaliczana do szerszego nurtu muzyki rockowej.* www.pl.wikipedia.org 2004. ⌸ PS 2003 ◄engl
thriller [tril(l)er] *m, G -a* - **Thriller**. Thriller psychologiczny - Psychothriller. Thriller erotyczny - Erotikthriller. *Wielbiciele thrillerów erotycznych będą tym razem zawiedzeni.* OiT. ⌸ Supl 1994, SW 1996, IS 2000, PS 2003, US 2003 ✎Zagrodnikowa 1982 ◄engl
timing [tajmiŋk] *m, G -u* »das Aufeinanderabstimmen der Abläufe; auch Wahl des für den Ablauf einer Sache am besten geeignetsten Zeitpunkts« - **Timing**. Celować, trafić w timingu. *Gazeta TS celuje w tzw. timingu, czyli publikowaniu właściwych artykułów we właściwym czasie.* SW. *Słabe starty, problemy z timingiem, dosłownie o 4,5 sekund za szybkie lub za późne rozpędzanie łódki, i przeciwnicy jadą po nas po nawietrznej, zawietrznej, a my żeby szukać czystego wiatru musimy ciągle płynąć w niekorzystną stronę.* www.470sailing.org.pl 2003. ⌸ SW 1996, PS 2003, US 2003 ◄engl
tipsistka *f v.* ↗tips, *Kosmetik* »Spezialistin für Fingernagelmodellage« - **Nagelmodellistin**. *Ostatnio modne są też wizyty u tipsistek, czyli specjalistek od upiększania (...) paznokci.* Polityka 2003. ⌸ kein Beleg
tips *m, G -a, meist im Pl* **tipsy**, *Kosmetik* »lange künstliche Fingernägel, die auf die natürlichen Nägel geklebt werden« - **Nageltips**. Malować, ozdabiać, przyklejać tipsy. *Studio K. wykonuje ślubne tipsy z artystycznym malunkiem albo przyklejonymi brilancikami.* SW. *Z naklejonymi tipsami nie możemy, oczywiście, wykony-*

wać takich prac domowych, jak zmywanie naczyń. OiT. ▯ SW 1996, IS 2000, PS 2003, US 2003 ◁engl tip

TIR, tir *m, G -a, Npl -y, ugs* » Lastkraftwagen, die Waren im TIR-Verfahren transportieren« - **(Fern)lastzug, Lkw, LKW;** *ugs, scherzhaft* **Brummi.** Międzynarodowy tir. Załadować coś na tira; wyładować coś z tira. *W okolicach miejscowości Gostery zderzyły się czołowo dwa litewskie pojazdy: TIR i autokar rejsowy relacji Wilno-Monachium.* Metropol 2001 (K). *Wilfried F. wraz z dwoma kolegami, również kierowcami tirów, przyjechał z Eisenhuettenstadt, hutniczego miasta w dawnej NRD. Mieli odebrać stal i maszyny z Huty im. Sendzimira.* NSP2. ▯ SW 1996, IS 2000, PS 2003, US 2003 ✐1992 NSP2 ◁frz, Abk von Transports Internationaux Routiers

TIR-owiec, tirowiec *m, G ~wca, Npl ~wcy, v.* ↗tir, *ugs - neutral* **Fernfahrer,** *ugs, scherzhaft* **Brummifahrer.** *Zapamiętam twój numer rejestracyjny, gnojku! Mam wśród TIR-owców przyjaciół. Dadzą ci wycisk, skunksie.* K. Boglar, Zobaczysz, że pewnego dnia 1996 (K). *Kilka dni potem policja, wykorzystując informacje operacyjne, zatrzymała kilka osób poszukiwanych w sprawie wyłudzania pieniędzy. Jeden z zatrzymanych, obecny świadek koronny, zaczął nagle sypać gang „tirowców".* Gazeta Wyborcza 2000 (K). ▯ PS 2003 ✐1991 NSP2

tirówka, TIR-ówka *f v.* ↗tir, *ugs* **1** »Prostituierte, die ihre Kunden unter den Fernfahrern (häufig an Fernstraßen o. auf Parkplätzen) sucht« - *neutral* **Autobahnprostituierte,** *salopp* **Strichmädchen, Bordsteinschwalbe.** Doświadczona, przydrożna, leśna tirówka. *Teraz jest jeszcze gorzej... dowiedziałam się (i mam na to świadków), że już tak spadła na dno, iż „pracuje" jako tirówka na trasach!* www.psychotekst.com 2005. *Podobne ceny usług tirówek obowiązują przy trasie Warszawa - Białystok.* www.gieldasamochodowa.com 2006. ▯ SW 1996, PS 2003, US 2003 ✐1989 NSP2 **2** *Jargon* - »schwarze Baseball-Mütze, die insbes. von Fernfahrern getragen wird« *Czapka, tak zwana „tirówka", bardzo popularna w kręgach kierowców samochodów ciężarowych. Klasyczna bejsbolówka w kolorze czarnym. Zapięcie regulowane.* www.bunkier.com 2005. *Kupię czapkę tirówkę oryginalną lub nie, w miarę dobrym stanie (dla niewtajemniczonych dodam, że tirówka to czapka z daszkiem i siatką z tyłu).* www.flip.pl 2005. ▯ kein Beleg

tiszert *s.* **T-shirt**

tlenoterapia *f* - **Sauerstofftherapie.** *Tlenoterapia wpływa na opóźnienie procesów starzenia, a więc wydłuża życie, poprawia przemianę materii (...). Stosując tlenoterapię możemy osiągnąć znaczące efekty kosmetyczne, profilaktyczne i lecznicze.* www.gracjafit.pl 2006. ▯ PS 2003

tłumaczyć ♦ *phras* **tłumaczyć** (komuś coś) **jak komu dobremu** *ugs -* » jdm. etw. erfolglos erklären, da das Gegenüber die Erklärung nicht verstehen kann o. will« *Zauważyłam, że od tej Górnej Wolty wyraźnie zmarkotniał. Chce zostać - dyplomatą! Wyjechać na placówkę. Tłumaczę mu, jak komu dobremu: - Tak ci zależy, żeby mieć z tyłu tabliczkę CD, czyli corpus delicti?* R. M. Groński, Nauka pływania dla topielców 1999. ▯ kein Beleg ✐Bogusławski/Wawrzyńczyk 1993

♦ *phras* **tłumaczyć** (komuś coś) **jak pasterz (chłop) krowie (na granicy, miedzy, rowie)** *ugs -* »jdm. etw. geduldig u. sehr einfach erklären, da man vermutet, dass das Gegenüber schwer begreift« *Ukuli idiom polskiej mowy harcownicy, że ktoś „tłumaczył, jak chłop krowie na granicy".* www.wprost.pl 2002. *Czy ktoś jak krowie na miedzy wytłumaczy, co robią dokładnie instrukcje: SMI?* www.cs.put.poznan.pl 2006. *(...) wszystko ci tam wytłumaczą jak krowie na rowie.* forum.vlepvnet.bzzz.net 2007. ▯ PS 2003, US 2003 ✐Bogusławski/Wawrzyńczyk 1993

to ♦ *phras* **to jest to!** *meist nachgestellt, ugs* »etw. ist das Beste, was unter den gegebenen Umständen erreichbar bzw. erwartbar ist« - **das ist es!** *Świetnie to wymyśliliście - to jest to.* US. *Żeglarstwo to jest TO! Promujemy żeglarstwo.* www.zeglarstwo.org.pl 2006. ▯ IS 2000, US 2003 ✐Bogusławski/Wawrzyńczyk 1993 ◁urspr. Slogan in der Coca-Cola-Werbung

tofu* *m/n, indekl* »aus Sojabohnen gewonnenes, käseähnliches, geschmacksneutrales Nahrungsmittel« - **Tofu.** Potrawa, gulasz, sałatka z tofu; tofu z papryką i porami. Przyrządzić tofu. *Tofu jest wdzięcznym tworzywem do eksperymentów kulinarnych: ponieważ nie ma smaku i jest białe, można przez dodanie różnych składników (papryki, curry, szpinaku) nadać mu dowolny smak i kolor.* OiT. ▯ OiT 2001, PS 2003, US 2003 ✐1992 NSP2 ◁jap

toksyczny[NB] *Adj* **1** - »einen stark negativen, destruktiven psychischen Einfluss habend« *Wciąż trwa toksyczne działanie stanu wojennego.* www.money.pl 2006. *Toksyczny człowiek to taki, w którego towarzystwie źle się czujemy. To ktoś, kto wpływa na nas negatywnie, sprawia, że robimy i mówimy rzeczy, które nam ciążą.* www.semestr.pl 2004. *(...) powieść nawiązuje do „toksycznego" dzieciństwa pisarza w mieszczańskiej rodzinie.* szukaj.wp.pl 2006. **2** *Jugendsprache, ugs* »die Nerven strapazierend, auf den Wecker gehend« - **ätzend, nervig, lästig.** Toksyczna narzeczona, przyjaciółka, praca; toksyczni rodzice, ludzie, teściowie, znajomi. *W „Draniu: Wyznaniach toksyczne-*

go kawalera" Rick Marin oferuje nam dogłębne spojrzenie na powierzchowną męską naturę. www.zysk.com.pl 2006. *Wreszcie wydostałam się z toksycznego związku, nawet nie wiecie, jaka jestem szczęśliwa, że wreszcie zdobyłam się na odwagę, aby odejść od tego egoisty (...).* zdrowie.onet.pl 2007. 🕮 PS 2003, US 2003

toner *m, G -a* »Farbpulver als Druckfarbe für Kopiergeräte, Drucker usw.; auch der Tonerbehälter« - **Toner**. Toner do kserokopiarki, drukarki. Wymienić toner w drukarce. *Nowy toner kosztuje ok. 200 PLN, ale można go także poddać regeneracji, co znacznie obniża koszt.* Cosmo 1998 (K). 🕮 IS 2000, PS 2003, US 2003 ✏1990 NSP2 ◁engl

tonik* *m, G -u* **1** »mit Kohlensäure u. Chinin versetzte, leicht bitter schmeckende Limonade« - **Tonic(water)**. Wódka, dżin z tonikiem. Pić tonik z dodatkiem cytryny. *Vermouth Bacchus z tonikiem: Nalać trochę Vermouthu Bacchus, dodać kilka kostek lodu i plasterek cytryny, a następnie dopełnić tonikiem.* www.bartex.com.pl. 2004. 🕮 Supl 1994, SW 1996, IS 2000, PS 2003, US 2003 ✏1988 NSP2 **2** *Kosmetik* »Gesichtswasser« - **Tonic**. Tonik (bez)alkoholowy, kojący, nawilżający; tonik do twarzy, do cery tłustej, z aloesem; mleczko z tonikiem. Przemyć, przetrzeć twarz tonikiem. *Zmywamy twarz śmietanką kosmetyczną lub tonikiem (doskonały jest kolagenowy tonik „Cecilly"(...), a następnie dosyć grubą warstwą nakładamy krem nawilżający.* NSP2. 🕮 Supl 1994, SW 1996, IS 2000, PS 2003, US 2003 ✏1989 NSP2 ◁engl tonic

top- erstes Glied in Zusammensetzungen mit Substantiven, die ausdrücken, dass jd. o. etw. als höchstrangig, erstklassig angesehen wird - **Top-**. Topmodelka. 🕮 kein Beleg ◁engl top

top[NB] *m, G -u* **1** *ugs, selten* »Personengruppe, die in einem Bereich eine führende Position einnimmt; auch diese Position selbst« - **Spitze**. Absolutny, krajowy, europejski, światowy, estradowy top. Tworzyć, reprezentować top; należeć do topu. *Do niedawna za prawdziwe zagłębie kobiecych talentów uchodziła firma Universal Music (dawniej PolyGram Polska). Kasia Kowalska, Edyta Bartosiewicz, Kasia Nosowska tworzyły prawdziwy top, ich płyty rozchodziły się znakomicie.* Polityka 2000 (K). *Ciężko jest bowiem współczesnej kobiecie wspiąć się na top w społeczeństwie, w którym wszyscy chcą od niej tylko toplessu.* Cosmo 2000 (K). 🕮 SW 1996, PS 2003, US 2003 ✏1991 NSP2
♦ *phras* (być, znaleźć się) **na topie** *ugs* »sehr popular, erfolgreich, aktuell sein« - **topp, spitze, in sein; ganz oben,** *neutral* **in aller Munde sein; zur Spitze gehören**. Być na medialnym topie, na absolutnym topie; utrzymać się na topie. *Informatyka jest jak medycy-na - żeby być na topie, trzeba wciąż się uczyć.* Cosmo 2001 (K). *Etniczność jest teraz w USA na topie, a Polacy, którzy zwykle są bardzo dobrymi studentami, coraz częściej kojarzą się Amerykanom nie tyle z głupotą i naiwnością, co z inteligencją i fantazją.* Newsweek Polska 2002. 🕮 SW 1996, IS 2000, PS 2003, US 2003 ✏1992 NSP2 **2** »einem T-Shirt ähnliches, ärmelloses Oberteil« - **Top**. Top na ramiączkach. *Kocham tegoroczną modę. Mój ulubiony top to purpurowa bawełniana koszulka w stylu indiańskim od Freda Segala.* Cosmo 1999 (K). 🕮 PS 2003, US 2003 ◁engl

top *in adjektivischer Funktion, indekl, ugs* »von höchster Güte, hervorragend; auf dem aktuellsten Stand seiend, hochmodern« - **Top-, Spitzen-**. Top hit, top dyskoteka, ↗top modelka. *Andy wynajmuje Dom Polski w East Village, który został dyskoteką „top" Nowego Yorku.* NSP2. 🕮 US 2003 ✏1990 NSP2

topmodelka, top modelka *f* »sehr bekanntes weibliches Topmodell« - **Topmodell**. Ciemnoskóra topmodelka. Stroje prezentowane przez topmodelki. *Czołowe topmodelki zarabiają krocie, ale też niedługo utrzymują swoją pozycję: muszą walczyć z konkurencją coraz młodszych rywalek.* OiT. *Czekamy na Kasię P., polską top modelkę.* Trybuna Ludu 2003. 🕮 PS 2003 ✏1992 NSP2 ◁engl top model

tortellini* [tortelini] *indekl, nur im Pl* »kleiner, mit Fleisch, Gemüse usw. gefüllter Ring aus Nudelteig« - **Tortellini**. Tortellini z sosem, z brokułami i parmezanem. *Szynka przydaje też aromatu wielu potrawom kuchni włoskiej. W środkowej Italii stanowi tradycyjne nadzienie pierożków tortellini.* Kuchnia 1999 (K). 🕮 PS 2003, US 2003 ◁ital

tortilla* [tortija] *f, G -i* »(in Lateinamerika) aus Maismehl hergestelltes Fladenbrot; (in Spanien) Omelette« - **Tortilla**. Pikantna tortilla. Zamówić, przygotować tortillę. *Kuchnia hiszpańska, która jest stosunkowo mało znana w Polsce (...) ma wspaniałe mięsa, sałaty (...) wszystkie, powiedzmy sobie, omlety, czyli ta tytułowana tortilla. Tak jak my mamy trzysta sześćdziesiąt pięć zup, to oni mają trzysta sześćdziesiąt pięć tortilli i z wszystkiego można ją zrobić (...).* Hörbeleg 1996 (K). 🕮 PS 2003, US 2003 ✏SWO 1971 ◁span

touchpad, touch pad, touch-pad [taczpat] *m, G -a, Computer* »berührungsempfindliche Fläche, die als Mausersatz in Notebooks angebracht ist« - **Touchpad**. *Touchpad jest mniej wygodny niż mysz i spotykamy go praktycznie tylko w komputerach przenośnych.* www.komputerswiat.pl 2005. *Mam problem z przewijaniem za pomoca touch pada stron w firefoxie.* forum.infojama.pl 2006. *Poza tym przy touch-padzie jest wyłącznik, który pozwala na* *wyłączenie touch-pada w każdej chwili (...).* www.wgk.com.pl 2006. ▯ PS 2003. ◁engl

trackball [trekbol] *m, G -a, Computer* »Eingabegerät zur Steuerung des Cursors mittel einer Kugel« - **Trackball, Rollkugel**. *Trackball to najpopularniejsza, najłatwiej dostępna i najtańsza alternatywa myszy.* www.pcbezbarier.idn.org.pl 2004. ▯ PS 2003, US 2003 ◁engl

trafiony[NB] *Adj, ugs* »durch jds. Planung o. Bemühung mit Erfolg zustande gekommen« - *neutral* **gelungen, erfolgreich, richtig**. *Trafiony interes, zakup, pomysł; trafiona inwestycja, decyzja, prognoza, produkcja; trafione przedsięwzięcie. Okazało się, że w całej północno-zachodniej Polsce nie ma firmy, która by świadczyła tego rodzaju usługi. Świetny przykład trafionego pomysłu.* Cosmo 2000 (K). ▯ Supl 1994, SW 1996, IS 2000, PS 2003, US 2003 ✎1987 NSP2

trailer, trajler *s.* **trejler**

tramping[NB] [trampiŋk] *m, G -u* »(preiswertes) Reisen zu Fuß, mit Auto o. Bus« - **Wandertourismus**. *Tramping po kraju, po Europie. Zastanówmy się, czy większą przyjemność sprawi nam turystyka przygodowa (dobrze przygotowana prywatna wyprawa lub tramping, zorganizowany przez jakąś agencję turystyczną), wycieczka poznawcza czy też słodkie leniuchowanie na ciepłej plaży.* Przekrój 1995 (K). ▯ SW 1996, IS 2000, PS 2003, US 2003 ✎1986 NSP2 ◁engl

! im Dt. Trampen ‚kostenlose Mitreise in einem Kraftfahrzeug; per Anhalter fahren'

trampingowiec *m, G ~wca, Npl ~wcy, v.* ↗tramping, *ugs* »jd., der Wandertourismus betreibt« - **Wandertourist**. *Trampingowcy udowodniają, że świat nie jest wcale taki wielki.* SW. *Dla trampingowców polecamy połączenie autobusowe PKS Zakopane-Łysa Polana (3,50 zł), przejście granicy piechotą oraz złapanie słowackiego autobusu z Łysej Polany do Popradu za 50 Sk.* www.sasiedzi.2p.pl 2003. ▯ SW 1996, PS 2003

! im Dt. Tramper ‚jd., der per Anhalter fährt'

trampingowy[NB] *v.* ↗tramping - *als Kompositumglied* **Wander-; wandertouristisch**. *Obóz, wyjazd, szlak, sprzęt trampingowy; turystyka, wycieczka, wyprawa trampingowa. Był to wyjazd trampingowy - załatwiliśmy tylko bilety lotnicze do Kuala Lumpur. A o resztę martwiliśmy się na miejscu.* jjdymek.w.interia.pl 2006. *Wyjazd trampingowy jest tanią formą turystyki (...). Przebiega według ustalonego sprawdzonego programu, który został już zweryfikowany wcześniej. Noclegi organizowane są na bieżąco w tanich hotelach i pensjonatach (...).* www.kiribaticlub.pl 2006. ▯ SW 1996, IS 2000, PS 2003, US 2003 ✎1986 NSP2

transfokator *m, G -a, Fotografie* »Objektiv mit stufenlos verstellbarer Brennweite« - **Zoom(objektiv)**. *Aby poprawić choć trochę możliwości naszej kamery pod tym względem, należy wykorzystać transfokator (zoom) i kręcić na maksymalnie długim obiektywie.* www.sfx.histo.pl 2004. ▯ Supl 1994, PS 2003, US 2003. *seltener* ↗zoom

transgraniczny *Adj* - **grenzüberschreitend**. *Korytarz transgraniczny - grenzüberschreitender Korridor. Konwencja o zasięgu transgranicznym; współpraca transgraniczna; transgraniczne zanieczyszczenie środowiska. Wojewodowie, przedstawiciele organizacji gospodarczych oraz centralnych i regionalnych służb celnych i straży granicznej postulowali skoordynowanie działań służących rozwijaniu transgranicznej współpracy ekonomicznej (...).* NSP2. ▯ SW 1996, PS 2003, US 2003 ✎1989 NSP2

transza *f* - **Tranche 1** *Wirtschaft* »Teil eines bestimmten Ganzen (z.B. von Waren o. einer Unternehmensgruppe)« *Pierwsza, druga, trzecia transza. Pierwszą transzę telewizorów o płaskich kineskopach prześlemy za dwa miesiące.* PS. ▯ SW 1996, PS 2003, US 2003 **2** *Bankwesen* - »Teilbetrag einer Staatsanleihe o. eines Bankdarlehens« *Transza roczna, miesięczna. Wypłacać kredyt w transzach rocznych, miesięcznych. Kredyt studencki udzielany jest na okres studiów (...). Kredyt wypłacany jest w 10 miesięcznych transzach w ciągu roku akademickiego.* Miniprzewodnik dla przyszłych kredytobiorców, Kredyt Banku S.A. 2000 (K). ▯ SW 1996, IS 2000, PS 2003, US 2003

trauma[NB] *f, Psychologie* »starke seelische Erschütterung, die (im Unterbewusstsein) noch lange wirksam ist« - **Trauma**. *Rzecz dzieje się w Polsce i dziesięciu innych krajach. Grynberg jest kronikarzem cudzych losów, których przedmiotem nie jest już sam holocaust, lecz trauma, w której żyją ci, co go przeżyli.* Katalog Wydawnictwa W.A.B. 1998 (K). *Stalingrad to głęboko tkwiąca niemiecka trauma, uraz i kompleks, żałoba i wstyd, żal i wściekłość na Hitlera.* Polityka 2003. ▯ OiT 2001, PS 2003, US 2003

traumatyczny[NB] *Adj v.* ↗trauma, *Psychologie* »ein Trauma betreffend, darauf beruhend, dadurch entstanden« - **traumatisch**, *als Kompositumglied* **Trauma-**. *Traumatyczne doświadczenie, przeżycie, zdarzenie. Jak myślicie, czy traumatyczne przeżycia w dzieciństwie mają wpływ na to, jacy jesteśmy jako dorośli?* www.psychologia.edu.pl 2004. *Wczoraj był naprawdę traumatyczny dzień! Nie powinnam wychodzić z domu.* parthenoska.ownlog.com 2006. ▯ OiT 2001, PS 2003, US 2003

traw(k)a[NB] *f, ugs, verhüllend* »leichte Droge (Marihuana, Haschisch), die meist als selbstgedrehte Zigarette konsumiert wird« - **Gras**. Palić traw(k)ę. *Alkohol i trawa były u nich na porządku dziennym.* US. *Pali trawkę od czasu do czasu, ale nic poza tym (...).* IS. 📖 SW 1996, IS 2000, PS 2003, US 2003 ✐1990 NSP2. *auch* ↗marycha/maryśka, ↗zioło

trejler *seltener* **trajler, trailer** [trejler] *m, G -a* **1** *Kino, Fernsehen* »Werbung für einen Film durch einen Spot aus zusammengesetzten Szenen« - **Trailer**. *Obejrzeć trejler; ściągnąć trejler z Internetu. Właśnie obejrzałam trejler „Narnii". Powiem wam tylko jedno - muszę obejrzeć ten film!* dobrykomiks.redakcja.pl 2005. *Do trajlera bierze się najlepsze kawałki - i jeśli to co pokazali jest najlepsze, to „ręce i nogi się uginają".* forum.gazeta.pl 2006. 📖 kein Beleg. *häufiger* ↗pilot **2** »Anhänger zum Transportieren von Pferden« - **Pferde(an)hänger**. *Mój z końmi nie miał NIC wspólnego... a teraz nie wyobraża sobie życia bez stajni, lata z widłami, załatwia paszę, nauczył się jeździć z trajlerem, czyta literaturę hippiczną...* www.voltahorse.pl 2005. *Pilne!! W tę sobotę (...) jedziemy z Warszawy do Szczecina z pustym trajlerem! Możemy zabrać 1 lub 2 konie z Warszawy, lub z miejscowości na trasie (...).* horsesport.pl 2005. 📖 kein Beleg ◀engl

trek(k)ing [trekiŋk] *m, G -u* »mehrtägige Wanderung in einer kleineren Gruppe (durch oft unwegsames Gebiet im Hochgebirge)« - **Trekking**. *Wyjazd na trekking; przygotowania do trekkingu. Wydłużony czas trekkingu (i tym samym czas pobytu w Nepalu) spowoduje bowiem wzrost kosztów o kwotę zbliżoną do ceny biletu na helikopter.* www.mozaika.pl 2004. *Około południa powinniśmy osiągnąć brzeg Jeziora Paine. Stąd mamy około 3,5 godziny trekingu do schroniska Dickson.* www.twardziele.pl 2004. 📖 PS 2003 ◀engl

trek(k)ingowiec [trekiŋgowiec]*m, G ~wca, Npl ~wcy, ugs* -»Anhänger des Trekking, auch des Trekkingradfahrens« - *neutral* **Trekkingfan, -anhänger, -begeisterter, -freak,** *ugs* **Trekkingradler**. *Sprzęt dla turystów, trekkingowców, lubiących wędrówki po szlakach górskich (...).* www.gwiazdor.pl 2006. *Wiosna i lato kusi reliktowymi szczytami wspinaczy, trekkingowców, paralotniarzy a także amatorów wycieczek pieszych, gdyż większość tego terenu to góry (...).* www.bagmateam.pl 2006. *Jeśli chodzi natomiast o sprzęt rowerowy, to zdecydowaną większość stanowili trekkingowcy na swoich 28-calowych rowerach, dużo osób było także na kolarkach, ale górale też dopisali.* www.rowerowanie.pl 2006. 📖 kein Beleg

trek(k)ingowy *Adj v.* ↗trekking - **Trekking-**. Rower trekkingowy - Trekkingrad, -bike. Przewodnik, klub, trekkingowy; turystyka, wyprawa, trasa, grupa, odzież trekkingowa;

buty, kije trekkingowe. *Dla amatorów pieszych wędrówek bardzo atrakcyjny będzie szlak trekingowy, wiodący przez wiele wiosek plemiennych (...).* www.zyrardow.pttk.pl 2001. *Doskonałej jakości plecak trekkingowy - możesz w nim też nosić książki na studia.* aukcja.onet.pl 2006. 📖 PS 2003

trendy *Adj, indekl, Jargon* »dem vorherrschenden Trend entsprechend« - **trendy**. *Być trendy. Chcesz być trendy? Chcesz znaleźć swój styl i wyróżnić się z tłumu? Podpowiemy Ci, co jest na topie i gdzie kupić najmodniejsze rzeczy w sezonie.* www.trendy.korba.pl 2004. *Bieszczady wciąż są trendy.* www.radio.com.pl 2004. 📖 PS 2003 ◀engl

trojan *m, G -a, Npl -y, Internetjargon* »unerwünschtes u. schädliches Programm, das als nützliche Anwendung getarnt ist« - **Trojaner, Trojanisches Pferd**. *Podrzucony trojan. Trojan krąży; trojan działa w systemie; pozbyć się, usunąć trojana. Trojany, w przeciwieństwie do wirusów, nie powielają się samodzielnie. (...) „złapać" trojana można jedynie poprzez zainstalowanie na dysku komputera programu będącego nosicielem.* www.wirusy.onet.pl 2002. 📖 kein Beleg. *auch* ↗koń trojański ◀engl

trójkąt ♦ *phras* **trójkąt bermudzki - Bermudadreieck. 1** »Seegebiet südwestlich der Bermudainseln, in dem sich auf oft ungeklärte Weise Schiffs- u. Flugzeugunglücke häufen« *Trójkąt Bermudzki to obszar na płn.-zach. Atlantyku (...), w którym w tajemniczych okolicznościach od lat znikają samoloty i statki. Trójkąt Bermudzki to już legenda, napisano o nim wiele książek, artykułów, w których przedstawiono liczne teorie wyjaśniające ten fenomen.* www.strefa-x.com 2005. 📖 IS 2000, PSF 2000, PS 2003, US 2003 ✐1980 NSP1 **2** »gefährliche Gegend, in der jd./etw. zu verschwinden, Schaden zu nehmen droht« *Nawet za dnia bała się wybierać na starą Pragę - warszawski trójkąt bermudzki.* PSF. *Między ulicami Dębową i Limanowskiego w Radomiu, w pobliżu cmentarza, leży „trójkąt bermudzki". Po zmierzchu nie każdy ma odwagę tamtędy chodzić. Mieszkańcy przywykli do włamań.* PSF. 📖 IS 2000, PSF 2000, PS 2003, US 2003

truck [trak] *m, G -a* »LKW aus Zugmaschine mit Auflieger« - **Truck**. *Trucki są zespołem podwójnym, a druga część - przyczepa, całym swym ciężarem zawieszona jest tylko na małym, walcowatym trzpieniu, zwanym królewską szpilą (king pin). Truck jest szeroki, wielki i ciężki. Trudno nim wykonać gwałtowny manewr mijania.* Polityka 2000 (K). 📖 OiT 2001, PS 2003 ◀engl

trucker [traker] *m, G -a, Npl ~rzy* - **Trucker(fahrer)**. *Kierowcy czekają około 40 godzin* *na odprawę celną. (...). Winą za tak długi czas oczekiwania truckerzy obarczają ukraińskich celników, którzy wyraźnie zmniejszyli tempo odpraw.* www.gieldasamochodowa.com 2004. *Nawet w najodleglejszych dziurach ubikacje są zaopatrzone w mydło i jednorazowe ręczniki (lub dmuchawę), a na trasach specjalnie uczęszczanych przez truckerów, również w automaty z prezerwatywami i afrodyzjakami.* www.ipipan.gda.pl 2004. ◻ kein Beleg ◁engl

trzy ♦ **trzy w jednym** »drei Sachen, die in einem Paket angeboten bzw. verkauft werden« - **Three-in-one, Drei-in-einem**. *Kupić, otrzymać, sprzedawać, oferować trzy w jednym. Wrocławskie trzy w jednym. Od poniedziałku Polskapresse wydaje nowy dziennik lokalny we Wrocławiu. Słowo Polskie - Gazeta Wrocławska to połączenie trzech przejętych przez Polskapresse tytułów: Słowa Polskiego, Gazety Wrocławskiej i Wieczoru Wrocławia.* Gazeta Wyborcza 2003 (K). *Zresztą - pierwszy człon tej konstrukcji, czyli dwa, jest także coraz częściej wymieniany na dowolną liczbę (nagłówki typu Trzy w jednym, Pięć w jednym), co jest potwierdzeniem najważniejszości schematu składaniowego... w jednym.* Wiedza i Życie 1999. ◻ kein Beleg. *vgl. auch* ↗dwa w jednym ◁engl three in one

trzymać ♦ *phras* **tak trzymać** *nur in dieser Form, ugs* »Aufforderung, eine Sache so wie bisher weiterzuführen« - **weiter so!** *Pozdrawiam cały zespół i tak trzymać!* www.trojmiasto.pl 2005. *Tak trzymać Panie Donaldzie. Głosowałem na Was i zagłosuję ponownie.* wiadomosci.wp.pl 2006. ◻ NSPP 1999, PS 2003 ⌕1988 NSP2

T-shirt [tiszert], **t-shirt, tiszert** *m, G -a* - **T-Shirt**. *Biały, czarny, kolorowy T-shirt; T-shirt męski, bojówkowy. Nosić, ubrać T-shirt; chodzić w T-shircie. T-shirt to ubiór najbardziej demokratyczny, bowiem służyć może skinheadowi i punkowi, eleganckiemu biznesmenowi i sflejtuszałemu studenciakowi.* www.flame.pl 2006. *Kampania społeczna „Tiszert dla Wolności" rozpoczęła się w połowie 2004 roku. W jej ramach zaprojektowano i wydrukowano serię koszulek z rozmaitymi hasłami (np. „Jestem Żydem", „Jestem Arabką", „Nie chcę mieć dzieci").* wiadomosci.ngo.pl 2005. ◻ IS 2000, PS 2003, US 2003 ⌕1992 NSP2 ◁engl

T-shirt, t-shirt [tiszert] *nachgestellt in adjektivischer Funktion, indekl* - **T-Shirt-**. *Koszulka T-shirt (z nadrukiem). Koszulka T-shirt z napisem „Love".* US. *Termin realizacji zamówienia wynosi w przypadku koszulek t-shirt - 5 dni, w przypadku strojów piłkarskich - 10 dni.* butik.igol.pl 2006. ◻ US 2003. *auch* ↗T-shirtowy

T-shirtowy, t-shirtowy, *seltener* **tiszertowy** *Adj v.* ↗T-shirt - **T-Shirt-**. *Biznes, sezon T-shirtowy; koszulka, moda, gorączka T-shirtowa. Na razie pomysłem awaryjnym jest piżamka, bo Pan Mąż ma jedną jedyną piżamę jeszcze z kawalerskich czasów, a w ogóle to lubi spać w T-shirtach jeśli już, więc piżamka też musi być T-shirtowa.* ptaszyca.blog.pl 2002. *Gorąco popieram akcję t-shirtową, nawoływanie do poszanowania odmienności poglądów jest konieczne w naszym kraju.* www.tiszert.pl 2006. *Konkurs Tiszertowy. Zostań projektantem! Chcesz zostać projektantem tiszertów?* www.hc_punk.independent.pl 2006. ◻ PS 2003 ⌕1992 NSP2. *auch* ↗T-shirt

tuner [tjuner] *m, G -a* - **Tuner**. **1** »Teil eines Rundfunk- o. Fernsehgerätes, mit dessen Hilfe das Gerät auf eine bestimmte Frequenz, einen bestimmten Kanal eingestellt wird« *Tuner radiowy, telewizyjny, satelitarny; tuner magnetowidu. Oprócz magnetowidów 50-letni Zbigniew B. zamontował w nim tuner telewizji satelitarnej. Niektóre filmy kopiował bowiem z kanałów zagranicznych.* Gazeta Wrocławska 2000 (K). ◻ Supl 1994, SW 1996, IS 2000, PS 2003, US 2003 ⌕Zagrodnikowa 1982 **2** »Gerät (meist als Teil einer Stereoanlage) zum Empfang von Hörfunksendungen« *Wymienić, kupić tuner. Wyposażona w tuner z funkcjami RDS/News (wiadomości), zmieniacz na trzy płyty CD, magnetofon kasetowy oraz wygodny w użytku pilot zdalnego sterowania, z którego pomocą zdołasz zrobić dosłownie wszystko!* www.totu.com 2004. ◻ SW 1996, PS 2003, US 2003 ◁engl

tuning [tjuniŋk] *m, G -u* **1** »Steigerung der Leistung eines Kfz-Motors durch nachträgliche Veränderungen; auch die äußerliche Veränderung eines Fahrzeugs« - **Tunen, Tuning**. *Tuning samochodowy. Tuning jest najmłodszą i najdynamiczniej rozwijającą się gałęzią motoryzacji. (...).* www.zss.q4.pl 2003. ◻ PS 2003 **2** »das Einstellen eines Radio- o. Fernsehgeräts« - **Tuning**. *Tuning może być dokonywany ręcznie lub automatycznie.* PS. ◻ PS 2003 ◁engl

tuningowiec [tjuniŋgowiec] *m, G ~wca, Npl ~wcy, Jargon* »jd., der hobby- o. berufsmäßig Fahrzeuge tunt« - **Tuner**. *Pomysłowy, zapalony, prawdziwy, firmowy tuningowiec; klub tuningowców. Każdy szanujący się „tuningowiec" obowiązkowo musi mieć w swoim bolidzie białe zegary.* www.dw.lublin.pl 2001. *Przy przeróbkach, czy to stylistycznych czy mechanicznych, obniżanie i utwardzanie samochodu to jedna z rzeczy, którą robi prawie każdy tuningowiec.* www.tuning.info.pl 2003. ◻ PS 2003

tuningowy *Adj v.* ↗tuning - *als Kompositumglied* **Tuning-**. *Klub, katalog, serwis, warsztat, zestaw tuningowy; firma tuningowa; akcesoria tuningowe. Nowy sezon nadchodzi du-*

żymi krokami. W tym roku rozpoczęcie sezonu tuningowego i pierwsza impreza z wyścigami na 1/4 mili w randze mistrzostw polski odbędzie się 1 maja w Modlinie. www. streetracing.pl 2003. 📖 PS 2003

turniej ♦ turniej wielkoszlemowy *s.* **wielkoszlemowy**

turystyka ♦ turystyka aborcyjna *s.* **aborcjny**
♦ turystyka plecakowa *s.* **plecakowy**
♦ zielona turystyka *s.* **zielony**

tutor[NB] [tutor, tjutor] *m, G -a, Npl ~rzy, Bildungswesen* - **Tutor, Mentor, Betreuer**. 1 »im angelsächsischen Raum: Betreuer von Studierenden an Universitäten u. Kollegs« Konsultować się z tutorem; przygotowywać rozprawę pod kierunkiem tutora. *Zajęcia tego typu pozwalają na indywidualny tok nauki, oparty w głównej mierze na partnerskich relacjach uczeń-mistrz. Tutorami, oprócz profesorów i innych pracowników naukowych wyższych uczelni, są także m.in. (w zależności od wybranego kierunku studiów) prokuratorzy, adwokaci, ekonomiści i inne wysoko wykwalifikowane osoby.* www.libra.pl 2001. 📖 PS 2003, US 2003 **2** »(seit 1990 an einigen polnischen Hochschulen) Betreuer eines Studierenden, der entsprechend einem individuellen Plan studiert« *Był Pan Profesor tutorem już kilku osób; jak Pan ocenia tę funkcję?* OiT. 📖 OiT 2001, PS 2003, US 2003 ◄engl
! im Dt. auch ‚älterer o. graduierter Studierender, der eine begleitende ergänzende Übung an einer Hochschule leitet'

tutorski *Adj v.* ↗tutor - **Tutoren-, Tutorial-**. Warsztat, program, system tutorski; grupa, sesja tutorska. *W ramach indywidualizacji kształcenia wprowadzono system tutorski, umożliwiający pogłębienie specjalizacji zawodowej.* www.uwb.edu.pl 2006. *Praca w ścisłym kontakcie z naukowym opiekunem wprowadza do naszych studiów element powszechnie w krajach anglosaskich „systemu tutorskiego", promującego indywidualny kontakt między studentem a wykładowcą (...).* www.solaris.icenter.pl 2004. 📖 kein Beleg

TW [te-wu] *m* - **inoffizieller Mitarbeiter des kommunistischen Geheimdienstes SB;** *(in der DDR)* **IM**. *Byli funkcjonariusze SB przeczą, by Małgorzata N. była ich tajnym współpracownikiem. Spośród czterech świadków żaden nie potwierdził w piątek przed sądem lustracyjnym, że była rzecznik rządu (...) była TW „Nowakiem".* wiadomosci.gazeta.pl 2006. *Instrukcja Kiszczaka podważa lustrację TW? Czy tajna instrukcja 0018/82, wydana w stanie wojennym przez gen. Czesława Kiszczaka, pozwalała fałszować raporty tajnych współpracowników?* www.rmf.fm 2006. 📖 kein Beleg ◄Abk von **tajny współpracownik**

twarz ♦ *phras* coś (socjalizm, kapitalizm usw.) **z ludzką twarzą** »System, das trotz seiner (totalitären) Grundsätze menschliche Züge aufweist« - etw. (Sozialismus, Kapitalismus usw.) **mit menschlichem Antlitz**. *Gospodarka rynkowa, globalizacja z ludzką twarzą. Wprowadzić, stworzyć coś z ludzką twarzą. Gdzie przebiega granica między „dobrym" kapitalizmem, gospodarką rynkową „z ludzką twarzą", a kapitalizmem złym, niesprawiedliwym, wymagającym przemiany?* M. Zięba, Niezwykły pontyfikat 1997 (K). 📖 SW 1996, IS 2000, PS 2003, US 2003 ✎1990 NSP2
◄geht zurück auf die Formel „Sozialismus mit menschlichem Antlitz" des Prager Frühlings 1968

twórczość ♦ *phras* **radosna twórczość** *ironisch, verhüllend* - »engagiert ausgeführte, doch auch spontane, unkontrollierte, nicht systematische Tätigkeit, die eine Sache sogar erschweren kann« *Radosna twórczość biurokratów, urzędników, polityków. Dziś musimy zapłacić za likwidację bałaganu, który mamy w spadku po okresie radosnej twórczości na polu informatyzowania naszej administracji.* Polityka 2003 (K). *Trzeba umieć zachować balans pewnej radosnej twórczości, za którą w zasadzie ceni się organizacje pozarządowe - bo mówi się, że są innowacyjne, twórcze, starają się wprowadzać zmiany. Z drugiej strony, można popaść w totalną radosną twórczość - wymyślamy cały czas, ale nic za tym nie idzie, nie mamy systemowego podejścia.* www.pracuj.pl 2004. 📖 IS 2000, PS 2003, US 2003 ✎1992 PWN-Korpus

tygodniówka[NB] *f, ugs* - »wöchentliches Taschengeld (für Kinder)« *Wypłacić, wycofać tygodniówkę. U mniejszych dzieci z pewnością bardziej będą się sprawdzały tygodniówki, bo maluchy muszą dopiero nauczyć się gospodarować własnymi pieniędzmi. Siedem dni to wystarczająco długi czas, by dobrze zaplanować wydatki.* Poradnik Domowy 1999 (K). 📖 IS 2000, US 2003 ✎1997 PWN-Korpus

tygrys ♦ *phras* **tygrys azjatycki** »(wohl nach der wirtschaftlichen Kraft, Dynamik dieser Länder): Schwellenland in Ost- u. Südostasien« - **(asiatischer) Tigerstaat, (asiatisches) Tigerland**. *Z kolei w piśmiennictwie gospodarczym nie brak wiadomości o tygrysach lub smokach azjatyckich. Obok Singapuru, Tajwanu i Korei Południowej Hongkong od kilkudziesięciu lat wymieniany jest jako jeden z tygrysów, zadziwiających swymi sukcesami ekonomicznymi.* G. Jaszuński, Hongkong dla Chin? 1997 (K). *Korea Południowa i inne azjatyckie tygrysy były niegdyś krajami bardzo ubogimi.* US. 📖 PS 2003, US 2003 ✎1992 NSP2

tynk[NB] *m, G -u, ugs, abwertend* »grelles, dick aufgetragenes Make-up« - **Tünche**. *Markowy,*

tandetny tynk. Nakładać, zmywać tynk; tynk się sypie. *Nie umiem się malować. Zawsze się boję, że ten tynk nałożony na twarz, jak się uśmiecham, to mi odpadnie.* www.szuflada. histeria.pl 2004. 📖 SW 1996, PS 2003, US 2003.
auch ↗tapeta ◁dt

tzatzyki, tzatziki* [cac-iki] *n, indekl* - **Zaziki, Tsatsiki**. Greckie tzatzyki; gyros z tzatzyki. Przyrządzać, doprawiać tzatzyki. *Oprócz różnych sałatek do mięsa z grilla nasza gospodyni podaje tzatzyki. Specjał rodem z Grecji - gdzie członkowie grupy Pod Budą od lat spędzają przynajmniej część wakacji.* www.annatreter.pl 2003. *Jakby ktoś nie wiedział, to wyjaśniam, że tzatziki to raczej dodatek do różnych dań (na przykład sos do szaszłyków, dip do warzyw), ale świetnie też smakuje z chlebem.* www.pesto.art.pl 2004. 📖 PS 2003
◁neugriech

U

UB* [u-be] *m oder n, indekl* »Abteilung des polnischen Ministeriums für Öffentliche Sicherheit 1944-1956; politische Polizei« - **Amt für Staatssicherheit**. Agent, konfident UB. *Kontrolą przeszłości pracowników UB zajmował się Wydział do spraw funkcjonariuszy WUBP (...). Komórki UB powstawały od 1949 roku w ważniejszych zakładach.* www.ipn.gov.pl 2005. 📖 SW 1996, IS 2000, PS 2003, US 2003 ◁Abk von Urząd Bezpieczeństwa

ubecja* *f, ugs, abwertend* »Sicherheitsapparat des kommunistischen Systems in Polen« - *neutral* **(Staats)sicherheitsapparat, Geheimpolizei**. *Wyjątkowo tylko zdarzyło mi się brać udział w jakichś doraźnych interwencjach czy akcjach, jak wtedy, gdy ubecja sporządziła fałszywy list Jana Józefa Szczepańskiego do władz, a Bartoszewski i ja natychmiast napisaliśmy w zachodnioberlińskim „Tagesspieglu", że to jest kłamstwo.* www.wl.net.pl 2003. 📖 Supl 1994, SW 1996, IS 2000, PS 2003, US 2003 ✎1985 NSP2. ◁von ↗UB

ubecki* *Adj, ugs, abwertend* »den Sicherheitsapparat, die Sicherheitsfunktionäre betreffend« - *neutral* **Staatssicherheits-, UB-**. *Ubecki dygnitarz, terror; ubecka prowokacja; ubeckie metody przesłuchiwania. To jest rzeczywiście przyjęcie ubeckiej wizji świata jako obowiązującej, a przeciwko temu jestem z całego serca.* www.prezydent.pl 2005. 📖 Supl 1994, SW 1996, IS 2000, PS 2003, US 2003 ✎1990 NSP2

ubek* *m, G -a, Npl ~cy* (*G ironisch* ubka, *Npl ironisch* te ubki, *expressiv* te ubeki), *ugs, abwertend* »Mitarbeiter des UB« - **Geheimdienstler** (*vgl. DDR* Stasimann). *Szczególnie na początku „wojny" ubecy starali się od nas wycisnąć „schemat powiązań organizacyjnych", pytali o „szefa" i jego kontakty z Bujakiem, byli zawiedzeni, że jesteśmy tacy twardzi i że nie sypiemy.* Kultura 1989 (K). *W podziemiu uważaliśmy, że ubekowi ręki się nie podaje.* members.tripod.com 2005. 📖 Supl 1994, SW 1996, IS 2000, PS 2003, US 2003 ✎1989 NSP2

ubogi ♦ *phras* ktoś/coś **dla ubogich** *salopp, abwertend* »jd. mit geringem Ansehen, Ruf; etw. in billiger, minderwertiger Art, Ausführung« - etw. **für Arme, (geistig) Minderbemittelte; ein (billiger) Abklatsch, Verschnitt** von etw.; jd./etw. **Zweitklassiges, Zweitrangiges**. *Literatura, kino dla ubogich* »Unterhaltung für Menschen mit geringen intellektuellen Ansprüchen« *Wystąpiła tam jako Marlena Dietrich dla ubogich.* IS. *Stąd do Hawany masz jedynie 90 mil, a do Miami ponad 150.* *Państwo w państwie, Republika Muszli, Saint Tropez dla ubogich - jak zwał je Hemingway (...).* CKM 2000 (K). 📖 IS 2000, PS 2003, US 2003 ✎1970 Miesięcznik Literacki

ubruttowić *pf, Wirtschaft* - »„bruttoisieren", dem Bruttolohn-Verfahren unterwerfen« *Aby ubruttowić płacę, pracodawca mnożył dotychczasowy miesięczny przychód przez wskaźnik przeliczenia przychodu, wynoszący 123.0164 proc.* www.tf.pl 2005. *Dla zachowania poziomu płac ustawodawca ubruttowił nasze wynagrodzenia, które wzrosły tylko po to, by właśnie ta nadwyżka trafiała do ZUS-u.* emerytura-ofe.webpark.pl 2005. 📖 kein Beleg

ubruttowienie *n, Wirtschaft* »1999 in Polen eingeführtes Prinzip, nach dem als Lohn bzw. Gehalt eines Mitarbeiters sein Nettolohn bzw. -gehalt, die entsprechenden Steuern u. Abgaben sowie die Sozialversicherungsbeiträge betrachtet werden« - **Bruttoisierung**. *Ubruttowienie pensji, płacy, wynagrodzenia. Reforma wprowadziła również tzw. ubruttowienie naszej pensji. Oznacza to, że pracownik płaci podatek na ZUS po połowie ze swoim pracodawcą.* www.bm.bphpbk.pl 2003. 📖 OiT 2001

ubruttowiony *Adj, Wirtschaft* - »„bruttoisiert"« *Przychód ubruttowiony. Ubruttowione wynagrodzenie nauczyciela z pięcioletnim stażem jest równe jednej ósmej pensji mechanika samochodowego.* PS. *Panie pośle sprawozdawco, prosiłabym o wyjaśnienie, czy sformułowanie „przeciętny miesięczny dochód na osobę w rodzinie uprawnionego" należy traktować jako dochód netto, dochód brutto czy dochód ubruttowiony?* ks.sejm.gov.pl 1999. 📖 PS 2003

ucyfrowić *pf, seltener* **ucyfrawiać** *ipf, EDV* »Schrift, Bild, Ton o. jede andere Art analoger Signale in digitale Form umwandeln« - **digitalisieren**. *Planuję ucyfrowić filmy rodzinne wykonane kamerą analogową VHS-C.* forum.wiatob.razu.pl 2003. *A Centrum Pulmonologii świętuje podwójnie, bo zrobiono pierwszy krok ku telemedycynie - ucyfrowiono Zakład Radiologii.* ww6.tvp.pl 2006. 📖 kein Beleg. *häufiger* ↗digitalizować

ucyfrowienie *n, v.* ↗ucyfrowić, *EDV* - **Digitalisierung**. *W dobie powszechnego ucyfrowienia wszystkiego, biblioteki w roli depozytariusza utrwalonego na papierze kulturowego dorobku społeczeństwa będą traciły na znaczeniu.* www.forumakad.pl 2001. 📖 PS 2003, US 2003. *häufiger* ↗digitalizacja, ↗cyfryzacja

uczęszczalność *f*, *G* ~*ści* - (insbes. Kirche, Schule) **Besucher-, Teilnahmefrequenz**. *Zadziwiającym faktem jest to, że po tej tragedii uczęszczalność do kościoła wzrosła w Stanach Zjednoczonych z dnia na dzień o czterdzieści procent!* www.astro.uni.torun.pl 2003. *Tylko 15% młodzieży niepełnosprawnej w wieku od piętnastu do dziewiętnastu lat ukończyło w roku szkolnym 1996/1997 jakąkolwiek szkołę ponadpodstawową. (...) I żeby oni do tej szkoły chodzili, żeby ta uczęszczalność, jak tu przed chwilą mówiłem, była możliwie jak największa, to powinniśmy im tworzyć, zapewniać równość szans.* www.senat.gov.pl 2003. 📖 PS 2003 ✐1989 NSP2

UE [u-e] *f, indekl* »Europäische Union« - **EU**. *Przystępując do UE, Polska zgłosiła w traktacie akcesyjnym leki, które do końca 2007 r. mogą być sprzedawane w Polsce, mimo że nie są zarejestrowane zgodnie z unijnymi procedurami.* wiadomosci.wp.pl 2006. 📖 US 2003 ◄Abk von Unia Europejska

UHT [u-ha-**te**] *nachgestellt in adjektivischer Funktion, indekl* »(bei Milch u. anderen Milchprodukten) kurzzeitig einer hohen Temperatur ausgesetzt, um die Haltbarkeitsdauer zu verlängern« - **ultrahocherhitzt, UHT-, H-**. Mleko UHT - H-Milch, haltbare Milch, UHT-Milch. Śmietana UHT - H-Sahne. *Dzięki technologii UHT mleko zyskuje możliwość długotrwałego przechowywania, nie tracąc przy tym na swych walorach.* www.danmis.com.pl 2003. *Zanim „Łaciate" pojawiło się w sklepach, żadna inna marka mleka UHT nie była na polskim rynku odpowiednio wypromowana.* www.wasilewski.com.pl 2003. 📖 PS 2003, US 2003 ◄engl, Abk von ultra heat treated

układ[NB] *m, G -u, häufig im Pl* układy, *Politikjargon* »These der Regierungspartei PiS, nach der es ein Geflecht von Seilschaften zwischen Politikern, die Beziehungen zu den alten kommunistischen Eliten haben, der Geschäftswelt, Geheimdiensten u. den Medien gibt (der sog. ↗stolik brydżowy) u. die den Aufbau der 4. Republik behindern« - **System**. *(...) głównym zamiarem jest oczyszczenie kraju z wszelkich układów korupcyjnych, symbolicznie przedstawianych jako stolik brydżowy, przy którym grają politycy, gangsterzy, służby specjalne oraz niekiedy także media, inspirowane przez polityków, służby i biznes.* www.polish-dailynews.com 2006. *(...) Objawia się to tezą o układzie, czyli systemie powiązań, wzajemnych zależności między instytucjami państwa, sferami biznesu, służbami specjalnymi i mediami. To czworokąt tworzący układ - między tymi czterema elementami istnieją powiązania nieformalne, które nie są znane opinii publicznej. Świadczy to o istnieniu systemu postkomunistycznego, szkodliwego dla państwa (...).* Dialog 2007. *Walka z układem to nie żadna obsesja, tylko chęć doprowadzenia do tego, by potężny system, taki centralny system patologiczny, był radykalnie ograniczony.* brocha.wordpress.com 2007. 📖 kein Beleg. *vgl. auch* ↗stolik brydżowy

♦ **układ okrągłostołowy** *s.* **okrągłostołowy**

♦ **układ scalony** *Elektronik* »dünnes, sehr kleines Plättchen aus Halbleitermaterial, auf dem sich die Schaltung u. mikroelektronische Schaltelemente befinden« - **(Mikro)chip**. *Półprzewodniki stosuje się między innymi w tranzystorach, układach scalonych i diodach.* OiT. 📖 IS 2000, PS 2002. *auch* ↗chip, ↗mikrochip

ulepszacz ♦ **ulepszacz smaku** *s.* **polepszacz**

umoczyć[NB] *pf, seltener* **umaczać** *ipf, ugs* »etw. schlecht, zu einem Misserfolg machen; auch: jdn. in eine ungünstige Lage bringen« - etw. **in den Sand setzen;** etw. **vergeigen, verpatzen;** jdn. **schlecht machen, anschwärzen, in Misskredit bringen;** *neutral* jdn. **in ein schlechtes, ungünstiges Licht setzen**. Umoczyć sprawę, egzamin, grę, mecz, negocjacje, transakcję. *Po przerwie grali już gorzej i umoczyli cały mecz do dwóch.* IS. *Każdy sposób jest dobry, każda podłość dozwolona, aby tylko „umaczać" przeciwnika, wytworzyć w oczach obywatela określony obraz tego przeciwnika.* alternatywa.com 2005. **umoczyć się** *ugs* - **sich in die Nesseln setzen; sich anschmieren**. Umoczyć się na czymś. *Podam ci dewizę takiej mojej znajomej, która ma agencję małą, działa na własną rękę, oczywiście ona nie sprzedaje, ona wynajmuje, bo sprzedaż jest to sprawa bardzo trudna i można się bardzo umoczyć (...).* Hörbeleg 1997 (K). 📖 IS 2000, PS 2003, US 2003 ✐1992 NSP2

UMTS [u-em-te-**es**] *m, G -u, Telekommunikation* »Mobilfunksystem der dritten Generation, das die Übertragung einer großen Datenmenge ermöglicht« - **UMTS**. *Licencja na UMTS - UMTS-Lizenz. UMTS zaproponuje klientom kompletny zestaw usług przesyłania głosu i danych, w tym ściąganie grafiki, wideo i szybki dostęp do internetu.* PS. *UMTS to integracja wszelkich dotychczasowych systemów komunikacji ruchomej (komórkowych, satelitarnych, przywoławczych).* www.telefon.gsm.pl 2004. 📖 PS 2003, US 2003 ◄engl, Abk von Universal Mobile Telecommunications System

unijny[NB] *Adj v.* Unia **1** »mit der Europäischen Union zusammenhängend« - **Unions-; EU-**. Fundusz, komisarz, rynek, urzędnik unijny; polityka unijna; państwo, prawo unijne. *Unijny system eko znakowania zachęca producentów do wytwarzania i znakowania produktów przyjaznych środowisku.* www.federacja-konsumentow.org.pl 2004. *Dystans dzielący gospodarkę unijną od Stanów Zjednoczonych nie zmniejsza się.* www.strategia-lizbonska.pl 2005. ⌂ PS 2003, US 2003 **2** »mit einer Partei o. Organisation zusammenhängend, deren Namen das Wort „unia" (Union) enthält« - **Unions-**. *Działacz, minister, poseł, polityk unijny. Choć Unia Wolności opuściła koalicję rządową w czerwcu ubiegłego roku, jej ludzie wciąż piastują niektóre stanowiska. Unijni wiceministrowie odchodzili z rządu powoli, a premier Jerzy Buzek wcale nie nastawał na ich dymisje.* www.rzeczpospolita.pl 2001. ⌂ PS 2003, US 2003 ⌘1992 NSP2

unita[NB] *m, G ~ty, Npl ~ici, ugs* »Mitglied einer Partei, Organisation, auch eines Sportklubs, in deren Namen das Wort unia (Union) enthalten ist, z.B. der polnischen Partei „Unia Wolności"« - **Unionsmann, -frau, -leute;** *neutral* **Unionsmitglied; Unionspolitiker**. *UW domaga się odwołania wysokich urzędników rządowych z Akcji Wyborczej Solidarność. (...) Politycy AWS odrzucali żądania personalne, bagatelizując zarzuty unitów.* www.rzeczpospolita. pl 1999. *Dość rządów komuchów i unitów - oni niszczą tradycję narodową.* www.polskiejutro. com 2005. *Na przewodniczącej CDU połamał sobie zęby szef unitów Wolfgang Schäuble, szef klubu parlamentarnego Friedricha Merz, wiceszef CSU Horst Seehofer.* www.przekroj.pl 2005. *W 15 meczach rundy jesiennej unici zdobyli 8 punktów, wygrywając jeden mecz.* www. unia.tczew.pl 2005. ⌂ SW 1996, IS 2000, PS 2003, US 2003

UOP [u-op] *m, G -u, Abkürzung von* ♦ **Urząd Ochrony Państwa** »zwischen 1990 u. 2002 in Polen bestehende staatliche Institution, die den aufgelösten kommunistischen Staatssicherheitsdienst SB ersetzte« - **Amt für Staatsschutz**. *UOP stwierdził, że nie było żadnych związków pomiędzy Aleksandrem N. i odpowiedzialnością za tzw. aferę sprzętową (...).* Rzeczpospolita 2004. *Cała ósemka to sama elita dawnego UOP-u - byli szefowie delegatur i biur Urzędu oraz ich zastępcy.* www. republika.pl 2005. ⌂ PS 2003, US 2003

update [apdejt] *m, indekl oder G* update'u, *Npl* updaty, *Gpl* update'ów *Computer* »aktualisierte, verbesserte Version einer Software, einer Datei o.Ä.« - **Update**. Update oprogramowania, systemu, strony. Pobrać, ściągać update; zrobić update. *Aby zabezpieczyć komputer, należy mieć zainstalowany program antywirusowy (...), firewall (...) i dbać o regularne ich updaty.* www.administracja.am.edu.pl 2003. *Co do samego update'u, to chwila strachu większa niż przy updacie biosu w PC (...).* forum.tweak. pl 2005. ⌂ PS 2003 ◁engl

updatować [apdejtować] *ipf /* **zupdatować** *pf v.* ↗update, *Computerjargon -* **updaten**. Updatować program, plik, stronę. *Wkrótce spróbuję updatować tę stronę z większą ilością zdjęć.* www.lookdigital.pl 2006. *Ej, coś się updatuje i updatuje i się zupdatować nie może (...).* www.flashzone.pl 2004. ⌂ kein Beleg

upgrade [apgrejt] *m, indekl oder G* upgrade'u, *Npl* upgrady, *Computer* »verbesserte, leistungsfähigere Version von Software o. Hardware« - **Upgrade**. Upgrade sprzętu - Geräte-Upgrade, Hardware-Upgrade. Upgrade oprogramowania, programu - Software-Upgrade. Upgrade licencji, konta. *Po upgradzie z 8.1 do 9.0 tylko na pierwszej konsoli wyświetlają mi się poprawnie znaki.* hedera.linuxnews.pl 2003. *Moduł Upgrade'u rozwiązuje ten problem, dzięki któremu wymiana na nowszy firmware jest bardzo prosta i może ją przeprowadzić każdy użytkownik we własnym zakresie.* ajpic. zonk.pl 2006. ⌂ kein Beleg ◁engl
! im Dt. auch: Einstufung in eine höhere Klasse, besonders in eine höhere Flug-, Hotelklasse

upgradować [apgrejdować] *ipf /* **zupgradować** *pf v.* ↗upgrade, *Computerjargon -* **upgraden**. Upgradować sprzęt, program. *Z kilku powodów trzeba było upgradować forum do nowszej wersji.* www.sar.pg.gda.pl 2005. *Chwilowo nie miałem czasu upgradować stronki, bo pisałem pracę przejściową.* www.kalisz.mm.pl 2005. *Jak poprawnie zupgradować ten server?* www.mandrake.pl 2006. ⌂ kein Beleg

uniseks, unisex *m, G -u* »optische Annäherung der Geschlechter durch Auflösung typisch weiblicher o. männlicher Attribute in der Mode« - **Unisex**. *Dwa lata później pojawił się kolejny uniseks Calvina Kleina: cK be.* www. serwisy.gazeta.pl 2003. *Do głosu doszedł uniseks, symbolizujący słabość mężczyzn i siłę kobiet - zauważa Adam Hanuszkiewicz.* www.wprost.pl 2005. ⌂ PS 2003, US 2003 ⌘1989 NSP2, Zagrodnikowa 1982 („miłość jednopłciowa') ◁engl

uniseks, unisex *nachgestellt in adjektivischer Funktion, indekl;* **uniseksowy** *Adj* »für beide Geschlechter bestimmt« - **Unisex-**. Moda, woda toaletowa uniseks. *Projektant tworzy modę uniseks. Jego T-shirty i dżinsy mogą wkładać zarówno kobiety jak i mężczyźni.* www.kobieta. interia.pl 2002. *Młode pokolenie Niemek nie dba o siebie zupełnie, ubiera się w stylu uniseks.* samozdrowie.interia.pl 2005. *Walczą w niej dwie tendencje: intensywna, aż przesadna kobiecość oraz uniseksowy, swobodny styl sportowy.* www.textil.pl 2005. ⌂ PS 2003, US 2003 ◁engl

upierdliwość *f, G ~ści, v.* ↗upierdliwy, *ugs, abwertend -* **Nerverei,** *abwertend* **Penetranz, Aufdringlichkeit**. Upierdliwość szefa, rodziców. *Może ktoś uzna, że się czepiam, że to tendencyjność, upierdliwość lub może atak po-*

lityczny, ale zaiste trzeba nie lada geniuszu i uporu, aby zaryzykować taką inwestycję w tak niekorzystnym okresie (...). www.ratusz.ids.pl 2004. *Uważasz, że żądanie przestrzegania norm współżycia społecznego jest egoizmem i upierdliwością? A to nowość - mnie inaczej uczono.* www.jerozolimskie.pl 2005. ▢ SW 1996, IS 2000, PS 2003, US 2003 ✐1990 PP
upierdliwy *ugs, abwertend* »durch Bitten, Fragen usw. lästig fallend, belästigend; aufdringlich, lästig« - **nervig, penetrant**. *Upierdliwy człowiek, dzieciak, klient, problem; upierdliwa sąsiadka; upierdliwe pytania. Babka potrafi być czasem strasznie upierdliwa. Co pół godziny dzwoni i sprawdza, czy jestem w domu.* PP. *Nie masz pojęcia, jak upierdliwi bywają ludzie, którzy zawracają tyłek pytaniami, na których odpowiadanie nawet nie leży w kompetencji polskich placówek dyplomatycznych.* forum.hotele.pl 2005. ▢ SW 1996, IS 2000, PS 2003, US 2003 ✐1990 PP
urynkowić (się) *pf* / **urynkawiać (się)** *ipf, Wirtschaft* - **vermarktlichen**; (etw./sich) **an den (freien) Markt anpassen**; (etw., z.B. die Wirtschaft) **entsprechend den Regeln des (freien) Marktes (um)strukturieren, umbauen**; (etw.) **dem freien Spiel der Kräfte überlassen**. *Urynkowić gospodarkę, kulturę, rolnictwo. Rynek usług medycznych będzie musiał stopniowo urynkawiać się, czyli lekarze, prowadzący prywatne praktyki, będą musieli konkurować ze sobą cenowo.* www.portel.pl 2005. *Po trzecie, państwo musi wyznaczać granice działania rynku, a tym samym granice działania gospodarki, gdyż nie można wszystkiego urynkowić.* www.sld.org.pl 2004. ▢ SW 1996, IS 2000, PS 2003, US 2003 ✐1987 NSP2
urynkowienie *n, v.* ↗urynkowić, *Wirtschaft* »Umstellung auf die Marktwirtschaft, Einführung marktwirtschaftlicher Mechanismen« - **Vermarktlichung**. *Urynkowienie cen, gospodarki, górnictwa, przemysłu, rolnictwa, zakładu. (...) krytykowałem bowiem skrajny egalitaryzm i socjalistyczny woluntaryzm ruchu. Ideałowi „samorządnej Rzeczypospolitej" przeciwstawiałem racje państwowe, realizm geopolityczny oraz program urynkowienia gospodarki.* serwisy.gazeta.pl 2006. *Jednym z podstawowych założeń ustawy o najmie lokali mieszkalnych i dodatkach mieszkaniowych było urynkowienie gospodarki mieszkaniowej.* www.mtib.gov.pl 2006. ▢ SW 1996, IS 2000, PS 2003
urząd ♦ **Urząd Ochrony Państwa** *s.* **UOP**
urządzenie ♦ **urządzenie peryferyjne, zewnętrzne** *auch* ♦ **peryferie (komputerowe)** *Computer* »an die zentrale Einheit eines Rechners anschließbares Gerät wie Tastatur, Drucker, Scanner usw.« - **Peripheriegerät**. *Kompatybilne, bezprzewodowe urządzenie peryferyjne. Przetarg na dostawę komputerów, notebooków i urządzeń peryferyjnych.* www.bip.uw.edu.pl 2004. *USB 2.0 zapewnia bardzo szybką komunikację z urządzeniami zewnętrznymi.* www.adax.pl 2004. *Poszukujemy pracownika do pracy na stanowisko sprzedawcy. Wymagania stawiane kandydatom: Znajomość peryferii komputerowych (monitory, drukarki itp.) (...).* www.intra-trade.com.pl 2004. ▢ SW 1996, PS 2003, US 2003
♦ **urządzenie wejścia** *s.* **wejście**
♦ **urządzenie wyjścia** *s.* **wyjście**
USB [u-es-be] *m, indekl, EDV* »System zur Verbindung eines Computers mit Zusatzgeräten« - **USB**. *Poprzez USB podłącza się między innymi drukarki, skanery, aparaty cyfrowe, klawiatury oraz myszy.* helion.pl 2006. *Kolejną zaletę USB stanowi fakt, że wszystkie urządzenia USB są typu hot-pluggable. Oznacza to, że po podłączeniu nie musimy ponownie uruchamiać systemu, aby ich używać.* www.gentoo.org 2006. ▢ kein Beleg ◄engl, Abk von Universal Serial BUS
USB [u-es-be] *nachgestellt in adjektivischer Funktion, indekl, EDV* - *als Kompositumglied* **USB-**. Stick USB - USB-Stick. Port USB - USB-Port. *Do portu USB można podłączyć przeróżne mniej lub bardziej nietypowe urządzenia.* twojepc.pl 2006. ▢ kein Beleg
Usenet, usenet [juznet] *m, G -u, Internet* »weltweites elektronisches Diskussionssystem (mit Chaträumen u. Diskussionsforen)« - **Usenet**. *Usenet dyskusyjny; etykieta, grupa, serwer, zasoby Usenetu. Wysyłać informacje do Usenetu. Usenet to najpowszechniejsze forum publicznych dyskusji w Internecie. Codziennie internauci z całego świata publikują na jego grupach dyskusyjnych.* usenet.gazeta.pl 2006. *W Usenecie codziennie dyskutują na całym świecie miliony ludzi w ponad 28 tysiącach grup.* www.winter.pl 2006. ▢ US 2003 ◄engl
usenetowy [juznetowy] *Adj v.* ↗usenet, *Internet* - **Usenet-**. *Serwer, czytnik, filtr, artykuł, żargon usenetowy; (dyskusyjna) grupa usenetowa. Z racji wykonywanego zawodu często odwiedzam fora dyskusyjne, czytam grupy usenetowe, przeglądam strony www w poszukiwaniu informacji i rozwiązań problemów.* www.wapmagazine.pl 2004. ▢ kein Beleg
utrwalacz[NB]* *m, G -a, Npl -e, Politik, abwertend, ironisch* - »jd., der aktiv an der Festigung eines bestehenden politischen Systems beteiligt ist, meist in Bezug auf die kommunistische Ordnung« - *abwertend* **(Mit)helfer, Mitmacher,** *neutral* **Unterstützer,** *auch* **Verfechter**. *Utrwalacze władzy ludowej - die Stützen der Volksmacht. Utrwalacze sowieckiego terroru, komunizmu. Jeszcze inne znaczenie słowa „utrwalacz", o zdecydowanie*

pejoratywnym odcieniu, bywa odnoszone do osób, które zaraz po wojnie czynnie zaangażowały się w utrwalanie nowego wówczas ładu społeczno-politycznego. www.computerworld. pl 2005. *(...) po wkroczeniu „wyzwolicielskiej" Armii Czerwonej należał do najbardziej gorliwych „utrwalaczy" władzy ludowej na Rzeszowszczyźnie.* www.wirtualnapolonia.com 2005. *Dlatego należy wywierać presję na aktualnych utrwalaczy „okrągłego stołu" po prawej stronie.* Gazeta Polska 1998 (K). *Na początku sierpnia 2003 r. w prasie pojawiła się sprawa ustawienia przed budynkiem komendy policji w Skierniewicach tablicy poświęconej funkcjonariuszom MO i SB, poległym w walce o utrwalanie władzy ludowej. (...) Kim więc byli i w jakich okolicznościach zginęli skierniewiccy „utrwalacze władzy ludowej"?* www.ceeol.com 2006. ⌨ SW 1996, IS 2000, PS 2003, US 2003 ✎1987 Miesięcznik Literacki (K)

V

van [wan] *m, G -a* »Pkw mit besonders großem Innenraum; Großlimousine« - **(Cara)van**. Pakowny, pojemny van. Jeździć, podróżować vanem. *Chciałbym w niedługim czasie kupić jakiegoś niedrogiego vana, ale jedni mówią o Oplu Sintrze, drudzy o VW Sharanie, a jeszcze inni o Fordzie Galaxy. Co wy byście wybrali?* vnturbol.pl 2006. *Oferuję przeprowadzki wszelkiego rodzaju nowym dużym vanem oraz wszelkiego typu przewozy materiałów.* londynek.net 2006. ⌨ OiT 2001, PS 2003, US 2003. *vgl. auch* ↗minivan ◁engl

VAT, vat [wat] *m, G -u oder indekl, Wirtschaft* - **Mehrwertsteuer; Umsatzsteuer**. VAT należny, naliczony; stawka VAT; zwolnienie z VAT-u; VAT zerowy. Podlegać VAT-owi. *Zerowa stawka VAT na nieprzetworzone produkty rolne umożliwiłaby dokonywanie nadużyć, polegających na wyłudzaniu podatku VAT z urzędów skarbowych.* Wprost 2000 (K). *Skoro papierowe wydania gazet mogą być opodatkowane obniżoną stawką VAT-u, to taka sama zasada powinna dotyczyć ich wydań elektronicznych (...).* gospodarka.gazeta.pl 2006. *PO walczy z VAT-em na internet za pomocą emailowego łańcuszka.* gospodarka.gazeta.pl 2003. *Niższego vatu na internet nie będzie. Ministerstwo finansów zapowiedziało, że nie będzie się ubiegało o niższy vat na internet.* darek.jogger.pl 2005. ⌨ SW 1996, IS 2000, PS 2003, US 2003 ◁engl, Abk von value added tax

vatowiec, watowiec *m, G ~wca, Npl ~wcy, v.* ↗VAT, *Wirtschaft, Jargon* »Person o. Unternehmen, das eine Wirtschaftstätigkeit führt u. die Umsatzsteuer abführt« - **Umsatzsteuerzahler**. Vatowiec zerowy. *Właściwie to pytanie trzeba by zadać inaczej, tzn. czy warto nie być vatowcem? Jeżeli ktoś nie jest vatowcem, nie może rozliczać VAT.* www.niepelnosprawni.

info 2005. *Powiatowe Urzędy Pracy, będąc jednostką samorządu, nie odprowadzają podatków do budżetu państwa, w związku z tym nie rejestrują się jako watowcy.* www.funduszestrukturalne.gov.pl 2005. ⌨ SW 1996, PS 2003, US 2003

VAT-owski, vatowski, watowski *Adj v.* ↗VAT, *indekl, auch* **VAT** *nachgestellt in adjektivischer Funktion, indekl, Wirtschaft* - **Mehrwertsteuer-; Umsatzsteuer-**. Rachunek vatowski; ulga, faktura vatowska/VAT; zwolnienie vatowskie. *Nie ma takich dylematów, gdy się produkuje na Stadion Dziesięciolecia, czyli dla odbiorcy wschodniego. Tam nikt nie wystawia faktury VAT-owskiej, więc i dostawca nie może być płatnikiem tego podatku.* Polityka 1995 (K). *Mam wątpliwości, czy mogę potraktować ten dokument jako fakturę VAT i umieścić go w rejestrze vatowskim.* mforum.biz 2005. *To nie jest kontynuacja poprzedniej ustawy watowskiej. To jest, mimo zbieżności nazw, zupełnie nowy podatek.* www.igu.org.pl 2005. ⌨ SW 1996, IS 2000, PS 2003

VCR, vcr [fał-ce-er] *m, indekl,* »Rekorder zur Aufzeichnung von Fernsehsendungen u. zum Abspielen von Videokassetten« - **Video(kasetten)rekorder**. *Obecnie niemal w każdym domu znajduje się VCR.* PS. *Jak podłączyć vcr mono z kinem? Kino domowe.* hdtv.com.pl 2006. ⌨ PS 2003, US 2003 ◁engl, Abk von video cassette recorder

VHS [fał-ha-es] *m, G -u oder indekl* - **VHS**. Nagrać kasetę w VHS/VHS-ie. *VHS stał się najpopularniejszym rodzajem systemu wideo.* US. ⌨ IS 2000, PS 2003, US 2003 ◁engl, Abk von video home system

viagra *f* »Medikament zur Behandlung von Potenzstörungen« - **Viagra®**. *Viagra - wynaleziona i opracowana przez firmę Pfizer - jest* *przełomowym lekiem w leczeniu zaburzeń erekcji.* www.pfm.pl 2006. *Słynna Viagra pomaga nie tylko na erekcję - związek, który decyduje o skuteczności tego specyfiku, uczestniczy także, jak się okazuje, w otwieraniu i zamykaniu aparatów szparkowych, regulujących u roślin parowanie wody.* www.wiw.pl 2002. 📖 PS 2003. ◀engl

video *s.* **wideo**

VIP [wip] *m, G -a, Npl -y oder -owie* »wichtige Persönlichkeit« - **VIP, V.I.P.** *Przedział, wejście dla VIP-ów. VIP-y, czyli Bardzo Ważne Osoby - demokratyczna arystokracja. (...) VIP jest VIP-em naprawdę tylko wtedy, kiedy jest tak postrzegany.* Polityka 2000 (K). *Konto dla VIP-a. Jeżeli należysz do grona dobrze zarabiających, banki będą chętnie obsługiwać twoje konto.* banki.elfin.pl 2005. 📖 SW 1996, IS 2000, PS 2003, US 2003 ◀engl, Abk von very important person

VIP-owski, vipowski, *selten* **wipowski** *Adj v.* ↗**VIP** - *als Kompositumglied* **VIP-.** *Bilet VIP-owski; karta, usługa VIP-owska. Dobre VIP-owskie karty bankowe są specyficzną przepustką do lepszego traktowania w hotelach, gdzie można rezerwować pokój do późnych godzin nocnych i ekspresowo wymeldować się nawet bez podpisywania rachunku (...).* Polityka 2000 (K). *Bilet „vipowski" jest średnio dwukrotnie droższy od pozostałych.* www.polityka.onet.pl 2000. *Co do alkoholu, to jak zwykle będzie mógł korzystać każdy posiadacz biletu, nie tylko typu wipowskiego, a zatem zapraszamy, życząc udanej zabawy i wielu okazji do poznania nowych przyjaciół w wiosennym nastroju!* expatpol.com 2005. 📖 kein Beleg

voucher [wałczer], **wałczer** *m, G -a* **1** »Bescheinigung, die vor der Einreise in ein Land gekauft wird u. zu einem Aufenthalt in diesem Land berechtigt« - **(Touristen)voucher.** *Wykupić voucher. Przy wyjazdach turystycznych voucher wystawiony na usługi turystyczne na Białorusi i w Rosji jest, oprócz paszportu, niezbędnym dokumentem do uzyskania wizy.* www.intourist.pl 2004. *W Białymstoku wałczery były dostępne ale tylko na teren Białorusi (wałczer to taka opłata dla turystów).* pejzaze.onet.pl 2005. 📖 IS 2000, US 2003 **2** *Touristik* »Gutschein für im Voraus bezahlte Leistungen« - **(Reise)gutschein, Voucher.** *Voucher turystyczny. Zrealizować voucher. Voucher jest to imienny dokument, wystawiany przez biura podróży, potwierdzający zarezerwowane i opłacone wcześniej usługi. (...) Na podstawie vouchera klient otrzymuje świadczenia, wymienione w tym dokumencie.* www.intourist.pl 2004. *(...) jeszcze wałczer na pobyt w cieplickim Hotelu „Pod Różami", oczywiście w pokoju nr 8, gdzie jesteś obecny z bohaterami swojego filmu „Pożegnania".* miasta.gazeta.pl 2005. 📖 PS 2003, US 2003 ✎1992 NSP2 ◀engl

W

wagon ♦ **wagon bezprzedziałowy, wagon bez przedziałów** »Wagen eines Reisezugs, bei dem die Sitze rechts u. links eines Mittelgangs angeordnet sind« - **Großraumwagen**. Wagon bezprzedziałowy dla niepalących. *Spółka sukcesywnie modernizuje swój tabor oraz inwestuje w nowy. Blisko 90 milionów złotych przeznaczyła na zakup siedmiu nowych bezprzedziałowych wagonów klasy 2 (...).* PKP Kurier 2002. *Jak jedziesz pociągiem, nie drzyj gęby na cały przedział, zwłaszcza jak to wagon bez przedziałów relacji Warszawa-Berlin - wiadomo, że prawie każdy ma komórkę (...).* www.witaj-smutek.blog.pl 2006. ⌑ PS 2003

wakacje ♦ **wakacje podatkowe** *s.* **podatkowy**

walentynka *f, ugs* »Grußkarte zum Valentinstag« - **Valentinstagskarte**. Napisać, wysłać komuś/do kogoś walentynkę; dostać mnóstwo walentynek. *Walentynka to specjalna kartka, ozdobiona odpowiednimi rysunkami (serduszka chyba obowiązkowe?), wysyłana osobie ukochanej 14 lutego.* NSP2. ⌑ SW 1996, PS 2003, US 2003 ✎1992 NSP2

walentynki *nur im Pl* - **Valentinstag**. Prezenty, gadżety na walentynki; życzenia z okazji walentynek. *Do tej grupy imprez dołączyły ostatnio walentynki, czyli imprezy, organizowane (wzorem anglosaskim) w dniu św. Walentego (14 II), który jest patronem zakochanych, a sam ten dzień to właśnie święto zakochanych.* NSP2. *Walentynki. Jeszcze w zeszłym roku mówiłam, że nie ma co transportować tego święta na polski grunt i że to po prostu jeszcze jeden element marketingu nieosadzony w polskiej tradycji. Ale polskie czy nie, walentynki są po prostu faktem.* Cosmo 2000 (K). ⌑ SW 1996, PS 2003, US 2003 ✎1992 NSP2

walentynkowy *Adj v.* ↗walentynki - **Valentinstags-**. Kartka walentynkowa; życzenia walentynkowe. *Książeczka w kształcie serduszka nadaje się idealnie jako prezent walentynkowy.* www.muha-bez-glave.de 2006. ⌑ PS 2003, US 2003

walkie-talkie [łoki-toki] *n, indekl* »tragbares Funksprechgerät« - **Walkie-Talkie**. Rozmawiać przez walkie-talkie; posługiwać się walkie-talkie. *Elektronika idzie jak świeże bułeczki, choć walkie-talkie kosztuje tyle, ile przeciętna rodzina wydaje przez cały miesiąc.* NSP2. *Grupa policjantów z walkie-talkie przy uchu przeczesywała teren.* OiT. ⌑ SW 1996, IS 2000, US 2003 ◄engl

walkman [łokmen] *m, G -a* - **Walkman**. Zakładać, słuchać walkmana; mieć walkmana na uszach; słuchawki do walkmana. *Proszę, wytłumaczcie mojej córce, że chodzenie wszędzie z walkmanem przy uszach jest nie tylko strasznie niebezpieczne, ale doprowadzi ją w szybkim tempie do głuchoty.* NSP2. *Niestety, wszystkie propozycje spolszczenia walkmana, a jest ich ponadprzeciętnie dużo, nadają się tyko do rozbawiania czytelników: drogarz, drygal, grajuszka, grajnik (...).* Polityka 2000 (K). ⌑ Supl 1994, SW 1996, IS 2000, PS 2003, US 2003 ✎1990 NSP2 ◄Produktname der Firma Sony

waloryzacja^NB *f* - **Valorisierung, Inwertsetzung; Aufwertung**. Waloryzacja środowiska - Valorisierung o. Inwertsetzung des Naturerbes. Waloryzacja terenów wiejskich. *Diagnoza i waloryzacja terenów Powiatu Łańcuckiego wskazuje na możliwości rozwijania różnych form turystyki w tym regionie.* www.powiat-lancut.com.pl 2005. *Bez ujednoliconej waloryzacji środowiska i oceny zagrożeń nie jest możliwe realizowanie przyrodniczej polityki przestrzennej.* S. Kozłowski, Ekorozwój - wyzwanie XXI wieku 1997 (K). ⌑ US 2003

waloryzować^NB *ipf / zwaloryzować pf* »den ursprünglichen Wert einer Sache wiederherstellen« - **valorisieren; aufwerten**. Waloryzować środowisko. *Autor przywoływał i waloryzował na nowo franciszkańskie mity.* US. ⌑ US 2003

wałczer *s.* **voucher**

wałęsizm *m, G -u* - „**Wałęsismus**". **1** *nur im Sg* »Stil u. Methode der Machtausübung Lech Wałęsas, auch im Sinne einer Ideologie« *Widzę, że koledzy wyznają „wałęsizm". Zamieszać, narobić rabanu, a może (...) - ruszyć na Belweder.* www.nfow.pl 2005. *W mojej generacji, urodzonej przed rokiem 1939, która w dzieciństwie przeżyła wojnę, a potem leninizm, marksizm, stalinizm, katolicyzm w fazie walki o swe prawa, „Solidarność", stan wojenny oraz wałęsizm, kwaśniewskość i milleryzm, sytuacja jest bardziej skomplikowana.* www.wprost.pl 2002. *Może ktoś da nareszcie jakieś podstawy intelektualne pod „wałęsizm"?* www.fidelitas.pl 2005. ⌑ kein Beleg **2** *Npl -y,* »Lech Wałęsa zugeschriebene Äußerungen u. Wendungen, die sich durch pralle Bildhaftigkeit u. eigenwillige sprachliche Gestaltung auszeichnen« *Co prawda nie rozumiem tego zdania, bo to zdaje się wałęsizm, ale zafrapował mnie jego początek, ten o ustroju komunistycznym.* www.forum.

staszow.com 2006. *Według prof. Jurkowskiego już ponad dwadzieścia walęsizmów zanotowano jako zwroty o charakterze przysłów. Są wśród nich m.in. "W każdym społeczeństwie potrzebne są dwie nogi" czy trawestacja staropolskiego toastu "Zdrowie nasze w gardła wasze".* www.wprost.pl 2000. kein Beleg. *vgl. auch* ↗być za, a nawet przeciw

WAP [wap] *m, G -u oder indekl* »Verfahren, mit dem über das Handy Informationen aus dem Internet abgerufen werden können« - **WAP**. *Surfować po WAP-ie. Jeszcze na początku 2000. roku korzystałem z WAP-u poprzez CSD, wchodziłem na stronę jednego z operatorów, przeczytałem cokolwiek i szybko kończyłem sesję WAP.* www.wapmagazine.pl 2004. *WAP jest do niczego! Czy tak właśnie pomyślałeś po kilku(nastu) próbach wyszukania czegokolwiek sensownego w "komórkowym Internecie"?* www.pcworld.pl 2006. kein Beleg ◁engl, Abk von **W**ireless **A**pplication **P**rotocol
WAP *nachgestellt in adjektivischer Funktion, indekl - als Kompositumglied* **WAP-**. *Sesja, serwis, strona WAP. Serwisy WAP, wbrew powszechnym opiniom mediów, przeżywają drugą młodość.* www.pcworld.pl 2006. *Na tej stronie znajdziecie szczegółową konfigurację parametrów, jakie należy wprowadzić, aby mieć możliwość przeglądania stron WAP.* www.plusgsm.pl 2006. kein Beleg. *auch* ↗WAP
♦ **komórka WAP** - **WAP-Handy**. *Wszystko do twojej komórki Wap.* www.wapix.pl 2006. *Dzwonki na komórkę WAP.* www.smsik.pl 2006. kein Beleg. *vgl. auch* ↗wapowy

wapować *ipf, Jargon, v.* ↗WAP »mit Hilfe von WAP über ein Handy Verbindung zum Internet aufnehmen« - **wapen**. *Sporo wapuję, przeważnie wysyłam i odbieram e-maile.* gsmonline.pl 2006. *Dałem taki przykład, gdyż za tego typu usługi w abonamencie płaci się osobno i gdy będziemy dużo wapować lub mmsować, a mało rozmawiać, to i tak zapłacimy sporo.* www.orangeportal. pl 2006. kein Beleg

wapowy *Adj v.* ↗WAP - *als Kompositumglied* **WAP-**. *Serwis wapowy. Wczoraj uruchomiony został internetowo-wapowy subserwis w witrynie Mobilefun, który umożliwia pobranie gier w technologii Java na telefony komórkowe.* www.biznesnet.pl 2006. *Co musisz zrobić, to ustawić ten profil jako domyślny (w większości przypadków profilem domyślnym jest profil wapowy używany do surfowania po WAP-ie).* www.papla.pl 2006. kein Beleg. *auch* ↗WAP

watowiec *s.* **vatowiec**

watykanista *m, G -ty, Npl ~iści, seltener* **watykanolog** *m, G -a, Npl ~dzy* - **Vatikanist, Vatikanexperte, Vatikankenner**. *Watykaniści twierdzą, że decyzja Benedykta XVI oznacza chęć kontynuacji dokonań pontyfikatu Jana Pawła II.* pl.wikinews.org 2006. *Znany watykanolog "dysydent" Marco Politi twierdzi wręcz, że pięć lat temu papież powołał grupę ekspertów z zadaniem przeanalizowania możliwości swojej dymisji.* www.wprost.pl 2000.
PS 2004 ⌀1989 NSP2

wąchacz *m, G -a, Jugendsprache, Jargon* »jd., der sich durch das Inhalieren von Dämpfen leicht flüchtiger Stoffe (z.B. Lösungsmittel) berauscht« - **Schnüffler**. *Terapeuci dowiadują się, że w jakiejś szkole wącha 25 osób, na podwórku 15, ale nie ma nikogo, kto by ich policzył. Mówi się tylko, że liczba wąchaczy niesłychanie wzrosła.* Rzeczpospolita 1992 (K). *(...) u wąchaczy pojawiają się często bóle i zawroty głowy, występuje brak koordynacji, kłopoty z koncentracją i pamięcią.* Karan 1995 (K).
SW 1996, US 2003, PS 2004

wąchać^NB *ipf, Jugendsprache, Jargon* »sich durch das Inhalieren von Dämpfen leicht flüchtiger Stoffe (z.B. Lösungsmittel) berauschen« - **schnüffeln**. *Wąchać klej, rozpuszczalniki. Zarabiają na życie żebrząc, odprowadzając wózki przy supermarketach, myjąc szyby samochodowe lub kradnąc. Zazwyczaj piją alkohol i wąchają klej. Mają od kilku do kilkunastu lat. Mówi się o nich dzieci ulicy, bo wychowuje je ulica.* www.pismo.niebieskalinia.pl 2006. *Wąchają już nawet dzieci ze szkół podstawowych.* SW. SW 1996, IS 2000, US 2003, PS 2004 ⌀1986 NSP2

wczesnoporonny »eine Fehlgeburt auslösend« - **Abtreibungs-**. *Wczesnoporonny środek, lek. Zielonogórski sąd rejonowy wydał wyrok dwóch lat więzienia w zawieszeniu w sprawie młodego małżeństwa, które rozprowadzało wczesnoporonny specyfik, wyprodukowany domowym sposobem.* newsroom.gery.pl 2006.
PS 2004 ⌀1989 NSP2
♦ **pigułka, tabletka wczesnoporonna** - **Abtreibungspille, die "Pille danach"**. *Pływającym gabinetem dysponuje fundacja Kobiety na Falach (Women on Waves), która ma zgodę rządu holenderskiego na wydawanie na wodach międzynarodowych pigułek wczesnoporonnych. (...) W czasie rejsu kobiety, będące w ciąży nie dłużej niż 6 tygodni, mogłyby bezpłatnie otrzymać zabronione u nas pigułki RU 486.* kobieta.interia.pl 2003. *Postinor działa inaczej niż niedostępna na polskim rynku tabletka wczesnoporonna RU 486.* kobieta.gazeta.pl 2006.
PS 2004. *auch* ↗pigułka aborcyjna

Web, web [łep] *m, G -u, Internet* - **Web, Netz; Internet**. *Psycholodzy ostrzegają, że surfowanie po Webie może przerodzić się w nałóg.* archiwum.wiz.pl 1998. *Amerykańscy komentatorzy podkreślają, że ewentualny podział Microsoftu na firmy zajmujące się systemem operacyjnym, aplikacjami i Webem (...) nie da kon-*

kurencji bezpośrednich korzyści. www.pckurier. pl 2000. ☐ PS 2004. *auch* ↗www ◁engl

webcam [łepkam] *m, G -u, Internet* »Digitalkamera, die bewegte o. unbewegte Bilder ins Internet überträgt« - **Webcam**. *Miłym dodatkiem do webcamu będzie na pewno wbudowany mikrofon, inny pomysł to umieszczenie obrazu z webcamu na naszej stronie internetowej*. www.enter.pl 2006. *Całą akcję będzie można oglądać w webcamie Gazety Rycerskiej*. www. gazetarycerska.pl 2006. ☐ kein Beleg. *s. auch* ↗kamera internetowa ◁engl

webdesign [łep-dizajn] *m, G -u, Internet* »grafische Gestaltung einer Website« - **Webdesign**. *Webdesign obejmuje przygotowanie projektu graficznego stron, wykonanie dokumentów HTML, przygotowanie oprogramowania stron*. www.netidea.pl 2006. *Mamy za sobą duże doświadczenie w dziedzinie webdesignu. Pracują dla nas najlepsi graficy. U nas dostajesz layout w pełnym tego słowa znaczeniu*. www. bilssoftware.com 2006. ☐ kein Beleg ◁engl web design

webdesigner, web designer [łep-dizajner] *m, G -a, Npl ~rzy, Internet* »jd., der Websites gestaltet« - **Webdesigner**. *Firmy, które stworzyły ten rynek (agencje interaktywne, web designerzy) raczej skupiają się na aspekcie promocyjnym lub technologicznym. I w tych kwestiach poziom ich działań bywa wysoki*. www. modernmarketing.pl 2001. *Jestem webdesignerem, koderem i grafikiem. Stronami sieci web zajmuję się od 7 lat. Tworzę strony zarówno statyczne, jak i dynamiczne (...)*. forum.dmkproject. pl 2006. ☐ kein Beleg. *auch* ↗projektant stron www *oder* internetowych

webdesignerski [łep-dizajnerski] *Adj v.* ↗webdesign, *Internet - als Kompositumglied* **Webdesign-**. *Magazyn, team, konkurs webdesignerski; firma, strona, agencja webdesignerska. W Polsce rynek webdesignerski jest bardzo niedojrzały. Ciągle musimy przekonywać klientów, że „nie każdy" potrafi zrobić dobry projekt*. www.flashroom.com 2006. ☐ kein Beleg

webmaster [łebmaster] *m, G -a, Npl ~rzy, Internet* »jd., der für die Einrichtung, Organisation u. Wartung einer Website zuständig ist« - **Webmaster**. *Webmaster jest określeniem pochodzącym z języka angielskiego, określającym twórcę strony internetowej, osobę, która tę stronę redaguje i dba o aktualizowanie zawartych na niej materiałów*. www.jawsieci.pl 2003. *Zapraszamy do zwiedzenia kącika webmastera*. www.enter.pl 2006. ☐ PS 2004. ◁engl

webmasterski *Adj v.* ↗webmaster, *Internet* - **Webmaster-**. *Serwis, wortal, edytor webmasterski; narzędzia webmasterskie. W ofercie oprogramowania webmasterskiego można w tej chwili wręcz przebierać, mając do dyspozycji programy polskie i zagraniczne, darmowe i płatne*. www.pcworld.pl 2006. ☐ kein Beleg

webmasterstwo *n, Internet* »Gesamtheit aller Tätigkeiten, die mit der Website-Erstellung u. -Betreuung zusammenhängen« - **Webmastergeschäft; Webmasterbereich;** *Jargon* **Webmasterei**. *Jeśli interesujesz się webmasterstwem, grafiką czy e-marketingiem - zgłoś się do nas!* www.webinside.pl 2006. *Wczoraj w downloadzie oficjalnie ruszył dział webmaster. Jest to dział poświęcony webmasterstwu czyli tworzeniu stron WWW*. www.systempc.pl 2006. ☐ kein Beleg

webowy [łebowy] *Adj v.* ↗web, *Internet - als Kompositumglied* **Web-**. *Program został wyposażony we wbudowany serwer webowy, co oznacza, że użytkownik nie musi konfigurować dodatkowego serwera HTTP*. www.adrem.com.pl 2006. *Portal webowy może wprowadzić całkowicie nowy model prowadzenia biznesu*. www. ipipan.waw.pl 2006. ☐ PS 2004

weganin *m, G -a, Npl ~anie, v.* ↗weganizm - **Veganer**. *Weganin w ogóle rezygnuje z produktów pochodzenia zwierzęcego, jak jaja, mleko i jego przetwory*. NSP2. ☐ IS 2000, US 2003, PS 2004 ✐1992 NSP2

weganizm *m, G -u* »strenger Vegetarismus, der auf tierische Produkte in jeder Form verzichtet« - **Veganismus**. *Półtora roku temu przeszłam na weganizm. Niestety, brak czasu nie pozwala mi na przygotowywanie zróżnicowanych posiłków*. www.zdrowemiasto.pl 2006. ☐ US 2003, PS 2004

weganka *f v.* ↗weganin - **Veganerin**. *Wegance, która nie pije mleka i nie je nabiału, może grozić niedobór białka, żelaza, witamin i wapnia. Wapń musi wtedy uzupełnić, spożywając wzbogacone nim produkty*. www.erodzina. com 2006. ☐ US 2003, PS 2004

wegański *Adj v.* ↗weganizm - **vegan**. *Obiad, posiłek wegański; dicta, potrawa wegańska; wegańskie odżywianie, jedzenie. Kiedyś, jak byłam weganką, to zaczęłam chudnąć, mimo że starałam się normalnie jeść - ale wartość energetyczna wegańskiego pokarmu jest po prostu za mała!* www.sas.aplus.pl 2006. ☐ PS 2004

wejście[NB] *n, oder* ♦ **urządzenie wejścia, wejściowe** *EDV* »Gerät, das zur Dateneingabe an einem Computer dient« - **Eingangs-, Eingabe-, Inputgerät**. *Do najczęściej spotykanych urządzeń wejścia należą, klawiatura, mysz czy skaner, zaś urządzenia wyjścia to np. monitor albo drukarka*. www.neuron.bednarska. edu.pl 2003. *Monitor ten, jak również dwa urządzenia wejściowe podłączane są bezpośrednio do przełącznika, nie do komputera*. www. tomshardware.pl 2006. ☐ IS 2000, US 2003, PS 2004

wejściowy[NB] *Adj v.* ↗wejście *EDV* - **Eingangs-, Eingabe-, Input-**. *Dane wejściowe. Danymi* *wejściowymi do programu ISDM mogą być obrazy cyfrowe pozyskiwane zarówno bezpośrednio (...), jak również pośrednio przez skanowanie fotografii, wykonywanych metodą tradycyjną.* www.republika.pl 2003. ⌸ IS 2000, US 2003, PS 2004

wellness [łelnes] *m, G -u* »durch ein ausgewogenes Maß an Bewegung, Entspannung u. Ernährung entstehendes allgemeines Wohlgefühl« - **Wellness**. *Wellness to światowy trend, który powstał pod wpływem wschodnich kultur, a przeznaczony jest dla tych, którzy pragną mieć dobre samopoczucie.* www.adriatica.net 2006. *Uznane przez państwo uzdrowisko z termalnymi źródłami solankowymi nie pozostawia żadnego życzenia - w zakresie wellnessu i zdrowia - niespełnionym.* www.brandenburgia-turystyka.pl 2006. ⌸ kein Beleg ◄engl

wetować *s.* **zawetować**

wideo- [wideo] *erstes Glied in Zusammensetzungen* - **Video-**. Wideofon, wideoteka, wideopiractwo, wideomania ⌸ Supl 1994, SW 1996, IS 2000, US 2003, PS 2004

wideo *nachgestellt in adjektivischer Funktion, indekl - als vorangestelltes Kompositumglied* **Video-**. Technika, sztuka, film, kaseta, sprzęt, odtwarzacz, kamera, klub wideo; rynek wideo. ⌸ Supl 1994, SW 1996, IS 2000, US 2003, PS 2004

wideo [wideo] *seltener* **video** *n, indekl* 1 - **Video(technik)**. Digitalizacja wideo. *Czy tego chcemy, czy nie, żyjemy w czasach komputerów, telewizji satelitarnej i video.* NSP2. ⌸ Supl 1994, SW 1996, IS 2000, US 2003, PS 2004 ✍1986 NSP2 **2** *ugs* - **Video(gerät)**. Wideo dwugłowicowe, trzygłowicowe. Włączyć, wyłączyć wideo; oglądać filmy na wideo; nagrać program telewizyjny na wideo; zaprogramować wideo. *Zawsze mi kazali wkładać mini i kusy fartuszek i czepek z koronki, żebym wyglądała jak pokojówki z przedwojennych filmów, które ona oglądała po sto razy na wideo.* NSP2. ⌸ Supl 1994, SW 1996, IS 2000, US 2003 ✍1988 NSP2 **3** *ugs* - **Video(film)**. *Była to znakomita robota Nigela Dicka, który za darmo zmontował ekipę, sfilmował sesję, a potem opracował wideo w przeciągu bezprecedensowych czterdziestu ośmiu godzin.* NSP2. ⌸ PS 2004 ✍1988 NSP2. *auch* ↗wideofilm

wideo-art, wideoart *selten* **video-art** [wideo art] *m, G -u, nur im Sg* »Kunst, die mithilfe von Video produziert wurde; Installationen, kleine Filme« - **Videoart, Video art**. *Wideo-art jest stosunkowo nową dziedziną sztuki, o bardzo nieokreślonej jeszcze specyfice, zasadach i granicach. (...) Nie tylko nowość tej dziedziny powoduje, że doprawdy nie potrafię większości przypadków wideo-art opisać jako sztuki.* www.dziennik.com 2002. ⌸ US 2003, PS 2004 ✍1989 NSP2 ◄engl

wideodomofon *m, G -u, selten* **wideofon** »Türsprechanlage mit Monitor, die ermöglicht zu sehen, wer am Eingang steht«- **Videosprechanlage**. Zainstalować, zamontować wideodomofon; rozmawiać przez wideodomofon. *Wideodomofon obok wszystkich funkcji domofonu pozwala dodatkowo na obserwację przy pomocy małego monitora, zintegrowanego ze słuchawką, osoby stojącej przy wejściu.* www.republika.bansen.pl 2002. ⌸ PS 2004 ✍1991 NSP2

wideofilm, wideo film *m, G -u, auch* **film wideo** - **Videofilm**. Wideofilmy reklamowe, edukacyjne, dydaktyczne; wideofilmy dla dzieci. *Zdecydowanie warto wybrać się do kina (na kasecie wideo film wiele straci ze swego uroku).* www.sciencefiction.pl 2000. *Do Zachęty trafił wideofilm „Marionetka" z autorką w roli głównej.* www.rzeczpospolita.pl 2003. ⌸ IS 2000, US 2003, PS 2004. *auch* ↗wideo

wideofilmowiec *m, G ~wca, Npl ~wcy, selten, Jargon* - **Videofilmer**. *Wideofilmowiec, który zamierza realizować film, musi mieć jego wizję, powinien zaplanować temat i określić szczegółowo treść swojego filmu.* www.gaz.info.pl 2002. *Polskie Stowarzyszenie Wideofilmowców wyróżniło POSITIVE CHARGE medalem za szczególne zasługi oraz wkład, wniesiony w rozwój zawodu wideofilmowca.* www.polfoto.com 2003. ⌸ kein Beleg

wideokamera *s.* **kamera wideo**

wideoklip [wideoklip, wideoklip], *seltener* **wideoclip, videoclip** *m, G -u* »kurzer Videofilm zu einem Titel der Popmusik o. über eine Person o. Sache« - **Videoclip**. Wideoklip roku. Nagrać wideoklip. *Ostatnie lata przyniosły w tej dziedzinie prawdziwą rewolucję, która uczyniła z teledysków, lub z angielska - wideoklipów, prawdziwe dzieła, zawierające w sobie wszystko, co stworzyły sztuki XX wieku.* NSP2. *Po raz pierwszy również na płycie dołączony jest wideoclip do piosenki „Piekło i Niebo".* muzyka.pl 2005. *Przygotowaliśmy pierwszy videoclip z naszej imprezy.* www.erafriends.one.pl 2006. ⌸ Supl 1994, SW 1996, IS 2000, US 2003, PS 2004 ✍1986 NSP2. *auch* ↗klip, ↗teledysk ◄engl video clip

wideoklipowy *Adj v.* ↗wideoklip - **Videoclip-**. Styl, montaż wideoklipowy. *Widać, że tematem tym zajmuje się osoba, mająca pomysł na wideoklipowy scenariusz i umiejąca go w ciekawy sposób przedstawić.* nasza-teka.blog.pl 2006. ⌸ kein Beleg. *auch* ↗teledyskowy

wideokonferencja *f* »Konferenz, bei denen Teilnehmer an verschiedenen Orten mithilfe der Videotechnik optisch u. akustisch miteinander verbunden sind« - **Videokonferenz**. Wideokonferencja naukowa, międzynarodowa. *Już w 1983 r. France Telecom zaoferował swoim klientom wideokonferencje. Początko-*

wo ograniczono ich zasięg jedynie do terytorium Francji, wkrótce jednak rozszerzono je także na kraje ościenne. NSP2. *Wideokonferencja jest najnowszym i najbardziej efektywnym sposobem komunikacji, niwelującym bariery geograficzne w funkcjonowaniu współczesnych organizacji.* bera.home.pl 2006. ▭ US 2003, PS 2004 ✎1989 NSP2

wideokonferencyjny *Adj v.* ↗wideokonferencja - **Videokonferenz-**. *Sprzęt, system, moduł wideokonferencyjny; kamera, technika wideokonferencyjna. Karta wideokonferencyjna dla laptopów. Od piątku Bank PKO BP w Jeleniej Górze z ekspozyturami w Szklarskiej Porębie, Cieplicach, Karpaczu i Piechowicach łączy system wideokonferencyjny. To jedyne takie rozwiązanie w Polsce.* Gazeta Wrocławska 2000 (K). ▭ PS 2004 ✎1989 NSP2

wideoman [wideoman] *m, G -a, selten, ugs* - »leidenschaftlicher, auch süchtiger Konsument von Videofilmen« *Jest to cykliczny program, w którym autorzy prezentują filmy nadesłane przez wideomanów z kraju i zagranicy.* www.brtvp.pl 2005. *Fachowcy twierdzą, że z pozoru niewinne gry komputerowe mogą być równie uzależniające, co narkotyki i hazard. Wideomani, podobnie jak inni zaawansowani użytkowicze, cierpią na syndrom odstawienia, przejawiający się nadmierną potliwością, drżeniem rąk, bezsennością oraz stanami lękowo-depresyjnymi.* www.lolipop.pl 2006. ▭ OiT 2001, US 2003, PS 2004 ✎1989 NSP2

wideomania *f* »leidenschaftlicher Konsum von Videofilmen; auch die Sucht« - **Videomanie**. *Jednocześnie trzeba pogodzić się z faktem, że słowo drukowane ma nowych konkurentów. Pojawiła się wideomania, która zastępuje czytanie także dzieł literackich.* www.menis.pl 2004. ▭ kein Beleg

wideoodtwarzacz *m, G -a* »Gerät für die (Aufnahme u.) Wiedergabe von Videofilmen« **Video(gerät);** *(nur Wiedergabe)* **Videoabspielgerät**. *Wyposażenie Sali: wideoodtwarzacz, flipchart.* www.fcp.pl 2002. *Z wnętrza rabuś skradł telewizor, wideoodtwarzacz oraz radiomagnetofon.* www.nakielskiczas.pl 2006. ▭ PS 2004, US 2003. *auch* ↗odtwarzacz wideo

wideopiractwo *n* »Herstellen u. Vertreiben von Raubkopien von (Video)filmen« - **Videopiraterie**. *Uprawiać wideopiractwo. Ale także handluje narkotykami i odpadami radioaktywnymi, niszczy rzadkie gatunki zwierząt, uprawia wideopiractwo, zwalcza lub popiera eutanazję, politykuje (...).* www.sjikp.usedu.pl 1997. ▭ US 2003

wideopirat *m, G -a, Npl ~ci* - **Videopirat**. *Polska FOTA nie jest jednak instytucją tropiącą wideopiratów w sieci, jak czyni to jej międzynarodowy odpowiednik z branży fonograficznej IFPI (...).* www.chmielo2000.republika.pl 2003. ▭ US 2003, PS 2004

wideoreportaż *m, G -u, selten* »Berichterstattung mit Interviews, Kommentaren o.Ä., die mit einer Videokamera aufgezeichnet wurden; auch Videofilm über ein familiäres Ereignis« - **Videoreportage; Videofilm**. *Wideoreportaż, czy to z wesela, komunii, czy studniówki, z całą pewnością będzie dobrą pamiątką na długie lata.* www.republika.pl 2003. ▭ kein Beleg

wideotechnika *s.* **technika wideo**

wideoteka *f* »Sammlung von Filmen u. Fernsehsendungen, die auf Videobändern aufgezeichnet sind« - **Videothek, Video(film)sammlung**. *Jeśli chcesz powiększyć swoją wideotekę, zadzwoń do redakcji Cosmo 1 grudnia między godziną 11 a 12, a wygrasz jedną z trzydziestu kaset wideo.* Cosmo 2000 (K). *W prywatnej wideotece miał wszystkie filmy Alfreda Hitchcocka.* OiT. ▭ Supl 1994, SW 1996, IS 2000, US 2003, PS 2004 ✎1988 NSP2
! im Dt. Videothek auch in der Bedeutung 'Geschäft, in dem man Videokassetten ausleihen kann' poln. ↗wideowypożyczalnia

wideotelefon, *seltener* **videotelefon,** *auch* **wideofon** *m, G -u* »Telefon, das auch das Bild des Gesprächspartners übermittelt« - **Videotelefon, Bildtelefon**. *Rozmawiać przez wideotelefon. Systemy FITL oprócz zapewnienia podstawowych usług, takich jak łączność telefoniczna, mają możliwość udostępniania usług multimedialnych, takich jak: wideo na żądanie, wideokonferencje, wideotelefon, a także szybki dostęp do Internetu.* www.telenetforum.pl 2001. *Najwięcej emocji wzbudza wideofon - zainteresowanie nim deklaruje niemal połowa posiadaczy telefonów komórkowych.* ww.brief.pl 2005. ▭ US 2003, PS 2004 ✎1988 NSP2

wideoterminal *m, G -u oder -a* »i.d.R. aus Kamera u. Monitor bestehende Ausrüstung, die eine gleichzeitige Übertragung von Bild u. Ton ermöglicht« - **Videoterminal**. *Wideoterminal software'owy. Na monitorze znajduje się obraz, pochodzący z kilku lub kilkunastu lokalizacji; na wyróżnionej części podzielonego ekranu uczestnicy wideokonferencji widzą obraz przesyłany z wideoterminalu, przy którym aktualnie zabrano głos.* www.telenetforum.pl 2001. *Do przeprowadzenia wideokonferencji niezbędne jest specjalne zakończenie łącza telekomunikacyjnego nazywane wideoterminalem.* www.skierniewice.tpsa.pl 2002. ▭ US 2003

wideowypożyczalnia *s.* **wypożyczalnia kaset wideo i DVD**

wiek ♦ **wiek poprodukcyjny** »Lebensalter nach Erreichen des Rentenalters (in Polen für Frauen ab 60 Jahren, für Männer ab 65 Jahren)« - **Rentenalter**. *Osoby, ludzie w wieku poprodukcyjnym, pozaprodukcyjnym. Ceni*

się u nas ludzi - jak to się określa - w wieku produkcyjnym, a lekceważąco traktuje się często tych w wieku „poprodukcyjnym"; pisze się o nich nieraz, że są obciążeniem dla społeczeństwa. Twój Styl 1997 (K). *W roku 2020 co piąty Polak będzie w wieku poprodukcyjnym (obecnie w tej grupie jest 14 procent osób).* Rzeczpospolita 1998 (K). 📖 SW 1996, IS 2000, US 2003
♦ **trzeci wiek** »(Renten)alter« - **drittes Lebensalter**. *Osoby, ludzie, problemy trzeciego wieku. Wchodzić w trzeci wiek. Nie ulega wątpliwości, że ludzie „trzeciego wieku" dysponują doświadczeniem, wiedzą naukową i praktyczną, co pozwala lepiej i głębiej oceniać zachodzące w społeczeństwie zjawiska.* NSP2. 📖 IS 2000, PS 2003, US 2003 ✏ 1987 NSP2

wielkoszlemowy *Adj v.* wielki ↗szlem »den Grandslam betreffend« - *als Kompositumglied* **Grandslam-, Grand-Slam-**. *Wielkoszlemowy zwycięzca, półfinał, triumf, debiut; wielkoszlemowe zwycięstwo. Amerykanka Venus Williams, była liderka rankingu tenisistek, wygrała w sobotę wielkoszlemowy turniej w Wimbledonie.* ww2.tvp.pl 2005. 📖 PS 2004 ◁engl grand slam
♦ **turniej wielkoszlemowy** »die wichtigsten vier internationalen Tennismeisterschaften innerhalb eines Kalenderjahres Australian Open, die French Open, die Wimbledon Championships u. die US-Open, deren Gewinn der Grand Slam ist«- **Grand-Slam-Turnier**. *Wygrać, przegrać turniej wielkoszlemowy. Od 25 czerwca do 8 lipca na trawiastych kortach Wimbledonu odbędzie się trzeci tegoroczny turniej wielkoszlemowy z pulą nagród 12,2 mln dolarów.* www.katalog.hoga.pl 2001. 📖 PS 2003 ✏ 1988 NSP2. *s. auch* wielki ↗szlem

wieża[NB] *f, ugs, oder* ♦ **wieża mikro** »komplettes Audiosystem in Kleinstformat« - **Mikro(stereo)anlage**. *Wieża mikro marki LG z systemem MDSS i wyświetlaczem LCD.* audiosfera.pl 2006. 📖 kein Beleg
♦ **wieża stereo** »in einem hohen, schmalen Gehäuse übereinander angeordnete Geräte einer Stereoanlage« - **Stereoturm, Hi-Fi-Turm**; *ugs* **Tower**. *Z pieniędzmi też u mnie nie najlepiej. (...) No i raty muszę spłacać, za wieżę stereo i rower górski.* Super Express 1998 (K). 📖 SW 1996, IS 2000, US 2003, PS 2004 ✏ 1985 NSP2

więzień ♦ **więzień sumienia** »jd., der wegen einer politischen o.ä. Überzeugung gefangen gehalten wird« - **Gesinnungshäftling, politischer Gefangener**. *Wiele ofiar [władz] to więźniowie sumienia. Każdy, kto upomina się o swe prawa w Chinach, prawdopodobnie będzie narażony na pogwałcenie tych praw.* G. Jaszuński, Hongkong dla Chin? 1997. *Michaił Chodorkowski, złodziej czy więzień sumienia?* prawica.net 2006. *Amnesty International uznało Grigorija Paskę za więźnia sumienia i domaga się jego natychmiastowego i bezwarunkowego zwolnienia.* zb.eco.pl 1999. 📖 IS 2000, US 2003, PS 2004 ✏ 1990 NSP2

wilczyca ♦ *phras* **młode wilczyce** - »ehrgeizige junge, dynamische Frauen, die ihr ganzes Interesse auf die Karriere richten« *Kolejną grupą kobiet pijących coraz więcej są „młode wilczyce" - na stanowiskach, świetnie ubrane, robiące karierę. Mają wszystko oprócz jednego: bliskich, ciepłych relacji z innymi ludźmi.* psychotekst.com 2006. 📖 kein Beleg

wilk ♦ *phras* **młode wilki** - »ehrgeizige junge, dynamische Männer, die ihr ganzes Interesse auf die Karriere richten« *Miał być triumf młodych wilków i był. 21-letni Anders Jacobsen wygrał 55. Turniej Czterech Skoczni, a 17-letni Gregor Schlierenzauer zwyciężył w Bischofshofen (...).* sport.gazeta.pl 2007. *Zresztą wybory i ewentualne mandaty to tylko jeden z licznych rarytasów, jakie padają łupem młodych wilków, decydujących się na karierę polityczną.* www.histmag.org 2006. 📖 kein Beleg

windskating, wind skating [ɫintskejtiŋk] *m, G -u* »Segeln auf einem mit einem Segel ausgerüsteten Skateboard« - **Windskating**. *Wind skating, czyli jazdę na rolkach z żaglem, wymyślili rolkarze spragnieni dużych prędkości.* CKM 2003. 📖 PS 2004 ◁engl

windsurfer *s.* windsurfingowiec

windsurfing [ɫintserfiŋk, ɫintserfiŋk] *m, G -u* »Segeln auf einem mit einem Segel ausgerüsteten Surfbrett« - **Windsurfing, Windsurfen**. *Poznaliśmy się dziesięć lat temu, na plaży. To były początki windsurfingu w Polsce, znali się, choćby z widzenia, wszyscy, którzy spędzali weekendy nad Zalewem Żegrzyńskim albo na Helu.* Cosmo 2000 (K). 📖 Supl 1994, SW 1996, IS 2000, US 2003, PS 2004. *auch* ↗surfowanie ◁engl

windsurfingowiec [ɫintserfingowiec] *m, G ~wca, Npl ~wcy, oder* **windsurfer** [ɫintserfer] *m, G -a, Npl ~rzy* - **Windsurfer**. *Windsurfingowcy - a po polsku „deskarze" - to najmłodsza wodniacka generacja.* NSP2. *Windsurferzy niestety znów czekali na wiatr, umilając sobie to czekanie testami odporności sprzętu na długotrwałe leżakowanie w wodzie.* augustyna.pl 2003. 📖 PS 2004 ✏ 1986 NSP2. *auch* ↗deskarz, ↗surfer

windsurfingowy *Adj v.* ↗windsurfing - **Windsurfing-**. *Sprzęt, obóz, sezon, klub windsurfingowy*; ↗**deska windsurfingowa**. *Windsurfingowy wyścig maratoński odbędzie się na wodach Zatoki Puckiej po wyznaczonej i obserwowanej trasie pomiędzy miejscowościami Władysławowo - Kuźnica (ew. Jastarnia) -*

Puck - Władysławowo. www.polwysep.pl 1999. US 2003, PS 2004. *auch* ↗surfingowy

winieta^NB, **winietka** *f* »Gebührenmarke für die Benutzung von Straßen mit höheren Standards (meist Autobahnen); auch: die Gebühr selbst« - **Vignette;** *österr* **Pickerl**. *Być może już niedługo po autostradach, drogach ekspresowych i dwujezdniowych będziemy jeździć tylko ze specjalną winietą, przyklejoną do przedniej szyby*. PS. *Rząd chce wprowadzić w przyszłym roku winiety, czyli opłaty za poruszanie się po polskich autostradach, drogach ekspresowych, dwujezdniowych i międzynarodowych. (...) Winietka nie będzie tania: roczna dla samochodu osobowego ma kosztować 180 złotych*. www.tf.pl 2005. PS 2004 ◁frz vignette

winietowy^NB *Adj v.* ↗winieta - *als Kompositumglied* **Vignetten-**. *System winietowy; ustawa, opłata winietowa. Jak informuje Generalna Dyrekcja Dróg Krajowych i Autostrad (GDDKiA), w Polsce nadal obowiązywać będzie system winietowy dla samochodów ciężarowych w obecnej formule.* www.zgo.pl 2004. PS 2004

winyl^NB *G -u, ugs* »Schallplatte« - **Vinyl**. *Okładki na winyle. Oczywiście, można zrzucić muzykę z winyli na komputer przy użyciu różnego rodzaju oprogramowania.* www.geektoys.org 2005. *Wszystkie winyle są w stanie bardzo dobrym, kawałki nie zacinają się, nie trzeszczą itp. W razie zainteresowania się jakąś pozycją proszę o kontakt*. www.forum.mocny.com 2006. *20 czerwca ukaże się nasz pierwszy winyl w Niemczech, Francji, Włoszech, Anglii i krajach Beneluxu.* mp3.wp.pl 2005. kein Beleg

winylowy^NB *Adj v.* ↗winyl - *als Kompositumglied* **Vinyl-**. *Płyta winylowa. Deck winylowy, (...), adapter winylowy.* www.crsound.civ.pl 2006. *To jest wprost niewiarygodne, ale za płyty winylowe kupowane w Berlinie płacisz średnio ok. 12 zł więcej niż w USA.* www.gajanet.pl 2006. kein Beleg

wioska ♦ **Wioska Dziecięca (SOS)** »Einrichtung zur Betreuung und Erziehung elternloser o. verlassener Kinder in familienähnlichen Gruppen« - **(SOS-)Kinderdorf**. *W Kraśniku już kilkanaście lat istnieje wioska dziecięca SOS. Jest ona jedną z form opieki nad dziećmi osieroconymi i opuszczonymi*. www.zmp.poznan. pl 2005. PS 2004

♦ **globalna wioska** *s.* **globalny**

wipowski *s.* **vipowski**

wirtual ♦ *phras* **w wirtualu** *Internetjargon - neutral* **virtuell; im Internet; im virtuellen Raum;** *ugs* **im Netz;** *Jargon* **im Net**. *Powiedzieć, zrobić coś w wirtualu; spotykać się w wirtualu. Znamy osoby, które w życiu realnym są cichutkie, nie zabierają głosu i pozornie godzą się na wszystko. W wirtualu natomiast pozwalają sobie na agresywne zachowania.* www.racjonalista.pl 2006. *Obnażeni w wirtualu. Im szybsze stają się łącza internetowe, z tym większą ochotą przerzucamy kolejne elementy naszego życia do równoległego, wirtualnego świata. I dobrowolnie pozbawiamy się prywatności.* newsweek.redakcja.pl 2005. kein Beleg. *vgl. auch* w ↗realu

wirtualizacja *f, EDV* »vollständige Überführung von Vorgängen u. Prozessen aus dem Bereich der Realität in den Bereich der künstlichen Wirklichkeit mit Hilfe von Computer u. Internet« - **Virtualisierung**. *Głównym czynnikiem zwiększającym popularność wirtualizacji jest gwałtowny rozwój infrastruktury, przy równoczesnym zamrożeniu budżetów i zasobów IT.* www.citrixnews.pl 2006. *Wirtualizacja to jeden z najświeższych i najbardziej zaawansowanych technologicznie tematów (...).* www. ckzeto.com.pl 2006. kein Beleg

wirtualizować *ipf* / **zwirtualizować** *pf, EDV* - **virtualisieren**. *Pełna emulacja pozwala wirtualizować dowolny sprzęt na dowolnej architekturze. Nie da się wirtualizować każdej architektury - musi być wsparcie sprzętowe.* rainbow.mimuw.edu.pl 2006. *Wszystkie te określenia będą jak najbardziej trafne i poprawne, ponieważ w tym produkcie chodzi o to, by zwirtualizować proces wypożyczania filmów lub książek.* elibrary.bigu.pl 2006. kein Beleg

wirtualność^NB *f, EDV* »mit Hilfe der Computertechnik erzeugte künstliche Wirklichkeit« - **Virtualität**. *Przeczytawszy „S@motność w Sieci", wie się, że wirtualność internetu to tylko umowa i że e-mail - tak naprawdę - nie musi się różnić od listu przysłanego zaprzęgiem przez posłańca.* www.proszynski.pl 2006. *Wirtualność to anonimowość. Pozwala mi ona pytać o takie rzeczy, o które nie zapytałabym nigdy nikogo w realu. Internet to konfesjonał (...).* gryonline.wp.pl 2007. kein Beleg

wirtualny^NB *Adj* »nicht in Wirklichkeit vorhanden, aber echt erscheinend; mit Hilfe der Computertechnik künstlich erschaffen« - **virtuell**. *Wirtualny sprzedawca; wirtualne miasto, studio; wirtualny świat gier komputerowych. Wirtualna pamięć (komputera)* - virtueller *Speicher. Od tej chwili kończy się kontakt z rzeczywistością, zaczyna się iluzja rzeczywistości wirtualnej.* NSP2. *Wirtualny budżet - powiada się, dopiekając ministrowi Baucowi. Jest to modny epitet. Wirtualny, znaczy nierzeczywisty. Budżet pobożnych życzeń.* Gazeta Morska 2000. SW 1996, IS 2000, US 2003, PS 2004 ⌀1992 NSP2 ◁engl virtual

wirus^NB *m, G -a, ugs, oder* ♦ **wirus komputerowy** *Computer* - **(Computer)virus**. *Wirus makrowy, plikowy, systemowy; skażony, zakażony, zarażony przez wirus, ugs wirusa.*

Wirusy komputerowe to plaga. Aby ją zwalczać, potrzebny Ci jest antywirus lub np. darmowy skaner antywirusowy. www.wirusy.4un.pl 2006. Supl 1994, SW 1996, IS 2000, US 2003, PS 2004 ⌕1989 NSP2

witryna[NB] *f, Internet* - **Homepage, Startseite, Leitseite.** *Witamy na naszej nowej witrynie! Zaprojektowaliśmy ją zgodnie z Państwa wskazówkami i uwagami.* www.wydawnictwo.currenda.pl 2006. *Do tej pory w naszej bazie znajduje się niewiele adresów szkolnych witryn. Szkoły, które posiadają własne strony WWW, prosimy o nadsyłanie adresów do Biura (...).* www.sto.org.pl 2003. US 2003, PS 2004. *auch* ↗strona internetowa

wizażysta *m, G ~ty, Npl ~yści* »Spezialist für die Verschönerung des Gesichts mit Mitteln der dekorativen Kosmetik« - **Visagist.** *Makijaż ślubny jest ekscytującym wyzwaniem dla każdego wizażysty.* www.ambasadaurody.pl 2006. SW 1996, IS 2000, US 2003, PS 2004. *auch* ↗makijażysta

wizażystka *f v.* ↗wizażysta - **Visagistin.** *Dyplomowana wizażystka; porady wizażystki. Wanda Cz., wizażystka współpracująca przy sesjach mody z Kobiecym Magazynem dla Dziewczyn (...). Od czterech lat robi makijaże osobom z pierwszych stron gazet. Pracuje przy sesjach mody, reklamach, programach telewizyjnych.* www.czat.wp.pl 2003. *„To znakomita wizażystka, która szkoliła panią minister, jak się ubierać i malować, żeby dobrze wyglądać"* - *tłumaczy (...) szef jej gabinetu politycznego (...).* www.dziennik.pl 2007. US 2003, PS 2004. *auch* ↗makijażystka

wizerunek[NB] *m, G -u* »(idealisiertes) Bild von jdm. o. etw. in der öffentlichen Meinung« - **Image, Bild,** *Wizerunek kogoś/czegoś. Kreować, tworzyć, zbudować (czyjś, swój) wizerunek. Kreowanie, budowanie wizerunku. Każdy, kto pojawia się publicznie w jakiejkolwiek roli - chcąc czy też nie - tworzy swój wizerunek. Im bardziej taka aktywność oparta jest na świadomych wyborach, wiedzy o sobie, indywidualnych zachowaniach oraz zasadach komunikowania, tym większa szansa na zbudowanie pozytywnego wizerunku.* banki.wp.pl 2006. *PiS poprawia wizerunek swojego szefa. (...) Plan kreowania wizerunku PiS nie ogranicza się jednak do samego prezesa.* wiadomosci.polska.pl 2006. SW 1996, IS 2000, US 2003, PS 2004. *auch* ↗image

wlogować się *pf /* **wlogowywać się** *ipf, Computer* - **sich einloggen.** *Wlogować się na komputer, serwer, na swoje konto, na konto pracowni komputerowej; wlogować się do sieci, domeny, routera. Jeśli możesz wlogować się używając konta innego użytkownika, który ma wyższe uprawnienia, to możesz zmienić hasło na inne.* www.tibiasite.info 2006. *Należy wlogować się na jeden z komputerów UNIXowych jako użytkownik „oper" (trzeba znać niejawne hasło!).* www.astro.uni.torun.pl 2006. kein Beleg. *häufiger* ↗logować się

władza ♦ **czwarta władza** *Politik* »unabhängige Medien, die als gleichrangig mit den institutionalisierten drei Gewalten betrachtet werden« - **vierte (Staats)gewalt.** *Dlatego na przykład ostatnio sporo mówi się o tzw. czwartej władzy, którą mają przedstawiciele środków masowego przekazu. Prasa, radio i telewizja stanowią coś w rodzaju namiastki władzy społeczeństwa, a właściwie organ kontrolujący poczynania oligarchów. Rzeczywiście, w ujawnieniu wielkich afer gospodarczych ostatnich czasów wielką rolę odegrała czwarta władza.* www.monitorpolski.com 2005. SW 1996, IS 2000, PSF 2000, US 2003, PS 2004

wodotrysk ♦ *phras* (coś) **z wodotryskiem** *ugs* »mit (überflüssigen) Accessoires ausgestattet« - (etw.) **mit allen Schikanen, mit (viel) Schnickschnack.** *Zegarek, komputer, telefon komórkowy z wodotryskiem. Nie mam zaufania do przereklamowanych „zegarków z wodotryskami", bo to i godzinę źle pokażą, i wody dadzą tyle, co kot napłakał.* M. Wańkowicz, Ziele na kraterze 1993 (K). *Podążając za duchem czasu, operatorzy wrzucają coraz więcej złomu do telefonu - a to aparat (rzecz w sumie już przestarzała), a to mp3 player, a to radio z wodotryskiem. Po co komu to?* twoj.net 2004. *Telefon komórkowy z wodotryskiem? Zegarek nie chwycił, telefon chyba też nie chwyci.* www.biznetnet.pl 2006. IS 2000, US 2003 ⌕1951(!) Wańkowicz

wojujący *v.* wojować - **militant, kämpferisch.** *Wojująca feministka* - militante Feministin. *Wojujący antykomunizm. Mało co tak ekscytuje jak widok gniewnej, wojującej feministki na forum parlamentu.* www.republika.pl 2001. *Niemojewski, chociaż wolnomyśliciel wojujący, nie zgadza się na takie uproszczenia (...).* IS. *Prawo i Sprawiedliwość - jeszcze jako partia opozycyjna - raczej sceptycznie (choć bez stosowania „wojującej" retoryki) odnosiła się do naszego członkostwa w Unii Europejskiej.* www.ineuro.pl 2005. IS 2000, US 2003

wolnoamerykanka *f, auch* ♦ **wolna amerykanka 1** *Sport* »von Berufsringern ausgeübte Art des Freistilringens, bei der fast alle Griffe erlaubt sind« - **Catchen, Catch, Catch-as-catch-can.** *Istniały lub istniały ponadto liczne style narodowe i lokalne, np.: wolnoamerykanka, walka francuska, szwajcarska (...).* www.wiem.onet.pl 2001. Supl 1994, IS 2000, US 2003, PS 2004 **2** *ugs* »die allgemein geltenden Maßstäbe, Rechte anderer missachtendes u. an den eigenen Interessen ausgerichtetes

Handeln, Verhalten« - *neutral* **Gesetz des Dschungels** o. **des Stärkeren; Ellenbogenverhalten**. Pełna, rynkowa wolnoamerykanka. Gdzieś panuje wolnoamerykanka. *Europa opiekuńczych państw dobrobytu nie chce żyć w jarzmie rynkowej wolnoamerykanki ani ścigać się z azjatyckimi tygrysami.* Polityka 2000 (K). *(...) pracownicy firm prywatnych przekonywali, że to oni mają gorzej, bo na państwowym są jakieś związki zawodowe i przepisy, a u prywatnego - wolna amerykanka.* www.praca.gazeta.pl 2003. ꊱ Supl 1994, IS 2000, US 2003, PS 2004 ✎1990 PP

wolnorynkowiec *m, G ~wca, Npl ~wcy, Jargon* »Vertreter, Anhänger des freien Marktes bzw. der freien Marktwirtschaft« - **Marktwirtschaftler**. *Ziemkiewicz przypomina, że na tle anachronicznych koncepcji gospodarczych, z którymi strona opozycyjna szła do rozmów Okrągłego Stołu (indeksacja, własność pracownicza itp.), to paradoksalnie ówcześni liderzy PZPR jawili się jako wolnorynkowcy.* Newsweek 2004. *Obecnie żaden poważny wolnorynkowiec nie twierdzi, że wolny rynek broni się sam, tylko zastanawia się nad optymalnymi metodami obrony wolnego rynku.* www.nowepanstwo.pl 2006. ꊱ SW 1996, PS 2004 ✎1989 NSP2

workoholik, workoholic [łerkoholik] *auch* **workaholic** *m, G -a, Npl ~icy* »jd., der unter dem Zwang steht, ununterbrochen arbeiten zu müssen« - **Workaholic, Workoholic,** *selten* **Arbeitssüchtiger**. *Od czasów Lyndona Johnsona Waszyngton nie pamięta podobnego workoholika. Clinton pracuje, pracuje, pracuje, nie marnuje ani chwili.* NSP2. *Workoholicy bowiem to główne ofiary bezsenności.* newsroom.gery.pl 2005. *Wszyscy znamy takich workaholiców, co to zawsze „muszą jeszcze coś zrobić".* portalwiedzy.onet.pl 2000. ꊱ OiT 2001, PS 2004 ✎1992 NSP2. *auch* ↗pracoholik ◁engl

workshop [łerkszop] *m, G -u, selten* »Kurs, Veranstaltung o.Ä., in dem bestimmte Themen von den Teilnehmern selbst erarbeitet u. praktische Übungen durchgeführt werden« - **Workshop**. *W dniu 22 lutego w Gdańsku odbył się workshop polsko-rosyjski. Organizatorzy to Regionalna Grupa Orbis (...), Pomorska Regionalna Organizacja Turystyczna i POT w Moskwie.* www.pot.gov.pl 2006. ꊱ OiT 2001, PS 2004 ◁engl

world wide web *s.* **www**

wortal *m, G -u, Internet* »Internetportal mit spezieller Ausrichtung auf ein Themengebiet (z.B. Finanzen, Medizin) o. eine Zielgruppe (z.B. Diabetiker, Senioren)« - **vertikales Portal, Themenplattform, Vortal**. *Wortal, tworzony dla turystów (zwłaszcza górskich) przez turystów: prognozy pogody, rozkłady jazdy pociągów i autobusów, adresy miejsc noclegowych.* www.gory.pl 2006. *Filmowy Wortal Internetowy: filmy, recenzje, zapowiedzi, premiery, nowości, klasyka, aktualności, ankiety, aktorzy, wywiady.* www.film.pl 2006. ꊱ PS 2004. *s. auch* ↗portal ◁engl vortal (aus vertical portal)

wow [łał, łoł], **łał** *Jugendsprache, salopp* »Ausruf der Anerkennung, des Staunens, der Überraschung, der Freude« - **wow**. *Wow! Długo czekałem na takie zmiany. Podoba mi się!* michal.osmenda.com 2006. *Internet Standard opublikował krytyczny artykuł, wow. Moje gratulacje.* www.futrega.org 2006. *Łał! Ciągle nie mogę się przestać dziwić. Ludzie! Naprawdę nie zdawałam sobie sprawy, że tak wiele osób czyta mojego bloga.* olamonola.blogspot.com 2006. ꊱ NSPP 1999, PS 2004 ◁engl

wrestling [restliŋk] *m, G -u* »in besonderem Maße auf Show ausgerichtetes Catchen« - **Wrestling**. Pokaz wrestlingu. *Gdy kiedyś zobaczyłem w telewizji wrestling, pomyślałem „ależ oni ze sobą walczą, to wspaniałe, gość, który już leży na deskach podnosi się i nie odpuszcza do końca". Później zrozumiałem, że wrestling to nie sport, tylko widowisko.* www.f1.ultra.pl 2003. ꊱ US 2003, PS 2004 ◁engl

wsad[NB] *m, G -u, Finanzwirtschaft* »auf ein Bankkonto eingezahltes Geld o. in ein Unternehmen als Beteiligung eingebrachte Sach- o. Geldleistung« - **Einlage**, *als Kompositumzweitglied* **-einlage**. Wsad kapitałowy - Kapitaleinlage. Wsad dewizowy, złotówkowy, inwestycyjny, strategiczny. *Trzeba jednak liczyć się z tym, że rozwój usług wyższego rzędu wymaga szczególnych warunków rynkowych, kadrowych, informacyjnych. (...) Ponadto dziedziny te z reguły wymagają wielkiego wsadu kapitałowego wraz z zapleczem naukowo-badawczym.* www.wtk.poznan.pl 2000. ꊱ IS 2000, US 2003, PS 2004

wspomaganie ♦ **wspomaganie kierownicy** *Kfz* »Lenkung, bei der die vom Fahrer aufgewandte Kraft verstärkt wird« - **Servolenkung**. *Samochód, pojazd ze wspomaganiem kierownicy. Paniom szczególnie warto polecić wersję citymatic z automatycznym sprzęgłem. Za dopłatą można zażyczyć sobie pary czołowych airbagów, klimatyzacji, ABS-u, elektrycznych szyb czy wspomagania kierownicy, która i tak bardzo lekko się obraca.* Dzień Dobry 2001 (K). ꊱ US 2003, PS 2004

wspólnotowy[NB] *Adj v.* wspólnota - *als Kompositumglied* **EU-, Gemeinschafts-**. Prawo wspólnotowe; dyrektywy, przepisy wspólnotowe. *Wspólnotowy program działań na rzecz zwalczania dyskryminacji, oraz program PHARE 2002, realizowane są w sekretariacie pełnomocnika rządu do spraw równego statusu kobiet i mężczyzn.* www.radio.com.pl 2005. *Parlament Europejski - jedyna wspólnotowa insty-*

tucja, której skład wyłaniany jest w wyborach bezpośrednich i powszechnych. www.uw.olsztyn. pl 2005. ▯ kein Beleg

WWW, www *indekl, Abkürzung von* ♦ **World Wide Web, world wide web - WWW, World Wide Web.** *Polska Strona w WWW.* www.fuw.edu.pl 2006. *Główną postacią był na nich Tim O'Reilly, który zainicjował publiczną dyskusję na temat fundamentalnych zmian, zachodzących w World Wide Web.* www. pcworld.pl 2005. ▯ SSS 1999. *auch* ↗web ◁engl

wybieg[NB] *m, G -u* »schmaler, erhöhter Steg für Mannequins zum Vorführen neuer Modelle« - **Laufsteg, Catwalk.** *Modelki, modele z wybiegu, na wybiegu; praca na wybiegu. Prezentować modele na wybiegu; wyjść na wybieg. Zdaniem seksuologów, najczęściej kłamią mężczyźni po czterdziestce, informując swoją partnerkę, że „jest dla nich najpiękniejsza", a „wszystkie te patyki z wybiegu to anorektyczki z upchanym za grube pieniądze silikonem".* Cosmo 2000 (K). *Magda nie przegapiła szansy (...). Z francuskim bywało różnie, za to na wybiegach czuła się jak ryba w wodzie. Mieszkała w Paryżu, modelowała najczęściej we Włoszech u boku największych długonogich gwiazd, na pokazach największych domów mody.* Viva 2003. ▯ IS 2000, US 2003, PS 2004

wyciskacz ♦ *phras* **wyciskacz łez** *ugs, abwertend* »Buch, Film o.Ä. mit trivialer Handlung u. rührseligen Effekten« - **Schmonzette; Herzschmerzroman, -sendung, -film; Schnulze(nfilm),** *seltener* **Schmalzfilm, -buch, -sendung.** *[Rodziewiczówna] stworzyła wyciskacz łez o podtekście patryjotycznym, jak to miłość i kochanie zmienia mężczyznę, marna ekranizacja marnej książki.* www. filmweb.pl 2002. *I to wystarczyło, aby nudnawy wyciskacz łez stał się mocnym i głębokim filmem o miłości i tolerancji. „Tajemnica..." to w pewien sposób film biograficzny.* www. wprost.pl 2006. ▯ SW 1996, IS 2000, PSF 2000, US 2003, PS 2004

wydruk *m, G -u, Computerjargon* »von einem Drucker gelieferter ausgedruckter Text« - **Ausdruck.** *Wydruk komputerowy o. z komputera - Computerausdruck. Wydruk danych, obliczeń, programów; wielobarwny wydruk. Centralny komputer musi prowadzić rejestrację miejsc i wydawać polecenia wydruku biletów.* IS. *Wydruk (...) żargonowo dokument wynikowy, wyprowadzony na drukarkę komputerową; trwała kopia dokumentu, w przeciwstawieniu do wyświetlania dokumentu na ekranie; rzadziej - czynność drukowania, druk.* Z. Płoski, Słownik Encyklopedyczny - Informatyka 1999. ▯ IS 2000, US 2003, PS 2004

wygaszacz *m, G -a, oder* ♦ **wygaszacz ekranu** *EDV* »sich selbst aktivierendes Programm zum Schutz der Bildröhre« - **Bildschirmschoner.** *Wygaszacz ekranu do/dla komórki o. na komórkę; wygaszacz animowany. Ściągnąć wygaszacz ekranu z Internetu. Jednak wygaszacz ekranu uruchamia się dopiero po pewnym czasie.* www.pcworld.pl 2003. *Wygaszacz ekranu Flagi Unii Europejskiej powstał dla upamiętnienia rozszerzenia Unii Europejskiej od dnia 1 maja 2004 roku. Wygaszacz ekranu wyświetla po kolei flagi wszystkich krajów członkowskich Unii Europejskiej.* www. centrumxp.pl 2004. ▯ US 2003. *vgl. auch* ↗tapeta

wyjście[NB] *n, oder* ♦ **urządzenie wyjścia, wyjściowe** *EDV* »Gerät, das einem Computer zur Datenausgabe dient« - **Ausgangsgerät, Ausgabegerät, Outputgerät.** *Do najczęściej spotykanych urządzeń wejścia należą klawiatura, mysz czy skaner, zaś urządzenia wyjścia to np. monitor albo drukarka.* www.neuron.bednarska. edu.pl 2003. *Urządzenia wyjściowe to takie, które pokazują nam dane przetworzone przez komputer. Może być to obraz wyświetlony na monitorze przy pomocy karty graficznej lub muzyka płynąca z głośników.* computersun.pl 2006. ▯ IS 2000, US 2003, PS 2004

wyjściowy[NB] *Adj v.* ↗wyjście, *EDV* - **Ausgangs-, Ausgabe-, Output-.** *Urządzenie wyjściowe, dane wyjściowe w jakimś formacie. Dane wyjściowe w standardowym formacie XML.* www.telnetpartners.com.pl 2003. ▯ IS 2000, US 2003, PS 2004

wykształciuch *m, G -a, meist im Pl* **wykształciuchy,** *Politikjargon* - **Intelligenzler; Pseudointelligenz. 1.** »in der ursprünglichen Intention der Wortschöpfer: abwertend über die sich elitär gebende großstädtische Intelligenz, die den Kontakt mit der polnischen Realität (insbes. der Provinz) verloren habe u. geringschätzig auf die übrigen Gruppen der Gesellschaft herabschaue« *Wykształciuchy to znaczna część warstwy wykształconej, która posiada pewną profesjonalną kompetencję, ale straciła kontakt z resztą Polski - powiedział Ludwik Dorn w wywiedzie udzielonym „Dziennikowi" 26-27 sierpnia 2006 r.* wiadomości.wp.pl 2006. **2.** *in der Publizistik* »in der politischen Auseinandersetzung: verächtliche Bezeichnung für Angehörige der (oppositionellen) Intelligenz; auch in polemischer Verwendung als Selbstbezeichnung der (oppositionellen) Intellektuellen« *Tymczasem słowa Dorna natychmiast zostały przekręcone i podchwycone przez jego krytyków w taki sposób, aby używać ich jako argumentu: wicepremier tego rządu gardzi wszystkimi ludźmi wykształconymi, właśnie za to, że są wykształceni. I w taki właśnie sposób są* *uporczywie cytowane.* www.rabko24.com 2007. *W Polsce język jest traktowany jako broń; homoseksualiści to pederaści, członkowie SLD to komuchy, ludzie po studiach to wykształciuchy, profesorowie to łże-elity.* obywatelivrp.blox.pl 2007. *Wykształciuchy łączcie się! Do najbliższych wyborów musimy pójść wszyscy.* www.gazetawyborcza.pl 2007. ⌐ kein Beleg. *vgl. auch* ↗łże-inteligent

wylogować się *pf, Computer* - **sich ausloggen**. *Następnie można bezpiecznie wylogować się z systemu.* www.gentoo.org 2006. ⌐ US 2003, PS 2004

wyluzować się *pf, ugs* »sich für kurze Zeit von körperlicher u. seelischer Belastung frei machen u. Kraft schöpfen; sich entspannen« - **relaxen, abschalten, loslassen**. *Wyluzować się w kinie, na wakacjach, na spacerze; wyluzować się z przyjaciółmi. Na imprezie odpoczęłam psychicznie, wyluzowałam się, nabrałam dystansu.* bibliotekarka.blog.pl 2006. *W przeddzień matury nie kuć zbyt dużo. Wyluzować się.* furrymag.nano.pl 2002. *Wyluzować się to tyle, co całkowicie się odprężyć, przestać być spiętym psychicznie czy skrępowanym, pozbyć się zdenerwowania.* PWN-Korpus. ⌐ SW 1996, US 2003, PS 2004 ✎1988 PP

wyluzowanie (się) *n, v.* ↗wyluzować, *ugs* - **Relaxen,** *neutral* **Entspannung**. *Wyluzowanie dobrze by ci zrobiło.* forum.gazeta.pl 2005. *Najbardziej działa na mój spokój uśmiech oraz totalne wyluzowanie.* nowamowa.com 2006. ⌐ SW 1996, US 2003, PS 2004

wyluzowany *v* ↗wyluzować, *ugs* »entspannt« - **relaxt, cool, lässig, locker**. *Wyluzowany człowiek. Wyluzowane spędzanie soboty. Intensywnie pracują nad programami wpajania dzieciom i młodzieży „wyluzowanej" mentalności.* SW. *Nie potrafię się zachować wśród znanych ludzi, starszych ode mnie, i dlatego przyjmuję pozę rozbawionej, wygadanej i wyluzowanej dziewczyny.* Cosmo 2000 (K). ⌐ SW 1996, US 2003, PS 2004

wypalenie ♦ **wypalenie zawodowe** »Ausgebranntsein, völlige seelische u. körperliche Erschöpfung, ausgelöst durch die Berufsausübung« - **Burn-out(-Syndrom)**. *Wypalenie zawodowe jest jedną z wielu możliwych reakcji organizmu na chroniczny stres (...). Może więc wypalenie zawodowe to nic innego jak zmęczenie pracą?* www.pismo.niebieskalinia.pl 2006. *Wypalenie zawodowe, syndrom wypalenia zawodowego - występuje, gdy praca przestaje dawać satysfakcję, pracownik przestaje się rozwijać zawodowo.* pl.wikipedia.org 2006. ⌐ kein Beleg

wypalić[NB] *pf* / **wypalać** *ipf, ugs* »bei Vorhaben, Plänen: gelingen, glücken« - **klappen**. *Plan wypalił; rzecz, podróż (nie) wypaliła. Sprawa na szczęście wypaliła.* SW. *Plany nie wypaliły i trzeba było odwołać przyjęcie.* US. ⌐ SW 1996, IS 2000, US 2003, PS 2004 ✎1986 NSP2

wypalić się[NB] *pf* / **wypalać się** *ipf* »sich bis zur Erschöpfung anstrengen; (physisch u. psychisch) erschöpft, am Ende seiner Kräfte sein« - **sich auspowern; ausgebrannt, ausgepowert, ausgelaugt sein**. *Wypalić się zawodowo. Nie możesz do końca życia pracować w tej agencji reklamowej, w końcu się wypalisz, zabraknie ci pomysłów i energii.* PS. *Nie daj się wypalić zawodowo! Wypalenie zawodowe jest zjawiskiem, które każdy z nas wcześniej czy później odczuł na własnej skórze.* www.synergyconsulting.pl 2006. ⌐ IS 2000, US 2003, PS 2004

wypas *m, G -u, oder* ♦ *phras* **pełny** *oder* **full wypas** *Jugendsprache* »(etw. ist) großartig, toll« - (etw. ist) *ugs* **super,** *Jugendsprache* **geil, abgefahren, (mega)stark, irre, genial, bombastisch, fett, spitze, hammermäßig, der Hammer, der Wahnsinn, der Knüller**. *Na wypasie. Ale wypas! Mega wypas. Pokedex to jest to urządzonko, które opisuje Pokemony i ma kalkulator i zegarek. Jednym słowem pełny wypas.* www.flix.pl 2003. *Będzie to największy jak dotychczas wypas na Podkarpaciu - czytamy o koncercie hiphopowym w Stalowej Woli na stronach estewua.hip.hop.pl.* SNP. *Radio Cyber Party jest full wypas.* forum.cyberparty.pl 2006. ⌐ SNP 2003, PS 2004

wypasiony *Jugendsprache* »großartig, toll« - *ugs* **super,** *Jugendsprache* **geil, abgefahren, (mega)stark, irre, genial, bombastisch, hammermäßig**. *Wypasiony film, serial, blog, sprzęt, odtwarzacz, komp(uter). Jest to bardzo wypasiony film, nie ma co się zastanawiać, tylko prosto do kina.* film.o2.pl 2005. ⌐ SNP 2003, PS 2004

wypełniacz ♦ **wypełniacz żołądka** *ugs* »kalorienarmes Nahrungsmittel, das ein Sättigungsgefühl gibt« - **Magenfüller, Hungerstopper**. *Pieczywo to dobry wypełniacz żołądka.* budo.net.pl 2005. *Przed obiadem lub kolacją zjeść plaster chudego sera lub wypić szklankę przegotowanej wody - to znakomity wypełniacz żołądka.* www.malinka.pl 2003 ⌐ PS 2004 ✎1989 NSP2

wypożyczalnia ♦ **wypożyczalnia kaset wideo i DVD** *seltener* **wideowypożyczalnia** *f* »Verleih von Videofilmen u. DVDs« - **Videothek**. *Zapisać się do wypożyczalni kaset wideo. Wypożyczalnie płyt kompaktowych, kaset wideo, sukien ślubnych.* SW. *Dotacje przyznane przez EPCE w 1992 roku: Biuro Obsługi Ruchu Ekologicznego (Warszawa) - sieć wideowypożyczalni filmów ekologicznych.* www.fundusz.epce.org.pl 1992. ⌐ SW 1996, IS 2000, PS 2004

wysokopółkowy *Adj* »insbes. von Kosmetika, Bekleidung: hochwertig; teuer« - **aus dem**

oberen Preissegment; hochpreisig; höherpreisig. Produkt, krem, kosmetyk, sprzęt wysokopółkowy. *Cena jak za kosmetyk wysokopółkowy, ale może będzie wart tej ceny.* f.kafeteria.pl 2005. *„Silver Rain" to pierwszy krok firmy La Prairie na rynek wysokopółkowych perfum, zaprojektowany jako zapach w pełni globalny.* www.iperfumy.pl 2006. ▯ kein Beleg. *s. auch z* górnej ↗półki ◁aus z wysokiej, górnej półki
wysyp[NB] *m, G -u* »massenhaftes Auftreten (von etw.), auch in Bezug auf Personen« - **Flut, ugs jede Menge, eine Unmenge** (von etw.); **eine wahre Explosion** (an etw.); *(großer Andrang)* **Ansturm**. *Wysyp nowości, pomysłów, podróbek; wysyp bezrobotnych, talentów, kandydatów. Ostatnio nastąpił wysyp filmów akcji i horroru, czy mi się tak zdaje?* filmykreskowki.low.pl 2006. *Prawdziwy wysyp nowych akcesoriów do iPoda towarzyszy trwającym właśnie w San Francisco targom Macworld Expo.* newsroom.digitalpc.pl 2007. *W tym roku był prawdziwy wysyp utalentowanych kandydatów na studia doktoranckie.* PS. ▯ US 2003, PS 2004
wyszukiwarka *f, oder* ♦ **wyszukiwarka internetowa** »Programmsystem zur Informationsrecherche im Internet« - **Suchmaschine**. *Wyszukiwarka internetowa, która pozwala przeszukiwać zasoby Sieci przy pomocy dziesięciu najpopularniejszych motorów.* www.download.chip.pl 2001. *Wyszukiwarka Prawnicza umożliwia przeszukiwanie blisko 200 polskich serwisów internetowych o tematyce prawniczej oraz ponad 2 milionów dokumentów.* www.szukaj.pomocprawna.info 2003. ▯ US 2003, PS 2004. *seltener* ↗**znajdywarka**
wyścig ♦ *phras* **wyścig szczurów** »Streben (meist der jungen Generation) nach den besten Arbeitsplätzen (nicht selten unter Einsatz unfairer Mittel)« - **Rattenrennen**. *Europejski wyścig szczurów. (...) Młode pokolenie, podejmujące dziś pracę w prywatnych przedsiębiorstwach, nazywa konkurencję o lepszą pozycję i wyższe zarobki wyścigiem szczurów. Czeka nas taki narodowy wyścig szczurów.* www.uniapracy.org.pl 2003. *Mówimy z autoironią, że uczestniczymy w wyścigu szczurów. Zapominamy, że wyścig nie jest naturalnym sposobem szczurzego życia. Wyścigi zgotowali szczurom ludzie - psychologowie badający w laboratoriach tajemnice mechanizmu uczenia się i inteligencji ssaków.* www.kobieta.gazeta.pl 2003. ▯ PS 2004 ◁engl rat race
wyślizgać[NB] *pf,* **wyślizgiwać** *ipf, ugs* - »jd. aus einer (guten) Position, Stelle verdrängen; auch jd. seines Anteils an einer Sache berauben« *Wyślizgać kogoś z pracy, posady, ze stanowiska. Uchwycił klamkę, wrzeszczał, że tym razem nie da się wyślizgać, nie na darmo we-*

zwał kontrolę. IS. *Jest to przejrzysta aluzja, aby w niedalekich wyborach parlamentarnych wyślizgać lewicę - tę samą, która uratowała Chiraca - i dać mu także prawicową większość parlamentarną.* www.przeglad-tygodnik.pl 2002. ▯ SW 1996, IS 2000, US 2003, PS 2004
wyświetlacz[NB] *m, G -a* »optische Datenanzeige« - **Bildschirm, Display**. *Wyświetlacz kalkulatora, komórki, telefonu bezprzewodowego, notebooka, komputera. Znana japońska firma elektroniczna może się pochwalić wykorzystaniem ciekłych kryształów do produkcji ekranów telewizyjnych lub, jak mówią fachowcy, wyświetlaczy obrazu.* Ekran 1988 (K). *Serwisy WAP muszą być bowiem tak sformatowane, aby można było z nich korzystać, posługując się telefonami lub innymi terminalami z małymi wyświetlaczami.* Rzeczpospolita 2000 (K). ▯ IS 2000, US 2003, PS 2004. *auch* ↗display
♦ **wyświetlacz dotykowy** *s.* **dotykowy**
wywiad ♦ **wywiad rzeka, wywiad-rzeka** *m, G* wywiadu rzeki, *Npl* wywiady rzeki »sehr langes u. ausführliches Interview; meist über ein auf dieser Grundlage entstandenes Buch in Interviewform« - **Interviewbuch**. *„Życie Warszawy" informuje, że w Watykanie przygotowywana jest książka o życiu i ideach Jana Pawła II. Niewykluczone, że będzie ona miała formę wywiadu-rzeki, jaki przed dwudziestu laty przeprowadzili z papieżem ks. Józef Tischner i prof. Krzysztof Michalski.* www.ksiazka.net.pl 2004. *Adam Michnik szykuje spowiedź życia. Redaktor naczelny „Gazety Wyborczej" zaszył się na hiszpańskiej wyspie Teneryfie, by (...) dała udzielić wywiadu-rzeki. Ma to być rodzaj autobiografii, podsumowania życia.* Newsweek 2005. ▯ PS 2004 ⟋1991 NSP2
♦ **biały wywiad** »Sammlung u. Aufbereitung von Informationen zur innen-, außen- u. sicherheitspolitischen Situation (meist anderer Staaten) aus öffentlich zugänglichen Quellen« - **Medienmonitoring, weißer Spionagedienst**. *Metody białego wywiadu. W zakres działań Wywiadowni wchodzi: sprawdzanie wiarygodności firm krajowych i zagranicznych, biały wywiad gospodarczy, informacje gospodarcze.* katalog.hoga.pl 2006. *Informacja Biała (inaczej: biały wywiad) oznacza komunikat funkcjonujący w oficjalnym obiegu publicznym, powszechnie dostępny, mający określone źródło.* old.mediarun.pl 2006. *Tak, ale biały wywiad pozwoli odpowiedzieć nam na pytanie, co zrobi Husajn, co zrobi ben Laden, natomiast tylko wywiad operacyjny odpowie, kiedy to zrobi.* www.polska-zbrojna.pl 2006. ▯ SW 1996, PSF 2000, PS 2004 ⟋1992 NSP
wzmacniacz ♦ **wzmacniacz smaku** *s.* **polepszacz**

Y

yellow ♦ **yellow press** *s.* **żółty**
yuppie, yuppi [japi] *m, indekl, Pl auch yuppies* »junger, karrierebewusster, großen Wert auf seine äußere Erscheinung legender Stadtmensch« - **Yuppie; Aufsteiger**. *Stopniowo przyjmuje się u nas amerykański model yuppie. Kandydat na yuppiszona (pogardliwie o yuppie) codziennie wbija się w niebieską ko-* szulę *i garnitur, książki nosi w aktówce, a w portfelu zdjęcie Balcerowicza.* Uniwersytet Kulturalny 2000. ⌐ SW 1996, IS 2000, US 2003, PS 2004. *auch* ↗japs, ↗japiszon ◁engl yuppie, aus young urban professional (people)

Z

za ♦ **być za a nawet przeciw** *s.* **być**
zaczepisty *Adj, euphemistisch für* ↗zajebisty, *Jugendsprache* »großartig, beeindruckend; sehr intensiv« - **super, cool, geil, megasupergeil, abgedreht, abgespaced, klasse, stark;** *auch* **Mega-, Super-, Klasse-, Riesen-**. *To będzie najbardziej zaczepisty film roku!* film.onet.pl 2006. *Cały świat mówi po hiszpańsku, a Salwador Dali jest zaczepistym malarzem.* K. Grochola, A nie mówiłam! 2006. *Podczas otwarcia można się było bawić w tym sklepie. Utworzyła się nawet kolejna zaczepista kapela.* the-schizz.blog.onet.pl 2005. ⌐ kein Beleg. *auch* ↗zakręcony, ↗zajebisty
zaćpany *v.* zaćpać, *ugs* - **zugekifft,** Jargon **high, auf Drogen** (sein). *Zaćpany do nieprzytomności. Widzę go codziennie zaćpanego.* US. ⌐ Supl 1994, SW 1996, US 2003, PS 2004. *s. auch* ↗ćpać
zadyma^NB *f* **1** *ugs* - **Randale, Krawall**. *Uliczna, polityczna zadyma; zadyma na stadionie. Brać udział w zadymie. Zdaje się, że go zgarnęli po zadymie na Świdnickiej, od wczoraj nie ma go w akademiku.* PP. *Wczoraj - opowiadają - było demo, po polsku: zadyma, trzy tysiące policjantów pilnowało trzech tysięcy - legalnych - demonstrantów.* Polityka 2000 (K). ⌐ Supl 1994, SW 1996, IS 2000, US 2003, PS 2004 ✎1983 PP **2** *Jugendsprache* »große Veranstaltung o. Party mit Musik« - **coole (Riesen)fete** o. **Party**. *Niezła, wspaniała zadyma; zadyma na całego. Prawie w każdym polskim mieście z okazji akcji Wielkiej Orkiestry Świątecznej Pomocy odbyły się wspaniałe zadymy.* PS. *Ogólnie - zadyma na całego, i to już przy pierwszym podkładzie muzycznym.* www.gowsboo.pl 2005. ⌐ PS 2004

zadymiarski *Adj v.* ↗zadyma, *ugs* - **Randalier-, Krawall-**. *Zadymiarska demonstracja. Do Nijmegen wybierają się prawdziwi sympatycy Białej Gwiazdy, którzy jadą kibicować, a nie robić show zadymiarski.* www.sport.onet.pl 2003. ⌐ SW 1996, PS 2004
zadymiarz *m, G -a, ugs* - *neutral* **Randalierer, Hooligan,** *ugs, abwertend* **Krawallmacher**. *Kilka tysięcy widzów oglądało starcie policji z zadymiarzami, głównie kibicami Legii.* US. *Jeden drugiemu opowiada, że widział dwa autobusy z kibicami z Koszalina. Ktoś dodaje, że pociągiem jadą tysiące zadymiarzy z Trójmiasta.* Rzeczpospolita 1998 (K). *Według policji w Warszawie mają się pojawić różnej maści zadymiarze. Np. pseudokibice, między innymi ze Szczecina i ze Śląska. Chcą się przyłączyć do antyglobalistów i wywołać wielką awanturę.* pl.indymedia.org 2004. ⌐ SW 1996, IS 2000, US 2003, PS 2004 ✎1990 NSP2
zagłaskać ♦ **zagłaskać** (kogoś) *oder* ♦ *phras* **zagłaskać** kogoś **(na śmierć)** »jd. durch überzogene Fürsorglichkeit, Gefühlsbetontheit, Zuwendung erdrücken, ersticken« *Jeśli krytycy go nie zagłaszczą, a powodzenie nie przewróci mu w głowie, będzie z niego dobry aktor.* US. *(...) mogłabym kogoś zagłaskać na śmierć tą ilością uczucia i opieki (...).* pinia80.blox.pl 2006. ⌐ Supl 1994, SW 1996, IS 2000, US 2003, PS 2004. *auch* zagłaskać ↗kota na śmierć
zajawka *f, ugs* **1** »kurzer Zusammenschnitt von Filmszenen als Vorschau auf einen anlaufenden Film; (Rundfunk) Jingle; (Presse) kurze Textnotiz auf der Titelseite einer Zeitung, die auf einen Artikel auf den folgenden Seiten verweist« *Zajawka na nową płytę o. nowej płyty; zajawka filmu, programu. Zajawka to*

w gwarze dziennikarskiej krótka zapowiedź artykułu. Redakcje stosują je, aby w szczególny sposób zwrócić uwagę czytelników na wybrany temat. www.wiadomosci24.pl 2006. *Od wczoraj w radiu chodzą zajawki naszego koncertu.* SSM. *Jest to zajawka, składająca się z kilkusekundowych urywków 4 utworów, nagranych na wakacje 2006 r. Pełna wersja już niebawem.* legalez.nuta.pl 2007. *auch* zwiastun **2** *Jugendsprache* - »Lust, Freude an etw.; Spaß, Vergnügen« *Miałem zajawkę na deskę i wybuliłem sześć stów.* SSM. *Wielu dobrych skaterów dawno zatraciło zajawkę na jeżdżenie, prawdziwe jeżdżenie.* SSM. *Była długa przerwa. No i na tej przerwie przez cały czas śpiewaliśmy różne piosenki. Naprawdę niezła zajawka.* madziarka.blog.pl 2006. *Mówię ci, będzie korba, tam co tydzień jest zajawka na maksa!* www.poema.art.pl 2006. ⌐ SSM 2001 ↙russ

zajebisty *Adj, Jugendsprache, salopp* »großartig, beeindruckend; sehr intensiv« - **super, cool, geil, megasupergeil, abgedreht, abgespaced, abgefahren, fett, hammermäßig**. *A wielki ten koń, zajebisty - jak mówi Olek.* PP. *Sam opisałeś wszystkie swoje przygody wieku dojrzałego, podałeś je do publicznej wiadomości dzięki swoim zajebistym książkom i chcesz zrywać enigmatyka.* SW. *Zajebisty obóz z zajebistymi ludźmi.* www.pogorzelica2005.fora.pl 2005. ⌐ SW 1996, US 2003, PS 2004 ⚓1981 PP. *auch* ↗zaczepisty, ↗zakręcony

zajebiście *Adv v.* ↗zajebisty, *Jugendsprache, salopp* »Ausdruck großer Intensität« - **super, cool, geil, megasupergeil, abgedreht, klasse, stark**. *Walnął mnie na krzyżówce tak zajebiście, że aż mnie na krawężnik rzuciło.* PP. *- Mocno, szybko, zajebiście! Cały czas gramy, nie wierzcie podżegaczom! - woła do mikrofonu didżej. Dudni ostre techno, pulsują kolorowe światła, srebrna kula kręci się pod sufitem.* Rzeczpospolita 2000 (K). *Na imprezie było zajebiście.* www.miejski.pl 2006. ⌐ US 2003, PS 2004 ⚓1985 PP. *auch* ↗czadersko, ↗czadowo, ↗odlotowo, ↗odjazdowo

zajefajny *euphemistisch für* ↗zajebisty

zakład ♦ **zakład pracy chronionej** - **Behindertenwerkstätte**. *Pracować, być zatrudnionym w zakładzie pracy chronionej; prowadzić zakład pracy chronionej. W co dziesiątym zakładzie pracy chronionej i w co ósmym zakładzie, nie posiadającym takiego statusu, stwierdzono, że nowo utworzone miejsca pracy bądź w ogóle nie funkcjonowały, bądź były zatrudniane na nich osoby pełnosprawne.* www.bip.nik.gov.pl 1999. *Polityka Unii Europejskiej obejmuje również zatrudnienie osób niepełnosprawnych na chronionym rynku pracy, a więc w zakładach pracy chronionej czy zakładach aktywności zawodowej.* www.niepelnosprawni.info 2005. ⌐ PS 2004

zakładka[NB] *f, Computer* »in einem Verzeichnis gespeicherter Link« - **Bookmark, Lesezeichen, Favorit**. *Kliknąć na/w zakładkę; wybrać zakładkę; usunąć zakładkę. Zaczęłam spędzać mnóstwo czasu w Internecie, surfując po stronach poświęconych ślubom. Pewnego wieczoru, gdy mój mężczyzna przyszedł do mnie, żeby skorzystać z komputera, zobaczył wszystkie moje zakładki na tych stronach.* Cosmo 2000 (K). ⌐ PS 2004

zakodować (sobie)[NB] *pf* - **(sich) etw. einprägen; (sich) merken; speichern; verinnerlichen**. *Tym razem drogę zakodowałem w pamięci. Najpierw wędrowała ścieżką, która nagle skończyła się gospodarską zagrodą i ujadaniem psów.* www.skg.uw.edu.pl 2001. *Zakodowałem sobie w głowie, że jakąkolwiek grafikę będą oferowały konsole, to i tak zwykłych PC-tów nie pobiją.* www.frazpc.pl 2001. *Ludzie zakodowali sobie, że o ich zdrowie troszczy się państwo za darmo i koszt zakupu jakiegokolwiek leku oraz inne wydatki pokryje państwo (...).* www.zarzyccy.pl 2006. ⌐ IS 2000, US 2003, PS 2004 ⚓1985 NSP2

zakodowany[NB] *v.* ↗zakodować - **kodiert; gespeichert; verinnerlicht**. *Jesteśmy całkowicie od siebie zależni. Dlatego też pomimo zakodowanego przez ewolucję gatunku konfliktu płci, obie płcie nauczyły się ten konflikt rozwiązywać (a czasem obchodzić).* rozmowy.onet.pl 2004. *Czy możemy nauczyć się nie bać? Czy już w naszej głowie jest tak zakodowane i nie da się tego zmienić?* kociczka.eblog.pl 2005. ⌐ PS 2004

zakręcony[NB] *v.* **zakręcić**, *ugs, Jugendsprache* - **abgedreht, mega, super, cool, geil, stark, freakig, ausgeflippt**, *auch* **Mega-, Super-**. *Zakręcony facet, kompakt, plan; zakręcona dziewczyna, muzyka, impreza, książka. Ktoś jest kompletnie zakręcony; być zakręconym na punkcie kogoś/czegoś* - **verrückt auf jdn./etw. sein, auf jdn./etw. stehen**. *Nasze radio prezentuje nowy, zakręcony album Dawida Bowie.* SW. *Był to surrealistyczny film z kompletnie zakręconym finałem.* US. *Natomiast ja jestem zakręcony na punkcie Micka Jaggera i Rolling Stonesów i może stąd bierze się ta dynamika.* www.boxmusic.com.pl 2005. ⌐ SW 1996, IS 2000, US 2003, PS 2004. *auch* ↗zaczepisty, ↗zajebisty

zakupoholiczka *f v.* ↗zakupoholik - **Kaufsüchtige, Shopaholic**. *W Polsce na temat zakupoholiczek nie ma żadnej fachowej literatury.* www.gazeta.pl 2002. *Galeria Handlowa Grafit ma szansę stać się mekką wszystkich zakupoholiczek.* www.gazeta.pl 2004. ⌐ kein Beleg. *seltener* ↗shopoholiczka

zakupoholik *m, G -a* - **Kaufsüchtiger, Shopaholic**. Stać się zakupoholikiem. *Czy jesteś zakupoholikiem? Ponieważ uzależnienie od zakupów jest jeszcze w Polsce mało znane i nie ma swojej jednowyrazowej nazwy, poddaję pod dyskusję przypisanie mu nazwy - kupnoholizm.* Polityka 2003. *Zakupoholik ma świadomość, że kupuje dużą ilość niepotrzebnych rzeczy, i nie może nad tym zapanować. Dlaczego stajemy się zakupoholikami?* www.centrumpsychologiczne.pl 2005. 🕮 kein Beleg. *auch* ↗shopoholik

zakupoholizm *m, G -u* - **Kaufsucht, Kaufzwang, Kaufrausch, Shopping-Zwang; Kaufwut**. Cierpieć na zakupoholizm. *U podstaw zakupoholizmu - podobnie zresztą jak każdego innego uzależnienia - leżą poważne problemy psychiczne, mające swe źródło jeszcze w dzieciństwie.* Claudia 2001. 🕮 kein Beleg. *auch* ↗shopoholizm, *seltener* ↗kupnoholizm

zamach ♦ **zamach samobójczy**[NB] »(meist terroristisch motiviertes) Attentat, bei dem der Attentäter die eigene Tötung in Kauf nimmt, um eine möglichst große Zahl von Opfern mit in den Tod zu reißen« - **Selbstmordattentat**. *Zamachy samobójcze pogłębiają nienawiść i poszerzają przepaść między narodem palestyńskim i izraelskim.* www.tygodnik.com.pl 2002. *Obywatelka Belgii dokonała w Bagdadzie krwawego zamachu samobójczego 9 listopada tego roku.* fear.jogger.pl 2005. *Kolejny samobójczy zamach i kolejna kaseta ląduje na biurku dziennikarzy Al-Dżaziry.* www.radio.com.pl 2005. 🕮 PS 2004

zamachowiec samobójca, zamachowiec-samobójca *m, G* zamachowca samobójcy »Attentäter, der die eigene Tötung in Kauf nimmt, um eine möglichst große Zahl von Opfern mit in den Tod zu reißen« - **Selbstmordattentäter**. *Palestyńscy zamachowcy samobójcy są znani od niemal 20 lat jako stały element konfliktu izraelsko-arabskiego.* www.rumburak.friko.pl 2004. *Co najmniej dwanaście osób zginęło, gdy zamachowiec-samobójca (...) wysadził się w powietrze w pobliżu posterunku policji irackiej pod Ramadi na zachodzie Iraku.* wiadomosci.wp.pl 2004. 🕮 PS 2004

zamek ♦ **zamek dmuchany**, *auch* **zamek do skakania** - **Hüpfburg**. *Zapraszamy na stronę firmy AVEX. Wejdź do świata fantastycznej zabawy. Zobacz nasz zamek dmuchany i zjeżdżalnię.* www.zamekdmuchany.com.pl 2006. *Najmłodsi mogli się pobawić na dmuchanych zamkach oraz na wesołym miasteczku.* www.glowno.pl 2005. *Urządzenia rozrywkowe: Zamki do skakania. W ofercie naszej firmy znajdą Państwo zamki o różnych wielkościach, wzorach i kolorach.* www.imprezyfirmowe.pl 2006. 🕮 kein Beleg

zaparte ♦ *phras* **iść/pójść w/na zaparte** *ugs* »hartnäckig auf etw. bestehen, oft wider besseres Wissen« - **sich stur stellen; auf stur schalten**; *neutral* **an seiner Meinung festhalten; auf seiner Meinung** o. **seinem Standpunkt beharren; bei seiner Haltung bleiben; sich sperren**. *Niektórzy doświadczeni przestępcy, złapani na gorącym uczynku - np. kradzieży - od razu idą w zaparte. Zaprzeczają oczywistym faktom i dowodom. - To nie była moja ręka! - twierdzi jeden z drugim.* SF. *Dlatego pamiętajmy: nie warto dać się ponieść pokusie wyznań, należy wszystkiemu zaprzeczać, iść w zaparte, a w sytuacjach jednoznacznych twierdzić, że ten pan to kolega z obowiązkowego kursu pierwszej pomocy i właśnie ćwiczyliśmy chwyty.* Wysokie Obcasy 2000 (K). 🕮 IS 2000, SF 2001, US 2003, PS 2004 ✏1989 NSP2

zapisywać[NB] *ipf* / **zapisać** *pf, EDV* - **speichern**. Zapisać w pamięci (komputera), na komputerze, na twardym dysku, na CD-ROM-ie. *Pracą komputera steruje system operacyjny zapisany w stałej pamięci ROM.* IS. *Komputer zapisał w pamięci, że pliki utworzono 4 kwietnia 1998 r. o godz. 19.56.* Polityka 2000 (K). 🕮 IS 2000, US 2003, PS 2004

zapłodnienie ♦ **zapłodnienie in vitro** *s.* **in vitro**

zapora ♦ **zapora ogniowa** *oder* **sieciowa** *EDV* »System von Programmen, das Computernetzwerke vor unerwünschtem Zugriff schützt« - **Firewall**. *Program SpyWall blokuje dostęp do komputera programom szpiegowskim oraz zapobiega atakom internetowym w czasie rzeczywistym. Jest to połączenie programu do ochrony prywatności oraz zapory ogniowej.* www.computerworld.pl 2006. *Program zawiera zaporę sieciową dla komputerów mobilnych, chroniącą przed programami-szpiegami (spyware) i atakami hackerskimi oraz program antywirusowy.* www.pressmedia.com.pl 2006. 🕮 kein Beleg. *auch* ↗firewall, ↗ściana ognia/ogniowa ◁engl firewall

zapper [zaper] *m, G -a, Npl ~rzy, ugs* »jd., der mit Hilfe der Fernbedienung ständig den TV-Kanal wechselt« - **Zapper**. *Pokolenie zapperów. W wolnych chwilach bywa zapperem: surfuje po kanałach telewizyjnych, zatrzymując się - jak twierdzi - na wiadomościach w CNN, na kreskówkach Disneya, na konkurencyjnych telenowelach czy na programach biograficznych o wielkich artystach.* www.romantica.pl 2002. *Świat zappera jest internacjonalny, migotliwy i starannie oddzielony od naturalnego rytmu biologicznego przeciętnego mieszkańca Polski.* T. Raczek, Pies na telewizję 1999 (K). 🕮 PS 2004 ◁engl

zapping [zapiŋk] *m, G -u, ugs* »das ständige Wechseln von einem TV-Kanal zum anderen« - **Zapping, Zappen**. *Takie uporczywe skakanie po częstotliwościach w poszukiwaniu co smakowitszych i oryginalniejszych kąsków nazywa się „zappingiem" i staje się ponoć typowe dla nowych pokoleń telewidzów.* T. Raczek, Pies na telewizję 1999 (K). *Ciekawe, że zappingowi ulegają niemal wyłącznie mężczyźni, i to niezależnie od wieku i wykształcenia.* OiT. ꎁ OiT 2001, PS 2004 ◁engl
zasiłek ♦ **zasiłek pielęgnacyjny** »staatliche Leistung für Personen über 80 Jahre sowie Personen, die auf ständige fremde Hilfe angewiesen sind« - **Pflegegeld**. *Uprawniony, pobierający zasiłek rodzinny, pielęgnacyjny lub wychowawczy jest obowiązany zawiadamiać o wszelkich zmianach mających wpływ na uprawnienia do zasiłków (...).* www.dzieci.org.pl 2003. *K. przed dwoma laty zachorowała na raka. Po wyjściu ze szpitala dostała zasiłek pielęgnacyjny - niewiele ponad 100 zł.* Newsweek Polska 2002. ꎁ PS 2004
♦ **zasiłek wychowawczy** »für eine bestimmte Zeit gewährte, finanzielle staatliche Zuwendung an Mütter (o. wahlweise auch Väter), die nicht o. teilweise erwerbstätig sind u. sich der Betreuung ihres neugeborenen Kindes widmen« - **Erziehungsgeld**. *Ustawa z dn. 1.12.1994. (...) Zasiłek wychowawczy przysługuje uprawnionemu do urlopu wychowawczego. Zasady udzielania urlopów wychowawczych określają odrębne przepisy.* www.dzieci.org.pl 2003. ꎁ US 2003, PS 2004
zasób ♦ **zasoby ludzkie** - **Human Resources**. *Zapraszamy do zapoznania się z możliwościami systemu intranetowego. System pozwala zarządzać przedsiębiorstwem oraz zasobami ludzkimi.* www.sklepy-internetowe.pl 2005. *Oferujemy pakiety szkoleniowo-doradcze w zakresie zagadnień, związanych z zarządzaniem zasobami ludzkimi dla 10-15-osobowych grup pracowników.* www.bdeip.com.pl 2006. ꎁ kein Beleg
zawetować* *pf* / **wetować*** *ipf* - etw. **vetoisieren;** (s)ein **Veto einlegen** gegen etw. (Za)wetować ustawę. *Prezydent zawetuje ustawę tylko wtedy, jeżeli są po temu poważne powody ekonomiczne.* SW. *Prezydent zawetował zwrot VAT w budownictwie. Prezydent Aleksander Kwaśniewski nie podpisał ustawy o zwrocie niektórych wydatków związanych z budownictwem.* www.podatki.hoga.pl 2005. ꎁ SW 1996, IS 2000, US 2003
zawetowanie *n* - **Vetoisieren; das Einlegen eines Vetos**. Zawetowanie ustawy. *Jak stanowi konstytucja, na podpisanie lub zawetowanie ustawy prezydent ma 21 dni od dnia jej przedstawienia - przypomniała PAP.* www.wnp.pl 2005. ꎁ PS 2004

zawiesić[NB] *pf* / **zawieszać** *ipf, Computer, ugs - neutral* **zum Absturz bringen**. Zawiesić komputer, system, program. *Działanie to może zawiesić komputer, ponieważ nie nadąży on z przetwarzaniem danych.* www.it-faq.pl 2004. ꎁ US 2003, PS 2004
zawiesić się *pf* / **zawieszać się** *ipf, Computer, ugs* »vom Computer: auf Befehle nicht mehr reagieren« - **sich aufhängen**. *Program, system operacyjny komputer zawiesił się. Zawiesił się kiedyś wam Linux? Mi tak i to nie jeden raz.* lug.prz.edu.pl 2005 *Kliknąłem „Test" i znowu ujrzałem ten sam ekran co poprzednio, komputer zawiesił się i przestał odpowiadać.* forum.mandriva.pl 2006. ꎁ SW 1996, US 2003, PS 2004
ząb ♦ *phras* **przynieść, dostarczyć** usw. komuś coś **w zębach** *ugs, leicht ironisch -* »jdm. etw. pflicht- u. vereinbarungsgemäß bringen, übergeben, abliefern; sich seiner Bringeschuld korrekt entledigen« *A to wszystko nasz Pracodawca powinien nam przynieść w zębach i zagwarantować czas w pracy, by się z tym zapoznać.* www.skarbowcy.pl 2004. *Strasznie nas ostatnio męczą tymi ankietami. Może jeszcze trzeba im je dostarczyć w zębach na miejsce?* www.tat.pl 2005. *Miałam meldować się zaraz, natychmiast, najlepiej pół godziny temu, przynieść w zębach materiały do projektu i nastawić na intensywną pracę. Nastawiłam się.* www.polki.pl 2006. ꎁ US 2003
zdrapka *f, ugs* **1** - **Rubbelspiel; Rubbellos**. Zdrapka gazetowa. Wygrać coś w zdrapce. *W projekcie rządowym została uregulowana po raz pierwszy sprawa zdrapek. W latach poprzednich wiele gazet prowadziło zdrapki, ministerstwo, urzędy czy izby skarbowe pozwały organizatorów tych konkursów przed sąd (...).* Hörbeleg 1991 (K). *Tymczasem na Zachodzie tradycyjne gry są wypierane przez loterie typu „zdrapka", które do Polski docierają dopiero w latach 90.* Metropol 2001 (K). ꎁ SW 1996, IS 2000, US 2003, PS 2004 **2** »Feld, das man frei „kratzen" muss, um die darunter verborgene Schrift lesen zu können« - **Rubbel-Abdeckung, Rubbelfeld**. PIN, numer kodu ukryty w zdrapce *o.* pod zdrapką; karta telefoniczna ze zdrapką. *Rzeczywiście najtaniej jest używać kart telefonicznych (tych ze „zdrapką", pod którą znajduje się PIN, wstukiwany w telefon).* www.europa.onet.pl 2003. *Nie jest to możliwe, ponieważ każda karta to indywidualny numer PIN, chroniony zdrapką.* www.tele24.pl 2004. ꎁ PS 2004
zegar ♦ **zegar biologiczny** - **biologische Uhr**. Zegar biologiczny tyka - die biologische Uhr tickt. *Zegar biologiczny człowieka reguluje się przede wszystkim pod wpływem interakcji z innymi ludźmi, aktywności motorycznej i umysłowej, dostępności pokarmów.* www.

forumakad.pl 2005. *Zegar biologiczny tyka dla każdego. Więc proces starzenia się organizmu, również skóry, postępuje wraz wiekiem, a po menopauzie, na skutek zmian hormonalnych, ulega znacznemu przyspieszeniu.* www.trybuna.com.pl 2006. ▢ SW 1996, IS 2000, US 2003, PS 2004

zespół ♦ zespół nabytego niedoboru (*seltener* **uposledzenia**) **odporności** *Medizin* - **erworbenes Immun-Schwäche-Syndrom; Aids.** *AIDS to skrót od Acquired Immune Defiency Syndrome, czyli nazwy zespołu objawów chorobowych, tzw. Zespołu Nabytego Niedoboru Odporności, pojawiającego się wskutek zniszczenia przez wirus układu odpornościowego człowieka. Zespół ten występuje w kilka do kilkunastu lat po zakażeniu wirusem.* Cosmo 1999 (K). ▢ PS 2004 ✎ 1988 NSP2. *auch* ↗AIDS

zestresować (się) - (jdn. o. sich) **unter Stress setzen, in Stress bringen;** jdn. **stressen**. *Zestresować kogoś pogróżkami, krytycznymi uwagami. Rozwiązanie stu zadań testowych dzień przed wizytą u pracodawcy niewiele da, a może bardzo zestresować kandydata.* www.pracuj.pl 2006. *Nasz przodek miał okazję zestresować się raczej rzadko, my natomiast pochopnie i bezwiednie używamy naszego „autoalarmu" często i w przypadkach błahych.* www.schudnij.com.pl 2006. ▢ US 2003

zestresowany *v.* ↗zestresować, *ugs* - **gestresst**. *Zestresowany do granic. Poczucie wyczerpania, lęk, nuda, alienacja, konfliktowość, dolegliwości somatyczne (...) - to tylko niektóre objawy, jakich doświadcza zestresowany pracownik.* www.polityka.onet.pl 2003. ▢ IS 2000, US 2003, PS 2004

zielony ♦ zielona turystyka »Touristik in naturnahen Gebieten mit intakter Umwelt« - **Grüner Tourismus, Naturtourismus**. *Zwiedzanie świata na rowerze jest jedną z form nowego stylu podróżowania, zwanego ekoturystyką, zieloną turystyką, a czasem też ekoetnoturystyką.* www.babia-gora.info 2006. *Rośnie liczba wyjazdów „last minute", „zielonej turystyki" (tourisme vert - aktywna na łonie natury) i wakacji ze sztuką i kulturą.* www.pot.gov.pl 2006. ▢ kein Beleg. *auch* ↗ekoturystyka

ziolo[NB] *n, Jargon, verhüllend* »leichte Droge (Marihuana, Haschisch), die meist als selbstgedrehte Zigarette konsumiert wird« - **Kraut, Gras**. *Zdecydowałem więc zapalić zioło, po trzyletniej abstynencji.* hyperreal.info 2006. *Palić zioło jest wesoło.* SSM. ▢ kein Beleg. *auch* ↗marycha/maryśka, ↗traw(k)a

ziomal *m, G -a, Npl -e*, **ziom** *m, G -a, Npl -y*, **ziomek** *m, G ~mka, Npl ~mki, Internetjargon, Jugendsprache* »Freund, Bekannter« - *ugs* **Kumpel**. *Ziomal, idź do okulisty, na pewno ci się przyda, panna jest śliczna.* www.enutka.info 2006. *Remiasz przyprowadził jakiegoś zioma, który był ze mną w podstawówce.* eskimoss.blog.pl 2006. *Impry co noc, ziomki bardzo fajne, domek wypas (...).* mikus-ass.blog.onet.pl 2006. *W Berlinie przerysował ten artystyczny medalion F. Schaner, z podpisem naszego ziomka.* www.chopin.info.pl 2006. ▢ kein Beleg

Zippergate [zipergejt] *m, G ~te'u* »Sexaffäre des amerikanischen Präsidenten Clinton mit der Praktikantin Monica Lewinsky Ende der 90er Jahre« - **Zippergate, Monicagate, Lewinsky-Affäre**. *Duże emocje wzbudziła ta część „Living History", która opisywała sprawę „Zippergate".* www.centrumprasowe.net 2005. ▢ kein Beleg. *auch* ↗afera rozporkowa, ↗Monicagate

znajdywarka *f, Computer* - **Suchmaschine**. *W środę firmy poinformowały o podjęciu strategicznej współpracy. Usługi Serio.pl, określane przez spółkę jako „znajdywarka" (jest to tzw. serwis zapytań ofertowych - klienci zamieszczają informację o swych potrzebach i oczekują zgłoszeń ewentualnych dostawców lub wykonawców) staną się dostępne z witryn BiznesNetu.* www.biznesnet.pl 2002. ▢ kein Beleg. *häufiger* ↗wyszukiwarka

zombi *seltener* **zombie** [zombi] *m, indekl oder wie Adj: G* zombiego, *Npl* zombi(e) - **Zombie**. *Zmienić się w zombi(e). Nic dziwnego, że krótko potem zaczęły się podobać horrory o haitańskich zombies, a wreszcie słynny powieściowy „realizm magiczny", zaś biali, protestanccy Amerykanie w latach 50. przyrządzali sobie na przyjęciach najmodniejsze wtedy „mexican foods".* Polityka 2000 (K). *Bohater filmu walczył z zombi, który usiłuje go zabić. Gdy go pokonuje, pojawiają się kolejne zombi, które, niczym bezwolne maszyny, okrążają jego samochód.* OiT. ▢ US 2003, PS 2004 ◂engl

ZOMO* *n, selten m, indekl* - »in der Zeit der Volksrepublik (1956-89): militärisch organisierte, kasernierte Polizeieinheiten, die zum Schutz der Bevölkerung bei Naturkatastrophen u. Massenveranstaltungen geschaffen wurden, jedoch später wegen ihres brutalen Vorgehens bei regierungsfeindlichen Demonstrationen u. Streiks berüchtigt wurden; kasernierte Polizei ZOMO« *Funkcjonariusze, oddziały ZOMO. ZOMO funkcjonowało na zasadach wojskowych.* pl.wikipedia.org 2006. *We Wrocławiu zawrzało, bo delegaci na zjazd miejskiego SLD na swojego sekretarza wybrali byłego oficera ZOMO.* www.trybuna.com.pl 2006. ▢ IS 2000 ◂Abk von **Z**motoryzowane **O**dwody **M**ilicji **O**bywatelskiej

zomowiec* *m, G ~wca, Npl ~wcy, v.* ↗ZOMO - »Mitglied der kasernierten Polizei ZOMO« *Działanie, proces zomowców. Mąż koleżanki został zomowcem (chwilowo) tylko dlatego,* *aby uniknąć służby wojskowej.* www.lubin82.pl 2006. *ZOMOwcy nazywani byli często „bijącym sercem partii" w nawiązaniu do nowomowy propagandy PZPR.* pl.wikipedia.org 2006. ⌂ SW 1996, IS 2000, PS 2004

zomowski* *Adj v.* ↗ZOMO *- als Kompositumglied* **ZOMO-**. *Zajścia uliczne wykazały, że siły zomowskie mogą wkrótce okazać się zbyt słabe, by opanować zorganizowany tłum.* www.abcnet.com.pl 2006. *To skandal. Przypomniały mi się czasy, kiedy to na Polaków wysyłano ZOMOwskie bojówki.* tygodnik.siedlecki.pl 2005. ⌂ IS 2000, PS 2004

zoom [zum] *m, G -u -* **Zoom(objektiv)**. *Zoom optyczny; dwukrotny, dwunastokrotny zoom; aparat z zoomem. Wyjąłem aparat fotograficzny - niewielki kompakt, ale z zupełnie przyzwoitym zoomem i automatyką, którą można było w razie potrzeby wyłączyć.* M. Bielecki, Siostra Komandosa 1997 (K). ⌂ US 2003, PS 2004. *häufiger* ↗transfokator ◂engl

zupa krem, zupa-krem *f, G* zupy kremu *-* **Cremesuppe, Creme**. *Zupa-krem ze szparagów, z brokułów i fety. Grzybowa, szpinakowa zupa krem. Jak należy przyrządzić zupękrem z zielonego groszku?* NSP2. *Zupę krem brokułową dość często gotuję. Moim zdaniem jest wyśmienita, a na dodatek zdrowa i sycąca.* kuchnia.o2.pl 2006. ⌂ SW 1996, PS 2004 ✎1989 NSP2. *auch* ↗krem

związek ♦ **związek jednopłciowy** *-* **gleichgeschlechtliche Partnerschaft** o. **Verbindung**. *Polacy podzieleni w kwestii związków jednopłciowych.* www.kobiety-kobietom.com 2005. *W Polsce podejmuje się próby liberalizacji prawa aborcyjnego i prawnego uznania związków jednopłciowych.* www.forum-znak.org.pl 2005. ⌂ kein Beleg

♦ **(rejestrowany) związek partnerski** »gesetzlich anerkannte Verbindung von zwei Personen gleichen Geschlechts« *-* **(eingetragene) Lebenspartnerschaft**. *To może dla odmiany taka mała ciekawostka: treść budzącej tak wiele kontrowersji ustawy o rejestrowanych związkach partnerskich, czyli - w skrócie - akceptacji związków homoseksualnych, której autorką jest Senator prof. Maria Szyszkowska (SLD).* www.nastolatek.pl 2003. *Powyższą akcję poparła Antyklerykalna Partia Postępu RACJA, która wyraża zdecydowaną akceptację dla legalizacji związków partnerskich tej samej płci.* stowarzyszenie_wolnomyslicieli.free.ngo.pl 2005 ⌂ kein Beleg

Ż

żaba ♦ **(trzeba) połknąć,** *seltener* **zjeść (tę) żabę*** *ugs* »etw. Unangenehmes (stillschweigend) hinnehmen müssen« - **die Kröte schlucken (müssen).** *Liderzy z kolei PiS powiedzieli o liderach PO, że wyrywają się przed szereg, że chcą pierwsi składać wniosek o odwołanie wicemarszałka Leppera, a to SLD jako odpowiedzialny za powołanie powinien odwoływać, powinien zjeść żabę, którą sam stworzył.* www.polskieradio.pl 2005. *Część Francuzów, którzy w swej zarozumiałości z wyższością wytykali ekstremizm innym nacjom, dzisiaj musi zjeść żabę o nazwisku Le Pen.* www.opoka.org.pl 2002. ⌑ IS 2000, SF 2001, US 2003, PS 2005 ⌁1956 (!) Przegląd Kulturalny

żabi ♦ *phras* **żabi skok** *s.* **skok**

żarówka ♦ **żarówka energooszczędna - Energiesparlampe.** *Przed zakupem żarówki energooszczędnej upewnij się, że ma ona elektroniczny zapłon.* www.gajanet.pl 2005. *Wysoki koszt świetlówki kompaktowej zwaną potocznie żarówką energooszczędną zwraca się dopiero po kilku tysiącach godzin świecenia.* www.klient.enea.pl 2005. ⌑ PS 2004

♦ **żarówka halogenowa - Halogenlampe.** *Dobre efekty daje zainstalowanie w łazience oświetlenia halogenowego, o właściwej dla tego pomieszczenia jasnej barwie światła. Szczególnie atrakcyjnie wyglądają umieszczone w suficie podwieszanym halogenowe żarówki, efektownie rozpraszające światło.* Życie Warszawy 2001 (K). ⌑ US 2003, PS 2004. *auch* halogen

żelek *m, G ~ka oder* **żelka** *f, meist im Pl* **żelki**, *ugs* »Bonbon aus gummiartiger Masse, oft in Form eines Bärchens« - **Gummibärchen;** *neutral* **Gummibonbon.** *W sklepiku szkolnym podstawówki, do której chodzi 9-letnia Marianna, można kupić żelki, kukułki, albumy i wafelki „legolandu", chrupki smakowe, groszki miętowe.* NSP2. *Do produkcji słodyczy np. galaretek owocowych, żelków i gumowych misków przeważnie wykorzystywana jest żelatyna wieprzowa.* Dzień Dobry 2001 (K). *Dzieci - jak zawsze - groszówkami płacą za bułkę albo jedną żelkę, wyławianą ze słoika (...).* www.trybuna.com.pl 2004. ⌑ IS 2000, US 2003, PS 2004 ⌁1992 NSP2. *s. auch* gumowe ⁊miśki

żel-krem *m, G -u, auch* **krem-żel, kremożel** *m, G -u -* **Creme-Gel.** *Jest to żel-krem przeciw rozstępom o podwójnym działaniu.* torebka.kafeteria.pl 2006. *Żel-krem pod oczy został dodatkowo wzbogacony o specyficzne wyciągi z roślin (kofeina, jastrzębiec kosmaczek, arnika, bławatek), znane z właściwości kojących.* www.savima.pl 2006. ⌑ kein Beleg

żelopis *m, G -u, ugs, auch* ♦ **długopis żelowy - Gel(kugel)schreiber, Gelstift.** *F2K108 - długopis żelowy z metalową końcówką.* www.helkra.pl 2003. *Napisy zostały zrobione srebrnym markerem i żelopisem, dlatego może na skanie są mało wyraźne.* www.portalsukcesu.pl 2006. ⌑ IS 2000, US 2003, PS 2004

żelowy *Adj v.* żel, *Kosmetik* - **Gel-.** ·Maseczka żelowa - Gelmaske. *Peelingi mogą występować w postaci emulsji żelowej.* IS. *Żelowa maseczka nawilżająca firmy Soraya dla każdego rodzaju skóry.* Życie na gorąco 1999 (K). ⌑ IS 2000, US 2003

żółty ♦ **żółta prasa** *selten* **yellow press** [jeloł pres] »Wochenblätter, deren Beiträge im Wesentlichen aus trivialer Unterhaltung, gesellschaftlichem Klatsch, Sensationsmeldungen usw. bestehen« - **Regenbogenpresse; Yellow Press, Yellowpress.** *Polecam przeczytać książkę Paczkowskiego ... nie pamiętam tytułu, ale wiem, że było coś o żółtej prasie ...* forumwns.org 2006. *Wiesz, SE należy do tzw. „yellow press". Czyli dużo obrazków, mało tekstu i bazowanie na taniej sensacji. Dlatego nie traktuję tej gazety jako źródła informacji (w ogóle jej nie czytam).* www.grupy.egospodarka.pl 2002. ⌑ kein Beleg. *auch* ⁊prasa kolorowa

żywność ♦ **zdrowa (ekologiczna, biologiczna) żywność - Ökonahrung, Bionahrung; Vollwertnahrung.** *Jak bowiem pokazało wieloletnie doświadczenie, nie jest możliwe zrealizowanie dwóch głównych celów zachodnioeuropejskiego rolnictwa - produkcji zdrowej żywności i pielęgnacji środowiska wiejskiego - wyłącznie poprzez posługiwanie się cenami.* Wprost 2000 (K). *Certyfikowana żywność biologiczna nie zawiera żadnych herbicydów, pestycydów, antybiotyków ani chemikaliów, które mogłyby uniemożliwić działanie składników odżywczych i minerałów w roślinach i wobec zdrowia człowieka.* www.sklepy-natura.pl 2006. *Czy żywność ekologiczna posiada lepszy smak niż zwykłe produkty spożywcze?* www.sklepy-natura.pl 2006. ⌑ PS 2004 ⌁1989 NSP2. *s. auch* ⁊ekożywność

♦ **żywność (z)modyfikowana genetycznie - genetisch veränderte Nahrung; Genfood, Genlebensmittel.** *Tak czy inaczej żywność modyfikowana genetycznie powinna być dobrze kontrolowana i oznakowana, a konsument mieć prawo wyboru.* www.sprawy-nauki.waw.pl 2002. ⌑ PS 2004

Ewa Bagłajewska-Miglus,
Rainer Berg
POLNISCH
Wörterbuch für Bibliotheken
Deutsch – Polnisch
Polnisch – Deutsch

(Bibliotheksarbeit 13)
2006. XXVIII, 289 Seiten, gb
ISBN 978-3-447-05323-5
€ 49,80 (D) / sFr 86,–

Die deutsch-polnischen Beziehungen werden immer vielfältiger und intensiver, auch im bibliothekarischen Umfeld. „Wörterbuch für Bibliotheken" mit seinen rund 7000 Fachtermini wendet sich vorwiegend an alle, die Deutsch und Polnisch in ihrem bibliothekarischen Alltag brauchen. Darüber hinaus kann es aber auch Wissenschaftlern und sonstigen Interessenten in beiden Ländern von großem Nutzen sein. Im Wörterbuch wird der für das Buch- und Bibliothekswesen relevante Wortschatz – und somit auch die Terminologie der Informatik und Computerwelt – möglichst umfassend berücksichtigt. Die alphabetisch geordneten Eintragungen sind durch umfangreiche und inhaltlich orientierte Querverweise ergänzt. Darüber hinaus beinhaltet das Wörterbuch Namen von Institutionen, Einrichtungen und Stiftungen sowie die wichtigsten Abkürzungen.

Gustav-Adolf Krampitz,
Marek Kornaszewski,
Brigitte Schniggenfittig
Polnisch intensiv
Grundkurs

Unter Mitarbeit von Gabriele Janott, Łucja Lech-Sierociuk und Lidia Wolf

(Studien der Forschungsstelle
Ostmitteleuropa 18)

3., durchgesehene Auflage 2005.
IX, 402 Seiten, br
ISBN 978-3-447-05025-8
€ 39,– (D) / sFr 68,–

2 Sprachkassetten (Texte und Dialoge, zus. 70 Min.) können zum Gesamtpreis von € 32,97 (Nachnahmelieferung) bestellt werden bei: Prof. Dr. G.-A. Krampitz, Mozartstr. 3, 06114 Halle.

Das Lehrbuch mit 24 Lektionen ist für einen breiten Anwenderkreis konzipiert mit dem speziellen Ziel, sich mit einem lexikalischen und grammatischen Minimum mündlich und schriftlich zu verständigen. Das Lehrbuch bietet allgemein interessierende Themen und Situationen aus dem Alltag, wie z.B. beruflicher Werdegang, Interessengebiete, Gespräche in Geschäften, im Hotel, auf dem Bahnhof und beim Arzt.

HARRASSOWITZ VERLAG · WIESBADEN
www.harrassowitz-verlag.de • verlag@harrassowitz.de

Jahrbuch Polen 18 (2007)

Schwerpunkt Stadt

Jahrbuch des Deutschen Polen-Instituts Darmstadt 18

2007. 240 Seiten, 45 Abb.,
7 Tabellen, br
ISBN 978-3-447-05531-4
Einzelpreis:
€ 11,80 (D) / sFr 21,50
Abonnementpreis:
€ 9,- (D) / sFr 16,50

»Charakteristisch für Warschau, aber auch für die anderen polnischen Großstädte sind die starken Kontraste zwischen einer modernen Büro- und Wohnbebauung und Luxus-Einkaufszentren auf der einen Seite – und riesigen sozialistischen Wohnkomplexen und heruntergewirtschafteten öffentlichen Gebäuden auf der anderen Seite.«

(Bohdan Jałowiecki)

»Schwer zu sagen, was die ›Manufaktura‹ eigentlich ist. Eine zu groß geratene Shopping-Mall? Ein ambitionierter Kulturstandort? Ein trendiges Urban Entertainment-Center? Auch die meisten Lodzer haben keine eindeutige Antwort. Eines aber wissen sie: So etwas wie die ›Manufaktura‹ gibt es kein zweites Mal in Polen. Nicht einmal im nur 130 Kilometer entfernten Warschau.«

(Uwe Rada)

»Erst nach 1989 wurde den Architekten nach vierzig Jahren der Status eines freien Berufes zurückgegeben, und sie erhielten wieder die Möglichkeit, private Büros zu gründen. Die großen staatlichen Büros mit mehreren Hundert Beschäftigten brachen zusammen. An die Stelle des Staates und seiner Wohnungsgesellschaften traten private – auch ausländische – Bauherrn als Hauptauftraggeber, die neue Standards setzten. Man war befreit von Normen und Typisierungen; die primitive Fertigteilbauweise gehörte endgültig der Vergangenheit an. Auf dem Markt erschienen Technologien und Materialien, die bisher nur in westlichen Zeitschriften zu bewundern gewesen waren.«

(Grzegorz Piątek)

HARRASSOWITZ VERLAG · WIESBADEN
www.harrassowitz-verlag.de • verlag@harrassowitz.de

♦ **Mehrwortbenennung**	*Bereichsmarker, Stilmarker*
»Definition«	- **Äquivalent**
Beispiel Quellenangabe	📖 Wörterbuchbelege ✎ andere Belege

♦ *phras* **Phraseologismus**	*Bereichsmarker, Stilmarker*
»Definition«	- **Äquivalent**
Beispiel Quellenangabe	📖 Wörterbuchbelege ✎ andere Belege